雲南文庫

大家文丛

《云南文库·大家文丛》编委会

雲南文庫

大家文丛

纪我所知集

（上）

罗养儒◎著　　李春龙◎整理

雲南人民出版社
雲南大學出版社

图书在版编目（CIP）数据

纪我所知集：全二册 / 罗养儒著；李春龙整理
. -- 昆明：云南人民出版社, 2018.2
（云南文库. 大家文丛）
ISBN 978-7-222-16902-9

Ⅰ. ①纪… Ⅱ. ①罗… ②李… Ⅲ. ①云南－地方史－掌故－近代 Ⅳ. ①K297.4

中国版本图书馆CIP数据核字(2018)第011155号

出 版 人：赵石定
统筹编辑：马维聪
责任编辑：陈 亚 朱 原
原版编辑：朱 原 金学丽
责任校对：段金华 刀金梅
责任印制：洪中丽
装帧设计：刘 雨 郑 治

云南文库

纪我所知集（上册）
Jiwo Suozhi Ji

大家文丛 罗养儒 著 李春龙 整理

出 版	云南人民出版社 云南大学出版社
发 行	云南人民出版社 云南大学出版社
社 址	昆明市环城西路609号 昆明市一二一大街182号
邮 编	650034 650091
网 址	http://www.ynpph.com.cn http://www. ynup. com
E-mail	ynrms@sina.com market@ynup. com
开 本	787mm × 1092mm 1/16
总印张	61
总字数	984千
版 次	2018年2月第2版第1次印刷
印 刷	云南国方印刷有限公司
书 号	ISBN 978-7-222-16902-9
总定价	210.00元（上、下册）

如有图书质量及相关问题请与我社联系
审校部电话：0871-64164626 印制科电话：0871-64191534

前　言

习近平总书记在党的十九大报告中指出:"文化是一个国家、一个民族的灵魂。文化兴国运兴,文化强民族强。没有高度的文化自信,没有文化的繁荣兴盛,就没有中华民族伟大复兴。要坚持中国特色社会主义文化发展道路,激发全民族文化创新创造活力,建设社会主义文化强国。"

中国特色社会主义文化,源自于中华民族五千多年文明历史所孕育的中华优秀传统文化,熔铸于党领导人民在革命、建设、改革中创造的革命文化和社会主义先进文化,植根于中国特色社会主义伟大实践。发展中国特色社会主义文化,就是以马克思主义为指导,坚守中华文化立场,立足当代中国现实,结合当今时代条件,发展面向现代化、面向世界、面向未来的,民族的科学的大众的社会主义文化,推动社会主义精神文明和物质文明协调发展。要坚持为人民服务、为社会主义服务,坚持百花齐放、百家争鸣,坚持创造性转化、创新性发展,不断铸就中华文化新辉煌。在实现中华民族伟大复兴中国梦的征程中,我们要坚定中国特色社会主义道路自信、理论自信、制度自信、文化自信。文化自信是更基本、更深沉、更持久的力量。中华民族有着深厚文化传统,形成了独特的精神标识,体现了中国人几千年来积累的知识智慧和理性思辨,这是我国的独特优势。中华文明延续着我们国家和民族的精神血脉,要加强对中华优秀传统文化的挖掘和阐发,使中华民族最基本的文化基因与当代文化相适应、与现代社会相协调，把跨越时空、超越国界、富有永恒魅力、具有当代价值的文化精神弘扬起来。要推动中华文明创造性转化、创新性发展，激活其生命力，让中华文明同世界各国人民创造的多彩文明一道，为人类提供正确精神引领。

中国是一个统一的多民族国家，在中华文化版图上，各地方的文化历史悠久，各具特色，丰富多彩。

云南地处祖国西南边陲，山川秀丽，民族众多，文化富集。是人类最早的发祥地之一。在这片土地上，既有灿烂的古代文明，也有近现代光荣的历史，底蕴厚重，影响深远。这是世代云南人民在发展完善自身的历史探索和社会实践创造中留下的宝贵历史遗产，是祖祖辈辈在不同领域、不同时期形成的民族智慧和传统文化的深层积淀，是云南历史得以传承和延续的不竭动力，是云南各民族团结进步的精神支柱。

千百年来，云南人民用自己的辛劳和智慧，守护祖国边疆，建设美丽家园。历经世代耕耘，薪火相传，创造了丰富多彩的民族文化；历经社会变迁、民族融合、文化认同，云岭大地钟灵毓秀，星光灿烂，诞生了无数杰出人物，涌现了诸多名家大师，产出了大批传世经典，为云南文化发展做出了卓越贡献。

云南有丰厚的学术文化传统。中原文化很早就在这里传播，大量的汉文典籍源源不断传入并积淀，成为云南文化的根基与传统。而地方、民族与边疆文化的诸多特色亦在云南文献中得以彰显。就地方特色而言，编史修志从来都是文化胜业，且成绩斐然。文献、专著、文集不断被创制和保存，民国年间辑刻的《云南丛书》，“初编”、“二编”即达二百零五种一千六百三十一卷及不分卷的五十册。其后更有数以万计的图书文献问世。从民族特色来说，云南民族众多，文化多元，民族典籍文化源远流长，傣族的贝叶文献、彝族的毕摩文献、纳西族的东巴文献、藏族文献、白族文献等，早已产生了世界性影响，是人类共同的文化财富。就边疆特色来看，记载或论述边地、边境、边界、边民、边防及边贸等内容丰富的边疆文献，种类多、价值高，历来都受重视。尤其是在今天云南建设民族团结进步示范区、生态文明建设排头兵、面向南亚东南亚辐射中心，建设文化强省的征程中，云南典籍文献的整理与研究被赋予了更为神圣的文化使命，推进到了新的发展阶段。盛世兴文。云南省决定实施文化建设基础工程，组织编辑出版一套具有文化保存与传承价值的大型学术文献丛书——《云南文库》，弘扬滇云文化，砥砺三迤后人，昌明云岭学术，功在当代，利在千秋。

《云南文库》分为三个系列。一是《当代云南社会科学百人百部优秀学术著作丛书》，收录中华人民共和国成立后出生的年轻一代云南学者的优秀作品。二是《学术名家文丛》，收录辛亥革命至中华人民共和国成立前出生的云南学术名家的代表之作。三是《大家文丛》，收录辛亥革命以前的云南学术大家的传世著作。通过整理和总结、展示与交流，努力促进今日云南学术文化的建设与繁荣，意义深远。

编纂《大家文丛》，是承传云南学术文化，保存云南记忆的基础性文化工程。从古至今，云岭大地孕育了诸多硕学鸿儒、名家大师、文化先贤，可谓星光灿烂。长久以来，红土高原产生了大批思想深邃、智慧非凡的光辉著作，蔚为大观，逐渐形成了具有云南自身特点的学术特色与知识谱系。今天，我们拾起历史长河的明珠，拂去传世经典的蒙尘，重新整理和展示云南学术史上的高峰之作，就是为了重构云南地方知识与文化，增强传统文化区域性叙事中存在的精神感召力，传承和弘扬优秀民族文化，以滇云文化和云南记忆，填充中华民族多元一体的文化版图。

编纂《大家文丛》，是打造云南文化品牌，增强文化自信的重要举措。云南悠久的历史文化、丰富的民族文化、独特的生态文化、包容的宗教文化,是中华文化百花园的重要组成部分。以云南学术大家及其皇皇巨著为承载的云南文化,是云南社会发展的文化源泉,是云南人民的智慧结晶。编纂丛书,就是为了回归滇云文化的本源,筑牢文化自信的根基,为更多的人了解云南搭建平台,为研究云南构筑载体,为发展云南提供借鉴,在更高层次和更宽领域传扬云南文化精神,打造云南文化品牌。

编纂《大家文丛》,是弘扬优秀民族文化,促进文化繁荣兴盛的基础工程。习近平总书记在考察云南时指出:"云南少数民族文化是中华民族文化的重要瑰宝,要积极加以支持和发展,彰显民族文化的个性和特色。"我们将努力以编纂《大家文丛》等文化精品为契机,继承优良传统,发挥地域优势,突出民族特色,提高格局站位,积极推动学术创新,努力创造更多优秀的学术成果和文化精品,以滇云文化涵养云南人民,助力云南实现跨越发展。

《大家文丛》得以面世,凝聚着先哲大家的心血和智慧,离不开今贤同仁的奉献与付出。省委宣传部领导组织有力,省社科联、省文史馆、云南大学、省图书馆、云南人民出版社等相关单位和参与整理编校的专家学者不辞辛劳,通力协作,玉成丛书。翰墨流芳,文化永续。在此,向所有的参与者表示崇高的敬意和衷心的感谢。《大家文丛》是《云南文库》的压轴之作,从构思到付梓,离不开广大读者和社会各界人士的支持,在此谨致谢忱。

文化建设没有终点。希望社会各界继续支持《云南文库》编校出版工作,欢迎各方有识之士积极参与到云南文化建设的伟业中来。

《云南文库·大家文丛》编委会

2017年11月

弁　言

一

本书为罗养儒先生遗著，曾于1996年经删节校点后出版，受到社会各界的关爱。但当时因各种原因删掉了部分章节，故不便以原书名《纪我所知集》行世，而另自拟书名《云南掌故》付梓。然总因如此，致使原书残缺而耿耿于怀，总觉缺憾。今获此遇，将原稿全部重新整理后得由云南人民出版社出版，实属该书之幸、养儒先生之幸，亦属读者之幸！我亦得以解脱多年来心中之憾。

此次整理，是在原来的基础上，除将所删部分经校点、勘误和注释后补入外，对于收入《云南掌故》者，又再次进行了校点、勘误和补注。

原删掉之文，主要为第一卷中四篇和第十八卷全部，其他各卷则删去四十一篇，连同一些章节中删去之文，大约二十万余言。就其内容而言，大都属于民族与宗教方面，虽然这些内容原来并未一概弃之不置，而这次补入的内容，当比原先保留的要多得多。

养儒先生在本书中所撰述的内容十分丰富，就民族与宗教、迷信方面的内容而言，有采自以往有关云南史志，特别是明、清两代的史志者，也有家中祖辈人讲述自身经历及上辈人所历者，也有其挚友所睹所闻者，更有自己亲身所历所践者（这其中之人，多为清末及民国年间之人，所述之事亦多为清末、民国年间之事），这些都为我们了解、研究过往事件，了解过去的社会政治、经济生活，提供了许多弥足宝贵的资料。

养儒先生在《自序》中明言，撰写此书“志在叙述”，一本“述而不作”之旨，但在字里行间，仍不免流露出一些议论和感叹，间或存有偏说之言。他在《前清州县办人犯之特殊排场》一文中写到：“吾人执笔为文，纪事述陈，只要人世间实有之事，则不论为善为恶，为好为坏，都可以写可以述。即事过境迁，质已近于朽败，迹已近于泯灭，言来确实陈旧，味之更是酸馊，若此者，亦不妨从实写出，于纸上留一痕迹，以供人批评。不然，即无以知前人于一切事体上，有合乎理法者，是在某些地处，违乎理法者，又在某些地处。其一切动作，或属于迷信，或属于禁忌，或拘于陈格，或囿于习俗，其种种之不良处，得藉纸笔现出。斯而后方识得旧社会上，固有些精英可撷，而在一切事体上，现出种种之腐朽痕迹。”在另外一篇文章中写到：“写出往昔社会上之一切形形色色，亦可为研究社会学者之一助。”“善者合称善，不善者合鄙弃。”善哉！

二

书中关于云南少数民族的撰述见于《哀牢九隆族及蒙段世系》《三迤民族之分析》《滇西民族琐言》《谈谈几个民族之风俗习尚》诸篇者，其内容多采自新、旧《云南通志》，如阮《志》、范《志》、岑《志》，以及《通典》《文献通考》《云南志》《滇云历年传》《南诏野史》《滇系》《维西见闻录》及新、旧《唐书》所载者居多，然大都是摘其意而录其概，不离原文而又非原文。虽然如此，仍可以一斑而窥全豹，了解往昔云南各少数民族生产、生活的基本情况，并通过这些探索出各民族在历史演化过程中的一些基本信息，并推而广之地寻找出人类各民族在进化过程中普遍性的规律。

对于本书记述的无论是采自史志的，还是撰述者耳闻目睹的关于民族习性、民族事件，乃至宗教的、迷信的现象，对少数民族的不敬用语等，我们都应本着辩证唯物主义和历史唯物主义的态度去面对，通过研究近现代仍保留的某些现象，去追溯过往的，不甚为今天的人们所了解的东西，从中探索人类社会关系发展变化的来龙去脉。

三

原稿于民族称谓，多本旧习，今凡遇有“犭”旁者，均依现行规范用字改作“亻”旁；原稿在用字用词上善循方言土语，在文字叙述中多现昆明地方特色，且多用异体字或通假字，今为保存原稿真实面目，对于义通能予保留者则保留之；对原稿中的错字脱字、古地名人名、旧历纪年、冷僻词语及封建迷信、所述偏颇、民族歧视等需要说明之处，再次以方括号略注订正、补漏和补注说明。圆括号内文字，为作者所注。

李春龙

二〇一四年三月

他　　序

《纪我所知集》是云南省文史研究馆已故馆员罗养儒先生的遗作。

养儒名继春，字兆熙，笔名问庐，一名古粤龙平畸士，广西昭平县人。其父实夫因与云贵总督岑毓英有姻亲关系而被延为幕僚，故养儒少年即随父举家迁住昆明。养儒为前清附生，后曾毕业于法人设立的中法学校及云南省法政学堂讲习班，并在云南警察厅考取中医师。

养儒早年曾任滇越铁路局及路局局长巴杜的法文翻译。1915~1917年，任《中华民报》《中华新报》主编。1923~1927年，创办《微言报》，自任主笔。1929~1930年，并任成德中学、十一属联合中学等校文史教员、粤侨公学校长、法国驻滇总领事馆文案。其后还在省财政厅编辑《财政公报》，同时担任“金融管理处”的公报主任，自办过安全火柴厂和电机碾米厂。1939年后，即长期为人治病并从事著述，以终其身。

养儒著作丰富，计二十余种，约百数十万言，中以《纪我所知集》为其力作。自谓“余笔于纸上之墨痕，约有五十余万言，叙述与缮写，亦耗尽十年力气”。足见其费时之长，用力之深。

养儒因其父曾供职于云贵总督衙门，并曾任安平厅（今马关县）同知，宜良、元江等县县令，彼以省亲关系，足迹遍及三迤，又时聆家中其他长辈讲述滇事，故所知甚多。同时养儒虽曾从事教育、实业及其他公职，但由于较长时间以新闻工作为主，与社会各阶层人士接触较多，故见闻亦广。因之，其所著之《纪我所知集》，就形成一部内容丰富、题材广泛的掌故性记叙文集。所记主要内容，为清末及民国时期有关云南的社会、政治、经济、民族、文化等，大都为其亲闻、亲见与亲历，既有一定的真实性，也有一定的可读性。作者在自序中说："篇中所述者，是往昔国家之政教，社会之情状，人民之习尚，为如是如是焉耳。……余志在叙述，于一切事体之得失，则不暇及焉，盖已一一揭表而出，实象已著，彼谈古者既有所凭，复引古证今，自不难下一确当之评骘，此又何待余就纸上哓哓。""又篇中所列之各情事，有属道光、咸丰、同治年间者，余以不生长于是时，当然目无所击，今凿凿言来，盖闻家中祖辈人谈论身所经历之情形是如此如此耳。余今述而不作，自断当有百分之九五确实。"

《纪我所知集》以云南近现代社会历史作为主要内容，从各个方面作了比较详尽的记述。政治方面，如前清云南省制概略、省会的官吏设置、各级衙门形式、公署组织、官场仪制等，对我们研究当时的政治制度，不无助益。经济方面，如过去云南田粮赋税、积谷仓储、钱法与货币、六七十年间昆明人民的生活比较及所有行业情况等，使我们对过去的社会经济、市场供应及人民生活水平等，都有所了解，可为我们当前的经济建设提供参证。科举方面，如清代的科岁两考情况、秋闱故事、武科举、春闱会试、文士的出路与生活等，使我们得以了解封建社会如何通过考试以选拔人才的种种措施。民族方面，如昆明的民族概略、云南几个民族的风俗习尚等，作者虽大都采自旧志，但对我们了解过去云南少数民族的种类和风尚，仍有参考价值。

《纪我所知集》的最大特点，是它还大量记述了云南省会昆明及全省社会文化的诸种情况，如风俗习惯、婚嫁丧葬、风景名胜、寺观祠庙、文物古迹、遗闻轶事、饮食游乐、蔬菜花木等，娓娓说来，如数家珍。其中谈及滇南景物者，就有五卷八十多篇；记昆明名胜，主要是寺观祠庵所在地有三十多处；记昆华事物拾遗一百四十余则；还有逸事堪传八十余则，这些都为我们提供了难得的资料。

如前所说，《纪我所知集》是一部涵盖面广、记述周详、有一定价值的云南史料文集，但也有不足之处：其一，由于作者思想认识和生长时代的局限，虽自称“述而不作”，然有些不健康的观点，如封建迷信、今不如昔、民族落后等，仍反映于不少篇章之中；其二，引用史料，没有认真查对原书，以致造成一些不应有的差误；其三，书中还有些土语方言以及文字生涩之处，使读者理解困难；其四，因成书时间较长，内容重复冗杂者，亦所在多有。

《纪我所知集》虽有不足，但博访周咨，拾遗补缺，仍不失为一部好书。总的说来，尽管美中不足，但也瑕不掩瑜，这是应予肯定的。而且作者以耄耋之年，能为我们留下如此丰厚的文化遗产，亦属难能可贵。为此，云南省社会科学院文献研究所特组织人力进行校点。

《纪我所知集》原书20卷，分装为18册，列目486篇。其中1至9卷及15、16卷等11卷，主要记述省会昆明的各种情况；10至14等5卷为滇南景物志略；17卷为轶闻逸事；18卷为少数民族的风俗习尚（删）；19卷为杂谈；20卷为灾异。校点时，对原书分卷及目次，基本不作变动，尽量保存其原貌。我们所做的工作：一是将原书重新抄录，并加标点；二是将原书18册装订为一总册，并将原来的分卷目录总列于册前，以便检阅；三是将原书仅列若干则而无标题者，如15、16、17等卷，分别按其内容，为之拟定篇名，并列入总目录中，以便读者；四是或因引录旧志而并无新意，或系封建迷信之言，或为立论偏颇，或与事实不符者，校点时则作了删节；五是对书中的讹误、古地名、冷僻词语、旧历纪年等，均于方括弧内略于注释，以便阅读。

本书虽仅系校点，但亦费时数年，始告厥成，校点后的本书，共存目424篇，约60万字。点校工作，由王樵、施之厚、杨名锐、李自强四同志分别担任，文献研究所李春龙所长对照原文进行了复校，最后定稿。本书原稿，系由云南省图书馆提供，谨此致谢。

本书即将付梓，爰弁数言，以志始末。

王　樵

一九九五年五月

自　序

从来时世变异，地方上之景象，必依随时世之进退而为转移，繁荣与悲凉，是逐渐呈露而出，此为毫发不爽之定式。

昆明地方，在四五百年前，其景象若何？吾人曷敢深谈。即二三百年前之景象，亦不过以“盛”“衰”两字包括一切，若追述究竟，实有所不能。总之，地方上之景象，不离“治则繁昌，乱则衰落”耳。

就昆明地方而言，在明末时，在吴三桂开藩于滇时，在吴藩叛清时，在清室遣将来戡乱时，其景象自是各各不同，云治乱安危，可就一切事理勘决。惟自清室戡定滇乱后，而康熙、雍正，而乾隆、嘉庆，以至道光末叶，纪年在一百七十有余。而在此一百七十余年间，云南全省，可归之于郅治隆平。时则民康物阜，四方安靖，昆明景象，当然美好也。所以在道光年间，附住于昆明城厢内外之丁口，竟超过三十万。地方之繁盛，可以想象。

但是，泰极则否，实循环定例也。一旦汉、回不睦，城下构兵，祸乱延长至一十八载，致沃壤没青草，康庄变火场。虽拨乱有人，挽回狂澜，然省内各处，已尽糜烂矣。于是昆明境内之附郭丁口，较道光年间，竟减去四分之三。省垣如是，外郡何独不然？

一自同治八年至光绪五年〔1869~1879〕之一段时日当中，彼治滇之一班大吏，均以滇乱初平，只合休养生息，不合劳民伤财，遂于一切应行整理，应行兴革之事项，概置而不议。故在是时，昆明地方虽属省会，然城厢内外，又随处皆有荒烟蔓草，断井秃垣在望耳，此种景象，诚属悲凉。至云省城之工业商业，尤不堪言。

迨至光绪五年〔1879〕后，滇中元气便渐次昭苏，所以然者，因频遇丰年耳。社会上一切食用，都不缺乏，人民自无不安其居而乐其业，彼为非作歹者少，时世便告承平矣。于是，由光绪五六年〔1879~1880〕起，至宣统末年〔1911〕止，此三十余年当中，云南省内各处，无不表露出另一种泰然穆然之美好景象，此则以昆明为最，时目击其美好景象者，今犹不乏人。彼鬖鬖白发者流，其脑筋中印有之一切，又无不与余同。余以脑中印象不消灭，亦犹一部《纪事录》常存，兹借笔将其象迹一一写出，自是善事，但是亦必有人责我多事，斯惟听之而已。

余笔于纸上之墨痕，约有五十余万言，叙述与缮写，亦耗尽十年气力。而此为昔人扬休欤？曰非也；殆不满于往昔之时世欤？曰亦非也。只以过去之事，如泡如电，在今日，又几见其能留有一些痕迹于人世哉？斯惟见山中有数株千年以上之苍老松柏耳，因而念到往昔之政治风化，竟不如山中松柏之幸而能存，此不无令人发生浩叹。

余则以感叹而成此篇，篇中所述者，是述往昔国家之政教，社会之情状，人民之习尚，为如是如是焉尔。乃忖想到光绪五六年〔1879~1880〕后之三十余年当中，云南得到“安靖”两字者，或与此一些政教、此一些情状、此一些习尚有关也。虽然是时之国家，是时之社会，是时之人民，亦多有可议之处在也。但余志在叙述，于一切事体之得失，则不暇及焉。盖已一一揭表而出，实象已著，彼谈古者既有所凭，复引古证今，自不难下一确当之评骘，此又何待余就纸上哓哓。

又篇中所列之各种情事，有属于道光、咸丰、同治年间者，余以不生长于是时，当然目无所击，今凿凿言来，盖闻家中祖辈人谈论身所经历之情形是如此如此耳。余今述而不作，自断当有百分之九五确实。

吁！一治一乱，一盛一衰，彼以过者，亦犹自清晨而度到黄昏，又由暮夜而达到平旦也。余以不敏，借字笔叙此暮暮朝朝，其能免于烦杂乎？然亦欲使往昔之国家政教，社会情状，民间风俗，得一一实现于纸上也。篇中有谈及景物处，要不过纪名胜、谈古迹，实非纪游也。篇成自读，深愧老而不文，其间词语，见嗤于人处殊多焉。惟是年逾八旬而有此成就，亦惟序而存之尔。乃署签于卷上曰《纪我所知集》。时在公历 1959 年己亥春二月，云南文史研究馆馆员、古粤昭平罗养儒，行年八十一，序于昆明寄庐。

读《纪我所知集》后赠养翁前辈

溯清代自龚〔自珍〕、顾〔炎武〕之学兴，博古通今，此老独步。在吾省于师（范）、袁（袁文典、袁文揆）诸儒外，承先启后，惟公一人。

晚万寿康敬拟

目　录

卷　一

卷　二

卷　三

卷　四

卷　五

卷　六

卷　七

卷　八

卷　九

卷　十

卷　一

金碧神话之一

昆明之金马、碧鸡两坊，又胡为而建立也？溯本穷源，当从历史上推求。

昔汉武帝信方士言，谓滇南有碧鸡神，神即一鸡，其毛青翠，能破石而飞，所至处有神光。碧鸡高及丈，飞时有彩云随之，翱翔天际，光彩射人眼目，啼声则清而且长，应于十数里外，因遣谏议大夫王褒求之，褒未至滇，仅至蜀之建宁遥祭而已（建宁即后之西昌，清代置府）。〔王褒非武帝时人，作者记述有误。褒字子渊，蜀人，汉宣帝时为谏议大夫。《汉书·王褒传》载："方士言益州有金马碧鸡之宝，可祭祀致也，宣帝使褒往祀焉，褒于道病死。"未言"至蜀之建宁"。又建宁郡系蜀汉改益州郡置，治味县，辖今云南曲靖等地，并非西昌。〕

又野乘载〔此处所指野乘，乃元初云南人张道宗《纪古滇说集》〕：中朝东周之末，西天竺摩竭〔揭〕陀国之阿育王，生三子：长扶邦，次宏德，又次至德。王有神马，毛色如金，日行八百里，三子俱欲得之。王私以辔授至德，故纵马于野，下令曰："能获者与之。"至德率众追求，追至今省坝之东山下而得马，遂名其山曰金马，此金马之所由来也。已而扶邦、宏德俱率众继至，知至德已得马，遂屯其众于省坝之西边山下。

省坝之西边山上有青鸾一，土人不知其名，呼为碧鸡。扶邦、宏德同止，于是亦名其山曰碧鸡。今不名碧鸡山，而曰碧鸡关者，以关为重也。

阿育王知三子追马至滇，恐不能还，急遣其舅神明帅兵以迎，将及滇，为哀牢夷所阻，三子竟不能还，俱死于滇。滇人哀之，云扶邦殁后为碧鸡山神，至德为金马山神，宏德为岩头神，此诚是一种〔神〕话也。

至云金马、碧鸡两坊建立也，考之，实在明代。但建立之岁时，新滇志与老滇志之纪载，却两有不同。一云建于永乐某年，与“忠爱”坊同时建立；一云建于宣德某年，后“忠爱”坊而修造。但“忠爱”坊实为咸阳王赛典赤而建也。滇人以赛典赤治滇十余年〔赛典赤系1274年来滇，1279年逝世，在滇实为6年〕，福利于人民之处极广，追念其德泽，乃建坊以志不忘，名曰“忠爱”，谓其忠于君而爱于民也。金马、碧鸡两坊，殆为昆邑人士建此〔坊〕以培风景耳。咸丰丁巳〔咸丰七年，1857〕毁于火，岑襄勤〔毓英〕督滇时，始重修之。“金马”“碧鸡”四字，为呈贡孙竹雅〔名清彦〕之手笔。

哀牢九隆族及蒙段世系考附沐氏世系

嗟夫！云南民族之起源，由来远矣。从新旧《志》书〔指新、旧《云南通志》〕、《滇云历年传》《南诏野史》《滇系》《滇乘》所载而探求，滇之民族，实传自于天竺摩竭国，由白饭王一系下，骠苴低即哀牢族之鼻祖也。是则在前此之二千五六百年间，滇中即有此一民族也。又何为而曰哀牢？以地而得名也。哀牢系山名，哀牢山在保山县城西去百余里，亦绵延而达到百数十里长之一大山也。居此山间之民族，即为哀牢民族。

哀牢族，据杜氏〔佑〕《通典》云：哀牢族，后汉时通焉。其先有骠苴低者，哀牢山间之一人民也。骠苴低有子曰低牟苴，低牟苴〔《记古滇说》作"蒙迦独"〕妻曰壹沙〔《滇载记》作"沙壹"〕仍居于哀牢山间。壹沙尝捕鱼水中，触沉木，若有感，因怀妊十月，产男子。后沉木化为龙，出水，男背龙而坐，龙舐其男之背，其母鸟语，谓背为"九"，谓坐为"隆"，斯乃有哀牢九隆族之名。壹沙后又继续生子共九人，是为九隆一、二、三、四、五、六、七、八、九九族。长曰蒙苴附罗，次曰蒙苴廉，三曰蒙苴诺，四曰蒙苴酬，五曰蒙苴笃，六曰蒙苴托，七曰蒙苴林，八曰蒙苴颂，九曰蒙苴阌，此九者之支流，俱为九隆族。

《滇乘》又载：由蒙苴附罗而下，后世之十六国，附罗即其祖也。(按：杨慎所云后世之十六国当是指晋代之五胡十六国而言，而晋代之五胡十六国，其种族为匈奴、鲜卑、羌、氐、羯。匈奴为北狄种族，鲜卑为东胡〔古族名，因居匈奴之东而得名〕之支，依鲜卑山居而得名，羌本古代三苗〔古代部族名，其时当在江淮、荆州一带〕之裔，羯为匈奴别种，亦北地胡〔泛指古代北方边地少数民族〕也。惟氐在秦汉时，为西南夷之一种，引为蒙苴附罗支流，尚近乎是，云其他，余则认为不正确，或者此一字句上有所脱落也。不然，升庵笔下，绝不至有此误。）其第二支流，由蒙苴廉而下，吐番〔蕃〕即其后世子孙，廉实吐番之鼻祖也。第三支流，由蒙苴诺而下，滇之汉族，即诺之后裔，诺实滇中汉人之祖也。（按：所云滇之汉族，当是指滇中之一种土汉人而言，此种土汉人，近在滇西边地上，尚多有之。）第四支流，由蒙苴酬而下，滇之东蛮，即酬之子孙，酬其祖也。第五支流，由蒙苴笃而下，笃生十二子，为五圣七贤，后之蒙氏，即笃之裔也。第六支流，由蒙苴托而下，后之暹罗国，即其后裔，托其祖也。第七支流，由蒙苴林而下，后之交趾国即其子孙，林实为交趾之祖也。第八支流，由蒙苴颂而下，后之白子国，即是颂之子孙，仁果乃颂之五世孙也。第九支流，由蒙苴閦而下（閦音矗），后之白夷，即其裔也。

夫滇之民族历史，自以九隆五族、九隆八族为骨干。九隆八族传至仁果，族即强大，乃合九十九部而成滇国。曰九十九部，相信不是每一种民族而成一部落，当是一种大民族而有一个或二三个大部落，一种小民族而有一个或二三个小部落耳。论当时之民族，虽曰复杂，就情势上言，应是散居于四方，绝不能在一幅员不甚广阔之地处，而能有九十多种民族同一居留住在也。今志书所载之一百二十余种民族，在当时是有此数，抑无此数，实无书可稽，自无人敢决定也。

滇国成立于昆弥川〔洱海。《滇载记》其下注“今白崖定西岭”〕间，遂称昆弥国，又曰白子国。考杜氏《通典》曰：“昆弥国，一曰昆明，西南夷也，在爨之西洱河畔，以河为界，即叶榆河也。仁果立国，十七传而至龙佑那，以有功于中朝，封酋长，赐姓张，遂名张龙佑那。”

蜀汉建兴三年，公历二二五年，张龙佑那乃称建宁国。传十七世而至张罗〔乐〕进求。求即位时，为唐太宗贞观三年〔《滇云历年传》

作武德七年，624年〕，公历六四六年，求在位二十三载，至贞观二十五年〔贞观共只二十三年。《滇云历年传》作永徽元年让位，《滇考》作永徽四年让位，各书互异。〕，禅位于蒙细奴罗。细奴罗属蒙舍西爨白蛮，贤而有才，求故以位禅之。是时，滇西概为西爨所有，惟自细奴罗即位后，遂有六诏之雄立焉。诏者，亦犹王之说也。是时之六诏：一施浪诏，二邓睒〔邆赕〕诏，三浪穹诏，四蒙舍诏，五越析诏，六蒙嶲诏。施浪〔诏〕传二世而亡，第一世名施各皮，第二世名施望欠千。邓睒诏亦是传二世而亡，第一世曰咩罗皮，第二世名皮罗邆。有名慈善者，邆之妻也，蒙舍诏封之为宁北妃，在云南历史上极有名。浪穹〔诏〕传三世而亡，第一世名丰时，二世名罗铎，三世名铎罗望。越析〔诏〕亦三世而亡，第一世名摩些，第二世名波冲，第三世名于赠。蒙嶲诏则至四世而亡，第一世名嶲负，第二世名法阳照，第三世名照原，第四世名原罗。

蒙舍诏以有细奴罗，其后世在六诏中，为最强之一诏。按：细奴罗为低牟苴三十六世孙，受禅后，易名独逻，在位二十五年而卒，子罗晟〔《旧唐书·南蛮西南蛮传》作逻盛〕袭位，时在唐高宗上元元年〔674〕。罗晟在位三十年而卒，子晟罗皮袭位，时在唐中宗先天元年〔中宗无先天年号，先天为元（玄）宗年号，先天元年即公元712年。《滇载记》“晟罗皮之立，当元宗先天元年”〕。晟罗皮在位十六年而卒，子皮罗阁立，时在唐元〔玄〕宗开元十六年〔728〕，唐赐名归义，封日南王〔《旧唐书·南蛮西南蛮传》赐名归义，以功策授云南王。《滇载记》“受唐册封为云南王，赐名归义”〕。开元十八年，即公历七三〇年，皮罗阁灭五诏，自称南诏王。唐元宗天宝八年〔749。《旧唐书》作七年〕，皮罗阁卒，子阁罗凤立，于天宝九年〔750〕遂借故反唐，陷云南全部，且改元自立，称大蒙国。阁罗凤在位三十年而卒，凤有子名凤伽异，未即位而死，以孙异牟寻嗣之，时为唐代宗大历十年〔775。《旧唐书》作十四年。《滇载记》作“异牟寻以唐代宗大历十四年嗣立”〕。异牟寻雄才大略，拓地千里，自称日东王，号大理国，又称云南王，封岳渎〔见《滇载记》，封点苍山为中岳、降云露山为东岳、蒙乐山为南岳、高黎山为西岳、玉龙山为北岳，以黑惠江、澜沧江、潞江、丽江为四渎〕。置节度使四：一弄栋节度使，二通海节度使，三东川节度使，四畇町节度使。既因韦皋，复归于唐，在位三十年而卒，子寻閤〔阁〕劝立，在位一年而卒，子劝龙晟立，时在唐宪宗元和四年〔809。《滇载记》"寻阁劝以唐德宗贞元十五年立"，"劝龙晟以唐永贞元年立"。德宗贞元计二十一年，以此处"一年而卒"，当在贞元十六年；劝龙晟立年，此处在宪宗元和四年，而《滇载记》在元和元年。有异〕。劝龙晟在位七年，淫虐无道，弄栋节度使王嵯巅弑之，立其弟劝利晟，时在元和十一年〔816。《滇载记》"劝利晟以唐宪宗元和元年立"〕。劝利晟在位八年而卒，子晟丰祐立，时在穆宗长庆四年。祐在位三十五年而卒，世隆即位，时在宣宗大中十三年〔859。《滇载记》"世隆之立，以唐武宗会昌十三年"〕。世隆在位十八年而卒，子隆舜立，时在僖宗乾符四年〔877〕。隆舜在位二十年卒，子舜化真立，时在昭宗乾宁四年〔897〕。化真在位七年而卒，有子甫生八月，时郑买嗣主国，潜伤其阴，子死，真妻诘之，买嗣不自安，遂起兵杀蒙氏八百余人而篡位焉。于是蒙氏亡，时在唐昭宗天复二年，公历九〇二年。

按：蒙氏自细奴罗禅立，传至舜化真，计十有三世，而起于唐贞观二十三年〔649〕，终于唐天复二年〔902〕，历二百五十三载，亦几与唐代相终始也。

郑买嗣，实中原汉族人，其先祖有名郑回者，为唐泸西令〔胡蔚本《南诏野史》《旧唐书》均作"西泸令"〕，既为阁罗凤所虏，拜清平官。回曾劝异牟寻弃吐番〔蕃〕依唐，逮后遂世为蒙氏清平。至买嗣始专国政，既而篡立。买嗣于唐昭宗天复二年十二月即位，改大理国为长和国〔胡蔚本《南诏野史》《滇载记》均作"大长和"〕。买嗣在位八年而卒，子仁旻即位〔《滇载记》作"子文嗣立"〕，时在梁太祖开平四年〔910〕。仁旻在位十六年而卒，子隆亶立，时在后唐明宗天成元年〔926〕。隆亶在位二年，为杨干真所弑，拥赵善政而立之，郑氏遂亡。

按：郑氏传三世，凡二十六年。

赵善政立仅十月，干真遂废善政而自立，改名义宁国〔胡蔚本《南诏野史》《滇载记》作"大义宁"〕，时在〔后〕唐明宗天成四年，公历九二九年。干真，昆明苏村人，实外来汉族人也。先为东川节度使，于弑隆亶后，遂总持国政，已而废善政自立，在位八年，而贪暴特甚，内外咸怨。通海节度使段思平，乃借东方松爨二十七〔胡蔚本《南诏野史》《滇载记》作“三十七”〕部兵力而讨干真，干真战败，思平执干真而戮之，遂自即国王位，时在后晋高祖天祖〔福〕二年，公历九三七年耳。

段思平为滇中汉族人〔眉批：即今滇西所有之土汉人也〕，其族实九隆三族蒙苴诺之后裔也。思平复大理国后，在位八年而卒，弟思英立〔《滇载记》《南诏野史》《滇考》《云南志略》等作“子思英立”〕，时在后晋出帝开运元年〔944〕。思英不肖，国人废之，又立其弟思良〔指段思平弟，思英叔〕，时在开运二年〔945〕。思良在位七年，卒，国人立思良弟思聪〔《滇载记》《南诏野史》作“子思聪立”〕，时在后周广顺二年〔952〕。思聪在位十七年，卒，子素顺嗣位，时在宋太祖开宝二年〔969。《滇载记》作“建隆四年”，即964〕。素顺在位十六年，卒，素英立〔素顺子〕，时在宋太宗雍熙二年〔985。《滇载记》作“三年”〕。素英在位二十四年而卒，素廉立〔素英子〕，时在真宗〔大中〕祥符二年〔1009〕。素廉在位十三年，传位于其侄素隆，时在真宗乾兴元年〔1022。《滇载记》作“宋天僖二年立”，即1018〕。素隆在位四年，禅位于侄素贞，隆自避为僧，贞为素廉孙，即位时在仁宗天圣四年〔1026〕。贞在位十五年，卒，贞之孙素兴立，时在仁宗庆历元年〔1041〕。素兴性好游狎，在位三年，国人恶而废之，立思平曾孙智恩之子思廉为主，时在庆历四年，公历一〇四四年。思廉在位三十一年，卒，子廉义〔《滇载记》作“连义”，倪辂本《南诏野史》作“义连”〕立，时在神宗之熙宁八年〔1075〕。廉义在位五年，禅位于其侄寿辉，寿辉在位一年，禅位于思廉之孙正明，正明于神宗元丰四年〔1081〕受禅，在位十三年，以为君不振，国人归心高氏，正明乃禅位于高氏昇太〔泰〕，自避而为僧。

高昇太于绍圣元年〔1094〕受禅即位。按：昇太亦滇中汉族人，是九隆三族裔也。父智昇，曾为鄯善侯，父子俱有功于段氏，故国人归心，诸臣以正明倦于为君，请立高氏主国，正明乃禅位于昇太。

昇太在位二年，有疾，其遗命曰："我立国而更大理国为大中国，以段氏弱而暂从权也。我死，必以国还段氏，慎勿背我。"〔《南诏野史》胡本略同。倪辂本作"因段氏之弱，我死仍还段氏。"王崧本作"我死，位还正淳，子泰明遵之，还位段正淳。"〕及卒，子高泰明遵遗命，还位于正明之弟正淳，高氏相之，政令皆出其门，时人称之曰"高国主"。

段氏受高氏禅而复兴，正淳即位，仍号为大理国，亦曰后理国，时在宋哲宗绍圣三年，公历一〇九六年。正淳在位十二年，卒，子正严嗣立，时在徽宋大观二年〔1108〕。正严在位三十九年，禅位于正兴，自避为僧。正兴即位，时在高宗绍兴十七年〔1146〕。正兴在位二十五年，禅位于子智兴，智兴立，当孝宗乾道八年〔1172〕。智兴在位二十八年，卒，子智廉立，时在宁宗庆元六年〔1200〕。智廉在位五年，卒，子智祥立，时在宁宗开禧九年〔《南诏野史》各本均作"弟智祥立"，时在"开禧元年"〕。智祥在位三十三年〔《南诏野史》倪、王本作"三十四年"〕，禅位为僧，子祥兴立，时在理宗封禧二年〔《南诏野史》倪辂本、胡蔚本作理宗"嘉熙二年"，即1238；《南诏野史》王崧本及《滇载记》作"三年"，即1239。无"封禧"年号〕。智兴在位十三年，卒，子兴智立，时在理宗淳佑〔祐〕十二年〔《南诏野史》胡本、王本作"十一年"〕，公历一二五二年。兴智立二年，为元灭其国。按：宋理宗宝祐元年〔1253〕为蒙古元宪宗之三年〔1253〕，元大将兀良合台拔鄯善城，获段兴智以献，宪宗命赦之，随封兴智为摩诃罗嵯〔《南诏野史》胡蔚本作"摩诃罗嵯"〕，仍令守其地，世袭总管。

按：段氏自段思平立国，传二十二世而至段兴智，其国始亡，以时代考之，实起于后晋天祖〔福〕元年，为公历九三七年，而终于宋理宗宝祐元年，为公历一二五三年，历三百一十有七载〔《南诏野史》胡蔚本作"三百零十五年"，《云南志略》作"三百一十六年"，《滇载记》作"三百五十年，互异〕，其祚亦可谓长矣"。又《滇系》载云："段氏之先，为武威郡人，有名俭魏者，佐蒙氏有功，赐名曰'忠国'，擢清平官，六传而至思平，思平借东方松爨、黑爨二十七部兵力，以灭杨干真，而有其国。"此则不言段氏为九隆三族之裔也。惟是段氏之有大理国，与赵宋之有天下，若从两两具有之事实上观察，几若骈拇之齐动焉。何以言之？盖两两之兴亡变动，直一一相同也，可详明之于下，亦足助读史者之兴味。段兴于公历九三七年，宋兴于公历九五九年，段则差前二十余年。段亡于一二五三年，宋亡于公历一二七八年，宋则缩后二十余年。段氏享国为三百一十七年，赵宋享国为三百二十年，运祚之长短，只相差三年耳。宋太祖位传太宗，传弟也；段思平传位思英，亦传弟也。太宗一系，传至高宗，是八世而斩；思英一系，传至素兴，亦八代而斩。高宗以乏嗣而传位孝宗，孝宗乃太祖之六世孙也，孝宗即位，是以天下仍还之于太祖也；素兴为国人所废，位传思廉，思廉为段思平五世孙，思廉即位，是仍以大理国还之于思平也。其巧合也如此，岂冥默之中，真有数理在耶？然而段氏入于元代，犹有十二总管之传袭，而赵氏则无此余绪也，岂不逊哉！惟宋室之亡也，则有一出类拔萃之文天祥，而段氏之亡，亦有一死不屈辱之高太祥。《滇系》载云："太祥，昇太后裔也，元兵灭大理国，太祥拒战，大败被擒，令其降，不屈，斩于五华楼下，时红日当空，忽云起雷震，元世祖忽必烈曰：'此忠臣也，厚葬之。'"而犹有一段为历代千秋帝王统系上所无之一事迹在焉。

段氏立国，仅三百一十七年，世统相传亦只二十二代，其间禅位事凡七见，弃位而为僧者，直有四人之多，此诚于帝王统绪上，绝无而仅有者也，其可以蛮王视之欤？吁！舜视天下如敝屣，彼段思平、段思英之子孙，即北面而朝舜，舜亦必善之也。余于滇中段氏，实心折焉。

段氏入于元代，元中统二年，即公历一二六一年，敕授智兴弟段实为总管，守大理，曰信苴段实，又曰信苴日。段实卒，段忠〔《南诏野史》王崧本作"实之子"，他本为"段道隆之子"〕袭职，忠在职一年卒，实之子庆〔王崧本作"忠之子"〕袭职，任职四十三年，卒，庆之弟正袭职，在职十年卒，庆之子隆〔王崧本作"正之子"〕袭职，在职十四年，卒，隆之子俊袭职，任职一年，卒，俊之族义〔《南诏野史》倪辂本作"代父职""子义立"，他本作"隆之弟"〕袭职，越三年，归职于隆之子光。越一年，光又让职于弟功〔《南诏野史》倪辂本作“光卒，弟段功立”〕。功任职二十二年，卒，族人宝〔《南诏野史》各本作“功之子”〕自立，任职十四年，子明袭职。明在职仅数月，明之叔段世夺其职，时为洪武十四年〔1381〕。十五年〔1382〕，明将军傅友德、蓝玉、沐英征平云南，段氏总管之职，遂告终焉。

按：段氏总管十二代〔各本均述至十一代总管段明〕，起于南宋理宗辛酉景定二年〔1261〕，即蒙古元世祖中统二年，当公历一二六一年，讫明太祖壬戌洪武十五年，公历一三八二年，共计一百二十二年。

又云南入于元代，虽改为行省，设置诸路，而仍以藩王坐镇云南。如元世祖至元四年〔1267〕，以皇子忽哥赤为云南王〔《滇考》作“元至元八年，以第五子忽哥赤为云南王”〕，镇中庆路。至元二十五年〔1288〕，以云南王也先帖木儿镇大理〔至元十七年袭忽哥赤云南王位，二十五年赐涂金驼纽印〕。至元二十七年〔1290〕，以皇曾孙甘麻剌为梁王，镇云南。至元三十年〔1293〕，以皇曾孙崧山〔《元史·本纪》作松山〕为云南梁王。成宗大德三年〔1299〕，以世祖子成宗叔可也木铎为梁王镇云南〔《元史·本纪》《滇考》均未载“可也木铎”。《滇考》载“成宗时，有梁王阔阔者”，或是，待考〕。武宗至大元年〔1308〕，择诸王中之年长者为梁王〔《元史·本纪》：二年，以诸王老的代梁王镇云南〕，镇云南。仁宗皇庆元年〔1312〕，以世祖孙阿木金为云南王〔《滇考》：延祐二年，封和世㻋为周王，出镇云南。《元史·本纪》：延祐七年，封王禅为云南王〕，镇大理。泰定帝泰定九年〔泰定只五年，九年似为元年之误〕，以王禅袭封梁王〔《滇志》《滇考》：延祐七年封王禅为云南王。《元史·本纪》：泰定元年，改封云南王王禅为梁王〕。又泰定元年〔1324〕，封帖木儿不花为梁王〔《滇考》：至治三年封帖木儿不花为云南王，至顺元年秃坚自称云南王。《元史·本纪》：至顺二年，秃坚自立为云南王。元统二年，云南王阿鲁镇云南〕。顺帝至正二十七年〔1368〕，梁王不花卒，其宗室中有名把匝剌瓦尔密者，遂自立为云南王〔见《滇云历年传》。《明史·把匝剌瓦尔密传》作“元世祖第五子云南王忽哥赤之裔也。封梁王，仍镇云南”〕。明太祖洪武十四年，明征南将军傅友德、蓝玉、沐英等，率师入滇，下曲靖，云南王把匝剌瓦尔密与之战，不利，而司徒达里麻之兵与明师战，又大败于曲靖白石江，达里麻又为明师所擒，把匝剌瓦尔密自度不能支，乃走晋宁州之勿纳寨，驱妻子赴滇池死，已与其左丞达的、右丞驴儿，俱自杀。明师至昆明，右丞观音保以城降。明洪武十六年，云南悉平，傅友德与蓝玉俱帅师还，命沐英留镇云南。沐氏留镇，传十六世至沐天波一代，云南始入于清朝。

附沐氏世系考

沐氏留滇传袭之十六代：一沐英，二沐春，三沐晟，四沐昂，五沐斌，六沐璘，七沐瓒，八沐琮，九沐崑，十沐绍〔勋〕，十一沐朝辅，十二沐朝弼，十三沐昌祚，十四沐大〔衍大〕叡，十五沐启元，十六沐天波。

右〔上〕计十有六世，明祚始失，云南亦入于清朝，沐氏方失其世爵。

三迤民族之分晰

滇在夏、商、周三代时，为百濮国，《左传》曰："麇人率百濮聚于选，将伐楚。"《注》："百濮，夷也。"《疏》："建南郡南有濮夷，无君长总统，各以邑落自聚，故称百濮。"〔建南，《疏》作"建宁"，且于"建宁"前有"《释例》曰"三字。〕按：建南〔宁〕郡，三国蜀置，在今曲靖县西，有故城在。又按：左思《蜀都赋》有云："东则左绵巴中，百濮是〔所〕充。"此足见百濮有散居巴中者。《左传》云"麇人率百濮聚于选"，殆指滇中百濮而言也。是则三代时之百濮国，其为滇国也无疑，逮至秦、汉时，滇之哀牢九隆族，枝繁条茂，流衍而下，其九隆三族、九隆四族、九隆五族、九隆八族、九隆九族，以及九隆三族之汉人一族等等支流，无不繁昌，且无不盖于滇中之古昔各族，于是而有东方乌蛮、西方白蛮两大总名目发生。

按：《史记·西南夷传》载：西南夷，汉时巴蜀外之蛮夷也，以夜郎、滇、邛〔都〕、徙、筰〔都〕、冉駹、白马诸国为大。又考云南全省、贵州省西南境，皆汉时西南夷所居之地，此足以证明汉时之西南夷，而滇之乌蛮，白蛮胁与其间。滇之乌蛮，多属于古代百濮，滇之白蛮，多属于哀牢九隆族也。

至两晋六朝时，滇中民族，又何为而有东、西两爨之名目耶？《天下郡国利病书》之载爨蛮曰：爨氏本安邑人，在晋时为南宁太守，中间〔国〕乱，遂王蛮中。今陆凉〔良〕有爨王碑，云是楚令尹子文之后，受姓班氏，西汉末，食邑于爨，遂以为氏。而蛮本无姓，只以乌、白为号，爨是从其古〔酋〕长之姓也。又按：新旧《志》书载云：自曲州、靖州西南，谓之西爨，而仍曰白蛮。自弥鹿、升麻二州至步头，通谓之东爨，仍曰乌蛮。故自晋及唐，滇中则有东、西爨之名目。

自唐而下，东爨中又有松爨、黑爨两大名目，西爨中又有摆夷、摩些、民家，倮倮等类名目分着。由是而逐渐厘定界域，此亦东、西两爨中，起了一种自然的变化。虽然，此两大族类中，固是逐渐分划地居，各建名号，厘定界域而成为百数十个名号各殊之夷族。但是东爨中仍以倮㑩一族为主体，西爨中仍以摆夷一族为主体，其他各族，俱属于附丽者也。

据《通志》内《南蛮志》载，滇中夷族计一百二十有八，然此一百二十八种夷族，自不尽属于哀牢九隆族之所变衍而成，亦自有许多夷族，是古百濮中之一些裔子也。其间更有由他省边地流入之夷族，如苗人、傜人、侬人、龙人、孟人、仲家子等是。又有邻国边境流入之夷族，如老挝，如艮子、莽人，如羯些子、戞于腊等是。惟此一些由他处流入来之夷族，云在一百二十八种夷族中，犹不及什之一也。顾此一百二十八种夷族，系见于岑《志》，但是《志》载一切夷族，却未载及山头与土汉人两族。按：山头即近今所称之景颇族，土汉人系九隆三族流衍而下之一种汉人，今迤西各地仍有之。惟其族不繁，其丁口较多之处，以属于腾冲之腊撒、扈〔户〕撒两地，可能各有数千。当地多名之为土汉人。《志》不载此两种民族，殆以山头应归之于野夷，土汉人应归之于汉族耶。

余之写此，亦惟本诸《志》书所载名目，而考其各之生息地处，复加以分晰。而三迤夷族，在分布上，则不难显明，且可以知某些民族，系隶于东爨乌蛮，某些夷族，系隶于西爨白蛮。至若迤南方面之一切夷族，其来源自较东、西两面为杂，其间恐有多数为古百濮之后裔也。余书至此，自觉浅于学识，今于三迤民族，仅在一切常见书中。得其概略，究未能将某一民族确定为是百濮遗裔，某一民族的是由哀牢传出，此真愧读书不多，无以取证也。

夫云南之民族，自秦、汉而下，即应以哀牢九隆族为主，迤西为哀牢九隆族策源地，而白子国又建立于迤西，时有九十余部落之繁，此在常人揣之，迤西民族，当繁杂过于迤东、迤南也。讵知不然，迤西民族，竟不及迤南方面之繁多也。论迤西之楚雄、大理、丽江、顺宁、永昌五大郡，又永北、景东、蒙化、弥渡、中甸、维西、腾越、龙陵、缅宁九小郡内（今仍本旧制原名而言，始与《通志》不乖离），无远无近，大村小寨，多半为夷族所居，而一赶街场，逐〔触〕目皆是夷人，此而谓之不繁多，可乎其不可乎？要知迤西夷族在名目上，究不及迤南方面之多也。其触目皆是者，以有四五人数较众之庞大民族，介于其间，在形色上故觉其多而众也。此四五个庞大夷族，即摆夷（亦名僰夷）、摩些（亦名刺傒）、民家子、古宗、傈僳等是。此外，亦只有三十余种人口不甚多之夷族在也，迤南方面，则异于是，直有六十余种，人口或有二三千，或有一二万众之夷族，散居于各郡邑间也。兹将迤西、迤东、迤南三方面各有之民族，分举而列之。

迤西方面所有之夷族列下：

僰人，亦名白人，又名白裔子（按：此一民族，为滇中之一古老民族，白裔子当是僰儿子三字之讹），摆夷，旱摆夷，水摆夷，花摆夷，民家子，摩些，哀牢夷，蒙化夷，黑倮㑩，白倮㑩，妙倮㑩，大伯彝，小伯彝，古宗，小古宗，野古宗，大倮黑，倮黑，怒子，俅子，傈僳，西番，艮子，蒲人，傜人，罗婺，摩察，缥人，莽人，苗人，峩昌，嫚且，那马，哈利，绷竜，刺毛，戛喇，洒摩，绷子，木邦，小列密，羯些子，朵些，土汉人，景颇，龙人，卡瓦，熟野人，生野人。以上计四十九〔五十〕族，惟绷竜一族，其名不见于志书，殆误认绷子为绷竜也。实则绷竜一族，在腾、龙方面，丁口颇众，且是一良好民族，其习俗、性格，与绷子有别。景颇族，昔人都称之为山头，以其居于山巅也。其族新旧《志》俱未载及。龙人，即古之駹族，因其行止不端，昔人都名之为庬匪，《志》亦未列其名。又土汉人一族，亦不之及。

迤南方面所有之夷族列下：

白人，白倮㑩，妙倮㑩，撒完倮㑩，葛倮㑩，普拉倮㑩，苗人，僰夷，旱摆夷，水摆夷，花摆夷，伯彝，扑喇，窝泥，白窝泥，黑窝泥，山苏，糯比，大、小倮黑，依人，交人，龙人，鲁兀，阿晒，阿卡，阿惰，黑濮，遮些，土僚，黑土僚，白土僚，花土僚，飞头僚，沙人，黑沙人，野古宗，长头发，徭人，地羊鬼，戛于腊，三撮毛，老挝，土汉人，倮黑，结豐，卡瓦。开化一郡更有下列各族：喇乌，聂素，马喇，阿成，阿戛，阿系，阿度，普岔，喇傒，普剽，孟乌，普列，山车，普马，腊兔，腊欲，舍乌，阿倮，腊歌，白腊歌，犸鸡，白犸鸡，黑犸鸡。合计以上共有六十九〔七十〕种，迤南夷族自较迤西为多矣。

迤东方面所有之夷族，则较迤西、迤南两方面为少，盖迤东方面原属乌蛮之地，其主要民族，即是乌蛮中之松、黑两爨。今在大体上，除居于凉山上之蛮族外，则区分为黑、白两夷，然黑夷为主，白夷为奴也。至云其他夷族，大都由黑、白两夷支分派别而出，故曰迤东方面之夷族，以黑、白两夷为主体也。兹可举其所有之夷族而列于次：黑倮㑩，白倮㑩，海倮㑩，乾倮㑩，撒弥倮㑩，阿者倮㑩，阿蝎倮㑩，鲁兀倮㑩，甘人，花苗，孟人，沙兔又名仲家苗，黑乾夷，仲人（即仲家子），苦葱，披沙，披沙夷，车苏。以上共计十八种，是为迤东方面所有者也。此在比较上，迤东夷族较为单纯。

此外，又有子间、撒弥、傒卜等族，则惟昆明有之。然归化已久，其饮食、起居，无不与汉族人同也。惟妇女服饰保持如故。又有普特一种，是以渔为业者，亦惟昆明有之。在光绪初年，滇池畔之碧鸡山下尚有此一夷族，今则无矣。又有密义一族，惟易门有之。更有麦岔、土人、个倮三族，惟武定、元谋有之。复有花倮㑩一族，武定、罗次一带俱有之。

夫三迤民族之种类不同，而族类中人数之多少，亦大有悬殊，今分举而列之于右〔上〕，亦足见滇中之一百二十八种夷族，是各酋攸居于省之四方也，然不能不云民族复杂。

滇中民族琐言

哀牢族，据杜氏〔佑〕《通典》云：哀牢，后汉时通焉。其先有妇人名沙壹，居于哀牢山，尝于水中捕鱼，触沉木，若有感，因怀妊十月，产男子。后沉木化为龙，男背龙而坐，因舐其男之背。其母鸟语，谓背为九，谓坐为隆，因名九隆族。男长而生九子〔前文《哀牢九隆族及蒙段世系考》作“壹沙后又继续生子，共九人”〕，是为九隆一、二、三、四、五、六、七、八、九族。人皆画其身，象龙文，衣皆著尾。

昆弥国，杜氏《通典》曰：昆弥国，一曰昆明，西南夷也，国立于西爨之西洱河畔，以河为界，河即叶榆河也。其俗略同突厥，相传本兄弟也。又据《文献通考》载：汉武帝得其地入益州部，其后复绝，诸葛亮定南中亦所不至。唐武德四年，嶲治中吉弘使南宁，因至其国，谕之，遣使朝贡。贞观十九年，右武侯将军梁建方讨蛮，降其部七十二，户九千三百。咸亨三年，昆明十四姓，率户二万内附，析其地为殷州、总州、敦州，以安辑之。殷州居戎州西北，总州居西南，远不过五百余里，近三百里。其后又置盘、麻等四十余州，皆以首领为刺使。缘此而考新旧《志》书，所谓之殷州、总州、戎州，即在今之武定、元谋、禄劝、罗次、定远、广通一带，所谓之盘、麻等州，《志》载记四十有一，其土地则在今之寻甸、巧家、会泽、曲靖、罗平、沾益、宣威、师宗、平彝及黔省之盘县、普安、水城一带。然此一带地处，连同昆明、嵩明、晋宁、昆阳等处，都称为昆明国。所谓之昆弥国，实在迤西大理之西洱河畔，其土地则在今之蒙化、弥渡、凤仪、宾川、祥云、大姚、姚安一带。杜氏

《通典》云“昆弥国，一曰昆明国”，是将昆弥、昆明误合而为一也。

云南之西爨与东爨，据《文献通考》云：“自曲州、靖州，西南昆州、曲轭、晋宁、喻献、安宁距龙和城，谓之西爨白蛮。”按：今之昆明，在汉、晋时为昆州，又在隋、唐时代，昆明仍名为昆州也。至论此一带之西爨白蛮，后则名为白倮㑩，分支则为乾倮㑩、海倮㑩、花倮㑩、撒弥倮㑩、鲁兀倮㑩、阿者倮㑩。按：“倮㑩”两字，原写作“猓猡”，是其族中以此两个字音而自名其族。今人认为“猓猡”两字，是昔人贱视其族类，此系从深曲处而为之解说，实则是就其土语而用到此两字也。又云：“自弥鹿、升麻二州，南至步头，谓之东爨乌蛮，土多驳马、犀象、明珠。”按：乌蛮之主体，自是属于黑倮㑩，此族自两晋、隋、唐而下，都无变更，且为迤东方面土人中之贵族。所云“土多驳马、犀象、明珠”，此在千余年前，或许有之。又云：爨瓒子震、翫〔依《滇考》及此下文义，此句当为“爨瓒子翫”〕，隋开皇中，遣使朝贡，随命韦世冲以兵戍之，置恭州、协州、昆州，未几叛，史万岁击之。唐高祖即位，以震、翫子〔此处“震”似衍，宏达为翫子，似应作“以爨翫子”〕宏达为昆州刺使。唐太宗遣将军击西爨，开青蛉、弄栋为县。按：是时所开之青蛉、弄栋两县，其土地即属于今之富民、罗次、安宁三治及禄丰属之一些地处。又接云：宏达死，以爨妇〔归〕王旋得授南宁州都督。妇〔归〕以兵袭杀东爨首领盖聘。有西爨〔道光《云南志钞·南诏世家》作“两爨”〕大鬼王〔主〕〔爨〕崇道者，与弟日进居安宁城左。日进恒助妇为恶，崇道遂杀日进及妇王。于是诸爨乱，崇道俄亦被杀，是后，诸爨殊杂弱。南诏王阁罗凤以兵力胁西爨，徙户二十余万于永昌城。是后，昆明即不名为昆州，直名之为昆明，且为南诏所置之弄栋节度使驻在地。至阁罗凤之孙异牟寻立，乃毁昆州苴兰城，而建筑拓东城。又接云：在阁罗凤徙西爨时，东爨以言语不通，各散居于林谷间，得不徙。然自曲州、靖州至龙和城，俱残于兵，东爨等遂散居于各处。顾此一切记载，所以今日迤西一带，故只有白倮㑩而无黑倮㑩也。又东爨黑倮，一自西爨徙后，其族复振，遂迁徙其族，居于西爨故地。有未被移去之西爨白倮，虽留居于旧地，但人数较少，势力弱矣。迁移前来之黑倮，便反客为主，于是邻于曲州、靖州一代之白倮，概为黑倮之奴矣。今虽时远代迁，纪年已逾千载，而迤东方面之夷族，仍以黑倮为主，黑倮为贵族，其他各族，俱隶于黑倮下也。至云今日之迤西方面，亦有少数之黑倮僇与妙倮僇等，然是在楚雄境内，此当是由武定、元谋、罗次一带而移往者也。

杜氏《通典》载云：当汉、晋、六朝之际，南中有东谢蛮、西赵蛮，俱南蛮别种。东谢蛮居黔之西，去昆明六七百里。考之，似在黔之威宁、水城，滇之宣威三郡地处。西赵蛮族，据杜氏《通典》云：西赵蛮，在东谢之南，其东至夷〔亦〕资孔，南至昆明国，西北界金沙江，山峒〔洞〕深阻，莫知里数，惟识南北须十五日行，东西须十二日行，风俗与东谢同。赵氏代为酋长，率领数万，自古不臣中国。大唐贞观三年，遣使入朝，二十一年以其地置朝州，以首领赵唐为刺史。按：其所述西赵，地方实属辽阔，而新旧《志》书上，亦无所指证。惟《巧家县志》则云：“巧家为唐时朝州地。”又云：“披沙夷，即西赵蛮后裔。”是则，巧家、鲁甸，俱为昔日西赵蛮所有之地也。

蒙诏时，迤南有小民族，曰步日，是外来之一小部分民族也。据云南旧《通志》载：“步日部，居元江府西。”按：元江在明代称府，清代改为直隶州，昔蒙氏就元江特立一甸，以居此一部分人民，且徙白蛮若干户以镇之，名曰步日睑（睑音检），盖蛮语谓州为睑也。考《州志》，步日睑即在元江所属之漠沙坝。厥后，此族竟与他族并合，今日元江遂无此一族。

八百媳妇，往昔为滇边民族之一，清代中叶，则归入缅甸八幕。〔眉批：八幕即新街，属蛮幕土司地，实则是入于蛮幕也。〕云南旧《通志》载：八百媳妇，其人性缓，刺花鸟于眉宇间，是以此为妆饰。风俗则同于缅人，相见以把手为礼，语言亦差与缅人相同，其他一切亦与缅甸边民无甚差别。此是言其未归入于缅时之情况，今则当然与缅甸边民同归于一致也。又《汇书》〔《汇刻书目》〕载："八百媳妇，国名，古西南蛮之一，今在暹罗境，世传其酋有妻八百，故名。元泰定三年〔1326〕，八百媳妇蛮招南道〔《元史·本纪》作"招南通"〕，遣其子来朝。明初亦内附，设八百大甸军民宣慰使〔司〕。八百大甸居景迈，为大八百，居景线者为小八百。"惟近阅某种杂志云："老挝西边之某些地处，即往昔八百媳妇地，其人民亦是往昔之民族。"顾此两说，俱与志载有异。盖八幕去腊戍，地隔五六百里，腊戍去怒江下游萨尔温江南段，又在数百里，萨尔温江距九龙江，又在五六百里。老挝在九龙江之东，是老挝与八幕，地之相去也千有余里。此曰属于缅，彼曰属于老挝，究未知孰是。

车里一隅，为滇中极富有历史性之一地处，车里在普洱府宁洱县南约五百余里，距思茅、威远两郡城，亦各在四百余里。车里居于澜沧江下游名九龙江之接近橄榄坝一段之西岸，此即古产里地。伊尹四方献令曰：产里以短狗、象齿献。〔师范《滇系·事故》"濮，今顺宁。矩狗志作短狗，非。"〕后又以物品贡于周，周公作指南车导之归，因而易名为"车里"。而车里在蒙段时代，为迤南诸夷荟萃之地，殊称繁盛，一切文物，尤表著于一时，如音乐一项，制作尤精，故近来夷族中所用之音乐，犹有名车里乐者，此亦足以证明当时文物之盛也。明代改〔土〕归流后，地方始逊于前。清末，滇中大府令知县柯树勋设思普沿边行政总局于车里，划八区而治。至民国十五年，复改设车里、佛海、南峤、宁江、镇越等县。

寮族，昔书作"僚族"，据杜氏《通典》云：滇、川、黔诸僚有南北之分。僚在往代，初出自梁、益之间，自汉中达于邛笮，其山谷间，所在皆有。后魏宣武帝正始间，梁将夏侯道迁举汉中附魏，宣武帝遣尚书邢峦为梁、益二州刺史以镇之。其后，以梁、益二州控摄崄远，立巴州以统诸僚。后以巴酋帅严始欣为刺史，又立隆城镇，所管之僚人二万余户，是为北僚。其散处于滇、黔及川南边境山谷间者，曰南僚。然无论为南僚、北僚，俱自称为盘瓠之后。按：盘瓠种，据《文献通考》曰：昔帝喾时，患犬戎入寇，乃幕诸天下，有能得犬戎将军首者，妻以少女。盘瓠衔其将军首而至，乃以配之，入南山上石室中，生子，其后滋蔓，号曰蛮夷，有邑君长，名渠帅曰精夫，相呼为姎徙。湘中、黔中、川中之五溪蛮，皆是此种类也。又载：秦昭〔襄〕王使白起伐楚，略取蛮夷，置黔中郡。汉兴，改为五陵郡，岁令大人输布一匹，小者二丈，是谓賨布。据此，可知是时其族亦不少也。而在近数百年来，云南迤西之顺宁、永昌、龙陵、腾越等郡，却多僚人，此则是自南流入。又在迤东巧家、东川、昭通等郡，亦多僚人，此是自湘西、黔中流入。在开化、广南、临安、元江等郡者，又是自西粤流入也。总之，云南在中朝秦、汉以前，实无一僚人，有之则在晋代以后。故三迤之僚族，不能认作哀牢族，亦不能认为是古百濮中之一种民族。

云南在夏、商、周时代，俱名为百濮，其国中当然无一汉人，滇中有汉人，是自楚庄蹻入滇始。庄蹻率来之众，固属楚人，然从其实质上言，原是中国之荆蛮，荆蛮与云南蛮族，质亦相若，要不过名目差别也。惟荆蛮受中土文化较早，滇则较楚为远，受文化自后于楚也。夫庄蹻之众，原来自于江汉间，故自名为汉人。及至战国时，滇中之哀牢九隆诸族，已臻蕃盛，只以九隆三族之子孙，多居于苍洱、金碧一带之平衍地处，得与外来汉人相接近，久之，于饮食起居、语言文字上，竟不期然而然的作成一种薰习渍染之变化。更进一步，几与外来汉人同化。由是，他族中人便呼九隆三族中人为汉人。所以云南志书纪载：哀牢九隆三族，自蒙苴诺而下，滇之汉人，即蒙苴诺之后世子孙也。逮至秦、汉时，外来华人益多，九隆三族之后裔，遂自行区别其族，自名为滇中汉人，他人则名之为本地汉人，亦曰土汉人。今日迤西迤南边地上，尚有一种土汉人焉。

古昔蛮夷，原无姓氏，惟重世系，其名字是一系蝉联而下，例如细奴罗之子则名罗晟，晟之子则名晟罗皮，皮之子则名皮罗阁，阁之子则名阁罗凤，凤之子则名凤迦异等是。而在东汉、蜀汉、两晋时，夷族中亦有师华人以赵、钱、孙、李、周、吴、郑、王等为姓者，然此不〔仅〕是僰人蛮族，诸色倮㑩、诸色摆夷族中所有是九隆三族中一派系传流下来之汉人所有者也，论九隆三族之汉人，在三国、两晋、六朝时，殊称蕃盛，有习染于外来汉人者，遂师汉人，以赵、钱、孙、李、周、吴、郑、王而为姓氏，其最显著者，莫如汉、晋以后，隋、唐以前之东谢蛮、西赵蛮及汉时之许叔、盛览，蜀汉时之吕凯、王伉等。

晋宁一郡，在蜀汉及西晋时，俱称宁州，州治范围，则较今为大，州置刺史一，统诸蛮部。晋武帝以滇中汉人李毅为南蛮校尉、宁州刺史，领云南三十七部蛮族。毅在任约十有余年，甚著威惠，已而卒于官，于是群蛮叛，援救莫至，邑人乃推毅女李秀领州事。秀率众婴城固守，城中粮尽，掘鼠及煮草木而食。是时，邑人尊称秀为夫人，且无不听令于秀。秀困于城时，志气益厉，躬擐甲胄，俟蛮稍怠，辄出击之，蛮兵败走，城得保全。因以李秀为宁州刺史、南蛮校尉〔《华阳国志·南中志》《资治通鉴》《滇云历年传》等只云众推领州事，晋室以王逊为南夷校尉、宁州刺史〕，嗣父统三十七部。在职三十余年，群夷慑服，州民肃安，境内清晏，终于州任，百姓哀号，若丧母妣，相与立庙，岁时致祭。隋开皇中，刺史梁毗奏于朝，封镇靖夫人。唐武德元年，朝以爨宏逵〔达〕为宁州刺史，会群蛮叛扰围城，宏逵祷于祠，是夜风雨晦暗，蛮兵惊乱，因而击之，蛮兵大溃，州境遂平。宏逵上其事于朝，加封镇靖明惠夫人。前清末季，夫人之庙祀犹存。噫！镇靖夫人之威惠，又何让于百节夫人〔慈善〕之亮节清风哉！彼夷族中，何多贤女子也。

云南夷族，自有之文化，实启自于爨，爨人阿町〔正德《云南志》、天启《滇志》《中国人名大辞典》作“阿眲”，亦作阿畸〕，成爨字一千八百四十有奇〔号曰《韪书》〕，字以若干字母拼成，亦华人六书中谐声字之□〔“之”下一字不辨，今以□代〕。笔画则如蝌蚪形，亦可以说有类于一条一条的豆芽菜。传云：阿町撰爨字，历三年始成，其字有名词，有动词，有形容词、助语词等类之区别。字成，爨人习之，以为书法。据杜氏《通典》云阿町为中朝西汉时人，《文献通考》则云是东汉时人。新旧《志》书上，于此亦无所订正。惟是此种文字，厥后却成二系，一为乌蛮系，即后世诸色倮㑩所用之文字；一为白蛮系，即后世诸色摆夷所用之文字。余谓阿町亦仓颉〔黄帝左史，创象形文字。《汉书》作“苍颉”，有《苍颉传》〕后之一人耳。

古昔云南之民族，自是蛮族，在公历纪元前，实无中国文化之可言。惟《志》书载云：汉，许叔，谷昌〔昆明〕人，正和〔元和〕中，入中国，受《五经》，归而教授于乡，滇中始启文化焉。又载：汉，盛览学赋于司马相如，由是而滇中始有词章之学。又载云：汉，张叔天资颖异，过目成诵，从司马相如受经，归教乡人。又载：陈太建中〔569~582。《云南辞典》作唐元和间，806~820〕，有昆弥人张志成〔诚〕，入成都学羲之草书，学成而归教国人。又三国李恢，南土平定，厥功居多。恢弟之子球，随诸葛瞻拒邓艾，战死于緜竹。又吕凯，诸葛亮表凯及王伉之功，言：凯等执忠绝域，十有余年，臣不意永昌风俗，纯直乃尔。此足见蛮族中，亦自有人才在也。以云中国之文化输入，而亦是在公历纪元前，不得谓为十分落后。

滇中迤南之边地上，有一种僧人，名为缅和尚者，是又与喇嘛僧有所不同。缅和尚以黄布缠头，披黄布为衣，亦彷佛喇嘛。所诵佛经，皆是贝叶缅文。（此种经篇，余姊丈蒋继曾，在光绪末叶往勘南界，得到此种经篇数十页，每页长近尺，宽约二寸，厚及半分，缘边饰金，字迹深入贝叶，似以针刺者，亦一种特异物品也。）缅和尚喜畜猫、鸡，饮食不忌荤腥，自不炊爨，皆地方摆夷族人，轮流供给。捧饮食至缅寺外，去包头及鞋，将饮食顶于头上，跪而献之，盖摆夷最尊缅佛也。如卑幼为缅和尚，虽其尊长献食，亦与常人同一诚敬。缅和尚若一还俗，归回家中，则依然卑幼也。此俗风气，在前此之五六十年间犹如是，今则不知其有无改变，此惟在迤南之思茅、普洱、威远、澜沧等郡之边鄙上多有之，在迤西方面，又转少也。按：此亦略见载于滇志。

云南中甸、维西两郡之人民，什占八九为夷族，汉人只少许耳。维西郡内之夷民，又什之七八为麾些族，他族不及三分之一。中甸郡内之夷民，则什之七八为古宗教，他族亦不及三〔分〕之一。古宗与摩些，是无不奉喇嘛教者。喇嘛，番僧也，番谓僧喇嘛，其教则称喇嘛教。然而“喇嘛教”三字，可以说是“佛教”两字之变名。又按西藏语，“喇嘛”两字为男子出家之称，其义为“最胜无上”。又据《西藏新书》：“喇嘛爵秩有十余等，最尊者曰国师、曰禅师，次曰札萨克大喇嘛、曰副札萨克大喇嘛，又次曰札萨克喇嘛，再其次曰大喇嘛、曰副喇嘛、曰间散喇嘛等。”云南维西、中甸之八大喇嘛寺中，其爵秩虽无如此完备，然自札萨克喇嘛以下，又无不有也。

喇嘛教分红、黄两种，此两教中甸、维西皆有之。红、黄两教之喇嘛，大都是习真言宗或禅定宗，云习天台华严宗者，则鲜而又鲜矣。中甸、维西之八大喇嘛寺中之喇嘛，大都是两郡内之古宗与摩些族人出家而入寺为喇嘛者，若番僧恐十中无一也。惟是古宗族多奉黄教，奉红教者什中无一。摩些族中则是大多数人奉红教，少数人奉黄教。奉其教者，无非讲敬奉佛爷、布施喇嘛二事而已。至云黄、红两教之区分，据余庆远《维西见闻录》载：“红教之类甚繁，相传有十三种，在滇之维西、中甸者，惟格马一种。格马长有五人，谓之‘五宝’，轮回生番地，均十余世不灭佛性。维西五大寺，喇嘛多者逾千人，少者亦六八百人，皆格马五宝之法子也〔《维西见闻录》作“皆格马四宝喇嘛之法子”〕。衣罽及褐，披袈裟，常年不去，亦不衣裤。夏戴平顶竹笠，冬戴平顶猩红毡帽，四莲瓣向上围于四方，著袜朱履者，多衣冠皆红，故谓之红教。教中喇嘛，不近色而贪财，戒宰杀而食肉，所谓见杀不食。礼佛诵经，译以华语，亦与中土同，惟无《愣严经》耳。”按：红教与黄教，在大体上无不相同，黄教亦是食肉嗜利，不近女色，所诵经籍，亦与红教相同，惟所奉之祖师、护法，则与红教有异，其他只服饰上之形色，略有差别耳。惟是释迦产于天竺（印度原名天竺），而缅甸与吐番〔蕃〕，地实接近，相传达摩曾阐教于其地。然而佛教之兴于东土，今已千八百余年矣。

黄教喇嘛起于最后，且黄教只达赖喇嘛一种，然皆古宗出家者，中甸西去八日阿墩子之寿国寺、杨八景寺，奔子阑之东竹林寺，各皆喇嘛千人，又无不有百分之九十五为此一带地方之古宗也。黄教喇嘛阔袖长衫，隆冬亦露两肱，著古宗靴而不著裤，衣黄冠黄，故谓之黄教。近年来，红教喇嘛与黄教喇嘛来游昆明者颇多，人亦不暇辨认，但名之为喇嘛和尚。

又《志》书载："初，红教喇嘛强，恒欺黄教喇嘛，而在明时，欺之尤甚。既而黄教第五世达赖喇嘛有道行，预识满清必抚中土，于清太宗时，取道蒙古，入贡盛京，得封号，于是黄教转盛。"按：往昔红教之欺黄教，是以黄教不如红教强盛，奉黄教者惟古宗一族，而又不是整个族类之人都奉黄教，其间仍有一小部分人在奉红教也。摩些民族之奉红教，几近于整个摩些族，而且有不少的古宗族人杂于其间，以是红教之势力，十分强大。况且摩些一族较古宗一族之人数为多，缘此能欺压黄教。于是摩些与古宗，恒因事而相仇，且常有各集数百人作争斗砍杀之事，此在明末清初，亦是屡见不一者。及至清世祖入主中国后，黄教以得封号而称荣，红教于达赖喇嘛，终无如之何。然则往昔以势力相凌，今转而退处于后，非即前因后果耶？虽然此二三百年来，红教亦未衰也。此何以故？因红教在近数百年内，曾出活佛二也。此二活佛，一为谟勒孤喇嘛，一为善知识喇嘛。据余庆远《维西见闻录》载："谟勒孤喇嘛，红教十三教之一也。凡喇嘛禅学有得者，死投胎复生，不迷其前世，夷人俱称之为活佛。西藏谟勒孤喇嘛主死，其徒卜其降生于维西之其宗。乾隆八年，喇嘛众乃持其旧器访之。至其宗之日，摩些头人子名达机，甫七岁，指鸡雏问母曰：'雏终将依母乎？'其母曰：'雏终将离母也。'达机曰：'儿其雏乎？'有倾〔顷〕，谓其父母曰：'西藏有至此迎小活佛者，其喇嘛数十辈，皆佛也，盍款留之，获福无量。'父母以为谵，不听，达机力言之，其父出视，而喇嘛数十辈不待延而皆入。达机迎见，踊跃于地，为古宗语良久，众喇嘛奉所用钵、数珠、手书《心经》一册，各以相似者副之，达机审辨，均得其旧器，挂珠持钵，展经大笑，众喇嘛免冠罗拜而哭。达机持钵执经，起摩众喇嘛顶遍。于是，一喇嘛取僧衣僧帽进，达机自服之。数喇嘛以所携锦茵，重数十层于中庭，护达机坐，头人不知所为。众喇嘛奉白金五百，锦、缯、罽各数十端，为头人寿，曰：‘此吾寺主活佛也，将迎归西藏。’头人以只此独子，不许。达机曰：‘父母毋忧，明年某月日，父母将生一子承宗祧，我佛转世也，不能留。’头人及妇不得已，许之，而亦合十拜焉。众喇嘛拥达机于达摩洞佛寺，远近摩些闻之，百千成群，顶香皈拜，布施无算。留三日，去之西藏。明年，果如达机言，期生一子。”

善知识喇嘛，据《维西见闻录》云：“善知识喇嘛，格马四宝喇嘛之高弟子也。其前〔世〕死之年无考，乾隆己卯年生于维西六村摩些通事王永善家。先，王永善妻梦日光照胸而暖不胜，觉而遂生善知识。稍长，像貌俊异，不类摩些，能坐，喜趺，能言。告其母曰：‘儿旧土寒，惟产杏、葡萄、氆氇之属，不足奉以报母，虽然，数年后，可令母富也。’其母莫解其所言。乾隆丁亥年，四宝命喇嘛数人，以金、银、骡、马七百金之物来王永善家迎焉。善知识见迎者甚乐，以与所用旧器，杂以相似者，亦能辨之。六村摩些闻皆赴，免冠膜拜。善知识趺坐而摩拜者顶，皆能合度。已而王永善送入藏，于每程未至之路，山川之状，善知识皆能先言之。善知识非名其品第，乃以华语译之也。”维西之摩些族中，以有此二活佛，故摩些族人，无不奉红教。

滇西野与夷之考正

《云南通志》及《滇系》之艺文部中所载诸家之杂说，凡谈滇边夷族，多为怒、傈两种相浑〔混〕而言。纪化外之民，亦以山头、卡瓦、庬人、野人合并而言，且以庬人、卡瓦、山头通名之为野夷，此不无含混不清，有失其族类也。兹则据其各所居之地处，用各族各类之有所不同处，而分别言之。

夫怒子之与傈子、庬人、山头、卡瓦之与野人，不特语言、习尚各不相同，即居处地段亦不相杂，斯故不可合并而谈。论怒子之得名是以其生殖地多在怒江滨，傈子之得名亦以其生殖地而附近于狱水〔即狱江，又名恩梅开江〕。狱水亦一大江也，在怒江西去三四百里之狱山西畔。此两族人所居之地段，就云南郡治上言，则在中甸之西南，维西之西鄙，即是在澜沧江外，恩梅开江上游毒〔独〕龙江之内。而又在西极八大江之上游。何曰八大江？曰恩梅开江、曰怒江、曰澜沧江、曰金沙江、曰龙川江、曰穆雷江、曰泚江（按：泚江上游即弩弓河）、曰槟榔江（按：槟榔江下游即大盈江）。怒子所居之地，多在澜沧江西怒江东畔之一遍〔片〕高大山上。此一遍大山，即名为怒山，由此至南，绵延长五六百里。山之东面，咸为怒子所居，山之西面，另有一大山，是名为狱山，狱水则流于此山之西畔，其间有一大段地方，是为傈子之生息地处。又考傈子所居之地处，其北头直达川南边境，其南头则与高良功〔高黎贡〕山北去二三百里之浪速地相接，故傈子所居之地段，其阔在数百里，其长在五百里以上也。此一段地处之西边，是逼近恩梅开江，逾江百数十里，即为大野人山。

怒子所居之地段，是在怒山之东，澜沧江之西，实跨怒江而居焉。云其聚集之处，则在泚江上游。有散处于山之东、北两面者，则与古宗族接近而居，且间有与古宗族杂处者。以是，中甸官厅辖古宗亦辖怒子，而怒子亦常有诉讼投中甸官厅者，故怒子不得谓为化外民族。彼俅子则无一在澜沧江东面能与古宗族杂处者。其聚集地处，则在白水河、六库以上，此可以证明怒子、俅子实分界而居，两不同族，复不同类也。

怒子赋性较强，俅子赋性较懦，故《通志》载云：俅人与怒人接壤而居，俅则大畏于怒，不敢轻赴怒界。怒山东面之怒子，得向东面进展，横过在七八日路程，始至古宗族居地，北上直至滇藏交界处，南向则至泚江上游之弩弓河一带所有之地面，亦辽阔矣。怒子人口约有五六万，俅子人口则次于怒。又《南蛮志》载：怒人以怒江甸得名，其部落在中甸、维西边外，过怒江十余日，环江而居，清雍正八年〔1730〕，归入丽江郡内。又载：俅人居澜沧江大雪山外，系丽江、中甸、维西域外之野夷也。按：此一说殊不详确，以有异于余之所得。

前清光绪三十年〔1906〕，有湘人夏瑚，以直州判在滇候补，委署阿墩子行政委员，在任时，于西北边徼上极有考求。滇督锡良，知夏是有心于此者，乃令其深入怒、俅界内，考查其山川土地，及怒、俅等之风俗习尚，意欲开拓其境，教养其民。顾斯举也，自是锡氏之眼光远大，不类于庸庸者流。夏瑚奉令后，以半年有余之时日，得藏其事。时度六七重译，越尽二千余里程途，始得达到俅子所居之地处。凡经一处，所历之地，一一俱以笔记之。如一山、一水、一物、一渠、一草坪、一绳桥，靡不记及。更如由某寨至某寨，为若干里路程，其路途之曲直险夷，河流之长短宽窄，山势之高低大小，烟户之疏密，人口之多寡，风俗之奇特，习尚之怪异，无不记载綦详。至于身之所经所遇，及耳目之所见闻，亦无一不备载于卷中。其所述之种种情事，自较新旧《志》书之所纪者，切实详明多矣。夏瑚于查毕旋省后，出此笔记，倩人钞缮，执笔者为余友鲁君仲萱，余因而得读其篇章。笔记约近百篇，约有六七万字。惜余之记忆力弱，读后仅能记其概略，然今笔斯文，亦本夏氏之所述者也。

夏之笔记，于缮写誊清后，夏即以钞本呈于锡督，然未及二月，锡即调东三省总督。锡便将此卷交存外交司。李经羲来任滇督后，又不以是为重，夏亦任他事出省，此一事件，当然搁置。不久，滇省光复，夏便离滇而往川省，原稿当然携去。存于外交署之钞件，或者已投入字纸篓中，于是夏氏之全功尽失。惟此一卷帙，殊为不易成就之物，盖涉尽万水千山，历尽星霜半载有余，始赢得此数万言，竟废然丧弃，真可惜也。

至云卡瓦、庞人、山头等之与野人，俱是同种而不同族。《通志》于野人称之曰野蛮，于卡瓦、庞人、山头等称之曰野夷，有时亦书作野蛮，此种书法殊为含混也。今可先谈滇边之野人。据樊绰《蛮书》云：过金宝城以北，大睒周围百余里，悉皆野蛮。又旧《通志》载：去腾越二百余里之茶山、李麻外有野人。又《姚安志》载：化外野人，不听教化，铁锁箐之稍近白井者，渐知居处。又明《通志》载：云龙州三崇山后有野人。又《腾越州志》载：今腊撒后山，野人有生尾者。据各志记载，滇西野人，实不止一处有也。虽然，各处之所有者究不是一种强大族类也。若据夏瑚笔记所述："在怒、俅域内，得闻恩梅开江外江心坡、孟养、坎底以西之野人山，概略如次：野人山有大、小之分，其逼近恩梅开江上游毒龙河〔独龙江〕西岸者为小野人山，居坎底、孟养西畔之一遍〔片〕大山上则为大野人山。小野人山去怒江上游西岸只三四百里，大野人山则在千里外也。大野人山之北头，直逼西藏边境刷尤蔑儿得，西则与不丹边地相接，东则界于恩梅开江，东南则至云南永昌之西鄙神护关外，南则接近缅甸边境。南北近千里，东西亦六七百里，为西藏、不丹、缅甸、中华四国之瓯脱地，此则为真正之野人山，而亦是包括大、小野人山而言也。小野人山与大野人山之山间，究居住存留有若干人口，为若干万千，实无人能知其数，有云数在二三万者，是想像之词也。”

又述云：“小野人山之野人，亦常渡过恩梅开江而至俅子地，与俅子作种种交易，俱两不相害，但来者只不过三五人或七八人而已。野人与俅子，语言不通，凡作交易，双方俱以手代口。野人皮肤粗黑，目深而鼻凸，发硬而上竖，身材极高大，似西藏人尚有所不及。行路尤矫捷，大可追及奔马。野人不著衣裤，惟以兽皮遮蔽于腰间，有似太古时代人。亦有数数，四肢及腹部，俱黑毛森森，但来者亦不尽如是尔，有时以善意邀俅子过江，俅子懦而不敢往。俅子亦善制刀，虽不及怒子之孩儿铁刀精美，然亦甚铦利，野人极喜爱此种刀，恒以己有物换之。野人所有之物，大都为虎豹皮、狐貉皮、崖羊皮、鹿皮等。然亦间有六畜，马尤壮健，有时亦挟象牙而来。俅子以刀易物，或一刀换一马，两刀换一牛，最低亦可换得兽皮若干张。”

又云：“野人渡江，惟在冬季江水涸江面窄时，以无舟楫，却身背一大竹筒，或跨一革囊而过。携来物品，则以细藤缚紧，牵浮而渡。渡牛马，亦是以藤牵之。”

此为夏瑚笔记中所述之言也，亦即野人山中野人之情况尔。

至云姚安、云龙、腾越等处所有之野人，却不与恩梅开江上游毒龙河〔独龙江〕西岸上野人山之野人相连属，可云种同而派别。又余有世好端木垚君语我云：“民国初年，出任腾冲县长时，奉令入野人山区域内铲烟〔铲除大烟——罂粟〕，历其地处，已在县城西去二百五十里以外，是处即名茶山。茶山野人，却分两种，居茶山之东畔者为熟野人，居茶山之西畔者为生野人。所至之地，名大麻栗树，在茶山东面，系一些熟野人聚集之地，人口云有二三千。熟野人略通汉语，惟其象状殊陋，诚如志载带骨圈、插鸡毛、缠红藤、执钩刀，采捕禽兽而食，亦喜吸鸦片。其吸鸦片，系用一种特殊方式，将烟膏溶化，拌在一种切碎之草烟叶内，或一种切碎之木叶内，曝干，则装在一铁烟袋斗内，引火嗯〔当为息或歙〕吸。大约男子中，十有七八都喜作如此嗯吸鸦片也。其行藏虽如此，然亦稍知礼法，犹认县长为父母官，不毒害而加以保护，是亦有理性之族类也。时欲铲其烟苗，则有所不能，只得受其保护而离去其地。至于生野人所在之地处，在情势上，非挟有重大兵力，实不能往。”又云：“腾越边地之熟野人，亦若边地上之山头一族，实有六七种之多。熟野人中，有大山，有小山，有茶山，有浪速，有腊撒，有李麻等类之区别焉。其间最著名者，即为茶山野人。茶山在槟榔江流西畔，由盏达西去尚有百五六十里。其山势高大而又绵延至数百里长，山峦层叠，林箐深密，其当阳处，多为山头一族所居，阴深窎窅处，则是野人辈之生息地，山间气候殊热，且小有瘴疠。山间亦产茶，然出产数少，不足重也。在昔种烟时代，野人辈专以种烟为业，年中收烟以易粮食，因自种杂粮不足供一年之用也。野人习尚之最特殊者，是不食隔宿之粮，一日买谷，一日舂而食之，明日又作明日计。即烹食禽兽，亦绝不存余，咀嚼不尽，便投于山阿，以饲鹰雕，此则不论大山、小山、茶山、李麻之野人，均同此一辙也。”

又云：“何曰大山、曰小山？大山就是大盈江横流处向南而下，界于蛮幕土司旧壤之一群大山而言。此一群大山，在昔则名为李麻大山，今则弃‘李麻’二字，只以‘大山’两字称之。若逾岭而西，即是生野人之居集处。《志》书之云‘李麻’者，便是指此一群大山之西面而言也。大山西面之野人，即是生野人。生野人向不入城市，即土住于盈江、陇川、猛卯一带之人，亦鲜能见及。论李麻大山，距腾冲县城远处在七八日程途，近处亦须五六日，是犹远过于茶山之距县城也。所谓之小山，是指不联及茶山、李麻大山，而是附近于盏达、干崖、杉木笼、户撒、腊撒及陇川、猛卯一带之高山而言。然此一些山上，究是山头族多野人族少也。腊撒、户撒俱在陇川之西，干崖之西南，俱为土司治，地面则腊撒较户撒为大，虽然，其纵横亦在百里上下，此足见边地之辽阔，所以由干崖至腊撒，须经三日行程。”

又云：“浪速原是一种边夷之名目，嗣因其所居之地广阔，遂以其族之名而名其地。浪速地在腾冲北去高力贡山直上三四百里地处，其地虽是山脉纵横，而面积广阔，或云其纵在五六百里，横超四百里，当是不虚也。厥后，浪速人竟有逾高力〔黎〕贡山南下而居者，此便与一般山头族接近而居，久之，常人亦名其所居之地为浪速地。以是，腾冲境内之熟野人与山头族，都各有一部分，名为浪速系，而亦是浪速人。”

端君之说如是，兹乃节其要而写出。

按：山头族，原不见载于新旧《志》书，然不是遗弃，是将山头族隶于熟野人中也。可是，山头族是一种有文化之民族，隶于野夷，实属不合。以其族之风俗习尚，及其民族性而论，较熟野人诚进化得多。其族是以“金波”两字之声音而自名其族类，近人乃因其自有之名目，而名之为景颇族，始不以“山头”两字相称。昔人以“山头”两字名其族类者，盖以其喜居于山巅，而不乐居于平坝，故称之为山头族。山头族有姓氏，略与汉人姓氏同，自云系随诸葛武侯征南而来，祖先等以留守边地而未去，支流而下，遂在边地上自成一族。然来自何地，原籍何在，则不得知，斯不过有此云云尔。彼族中于武侯则极其崇敬，住屋形式亦仿照武侯所载之纶巾而建筑，其一切风俗习尚，余另有记载。

庬人一族不载于《通志》所列之一百二十余种夷族中，只于杂文内偶见有“庬匪”二字，实则庬人是滇中一古老民族。在百濮著名时，滇、蜀接壤处，为古梁州地。梁州多夷族，其西南夷中，有以巨族而称国者，为邛筰、冉駹。按《括地志》：“蜀西徼外羌、茂州、冉州，本冉駹国地。”又《史记·西南夷传》：“自筰之〔以〕北，君长以什数，冉駹最大。”又《后汉书》云：冉駹，“其山有六夷、七羌、八蛮、〔九氐〕，各有部落。”据此种种叙述，是西南夷中，自有一种駹族。又《晋书》载：邛筰、冉駹，俱入于苻秦，厥后筰与冉駹，多南下而与邛同居。邛在今四川西昌郡南，云南永北郡北。由是推论，今滇边之庬人为古昔冉駹之后裔也无疑。而况滇边庬人所居之地处，多是在永北华坪北去二三百里之大山上，其地多与西昌相近。滇边之庬人，当是由川边而流入滇边者也。今于庬而不书作虣，殆省文耳。

惟是居于滇边一带之庬人，在往昔时，行径极其不良，以其地近川边，便时时下山捆生，挟往川边，售与人为奴，有知其情事者，则备价取赎。或不时下山劫取行客财物；或结众下山抢劫近山村寨，因而放火杀人，斯诚是一种强盗行为，故一般人无不称之为“庬匪”。所幸族类不多，要不过在此一群大山上，稀稀疏疏，略有几千人耳。是故庬族不合称之为野人，而亦不合以“野夷”两字加之。

卡瓦一族，据《通志》云：“卡瓦为诸夷中之至顽梗者，以永〔北〕、顺〔宁〕东南辣蒜江外多有之，而思〔茅〕、普〔洱〕、腾〔冲〕、龙〔陵〕诸郡亦有之。其最多之处，则为顺、永两郡内南丁、南猛两河流附近处，及腾越边境。”其记载如是，然在近数十年来，从实际上考查，卡瓦所居之处，又不尽聚集于南丁、南猛河流附近，如自缅宁西南之耿马、孟定以下其一带边地之山间，又昔日之镇边厅所属所谓之倮黑山内一大遍〔片〕之大小山上，又无不或焉。若腾越边地，固有卡瓦一族，究不十分多也。

论卡瓦之根源，当不是与野人同源而异流，似另是一种夷族，盖以其形状直不与野人相类也。卡瓦之行径，自多与一些熟野人相同，而凶暴处则较熟野人为强。如偷人头祭田谷事，足证其凶暴。卡瓦之住在处，却不尽在山深箐密处，惟取重山高岭峻，常人鲜到之地，或山顶，或山腰，有足以栽种处，便架竹棚，圈竹栏而居焉。其在两头开门出入者，自是其族之习尚，若开门于中间，有类于他族人之出入门户，是则为熟卡瓦。但熟卡瓦亦绝不与生卡瓦同在一段地面居住。故尔一看其出入门户，便知其为生为熟也。熟卡瓦性质较良，惟威远、思普、腾越等地有之，其他各处，纯系生卡瓦也。

在数十年前之卡瓦，都以种鸦片烟为业，于谷米杂粮，固然栽种，究简略尔。今已不能种烟类，当然是栽种五谷，以供食用。卡瓦族类，在滇西、滇南之边境上，虽云众多，然亦不十分蕃盛，只不过较缥人、莽人、艮子、绷子等，其人数或可能多至十数倍，此则是就其情形上而作一泛论。其人数实有若干，在各种册报上，虽云调查有据，某郡内有若干，某邑内有若干，亦不过有此种云云尔。盖卡瓦多是散处于群山间，如永〔北〕、顺〔宁〕、思〔茅〕、普〔洱〕等郡内之山，大都是山连山而山套山，山势是如此之稠叠，卡瓦是异常凶暴，见多人则逃隐于岩穴石洞或草深树密处，若只三五人走入若辈之居处地，无不为若辈解决。是则，欲穷其山尚不可能，欲求其人数，是更不可能也。余故曰：云卡瓦一族，滇中共有若干人，不过有此种云云尔。

右〔上〕述各节，是证明滇边之怒、俅、庞、卡及山头一族，都是各有各之根源来历，若概称之为野夷，不无含混，甚而将此数种民族，直隶之于野人，尤觉其非，余因作此考正，以明其根源来历。稿成于公历一九三一年。

纪滇中星回节之本末

星回节，俗称火把节，是为滇中特有令节，全省风行，而以迤西方面称最，云南府十一属次之。此一令节，在迤西一带，尤其是蒙化、永平、保山、顺宁〔凤庆〕、云州〔云县〕、缅宁〔临沧〕、鹤庆、浪穹〔洱源〕、邓川等处〔为甚〕。节以每年六月二十四日入暮后举行，与会者多属青年男子，女子亦间有与焉，若年老人，惟负手出现，作哈哈一喜而已。事属追悼千余年前之阿南夫人，然日久旨失，竟成社会上一种娱乐。其举行时，是借重于火把和松香粉两物。火把用弯细松木，依着纹理，劈成多数裂缝，更以松节或松球嵌于缝中。撑成空心树，大者合围，小者盈把。松香粉是用松脂杂以硫黄，研而为末，火把燃后，用松香粉撒上，即火花四溅。于是三五成群，持此而游行于街前，见迎面有人来，便用火把向着，劈面撒上一把松香粉，使人发焦眉灼，以资笑乐。若对方执有火把，即开动火战，于是火树银花，较上元花灯，尤为热闹。且有将火把搭成高架，环绕四周而唱花灯、扮高蹻〔跷〕者，亦有各种两大火树于屋门前者。其情况大致如此，殊难尽述也，兹当言其事之本末。

大凡一个纪念日，无不属于历史盛事，且多半涵具悲酸事故。但一演成悲剧，后之表同情者，竟于不知不觉间而造成一纪念日。如介之推〔即介子推，实名介推〕焚死于棉上〔地名。事见《左传》僖公二十四年、《史记·晋世家》〕，后人则于清明前一日禁绝烟火，曰寒食节，并插柳于门以吊之。屈原投汨罗江而死，后人则于端午节包角黍投水中以祭之。

云南有星回节，亦一悲剧也。星回节今名火把节，早风行全滇，而尤以迤西为最盛。按星回节实为六月二十五日，今以二十四日行之，然亦有所取也。盖其间悲剧，实属两幕，先一幕则在二十五〔日〕，后一幕则在二十四〔日〕也。是则二十五与二十四俱同归于一事也。事归于一，即不失其真焉，不失其真，二十五可，二十四亦无不可。论此星回节也，乃哀牢民族妇女中极生光荣之一纪念日。百代清风，千秋皎节，即吾人今日，对于演此悲剧者，亦深深致敬焉。斯则不论其人为夷为汉，但论其为人行事何如尔，余因而有此记述。

当汉武帝元封年间，叶榆（即大理太和）有酋长名曼阿娜者，自恃勇力过人，能敌万夫，复有众若干，竟与汉朝为敌。汉遣将军郭世忠征讨之，曼阿娜力不能胜，为郭世忠所戮。曼有妻曰阿南，殊色也，在是时之夷族妇女中，可称第一条美〔女〕子。当曼阿娜在世时，夫英雄而妻美丽，两情真融洽极。曼阿娜尤爱阿南聪明迈众，才智惊人，故夫之于妇也，不仅于心坎温存，眼皮供养，直若管夫人〔元代书画家赵孟頫夫人管道昇〕所云："你泥里有我，我泥里有你"也。由是而鹣鹣鲽鲽，形影不离，即曼阿娜之出而巡幸也，亦必与之并肩偕行焉。

曼阿娜既为郭世忠所戮，曼之家人妇孺，当为郭俘。郭执阿南至前，一见魂消。盖阿南夫人，诚是芙蓉如面柳如眉，冰雪为肌玉为骨也。阿南具此倾城倾国之貌，今而入于赳赳者之眼中，其有不动心者，是必为铁汉也。彼郭世忠又岂百炼其身者哉！故一见此天人，竟欲死于其裙下。夫郭世忠，为中原大地人也，碧玉紫瑛，当不乏常见，胡为见到一具有姿色之夷妇，即若是之惊喜哉？噫！以有故也。盖九隆族中之摆夷，为著名生产美女子种族。其间，什有七八俱肌肤细白，眉眼清秀，即与江浙之妇女相较，亦有过之而无不及。且此夷族，性好清洁，更居近河畔，常能在水中洗浴，所以格外皎洁。而况阿南又系该族中杰出之材，郭世忠一见而神魂颠倒，非无故也。但身为大将。猝纳刀下敌人之妇，必致物议腾于本国。郭世忠计及于此，只好暂保情芽，纳入后帐之事，俟徐徐图之。于是拘阿南于帐后，优其礼遇，厚其饮食，一若嘉宾之至，惟于阿南之行动上，则命人监视而又监视，而阿南居此待遇中，亦不解所为。

事隔十有余日，郭将军之心腹降入于阿南之室矣。始而道郭将军之神武，既而道阿南夫人之才能，再进则言将军一向是如何的"景仰夫人钦敬夫人。今因敬而生爱，因爱而成慕，似世间女子，无一出夫人之右者。前者不幸，相见以兵戎，刀剑无情，致使夫人寡居，将军自视欿〔音坎，愁貌〕然。今欲言归于好，以盖前愆。且喜将军室内无人，夫人之寡也何如。若夫人不以将军为粗武，宽其既往，予以将来，使将军得赘门墙，是不特将军之幸，亦夫人之喜也，愿夫人思之。"阿南聆斯语言始悟："郭世忠之款留己身，非示之以德也。顾其居心如此之叵测，能不令我魂惊？但我为何如之人也，又岂能堕彼术中耶？夫女子之德，在从一而终也。我既节秉松筠，行当操砺冰雪。况我之于曼阿娜也，伉俪情深，一对鸳鸯，被彼恶人拆散，我之恨也何如。今要我蠲除胸中忿恨，去忝颜事仇，又岂我所情甘。但身居罗网中，行动已失尽自由，假以严词拒绝，彼必以强力相加，我无自卫能力，贞操必失，今云寻死，亦势不可能。"

此则为阿南夫人在是时心中之所思维者也。夫人又再四绎思，何妨如是如是，我报仇泄忿之机会，或有几希之望焉。于是佯而与来使款款而言曰："我俘虏也，将军不欲污之以刃，已出于我之意外，今又不弃不祥，而欲加诸衽席，更是荣幸已极。况我往昔，仅属一酋长之妇，身居穹庐，恶衣菲食，而遣此一生者也。不料故夫不度德量力，妄起兵端，致惹杀身之祸，使我寡鹄无依，此后岁月，正不知要作何悲惨。孰意此身转蒙将军宠眷，使侍巾栉，得为大汉将军命妇，尤为我意想不到之事。望为我上复将军，来命固不敢违，但是故夫之恩情，我亦不忍遽忘。今以三件大事相要，若得将军慨诺，我阿南便俯首相从，否则我只好从故夫于地下矣。"来使便云："将军是非常看重夫人，若得夫人允从，漫云三事，即十事八事，亦谅无不允之理，即请夫人言明。"阿南云："所要求者，俱在人情之中，非难行之事也。一、要在较场中建一高台，设故夫之灵于上，到我改醮之日，为备牲醴，以祭奠故夫，表我之弃绝旧爱，实循之以礼，断之以义也；二、于祭台前搭一松幕，我祭奠后，便将故夫衣物放置松幕内烧去，免我睹物伤怀；三、我虽夷妇，亦一酋长之妻也，此番改醮，自是目所共见，若礼节苟简，于我颜面有关，改醮日必须鼓乐齐备，必须召集地方民众前来观礼，知非私合，以后不致轻视。似此不独己身有荣，在将军方面，亦是郑重其事。并且在蛮夷之中举行大汉礼节，亦足以移风易俗。我所要求者，如此而已，烦为转达。”来使随应诺而去。次日人来回复云：“将军件件依从，已命人往较场中建搭台幕矣。喜期却订在三日后，届时，将军亲来迎请夫人前往致祭，然后举合卺大礼。且命我来详看夫人身段，好制汉式礼服。”阿南亦点头应之。

二日后，较场中祭台建成，高至丈余，又以松枝张搭一幕。在祭台面前，幕下堆集干柴，预备烧化衣物，祭台上自是设立曼阿娜灵位。

延至六月二十五日，为郭世忠所订喜期。是日午正，天气晴明，郭世忠便命人将牲醴备齐，陈于曼阿娜灵前，然后身骑骏马，以仪仗、彩舆、鼓乐相随，往迎阿南。

此时较场之内，叶榆人民已来至盈万累千，都因郭世忠一纸之召集，咸来一新耳目也。但议论纷纭，訾誉互作。吉时至，鼓乐之声便贯入群众之耳矣。旌旗开，笙箫竞，卫队过，彩舆临。行近台前，阿南夫人由舆内步出，直如一朵鲜花，更不让临凡仙女。郭世忠便下马伴行，阿南置之不睬，独自从容移步，姗姗踱上台来。行到灵前，见事事整齐，自无言可发，遂按礼节跪下展拜。阿南祭毕，司礼者为之烧帛。阿南随命人将曼阿娜之衣服及己之衣物等，抬上松幕，着人引火焚烧。台下人见此动作，无不诧异，认为暴殄天物也。是时，郭世忠立于阿南之侧，认定衣物焚讫，便可回府成亲。更见阿南之一副娇容，为台下火光照耀，益显其艳丽。不觉走近阿南身旁，发出一二不伦不类之言，欲添助阿南焚化什物之兴味。阿南见其挨近己身，心中忿火突燃，便欲趁此推其堕落于台下，跌入火中，为曼阿娜报仇。已而转念，己力单弱，不能达到目的，反坏已事。乃压抑怒气而谓郭曰："妾与将军尚未成婚，若与将军并立，台上有卫士，台下有观众，觉大欠雅适，望将军自重。"郭世忠聆斯正论，只得远远伫立。阿南见郭世忠不在身旁，便觉行动得其自由。且想到郭世忠为我之仇人也，杀夫谋妻，其能稍一恕之欤？我今不能手断彼头，实为我之遗憾。但力不能制，只好饮恨于泉下。今伊既远立，我不自裁，更待何时。况捐躯殉夫，我之志愿早决。阿南作如是之一想，遂走往祭台边上，在襟底抽出利刃一柄，持于手中，口里叫道："曼阿娜，我阿南不能替你报仇，今跟随你来。"说时，即举刀抬腕向己之喉间一刎，随踊身下跳，赴入熊熊火焰当中。

斯时之郭世忠与三五卫士，虽立于台上，然距离台边较远。且阿南突然持刀在手，已使见者骇然，而又下跳于火，更为一切人意想不到之事。故阿南之刎颈跳火也，彼旁立之人，实属防阻不及，及至坠落火内，台上人始一阵狂呼，命人拉救。而在火内之阿南夫人，以风火之相薄，早已皮焦而肉烂，而况玉喉早断，其人又焉有不死者哉！至于台下观众，初以为是台上之人偶一失足而坠落，何曾料到是阿南夫人。又无论其何人，俱为火力所逼，谁敢奔入烈火腾腾中而救也。迟迟半晌，始设法将人拉出，然此一玉洁冰清之女子，亦几欲化为灰炭矣。

当此时间，郭世忠已步至台下，见阿南秉此贞操，亦不禁潸然泪下。乃对尸身而言曰："阿南夫人，汝不乐再醮，自当明白而言，我又何敢强屈。如此惨死，尔得其名，我当其罪也。"于是将阿南尸首装殓安葬于叶榆之某地。叶榆之人，便大以郭世忠为不然。此而街头之众，乡曲之人，口所道者道阿南，言所及者及阿南，佥曰："阿南实是一贞洁妇，非寻常女子可比，初不肯改醮事仇，终能骗得郭世忠同来，始当众舍身殉节，既光明正大，更智勇英烈。"此惋惜而彼慨叹，此忿恨而彼赞扬。尤曰："此妇之举动，诚不愧在世为人。"议论纷纷，竟结成一种善后办法，随有人倡言曰："阿南夫人既死于松幕烈火之中，惨情殊堪追念，凡我地方之人，应誓此不忘，嗣后逢此一日，当燃松枝以吊之。"夷族人最重强有力者之口头言，群众于此一言，便深深印入脑筋。积至下年之六月二十五日，竟不约而同，有燃烧松枝之举动。始而叶榆一城，既而播及于远近部落，再进则播及于西迤一带，更进而及于昆明池上，然此为火把节之第一幕情节。

火把节之在滇中，是由西汉开始，而东汉，而三国、两晋，而宋、齐、梁、陈、隋以至于唐，计七百有余年。惟在李唐初叶，云南迤西方面，遂有六诏雄立。六诏维何？一曰施浪诏，二曰邓赕〔邓赕〕诏，三曰剑浪诏，四曰蒙舍诏，五曰摩踋诏，六曰蒙嶲诏。而六诏之中，以摩踋、蒙嶲两诏所领之地土为最广，以蒙舍一诏之实力为最强。当唐高宗十六年〔应为唐高宗麟德二年，665〕，蒙舍诏晟罗皮死，皮罗阁立。皮罗阁，雄才大略之主也，对于所辖境内一切俱加以整理焉。于是国富兵强，雄心日勃。而施浪、剑浪等诏，又多淫虐无道，或沓泄不才。皮罗阁遂认为有隙可乘，竟欲吞而并之。但一寻思究理，若一诉诸武力，自不免兵连祸结，况彼众我寡，假聚而仇我，势则难制矣。因而百计图维，乃得一较善之法。时近六月，距燃松枝吊阿南之日期不远，遂倡言曰："阿南夫人，实哀牢民族中之第一烈妇，以事迹论，可称千古无双。吾夷族中人，于阿南合当景仰钦敬，常年燃松枝以追悼，不得认为〔是〕崇拜英烈。今本诏起而提倡之，每届六月二十五日，应集一民众大会，同样搭高台、张松幕以追悼阿南夫人。自此之后，年以为例，并订此为吾夷族中之特殊纪念节。又是时节近立秋，天上晟星方转，可命名为星回节。"夫皮罗阁，乃蒙舍诏之大酋长，犹一王也。斯言一出，是为哀牢民族争取光荣，孰不乐从，于是蒙舍人民，无不静候星回节之来临。

皮罗阁宣布之后，便驰书五诏，邀请来蒙集会。斯则于暗中，作消灭来宾之预备。刻毒而又刻毒，是在建造一楼。楼以木成，自是常情，但建斯楼之木，非寻常木质也，是取山中含有蜜油质之松木而为之。无论其为梁为柱，为门栏户阈，为窗棂格扇，为楼板楼梯，以及楼中陈设，如桌几台凳等，又无一不是此种材质造成。木工告竣，遂加之以彩色，腻之以膏油，于是朱题丹檐，焕耀人目。

皮罗阁之营谋，竟至于此，斯惟日候远客之降临也。

时施浪诏酋长为施望欠千，剑浪诏酋长为铎罗望，摩些诏酋长为于赠，蒙嶲诏酋长为原罗，邓睒诏酋长为皮罗邓。此五大酋长同受皮罗阁之礼柬相邀，惟蒙嶲诏距蒙舍诏较远，计日不能按期莅会。然蒙舍诏之声威远届，任何一诏，都不敢傲而不来，故蒙嶲酋长原罗，亦惟有整理行装，决作后至之客也。惟此五诏中，自以邓睒距蒙舍为最近。邓睒酋长之妻名慈善，具有才识之女子也，以皮罗阁突有是举，心殊讶之，乃决之以卜，得焚如死如之爻，大不吉，止其夫皮罗邓勿往与会。皮罗邓素惮皮罗阁之威，谓其夫人慈善曰："若拒而弗往，是触其怒也，患必生焉，以应邀与会为是。"夫人慈善亦知势难拒却，乃详细搜求爻象，实有不堪设想之处，然又不能靳其行，亦惟有啜泣而已。

皮罗邓如蒙，亦率小队自卫，濒行，夫人慈善乃以铁手镯一只，套之于皮罗邓之左臂曰："以此压惊，慎勿脱除之。"皮罗邓素重夫人，遂套此铁镯而行。皮罗邓至蒙舍，施浪之施望欠千、剑浪之铎罗望、摩些之于赠，亦先后继至，皮罗阁一一殷勤招待，俾各居一馆而厚其礼遇焉。一日二日，时届六月二十四日矣，而蒙嶲之原罗犹未至也，而皮罗阁亦知路途遥，远者当后至，惟是会期已迫，过此便大费心力，且张网得四，漏一何妨。遂于二十四日聚来宾于新建之高楼。斯楼也，后人以其用松明而建筑，故名之为"松明楼"，然在当时，原无此佳名也。

这座楼台，实建筑在一阔大园圃内，而又是居于一丛林树前，既多青槐，尤多绿柳，风景已优美矣。其地面上，更是看不尽之奇葩，名不尽之异草，处处有闲亭别馆，接连些曲槛回廊，复有些幽径平桥，清流浅池，绕去牵来。有时娇鸟一啼，则花片齐飞，深院微风，则榆钱自落。楼台固不能云高耸入云，然拔地已近二丈，故一登楼，即足以凭栏眺远。皮罗邓、铎罗望等，步上此楼，把酒凌虚，披襟岸帻而远眺，则见平畴绿野，百里纵横，绣巘锦屏，四围合沓，方知蒙舍山河，十分壮丽。在傍晚时，俯瞰园中，真是池塘凝暮霭，楼阁抹残霞。皮罗邓、铎罗望等，于游目骋怀之际，不禁大乐，直抛去一切愁肠，无所谓来蹈虎尾、来履春冰也。一承主人侑酒，便举巨觥而痛饮，对盘餐而大嚼。时则一班座上客，无不兴致勃发，既倾酒樽分浅濡，复掠衣袖而猜拳。酒一过量，此而酩酊大醉，彼更吐地哇天，甚有玉山颓倒于座右者也。皮罗阁见到此一种情景，知时机已至，遂借故而橐橐橐步下楼去。主人下，楼门闭，楼梯撤，楼上之人犹有一二在三三五五的乱猜拳。

主人敬客之物，最后是几箩松脂、几箩硝磺、几十捆油渍松柴。此而一一抬出，分布于楼下。漫云一星之火，立即燎原，此亦只劳一炬，便立能火焰腾空。斯为松明修成之楼，其台柱门槛，只须一二分钟之久，遂变成火树银花，烈烈烘烘，更不让于《香山传》上之火烧百雀寺。楼中之客，多半为杜康所缠，于斯时也，未必有清醒之人。即有一二稍为清醒者，欲降下而无梯，欲跳楼又惧跌入烈火内，是下不能而窜不能，亦惟有坐以待毙，此则为当时情势之使然也。其在醉生梦死之中者，应不知己身已就此入于荼毗也。懵懵然复昏昏然，较醒而身兆焚如者，却减轻些痛苦也。时各诏随来之众，都远隔于外，见火光起而奔入营救，见到烈焰腾腾，又有谁能施其勇力哉！要不过狂叫惊呼，或跌足怒噪而已。过一二小时后，火焰低，浓烟散，渐次有烧焦成炭之梁柱透出，又渐而有烧糊成壳之尸体发现。论烧死去之楼中客，虽只有四人，然谁具为剑浪诏铎罗望，谁具为施浪诏施望欠千，谁具为于赠尸体，谁具为皮罗邓尸体，孰又能于辨认之。皮罗阁则作假惺惺，对各尸身而号泣痛哭，大骂祝融氏之无情。已而各具棺殓，祭之以礼，停之于寺，饬人通知各诏，派人来搬取尸骸。

蒙舍诏皮罗阁之火焚松明楼，四诏同时殒灭，其消息早已达到邓睒境内。慈善知之，即一面厉兵秣马于境内，以防蒙舍诏之来侵。一面遣人往取皮罗邓之尸骨，告以臂有铁镯者即是。越数日，迎得尸骨还，慈善尽哀尽礼而厚葬之。余于此而叹曰：奇哉！慈善夫人之才智，诚古今来女子中所罕有者也，是不独为夷族中妇女，即在汉族妇女中，亦数不出有似于此，有类于此之一人也。论卜蓍之神，在吾中国，原代不乏人，为众所共知者如三国时之管辂、晋之郭璞、唐之李淳风、明之刘伯温，俱神于术，可云实有惊人之奇能也，而在女子中则无。慈善之占，决其必死于火，此在爻象上可求，而决其同死于火者，必有多人，乃以铁镯套于皮罗邓臂上，作将来被焚身死，尸体难认，用此一不易焚化之物，套于其臂以志之，此非其卜蓍之神，是其才高智广，故能烛尽一切也。彼慈善具如此之才智，诚使千秋万世后之人莫不心折。至云一闻到皮罗邓遭害，即秣马厉兵以待，此尤见其才能。惜哉！左右无强兵猛将，不能效虎之负嵎。假兵精而将勇，一调度有方，或者亦能将皮罗阁战败也。虽然，慈善夫人亦近千余年来，夷族中无双之妇。

皮罗邓死后，未及半月，皮罗阁之兵出于蒙舍矣，祸先及者即邓赕也。慈善凭城据濠，遣将出而与之战，不胜。再战，尤不敌，遂闭城固守，以待他诏来援。惟在是时，若施浪、若剑浪、若摩𰮅三诏，俱为无头之蛇，谁有余力来作奥援。皮罗阁围城十有余日，终不能下，乃遣人入城招降，慈善指日作誓，期以死守。又遣人入城许以金帛，慈善詈而逐出。皮罗阁乃增兵困之，计月余，城中食绝，慈善度不能支，乃抱皮罗邓之灵投水而死。

慈善夫人死于水，邓赕人以夫人之死是殉国也，遂起其尸而以礼葬之。斯而城中无主，邓赕人遂开城出降。皮罗阁入而知其故，乃旌其城曰“德源”（按：德源城在今邓川城北十余里德源山下打油村处)，谥慈善为宁北妃（后人咸称之为百节夫人）并立庙祀之(今邓川城内建有百节夫人庙)。自是之后，滇西人之于星回节也，益复隆重，举行火把事，则改为二十四。取用此一日者，一则是追悼施浪、邓赕、剑浪、摩𰮅四诏之主同日遭害；又一方面，是纪念南诏乃由此而成立；更有一点，是表扬慈善夫人能继承阿南夫人之节烈，使哀牢民族中妇女在中国历史上，表著无限色彩，最大光荣也。此则为星回节后一幕之情事。若合论之，阿南与慈善，诚千秋异代不同时之一鸾一凤欤？

昆明城池之建置

今云南省会之坝子内，在汉时，郭昌即首建城池于坝内，即以其人之名而名其城曰“郭昌城”。既而更名为谷昌城。谅是时之城池，形势必不壮胜，或者是一土城亦未可知。沿至晋代，又改建苴兰城于陑山麓〔此不知有何依据〕。惟此两城之故址，究居于何处，不特无人敢决，而一切志乘上亦未详及。

迨至中唐时代，南诏异牟寻又毁苴兰城而改建拓东城于五华山南。大理国王段某，遂就拓东城扩而充之，名曰鄯阐陪都。元得云南后，遂据鄯阐城而守之，是元代之百年内，都无更变。明洪武十四年，傅友德、蓝玉、沐英等征平云南后，乃有昆明城池之建置。而此一建置，却不是就鄯阐城而改创，是另辟基地而建一形势壮大、规模完备之省会城池。

建置昆明城时，总持建筑工程事者，为一大堪舆家汪湛海也。汪原系某省之一府官，以其精于堪舆，复解工程，受帝廷征召至滇，予以特殊职衔，着其总持建置事务。汪抵昆明后，审山龙，察地脉，别阴阳，定子午，就高下而奠基础，取形胜而立范围，经八年之惨淡经营，功始告成。惟兴工修筑，是在洪武朝代之某一年，则难以决。盖旧城砖上，有印洪武二十五年〔1392〕，有印洪武二十七年〔1394〕两种字样者。以此揆之，兴工当在洪武二十〔五〕年后二十五〔七〕年以前也。

汪氏城昆明城，系法一龟形，南门为龟头，北门为龟尾，大、小东门与大、小西门为龟之四足。龟是灵龟，尾掉而足动，所以北门之内城门作北向，郭之门则不向北而向东，是龟掉尾也。大西门、小西门、小东门之三道城门，内则向东向西，外则向南，取其足之动也。惟大东门则内外如一，是以东方属木，宜伸而不屈也。此从城之方位而论五行，固是一种陈腐理论，然在前此之六百年间，不特中华人喜以五行八卦之说，在一切事体上纠缠不清，而欧洲人在是时，亦有诸多令人笑破嘴唇皮之迷信和忌避在也。此则不合怪往昔之华人以阴阳五行八卦等自豪。以昆明城池象龟，是以城于蛇山麓，与蛇山之气脉相接，成龟蛇相交也。

传云，建昆明城时，汪湛海是在五华山之右支山脉上，有一结成瓜形之高突处而定罗针，后即就此而建巡抚公署。又云，汪以城隍庙处是一阴突，遂建城隍庙以镇之，以太阳宫处开有阳窝，故建太阳宫以重之。汪又于城将成时，特制一石，泐十字于石上，曰："五百年前后，云南胜江南。"石埋于地下，究不知其处。今则已近六百年矣，其言虽不尽验，然今日之云南，其繁荣处，亦十倍于五百年前之云南矣。总之，汪湛海之筑斯城与凿斯池，半是就山川形胜而筑城凿池，半是依据阴阳五行八卦，而决地位、定方向也。

云汪湛海之建筑昆明城，是就鄯阐城而改创，此则有误。取志书而考查，旧《志》云："鄯阐城是就拓东城而扩充之。"又云："圆通山在拓东城北，商山寺在城北二里许。"以此推之，拓东、鄯阐，确不在今昆明城之界域内，合在今之南城外一带，大致可以接近土桥。又"忠爱"坊原是元代人民所建，以纪咸阳王赛典赤功德。坊在鄯阐城中。汪湛海建昆明城，较鄯阐退后二里许，坊遂遗于城外。至明永乐年间，邑人乃就其旧址而建筑之。以是新滇志有"忠爱"坊建于明永乐某年之说。又滇中之历代人传说，在未修昆明城时，五华山之前后左右，俱冈岭环列，溪壑杂出也；而拓东、鄯阐，不入昆明城池之界域也，又何疑焉。至云谷昌之建筑处，究在今之昆明省坝何处，实无从考焉。今北郊大涵洞附近，有古城堰一段，考古家谓是苴兰城遗址，亦猜想之辞也，岂有据焉？

昆明之民族概略

论云南人民，除外来之汉人及蒙古人、回人、藏人外，其他之人民，可概括一名，即为地方土人。土人族类甚繁，计有一百二三十种，其人数则或多或少。有一族能达到二三十万丁口者，有不及万人者，是族之大小不一也。总之，地方土人之丁口，实强于外来之人数也。然此一些地方土人，可以云有十分之四为古百濮国中诸蛮之苗裔，有十分之四为哀牢九隆三族、九隆四族、九隆五族、九隆八族、九隆九族之后。而一族又成为若干部，以是派衍极繁，此不特汉人们不能为之分晰，即哀牢九隆中之深邃于历史者，亦不自辨其世系源流，能证明本己一族是从哀牢九隆族之某一支流而下也。要不过曰本己一族，是哀牢九隆之后裔耳。

哀牢九隆族之各支各系，是遍于迤西各郡，在云南府属之十一州县内则鲜矣，在昆明治内是鲜之〔又〕鲜。

兹述昆明地方之人民，自不应从哀牢九隆族，亦不应从古百濮之诸蛮族言，当先从外来者言之。外来之人，略分六种：一、随庄蹻而来之楚人；二、偕郭昌及其他汉使、汉将而来之秦、晋、豫、陇人；三、从武侯南征，留而不去，渐流入昆明之川陕人与西凉人；四、唐代迭次用兵击南诏，兵败，有被俘而迁转流移，入于昆明之一些中原人；五、为元世祖平滇后，留在昆明驻守之蒙古人；六、为从傅友德、蓝玉、沐英而来之江浙人。

右〔横书为上〕述六种，自以蒙古人为多。彼元世祖征滇，是借路于吐蕃，由鹤、丽、剑一路而下，驿路俱留兵驻守。及克昆明后，亦留军驻守于昆明及附近于昆明之富民、嵩明、宜良、晋宁、陆凉〔今陆良〕、南宁〔今曲靖〕、武定、罗次一带地处。此又从何见及？盖以今之富民而论，其一切村寨内，均有许多奇特姓氏之农民，如富民有皖家村一，全村俱姓完颜，今则截去一“颜”字而姓“完”，读作皖，故名皖家村。至于姓铁、姓木、姓耶、姓塔、姓阿、姓侍、姓哈者，均属蒙古人之裔也。昆明为省会，其留守之军队自多，于是昆明之人民，在五六百年前，恐有十分之二，或百中之八九，为蒙古人也。其次是江南人。傅、蓝、沐三人平滇后，沐英所率之部众，似全留于滇，其十之七八为江南人。而又大半驻于昆明，故今日之昆明人，大都云原籍是江南。考昆明人之语言饮食，亦略与江南人同，足见当日来滇之江南人实属不少耳。

至吴三桂来滇开藩，带来之众，在万有余人。是则北八省人、南七省人无不有焉。虽然，用此而与元、明两朝之外来人相较，或者尚有逊色。又承平之后，川、黔、粤、桂、湘、鄂、苏、赣等省人来滇居住营业，留而不去者，又岂少焉。然此是属于近代之增加，非数百年前之情形也。其外来人之情形如此，今可论其固有之民族。

固有之民族，自以夷族为主，然住近于城者，又早与汉人同化，今已难穷其根源。惟距城较远之处，彼夷族尚能保持其固有之语言、习俗。但在今日观察，其人数究不多也。如昆明东边之大板桥一带，亦仅有阿角村、角底村、野猫冲、僰种箐等十数村寨为夷族所居，是名子间〔即子君〕、倮卜、撒弥〔即撒梅〕等族，属倮㑩中别种也。西边之昭宗箐、墨雨龙潭、花红洞、篾朗〔即明朗〕、灰湾等十数村寨，及北边之桃园、红石岩、沙朗、小河等处之十数村寨，亦多是夷族居焉。此两方面之夷族，多半为撒弥，少数为白倮、花倮，其人数则较东边夷族为强也。至于昆明城中，不特近百年来无一夷族人居住，恐二三百年前亦即绝踪矣〔按：昆明城内的民族，除汉族外，人数较多的少数民族应是回族，多聚居于城南顺城街、城东金牛街一带。其次是满族，辛亥以后，满族多不明言自己的族属。其他常住省城的彝族，并未“绝踪”，应不是少数，惟在少数民族受歧视的时代，多隐瞒其民族成份，而自称为汉族〕。

云南民族，原以夷族为主体。今日之昆明，则只有少少的子间、倮卜、撒弥几族〔种〕，在边鄙上，微微点缀色彩耳。其反客为主之情，各省皆然，又不独于云南。

谈谈昆明城之山龙地脉

堪舆、卜蓍、命理、相法等，原是中国群杂学中，各具有一种独立性之学说。四者，卜蓍最古，次而堪舆、命理、相法。若穷此四者之奥义，亦俱函有一正人心、维风化之义在焉。此则不能不认此四者，是一些细微之国粹。（此类活动，现代人称之为迷信职业。其亦非中国独有，欧美之占星术，吉甫赛〔译音，即吉卜赛，亦译作“吉普赛”〕人卜算，均属此类，故不能称之为“细微之国粹”。）但在此一题内，自不合深论其一切。今则就堪舆一术上来谈。

堪舆家之立论，是首重山龙地脉。深于此者曰形家。形家探龙脉，都不惜足力，搜求于数十里、数百里之内外。由是而能悉其来源度脉，主干分支。而后别阴阳，分向背，查起跌，看转折。复审明其夹护，划清其砂水，方能根究出此一龙气之结束，是成一阳局，是结一阴穴？其层次言来，究不外乎阴阳五行。惟过偏于是，转失山脉龙气之真谛，以故有人鄙之，若有扼定阴阳五行而营谋福利者，便成为一种迷信。实则大地浑圆，终日运转不息，地动则风生〔现代气象学未有“地动则风生”之说〕，所以释家有地水火风之说。地球之面上一层，松土也，当然有气流行于其间，其气则温温然。地下之暖气流行，如人身上血管内外之荣卫两气。地气固是无一处不到，然不是布满于此一层松土内，是向其可能通达处而流行，斯乃有地脉龙气之说。如斯而谈，则不与科学相背，且能与科学接近〔地质学没有地表下有气运行之说〕，而亦可以谈昆明城之山龙地脉。兹据一般堪舆家之所云而笔之于下。

云南省城之主山，即孙髯翁所云“北走蜿蜒”之一蛇山也。蛇山之来龙，既远且长，复雄而壮。其起点发芽处，实在东川府属会泽县境内西北角上之某一地处。此则在五六百里之外，不能不谓来龙远矣。龙气走动后，便迂回曲折，伸缩起伏，自省之东北方面蜿蜒而来。行入昆明境内，龙气益壮。至铁峰庵处，便停顿起嶂，更含蓄旺气，吐而起顶。于是九起九伏，向西绕南，至圆通山而开玉屏，徐吐五华秀气。五华分五支而下，中支开阳面，结局于文庙地场。堪舆家又无不认此为艮龙趋乾，掉头向离，乃紫微龙也，极为尊贵。汪湛海尤能鉴及于此，乃筑龟形之城，以南城为龟头，北城为龟尾，东西各辟二城门，以象四足，复尾掉而足动，是一灵龟，而不是一毫无生气之龟也。筑城时又以石凿一形端体正，唯妙唯肖之神龟，藏于南城门上之泥土中，而证实此是一龟城。城又逼近蛇山，取其龟蛇相交，殆欲造福于滇人也。城筑就，汪湛海则书十字，曰："五百年前后，云南胜江南。"刻于小石碑上，而埋于城中之某一地处。

迨至清康熙十二年，吴藩叛清，清室用兵八年。其最后之一年，绥远将军蔡毓荣、征南将军穆占、赵大将军良栋等始抵昆明城下。然攻城不克，乃取重堪舆家建议，断主山龙脉，以消昆明旺气，乃有挖掘铁峰庵前龙气过峡处之日月塘事。果尔，不久间，吴世璠就戮，乱事悉平〔城之攻守胜败，乃兵家之常，与"山龙地脉"何关?〕。

后数年，即有一范承勋来督滇。范，汉军〔镶黄〕旗也，当然是拥护清政府者。范之青擒学亦高，或者亦能敌汪。范以紫微龙向离，若一乘旺运，便可产生帝王，是则五百年前后，不难有第二朝廷见于滇南也。且陲山起九顶入城，其间以王帽山、荷叶山之龙气为最旺，遂设法破泄其气，使不能乘旺而发生事故。于是在此两山上极力挖掘轰炸。今一看此两山上，陈着若干的横槽直箐，非范总督之遗迹耶？荷叶山炸滥，后人遂名之为破荷叶。

惟自洪武末叶迄于清季，实为五百年前后矣。滇人首义，不后于人。护国护法，亦惟滇人独任，而终无伟大成就者何也？一般堪舆家则云："昆明主山之龙气受伤，虽有英雄出，多不能畅其志也。"

斯言固属迷信，然亦近乎道。惟在近十年来，昆明之景象大异，居于市内之人口，几达到五十万。市容尤美好，民气复腾扬，更举一细事来言，壹自由鄙俚而变成高尚后，未三年，即将省所有之六畜烹食殆尽，其繁华足以想像。或曰，此即“五百年前后，云南胜江南”两句话之应验也。

吴三桂轶事

三桂，巨耳隆准，少髭须，眉长而眼细，瞻视顾盼，尊严若神。鸡鸣即起，夜分乃寝，却终日无倦容。鼻梁伤痕，右高左低，隐有黑纹，非谛视不辨，忤意则自扪其鼻。与人语论大事，必尽其意，言下不杂以他事，或中变则闭口微咳，声自鼻中出。凡人有一长，即收录而不弃。对于左右，都如家人父子。如有所疑，问之，必一再往复而详细告之，尤娓娓不倦，务使人彻底了然。三桂气度颇宏，宿仇旧恨，了无所谓。且极重旧情，故贵时，与有交者，无不投之。

三桂少时，尝为毛文龙部将，入清室后，即与毛氏不相及。其将李某，为某部帅，夺毛氏宅，毛氏有老仆，素狎三桂，遂赴愬于滇，三桂立令李某还毛氏宅，且责令输金以谢毛氏。老仆濒行，三桂以五万金赠之。

傅宗龙亦三桂旧帅也，视其子傅汝良若兄弟。王府门禁严，汝良非时出入，侍卫不敢诘。宁远曾应遴于三桂有恩，其子举人曾传灿来游于滇，归时，三桂赠以十四万金。

三桂祖茔，卜地关东，形家曰："于法贵不可言，惜一脉三断节耳。"自吴骧以下，惟三桂以疾终，他皆非命死，说者谓是断节之应。

有冯甦者，卖身于吴藩。其立卖身证书云："楚雄府知府冯甦，本籍浙江宁海县人，今同母某氏，卖到平西王藩下，当日得受身价银二万七千两。"后署媒人胡国柱。凡卖身者，皆师事胡国柱。时人谓滇中有三好：三桂好为人主，士大夫好为人奴，胡国柱好为人师。

吴藩下甲士好利，其术百出。或叩一所识富翁，自言早孤，年少不谙世务，请拜翁为父受教诲。翁亦欲藉藩下以自壮，阳逊谢，而心焉许之。于是择日拜父，执礼甚恭，翁真若此甲士之父焉。翁大喜，遂时时资给之。久之，挈其妇来，又久之，俦侣皆集。翁日费难支，谢遣之不可，乃哀恳厚赠始去。惟在此时，滇中钱奴，亦多受义儿之累。山中之殷实倮夷，尤不乏堕其术中者。

蹇而泰，字文定，昆明诸生也，为孙可望所阉。可望败，削发于安宁虎丘寺。后入平西府，专司图籍，博学善诙谐。三桂或盛怒，恒微词解之。滇破，大将军赵良栋携之入都，曰："此吴逆宫中一账簿也。"以故，诸将在滇之所攫取，皆不能匿。

吴商王四，恃三桂势，在黔多不法，滇督甘文焜治理其罪，尽退所夺庐舍、子女、玉帛而还之原主，即逐之出境，而三桂亦弗能留也。

云南盐法道赵廷标好为诗，时会城南之西寺落成，藩邸遂设宴于寺，大飨僚属，三桂请廷标咏金刚，廷标口占曰："金刚本是一团泥，张牙舞爪把人欺。你说你是好汉子，你敢同我洗澡去？"三桂大笑，亦知其讽己也。

时有某孝廉献诗，有"力穷楚覆求秦救，身为韩亡受汉封"之句，三桂大悦，厚遇之。三桂作《白牡丹》诗，朱国治和之。国治更索和于李兴元，兴元谢不能，国治强之。兴元曰："公之不能文，无异于王。我之不能文，亦无异于公。"国治赧然而止。

王府有三奇物，一虎皮，一大理石，一宝石顶也。虎皮则白章黑纹，得之于宁远，即驺虞皮也；大理石屏二，一高六尺，山水木石，浑然天成，大似元人名笔。一差小，山巅一鹰，水涘一虎，上下顾盼，神气如生；帽顶系一大红宝石，大约径寸，长寸五六，呈于日下，则光照数丈，而炎炎如火焰云。

三桂有子名应熊，每由京归省三桂，三桂亦出郭迎之。应熊为三桂元室张氏出也。张，关东人，自奉俭约，尝叹曰："昔作嫁衣裳，吾母尝吝一红裙，今若此，岂非命耶？"三桂极敬之，而亦极惮之。时云南布政使崔之瑛与三桂同病，共坐便殿谈家事，相与哽咽。

三桂有妃名八面观音者，故宗伯南昌李宗睿妓也。宗伯侍儿广盛，声色俱一时之选，而八面观音尤冠其曹，归三桂后，与陈圆圆并擅宠。而又有四面观音者，则亚于八面。然在当时，有见四面观音者，已称之为尤物。四面观音亦李宗伯之歌伎，由宗伯之老给事高安得之以奉三桂者。辛酉〔清康熙二十年，1681〕，清师破滇，陈圆圆先死，八面归绥远将军蔡毓荣，四面归征南将军穆占。

陈圆圆之终局，据滇人传云，圆圆实慧人也，逆知三桂必败，竟预谋被掳计，于会城内外建筑尼庵至十有余座，即近世存留之金莲庵、妙法庵、白衣庵、紫衣庵等。诸庵落成后，遂遴选与己面貌相同之女子若干，为各庵之住持。三桂兴戎后，圆圆遂出而遁迹于各庵，今日在此，明日在彼，久之，竟不知其归着何处。且不知群尼之中，孰为圆圆也。云圆圆先死者，盖未得其人耳。有圆圆投莲花池而死之说，且云“尸经村人某起而葬之，今墓在何处”，此真不足以相信也。

三桂守宁远日，有吴国贵者，尝力战，受重伤而血不出，归营即仆。有老兵郭八，言休咎有验，军中呼之为郭见鬼。先数日，独往河畔，担运石子十余担，积之于营内，众莫测其意。至是，郭仰国贵卧于地，压以石子，越二日，血出而苏。国贵，骁将也，帅众不多，仅二三十甲，每甲有正甲一人，副甲七八九人不等，其正副甲士，俱以年在二十以外三十五岁以内者充之。非大风雨，无日不训练也。所造之皮盔皮甲，着之，刀矢及小铅弹俱不能入也。

佴千斤，名寿寿，丽江之夷民也。身魁梧，有勇力，能以八十斤重铁棍运动如飞，故有千斤之名。大理府知府黎某，荐千斤于藩下，三桂试其力，千斤能将府前之一对石狮，左而右，右而左之，迭易至三四次。三桂喜，赐以勇士之名，千斤遂以为天下无敌。一日，遨游于市，衣为一担菜少妇之竹篮挂破。千斤怒，以手掴少妇之颊，少妇举手而搪之，千斤遂自跌于地，起而询其姓氏里居，答以住北门外之殷家箐，人呼我为殷娘娘。请较力，许之，且云愿候教于家门。次日，千斤往殷家箐访斯人，村童引至其住处，而殷娘娘已倚门而待客。旋指地面插定之木桩两排曰："听君先择一排而用足扫去之。"千斤视之，每排为十三根，桩出地面约七八寸。问"入地几何?"答以"三尺。"千斤易之，举足扫桩，但去其九，余仍如故也。殷娘娘笑曰："差可，差可!"千斤请殷献艺。殷一举足，十三根桩齐浮土面，千斤乃折服。后从三桂战于湘西，以恃勇超河，陷于污泥，如小商河之杨再兴事，身为清军之枪矢所集而死。〔此段眉批："按殷娘娘有二，此为大殷娘娘。越数十年又有一小殷娘娘，尤名著于一时。"〕

三桂有从弟树良者，行成无赖，尤喜结交匪类。于是滇中之探丸胠箧〔胠音曲，胠箧，即偷东西〕者，皆依之为渊薮。三桂禁之而不听，乃饬其回籍。

会元曹石霞，湖广人也，来滇省亲于云龙州。返时，三桂令运督学何宏中檫旋楚，赠金三千，又遗宏中子千金。

倪如彪者，黔西郎岱苗族人也。曾充毛文龙部将，有勇力，以细事恃强而殴击三桂。暮年归黔，以遭水火灾而家产荡然，复妻死子亡，益穷蹙无似。戚邻劝其之滇投三桂，倪以有宿怨，惧见而获咎。佥曰，闻平西王是不念旧恶者也。倪乃徒步如滇，投刺王府，三桂转喜而召之入，坐于便殿，问别后情事，且与共酒食，即留居于王府内，遇之甚厚。倪居数月而回郎岱，三桂赠以五千金，复着人护送倪至家。

三桂在滇时，于滇中督抚司道，下及守令，多有馈遗。袁懋功内召，三桂贶以五万金，袁亦受之而不辞。

巡抚李天洛有疾，三桂往视之，曰："李先生清贫，不可以口腹累。"自携具以往。康熙九年〔1670〕，李告归，三桂贶之三万金，天洛不受，三桂亦不强之。及抵镇远，侍卫赍原金以待，委之舟中，疾驰而去。

朱国治初抚吴〔江浙〕，以贪酷兴大狱。比入滇，任蠹役沙象德，军民皆怨。其事三桂也礼过卑，三桂殊鄙之，后亦不免于死。

平西府千门万户，土木之盛，拟于帝居。造亭海中，名近华浦。为园于西郊，名安阜园。园中花木，多至千种。有神女花一株，类似芙蓉，一日能六变其色。子、丑时色白，寅、卯时色绿，辰、巳时色又变白，午、未时色红，申、酉时色复白，戌、亥时色紫。开至十数日后，其英始落，三桂极宝之。安阜园中有楼，名万卷楼，蓄古今典籍。又开馆延英疏草，自侈平蛮功烈。复塑像于报国寺，在左庑布袋和尚下，顶松花色巾，著绿锦袍，右手抚膝，左手持卷，面左顾若关美髯秉烛观《春秋》状。时有吕尚奇者，湖北名士也，善吟咏，以进士来滇宰昆明，三桂命题其像，吕极誉之。三桂大悦，赠以歌伎。

三桂来滇开藩时，过陆凉〔今陆良〕，游于陆凉普济寺。殿前红茶一株，异于常品，而在茶花品格中，是一宝珠红也，三桂讶为异种。及安阜园成，遂遣人来掘其根株，运至省垣，植于安阜园内。花因易地，三年而不著一花，三桂认为慢己也，寻谪贬而还植原处。花以一再迁移，生气遂耗，未逾年，花竟枯死，邑人便谓花被谪贬而气死也。

三桂有族弟名耀恒者，异材也。躯伟而貌雄，能用十三力硬弓搭箭而百发百中；且矫捷善走，可追及奔马；更聪明迈众，耳听能诵，目视不忘。三桂极爱重之，尝曰："此吾家之苻雄也。"〔苻雄为五胡十六国前秦苻苌之弟〕后死于病，三桂悲至数日不食。

王公良，辽东卖菜佣也。初以队长从三桂，伪授仁威将军，与刘崑善，刘劝以率兵反正。叹曰："我自知旦暮死耳，顾人遇我厚，义不可负也。"后大清兵入滇，公良登楼自焚死。

三桂修南城外玉皇阁，获窖金五十余万。又掘老君殿圮，重易神座，获窖金百余万两。其在十万两以内，因土木而发者甚多。

有清自甲申〔1644〕入关定鼎中原后，以三桂功最高。已而建三藩，而三藩中以三桂为最强，领兵亦众。其来滇开藩时，领五十三佐领，绿旗兵万有二千，丁口计数万。定制以五丁出一甲，甲二百设一佐领。积五十佐领，辖以左右都统。设前、后、左、右援剿四镇，分十营，每营兵千有二百。以吴应麒、吴国贵、夏国相、胡国柱等为都统，以马宝、王屏藩、王绪等为总兵。而三桂以破流寇、定陕、定川、定滇、取永明王于缅甸，又平水西土司安氏，因而四方之精兵猛将，多归其部下。初开藩于滇时，清廷于三桂恩礼殊侈，假以便宜，云贵督、抚咸受其节制。于用人上，吏、兵二部不得掣肘。用财，户部不得稽迟。其所除授之官，号曰西选。西选之官，遍于各省。至康熙六年〔1667〕，三桂始以目疾疏辞总管之职务，方罢除官之权。是时，三桂已晋封亲王，子应熊已尚公主矣。

三桂专制滇中十有余年，日练士马，诚兵精械利。水陆冲要，遍置私人，各省提镇，多其心腹。子为额驸，朝政纤悉必报。

康熙十二年〔1673〕三月，尚可喜有归老辽东，留子之信镇粤之请。部议，遂令其撤藩。耿精忠及三桂，闻之不安。是年七月，三桂亦疏请撤兵，以探朝旨。上敕廷臣议，户部尚书米思翰、兵部尚书明珠、刑部尚书莫洛等，力请徙藩，康熙帝遂允其请，徙三桂藩于山海关外。三桂原冀慰留，如沐英世守云南故事。及命下，三桂愕然，乃阴聚群下，谋举兵以抗清廷。于是禁遏邮传，许入不许出。及侍郎哲可肯、学士傅达礼至滇，三桂阳拜命，而屡迁行期，谋举兵益急，盖谅定中朝诸将，无足当己者。

康熙十二年〔1673〕十一月杪，遂举兵起事，杀巡抚朱国治，执按察使以下之诸不屈者。移檄远近，自称“天下都招讨大元帅”，以明年为“周”元年。下令全滇人士易衣冠而蓄发，旗帜尚白色。其举事誓师之日，三桂向群下述满洲国之违约，以强力占据中国等情，语讫而泣下。旋上马驰骋于军较场者三匝，就马上举戈而挥者三，时三桂已六十有二岁矣。

三桂举事，贵州巡抚曹申吉、贵州提督李本深、云南提督张国柱皆从之。云贵总督甘文焜在贵阳闻变，欲以兵拒守，而督标兵皆不为用，疾驰至镇远，为党于三桂者阻而杀之。有郎中党务礼、萨穆哈〔《庭闻录》注有兵部郎中党古异、户部员外萨木哈〕，在黔督理移藩舟马事，于十二日驰至京告变，湖广总督蔡毓荣亦奏至，举朝震恐。大学士索额图请诛诸臣之建议撤藩者，康熙帝不许，惟驰诏止闽、粤两藩勿撤。于是削吴三桂官爵，宣示中外，遣大将军统军至荆州以御敌。

三桂举兵时，定其年号为昭武，其戎幕中有掾属名徐良骙者，上书于三桂，云："昭武两字不足取，昭为刀口近斜日，武为止戈，宜变易之。"三桂得书而抚然叹曰："听天命之所在也。"

衡山岳神庙有小白龟，大仅如钱，多历年所，土人以为岳神使者，藏于神龛中而敬祀之。三桂僭号后至衡州〔今湖南省衡阳市〕，涓吉祀神，呈舆图，卜龟所向，龟蹒跚而走，不越岳〔州〕、常〔德〕、澧〔州，今湖南澧县〕界，复至滇而止。再三拜祷，三复如之。

三桂举兵后，只称"都招讨大元帅"，以"大周"两字纪年。

康熙十四年〔1675〕八月，三桂即亲统大军至湖南，入居于长沙。十六年秋七月，始至衡州。十七年春初，群下争劝三桂即帝位，以应四方之望。又以衡州当兵冲，宜自长沙徙都之。三桂遂纳群言，于康熙十七年春三月朔日，筑坛于南岳之麓，郊天祭地而即帝位，改元"昭武"，改衡州为定天府。置百官，封诸将，造新历，举行云贵乡试，欲以号召远近。时殿瓦不及易黄，以漆髹之。构芦舍千间，暂作朝房。是日风雨，群臣仅能成礼而已。

三桂在衡州即帝位后，即召马宝、王绪、胡国柱辈，悉率精锐至湘，攻逼永兴，都统伊里布、副都统哈克山等相继战殁。简亲王及征南将军穆占，俱为王绪、马宝、胡国柱等所逼。清廷康熙帝，将下亲征令以督诸军。不意正当军事紧急，清军濒危之际，马宝等忽拔营而趋往衡州。盖三桂于八月中秋后，已病死于衡州矣。诸将悉召至衡，共商大事，于是一切情事改变。

是年十月，三桂孙世璠至衡州发丧，承继帝位，改元"洪化"。十二月，世璠迎丧还滇。

初，三桂举兵，诸将或言宜疾行渡江，全师北向；或言直下金陵，扼长〔江〕、淮〔河〕，绝南北运道；或言宜出巴蜀，据关中，守殽〔即崤山，今河南省洛宁县西北〕、函〔函谷关〕以自固。三桂以年老更事多，欲出万全，不肯弃滇黔根地。初得湖南，即下令诸将毋得渡江，以为事纵不成，可画长江而为国。故用兵数载，未尝长驱南北。及大兵四合，境蹙身死，诸将聚谋，不知所出。夏国相倡弃滇北向，以争天下之议，又为马宝所梗。但图固守湖南，恃洞庭为险。而大清方面之统兵者，又纵反间，使吴应麒疑杀数将，于是有总兵数人以舟师降。澧州方面，亦有以舟师降者。大清方面统军之王公、将军等，遂复岳州、长沙、常德、衡州、永州，世璠乃退守贵州。已而贵州、四川亦失，世璠乃退归昆明。大清兵入滇，世璠使郭壮图以象阵御之于曲靖，五却五进，象忽反践其军，郭大败而走回昆明。至此，世璠之军无能为也。

清兵逼近昆明，世璠潜易祖柩，自郭壮图数人而外不预也。蔡毓荣与穆占、赵良栋等，在滇掘三桂冢，知其伪，遍求之，一日而得十三尸，皆焚而扬其灰。传闻〔三桂〕真骨，实瘗于铜壁关外。

前清时之云南省制概略

云南之郡县建设，在有清一代，已擘画尽善。虽是一种多级制，然细味之，仍是一三级制，只不过官阶分有九级耳。在行政制度上，是一司道、二府厅、三州县。彼分防之府丞府倅〔倅，意为副〕，与夫州倅县佐等，是隶于府，隶于州，隶于县，而不是在行政制度上，别府、厅、州、县立此若干级也。此原是因地制宜，设此一官，为府、厅、州、县之佐，故名之为佐贰。

有清抚中夏，计二百六十八年，于云南之郡县，其间不无变更之事，惟是有增置而无裁削耳。民国则因其原有之一百零六治，一律改置为县，且扩张原日之分州分县而为县治。于是滇中县治竟有一百三十余县之多也。今者，郡邑之名，又多变易矣。展阅舆图、数典，其可忘祖乎？而且旧乘上多有某分府、某分州、某分县之诸名目，在隔朝异代之人读之，当然不易了然。更不知此分府、分州属于何郡，此分县属于何邑也。今则笔此，将原日之府、厅、州、县分晰而出之。是则各分府、分州、分县之根源自出矣。

云南以昆明为省会，设总督一，兼辖云、贵两省。巡抚一。布政使一。按察使一，兼驿传事务。粮储道一，兼水利、屯田及分巡云南、武定两郡。盐法道一，辖提举司三、盐场大使九。省外〔按指省会以外〕则区分为三道：曰迤东兵备道，驻扎曲靖〔眉批：“东道实则驻扎于寻甸州”〕，分巡曲靖、昭通、东川、澄江及广西五郡；曰迤西兵备道，驻扎大理，分巡大理、楚雄、丽江、顺宁、永昌、蒙化、永北七郡；迤南兵备道，驻扎普洱，分巡临安〔建水等县〕、开化〔今文山壮族苗族自治州大部分县〕、广南〔今广南、富宁县〕、元江、镇沅、景东〔包括普洱〕七郡。

府分十四。曰云南府，领四州：曰安宁、曰晋宁、曰嵩明、曰昆阳；领县七：曰昆明〔眉批：“昆明分治员曰板桥县丞”〕、曰宜良、曰呈贡、曰富民、曰易门、曰罗次〔今并入禄丰县〕、曰禄丰。省有水利同知一，曰南关同知，此不属于云南府，是属于粮储道〔眉批：“水利府原为三府通判，后方升二府同知”〕。武定直隶州领县二：曰元谋，曰禄劝。此两郡是分归粮储道巡视。

迤东道分巡之曲靖府，领州六：为沾益、马龙、罗平、寻甸、宣威、陆良六郡；领县二：为南宁〔今曲靖〕、平彝〔今富源县〕两邑。是为曲靖八属。东川府领县一：曰会泽；及分防同知一，曰巧家抚民〔彝〕府。是为东川两属。昭通府领州曰镇雄，领县为恩安〔今昭通〕、为永善；又分防同知一，曰大关军民府〔应为大关厅〕，分防通判一，曰鲁甸抚彝府〔应为鲁甸厅〕。是为昭通五属。而镇雄一郡，则设有分治员二，一为彝良州同，一为威信州判；永善县治则设有分治员一，曰副官村〔今绥江县〕县丞。此即为昭通府属所有之分州分县。澄江府领州二：曰新兴〔今玉溪市〕、曰路南；领县二：曰河阳〔今澄江县〕、曰江川。是为澄江四属。广西直隶州〔今泸西〕领县三：为师宗、弥勒、丘北三治。是为广西直隶州三属。而广西州郡内则设有分治员一，曰五嶆〔原属泸西，今划归丘北〕州判。

迤西道分巡之楚雄府，领州三：为镇南〔今南华县〕、南安〔今双柏县〕、姚州三郡；领县四：为楚雄、大姚、广通〔今并禄丰县〕、定远〔今牟定〕四邑。而镇南郡内则设有分治员一，曰碍嘉州判〔今双柏县〕。是为楚雄七属，而亦曰楚雄八属。大理府领州四：为宾川、云龙、邓川、赵州四郡；领县三：为太和〔今大理市〕、浪穹〔今洱源县〕、云南〔今祥云县〕四邑，及分防弥渡通判一。是为大理八属。丽江〔府〕领州二：为鹤庆、剑川两郡；县仅领一丽江县；有分防丞倅二：一为中甸同知，一为维西通判。是为丽江五属。永昌府领县二：为保山、永平两治；有分防同知二：一为腾越〔今腾冲县〕同知，一为龙陵同知；腾越郡内则设有一分治员，曰龙川江经历。斯为永昌四属。顺宁府领州一，曰云州；领县一，曰顺宁县〔今凤庆县〕；有分防通判一，曰缅宁抚彝府〔缅宁厅，今临沧县〕，而顺宁郡内设有一分治员，曰右甸〔今昌宁县〕经历。此为顺宁三属。又蒙化〔今巍山县〕直隶厅，其郡内只一直隶同知，曰蒙化直隶军民府〔此句应删〕，置一经历，为府〔应是厅〕佐治员〔驻南涧〕。又永北〔今永胜县〕直隶厅，其郡内只一直隶同知，曰永北直隶军民府〔此句应删〕，设经历一于旧衙坪〔今华坪县〕，为厅分治员。〔永北直隶厅属尚有蒗蕖州，即今宁蒗县。丽江府所属尚有兰州，即今兰坪县，及其所属知子罗，即今已撤并之碧江县；上帕，即今福贡县。维西应是直隶厅，及其所属菖蒲桶，即今贡山县。阿敦子，即今德钦县。永昌府所属尚有镇康州，即今镇康县及永德县。保山县及大理府云龙州所属之鲁掌、登梗、老窝、六库、卯照等土目治地，即今泸水县。保山县属之潞江安抚司，龙陵厅属之芒市安抚司、遮放副宣抚司，即今潞西县。腾越厅属之南甸宣抚司——今梁河县，干崖宣抚司及盏达副宣抚司——今盈江县，陇川宣抚司、腊撒长官司、户撒长官司——今陇川县，猛卯安抚司——今瑞丽县。顺宁府所属尚有镇边厅属孟连宣慰司——今孟连县、西盟县、澜沧县、沧源县。缅宁厅属耿马安抚司——今耿马县，猛猛巡检司——今双江县。〕

迤南道分巡之普洱府，只领一宁洱县〔今普洱县与思茅县〕，郡有分防同知二，分防通判一，是一思茅同知与一威远〔今景谷县〕同知及他郎〔今墨江县〕通判；府治内设有一分治员，为通关哨经历。斯为普洱四属。〔普洱府尚有思茅厅所属车里宣慰司——今西双版纳傣族自治州，及其所属勐海、勐混、勐遮、勐满——今勐海县、勐腊、易武——今勐腊县、整东、勐旺——今江城县〕。临安府领州三：为阿迷〔今开远市〕、石屏、宁州〔今华宁县〕三郡；领县五：为建水、河西〔已并通海县〕、蒙自、通海、嶍峨〔今峨山县〕五邑，及分防个旧同知一。是为临安九属。原称临〔安〕八属者，是以蒙〔自〕、个〔旧〕合为一也。〔临安府所属，尚有江外亏容甸长官司、思陀甸长官司、落恐甸长官司、溪处甸长官司、瓦渣甸长官司、左能寨长官司、纳楼甸长官司及其所属十五勐地，即今红河县、绿春县、元阳县、金平县〕。开化府只领一文山县；县有分治员一，曰江那〔今砚山县〕县丞；府有分防同知一，曰安平同知。此为开化府之两属。〔安平厅所属王弄山长官司、河口对汛即今河口瑶族自治县及屏边苗族自治县，麻栗坡对汛即今麻栗坡县，东安里即今西畴县。〕广南府领县一，曰宝宁〔今广南县〕；有分防通判一，为富州〔今富宁县〕

通判。此为广南府之两属。元江直隶州，领县一，曰新平县；景东直隶厅，厅只直隶同知一，设有一经历，为厅之佐治。镇沅直隶厅之设置亦与景东厅相同。

此即迤东、迤西、迤南三道及一粮储道所分巡者。

右〔上〕述为一总督，一巡抚，两司，五道，十四府，三直隶州，四直隶厅，一水利同知，九分防同知，五分防通判，二十八州，三十七县。除一切分州分县而不计，只合府、厅、州、县而计，则有一百零一治。然此是在清雍正后、清光绪前云南全省行政官之定制。惟在光绪二十年〔1894〕后，道员中又增设一蒙自关道，兼巡临安、开化、广南三府，是分划迤南道之一部分分巡权也。又自光绪三十年〔1904〕后，云南又增置一劝业道、一巡警道，自此云南便有八道。府则无所增加，惟添置一镇边直隶厅，此则是就下街心巡检而改置也。州则添置一镇康州，而属于永昌府。县则添置一华坪县，是就原日之旧衙坪经历而改置之。又添置一绥江县，是就原日之副官村县丞而改置之。又升镇雄州为镇雄直隶州，改彝良州同为彝良县。由此云南之府、厅、州、县为一百零六治。

清代之一切行政官吏，凡理民刑事者，无论其为府、为厅、为州县，都置有一佐治员。府与直隶厅之佐治员名曰府经历，直隶州与知州之佐治员名曰州吏目，县之佐治员名曰县典史。府经历与县丞为正八品官，州吏目为正九品官，典史则强与巡检同一从九品级，实则名之为未入流，言其尚无品级也。此一些下级官吏，府经历则有二十二缺，县丞则有三缺，知事亦有三缺，州吏目有三十一缺，县典史有三十七缺。此是就光绪以前之定制而言也。

清代以总督为从一品，巡抚为正二品，布政使为从二品，按察使为正三品，道员为正四品，知府为从四品，直隶州知州、直隶同知及无直隶两字之同知俱为正五品，知州为从五品，通判为正六品，知县为正七品。论知县之品级，却不甚高，而朝廷极其重视，认为是一种亲民之官也。其超擢处，实较其他官吏为强，能一步而升直隶州或直隶同知，盖此一七品小官实为清代三级制度之基础根柢也。

一切政令胥望此而推行，其不重要乎？至于盐提举与盐大使，是调整盐政之官也，于民事、刑事无与焉。

省之营伍，自设有大小武员统之。武职中之最高级者为提督。提督则驻节于大理，故曰大理提督。提督下有总兵六，一为鹤丽镇总兵，一为腾越镇总兵，一为临元镇总兵，一为开化镇总兵，一为普洱镇总兵，一为昭通镇总兵。有副将六，副将曰协，一督标中协驻昆明，一曲寻协驻曲靖城，一楚雄协驻楚雄，一维西协驻维西，一顺云协驻缅宁，一永昌协驻保山。有参将十二，一提标城守营参将驻昆明，一提标中军参将驻大理，一东川营参将驻会泽，一宣威营参将驻宣威，一寻沾营参将驻寻甸，一镇雄营参将驻镇雄，一威远营参将驻威远〔今景谷〕，一元新营参将驻元江，〔一〕武定营参将驻武定，一永北营参将驻永北，一广南营参将驻宝宁〔今广南〕，及抚标中军参将，共为十二。此下则为游击、都司、守备等，不胜其数矣。

此即清代设置云南省之概略。

述清代设置于云南省会之官吏

国家之政治机构，一朝有一朝之制度。有清之政治机构，大都是依据有明一代之制度，而略略变更之。然予以变更者，是在监司大员一级。若府若州若县等，则仍因之也。而且于府、州、县等官之权责，概不加以伸缩，只于此等官职之设置上，有所增损也。但此是就各行省之制度而言，于朝中官吏无与焉。

云云〔南〕一省，自元以来，都以昆明为省会。一切监司大员，有十之八九都设置于昆明。昆明驻总督一，领兵部尚书衔，统属文武，节制各镇，总督云、贵两省军务、粮饷，犹两省之统帅也。自称督部堂，人称之曰“制台”。制台者，言其有节制云、贵两省各镇总兵官之权也。总督是治官之官，不是治民之官。所用之印，不是方印，而是一长方印。并且印不用朱，是用紫芝色，俗称为胭脂印。总督领营伍三，曰督标三营。总督之中军为副将，曰督中协，众称为协台，此亦犹统帅部之副官长也，而督标中营属之。中营兵士，以协之佐领督标都司为营长。左右二营，曰督标左营，曰督标右营，俱以游击为营长。督署设置文、武巡捕各三，文巡捕以佐贰杂职充之，武巡捕以都、守、千总等充之，犹民国时代督军、省长之侍从文官、侍从武官也。署内置稿房六及总稿一名。总稿与各房之主稿，俱定名为吏员，任事六年期满，以府经〔历〕、县丞、吏目、巡检等职用。在役时，人俱以“稿公”两字名之。此皆国家所定之佐属，主管官亦不能随意增损之也。其他如文案、收支等，虽属曹掾，却无定额，主管官则得随意增加其名额，而亦无年限之可言也。其幕宾犹今之秘书长，寔处以宾友，东家俱以“老夫子”三字称之，不在曹掾之列也。

驻巡抚一，领兵部侍郎衔，兼理军务、粮饷，犹一副帅也。而云南巡抚，实为云南全省民政上之最高长官，且兼有都御史衔。总督则兼都察院右都御史，巡抚则兼都察院右副都御史。以故，巡抚是一治民而兼治官之职也。巡抚自称抚部院，人称之曰“抚台”，言其职责在抚绥百姓也。此又可以一事来取证，云南抚台衙门之东、西两辕门之横额上书有“抚绥六诏安辑百蛮”八字，是朝廷颁给云南巡抚衙前标语也。此亦可以云是称道“抚台”两字之根由。巡抚所用之印，形式与总督印同，亦是不用朱而用紫。巡抚亦领营伍三，称抚标三营。巡抚之中军为参将，曰抚标大厅。中营兵士由参将直统之，而佐以一守备。左曰抚标左营，右曰抚标右营，制与督标同。抚署亦是设置文、武巡捕官各三，房科亦六，全与督署同，其余俱与督署无甚差异。

云南提督，原是云南全省武职中之一最高长官，却不驻扎省城，是驻扎在大理。提标有一营兵士留驻省城，统以参将，名为城守营，却归总督调遣也。

督、抚下置两司两道：一布政司，其衔名为“云南承宣布政使司布政使”。布政使是上承巡抚而筦〔管〕全省吏治，凡府、厅、州、县及一切佐贰等职，无不由布政司酌夺委任或撤换，委任与撤换各职，亦由布政司悬牌以示。布政司又兼掌国库，主收支出纳。凡国家征收之地丁钱粮及各项税课，都由布政使征收入库。又大小官员之廉俸、武营兵饷及各项正供，都由布政使发放，俗谓之当家官也。然称其职曰藩司，尊其名曰藩台。又何由而称之以藩，盖由廷颁“为屏为藩”四字于云南布政司署，乃称其职曰藩司，尊其名曰藩台。又以其为此一省之主体也，故一班监司大员，咸以“方伯”二字称藩司。藩司有佐治员二：一藩司经历，承转文件之官也；一藩库大使，专司库务之官也。一提刑按察使，其衔名为“云南按察使司按察使”。按察使司掌全省刑法，兼驿传事务，咸称其职曰臬司，尊其名曰臬台。臬者表也，标准也。名之曰臬，言其是一正绳正矩之官也。按清代之按察使，即元代之肃政廉访使。故一班监司大员，都以“廉访”二字称臬司。臬司有佐治员二：一为按经历，一为按司狱，一转文件，一司监狱。

有次于两司者，为粮储道与盐法道。粮储道管征粮、屯田、水利等事。是全省粮政、全省水利，及全省屯垦事，俱属于粮道也。粮道有分巡云南府十一属、武定三属之权。而不名巡道者，以粮政为主也。粮道下原置一水利通判，既而升置成同知，名水利府，专司省坝内水利，不理民、刑两事，驻于南关，咸曰南关水利府。盐法道专司本省盐政，统辖三盐提司、九盐场大使，调整煎销事务。盐法道下，置有一盐库大使，专司库务。盖以各井场解省之盐课，是不解交藩司，是解交盐道，入于盐库储存，听候拨用，而且各提举、各盐大使之廉俸，都是由盐道支发，而不由藩司支发，可云清代之盐政是一独立政务也。

省城原是一府治，昆明县是云南府之附郭县。云南府咸称为首府，昆明县咸称为首县。云南府下设置有一府经历，是一佐治员也。昆明县下设置有一县丞，驻大板桥，是一分治员也。又设置有一典史，是司监狱之吏也。除此，在行政界上，便无一职官。

省之提学使，是掌握考试学子之官也。此是钦派前来之官，或为翰苑中之编检、修撰，或是詹事府、国子监中四品以下之中允、庶子、司业等官，派来任学政，是以三年为一任，职务是在执行科、岁两考事。何曰科考、岁考？是考试各厅、各州、各县之文童也。文理优者，取为秀才，谓之入学。入学，犹得列名于庠序之说也。入学后，则有考优、考廪、考拔、应秋闱考举人之权。然秀才须受学官管束。秀才如作奸犯科，须受刑事处分，行政官方面，则咨请学官，将该秀才之学籍革去，始治其罪而加以刑。是秀才两字，实为读书士子人格上之一保障。举行科、岁两考，是以甲年举行岁试，乙年举行科试，丁年举行秋闱。于秋闱前考优，考优是一种选士之称。每三年，省之各学教官得选举在学生员之优行者于督学使。经督学使考定，是为优贡。优贡名额不多，大省六名，中省三四名，云南小省也，只有二名。学使考定后，乃会同巡抚保送入京朝考。斯则提督学使之三年任务完毕。提督学使自称督学院，人称之曰学台。学台与督、抚两院，同称省之三院。学院于省之府、厅、州、县，通用札饬，于道则札饬其所属之府县官转达。于藩司则札藩经历，于臬司则札按经历。复文亦由经历呈复学院，此足见清代于仪注上之多重节目也。学院则统属全省各府、厅、州、县之学官。学官之名目有四：曰学正、曰教授、曰教谕、曰训导，视府、厅、州、县而分别设置之也。此则可以总束一句，文职方面之设置，只不过如是。

武职方面之设置，除前述之督标三营、抚标二营、提标一营外，余则无所设置。此七营之领军者，大者为参将，次者为游击，以都司领军，只督中衡一营耳。然此是就昆明省会而言，省外又异于是。如以参将为领军，参将下则有守备一员；以游击为领军，游击下则只有千总而无守备。惟是千总与把总，在任何一营内，都置有数员也。千把下为外委、百总等，此亦犹近代之准尉、上士耳。此足见清代于此省会内设置之武员实不多也。

云南在清季军兴后，省垣则特设一善后局，一厘金局，一营务处，然俱属地方性之设置，非国家之法定机构。善后局置总办一员，以候补道充之，仍会同藩、臬两司，粮、盐两道处理本省一切杂支。总办下设有一提调及若干事务员。厘金局是经理全省厘务，省外设有三十余厘局，各置一委员，负征收责。然征之极微，如广布百尺征银一两，川烟一担征银六钱，真写意也。厘金总局之组织，大致与善后局同。总之，此两局之人员，都是一种奉差人也。营务处尤是军兴时代所设，主其事者，仍是官阶较高，能知兵之文职官员。至于团保局、洋务局等等，是设置于光绪二十年〔1894〕后，非原昔所有者也。由此观之，清代之制度，于一省会只不过如是设置，其政治清简，可以见矣。

卷　二

纪百余年前昆明之繁盛及回人困城时的情况

大凡在数十年前或一二百年前之社会情况及地方状态，其在当时之表现究是如何，此则只有考之于私人笔记，及求之于世户人家之一般年高德劭者所谈之话而取证焉。盖私人笔记与私人谈话，都是撇开彼时之政治关系而谈现实，自较夹着政教两字而谈者为真确。即有一二失实处，要不过因于描抹形容上有过分之滃染也，虽然，亦能有十之七八归诸确实。

今余之所述，是写出昆明城内外，在百余年前昆明之社会情况及大造反时（回子困城时）昆明城内人民所遭受之痛苦耳。然余也，今年未及八十，其一切情事，当然不是余目所击。不属于余目所击，自是得诸耳闻。耳闻之言足以信乎？曰：足以信也。盖不由东摭西拾而来，是由家中高年尊长口中作有次序的叙述，而使我得闻。此亦如阿难陀〔梵文音译，意译欢喜、庆喜，即阿难尊者，为释迦牟尼十大弟子之一〕所云“如是我闻”也。我所闻者，又绝对的不是一种虚罔之辞，而是一些足以相信之言，且具得有一些信史价值。又何敢遽下此一断言？以语我者，为家中祖辈也，语此于家中儿童，意在使悉往事也，又欺我何为？诳我何为？余故信之，复下断言，此不是虚罔之辞也，因而有此一笔述。

余之蔡姓外太祖母朱太夫人，生于嘉庆六年〔1801〕，终于光绪十四年〔1888〕，享寿八十有九。此老人娴于诗，工于文，复善书，老来精神极康健，喜与儿童讲故事，娓娓而言，达二三小时不倦。余为儿童时，当光绪十一二年间，已八九岁矣。而在幼时，记忆力似较壮年为强，且有些须颖悟，老人殊爱余。而余家又与蔡府同院，故得常依老人膝前，而且是朝夕相依，故尔得闻尽一切。

一次，此老人语于余曰："在嘉庆年间，我朱家是在大西门外，近三分寺前之一条长街上。住的房屋颇宽大，建筑于乾隆初年，是祖遗产业。屋后有小花园，殊雅适。者〔这〕条街道很长，向北去，即接近麻园。此虽不是一条繁盛街道，可是街的两廊却有不少的铺户和民居。而且街上如菜市、肉案、酒馆、茶居、饺面馆、甜浆馆等各行俱全。至于小口食物，更不必言。我们随时走往街上，都可以买什物。有时懒于进城，更懒走往大街上购买针线尺头，也就在这条街上购买了。此条街道，若向西去，向南去，也还有两段街道，是短短的两节，却不甚长。一转弯入城，则尽是闹热街道。我在未留头时（往昔的昆明女子，在十四五岁以前，可以随时修剪头发，剃脸上寒毛，到十四五岁后，则易辮为髻，不剪发剃面，谓之留头），都得到街前行动。因此，很能记清楚一切情形。"

又云："我在道光元年〔1821〕，于归蔡府。是时，蔡家是在南城外近得胜桥处之竹子巷住在。旧时的规矩，女子一做了某家的媳妇后，要回转后家，是有规定的。每年要到正月十五后，才得回转后家住在十日八日。此在规矩礼性上，必得要有后家的人来接，而且要通过善付〔善付为云南方言，意即请求〕，才可以收拾起行。过此是端午后，中秋后，冬至后，也还可以回后家住几天。除此，便要遇到父母的生日才可以回。我由竹子巷回转三分寺前，是很长的一条路，要经过很多的街道。我以足弱，不能徒行，只好乘肩舆而回家。是时，百行百事无不便宜，由竹子巷走往大西门外，只需轿钱八十文，仅合四分银。我坐轿中，须经过云津铺〔今云津市场〕、金马坊、碧鸡坊而至盐店街〔今崇仁街〕口的一大条横街，或由金马坊转上三市街。这都是些繁盛已极的街道，行人是时时往来不绝。幸街面宽阔，不致拥挤，然在轿中，仍听到轿夫口中嚷着：'请让！请让！碰着碰着。'此足见这几条街上行人不少也。一转入打带巷或转上盐店街，行人便少了。再横过顺城街，就觉得近于冷淡。可是在冬至后及正月十五后，经过此条街道，从轿窗里望去，只见街之两廊屋檐下，挂满了牛干巴，而且牛腥气充满于轿内，真不知他这条街上的居民，每天要宰多少条牛来吃。一过烧猪桥后，便能看见田坝，以人家稀少也。要行近小西门附近之一条街上，此街我不记其名（大约即今之庆丰街），到此方有铺户，有寺庙，有人家。行过此一段地处，便转入打珠巷。打珠巷里，是一条半边街，东边是城河，西边是接连不断的烟户。再上则为长耳街，很少铺户，大都是一所一所的住房。到了大西门外正街，市面上就繁荣了，单讲布铺，都有七八家。其他行业，无不齐全，然此亦只有三市街的一半多的闹热。若比较我们住的那条街上，又繁盛多了。此若以你所见的地处来作比较，那就等于今日三、四牌坊〔今正义路马市口至景星街口一段〕之情形。”

又道：“我们蔡家虽是住在竹子巷，而蔡家的亲戚颇多，如姑妈、舅妈、姨妈及一些表嫂等，有住在东寺街的，有住在三元街的，有住在头道巷〔竹子巷西侧〕和珠市桥的〔今宝善街〕。这些亲戚，每于春节、端午节、中秋节后，都来接我去吃餐便饭。我有一亲嫂子，当然是两妯娌同去。这些亲戚家，大都距离竹子巷不甚遥远，家里尊长便不许坐轿，总是徒步行去。因此，我于南城外的一切街道，其景象若何，我算是完全领略过。”

“所谓三市街，是绸缎、布匹、纱花三种生易〔意〕之集合市场，故曰三市。所称之羊市口，纯是一卖牛羊肉之地处，大约牛肉架子总在六七十架，羊肉案子不下四十张。但此一段街上，是绝无一猪屠户来此卖肉。此一种繁盛之情形，除了年节外，无日不是这样的繁盛。在过年节时，其生易之盛，自与平日不同。即如过端〔午〕节时，是处的羊屠户，几无一不增加案桌，以便悬挂肉。而每一案桌，又无不悬挂着三四只羊。此缘昆明人于端阳节日，十家有八家都讲究吃羊肉面，因此才要有如此甚多之供应。”

“又如珠市桥，诚是一售卖珠宝玉器的市场。是时的珠宝玉器，多而且贱。在此一市场上，玉器铺直有二三十间，还有些腾越〔今腾冲〕客挟些珠玉来，以无力开铺，遂在此一段街上摆摊售卖。有一次，我在一摊子上买了一大块血珀，重四钱五分，才去银八钱。如陪嫁我的一对玉手镯，两只都有着寸半长的一节秧黄翠，而又是绿白分明的老山玉，才去了七两五钱银。我钉帽箍的一颗滚盘珠，几有一粒黄豆大，买时才去一两八钱。所以有人说，是时的珠玉，直贱似瓦砾。”

又道：“得胜桥出去之盐行街，纯是销售井盐之地处，大小盐号约在七八十家，余经过此者数数，直不见一其他行业夹杂于其间。若一切川杂货，则在四川街售卖。至若东寺街、碧鸡坊一段，和金马大街、云津铺等，则行业杂矣。虽然，卖纸伞、卖雨笠及卖一切农具之铺面，又多在东寺街上。碧鸡坊一段，又有很多的皮草铺。此则是当时南城外各条街上的大概情形。总之，是时的南城外，实是繁盛极。彼三市街、珠市桥、东寺街、金马坊、碧鸡坊、云津铺、得胜桥、盐行街、三元街、太和街〔北京路交三桥至塘子巷一段〕等，是道路宽阔，烟户密集，房屋栉比，楼阁云连，巷道参差，店铺杂错。市面之上，货物山集，行人水流。早有早市，午有午市，夜有夜市。而最闹热、最耐人游乐者是一云津夜市。云津夜市是就云津铺一带，摆地摊于街旁之市场，此则于两廊铺户关闭后，就其檐下而摆摊列肆。摆摊者不尽是男子，也有妇人女子杂于其间。到市场上购物者，亦不尽是男子，也有些妇女前来。其售卖之物，可称百样俱全，若布匹、若故衣、若皮革、若玉器、若针线、若器具、若一切杂货、若各种食品，诚应有尽有而作贱价之售卖。由是灯光灿烂，烛影摇红，行人扰扰纷纷，必自黄昏达于清旦。此夜市收，村中人亦至城卖菜矣。我曾随着我的伯婆和我嫂子，到此夜市上游过两次，而且在夜市上买过些什物，果然价钱不贵。卖者亦不乱喊价，只不过值八文钱的，喊到十文，确不是一种欺骗讹诈的生易。我们前去游走，于穿着上极从朴素，也就无人打理，更无人来推挤了。”

又道：“我在竹子巷住了四年，那时你的外太祖父，是在柏制台处写奏折，由制台衙门〔即总督署，今胜利堂〕走到家里，是有很长的一条路，总觉不便。恰好我们有座屋子在二纛街〔今民生街〕闲空下来，我们便将就你外太祖父供差，才迁到二纛街居住。可是城里的景象就冷淡多了。城内只有大街六七条，如南正街，是从马市口至南城门、大东门正街〔今长春路〕、小西门正街〔今武成路，已不存在〕、城隍庙街〔今武成路中段〕、文庙正街、辕门口〔今光华街〕、西院街〔今如安街口至龙井街口五一路一段〕等，是有铺户，有营业。由马市口至三牌坊一段，大都为金子铺、银匠铺、银钱铺，及一些药材铺、糕饼铺、烟换芦茶铺、羊皮金铺、食馆等。自三牌坊至南城门口的两廊铺户，从他们的营业上看，就与三牌坊以上的营业全不相同，十有八九都是售卖绸缎、布匹、绒线、纱花、纸张、笔墨等事，这都是供应城里的人民和官吏兵差的购取。其生意亦不甚多，货物亦只足供应付，此若与三市街的生易相较就差多了。文庙正街和辕门口，余闻人云，共有一百六七十间铺面，缨帽铺则占去十之五，靴鞋铺占十之一，皮草铺占十之一，其他生易仅能占十之三。”

“这一段街上的生易，自以缨帽业为最盛，看去似冷冷淡淡的，但是一有水客来，都是一千几百顶的帽子，买了装入篾箱，挑着走去。靴鞋生易则弱些。而皮草铺又何以有二几十间？你要知道，那时的官场，最讲究穿着。如你外太祖父，以在制台衙门当差事，皮袍皮褂也有十多件，以在地位上，不穿是不行的。若那些在任的官府，于穿着上更是讲究。如立春日，云南府、昆明县和南关水利府，同是坐着明轿，到东郊迎春。这三位官员的穿戴，大都是衣貂帽貂，其如何的阔绰，可不必深说。我只说这三位官员的轿后，有十个八个骑马的跟丁随着，个个都是皮衣皮帽，而且所穿的皮褂，都是分色成对。如一对熏貂，一对紫猫，一对灰鼠，一对芝麻貂之类。就是在轿前抱签筒等具的一些差役，也是反穿着狐皮马褂。从这些上看去，这三几十家皮草铺实不为多。”

又云：“城隍庙街则较为热闹，行人甚多，盖从大小西门外入城来应事的人，都由此经过，故往来之人极众。惟此条街上的铺户，其营业则杂甚。但是纸马铺与油蜡铺，却比较他条街为多。东门正街是故衣业、古董业之荟萃处。西院街的生易较杂，而来往的人亦不少，以有抚台衙门也。二纛街之生意全是铜、锡两种，铜器以铜脸盆、铜锅、开水壶三种之销路为最大。因此一走到二纛街口，即闻‘听匡、听匡’〔打制铜器的声音〕之声。锡器以锡茶壶、锡茶船〔亦作茶舟，即茶杯托子，亦即茶盘〕两样为最行销。近于我家大门一左一右的两个铺面，俱是做锡器生易。铺子是我家的产业，彼此处在宾东，两家的掌柜，肯走入我们家来闲话。有一家的掌柜曾向我们说，他铺里一年可销一千几百个茶船，一两百把茶壶。据此推论，整条街上的锡业生易，也就相当的大了。其他的街道如北门街、左哨街〔今青云街〕、卖线街、书院街〔今华山南路西段〕、土主庙街〔今武成路东段〕等，其两廊虽有铺面，而且开着铺面在做生易，可都是些半住家半做点小生易来糊口者。除了这些街道外，也还有很多的背街，那就够不上讲有生易了。”

又云：“论城里的地面，原也宽大，但是占了一个翠湖、一座五华山、一座圆通山、一条绿水河、一个洪化府、一个西箭道〔今光华街西段〕，又督、抚衙门，藩、臬衙门，粮、盐道衙门，云南府〔今师院附小〕、昆明县衙门〔今昆七中〕，武边的一中协、两参将、四游击、一都司、三守备及成十个的千、把衙门，而更有文庙、武庙〔今武成小学〕、城隍庙〔今五一电影院〕等，都是占着大片大片的地面。此外还有土主庙〔今华山小学〕、翊灵寺〔今钱局街白云巷〕、报国寺及五华书院、育材书院等，各占地面亦都不小。因此，城内的街道、巷道，就不会多了。街巷不多，居民自少，这是定而不移之理，所以是时居于城内之人口，实不及五万，还是连着官吏、将弁、书差、营兵等来算。我又何以知道？是你的外太祖父，他在衙门里看过省城的户口册回家里来说：‘城内有人口四万多，城外有二十五六万’。我因此知道。”

又道：“在道光年间，我蔡家的房产很多，城里城外俱有。城里的住房极不值钱，不仅租不起价，而且常常闲空着。如我家住在二纛街时，门口的两个铺面，每间才收月租铜钱五百文，约合二钱五分银。一所不当街的住屋，在三纛巷的石门坎巷内，系三间四耳三间厅，月租才收一两六钱银。此若是居于城外，而又在繁盛街道，那么租价就高了。如我家有一所居于太和街口的铺面，住屋是三间四耳三间过厅，外面又是四耳和三间铺面，租与一间茶庄，能月收租银八两。你外太祖父常对我说：'这一家茶庄的租银十分好收，到期去取，立即付给。此因我们的房子是坐落在商业繁盛的区域内，而又在要路口上。他们的生易极好，故尔付租爽快。'你外太祖父又说'太和街有里多路长，两廊的大行大店共有八九十家，第一是营药材业的人多，凡是外来的淮、浙、川、广地道药材，及迤西方面运来之药材，无不荟萃于此。其次是三迤的山货，如鹿茸、虎骨、熊胆、麝香、虎皮、豹皮、麂皮、狐皮、牛羊皮及木耳、香蕈、白生、笋丝，与夫一切药材，如大黄、厚朴等等，无一不来此聚集，待价求售。又次，有由思茅、普洱一带运进省来之茶叶，由东川方面运来之铜和鎌〔同镰，所指何矿不详，卷九《滇中出产物品之丰富》只提及锑与铅〕、铅，由个旧运来之锡，由黄草坝运来之棉纸，更有由川省运来之川烟叶和广布，都是堆存在此条街上的堆栈内，而亦有些在此街上设立行店。故尔，太和街的人马店极多。'你外太祖父所说的这些话，都是就道光初年昆明城外之景象而言。"

又云："道光六年〔1826〕，你外太祖父得了保举，便分发到江西省去做知县。我因路程遥远，而又上有婆婆，昆明又有许多的产业，去则无人照顾一切，只好留居昆明。你外太祖父在江西十七年，做了五六任县官，因丁母忧，才回云南，时在道光二十三年〔1843〕。过了三年，又选补了甘肃的迪化州〔今乌鲁木齐市，清光绪初，新疆建省以前为迪化州，属甘肃省〕，于道光二十九年〔1849〕身故于外。又匆匆的度了五年，便是咸丰丙辰年〔即咸丰六年，1856，已是罗养儒的外太祖父死后七年了，而非五年〕。我哩，自道光四年〔1824〕搬入城内居住后，于不知不觉间，直度尽了三十一个年头〔应是三十三个年头〕。然在此一大段时间里，真是受天之福，在一切上无不舒服极。如穿的、吃的、用的，可随举一物事，都是价廉物美。是时的上白米，七钱银可买一百三十斤，一只宣威火腿，重不够十斤者，值不上五钱银。因为昆明的猪肉只卖四分银一斤，尚是不带骨头的净肉。我们家里买猪油，每回总是买一两大盆，一盆约在三几十斤，只不过一两六七钱银。鸡蛋才卖二十文钱十枚，一大挑青菜只卖百五六十文。每年春后新蚕豆上市，只卖几文钱一斤。到了三月间，总是三文两斤的豆角。洋芋多时，卖三文两斤，尚无人要。这是什么原故？究〔就〕因为地方上出产丰富，任何一物都是充盈于市，直有个买之不完，取之不尽之情势。此用句文话来说，是‘供胜于求’。所以一切物价极贱。况且百物之价，是随着米价而起跌。是时的中米，每斗才值六钱银，约合到七八文钱一斤，百物之价，当然因之而低廉。当时市面的情况是如此，我们家里，可浮躁的说一句，银钱也还宽余，于是用了两个女帮工，我和我嫂子，只不过在一切重要事务上及锅灶上，随时经管着。因此，在这三十年里的生活上，完全是时势促成我的快活。又论我家哩，自比他家的景况为好，我们的日子当然好过。但是在城里住的一般人家户，也没有那家哼喊日子难过，这又为什么呢？因为在城里住的人民，无不有着谋生的路途和坐享福利的方法。在有恒产的，可以收租吃饭；在有恒业的，可以将本求利；若无恒产而又无恒业，可以去帮工，月得工资三几两银，亦足以畜〔蓄〕妻子。就是那些在大小六〔绿〕营里当兵吃粮的人，每月得来的口粮饷银，亦未尝不足以赡养家室。是时社会上的情状如此，只要你安分守常的，出而谋生于社会，入而仰事俯畜〔蓄〕于家庭，毫不为非作歹，官府方面绝不会来向你找麻烦。并且是时的老百姓，若有田地的，每年除了完纳田赋外，便没有丝毫的税捐摊派，故尔家家户户，无论贫富，都是生活易过，欢乐度日。我想古人所说的尧天舜日，或者也就是这样。然此是道光五年〔1825〕后，咸丰五年〔1855〕前，我见到昆明地方之景象是这样，人民的生活是这样。可是也有人说：‘在道光年间，昆明城里的市井，是很荒凉，人民是很稀少，生意是极其冷淡。’这哩是拿着城外的景象来作比较。当然城外的市面是闹热过城里，城外的人民是多过城里。而且城里有了一圆通山、一五华山，又一大个翠湖，于景象上也可以说是荒凉，而又可以说是清幽。总之，当日的昆明城内景象，也与现在的昆明城内景象相差不远〔指光绪十一二年间之昆明城内〕”。

又道：“唉！天运循环，世事不常，有了太平景象，自有反乱年成。闻前辈人说：昆明地方，自康熙二十二年〔1683〕大清兵将吴三桂的乱事削平后，直至道光末年，在这一百五六十年当中，昆明直无一乱事发生，昆明人尽是在升平时世度生活。所以昆明城外，才积成这样的繁盛，城内才得到这样的安靖。哪知人民的好运行够了，厄运就渐渐的来临。一到咸丰三四年〔1853~1854〕间，云南就有些乱事发生，然在距省之远处也，波及不到昆明。到了咸丰五年〔1855〕，乱事就更多了，而听闻乱事是在迤东的寻甸一带、迤西的楚雄一带，也还影响不到昆明。而且是回人与汉人不睦，互相争斗砍头，此从大体上来说，仍与昆明无关。到咸丰六年〔1856〕，乱事就大多了，而且闹到昆明来。是年的四月十六日，不知何故，舒〔兴阿〕抚台直派兵派团，搜杀城内外的回教人。昆明的回教人，什有八九是在顺城街、金牛街、东寺下街和大梵宫一带居住，家于城内者很少。派出的一些兵团，在这些地处搜杀了数日，听闻人说，直杀死男男女女几千人，而又不是作乱造反的人，纯是些老百姓，真也可怪。”

又云：“到了咸丰七年〔1857〕闰五月间，突然大祸来临，于是城内的居民便大受其若，我家自是不免。事是〔或作“是时”〕忽然间有人传言说道：‘回子来杀汉人了，马献是带着几千回人由临安杀来，又有个马复初，也是领着几千人由澄江杀来。都是一见汉人就杀，而又是一路在杀人，一路在放火，今离省城已不远了，都是要来攻打这昆明城。咦！若将这座城池打破，城内的人民定要遭劫。’一般妇女听到这样的说法，又莫不惊叹道：‘唉！似这样，又躲往哪里去？’这是闰五月十四日早晨听到的话。延到是日，将近午刻的时候，便见我家的堂伯堂嫂，带着侄男侄女等，和携着襆被、箱箧，由石桥铺的家下走到我家来，说道：‘回子杀来了！’少顷，又见在城外住家的两家表亲也携着什物走往我家来，一样的叫道：‘回子杀来了，今已来到归化寺了！’更有一位亲戚嘘着气的走入门来说道：‘幸我走得快，刚一跨入城门甕洞，两扇城门就关闭了。我女人走慢了几步，便不得入城，怎了！怎了！’各人喘息定后，我们穷问根由，才知道这次杀到省来的两路回人，都声明是来报上年官府冤杀省回之仇。

“马复初是本省回教的总主教，呼〔喊〕做老爸爸。马献是临安建水县的武秀才，他很有身家，很有势力，因此他竟成了临安一带的大头人。这两个人真是各带着几千人，逞着怒气，连路烧杀而来。这两个的行动，制台和团练大臣是早已得了消息，却要稳住人心，特地里出张告示，叫人民勿得惊慌，亦勿得妄自迁移躲避，官府自有兵力，能平服乱事。果也，暗地派兵团出去挡拦，哪知全不济事，转使马复初、马献两人各领着一枝〔支〕大兵，一直的冲到坝子来。制台慌了，才急急的关城。”

又道：“关城是仓卒〔猝〕间的事，但是六道城门不是同时一齐关闭，听闻人说，制台是命城守营先将南门、大东门、小西门三道城门关闭，大西门、小东门和北门，则稍停一二个钟头，听城外居民走入。论城外居民，是以南门外的人口为最众，而城〔门〕又关得快，一时慌着走入城来的，竟拥挤于城门甕洞前，转有多数人不得走入。小东门、大西门和北门关得迟点，这三方面的居民又较为小〔少〕些，一般向着城内走的，竟不十分拥挤，因而得有多数人走入。但是住在南方的人，得信较早，胆小的在一得信后，也就有一百数十家搬入城内，大胆的却不在意。论此一些早先搬入的，已有的资产还不完全损失，到后来挤入的，自己的资财就难言了。而此一些猝然搬入城内的人家户，一时又哪有房屋住在，都不过奔往亲戚家寄住。如我们家就骤然来了五六家亲戚，人口是猝然的增加了二十五六个。好在那时，我家是住在小富春街新买的一大院房子内，前后两大进，且有一花园，共有房屋二十余间，才把一些避难前来的亲戚容下。在是时，以我家来看，其情形是如此，他家呢？就难免不有避难的亲戚走到。这是闰五月十四日的情事。”

又云：“六道城门关闭，城外的居民当然走不进城来。可是一些看守城池的营兵、团练，便在城头上垛口前做起好事来。在城垛口处放下绳索吊人吊物进城。人是一吊二百文一个，物是八百文一件，若以银付，是六钱与四钱，多小照算。吊人吊物，大都是在东、西、南、北六道城门的鼓楼前，而也有在小东门外的一窝羊处和北门外的狗头坡处，因此外的一切地处，都有护城河隔住也。如此吊进城来的人，或者有数千，物件呢？自是不少，而一些营兵、团练，也就发了不少的财。然也有几十个人，因绳索断，坠落跌死去。顾在此大敌来临之际，兵、团等又何以能在垛口上从容放绳吊人吊物？盖由马复初走入省坝来，他虽度过相公堤，便将人马扎驻在三元街和盐行街一带，他本人是住在万寿宫内。他又为什么不朝前进呢？因为城南的得胜桥、双龙桥、土桥、鸡鸣桥及大东门外之敷润，小东门外之德济桥等，都有不少的营兵、团练守着，以是马复初不能长驱直入的走到昆明城下。过了一两日，马献也由晋宁、呈贡方面走到昆明了，这才来攻得胜桥，然也打了两天，才攻过桥来。于是马复初与马献方领着兵马，将城围住。昆明人常说的‘长毛下坝，回子困城’，‘长毛下坝’是指十八大司攻省事，‘回子困城’就是对这一次的兵事而言。以有这些情故，得到两几天的松动，营兵、团练等才能够做得这点好事，也才能够发点财。到了真正的兵临城下时，兵、团等也就不能在城上放绳索吊人吊物了。”

又道：“昆明城里骤然增加起一万几千人来，从景象上看，自较前闹热。若在一切情况上来说，大家都就一天比一天的困难起来。由城外进来的人，原是来图谋生存，讲生存，暂丢开穿的不说，只说吃的用的以及住在的地处，是缺一不可的。我今先说这一些人的住在处。在当时，城里房屋原也不少，只因时世承平，大家认为城外繁盛，无不喜在城外住家。故尔，城内房屋竟有多数在闲空着。这一回，一湧而进者在一万几千人，除了往依亲戚家的不说，却有些不愿意去打搅亲戚要自立门户的，以及无亲无友足依的人，不能不找地处安身，于是各街各巷的大小房屋，于一个时间内，竟完全住满了人，并且庵、观、寺、庙内也住得满满荡荡，弄到和尚、道士都嫌拥挤。此在逃灾避难时，其住在处任是如何挤簇，大家都是欢欢喜喜地住着。这哩，于住在处尚可以云有了办法。惟于炉灶上的柴炭，锅甑内的米饭，以及一切用动什物，就不能不渐生问题。初则借来烧，借来煮，借来用，并且城里也还有十数家米粮店，每家至少也存有三五市石米和一两市石豆，也还能救一时之急。可是不到三五天，米铺里也就空了，于是一些自立门户和住在寺庙里的人，便生起恐慌来。是时的官府，虽说是一些糊涂人，一些极无出息的人，然于民食，也还关怀，乃开仓卖米及设法分润燃料。”

“昆明城内原有一府仓、一县仓，府仓是为府十一属之地方而设，县仓则是为昆明地方而设，其性质是一种救荒救灾的设备。两仓俱存储米粮甚多，听闻府仓存米约有五六千京石，县仓存米约有三四千京石。其数虽多，然使阁〔阖〕城的人都向仓上取米食，亦只足支一月。官府方面乃派出些公正绅士，到各居民家中切实调查，有谷米存储的人家，即不发购米证，要甕无颗粒及一般避难入城而又无亲友照顾者，方得领证到仓购米。又派遣些公正绅士，往各居民家中，尤其是大户人家，查明所存柴炭，即以良言劝勉着分润出若干成来，卖与不能成爨炊之人家。物归绅士分配，照平时价值售出，价则归还原主。同时，又搜括各衙署内、各局所内存有之旧木料，劈成大小柴块，由绅士分给与一班寄住在庵、观、寺庙内之人口。由是而人心安定。论此种举措，恒制台却不是一个无出息的人，而是一个有作为的人。”

又道：“一般逃灾避难走入城内的人，初以为是暂入城内居住几日，躲避一吓〔下〕灾祸，来围城的回子大约在此十天八天内，就可能被官兵打跑，况且团练大臣黄琮说：‘他练得有五六十万团，将团调齐，马献与马复初的这几千人只算是些毛毛贼，只要三几天就可以把这些毛毛贼完全消灭。’这是他对恒制台说的话。哪知黄琮完全是在说大话，虽然，立于官厅方面的人和居于闾阎方面的人听了他这一段话，也就舒展愁眉，安心静坐，听候外援。但是闾阎中的人也就日在增加痛苦了，城门关闭，哪得有猪肉、小菜来卖？始初街市上尚有点豆腐、豆芽卖，一到了六月初，市面上就不见有豆芽卖了，跟着盐豆腐和豌豆粉亦无。到了六月底，也就绝迹。好在城内原有十数间酱菜铺，这行生易的老规矩，是在冬腊月里做酱、做黑芥、做冬菜、做卤腐，预备下一年的消〔销〕售。今在此种遭遇上，酱菜铺便不吝惜的将一些存货尽量的拿出来卖。故尔在是年的六七月间，城内的人民尚还买得着点咸菜吃。至于猪油，则有多数人家不得沾唇。盐咧，尚不缺乏，以大东门内的某家，存得有二三万斤井盐，足供全城居民食用一两个月。而况大家小户，无不各有存储，故不成问题。”

又道：“不料战事是越来越紧，马献和马复初的人马是愈来愈多，初闻马献与马复初只不过共有三四千人，到了六月间，则云将有近万人，于是将六道城门紧紧守住，又在城之四周扎了若干小棚小棚的兵，是完全把一座昆明城困守起来。马献的大营是在火神庙及南较场的演武厅，马复初的大营是在盐行街的江西会馆，又名万寿宫内。其余的大小头目，则各带着一部分人扎驻在城东城南的一些寺庙内，如金牛寺、太乙阁、三元宫、真庆观、东岳庙、东天台、南天台、南岳庙、西岳庙、羊神庙、天王庙、矿神庙、香海庵、灶君庙、炉神宫、孚佑宫等是。初时，虽将一座城池围住，然于城外，却也不乱烧市内房屋，亦不乱杀市内人民。只是要恒制台将舒〔兴阿〕抚台捆送出城，凭老爸爸马复初去处置，他便引兵归农。恒制台便召马献到城下，当面说给他：‘舒抚台已向朝廷请准了病假，早已卸任离开云南，回籍去了。你等须当退兵，我必将舒抚台冤杀良回之事奏知朝廷，听候皇上处决。’马献认为恒制台是欺骗他，完全不听恒制台的话，仍然生方设法的攻打城池。有一天，马献用箭射了一封信入城来，说是要在‘忠爱’坊上架炮打制台衙门，这就把恒制台吓慌了。后来团练大臣黄琮出了主意，把忠爱坊烧掉。恒制台便听了他的话，立即用火箭射上忠爱坊，于是忠爱坊上便起了火，不到两三个钟头，一大座牌坊竟化成灰炭。”

又道：“到了第二天，马献领着一小队人来到南城门前，要请恒制台上城讲话。恒制台也就走往南门的城头上，马献说：‘忠爱坊是我们回教人咸阳王〔赛典赤·赡思丁〕的德政坊，你为何把它烧掉？你会放火，难道我们不会放火吗？等我们放点火给你看看。’跟着还说了些很怄人很气人的话。气得恒制台在城上跺脚。真个第二天，马献就教他的大小头目在城外放起火来，烧是烧，抢是抢，杀是杀，霎时间火焰冲天，哭声震地。恒制台走往城上去看，得见这种惨象，不禁流下泪来，跺脚说道：‘这都是舒〔兴阿〕抚台和青藩台〔不详何人，时任布政使者为桑春荣〕两人造成的业〔孽〕果，今使一般汉民遭此惨祸，真使我心如刀割。’说罢，也就悲叹下城，乘轿回衙。恒制台有位太太，是很明白道理的，当时黄琮主张烧忠爱坊，这位太太得知，便向恒制台劝阻，说道：‘恐因此而引起其他的事来。’无如恒制台不依劝，硬听信黄琮的主张，去烧忠爱坊，今果然引起这一惨劫来。恒制台回衙，将所见的惨情向他太太一说，他太太就责备他道：‘去年四月间，舒抚台因一些细微事故，便突然杀死昆明的回民数千，这一种极其颟顸之事，你又不据实奏参，惟一味的隐朦着，这已是你作总督的大错。今年闰五月初间，马复初和马献在他们的地方已有动作，消息传来，你又不派兵前去平服。到了他们引起人来，你又不派兵防堵，贼已入了省坝，又不许人民迁移入城，及至贼人过了相公堤，方猝然关城，是置城外人民于不顾。复听信黄琮之言，烧毁忠爱坊，致引起这样的惨事来。房屋之被烧者，不知有多少，人民之被杀者，不知有若干，你为云贵两省总督，竟把一个昆明地方弄得这滥，看你将来有何面目去见皇上。’话说完，便走入后房，用条带子自行勒死，这明明是指导着恒制台‘你不如死了的为是’，恒制台果也气极，吞金而死。”

又道：“制台和他的太太一死，城中人民便惊慌起来，认为恒制台是因为这昆明城池难于保守，他两夫妇才赶着死去，于是有些胆小多疑的人，更认定这座城池必破，或者一两日后回子即能入城来杀汉人，一些妇女们竟相对而哭。幸得一位姓桑〔春荣〕的藩台做起总督来〔桑春荣后作抚台，并未作制台〕，接印时，立即贴出张告示来，〔安〕慰城中百姓。他说：‘恒制台是因他两夫妇口角争吵，各自气忿不平，才寻短见，是与时局无关。’百姓们也就信了他的话，才稍须〔许〕安静。这位姓桑的也还有点才能，于恒制台死后，尚能将城池守住。但是到了七月中元节后，有一日，天上竟出现一大股白霞，有如一匹边幅整齐的白布，横展在天正中间，其长处不知有若干百千丈长。只见一头接近呼马山〔即金马山，俗称呼马山〕，一头接近玉案山，而究竟舒展到什么地方，则不知道。时当正午，太阳光是昏昏暗暗的，看着十分愁人。而且从正午时一直出到太阳偏西时，才渐渐的形色黯淡，陆续消灭。又隔了四五天，天上又有一扫把星出现。初出时，是在三更后，而且不甚长大，不甚明亮。讲方向，是在东南角上。后则一天比一天出得早，一天比一天长大明亮。到了中秋节后，在二炮时就出，到了重阳时，只要太阳一落就得看见，而且出的地位也渐次的移到正东方。论那颗扫星，真正大样，头顶上的哪〔那〕颗明星，直有一个小拳头大，下则须须拉拉的亮光下垂，好似有一百几十丈长。其形则似一把洗锅的竹刷。天上有了这种景象，人民更自惊惶。为什么呢？古人有言：‘天上出白霞，地下乱如麻；天上出扫星，地下动刀兵。’今既出白霞又出扫把星，又哪能不使人惊惶，不使人忧愁呢？这颗大扫星见于天上，直有四五个月，到了十月立冬后，才渐次缩小，渐次失明，又渐次移归东南角上。到了腊月初间，才完全隐没了去。”

又道：“马献等困城，是从闰五月中旬开始围困，到七月下旬，已有六七十天。在这一段时日当中，城里的人民是无一个人能走出城外，城外的无一能入城。有由城上吊出吊进的，是官方差遣出去干事的人，或是由外处送公事前来的人，此在人民方面，真是受尽困厄。在始初时，人民于烧的煮的上尚有点办法，哪没有存粮的户口，每天每人得到仓上买一合米，到了中元节后则不能了，每人只许买半合。而烧的更买不出来，大家只好拆下些壁板，或是拿些床板以及一些旧桌凳劈碎作柴，宝贵着煮饭吃。甚而有抽下床上垫的草，垫的草荐〔草席〕等，⿰扌羼〔羼〕着木柴来烧，这真困苦极。讲到我们家里，原有些米粮存着，因在哪些年代，凡是家事宽裕的人户，都是在上年的冬腊月间，将下年的米粮买足，柴炭买够。翻过年后，于烧的煮的上，只不过随时添补一点，或添补几挑松球、松毛，或添买几斗蚕豆、黄豆等存放着，于烧煮上，就算满足。而在这一年里，突然发生了这样的事，几家亲戚奔到我家来，家里骤然加了一倍以上的人，我家所存的米和柴，就不能讲够吃够用了。因此，到了七月底八月初间，我家于烧的煮的上，也就支绌起来。又挨到中秋前后，才向经管粮食处声明，才准我们到仓上购买十数个人的口粮来添补着食。但是仓米糙极，我们又吃不惯，只好在碓里舂上一次，舂熟了，则和着蚕豆煮粥来吃。那时你妈妈才有六七岁，她不愿吃这样的东西，还被你外婆打咧！在哪种时日里，我家是作如此的生活，他家当然是一样，而且有许多向无颗米存储的人家，哪就更苦了。想哪年的七月半接祖，我家于礼节上尚能稍秉敬心，弄碗白饭和两碟咸菜供吓〔下〕祖先，旁人还说我家十分讲究。过中秋节时，直无人提及，似没有这回事。夜间的灯火，自七月初间，家家户户就停息了去。纵有点香油，都是用来炒豆腐和炒点咸菜。然一到七月底，好似任何一家哪香油罐里，都滴不出一滴油来。我们家里却存得有十数斤松香，便想出法子来，用些字纸搓成掂〔捻〕子，将松香熬化，用纸掂子去蘸，点燃起来，可抵得一枝烛火。这哩，是使领小孩子的人夜间得有个灯亮，也算是我家特有的办法。其他的人家户，无非大众聚在星月光下坐一会，不到二更，即去睡觉。惟在这一段时间里，人民对于城里城外的战守情形，都不甚了然。”

又道：“到了八月下旬，马献等困城已围困了成百天，城里的兵、团总不能出去和那些回人打上一战，只是将城严密地守着，而城外的回人，亦每于夜晚想方设法来爬城，却又不能爬入城来，多半是被城上的兵练打落下去。本来守城的兵练也还尽力，总是时时惕〔提〕防着。那时，我家在小富春街口，距离城墙不远，只要天色一黑，城上就有人敲起梆子来，手里是柝柝柝的敲着，口里则是高声大气的谂〔念〕着‘守着守着’四字，是走来走去的在敲在谂。哪梆子，听闻是用一节两尺长的棕树木来剜空，用木棒槌一敲，声响极大，所以我们家里都能听见响声。若是有人爬城，守城的人有个大响铃，就丁当丁当的摇起来，垛口上就立即加人，那时是这样防守，故尔贼人不能爬上城来。有一次，贼人乘着夜深天雨时架起云梯来爬，有一个贼人已爬到垛口上了，洽〔恰〕遇一个敲梆子的老将行到这垛口前，见这贼人刚一举足站上垛口，他就大声叫起来'有贼爬上城来了'，跟着他就举起手中梆子，对着贼人迎头击下。贼人耐不住疼痛，竟跌落下去，是时，城上自是摇铃加人，其他的贼人也就不能爬上城来。听闻这敲梆子的老将，立刻受上赏，得一把总官职。"

又道："挨近八月底的某一天，有位坐家在贡院街的亲戚来到我家，笑嘻嘻地对我们说：'好了好了！北门外的粮路打通了，大家不会饿死了！'我们不知其故，便向他请教，他才说道：'在最近的五六天内，或早或晚都听得北门外，以及城的东北角外和西北角外有哰〔喊〕打哰杀之声，有时还是掀天震地叫着，这明明是在打战〔仗〕，然不知谁在打谁。到了昨天才探问清楚，原来有位姓褚〔克昌〕的武官，约会了一位姓赵一位姓申的去马龙州搬来了两个勇将，一名何有保，一名何自清，更统领着两几千个兵练，从武定、罗次、富民方面杀进来。到了省坝，便将大小普吉、林家苑、犁烟村、黄土坡和杨仙坡、麻园等处的贼人打败打跑。又转过来将苏家塘、莲花池、小菜园、大小厂〔村〕的贼人打跑。跟着又把大小〔上下〕马村、张官营、马萨营等处收复。今正在搜求麦溪、岗头村一带和罗丈村、蒜村一带的贼。他们是处处得胜，就是那些最有名的回兵大头目，如徐元吉、马凌汉等，都不能敌〔抵〕挡，只有分投〔股〕跑散。这位姓褚的，有人说他名褚克昌，是云南县人，中过武举，曾随从前的林〔则徐〕制台平定了迤西乱事，实是一员勇将。他同这何有保最相好，他知何有保的本事更比他强。何有保两臂上有千斤之力，能单独抬起一座大将军来。所说的何自清，也同何有保一样。如今就是仗着这两个人在打各处的回子，所以能够四处得胜，又听闻明后天就可以开北门，许人出入。'大家听闻这一段话，无不欢喜，且知道这位亲戚向不说诳话，明后天开城，必定真确。”

又道：“八月二十九日，果然北门开了，许人出城去到莲花池村里买柴草、买粮食，但是出城的人，要在城门口由把守城门的几个官员，在右臂上盖个蓝印章，才得放行，回来时须验明印章，才得入城。初时，莲花池处只稍有点柴草卖，粮食哩，则少有人售卖。过了几天，柴草就有人由远处运来卖了，而且有了菜市和杂粮市，莲花池村里的铺户也卖起油盐来，惟不能多买，如香油只许买四两。又过了几天，猪肉、猪油、羊肉、牛肉都有人支起案桌来卖了。惟食米一项，则不能在城外售卖。由远远近近运来米粮，通统运入城内，完全归仓上售卖。然不在仓上卖，是在六城内设立了十多个售卖仓米处，由绅士等监视着官方的人售卖。是时，城内除了官吏、差役、兵练，只有六七千户居民，每户发给一块木牌，一面烙着火印，列着号数，一面注明丁口，旁有空格，买米时由卖米处注上一日期，规定好凡在十二岁以上者，每十天得买五合，十二岁以下者，十天买三合。卖米处是逐日天亮后即开卖，一直卖到天黑，因此买米的人亦不拥挤，若在人少时，可能随到随量。于是一般人民都称道着桑制台善于办事。”

又道：“自北门开后，昆明的东北方面，从大、小〔上、下〕马村起，而麦溪，而蒜村，而松花坝，一直到嵩明、邵甸。又西北方面，由麻园起，而大、小普吉，而沙朗，而二村，一直到富民。这两条路上就没有马复初、马献等的一个人了。故此，这一些地处出产的米粮及一切食物，都能运到省城来。但是这些清平下来的地处，向来都是出产米粮不多，今遇到兵荒马乱，其出产更少，故运到省来的米粮终属有限，尤其是蚕豆一项，真是少极少极。虽然，开城后究与关着城时有些不同，记得那年的八月初间，正当粮食紧急时，我领着你妈妈出街去玩，她见炒豆要买，我三文铜钱买得六颗炒豆给他吃。开城后，一文铜钱就能买五六颗，这岂不是豆以多而价跌吗？豆已跌价，其他物价之下跌，可以想见。又说到各家的饭食，官处已规定好，成年的人每人能买升半米。而在是时，百物都不能到口，任何一人，每餐都吃不够两碗干饭，食量好的，哪能得到饱足，遂向官处要求增加口粮，官处以仓上的米已消去了过半，而又不能教百姓忍饥挨饿，乃想出个法子，教近海一带及城南一带和城东一带的农家，将一些未收上厂〔场〕的稻子连着稻草作价卖入城来。农人也怕回人到田里打搅，便遵此办法，由城之四面吊入，卖与官处，官处又分配到售仓米处，然后按照各家的人口，酌量售卖。我家也买得点，拿回来将谷子勒下，入碓舂壳，得到些连皮粗米，⿰扌羼〔羼〕着仓米煮成稀饭，落下点盐，仍是难于下喉，而肚中饿极，又不能不吃。到了十月间，听闻南城外和小西门外的回人，通被官兵驱逐到盘龙江东畔。盘龙江以内的地处，已无一回人。有人说，这还是得何有保之力。”

又道：“马献等所有之众，虽被官兵撵过盘龙江去，亦只是盘龙〔江〕以内的一些地方得到清吉。盘龙江东面尚有好多地方，仍被回人等占据着。好在回人等在被撵过江后，亦不似从前的行为，任意杀汉人，任意烧焚汉族人房屋，只不过盘踞着些村寨中寺庙或宽大的民房，而吃的则摊派村人供应，有时也还给村众等几文钱，这算是回与汉稍能相处的景象。自此，大、小西门每天开放四五个钟头，听任人民出城购买什么。南门则只许官兵出进。大、小东门哩，仍是关着。在这种情形下，马献等虽是扎在江之东畔，而万寿宫仍是他们的大本营，盐行街、三元街自是驻兵不少。因此，马献仍想恃着勇，不时的要冲过桥来。无如一到桥上，就被何有保、何自清两人将他撵转回去。这样的冲击，似隔不上十日就有一次，听闻人说，是由咸丰七年〔1857〕的冬季直闹到八年〔1858〕的春间，都是你来一冲，我就回手一击，好似在闹着玩。然在这段时间里，百姓们就比七八两月好过得多了。市面上油、肉也有卖，蔬菜也有卖，烟、酒、茶、糖也有卖，小小的食品有也卖，只不过价格较从前贵上一两倍。惟食米一项，仍要在售仓米处购买。若是豆、麦、荞、粱，则由市上购买。是时，柴、炭、松毛等也有点挑入城来卖的了。但是一切杂粮、柴炭等，多半还是在北门、大小西门外作交易。而一到了冬月，打仓米的数量也就回复到每人每日得打一合了。这为个甚原故？是天不绝人路，那年省坝里竟得个丰收，故尔能回复到每人能日打一合。于是到了冬至，就有人欢欢喜喜地吃起豆面团来。到过年，就有青松毛、米花团卖，有钱者竟吃起鸡、鸭、鱼肉来，都说‘好不容易得熬到今日’。”

又道：“自从关城后，城中自有不少的人死亡，好在城里原有几家棺材铺，无不存有数十具棺材，并且各家都有些材料堆着，于是一面售卖存货，一面赶着制造，故尔城中的人死去，尚买得着棺材来装。那棺材坚结的，即抬往挨近城墙边的几个寺庙内存放着；棺材木料不好的和那些向施棺会上要来装的材子，当然不能久留，便抬往北门城墙下，挨近圆通山西头的一块荒地上，用土壒着。这又到城开后，才抬出城去安〔掩〕埋。又有些人家，直然是停放在家里，用泥土壒〔壅〕着。至于婚嫁，是从回子一困城后，家家户户都不乐于举行这件事。而一直到了十月间，粮路大通了，城南城西的各个地处都得到了安靖，一切什物已能购买，这才渐渐有人举行婚嫁，然都是迫不得已的举动，于礼节上，真是简极。”

又道：“咸丰八年〔1858〕春三月间，有一位姓张〔亮基〕的抚台和一位姓吴〔振棫〕的制台于前后几天都到了昆明。听人传说，这两位大员都是很能干的，是皇帝简放这两个人来做云南的督、抚，专于来处理云南的汉回不睦以致相残相杀的事件得一个良好解决的。故尔，这两位大员一到云南后，对于一路来汉回之相残相杀事，立即设法处理，望得个和平解决，这是据当时的一般传说。然也不知是如何设法，能向马复初、马献等讲到停战议和。又保了马复初的官职，马复初和马献才引兵离开省坝。马复初随走回澄江，马献走往新兴〔玉溪〕。

“回兵离开省坝，是〔咸丰〕八年〔1858〕四月间的事，至此，云南的大造反事，便算歇场。于是城里的人民到了端阳，就认真的过起节来。过了节，你外公就出南城去，查看我们自己所有的房屋。去了半天回来，哭道：‘都完事了，如竹子巷的房子，是完全不见形影。云津铺、头道巷、太和街的几所房子，是片瓦无存。东寺街的三间铺面和后面的一所房屋，只剩得几堵墙壁。三市街的三个铺面和两所住房，都各有烧不完烧不尽的一间半间存在，总之，云津铺一带是无半厦存留，太和街烧去什之八九，头道巷与东寺街烧去什之六七，三市街却是奇怪，间间铺面都被烧而又间间只烧去一半，铺后面的房屋多是三间两间的在着，只是火燎糊些。据一般人说，回人烧三市街的哪〔那〕天，当火头正盛时，忽然下起大雨来，将火压熄，故有此一现象。虽然如是，我们的家业就损失了一大半，只保存得城内的三几所房屋和几间铺面。我想道，遭此一场大乱而能保存得这些房屋，也就是大幸事。有的人家资产完全在城外，今如此，就立即贫穷下来了。”

又道：“乱事平息后，大家就痛定思痛，拿着经过的苦难来推测以后的生存。于是有明达事务者说道：‘事还未了咧！此番议和，回人们是想借此歇一歇气，等到气力养够，必然再来。只消看看议和后情形，马复初的一部分大兵退到澄江，马献的一部分只退到新兴，如城外仍有不少的回人在着，只不过回与汉两下安于无事，若一有变动，这些回人就是内应。’又有人说：‘从前仓上存米很多，藩库内亦存银不少，今则仓已空多了，库款亦将用尽了，若再有反乱事情发生，又吃甚末〔什么〕，又拿甚末来用。此后莫讲困守至成年对月，即困守三月两月，也就不能支持。听闻不久之间，即有挂捐输之事来临〔旧时当权者为筹措资金，允以捐钱谋一职位〕，是用此而准备一切。’此也作如是说，彼也作如是说，竟使大家害怕起来。你外公于家里的人，是时时刻刻关心着。一听闻此种议论，就想到家里的老人们，是不堪再遭受困厄。若真有起事来，又怎生处呢？想来想去，便想将自己所有的城内房屋当去三分之二，得到钱来，便领着阖〔阖〕家人口往四川叙〔州〕、泸〔州〕一带住在。已而得了多数人的赞同，便实行当屋，决期起程。然也有几个不愿前去的人，此则留在昆明，看管家中什物及存留的房产。”

又道：“我们于〔咸丰〕八年冬月初由昆明起程，一行人老老小小共有九个，我们一出城去踱上凤凰桥，就看见哪座烧坏烧焦的‘忠爱’坊，上半截是完全没有了，只留得几根半烧成炭的大柱头。四个大石狮子已烧得不成形象，大约是石头烧酥垮去了些。三市街上，却有稀稀疏疏的人在做生易，大都搭一木棚或一草棚，不然即是扯一布棚。可是也有些房屋在用木工及泥工修理着。若细论到原先的房屋铺面，也还有几十间存在，然是经火烘火燎，致檐口焦了，铺板糊了，除此便是有墙壁而无顶盖，一格一格的排列在街之两旁。我眼里看到这些火后余灰，回想当年之繁盛，不禁怆怀。转过金马坊街，就更不成了样了，那‘金马’坊也和‘忠爱’坊是一样，剩了个下半截。由金马坊街到云津铺，这一大节街上，直无一间铺面存在。就是两廊铺子的后面住屋，亦只有一堵一堵的墙壁竖着，一根一根火烟头似的梁柱，横七竖八的杂乱摆在地上，或斜担在墙头。我们原有几间铺面在这节街上，如今哪能认得出来。此而过了德胜桥，方才看见街的两旁有铺户房屋，而且一直到三元宫附近，都是一间一间的铺户在着。其间虽有几间是被火烧去，然也不多，大致只有十处八处，惟是一过了相公堤，究不是这个样子了，由岔街到重关，亦是很长的一节路，好似未经火烧过的房屋，至多不到百间，又有些哩，是烧毁了一半，这哩或许有二三百间。至于完全烧毁尽净的，则不知其数。重关出去不远，就是陈家营，这处的情形更惨过于岔街一带。由此处去，一路上的景象，无非如是。到了大板桥，方才好些。

“由板桥至长坡，至杨林，一路上都是官兵驻扎。在杨林住了一夜，次早便离开杨林。然在出去不远的地处，便有两个缠着白头、空着双手的人走过来，问我家向住哪里，姓甚名谁，今往哪里去？我们从实告诉了他们，他们便言道：‘哦！原来是蔡七老爷家，我们是应当保护出境的。但前面有许多地处不安靖，我们派两个弟兄直送到可渡河，他们回时，可赏给点茶钱。’我们听了，只好请人向这两个人询问究应给若干。回复时，才知道每护送一站是十两，此去七站，应给七十两。我们便拿出银来交付，这两人又推辞道：‘今且不必，等到了可渡后，再给他们。’说罢，便对两个打着白头，扛着矛杆前往护送的人说：‘你两个好生护送着老太太们出境，一路上诸凡小心。’随又取出一张字来，有篇八行纸大，上面红红的，似乎是盖了一印章，递给那前往护送的人。随说道：‘到了沾益、炎方两处，若有人出来生事，你两个可说明是我们这里护送的人口，并且把这票子给他们一看，自然无事。’说完这些话，就掉头回来向我们说句很人情的话：‘恭喜老太太们一路福星，平平安安的到四川。’说完一切话，便大步大步的走去。”

又道：“这些情事，在未出省时即有人对我们说：‘迤东路上，可以出点钱请人护送。’故尔，在路上遇到这些情事，我们毫不惊慌，于护送费，已有准备，当一提道〔到〕护送我们，即加以请求，是他也喜欢，我们也愿意。说妥后，人派出来后，我们即离开哪一地处，而放心落意的直往前行。哪两个护送的人，却也性情温和，而且有说有讲的，时常都在我们轿前轿后走着。轿夫等躲懒，他等还去喝骂，并且催逼着赶早投宿。在走着平坦路涂〔途〕时，还和我们谈闲话。他等说：‘我们是出来保护行客的，不是出来杀人放火的，我们的大头子是某人，与哪杀人放火，打抢行客的清教人是毫不往来，有时还带着弟兄去打哪些强暴。’一路谈谈讲讲的，就过了易隆、马龙和沾益。这一路上的景象，却比近省一带好多了。也不能说自杨林到沾益的一段路上，一切大小站口都是同太平时候一样繁盛，那就把时世认差了，不过在这一些路上，虽有些烧毁过的房屋，却不甚多。于每一歇息处，只能见到少少的有几个卖吃食的人。在一路上，虽见有些套白头的人往往来来，然于我们，似没有管着，而亦有些见着了这两个护送人，或谈三五句闲话，或打一招呼，随即走去。一日，行到沾益所属的炎松地方。炎松是一小市镇，却距离大路约二三里，而在路旁的松林内竟走出三几个打白头、持刀扛矛的人来，大声呼问‘什么人？’两个护送的人看见，即走近前去，不知说了些什么话，随又拿出票子来递给那几个人看，看票子者转笑了一笑，说声‘请罢！’哪护送的人便引着我们的轿子、挑子往前行去。已而两个护送的人对我们说道：‘这是一小关口，总得要和他们打个照会，过此就没有了。’炎松过去二三十里是炎方宿站，再一日，就到宣威城。宣威出去，过来宾铺，过淌塘，即到可渡河。”

又道：“到了可渡，两个护送的人就来向我们告辞要回去销差。又告诉我们：‘明早一过了河，便是贵州的威宁地方，那边有军队驻扎。由威宁到毕节，到永宁，一路都清吉，可以不要人护送，老太太们可以放心走去。’我们便将七十两银封好，请他们带去，他们多谢了又多谢，复说了几句人情话才走去。这两个护送人去后，我们便感觉得出这七十两银，一路上毫不耽〔担〕惊受怕，夜宿于店得到安眠，真正值得。并且这两个人又十分人情，他等去时，尚觉有些不舍。人说回子是如何的凶恶，据此看来，其言亦不尽实。总之，一切人事上，都是丑人带累了好人。”

又道：“我们过了可渡河，便是在贵州地面上行，果然一路上都见有官兵驻扎。一直到毕节，到永宁，行程约在十日，而每过一处，又无不是清清吉吉的。我们于咸丰八年腊月初到永宁，住了一年，才走往泸州住家，于是就在泸州住了十二年，到同治十年〔1871〕才回转昆明。你妈妈哩，到四川时才有八岁，在叙府结亲后，和你爸爸先我们一年回滇。

“你爸爸妈妈回到昆明时，省城的乱事还不能说完全肃清，到了我们回滇时，省城才算安定。城外的景象，凡是从前被回人烧毁的地处，也就有一小半修建起铺面、房屋来，也就不似当〔年〕我们离去昆明时的那种惨象。但是走往竹子巷我们住家的地处一看，完全是荒烟蔓草，遍地瓦砾，也就够惨伤了。今虽事过境迁，余犹觉一切历历在目。幸这几年来得过点太平日子，也是我们年老人的幸福。可是，你们须知我们是经过这些苦日子来，所以教你们对于一切食物，不要糟塌〔蹋〕，而且要吃得下喉的就吃，不是选嘴，就是惜福了。”

右〔上〕之一切情事，是余外太祖母蔡母朱太夫人，于光绪十一二年间在闲居无事日，就灯下炉前向余及余之姊姊等，将往昔眼中所见昆明之繁盛状态及大造反时身受之苦厄，作为一种故事，层层次次的详细道出。是时余固未足十岁，惟在幼年，记忆力较强于壮时，每于入夜后，即坐外太祖母身侧，要求讲故事，老人兴致不浅，便娓娓而谈。余姊姊等，则一面挑针，一面倾耳，余则时时穷根搜芽，而老年人亦喜详尽其致。是言者不厌其烦，听者不觉其倦。老人则如南容〔孔子弟子。《史记》作“南宫括”，《论语》作“南容”〕之三复白圭〔见《论语·先进》：“南容三复白圭，孔子以其兄之子妻之。”《注》：“《诗》云：‘白圭之玷，尚可磨也；斯言之玷，不可为也。’南容读诗至此，三反复之，是其心慎言也。”后来以此形容说话行动十分谨慎〕，一而再，再而三的，就口齿上将是时之情状，一一描出，故余姊弟等得深印入于髓海也。老人于光绪十四年〔1888〕冬间寿终，余于老人之謦欬〔借指谈笑〕不忘。余长姊长余八岁，记老人之所述犹详，有时谈及往昔所闻之大造反事，姊犹能补余之所忘，余于一九一二年因闲居而笔此，且就正于长姊。笔成此文后，置箧中有四十余年，今取出而删除其烦，变正其字，改作段落文字，以补余所撰之咸〔丰〕同〔治〕年间云南汉回相残本末之所不及。缮写成时在一九五七年五月十三日。养儒行年已七十有九。又“大造反”三字，是昆明人之口头禅也，故叙述时悉用之。

述六七十年前昆明城内之景象

世事如轮转，俗语也。本来世界上之事，无不是一盛一衰，盛极必衰，衰而复盛，一若岁时之暑往寒来，由春而复夏，而秋冬，又由秋冬而转回春夏，是自有天地以来，都是如此循环回复，直是一篇印板文章。故人世间之事，盛而衰，衰而盛，亦是此宇宙间之一定例也。

昆明城在咸丰前嘉、道两个朝代时，城里城外人口将近三十万，几与近日昆市之人口相埒，亦足以称一时之盛。讵意泰极则否，至咸丰六年〔1856〕后，汉回两族人互相残杀，残杀不已，大乱斯至。大乱时，最足以损昆明城内城外之精华者，厥惟昆明人口中常述的“回民困城，长毛下坝”之两大祸乱〔祸乱之由，乃因清朝官员，及汉回地主阶级的压迫剥削、挑拨离间所致。所谓“长毛”，是杜文秀领导各族人民，效法太平天国，蓄发易衣冠，起而反对清朝统治，故有此诬称〕。既而又遭一次大地震、遭一次大水灾，于是将一个繁如春华、茂如夏草、丁口近三十万之一大城市，几乎括地化为劫灰。积至光绪初年，公家和私人，始就城外的一些瓦砾场上，稍稍修回一些房屋，乃有些人口迁往居住。于是金马坊与云津铺，始渐次有人在此两段街上经商营业。同时，三市街之铺面亦完全恢复，惟与往昔之景象相较，则不知相去至若干里矣。

前述昆明城市在嘉、道年间之繁盛，是余得之于耳闻。今述六七十年前昆明城内城外之景象，是余所目击。耳闻仅得之于他人口头，目击则深印于自己脑中。兹据实写出，不欺人亦不自欺也。

在光绪十年前后，余已有六七岁矣，凡入于目者，都能记得百分之九十。昆明城内城外之景象，今犹历历在目。奇哉！人之脑筋，直是一珂罗版〔一种平板照相印板〕也，一经摄影后，形形色色，无不永久存在。虽然，景象万千，又当从何处写出？无已，就一富有历史性之一地处来言。昆明俗语云：“昆明城里有三山两河。”三山是五华山、圆通山、磨盘山；两河是洗马河、绿水河。五华山为最名贵地处，余即就此而言。惟是今日五华山之景象，则大异于往昔。在六七十年前之五华山上，实老树参天，丰草夹径。山上房屋，惟有一万寿亭、一武侯祠、一潘公祠、一劳公祠。将近山之东头尽处，为黄河巷巷头，又为布珠巷巷尾，再向东而下，即是永宁宫。黄河巷口之西边，有一小溜房屋，为一富有历史性之茶馆，闻由乾隆初年即在此开设，至光绪年间，已有一百三四十年。似此长久之存在，当不是某一家人之恒业，惟此一茶居，却有一足以纪述之事：林文忠公〔林则徐〕督滇时，尝微服而访事，曾几次到此茶居饮茶，且在茶居内题壁，余故谓其富有历史性也。山之西头为悯忠寺，亦是一富有历史性之寺庙。〔传说〕建文帝曾在寺中，拥狮子座〔释典《智度论》谓，佛为人中狮子，所坐之处称狮子座〕，受诸山缁流顶礼参见。悯忠寺东武侯祠西为万寿亭〔五华山顶原建有万寿宫，为明永历帝驻滇故宫旧址，清代改置龙亭，又名万寿亭〕。万寿亭是以山巅上建有一亭，亭供万岁牌，为百官朝贺帝后，向其行礼处，因而以万寿亭三字，统名其一切地处。亭有六角，取统一六合也；亭前阶级有九，寓此为九重帝居也；亭前为一大平墀，系百官朝拜处也；下有三大间敞厅，曰“朝房”，厅有高及尺、方二尺之短几若干张分列左右，是百官朝拜时须先在此小坐数分钟，然后出而朝拜之一地处也。朝房南面，又为一大平墀，深约五六丈，阔近十丈。平墀南下，有大石阶九级，中嵌螭陛。级尽，系一段平地，深约数丈。再下，复有石阶九级，至此，便接近正门。正门三格，门扇用木签子装成，饰以朱色。门头横额署有“万寿亭”三大字，传云为王继文〔清康熙间曾任云贵总督〕手笔。盖此一地处，是建筑于康熙二十六年〔1687〕，在平吴藩之后数年也。此一道正门是长久关着，要必有喜诏或忧诏至，始开此门而迎入。百官出进，是由其左边去二几百步远，而正对红栅子，有石坎四十余级之一道红门出进。万寿亭正门，诚形势巍峨，而尤正大堂皇，正门外有石玉柱二根，高丈余，各嵌以一石凿之祥云捧日，若纱帽翅然，极其美观。自此而下至二三十丈，即抵五华书院后墙。

武侯祠在万寿亭左，祠有两进。正屋宇内祀武侯〔诸葛亮〕塑像，乃一羽扇纶巾，高雅已极之像状。庭前檐柱上悬木联，上只刊云“千秋出师表”，下只曰“五月渡泸人”，真武侯祠祀中之一副绝对也。惟闻嘉庆年间，有某抚滇使者，不知因何原故，着匠人塑孟获像，跪武侯座前，意在侮辱滇人也，几酿事。督滇使者某公知之，乃暗派人将孟获像毁去。潘公祠又在武侯祠左，为潘忠毅公铎专祠，中祀忠毅公牌位，左右附祀云南府黄培林、昆明县翟怡曾、书院监院华岳、抚辕武巡捕沈国标一干殉难官员之牌位。总督恒春及其夫人博禹特氏之牌位，则附祀于后进。昆明人不忘潘之死难，每年正月十五必做一潘公会，南正街一带铺户，无不悬灯结彩以纪念之，潘亦死而有荣也〔1862 年初，滇南回军首领马如龙投降清朝，旋被调攻打建水梁士美，年余相持不下，寻甸回军首领马荣奉调往援马如龙，路过省城逗留不前，乘省城空虚，于 1863 年 3 月 4 日率军起义，在五华书院杀死云贵总督潘铎及书院教授华岳，于街上杀死云南府知府黄培林及昆明县知县翟怡曾。时为旧历正月十五，故又称之为“灯宵之变”〕。潘公祠左为劳文毅公崇光专祠。光绪十年〔1884〕前后，云南通志局即设于祠内。近劳公祠之半坡上，有古老朴树一株，俗以泼树呼之，高至五六丈，近根处粗及三四人围，阴蔽数亩，根串至六七丈外，殆宋元时代生物也。又自红门石级之右而西去，直至悯忠寺东墙脚下，约在三四百步，此一带地处多属偏坡，平坦地面仅能占四分之一。在正、二月间，一般儿童则喜在此放纸鸢。三、四、五、六月间，地上草旺，则多有人在此放马。而有一隅，粪草瓦砾堆集如山。每于太阳落时，必有一二十人在此拉屎。每年届西太后生辰和光绪帝生辰，照例在万寿亭前稍平地处，搭台演戏三日。演戏时，满山俱是顾曲家〔顾曲原谓听歌，此指看戏的人〕，盖不名一钱〔见《史记·邓通传》《论衡·骨相》等，后指穷得一无所有的人〕而能看成日之戏也。

上五华山之正路，名红栅子，进入红栅子处，果也有一道大栅门，饰以红色。两扇栅门后，便是两个尿坑。是时，城内城外的各条街道固有着若干公厕，然都髒〔查无此字，当作腌〕脏不堪，行人认为此一地处较为干净、便利，故一般行经此处而尿急者，即拽裤而屌，纵为官府所见亦不致干咎。〔新中国成立前后在北京等许多城市，街边墙角处都放有尿桶，以供行人。〕

红栅子前横街东段，名东华街，西段名西华街又名书院街，而五华书院在焉。书院为作育人材处，院极宽宏，占有基地殊广。大门三栋，形势极壮观瞻。大门前筑有一大照壁，以彩色图一鱼龙变化形状于壁上。进大门约十余步为二门，入二门而行三四十步为大讲堂，讲堂系五大间，当中的一间为过道。此一间过道，前头则无门，后头则有屏门六扇。屏门上刊有钱沣所书之程子四箴，其字体之端正，笔画之遒劲，真高出一切学颜字之人。除走道外之四开间内，俱列有长条桌、长条凳若干，为考课时一般士子之伏案处。此讲堂之前檐下，悬有八块大方匾，每块一字，曰："斋庄〔《礼·中庸》作齐庄，亦作斋庄〕中正整齐严肃"，为罗佩金之祖父罗瑞图太史所书。度过讲堂，是一大天境〔井〕，向上则为藏书楼。"藏书楼"三字，为尹壮图所书，字体极大，气魄极雄，亦为后世书家之不能及。且书有一楹联悬于楼下，曰："鱼跃鸢飞，活泼泼心地；云蒸霞蔚，紃熳熳文章。"亦省中无两之作也。藏书楼后，复有一大院房屋。居山长席位者，即寓于其间。院又有东西两园，俱地方阔大，廊槛回环，而一负有雅名之阿香亭，即在东园内。

东华、西华两街之相接处，名马市口。马市口三字，若顾其名而思其义，何〔或〕许在若干年前，此地即是一骡马交易处也。自马市口直下至南门前，是为昆明城中至中、至正、至长之一条大街道。然自马市口至四牌坊为一段，自四牌坊至三牌坊为一段，三牌坊至按察司街口又为一段，此而下至南门口复为一段。其名之为三牌坊、四牌坊者，是由南门口一段逆数而上，至三牌坊处为第三段，又以其有一牌坊也，故名此一段街为三牌坊，而四牌坊之得名亦若是。余蔡姓外太祖母尝语于我曰："在嘉道年间，四牌坊之接近长春坊口处，实有一比较三牌坊为小之三空牌坊在着，因道光九年〔1829〕是处遭大火，毁去铺面及住房甚多，同时牌坊亦被火毁去，不是无故而名是处为四牌坊也。”至于长春坊，亦是有架牌坊，在咸宁寺前近象眼街口处，余在五六岁时经过是处，余舅犹抱我在牌坊之柱脚石上坐。而在是时，亦只觉得一边有遗址存在也，此则不知其额毁于何年。

自马市口至南门前，这一条直直的街道，自是五华山南之一条正街，而且是昆明城中之一条一等街道。但在七十年前，去“回民困城，长毛下坝”及受大水灾、大震灾未久，即云时已际于承平，亦不及二十年也。故执省政者，惟以休养生息为主旨，不仅平治道途一事置而不议，即一切一切亦多从简居陋，务在不劳民伤财而已。以是自马市口至南门前之一条正街，亦不过道途比较宽展些，铺面比较整齐些。至于商业，直够不上称繁盛。如从马市口至三牌坊下这两段街道，实有铺面逾二百间，而行业却十分夹杂。就当时之情状而论，此二百余间铺面，直有四十多行。若举而出之，是有银钱掉换铺、烟换芦茶铺、金箔铺、银匠铺、布铺、绒线铺、书店、笔铺、墨庄、纸铺、租碗铺、黄烟铺、颜料铺、油蜡铺、药材铺、医馆、染房、木匠铺、金子铺、干果铺、棉絮铺、成衣铺、靴鞋铺、粉铺、画匠铺、攒裱铺、剃头铺、刻字铺、芙蓉铺〔经营鸦片烟生意者〕、瓦盆铺、面铺、油纸铺、篾匠铺、花轿铺、轿铺、糕饼铺、茶馆、蒸肉馆、烧鸭馆、饺面馆、甜浆馆、酱菜铺、煎销铺〔熔铸银子之店铺〕等等行业。每一行业多则七八家，少亦有两三家。其间资本多而生易大者，则惟芙蓉行、煎销业、金店等几个行业耳。然闻前辈人言，是时之芙蓉行等，亦不过投资至万两者即为一大莫与京之资本家。其他行业之生易，自可以想见。

自三牌坊而下至南门前西廊铺户，却不够二百家。其间生易则较三牌坊以上两段之生易为大，行业亦不似上两段之夹杂。中以绸缎铺为最多，约在十有余家。此外，仍有芙蓉铺、煎销铺、金子铺、银匠铺、绒线铺、书笔纸铺、药材铺、干果海味铺、银钱掉换铺、烟换芦茶铺、油蜡铺等，而行业则较上两段少多矣，至若此段内之允香斋、永香斋、桂香斋、颐和斋等，都是昆明之大酱菜铺，做有外县生易，自较一般的生易为多。举此以例众，足见是时自三牌坊至南门口一带，所有之商业实较三牌坊以上之商业为大，可以说是昆明城内之精华地。然在是时尚有许多行业，在此一大条街上，犹未能列肆设店，只能摆摊而售者，如川杂货摊、广杂货摊等是。又如卖松、瓜子者，卖甜、凉食者，卖豆花米线者，卖羊肉米线者，都是搭一篾棚或张一把极大之油纸伞，而设摊于下以售食物。又如售羊肉及售猪肉者，俱是设案于街旁。是时自四牌坊至三牌坊一段街之两旁，直有猪、羊肉案桌三四十张。羊则成只的悬于架上，猪则横陈于案。可是每一只羊必重在三四十斤，每一条猪必重至百几二百斤。若不及百斤之猪，直无人好意思摆着来卖。盖是时之买肉者，一见猪小即掉头而去也。此当兵燹后之十余年间，牧畜上即有如此之肥猪壮羊陈现于市，究不能不说是因于休养生息，不劳民伤财而得致此也。

是时城里城外之卖菜者，多讲究支菜床。菜床即是一大菜摊，小菜多时可能有三几十样，少时亦有十多样。支菜床者，是往城外菜园收集其最新鲜者而列于摊上，价则微贵于一般肩挑而卖者。由四牌坊口至粮道街口之一大段街上，则有很多的菜床，都是就各家做开门生易的铺前，或借檐口深之铺前而支设。此外的街道上虽有菜床支设，究不如此段多也。又论此段街上之菜市，最繁盛处是从三牌坊外之十字路口起，直下去百十步之一段街上。若近粮道街处则少矣。至于三牌坊下之景象，在观视上则极其厌人，牌坊下支有木屎桶成十只，一般行人多就此拽裤而溺，丑极。牌坊下之左边，有三几间平房，系关人犯处。凡枷号示众与锁系铁杆者咸集于此，白昼得出而行动于坊下，夜则闭置屋内。接近此数间平房处为一堆子，有二三营兵驻守于此，时则名此等营兵为看堆子的老将。论城里的街道上，有堆子的地处很多，如马市口、四吉堆、西华街等等地处俱有焉，时人都称之堆子房。这些看堆子的老将，原负有查缉奸宄之责。而这种责任，可云是付之于堆子前所挂之两块虎头牌上。

如今我再谈一谈街前支屎桶事，是不独三牌坊下有此景象，而马市口之黑栅子下，如意巷口之栅子下，又西华街口、三橐巷口、登华街口、中和巷口等地处之栅子下，都有三几只或一两只屎桶在焉。此等栅栏，大致因军事而设，事息后而未经拆去者，于是有人藉此而支起屎桶来，且云此是便利行人。此外复有一种可丑之事，文庙之黉宫前，原是一大空坝（即今之民众教育馆内体育场），凡住近是处之人，多于晚餐后蹴〔蹲〕踞是处拉屎。届时，则饿犬群集，以候其遗。而此外之一切空旷地处，凡拉屎者，都无不光临。

三牌坊之肉案上，犹有两桩足述之事。一是养活着百数十条离廾家主流荡在外的狗，这些狗白昼则在各肉案底下巡逻着。是时的猪羊肉无不充牣〔牣，读刃，充牣，意为充满〕于市，猪肉只七八十文一斤，以银计算，不及四分纹银。羊肉更贱，每斤只值三四十文。猪羊屠户等，对于肉已不甚宝贵，而况于骨，在割肉时遇到筒子骨、榔阐〔扇〕骨等，以无人买，遂投于地面，以给狗吃，于是群犬便来争嚼。此一案桌如是，彼一案桌如是，三四十张案桌同掷于地之骨不少，所以能养活百数十条狗也。这一些狗都是镇日在此一段街上谋生活，夜间则睡眠在案桌上或案桌下，以及铺面的檐口下。惟在三四更时，一有人行经此段街上，必群起而吠，甚至遮阻人行。因此三牌坊一带之铺户，多年来无一被盗者。此其一。又这些肉案，每届月初二日，必须替城中所有之乞丐打一次牙祭。打牙祭日，则由丐头率领一班乞丐至肉案前排班讨乞。是时城内的乞丐约有三几十人，城外约有二几十人。此则是各有领土，城外的向城外肉案讨乞，城内的向城内肉案讨乞，界域十分分明。到肉案前，每人得讨乞一小块肉，约重两零，而丐头则倍之。月给此一次后，平时便不来讨钱。凡来乞讨者，到终局时，每人手中都可望得到二几斤肉，是不特足供此一乞丐之大嚼，即其眷属亦可能饱餐一顿，所以有人羡到当时之乞丐。至于各家铺户，俱是于初二、十六两日，于每一乞丐各给钱一二文。以是，一般乞丐，无论男女老幼，都不闻有一饥饿而死，或投河、落井而死者。

城内除了这一条大街外，若辕门口、文庙直街、文庙横街、大东门正街、二纛街、西院街、土主庙街、城隍庙街等，只算是二等街道。然也有几条街道可称行业整齐。如文庙直街上之铺户，帽业则占什之四五，象牙业、油布业各占什之一，翠花业占什之一，其他各业只能占什之二也。文庙横街除了几间食馆、茶居，及三几间写字铺外，余者多是卖棺椁，售灵花、灵牌及丧事上所用之一切物事。若二纛街，行业亦近于整齐也，有铺户百数十间，卖玉器者与车玉器者约占什之二；卖铜器、打铜器、铸铜佛、打锡器、卖锡器者约占什之三；衣料新号铺占什之二；皮草铺与售毡条铺、制皮箱铺能占什之二；其他行业仅占什之一也。辕门口亦以帽业、靴鞋业、皮草业为最盛，而这三种行业可能占什之七八。大东门正街则以故衣旧号业、古董业为最多。书院街的铺户多半是攒裱铺、画匠铺等。若土主庙街、城隍庙街、西院街等，则行业杂矣，而且是些不甚大样的生易。又若卖线街则更不足言矣，街中只有两三家弓箭铺、几家画圣贤的画匠铺、一两家针铺、纸马铺和酒馆、茶居等，此无生易之可言矣。至若武庙街、小西门正街，只可作外州府县的街道看。

又除了这些街道外，若今日之福照街，在光绪十年〔1884〕前尚未修建铺面，街之两边全系抚院围墙，在平时多是卖竹笠、油篾帽和卖油纸、油布及卖草席、草荐〔垫〕者设摊列担于其间。遇有秋闱之年，一般售入场用具者，则麇集于墙下。又若今日之兴隆街，是时为西箭道，上为演武厅，厅后为关圣殿，厅前为射箭场，为马道，每月督、抚就此考试一次候补武员，预考者为一些都〔司〕、守〔备〕、千〔总〕、把〔总〕、额外、外委等。考时试以步箭七枝，马箭三枝，能射而命中多枝者，得奖银数两。故在当时有很多的武员都靠考候补吃饭。有连三次获上选者，则拔以缺。平时一般习武者则借以练习弓马。又制台衙门之大照壁前是一大幅空地，光绪十年前后始在东西两面修建些铺面，归入卷金会〔即为科举考试筹集经费的组织〕，名此为甬道街。而在此条街上营业的人，无非是打轿子，编篱笆、竹器之工匠，和一些不三不四的行道。又若绿水河一处，实是有两个大水塘，一方圆形，一长圆形，周年四季都有水淹着，雨季可能将中间一条石路漫过。至若双水塘与水塘子，亦名实相符，都常有水停蓄。此为五华山南之情形。总之，五华山南之平坦地面，除去督、抚、藩、臬、粮、盐六道大衙门，及一中协衙门、一抚标大厅衙门、四游击、一都司、两守备衙门和一文庙、一武庙、两书院、一箭道占去一半外，所余之地处则不见宽广矣。故此华山南面之街道竟不满三十条。

又言五华山之东边，自四吉堆起至平政街北头街口止，虽有着些铺面，却无人做甚生易。记得此一大节街上只有两个甜酱馆、一个饺面馆、两个剃头铺和三个轿铺、三几个裁缝铺及一个卖乐器的宋家老铺，有两个医馆和一个小药铺，两几个小小的烟换芦茶铺，余则为一般穷民之住所。有五六所比较大样的房子，而名之为公馆者，是有名人马之住在处也。是时溯源宫未修，该处只有些七破八滥〔烂〕之矮屋。更如半坡上的元江会馆，直倒塌到不成个样子。总之，这一大节街上，不仅冷淡，直是荒凉。

五华山之西边，自三柯〔棵〕树至萧家花园巷口一节路上，其景象更不及东边。盖此路之东畔即是五华山西头一段有蒿草而无林树的高坡在着，故无铺户、无民居。街之西畔在近升平坡处又是一大洼，只有一大所房子在其下，是为磁碗行。此因当时之磁器行道多不设肆于市，是由一班安徽、江西人担着担子，向各街各巷售卖，各之归着处即在是，此一大节街上，其景象当然荒凉。自此而下，若水晶宫、若龙门桥、若左哨街、若贡院街等，亦只随便有些铺户，而居民则占多数，此可名之为冷落街道。然遇有秋闱之年，左哨街一带，又非常之热闹。又从学院坡上去，过世恩坊，转下北门街一带，此不特无铺户，亦罕有居民。记得对双眼井处，独有一古宗寺。丁字坡头之四川会馆，尚是光绪十年后之所修建。挨近城门一带，只有一双关庙。其余地处无非是蔓草荒烟，似断井颓垣，都无所见。惟圆通街至小东门内城门口之一大条街上，则有不少的铺户和居民，言商业亦只是些杂七杂八的小生易，而且肉案、菜市还是在小东门城外。

今又谈谈五华山后之情形。山后有一巨大水塘，若从最高之一地处计，塘则深及三四丈，其径约有二十余丈，名曰皇河。此是由圆通山度来之山脉至此跌落成凹，时人就此开凿成池，且使四面之水，归纳于其间，取玄武后踵之义。池中常年都有水蓄，雨季能深至丈，如皇河水涸，必是干旱年成。在皇河周围之岸上地势却高低不一，然亦有好多平坦地处，足供人使用者。于是有市场成于其间，曰皇河心之早街子。闻前辈人言，此是从乾隆年间一贯而下之一早街子也，在嘉、道年间，街子极旺，今则货物少矣，因而赶街之人亦少。余幼时亦常随家中尊长往是处赶街，遂得见其情形。街子上之卖什物者，全是陈列地摊，相接相连的设于路之两旁。是自皇河巷之后巷口起，即接连而下，环绕于皇河之东头岸上及北面岸上。出售之物，大都为妇女们所系之围腰头、围腰带，妇女们所用之裹脚、褶裤带、鸡肠带及绒花、丝辫、须子、针线和小孩们之鞋帽，以及绣花枕顶、绣花绷带、绣花背背等类物事，而摊子则多至一二百。人则肩摩踵及，亦可认为是一极其闹热之一早街子也。此一市场，逮至光绪末叶改修军械所后，始不在此开早街。皇河之西头岸上则荒僻甚，在通过升平坡一条路径之转弯处，却有三几所民房住得有人。过此，便是刺蓬草窝，鲜有行人往来。今举此一地处而言，足以见在五华山后一切地处之荒凉矣。至于翠湖之景象，今昔相较，实有沧海桑田之变更，余撰有《翠湖之今昔观》一文殊详，兹不及。

今又谈谈是时城外之景象。

北门外，出城便是坟坡，当然不足以言繁盛和冷落。就是大东门外、大西门外，亦不过少少的有些铺户和些住家人户。

小西门外通迤西大路，又有篆塘通着昆明湖，算是一水陆交通的终点。因此小西门外较大西门外则繁盛得多，较大东门外亦多有些烟户。小东门外之一些村乡，其农产物多偏重于蔬菜，因而有一大菜市，又通嵩明之邵甸、兔耳关及通富民。而沿着盘龙江、金汁河一带之田土又多，产出的谷米不少，故尔又有一大米市。有着这两个市，所以小东门外较大东门外为闹热。

然商业之盛，烟户之多，仍要算南门。南门外最著名之一条三市街，在光绪十年前后已算将其质地规复。但在规复时是因陋就简者多，宏壮具形式者少。虽然究无论其为高楼矮屋，都算有人住在，有生易做与无生易做，都能安于其居。缘此，三市街上自不少行人往来。惟在是时，南城外的一切生易，都聚集于内城门外、外城门内，所谓之月城内及城门口之凤凰桥和忠爱坊脚所谓之中堆上。故三市街一带直无甚生易。有则是几个客栈，几家堆店及一些由外来昆购办烟土之行商，和运贩杂货来昆之坐客，而暂居于此一条街上，其门前自有人憧憧往来。其他的铺子门前则冷静极。倒是打带巷与珠市桥尚为闹热，所以然者，一则是川杂货之丛集地，一则是卖棉线、棉带、裹脚等之聚会处，故较三市街闹热。

由三市街转过金马坊，景象又变矣。自金马坊至得胜桥之一大段街上两廊铺面，固已修建起来，而赁居于这些铺内者，却不能云是各有生易做的人。上节街是为有生易之地处，然不过有些篾匠、木匠、铁匠铺和几个烟换芦茶铺，及几个剃头铺，几个茶居、酒店，几个饺面馆、甜浆馆而已，余者即是平民居宅。下节街名新城铺，即云津铺，其间之正当营业，只有一广杂货店，曰“广源利”，是为粤人来滇营业之最初一家。其次有一广肇公所，为旅居于昆明之粤人寄迹处。此外有两个赌馆，是粤人赌四门摊之处所也。又次有两三个小食馆，而竹、木、铁匠等铺亦少少有几个。除此便是一些住家户。然在新城铺一带之住家户，却十有七八为下等土娼。因此在光绪十五年〔1889〕前之新城铺，实负有一不美之名。

此则要过了得胜桥去，到了盐行街，始有比较大样之生易。于是盐铺有若干间，清油行有两间，烟换芦茶铺、油腊铺、纸马铺、酒店、茶社、面馆都有。而又有若干间人马店，是则较新城铺一段别有不同。

但一过了东岳庙，就无甚铺面矣。是时，太和街〔在今北京路〕、塘子巷、崇善巷、书林街等等地处，都是荒废着。而且自金马坊至得胜桥的两廊铺面背后，无不是些空地，或为瓦砾场，或为蓬蒿地。从其价值上论，能值两许银一方丈，真贱极。有亲戚某姓，在光绪十年间，买得太和街的一大块空地，面积为五十余方丈，仅去四十两银。执此可概其余。

至若属于碧鸡坊方面之盐店街、顺城街、羊市口、东寺下街及鸡鸣桥一带，恐行十步而能见到五六步是属于空地。

当时南城外之景象，只如是如是。

谈到昔时昆明地处之房屋，平房能占百分之九五，楼房诚少矣。即如从马市口至南城门前两廊铺面，直无一间楼房。又长春坊、文庙街、卖线街、书院街、城隍庙街、西院街等，亦是无一间楼房。所以然者，是这些街上的铺面为往昔所有者也。而在新城铺一带之铺面，又十间有九间是楼房。此则是岑襄勤在光绪八九年间因兵饷欠发，乃由善后局措款，就此一段街上修建起百余间铺面售与人民，受其价银以给欠饷，故多是一楼一底之铺子也。至于居家住房，从形式上看，多是三间两耳，或三间四耳。讲究者为上三下三四耳，此则间有以正房三间而盖成楼者。云有两重堂之房屋，似城里城外不及百所。若三重堂之大屋，更稀若东方亮后之天上星，只有三两点也。昔时，昆明人之不喜建楼房，说者谓其迷信陈言，以云南风大，高楼当风。又以北有长虫山，维石岩岩；西南有太华山之倒石头，巉巉在望；屋高兜煞，故不乐建楼房，以是楼房少极。

在六七十年前，城内城外极多草房。此则不仅多见于城外，而城内亦比比皆是。又不只见于背街背巷，而正街大道亦多有焉。如土主庙前有一轿铺、一炒豆铺，即是两间草房，此在年近八十的人，当能记得。又光绪十二年〔1886〕之元旦日，书院街的铺户，有几家遭回禄灾，究由高蓉峰医馆后一所草房起火也。此可以证明昆明城市在六七十年前，多有草房也。

在六七十年前昆明城市上，犹有许多为他省所无之特别景象。如自马市口至南城门前，一条街上之东西两廊铺面，莫不各有一雨搭钉在瓦檐下。雨搭系用薄木板制成，宽可三尺，长与铺面相齐，面上钉有木条，若分出沟路者然，瓦檐口水，即从雨搭边流下。此固属一笨物，然亦大有用处，如西风吹雨来，东风送雨至，即被雨搭遮住。惟是多年不更换，搭上苔生，小草能蕃滋于其上，在春夏两季，小草缀花，或红黄，或蓝紫，一眼望去，家家檐前都是如此，真别有一种情趣。

至于各行各业，都是各于铺面前，各作一种不与他行相同之表示。如银钱兑换铺，檐前则悬两吊木钱，分五节，每节有类于制钱二百文，饰以黄色，冒以红布小罩，悬于铺前之左右两檐角上。而又悬一锡制元宝于铺面当中，坠以须子，意在俾人入目，即知其为兑换铺。至于药材铺，尤有一种大不与他行相同之设置。在其铺檐下支有两木栏，栏为四块，各高二尺余，宽近二尺，支于两檐角下，作一曲尺形。栏系木制，雕以梅花洞，饰以金漆，亦甚美观。是时，药铺都是做阑柜生易，乃于柜台两头各竖一块长三四尺，宽近尺之金漆标语牌，各刊四字，大都为“膏丹丸散”“生熟咀片”等类字样。复于檐角上悬挂一块金漆长吊牌，刊以“本堂拣选淮、浙、川、广各省地道药材，遵法炮制，发客不误”之语。药铺与他业不同，无论生易有无，总得要开至深更始能关铺。夜间则在铺内挂一照满堂红。满堂红，是一燃三个灯头之锡挂灯也。又于柜台两端各点灯一照，以一能支成人字形，而糊以红布之小木屏风遮之。假于关铺后遇有人来捶铺，购买救急之药，都得要由睡卧中起而应付。此足以见昔人之抱旧道德实强过今人之抱新道德也。

若绸缎行也，则必铺一大张几与柜台同样长，而又极其光滑整齐之半熟牛皮于柜台上。此种物事，愈用愈好，此尤见昔人之想一方法，制一物件，都图永久。绝不似今人之只图眼前花，求乍新鲜也。

又若营脂粉业者，则必以铜制一种相当大样之商标，或为马，或为鹿，或为凤，或为刘海戏蟾之型，饰以金色，于柜台两端各置其一。

营剃头业者，铺前亦如药材业之支着两个木栏，但构造上则朴质，不似药材业之美观。面盆概用红铜制者。铺内设高凳矮凳各二三具，高凳供人俯首仆身，矮凳供人坐。剃下之发则贮于小漆盘内，此则与今之剪发店大不相同。又有担担过街而为人剃头者，担头上则插一小红旗，此却是本着清初剃头担上插“奉旨剃头”旗帜之遗义。

设医馆者亦有一种特殊之标志，是于阑柜上支一高尺许，长与柜台若，上凿有梅花洞之木栏，名曰医栏，此则不知其取义。诊断室中只设一长案，案头陈一木雕药兽，此为医馆之定制。

茶铺内之一切设备极其朴陋，大火炉上支一把大至无比之铜茶壶，内能容水至四五大桶，壶把粗若孩童臂，把以铁链套住，扣在一比较粗实之屋柱上。旁为砖砌蓄水塘，塘近于墙，墙上则绘一乌龙吐水。饮茶者至，则沏一小壶茶、一半土半磁之茶杯以供客。壶有三种，有为半碗者，有为一碗者，有为一春〔疑为炊〕者。一春足供三四人饮，一碗供二人饮，半碗则只供一人饮也。此三种小茶壶，俱是用最不纯净之锡制就，形式极粗恶。然壶厚把粗嘴直，开水贮于其中，斟茶入杯时既不烫手，又不泼洒，亦有可取之处也。

裱画铺之门前，布置较为雅观，取落铺板后。却嵌上两直一横之三道画窗，绘以山水人物，或翎毛花卉，亦多不恶也。

其他各行则多从货色上表示。如纸张铺则以若干捆棉纸陈列铺前，布铺则以若干匹色布陈于柜台两端。他如京果铺、糕饼铺、帽铺、鞋铺等，则不作何标志，只将已有之货物列于肆中，用两块金漆标语牌挂在铺左铺右。京果铺则用“京果干菜，闽广海味”八字，糕饼铺则用“龙凤喜饼、满汉茶食”八字，帽铺则用“冬夏满帽、文武朝冠”八字，其他行业之标语牌上所用之字样，总是就其所业而书之。至于市上之行业，有能存数百年前之遗风者，厥惟沽酒店，即昆明人所称之素酒馆。在光绪十年前后，卖线街之一素酒馆，少白楼之一素酒馆，都是在其门前插一竹竿，挂一蓝布酒帘。在正二三月间，真可以云“杏帘在望”。又当铺一业，亦是本明代遗规，设高阑柜于内，写一大“当”字于门前，可云源远流长矣。

右〔上〕述各节，亦将写尽六七十年前昆明地方所有之景象，有不及者，似亦少矣。惟在此时，以当兵燹之后，昆明城内当然元气大伤，故烟户稀少，市井萧条，一切偏僻街道自不必言，即一条南正街上，其景象都不过如是。虽然是时的此条街上固是生易不旺，然亦各有生易做，各有微利可图。如开一铺，店多约四五人，不仅各能混其衣食，且各能赡养家口。以是，此一带铺户从未见有突而关闭铺门者。即生易稀少之家，其坐于铺内者，虽在驱逐蝇鼠以自遣，而亦是欣欣然各有喜色。此何以故？以官厅方面不向其找麻烦，不向其索款征税，今日勿庸焦急明日事。早晚两餐，更不须愁。有顾客则应付之，无则静坐看行人，心中怡然自得，俨然一无怀氏〔传说中古帝名。晋陶潜《陶渊明集·五柳先生传·赞》：“酬觞赋诗，无怀氏之民欤？”〕之民。惟此现状则是在光绪十一二年以前，后则渐渐变更矣。

卷　三

往昔昆明人之风俗习惯

社会上之奇风异俗，就是此一地方和彼一地方之人民，在一些寻常事件上而有一些特殊的举动行为。此一些特殊的举动行为，若见于此一乡，就可能遍及全乡，见于此一邑，就可能使阁〔阖〕邑风行。假有行异于众者，必有人诧异，或起而发言曰："某家之办某一事，真怪哩怪诞。"然此一事得此一乡之众通认为举动合法，而在他一乡之众目之又认定其举动是怪哩怪诞。此而推及于一邑一郡，以至于一省，亦无不如是。可见一乡有一乡之风俗习惯，一郡一邑有一郡一邑之风俗习惯。一切风俗习惯又何由而成？无非由富户豪门作俑，常人效法，从而推广流行，遂成此一乡一邑特有之风俗。叩其义之所在，是知其然而不知其所以然，且多有不能理解之事在着。若从一个省份内来言，真是此一郡邑与彼一郡邑之风俗不同，此一乡镇与彼一乡镇之风俗有异。总之是各遵从前人具有之楷模，而胡卢〔葫芦〕依样画耳。昆明地方上之风俗，在大体上则与省外各郡〔指昆明之外云南各郡〕不甚悬殊，惟在一切细微礼节上，则多有差别矣。昆明风俗，其特殊处多表著于过年过节及中元祭祖，与夫婚嫁、丧葬等项事件上。兹可顺其次序而谈，以明其是非得失。

昆明人极崇重于过年，过年时有诸多礼节，都无一人敢轻忽或疏略，是必要件件做到，方觉得自己是一个抱根本、守礼教的人家。所以在过年时，无论如何的辛苦劳碌，人人都能面有喜色，心中快乐。兹则进言其过年时之一切举动。过年时，有必要必备之事事物物，约在十数端：一、香烛、元宝、黄籛〔黄钱，以土纸打眼成铜钱样〕；二、供花、供献；三、化香、皂角；四、铺地之青松毛；五、年糕、饵块；六、鸡鸭鱼肉及各种干菜和一切蔬菜；七、糕饼糖食及干果蜜食；八、桃符春联；九、陈设庭堂；十、齐理衣帽。按此十端，是城市村乡，大家小户无不办到，无不在辛苦劳碌中争先恐后的备办，来完成一件过年的事。结果即有些差池，要不过在一切事物上分个丰啬而已。所以在年前的腊月二十七、八、九等日即忙乱着向街前购致各物，在家里整理各事，为过年时敬神佛、款宾客而无一欠缺。

一到除夕日午后，即家家煮鸡、烹肉、炙鱼，先供天地，后祭祖先。祭祖之肴馔中，必有青蒜、芹菜两味，义在报告先人，子孙们在此一年中，是勤劳不辍，而又得到清吉平安。此却是法古，不得谓为鄙俚。祭祖后，全家人团坐而食，谓为吃年饭。饭后男子们则换门神，贴门对。门神系两幅色彩鲜明的画像，大都是绘唐代的褒、鄂二公，俗以其能祛邪也。即不然，亦必以朱笺两幅，大书“文经武纬”四字或“云蒸霞蔚”四字替代门神。门对亦是写些吉祥语，或用些典雅词，撰成一种有价值的文艺作品，绝不用些恶语词来标写于门前。在此一时间内，妇女们则煮年饭。年饭是按照家中人口，每人舀〔舀〕米一杯，合而煮之蒸之。蒸熟时，将饭甑陈于庭前桌上，插若干枝燃香于甑边，饭上按些枣子，复置上一银锞，此无非妇女辈愿望男子们来年得到发财长旺。已而则炸素供五样，中则不离燎花、米干、落松米〔落花生米〕、粉丝、藕片等。至三更后，即以茶、酒、糖三事陈于灶前，燃香烛，化元宝〔即以锡箔纸叠成银锭样，可以燃化〕、黄籛〔钱〕，而拜之，谓为接灶。又何为而云接灶？盖以腊月二十三日夜晚已送灶神上天，奏报人间善恶，今是除夕，相应接回。此固属迷信神权，而亦含有劝善警恶之意义。接灶后，随烧化香、皂角于庭堂，以除不洁。复以一器，贮红炭、松毛于其中，而沃以醋，使腾热气，往熏各处，以除秽气。熏讫，泼往门外远处，谓之送岁。送岁后，则贴封门纸两张于大门外之左右两墙上。封门纸系用大红条梅制成，印有一龙马，骑着一招财进宝童子，最上头印有“甲马”两字。此则有以金粉印制者，有以烟墨印成者。

贴封门纸后，则紧闭其门，复于门扇后各贴黄籛〔钱〕三张，亦燃香烛烧元宝而拜之，此谓为封门。封门后，是任何人都不合出入也。此而又封沟，有井者又封井，俱燃香烛化纸籛而拜。封沟后即不倾水于沟中，封井后便不汲水，义在感其劳烦，并使其得到一个时间之休息也。此足见往昔之人，对于任何一事、任何一物，凡有利于我者，都不没其德，此是昆明人之厚道处。诸事毕，妇女们便往厨下切饵丝，削糖，预备元旦日食用。此缘妇女们多忌元旦提刀也。老人们则引大小儿童掷骰守岁，且诳之曰“坐待天门开”。

天初明，鸡初叫，即有人起而燃香烛，陈糯斋、年糕、枣汤于庭前桌上。于是烧爆竹，化元宝、黄籛，对天虔拜，曰接财神。此时各家各户的堂屋内地下都铺满青松毛，佛桌上是无不陈列着大米花团一圆，于果品中之橘子、黄果、香橼、佛手柑、沙梨、柿饼、枣子等择四样而配之，成为五福供。滇人之佛桌上无不奉有观音，观音前不供荤腥，是陈列着油炸素供五样及几杯糯斋枣汤。有些人家则以米面蒸糕敬神。不乐蒸糕者，则煮年糕，或煮甜酒饵块以敬之。于是聚集家人于堂前，为尊长者，则率领子弟向祖先行拜贺礼，以昭诚敬，并示不忘身之所自之义。拜讫，后辈则与前辈拜年，前辈则给与一些吉利语。儿童为尊长拜年，尊长必以极亲爱之语勉励子弟。又在拜年时，兄与弟，姐与妹，亦必相对而作一揖，此诚是家庭团聚之表现。而此种良好习惯，却不是昆明人所独有，是中国二三千年来历代相传之遗风，故在一切稍有文化之地处，又无不有此一种表现也。今则由后进变回先进，故礼教全灭。

元日早餐后，各个人家户之老妇，多是手持一串念珠，坐于堂屋内，一面念佛，一面坐候亲戚来临得到招待。一般六七十岁之男子，则不作人事上之应酬，只手捧一香盒及一些黄籛走往莲华寺、太阳宫、城隍庙、火神庙等处进香，意在求此一年中之清吉。中年以下男子则穿靴戴帽，身着袍褂，走往父族、母族、妻族之尊长家中，及师友家中行拜贺礼。但走往之处，颇有些人家不肯开门延入，只以一人在门内挡驾，惟曰：“家中人都出去拜年了，没有人在家，不敢当了。”于是立于门外者，频频款求开门，立于门内者，总作如此声言。必至两下说到口干舌燥，方开门延入，此则是昆明人之拘泥而不爽快处。入而拜贺者，主人却有相当之招待，泡米花茶，陈糕饼、糖食、蜜食以饷客，是家家一律。讲究者更煎年糕、煮饵块以表敬意。又身着衣帽去拜年者，无论为绅耆、为士庶、为工、为商，都是徒行于路，在途中遇有相识之人，或谋过一二面之人，都必彼此相对，深深一揖。喜发言者必曰“恭喜恭喜”，而更有以“恭喜发财”四字出于口者。是时之出而拜年者，不尽是成年男子，小孩们亦多往各亲戚、师长家拜贺。受贺者须给与红绳串好之压岁钱一挂，而大都为六十文铜钱，若小米花团、橘子、黄果等，亦各给上一二枚。至于各家之小儿女辈，凡为尊长者，都给与些压岁钱，各能持此去买花炮、买吃食。

论到拜年一事，今人则认为是一种繁文缛节。此则于往昔之社会情形不甚明澈。在前此之五六十年间，一般为士、为农、为工、为商者，是成年的在勤苦劳动中，无所谓星期休息。在平时，对于一切亲朋，是罕能接触，情谊上不免近于疏阔。乃于过年时借拜年而交相往来，情感上自觉亲热。此可云是往昔社会团结之表现，是昆明人能有之一种良好习惯。所以在此五六十年前之家庭，多是雍雍穆穆，间有不甚和睦者，则是姑嫂娣姒间及妻妾间相处之不善也。因此，是时之社会上，能得到个诸凡安定。这种习惯，在各之家庭内，又能历久而不变，尤为难得。以此而视今日所称具有新文化之家庭，其家庭内之长幼尊卑，无非有着一个拉平扯直之情形，自豪复自豪，是认为万林竹笋，无不高过母也。此而与往昔之旧家庭相较，又孰得孰失？更如朋侪之间，有属于新文化中人，多不能耐久交，此尤增慨叹。余笔至此，不是云旧社会好，新社会不好，是各有各的好处在也。

年初二日，名为开年，重要礼节是敬财神。家家户户都于是日早晨，以钱到街头买利市物品：一、发竹两札；二、韭菜两束；三、活鱼两尾；四、红糖两块。这一些物品，是有人备齐陈于街头，而欣喜坐售与人者。购来即置于神台上。在家事宽裕者，则加以鸡、鱼、肉三品，化金元宝，烧炮竹以敬财神。境况不宽裕者，只以购来物品，加上三杯年糕，或三杯饵块，燃香烛，化纸镪而敬之。然在初二、三、四几日，在任何一家，都有着人来拜年，而且比较元旦日为多，尤其是有不少的儿童们来到，因此家家户户俱是忙乱着迎宾送客。

昆明人在过年时，却不似别些地方讲究吃松毛饭、吃年菜。昆明人在过年时，是专一的吃饵块，且用此来当饭，或煮或炒，或咸或甜，变着方法来吃。所以昆明人在年前购饵块，差不多的人家都购到一百几十斤，要必吃到一属猴的日子才煮米饭吃，谓为猴攒食。以是，过年吃饵块，有一连吃到十日八日者。到了正月十五上元节，俗曰元宵节，夜间则吃元宵〔汤圆〕，此崇古礼也。吃元宵后，始将神台供献撤下分散与群儿，同时将大门前之封门纸揭下，并黄镪而化之。俗语有曰："火烧门前纸，大的做生易，小的拣狗屎。"斯而过年事毕。然于十六日夜间，犹有一过年尾声，为"送百病"。送百病时，是以花镪〔纸钱〕一份，穿在一枝香上，并以燃香三枝，由一有年岁之妇，持着花镪，向着家中男女老幼，一面摇动花镪，一面口中问道："灾星晦气，口舌是非，病病痛痛，可送去了？"必答曰："送去了！"一一问毕，始将此花镪和燃香送置于街巷口上，如是方得谓为过了一个年。昆明人过年之情事若是，昆明人之风俗习惯若是，其礼节上虽与他省他郡他邑有所不同，究亦不失乎正，仍不得谓为奇风异俗。

五月五日，古曰天中节，今曰端阳节。华人度端阳节，却用三几种品物，来标志此节之形色。如包角黍而食，挂菖蒲、艾叶于门楣，及饮雄黄酒以取乐，此则举国同风，其所以然者，缘中国有古语曰："端阳五月五，天师骑艾虎。手执菖蒲剑，邪魔入地府。"后人本此，乃悬蒲艾于门以驱邪。饮雄黄酒，见《云仙杂志》："唐宫中，五月五日宫人多饮雄黄酒以解水毒。"俗则引《许仙传》来实其事。按：许仙以雄黄酒饮白娘子，亦法古也。至于包角黍以吊屈原，是尽人所知之事，自勿庸述。惟此一些标志佳节形色之品物，滇人都汇取而成实现，是不违风背俗，乐与全国人同趋于一致也。如云角黍，实是中国人度此佳节万不可少之一物，只不过包法不同，形色各殊，总之终是一个粽子也。蒲与艾多产生于昆明地处，可云为是一种滥贱植物，以是昆明人之悬蒲艾能于遍及。饮雄黄酒，但落少许〔雄黄〕于杯中，物不贵重，又消耗不多，故人人喜喝上一口，此俱无足议者。惟是昆明人在此日早餐时，于食粽外，则有许多副食品物，如包子、卷子、鸡蛋糕、芙蓉糕、点心、烧饼、鸡蛋、鸭蛋、发芽豆、大蒜等物陈满于桌上，于是甜的、咸的、酸辣的任意而啖。食此后，复追加上一碗羊肉面或米线。似此吃法，肚腹内当然成立了个杂货店，此不受病，似不可能。可是昆明人自有一种良好办法，于早餐时，各以一些平胃散送入腹内，不啻打一预防针，故受病者较少。此种习俗，不仅在百数十年前是这样，即在十数年前都还是这样。所以往昔之过端午节，一点心铺、一包子铺、一羊肉案前都滃满了人。

昆明人于食粽前都能吃平胃散者，以平胃散自有来源也。往昔昆明之药材铺，在端节前数日，必陈一方桌于铺前，桌上则将封好之平胃散及封好〔之〕衣香、雄黄等陈满于桌上。更以磁碟装贮些特异药品，如石莲子（俗呼为老鸹枕头）、赤小豆（俗呼为咕呱娘子）或石蚕、瓦楞子、禹余粮、元精石等于案头，以标树彩色。凡有常来光顾者，必以平胃散、衣香、雄黄各二包相赠，以故家家能有平胃散入口。衣香是用些具有香味之药物，如甘松、山柰、白芷等碾成细末，供人装入香囊者。缘在是时，小孩们都乐于襟扣上挂一香包，幼小者更挂一布作的小猴狲，甚有挂一绒缠的四角粽者，都是在表示过端节也。此一些情事，为昆明人过端节之习俗。

中秋庆月食饼，亦中国之古风俗也。若“开琼筵以坐花，飞羽觞而醉月”，尤是雅人韵事。昆明人庆中秋，不是赏月而是拜月。至于食饼，尤是踵事增华。月饼之大，实甲于各省，大者重三斤，次者亦重二斤。有白饼、红饼、莜串、麦串、莜包心、麦包心等类之别。所谓之四两饦，包馅至十有余种，有洗沙、白糖、火腿、椒盐、麻仁、枣泥、梅干、水晶、山楂、玫瑰、黑芝麻各种之分。拜月时，设案于庭前，燃香烛、摆大元宝一对，上有月宫纸一张，纸上绘嫦娥、蟾兔，美丽者以金粉刷印，次者为烟墨所制。斯而陈大饼于当中，副以瓜果等，如莲藕，如西瓜，如石榴、梨子、板栗、核桃、毛豆、朝阳饼及四两饦等是，既供月而又供家中诸神及祖先。拜月拜神讫，幼者必向长者拜贺。有讲究礼节者，则走往至亲处拜节。至于弟子之于先生，则必须走往拜贺。然此是拜节，究不若拜年之郑重，只与拜端节相若。食饼后，则有大多数人走往街头，吃羊血米线，取能推荡胃脘中物也。有可笑之事，是跑上五华山万寿亭前，蔽着双眼，睹摸玉柱。揆其取义，或是借运动而消积食也，此真为昆明人庆中秋节特有之风俗。

年中之三大节，是一端午、二中秋、三冬至，冬至又名长至节，以过此节后日渐长也，故杜工部有“刺绣五纹添弱线”之句。帝制国家视长至节极为隆重，国之典礼，百官俱入贺于朝，以冬至而阳长阴消也。云南省会，每届此一日，督、抚则率百僚，至万寿亭行拜贺礼。论到民间，却不甚重视此节。昆明人于此一日，仅搓豆面团或炸糍粑而食，以酒肉膏齿牙者较少，有则是煮羊肉而大嚼，其应景之处不过如是。昆明乡间则较城市人多有一二特殊举动，如对于耕牛，是日，则搓十二个较酒杯为大之豆面团以饲之。遇有闰月，则饲以十三枚，殆酬其劳也。且有以山花扎于牛角，牵往水边照之者，使知其有荣也。至于工商业中人，亦不休息。读书学子，则得放假一日，惟在习惯上，城中人大都于此一日，或在此节之前后一两日，往城外拜扫坟茔。乡间人必于此一日，接出嫁之女回家过冬。除此便无甚情节、无甚景物表著此一佳节。

七月中元节，往昔的人大都取是月之十四、十五两日烧衣祭祖，可云举国风同而无一违者也，其礼节上，虽甲省与乙省、甲郡与乙郡或有些差别，无非大同小异。总之，终是焚纸钱以奉阴魂，具肴馔以飨先灵也。云南人于烧衣祭祖事，不曰祭而曰接，是更深进一层说法，且将时日延长，是敬礼有加。在迤西方面，多是七月一日接祖，延半月而后送。昆明则缩短时日，于十二日接，于十五日送。有在近三年内死亡者，则于十一日接，曰接新亡，于十四日送，曰送新亡，义在便其赴盂兰大会也。昆明人接祖，真是毕恭毕敬，真如祖先在前，为儿孙者应有此一种礼貌也。按旧时习俗，在十二日午后，为家长者，则率儿孙辈捧麦秧一盘、引籛一枝、茶酒各三杯，至大门前烧钱纸，奠茶酒，跪而请其历代先人进门，是自高曾祖而及于弟兄辈。此固是一种望空祷祝，亦俨若真有先人来临也。一一邀请毕，始捧麦秧、持引籛而入。堂屋内则有临时陈设之一祭台。捧入之物便安置于祭台上，随立煮点心以供。此祭台上，则悬着祖先真容，无真容者，则将一切应行化奉之冥衣粘贴于供奉处之墙上。祭台上自是陈列香炉、烛台、花瓶、五供、茶酒、麦秧等，引籛则挂于祭台之侧。按：引籛犹引魂幡之说，麦秧是取黍稷粢盛之义，不知其义者，竟作一种妄诞不经之解说，殊堪笑也。如是而一日供奉三次饮食，甚有以甜浆、油条作早点心供者，有买饺面作夜点供者，是又为一般有钱人户也。十三日则广治荤素，正式祭祖，至十五日晚餐后送祖时，则设一案几于大门前，列麦秧，陈茶酒，燃香烛，以童子执引籛引先灵而出，将所有应化之包袱冥衣，顺着祖先班辈，陈于门右，即顺着次序烧化，家长则拜送于化纸锅前。每烧一先人之包袱冥衣，俱按其应有之称呼而祝之曰：“今年简慢，明年早请。”此一辈先人之包袱冥衣烧讫，又及次一辈。如此之诚敬，且自始至终，无不规矩严肃，尽其礼节，此真能慎终追远也。或曰：“烧包时之所祝，直是在捣鬼。”诚然，可是俗语有云：“年年有个七月半，前人做与后人看。”究是使后世子孙勿忘厥源流也。余于昆明人往昔之接祖送祖，亦深致敬叹焉。是夜，各寺庙多做盂兰会，以度幽魂。路途上多燃路灯，水面多放河灯，斋公斋婆等则从之于后，诵往生咒以度怨鬼。此却是旧社会之一种旧道德。

上述各情，是昆明人之度中元节。

昆明地方，除上述一切外，犹有二月三以荠菜花插门事，此却不知其取义。清明日插柳于门，是吊古也。立夏日以炭灰洒〔撒〕于墙脚、门阈下及阶沿下，是遏阻蛇虫出入也。是日，大都喜吃麦饽饽，咸云，此一日吃少许面食，可免以后腹泻，是由昆明人不多吃面食也。六月二十四日为火把节，城市中人，却不十分注重，在村乡中则较为闹热，并且必接出嫁之女回家过节，或者是认此一日为云南人民之妇女节也。本来此一火把节，于六诏民族中妇女，实有莫大之光荣。其接出嫁之女回家过节，余认为十分合法。

九月〔九日〕重阳节，家家户户，无不购重阳糕而食。重九登高，是属于男子，于妇女无与焉。按此一些情事及表现出之一切色彩，全属于昆明人之风俗习惯，即有一二特殊之处，亦仍在情理中也，与一切奇僻怪诞之风俗则有异焉。

谈谈往昔昆明之婚嫁礼节

往昔昆明人之男婚女嫁，双方都是异常郑重，娶亲者，必须六礼周全，始迎得新妇入门；嫁女者，要必步步慎重，始能将女嫁出门去。近世人勘论往昔之婚姻全由父母包办，诚然，但处在百数十年前之旧社会中，亦有不能不如是者。夫一个时代有一个时代的动象，有一个时代的环境。如将此新时代之动象置于百数十年前之旧社会中，当然为环境所不能容，是必为群众鄙薄。人以得群众尊仰为荣，受人鄙薄是身受辱也，似任何人都不乐于取辱。缘此，在往昔之旧社会中，凡男婚女嫁事，大众俱是遵守着土礼而行，不稍违背向有之风俗。假如有人其行辙不纳入于共有之轨道成一越轨行动，此即人不我责，亦觉己身难安。职是之故，其一切一切，可以云都由环境促成。彼时父母之包办儿女婚姻，亦是环境逼其包办，非为父母者一自生有儿女后，即欲为儿女包办此一事也。云了向平之愿，是言得到男有室而女有家，不是言我于儿女之婚姻已能办到一至妥至善之处也。而近人勘论往昔之婚姻制度，莫不诟病于此一男此一女之父母，固然言之成理，究不从其深微处探求，只以一言暴击，似往昔之为父母者直不解爱惜儿女也，岂不冤乎？余谈至此，得详述往昔昆明之男婚女嫁事。

“一家养女百家求”，是旧社会中昆明人之陈语也。故在百数十年前，一般说亲者无不曰“求亲”，曰“求婚”。似有女之家，莫不宝贵其女也。凡说亲者，媒妁之言不足信，要必亲眼鉴定其才貌，此则双方俱有斯权。张家向李家求亲，必先施礼于李家。于是托媒妁通好，得往李家看亲，俗曰瞧媳妇。认定女子良好，便请求八字而合婚，凭瞎先生口头评骘，云合得上婚中婚，乃决定托媒，恳求联姻。李家悉其情意诚挚，乃提动“会茶”。会茶，是邀集女之叔伯及女之舅父、姑丈等，或四人，或六人、八人，走往张家相亲。表面上曰会茶，实则是同往端相其子弟之才质如何耳。喜则进行一切，否则借故推却。其子弟为文质彬彬君子，当然许结婚姻，张家方面就能提到“押八字”。押八字，是由男家备具金玉首饰四样或六样，至俭亦必须一金一玉及彩绉两端，或色布一两对，又喜酒两樽、猪肉三块，曰“三道割”。每一道割，重者五斤，轻者亦必须三斤，此定例也。女家接受礼物，即书女之年庚八字于一红纸上，装入封内，归到男家。自此之后，男女两家俱不能与他姓另订婚约。按此一礼节，即古礼中之纳采。过此三月两月，或一年半载，便择期而过大礼，此即古六礼中之文定也。

过大礼时，男女两家俱柬邀亲戚宴乐，是认此为一重大礼节也。过礼时之重要礼物，居于首要者为猪羊、盐茶、喜饼。一猪总重至百几二百斤，羊亦不是瘦小者。若在高门大户，必用双猪双羊。有双猪双羊到女家者，女家则各回其一。是一猪一羊者，只回猪一腿、羊一腿，猪头则归媒人得，此亦定例也。用盐茶为礼物者，以此婚约，直是一山盟海誓也。盐与茶俱是特制者，盐为一见方五寸块盐，每块约重三斤，边有花纹，面有双喜字；茶亦作方块形，面有双喜字，各插以绒装之小童子一枝，俗曰盐茶人。富户用四盐四茶，次者为两盐两茶。喜饼以两大个为一份，每份重六斤。女家要接若干份喜饼，由媒人通知男家。接六十四份者，共重三百八十四斤，接三十六份，亦为二百余斤，用抬盒装送三百八九十斤饼子，直有七八抬盒，女家收此而分送亲友。此数者为过大礼时万不可少之物也。其次为金玉首饰八样十二样，视其家之有无。又次为彩缎、为布匹，此则无甚规定。所有礼物，则用红柬写出，开端处则书“谨具”二字，后则书写“天地全福，日月双辉，启盒荣封，槟榔满盘，山盟对对，海誓双双”。此一段词语，直是一篇印板文章，家家相同者也。按第一句为元宝表符，二句为喜烛。启盒荣封是以一红封套，贮六钱银于其中，由一具有福命之开盒人得之。槟榔是两大挂连壳而剖开成半之元江槟榔。山盟海誓即盐与茶也。有印龙凤金花之庚帖柬一份，篇幅极其大样。此则书男女两命之年月日时于其上，男命由男家写，女命由女家写。女家填写讫，则以筷子两双、锡薄〔箔〕数张、艾叶数片置于庚帖柬中归回男家。此外，男家又另具有一恳亲柬帖，上书“敬恳金诺”四字，女家则书一允柬以答之，曰“谨遵台命”。男家又书若干份拜柬来拜女家亲眷，女家亦是照礼回答。此就事实上言，是多找麻烦，就礼节上言，亦惟有引俗语“礼多人不怪”一言以解之。夫礼尚往来，男家有如此其多之物品来，女家又将何以答报？有之，是回女婿之靴帽也，袍褂料也，纸笔墨砚与书籍字帖也，珍贵与不珍贵，则看其门第如何。而一对鸭子挂于抬盒上抬去，鸭子㖞㖞〔呱呱〕而叫，男家则认此为是此家女子之代表物也，相同而笑。

在过大礼后，于不定时日中，又有一小礼节，名曰通信。通信者，是以诹定之吉期告知女家也，在古之六礼中，是为诹吉。通信礼节不繁，只将择定吉期，书于纸上，贮以红封，藏于拜匣，附以割三道、酒二樽，放于挑盒内，交媒人送往女家。女家知吉期已近，便赶制妆奁。最耗人工者，是一切针黹也。缠足时代，莫不讲究花鞋，四盘六盘，不为多也，每盘六双，六六便是三十六对。又须制钱搭、扇套、眼镜套、槟榔包、笔插、手巾等各若干件，以预备递送大伯、小妹、妯娌、姑子及一班尊亲等。此却不是一人一手能胜任者，因而倩姊妹们代己而作之，通称赶嫁活。至于簪环首饰、衣物等件，自有父母筹备，勿须自己过问，以是得致力于针黹上。

迎妆日，昆明人曰鞭猪，此一名目殊奇，多无人能解说。然有人曰，在二三百年前，省城人犹有不少之夷风。迎妆日，男家须赶一对活猪活羊至女家，猪怠于行动，当鞭之而行，此鞭猪两字之所由来。是耶非耶，则不得而知矣。是日，在不定的时间上，突而吹打声至，媒婆来临曰，抬盒到来矣。家中人即忙乱着，在抬来的礼物上进行检查。先将猪羊收下，若猪羊瘦小，即有人发言讥诮。一架开面盒同时抬到，盒架上用红绳系着席子一卷，盒内有纸烛、元宝及离娘肉一块、缴〔绞〕脸饼两盘、五子若干盘。五子是松子、瓜子、枣子、莲子、元眼、白果等。而此一开面盒内，亦间有装供喜神之红蛋两盘于其内者，此则当然收尽。然后请人开盒，是以凤冠霞帔等来迎者，则请人从彩亭上将凤冠霞帔等取下；以凤勒喜衣来迎者，亦先从盒内将此一些物件取出。至此，方审查其他礼物。凡是必须用到之物，即一一取出，属于陪衬者，则完全退回。斯而将台桌上陈列着之一切陪嫁物品，照着礼柬逐件装入抬盒内。一幅门帘、一对枕头，便是一切什物之统率者，以用彩亭而迎之也。次则讲到镜台脸盆、胭脂花粉、簪环首饰、袄褂裙裤，以及一切用具，如茶碗茶壶，笼箱木器，大都齐全。而在家事平常者，无非于衣服什物上各减少些耳。然于门帘、枕头，究不能不注重。

妆奁抬往男家去后，则请一较为有福之妇为女开脸。开脸是用线将面上寒〔汗〕毛缴〔绞〕尽，且开出鬓角来。缴〔绞〕脸讫，当然是晚餐，晚餐后，女即沐浴身体。浴时，落枣子一对于浴盆中，随又取出而交之于母。此则着上男家送来之一白布汗衣、一白布汗裤、一毛红布面白布里之小棉袄，及同此色道之一大夹袄，并围上一腰绿布裙。此概用棉布者，取瓜瓞绵绵之义也。穿整齐，便出而烧香、燃烛、拜祖先，已而拜父母尊长，表示其由此而离开家庭，去为他家之妇也。拜祖讫，则开花枝会于中庭，此会是集家中姊妹及亲戚中之一些女子，团聚于一桌上，陈干果、糖食、蜜食等物，一面笑语，一面咀嚼，义在今宵之会，而无一不是闺中女子也。

次日，男家来行亲迎礼，良时至，彩舆临，鼓乐阗于门，媒婆先走入曰："红轿来矣。"来亲迎者不是新郎，百家中有九十五六家是新郎之母，乘着花轿来迎，故不曰迎亲，而曰娶亲。此娶亲者，亦是依据俗礼，得到女家之一封请柬而来也。

娶亲者下轿，即有四女傧出迎于门前，主家则设一套有披垫之椅于堂屋正当中，娶亲者遂就此而坐。主家则以三道槟榔、三道茶一极其隆重之礼相敬。槟榔系一串连壳而剖开为两半，贯之以篾，复圈绕成盘之一种槟榔，覆以镂花色纸一片，更粘上一用红纸迭成印盒式之槟榔盒，亦殊美观而又能引起人兴趣之一物也。茶系糖茶和清茶。致敬时，系用一托盘置物于其中，捧而敬之，另以一女子裣袖迭手相拜。是时，媒婆则立于娶亲者侧，代取迭次致敬之物而置于座旁，娶亲者如塑就偶像，无丝毫活动。要必行礼者至，始稍裣袖而微拂其手。娶亲者俟主家致敬毕，则起而拜天地，拜女家家神，并拜坐客。斯而开筵飨娶亲者。照例，娶亲者单独正坐，以四女傧相陪，媒婆仍立于其旁，为之置一压席包于席口上，此系上菜人之一种烟茶钱。厨人进肴，鸡至，娶亲者则微动其箸，鱼至则起而行，是为“鸡飞鱼走”也。

同时，新姑娘则在卧室内“坐喜神”。“坐喜神”是头戴凤勒，身著红绸喜衣，上顶红绉盖头；髻上于金簪外再绾一如意形铜簪，于玉鉵〔镯〕外更套一对铜鉵〔镯〕；下围绿布裙，于绣鞋上更套上一双绿布软底鞋，名曰踩堂鞋；脚蹋〔踏〕着一卷席子，一口袋米，对供喜神之香案，坐而啼哭。俗有哭得越伤心，将来日子越好过之说，不哭则为众人所笑。

娶亲者起立行去，四陪傧仍秉礼节送之出门，此时之娶亲者则不坐入红轿，是坐入一乘青轿内。上轿后，打拄于门前，等候新姑娘出。

新姑娘上轿，却不由自己行动，是由其父或由其叔伯兄长抱之入轿。临上轿时，母则给与一红布小口袋，曰口舌荷包，嘱其丢之于半路上。红轿行时，自有二三弟男子侄扶舆而送至要路口上，则告知丢口舌荷包，于是扶舆而送者始行踅回。

花轿至男家门前，亦多有燃爆竹以驱邪者。轿一落地，即有两牵亲者出，揭开轿帘，以一杯红米饭喂入新姑娘口中。红米饭是松子米、瓜子瓤等染以胭脂，而名之为红米饭也。复递以一只宝瓶，着新姑娘持之而入。新姑娘一出轿门，即由两抬花轿者以若干段宽近尺、长及七八尺之赤色布，展布于地面上，有若一条道路。两牵亲人则牵着新姑娘，端正着在此条布上行走，而随铺随接，直至堂屋门前而后止。堂屋门坎上横放着一马鞍，新姑娘须跨过马鞍而入室，步入堂屋，亦不向何处展拜，是直牵入新房内，与新郎并坐于床。斯而有人用秤杆将新姑娘所顶之红绉盖头挑去，然在挑盖头时，斯人口中有四言八句之吉利话说出。此却是中国之一种古礼，不得谓为是一郡一邑之风俗也。

盖头挑去，牵亲人始以交杯盏喂新郎、新妇，此方放落帐门而撒帐。昆明地方之撒帐，是红轿行中人任之。撒帐用五子，向四周挥撒，边撒边说吉利话，此则中国各省相同。惟在放落帐门时，新郎与新妇始各能送目一睨。此则有一见而情深者，一见而相恶者，又不外好姻缘与恶姻缘之说也。

新郎只在床上小坐一时，即起而出外。于是，一般人客都来向新娘索衣袋内之喜糖吃，尤其是儿童辈。缘滇中风俗，新娘之衣袋内，无不装着若干的小块红糖也。

结婚人家早午开筵宴客，是当然之事。往昔风俗简朴，都是用猪八碗以待客。用柬相邀，订明三日，第一日是为接亲而设宴，第二日为拜客而设宴，第三日则无所谓，殆以喜事办毕，聚亲友而作此一日之宴乐也。结婚事，在男家方面之请客固是三日，然在所谓之鞭猪日，亦即有至亲齐集，是明虽三日，实则有四日之宴乐也；在女家方面，亦是明三暗四，而在九天回门，又必须惊动一次人客，其劳烦人处，尤甚过于男家。云到筵席上，男家则注重在第二日，女家则注重在第三日。此一日则不用纯净之猪八碗，必用四样海味研〔拼〕合而为八碗也。或许有些人家求席面丰盛，加上四冷荤，而成一台四盘八碗之讲究筵席，亦是恒有之事。兹可不必细谈，当继续而言第一夜晚新房内之情事。

闹新房，是中国十八行省之一通行事也（以言百数十年前情事，故曰十八省），昆明人当不外乎是。昆明新妇在闹房时，不以茶敬客，而以包槟榔敬客，曰传槟榔。包槟榔系以槟榔、芦子各少许，用另一种色道之红纸，包成一方型〔形〕纸包，其大处亦只及两指。新妇有红漆捧盒一对，包槟榔则贮满于其中，闹房时则出此而传客。

闹房者必闹至深更，始行散去。此时洞房中则点起一对通宵烛来，是为洞房花烛。媒婆犹伴婆也，则揭开新娘之背箱（背箱是一较衣箱为小之红漆木箱，备装鞋脚物者），取出白布一方，置于托盘内递给新娘，新娘则双手捧盘，呈送到新郎面前。新郎是稳坐床沿上，取其布展开，反复看视，始掷于床上，其倨傲之形可掬。已而，新郎为新妇解开胸襟上一纽扣，方登〔蹬〕床为女破瓜，突开处女膜，当然见红，即以是方白布揩之，谓之讨喜。天明后，新妇起床时，媒人婆早候于洞房门前，新妇即将此布交付媒婆。同时，新郎亦以写就之一红柬交递到媒婆手中。媒婆则持此而奔往女家，捶门入而报喜，故曰递捶门柬。柬上是书一双喜字，旁书“子婿某顿首百拜”。女之母得此，方笑口张开，可以云，心上所悬之一块石头，至此才得落下。然此是得到新郎满意者。有不满意之处，则捶门柬迟到，甚有将“顿首百拜”之一“百”字删去者，此则使女家失去颜面也。按此事，在往昔时，昆明地方结婚之男女两家，均极重视此一礼节，是以此而勘定女之纯洁与不纯洁，然是一种恶俗也。此能表扬女子，亦能坑陷女子，能使夫妇好合，亦能使室家不睦，更有因此而作成一大不幸之事，尤可慨也。有贞而讨不出喜来者，其作成之因由，早已有人详细谈过，余不多言。

男家方面，次日早晨即有不断的道喜客来，此一般道喜客，不是以柬邀来，而是一种自动之行为。缘此一些道喜客，是平时与新郎之父兄通过往来，有过应酬，闻其家中有此喜事，故未奉到柬邀，而礼尚往来，乃具贺仪前来道贺。其来道喜者，亦穿靴顶帽，持一五六钱或一两银之贺仪，贮于红封套内，走入门来，对办喜事者之主要人，或为其父兄，或为其叔伯深深一揖，更作一揖而递交贺仪。接贺仪者，复向来宾一揖，始由支宾者让客入座，烟茶后，即让客入席位。一席六座，肉食八碗。酒饭讫，客辞主人出，有人揖送宾客于大门前。此等宾客，是随到随开筵席，所谓之流水席。在交游宽广之家，可能开至一二百台席。主家收到此种贺仪，遂编号存留。在收贺仪者，则另行择日设筵，备柬请宴；不收贺仪者，于七日后，附上一份茶食，将原封璧还。

是日〔成婚的第二天〕早餐后，便请一对有福有寿之夫妇，领导着新郎新妇，参拜天地及拜家神与祖先，跟着即向此两领导者跪拜。此则谓为“开堂”，亦曰“开拜”。然后一一拜见亲友，受礼者都是当堂赠送一份礼物与新郎新妇。礼物大都是耳环、戒指、手巾、丝带等，而亦有赠以银封者，都名之曰丢拜钱。拜亲友讫，始请翁姑正坐而受拜，翁姑亦有相当之赠给。此而新郎与新妇始相对而拜，谓之磕交待头。于是又请一对有福有寿之夫妇，到堂前受新郎新妇参拜，谓为“收堂”。此一对收堂者受拜后，则以一盘五子撒在拜毡上，复卷起毡子，各拎一头，导着新郎新妇归入洞房。新郎则用两童女相牵，新妇则用两童男相牵，牵其入房而并坐于床，拎毡者则倾五子于床，各饮一杯糖茶而完事。

是日午后，新郎至女家谢亲，亦坐一乘青轿而往，至则有四傧揖迎于门前。步入门后亦正坐于堂，媒婆侍于侧，受三道槟榔、三道茶之敬礼。此来作揖致敬者，则为男童也。礼毕，新郎即起拜女家家神及祖先，拜岳父母，拜尊长，拜宾客。而岳父母与宾客等，都有相当之礼物赠给，亦曰拜钱。所有拜钱，由随同前来之媒婆纳入一拜匣中，挟之于怀。新郎行礼毕，女家亦设筵款新郎。新郎正坐，四傧相陪，此仍不外“鸡飞鱼走”一种过节，是为新姑爷到岳家之第一次。已而辞出，乘轿回家，媒婆便挟其拜匣跟于轿后。

结婚之家，当然早午宴客，而在男家方面，是以第二日为正酒。午席上，便不纯是肉八碗，必间以海参、尤〔鱿〕鱼、鱼肚、大虾等味。在富厚之家，可能于八大碗外，加上四冷荤盘。是日，宾客中有豪于饮者，无不在席上掠袖猜拳。所以，有些人家办一场喜事，用酒至三四挑，犹曰不算十分多也。宾客中之一班少壮，于停杯歇箸后，便入而闹房，此夕则大肆喧哗，且有向新郎、新妇恶作剧者。新郎、新妇亦惟以笑脸承之。若稍现不豫之色，即为开罪于宾客，便遭人议。

三朝，新郎在清早晨即顶红帽、穿马褂，走往各亲友家邀客，老幼俱以一揖，如此，始有客来临。否则，亲友等便不乐来参与宴会。早饭后，新郎即整齐衣冠，乘轿往女家吃“作揖饭”。何曰“作揖饭”，以新姑爷到女家时，立由其岳母引导，与所有宾客相见以面，并告知其称呼。新姑爷自是跟着而称呼一声，随敬以一揖，故曰吃“作揖饭”。晚餐时，新姑爷则可以与陪坐者纵饮大嚼，此在女家方面，是为正酒，其肴馔亦较一二两日丰盛也。为新姑爷者，亦必醉饱而后行也。在濒行时，其岳母则以一红纸包递给，新姑爷属于黠者，便伸其腿而请插入靴桶中。包中何物，为一篦子及新姑娘洗澡时由浴盆中取出之一对枣子也。此诚是一种特有之风俗。余述至此，而忆及一极饶兴趣事，凡结婚之家，于女家妆奁送到后，洞房门上之红门帘，须请厨房内之掌礅师傅来挂，挂妥后，受红封一，并受新姑爷一揖。此真不解其所为。

第四日，男女两家俱各自具备酒肴，邀集一班在喜事上帮忙、支应一切事件之少年亲友，尽欢一日，曰酬劳帮忙者。盖由昆明地方往昔之风俗极其朴质，凡办红白喜事之家，无论为绅耆、庶士，都是延请一些少年亲友来襄助其事，而应付一切。在开始时，如整理庭堂、购备什物，以及糊墙挂画、悬灯结彩等项事务。逮至宾客来时，排案扫地、递烟端茶、支席列座、上菜斟酒等等，都是劳动这些少年亲友代做，故于事毕后而有此一番酬劳也。

第七日，新妇则至厨下治肴馔，肴中以豆腐圆子为主要食物。新妇入厨，须亲拌其豆腐而举勺掼圆子三个或六个，余由他人接手代掼。新妇提刀切菜，只切韭菜少许，猪肠子少许，盖取长久团圆也。圆子熟则出以供客，按此实一古礼也。唐人曾有诗云：“三日入厨下，洗手作羹汤。未谙姑食性，先请小姑尝。”昆明人则易三日而为七日，然亦由事势使然。昆明人之吃圆子饭，邀客不多，无非是一些至亲密友，有三几桌客而已。惟新妇入厨房时，例以一五升斗贮以米、柴、发竹、松毛等，由新妇拎之入厨，置斗于灶前，燃香烛化纸鏠，以拜灶神。拜毕，始举火燃柴入灶，此算是一个小小过节。至于斗内之米，尚有一种足资谈料之事故在着。俗礼新妇入门之第六晚夜，须请小姑为之扫箱。扫箱者，是揭开其红漆背箱，将箱内之米扫除，将箱内之钱取出。缘新妇之背箱是附着一切妆奁而来，箱系锁着，内只白布一方、食米数合、铜钱千文或六百文及针黼一二件、银首饰一二件。米是预备七日入厨之所用，钱是用来购买豆腐和买猪肉，首饰与针黼例归扫箱者得。但箱中之米为数不多，须加上若干，始能拎到厨下。此一俗礼，在往昔时家家都不能减去也。

吃圆子饭是在第七日之早晨。早餐后，即打扫庭除，预备接待女家之送茶者至，来送茶者，都是十一二岁之女郎，或一人，或二人，亦无甚准则。此则有为新妇之妹，有为新妇之侄女辈者，更无定例也。至时，咸以小新亲名之，亦正坐于堂中，以四女子相陪，俟受三道槟榔、三道茶之后，新妇则引其拜见尊亲，已而入新房与新妇谈话。送来之茶，是一些茶食，或一大抬盒，或两大抬盒，此看女家之境况如何，送来茶食份数之多少也。每份茶食为一包子、一花糕、两油炸散子、一梅花式点心、一佛手式点心、一红纸迭成之槟榔盒，此则有送至百余份者，有送六八十份者，然至少不会下三十六份，有则是女家之境况十分不好也。茶食外，附有茶心数盘，为瓜子瓤、松子瓤、核桃瓤、蜜枣等。更有三道割，是为万不可少之礼物也。此外又有一附送前来之物件，则是新妇之针线匣也。男家收到礼物后，随设宴招待小新亲。饭毕，以舆送小新亲还家，并赠以针黼首饰数件。男家接到女家送来之茶食，即按着份数，各加上茶心一包致送亲友。凡在第二日接到之贺仪，咸曰道喜封，若决定不酬客而璧回贺仪者，即就此而附上茶食一份，由新郎顶红帽、穿马褂，亲自送往各家门上，且须登堂向其主人一揖，此堪云昆明人之礼性周到。

九天〔后〕，新郎、新妇则各乘一青轿同往女家，曰九天回门。行时，是新妇先去，新郎后去。女家亦聚集亲友，治备筵席，欢迎新女婿于庭。按此一礼节，是新出嫁之女本古礼归宁父母也。然于礼节上，女家尚须备柬相请，有“谨占于某月日，敬扫茅轩，谨治薄酌，恭迎大英俊光临，并冀随携小女归宁”之等类套语。

新姑娘回到家庭，则出铜钱散给一班群小，如弟、妹、子侄及来宾中之童稚等。父母之于女也，于婿也，俱同以客礼相待。早餐后，则有客数人陪新女婿作蒲樗戏〔也作樗蒲，或摴蒲，古代博戏，又作赌博的通称〕或摸骨牌，或打花湖，或打石湖，或打字牌，或掷狮子围，或掷状元筹等事，然此是一种娱乐，并非赌博也。晚餐时，新女婿入席，陪坐者无不以酒相劝，大都是不醉无归。饮至薄暮，在日未落尽时，新女婿即须起而谢席，辞岳家人而行。来回门之新姑娘，亦跟着辞别父母、兄嫂、姊妹等出门登轿，随婿而去。时则太阳尚未入山，谓之赶太阳回家。女轿后照例有一挑盒随着，盒内亦是照例装有鸡蛋糕两盘，芙蓉糕两盘，韭菜、发竹各两束，又活鱼一对，贮于一磁缸中，此为万家相同之一种礼物也。

次日新妇是个人回家，谓之十天复门，此则新郎不与焉。惟在回门复门之日，新妇去时及回来时，都得要在祖先前、翁姑前及尊长前一一展拜，对平班辈等，亦须裣袖叠手以拜。按：昆明人谓“叠手以拜”为“高叫声”，诚一种土语也。

一场喜事，至复门后始可云事体完毕。虽然此后尚有满月回门，在头一年内遇到亲家公、亲家母及女婿之生日，尚要有相当之应酬也。要必待至生下儿女，送过洗三礼后，为父母者于出嫁女子头上，始可以云件件事情做完。总之，无不是拿着钱来绊，所以往昔的人谓生一女子是得到一赔钱货。果也，有以生女多而致穷者在也。

右〔上〕述各节诚是往昔昆明地方全部之婚嫁礼节也。洎自提亲合八字起，至新妇十日复门为止，其间情形是大致如是。然亦有些细微末节，以其繁也，故未写出。但就此以观，亦足见是时社会之情状。因而系之以论曰：往昔昆明之婚嫁事，在一切礼节上不仅属于繁文缛节，直有许多土俗不堪之行为。第一是捶门柬，不知有若干好女子受尽冤屈也。其他是妆奁上之糜费。父母之爱厚儿女，当然无所不至，然于治妆奁上不免有诸多失当处。兹略举一事来言，制单袷皮棉袄褂各若干件以装箱，是备其为他人妇后，可用此出而应酬也。此于情事上不能云其失当，惟有赔嫁白布汗衣至十余件者，岂以婿家竟无能力为之添制一袭耶？不亦傎〔同颠〕乎？次如针黼一项，制一槟榔包，须耗三四日工夫，又岂吃饱饭后而没有事做欤？要不过是一种斗针巧之风也。盖以是时女子，日惟谨守闺阃，以读书写字无大用处，故亦乐此而不疲。此却是当年政教之不善，不能责及于地方风俗也。虽然亦是习于静而不驰务于动也，往昔之一般幽娴贞静女子，亦可能由斯造成。惟在百数十年前，舍国中他处而不论，只以昆明一隅而言，似任何一家，都是十足成份之专制家庭。翁之于媳也，尚近乎宽厚，姑则箝制严矣，媳之一举一动，都能在处处吹毛而求疵焉。闻之前百数十年前，楚雄池翰林〔春生〕之夫人，以侍奉姑嫜在籍，一日因炒菜将锅弄响，老夫人即拉其媳跪于当街。楚雄县宰某经过其处，讶而问之，方知为陕西学台池大人之太太。既而穷得其故，遂下轿而为池太太说情，转受池老夫人抢白，县宰亦莫如之何。即此一事，足见往昔时代姑之待媳，犹奴仆之不若。虽然亦不合以此一人而概括一切，但在往昔一般为姑嫜者，纵不能云个个恶辣，然亦可能什中占有五六，若以慈爱为怀者则鲜矣。总之，凡为姑嫜者，绝不能以痛爱自己女儿之心肠，移来痛爱儿媳也。此则可以揆度往昔一般姑嫜之待遇媳妇。而况一般的姑嫜，都是秉承着统绪相传之作风而居上位，此焉得有慈爱两字之足言。所以在婚姻礼节上，竟有许多地处直表现出家庭间之一种森严规模来，要不过人以习见而不之怪也。吁嗟乎！在百数十年前也，国有是国，家有是家，此而从根柢上论，又奚足以异哉！直是一种应有之情势也。但是向往之家庭又过于专制，今日又放弛太过，过犹不及，俱失乎中道。《子思子》曰："致中和，天地位焉，万物育焉。"今时世之多事，即是偏之为害也，嗟嗟！

谈谈往昔昆明之丧葬礼节

孔子曰："生事之以礼，死葬之以礼，祭之以礼，可谓孝矣。"〔见《孟子·滕文公上》〕然礼贵适中，过犹不及，皆不合乎道。昆明人之于其亲死，咸以"当大事"三字表之，是则是矣，究于一切上不免有诸多繁文缛节，是亦不合乎中道。昆明人岂昧而不知耶？昆明自汉晋而后，地方上即多贤达，当不是懵懵者流。明知而故犯，以受地方风俗支配，不能不如是焉耳。夫地方之风俗，就社会学上说，是指多数人在精神上之一致表现，且历时久远，型为定式，足以拘束个人之行为，使此受拘束者不能不照其定式而行事。以有此义存具，所以昆明人于丧葬事上，在当大事者，无论其贤否，都是从俗而举行一切，以免他人指责。于是一切虚而不实，繁而不当之处，不特常人有之，即贤者亦有所不能免也。兹将昆明人之丧葬礼节，仅就余所知者，顺其次序而谈。

其亲死，诚遭家之不幸，此则无论为父为母，于停尸后，其子即立摘去帽顶，散其发辫梢，走往至亲家报丧。父则先告父族中人，母则先告母族中人。拍开门而不入，主人出，即就门前而磕上一头，告以死者归西之时刻，便走往他家。不一时，亲戚朋友来临，男女咸集于庭，或十数人，或一二十个人，都是与死者具有密切关系之人也。

首先提动之事，即是往看棺木。昆明人极讲究棺椁，次方及于衣衾。是父也，往看棺木尚无甚问题之生焉，只不过视其家境而酌夺购取之也。若为母也，取用何种棺木之权，则操之于母族中人，买一千两或八百两，或三五百两之棺木，当由母族中人酌定。有悬的过高，而又力不足济者，则须倩人款说，降低其等级。总之，母族中人终不免有些刁难。论昆明人之购致棺木，是真不惜钱，一千八百，直无所谓。在富厚人家，则多取用开化涂桫板，而涂桫板亦分好丑，现麻雀花与现箭铲花者，是为最佳最上品物，然亦不过千余两银一副，花纹不好者，价则低矣。至于乌桫，每副却值不上二百两银。此而又有取重本地扁柏者，若货色完美无疵，亦能值数百两银。此则看亲友之主张如何。有力不足以致开化涂桫、本地扁柏者，则降而取用到上江柏木或丽江柏木，盖以其价值低廉，每口材只须四五十两，即足以购致也。至若圆柏与桫松此两种材料固有制成寿器者，然是贫寒人家所用之物也，有家资者，都弃而弗顾。

棺材抬到家来，即讲装殓。死者所着之衣，大都为七件或九件。所饰之物俱屏除金器，纯用玉器，女尸身上则珠勒有焉，翡翠戒指、翡翠手镯有焉，即价值千金之物亦在所不惜也。然此是一种感情用事，亦不足异。装殓时，多是褪除死者身上之衣，用湖绵殓其遍体，自顶至踵，无不为湖棉〔绵〕套尽。殓后，复套上衣服，再用一床红绉铺棉衾被裹而扎之，此就其形景上看，直是全身受尽束缚也。惟据一般人所持之理论则云："要如此方能保持其尸体不坏。即使肉质化去，而骨殖亦不散也。"吁！死以速朽为是，圣者已有明言，此诚为昆明人之大愚。尸身入棺，则实以百数十斤松香，谓能吸收棺内血水，尚近乎是。

盖棺后，须沿俗礼，请人升钉。父则请叔伯，或同堂弟兄，母则请舅氏，或母之内侄等来升钉。升钉是将棺盖上一留而未经钉入之木钉，由升钉人举斧钉入，此则孝子须跪于棺前。升钉讫，升钉人得受一份礼物。揆此情事，或者是因从前有过人死入棺后而发生事故，今则请亲族来钉棺盖，证明棺中之人，是因正病而死也，不然，究作何解说？

停柩于堂，张孝幔，设纸灵，供灵花，竖引魂幡于灵右。早晚化纸鏹，供肴馔，尽哀尽孝，实合乎道。第三日之夜间，则以白布一长幅，一端搭在灵桌上，一端搭在一椅背上，以整幅布都归于架空也，乃名之为桥，以度阴魂由桥上归来。此而以粥供之，曰三天献稀饭。又置一大座镜于案头，使童子望之，亦能见有阴魂现于镜中，或见阴魂在镜中经过，然是偶一能见，不是必能得见，诚是一种不可思议之事。而且所搭之桥，有时能自行闞〔闪〕动，似有灵魂归来也。数日后则讲漆材，此则一道漆、一道灰的加于材上，可能加至十余道，厚可达三四分。认为棺入土内，可能历四五百年而不坏。夫山川改易，在四五百年间，不知有若干次之变动，一有变动，丘陵可成沟壑，何必使地下陈人迭遭颠覆耶？此则不仅昆明人有此拙钝思想，似中国人无不有此一种观念也，此可云往昔之人有近乎愚。

又昆明地方于人死后停在堂时，无不请一阴阳先生来翻书开路。是书名“黑甲子”，是为一种人所专习者。翻书人至，坐于灵床前，问明死者之年庚月份及其日时，又问明断气之时刻，遂翻开书而说出一些极其不经之话来，如云此死者前生为某省某县之一何等样人，此去又当投生于某地之何种人家，应享寿若干岁。又说出死者之魂已于前若干日落于某处，死时魄入地下若干尺。此则深浅不定，有入地三四尺或七八尺，乃至深入丈余者。总之，入地五尺，即为煞高五尺，〔煞〕高五尺者，五日回煞。深入丈三尺者，为煞高一丈三尺，则于十三日回煞。阴阳生道尽一切，即摇铃念咒，焚化纸籛而去，是为开路。开路之说，是言死者之阴魂得由正门而出入也。又谈道回煞事，届期，丧家则备回煞纸一份，于是时焚香、燃烛、设供、烧回煞纸，便远离其处而避其煞气。此则有难言之处焉。有回煞时，在死者之屋内而发生特殊响动者，甚有发生出极其惊人之震动者，而又有许多阒无所闻者，又有于声响上则无所闻，却有一二特殊表现者，又不能归于一律也。就此而推原其故，似人死而魂升于天魄降于地之说，亦不为无据。

灵柩停放在家内，于一切因由上，多有不能决定时日而出殡发引者。其故则是一些迷信风水之人家，必欲请地理〔风水〕先生寻得一牛眠之穴，能于发丁、发财、发贵而后可。此却不是三日五日能于办到之事，势必至多延时日，始能偿其愿望。惟在此一段时日当中，必逢七念经，逢七往东岳庙烧纸，积至五七，则请和尚或道士们来，竖幡杆、张榜文、诵经礼忏及跑五方、破地狱，超度亡魂及追荐先灵。此则五日为少，七日方得亲友认为合法也。但是逢七念经，五七做斋，亲友们无不联翩而来，携来礼物，或为锡纸，或为素菜，主人应有相当酬酢。而况来做斋事之和尚、道士，展开席面当不止两几桌人也。闹热诚闹热矣，金钱上又岂百十两银能了却其事哉！幸而昆明地方在光绪年间，一切品物无不充牣于市：第一米粮价贱，上米一斗重百二十八斤，只值纹银八九钱；其次油、盐、柴、炭，又无不价格低廉，绝不似近今之油、盐、柴、炭，有若龙羹、凤髓、茄楠、菌桂也。至于香蕈、木耳、金针，只不过几分银一斤。若新鲜菜蔬，仅等于近今的田里青草。所以作如此之耗费，差不多的人家，都能于支持，此可以云由时世造成。

迷于风水之家，则有一些半节〔截〕通、半节不通之地理先生来临。此谈挨星〔按阴阳先生以十二宫方配九星〕，彼谈三合〔阴阳家相传以十二支配五行，取生、旺、墓三者以合局，谓为三合〕，更有出卦盘而谈卦例者。主人闻之，头头是道，而亦无所适从。若出而当事之儿孙有至三五人，必是分投而去登山。今日从张先生往东边之呼马山、贝子营、白龙潭、归化寺等处走一巡；明日又往西边之眠犬山〔即眠山，亦称狗山〕、玉案山、棋盘山上走一巡；后日又往居于北边之王帽山、破荷叶山，或往东北方面之蒜村、茨坝，或往西北方面之金顶山、银顶山走一巡。彼持罗盘之先生，每到一地上，无非说三几句话："在行气上，水口也还合，用末也还用得。"如是而到村茶馆里喝茶，吃糕饼，俟太阳偏西，即进城吃小馆子。今日如是，明日亦复如是，此不难有三月两月之宕延。论一般迷信风水之家，原不解山龙地脉，更不识砂水峦头，无非听着地理先生的口头批评，云此发贵，便认定子孙必能往朝中调鼎鼐；云此发富，便认〔定〕子孙必能富拟陶朱公；云此发丁，便认定子孙无不是九子八婿。懵懵然复欣欣然，惟一味地称谢地理先生。达到此一步，始行择吉出殡而安葬先灵。吁！此又不独往昔之昆明人什九发此迷梦，似往昔之全中国人亦无不什有八九都是同作此一种迷梦也，是不合讪笑往昔之昆明人。

展奠发引，是丧事上之大礼节，在任何人家，无不讣知亲友以昭慎重也。向往之昆明人，于展奠发引事，却不袭取宦派而纯用讣闻，是用素柬邀请亲友。柬之上页启事甚略，只将展奠发引日时书明，及治备蔬酌之时日，是就简而不从繁也，柬之下页自是刊列孤哀子与期功服辈之名。至云举办丧事之人家，无不是高搭布棚于天境〔井〕内，并用布绦〔条〕或绸绉绦扎满素色阑干，安置几凳，以备吊客憩息。届时，必雇一班吹鼓手坐于门前，客至，先击鼓三下，然后奏乐，此为定而不移之仪式。惟是昆明人之于家祭与展奠两事，多不分开日期举行，家祭都是在展奠之第一日上午。家祭时，亦是儿女、媳妇、侄男侄女、孙男孙女各穿孝衣跪满庭墀。一切礼节，悉尊制而行，亦颇能感动人。午后，则渐有亲朋来奠。来奠者不尽是接到柬邀之人，凡与有往来者，即不接到柬邀，亦必具一银封来奠。此本礼尚往来之义，故不见邀而亦自来也。奠仪或为一二两银，或为六八钱银，都从交情上来取决。来客呈奠行礼后，即退而坐于布棚下，有递烟递茶者至，知宾者陪。约够一二桌人，知宾者即让客入席，俗称之曰开流水席。六人一席，席上陈列肉八碗，而亦间有用几味海菜者。此一些宾客则只走来一次，发引日亦可能来执绋。一些接有请柬之亲朋则须按日到来，或任事务，或来穿孝者，都是坐而享受丧家之早午两餐蔬酌。

昆明丧家之通例，家祭后，男孝子不论其人数为一为二，为三为五，俱入孝幕，坐于棺材右畔铺在地面之草荐〔垫〕上。媳与女俱称为孝眷，亦一同入幕，坐于棺之左畔草荐上。来吊者为男客，当呈奠行礼时，男孝子则头戴三梁冠、穿孝衣、披麻布、持哭丧棒，匍匐于孝幔下。有期服〔旧丧服名，简称“期”，守丧一年者称“期服”〕侄与齐衰〔古丧服五服之一，以亲疏分为斩衰、齐衰、大功、小功、缌麻五种〕期服孙者，则跪于孝堂之右边门阈外而还礼。兄与弟则着孝衣立于阶下，以一揖谢客。若是女丧，有杖期〔期服中用杖的称“杖期”〕生者，杖期生则居于阶上，向客揖谢。女婿之职务是在宾客入席举盏后，女婿则到席前一揖，随捧酒以敬客，敬酒后，复向上一揖，其礼节亦甚庄肃。女宾座上则由侄媳、侄女辈捧酒敬客，亦叠手向上而拜，并说几句客气话。至云女宾来祭奠时，男孝子则不出而匍匐，由女孝眷就孝幔前还礼。侄妇、侄女等则立于孝堂门外叠手拜谢。有已经聘定而未过门之儿媳，须循一贯的俗礼前来坐草。来时，系头顶蓝色巾帕，不露面目，身着色衣，有老媒婆相伴，对灵展拜后，主家遂出孝衣一件，老媒婆即为之著于身上。主家又请一较有福气之女眷，持着一匹结有绣球之红绉彩立于其旁，俟女套上孝衣，复向着灵席展拜谢孝后，便将此一匹红斜挂在女肩上，此而由老媒婆牵入孝幔内去坐草。坐一二小时，主家即设席以待，女略坐一坐，即起而行。其女家以两姓初成姻好，于祭奠上，当然礼仪丰隆，此则有以猪羊来祭者，有备极讲究之筵席来祭者，是又难于尽述矣。又有已经下定，而未能迎女过门之婿，当此亦是前来穿孝，其肩头上亦是挂上一匹结有绣球之红。不过未过门之媳妇是蒙蔽着脸面而来，未过门之女婿是光明正大而来，有此一点差分耳。至来送殡，两者俱不能不前来参加，此实一贯的俗礼，无人能违之者也。

又昆明地方之通例，凡治丧之家，有一种酬帛的礼节。有客来奠，则看其奠仪之轻重，大约奠仪一两，当酬帛四份；五六钱银则酬帛二份；有送三四两者，必以一对白布酬之。然此是就外亲、外戚、朋情方面而言。若属内亲而又兼有服制关系者，则必于治丧之前十数日，用红纸将成衣之白布，或一对，或两对，着人送去，听其自制。届时，此一些收到孝布者，无不着白衣到来。而在这些亲戚上，亦有由孝子或孝眷当面呈递者，是则须行一跪拜礼，以托盘呈递之。若姑父姑母、舅父舅母、姨爹姨妈、表伯表叔等，都必要行此一道礼节也。于展奠时之来宾，则由礼生捧帛递交，孝子只磕一头，便趦入幕内，是女宾则由孝眷呈递。以故凡得到衣料者，无不缝成衣服以著于身，得到孝布者，无不折叠而围于腰际。在此丧家之展奠日，若入其门而望其孝堂前，望其布棚下，真是一白如银。

若死者为八九十岁之高年，必有若干的孙孙辈，就班辈上论，可能至四代五代。属于四代者为曾孙辈，此则穿孝衣，而以朱红布裹头，属于五代者为玄孙辈，此则穿孝衣而以粉红布裹头，是则不分男女，不别内外两族也。于是在一片白色当中，而有此三三五五的红包头在望，转觉其孝堂前色彩鲜明。此为昆明地方办丧事场中具有之一种特色。

昆明人办丧事云破孝，是作如此之花费，不知者以为要耗去若干银钱，实则花费亦不大也。昆明地方在此逆数而上之八十年前，正当清季之光绪初叶，国中乱事悉平，四方安靖，人民已得到乐业安居。于一切生产上，完全不受限制，故尔出产丰盛，百凡品物，莫不物美而价廉。即就布匹一项来言，外来广布细密过今日之最好线呢，每匹长二丈七八尺，重二十二三两，仅值银四钱；若是河西、新兴等处之土布，每匹长逾三丈，仅值三钱多银；一匹河西布，能撕孝布七八节，每节值不上五分银。所以有些人家尚不屑用河西布来撕孝，而是用广布来撕孝。在亲戚多而交游广者，可能用广布至二三百匹，然亦不过耗费百数十两银耳，论此种举动，在往昔时代实无一人诧其异而斥其非，即有下论断者，无非道一声某家的丧事办得颇风光，很体面。但是此种风光，此种体面，要必在六七十年前方可以云能于办到，若在今日，试问此二三百匹布又往何处去求？而况家家户户俱是室如悬罄者。即有人焉脑筋中之旧观念是完全在着，且有钱在手，能作如此办法，而又是一乐于作此办法者，但一仰首看天上，俯首察地下，举眼观人世，乃知在方方面面、事事物物上，都有所不许也。意念徒空过，惟资慨叹耳！此之谓往事不堪回首忆也。

发引日之前一夕，则必请和尚办灵。而办灵则有三种办法：一、办施食，放焰口；二、办蒙山；三、细念。办施食、放焰口与办蒙山，是既超度死者幽魂，而又超度一般孤魂怨鬼。细念则只及于此一死者之幽魂，于一般孤魂怨鬼无与也。此种佛事在昆明，自是请男僧办之，入座者多则九人，少则七人，而亦有以五人入座者，是必诸事困难之人家也。办此一佛事时，不论人数多少，都是以一有修持之老僧，穿大衣，披袈裟，戴五佛冠而居法台正座，余者陪坐于两旁司乐，敲木鱼、鼓、铜磬。办蒙山者，正座只穿大衣披袈裟，而不戴五佛冠，露顶科头诵经文。蒙山为一种经文之名目，文类咒语，与放焰口之十二召请之文殊异。细念，正座仍披袈裟，戴佛冠，在座上先诵一卷密陀经，遂下座率众而绕棺念阿弥陀佛，如是者三次，始云毕事。但细念一事，非死者为高年人不办。惟是办灵时之一切费用，俗例不由孝男出钱，是由孝女出钱，无女而有孙女或侄女者，亦是由孙女或侄女出钱。俗云：要必如此，死者方能得到超度。此亦是昆明的一种特殊情事。办灵毕，夜必深沉，全家老少则展衹被于棺之左右两畔铺有草荐之地上而卧，义在伴此一宵，明日则送之到山上去也，此亦足以表现其情之厚。

发引之日，俗礼是就早晨择一吉时，召一阴阳生及几个大索行来〔大索行即殓尸抬棺之人，咸称大索行，亦曰抬重者〕。阴阳生至棺前，捧水一碗，持刀一柄，以刀击碗，碗破水出，口中又念念有词，呼一声“起”，抬重者遂将棺材抬起一下，使其离开原位，是为起材。逮至诸事完毕，各项就绪，始鸣锣鼓于门，抬重者方用绳杠将棺材抬出门去。斯时，阴阳生又用长刀一把，认定停棺地处，将刀尖戳入地面土内，刀旁则置米一大袋，此则不知其何所取义。棺材出门，即抬上龙杠，笼以棺罩，则以十二个人或十六个人抬之。孝子则在门前草荐〔垫〕上匍匐，棺材由孝子之背上度过，此谓之背棺。背棺之解说，云死者在生前或犯有罪恶，一经孝子背过棺，愿任重咎，死者入阴曹，便能于减轻其罪。背棺后，龙杠方开动，乃以仪仗鼓乐导之而行。

治丧之家凡属于富厚者，在发引之日，便藉其事件而示富夸荣，表示其局面之大。若就其大体上言，是抬出若干之事事物物来，使举市之人，俱知某家今日发大丧，更望一般人能称道一声“此死者真有福气”。此诚是一般发大丧者心中存有之一愿望。故尔于一切仪式上，是不遗厥力的铺张扬摛。其形形色色之引人注目处，则以大有钱之人家为最，虽然列于次等者亦不无可观焉。其出殡时之仪式，大都是鸣锣于前，高脚牌次之。牌糊黄纸而书蓝字，署出一些官衔来。此无非是某科解元，或经魁，或举人、赐进士出身、翰林院编修或翰院检讨、某省提督学政、某省正副主考官，此表示其为科甲门第也。有署某省某某县正堂、某某州正堂、某某府正堂者，是表示其为簪缨世系也。有署某某参游府，某某总镇、协镇、都督府者，是表示其为甲胄世族也。高脚牌后，便有一白龙亭、一铭旌亭相随。此在富户巨室，则有两个纸扎的打街鬼手持猪尿胞，其怪异处尤不足以名状，用人抬之而行。跟着又是三个高至丈余的纸扎神佛，一为开路神，一为引路神，一为接引佛，此则各以四人抬之。此外便是彩亭，或十数个，或二三十个，此无非踵事臻华，冀得街前观众能同声称道体面也。然而在一些彩亭当中，有一香亭、一灵亭、一客亭、一魄亭，又为家家户户之不可少者也。鼓乐可能有四五六部，所谓之锣鼓、之水咤、之吹手，绎路奏响，真使人充耳烦听。又有和尚、道士各结队而行，披法服，搭袈裟，又红成一遍〔片〕。丢买路钱者，一路撕一种圆形纸钱而丢之；燃火炮者，一路摘火炮而燃之，仪仗度尽，始见腰缠白布之送殡宾客，一百、八十，则看丧家之局面如何。执绋者非尊亲即至友，且是年高德劭，在社会上具有声望者也。两条长绋内，都是身著白衣之人，此一望而知是与丧家有密切关系者。若有未经迎娶之女婿或孙女婿，亦必穿白袍，斜挂绣球红于肩上，杂于其间。孝子则不论为一人，为二三四五人，都是顶三梁冠，穿不缘边、不开领之孝服，披麻衣，腰麻索，踏草鞋，以两人搀之，伛偻涕泣，顺着次序，挨近棺材而行。此一种悲哀之状态，可以说是当孝子者不能不有之一种形式也。然而世道上之一切事件，无不是以假为真，能哄得人去，便算能善其事。在柩前而行之孝子，亦是以一种形式而哄人也。

昆明的通例，死者若是一有年纪之人，班辈又高，灵前之一枝引魂幡，必以一戴一梁冠之长孙扛之；一根拐杖，必以一包红头之重孙扛之。此虽不尽如是，然有四代人者，又必如是也。又通例，出殡时，孝眷与女宾，概是随从于棺后，媳则在前，女则在后。媳则散发披麻腰麻，女则披布腰麻，然俱顶一白尖也。女宾之来送殡者，丧家送有孝衣，则著孝衣而送；无孝衣者，属于卑幼，都以白布包头；平班辈，则以白布缠于髻上。女宾之后，则有一人以一只红箱，用白布作带，系而背于背上。内贮何物？是一束一束的韭菜、发竹，一封一封的玉带糕，为回灵时散给与一班孝子孝眷之物也，而亦有些零星什物在内。

发丧者多喜绕着街道而行，若三、四牌坊两段，是不可不经之路。惟在帝制时代，南门是不许常人出殡。要必官在四品以上，或受有一、二品封诰者，方能向上宪请求，许而后，可由南门出殡。故一般寻常人家出殡，多是由大小东门、大小西门出。出城后，则择一适当处，如大东门外之五显宫，大西门外之文昌宫等处，就其庙门前而回灵。回灵之说，言将灵位捧回家也，然在事实上却不如此简单。决定行至某一地处回灵，执仪仗者至此即驻足，抬彩亭者即将亭子放下，敲锣鼓者即息锣鼓之声，送殡之宾客便排班伫立于路旁，抬灵柩者亦停足而不动。于是一班孝眷则有人牵着来绕棺一匝，孝子则伏于路上，候着再背一次棺。绕过棺、背过棺后，抬重者便将龙杠放下，解开绳索，将棺材取出，另以一种绳索杠子而抬往萧寺暂寄。礼生则带着孝子向来宾磕头谢步，并邀请各宾到家晚餐。孝子于叩谢宾客后，即将三梁冠卸去，哭丧棒放下，麻衣、孝服褪除，草鞋脱下，只上包白头，下着白鞋，预备回家。卸下之三梁冠与哭丧棒则交与抬重者携往萧寺暂存。此而宾客散，一切仪仗解除，只剩灵轿一乘。乃将用彩亭迎来之神主，以一童子抱之，坐于灵轿中。更以一香亭导之，击鼓吹乐而还家，孝子则持着一些利市物追随于后。

一班孝眷于绕棺后，亦将头上身上一切不祥之物卸尽，便坐于路旁，请人为之梳发挽髻，于是现出一种特殊之形色来。土风，媳与女披孝送丧，是先着一件大红衣服于身上，然后加上孝服。故一褪去孝服，一件大红衣服即行露出。好事者更将装藏在怀之金玉戒指、金玉手镯套上，而又是一上包白头，下著白鞋之人，真是一不伦不类之形色。于是各持一份韭菜、发竹、玉带糕，舍开来时路径，另由一条路径而走回家。走入家内，须扶一扶插于地面之刀，提一提刀旁之米袋，此则不解其取义。已而各饮糖茶一杯，方云送丧事毕。

成主是丧礼上一重大事件。所谓成主者，是本着父栗母柏之定制而做成之神主牌，请人将死者应得享有之名称及其姓名，书于神主上。死者为妇人，则书其门氏。神主牌系以两片木合而为一，因而有一内一外之区分。成主时，于已仕者则将其所得之封赠写出，而又不论为考为妣，都将其姓氏名号系之于下。神主表面之写法，较内堂为简，内堂则写出享寿若干岁，生于某年某月某日时，终于某年某月某日时。书成，请人以朱笔点额穿神，点两旁及背面。但是昆明俗礼，点主时纯取官府坐堂派头，列签筒、笔架、朱砚于案上。点主者名曰点主官，书主者名曰书主官。点主、书主时，此两者俱是当案正坐而书之、点之，咸以四宾相陪。照例须各食两枚糖煮鸡蛋，谓如此方得神气饱足，亦是一种殊堪笑之事。书主、点主时之一切礼节是由礼生主持，在事人须受礼生支配。书主时，孝子不论为一人、为二三四五人，俱同着吉服，俯伏于案前。神主书讫，书主者退，又施行一番礼节，点主者始就座，孝子仍同样伏于案前。礼生则引针刺孝子等指血，染于朱笔尖上。点主者执笔，遵照规例而次第点之。礼毕，孝子便捧神主而安置于一神台侧边另设之一张桌上。斯而供肴馔，请点主官、书主官向神主行礼，谓为荣主。惟在俗礼上，此一点主、一书主者，不是随便邀请两人来担任其事。点〔主〕者要必是科甲人才，或有官职而又是以举人、进士得官者，俱得称为上选。但是任过刑名官者，又为丧家所不取也。所以昔有某翰讲，以发解后中进士而翔步木天，又放过两三次主考学差，告老回籍而寓于昆明，且子孙满堂，诚一福泽厚之人也，自云“在昆明住够五年，为亲友家点过一百五十余次主”。此可称一点主专家也。书主官之选择，又不作如此之苛求焉。惟是在丧家举行成主之事，往昔昆明人多是在出殡回灵后举行。有提前而举行者，是因即日安葬，誊〔腾〕挪不出时候来也，然亦鲜矣。

成主后，当然是红日西斜，一些曾经送殡之宾客，便渐次来临。支开筵席，其肴馔自较展奠日丰盛，大都是八大碗、四拼盘。碗中有海味四样，若海参、鱼肚、鱿鱼、大虾等；盘中有火腿、盐水鸡、皮蛋、蜇皮等，是为今日之上等筵席也。然每一桌席，耗费不过两许银。一展开至六、八十桌，总计不上百两银。此在中等人家亦足以支持，在富厚之家，更不生问题也。此一晚餐，客则尽兴而大嚼而豪饮，主人亦引此为快也，客散尽必至更初。次日仍须酬劳一切帮忙者，此而方云丧事办完。惟在出殡日之夜暮时，阴阳生则入宅来打扫。来打扫时则拔起插在地面上之长刀，提开米袋，随敲着一个小磬，走入各间屋内，口中念着一种经文。巡走一周，便走出门去，主家则着人烧燃一串火炮，逐之而行。按此一情事，惟云南有之，他省实无也。

扦〔迁〕葬灵柩，当然要择一良辰吉时，此则是地理先生之一种生易。昆明之堪舆家，什有八九都是藉登山、看地、择日、扦葬而谋生活。此行人是因读书不成，而又不乐于为工为商，乃买一部地理五诀而研究数月，辨得出点砂水峦头，便挂招牌而售术。常人又哪解堪舆学，要不过听到人说某地理先生好，便登其门而请往看山，乃至于择期扦葬。扦葬之日，地理先生则到山上下罗盘，打桩线，所主张者，无非是平棺露盖一语。挖圹时，先生则远坐于草地上，口衔烟杆而手抱茶壶，吃饷午时，则饱啖食物。圹挖成，先生始跳入圹内，抱着雄鸡一只，微破其冠，以血涂圹四角，谓之引龙，以鸡在圹之周围一扫，谓之扫圹。此而先生方抱定其鸡爬上地面来，俟主家烧纸锞暖圹后，棺材落下，先生始架罗盘而合一合线。待到坟堆理好，先生便命孝子将三梁冠毁去，将哭丧棒竖于坟前。此为地理先生为人扦葬最后之一主张。先生上山下山，大都骑马坐轿。趯回此一家，其庭堂上已摆满鸡鸭鱼肉，先生便大喝大嚼。酒醉饭饱，一个六两头或八两头之红封收到，先生始提着扫圹鸡，踉跄而出门去。此可以云是昆明地方家家户户安葬先灵时具有之一种礼节。然从一切情事上观察，亦殊可笑。

右〔上〕述昆明人往昔之丧葬事，已详尽无遗矣。惟其礼节太繁，致遭人议耳。虽云礼贵从俗，总宜近乎礼而合乎情。礼有不适，必为君子所薄，而况古圣有言："丧，以其奢也，宁俭。"往昔昆明人之丰其酒食以延宾，盛设仪仗以出殡，毋乃侈乎？此侈者固云有失，然与今日之亲死者相较，又不啻此是死一老狗彼是死一天人也。然此两者，都由时世造成也。亦不必言彼厚而此薄，更不必言 彼时之为人子者其存心如何，今日之为人子者其存心如何也。要知两下之处境是一在天而一在地，霄壤之殊，当然有此一景象有彼一景象也。嗟嗟！

谈谈往昔昆明人口福上之享受

昆明人殊重口腹，讲吃早午点心，讲吃宵夜，此却是一般居民抱守着传统习惯，似非此不足以言生活。是则享受上不厌精美，更不厌繁多，此可在市面上大小糕饼铺，大小吃食馆，吃食摊子，及一些穿街过巷，唱着食物名来卖之担子、盘子、背箩、提筐上观察，即足以证明昆明人之重口腹。远年事余不敢谈，只以清代光绪末叶，民国三十年〔1941〕前来论，市面上销售各种食物之状况，其繁盛处诚令人欣羡，此则不仅为余所目击，亦为余所身受者。今用笔叙述其情况于纸上，固觉烦屑。静而思之，此诚有关于国政，不可以“人之好吃”四字括之也。

惟是抚今追昔，又能使人叹慨不置，似昔人唾弃于地者，今欲投于盘中尚不可能。天上人间胡相去至如此之远耶！所以者何？是一切一切俱形消迹灭矣。今云烹鳖炙豚、题糕啖饼，亦惟有向书篇上寻取此一些词语而玩味之也。但世运循环，相信必有回复原状之一日，吾人不妨静候。

论到余述之一段时间内，昆明城内城外，云糕饼铺，大小有七八十间，是包括着川人、粤人所开之糕饼铺在内；甜浆馆亦近四十间，此则有什之九为本省人所开，什之一为外省人所开；甜食馆有十余间，四之三为本省人所开，四之一属于外省人；有甜食摊子十余个，此纯为本省人之所设者；饺面馆有二十余间，饺面摊子有十余个，此俱为本省人开设者；豆花米线馆有十余间，摊子有五六十个，顾此一行业，是纯为本省人所占。外县人到省来开之米线馆有十余间，摊子有三几十个，此一行业，大都为玉溪人之所经营；外省人来开之面馆有十余间，中以北京、湖南两种面馆为多，属于他省人者居少数；北方人来开之大饼铺有十余间，摊子有二十余个；本省人所开之大酒席馆有五六间，如长美居、彩珍园、林春园、玉春园等是，格式不甚大者约有十余间，如长珍园、长春园、鸿春园、美珍园等是；外省人来开之大酒席馆、大酒楼，又常有四五间，如共和春、大同春、得意春、海棠春、岭南楼、冠生园等是。此一些经营于外省人之大酒馆，虽不是同见于一个时间，然在恁〔任〕何一个时间内，都能有三五间开着。其局度较小，物品不能样样俱全者，可目之为二等地处，此亦常有五六间开着，如宴乐楼、九华楼、如意楼、悦宾楼、会仙居、致美斋、洞天、香宾、独一处、江南居，又回教馆中之合五楼等等皆是。惟在此一大段时间当中，城外城内有属于外省人所经营之酒馆、酒楼、酒店、饭店，则甚多甚多，实不易于悉举之也。又不独此也，即本省人或本地人所开之小酒席馆，亦以日久不能一一记及，是则余所列出之数字，是只有减少，而绝无虚浮也。又本省人及本地人所开之炒菜馆与蒸肉馆，城里城外共有三十余间，亦云夥矣。又回教人之炒菜馆虽不甚多，然亦有三四间散见于城内外。至于牛肉馆与羊肉馆，又西餐馆与咖啡馆，亦各有五六间之多。此外，尚有洋酒店数处。是时昆明市上，真有一种生气蓬勃之气象。云居于昆明市上的人在吃食上，可云能各从其心之所欲，其愿望是无有不偿者也。顾此，似不愁无吃，只愁无钱耳。

论到云南之糕饼店，以滇人开设者为货色最多，计之实有七十余种，兹可明举而言之。在糕类中有芙蓉、洒其玛、泡料鸡蛋、重油鸡蛋、夹沙鸡蛋、重油绿豆、泡料绿豆、桃片、云片、雪片、玉带、砂仁、松子、白果、米酥及水晶糕、白糖软糕等项。酥饼中有东坡、核桃、杏仁、金钱、棋子、淡盐、蛋黄、燕窝酥等。饼子中有洗沙、白糖、椒盐、麻盐、山楂、枣泥、梅甘等馅。八个头一斤之饼子，是谓之点心。复有特殊之蘑菇馅、火腿馅之饼子。又有作素供之马蹄酥、眉公糕等若干种，谓为五福供者。此外，更有不少之杂色品物，如莜饦、猪油麻花、炸食、回饼、麻饼、茯苓烘片、兰花根、乌梅糖、山楂糕、姜糖果及各色饼干，至于十锦南糖，诚有十种形质不同、口味各别之糖食，其间有酥糖、麻片两种真大可人口也。若粤人所开之糕饼店，其制作物又与滇人之所制者稍有不同，如切酥、薏米饼、麻通等等，又为云南糕饼中之所无也。此是言其平时，在一切糕饼店中所能有者也。若遇中秋节，凡是云南人所开之糕饼铺，无不做同一形色之四两饦。此则有火腿馅的硬壳与酥皮的四两饦，又有黑芝麻心硬壳与酥皮的四两饦，有山楂、枣泥、梅甘、水晶、玫瑰、麻盐、洗沙、白糖等馅之四两饦。又做同一形色，或一斤重、或二三斤重一个，或白糖心、或洗沙心之大红饼、大白饼，及二三斤重一个的或莜或麦、或为串糖、或为包心之重油大饽饽。此又有不少的店铺另用菜油做些素饦、素饼，供一般吃斋茹素者之取求。粤人所开之糕饼店则有五仁、甜肉、莲蓉、蛋黄、火腿、豆沙等心之月饼。川人之铺内则有红白糖心之大麻饼、小麻饼等。顾此一行业中，以糖面两项制出之食物，综而计之，实近百种也。又论此一些物品，亦有好有丑，有得人喜爱，得不到人喜爱之区分，此则在用油、用料上，以及匠人之手艺上有所不同也。虽然终能供助人们为快口腹而可以作极其便利之取求，更能作毫无限制之购买，此非当年之一盛事乎！又回教铺内亦出品不少。

甜浆馆是通为本省人所开，是家家同样出货，且是日日一致。其制出之物品为甜浆、油条、油炸糕、油炸包子、菜包子、豆沙包子、烫面饺、盐卷子、盐饼子、芝麻饼、菜火烧、豆粑粑、糖麦粑粑、西洋糕、黄泡糕、软糕、凉糕、凉饺、莜饦、油炸麻花、糯米团，此皆用菜油而不沾染猪油者，是为素食。遇重九节则卖重阳糕，过年则卖年糕，中秋节亦卖素的大红饼。此一行业，综其所制之食品亦在二十余种也。

锅魁铺是一种特立独行的饼子铺。锅魁是以发面做成饼子，先在锅铁上焙透，再入炉烘之一种饼子。此则有串糖，有麻面糖心而是起有酥者，又有以起有酥之发面而做成咸锅魁者。按此一种营业，是以此三种锅魁为主体，有兼炸麻花、糖果而售卖者，是属于副业也。锅魁铺什之九为川人所开，铺里半住家而半营业，以此种生易不多占地处也。城里城外有锅魁铺十余间，又有不开铺只支炉撑抬盘于街旁而营此业者，城里城外则在二十以上。义论此种食物，如能材料好，制作精，入于口亦能使人朵颐生香，故多有重之者。

豆花米线馆亦什有九为本地人所开。所卖之物是豆花、羊血、热酱、冷酱等米线或卷粉。亦卖粉丝、凉面、凉豌豆粉。更兼卖螺蛳、羊脑、炒落松米。但是做此一种生易，是开铺设座而卖者，城里城外只不过十数家；支摊而卖者则多矣，城里城外当有七八十处。又另有一部分，是担着担子来卖者，是则难稽其数。此由昆明之男女老幼无不喜吃此类之物。故此种营业较他行为多。

有外县人来省开设之米线馆，是专以买米线为主，第一是过桥米线，次为炟鸡、炟肉米线，再次为爆〔音义不详〕肉、为鳝鱼、为炸酱。若为贵州人所开之米线馆，则专卖肠旺或脆臊。惟昭通人则专卖一种油燃面。

本地人所开之饺面馆，则以卖浑吞〔馄饨〕、卖面为主，副之以饵块、米线、包子、烧卖、荠菜饺或黄封糕。有开一铺而专卖包子者，是包子做得十分好也。时有卖东〔冬〕菇面、鸡肉烧卖者，只可谓为是偶尔有之，不是一种常有之食物也。外省人来开之面馆，所卖之面食则较为讲究，有云皮浑吞〔馄饨〕，有三仙〔鲜〕、鸡卤、鸡火丝等类之面。有面皮汤、水饺、蒸饺、锅贴、包子、馒首〔即馒头〕、花卷、银丝面包、薄饼、葱花饼、千层饼、家常饼等。粤人所开者则有伊府饺面。是回族人所开者，不过包子、饺子、烧卖之馅不用猪肉而用牛肉，更不沾染猪油，余无不同。

本省人所开之甜食馆，大都是卖甑甑糕、糯米饭、汤圆，豆面团、藕粉、炒米粉、甜酒饵块、甜酒糍粑、甜酒鸡蛋、甜酒小汤圆、煮麻花等。外来人所开者又较为讲究，有冰糖鸽蛋、牛奶鸡蛋、芝麻糊、莲子羹、油锅渣、八宝饭、八宝稀饭、蛋花稀饭或黄木耳、或洋米或西米冻等。

又有粤人，因卖他种食物而兼卖粥者，则有鸭腿、鱼生、猪肝、腰片、肉瓤等类之粥。此在是时亦有数处。

又有羊肉馆子，除卖羊肉、羊杂碎、羊蹄筋、油腰等外，而卖羊肉烧卖、羊肉米线、羊肉面者，云铺子则有五六间，摆摊子者亦有十数处。

有在街旁或在铺户檐下，支一锅炉、一二桌凳，而做太师饼、眉毛酥，以及火烧、油饼、炸春卷而卖者，亦常有数处见于城里城外之街前。更有一种规模极其狭小，就街旁之转弯处支一锅一炉，或支一单桌，或支一小摊而卖油煎包谷粑、油炸豌豆饼、油炸羊〔洋〕芋、油炸糍粑、油炸糯米面粑或炕粉糍粑粑等类之食品者，在城内城外可能有二几十个人在做此种营业。盖以此类食物多可口而价廉，故买之者多，卖者不少也。又在出包谷之一季，则有人支一火炉，烧包谷而卖；支一锅一炉，煮着包谷米来卖；又在下半年，则支锅炉煮红薯来卖。此是一些极小之生易，随在一处都有所见。

是时又多有肩挑担子，或手端木盘，以及背背箩、拎提篮，穿街过巷，口唱物名，来售卖各种食物者，此则有下列的一些物品：日常能有的，是太平糕、莜糕、白糖凉糕、钟钟〔盅盅〕糕、烧饵块、稀豆粉、豆腐脑、豆沙糍粑、糖稀饭、米面粑粑、莜粑粑、麦粑粑、豆沙粑粑、油炸麻叶、油炸糖果、油炸树皮、煎年糕、煎泡糕、白糖饺子、兰花糖、米花糖、小米糖、米花团、钉钉〔丁丁〕糖、丝窝糖、芝麻糖、饧〔饴〕糖、花生糖、核桃糖、山楂糖、糖酥豆、煮落花生、炒落花生、盐炒松子、焖松子、西瓜子、南瓜子、葵花子、火麻子、松花糕、米凉粉、莜凉粉、红凉粉、盐卤豌豆、黑盐豆、凉些，有糖蘸山铃果，有酸水米线、酸萝卜、酸黄瓜、酸拏〔苤〕兰、盐沁橄榄、盐山铃果。又村妇背提入城来卖之食物则有油酥铁豆、包谷花、糯米花、煮荸荠、焖豌豆、山铃果、板栗、煮梨、花生米等；夷族妇女背拎入城来卖之食物则有山槟榔、火把果、米饭果、山樱桃、杨梅、山梅子，属于琐梅类之黄泡、鸡嗉子等；又在出桑子时，则有儿童提着桑子高叫着卖。是皆为男女老幼等辈之零嘴食物也。

是时又有着不少的凉粉摊子，所卖之物为木瓜籽、抓子粉、糖枣子、糖山楂、糖木瓜片、糖些些〔嘘嘘〕果、糖酸饺〔角〕、糖佛手柑、糖藕片等等。此种摊子，是一年四季都有，只不过上半年较下半年为多。又在出甘蔗时，则有人将甘蔗锯作一节一节的来卖，长短各有定价。出荸荠时，是成挑成挑的摆着，或挑着担子，穿街过巷，口中叫着来卖。出土瓜时，是各以草席铺于地上，堆着土瓜来卖，此更是随在俱有所见。在出软枣时，又有不少的村妇提筐入城售卖。此等等类类，更是一般青年男女之小口食物。

至云蜜食，如元红、木瓜干、蜜天冬、冬瓜蜜饯、蜜凝枣、香橼片、红绿丝等则归于果铺售卖，在酱菜铺售卖。至于糖橘饼、糖花红、糖梅子，是通海出品，由通海人售卖。有冬瓜糖与糖枣子，是玉溪出品，则多由玉溪人售卖。又有一种沙糕，是以玉溪人所做者为最佳，亦多由玉溪人售卖。

右〔上〕述四节，节内举出的物品共在一百有余，虽不是一些正当饮食，然在一般不乐使口头空闲的人，对于此一些零嘴什物，又何尝不讲到任予取予求也。而一切零嘴什物在街市上既有如此之多，可云人们只忧口不得闲来吃，怀中无钱取出，绝不会忧到欲吃而不得吃，欲买而无从买也。

又讲到盘餐，是时的燕菜烧烤席、鱼翅全席、海参全席，其美好也何如可不必谈。即一猪八碗席，亦必有四样海味在内，有杂之以海带丝者，则有人啧啧而言曰："主人以此陈于席上，毋乃鄙吝。"可见是时之猪八碗席，亦不离开海参、鱿鱼、虾米、鱼肚等。此不是昔时之人好奢侈，实由是时不愁向市场上购致此一些物也。不意今者，凡在二十岁以下之男女，多不解吾国中是有此一些海味可食也。近闻有一青年女子，以不识海参而问于人曰："酒席上有一形似毛辣虫者为何物？"可怜哉！以素未能见及也。

所云之燕菜、鱼翅、海参席，在此之前五六十年间，大都由长美居、彩珍园、林春园、玉春园等几家大酒席馆包办，而后来之共和春、得意春、海棠春、冠生园、第一楼等，虽能包办鱼翅、海参席，却是新式的十大件，不是旧式的四冷荤、四热吃、四海碗、八小碗、四座碗、十二围碟、双手碟、两道席点之酒席。惟自民国五六年后，社会上之酬酢渐繁，每一宴会，动在十桌八桌，乃至二三十桌，此真不宜取用旧式酒席，于是遂趋向于新的方面。可是有人下一定论云："讲吃喝饮酌，仍以旧式酒席为佳，如往昔之长美居、彩珍园、林春园等，调出来之口味极好。所用之汤水，不仅重在鸡鸭，汤是用乌鱼来调，所以鲜甜。今日的一些馆子，仅恃着味精来取甜味，故尔不甚鲜美。"此可见往昔的人士讲究口腹，不是徒〔图〕重鱼肉鸡鸭，是着重在烹调上之口味。

又谈到共和春、得意春、海棠春、第一楼、冠生园等等，虽称为大酒席馆，却一方面包办酒席、一方面在卖便菜。所谓之便菜，却不是炒猪肝、炸肉圆、炒鸡蛋、青辣子炒肉等，而亦是些贵重者，如芙蓉鱼翅、锅巴海参、红烧鸽蛋、鸡腰竹生、糯米鸡、十〔什〕锦冻鱼、凉拌鱼肚等类之肴。至若洞天、九华、东月楼等，则少为人办酒席，多注〔重〕在卖便菜。其便菜仍是五香鸽、软炸鸡、乌鱼片、鸡丝虎掌、柴把鱼、口蘑面精等类之肴。次如香宾、致美斋等，更不多为人办酒席，专以卖便菜为主，所卖者即是油淋鸡、脆皮鱼、软炸肫肝、红烧肘子等。若独一处、江南居等，则只卖些锅贴、鸡或鱼、软炸腰花或炒腰子、油爆肚、炸豆腐及火腿、卤鸡等等。时有粤人所开之岭南楼、宴乐楼、来宾楼等，则以粤味肴馔为主，如红烧鲍鱼、炒蚝豉松，或饷蚝豉及瑶柱羹、鱿鱼卷、炒鸡球、冬瓜桩等，又别有风味焉。

又本省人所开之酒席馆，其规模不十分大样者，不下二十家，如长珍、长美、鸿春、鸿珍、美珍、彩春等园，及翠湖春、会仙居、福兴居等等。此固不是同在一个时间内见于昆明城内外，而或先或后，于一个时间内，亦必有十个八个在着也。此一类之馆子，却也为人包办酒席，但所包办者，大都是寻常海参席。其在平时则卖便菜，所卖之便菜，则不离炒子鸡、炒腰花、炒鱿鱼丝，或清蒸鸡、红烧肘子、金钩玉兰等类之肴，然亦不恶也。此外又有炒菜馆若干间，此可以映陲楼杨品家之馆子为代表。所卖之菜约有二几十种，如宫保鸡、千张肉、火腿乳饼等。在五六月间则有炒鸡荥〔㙡〕、炒牛肝菌、炒青头菌，与一些应时而出之新鲜小菜，如茄子、小瓜、茭芽、鲜笋、豌豆米、蚕豆米等是。炒菜馆外，又有蒸肉馆，此则有三派：一可以老岳家为代表，除卖蒸肉外，兼卖火腿、卤鸡、卤肚、卤肝等；一可以门神馆为代表，除卖蒸肉外，又兼卖蹄花、烂肉、火腿及一些卤菜；一以新春园为代表，除卖蒸肉外，又兼卖炒菜，及专卖金线鱼、豆豉鱼。今指此三家为代表者，盖由是时城厢内外，实有不少之蒸肉馆，都是各自分别仿此三家来做也。至云蒸肉两字，是包括着蒸猪肉、蒸排骨、蒸羊肉、羊拐骨及粉蒸鸡而言也。

除以上所述之一切食馆外，尚有一种烧鸭馆。此种馆子，当首屈一指曰双合园。本来双合园之烧鸭，壮而且嫩，烧鸭者又善用火力，以是较他家的烧鸭为强。双合园又兼卖着一些炒菜，俱物美而价廉。二三人客在桌上吃一两盫子饭，竟不算钱，因而一般喜吃烧鸭之人，都乐到此一地处大嚼。该园之能如此慷慨者，半由于藉此而招揽生意，半由是时之谷米丰盛，米价极低，一二盫饭值不上二十文铜钱也。是时城厢内外，实有烧鸭馆七八间，各家的生易俱弱，称生易旺盛者，亦惟双合园一家耳。烧鸭馆里若不卖炒菜，则兼卖点卤鸭杂碎、卤猪肝、卤豆腐、梅花肠、腊肠等。又烧鸭馆的生易，在下半年有不少的烧鸭卖，上半年只能有少许的汤鸭卖，生易殊微薄也。惟是鸭肝、鸭肫、鸭掌、鸭舌，又供大酒席馆中取求。

又在是时，多有人支一单桌于街旁而卖卤菜，所卖者为卤鸡、卤猪肉，及猪肝肚、卤豆腐、卤火腿等。惟是火腿一物，在昆明地方，是任何一食馆内，都能有卖者，然以郭小阳家之火腿为最有名，因卤得十分好也。又有专卖猪头肉及卤猪脚者，此则不尽是开馆售卖，多是支台盘，或搭在他种吃食摊子上售卖。又有两广人挑着担子，唤卖烧猪肉，或唤卖叉烧肉及炸风肠者。又有外省人炸兰花豆、豆腐干担着来卖者。又有人卤牛肉，担着担子走街，或支担于街旁，将牛肉切薄来卖者，更有摆着五香牛肉来卖者。此又可以补述一种甜食，是水晶汤圆，初以嚼芬坞为第一，已而继起有人，则有玫瑰洗沙心、油糖心、火腿心等更为美好之汤圆制出。又如初时之煎包谷粑卖者，只以点猪油来煎，后则有人调以鸡蛋，或裹之以鸡蛋，用油来炸，斯为节节进步。

富矣哉！往昔昆明地方之吃食，吾人一遇到腹中饥饿，走出门去即能有物到口，且甜咸酸辣，任意取求，袋里银钱充足，则以美好方面取求，否则取之于平常食物。而一切食物，尤是买不完吃不尽。噫！曾几何时，以余能于举出之数百样食物，竟归于蒙庄〔即庄子〕所云“无何有之乡”，不亦奇哉！殆天地有反复也。

卷　四

谈谈六七十年前昆明人之生活

云某一地处的人民它〔他〕们在某一个时代上其生活是如何，此必要知道这个地处的人民在是时的社会上所御的事业，于得到成就后所有的收入，能不能与它们所需要的一切物件和应有的各种酬劳，在价值上、在支付上能否得到平衡。假能平衡，便能将一己的衣、食、住三事作顺利的解决，是之谓衣食有着，生活安定。若反于是，致出超于入，此则不能云衣食不愁，生活安稳。甚而闹到食不果腹，衣难蔽体，寒风冷雨侵入门来，此等类的困厄感受到身上，即是受到生活压迫，此种压迫是由彼一时的社会具有的一切情况所促成。所以谈某一地处的人民在某一个时代上其生活如何，须知彼时的社会情状是如何，引用其原理来谈其生活情况，便不成为空话，而是此一个时代上的实现。

六七十年前昆明的生活，其水准之低，在今日言来，亦若视寒暑表上其沸度与冰度，差率上的距离太远，绝不合相提并论。惟在当时，其四周的生活水准，尚有低过于昆明者，昆明犹不得谓为是一生活水准最低的地处。虽然，余今只就昆明来谈。

在前此的六十年，岁星在己丑，为光绪十五年〔1889〕，余已有十一岁，于社会情况已有所悉，今尚能回忆一切，政〔正〕不妨详细写出，以见是时人民的生活易度。即行于街头的人，亦无一愁眉苦眼者，有则是遭遇大不幸的事。

今可先谈是时的米粮价值。上米一斗值银一两一二钱（一两等于大洋一元四角，每两银可易铜钱一千六七百文，每斗米重华权一百二十八斤），猪肉一斤〔指市斤，下同〕值七十至八十文，猪油一斤值九十至一百文，羊肉一斤值四十至五十文，牛肉一斤值二十五文至三十文，菜油一斤值六十至七十文。桐油最贱，只值二十多文一斤。灰面值二十五六文一斤，盐与糖亦是二十多文一斤，栗炭卖五六百文一百斤，松炭卖四五百文一百斤，松柴卖百七八十文一百斤，松球卖百五六十文一百斤。若盐豆腐、包豆腐、臭豆腐等，都是卖五文钱两大块。其他食物与一切蔬菜，价值之低廉自不待言。以如此的低廉物价而计，一人一月的伙食，其费用之少，自可想见。所以是时的包饭吃者，每餐两菜一汤，一月两次牙祭，包金只须五钱银或四钱五分银，而且是明包三人之饭，暗则是四个人吃。若每人每月的包金为六七钱银，就可能日有一荤菜。此则是关于吃的方面。事虽是从略而言，然亦足以概括生活上衣、食、住三事中的一件大事。

若云穿着，更年费不多。杭花缎、杭宁绸不及四钱银一尺，川花缎、川宁绸不及三钱银一尺，绸与绉不及二钱银一尺。广布四钱银一匹，长二丈七八，重二十三四两，缀一件长衫尚有余。他如洋扣布，只五六分银一尺，制一件长衫，连缝工亦不到一两银。至于绒呢等料，亦不大贵。皮袍、皮褂每件亦不过十数两银，且是灰鼠狐皮。头戴之物，一顶缎小帽只值三钱多银，若是布小帽，值不够铜钱二百文。五六钱银即可买一双皮底缎鞋，在爱惜穿着者，可穿半年。若为布鞋，又只值三四百文。棉花亦只三几百文一斤。若夏布、若葛布等，好者不过两许银一匹。一个人的身上，一年穿不滥〔烂〕几件衣服，每年以二十两银添制衣服，是单袷皮棉，色色俱全。所以云穿着一项，亦年费不多。

至云住宅，更不难寻攸居。是时亦无人修盖洋楼大厦，群众所居者，都是些三间四耳及一些四合头的房子，而且是些朴而不华，宽窄适当，洽〔恰〕合于一般平民住在的房屋。房价亦不贵，即买一所四合头的新屋，只不过五六百两银。云月租，到三两五六钱为止。有楼者最高不过丈八，是则价值稍高。若居于背街上的旧平房，每间的月租只是二三百文钱。是时城内城外的人口，仅有十三四万，因而闲空房屋甚多，随在皆见有招租帖斜贴于巷口街头。所以人们的住处不难求。

就此而论，人们的衣、食、住三事，已不会发生甚问题。而况是时的昆明人是纯朴性成，节俭从风，一饮一啜、一穿一戴概不重奢华。能穿者便穿，能吃者便吃。如男子们针〔缝〕一件蓝布长衫，要穿够两三年，才用来改汗衣。不然，便要穿到补丁盖满后才肯弃置。妇女们尤为爱惜什物，妆奁上得来的一二十件布衣布裤，直够穿半世。即年头节下往亲戚家走动，穿一件色布衣服，尚要套上一件童子蓝布者，下面只穿一双〔条〕红绉灯笼裤或花缎灯笼裤。头上的金簪子、金绾针和金耳环，手上的金戒指、银手镯，是永不拿到首饰铺上改变式样的。此是略言其穿着之俭朴。

云到两餐饭食，在一些平常人家，每餐都是一汤两炒。家事宽裕者，方有三样炒菜，而且串上点肉；若吃到豆腐圆子，就算是美味了。初二、十六打牙祭，则割几斤肉来，或红炖、或清炖、或蒸蒸肉；若宰鸡杀鸭，要必是过年过节，不然即是有嘉客来临。虽然一般居家户在平时固不甚茹荤，而是时的蔬菜，直有百数十种。蔬菜是一出即卖，种菜者绝不愿意把韭菜蓄到尺五六长，将苋菜、菠菜蓄养成一株小树。此可以说，是时的小菜既新鲜而又肥嫩，所以当时的人多不注重肉食。哪似近来的人，见着一碗肉，恨不能连着骨头吞下肚，此诚是一种得不到肉吃的可怜处。又说到是时的炒菜者，似任何一家无不是丰丰富富的，舀些猪油下锅，是任何一种炒菜无不是吃着油沁沁的。此所以当时的人，不惟不注重肉食，且转不乐于吃肉。至于读书上学的孩子们，无论其为贫为富，大都是日得十文的晌午钱，此便能吃松瓜子、糖食，且能买一肉包子，或买一碗荤米线过午。开铺做生易者，早晚两餐若不在馆子里包饭，而是由家里送饭，此在生易大者有两炒、一汤、一咸菜；生易小者只是一汤、一炒、一咸菜。此则家家如是。又说到是时的公馆衙门里，固较一般平常人家咀嚼较好，然也不过吃到四碗菜、一盘汤，此则能讲到荤素各半，而尚有些不能得到如此阔绰。是时的吃喝上无非如此。

说到住在处，居于中等以上的人家，固是屋宇开展，几净窗明，在极其讲究的厅堂，亦不过施以油漆彩画，若云金漆雕刻，则少有所见。住室内只以棉纸糊下窗格，能嵌窗玻璃者，百中或有一家。更能以花纸裱一顶棚，用木板铺一地板，便是讲究而又讲究。即如是时的督、抚、司、道衙门，彼一班长官所住在的地处，亦不过是上有顶棚，下有地板，墙糊花纸，窗上多嵌着几块玻璃而已。至于街上的铺面，是新开张者，才施以彩色，常久不换主者，都不重在粉饰。盖是时的人，都以粉饰为虚而不实，不事讲求。人们无一切虚花费，即所入者少，只要能谨小慎微，也就不会弄到出入不相抵了。

一般人民在经济上不受到压迫，于生活上自然得到舒适，六七十年前昆明人的生活情况是如此，所以站立在人民方面的士、农、工、商，下而至于娼优、隶卒等，无不是怡然自得。而且较一般为官作宰者快乐得多，舒适得多，更自由得多。何以说呢？一般为官作宰者，从表面上观察，自较一般人民为尊荣，或称为大人，或称为大老爷，顶翎在头，袍褂齐身，乘肩舆出入，行人必须让路，似荣耀极而威严极。实则事事须遵功令，在在当顾考成。而且属员见长官总得要卑躬屈节，此可说是极不快乐、极不舒适、极不自由。即使得一差一缺到外县去，亦不过得到快乐两字，强者更得到舒适两字，于自由两字是万万得不到。此何以说？因为要遵守功令，要顾着考成啊。

在人民方面则绝不似此，若不欠粮欠税，一身即无所系。士、农、工、商中，第一是商人，在取得老板、掌柜资格者，真是日日快乐，时时自由舒适。往见有某些当老板、掌柜者，一吃过早饭，便手拿烟杆烟盒，走往茶铺内，叫碗茶来，便斜坐于凳上，与二三相识者谈天说地，讲鬼道神，直坐到太阳偏西，方走回自己铺上。晚餐后，仍是走往茶社内听说评书，听唱小曲，此则是无戏可看，无会可逛之日。若有会逛、有戏看，则必邀约着一些素与同游的人去逛会，去看戏，而且要闹到个不醉无归。

在士人方面，除了一些在学馆里居师位者稍受着学生们的牵制，而稍须〔许〕失去了点自由者外，若一些只于窗下磨砚者流，便能大大的自由活动。今日登山，明日玩水，有会必逛，有戏必看，这算是得到十足的自由、十分的快乐。又说道工人方面，自有些受人雇用者在工作时间则不能自由，然乐于工作与不乐于工作，雇主亦不能强屈〔求〕，是自由仍未失尽。若不是受人雇用，而是自卖其手艺者，则与一般在窗下磨砚者有同样的大自由，而毫不受他人的束缚。如曩昔的五华书院内，有某刷书匠，手工异常纯熟。他人尽一日之力，只博得铜钱百二三十文，他能博得二百多文，但是他不乐于多做。他计算着，一刷够一百八十文的书篇，他便歇手。他一日要喝一百文的大曲酒，下余的钱补充肉食和零用。这个工人，真算是本着自由两字来做工，秉着快乐两字来过活。

谈到六七十年前的农人，又无不是日出而作，日入而息，闲则击壤而歌，种得瓜来吃瓜，种得豆来吃豆，种谷吃谷，种麦吃麦，绝无一人前来干涉，前来考求。此也可以说是得到了真的快乐、真的舒适、真的自由。

总之，在六七十年前的昆明人，处于是时的一个陈腐朽坏社会上，不管它〔他〕是居于城，抑得于乡间，而于一切生活上，得到了这一宗的境况，云不快乐，而确实快乐，云不舒适，是确实的舒适，云不自由，却的确的自由。此为它们的幸事呢，抑是它们的大不幸呢？这真难下断语啊！

昆明人极重礼貌

礼者，是人世间之一种防乱工具。考之于古书，《说文》徐灏注云："礼之言履，谓履而行之也。"又《礼乐记》云："礼也者，理之不可易者也。"又《坊记》有云："礼者，因人之情而为之节文，而为民坊者也。"是皆引申之义，言礼之不可无也。是故孔子曰："人而无礼则乱。"〔《诗·鄘风》"人而无礼，胡不遄死。"〕乱则失其正常，大则病其国，小则害其家，是之谓不治。所以说，礼是一种防乱之工具。

云南在距此之七百余年前，实居化外，盖无寸土入于中国版图也。虽然云南在蒙诏及段氏统治时，均是荟聚各个民族而成一独立小邦，一切典礼宪章，概取法于中夏。是虽居于化外，而于国是、国常、国容、国体上，无不有礼有则，又何可视为蛮貊之邦？夫上者能以仁义道德教养其民，下者能以中正诚敬处于世，此则彬彬然自有礼矣，便不在乎尚虚文重缛节。

云南自蒙、段而后，初入于元，继入于明，乃入于清，此而边远地处俱改土归流，于是中国之礼乐文章，无不洋溢于荒徼。化雨犹能润物，何况乎人！斯而三迤人民，无论为汉为夷，莫不崇重乎礼节，而尤以昆明人为最甚。

数十年前之昆明人，无论男女老少，与人相见时，不仅情意殷挚，而于言谈举止上，是必诚必敬，斯真敦重礼貌，深为余所心服者也。然闻诸前辈人言，在百年前，其礼貌之隆，尤甚于余之所见。虽然耳闻前辈人语我之情状，固详而且尽，究不若目睹之为亲切也。兹则就目所击者而一一写出，以见昆明人之极重礼貌。

人民之一个家庭，是国家之一份子，且是几千万个份子中之一个份子。礼教不能云产生于国，是产生于各个家庭，集之方成一礼教名邦。有论其国之国常、国是者，当看其各个家庭间之礼法如何。彼昆明人之家庭，诚一极有礼法之家庭。今就其形式上言，其在家庭之内，上若父母、若祖父母、更若叔伯婶母，中若弟兄姊妹以及妯娌等，彼此相处相聚，俱各守各之地位，各重各之名分。下于上则主敬，上于下则主慈，在平辈则互相推重，互相尊崇。在一举一动上，莫不守规矩而循礼法。顾卑幼之于尊长也，必早安晚候，出告返面。若属于平辈，其在早晚相见时，亦必照其各有之名分而称呼尊敬之。此在妇女方面而尤为讲究。有忽此者，共斥为野人，或斥为未受过条〔调〕教之人。

凡属过年过节及家有一切喜庆事，家中尊长必具香烛酒醴而拜天地、拜家神及拜祖先，卑幼随尊长拜讫，即向尊长称贺，平辈亦互相拜贺。是喜庆事则互相道喜。其最重视者，第一是过新年。过新年时，不特家庭间以是为重，即在社会上，亦无一人不以过新年为重也。

过新年时，家庭之庆祝自是应有之礼节，其迎春接福亦是习俗相成。而昆明人却重在敬神敬佛。一般年老者，除早起拜天地、接财神、拜祖先、受儿孙庆贺外，便着新衣、穿马褂，手捧香盒黄籛，出而四处进香，如城隍庙、莲华寺、火神庙、玉皇阁等处，无不香烟弥漫殿宇。进香之意何在？为祈求此一年中福荫也。中年以下男子，则穿靴戴帽，着袍褂，步行至亲戚朋友家拜年，入其门后，对长辈仍行大礼，平辈自是拜揖。行于路途，即遇有面交而无往来之人，亦必以一揖相贺，此种礼节，实强于他省人。顾在此新年之初二、三日，街前仆仆于拜年事者，诚比比皆是也。其所以然者，盖以此种往来实含有深义在。往昔之社会，任何一行业俱无休沐时日。一年三百六十日概属于劳动中，虽有亲友，亦不易云往来，故于新年息业之际，藉拜年而走动，既可以示崇敬，又足以叙交情，于是过去之疏落消除，将来之亲热又萌动矣。古人作兴拜年之用意如此，可谓假拜年而联络感情也，不亦善乎！后世人非之，殆不察其意之所在也。

除度新年外，年中又有三大节：一端午，二中秋，三冬至。此三个佳节，家庭间亦殊重视。尊长等之拜天神地祇与祖先，是一种应有之事体；卑幼辈之拜贺尊长，在家庭中之规矩礼性上，亦绝不能免除者也。有不举行此等礼节者，众必认为是一不守礼教，而蔑去九经五常之门庭也。故是时之社会上，不特于过年之礼节不敢轻忽，即于三大节上之一切礼节亦无人敢轻忽之也。然除端午、中秋、冬至节外，尚有一慎终追远之中元节，此则是各家为各家之祖先而设也，于亲朋无与焉。虽然亲朋往来，亦未尝不有施礼于祭台前者。至云各家接祖祭祖之情形，其诚敬处，余曾详述于《昆明之风俗习惯》篇内，兹不再及。

除此一些年节外，其表示礼节、崇重礼貌处尤多。如娶妇也，嫁女也，做寿也，儿女弥月、周岁也，开丧、出殡也，在此一些事体下，凡属于社会上之中等以上人家，举行到此一些事件，必发出若干柬帖，肆筵设席，大享宾客。届时，宾客必具贺仪而来，此则衣冠楚楚，济济盈门。主人揖客入座，敬酒敬肴，此则不止于招待情殷，其一举一动，都必以一礼字系之也。此真入而揖、出而揖、坐而揖、饮而揖，穆穆雍雍，必诚必敬，各终其事也。又岂若今之燕集，主则枭侈，宾则鸱张，豪〔毫〕无礼节之表示，毫无礼貌之讲求耶！然此是言其一切喜庆事也，而丧礼上犹较此郑重。

丧礼上之一切仪式，余于《〔往昔昆明人之〕风俗习惯》篇内已详言之矣。今只言当孝子者，因于诸多礼节，直不择地处而见人磕头，真痛苦极。从略而言，凡当孝子者，自报丧至出殡回灵，在亲戚多、交游广者，宾客自众，而又是独子承家，一人当大事，此一段时日中，磕头当在数千个，其不痛苦乎？此即由当时之社会崇重礼节耳。俗有“孝子的头不值钱，新姑爷的揖不值钱”之说，良不诬也。

又在一切喜事上，其礼节之隆重，亦是他省人之所不能及。如娶亲也，请客之柬，必须新姑爷自行递送，入其门，见其主人，是深深一揖而递交其柬，复以一揖敦请其全家光临。此真足以表现其请客之诚敬。往昔娶亲之家，都是请三日客，然在第三日，便多有不乐迭叨其酒食者，由是而新姑爷有早起往各处邀客之事。此亦是见人而施一揖，此之谓“新姑爷的揖不值钱”。嫁女者，则由女之弟兄子侄递送柬帖，着雇佣递送，便遭人议，谓其为“开假”，有不敬亲友之意在也。若做寿、治丧与弥月、周岁之酬客，在递送柬帖上，则无此种争论。争论者何？争其礼节，论其失去常法也。

夫吾人今日回忆往昔昆明人，既困于专制政体，又在未被文化之旧社会中，人人均能如此之懋懋休休，彬彬有礼，就当时之十九省而论，可谓云南实是一知礼之省分〔份〕也，不曰可贵乎？且也，是时之人，不仅于宾客往来地处酬酢燕乐之间，能若是注重礼节，讲求礼貌，即于平常行动上，亦未尝不若是注重礼节，讲求礼貌。其对于常相往来者，在礼节礼貌上固不少疏，即对于略知姓氏者，其礼节亦不至稍有疏忽也。如邻舍中人在午前相见，必点头招呼，或称大哥，或称呼大爹，并以“该〔给〕请了”三字问之。“该请了”三字，即你家曾否吃了饭之说也。因此，是时有人道此三字而使旁人发噱者。盖一入厕者与一出厕者相值，入者问于出者曰：“该请了？”出者曰：“吃了！”“你家该请了？”问，“还没有！”答。此故使人发噱也。但发此言辞之人是只知有礼节，而未计及彼此正出入于此厕所也。于此，尤足见昆明人于随一地处，俱不失乎礼节。

一般成年人之知礼，已如前述矣。若彼儿童，亦必遵循家教，有向私塾肄业者，入必揖于孔圣，及于先生，出亦必揖于先生，背书呈课，亦揖于先生。放学回家，必向祖先前一揖，父母前一揖。初一、十五拜圣讫，必向先生行大礼，于同学则互相一揖。吁！是时之昆明人，其男女老少乃如是敦重礼节，如是崇重礼貌，诚难得而可贵。虽曰繁文缛节，而终胜于野蛮行为也。此即置于今之文明时世，亦不得认为鄙陋，认为村俗，要不过以“礼节太多”一语相诮也。然今之人相见而一握手，相别一握手，在形式上亦五十步与百步之较也。

余述至此，复忆及是时之人对于敬奉祖先礼节，尤隆重于对人。昆明人凡是中等以上人家，神台侧必挂有一祭祀牌，标列曾祖考妣、祖考妣、显考显妣之生死祭日。遇到祭日，必烹肴治馔以供奉。此则陈列鸡鸭鱼肉者有焉，陈列豆腐小菜者有焉，是看各之家境如何，而烧籛化纸，奠酒奠茶，其诚敬则一也。此外则是七月半接祖，此一举动，家家户户俱是异常郑重，礼貌之隆，犹强过于供祀祖先祭日具有之礼貌，能加至数倍。其情景若何，余已详之于《〔往昔昆明人之〕风俗习惯》篇内，兹可不必再述。总之，昆明人之于七月半接祖一事，真诚敬到无以复加。《论语》云：“祭如在，祭神如神在。”此〔不〕惟孔子能之，而昆明人亦能之也。吁嗟乎！昆明人之奉祀祖先能如此诚敬，可谓能敬其事也。孔子语子路曰：“未能事人，焉能事鬼。”余谓往昔之昆明人是能事人而又能事鬼者也。所秉持者，惟一礼字耳。夫“人而无礼则乱”，乱象横生，一切大事便不堪入目矣。礼之为用大矣，治国安邦，亦持一礼字。往昔昆明人能秉持此一礼字而处世，所以昆明地方能于数十年内而无一乱事发生。以是，吾不敢厚非往昔之人。

往昔昆明人士之〔节日〕游乐

大凡生活水准低微之地处，其人民之生活，当然易谋，惟求豪富则大不易易，盖由得来菲薄，不易积成一钜数也。夫豪富，国人之所欲也，然在生活低、事业微之一般常人心目中，似豪富两字亦不多乐于享有也。不乐于豪富，则能安分守常，如是则近于知足。知足者常乐，彼百数十年前之昆明人士，即得到知足常乐四字，因而生活上竟发生了无穷的快愉。

本来是时之人民虽在帝制国家之领土内专制威权下，为人民者，若就理而论，似得不到何种自由。要知清代专制是专制于朝，不专制于野，为其臣仆者，自为威权所罩，为庶民百姓者，实另在一光天化日下。此又从何而取证？原以是时之人民，不为非作歹，不欠纳赋税，此而不受法律裁制，不被官厅追押者，均能保有财产，保有营业之自由，更有言论、著作刊行及结社、集会之自由。且有书信秘密之自由，居住迁徙之自由，更有出外贸易、出外游历之自由及信仰宗教之自由。此种种之自由，虽无明文规定，而享受者与赋与者，均相契于默默中也。云南原非化外，昆明人士亦当然有此种种之自由。彼城市居者是各尽其事，各务其业，既不干纪犯法，又不欠捐欠课，是于政教无关，对国事不问，直是一日出而作，日入而息，能击壤而歌之庶民，其乐也又何如。

夫以一人之身，除谋求衣、食、住三事而外，即无所事事，有则为课子弄孙之一些细事而已。其在得意忘情时，亦惟有出外寻欢取乐。且在是时，生活低而物价贱，一饮一啄，一穿一戴，俱花费有限，以是游山玩水不费多钱，听书看戏不费多钱，游会逛庙不费多钱，入酒馆进茶社亦不费多钱，即三朋四友入食馆而大嚼痛饮，亦无非花到五六百文铜钱耳，至于行动上，直是海阔天空，任鸢飞而鱼跃。以是一般囊橐稍欲者，无论其为士为商，而只要是一有兴致之人，无不是今日东游明日西逛，其兴味尤无穷无尽。此而云自由诚自由矣，然亦觉其太散漫也，不曰有病于事功耶！

昆明人之第一重大事件是在敬神佛，又动曰进香求佛。彼僧道等遂利用其心理，就其寺庙上而建道场会场，然不是藉此而敛香资，是藉此而光辉其地处，希图一些大檀越而有所施舍也。于是每年之正月初九日金殿有会，圆通寺亦有会。金殿之会开办三日，从初八到初十。届期，不止太和宫内闹热，即距金殿五六里之小坝亦极闹热，且悬祖师圣迹图于小坝之土主庙内，俾众观览。祖师殿上则谈洞经〔乐曲〕，锣鼓笙箫，如响于云际。在初九日，真满山皆人，吃食摊数达至百，诚是一盛会也。云圆通寺之会，则逊于金殿多矣。

正月十三、四、五等日，海源寺、正觉寺、玉皇阁俱有会，此三处以玉皇阁为最闹热。四乡之人以朝山进香为名，聚众至一百几十，既跳狮子，又跳杂技，是一起跟一起的跳舞入庙，或许有十多部分，人咸称之为狮子斗幡，然此是在正月十五日也。正觉寺则燃大香，烧大蜡烛，香粗逾吾人之臂，长可六七尺。烛则高至丈余，粗可及于吾人手之四五合围，要燃至四日，始云见跋。海源寺却无甚特殊情事，只不过有一大树玉兰花和一些红茶花开得茂盛耳，而游人亦复不少也。

二月初三，西门外之文昌宫有会，是在正殿上谈洞经三日或五日。在初三日，游人自是不少，男女杂沓，可认为是人耍人耳。同日，大普吉亦有会，往游者无非在其寺前喝几杯席子酒及吃些零碎饮食而归耳。

二月十九日是观音诞，因而海心亭有会。土主名摩诃迦罗，是观音化身，故城内之大土主庙、大普吉之土主庙、官渡之土主庙俱有会。其间则以官渡之土主会为最闹热，会是一连三日，既演戏而又奉土主出游。出游时，以偶像跨于一白毛牛背上，如是而游行于附近官渡之各个村中，游遍而散会。大普吉之土主会，亦是仿官渡而行。惟是二月十九日之土主会，多有妇女参加。所以然者，到会而求子也。

三月三日，各家各户都以荠菜花插于门上，不知何所取义，尤不知创始于何时何代？是日黑龙潭有会，西山有会。西山之会名张仙会，多是妇女们前往做会，因而求子也。

三月十五日，铁峰庵有会，称此为铁峰老祖之圣诞。所谓之铁峰老祖，是指殿上所奉之准提菩萨也。

三月二十三日，白马庙有会，此便沿及于大观楼。然在白马庙附近一带之河流边，却有若干的村童裸体伫立于岸上，见船载游客近前，即群起而高呼曰："丢！丢！丢！"丢者，是教游客以铜钱丢入水内，若辈则入河底而摸取之。果也，都将丢入水内之钱一一摸到手内，亦是一种趣事。

四月八日为释迦诞生日，各寺观内俱做太子会，而尤以尼姑庵为盛。此会是着重在洗太子一事。庵观中大都奉有一铜铸约七八寸高之太子像，是日则以檀香水和些糖枣汤而洗之。妇女们则争取此水而饮，谓能有子也，复挂功德少许，便得五子一包，回而藏于枕底，是至神至圣之物也，斯又不免近于愚。

五月端阳节，圆通寺有会，此是一个甚么会，却记不清楚，问于一班长于我者，亦不甚了然。但记得大雄殿前摆着花包子，有人在收功德〔捐献给寺院的钱物〕，祖师阁前在送饮糖茶。此在光绪十五年〔1889〕前是这样，十五年后却情形改变。是日，自四牌坊起至三牌坊止，此一大节街上则摆列各种各色花木，听人购买，名为花市，游人云集，复男女杂沓，而特来买花者亦不少也。

六月十九，城内之海心亭有会，滇池西畔之观音山有会。而一般佛门弟子谓二月十九是观音诞生日，故二月十九之观音会，少妇辈咸往求子。六月十九，云是观音漂南海之日，斯则重在敬香。但是海心亭一带之莲花盛开，于是游乐者与敬香者在一条柳阴路上，密集如过江之鲫。观音山以路程遥远，无论其为游乐之人、敬香之人都惮于行，以是观音山上之会，要不过能有数百人耳。

七月十五日，各寺庙俱做盂兰会。夜间，男僧们俱坐法台放焰口，妇女们多以锡锞纸籛、黑纱衣、度人经等往烧之，而一般男子亦借故而到会游乐。滇池上则有人乘船，一面诵往生咒，而一面放河灯，云超度水鬼也。一般斋公斋婆，手敲木鱼引磬，口中念着往生咒，而一面走，一面放路灯，云度路毙鬼魂也。此虽是一般佛门弟子应尽之事，究能存着一种道德观念也。而一般喜攻异端者，反就此而从游逐乐。

八月十五中秋节，群众莫不讲究食饼赏月，自是一乐。而食饼后都往街头吃碗羊血米线，此种习尚，诚近于怪诞。

八月十八日，近归化寺处之古幢庵有会，斯不过城中的人藉逛会为名，联朋侪三五，到此地处而一饱酒食也。

重九登高会是在圆通山巅，〔圆通〕寺内游人较少，登山者大都是席地而饮，谓为吃席子酒。所啖食物无非是瓜子、花生、火腿、卤鸡及一切卤味。卖煮品、卖煎炸品者则少。论此一日山上游人，可能至五千以上。在往昔时代之游乐，其人数亦云多矣。

九月十九日，海心亭有会，佛门弟子谓此为观音得道日，城中男女多走往寺内进香，而走往是处游乐者亦大不乏人。

九月二十八日，南天台有会，且演戏三日。此虽距城在五里以上，而喜乐游之人，亦不以此为远也。故尔会场上亦能聚集三五千人，半则站立于台前看戏，半则坐于草地上而吃席子酒。

此外，一年之中，各寺各庙都有些局度不十分大样的会事，或谈洞经，或演戏剧，都足以引动人前往敬香，前往游玩，此则如东天台、西天台、南岳庙、北岳庙、五显宫等处之会。若东岳庙之会，又与众不同。东岳庙于每年七月二十七而开办大会。届期，正殿前自是开台演戏，而一切配殿内又无不有道士、和尚、斋婆等各各的诵经礼忏。近庙门前之一条三元街上，则支满各种货摊，若卖鞋帽、卖尺头、卖针线、卖花样、卖杂货者，各在数十。在光绪辛卯年〔十七年，1891〕，余曾往游其会，见一切摊子是由万寿宫前摆起，不断的在街之两旁直摆至三元宫前，其数当在五六百。顾在一庙会上而有如此其多之摊贩营业，亦惟此一会耳。此一庙会是一连开办三日，而此三日内，城里的人或有一半到此而逛也。

论昆明之庵观寺庙办会，从表面上看，彼与会者又无不手提香烛、元宝，于神佛前而焚烧之，顶礼膜拜之，以致烟火弥空，钟鼓声闹，此可云是大众归依，不合云男女杂沓也。虽然，其敬神礼佛者亦未尽一心在是，彼少年男女之心意或亦兼有其他之注在也。惟是大体存具，在一切行动上，尚是厘然爽然。以是，大府中人对于妇女入庙烧香一事，竟弛而不禁，使一切的庙会，无论其局度之大小如何，都认为是人们的一些或大或小之游乐处也。

此外之行乐事，有藉斋醮而得者，如每年之二、三、四月间，各街各巷多分地段而做土地会、火醮会，各行各店又分别而做财神会，会必演剧酬神，街众则具备香资到会敬神。一人以四钱银或五六百文铜钱作会费，便尽一日之欢，有戏看，吃八大八小十二围碟之海参席，有包点，有席点，真便益〔宜〕极矣。若是儿童，尚只出半费。余在童年，曾去做过两次会。都是以三百文铜钱去吃两餐酒席，兼看一日之戏，今说来直无人相信。当街坊上做会之日，有不到会者，亦可站于台下，看一日之白戏。其他如都天会、地震会、三丰会、潘公会，则只有素八碗或荤八碗之饮啜，而无戏看也，然出会金亦不过二百文耳。

余所述之一切，要不过举是时之人士，藉此一些会场而聚集其行乐也。顾此一年之中，各街段行业所办之会，直过百数，因而一般讲究游乐者，转觉疲劳，于是有些会场竟不十分闹热。虽然，一班喜于游乐者终觉兴致不浅也。至论当时之士、农、工、商，在略具有身份、略具有地位者，似一月三十日，必有十五日在外游乐，且多入于醉乡。盖除会场外，尚有许多地处足以行乐也。此写六七十年前之情事也。然以此情此状与今人谈论，自有人曰："此则太散漫矣，了无可取之处焉。"哎！诚然诚然。

谈谈七十年前昆明之所有行业

云南省城，自同治八年〔1869〕省垣乱事平息后，跟着呈贡、晋宁、昆阳一带地处亦告肃清。不久间澄江又平，馆驿又下，已而迤西各郡又告恢复。一入到光绪初年，云南全省又成一承平时世。但一切地处俱经过二十年来的祸乱，是元气大伤，当然不能一时回复原状。即云省垣，虽能事事安定，而街道却残败，市井极萧条，屋庐半邱墟，人民实稀少。云商业，则够不上言发达，工业尤够不上言振兴，此则是大破坏后应有之景象。

其实地〔际〕上之景象若何，远者余未克目睹。能目击者，惟光绪十年〔1884〕后之一切景象耳。兹从略写出，以征是时之社会系由颓败而得到进展也。

当光绪十年〔1884〕，省垣人民犹不及十万，至光绪十五年〔1889〕后，始超过十万，逮至光绪二十年前后，始言省垣有十四五万丁口。一省会地处之烟户上，只不过如是，所有的工商业务，自可以想像。今就是时之市场而言，云繁盛则不能，云到供求两字尚无甚缺陷，似可以云事事物物都足以供一般人民之要求也。此从何取证？可于是时所有行业上证之。往昔昆明人有言："生易有七十二行，行行出状元。"然就曩日之社会观察，是又不止七十二行，而有三百五六十行也。时有此若干行道可做，因而富者与贫者都能各有生路可求，各能营谋各之衣食。人不受到饥寒，当然能安静度日。

余言是时在市面上营业者有三百五六十行，兹可依次而详述之。

时有缨帽铺；有靴鞋铺，是做绒、缎、布等靴鞋者；有皮鞋铺，是专做钉靴、水鞋及代人上皮底者；有绸缎铺、布铺、棉线铺、丝线黼；有绳带铺，此则售卖头绳、裹脚、褶裤带、鸡肠带等；有脂粉铺；有翠花铺，是专制妇女们头上所插之一切翠花与额上所戴之翠勒等物者；有纸绒花铺、棉絮铺、丝绦铺；又有银首饰铺，金首饰铺，此则兼卖金条、金页〔叶〕；有旧号铺，是专卖故衣，然不是十分陈旧之物，而是经人穿著过数次，能有六七成或八九成新者，此旧号铺又兼卖绫罗绸缎；新号铺则有三种：一种是专卖绸缎制成之女袄、褂、裙、裤，男袍、褂、衫、裤、腰带等，此却是新制成者，而亦兼卖次色绸缎。一种是售卖匹头，如哔叽、羽毛、小呢、洋布等，又卖蚊帐及装殓死人所用之衾被、湖绵等物，此亦兼卖次色绸缎。又一种是售卖羽毛、哔叽、绒呢、布匹等，而又专门代客制作一切铺垫、帷幔等项物事。此三种同称为新号铺；有皮草铺，是专制各种皮桶，然以狐皮桶为主，而亦兼制皮褥等；有衣领铺，是专制皮、绒、缎等硬领，供一般官员及士庶等著袍褂时之所用者；有京纱帕铺，纱帕是妇女们用以包头者，纱帕惟昆明属之官渡村人能制，然不及北京来者；有滇缎铺，按滇缎系滇中特产，坚结处实胜于一切绸缎，省城只有周滇缎家一家铺面售卖此物，而亦惟官渡村人能织。此与王衣领家同是独门生易；有红花染房，是以染朱红布为主，而亦兼染茶红、玉绿、春花等色布匹。是时染出之一切色布，不特鲜艳夺目，且历久而色不变，似往昔之染工较强于今日；有靛染房，是专以土靛染青蓝布者，其染出之色，在漂亮上固弱于他省，然亦耐洗也。

右〔上〕述二十余行，是关于一般男女老幼之穿着、装饰、佩带、垫盖上之一切事物，而有关于食用方面之一切物事，又当分述于下。

有关于食用方面之行业：有米粮店，米粮店之主要事体，是代客行销来路米粮，而己面又同时的囤积销售；有杂粮店，其性质和行为亦与米粮店同；有面铺，是专售灰面和切面者；有磨面房，是一方面替人磨面，一方面在制面出卖；有米线房，是专制米线而出售与人者；有糕饼铺、饺面馆、包子铺；有酒席馆、炒菜馆、蒸肉馆、牛肉馆、羊肉馆、烧鸭馆、甜浆馆、素饭馆、素酒馆；有甜食馆，此则有两种：一是卖蒸糕、藕粉、炒面者，一卖汤圆者。又有不开铺面而支摊于路口以卖甜酒鸡蛋、甜酒饵块者；有米线摊，是卖豆花、羊血、酱米线及螺蛳者；有松、瓜子摊，此则卖的小吃食甚多，而究以松子、瓜子、花生、炒豆为主也；有木瓜凉粉摊，所卖之食品亦是不少也；有红糖行；有冰糖、白糖、蜂蜜行；有茶叶行；有烟叶行；有素菜行、清油行、干果行，所称之干果行，却不是行销元眼、荔枝、枣子等物之地处，而是代客行销松瓜子、板栗、花生、酸饺〔角〕、嘘嘘果之地处；有盐店、酱园，酒房；有火腿铺；有豆腐铺；有油肉铺，此则是既支有肉案以卖油、肉，而又炼熟猪油来卖；有牛肉架子，往昔卖牛肉者是不支案桌，是挂于木架上卖，今仍本之；有猪肉案、羊肉案，同时又有背背箩、担挑子而卖猪肉者，羊肉担子尤属不少；有酱菜铺，此则兼卖干果、蜜食、素菜及一切相料；有干果铺，亦曰京果铺，此亦不以干果为主，而转以海味、干菜为主也；有酒铺，是专卖各种酒者；有茶馆，是支桌凳供人坐而品茗以消时日者，此则亦有几种区别：有以泉水、茶叶取胜于人者，是一般讲究喝茶之人，方步入于此。又有说评书于座右者，有念小说书者，更有打围鼓于其间者，则称为乱弹茶铺；有茶叶铺，是专卖茶叶者；有烟换芦茶铺，此则茶叶、烟叶、烟丝、槟榔俱卖，而又兑换银钱，昆明人则名为烟欢铺；有芙蓉铺，是卖生鸦片烟；熟烟铺，是将鸦片煮熟而零售与人；有潮烟庄，潮烟是由广东潮州运来，上色者为金兰烟，味颇香醶〔浓〕。是时人士多注重吸水烟。此两物行销极广，凡烟欢铺都有此卖；有黄烟铺，黄烟是用本地烟叶制成的一种切烟，一般年老人多喜吸此；有药材行；有汤药铺、丸药铺、膏药铺、草药铺、草药摊；又在是时，有许多食品是不开设铺面，只设肆而卖，如油饼，昆明人曰火烧，如锅魁，如卤牛肉及一切卤味等俱是如此；又有不设肆，但陈列其物于街之两旁而卖者，如大鱼、小鱼、泥鳅、鳇〔黄〕鳝、鸡、鸭、鸽、鸡蛋、鸭蛋、鸽蛋、乳饼、乳扇等类及一切蔬菜，各种豆腐等类；又有所谓菜床者，是聚集二三十种蔬菜和韭菜、芫荽、葱等，列成一个大摊子，居于街之两廊屋檐下而售卖。至于村人以挑箩担菜入市售卖，此当然排列其菜担于街之两旁；是时又有许多食品，是人肩担子穿街过巷而售卖者，此如索粉、挂面、火腿、窶窭鱼、鸡、鸡蛋、酱油、麸醋、臭豆腐、盐豆腐、包豆腐、豆芽等与卖黄烟、生姜者，盖是时卖姜者，多是新兴〔今玉溪〕、江川人，故与黄烟同卖；又有肩担子而卖丁丁糖、兰花糖及其他一切糖食，一切油炸甜食与甜稀饭、烧饵块、稀豆粉、豆腐脑、酱米线、莜凉粉、米凉粉、饺面担、腌菜担、松花糕、煎泡糕、盐卤豌豆、腌萝卜和腌橄榄；更有不挑担子而用背箩背着售卖者，如饵块、糍粑、米面粑粑。若是莜麦粑粑，仍担着来卖。若太平糕、米酥糕、莜饦、麻花、米花糖等，则端着盘子来卖。若鸭杂碎、鸡血、猪羊血等，则以器具提着来卖；又如村妇入城来卖之物，如煮荸荠、焖豌豆、山铃果、蝾〔蚂〕蚱、豆豉与一切菜鲊，及一般夷妇等所卖的杨梅、山梅子、火把果、米饭果、山樱桃、山槟榔、千针万线草等. 此俱是既背背而又手提，惟村妇卖谷花鱼则用木桶担卖；村妇在冬、腊、正、二月间，则专背豌豆尖入城售卖，三、四月间专背蚕豆角入城售卖，六、七月间则背、挑包谷入城售卖。此三种物品，当令时似城中的任何一条街上、一条巷内，无不有二三人或四五人，无不高声大叫的在咔〔喊〕着卖，此足征其出产丰富；村妇在过了农忙后，则又寻些物事来卖，如新铁豆、包谷花，或煮些苦刺花、马樱花，或洽〔掐〕些荠菜、鹅肠菜，捞些河虾来卖，亦是一些生财之道；有住近于山者，则入山采菌、采蕨入城售卖。凡入城时，门户则交付与一看家狗，回时，则喂猪、喂马、喂牛、喂鸡鸭，可谓勤劳不辍。因而城中的人，对于一切食物上得到充足的供助。

云到瓜菜，在是时，一年四季可能有百多种产物，大量的是青菜、白菜、南瓜，白、红、黄三种萝卜，此则不是肩挑马驮，直然用牛车拉来卖，其出产之盛可以想见；云到果实，亦在数十种，而产量最大者，惟桃与梨，若花红、李子、杏子、苹婆与夫莲藕、菱角等，出数究不十分多也；此外复有许多食物及一切的小口食，或属于糕饼类，或属于糖食类，或属于瓜果〔类〕、或属于蔬菜类，甚多甚多，尤不堪枚举也。故是时的居家户，无论其所居之地处是在街前，是在巷底，凡一般老幼之口头上及早晚两餐之汤菜上，都可坐于家中，听候一切肩挑背负之小商贩经过门前，不必走往市上取求。如油、肉、小菜、豆腐、鸡蛋、酱油、麸醋、米线、饺面、糕饼、糖食、水果、松瓜子等，是随时俱有人在叫卖，就是香油，亦有油担子到来。更如逢年过节时，端阳则有来卖粽叶者，中秋则有来卖栗子、毛豆者，过年则有卖米花团、了花、米干者。予取予求，真便利非常。兹所举者，已逾一百个行业，而犹未作细密分晰之也。

在制造一切应用物件与售卖一切应用物件上，其行业尤多。此则有银钱行、煎销铺、金箔铺、锡匠铺。锡匠铺是一面制造锡器，而又一面售卖锡器；红铜〔器〕铺是制造开水壶、煮锅、面盆、茶炊等物，而又一面在售卖此一些物件者；黄铜器铺是专卖铜灯、铜蜡台、铜供座、铜香炉和磬、锣、吒〔镲〕、钵、号筒等者；有白铜器铺，是卖帐钩、脸盆、手炉、水烟袋、旱烟袋斗以及笔架笔套、压字条等；又有一种特殊之铜匠铺，是专制烟枪井栏、烟灯火口、烟斗斗脚等事者；又有一种剉匠铺，主要是在剉烟签及其他铜铁器具；有铁匠铺，是一面支炉打铁，一面售卖铁器，如锄头、斧子、钉耙、镰刀、菜刀等；有钉铁铺，是卖铁钉、马掌、铁条、铁练〔链〕者；有铁锅铺，则卖铁锅、火盆、犁头及一切铸铁器具；有铸佛铺，是专铸神佛像及一切博古铜器；又另有一种铜器铺，是专铸铜钟、铜镜、铜铃、马镫及一切用铜熔铸之器；有玉石行，是专售玉石者；玉器铺，是专售一切佩带之珠玉物件及珊瑚、琥珀、玛瑙、玭硒等类所制之物品；有车玉铺，是代人琢磨玉手镯、玉戒指及簪子、耳环等类品物者；有雕玉行，此一行道的人是雕镌小型玉器，如雕小孩们帽上之五老三星，妇人们勒上之八宝蝙蝠；有象牙行，是专卖象牙；有象牙铺，是专卖一切象牙器具。在吹烟时代，象牙铺的生易最好，以牙烟盒、牙口底、牙烟袋杆、牙神手最能行销也；有雕牙行，此专雕一切象牙器具上花纹，图章上狮子，或烟盒上之狮虎或云蝠；有钟表铺、眼镜铺，此二者俱是代人修整及配件，而无货品出售者；有乌铜铺，是专制乌铜墨盒及一切乌铜用品；有镜庄铺，是卖镜箱、镜框及大小手镜等；有托盘、捧盒铺，皮箱铺；木匠铺则有五种：一制桌、椅、床、凳者，此则直名为木匠铺。一是专制匾对者，名为匾对铺。一是做镂花木器，如做祖先堂、神龛、佛座、灵盒及各种座子者，称为细花木匠铺。一是做木箱、木匣，如洋烟箱、点心匣、皮箱、木框等类事物者，名箱板铺。一是支车床旋杆〔擀〕面椎、磬锤、栏杆柱等类者，名旋匠铺。此外又有水车铺、牛车铺；有篾匠铺，是专编篱笆、笼箱及竹椅、竹凳者；有轿子铺，是专造轿子，卖竹轿杠者；有针铺、羊皮金铺；有灯笼铺、旗伞铺、油布铺、油纸铺、颜料铺；有油漆铺，此则是专卖油与漆者；有书铺、碑帖铺、佛经铺；有墨庄，是专制墨者；有笔铺，而又有湖南人提包裹卖笔墨者；有白纸行，有纸张铺；有土纸行，而又有背背土纸售卖者；有弓箭铺；有骑鞍铺，驮鞍铺，此二者一是制造骑鞍及一切精致辔镫，一是卖驮马之鞍缠、笼头、铃铛等；有黄丝行、棉花行、瓷器行，此而有磁器铺、磁碗担子及租碗铺；有细瓦盆铺，是卖宁州窑货者；有瓦盆铺及瓦盆挑子，是卖粗瓦器者；有油蜡铺、纸马铺、锡纸黄钱铺、锡箔铺、料香铺，此而有料香担子、干党香担子；有棺材馆、灵花铺、红轿行，此三者是婚丧上所需用者也；有麻油房、香油榨房、蜜食房、蒸笼箩筛铺；有牛羊皮行、麂皮铺、熟皮铺、牛角器铺、牛胶铺、皮条皮线铺；有印花布铺，是以青蓝布，用石灰和他种物料，印些花纹于其上，如垫单、被面、小孩衣服等类物品而售卖者；有京货铺、广杂货铺；有川丝杂铺，是卖丝绵辫子、丝绵带子及一切丝棉织品者；有川杂货铺，是卖梳篦、刀剪、钮子、料珠等类物品者，此而有货郎担、有提筐售卖川杂之小货郎，是皆贩卖此等等类类之川杂货也；有明角灯铺、马尾鬃铺、乐器铺、雀笼铺、石碑铺、喜盐铺、金花铺、斗笠铺、绳索铺；有炭铺，是专卖栗炭而兼代人称柴炭者；有名为小铺者，是卖点干炭、松毛、柴把、明子、土碗、篾筷、扫把、草刷、白泥、土碱等类物事者；有砖瓦铺、石灰铺；有石匠铺，此是卖石柱礅、石花礅、阶沿石及石条、石板与一切石块者；有石膏铺，此则由往昔石膏之销路极宽，故有专卖者；有直木行，是专卖梁柱楼板者；有煤炭铺、松香铺、火镰铺、火炮铺、戥称铺、烟枪铺、烟斗铺、大曲酒铺、黄酒铺；有南货铺，此是卖虾瓜、虾酱、卤腐、糟蛋、南枣、紫菜等物者；有毡帽铺，毡帽有多种，而以猪嘴毡帽、下力人所戴之碗毡帽为最时行。捍〔擀〕毡帽者，是马街子一带之人；有佛冠铺，此专售佛冠、僧道帽、法衣、袈裟等；又有一种铺户是售卖甑子、锅甑盖及灶上所用之一切物件，时无以名其行，但称之为甑子铺；此外有些物品，是不开铺设肆，只在居家制作售卖，如太面筋家、欧皮蛋家、何小鼓家、倪吹鸡家、李花脸家、烧围棋子之解家、卖黑药之某家、造神曲之某家、制半夏之某家、卖冻豆豉之某家，及卖粉膘、香糟、酒醋之某某等家，此俱是有独立性之一些营业；又有若干同是在家以油、糖、蜜、面制出之各种小口食，以竹、木、铜、铁、绸、棉、纸、泥等原料制出之各种应用物品及儿童们玩具，而自行出售于市面者，实甚多甚多；又有陈设摊子于黄〔皇〕河心旱街上售卖者，亦是行业广众，兹略举其生易最盛之数种而言，如卖小孩鞋帽、盖头者，卖绣花枕顶、背带、绷带等类者，卖挑花袖头、围腰头及挑花褶裤、飘带等类者，卖针和线者，卖各色尺头者，卖麻布麻线者，其他亦不必烦〔繁〕述也；在城内之大街小巷上，又有许多的京货客提着包裹，到大小门户内叫卖货物者，货色是脂粉、香皂、珠花绣货之类；又有广货客端盘提包而走往各街各巷之大小人户叫卖者，此则有几种人，有单卖肉桂者，有卖参卖丸药者，有卖妇女们所用物品者；有不上门叫卖，而只在街前售卖者，是卖算盘、尺子、天秤、戥子及一些不属于妇女们所用之物者；湖南客只提笔墨包而走入门户，江西客只担磁〔瓷〕器而走入门户，南货客则非大公馆、大行店不走入，川货客之穿街过巷而售卖货物者则多矣；生易大者是货郎担，生易小者是摇丁当、提纸匣而卖通草花、绒花者及摇丁当而卖棉绳、棉带、铜簪料珠者；若陈嘉定雕竹器于市，烧酒房之陶器于市，肩灯草席过街，肩油纸伞、携蚊刷扇子过街而卖者，犹为中等生易也。

云南外县出产之货物，有运进省来卖者，在一些特别产物上，只有大理石屏、通海酱油及通海黄烟和山楂糕、蜜梅子几种。又新兴裹脚、河西土布、澄江藕粉，此多是肩挑手提而卖。能设肆而售货者，只有通海酱油、大理石屏两种。而卖大理石者，尚兼搭着他种山货来卖。若武定方面，只有大割〔骟〕鸡和麻布、麻绳、底线及一些药品。元谋则出产干果多矣。富民惟产鸡蕠〔㙡〕。昆明城内当秋末冬初时，富民人之来卖腌鸡蕠者，日游于市者数十，亦云出产多矣。若木耳、香菌、梨窝、白生等物，是产于楚雄一带，进省则入素菜行，而无人游卖于市。至云昆明所属之远乡近村，村人于农事之余，取地面上之一些有生物，制而为器，售卖与城中人者，不知凡几。兹略举数种而言，如卖筲箕、甑箆、簸箕、筛子、提篮、烘笼、木瓢、饭勺、甑盖、草兜、篾围、草扇、草席、草绳、草鞋、棕索、棕刷、木凳、木椅、麻线、麻绳、高粱条〔箸〕帚、茅草条帚、竹条帚等类物品者。又有卖化香、皂角、降香、青皮香（杀苍蝇蚊子者）、木香子（杀臭虫者）等类物品者。是皆乡人们以农事余力，而向山中取求砍伐，或加上些手工力，携入城中，售与一般有所需要者。此而更有些村夫村妇，或栽种些花草，或往山间采摘些花木，如山茶花、山杜鹃花、芒种花、波罗花、马樱花、鸡冠花、木瓜花、良姜花、百合花、夜来香、木香花、桃花、梅花、梨花、菊花等，担之入城，作插瓶花卖。又有村妇则提筐而卖红阳茶、粉团花、玫瑰花、素馨花、金银花等，以供城中妇女簪戴。此则是略举而言之者也。若详举而言，不无太繁。虽然右〔上〕述一切，即系其纲要，亦在一百五十有余行业矣。

云凭技术而营业于市者，有写字铺，主要是代人书寿屏、寿对、喜联、挽联、贺对、街招等事，因而及于写春挥、写粉牌与一切细小字笔；有铁笔铺，是代人篆刻图章者；有画馆，是擅山水、人物、花卉、翎毛之画笔而为人画屏幅、扇面及一切物者；有传真馆，是为人描写真容者；有画匠铺，是图写神佛像者；有内科医馆，有外科医馆，有寄水取牙医馆，有牛马兽医馆，有卦馆、相馆；有选择合婚、地理、命理、阴阳生、掌礼生；有攒裱铺、刻字铺、租书铺、剃头铺、裁缝铺，斯则有一方面代人缝纫，一方面又自制汗衣、汗裤等出卖，是名为成衣铺；有裱纸盒者，有裱糊顶棚者、裱锡纸者、裱元宝者、刷金裱幡者、裹烛心者、做冥衣者、做冥鑀纸包袱者；有刷书匠、彩画匠、油漆匠、彩扎匠、上高匠、吹鼓手、大索行、漆材者、画写棺材头者；有厨子，有治素席者；有饽饽匠，有补锅匠、补碗匠，有塑匠，有绣花匠；有抄纸房、染纸房；有泥水匠、木匠，斯为建造房屋者；有雕刻匠，斯为雕刻檐柱窗格者；又有小炉匠，是代人捶打铁器者；有补锡家私者；有割〔骟〕鸡者、割狗者；有机房，是织布者；〔有〕碾房，是代人碾米者；有轿行，是备肩舆供人乘坐者；有磨刀剪者，有嵌烟斗风眼者，有凿蒙斗纸卖者、剉烟签卖者；又有携灵雀勘书算命者，持紫竹算命者；有在茶馆内说评书、念小说书、唱小曲、唱板凳戏者；有瞽目人拉胡琴过街为人算命，或背洋琴过街到人家户唱曲者；有唱灯影戏、木偶戏及猴戏者；有当街卖拳者；有当端公、师娘及祷告师者。此种种类类，是皆凭技能、气力而博取钱文者也。此外，还有些七大八小的营业，如棉絮被褥摊、旧衣服旧鞋帽摊、小古董摊。更有收买烟灰烟渣者，有收买旧衣败絮、破铜滥〔烂〕铁、旧书画者。有卖亮花、洋发竹者。有以松木刨成薄片，蘸硫磺于尖，名为发竹；以麦秸劈开，蘸硫磺于尖，名麦秸发竹；以黄花叶梗，揉以火药，名曰火草，同出售于市者。更有造铅粉、磨石粉、披灯心、晒荷叶而卖者。此一举又有九十余种，而尚有些不及备述者，是则可云有三百六十行也。是时社会上之行业，有如此之多，却不是商业繁荣、工业兴旺，是工商两界都属于散漫也。余笔此者，是写出往昔社会上之一切形色表现，亦可为研究社会学者之一助。

往昔昆明之琐屑风俗

往昔昆明之风俗习惯，余已言之于前。然是言其大概，于琐屑处尚无所述。若欲知旧社会上之情状若何，当从一切琐屑俗习上查看，即见其生活和现实生活所流露的真挚的思想趋向及其情感是如何。是则旧社会之一切情形毕露，其良与不良之处更易明白。

在旧社会上，昆明风俗，凡过新年，男妇老幼，各各都套上一件新衣及戴上顶新帽，穿双新鞋。青年妇女必髻上插朵鲜花或枝绒花，此则是城乡同样。在春正月的上九以前，男妇老幼等各各都有所娱乐。往昔的六七十年前，妇女们正困处于缠足挽髻时代，大不易云出门走动。因而在过新年时，只有在家里的青松毛上聚集十人八人，掷骰子赶老羊，或掷状元筹、升官图，或打狮子围，较老的则集数人而摸骨牌。男子们除游乐外，则集朋侪而打大字牌、打花湖，打石湖（按花湖是由骨牌变出，以纸作牌，印有天九、地八、人七、和五、梅花、长三、板凳等，每样各四张，求和的方法则有多种。石湖亦是以纸制成，印有饼、索、万及红花、老千，亦各四张，求和的方法与近世麻雀牌的打法近似。近世之麻雀牌即由此变成。又考花湖与石湖，在明朝即有，可云为是一种古代蒲摴〔樗蒲〕）。但是输赢不大，一个场合上，无非共有三五百文铜钱，诚然是在取乐也。小孩们得到押岁钱，便走往街上购买玩物，或买花炮放，或买小口食吃，夜晚则到三牌坊买灯。

孩子们爱买的玩物，第一是花小鼓，此物的销路极大。在光绪十年〔1884〕的前后，余家住在螃蟹巷，隔邻何姓专营小鼓业，咸称为何小鼓家。余见其家中有两间屋内，是花鼓堆满，且上逼于梁，此当不下一万几千面。又闻何姓人言："每年要销二几万货。我一家人做不出来，尚有某一家在做着，因昆阳、晋宁、宜良、呈贡等处都来趸货啊！"花小鼓是用一条寸许宽的薄木片围作圆框，蒙上一猪尿包，涂以胶粉，印上花纹，填些各色油胶，更以一木框箍紧，敲之亦冬冬有声。面径约及五寸，却只一面有皮蒙着，一面则无。每面只值三几十文铜钱，操此业者，相信其每面能赚十多文钱。然集少成多，或者每年亦能赚得百多二百两银。如是，此一家人即有食口五六，亦足以资其生活。是时又有一倪家，专做各种吹鸡出售于市，年中获利亦是不少，一般人称之为倪吹鸡家。此家人仗此一业，生活竟得到优裕。

往昔昆明在正月头，由四牌坊至三牌坊一段的街上，夜间是挤满了卖灯的人，各种各色的灯，不下五几十种。买灯的人也多，有时街道上直拥挤不通，可见其买卖之盛。最易销行之灯是小红灯笼，大约每一个孩子都得买一照。其次是各色的走马灯、花篮灯、鱼灯，各不下二几百照，而有人抬着在街前卖。此则年年如是，盖本着古昔上元观灯之义。扎灯卖者，在是时闻有十数家之多，都是上半年做纸灯笼，或扎风筝，下半年扎灯，而顾全一家人的全年生话。也有些挟有此种技术的人，在闲暇时扎十照八照特殊的灯，到过年时拎出来售卖。似此者实属不少，所以在过年时，能充满于市。然小孩们玩灯须得燃烛，但是时的牛油烛却滥贱极，五文钱可买一枝小烛，足燃半小时。因此各色各样的灯才得如此销行。这是当时社会上的一种情事，也是一种习俗。

昆明的男子最喜养雀鸟，此则不论青年与高年。第一是喜养叫"枝子花酒"的一种雀儿，此雀名曰偷仓，产于挨近东川一带的地处。当春而叫，每叫一声，能成四音，听之，是"枝子花酒"四字。更有能成五音，叫出"枝子一杯酒"五个字者，则尤为贵重。其叫出的声腔字眼，有出于天成者，有半由于生成，半由间习、感受、陶熔而成者。虽然，其唱出腔声终是一样。又有一种紫雀，亦产生于挨近东川一带地处，也能作如是叫、如是唱，但能唱"枝子花酒"

者较少，多半是唱“喜鹊花酒”或“贵妃醉酒”四字，或“枝子酒”三字。一般人则不以为贵。余往昔曾养二紫雀，一则唱“贵妃醉酒”四字，一则唱“新媳妇请杯酒”六字，听之逼真，一般养雀家都云鲜有所遇。此种雀子只能在东川以上一带及昆明附近地处生活，至他处则死，更甚于鸜鹆之不能逾河。

昆明人之蓄养“枝子花酒”，其诚敬处，犹强于对若祖若父。一早一晚，携雀露于草地上，是使雀吸嗯〔息〕新鲜空气。饮料必洁，粟食必润，天冷则下笼帏以御寒，天热则启笼帏以透风。雀的唱腔不爽，则饲以紫苏子。雀如高唱太过，便饮以洋参水。作如此的培养，无非望其开腔一唱，能得到大满于人意。但是畜养一雀，能培养到雀儿开口放腔，得到大众称赞，亦是大不易易的事。雀能一气唱叫到二三百声，而一腔不杂不乱，则可称为群众中之翘楚，便可携往某些地处之茶馆内充当雀教师。凡属唱腔不好的雀，其主人即闭笼下帏，携雀至有雀教师在之茶馆内，静听教师之腔调。挟雀教师来此上讲堂而授课者，则按照着茶桌上之碗头而收学习费，一碗茶加收一铜元或二铜元。一二百碗茶，得数当然不少，雀教师的身价自高。且有些雀教师的身价能值黄金十两八两，比一个阔老娶一个漂亮姨太的身价犹强。因而有许多畜养雀子的人，无不希望将自己的雀培养到得当教习，是则足以云发财。故尔，于雀的一食一宿上，无不十分注意。并且将畜养的器具来认真讲求。一个雕花饰牙的竹雀笼，能值三四十两。一对装食水的小瓷缸，能值十两八两，真算讲究极。在畜养上，热则罩以绸帏，冷则罩以湖绉棉帏。人与雀是刻不分离，入茶馆携入茶馆，入酒店携入酒店，入戏场则举笼高过于头。携雀入茶社，使雀当教师时，则左手举笼，右手叉腰，站立在茶社中，听任雀儿发声高唱，人之得意处，似北面王不足以易。可怪处是此种雀子的性格，每日必要高唱两次，早晨在太阳出时，入夜在上灯后。缘此，畜有雀教师的人，都是携着雀子到茶社内，着其上两次讲堂。夜间，茶社内是灯光灿烂，人则寂阒无声，只有不住的“枝子花酒”一腔入耳。此捧雀者则静数其声，数至二百声或三百声，便将黑色帏子放落，一闭其亮光，雀即不叫。此种雀儿惟云南有之，作如此养法的人，亦惟有昆明人。此种情事和其状态，是六七十年前旧社会上昆明地处特有的一种表现。养雀之事，最盛于光绪三十年前后。是时已用铜元矣。

至若一些拎着雀儿来到茶社，下帏闭笼，使笼中雀静听雀教师的唱腔的人，原不尽是无职无业，闲游浪荡的人。虽然亦有不少的人真是荒废了自己的职业，来作此不正当的勾当。似己之一雀，一经培养成功，即足以解决一生衣食，此不是痴，实是旧社会上的一种恶习。

昆明人除养"枝子花酒"外，还有养能唱"枝子花酒"的一种金翅，而也有养百灵、养叫天的，养绿豆雀、画眉、鹳鸽、秦吉了、鹦鹉、斑鸠、白洋雀和孔雀、白鹇、鹰鹞、茶花鸡的，更有养山麻雀、鹌鹑、斗鸡的。山麻雀昆明人呼为王短嘴，与鹌鹑、斗鸡都具有战斗性，人则畜此以争胜负而输赢钱财。若玩鹌鹑者又是不释手的在把握着雀子，此则是社会上一种极无聊赖之人。虽然，彼玩鹌鹑者究无病于时世，以玩之者少，在昆明地方只不过有几个人，所以无大害。若养鹦鹉、鹳鸽、秦吉了等，斯不过损耗些粮食，并不妨害人的事业，故不足议。惟养"枝子花酒"则多有所妨害，故尔，往昔的官府亦曾申禁令，认此为社会上的一种恶习，是将一人的精神工力，全寄于此一微物身上，是大不可的事。

记得六七十年前，四牌坊有一大茶铺，名为雀茶铺。逐日俱有十数个卖雀人坐在茶铺内，各携有二三个大笼及三五小笼，俱关着若干雀子在内待售。其中以所谓的偷仓最多，其次如所谓的紫雀、金翅、叫天、山麻雀、绿豆雀等亦属不少，合计其数，实不下五几百个。可见是时养雀人之盛，因而有这么多的人，捕这么多的雀来卖，买雀的人亦是络绎不绝的走来。因一切雀的底价不大，无非数十文一只，好与丑，碰各人的运气，但是能开腔叫者，就要讲几钱银子一只了。以有这末〔么〕多的雀子在茶铺内，于是卖雀食的、卖雀笼的也就来此兜生易，此一茶铺遂热闹已极。这些话，是述尽当年一般人酷好养雀之情形，亦写出当时一般人不务正业之情状，确实是旧社会上的一些不良处。

昆明人有女出嫁，一生下小孩，不论男女，后家〔娘家〕必得要送洗三礼。此一礼不送，不啻大犯王法。送礼固看后家的事业如何，上者，金的玉的什物及布匹、绸缎、鸡鸭、果子、红糖、鸡蛋等类，抬到三五抬盒去，见到者则夸一声“这份洗三礼办得体面”，可是后家的人力财力则损耗多矣。次者虽能在一切礼物的数量上减少一些，但着重的绷绷枕头、抱被、背带、帽子、鞋子与钉帽子的五老八仙，及项圈、手镯和毛衫、兜头等，都是缺一不可的。至若鸡也、肉也，都得要有个适当的数量，即贱至红糖，必要有十斤八斤，鸡蛋必要有百多个，方能使人认为是一份无甚缺欠的洗三礼物。此纵属于贫寒之户，金银玉器固可随意点缀，而抱被、枕头、毛衫等，仍是万不可不送的。是则糖必要有四合，鸡蛋要有六八十个，否则必受男家的三亲六戚作口头上的糟蹋。此种风俗，在昔时已有人腹议其非。今日思之，直是一种恶习俗，且是一种大不体贴人的事。此何以说？往见有不少的人家，逼得典当什物来制备礼物者。

做生日，开寿筵，博高年人之一乐，原无不合。而在世界承平之日，百凡食物价贱之时，家中偶有此一举，亦不甚伤弓损弦。况且是时开普通寿筵者，要不过用肉八碗以待客，复邀请亲友不多，只算是一个小小聚会，为社会上之一种交际应酬，为情感上的现实，余故不议其是非得失，只谈其情感上之表现。凡处到亲家礼道或姑舅、姊妹，彼此已年逾四十或五十，而又上无尊长，下已儿女成行，一届生辰，前云的一些亲戚必备礼物来送。所送之礼，大都是寿烛一对、寿香一盘及寿桃、寿面各一盘、猪肉一块，间有以鸡、以火腿、以炮竹送者，又为一种近于丰厚的礼物，然此都名为托盘礼，余则认此实惠而不费。论在社会上，人们于情谊方面，作往来应酬，是不合概行消除，一消除竟尽，便失去联系。此种应酬，可称为合理合法，不得斥之为非。至若大张筵席，开台演戏，为父为母做寿，或因本己生日，召亲朋来祝。届期则冠履云集，转使过生日的人闹到隐居秘室，不敢露面出头，得到个大不自由，是又为国中一班居高位，拥有巨财者的通病，此又不可独责于昆明人。

昆明妇女，几无一个不信佛信法。凡信佛信法者，当然敬信经忏，便认定讽〔诵〕经礼忏，不仅能消灾难，除罪恶，且能增福添寿，能求财得财，求喜得喜。于是有不少的妇女，以求清吉、求福寿、求子、求财，而邀请僧尼诵经拜忏。是则过生日、添丁口，替家中男子谋事求财，都在家里响动起法鼓、摇铃，敲起铜磬、木鱼来。所诵的经是金刚、药师、观音、弥陀等经，所礼之忏是大悲忏。按此种举动，本也花钱不多，而希望却大，且是一经做过此堂佛事，便觉心里时时安然，后来有无感应，则概不言提。又家中妇女有了身孕，做长辈的，必请人为之念《血盆经》若干卷，《三生解冤经》若干卷，求其分娩清吉。凡此都称念喜经，是十家人中必有七八家，在每年里至少也有一二次念喜经的举动。此何以见得？缘余在幼时，闻得某几位女僧尝对余母言，某日往某叫化丐头家诵经，其款待是如何如何。又在以替人洗衣度日之某大嫫家念经，经钱亦是照例的送给。据此可知，是时的昆明城内城外的人家户，念喜经是一种普遍皆然的事。又有因久不生子，则到莲华寺观音殿上求子，得子则到殿上挂匾、挂幡，甚至替观音换袍服，此亦必在殿上诵经。凡此种种的经事，一班女尼常有接应不暇之势。夫过生日、有喜事而不杀鸡宰鸭同恣口腹，转戒荤茹素，念经拜佛，亦是昆明人之好善。至若家有人口死亡，逢七念经，到五七则大打斋醮，犹是一种例外之事。昆明妇女之信佛信法也如此，故尔一年三百六十日，各尼庵内的女僧日日都有经事，因此能养活男女僧众至五六百人。不然，昆明城内外之一切庵、观、寺、庙，十中无一有租收，他们吃甚末〔什么〕？就靠望着念经啊！顾此虽属于迷信，亦是风气使然。

昆明妇女不特重佛法，又兼信鬼神。遇到人有病痛，或家不清吉，或谋事求财不遂，则走往较灵应的城隍庙内城隍座前求神许愿，或在庙内的白衣财神前许愿，或走往以灵应称著的土地前祷祝许愿。一至病者痊愈，家里祸患消除，所谋的事，所求的财都得到手，便不吝啬的去庙里了愿酬神。有余之家，于应备的三牲酒醴外，则雇一班戏，到庙里唱演一日。此则要城隍老爷方能有如此的享受。不演戏则上一匾于神殿前，以表扬神功。但在家事平常的，则不能如是，亦惟以三牲酒醴报答之而已。在白衣财神前许愿者，则十有七八只许以猪头三牲还愿，甚则许换一套纸袍帽，许到挂匾，为尽头一步。虽然当年白衣财神前之匾，已闹到挂到挂无地处。土地以高帝山的土地为最有灵应，其次为五华坊的土地，在此两处许愿者，都不过就猪头三牲上来说，后则实践其言。

昆明妇女之信鬼，亦不亚于信神。有男女老幼一作突然的头疼发热，便认为有鬼撞磕。先以鸡子一枚，扶置于镜上而占之，扶蛋的人口中则历数其所知之鬼与所知之神，数到某一鬼或某一神，鸡蛋即正立于镜上，是为占着，则烧纸钱〔钱〕、泼水饭而禳送之，然此是打发鬼去。如为某一邪神所撞磕，则必要到纸马铺内以三十六文买一堂神纸，并向肉案上乞讨指头大的一点猪肉，是名喜肉，并神纸花钱及黄白纸钱燃烧而禳送之。又有男妇老幼因精神短少，手脚酸软，时时都觉身体困乏异常，则认为是失魂落魄，即请人来燃松毛，踏门坎叫魂，此名“叫伴”。不效，则请人占之，大都是言应往涌泉寺、三姑娘庙、铁峰庵、西山的龙王庙等处招之，此仍称为“叫伴”。执行此等此类之事件者名“禳送妈”（禳，昆明人道作展），此一行人，在往昔昆明城内直有数十，又居然以此谋生活。可见当时的家家户户，一般妇女们，无不注重于这些事上，此可谓为由迷信而作成一种风气。

昆明人以敬信神佛，遂讲究到家里的佛桌神龛。观音像是任何一家都在敬奉，然多半是一轴绘像。彼讲究供奉神佛者，则供铜的神佛像。居家少奉上三教的神佛，奉有者只是一尊释迦佛。在讲供铜圣贤、铜菩萨者，都是奉中三教。中三教的神佛，是观音、文昌、祖师。除此三尊神外则惟关圣，或配以泥塑的魁星、财神、火神、土地等像。观音等像大者高近二尺，次者亦尺许。关圣像旁又立有周仓、关平，如是则神佛像摆满一神台。此虽不能家家如是，亦有多数人家是这样。有神佛像供着，当然有香炉、烛台、灯台、花瓶、净水碗等。是则古磁的古铜的花瓶，古铜的文王炉、葡萄炉，紫铜、黄铜的直耳三脚香炉，乃至有斑铜炉、宣德炉、康熙窑香炉等等宝贵之物。又有古铜的童子烛台、莲花烛台，望去真古香古色，盖此一些物品，有造自二三百年前者，甚有造自五六百年前者，工作极其精致，神像尤尊严极，确是往昔中国技术界上产出的一些可贵可宝，足以珍存之品物。今所述者，的是一个极其讲究的神龛佛案。次者亦必有三尊菩萨、两对黄铜烛台、三座寻常的铜香炉。即属苦寒人家，亦必有一轴观音像、一座香炉、一对烛台列于佛桌上。此诚是地方上之风气使然，亦足以表现此一家人的境况如何。所以在往昔一班浅于识见的妇女，在将女许配人时，必先到提亲者之家中一走，曰“看人家”。若是见其神桌上焕然灿然，便认定此是发财富贵者，女过门必得好日子过。因此，有好多人家故将神台陈设整齐，以炫看亲者之目，也是一种笑话。

昆明风俗从来敦厚纯朴，在七八十年前，讲身上的穿着，只有一些为官作宰的人，讲穿绸穿缎，甚至皮袍皮褂的穿在身上，若是土住的四民〔士农工商〕，就不敢这样的奢华了。无论士、农、工、商，都是布衣布裤、布鞋布袜，只有一顶瓜皮帽是缎子做的，腰间都缠根布腰带。不缠带者，只有一班酸秀士，若是工人、农人，直无一不缠，要穿绸穿缎，是去做大客，才从箱里取出。但是一件线绉马褂、一件贵州茧绸衫或一件川大绸衫，仿佛同老虎皮一样，套在身上，便取得吃人的资格，而且有好多人，身上所穿的缎马褂、绸衫子，都是结婚时制的，穿够二几十年，犹是件半新旧的衣服。有些家里殷实的青年人，遇亲友家有婚丧事前去帮忙，穿件湖绉衫，上面盖着件布衣，系条湖绉腰带，穿对湖绉套裤，就有人认此为“开假”，甚而有人当面诮之。可见是时昆明的风气，是重在俭朴。

妇女的穿着，在家里时却十分朴素，身上的衣裤，无非浆洗得干净洁白，虽然是布衣布裤，实显不出丝毫粗厉〔砺〕的形色。要必向亲戚家走动，才穿上件粉红、淡绿色或春花色的新布衣，穿对湖绉或彩缎的灯笼裤。然在走出街时，于红绿布袄上还罩上件蓝布袄，手上亦不过带对银手钏及对把镀金银戒指，此却是指一般青年妇女而言。若系中年及中年以上的妇人，是一律的扎了裤脚，穿件蓝布长袄上街。至云绸缎衣服，不惟平时居于家中无人敢着，即做寻常客事亦不敢着，要必去做大喜事客，才裙袄褂的穿着起来。此足见往昔的昆明在风气上，无论男女穿着，都是讲究朴实，不重奢华。

以前用来缝衣服的一切细材料，如线绉、宁绸、杭缎、杭纺、苏绉、线春等本好，不惟细软结实，永不变色，耐于穿着，而线春、纺绸等犹能频频洗濯，所以每一件绸绉衣服都能着十年八年。就是外洋输入来的哈喇、小呢、哔叽、羽毛等亦都耐穿，其中尤以大哈〔喇〕为最好。所以从前的人缝一件哈喇马褂或袍子，直穿到个父而子，子而孙。从前的一些衣服裁〔材〕料比现在的要好上十倍，哪似近来的衣服材料直同纸一样。此则于人民的经济，大有关系。

从前的男子们因事出街，天晴则戴一顶细篾帽，天雨则戴一油篾帽，撑一把油纸伞是为讲究，若撑把布洋伞是必要在社会上具有地位，具有身份的人。不然，便不能有如此的讲究。在雨水淋漓时，一般出街办事的人，则穿一双钉靴。路是石头路，因而满街都是夸沓、夸沓地响着。是时的夜里，街前的铺户十家有八家都关了铺门不做生易，因而街面上的灯亮极少。是时又无街灯，因而四处昏黑，行路的人则提一盏白纸糊的篾灯笼以照路，不然，则提一盏由外省输入的雀笼灯照路而行。

昆明人的饮食尤为节俭，早晚两餐，在中等人户和街面铺户，百中之九五都是以两炒一汤送饭。炒菜中虽不断尽肉食，亦只间或落点肉丝肉片，要必初二、十六打牙祭，方能认真吃肉。铺面上的饭食，是着徒弟们到家里拎，或到包饭处去拎。饭用细篾编就的一只饭兜来装，汤用一黄瓦罐装，两炒菜即放在此兜此罐上。这可以说，是时的当老板者，无一不充当过拎饭兜的人。有做比较大样的生易于市面上者，或行号，或店铺，其两餐饮食，则可等于豪门富户。虽然，亦不过多有两味炒菜，多有点肉丝肉片落于炒菜中，要多吃肉，仍要到初二、十六两日。此种节俭风气，是举城皆同。

昆明的房屋，不仅于回乱后城内城外无一高楼大厦，无甚画栋雕梁，据前辈人言，即在嘉庆、道光年间承平时代，城外城内亦无人筑大厦，建高楼。俗认西山倒石头处有煞，房屋高则引煞，以是建楼者，中柱都不过高至丈八八，平房中柱只高及丈三。檐梁屋柱亦只加以油漆，若金漆雕刻则无。是时，诸凡工钱俱贱，所以建一间楼房只需五十两银，盖无藻饰，故花费不大。缘何如此？以是时的居民都不重浮华，任何一人在建筑房屋上，俱不肯矜奇标异，此亦由风气使然。

在七八十年前，昆明地方一般妇女们的妆饰真土极、俗极、重笨极、累赘极而又特殊极。高鬏鬏〔即高髻〕而大燕尾，看之已觉异样，然在是时，彼也是如此，此也亦是如此，人以见惯不惊，且认为是一种极其艳丽之妆扮，实则恶甚。一般少妇去做大客时，直戴得珠翠满头，便如余所批评的重笨极、累赘极。一个高鬏鬏上，复套上一个长至五六寸的马尾鬏，鬏旁插一对长约四寸、阔近寸半、重至三四两，是银底板、镀金点翠的大宝石花。此对花，可值十多二十两银。鬏头插一枝前宝花，圆径及寸半，鬏尾插一枝后宝花，形则较小。斯而插上一枝大挖耳及若干枝玉茉莉果针、若干枝绒花，再连上簪子、绾针等，真是金玉珠翠满头，计其重量，虽无半斤，而亦有五六两。前面勒子上，亦是金玉珠翠钉满勒子边，复钉上七只或九只衔珠的翠凤，丁丁当当的坠于额前。其像状也，不让于沪上花旦之扮樊梨花、穆桂英，饰得珠花满头，炫耀人目。又往昔的金银首饰，是无一不重笨。一对金耳环重至五钱，加上一对玉连环，其重也可想而知，真亏是时的妇女消受。

青年妇女去做大客，不只头上要作特殊的妆饰，身上脚下都得要认真地收拾，穿袄、穿褂、穿裙，是有关于礼仪，缺乏便不成事体，此即做到如何整齐，都不为过分。惟衣服上的一些佩带，既村俗而又粗恶，怀镜啊、大银香包啊、大银三丝啊挂满于胸前。而是时的女衣服是非常的宽大，袖宽到一尺三四，长则二尺三四，这一套裙袄褂穿在身，已闹到个大不自然，而况是一双小脚，穿上跻底鞋，还要将褶裤、丝带、飘带等一一扎上，因而把一个好好的人，弄得扭扭捏捏。这种形色，当时则认为美好，若在今日，恐要当作把戏看。

今人谈到往昔的妇女受压迫、受折磨，都归罪于丈夫，实则不然，家庭专制，是一种传统性，不自一代作成。妇女们之受压迫、受折磨，亦是代代相承，男子们之压迫折磨妇人，不是普遍的，是个别的。昆明人是以公公婆婆两个名词代替翁姑两字。婆婆之压迫磨折媳〔妇〕，是普遍的，是历代相承，而无一代有所变更的。似一个女界中，都认为婆婆之待媳妇是应当如此。所以在往昔，有婆婆虐毒媳妇者，亦无多人非之。今不言其虐毒，只言其平日之压迫与磨折，而又只言此中之一小点。做媳妇的要回转后家去住在二三日，必得要有后家的人来接，且要在婆婆前，通过来人的善咐〔云南方言，说好话、请求之意〕，方能料理回家。临行时，必要在祖先前磕头，在公公婆婆前磕头，方得走出大门。�回家，亦是要照样的磕头。男子们遵行古礼，出告返面，亦无稽首载拜之事。姑之视媳，何卑贱至是！又媳妇随着婆婆去做大客，在坐席时，必要在婆婆面前磕一个头，才敢去就坐，此种规矩礼性，那九重天子也不过是这样。然尚有诸多备尽压迫、备尽折磨的事，亦难枚举，今于此一斑，可窥全豹。

昆明妇女讲求财、求喜、求清吉，除了诵经礼忏，向寺庙内的神圣前，以三牲许愿，或许挂灯、挂彩、挂匾、唱戏还愿外，则讲许愿说书。说书，是请瞎先生们来说《香山传》《祖师传》《火轮传》《蟠桃传》等，其间则以说《香山传》者为多。一部《香山传》，要讲个半月，才能封坛了事。此种用费共要二三十两，妇女辈亦甘心愿意输出。《香山传》是讲观自在菩萨的历史事迹。可是那作《香山传》者不知是个何种样的人，书里说得个不伦不类，也只合那些无知无识的妇女去听。但在是时，许说香山、祖师等传者颇多，一城之中，同时能有五六处在说，此固风盛于数十年前，然在今日，此种风气仍是流行着。

往昔儿女们的婚姻，是全由父母包办，儿女们是不能自选自择。不能于自选自择之故，亦不是因父母硬要行使压力来包办儿女的婚姻，而是受了当时环境的压迫，世道风俗的逼促，乃强出头来包办儿女的婚姻事。盖由往昔的闺中女子，百中之百都不能向外行动，而亦无一事故要使闺中女子出外走动。以是一些及年的女子，无不是坐守于闺中。是则眼中所见的男子，亦惟家里的叔伯弟兄子侄及姑舅姨表家中的叔伯弟兄子侄。再其次，即门左门右的某大爹某大哥等。即许她去选去择，她又从何处去选择？因而逼着父母来包办。若再不出头来包办，自己的女儿必会老死于闺中，此是就女子方面来说。若从男子方面来言，凡属中等以上一切人家的子弟，一到了成年时，孰不欲娶一良好之妇？虽闻得某家的女子美丽端庄而又有才，但是彼在闺中深藏，其人的脸是尖是圆，无由得见；要想到彼家中与彼相见一面，是为社会上所不容，礼法上所不许。此也既寤寐求之而不得，亦惟有将婚姻事委之于父母。父母于儿女婚事，原不乐于包办，但不承认着来包办，儿女辈之婚姻则难于成就。有儿子者，长久娶不得一个媳妇进门，势必至使自己的儿子去嫖院。此为父母者，于嫁女娶媳上，因而有一切包办之事。由斯而论，儿女们的婚姻得不到自主者，却不是父母将其主权夺去，特创一个一切包办的局势，实由往昔的社会过于沉闷，风气过于固闭，以致一般青年男女于婚姻上得不到一点自选自决之权。噫！即以全权与之，亦无从行使其权力。此何以故？因男女们尚未谈到社交公开，男子们是不能与女子们相亲相近，女之于男亦如是。试问此种自选自择自主自决之权，能不能行使出来？所以说，包办儿女婚姻，不合完全归罪于父母，总说父母的不是。唉！实由社会风俗所促成啊！

昆明人之处世，无论男女，于一切行为上是无不拘泥。但是一切行为虽然拘泥，而于亲友邻舍的各方面，尚能相助相扶。如，此一家人有喜事，或不幸而有丧事，亲戚邻舍中的妇女便来补助其内，男子们亦来到外面帮忙，支应一切。最显著的是在喜事、丧事上，迎宾待客时，凡递烟、递茶、支桌、抹椅、上酒、上菜，一切事都是亲戚邻舍中的子弟来做。此则家家如是，事后亦无所酬劳，要不过饷以酒食。这一切的行为，在往昔虽无人将互助两字从口中提出，但互助两字的精神，已于是时在这些事实上成了实现。

在往昔的旧社会上，一班未成年的小儿女，于读书习字外，亦有适当的娱乐，如跳黄牛、跳海牌、放响篾、打抛球、踢键〔毽〕子、打铁环，或者以钱撞钟、以钱丢坑、以钱杀魁。又有近于文艺者，是下老和尚棋、下三三棋等，此亦可以说是游艺运动。在女孩子方面，亦有踢键子、打跌落、放响篁〔篾〕者，但跳小黄牛却不能。然群坐而唱古歌谣，则有一极堪意味者在，是“张打铁，李打铁，打把剪子送姐姐。姐姐留我歇，我不歇，我要去张家楼上去打铁。打到正月正，狮子闹龙灯。打到二月二，龙抬头。打到三月三，荠菜花献牡丹。打到四月四，四个铜钱料个事。打到五月五，五只龙船敲花鼓。打到六月六，家家门前晒红绿。打到七月七，七个果子甜如蜜。打到八月八，八砑〔牙〕西瓜献月牙。打到九月九，九朵菊花泡烧酒。打到十月十，十个老鼠出来偷屎吃。”此则是言张献中、李自成以兵祸国，结果是将整个中国送与女真，于是而有后来之一切太平景象耳。此可云是一最有关系之歌谣。

昆明妇女比较年老点的，则讲究吃斋把素。吃初一、十五者，曰吃花斋；吃初三、十三、二十三者，曰吃灶斋；吃初九、十九、二十九者，曰吃观音斋。又有吃十斋者，每月则吃十天；又有遇诸佛诞日及本己生日，都吃一天斋者。又青年妇女们则有许吃血盆斋三年或五年者。此都是往昔社会上的一种常情，而且是户户家家都能有者。

右〔上〕述各节，都为往昔的社会上长久流行着的一些风俗。然旧日的习俗见于一切事体上者甚多甚多，诚不易于遍举，今节其要而揭出此十数端，以明旧社会之真象。其间则有好有丑，不得概斥之以鄙陋恶劣。是善者合称美，不善者合鄙弃，方为合法。然在今日，也还有许多风气仍未扫除竟尽，尚存留于新社会上者。噫！其善者留之，其不善者，必将有消除竟尽之一日。

昆明人抬菩萨求雨

云南气候与他省不同，雨水之早迟亦与他省差异。照滇中之雨泽而论，年成顺者，于小满节后有雨，若在芒种后则为迟矣，到夏至后则为迟之又迟。故云南人种谷，以得栽小满秧为最满欲望，在芒种内或夏至内之栽插，将来之收成，则逊于小满节内所栽者也，假到小暑内始有雨水栽秧，则无丰收之可望矣。故昆明农村中有俗谚曰："小满雨滔滔，芒种似火烧，夏至如瓢浇。""小满雨滔滔"者，言雨水不断，得乘时栽插也。"芒种似火烧"者，言栽插后得有烈日烘照，则地气暖和，禾苗易于生发也。"夏至如瓢浇"者，言禾苗既旺，须望雨泽而加添田水，禾苗自易抽穗也。此则是言天时之顺而有如斯景象也。

又谚语有云："小暑栽秧不用薅，大暑栽秧不用刀。"此言小暑内所栽之秧苗，值不得花费人工去薅草也。其在大暑内栽者，直无希望可言，将来收获，可勿劳持镰去割谷也。以是小满后无雨，农人则日日盼之望之。芒种后无雨，农人则祈之祷之。夏至后无雨，则灾象成矣。民以食为天，农以谷为宝，群众之生命所系，废其种植，可乎其不可乎？以是有求雨之事。

省中大吏，无一不是端起饭碗而图果腹者，自是关心民瘼也，即使此真忱非其所具，亦必弄虚玄以饰其外。故一至芒种无雨，大府即禁屠宰矣，打斋醮矣，龙王庙拈香矣，南城上画龙矣。饬昆明县持督部堂和抚部院封条，将风碑放倒而以封条封之，将雨碑竖起而以香烛敬之，甚而将南门关闭。彼官吏作于上，小民兴于下，于是城内城外发动求雨之事。

先由各街各巷的一些未成年儿童，或三四十成群，或五六十结队，各持香一炷，沿街高唱曰："小小童子苦衷哀，洒〔撒〕下秧苗不得栽，求祈老天下大雨，乌风暴雨一齐来。"唱讫此偈，便有人呼跪，即一齐跪下，起而又高唱。如是之众，城里城外当不下一二十个组合。童子出而求雨后，〔街〕坊〔民〕众等便跟着组织坛场，抬菩萨出而祈求天降甘霖。此则是各街各巷作个别之组织，各条街抬各条街之菩萨出游于街上。

抬菩萨偶像出而求雨，是昆明特有之风俗也。组织求雨事时，凡大小街道之住家铺户，俱分段集合。如马市口至三牌坊为一段，三牌坊至南门口又为一段，属于此一段之居民，即成立一会于段内之名胜寺庙，属于彼一段者亦若是。会场成立，便设坛诵经，另一班人即抬菩萨偶像出游。所抬之偶像，或抬此一寺庙中所有者，或抬某一人家户所供奉者，都有定例也。凡与会者，俱各出功德银若干，然亦不多，无非三五钱银或五六百文铜钱耳。出过功德者，得早晚在会中啖素食，夜间复在会中夜餐，是一日有三餐饭食也。

城内城外之街道，约在七八十条。在人烟稠密者约两条街成立一会，烟户少者以三四条街成立一会。每户须出一人，如无丁男参加者，挂功德少许而已。其会中人数，多者三四百，少者亦有百余人。抬菩萨出游之情形得略述于下：

抬寺庙内之神佛像，却不论其法身之大小，总以能迁移、能抬动者为主。故有抬一神佛像，有用至三十六〔二〕人者，有用二十四人、用十六人者，最次亦必以八人抬之。盖神佛像前，陈有香炉、烛台、镜瓶等事。而一班肩此重任之人，肩头上都未受惯压力，因而一具有百斤上下之物事，必要用到八人担抬。

各段迎请出游之神佛，大都遵照历来之规定，如马市口至三牌坊一段则抬张三丰；三牌坊至南门口一段则抬王灵官；土主庙街与城隍庙街一段则抬土主即摩诃伽南神；南城外之三市街及金马、碧鸡两坊间则抬羊神，羊神为二十八宿中鬼宿；东寺街则抬李天王；大西门外则抬雷祖，雷祖法身至巨，须以三十二人抬之。抬一切神佛像出游时，神前则导以仪仗，与于游行者各持香三炷，或擎一绸绉伞盖，都列队而行，约计二三十人内，必有一年长者，手执规板以警众，其气象至严肃也。凡持香与执戒规者，口中俱理法号：抬观音者，即理观音号；抬关圣者，即理关圣号；抬文昌者，理文昌号。所谓“号”者，即长约百余字或逾二百字之一篇特制文字也。“理号”者，是高声朗诵，一字一字徐吐之，然有音节，颇怡听者之耳。每诵讫一遍，司礼者击铜磬一声，呼曰跪，群众即跪落于地。少选，启诵二遍，始起立而行。其礼仪如此，由敬重天神也。凡抬神佛像出游者，必是日间一次、夜间一次，出则由东而西，由南而北，于三日内，必将城内外街道游遍，始云完事。

假在此数日内仍无雨泽，又复起坛场，谓为“二叩天恩”。二次举行，则人人着白汗衣，散裤麻鞋，呈露自贬自责之意。若再无雨泽，则有“三叩天恩”之事举行焉。是则各披其发，各跣其足，用示惨切，理号以悲声发出。如在此祈求时间出游而遇雨，路途泥泞，仍一一如式。或冒雨而行，或入泥而跪，亦绝不闪避。且曰：今日得雨，是吾党诚恪，上格于天也。此等俗事，自表面观察，有近于游戏，然从实地上讲求，亦是城市居民对于农村方面之一种热忱也。夫田土是农人之产业也，种植乃农人之事务，得谷不得谷，尤属于农人方面，于城中居民无与也。天旱不得栽种，是农人遭受困厄，农不自谋解除困厄之术，彼城市居民转出而代庖，其非城市居民热衷于农事乎？非然者，尔为尔，我为我，此农人事也，我何必作如是之岌岌惶惶哉！即闹饥荒，城中自有仓储焉！城中居民未见其直饥饿而死耳。夫如是也，城市居民与乡村农人其情感又如何也！孰意一甲子方周，村中农人即与城市居民大反面目，直视城市居民如寇盗，亦不思之甚。此固居于例外之言，然以追述往事而略有此一言耳。

虽然，在是时之出而求雨者亦多有可议之处也。在冷僻街道之组织，神佛像前却无甚铺张点缀，但具虔诚以敬其事。而在繁盛街道，则加增许多色彩焉，白昼出游则旗伞鲜明，夜间出游则灯烛辉煌。而抬神像之一班青年子弟尤重穿着，一色白衣蓝裤，复以色绉束腰，表示其漂亮。此等行径殊属庸俗，而其间之最可笑者，莫如抢杠与让道事，让道尚近乎情，惟抢杠则近于儿戏矣。缘是时之抬菩萨求雨者，大都彼由此来，此从彼去，往复回环，遍历街道而已。有迎王灵官、张三丰、吕纯阳、李天王、羊神者，在游行中而与迎关圣、观音、雷祖、北帝者相遇，则认为关圣、观音等之果位大，灵官、天王等之果位小，不能相对相值，应趋而避让。是则择路闪开，或将果位小之神像暂停路侧，听来者过毕，然后起行，此之谓让道。事虽近于做作，然亦有理可循。惟抬天王与抬羊神者相见，则必争道而行。于是互不相让，互相争竞，终至扰扰纷纷，冲突而过，此谓之抢杠。抢杠则有雨，有时亦小有应验也。夫如此者，以天王与羊神极其不睦，不可以相见，见则争斗，斗则有雨，此真是一种神话也。惟天王与羊神不睦之说，则不知其所自也，或曰仍是一种东郭野语也。

如上所述，自是帝制时代之一种迷信事。究而思维，事虽属于迷信，终是一片仁爱心肠，为人求谋，代人牺牲，而为人好也。举此而与今之乐祸幸灾者相较，诚高出万丈。

余之笔此，则有人曰："斯为旧社会之一种恶俗也，笔之何为？"余曰："否否。"旧社会之一切情事若何，今人亦宜知之。考古学家搜求金石，是欲知古人于事功上之表著也；读三坟五典，是欲知古昔时代政教之得失也；惟是二帝三王时社会上之情状若何则无书可读，故人不得而知也。今言原始社会情状者，是一种推测想象，未必即如是也。是则前百数十年社会上之情状，若无人纪而出之，异日，无非与二帝三王时之社会上情状作同样之推测想象也。因而不避琐屑两字，写而出之，以见过去时代之社会是如此，大有异于今之社会也。

卷　五

昆明之回族人求雨

回教人出而求雨，是一种自动的行为，而亦是一种爱好于农人之行为。其间虽受着汉人们之一些鼓动，却未受到丝毫牵制，故曰是自动的行为。

回教人求雨又不尽属于迷信，而半以格致学参之。认定云行雨施，实操于龙，龙潜水底，得以法致之。龙属木而恶金克，是五行家之所公认，乃制铜牌，插于水底之龙洞前，激动潜龙，迫令出而兴云布雨，回教人求雨之理如是也。

省垣回族自是不少，俟汉人二叩天恩而无雨下，回教人则出动。于是择属龙日或五行上属木之日，或二十八宿上之亢日，大集回教信徒于城南清真寺内，就礼拜堂上诵《天经》一卷，然后集队出发。所用铜牌，则委于一深识水性者背之而行，是人必须明悉各龙潭之出水处，一般人所称之龙洞者，此诚不易选之良材，省垣之回族中，亦无几人也。出而往黑龙潭插牌，是历来的规律。往插牌时，随行之众约在数百，而人人俱是身着白衣，缠白头，各持香一炷，且各具极其沉静之姿貌，秉极度的信心，各各俯首而行。是则不似汉人们求雨之张狂，路旁观众亦恒为之起敬。

结队偕行时，阿烘〔訇。阿訇，波斯文音译，一作“阿洪”，“阿衡”〕等与背铜牌者，则殿于后。如往黑龙潭插牌，大众便由城南清真寺，徒步至黑龙潭前。抵达潭边，即排队而立，阿烘取铜牌而祝之。祝讫，令负责者背牌，泅入水底，插其牌于出水洞口。插牌者将牌插妥，随于水底捞取一活物而浮身出水。捞取之物则不论为鱼为虾，都置之于净瓶中，以亭迎之而归。归时仍结队而行，规模亦如去时，净瓶则供于礼拜堂中。

数日内得雨，阿烘〔訇〕复集众，偕插牌者至是处，着其入水，将牌取回。置于净瓶中之生物即纵之入水，方为毕事。若在黑龙潭插牌不效，得另以一牌插于他一龙潭内，如海源龙潭、墨雨龙潭等是。牌之来历，据回教中人语我，在清代康熙年间，回教中有一姓保者，叶榆人也，就苍山上修练道术约三几十年，遂能呼风唤雨，乃咒铜牌二，复加以符箓，寄来昆明，为祈求雨泽之用。两牌俱存于南门内清真寺中。光绪朝之某一年，回教人往海源寺畔之龙潭插牌求雨，插牌者竟丧身于水中，铜牌亦失，今清真寺中只留有一牌。

谈谈科岁两考之情形

有清沿明代制度，以科举取士。取士作四级考试：第一级曰科岁考，以郡县文童应试，考入选者，名曰秀才。但秀才两字，不施于公牍文件，只曰附生，自称曰生员，人则称之为秀才。科岁两考，由省提督学使按期举行。各省之提督学使，咸尊称之曰学台。在直隶、江苏、江西、浙江、安徽、山东、广东等省，为人文荟萃地，其提督学使，朝廷多简翰林院侍读、侍讲学士或詹事府内所置之五品以上职官出任，甚而或简各部侍郎、内阁学士、国子监祭酒等出任。盖此辈官员，都是由翰林而荐升至此者。若仅属进士、举人，则不获升至此等此类之官职也。至若山西、陕西、甘肃、新疆、广西、云南、贵州等边地省份，以文化较低，大都以翰苑编修、检讨等出任提督学使事。提督学使一任三年，执行科岁两考事务。科考是在子、午、卯、酉乡试之上一年，岁考则在乡试之次一年。科岁两考时，各郡县之文童不必到省赴考，是就省外考棚应考。兹就云南而言，三迤均有考场，是则名为考棚。考棚有定处，如迤西方面，楚雄、大理、景东、永昌〔今保山〕等郡均有考棚。考时，以某几郡、某几邑之文童，赴某处考棚就考，是有定制，不能逾越此而向他处投考也。例如大理考棚，只考大理七属、丽江五属及蒙化〔今巍山〕、弥渡两郡之文童。若顺宁〔今凤庆〕、云州〔今云县〕、缅宁〔今临沧〕等郡，又须就景东考棚考试。有此分划，有此规定，故文童等应试，亦能节省跋涉。缘此督学使出省考试，称曰“学台出棚”。

凡考秀才，须先从本州本县考起，曰过州考、过县考。此州考、县考事，唯州牧、县令是任。州县考俱是考以五场，隔日考一场，以十日考毕。每场俱是四书题，作八股文两篇，五言六韵试帖诗一首，当日交卷出场。每场俱出榜列名，其间则渐次淘汰。至末了一场，或许留得二之一或三之一的人得列名于榜上。县考后，凡榜上有名者都得投府考。府考曰郡考，此则属于府者就府城应试，属于直隶州者就州城应试，故曰郡考。郡考与县考同，考试事由府守或直州牧主持。惟在府县考时，至第四场，府县官则待文童以点心，是两〔个〕包子、一碗面，第五场则款以肉八碗之酒席，故一般文童都以得吃酒席为幸。府考入选，府守以入选人名册报学院，学署有案，方许应学院之试。

学院在学棚考试，曰院考。院考只考两场，头场仍是两文一诗，与府县考同。二场则略有分别，凡能作经史文字者，可自行报明，预考经古，是则第二场只作经史题而不作四书题。院考出榜，头场曰出水榜，水榜不列人名，只列场中座位上之席号，席号列作圆圈式，每圈五十号，由左顺数，不足五十号或只十数号，仍作一圈。此种方式，究不知何所取义，殊奇，或曰是寓“联元”两字之义也。第二场则布行列名，曰拉长榜，即正榜之说也。正榜有名，便是“秀才”。秀才名额，此厅为若干名，此州为若干名，此县为若干名，原有定额，不能增损一名二名。是时，云南有府十四，每府必有一县与府附郭同城，而府无学额，惟县有之。以云南府而言，昆明县有学额二十八名，揭正榜后，则必拨若干名入府学，此则五六名、十数名不定。拨府后，便称为府学附生。又邑有才士多而学额少，取录时有遗珠之憾，学院得于正榜外，录取若干名而另出一榜，名曰邑生。此却不能称为秀才，不过提示其名于众，使知此为才士也。邑生于下次应科岁考时，亦无甚资格。此在边者则无，凡人文荟萃地又恒有之。

凡属秀才，遇到科岁两考，必须预考，考而名列一等者，得补廪，次者补增。廪生、增生在学历上得稍进一步，且由此可望出贡。何曰“出贡”？以得享岁贡生之学位也。得出贡为出学，出学即不预科岁考事，复不受学官之制，而且可以到部请拣发，是则可望得一州同、州判之官职。又补过廪者，在科岁两考时亦小有作为，廪生能于是时而出保文童。缘各厅、各州、各县之学额有定，而人才则多寡不一，故常有冒籍投考者，因而要人为之具保结。具保结人，系限于廪生。保人有二，一正一副，正保由各人自请，副保由学内指派。保结是自缮，保人只于结上画押，照例酬铜钱二百文。能保得四五十人，亦可获铜钱十吊八吊，不无肥润。保结内是着重在“身家清白”四字，所谓身家不清者，是认投考者为“娼、优、隶、卒”之子弟也。盖此四者，在明清两代，不得侪于四民，此四者之子弟故无应考之资格，廪保为之出结，系证明该投考人籍贯确实，身家清白耳。

提督学使之一名目，原不是一种官阶，是一差派出来举行考试之官，犹一钦差也。获此选者，则曰得放学差，朝廷则名之为学政。学政是以三年为一任，例如张某在云南学政任内满足三年，朝廷则简李某来接替，交替时，都是在子、午、卯、酉乡试年之年底，然此是言其常，不言其变也。提督学使在此三年内，除举行科岁两考外，尚有考优、考拔两事。考优是在子、午、卯、酉乡试之年举行。定制每届三年，各府、厅、州、县等之学正、教授、教谕、训导，都得就学中选择品学兼优之廪、增、附生或一人或二人，专案保送到学院，提督学使则汇集人数而考试。取定名额，大省多是六名，中省四名，小省二名。取定后，则会同省之督、抚保送到京朝考。此系每一学政在卸任前数月必举行之事。考拔必要逢酉年方能举行，不是每一学政都要做到之事。按此，即是有清一代取士之第一级考试规则。

谈谈清代之秋闱故事

清代之科举制度，凡子、午、卯、酉年，则开乡试，乡试举行于各省会。届期由朝廷简派翰院编检官或高于编检之翰院侍读、侍讲等充各省考官。考官为二人，一曰正主考官，一曰副主考官，是各省皆同。顾考官虽由钦派，然亦经过一次考试，时称为考差。考官由北京而往各省，是各有程限，由驿传送而行。其最有趣事，是考官所乘之轿门上挂有一块纸糊篾笆，粘有一礼部大堂封条，此则不论乘坐于轿内之人为何种官阶，即使是一内阁学士而又兼有礼部侍郎衔者，轿门前亦必粘有此一封条。其如此者，示严于关防也。主考官在程途上不能会客，亦不能受沿途地方官之供张饮食，地方官尽地主之谊，只合为主考官清洁一住处。其来时如此，事毕还京，则异于是。主考官行到考试地处，都准定在八月初一日。就云南而论，主考入城后，则住于皇华馆内，由办闱场事务之官员招待饮食及一切需用，而主考官仍不能与省之督、抚、司、道及一切官员会晤。并且一进入皇华馆后，不宕延时刻，云南巡抚即令云南府守、昆明县令持巡抚部院封条两张，将其正门封住，一切人等则就其旁边之一小门出入。

延至八月初六日，省之巡抚始设宴于抚署正厅，集制台、学台及司道等，而与主考相见。此则排定旗锣伞盖，着昆明县令持督、抚、司、道名帖入馆迎请。届时，方将门上封条揭去。主考乘舆出馆，昆明县令则从之于后，至抚署，署前则升炮以迎。主考官入抚署，督、抚、司、道等俱齐集于暖阁前迎接，行礼毕，开宴，宴毕，即各乘明轿而入闱。行于路上之次序，先头是内监试道，内监试道多系调省外各府之知府，而是由翰林出身或进士出身者充之。次为外监试道、为提调道，此二者系以省之粮储道、盐法道充之，是定例也。又次为两主考官，再次为监临。监临即省巡抚，是总持闱场事务最高级之官也。此一班官员入闱时，各人轿前俱有旗锣伞盖及高脚牌等，且各有一部分鼓乐，缓缓而行。享有此者，自夸荣耀，路旁人见之，亦欣羡不置。此则名为试官进，是时则男女塞途而瞻望，无不曰："体面、体面。"且指此而勉励子弟。

设闱场处曰贡院，都在各省垣内。云南贡院地场亦宽大，房屋极多，大致可分为三大部分：一内帘官住在处，一外帘官住在处，一士子号舍。贡院之头龙门前，有石质独角兽一对，位于阶之左右，此名曰獬豸〔音械至，传说中的异兽名，能辨曲直〕，是触邪兽也。按清代制度，凡府官以上之衙门前，俱有石狮子一对，贡院却异于众。考之，仍缘明代制也。头龙门即是贡院之大门，分中、左、右三道，二门则名为二龙门，亦有门三道。中门惟监临、主考得出入，平时，中门恒关着。若监试道、提调道及一切内外帘官等，俱是从左门出入。惟在试官进日，监试、提调得由中门而入，出闱则不能。

二龙门内系一大敞坝，纵横约在十五六丈，当中有一明远楼，楼极高大，楼上供奉魁星及朱衣神。上为至公堂，堂系五大楹，崇隆广大已极。至公堂之左右两边，排列士子号舍。以故，中间能现出一大院坝，而明远楼则占据在此院坝之正中间也。号舍实是一条一条的深巷，此则有深及二三十丈者，有只深十余丈者，盖就其地盘而建筑也。号舍以砖砌成格，每格深约四尺余，宽只三尺余，上覆以瓦，无门无槛，望去直如一排的蜂房。号舍之深者至百格，浅者六七十格，或四五十格不等。号舍内之房屋高仅六尺余，而甲巷之背即乙巷之面，相距仅二尺余，此一条空处是作为走道，亦可名为天境〔井〕，故每一条号舍之巷口都只可能容一人出入。应试者入号舍，则各居一格，此虽无门无槛，却得到两块号板，号板长可三尺余，宽约尺六七，是备各士子作铺床架桌之用者也。凡应试者，都是各携一油纸门帘、油纸顶棚并食物、炊具而入，至于笔墨等更不待言。然在号舍内，三三九天，一切自由剥尽，而且夜不得伸足而眠，亦良苦矣。

每条号舍有一厕所，在号舍巷内之尽头处。厕所旁住一号军，系雇用村乡人充之。号军则代应试之士子担负一切琐事，如生火、递水等类事件。每条号舍俱以千字文上一字冠名，取用之字如天、地、玄、黄、宇、宙、洪、荒、日、月、盈、昃、辰、宿、列、张等字，但洪荒二字却弃而不用。字则标写在号舍前之横墙上，白底黑字，每一字大至五尺。每一条号舍之巷口，均有栅门，士子入号舍后，即加以封锁。每五条号舍派有小官一员，随时坐守，及巡视于此五条号舍前，斯名为巡绰官，其关防实至严也。

士子入闱时，系按照闱内制出，列于"腾蛟""起凤"坊前之点名牌上所列之名次，循序而入闱。点名牌直是一块高脚牌，牌上则粘贴一白纸，上列所有应试人之名。此则是依据着监临的点名册，照着次序而写出，每牌为二百名，牌能有十几二十块。闱内人于士子入场之先一日，即将此一些牌排列于"腾蛟""起凤"两坊内。应试人须先往是处看牌，始知本已入场之时间，是在清晨抑在午前、午后。届时，士子方背着考箱，遵依定制，到腾蛟坊内或起凤坊内之发照入签处，依着名次而领取一签。在腾蛟坊方面领取者，则由头龙门之左门而入，在起凤坊方面领取者，则由头龙门之右门而入。步至二龙门前，仍是分左、分右而领卷，时则监临坐于二龙门前之正当中，提调、监试则左右而坐，监临按册点名，是由左阶而升者，领卷后仍由左门而入，由右阶升者，便由右门而入。每一士子，胸前都挂有一卷袋，领获卷，便立即装入卷袋。考箱携入二龙门，即有号夫来为之背箱归号。所归之号，是依据试卷面上印有某字若干号小戳。士子入号舍，须按着号数而求地位，不能凌乱。

云南秋闱应试之士子，自光绪十年〔1884〕后，每届都不及四千人。惟在庚子、辛丑〔1900~1901〕两科并行之一年，则超过四千。以是，监临点名，可能由午前六时，点至午后三时或午后四时，即能完事。点名时，士子有误名者，监临又补点一次，俾其入闱。点名事毕，监临与提调、监试等俱退入闱内。斯时，二龙门前则有人把守，有出入者，须挂一腰牌于身上，否则被阻。逮至五句钟〔即五点钟〕后，则设云南总督城隍之牌位于明远楼上，由云南府守、昆明县令以香烛纸帛致祭。是时，有巫教人二俟于侧，两官府行礼毕，两巫教人即以一黑旗竖于明远楼檐下，而大声祝之曰："有冤报冤，有德报德。"祝毕，复化纸镪，卷旗而下，府县两官亦就此而出闱。六时即封门，封门是将头、二龙门之中、左、右三道门完全关闭，各贴上监临院封条二张，此则是贴在内面，不是贴在外面。封门后，即有任何公件，都不能递入递出，所谓"一帘关节不通风"也。

封门后已入夜，斯时所有的号舍棚门均已锁闭，一个大院坝内转觉寂静，只不过有几个执事员役屏声息气的往来。至夜里九时，明远楼上便报起更鼓，使号中士子知道时刻。在光绪三十年〔1904〕前，云南尚无电灯，闱内无非用些灯烛来生光亮。是则至公堂檐下、明远楼四面及二龙门檐下俱悬满红纱球灯，又每条号舍前，亦悬有纱灯一罩，望去也还光明灿烂，而且在月上弦后。云南气候，在中秋前后，天气多半晴明，有月色在地，此一大院坝内不惟不黑暗，且十分的明亮。

是夜的三更后四更前，以时计论，是在宵后之两三点钟，题纸便发下。题纸是用一张大岔料纸印出，字大逾于拇指。定制是一《论语》题、一《学》《庸》〔指《大学》《中庸》，均属《礼记》篇章〕题、一《孟子》题、一"五言八韵"试帖诗题。题目后则列有一些条款，说明犯规之处。每条号舍发给一纸，用牌张贴于号舍门口。按场内之一切文题，是由正副考官拟定，复亲笔书写，封交内收掌官，送往监临院。监临拆封，由外收掌官监督刊印，然后发出。一般巡绰官奉此，始张贴挂出。士子获到诗文题，在才思敏捷者，不难于二三十个小时，构成锦绣篇章。思致钝者，当费不少的时刻，方能将试卷上之一草一正完成。噫！良苦矣。

九日午前，提调道便率同一班巡绰官到各条号舍清号。设如卷面号数与座位号数不符，即为犯规，盖恐其舞弊也。犯此，只不过受申斥，立更动其座位。午后，巡绰官便来向各士子索卷盖戳。盖戳时，试卷上必须缮有十数行字，至少亦须缮有三五行，巡绰官之小戳，即盖在其落脚处。有不盖戳之卷，在交卷时受卷官即认为是犯规，随盖上一犯规戳记，此虽能入二场，究无取录之希望。巡绰官于盖戳后，便在所管之几条号舍前随时巡视，遇有风雨，则远坐于明远楼下，作遥遥瞻视。

十日午后一时，即鸣炮开门，同时各条号舍之棚门，亦脱锁开门。士子中之早完卷者即背箱持卷而出，到至公堂下，将卷交与受卷官，领一支照出签而步出龙门。然在日昃时能交卷者较少，是有多数都要到近晚时方能交卷出场，是人之才力不一也。至平黑时，龙门外又鸣三炮，名为扫场，扫场者，是云将场中士子不留一人在内也。然亦有些笔下迟滞之人，亦要延到此时方能交卷出场。至此，为头场完毕。

受卷官大都是些州、县官，而又是些由举人或由优、拔、副贡出身者，受监临派任受卷事务。受卷官或八、或十、或十二，都在至公堂檐下设案，坐而受卷。受到士子试卷，则展阅其卷有无大犯规处，如有墨污或卷上画有奇怪物事者，则剔出送交监临。监临阅后，不论为三名、五名、十名、八名，随由监临出一榜，饬期不得入第二场。榜则贴于贡院照壁墙后，点名册上亦将其名注消〔销〕。试卷中之不犯规与不大犯规者，即由受卷官汇集至百而转交弥封所，所中将其姓名及其简明履历加以弥封，然后送交誊录所。

誊录所有誊录数百名，先由一委员招考集成。誊录是先士子入闱，入闱后仍以此委员统之。誊录在闱内约为二十余日，各有饭食，事毕每名受资八两。誊录誊卷，用硍朱〔即银朱〕缮写，名为朱卷，原卷曰墨卷。试卷陆续誊讫，即交送对读所，所有对读官数员，系以举人、进士出身之州、县官充任，有对读生若干名，系考选一般文理清通之士充任。对读时，研藤黄点句，若无错误，即将朱墨两卷送交外收掌处。外收掌官居监临院内，专管墨卷，卷以木柜存储，编有红号，朱卷则送交内帘，内帘有内收掌官，收到朱卷随分送房考官。房考官与两主考及内监试通居于内帘之另一大院内，彼此住处无不接近。房官得到佳卷，即荐卷于主考，此名为出房。两主考于一切荐卷有共同裁夺权，然都归重在第一场之三篇八股上。

按房考官非由监临选派，是由主考官出题命文考出。故事，当乡试之年，在七月十五后，省巡抚即征调省内省外及在任州、县官中有为举人、进士出身，为优、拔、副贡出身者约数十员，预备入闱司任各事，此谓为调帘。届时，则计其职务而征调人入。主考入闱，则坐衡鉴堂上而考房官，凡是举人、进士出身者俱预考事。主考凭文选八名为房考官，次序则抽签决定，其不中选者，概归监临分派司任各事，是名为外帘官。大致内外收掌官、对读官，多是以举人、进士出身之官员充任。受卷官、弥封官等，则可以五贡〔五贡指优贡、拨贡、副贡、岁贡、恩贡〕出身者充任。若誊录官、供给官、巡绰官等，又不在此例。

房考官在云南固为八名，然在他省有多至十六房者，以应试人较多也。房考官荐卷于主考，每房荐卷均在中额五倍以上。有时主考认为不甚满意，有搜卷事，得将各房落卷，一一搜罗考阅。又有堂荐之说，是房考官认为极好之卷，当面呈之主考，望其取中者也。更有中秋抡元之说，是两主考于中秋月夕，评定榜上第一名试卷。然此是就第一场之试卷而论，盖二场试卷犹未誊送到，亦假定之说也。

十一日进二场，监临及提调、监试等仍于清晨六时坐二龙门前按册点名。一切规模悉如第一场。士子入场后，封龙门仍是在午后六时。但二场题纸下得较早，在夜间十时前后题纸便能发下。二场是五篇八股文、一《诗经》题、一《书经》题、一《易经》题、一《礼记》题、一《春秋》题，此五篇文章，写出之文字较多，定制每篇文章须在三百字以上，不足三百字即为犯规。二场犯规，虽头场有佳作，亦不能取中。且作此五篇文章，需于平时熟读五经，临场着笔，始能阐明经义。若二场文字近胡，不克与一场文字相称，亦不能取中。此所以士子们进二场，在执笔为文时，较辛苦过于第一场，时间上亦要多费些晷刻。二场亦是午后一时鸣炮开门，号舍栅门脱锁，士子们即背箱持卷而出，到至公堂前交卷，领取一照出签，匆遽走出龙门。惟是，士子们来应此第二场考者，多是于开门时即交卷而出，似作五篇经文大不为难，实则是有多数的人来敷衍完场也。此何以说？知己之头场文字，自信不佳，或有一二犯规处，料定不能取中，然有二场、三场，又不能不来敷衍其事，以是在试卷上只求有辞，对题与不对题完全不计。如此而行者实多，故在开门时交卷者，其人数较头场为众耳。二场仍是午后六时鸣炮扫场，而亦有在扫场时方出而交卷者。此则是自信头场文字甚佳，有取中之希望，乃肯于第二场的五篇文章上加用功力，以求争胜。

士子之犯场规，多在试卷上，其显而易见者是油污、墨渍、曳白、正草不全，此则由受卷官提出，送请监临处置。监临则将其人姓名、籍贯及所犯规则另单开出，贴于贡院照壁背后，不许其再行入场应试。此则一场、二场同，第三场则无其事。若文字内有犯庙讳，有不道处，诗或失粘或押非韵，或应抬头写而不抬头写者，其剔除权又在内帘，非外帘官之能及。往昔闱场中亦有许多异事发现，士子们间有于试卷上画小脚者、画美女者、或大书一二句怪话于卷上者。此则是大亏于德而有冤魂来纠缠也，然都是在头场发现，二场三场则无也。所以在科举时代，读书人无不讲究德行。

十四日进三场，监临、提调、监试等，仍是遵依时限，于天明后六时在二龙门前坐而点名。士子入场之规模，悉仿一、二两场。士子归尽号舍，至午后六时一样的鸣炮封门，号舍栅门落锁。此场的题纸下得更早，夜里九时前后题纸即张贴于号舍前。三场为策问三道，问者直是一些虚而不实，空而复泛之设辞。士子则认此为一种过节，执笔行文者亦是以一种似是而非，言不及义之辞语对之，故完卷极易。此在一般才思敏捷者，于十五日入夜时即可能将三艺完成，坐而饮酒、食饼、赏月度中秋。以是，在十五夜间，号舍中竟有饮酒猜拳作乐者，而一班巡绰官虽在外巡视，亦不之禁。十六日午前九时即鸣炮开门，士子等便纷纷出号，交卷领签，背着考箱步出龙门。有在午后方能交卷出场者，实少矣。此场则在午后三时鸣炮扫场，斯而三场完毕。

按云南士子应乡试，入闱后，政府方面亦甚优待。在光绪十年〔1884〕前，如己卯〔1879〕、壬午〔1882〕等科，场内都供给士子白饭及稀粥，又包子两大个、火腿两块（每块约重四两，系煮熟者），又红泥小火炉一个、小瓦缸钵一个，三场俱作如是供给。度中秋，各给月饼两个。嗣因士子等不知爱惜食物，乃改为每场折给银四钱，但仍有泥火炉、小瓦钵之得也。然在光绪庚子〔1900〕后，以此二物不适用，乃蠲去。

监临多是在三场考毕时先行出闱，在出闱时，必与主考晤面谈话于内帘门前。主考则坐于门内，有内监试陪之，监临则坐于门外，语讫始云别。此于形式上，是一极有情趣之事也。前清时代，一切礼节多尚虚文，于此可证。而此一道门是内帘之出入总门，在主考入闱考定房官后，监临即以两张封条封之。主考和房官等之饮食肴馔，则有厨役在内制备。此后遇到领题、送卷，监临则启封，领讫送讫又封之，于是一日之内，直弄到启封数次，加封数次，必要到三场考毕，门上始揭去封条。然递物出外，送物入内，两下的人仍不能逾越门限，是任何物件都是在门前递接，此真可云关防严密已极。

闱场又何有内帘、外帘之说，盖以至公堂后之一道总门为界限也。门内为内帘，即两主考、内监试、内收掌、八房考等所居之各院落及一衡鉴堂，都包含在此一道总门内。内里的一切地处都与此门外所有之一切地处隔绝，故以此门内所有之一切地处为内帘，门外则为外帘。外帘有监临院、提调院、监试院、至公堂、弥封所、对读所、誊录所、供给所等。除此，即为士子号舍。士子号舍原为五十余条，光绪年间又添修十余条，新旧共有七十余条，可能容纳士子四千五六百人，而云南应试之士子，至多亦不过有四千一二百人耳。

贡院全部周围俱有高墙围绕，墙头榨〔扎〕满棘茨，故曰棘闱。

其如此者，防人传递及通关节也。盖科举时代之科名，极其荣贵，一士人得到龙虎榜上有名，便认为生路开辟，前程有望。然得一第，亦殊不易，因其如此，科场中故多弊病也。弊病多而防范严，是相应而起之事。

预考之士，不仅属附生一项，廪生、增生，优、拔、副、岁、恩五贡俱与焉。更有纳粟捐监者，亦可入场应试，惟监生不得中解元，定例也。

闱内笔墨，各有定制，两主考得用墨笔批卷，然于一切闲杂事件上用到字笔，全用紫色，房考官则用蓝色，对读所则用黄色，誊录所则用朱色。其它各处如监临院、提调、监试院及供给所等，在任何一人弄笔，都是用紫膘〔或作紫摽，下同〕书写一切。所以主考、监临等，在闱内为人书写屏对，都是用紫膘写出。

两主考将荐卷阅讫，提出取中者，共同评定名次，评定讫，方知会监临院，择放榜日期。放榜日大都在八月二十五日前后，届期，则督、抚、藩、臬、学台与两主考、内外监试及提调道、内外收掌官、房考官、对读官、弥封官暨首府、首县官等，共列席聚坐于衡鉴堂。内收掌官则掌着朱卷，外收掌掌墨卷，在近监临处横列一席，监督着稿书数人，对红号，择〔拆〕弥封。龙虎榜则横长逾三丈，直阔近六尺，铺展于衡鉴堂当中地面。榜以龙虎为命名者，以头画一龙，尾画一虎也。写榜者多是各大衙门中书吏，是善写大字之人，写榜时是仆〔扑〕榜上而书之。是时，有一裱糊匠，一裁缝，持面糊刷，执熨斗，伺候于堂外。如写有错误，裱糊匠即入而挖补，裁缝则用熨斗熨之，此诚备一时之需也。

填写榜时，内外收掌官于对正红号、拆开弥封后，即将此一名之朱卷送与监临阅看。监临如以此卷有大可议处，亦可以与主考官共同商酌更动。此固属鲜有之事，而亦间有者也。在拆开弥封后，书吏等即将此卷之取中名次、姓名、籍贯、出身，书于一条纸上，由另一书吏擎着此条纸，口中高唱："第几名举人某，年若干岁，系某府某县学附生，或廪、增生，或监生，或某种贡生。"更擎着行遍堂上所列之各公案前，然后付与写榜人。写榜者随以此条置于榜上，比而书之。其擎条唱名而行，谓为“传胪”。

定制，填榜是从第六名填起，此名为开榜举人。填名时，则鸣三炮。此后是顺次而下，直填至末尾一名而后止。此又折头来填第五名，第五名曰五经魁，是时又另鸣三炮而后填名。但填五经魁时，衡鉴堂上竟突然现出一种令人惊奇之事来，一时间，督、抚、学、藩、臬台及粮、盐道等之公案下，钻出若干人来，持着几百支燃烧着的烛，蹴〔蹲〕在各公案前照着填魁，名为“照魁”。所以然者，因乾隆帝曾以赝名得中顺天乡榜上第五名举人也。世俗上故以照五经魁之烛，云其能于驱邪除魔，无不争得而宝藏之。缘此之故，在座官员自不能禁止其事。此名一填写毕，一切烛火立熄，人又一一钻回桌下。是时情景真十分有趣。填五经魁后，则倒填而上，自四名、三名而二名、一名，此又鸣三炮，告正榜填完。正榜完则填副榜，云南副榜只有十名，榜纸较小，书列名次，字亦不大，故易成功。正、副榜成，座上之官员或退或出。斯将榜卷起，置于彩亭中，以一部鼓吹导于前，鸣三炮，开中门，抬之而出，府县官则乘舆随于后。榜迎至抚署前，张于大照壁上，来看榜者自不止千人。

云南举人名额，往昔为六十名，光绪年间得增加为六十四名。居龙虎榜上第一名者称曰解元，第二名曰亚元，三名至五名咸称经魁，以下俱名曰举人。虽然，自第一名至第六十四名，都是取得同样资格而无所差分也。副榜即是副贡，下科又得入场，争取举人。凡新中之举子，人都称之为大新爷，过后始有孝廉公之尊称。

凡取中之卷，居前列者都将其诗文刊出，曰“闱墨”。更有房考等能照题拟作者，亦得同刊于闱墨上，此则称为“拟墨”。

发榜后，主考、提调、监试与房官等即出闱。越数日，便设鹿鸣宴于抚署大堂。论“鹿鸣宴”三字，是一极好之名词，且能令人遐想致慕，实则是一场滑稽剧。开宴时，头门外即升三炮，炮响，暖阁门开，抚台走出，坐于暖阁当中，面临一席，四司道设席旁坐，暖阁前坐八房考官，下面即为新举子席位。席桌有十三张，分左右而列，每席支椅六把，足供正副榜七十四人之座次。抚台入座后，照例新举子须向上三揖，始退而入座。云开宴，抚台与司道及房官等座前，自是陈列着一些可食之物品。举子等之席上，则是陈列着些极其特异之物，食品八碗，望去是花绿满目，可是一些不堪入口之物。每碗内都装满泥沙，用红纸封固，面上用竹签撑住一不足以名状，而是用面做、用油炸的东西，外套以红纸镂空花罩，此诚是一足供人赏玩之物事，云入口则不能矣。闻此是历来的鹿鸣宴上无不是如此制作，真堪认此一宴等于一种儿戏。且更有奇异之事，是举子落座后，每一椅后必站定一人，每一桌下必蹾〔蹲〕有一人，乍然看去，直不解其所为何事。宴会时，上面官员与下面举子只同坐三五分钟，头门外即鸣炮三响，是告宴毕也。于是席面上陈列之物即有人来抢去，桌下的人即顶起桌子而走，椅子后面的人便将椅子抽去，抬之而行。新举子有不知宴上有此一举动者，靡不就此而跌坐于地，真是一场滑稽剧。

主考出闱，复住于皇华馆后，新举子等即备具贽敬来晋见两位主师。所备贽敬，则视其家之有无，而最低限度，在两位老师前各不下十两银。然亦有以一二古字画、古玩具而作贽敬者。此是主考官之一种特别收入也。举子晋见主师时，伏地而叩拜，主师屈躬受之。新举子又须拜见荐卷之房考官，呈贽敬六八两或十数两。荐卷后而不获取中，是为出房，此士子亦往拜见，认此为受知师。

开鹿鸣宴后，省之督、抚、司、道便择地处，开公燕款主考。平列五席，两主考与督、抚、学三宪各占一席，每席是一正座、两陪座，而一切帘官亦与燕，却列席于两旁，酒席则精美极。已而督、抚又各以私燕款之，或邀往一游近省之名胜处。不十日，两主考即行。行时，督、抚由省善后局提款，送赆仪于主考各四千两，亦定例也。按此为余身所经历、目所见到之事，复丝毫不讹，故特写而出之。

略谈清代之武科举

清代以武科举考选国之干城，考试亦是定为四级。初级，以郡县武童考武秀才，其名额亦与文秀才同，惟入选后，不曰附生而曰武生。考武生由各省学政主试，在文场完毕后举行。考分三场及一内场：第一场射步箭六条；第二场各就试场内筑有之马道内跑马三次，在马上射马箭三条；第三场试技勇，技勇分三项：一开硬弓，二拎石礅，三舞大刀。硬弓以重力计，每一重力为十斤，若十三力弓，其重力即为一百三十斤，十八力弓，重力即为一百八十斤。能开十八力弓者，其人之两膀上，要必有二百多斤力而后能开也。然硬弓亦只以十八力为限，逾此即无也。石礅有三号，头礅重三百斤，二礅重二百四十斤，三礅重一百八十斤。礅系一立方带纵形，头礅高逾人膝，其大处可以想像。二礅、三礅自较小矣。礅上凿有两孔，手可以入，应试者得酌量气力，取一而拎取之。大刀为铁制大关刀，亦分三号，头刀是重一百二十斤，二刀重一百斤，三刀重八十斤，俱长在六尺以上，只粗大处有别，应试者亦是酌量气力，取一而舞之。舞刀时，是将大刀在肩上左右轮转，轮转一次曰舞一花，能舞十四五个花者，真要有超群迈众之气力也。凡考武场，都是就此种种而别去取、而分高下。此外三场毕，即考内场。内场系默写孙子兵书，此亦虚应故事，实则武童中，究无几人能握管也。

第二级考武举人，是为武闱，而亦曰“秋闱”，武闱在文闱毕后举行。云南武闱试场设于城内承华圃，是为外场。考武闱，以省巡抚为主试官，总督为外监临，粮道与督中协为左右监试官，抚标参将、城守营参将，督标、抚标之左右营游击为六勷〔襄〕考官，而首府、首县两官亦与其事。一切设备，仍由文闱之供给所官负责。届期，主试官正坐演武厅门槛内，左右监试设案坐于门槛外，勷〔襄〕考官等支棚陈案分左右而坐，则居于阶下。预考武生大都不及千名，以居于僻远者多不能来预考也。入场之先二日，仍仿照文闱，支若干块点名牌于试场前，武生等看牌列名次，即持应考证件，入而领取一烙有火印、贴有名字之木腰牌。入场应试日，便执此腰牌分左右而入，到发签处，据腰牌而领取一支照入签。发签者是首府、首县两官，亦是按册点名而发签。在左领签者是向着试场左畔走到演武厅下，缴照入签而领弓一张、箭九枝，循序而立，听候点名。在右领签者悉与左同。发弓箭处，自有一些武职官员司理其事。一般武生听到主试官点到自己名字，随持弓箭前往应名，应名后即走到监试处，将贴有本已姓名之腰牌缴到监试处，监试处复发一书有某字某号之小签，武生乃持此而走往试箭处。试箭处有二三武职官员监督射靶，此则是各营都守。武生将手中小签交递监督者，始行张弓射箭。试场置左右二靶，靶距试箭处百二十步，靶上有三红圆，径达五寸，靶高六尺，宽逾尺，看去很显然，实易命中。靶子侧边，约距二丈远处，立有二三武员，是营中千、把总也。面前置有一鼓，士子箭中靶则击鼓一通，射中红心则击鼓三通。监督射靶处则有人唱报，某字某号武生中箭一枝，或中红心一枝，勷〔襄〕试官即就册号上画一朱圈或点一朱点，点为中靶，圈为中红心。此则要各勷〔襄〕考官之册号下圈点相同，有不同处即为作弊，当受处分，此则左右皆同。武闱之头场，大致需三日方能考完。武闱亦以头场为主，箭不中五条即被汰除，二场的点名牌上便无名。以有此一淘汰，二场便只有五几百人入场。

第二场，仍在承华圃内举行，试马场内有马道两条，一左一右。士子进二场，其规模仍与第一场同。领签就试，是骑于马上驰骋于马道内，即就马上拉弓搭箭，射一大约及于六寸径之纸球。而此一纸球却不是一圆球，而是一有类于瓜皮帽之物。箭亦无镞，只安有一大及寸余之平底圆木。弓亦只有两力，在马上射箭者能将此球射翻，即为中的。中的时，仍是击鼓报中。然一人须跑马三次，射球三次，此在时间上较有耽搁，亦须二三日方能考毕。二场却淘汰不多，只要在马上能使一箭中的，便能进第三场。因此在第三场上，仍有数百名应试人在着。

武闱是三场并重，应试者之表武勇，尤在第三场。第三场考技勇，仍与考武秀才同，惟取录较严于科岁考也。武童之应科岁考，步箭能射中四条，开硬功能开至九力，能拎三礅，能舞三刀者，都可望榜上有名，武闱则无如是便宜，如开弓必要能开十力，拎礅与舞刀，必要能拎二礅、舞二刀，始能望中。否则要头场的步箭有七八枝中靶，马箭有两枝中的，斯则拎三礅、舞三刀，亦可望中。除此，便无取中之可能。故曰武闱之取录，较科岁考为严也。

考试技勇之一场，考场仍是在承华圃内。主试、监试与勷〔襄〕考官等，在形式上亦无丝毫变易，惟硬弓处、石礅处、大刀处，都派有二三武员专司其事。应试者持照入签至硬弓处，请领若干力之硬弓来开，是纯由其自决，不是主试者之所强迫。领弓时，司其事之武员便依据其腰牌上所标之姓名而高声大唱曰："武生某，请领若干力硬弓一张。"监试官便于册名下注明弓力，应试者方持弓走到开弓处而驰张之。能开足十分或七八分，由旁立之三四视察官高声报曰："武生某，开若干力硬弓，足十分，或足八分。"勷考官便依据此报告，于册名下纪其弓力及其开足之分数。开弓讫，则缴弓而拎礅，拎礅处亦有武员监视士子拎礅。所拎者为一号、为二号、为三号，能举及胸抑举及腹，都一一由此监视员唱名报告。拎礅后舞大刀，舞刀处亦有武员监视，此一士子所舞之刀是为第几号，舞时转有若干个花，亦一一由监视员唱名报告，勷考官都一一书明于册名下。三场考毕，勷考官进其纪录册于主试官，主试官即凭此而决去取，而定名次之高下。斯而入贡院考内场。

考内场是默写孙子兵书。此内场，凡在第三场不犯规者都得预考。士子入场默兵书，又无不是各挟一本印板孙子兵书而入。武生中亦不乏能书善写之人，搬字过纸是不难之事，可以说好丑都能写得出几句。虽然，而亦有目不识丁持白卷而交者。此若是在前三场内弓、马、技勇超群为已经取中者，则令其补交，此不言而喻的是着其倩人代写也。此属于弓、马平常者，则无取中之可能。以是，当时之习武者，莫不读书习字。

云南武举之名额为五十四名，武举无副榜，榜曰鹰熊榜，犹英雄榜三字之说也。榜上前画一鹰后一熊，故以鹰熊榜名之。武闱榜，多是在九月底出，榜仍是在贡院之衡鉴堂上填。填榜时，督、抚、学三宪、四司道、两监试官、六勷〔襄〕考官列坐于堂上，首府、首县则据门而坐。此于形势上虽不如文闱填榜时之一切荣盛，而亦是国家考选干城之一隆重典礼也。武榜上，首名亦曰解元，次名亦名亚元，而经魁之名则无。填榜讫，亦似文榜之以彩亭载榜，前导以鼓乐，开中龙门而出，由府县两官护送至抚台衙门前，张贴于大照壁上。越数日，即开鹰扬宴于抚署大堂，其形式亦与开鹿鸣宴同，但无人来演鹿鸣宴上之一场滑稽剧也。

武科举，第三级考武进士，是为会试。会试是由各省武举入都而应试，亦犹文举之赴春闱会试也。考期在文场后，一切与考武举同，获选则曰武进士。武进士应殿试，是为第四级考试。殿试不试弓箭，单试技勇。一等取三名，曰状元、榜眼、探花，赏四品武职，戴花翎，充御前侍卫。二等取若干名，赏五品武职，戴花翎，为头等侍卫。余赏五品职，戴蓝翎，为二等侍卫。凡居御前侍卫、头等侍卫者，非在京供职不可，二等则听其去留。御前侍卫外放，可得一参将，头等侍卫外放，可得一游击或都司，二等侍卫则只是一守备耳。此种考试制度，至光绪丁酉〔1897〕年始废，所谓停科举，是先停武科而后停文科也。

谈谈清代之春闱会试

春闱会试，是清代考选国中文人才士之第三级考试。所谓春闱，是云闱场开于春季也。会试之说，是云荟萃各省举子在京考试也。会试是于乡试之次年春季举行，在辰、戌、丑、未年而有之也。春闱会试，入场期为三月初八日。考试仍分三场，初八日是进第一场，十一日进第二场，十四日进第三场。其一切规则与乡试同，惟主考官称大总裁，同考官称襄考官。大总裁有四，以翰林院出身之尚书、侍郎充任，满员中有为进士、翰林出身者，亦可以充总裁，故有时四大总裁中，为满、汉各二。襄考官派十二名、十四名不定，大都为进士出身之郎中、员外郎等。

会试不以在籍未仕之举人为限，即在京候补之中书主事与在籍候选之举人，或在誊录馆供职之举人，是只要有举人资格者，都得一体会试。此一若乡试场五贡得与考也。

春闱取进士无定额，有时超过三百名，有时只二百七八十名，是以应试举子之多少而斟酌损益也。会试之举子，每届至多不到五千人，少则在四千上下。云南之应试举子，至多不到二百人。但是云南一省可望中进士十一名或十二名，是以十五人而取一名也。此而与各大省相较，取录上实较各大省为宽。所以然者，以滇黔两省距北京较远，在交通不便时，寒士往应春闱，多不易成行。朝廷为体恤寒士起见，乃有火牌之制。往应春闱之举子，都领得火牌一张，持火牌而行，在程途上可能向沿途的驿站上要夫脚三名，无夫脚则折银数钱，去来俱有，且不限定日期。但由滇至京，行程上大致要八十日，而一往一来，亦云劳矣。

举人应会试，中式〔被录取〕后，不拘榜上人有若干名，通名为进士，只以第一名称会元，前十八名称会魁，然与一般进士亦无所分别也。夫进士、举人、秀才与优、拔、副、岁、恩贡，俱是一种科名，不是一种官职，须经再一度之法定考试，始得官位，始受品级。进士可考翰林及内官之主事、中书，外官之知县等职。

春闱榜发后，凡榜上有名者，即赴朝考。朝考是考翰林等职之第一场也，而曰朝考者，犹云朝廷亲考士子也。朝考不犯规，即得应殿试。殿试在内廷举行，其地处为清宫内保和殿，应试者就殿上矮桌矮凳而坐书试卷。试卷曰大卷，用七层宣纸裱成，有红线直格，每行限定二十字，每页六行，以两页为一开，卷有七开半，以能写足七开半者为上，次者亦须写够六开半，然不足七开半者，便无鼎甲之望。书于卷上之文，大都是现成文字，虽称为对策，实无精义之可言，盖重字不重文也。惟所写之字，自不能潦草，不能写破体字，不能写简笔字，一一俱要洪武正韵，是非操之有素者不能办。又廷对日，系朝入而暮出，在殿上有一次午点食。殿上有王大臣监场，故此名为殿试。殿试卷系钦派大学士及尚书等审阅，名为阅卷大臣。审定名次后始进呈御览，皇帝亦得随其好恶而另列次序。惟进呈之卷只十本，即甲榜上之前十名也。

榜列三甲，一甲三名，是为鼎甲。第一名曰状元，二名曰榜眼，三名曰探花。状元即授职翰林院修撰，榜眼、探花授职翰林院编修。修撰官六品，编修官七品，惟此三名，得膺“赐进士及第”五字之荣。二甲无名额，而每届都为八十余名，大省点五六名，中省点三四名，云贵两省则共得三名。如云南点二名，贵州则为一名，贵州为二名，云南则一名。此八十余名，俱钦点为翰林院庶吉士。二甲之首名曰传胪，亦与三鼎甲同样荣贵。庶吉士亦定有品级，得列于从七品。庶吉士考留馆后，始得授编修或检讨职。

二甲下为三甲，名列三甲者，都是点为主事或中书，然亦间有得点翰林者。主事、中书，约点足百人，余则以知县用，是名即用县。在殿试场上有犯规者，则予以归班知县，此是一大不冠冕之名目。翰林院编修、检讨、庶吉士等俱是七品官，得以戴金顶而挂珠穿貂，是以此为一种清贵官也。不然，主事为六品官，胡榜列名次转居于庶吉士之下耶？此由明朝定制，清代得而因之，以词林为优异也。

举人一再入春闱而不中式，亦有别条出路可求。举人得考中书科中书，此亦是以楷法取之也。举人得考誊录馆誊录，供职三年即议叙以知县用。举人入春闱三四次俱不获售，则归入大挑班。大挑以九年举行一次，由朝廷派王大臣集合一班请挑之举人，排班而挑选之，每班为二十人。挑选时，先排除八名貌不端正、举止轻佻者外，余十二人，以老弱纯静者居二等，以精神健旺、气宇恢宏者居一等。规定一等四名，二等八名，居一等者以知县用，名大挑知县，分发各省，亦为正途出身人员。居二等者以教职用，着回原省，由省之学政按其名次，补授各州县之训导或教谕。

清代以科举取士，是缘明代四级制度而考之，且自顺治初叶至光绪末叶，都是以四书五经题而考一二场。所得之士，要不过能善作八股文者，于政治经济上无与焉。至光绪癸卯〔1903〕科，始改善考试法，春闱、秋闱之头场，改为史论五篇，二场为时务策五篇，三场为四书义五篇。又往前试卷上须真、草两全，改善办法后，即不用草，亦不用誊卷，只用弥封掩其名字，试官是执墨卷而论文。然只一科如是，后即停止科举，改以学校育材，中国之科举制即此而告终焉。学堂开，科举废，国中始渐次渐次的有奇士英才出现，斯而满清遂亡矣。

谈谈一些有关于科举及无关于科举之仕进

满清入主中国后，多缘明代旧制，亦有纳粟得官事。然系捐纳职衔，获衣顶荣身，却不能藉此而出膺民社也。至于士人之报捐监生，仍是归入于科举，且应顺天乡试，亦非取得监生资格，不获入场。是捐一监生，亦无异于得入一名学，是监生之资格实与附生同，博得便宜处，只不过在能免除考秀才一级之三个文场耳。

五贡是优、拔、副、岁、恩也。优贡是要在子、午、卯、酉年，每一大省得考选六名，中省考选四名，小省份只二名，是得一优贡，较得中一名举人尤难。拔贡要逢酉年方考，是十二年方有一机会也。惟在定制上，每一厅、州、县都选拔一人，此则看邑内之文人才士若何，善写善作者之充斥与不充斥，由此而论，是得一拔较一优为易。副贡是每一科俱有若干名，更较得优为易。岁贡是每一年、每一学轮出一人，系由廪生轮出。恩贡系皇室有喜庆事，特加恩于学中年老者，而不以文字考之也。因而五贡之中，以优、拔两贡为强。优、拔得进京预朝考，居一等者授职七品小京官，居二等者以知县分发各省补用。是得一优、拔，而无有不出仕者。此从实际上论，似得一优、拔较中一名举人尤强。副贡只能偕同举人而考保送，其取用亦与举人相同。岁贡若出而就职，可望得一州同、州判。恩贡生似十中无一出而就职者。而五贡出仕俱为正途出身，故优贡、拔贡、副贡、岁贡、恩贡，都是科举中的一些个别名目。

清代定制，固以科举取士，然于科举外，亦别有取用人材之多数途径。有曰词科，如召试、如博学鸿词等，是属于文翰方面者；有曰保举，是由内外臣工保举之隽异人才，朝廷则酌用其才；曰官学生，是由各官立学校而造成之一种人材，如在宏文馆、同文馆、译书馆、算学馆等之毕业生是；曰供士，是京内六部九卿科道衙门内之一班司吏及誊录馆誊录等，役满后而授以佐杂官职；曰吏员，是各行省之督、抚、司、道、府、厅、州、县衙门内之房稿，役满后，授以府经历、县丞、县主薄、州吏目、巡检、县典史之职。此外，又有荫生、恩赏两项。荫生有恩荫、难荫，恩荫是一二品大员遇皇室庆典，得邀朝廷赏荫生于其子孙，然只能赏给一人，此则名为一品荫生或二品荫生；难荫，是四品以上官员死于王事，朝廷恤其后，而赏以荫生一名，俾其子孙袭之。凡一二品荫生于成年后，由吏部带领引见，一品赏以同知或知州，二品赏通判或知县，俱分省补用。恩赏是一种特殊赏锡，凡朝内外之文武大员树有卓绝勋劳于国者，身后可得邀朝廷之是种赏锡，此则有赏其子者，赏其孙者，赏其子而及其孙者。受赏之人殊无定数，所赏之职则看死者之勋劳如何。赏内官可至郎中，外官可至道台。如往昔之曾国藩、左宗棠、骆秉章、岑毓英等，子孙辈均得受到恩赏也。

论清代在道光以前，于一官一职原不滥授，朝之取士，主要直在科举。凡由翰林、进士、举人、五贡得官者，通称曰正途出身，非此，即为异路功名。一切异路功名，以保举一项为有资格在仕途中差可与举人、五贡出身之人员相提并重。除此，则惟荫生、恩赏、官学生辈为有资格，若供士、吏员等则资格浅矣。惟是保举两字亦殊不易于获致，在道光年以前，保举一途，固有军功保举、河工保举、修纂保举、征拔保举等项名目，然军功保举，在大军务上只不过保至百数十人，若在寻常军务上，得保举者自少矣。河工保举，是因防捍黄河水患能于三年无事，或因抢修决口，其在事出力者，得由河道总督保举，然不过十人八人，或二几十人，亦绝不多也。所谓修纂保举，是因编纂钦定书集成功，凡有劳绩之人士，得由总纂官择优保荐，而至多不过三五十人，绝不是博予广给。所谓征拔保举，是以其人有特殊才能，或品格方正，由内外大臣进荐于朝，此稀有之事，人数更不多也。据此而论，是时清廷之授官于士，大都斟酌而又斟酌，不以一官滥授于人，而士人之得一官半职真难而又难，所以名器足贵。

洎至道光朝后，洪杨〔洪秀全、杨秀清〕事起，清廷乃有筹饷捐开，许平民纳粟得官，仕途中始多辟一条路径。捐例开，规定纳若干银两上兑，以道员分省试用。纳若干银上兑，以知府、知州、知县、同知、通判及佐二杂职等分省试用或补用，并可指定省份而捐官。又京内之郎中、员外郎、主事、中书等，俱可遵捐例而捐纳，此而后，国之仕途始云庞杂。虽然，在国中纷扰之日，一般人士多不乐于出膺民社，故捐例虽开，而乐于上兑捐纳者实少，以是而有发捐照抵拨文官养廉、武职薪饷之事见焉，此足以证明一切捐纳官之贱也。筹饷捐例开后，又有海防捐开。是时，发、捻、回乱已息，时世渐次承平，于是纳款捐官者始有人。然自此之后，一般捐纳人员与一般在军兴时代得保举之人员，遂塞满于仕途矣。清代职官之滥，即肇于是。

逮至光绪末叶，清廷又以秦、晋灾而开捐，曰秦晋赈捐，捐官者得遵照捐例以二成上兑，如捐一通判只需一千一二百两银，捐一巡检、吏目只费二百余两银，真便宜极。故在斯时，国中人士几无一不欲出而做官也。呜呼！清代名器由斯而滥，政治愈由此而窳败。后之革命军起，亦不尽借口于一切外交失败，国威不振，政治不良，于仕途上亦有所执词也。然俗有“明末无青草，清末无白丁”之传言，不亦信乎？吁！此清室之所以不造，所以云亡。

往昔云南秀才之出路与生活

科举时代之秀才，为读书人之仕进初阶。秀才在唐、宋以上，称曰茂才，盖言其才识饱满也。明、清两代之秀才，资望虽不若汉、晋、唐、宋之茂才大为人所重，而一领青衫，亦足以荣耀于乡里也。秀才虽受科岁两考之折磨，而出身亦在于是。补廪补增，可望届期出贡，此即是一条小小的生路。

秀才之第一条生路，是在秋闱获隽，龙虎榜上有名，便身为举人。云南举人入春闱，较秋闱容易膺选，是于十五人中而取一。若幸而雁塔题名，便可望上苑探花，楷法圆润光昌者，可期词林之选。一甲三名，为状元、榜眼、探花，二甲第一名曰传胪，凡善书者，俱有鼎甲之望。金殿传胪，能名列二甲者，得点庶吉士。此而步入木天〔旧谓翰林院为木天〕，即读书人之大幸事也。夫以一秀才先生，只须在二百四十日内走足幸运，便可一跃而称大人。回乡时，持大字名片拜客，得与省之大吏分庭抗礼，其光荣也何如！纵降一等而点主事、中书，亦京秩中之显耀者也，与翰院编〔修〕、检〔讨〕不大悬殊焉。再下为即用知县，签分各省，补缺较易。江苏、江西、浙江、广东、四川、湖北、湖南、福建、安徽等省，为缺分最好之省份，一任三五年，便可云十万腰缠，此而解组归田，一生享受无穷。一回忆寒窗磨砚，宁非天上人间耶！是则中进士后，得即用县而达到发财长旺四字上者，亦犹出奇兵以制胜也。

庶吉士考留馆，得授编修或检讨职，考提学、主考两差，亦须坐守时日，出而固称学台、主考，言清贵固清贵矣，言荣显亦荣显矣，惟货利两字，又岂若彼任阔州县者能满箱满载，财占大有哉！

惟彼走幸运者，遇大考居前列，三五年即可身居学士，进一步而为尚书、侍郎。入阁总揆，自是暮年之腾达，或生而为一国之柱石，死而享一乡之庙祀，斯固秀才中能有几人，而秀才中亦未尝无此种出类拔萃之人也。若主事、中书等，中书是别有一种升腾。主事则在部学习，在司行走，补缺难，外放更难。然在人力财力足者，亦可补缺升官，升郎中、升员外郎，可望放府道，此十人当中或有一二焉。顾此等类虽是秀才们之特殊际遇，然亦有一命二运三风水四积阴五读书之说杂于其间也。

秀才中举后而春闱不利，至再至三俱不获隽，其金马玉堂之念，自是打消，降格相求，大挑上自有希望。清代故事，凡各省举子，入春闱三次俱不中式，第四次而又春榜无名者，得归入大挑。举人大挑，不试以文字，只取其人之气宇恢宏和精神饱足，举行之期则在春闱之后。届期，由皇帝命二三亲王或郡王主任其事。挑选时以二十人为一班，列跪于保和殿前，亲王等则一一端相品貌姿态，其寒削萎靡、凶狠粗恶者，则令其起而去之，然以八名为限，咸称此为八仙，又挑出纯和谨饬者八人而为教职，其余四人，即认为足以临民治事之七品县令也。惟是，此种推选亦无甚标准格式可言，要不过看各人之官星能否发现也。谕旨下，挑列一等者，以知县签分各省补用，是名为大挑知县。挑列二等者，着回原省以教职用。

论大挑知县签分各省，其资格固弱于进士即用，然亦是正途出身，与即用县同样补缺署缺，至于进升之阶，更是与即用县同趋一致。此亦如行兵之家，先有小挫而终致胜利也。以教职用者，只不过为本省各府、厅、州、县之教谕、训导，若云学正、教授，又须待升也。教官虽有儒学正堂、儒学副堂之区别，亦只能管束几名廪、增、附生而已。遇科岁两考，则各赢得百数十两之红案费，此为教职人员最大之一笔财利。除此，惟年领薄俸，供吃豆腐而已。惟任教职者，可云此后半生，小有衣穿饭吃，更勿虑宦海风波颠簸及己也。此则若一般领军者，到老来得坐吃太平口粮也。假大挑不能入选，尚可考誊录，供差三年，即得一议叙知县，分发各省，又未尝不可当要差而署阔缺。有此种种路径，可以说秀才一中举，便是走入生路。

秀才若与举人两字无缘，五贡方面亦有生机。优贡三年一考，拔贡十二年一考，得此两项功名，亦可以显露头角。优贡朝考一等得七品小京官，二等以知县分省补用，拔贡亦若是。得七品小京官者，补缺后可望升主事。得知县者，到省后不患无差缺。盖优、拔系正途出身，得差得缺，较军功班、捐纳班人员大占优胜。得时乘运，何尝不可展鹏翅而直上青云，此则犹行军者能以偏师制胜也。但考优、考拔亦非易事。优贡固是三年一考，而云南、贵州、广西等省，每届只取两名，是必要品学兼优、写与作并皆佳妙者，而后有希望。拔贡十二年考拔一次，每一府、厅、州、县都得选拔一人。惟是滇、桂、黔等之边鄙州县，文化两字多不足言，其能写能作者一县中实无几人，名额不能减削，来争夺此一名额者又只有二三人或四五人耳，是则得之较优贡为易。

副贡即乡榜之副车，每科俱有十名，且十年八年中，必有一次恩科，副榜是同样有着。此副榜之名额，在每一三年内必超过于优贡数倍也。五贡为优、拔、副、岁、恩，副贡之次于优、拔者，即以此述之故也。副贡虽次于优、拔，然亦得考保送，得请拣发。考保送而得名列优等，亦可望得知县，次焉者多以州同、州判、盐大使用，然亦不恶也。岁贡得官多是杂职，得正印官者则鲜矣。恩贡是一科特予之科第，得此者，十有九人俱不克出仕，而秀才之显姓扬名路径，亦于焉斯尽。

秀才们于此各条路径俱不能钻通，而又不甘于辕下、伏于枥上，此则别寻出路，以图富贵功名，或拜师而学刑名，或入幕而司文牍，此二者能造乎其极，亦傲众而惊人。且也，莲幕〔即幕府〕之中，无论其为刑席、为司案牍之人，都有出而为官作宰，声耀于一时者，是又在各人之所趋向也。

惟俗语有云：“秀才落寞，算命教学。”算命者居于九流，自不必言。教学是设馆授徒，为人之师，仍不失其本来面目，故一般不克上达者，多是磨红砚而教书。兹略述往昔滇中教书人之状况：教专馆者，是受人之征聘，为富户巨室课三五子弟，月获束脩四六八两，早午晚三餐由东家供应，而烟也茶也有焉。此种馆第，在百数十年前，亦不算十分优越，似一个昆明城中能有至百，故秀才们谋此种馆第，亦不大难。而一面教书，一面勤习学业，能一旦破壁而飞，始将案头丹铅抛弃，能致此者大不乏人。在不能腾达者，月获此薄薄脩金，当生活水准较低之时世，一切物价无不低廉，有此即足以瞻〔赡〕养妻室儿女。如再能为人改文撰词，此则更有收入，经济不无愈形活动。是时，有就此而终老者，诚不知有若干人。

设散馆者，收集生徒三十、五十，聚于一堂，督率其读书写字。此种设帐授徒，学金则三节收之。送子弟入学之家贫富不一，以是课散馆者，学金上亦无所规定。此则有送一两或六八钱白银者，有送铜钱六八百文者，是多则多收，少则少收，亦不计较也。然集少成多，每年亦可达到百两以上。即使是一生徒较少之馆，年中亦可能有六七十两之收入。是时，省城之五华书院、育材书院、经正书院，俱月有两课，在笔下敏捷者，一课可考两卷，如考居前列者，奖金亦尚可观，每月就应课上而求四六八两之收入，亦不难致。职是之故，一般穷秀才亦绝不至卧牛衣〔用麻、草等为牛编之御寒之物〕而泣也。

清代秀才之出路如此，生路如此，到头来之归结是大半如此。度一生而终老于窗下者，是谓之穷。然在科举时代，以一秀才而终老于窗下者，又比比皆是。虽然，究能生活也，不能谓是时之读书人多半走入绝路而云完事。

清代之刑幕

前清时代之刑幕中人，自是专门名家，习是业者，俱是秉承师授而出售技能也。彼之技能，又何在焉？即熟于一部《大清律例》耳。律例条文数千，非专习者不能得其要领，不易知其门径，援引条例，比证成案，实非门外汉所能强为。故一切案件，自非习于斯、精于斯者，不能善于其事也。在当时之大小官署，上自督、抚，下至州、县，无不设一刑席以司案判。其间自以臬署刑席为至要，盖督、抚于廷之题奏，于部之咨覆，都以臬司之详文为据也。犯部驳与否，即看臬司刑幕之才识如何。

刑幕中人之名位，是不隶于职官，其任务亦不属于法定，所办事件是对东家负责，不对官厅负责。就其地位、就其职责上言，实不啻学校中之一教师，不受任何官府委派，而是受人聘致。聘致刑幕，是用红柬写成聘书，聘书上则写“敦请某某老夫子勷〔襄〕办一切刑名事件，按月致送脩金若干两”等语，己方则称“教弟”，此真尊崇已极。

居刑席者曰西宾，师友也，以是最讲求人格，此何以故？盖地位高而关系重也。官府之于刑幕，无论己之位职如何尊大，对于西宾亦必以“老夫子”三字称之。彼居刑席者，可谓见官得加一级也。刑席之月脩不多，财利不大，督、抚、藩、臬刑幕，月仅百两，道、府五六十两，厅与州、县由二十、三十以至四五十，是看其郡邑之事务繁简也。刑席除脩金外，无一丝一毫之例外收入，若私下接受人礼物，有通关节，谓之开后门，有此不端之品行，是为刑幕中败类。

臬署刑席，则得受各府、厅、州、县之年节敬四、六、八两，此属公开事，为一般大吏所许可者也。盖臬司为全省刑名总汇，公件实多，若使一人任事，力必不胜，于是幕府中自有若干私人为之补助，始足以臧事。此项私人即该幕友之门徒，其一切伙食津贴，即为年节敬是赖。居督、抚幕者，州、县官则无呈敬，惟府、道等有稍须点缀，然亦不过各致十两、八两之年节敬耳。

凡居刑幕之人，亦多能洁身自爱，且不苟于行动，出入都经官署之暖阁，示无私行也。府、厅、州、县之刑席，群下俱称之为师爷，督、抚、藩、臬之刑幕，则尊称为师大人。所以刑名老夫子为一切幕府中至尊无上之一人。

凡充刑幕者，实无发泰财之希望，能求一家人之衣食丰足，即称庆幸。若能省吃俭用，复有蝉联不断的馆第就着，亦未尝不云有积蓄，此什中或有四五人。虽然，一就两司、两院之馆，于一切情事上，便有所不同也。

刑幕中人，亦有由幕而官者，然居于少数，什中一二，又莫不是有大因缘，有大来历之人。总之，刑幕是一种高尚职业，而不是一种升官发财之事。其明明如此，又胡为有人乐为？缘往昔之人，多务于名，而不甚重利，刑幕亦小有虚荣者也。故一般读书人，以不能从举贡上谋出路，便改而由此求上进，在绍兴人中，尤多以此为世业。惟在近二十年来，县、府中之秘书科长，即由往昔之刑幕变成，但降低其地位身份耳。

往昔滇民年纳粮赋之准则

清代田赋，在比较上实不甚重，惟南北东西之各个省份，于征收粮赋上，却此重而彼轻，大不能云为粮政持平。究其原因，实根于明代之淆乱差池。清帝入关，不乐改变成法，仅于四川一省因变乱而特减轻，余则如故。若统长城内之十八省而言，则以江、浙、皖三省为重，以滇、川、黔三省为轻。今余在云南，亦多于笔下绪论滇事，云南人民年纳田赋之准则，政不防据余所知者而一揭表之。

云南田赋，自清代康、雍而后，在定额上是年征粮米二十八万九千余百京石，每一京石为一百四十斤，又征条丁银四十二万五千余百两。此则包括着民粮、秋粮、军粮、屯粮、地税等项及边地上之一切杂色赋税，而成此一定额也。人民除纳条、粮两项正供外，只缴纳少少的夫马、积谷、团费几种附征款项，而此则缴纳不多也。征收法是每粮一京石折征库平库色银一两，库平每两大市平四分，库色较通用之公估纹银成色高百分之二。条附于粮，每石粮，条银约为一两五六钱。随征之积谷、夫马、团费，每石粮只共纳铜钱八百文，既而又有铁路费二百文之增加，然此是在光绪二十年〔1894〕后始有此一项之征收。此俱属于正供，实无弊陋杂于其间也。

各州县之征收粮款，除应征之平色外，却有火耗、解费、羡余、票费等项名目之陋规征收。惟其轻重则多不相同，有正供一两而加收一切陋规至二钱余分或三钱余分，乃至四钱以上者。此则视此一郡、此一邑向往之成例如何，但是不能任意加增也。又有一些郡邑是直截了当的作加三、加四、加五而征收者，此则较少，虽然，亦绝不至有加五以上之收法也。是时，州县缺之肥瘠，即以粮石之多少，征收法上之余润而论。惟纳一斗几升之粮，银钱无几，人民多以铜钱交纳，官府规定银价自较市面为高，如市面每两值铜钱一千二百文，官则定为一千七八百文，此又与加三、加四之收法无异。斯一切固属州、县官之违法征收，而亦是一种半明半暗之规定，被大府知之，亦不之罪也。

至云房书等之苛索，要不过就粮册上以畸零为整，如以二三勺为一合之类，又平色上可能有些须之扣克，此却是小分事也。若统而言之，是时人民之上纳粮款，合条银杂项与夫一切陋规并计，在内地各治，无论其弊陋如何重大，每粮一石亦绝不至超过四两五六，其在边远州、县，自是难言矣。由斯而论，在内地者，每粮一升只纳四分多银耳。又以光绪年间之米价而论，每一重百二十五斤之市斗，仅值两许银，四两余银等于四斗多米，四分余银则等于四合多米耳。

云南田地仍分九则，亦以九等开科：一曰上上则，每亩征粮三升；二曰上中则，每亩二升七合五勺；三曰上下则，每亩二升五合；四曰中上则，每亩二升二合五勺；五曰中中则，每亩二升；六曰中下则，每亩一升七合五勺；七曰下上则，每亩一升五合；八曰下中则，每亩一升二合五勺；九曰下下则，每亩一升。其上等与下等可弗计，惟取中等者而言，若中中则田一亩，纳粮二升，仅九分余银，假变而成米，是四合多米。此等田若在丰年，下发可能产谷八九市斗，欠年出产啬，则产量难言。然以十年中之出产数量平均计之，每年每亩可能得到七市斗，碾成米，约为三斗六七。纳此一亩田之粮，仅费米四合多，是去千分之一十五也，其征率之低，真迈乎古代。至于春发，则无所收取。其征收之轻微如此，而是时人士犹以为有病于民。是不到高山，不显平地，不渡黄河，不解小溪也。彼云往昔朝廷之横征暴敛，敲骨求金者，真是一班瞢瞢昧昧，不悉政令不求事实而信口雌黄者也。

清代之积谷仓

存积谷米于仓廒，为防备水旱偏灾，年岁有荒也。此不自清代始，唐宋以来即有此一办法也。曰县仓、曰社仓、曰太平仓、曰义仓，其义均在于是。往阅乾隆朝《东华录》记载：乾隆三十年〔1765〕，中华十八省丁口共为二亿五千五百六十余万，各省存仓之谷共为二千九百八十余〔万〕京石，是每一人民，无论男女老幼，俱有将近一斗二升之谷子存储也。又阅乾隆五十年〔1785〕之丁口记载，其数为二亿七千九百六十余万，存仓之谷其数量为三千六百九十余万京石，是每一人民已有一斗三升存粮也。此可谓备荒有法。以是有受水旱偏灾之一州一县或十数州县办赈救灾，毫不发生困难。以云南而论，在乾隆五十年云南究有丁口若干，存有谷石若干，却无考稽，大致每一丁口亦能有一斗三升存粮也。云南自咸丰六年〔1856〕至同治十二年〔1873〕的十八年当中，祸乱不息，于是各府、厅、州、县之仓廒什九皆空，且有颗粒无存者，乃有征积谷填仓之定案。自光绪六年〔1880〕后，便于每石粮上随征积谷款制钱三百文，着令各州、县官就其征获之数，于谷贱时买谷填仓。存储数为若干，纯由在任官保管，定有雀粮、鼠耗，霉烂则负赔偿之责。州、县官卸任接任，都以此为一重大事件。论云南全省，征粮为二十八万余千石，每石征钱三百文，此可购谷四京斗零，以全省计，年可购谷十一二万京石，以十年计，可购谷至百二十万京石。是时，全滇人民只不过八九百万人，是则每一人亦可能有一京斗以上之存粮也。惟在光绪三十年〔1904〕前后，省外各处恒有水旱偏灾，粮价渐高，且无一时之低落。于是有半数以上之州、县都征而不购，将积谷款移交后任，或报解于上。虽然，在是时全省积谷亦存储近一百万京石矣。所在三迤之间，在任何一处遭受天时之灾害，而人民亦不忧乏食尔。此属往昔时代之一种善政，故泚笔而记之。时在 1943 年秋九月。

滇边州县之粮差催粮

中国二十余行省，幅员之广，自以新疆为第一，其次四川（包括今之西康省而言），又次则为云南。云南地面亦云寥廓矣，南至北、东至西均相距在二千余里，若由省会至三迤之极边地处，马站无不超过二十日。若中甸、维西、缅宁〔临沧〕也，若腾越〔腾冲〕、龙陵、镇康也，若镇边〔今澜沧〕、车里〔景洪〕也，若绥江、威信也，路程之远直等于历块过都〔历块指过都越国，如经历一小块土，言速疾〕焉。所谓边鄙之地，旷远绵邈也。而三迤之间府、厅、州、县计九十有余，在内地者，固是棋布星罗，远则邑治稀疏，非三五百里不能云有一州县城池也。以是，由甲县至乙县，靡不是三五日之程途。更如迤东之巧家，南与鲁甸接界，北与禄劝接壤，巧家地面由南至北，其人行道几近千里。地方如此广阔，其行政机关居中策治，距离四境之遥远可知。鞭长不及马腹，政治上竟有诸多特异事故发现，今仅言其征收钱粮一事，余者弗谈。

在边远州县治内之编氓，凡距城在二三百里者，有几人能一生到过县城或州城三次两次，无非坐老穷荒，火耕山种而已。年年纳粮上税，惟知有公差前来取索，谁肯为一升八合之粮银而奔驰于数百里之外。来往耽延，动在十日八日，此项开消〔销〕，整个月之劳力难偿。以是，边远地处之人民，对于每年应纳之粮赋，从不解自行入城交纳，其坐待公差之来催取，是成惯例也。由是，一切边远州县而有粮差之说。

粮差为衙役中具有身家者，在衙不事他役，惟催收各乡之粮是任。云南三迤之边远州县，又无一不有粮差焉，多者三二十名，少者亦有十数名，而每一粮差名下附属之徒子法孙又有三人五人，或十人八人，此则为衙中散役。散役不隶之于官，而隶于所拜之师，故粮差讲衣钵相传也。粮差之额数，当视边鄙村寨之疏密而定名额。总之，地面愈寥廓者，粮差愈多，郡邑愈属边远者，粮差之威福愈大。如迤南之思茅、普洱、澜沧、威远〔景谷〕、镇沅、元江等处之粮差，出而征收各夷族地方之粮者，郊行必展旗鸣号，粮差则骑高头大马，若行于山间，则必敲铓。铓为何物，铜锣也，边宽而体厚，锣心凸出，大逾拱拳，此则是径在一尺以上之大铓锣也。铓俱成对，敲时声出，一则为“定”，一则为“冬”，乃云南夷方特有之一种响器也。粮差往催粮时之威武如此，相信其本官弗能及。虽然，不如此卖弄声威，亦不能将夷族地方之钱粮收得到手，实势使之然也，故本官于此种情事亦知而不问。

在夷族人较少之地处，则无论其为村为寨，凡是路程遥远而又粮户少，粮不多者，粮差便不自行，但派遣其徒子、法孙数人，持一纸公文而往征收之。论各属之粮差，固不能尽如往征夷方钱粮者之扬旗敲鏋〔铓〕，作威作福于外，可是一一俱有权力隐伏，而与权力显著者又无不同也。

粮差之舒展势力，即在每年催收钱粮时。十月一日，州县官衙门开征，户粮房书遂呈送本属边鄙村寨之花户册名于官，并粘签于册上，某乡之某村某寨共有粮款若干，归某某粮差负责征收，某某地处又归某某粮差往收。官以成案若是，当然一一许诺，按其粮册所列之乡镇村寨，照案签差而发牌令。牌令颁下，粮差奉到，便是财喜临门，酬房书，聚同类，领粮票，请告示，完尽一切手续，便议出发。有无须动尊前往者，则召集其徒子法孙，派定某某等至某村，某某等至某寨，师傅之口头号令犹强于官府之堂上印文。而此班徒子法孙，今出而任事，是对其师尊负责，于官府前却无职责可负。

于是有若干散差，手挈提篮，装满烟具，背背包裹，小有衣物，或三或两，分途而行。今日四五十里一程，明日二三十里一程，其远在三四百里者，非十数日不能达到。公差走到，则朝食于甲家，暮宿于乙家，于丙于丁，无不轮流供应，酒肉茶饭，洋烟草烟，又无不享受齐全。此方取出花名册而征粮，三百文一升，四百文一升，是按其路程之远近也，历来之规定如是，花户毫无异言。若以官府之文告而论，自不啻加十倍八倍而征收，彼一般小民，亦心甘情愿而照此交纳者，盖以己身入城，来往用费或犹倍于此也。

惟是边鄙之地，粮赋较轻，田之等则，什九都属于下中、下下，不然即是一些地税。从数量上计，在一村之内，一寨之中，只不过有田粮石许或数斗地税而已。此户三升，彼户二升，甚有不及一升而只有几合者，此俱纳钱不多，自易筹措，或交以银块，或交付铜钱，自是踊跃输将。有不得已者，则以银簪子、银耳环、银戒指等件抵之。更有抵无可抵者，则浼托公差代完。欠数不论多少，都是请保期限，并认定加一倍或加倍半赔偿。

此催收粮赋者，搞完甲村又走往乙村，是吃毕甲寨又去吃乙寨。此班催粮者之行藏若是，彼一班之走往他处催粮者，又何尝不若是。此耽彼延，自不止三月两月。官府之于粮差出催粮也，牌令上自有限期，每卯交粮款若干，丝毫不容差少，五日一卯，十日一比，功令亦殊严也。所谓卯者，即交纳粮款之日也；所谓比者，以不能按卯交清订下之款，而受官府之催逼及处责也。比期到而仍有拖欠不清者，官则坐大堂，将粮差提到案前，丢签笞责。一根签打五十，两根签打一百，执刑者褫粮差之裤而以竹板笞其臀，三十、五十，粮差之屁股打得绯红。欲免屁股不再吃亏，则讨限交纳，或十日、或半月，得自行认定，是则届期必须垫款交纳也，否则必受加倍之笞责焉。官府规定，一比交粮款若干，再比又交若干，自是一种功令。而官府又何尝不知彼出外征收者尚未能回，要不过姑向粮差屁股上表示功令森严也。

已而粮差之徒子法孙回，入师傅之室，解包裹于案上，倾囊而卸橐。锵啷锵啷，则银条有焉，银锭、银锞、银珠、银片有焉，妇女之簪环首饰有焉，儿童之手圈、挂链、钉帽上之三星八仙有焉。

背包内又有铜钱三五串，更解下腰缠，取出洋烟数十两，一一列于师前，自是得意洋洋。师傅见到此一些物事，亦笑逐颜开，数之、点之、清之、查之、权之、度之，除以若干两银、若干串钱送交户房，奉之于官作征获之粮款外，余者则以若干成分给此几个出而奔走之人，下剩者则为已有。为数固不甚多，而亦能有二三十两银也。一个粮差不只得催一个地处之粮，派催三五处之粮，即有三五份收入，集少成多，年中亦有百数十两之收入也。如是，则一切垫交之款不落空，一年之生活自有着，屁股虽然吃亏数次，而亦有相当之代价矣！

一粮差之情事若此，全县之粮差自无不如此。此县之情事若是，彼县又何尝不如是，是则凡属于边远之厅、州、县，无不如是如是。此从表面上观察，官则昏庸，吏则奸猾，粮差的确是蠹鱼。其上下如此，而人民竟未受到重大伤害者，以取之者少，既未妨害其事功，又未伤损其财源也。故愚者安之，智者亦不以此为有病于己也。此在医家，认之为皮肤上病，不治亦可，不自慎，而敷以不适当之药，未有病不加剧者也。是故君子之于此也，竟置而不问。

清代之临民者较民国之临民者廉明

有清是一帝制国家，然在一切表现上，亦未尝无一些特色，最显著者，则在士人方面。是时，士人极重廉洁，咸谓清白始可以传家，富贵只足以惊俗，故一身入仕途，无不顾惜声名，保持前程。出而治事临民，多能注重“清、慎、勤”三字，盖循声一著，即足以耀祖光宗，黼黻荣身，即足以荣耀乡里，是不在乎万顷良田，结构连云而称快也。假在官之日，枉法溺职，苞苴是受，案件发作，参革从之，既一生之前程蠲尽，而又对戚友无颜，既家之孝子贤孙，亦窃窃有所议也。

此种风气，不特有清一代若是，即汉、晋、唐、宋、元、明，亦无不如是。职此之故，帝制国家之官吏，除汉、晋、唐、宋、元、明置而不论，仅就有清而言，官吏之食黩货财者，实不多也。若引而与民国十年后，三十八年以前，中国之一般官吏相较，不特有上下床之别，更可云有一与十之差也，斯何有如此之差别耶？缘制度不同也。盖民国官吏，言威望无，言荣贵无，复无品秩，更无升腾。以一班县知事及一班设治局长而论，在任则为官，去任则为无职无业之游民。又以在官而言，后任可囚禁前任，新官可以枪决旧官，可谓地位毫无，保障毫无。若论其处境，直不如一大行店中掌柜，只等于牙行中经纪人。时虽美其名称曰公仆，实则私而忘公，日仆仆于风尘，惟利是图也。其鄙贱也如此，乡党自好者多不乐为，有乐此不疲者，是必不务于高尚，而甘于鄙贱者也。如此如此，仕途上焉得不污浊。

且也，在民国十年后，国中大势，为督军、省长、主席者是一班人，为厅长、司长、局长、处长、道尹、专员者是一班人，为县知事者又另是一班人，为设治局长与为县佐者，更各是一班人。而为厅长、司长等者，似注定永远为厅长、司长，为县知事等者，似注定永远为县知事。除此，便可以云有奥援者得一步登天，无奥援者永沦渊底，讲到资格，蔑如也，云到才能，似贩夫走卒，都可与文子同升诸公。其景象如此，得谓为法制之邦欤？吁！在民〔国〕十年后，民三十八年前，中华民国直是一造乱之邦也，故一般官吏无不属于庸陋鄙恶，即稍有一些清才杂于其间，然函浑〔含混〕于污泥中亦难自拔也，悲夫！

夫人生于世，自不外趋走于名、利两途，无名可求，当然图利。兹即就云南一省而言，省中所有之司、厅、局、处与市府、县府，固非行店、非公司也。若罔于利而行，又何尝不可使元宝作不断的滚入。此如民国二十年后，陆崇仁之长财政厅，李培天与李宗黄之长民政厅，下而有李郁高之长粮政局等是，然此为是时的一些特殊能手，纯仿于利而行，直将政府机关作商人之行店、公司来办也。以是，各发得一笔大财，都不可以数计。

若就一些具有普遍性之机关而言，凡厅、局、处、所、市府、县府，莫不是能于生财，能于行使手段地处。故有一任局长、处长，而能得到三年两年者，其箧椟中无不有万两黄金。一任市长、县长而能至二三年者，回省后即能建洋楼若干座，购良田若干顷。等而下者，为一边地设治局长或一著名之县佐缺，一任归来，亦必有阿芙蓉若干千两，银币若干万元。闻者曰："此究从何处而来？"曰："是不难于罗致也。"只须一走向四乡调查，知某某等俱属殷实之户，悉其详尽，则有办法也。乡人之走私者在是，乡人之通匪者在是，乡人之存黑货者、藏军械者亦在是。一张拘票发出，人即捉来，随意加以一罪，俱足以倾其家而丧其身。孰甘死守财物而不为一己之生命计哉！是则国宝源流，自混混然而来矣。

在国无法度，政无纲纪时，一般不知自爱之人，孰不乐括尽囊橐出而运动钻营，此则三万五万不计，即一二十万亦不计，只在得到一个县治，便是伴着财神老爷而眠，在任期以两年，当然有无限度的生发。所下资本不过如是，异日收获，纵不能云一本万利，而利占百倍，自属可能，又谁不乐于此也，谁不乐发大财也。以是，民国十年〔1921〕后之官吏，十之八九俱属于贪赃枉法者，且贪赃枉法，即使上峰得知，亦不过知有某人，在其任所而贪赃枉法也。纵撤任查办，其运动力一经达到，依然又获得一发财地处。贪赃枉法者之结果，既不甚恶，谁又肯洗清卖白，作“举世皆浊我独清”之人。

在职任上可以贪赃枉法，在差次上亦可以贪赃枉法；在此一职任此一差次上可以如是，在彼一职任差次上，又何尝不可如是。如是如是，此一人则较彼一人愈坏，此一县治较彼一县治更糟。若就民国三十年〔1941〕前后之云南政局而言，诚光怪离奇，为笔墨之所不能形容。若质而言之，是上则括刮取于下，下则刮取于民，斯为各有所刮，各有所取也，政局如此，亦千古以来之一奇局，有谐之为言者曰：“此是民国官吏之一种特色，与往昔时代之一班清官廉吏，能作一反比例。”此则谑之甚。

至云名宦循吏，有如丙吉、宋均等之关心民瘼，见耕牛而问其喘息，施仁政而格于猛虎，他如龚遂、黄霜、召信臣、杜诗、张堪、刘昆、朱邑、翁孺等辈循吏，使其入民国，必无寸土地能立足也。民国时代之贤宰官固有，铁中之铮铮，在比较上，百中或有半个也。所谓半个，是差足与清代之廉吏相比较，与古代贤良相较，则去之远矣。吁！论事者，实不合对于任何一事俱要将民国两字抬高，而卑〔鄙〕视往昔帝制。要知居于前者，即是在后者之鉴衡也，实不在乎民主与专制。凡事持平作论，前代之精华自可采取也。只知宝康瓠而弃商鼎，必陋者益陋。从下流而忘返，此民国十年后，民国三十八年前之官吏，所以卑污苟贱至不堪。

今昔人士之贪污比较

贪污情事，在任何朝代均不能云无。要不过在政治修明时，只年中有一二贪污事件发生，究不能云当政治修明时，而无一人敢于贪污也。若政治窳陋，自是贿赂公行，苞苴是进，上者作上者之贪赃枉法，下者作下者之贪赃枉法，此则是上下俱贪，大官小官同污也。此又可云：大则大贪污，小则小贪污，若核实而言，是无人不贪，无官不污也。有独据清流者，必为众所不容。众人皆浊我独清，此屈原之所以死汨罗也。夫人因困蹩而谋生活之路，若事有足以舒畅生活者，又何有不乐为？此在贪污盛行时所以能举国风同。此种情状，在过去之蒋〔介石〕政府下，即是即是。

慨想世运循环，过去之事，可认为是将来必有之事，现在之事，更证明其为数千年前曾有之事，亦可认作后此之数千百年内，必能重演之事。盖闻佛言，“在吾身前之第一人，即吾身后居于末尾之一人”。此从轮回转环上证明，世人不能否其说。余味斯言，故知今所谓困苦者，昔人亦尝身受之，昔人所称快愉者，今人亦能身受，将来的人，亦可得而身受。要不过时间问题，形色问题，辛辣问题小有不同，而于能耐与不能耐，适合与不适合之处，又无不同也。根据于此，乃可上推百年内及二三百年内，其过去之情状若何。

在前百年内，当胜清咸〔丰〕、同〔治〕、光〔绪〕、宣〔统〕之际，是时虽云政治是遵循轨道而行，一般官吏中亦恒有贪污情事发现。如四川盐源县知县盛朝辅讦禀署四川藩司苏敬衡贪污一案，是举国皆闻。今读其原文，其涌也有如潮如海之观，其强也有如火如荼之势，且饮冰茹蘖，冒刃冲锋，尽所欲言，诚大块文章也。但讦禀苏敬衡之贪污案，虽并其二三年之一切侵蚀、一切贿赂而言，其贪污之数只不过二十余万两银，在是时则为一巨大数矣。以较今日之贪污至若干万万、若干十万万、若干百万万者，更不止有小巫大巫之说也。可知百数十年前之一些贪污事件，在今日真不足及于齿唇。

又在光绪末叶，云南藩司李绍芬因纵容家丁收受门包，及本人收受属员之年礼、节礼、生日礼等，此不过一万几千两耳。以较苏敬衡之贪黩实觉低微，以较今日之贪污者尤卑不足道。然事闻于众，滇督某、滇抚某即共同具折奏参之，随奉旨革职，永不叙用。至于一般州牧、县令，惟苞苴是务者，年中亦不乏人。但此种败类，百中亦不过二三，可是一经被人举发，必受参革，能隐秘而不为人察觉者，是得到侥幸耳，而究亦无几焉。

又据余知闻所及，其因贪墨而败官者，大都为二三百两或四五百两之贿赂也，若数至一万、八千，在参案中从未之闻。此足以证明，是时之州牧、县令不特无此伟大魄力，敢于吃人之一万、八千两银，而亦无人具此阔大手面，肯以一万、八千两银出而运动一事。用此推求，可知当日中国之局度褊小矣。若在今日，以三百五百元致送一门前卫兵之烟茶，犹嫌其薄，况其他乎？噫！时世不同也。此则可以简而言之，在咸、同、光、宣时代之贪污人少，且贪污之数亦极微也。

虽然，贪污之数在万千两是为大贪污，数在百数十两是为小贪污，但擅受人之十两、八两与擅受人之十万、八万者，事无不同。此一万两为贪污，彼一两又岂能除其贪污两字耶？是同一贪污也，要不过数之小者，人不屑于举发也。由是而知任何时代，均不能云无贪污情事，只可从其大小轻重上较量之耳。

论咸、同、光、宣时代之官吏，虽云冗滥，然出而治事，较民国时代之官吏则清白多矣。盖是时之州牧、县令，是多愿升官而少望发财。求发财者自不免于贪，望升官者须博声誉，于是贪污之事竟不屑为。以是，州牧、县令中亦非绝无贪污之人，而亦不可肯定其间多是贪污者，复以其为人行事论之，似清白者实多也。

且也，是时之官吏若官至府道，其心理上即发生变异。以官至四品，更拥有巡守之权；再上一步，即为监司大员；更进则可望领封圻。由是，无不从好的方面做去。又如在著名的阔缺任上，年有三万、五万，甚而有十万、八万之正常收入。其羡余之丰厚如此，自是兢兢业业以将其事，冀免有错失而好谋升腾也。是则什之八九俱能戒于贪，绝不至再有不腆不鲜之求也。若一升任藩臬，则封疆有望，此而以地位言，以情势论，亦宜注重声望，俾得简在帝心，斯更不敢营于贪得。若位至督、抚，几位极人臣矣！斯而保泰持盈，莫不各有是心，且有万余两或二万两之养廉，其家用自是充裕。而况在督、抚任上，衙署内之一切供张，俱由一首府、一首县承办，此历来规例，是一切不用自己费钞。故位至督、抚者，在境地上，在事实上，亦勿须趋重于贪得，更就名位而言，是落得做一清风亮节之人。虽然，孔子有言："血气既衰，戒之在得。"而当时之一般为督、抚者，亦真能不愧斯言。以有此种种原因，故是时之满清，虽是一陈腐朽坏国家，亦能致升平。

又由咸丰以前，再上推百年，是为乾隆、嘉庆、道光时代，而在乾隆崩后，嘉庆初登位时，则有一极大之贪污案发现。乾隆朝之首相和珅，实国之权奸巨蠹也，而乾隆帝极信任之。珅当国二十余载，真是为所欲为，卖官鬻爵，枉法殃民，自是一种寻常事。朝臣以其为帝所宠爱者，竟莫敢谈其谁何，一班居其下者，亦惟侧目而视。逮乾隆帝崩，嘉庆登极，一班朝臣知珅失其所恃，遂群起而奏参之。嘉庆即据臣工之所参奏而惩办珅，摘去其官，抄没其家。据《清宫秘录》纪载云：有黄金若干十万两，白银若干百万两，衣服装饰若干百箱，珍宝珠玉若干百千万件，即及五六分径者之东珠亦有四十余颗，房屋若干千栋，田地若干百顷。以是时之物价而统计其值，得数为六千八百八十余万两，其数可等于乾嘉年间户部所管全年之田赋收入。吁！其贪污之数可谓巨矣，贪污之案可谓大矣，论此一贪污案，此一贪污数，实压盖有清一代。

惟是近代之人，每喜与过去时代之人比高下、较强弱，因而在前数年间，吾国又有一大贪污案发现，揭载于报纸上。其贪污之数为三千四百余亿，按万万为亿，是三千四百余万万，列在算式上已有十二位。余初阅而不甚相信，复怀疑甚，盖以此贪污者是就一部分事业上而通过其贪污之行为，不是就全国的一切事业上而通过其污行，贪污之数又何能得到如此之巨大？报纸又不是以模糊影响情事而向群众报导也，是则足以骇人。然于此一报导也，亦惟有信之。

论此三千余亿之纸币，若照某年人民银行之定价，每四千元〔指旧币〕值白银一两而计算，是一亿为二万五千两银，三千多亿则值银八千多万两，此而与和珅之六千多万两相较，是又超过八分之二。夫和珅为有清一代权臣，位居首辅，当国又在二十余年，且为清代之第一个贪污大臣，其贪污之数，在结果上不过如是如是。今之贪污者，其地位亦不十分高，若与和珅之地位相较，实泰山之于丘垤，河海之于行潦，其贪污之数竟能如此之巨。假与和珅之地位相等，其贪得之数又当何如？惜和珅死去多年矣，使和珅生存于世，对此必大生愧色。曰："我真无出息也，当拜此而为师。"

吁！往昔人士都认定和珅为贪污界中千古一人，今而知强中更有强中手，今人实胜于古人也。用此推论，又焉知后世不有人藉着一切的节节进步，出而立于贪污界上，作吞没河溪，吸尽沧海之事耶！此固是一不可知之事，或许亦能有此一种事件发现于后世也。

卷　六

昆明太阳出没昼夜时刻表

冬至节日　日出卯正三刻二分，即午前六时四十七分；日入酉初初刻十三分，即午后五时十三分。昼刻四十一刻十一分，夜刻五十四刻四分。（所云午前午后是昆明时间，不是北京时间，后俱照此。）

小寒节日　日出卯正三刻，即午前六时四十五分；日入酉初一刻，即午后五时十五分。昼刻四十二刻，夜刻五十四刻。

大寒节日　日出卯正二刻五分，即午前六时三十五分；日入酉初一刻六分，即午后五时二十一分。昼刻四十三刻一分，夜刻五十二刻十四分。

立春节日　日出卯正一刻十三分，即午前六时二十八分；日入酉初二刻二分，即午后五时三十七分。昼刻四十四刻八分，夜刻五十一刻七分。

雨水节日　日出卯正一刻三分，即午前六时十八分；日入酉初二刻十二分，即午后五时四十二分。昼刻四十五刻九分，夜刻五十刻六分。

惊蛰节日　日出卯正初刻九分，即午前六时九分；日入酉初三刻六分，即午后五时五十一分。昼刻四十六刻十二分，夜刻四十九刻三分。

春分节日　日出卯正初刻，即午前六时；日入酉正初刻，即午后六时。昼刻四十八刻，夜刻四十八刻。

清明节日　日出卯初三刻六分，即午前五时五十一分；日入酉正初刻九分，即午后六时九分。昼刻四十九刻三分，夜刻四十六刻十二分。

谷雨节日　日出卯初二刻十分，即午前五时四十分；日入酉正一刻五分，即午后六时二十分。昼刻五十刻六分，夜刻四十五刻九分。

立夏节日　日出卯初二刻，即午前五时三十分；日入酉正二刻，即午后六时三十分。昼刻五十二刻，夜刻四十四刻。

小满节日　日出卯初一刻八分，即午前五时二十三分；日入酉正二刻七分，即午后六时三十七分。昼刻五十二刻十四分，夜刻四十三刻一分。

芒种节日　日出卯初一刻，即午前五时十五分；日入酉正三刻，即午后六时四十五分。昼刻五十四刻，夜刻四十二刻。

夏至节日　日出卯初初刻五分，即午前五时五分；日入酉正二刻十分，即午后六时四十分。昼刻五十四刻四分，夜刻四十一刻十一分。

小暑节日　日出卯初一刻，即午前五时十五分；日入酉正三刻，即午后六时四十五分。昼刻五十四刻，夜刻四十二刻。

大暑节日　日出卯初一刻八分，即午前五时二十三分；日入酉正二刻七分，即午后六时三十七分。昼刻五十二刻十四分，夜刻四十三刻一分。

立秋节日　日出卯初二刻，即午前五时三十分；日入酉正二刻，即午后六时三十分。昼刻五十二刻，夜刻四十四刻。

处暑节日　日出卯初二刻十分，即午前五时四十分；日入酉正一刻五分，即午后六时二十分。昼刻五十刻六分，夜刻四十五刻九分。

白露节日　日出卯初三刻六分，即午前五时五十一分；日入酉正初刻九分，即午后六时九分。昼刻四十九刻三分，夜刻四十六刻十二分。

秋分节日　日出卯正初刻，即午前六时；日入酉正初刻，即午后六时。昼刻四十八刻，夜刻四十八刻。

寒露节日　日出卯正初刻九分，即午前六时九分；日入酉初三刻六分，即午后五时五十一分。昼刻四十六刻十二分，夜刻四十九刻三分。

霜降节日　日出卯正一刻三分，即午前六时十八分；日入酉初二刻十二分，即午后五时四十二分。昼刻四十五刻九分，夜刻五十刻六分。

立冬节日　日出卯正一刻十三分，即午前六时二十八分；日入酉初二刻二分，即午后五时三十七分。昼刻四十四刻八分，夜刻五十一刻七分。

小雪节日　日出卯正二刻五分，即午前六时三十五分；日入酉正〔酉正，依前反文义当衍〕酉初一刻六分，即午后五时二十一分。昼刻四十三刻一分，夜刻五十二刻十四分。

大雪节日　日出卯正三刻，即午前六时四十五分；日入酉初一刻，即午后五时十五分。昼刻四十二刻，夜刻五十四刻。

按：日出是言太阳冒出地面；日入是言地面上已无日色，日已落下地面。然此种看法，要必在数百里长阔之大平原上，方能作如是看。若云南山国，四面山环，高者盈千尺，矮者亦在数百尺，看见太阳冒山，与在大平原上之看日出，相去远矣。是则看到天际有阳光冒上，便可定为日出，看见西方天际已无阳光照耀，便定为日入，如是则与表列日出、日入之时间不悖。又在阳光未曾冒上时，东方虽然发白，复已生光亮，而太阳之光究未上冒，此仍属于夜刻。又在日落时，西边天际仍有阳光现于上空，此时也又是属于昼刻。如此，方能将昼刻、夜刻划分清晰。

时宪书之内容

时宪书，亦等于古代授时历，俗则名之为黄历，实则有异于近代日历也。名为时宪书者，是钦天监遵《御制数理精蕴》及《协纪辨方》等书，而造成一颁行天下之流年历本，故无异于古代之授时历也。曰黄历者，以时宪书系用黄色纸壳护外，故名为黄历。黄历分官历、草历两种，草历则一切简单，官历则内容丰富，今置草历于不议，只就官历而言。

官历之首篇是载都城顺天府节气时刻、月分大小及有润无润，并载明本年凡三百五十几日或三百八十几日。次为年神方位图，图有四大角，一博士、一奏书、一蚕室、一力士，此则含有士、农、工、商四义。中为九色图，有绿、碧、紫、黑、赤、白、白、白、黄九字，此则年各不同，要星学家方知其变动法。又大书一行于图前，署明本年太岁之所在。例如庚寅年，则署明“太岁在庚寅，干金枝木，纳音属木，岁德在庚，合在乙”等语，此则纯属于选择者也。

在年神方位图后为清代忌辰日表，表上详载一切忌辰之日，是清代太祖高皇帝、太宗文皇帝、考慈高皇后、孝庄文皇后及世祖、圣祖、世宗、高宗以下一切帝后之死忌日。按定制，凡大小文武衙门，在忌辰日系用一黄色木亭，供一某皇帝或某皇后之忌辰牌于亭内。是日，大小文武官均停止宴会，见客不穿黼黻、戴翎顶而着素褂。以故，时宪书上载明一切忌辰日，署以“本朝忌辰”四字。

次为万年书鉴，此列有一喜神、财神、贵神图，图作圆形，以十天干位于当中，外分四层，一喜神方位，二财神方位，三与四同为贵神方位，及标写着天恩、天德、月恩、月德、天赦、天喜、天月德合等等吉日之所取用；又标明血支、血忌、枯焦、归忌、月厌、月刑、四废、四不祥、六不成等等不祥之日。于一切行事上，有不宜于此一日，抑不宜于彼一日者，须分别忌用。

又次，为逐日诹吉〔诹音邹，诹吉是商订吉日〕选时表目。表列六十甲子，下则系以子、丑、寅、卯、辰、巳、午、未、申、酉、戌、亥十二时，例如甲子日，下则标明：子时吉、丑时吉、寅时平、卯时吉、辰时凶、巳时凶、午时平、未时平、申时平、酉时吉、戌时凶、亥时凶，人则就此趋吉避凶，而选时作事，望有善果结也。

再次，为是年各省太阳出入、昼夜时刻表。表是根据阴历算法而列出日入日出、昼刻、夜刻来。阴历须正朔望，有月大、月小。二十四节气，在交替上无一定的时日，今年正月一日立春，明年又不在一日而在四日或五日，如遇闰月，一年内可能有两个立春节。因此，日出、日入之时刻是年各不同，如就云南而言，本年的正月一日是日出于卯正二刻七分，昼刻为四十三刻一分。明年的正月一日，其日出的时刻与昼刻、夜刻之分划，必与本年两不相同。此一太阳出入昼夜刻时表，系从各个地处所居之经纬度而推算出，故地各不同，年各有异。此表所列之太阳出入、昼夜时刻，是分出盛京〔辽宁省〕、吉林、黑龙江、内地十八行省、外藩朝鲜、越南、琉球〔日本西南部岛群〕，及雅克萨城〔在黑龙江省呼玛县西北，原属中国，清末为俄国割占〕、三姓〔黑龙江省依兰县〕、伯都讷〔在今吉林省扶余县〕各个地处而一一详尽。

复次，为各省节气时刻表，此则是将吾国东三省、内地十八省与三藩属及雅克萨城、三姓、伯都讷、两金川〔四川省境内〕，并两金川所属之各土司地，于交某一节某一气之时刻列于表上。此亦是依据各个地处所居之经纬度，而推算出其交节交气之真正时刻，以明诸方之气候交换，在时刻的数字上实各有不同。如光绪十六年〔1890〕，岁在庚寅，正月十五日立春，盛京是寅正初刻九分，云南是丑正三刻一分，余悉类此。清代之取重阴历，即因其能有此一些的推算，故一般人认定清代的时宪书在交节、交气上较日历为详尽。

复次，为一年十二个月的历本，此则有诸多的讲究在着。例如光绪十六年，岁在庚寅，属于正月的一篇历本，则书六个大字于首，署明“正月小，建戊寅”，系以正月某日某一时刻立春，日为某一甲子；又示以宜修造之方向，又示以天德、月德、月厌、月煞之所在；更系以《礼记·月令》曰：“是月也，东风解冻，蛰虫始振，鱼陟负冰，獭祭鱼，候雁北，草木萌动”各语。后则标明本月合朔、上弦、望日、下弦等之时刻，此而方将此月内所有之二十九个日子，逐一标出。如是年正月一日为壬寅，壬寅纳音为金，其下则标一“金”字，二十八宿系轮转于日上，是日轮转至室火猪，则标一“室”字。评定日上吉凶，有除、危、定、执、建、满、平、收、成、开、破、闭十二字。庚寅年正月一日是在春前，月支仍属于丑，此壬寅日则为除日，其下标明宜沐浴、扫舍宇、不宜出行。合之，此一初一日，是书着：“初一日，壬寅，金、室、除，宜沐浴、扫舍宇，不宜出行”一行字。月内之二十九个日子，大致都作有似于此之标明，只不过遇到良辰吉日，而又是一最好不过者，在标注上可能标出五几十个字来。遇到交节交气，亦必在日子下标明。又每一日子的头上脚下，都载有四个红字，上四字是标明此一日占有之吉星，择其重要而标出两点，如天〔德〕月德、天医、天喜、玉堂、解神等；下有四红字，是标明此一日遇到之大凶星，如月破、月刑、月煞、灾煞、劫煞、大耗、小耗、天火、大败等，此亦是择其要而标出四字。此则年中的十二个月内，每一日下，都不外作如此的标注。

历本系以纪年，纪年以六十年为率。例如光绪十六年〔1890〕，岁在庚寅，则从此一庚寅年纪起，书明“光绪十六年，庚寅，木，一岁，虎，男二宫，女四宫，闰二月。”逆推而上为“光绪十五年，己丑，火，二岁，牛，男三宫，女三宫。”作如是逆推而上，至道光十一年〔1831〕，岁在辛卯为止，是完成一六十花甲，纪人寿岁，亦满六十。

纪年下，则标明天恩上吉日，系在每月的某些甲子，天赦、母仓又在每月内的某些甲子。又标明逐日人神所在，此则认为不宜针灸，及有百忌日、嫁、娶、周堂图等，列之于下。此是清代时宪书具有之一些内容。此为有用者欤？抑无用者欤？曰：若除去上载之二十八宿、纳音五行、吉星、凶煞、财神、贵人及一切趋吉避凶之标注，自是一有用历本也。

往昔云南之钱法

钱，古作泉，取其流行周遍也。《正字通》曰："冶铜为钱，易货也。古之为市，以其所有，易其所无，布币、金刀、龟贝之法穷，钱始行。太公立九府圜法，外圆而内孔方，轻重以铢。秦则废贝而行使钱。汉以后大小轻重不一，名称各殊，国家改元，必要铸，以年号为文，轮廓必如旧。"据此而谈，是每一朝代都必铸有些钱出也。

云南在明朝嘉靖年间，即开始在昆明设局铸钱，于是嘉靖、万历、天启、崇祯四朝，云南俱铸有钱出，而尤以天启、崇祯两朝之钱为多。市面上流行之钱，在清初时，亦不只有嘉靖、万历、天启、崇祯四种，亦有唐之开元〔713~741年〕，宋之元祐、元丰〔应为元丰、元祐，1078~1094年〕，元之至正〔1341~1368年〕及张献忠之大顺〔1644~1646年〕，安南之宽永，吴藩之昭武、洪化〔吴三桂称王之年号〕等钱杂于其间。按开元、元祐、元丰等钱，实非云南之所铸，是由外省而流入者。大顺钱全由四川流入，宽永钱由安南流入，此一些钱亦不是在清初得流，于是即在清末光绪年间，亦能与清代所铸之一切制钱共同行销于市。

清代在云南设局铸钱，是在康熙三十年〔1691〕后，局曰宝源，其地址即是后来之造币厂。于康熙某年间开局铸造，然铸出之钱不多，故市面无多的康熙及雍正钱流行，而铸出的康熙、雍正钱，在色质上亦只平平。逮至乾隆时，云南宝源局铸出之乾隆钱，则大异于康熙、雍正两个时代之所铸者。宝源局所铸之乾隆钱，在色质上、轮廓上、重量上，无不强于他省。所以然者，盖由纯用白铜和以其它金属，复用沙极少，而每文重量为一钱二分，每吊为七斤半〔清制每斤为十六两，相当于596.82克〕。以是，既大样而又整齐，既滑泽而又漂亮，真堪称为盛世之国宝也。同时，尚铸有一种金钩钱，尤为整齐漂亮，但不多耳。据前辈人云，此是一标本也，得者多宝而存之，今则难于寻获也。

乾隆钱中，亦有一种圜形较小、体重一钱者，昔时成名之为小金磡钱，其铜色虽好，终不若重一钱二分之一种乾隆钱能泛银光也。闻此是江南省所铸造者。在嘉庆时，云南所铸之嘉庆钱，其色质则有次于乾隆钱。道光钱在道光二十年〔1840〕以前铸者，其重量每吊固仍为七斤半，但轮廓上、色质上则有逊于乾隆钱多矣。缘质地上，铜只占百分之六十，其百分之四十系他种金属与沙也。在道光末叶及咸丰初年，云南钱法即有改变，重量上每文改为一钱，是每一吊钱只重六斤四两。不久，云南即有乱事发生，三迤骚然，各处矿厂停业，铜之来源顿告缺乏。省中大吏们乃将钱法大为改变，每文钱订为八分重，每吊钱只重五斤。而且铜只用百分之五十，余则为他种金属，而含沙愈重。此则自咸丰七年〔1857〕后至光绪十年〔1884〕前，都作如是办法，制出之钱，咸称为小钱。若乾隆、嘉庆、道光三朝，与康、雍两朝之钱及唐、宋、元、明时代之一切古钱，则称为大钱。

在同治元年〔1862〕后光绪十二三年前，云南钱法十分凌乱。如昆明城市上作一切交易，有用净大钱、净小钱者，有用大钱而杂以小钱，用小钱而杂以毛钱者。杂小钱、杂毛钱，又有杂二八、杂三七，乃至杂四六之分。因而以钱易银，以银易钱，都有种种之不同。有一两银换钱一吊二三百文者，换一吊四五、换一吊六七、换一吊八九乃至二吊以上者，故一切交易，俱依据钱文之好丑来论价。如买一顶川缎瓜皮小帽，用净小钱买只须三百文，用杂有四成毛钱之小钱买，则要三百七八十文。其情形如此，真不足以言币制。

毛钱不是官方铸造之钱，是倭铅厂及一些小铜厂上，用倭铅及沙，稍入点铜而铸成者。每文钱上亦无字文，亦无铜色现出，只不过略具轮廓眼孔而已。此亦有大小不同之两三种，大者每文能重四五分，小者只重二三分。每文钱仅重二三分，其小可知，因而一般人称此一种小毛钱为鹅眼钱。是时的毛钱，不啻一种货品，凡铸造毛钱之一些地处，自有些商人前往购致十驮八驮的，彰明较著，运入省来售卖与一切银钱铺，贩运时，官府亦不之禁。

又在咸丰年间，云南曾造过一种当十大钱，系以六成黄铜、四成倭铅及沙而铸成。每文重五钱，正面为“咸丰重宝”四字，背面有“当十”二字及满文二。此种钱在初造出时，颇能流通于市，未二年，咸丰驾崩，同治即位，此种当十钱遂停铸，人民便存此为玩物。

云南钱法，直淆乱至光绪十二三年，既而镇远谭公钧培来抚滇，始与岑督毓英商订，改良钱币办法。乃另铸一种重库平一钱之大钱，千文重六斤四两，其大处则差小于云南所铸之乾隆、道光两朝钱，而与云南所铸嘉庆钱之大小厚薄处相同。准以银一两易新大钱一吊四百文，用时以八十文准一百，但不得杂入小钱于新大钱中，原有之康、雍、乾、嘉、道光五朝大钱，得与新大钱同一价值。市面流行之咸丰、同治、光绪三朝小钱，仍许在市通用，所有毛钱也不禁止使用。自是之后，新大钱遂与旧小钱并同流行于市，至于毛钱，亦渐次稀少。小钱之搭毛钱者，至多不过三七成。而一些乾隆、嘉庆钱，便有人取而熔化，制造铜器。在光绪三十年〔1904〕前后，每千文乾隆、嘉庆钱，即值银一两二三钱。

光绪二十八年〔1902〕，云南造币厂始成立，造银币而又兼造铜币。铜币只两种，一为抵旧小钱十文之单铜元，一为抵二十文之双铜元。单铜元重库平一钱八分，双铜元重二钱八分。此两种铜元，在初造时，铜的成分极高，色紫而润，轮廓极整齐，字迹花纹极显明，无纤毫之模糊。人民动美好之观感，遂舍一切大钱、小钱、毛钱而弗用。总之，是以其携取便利也。此而所有的一切旧制钱，便逐渐的冻结于外县。积至入于民国，省内省外之一切地方，无不畅用铜元，旧制钱竟归于无用。此而一般愚卤〔鲁〕者，遂将其存有之钱埋存于地下，黠者则取而熔化之，于是旧制钱遂告绝迹。

云南铜元，在初造时，质与色俱好，故有价值，后则愈造愈劣，竟大不得人重视，遂至于滥。铜元滥，物价当然增高，所以民国八九年间之物价，较民国元二年间，实增高至一倍有奇。民国八九年，造币厂又造出一种唐头〔铸有唐继尧像者〕当十大铜元，此系用黄铜制造，究不甚通行。至于单、双铜元，又因市面铜价高，黠者又取铜元而熔化，所以到了民国三十年前后，单、双铜元亦不多见于市面矣。此为近二三百年来云南钱法上之一概略。

往昔云南之货币

货币为商业交易上所用之一种媒介物也，可大别为三：一、古代以贝壳、兽皮、谷玉等为币，曰物品货币；二、后世用金、银、铜、铁等为之，曰金属货币；三、曰信用货币，即纸票也，而此亦曰代表货币。云南在五百年前，有许多地方尚未开化，仍是固守蛮夷之俗，作一切交易多是用物品货币，复专以贝壳为主，即今人所谓之海巴也，少数用金属货币，而亦惟铜钱也。降至三百年前，始多用钱而少用海巴，若省会地方，则纯用钱，复兼用银块。

云南自康熙朝后，三迤产银颇盛，于是在商业交易上，便银块与铜钱并重。闻在一百五十年前，云南所用之银块，尚无一正当形体，在厂提炼出来之纯银，大都是一大块、一大饼者，此亦可以入市使用，则名为厂饼。迤西方面的人，则以一小模型，复将其大块大饼熔化，倾入模型中，取出则成一底圆而面平之一小锞，是为母鸡锞。迤西母鸡锞约重一两或不足一两，于使用时殊便。迤南方面亦仿此而造锞，但模型较为深大，制出之锞则高而且大，是为箩箩锞。迤东方面熔造之银锞，则形圆而冇〔读卯，意为没有，此处用意不明〕，有如一筛子形，咸称为银鳖子，以其有类于鳖也。然母鸡锞与箩箩锞之成色殊高，直有百分之九十八或九十九净银。迤东之银鳖成色低极，有六七成者、有八成上下者，而最高亦不足九成。昆明银块较有规模，熔化银于一方而微长之模型内，取出后，则以一钢印捶凹其两头，中间亦捶一浅浅印痕，如是则依稀似一牌坊形，是名为牌坊锭。每一深凹处，俱藉钢模而现出“某某字号足色纹银”八字。造牌坊锭之字号称为煎销铺。煎销铺之造牌坊锭，是收买厂饼、银块、银锞及由外输入之川锭、广锭、江西宝等，配合成色而熔化之，制造之。在同治年间，每一牌坊锭只重三两二三钱，轻者犹不足三两，然大都是在三两上下也。后以每百两有三十余锭，包裹上不易于整齐，至光绪初年，遂改其模型，概造成五两上下一锭之牌坊锭。如是，每百两只有二十个，包裹上自见整齐也。

云南之牌坊锭，在咸〔丰〕同〔治〕年间，多是成色不一，有九七八者，有九五六者乃至有九一二者。在商业交易上，是看银水来订货物之价值。因而是时的学生易人，须学会看银水，学熟算盘，才够得上站铺面。有人来购大批的货，在生易将要拢膛时，就得要向买主方面索出其银，看其成色如何，总之，是抱定着一个九八银水来做生易。故尔，是时的生易颇难做，站阑柜的人真要有本事。

光绪初年，将牌坊锭模型改变后，银色也就认真，通统订为九八成色。煎销行中又订出一办法，就行次中推举出一家为勘定银水者，呈请官厅批准该勘定银水者，得使用一钢戳，戳上有文为“某某公估勘讫”数字。于是此勘定银水者便称为某公估，银即称为公估纹银。自是之后，一切煎销铺造出之牌坊锭，都得要送往公估家盖戳，凡不足九八成色者，公估处则拒绝而不盖戳。所谓不足九八者，亦只是在九七成色之上下，亦绝不至低到九六。不得盖上公估戳之牌坊锭，便宰作两节使用，时人则名之为砍头公估。此种银只能在市面使用，不能在交纳赋税上使用。

煎销铺除造公估纹银外，又代盐政上煎造一种足色盐锞银，其型仍是一种牌坊锭，只成色较高，银水较足耳，此则是各盐场解交盐课之所用者。此外，有造滴水珠，有造两许重一枚之小元宝、小银锭者，是玩意儿也。又是时市面有一种四方形银锭，中有一槽，现有字纹，是乔后盐场之锞锭，其成色最足，人多宝之。

自光绪二十年〔1894〕后，即有多数洋蚨〔音芙，古代用做钱的别名〕流入云南，且种类甚多。其间则有站人、天秤两种，银水较高，能值七钱银一文。若飞鹰、扳桩、日圆等，都只值六钱四五分一文。虽然，亦能行使于市面也。逮至光绪二十五年〔1899〕后，云南始有大量的湖北龙圆输入。至二十八年〔1902〕，云南造币厂成立，云南货币乃起重大之变化，于是半开银圆日渐充斥，牌坊锭、母鸡锞等，便日就消灭矣。

往昔迎春之形形色色

往昔中国的一般帝王，在传统上却有两句常挂于口，而是系于民生、关于民食之陈言，是“民以食为天，国以谷为宝”，又有一句是“一年之计，惟在一春”。论此几句言辞，真也得其要领，因而无一人主敢于轻视民生，忽视民食。要必如晋惠帝那样庸愚之人，才会说出“天下饥何不食肉糜”的话来，然也是千古无俩的人。故尔一般人主于立春一节，无不重视，而满清入主中夏后，于迎春礼节，于春牛芒神之形色上，尤十分注重。

中国农民，于年中的二十四个节令是认识得十分清楚，在某一个节令内，应作何种事件，是分得很清晰的。如在雨水节后即应当挖秧田，春分节后就应该放水泡田，到了清明节便播种撒秧，这都是不稍轻忽的。国家固有授时历，载明某一日立春，某一日立夏，是一查历本便知。但在往昔时代的农民，百分之九五俱属文盲，于节令上多查看不清，若将立春节的时日一弄差，以后的节令则无有不错，是则坏事。近代帝王为农民方面计，乃将中国前二千多年一系流传下来，中无断辍，向东郊迎春之一件故事认真举行。

《清会典》载：“顺天府尹以六月移文钦天监，定次年土牛、芒神形式服色，绘图于立春日进呈。”此足见清代之注重于春事，而不轻忽农业。按：土牛即《礼记·月令》“出土牛以送寒气”，以有此一者〔一著，亦作一着〕，后乃因之于立春日而迎土牛，名曰春牛。惟是周代之土牛是以季冬出之，而不在立春日。秦汉时，似仍循周制。自唐、宋而下，土牛则纯出于立春日。苏轼有元旦日诗句，曰“土牛明日莫辞春”，足以证明是时之土牛是出于立春日也。芒神即勾芒神，司春神也，滇人名之为傲妈。

土牛、芒神之形式服色，却有定制，据《吾学录》载：“如太岁在甲子，甲属木，〔木〕青色，牛头色青；子属水，水黑色，牛身色黑；甲子纳音属金〔术数家以六十甲子配五音十二律谓之纳音〕，金白色，牛腹色白。如立春日为戊申，戊属土，土黄色，牛之两角色黄；申属金，金白色，牛尾稍〔梢〕处作白色。若系辰时立春，遁得时上为丙辰，丙为火，火赤色，牛膝色赤；辰为土，土黄色，牛蹄色黄。又太岁在甲子，是为阳年，牛嘴则张开，牛尾则左缴。”假在乙丑年，是为阴年，牛嘴则闭，牛尾则右缴。此系一种定制也。亦可依此而推衍一切年月日时。

芒神之形式服色，亦以太岁甲子及时日上之甲子来决定。太岁在甲子，芒神则蓝衣而黑裤；立春日为戊申，则腰缠黄带，足履白鞋。甲子年在卦为乾，乾为老阳，芒神男像而老。立春日如在上年的腊月稍〔梢〕，决其本年之雨水早，芒神则在牛前。立春日是在正月间，决其雨水迟，芒神则在牛后。阳年芒神立在牛左，阴年则居于牛右。立春日为戊申，时为丙辰，两俱阳也，芒神之鞋，两著于足上。假如立春日为戊申，时为辛酉，此则日阳而时阴，芒神之鞋，则一只在足，一只在腰。又如立春日为己酉，时为乙丑，此则日与时俱属阴，芒神之鞋，则两只在腰。农人则认两鞋在足为本年雨水少，两只在腰为雨水多，一在足而一在腰为雨水调匀。

至云右〔上〕段之所述，是据《吾学录》中所载《大清会典》内举出土牛、芒神之形式服色上，规定着的一个例子而推衍之，却不是《吾学录》之篇中原文，亦不是《会典》中原文，实是一种推衍之词。按此虽是一种騃〔音呆，傻也〕定之制作，而又是前人流传下来的一种定制，然亦要由钦天监决定其形式服色，用文通知行政官厅照此实行，亦十分郑重。故迎春一事，不能云为是社会上之一种俗事，而是国家之一典礼。

云南省城是就大东门外之五谷庙作春场，土牛、芒神亦是在此来抟〔音团，揉弄意〕。抟土牛、芒神者，照例是用近于五谷庙之东庄上农民。土牛和芒神之身段，其高大处亦有规定：牛身高三尺六寸，身长由头至尾为七尺二寸，芒神亦身高三尺六寸。又抟土牛时，照例须抟若干只约近五寸长的小土牛于大牛腹中。盖此一只大牛，系以一篾胎糊泥，腹里空空，故能装藏一些小牛，芒神则是实心者。土牛、芒神抟成后，即停置于春场内，俟官府来迎。

立春日之前一日，地方官则往东郊迎春，曰迎春，是迎取土牛、芒神入城而游行于市，使一般人民知道阳和已至，万象昭苏，各当勤于职业，勿得辜负此青春，有失一年之计。迎土牛、芒神游于市之取义，不过如此。迎春是授时历，重农业，纯是地方官之事。是日，有府官在城者，是府、县两官同往东郊迎春，无府官而只有一县官或是一州官者，此州官、此县官则单独往迎。云南省城是云南府守、昆明县令偕南关水利府，三人同往。

右〔上〕述的三个官员，在迎春之日，则大闹排场，云南府是借用制台的全副仪仗，昆明县用抚台的全副仪仗，水利府用学台的仪仗，此是一种定例，但高脚牌则用己所有的。府官则乘八抬明轿，县官与水利府则乘四人抬的明轿，共集合于抚署前，禀知抚台后，始各乘明轿而出城。府官是貂帽貂褂，翎顶挂珠，蟒袍官靴，虎皮皋比〔皋比即虎皮，此处可作座位解〕。昆明县与水利府，虽不能衣貂，而亦是著一套极其讲究之皮袍皮褂，都各执一支竹签上粘有彩花之春花在手。轿前的一切兵差衙役等，通不执利器及刑具，只着两役抱一对火签筒，行于轿前，此则府县皆同。其余都是各执春花一支及挂本官所赏之一大银牌于胸前。银牌大者及掌，小者亦能盖尽掌心，惟其薄如纸，大者约重钱余，小者四五分耳。牌上印有府正堂三字，或县正堂三字及大大的一“赏”字。

在府、县两官的轿前，有一些体面的差役，则反穿一件狐皮马褂，或是紫猫的，或是芝麻貂的，无皮马褂者，亦各穿件哈喇马褂或缎马褂。这三位官府的轿前，都各有两部鼓乐，吹打着《大开门》《万年欢》《太平春》的鼓乐排子，且奏且走。所有的人都是跟着鼓乐，随着旗锣伞盖及一对一对的高脚牌，缓缓而行。其最有趣者，是三位官府的明轿后面，都各跟有四、六、八个仆从，骑马相随。此则各各穿一件皮大褂，或为紫猫、或灰鼠、或狐脊、或猞猁狲、或芝麻貂者，都是反穿着，且能各自成对。此从何来？是假借于各方面者，此之谓闹阔。此种形色，是余所目击。然闻前辈人言，在道光年间太平时代，府、州、县之迎春，尤体面过于光绪时。此诚是有清一代二百多年来一系相传之一种习气，而亦是一系相承之一体例。

府、县官前往迎春，咸称之为春官。春官等至春场则下轿入场，随举手持之春花鞭牛三壮，是为鞭春。抬牛者便将牛抬起，春官等遂登舆前行，春牛与芒神从之于后。春牛例用十六人抬，芒神用四人抬。芒神行于牛前与行于牛后，是看立春日是在年前抑是在年后。置放芒神于牛身左与牛身右，又看是年之太岁甲子是属于阳抑是属于阴而决定其左右。斯时，则有一乡人饰作农妇，手提一筐，装以草料豆粒，随牛而行，此命名为送牛食饭者。

春官等迎春入城后，仍乘舆列队在几条大街上缓游一周，春牛与芒神亦随之而行。迎春牛游于街时，则有三五少年人拎提篮，装载不少的不中食用的一些杂色豆粒，奔走于牛前，高呼："卖春豆、卖春豆。"妇女们则以三五文铜钱买豆一二掬，洒于春牛身上，云洒过后，自己的小孩将来出痧出痘较稀，此亦是一种相传相沿之习俗。

春官等率抬春牛、芒神者，游行过几条大街，遂率其抬入制台衙门内，置春牛、芒神于大堂月台上，谓之宣春。总督亦坐大堂而迎春，犒赏来众银牌。随又抬往抚台衙门，学台衙门，藩、臬两司衙门，粮、盐两署，此无非一班抬春牛、芒神及一送牛食饭者，望在各处都得到一面银牌也。在各道衙门宣春毕，复将春牛、芒神抬回春场。

如正月初二日迎春，立春之时当然在初三日。若是初三日之辰时立春，届时府、县两官则饬府经历与县典史前往春场，跟同场中人将春牛、芒神一同打碎，是曰打春。此时，便于牛腹中取出若干只小春牛来，并同一些预先做好的小芒神，分送各大小衙门，亦无非望得些赏号，斯方得云迎春事毕。顾此一切情事、一切礼节，相信有清一代，自开国至宣统三年〔1911〕，在云南方面于立春事，大致都有此一些动作，是为习尚相承。

惟是云南自辛亥年重阳反正后，次年为民国元年，岁在壬子，正月立春。时有湖北人吴尧，以在日本留学毕业后回到云南，得为云南警察局长。而吴实是一狂妄人，遂揽地方官之行政权，由警察局往东郊迎春。是日，吴则著军制服，怀抱一小孩，骑于马上，亦持春花一支而当春官。马前则以三四十人，各戴红顶花翎，挂朝珠，著黼褂而扛高脚牌，执旗伞，打锣开道，完全出于嬉戏，意在糟蹋满清也。时人大不以其举动为然，当局者亦甚非之，未逾年，即夺其职，吴得怪病，死于昭通。次年癸丑〔1913〕，迎春事竟不举行。

迎霜降

迎霜降，是帝制国家君主时代所规定武事上之一种隆重典礼，每年于霜降日举行，各行省皆同。他省迎霜降之仪式如何，可不必论，今只言云南昆明举行迎霜降之一礼节。此一礼节，在省之武营中亦极端重视，直与省中文官之迎春典礼同样显荣，故时人有“文边重在迎春，武边重在迎霜降”之说。

在咸丰六年〔1856〕前，每届霜降日，省城之督标中协、抚标参将及属于提标之城守营参将等，各召集其所有之营伍，此可以云，上自游击、都司、守备，而下至各级营兵等，俱着制服、戴红帽、执仗扛旗，齐集于北较场。上级官员则入演武厅而坐，若千总、把总、百总等则率队分行，伫立于厅前。将一支黄缎底、黑缎字、长可及丈、红火焰边之三军司令蜈蚣旗，竖于演武厅阶前之正当中。届时，督中副将则偕抚中参将，城守营参将，督左督右、抚左抚右游击率同都司、守备等，以牲醴酒帛，祭拜青女于演武厅上。青女系画在一轴长至成丈之大直幅上，俗称青女为霜降娘娘。各官行礼时，先鸣三排枪，然后将画像下垂，各官拜讫，即有人将画像卷上。盖青女像为一半裸体而半藏于云雾中之美女子也。礼毕，复鸣枪三排，随结队入北门，向南而行，取道于北门街、升平坡、西华街，则直下南正街。经此一些街道，却不是偏重于游行，是要由此一条路方能至南较场也。

前进时，亦不纯取重于严肃，只掌号于前，而佐之以鼓乐。千、把总等则率其部下兵士，即时人名之为官府老将者，执仗扬旗，缓缓而行。督标三营之人则居于前，各营俱有长官统率。论其营中之游击、都司、守备等，俱应身著戎服，腰佩弓韬，背负箭橐，骑马率队而行。但是此一班武员，都不自御甲胄，是以一营兵作代表，顶盔贯甲，骑一羸马而行走于前，己则戴翎顶、着黼褂，跨壮马从之于后。此则上自中协，下至各营守备，都如是也。

督标之三营人过讫，则有一部分鼓乐拥着一支三军司令之大蜈蚣旗而行。蜈蚣旗后，有一戴翎顶，着袍褂之武员随从，是为掌旗官。此而又有一部鼓乐迎着一彩亭而行，亭内陈着总督戎服。总督之一副盔铠殊讲究，盔是镀金银胎，上面饰满珠翠，高摇摇的一座石英式之大红顶子竖于盔顶，顶子旁辅以两根雁翎，而亦有兜有鳌。铠甲则以缎织金，现出锁子纹，而又饰满金泡，望去十分华丽。顾此一盔一铠，固是一种不适于用之物，然入于人眼里，亦足以表证总督之尊荣。

彩亭后，有督标中协镇之一小部分步伍随着，此则不是营中之官府老将，而是中协镇之卫队亲兵，持枪支，扛红令字旗而行者。中协之盔铠，亦是以一代表穿着据于马上，中协镇自是戴翎顶、著黼褂、骑壮马，居于己之代表后。按副将之盔铠，在定制上固不是金盔金甲，然于形色上亦近于金光灿烂，较都、守等辈之盔铠则华美多矣。

中协后为抚标三营之人，此三营过讫，亦有鼓乐一部，迎着一彩亭，亭内陈着巡抚甲胄。此一副甲胄，大致与总督之一副相若，但是珠翠上之点缀稍有逊焉，然仍是一副金盔金甲也。参将之盔铠，在华丽上亦弱于副将，此是于定制上有所分别也。抚标三营人行过后，则殿以城守营，城守营参将之盔铠，亦与抚标大厅官之盔铠同样。若四游击与一都司之甲胄，则不甚美矣。至于一班守备之甲胄，则大不足观，盔是用锡片制成，盔上固有缨、有顶、有鳌，却不精致，甲是用青缎夹棉制成，钉以指尖大的若干铜泡。此一盔一铠大致重在二十有余斤，套在一人身上，相信大难消受。此一些形形色色，闻在乾、嘉、道光年间系如是，而咸、同后亦复如是。

一行人由北面南，行到南较场，各营人则分行而立于演武厅前之东西两面，三军司令旗则竖立于演武厅阶前之正当中，由掌旗官掌之。此时则大放鞭炮，督中协便偕同抚标大厅、城守营参将走往将台上，将一支红帅字旗升起，悬挂于将台桅杆上。事毕，同回转演武厅上，乃共立于三军司令旗下，由督中协下令，令东西两面之号兵掌号，鸣号三壮，又下令营兵鸣枪三排，即告礼毕。督、抚之甲胄亭，时陈列于演武厅当中，至此，始将其甲胄取出，送归两院，各个官员亦就斯而解散。

余生也晚，咸丰以前，省中迎霜降之情形，是得闻于前辈人言，光绪十年〔1884〕前，省中迎霜降，余则得寓于目焉。余谓彼马上之将官，自是帽齐顶而褂齐身，一一精神奕奕，兴致勃勃，所以然者，以能在人前夸示显荣也。若营兵等，在平时已有不堪入目之形象在矣。其出而代表本官御甲胄者，大都是年逾四十或五十之人，甚至有年在六十上下者，时人恒以老将二字称道此一班人，亦真不愧。此一班老将，在平时无非是用来看守堆子房和哨房、哨楼，看守这些地处而又是分班轮守，不当值者无不在外闲居。有勤于事务者，则寻些小生易来做；习有手艺者，则往街前售其技能；而亦有性静情逸者流，便去种花、种菜、养鱼。届期关饷，则到营中领饷银，仓上打口粮。一月之中实无一日走往较场上受一时半刻之操练。彼当值者，亦无非在驻守所上吹烟饮茶，或伫立所前看看过街的人而已。其平日是如此的懒惯闲惯，在穿起件缘有红边的黑色号衣来和戴上顶有三五十根红缨的大帽，此在正常行动上，已显出了勾头垂颈、耸肩缩背的一些样子，而转以一副重在二十斤以上之盔铠，加于此种羸弱不堪之人身上，哪能不使此一人受苦受痛，所以一些骑在马上套着盔铠的人，无一不是苦眼愁眉，而且现出一种似哭非哭的形色，云到精神，则失之远矣。名此辈为何等人物，可谥之为烟屎烟渣。余在幼年，见到此种形状，已嫌其丑，今又回忆往昔迎霜降时一切景象上之表现，堪云腐化到十二万分！

有清末叶，一切绿营中之兵卒，其形状是如此，相信不是云南一省之绿营具此形状，或举国皆同也。是时，朝廷虽不认定此一些绿营中人为赳赳武夫，为国之干城，而亦未尝不承认此为地方上之营伍也。然在一个隆重典礼下，将此一干残兵病卒摆出，亦觉于武备上，于卫国卫民方面，失尽威严。噫！满清之不振，于迎霜降一事，极其显然。

所谓绿营，因满州国是一军制国家，军制上有正黄、正红、正白、正蓝、镶黄、镶红、镶白、镶蓝八旗之分。入主中夏后，又制定汉军八旗。有不归入于旗下之汉人营伍，则命名为绿营。绿营中之排队行伍上所扬之旗帜，皆为绿色，故曰绿营。在光绪十年〔1884〕前后，余见省城各标所扬之旗帜，都是一绣有花纹之三角形绿旗，而亦不甚大，以一人执之，殊渺小也。是时，另有一种红令字旗，作正方形，则比较大样。闻此，是军事时代之一种特殊制作，不是国家定制为绿营中所应有者。

往昔官方之护日护月

日蚀、月蚀是七政〔古天文术语，说法不一〕运行上应有之一事，为应有之一种呈现，如用一句极其简括之辞语来说，是日与月行到经纬同度时，则有日蚀、月蚀之事。此由地绕日而行，月绕地球而转，在其躔度上之所应有者，而且是常有者，何得道为灾异？又居然有人以灾异两字称之者，盖有故也。

中国自西汉以来，即汲汲讲求推步学，各朝各代俱于日月星辰上多有所发明。在稍稍具有学识者，无不知月蚀为地影映射月轮，日蚀为月体蔽日。此固不能云为尽人周知，然亦有多人明晰也。此在前二千多年及千余年前之人士，而以灾异称之者，原不足怪，惟在近二三百年内，而仍有以灾异见称者，斯又何说也？

古人以日蚀、月蚀为灾异者，盖藉此而警戒人君也。往昔人臣们都以帝配日，以后配月，日月须常丽于天，诗曰："日有食之，亦孔之丑。"犹言君德之衰也。借端而喻，俾生警惕，亦计之得也。本来，帝王为国中至高无上之一人，遇有过失，下者何敢直斥其非，乃藉此而警戒之，有过失者亦可乘机而改正之也。彼居帝位者亦自况为天之子，佥云："天有以示儆，我就此而格其非心，是畏天之威，非有所惧于臣下也。"此两种情思，双方俱不说明，是各自利用此一机会也。不然，李淳风曾于帝前争辩日蚀晷刻，清康熙帝亦解推步学，而一班臣工称道灾异，帝亦唯唯者，何也？即两相利用此一机会也。是道破即无以接受臣工之言，说明则无以加警戒，于是，护日护月之事，在帝室方面，竟默以为是，不特不认为是一惑世诬言，且饬臣工等敬谨遵行。而下者亦不以为非，道此为一二千年之陈例，能致君于尧舜之术也。此可云大家在浑囵着，而实行一种欺骗法也。此则听智者哂之，使愚者信之。

有云天狗食月者，是三家村头老妪故以此言惑小儿，实则彼亦知无天狗食月事，惟不能解释日蚀、月蚀之究竟，乃姑以是说惑之尔。城市中人，在知识上自有多数人较乡居者为高，不惟不信此一瞎说，而口亦不乐述此一瞎说也，惟是此一瞎说，大不可概括我国中人。今有人云：国〔中〕人都有此一瞎说，不无卑视国人，似智者只有天文台上数人而已。中国大矣，人士之多，犹不知有若干人之学识，尚高过于天文台上之人，殆彼昏昏者只知有已，不知有人耳。

护日护月之事，在京由各部院及顺天府尹，各率其僚属就各部院衙门、府尹衙门，敬谨举行其事。京外之各直省，由省之督、抚率同僚属敬谨举行。云南省城有巡抚又有总督，护日护月，巡抚则就督署行礼，藩、臬两司，粮、盐两道，首府、首县及各局、所总办、提调，武边惟在任之副、参、游等，得随班行礼，此则是一种定例也。惟是云南自军兴后，总督与巡抚是迭更迭换，护日护月事，时在督署，时在抚署，了无准定。逮至同治十三年〔1874〕，巡抚岑毓英平定大理回省，遂于护日护月事，主张东西两院宜各自举行。此后督署作督署之救护，抚署作抚署之救护，随班行礼之员，亦就此划开。藩司与粮道及云南府则就督署行礼，臬司与盐道及昆明县则在抚署行礼，其他官员则由藩司指定。武职官员属于督标者，当然归督署，抚标归抚署。

故事，当日月蚀时，各直省之督、抚两院，得照例着省之僧纲司率其僧众，省道箓司集其道侣，云南复有印佛僧一种，是夷族中之傒卜也〔傒卜乃彝语毕摩之别称，毕摩为彝族中懂彝族经济、历史的文化人，《伯麟图说》：“傒卜能为农祭田祖，以纸囊盛螟虫，白羊负之，童子送之境外，云南府属有之。”〕亦得应召，以及阴阳生等，击法鼓金铙，念诵经文，在督、抚两院之大堂月台上绕行。是时，锣鼓喧阗之声聒杂人耳，此在不深明其故事者，真不解其何所为而有此一举动也。

日初亏时或月初亏时，总督与巡抚俱各率所属官员，著素服，向日或月行三跪九叩礼，而鸣升三炮。何曰素服？是戴翎顶，著元青大褂而不挂珠著黼黻，则谓之素服。亏尽与复圆，亦照仪行礼。外府、州、县自无僧纲司、道箓司、阴阳生等，则由衙役等击鼓鸣金于大堂前，府、厅、州、县等，亦照仪行礼鸣炮。至于民间一些小孩们，都作兴击鼓鸣锣，游行于巷尾街头，甚有以铜锅、铜盆当响器者，亦一贯之习俗也。此往昔护日护月之情事若是，官方与民间之举动若是，此一陈腐故事，直至清末预备立宪当中，始行消除。

附日月蚀说明

月绕地球所行之道曰白道。白道与黄道斜交，相距五度有奇。一月之中，月必两次行入交点。其入交也，月与日同道，谓之南北同纬。朔望之时，日与月相会相对而同度，谓之东西同经。若入交而非朔望，则同纬而不同经，当朔望而不入交，则同经而不同纬，皆无蚀，要必经纬同度而后有蚀也。盖经纬既同则合朔，时月在日与地〔球〕之间，吾人视日月成一直线，月体一掩蔽日光，是为日蚀。逢望，地在日与月之间，三者成一直线，地蔽日光而生锥形之暗虚，月入此暗虚中，则为月蚀。但日蚀有见有不见者，时分有多有寡者，因人居地球面上，有东西南北之不同，月体较小，其影不能全掩地球，故所见各有不同。月食则四海同观，只时刻有先后耳。又检《辞海》日月蚀条文下载曰：日月蚀为天文学名词，日月亏，蚀也，蚀亦作食。月绕地球，地球绕日，如朔望日，适遇黄道白道相交，则日、月、地同在一直线上。在朔，则月居于地日之间，月体蔽日，因生日食；在望，则地居日月之间，地影蔽月，因生月食。若朔望而黄、白道不值交切，或黄、白道相交而不值朔望，时则不能有日食或月食。每年相蚀之次数，普通四次，最少二次，俱系日蚀。最多七次，日蚀五、月蚀二，或日蚀四、月蚀三。每十八年间，日蚀四十一次，月蚀二十九次。惟日蚀仅能见之于一处，月蚀则各地皆能见之。故就全地球言，日蚀多于月蚀，就一地方言，则月蚀多于日蚀。日蚀有全蚀、偏蚀、环蚀三种，凡地球在月之影内，即为日蚀，在半影内之人仅能见日之一部，是曰偏蚀；在本影内之人全不见日，是曰全蚀；在日、月、地球三者的直线之延长线上及其附近之人，仍能见日之周围，是曰环蚀。全蚀与环蚀，又统称中心蚀。月蚀之状，仅有全蚀、偏蚀两种。全蚀，由地影蔽月之全部而成，偏蚀，为月球有一部分在地影内，而他部在地影之或南或北者。顾此一段说明，自较余之前说为详，乃摘录于余说后。又《天文学》书内载："月食有五限，日食只有三限。"月食之五限：一曰食甚，乃月入影最深之时也。一曰初亏，是月入影，两周初均也。一曰食既，是月全入于影，其光掩也。斯二者在食甚前。一曰生光，是月将出影，其光初吐也。一曰复圆，是月全出影，两周方离也。斯二者在食甚后。月食在十分以上者有五限，十分以下者止有三限，无食既与生光也。其时刻之多寡，则由入影之深浅，过影之迟速也。日食之三限：一曰初亏；二曰食甚；三曰复圆。故推算日食者，只求三限，推算月食者，须求五限时刻。往昔钦天监亦将日食、月食之三限、五限时刻，行文通知各直省也。

秋审

清代所定之死刑，只有斩、绞两刑。所谓枭示，是于斩断其首后，取其首悬挂于市以示众，是为枭示。如有特殊之重犯，如谋反叛逆之为首者，子殴死父母、杀死父母及殴死杀死祖父母者，媳殴死杀死或毒死其翁姑者，又子民戕杀其父母官者，妇人谋杀其亲夫者，则予以凌迟。凌迟即剐也，俗以七刀半名之。名为七刀半者，以行刑时，用刀先剐其两眼，次剐其两肩，剐其两乳，再次而劓其鼻，然后以刀尖戳入心窝，故为七刀半，是名凌迟，而死刑则至此为止。除此，则为斩立决与绞立决等重罪。而官方办理此等重罪，均系专案奏明，部议核准后，即行正法，绝不停留时日。

死刑罪中之斩监候与绞监候，则不是立正典刑之罪名，时虽判定其罪，要必待到秋后，方能云到处决。盖此一种罪犯，云行刑之期，不惟省之督、抚、臬司无权决定，即京中之刑部堂官亦无权决定，下决断者，惟帝一人。因此各直省之办一斩监候或一绞监候犯，在过程上十分郑重，在审讯上要经几度周折，方能决定其罪名。定罪后，始录供咨部题奏，部议核准，咨复督、抚，其案始定。此后汇入秋审案内，候帝裁决。

故事，凡是斩监候与绞监候之人犯，于接准部复后，罪名上已无甚出入，案件自无变更，遂将人犯监禁在出事地方之监狱内，听候本年或下年秋审。秋审，系在每年秋季举行一次，主办秋审者，为省中臬司，每届年之夏五月，臬司即行知各厅、州、县，饬将禁闭在狱之斩监候与绞监候人犯，悉数解省，于七月初抵达昆明，听候抚宪审讯，录供咨部。按秋审一事，本是一件重视民命，不轻于施刑之举，但是由此而生出许多烦杂情事来，而且不能使此案得到立行解决，徒滋其多事。此则是当日之政治，弊在崇尚虚文而不讲求实事，且将一慎重民命之举成为奉行故事。

云南边境州、县，言路程动在二十站内外，用囚车抬一人犯进省，耗费实属不赀。臬司衙门虽发有解费，地方官总得贴赔上十之五六。可是人犯经过一切程站，路旁民居无有不受其骚扰，最遭殃者是在路边售小口食之人。各州县之人犯，解到省后，通寄于司监。司监为按察司特有之一监狱，要已定有罪名之人犯，方禁闭在内，地处则在洪化府侧之三家村。人犯到齐，臬司则报知抚院，抚台则定一日期大审，随饬知臬司于大审之日，提集所有人犯，到抚院听候审录。

是日，抚台坐大堂，四司道旁坐，亦各有一公案陈列于其前。兵差等押着一班身着赭衣〔赭衣，系用红布制成，背上书写着籍贯、姓名、年岁〕、项系铁链、脚带镣铐之人犯，从头、二门上之右边一门，鎯铛而入〔眉批：定制右边一门为罪人出入之门径〕。或十人为一排，或八人为一排，匍匐于堂前，书吏则持人犯名牌，高唱其名，下者则应名报到，抚台则在案列名单上逐名加一朱点。书吏又将各犯之犯罪事由，逐一的念诵一遍，问一声："是不是这样？"下者应声曰："是。"抚台则在其名下写"照录原供送部"六字。讯讫录讫，使各赏馒首两个、酒一碗、肉一方，随退下堂。第二排人犯又朝上跪，而一切同样。一一审毕，抚台与司道等遂退堂，此之谓审录。按此，诚是一种形式上之动作，于情罪上毫无损益，只可认为是一种过节。

秋审后，巡抚即照臬司所详各厅、州、县取得之人犯口供，专案咨部。刑部堂官则汇集各省斩、绞人犯名册造成总册，呈于御前，听候皇帝勾决。皇帝则于季秋月朔日，着素服，御偏殿，刑部司官呈册于御案，皇帝则逐名审查。有罪难容恕者，便以朱笔勾其名字，遇情有可原者，或父子兄弟同罪，在二名中已办去一名，或三人中已办去二人，如此者多得免勾。虽然亦要此一皇帝之心怀能否近于仁慈。如传云在康熙五十一年〔1712〕，帝裁决秋后处决人犯，刑部册呈斩、绞人犯，共一千一百余十名，帝勾决六百八十余名，竟认为严于罪刑，有伤天和，随减去二百余名，只办四百余十名，是则慈矣。似此存心，在古之帝王中实无多人。所以康熙帝崩，臣工乃尊其谥为圣祖仁皇帝，为秦汉后一人耳。

各省之斩、绞监候人犯，经过一秋审而得到免勾决者，下年秋审则不解省录供，但将其名列于另一册上，声明此系第一年得免勾决之犯，各之原供亦录列于后，刑部据此又造册呈于御前。皇帝在秋后裁决罪犯时，若仍不勾其名，是再次免勾，经过两次不勾决，则有减罪之希望。至第三次，则十有八九都无再勾之者。三次不勾名，照例得减免其死罪，或减为徒，或减为流，由臬司酌减，详院咨部执行。是则死罪改成活罪，亦可云在一切严刑下而寓之以宽。

按此为前代刑法上之一种实现，其间则有善有不善之处。善处是在帝廷之慎重民命，不善之处是在京外官员于秋审上徒尚虚文，转使地方官及程站上之一些人民受累尔。此固是前一朝代之得失，与今日之时代无关。然吾人读历史，考掌故，亦无非欲知往昔朝代之得失也。斯亦是前一朝代在政治上、刑法上之一大施小作，不能云于吾人之知识毫无所助。

往昔官吏之接印封印

往昔国人有言，官场如戏场。诚然，粉墨登场，重台步，重表情，重唱腔，用锣鼓壮其声色，用弦、索、鼓、板以制其音节，稍不合法，台下人即指摘交加，所以台上人一举步，一开口，都不可不慎。彼在官食禄者，又何尝不似戏台上人，于一切行为动作上，无不翼翼乾乾也。

戏台上开台演剧，必先打锣鼓闹台，再打加官，然后有正戏出场。官府到任，上而督、抚，下而州、县，必先拜阙、拜印、拜仪门，然后升炮坐堂排衙。此而以官场与戏场相较，其形色上虽有所不同，在规矩礼节上，又无不同也。故以官场犹戏场之一言，为十分正确。

拜阙，拜北阙也。督、抚、司、道衙门内，则各有一黄色木亭，以一木牌书“北阙”两字，置于亭中而拜之，过此便作为忌辰亭，若在府、厅、州、县衙门，则无此一制，只能临时设一案，陈“北阙”两字而拜。拜阙讫，则拜印。拜印，是将所领之篆装于匣而置于案上，三跪九叩而拜之。斯而拜仪门。仪门，系大堂月台下，置有之一木牌坊门，门额上刊有康熙帝所颁箴言，曰：“尔俸尔禄，民膏民脂，下民可虐，上天难欺。”此数行字，大都刻成赤底金字，诚皇皇圣言也。即以此来绳民国时代之执掌政权人，亦无不适当。此道仪门，亦三跪九叩而拜，拜讫，方鸣炮升堂。

官坐大堂，是正式表示上任接事，照例，据公案而正坐。定制，公案上须置一朱砚、一笔架、二签筒，俱锡制者。签筒内，各插木制火签若干枝。案右置一印架，架上放着一用黄布包裹之大木印箱，内则空空；架上又置有一用黄布包裹之封诰，内则是一节木棒，此种种都具一形式而已。

官坐于堂上，书吏差役等则分左右，侍立暖阁下，所属之下堂官，在藩司则有藩经历、库大使，臬司则有按经历、按司狱，府官有府经历，州官有吏目，县官有典史，此都称为下堂，皆照例来参堂。参堂，是向上一揖，退而立于案左。于是，敲云板、擂堂鼓而排衙。差役等取月台上置有之红黑棍，在月台上下作一种特殊之举动。红黑棍原有十二根，系分置于月台左右。差役十二，分成两部，左六人持棍自左阶而下，由右阶而上；右六人由右阶而下，由左阶而上。在两相交会处，则以棍相交，而各喝呼一声，始分头而走。如是三次，即群跪于大堂檐前，高唱一声“大老爷禄位高升”。但此一举动，要必在州、县衙门，方能有之，府官以上则无。排衙讫，红黑棍仍置于原处。

排衙后，房书等即出红纸两幅，一书“上任大吉”，一书“禄位高升”四字，即请官标朱。官则提朱笔，就每一字上加一大圈，斯方启匣用印，印则加于此“上任大吉”及“禄位高升”之两幅纸上。每纸上有四字，中间自有三个节凑〔奏〕，房书用印，是就每一节凑〔奏〕上加一印。用印时，是由下而上，印盖“吉”字上，则高唱曰“吉”；盖在“大”字上，高唱曰“大吉”；盖在“任”字上，高唱曰“上任大吉”。用“禄位高升”一幅，亦是由下而唱至上，曰“升”，曰“高升”，曰“禄位高升”。用印讫，书吏等便将两幅纸贴于暖阁之麒麟门上。斯而鸣三炮，下堂官复向上一揖，即敲云板而退堂。按此一些情节，真不啻扮演一场戏剧。

官府之上任接印，其演出之一切情事，已云趣极。而于腊〔腊月〕底封印一事，尤极尽滑稽。封印，是以时届腊底，已逼近春节，寻常公件可暂停而不办，封印而不启用。此在承平时世，原可以行，当前清末季，任何一省俱事务繁多，实不合有此一举。彼一班官吏，仍正式坐堂，印两张红纸贴于暖阁上，曰“封印大吉”“禄位高升”。实则日日在用印，日日在发公文，事体上不无冲突，乃以木戳印出“预印空白”四字于印旁，此则不仅为崇尚虚文，直近于滑稽也。

前清州县办人犯之特殊排场

吾人执笔为文，纪事述陈，只要人世间实有之一事，则不论为善为恶，为好为坏，都可以写、可以述。即事过境迁，质已近于朽败，迹已近于泯灭，言来确实陈旧，味之更是酸馊，若此者，亦不妨从实写出，于纸上留一痕迹，以供后人批评。不然，即无以知前人于一切事体上，有合乎理法者，是在某些地处，违乎理法者，又在某些地处。其一切动作，或属于迷信，或归于禁忌，或拘于陈格，或囿于习俗，其种种之不良处，得藉纸笔现出。斯而后方识得旧社会上，固有些精英可撷，而在一切事体上，现出种种之腐朽痕迹，政自不少也。兹举一事而述之于次。

清代刑法，实本诸明代，但于明代之刑法，却有损益。于严刑内则废弃腰斩、廷杖两刑，只立斩、绞、徒、流、笞杖、枷号等刑，此实较明代之用刑为轻。且斩、绞两刑，又分斩立决、斩监候、绞立决、绞监候之区别，似于人命十分郑重。此则不合以清代为非，以明代为是；以清代之仁为不仁，以明代之不仁为仁也。此所谓千秋百世下，自有公论。

清代之斩立决、绞立决犯，是由各府、厅、州、县，审得有情节重大、罪不容赦，而应判以斩立决、绞立决罪名者，于定案后，即录供通详省之各大宪。然此是一种专案，案则由臬司核定，复饬邻封州、县会审属实，督、抚始具文咨部。盖督、抚与臬司俱无决定权，决断权是在往昔之刑部，后来之司法部，而亦必须在御前通过也。

案件得到部复核准，督、抚即行知臬司，转饬该州、县官，将此凶犯即日就地正法。臬司乃用钉封文行知该州、县，于奉文日立将该犯就地正法。所谓钉封文，是将一件公文封在一大黑脸封套内〔眉批：黑脸封套，俗名也，实则各监司大员行下之公文封套，一面系印年月日，一面印官衔。臬司所用者，是将臬司的一条官衔，盖满于封套面上，俗故称为黑脸封套〕。此封套上则钉有一眼而穿以一纸条，条之两端却粘于封套面上，复贴上一纸，又在粘贴纸处盖上一印，两面俱如是，此则任何人都无法拆开而视。斯无非表示重要，示此为一件秘密公文也。此种办法，在今人视之，靡不嗤其简陋，然在往昔之一切环境下，除此亦无他法以保密也。

州、县官奉到此种公文，立将此应办之斩、绞重犯一名或二三名，由监狱内提出，讯明姓名，验明身首，当堂赏以酒、肉、饭食各一碗，乃书一招子，用朱笔逆标其名，插于此应斩或应绞之重犯肩背上，复加紧镣铐，背绑其手，以两差役挟之，而走往刑场上就刑，监斩者，自是该州、县官。斯时，该州、县官即戴翎顶大帽，穿上一件元青色大褂，亦不挂珠，仅套上一顶大红风帽，披上一件大红莲蓬衣而名为雪子者，乃乘轿押犯而往法场。届时，一声炮响，刽子手举刀一挥，人头落地，监斩官即登轿而离开法场。然此是办斩立决之人犯，若办绞立决之人犯，又须小有耽延，无如斯快脆。

办讫人犯，监斩官立即乘舆至本境之城隍庙内拈香，时则卸下头上罩帽、身上披衣，且褪去元青大褂，现出身上公服，向神前行三叩首礼。一似告知城隍：此一恶人，今已明正典刑，其行入地府，应请神明管制之也。州、县办斩、绞人犯讫，而往城隍庙拈香之义或在于是，不然，直无以说其理由。

监斩官在城隍庙拈香讫，即乘轿回衙，随升公堂而排衙。排衙是州、县衙门中之一种特殊举动。州、县衙门之大堂前月台上，其左右两边各置有一木架，架上各插有六根木棍，长近五尺，棍之上段涂以红色，下节涂以黑色，此即《水浒传》上所写之水火棍。本官升堂，堂后云板则响三声，官升座，堂鼓即鸣，下堂官参堂，向上一揖，六房书与兵差皂隶等侍立两旁。另有差役十二，戴红帽，穿民壮号衣者，各就木架上取木棍一根，此则左有六人，右有六人，分由月台之东西两阶下。由东阶下者则绕而向西阶上，由西阶下者则绕而向东阶上，在两相遇时，则各以所持之棍交叉而各大唱一声，始分头而行，如是行绕台阶三匝。斯时，堂鼓声响，却咚咚不息。匝绕毕，各持棍列跪于堂檐前，高唱一声“大老爷禄位高升”。头门外，随鸣炮三响，鼓声住而云板响，官始退堂，群下解散，此之谓排衙。

此种举动，即在当时，已有人认为是一种嬉戏，而在官方者，又振振有辞曰：“排衙，是以地方上有此一件不幸之事，乃排衙役，击鼓鸣金，弄水火棍于堂前，向民众示威，且宣布恶人已除，地方人民勿得蹈其覆辙也。至云身披红雪子而到法场监斩，是避凶气恶煞也。往城隍庙拈香者，是告知为恶之凶人已昭显戮，受害之冤魂已经阳间官府为之雪其冤抑也。”其说如是，固亦近情近道。又曰：“官府出而监斩，不穿公服而著元青素褂，是悲之也。”凡此种种情事，在往昔之帝制国家，固称之为得当，此则是就时论事。此亦如一班乡医生，动以苏叶、薄荷、山楂、麦芽、生姜、葱头治村人之病，又居然适当。此何以故？因村中人大都病于伤食伤寒也。若挟此技而往医城中之羸弱者，则惫矣。故先哲有言：“国之政治，须因时制宜。”良然。

总之，往昔之帝制国家，无不借重神权，以补助法律之所不及。于是一般臣工，无不尊敬诸神，尊敬而又尊重，当然迷信神权。复于人事上讲究禁忌，于体制上着重陈格，于风气上不违习俗，此而相因相袭，是者自不敢独斥之为非，非者亦随众称之为是。所以在办一斩、绞人犯时，竟闹出如此其多之极无意味的排场来，吾人亦可批之为陋极。虽然，而亦由时世之不同，是彼一时而此一时也，若作如此论断，宁非因时制宜之一作为乎？

谈谈清代之衙门形式

大凡一个君主国家，其所设有之文边的一切行政官员和武边的一些管有兵马官员，无不各有一固定不移、永久不变之办公处，是名为衙门。衙门则有大有小，是按其品秩而作种种之规定，大致职位愈高，衙署愈大，且形式愈壮。省以督、抚为尊，其衙门故较一切为堂皇、为崇宏、为威严。

若就督、抚两署言，自是重门叠构，有头门、二门、仪门，有大堂、二堂、三堂，更有寓居眷属之一重堂，而名之为四堂者。此外有箭道，有花厅，且有司、道、府、厅、州、县、佐杂官厅及协、镇、参、游、都、守官厅，复有居掾曹、胥吏、兵弁之地处，其内部诚然阔大，此则督、抚两署皆同。

督、抚两署之头、二门，俱是中、左、右三道。头门前砌有石级，级尽为平地，阶前列大石狮一对，是五色斑斓，望之骇人。平坝内有鼓棚二座，吹手寓于其间。门对面为一照壁，高丈余，宽五六丈，上绘一大麒麟，头则向着一轮红日，尾子下绘有五虎六豹，以喻督、抚统属着五个总兵、六个副将。平坝中间，竖有两根大桅杆，各高近三丈。桅上有一木斗，斗上悬一长旗，督署则针“云贵总督部堂”六字，抚署针“云南巡抚部院”六字。平坝周围，筑有一些签子墙，以别内外，在东西两面各有一道大栅门，此亦分作三格，栅门上有横额，督署则标“辕门”两字，抚署是一书“绥怀六诏”四字，一书“威镇百蛮”四字，可认为是两句标语。

藩、臬两司，粮、盐两道之衙门，其头、二门，亦是分中、左、右三道，但在形式上，惟藩署之头、二门能与督、抚两署相若，若臬署、粮署、盐署，则较督、抚两署大有差别。其次，职位愈下，衙署之形式愈隘，门前的布置愈差。虽然，此四司、道之衙门，在二门内仍是有仪门，有大堂、二堂、三堂，有官厅、花厅，但只能云具有规模，不足以云壮观，惟藩署内部，究有异于众。若粮、盐两署之大门外，在一切形色上则不及两司多了。惟是四司、道的头门，都是有一对石狮、一堵照壁、两道栅门，但只藩司的栅门上标字，横额一书“惟屏惟翰”四字，一书“乃旬乃宣”四字。臬司的栅门，则无横额书字，可是特别的有两块长近八尺，宽逾于尺，粉底黑边的两块木牌，复置有座子，竖立于正门左右，一则大书“惩治贪污官吏”，一则大书“处理冤枉军民”，此真是两句标语。至于粮、盐两道之栅门，只不过是两道小小的木签子门，且无横额标字，仅能略具形式。此两司两道之照壁上，则只画一大麒麟，其头仍是向日，尾后仅有一些点缀，是一树、一猴、一印，曰封侯挂印。但是两司的照壁则较两道的为大，尤其是藩司的高大处几等于抚署，又不特照壁，即三道大门、两道栅门亦异常崇宏。本来藩台是此一省的当家官，别名曰方伯，为此一省之行政长官，在体制上是应当有异于众。

云南府衙门亦较为阔大，表面上，头门与二门虽只一道，却崇宏异常。大门外亦有石狮，有照壁，照壁尤高大，而且照壁后，复有一甬道，宽长而又整齐。甬道上建有一大座牌坊，分三空，横额上标着“滇南首郡”四字。论昆明城里的一切官署，筑有甬道者只制台衙门与云南府衙门，而抚署转无。

昆明县署亦阔大，头门外亦有照壁，但不甚大样。门前则呈列着一些刑具，如枷啊、站笼啊，是用以警奸宄者。水利府衙门，则不见威严。若藩经厅、按经厅、按司狱、府经历、县典史，俱各有一道衙门，是则规模狭小矣。

提督学使，亦有一座大衙门，而考棚则附于其间。衙内亦是三重堂，大门、二门亦各有三道，门前亦有石狮，有照壁，有栅门。栅门横额上有标语，一写“作育英才”，一书“郁酿文化”。在此形式上亦甚崇峻，但不似督、抚衙门之威严，而是有一种使人尊仰之气象。

武边的衙门设置于昆明城内者，亦复不少。提督是驻大理，大理的提督衙门亦差与总督衙门之形式相若，气象相同。然此是言其在承平时能具有此景象，一自杜文秀占据大理后，提督衙门则多有改变，后亦未能恢复旧观，今只有一些痕迹在着。五〔六〕个镇台衙门，是一在昭通，一在开化〔文山〕，一在普洱，一在腾越，一在鹤庆，一在临安〔建水〕，都是形式崇宏，气象威严。一样的头门外有石狮、有照壁、有栅门，而称栅为辕门，是军民人等之尊崇，不是应行享有的名目。

昆明城里最大的武官为中协，次者为抚标参将、城守营参将，又次为督标两游击与抚标两游击，更次为一些都司、守备、千总、把总等，都各有一道衙门。在参将、游击的衙门是相当大样，如庶皮坡〔长春路中段〕的游击衙门，后来则改作镇统衙门，福照街之游击衙门则改作总商会，可见其衙门之阔大。更如中协衙门，尤是一座极其大样的衙门，内里包容房屋极多，占据地面极广，门前又极排场，诚是一座大衙门，所以后来改作警察厅、改作市政府都能够用。此外的一切武官衙门，都各占有相当阔大的地面，形式上亦相当威武。故是时的人民，一提到衙门两字，都以为是一了不得的地处，云到衙门里去，便认为是一件了不得的事，足见是时人民之愚。

说来说去，往昔的君主国家，在一切衙门上之建设，在一切衙门前的布置，可以云都是一些用来吓老百姓的工具，果然是时的老百姓，也就能一望见衙门而生畏。可见帝制时代之人君，驾御人民的手段真不弱，方法真想得好，可是就把一些人民弄得个胆小如鼠，顾此不能云于政治无关。

谈谈清代公署中之组织

清室云南省城之行政机关只有九个，即督、抚、藩、臬、粮、盐及云南府、昆明县、水利府等。若藩经厅、按经厅、按司狱、藩库大使、盐库大使、云南府经历、昆明县典史等，是属于佐治，不得认为真正的行政官。由总督到水利府，自各有一公署，是则有九个行政公署，亦可以云为九个行政机关。此九个行政机关自各有组织，但于组织上并不层压叠架，虽高至督、抚两署，云组织亦甚简单，此则就当时之体制而写出。

督署与抚署之体制，有百中之九五相同。此两署可作同样的看法，亦可以云督署是如此，抚署亦是如此也。总督为督署中主体，总督下，首屈一指为署中刑幕，但刑幕非此一机关中之法定人，是幕中宾客，是私人聘有者也，故不入于此公署之组织中。除刑幕外，掌机要者为一总文案，总文案下有小文案四人，二人佐总文案办理日行事件，二人专写奏折。此外，有文巡捕官、武巡捕官各三员，此等于近代之侍从文官、侍从武官也。有类似差弁之戈什哈三十余名，中有领班四名，称曰官尊。有率领卫队武官一员，卫队二十名。有骑顶马武弁一员。署中置有吏、户、礼、兵、刑、工六房，以吏、兵两房公件较多，各置总稿一名、稿书二名、清书各六名，户、礼、刑、工四房只各有稿书一名、清书二名而已。置一看宅门者兼司传达，一司堂鼓、云板者，一看二门者兼司传报。有号房二名，司挂号事。此则为头门以内所有之法定人也。法定人员之薪饷工资，是由藩署或善后局支付。若非法定之人，如帐房、跟丁、厨役、打扫夫等，是为私置之人，薪工则由署内帐房支付，而不入于组织。

头门外有看门者二人，共看守头门，共司传达，兼司头门前更鼓；有炮手一名，专司放炮；有吹手四名，专司鼓乐。东西两栅门各有一看栅子者，栅门外有一看守外司道官厅者。此外，有承差厅，厅有承差十余名；有赍奏厅，厅有赍奏十余人。承差系差往北京投递各项公文者，赍奏系背奏折驰驿入京者。有健步四名，是在省城递送一切公文者。有旗牌四名，是管理旗锣伞盖、金瓜钺斧、高脚牌等项物事，及统率前导后拥上之一些隶卒者。

头门外之看门、看栅、司更鼓者及炮手、吹手、承差、赍奏、健步、旗牌，都为督署内之法定人，概得向善后局取资。但扛旗、抬牌及执持一切仪仗之人，虽属于衙中隶卒，然系临时雇用，每次应得若干钱文，则由旗牌到昆明县帐房支领，而亦有陈例在着，不能多领也。

据斯考求，督、抚两署之组织，法定人数只不过督署有一百五六十人，抚署有一百五六十人耳。若藩、臬两司，粮、盐两道之公署内，在组织上自较督、抚两署单纯。藩署与盐署虽云有库，只不过房科上多有一库房。藩署内固有善后、厘金两局，而各有专员督办，藩司只兼其事，以两局不隶于藩司下也。以是，藩、臬、粮、盐四署，在组织上，其法定人数，绝无一能超过一百也。

府官衙门内之法定人数亦不甚多，难言者是厅、州、县衙门内之法定人数也。论厅、州、县衙门内之组织实是简单，惟有一种属于法定，而无名额之差役在。差役曰民壮，是不向官署领工资，专靠官府所出一张签票，而向人民索取草鞋钱，两吊、三吊，四、六、八吊不等，是看案件之大小也。差役之多少，是看地方之繁简也，如昆明县亦有差役百余名，最多者莫如镇雄，直有差〔役〕五六百名，次如恩安〔昭通〕、永善、宣威都各有二几百名，有三五十名之地处又比比皆是。此种秕政，惟清代有之，然不是在清初即有，而是在同治后始有此种情事也。

又督、抚两署，虽云各有一百五六十人，然有三〔分〕之一都是用摆样者，治事之人实不及百人耳。

谈谈往昔的一些慈善事

昆明人士亦喜做慈善事，寻常的善举，是施茶、施水、施药。施茶者固有所见，却不甚多；施水者，或在居家门户前，或在铺户门前，以一瓦缸贮满清水，搭上一片木板，板上置一有缺口的土碗，听人汲取而饮。碗何为而要有缺口者？此则有学理在着。人行于路，在天热时，肺部多半奓〔音栅，张开〕开，冷水咽下，即能将肺窍冰住便成重病，人以碗舀水而饮，碗有缺口，当然以大拇指按入缺口，大拇指上有一少商穴，是通肺窍者，冷水渍此穴道，肺部即归正常。此则是讲卫生，不使饮冷水者受病，并不是悭吝，故以缺碗置于板上，防人窃取此碗而去。

送药物者，较一般施茶施水的人，花费银钱则大，此有在慈善机构上施送者，有在居家户施送者。施送之药，大都为痧气丸、复苏散、普济散、午时茶、万应茶等，而更有送观音膏、万应膏、冷水金丹及痢疾丸、疟疾丸者。此则由往昔的药材出产丰盛，而又地道正、价值不贵，所以一般抱慈善两字在怀的人，都乐于扩充其善念。故在昔时，行于城里城外的各街各巷，都见有些居家户，在门前的撞头上贴着红纸条，写有本宅奉送某种丸散或某种膏药。至于各慈善机构，更是大量的在赠送一切救急的丸散膏丹，尚有施诊及为之担负药剂费者。

论施茶、施水、施药等事，只合归入于寻常，而不是一些特殊。且较有力量的慈善事业，如送米飞〔纸券凭票〕、送棉衣、设稀饭厂，则是较有力量者。惟是送米飞与送棉衣，此二事只要己方的财力充足，便可以单独去干。若设稀饭厂，则不是一手一足的事，非合群材群力不能干办。故尔，设稀饭厂以救济饥民，是要在荒年才能见及，不是平常恒有之事。可以云，设粥厂以救饥，算是一件较有功德之事。在社会上讲究做慈善事业，亦以此为重，以能救济多数饥民，故云较有功德。

往昔昆明地方之社会人士，以合群材群力来举办之慈善事业甚多，如施棺会之施送棺木，自是一种概济穷黎之善举。有许多赤贫门户，遇到家有人死，既不乐弃尸于野，以饱鸷鸟野兽之腹，而又无力购买棺木装埋，有此一施棺会在着，则可解除一切困难，此可云，施棺会是能大有功德于穷黎。施棺会不是官方之所筹设，是地方人士各量力输财而作成，故以一会字名之。

早前的施棺会，是成立在城隍庙大殿后寝宫之旁，会里的事务由与会的人士经理，每年施送棺木，最低之数都在五百口。本来，在前此之七八十年间，正当光绪初叶，云南木料极贱，一寸厚的楼板，横量一丈，尚是双层，只值二两银。用楼板来做一口薄材，工料合计值不上一两银，所以施棺会里的人，敢放量的施送棺木。款项缺乏，则由会中人士出而向富室捐募，而会中人士，即是各善堂中之绅耆。

昆明人士组合成立之慈善机构，有保庶堂、同善堂、体仁堂、尽心社、养疾院等。保庶、同善、体仁三个善堂，在组合上的人力颇足，捐募来的款项亦不菲微，因而在举办一切慈善事件上范围较广，如聘任纺织工人，支织机纺车，招致贫寒人家妇女，到善堂里学习纺织，若手艺学成，即可在堂内纺纱织布而日得工资。此外，又有些适合于妇女们所做的小手工业，凡属穷家妇女，都可入内学习，入内工作。善堂又请有明〔名〕医，在内施医以及施药。遇有老而穷更属于鳏寡孤独之人，一查实后，即按月给予三五钱银的救济费，或按月给米若干。一到年底，则有不少的善士，打一石米或二三石米的飞子送到善堂，善堂里则为之计划，分送与穷黎，此种来源少时，善堂里则筹款购米添送。有赠送棉衣与年老穷黎者，善堂中人更是异常尽力，一一考察确实，然后代为分送。如遇荒年，善堂中人士则出而捐募，集成巨款，开设稀饭厂以救饥民。此仅举其一些显著于人目之事体而言，其轻微者则难于枚举，而亦不必详尽也。

养疾院，是为一般穷黎病而无力吃药，更无力请医治病，延至病沉重而奄奄一息在床。此种病人获良医诊治，复有人照应维持则生，得不到医药，得不到人照应则死。一般慈善家乃有养疾院之设。是时的养疾院，固无甚设备，诸凡属于潦草，以较近世之大医院则有天壤之殊。然在是时的人力、财力来创此一事，亦只能做到一适合于用之地步，可以云，有此则聊甚于无也。

尽心社，固是社会上一些慈善家所组成的一慈善机构，但人力、财力俱不甚充足，故举行之事，只能在一些细微事件上着手。如着人往郊外捡埋露于地面的尸骨，或掩埋存于郊野外或坟堂间的死牛滥〔烂〕马及在城里城外的街巷间、粪草堆上陈着的死猫死鼠，则拾取而挑往郊野上埋藏之，及拾捡各处地面上遗弃之字纸而送入字库内烧化。有时，亦施送药物与人。总之，举行的事，其范围终不甚大，虽然，仍是一些善事、一些义举。名曰“尽心社”，是云尽其心力而为之也。

论到各慈善机构中之一些人士，大都是地方绅耆与夫工商界中热中〔衷〕于慈善事者，此则十有八九是家资富厚，复抱定济困扶危四字来处世为人。所以能牺牲精神，牺牲时日，更要自掏荷包来举行这些事件。但善财难舍，亦是中人之常情。在举行一件比较大样的善事，款项用到三百五百，此而欲望此一慈善机构中人士或彼一机构中人士，尽力担任，此又有所不能。故举行一较为大样的善事，在用款多时，又无不由一些在事的人，出而向工商界中之资本家及站在资产阶级上的人捐募。兹可取一人来证明，往昔开同庆丰之王兴斋，是任何一件善事，王兴斋都得列名于榜示上，而且所捐之资，又绝不后于人。此则可下一肯定之辞，往昔的一些资本家与站在资产阶级上的人，不能谓为是纯有病于社会者，有时亦颇能得其助力。

昆明南关外之普济堂，则不是社会人士之慈善机构，而是国家之慈善机构。国家置此慈善机构，主旨是在安置和存养一些衰老残疾复孤独无依，不能自谋生存之男女穷黎。此普济堂，是在清初康熙年间即建置成立，其间是用库款布置一切。往昔堂里的情况是如何，则不得知。在光绪年间，此堂是隶属于藩司，即由藩司委一佐杂官驻扎堂内，管理堂内一切事务，是名普济堂委员。堂内置有租石，年可收若干石米，藉供堂内食用，不足，由委员向藩署请款买米添补。租石外尚有房产，月可收银若干，作正项开支。此租米与租银，须按季册报藩署。堂内容纳之穷黎，多则有二几百名，少亦不下百五十名，收容在堂里的穷黎，则有男有女，然都是年在六七十岁，故时人称之为老人房。

老人房中之男女，十有七八都身带残疾，不跛即瞎，残疾轻者亦是个瘸子。收在堂里的穷黎，是有房屋住在，每人日得食米十二两，亦差足以够吃。一些有疯瘫病的人，手脚不易动搪〔弹〕，食饱后惟坐晒太阳。在手足尚能活动者，则打棕索、扎棕刷、搓草索、打草鞋、裱火扇、扎鸡毛挡〔掸〕帚，及用点纸和一小节竹管，做成一鸡形，插根鸡毛在尾上，便是吹鸡。这些东西拿到街上，极容易售卖，然卖这些东西的人，一走到街上，无不知是老人房里的人。

大西门内则有个敬节堂，堂内住房甚多，约有百余间，且分有巷道。其间，则有若干守节之妇，是老少不一。若合计其间所有之长幼而求一总数，则有二三百人，盖有一些未成年之男女孩童，附属于其间也。此一地处，是国家崇敬一班守节之妇而特设此一地处以优待之，故名为敬节堂。列名于其间者，一人得月领银若干两，此则定有名额，不是任何一居孀守节之妇都得加入。堂里的一切支付是靠着一些的款，即房产租金、田亩租石，有时亦有人以特款捐入，此则不是常有之事。敬节堂既是国家的一个特设机构，当然隶属于官厅方面，官方则委二三年老而负有声望的绅衿，在内管理一切事物。按此一地处，在表面固不合谓为是一慈善机构，然究其性质，仍函具着慈善两字之意味也。

育婴堂与寄生所，俱为国家之所设置，又顾此二者即就表面上来说，自是两个纯粹的慈善机构，又就实际上来说，更是慈惠及于妇女婴儿。所以从前的奶奶们口中常道，这两个地处是皇帝娘娘的脂粉钱来设置的。此种无稽之言固不值一噱，然窥测其心理，是以此两个地处值得注重也。夫大千世界，男欢女爱，有成不解之欢喜缘者，女子腹中无不会结硕大果实，一朝瓜熟蒂落，子在地面上呱呱而啼，斯时父不敢来承认其子，此子便成为一私娃娃。此一私娃娃，母又不便存留哺乳，使其长大成人，奈何奈何！此种情事，在近世则不足奇，有出而訾议者，其脑筋当如一铁弹，而无一丝一毫纹路也。盖以今日，一般学〔先〕养子而后嫁者，又比比皆是也。余即腐败，亦若司空见惯而不之异。惟在六七十年前，一切礼教之藩篱未撤，私生子哪能存留于闺闼，弃于何处？亦惟置之于粪草堆上耳。弃置时，必俟夜深人静，夜深则零露瀼瀼，此刚才来到人世的婴儿，几能耐受得住寒风冷气，经三五个钟点依旧走回阴曹。阿弥陀佛，善哉，善哉！有过三五个钟头而不死者，是必一具有福命之人，遇渴望儿女者，捡去作子亦未尝不可成材，讳螟蛉〔抱养的孩子〕为亲生，社会上政〔正〕有人耳。此种情事，在一班明哲帝后，自是深知洞悉，为保存一些私生婴孩计，乃有育婴堂之设置。自有此种善堂成立，一般养私娃娃者始有办法，其子落地，便暂置于一略通空气之箱匣中，挨到夜静更深，遂怀抱其子走往育婴堂前。堂门前有大木柜一，檐下悬有一云板，置子于柜中以槌敲云板，铛的一声响，内里即有人出来揭开柜子看，不论其是男是女，都得抱入堂。堂里有不少的乳母，凡抱入堂内的婴儿，都不患无奶吃。堂内的孩儿却多少不一，有时亦能至二几十。然一到了三几岁时，就常有人来挂点功德，选一二个去作子，堂里的一些小孩，其归着处，大都是这样。

寄生所，亦是国家建立之一慈善机构，此则为一些临产而无坐蓐地处之妇女来成立此一地处，俾其入此而得到顺利分娩。所曰寄生，是云暂寄其身于此所内而得生下子来也。入寄生所云分娩者，不尽是来此养私娃娃也。有些孕妇因家道十分苦寒，住房偏窄而又人多，甚至一间屋子而是两家人住在，实无地处坐蓐，不得已而走往寄生所分娩，此实有不少的人。此外，实有一些为奴作婢者，偶与人合，不觉成孕，打胎药服下无功，只好臧着肚皮来生，乃走往寄生所内使胎儿脱离自己身体。此生下来者，便是一个名正言顺的私娃娃，产母自是掉头而去，私娃娃则留在所内，此却不易生活长大，多半是三月两月，一年半载而死去，以不似育婴堂之专工抚育也。虽然，其间亦有人来领去作子者。

民国己丑年考古

昔黄帝命大挠氏作甲子，氏以十天干配十二地支而成六十甲子。由甲子至癸酉为第一旬，由甲戌至癸未为第二旬，由甲申至癸巳为第三旬，由甲午至癸卯为第四旬，由甲辰至癸丑为第五旬，由甲寅至癸亥为第六旬，合六旬为甲子一周。帝尧即位，始以甲子纪元，其元载书甲辰，由是而下，若虞、夏、商、周以迄秦、汉，俱以是纪元，至汉孝武帝始有年号，遂改用年号纪元，以甲子纪岁。何曰纪岁？指岁星之所在也，故后世历书于纪元下，有岁次甲子、乙丑等之指定。吾华历史，自伏羲至高辛〔高辛是传说五帝中之一〕，只载世传年代，自帝尧后始以甲子书元。兹从尧之甲辰年计起，迄于中华民国三十八年，为四千三百有六年，得甲子七十二周，己丑岁星，凡七十二见，兹一一揭表而出之。

第一己丑为帝尧四十六年；

第二己丑为帝舜三十四年；

第三己丑为帝启六年；

第四己丑为帝相十五年；

第五己丑为帝芒三年；

第六己丑为帝不降二十九年；

第七己丑为帝廑九年；

第八己丑为帝发六年；

第九己丑为帝履癸四十六年；

第十己丑为商沃丁九年；

第十一己丑为小甲五年；

第十二己丑为太戊六年；
第十三己丑为太戊六十六年；
第十四己丑为河亶甲三年；
第十五己丑为沃甲二十九年；
第十六己丑为盘庚二十二年；
第十七己丑为小乙元年；
第十八己丑为武丁三十三年；
第十九己丑为祖甲二十七年；
第二十己丑为帝乙二十年；
第二十一己丑为周成王四年；
第二十二己丑为〔周〕昭王元年；
第二十三己丑为〔周〕穆王十年；
第二十四己丑为〔周〕懿王三年；
第二十五己丑为〔周〕厉王七年；
第二十六己丑为〔周〕宣王十六年〔前812〕；
第二十七己丑为〔周〕平王十九年〔前752〕；
第二十八己丑为〔周〕庄王三〔五〕年〔前692〕；
第二十九己丑为〔周〕襄王二十年〔前632〕；
第三十己丑为〔周〕简王十四年〔前572〕；
第三十一己丑为〔周〕敬王八年〔前512〕；
第三十二己丑为〔周〕贞定王十七年〔前452〕；
第三十三己丑为〔周〕安王十年〔前392〕；
第三十四己丑为〔周〕显王三十七年〔前332〕；
第三十五己丑为〔周〕赧王四十三年〔前272〕；
第三十六己丑为秦始皇三十五年〔前212〕。

考此一甲子之交会，在国史上实发生一次剧烈变动。《史鉴》载戊子三十四年〔前213〕，李斯上书曰："昔时诸侯并争，厚招游学。今天下已定，法令出一，百姓当力农工，士则学习法令。今诸生不师今而学古，非当时惑乱群黎，政令下则各以其学议之，入则心非，出则巷议，如此不禁，主势降乎上，党与成乎下。臣请天下有藏诗书百家语者，皆诣守尉杂烧之，有偶语诗书者弃市，以古非今者族。”制曰可。是岁烧诗书百家语。又载，己丑三十五年，侯生、卢生相与讥议始皇，因亡去，始皇闻之大怒，使御史悉按问诸生，传相告引，犯罪者四百六十余人，皆坑之。庚寅三十六年〔前211〕，有陨石于象郡，或刻之曰：“始皇死而地分。”使御史逐问莫服，尽诛石旁居民。又载：辛卯三十七年〔前210〕十月，始皇东巡，崩于沙丘。次年壬辰秋七月，陈胜、吴广起兵于蕲，九月刘邦起兵于沛，十月项梁起兵于吴，于是天下大乱。

第三十七己丑为汉景帝五年〔前152〕；

第三十八己丑为汉武帝正〔征〕和元年〔前92〕；

第三十九己丑为〔汉〕成帝建始元年〔前32〕；

第四十己丑为〔汉〕光武帝建武五年〔29〕；

第四十一己丑为〔汉〕和帝永元元年〔89〕；

第四十二己丑为〔汉〕桓帝建和三年〔149〕；

第四十三己丑为〔汉〕献帝建安十四年〔209〕；

第四十四己丑为晋武帝泰始五年〔269〕；

第四十五己丑为晋成帝咸和四年〔329〕；

第四十六己丑为〔晋〕孝武帝太元十四年〔389〕；

第四十七己丑为〔南北朝〕宋文帝元嘉二十六年〔449〕；

第四十八己丑为〔南北朝〕梁武帝天监八年〔509〕；

第四十九己丑为〔南北朝〕陈高宗〔宣帝〕太建元年〔569〕；

第五十己丑为唐太宗贞观三年〔629〕；

第五十一己丑为唐中宗六年、武后永昌元年〔689〕；

第五十二己丑为唐元〔玄〕宗天宝八年〔749〕；

第五十三己丑为〔唐〕宪宗元和四年〔809〕；

第五十四己丑为〔唐〕懿宗咸通八〔十〕年〔869〕；

第五十五己丑为后唐明宗天成四年〔929〕；

第五十六己丑为宋太宗端拱二年〔989〕；

第五十七己丑为宋仁宗皇佑元年〔1049〕；
第五十八己丑为〔宋〕徽宗大观三年〔1109〕；
第五十九己丑为南宋孝宗隆兴〔乾道〕五年〔1169〕；
第六十己丑为〔宋〕理宗绍定二年〔1229〕；
第六十一己丑为元世祖至元二十六年〔1289〕；
第六十二己丑为元顺帝至正九年〔1349〕；
第六十三己丑为明成祖永乐七年〔1409〕；
第六十四己丑为明宪宗成化五年〔1469〕；
第六十五己丑为明世宗嘉靖八年〔1529〕；
第六十六己丑为〔明〕神宗万历十七年〔1589〕；
第六十七己丑为清世祖顺治六年〔1649〕；
第六十八己丑为清圣祖康熙四十八年〔1709〕；
第六十九己丑为清高宗乾隆三十四年〔1769〕；
第七十己丑为清仁宗〔宣宗〕道光七〔九〕年〔1829〕；
第七十一己丑为清德宗光绪十五年〔1889〕；
第七十二己丑为中华民国三十八年〔1949〕。

是年中华民国告终，新民主主义共和国〔中华人民共和国〕成立。以公历纪元，明年为公历一千九百五十年，云南亦共庆升平。

附中国历代历法异同考

黄帝历　黄帝始命大挠作甲子，羲和占日，常仪占月，区车占星气，隶首理算数，伶伦造律吕，命容成总其事，作盖天以象天之形，著周天历度，作调历，复迎日推策，作十六神历，积余分以置闰，此造历之始也。

少昊历　少昊时，凤鸟氏为历正，颛顼受命，命南正直〔重〕司天，北正黎司地，是岁正月朔旦立春，五星会于天历营室，乃建孟春之月为历元。

唐虞夏殷历　唐尧命羲和治历象日月星辰，所谓日中星鸟、日永星火、宵中星虚、日短星昴，则轨度之可见者也。所谓以殷仲春、以正仲夏、以殷仲秋、以正仲冬，则时之可推者也。所谓期三百六旬有六日，以闰月定四时成岁，则数之可积者也。舜绍之作璇玑〔古代天文仪器〕玉衡，以齐七政，此尧典为万世治历之祖也。自是夏之昆吾、殷之巫咸，皆能宣明其事焉。

周历　周礼冯相氏掌十有二岁、十有二月、十有二辰、二十有八星之位，辨其叙事以正天位，冬夏致日，春秋致月，以辨四时。盖岁者岁星也，左行于地历十二舍而为一纪，则有十二岁之位也。月者，斗杓所指，自正月指寅，至十二月指丑，则为一岁，而有十二月之位也。十二辰之位，日月所会也，十日者甲、乙、丙、丁、戊、己、庚、辛、壬、癸也。二十八宿，东则角、亢、氐、房、心、尾、箕，北则斗、牛、尾〔女〕、虚、危、室、壁，西则奎、娄、〔胄〕、昴、毕、觜、参，南则井、鬼、柳、星、张、翼、轸。天象有定位，则人事有定序，如东作西成之类，致日必于冬夏，致月必于春秋者，天度一月易一位，一时易一方，推之，日月所经正在分至，为正度之中，分至之气正，则四时之气亦正矣。

汉历　汉初袭用秦正朔，以十月为岁首，遇闰即闰九月，取归余于终之义，谓之后九月。其后，历凡五变，而莫善于太初历，司马迁等所作也。其说本于钟律，以黄钟八十一分为日法，以前历上元四千六百一十七岁至元封七年〔元封仅有六年，六年为丙子〕甲寅仲冬十一月甲子朔，夜半甲子时，日月如合璧，五星如连珠，故晦、望、弦、朔无一或差，实始行夏时也。他如张苍作颛帝历，刘歆作三统历，张盛等作四分历，刘洪悟作乾象历，皆行之不久而即差也。

三国六朝历　三国六朝，刘汉用四分，吴用乾象，魏国初时，韩翊造黄初历，杨伟改造景初历，皆写字模母，不出乾象之术也。晋初，因景初历改名泰始，杜预言作历者，当顺天以求合，非为合以验天，乃改著春秋长历，姜岌又造三纪甲子元历，皆不果行。自宋迄隋，南北言历者不一，而南历则以何承天为宗，北历则以祖冲之为据，要皆沿集旧法而增损之耳。

唐历　考唐代之历，凡经八变，其中则莫善于大衍历，僧一行始作也。其法本蓍策以卦当岁，以爻当月，以策当日，以天数始于一，地数始于二，以位刚柔，天数终于九，地数终于十，以纪闰余，天数中〔终〕于五，地数中〔终〕于六，以通律历，以卦气定七十二候，以中星正二十四气，以晦朔正日月之会，以日度正周天之数，而所作步章蔀元，皆与易合也。至武德时傅仁均之戊寅元历，〔唐〕高宗时李淳风之麟德历，即于日食多不效。肃宗时，韩显之至德历，与夫宝应之五纪、建中之正元、元和之观象、长庆之宣明、昭宗之崇元，皆因大衍旧术，于晷漏交会处而增损之，究无所发明也，其制法简易者，惟宣明庶几近焉。

五代历　五代初用唐崇元历，晋高宗时，马重绩更造调元历，周广顺中有探元历，民间又有万分历，皆得少失多。惟周世宗时，王朴以步日、步月、步星、步发，歛〔音蚶，义欲、予〕著成书四篇上之，世宗颁行，曰钦天历，其法虽不宏深，亦简易足取也。

宋历　宋司天数改历，其说曰：天体之运，日星之度，未始有穷，而度以一法，久则必差，差则敝而不可用，历之所以数改也。其间凡十八变，初用钦天历，后有应天历、乾天历、仪天历、崇天历、明天历、奉天历、观天历、纪元历，此北宋之历也。南渡后有统元历、乾道历、淳熙历、会元历、统天历、开禧新历，又开禧与统天并行，又有会天历、成天历，此南宋之历也，盖由其不知历理，故屡改变而无吻合者焉。

元历　元初用金历，世祖命王恂、杨恭懿、郭守敬等厘正之。是时，守敬特精历象，于是参以古制，创立新法，有候极仪、浑天仪、玲珑仪、仰观仪、新仪、立运仪、证理仪、景符闚〔同窥〕几、日月食仪、星晷定时仪，又有仰规俯矩图、异方浑盖图、日出入永短图，与诸仪互用，届五年而历成，赐名曰授时，其推验日月星辰消息运行之变，自古及今，实无出其右者。

明历　明初即召刘基为太史令，造戊申大统历，又设立钦天监官，分天文、刻漏、大统历、回回历四科，以专习其业，其法一本郭守敬之所定。然行之既久，不能不差漏刻，博士元统欲修改，卒不行焉。

清历　满清入关后，仍沿用明历，逮至康熙朝，乃召西人汤若望、南怀仁、安多、闵明我等入钦天监，相继治理历法，于是有《数理精蕴》《协纪辨方》等书之出，自是之后，中国之历则名曰时宪书。又于钦天监中设监正、监副、五官正、主簿、博士等，以专司其事，年各颁行时宪书一次。

按：此一考据，见载于清季科举时代所出之策府统宗内，余以其简而明也，乃摘录而存之，今则无从求取此种书籍也，故以此考据附此。

附阳历之闰年说

地球绕日一周，计三百六十五日五小时四十八分四十七秒，阳历以三百六十五日为一年，每岁所余之五时四十八分四十七秒，积至四年约得一日，因置一闰，故闰年都三百六十六日。但每岁之所余，不足一日四分之一，设以四年一闰永远行之，亦与天象不合，故阳历通行之初，即指明一千七百年、一千八百年、一千九百年，皆不置闰，而二千年则置闰。质而言之，即取所纪之数，以四百除尽者置闰，以四百除不尽者不置闰焉，此却多有人忽之。

卷　七

南较场与北较场

南较场在昆明城南，且逼近于城。北较场在昆明城北，却稍远于城。两俱省之考武场所也。两较场内俱建有演武厅，筑有将台，立有帅旗桅杆，平有箭道，辟有跑马道子，是同具一规模也。南较场地面殊宽广，横约五六十丈，纵约四五十丈。今拓东路北有营门口，即从前南较场之出入路口也。考之，南较场实建筑于明代永乐年间，所以吴三桂反清时，是在南较场上誓师也。

北较场之地面，实大过于南较场，且能大至一倍以上，是纵横俱在八九十丈，诚一大幅平坝也。相传，北较场系建筑于清初范成勋督滇时，范于炸坏荷叶山、王帽山后，复于此两山之麓，而特辟一较武场，以厌其胜气，亦青禽家之一种厌胜术也。是后，遂以北较场为督标三营、抚标三营及提标之城守营一营共有之演武场。盖是时之绿营兵，尚讲操练，大不似咸、同以后之绿营腐化万状。至于南较场，则作为科岁两考及秋闱之较士处。

城内之洪化府，在吴藩平后，其间当然有不少的堂殿房屋。传云至康熙末年，其一切亭台楼阁与夫一切群杂房屋方折毁竟尽，仅留存着一层正殿，至雍正初年，乃将正殿前之一遍〔片〕空旷地处而辟作一较武场，将其正殿改作演武厅，总督则就此课武员。

城内之西箭道（即今之兴隆街占有之一大片地处），在咸丰年前，犹名为马王庙，是为抚标三营之所有者。庙内奉关帝，名马王庙者，以赤兔马为关帝所有者也，养马者以赤兔为神马，庙祀重在马，故名马王庙。庙前地面殊宽阔，乃有人就此支靶习射，然不是一较武场，实是一操练处也。按此一切，是自雍正初叶至道光末叶之一百多年间，一南较场、一北较场、一洪化府、一西箭道，其情形是这样。

自咸丰而后，省垣汉回争斗至十有余年，北较场之演武厅和将台、马道等，竟完全被毁。南较场以有兵练驻扎，得将演武厅、将台保存，虽然，马道已踏平。同治八年〔1869〕，省垣乱事平息后，举行科岁两考之武场及庚午〔同治九年，1870〕乡试武闱，遂不在南较场较武，而改在洪化府内较武。此而马王庙前，则辟出马道一条及平治一条箭道，总督则改在此处按月而课武员，名此为西箭道。在省乱息后，北较场之周围悉变成乱坟院，即演武厅附近亦是坟冢纍纍。往前建筑之房屋，如所谓之演武厅，亦只留得几堵颓垣败壁，遂付之与苍烟落照。至光绪十年〔1884〕前后，此处便片瓦无存，直成一遍〔片〕荒原。

南较场上则破坏不大，演武厅与将台，尚能存在。演武厅内则为城外总查之驻在处。厅前之一片平坝，则不知有若干地摊陈列，如破铜滥〔烂〕铁摊、滥衣破裤摊、不成行的古董摊、杂乱无章的草药摊和一些卖死牛滥马肉的摊子，人则嗡嗡嚷嚷，摊子则满眼皆是，此亦是往昔时南较场上之一种景象。

按马王庙有三：在西箭道者，为抚标三营所有；在制台衙门内者，为督标三营所有；在云南府衙门右手边者，为城守营所有，是有三也。

翠湖之旧观

翠湖俗名菜海子，以湖边多种菜也。湖心为九龙池，以有九处出水也。莲华寺则位于九龙池上。翠湖在六七百年前，系在鄯阐城外，距城之西北郭约里许，汪湛海建筑昆明城，始将翠湖圈入。当年的翠湖面积，相信是昔宽今窄，然宽至若何则不可知，故往昔之面貌若何，直无一人能于道出，惟在七八十年前之景象，尚有不少的人见到也。余生也晚，然在七十年前之翠湖景象，今犹历历在目也。

翠湖周围，其边线有若干百丈长，自当说明。余于此尝闻前辈人言："周围约四千多步，由南至北之一条中路，为千有余步。"迩来，余闲游于湖上，沿新筑之堤岸而行，仅为三千一二百步，是周围之边线已缩减去四分之一，其面积当无往昔宽阔也。至于中路之长，则如前辈人所云，是无大改变也。所以然者，缘近六七十年来，多有人就湖滨填地而建屋，直等于沧海桑田之说。湖西更填去一洗马河，复筑堤筑路于四周，所以能将湖沼面积缩小。决之，其面积当较七八十年前缩小三分之一，或百分之三十也。以云水面，留有者恐不足三分之一也。

翠湖风景，今固胜昔，但在昔日，其一切色相，直有十之七八是出于天成，是不自然中之大自然。今日之一切景物，则有十之七八由人造成，是自然中之大不自然。即就湖上之一条中路而言，在七八十年前，此条路径原不甚直，亦不甚宽，虽是一条石路，却高低不平，不十分利于人行。路之中间一线，固面以光滑整齐之大石块，而两边则面以小石块，故尔高低不平，此则一条中路上都是如此。路之两畔为水沟，宽则二三四尺不等，水沟外为柳堤，堤则断断连连，盖使沟与湖通也。堤上纯为杨柳树，大者合抱，小者拱把，至密杂也。当春之日，真如司空图《诗品》云："柳阴路曲，流莺比邻。"此一条中路上虽有石桥三座，都是平桥，桥亦不甚长大，要不过使湖东之水，得由桥空通过湖西，归入洗马河，再由淌水沟过洪化府，经三家村而流出城也。

柳堤外即是湖沼，水不甚深，约尺许至三尺。中间一遍〔片〕，概行种荷，咸称为荷花田。二月间，即见荷钱出水，四月底，即有花开，端午后，花即茂盛。花却有两种，无莲房结子者咸曰荷花，有莲房者则曰莲花，此滇人对于花之定名也。荷田约占湖面二分之一，在荷开盛时，诚是一莲花世界，斯而万水千山都无颜色。湖中亦有菰、蒲、茭、苇，然不蕃于湖心，只萧森于湖滨水浅处，究亦不十分多也。因此，在四、五、六、七月间，翠湖上是锦明霞丽，一度过中秋后，便柳衰荷残，即渐渐地变成一遍〔片〕烟水，而浩淼无垠也。

往昔，湖之南面，在接近洗马河一段之湖滨水浅处及皇华馆前面，复牵连到今之钱南园祠堂前，其一带水浅处，则是种满香稻，且年年收获极好，以湖滨土肥也。此栽种者，是一班栽种荷田之人以余力而种稻，喜其不纳田赋、不缴税课，可得到一种纯利也。其景象如此，故昔日朱筱园有句云："七月西风翠湖上，藕花常伴稻花开。"在近今胡若愚建筑房屋处，纯是一片淤泥田，大能陷人于泥中，时称为旱龙潭。在八角井一带及近今陆崇仁建筑房屋处，又是一片荷田。中路南头之左畔，有陆地一小块，则有人建小楼数间于其上，额其檐曰少白楼。此一地处仍四面环水，乃以小石桥通过。又有人就是处卖茶卖酒，余为儿童时，尝见是处以一竹竿，悬一青布酒帘斜于楼前。

翠湖西畔，在洗马河一带，隔水有些断堤及二三蟹屿螺洲，其间则多杨柳树。此处的柳树，则较他处柳树高大，可以咏杜工部"高柳半天青"之句。洗马河内，不仅容纳附近九龙池一带之出水，而河之北头有两三处地，不断地有泉水涌出。由洗马河之淌水沟处向北上行约五百余步，另有一涌出泉水处，共名之为小龙潭。在往昔，此一龙潭水极有名，以清冽异于他泉也。潭不甚大，亦不甚深，潭面略具圆形，径约及丈五六尺，深处则只及二三尺。潭底泉水，如珠颗贯串而上，时人遂名此为珍珠泉。潭之周围原无遮阑，只有一小沟，弯曲而通到洗马河，故泉水旺时，以有输出处仍不至漫于地面。在光绪十六、七年〔1890～1891〕间，有二三川人，以潭水清甜，遂结庐于潭畔，取潭水发豆芽，果然发出豆芽来肥嫩香甜，已而营业旺相，用水较多，惧泥浆流入潭内，乃购选石料而围绕之。于是，一般人竟舍小龙潭三字于不言，直呼其处为豆菜房。

湖之北面，闻前辈人云："在同治年间，湖滨原逼近于贡院之照壁脚下，且是一遍〔片〕的茭瓜、慈菇田。至光绪初年，湖水渐涸，陆地现出，岑三大人毓宝（滇人以岑毓宝有功于云南，咸以岑三大人四字尊称之）遂购是处一段地土，用石与炭填实而建筑房屋（此座房屋后归金汉鼎，金遂改建成洋楼）。今日图书馆所占之一片地处，在同治年间，原是一片半年有水淹着，半年干涸着的地方。雨季有水，则有人就此栽茭瓜、慈菇，干则废去。积至光绪初年，此一片地处竟少被水淹，便成一半干半湿之地。"光绪十年〔1884〕前后，广东谭宗浚来任云南粮储道，提倡经史学于滇中，就其地处而建一书院以课士，是为经正书院。此院右侧为龙神祠，又为玉龙寺，而一般人则误认为龙神祠为玉龙寺，实则各为一也。按此一祠祀，寺宇颇深，前两进为龙神祠，后一进为玉龙寺，寺奉玉龙太子，云即清室之端慧太子也。此一层殿虽居于后，却另有一门径出入，实与龙神祠不相混合。嗣以光绪八年〔1882〕，公家在寺内制造火药，一时不慎，火药燃炸，将寺毁去，乃以太子祀并入于龙神祠内。龙神祠亦居于卑湿处，因而祠里面池塘沟流俱有，以地下恒有水出也。玉龙寺西畔，隔街为黑龙庙，是一尼庵也，建于乾隆初年，在光绪末叶，是处即改作民房。

翠湖东边，由禹门寺前至岑三大人公馆前之一段湖滨水浅处，及黑龙庙右而下至西仓坡前之一段湖滨水浅处，多半是生满蓼子草，而亦有些茭瓜塘、慈菇田杂乱于其间。距岸稍远处又有些残堤，堤上仍有着不少的粗及合抱之大叶杨树，大致为一二百年前生物也。附近残堤一带之水较深，便种有莲花。由西仓坡前至挨近小龙潭处之一段水面，则纯是荷田。此为曩昔翠湖周围滨岸水浅处之景象若是。

翠湖中间，近莲华寺对面，为水月轩。此一建筑却有因缘。先是此处有一断堤，长约五六丈、宽七八尺，堤上有柳十数株，都逾拱把。有一姓关之昆明人，认定此一地处足以拓展辟成佳境，乃向有此业权者以价购买之。关得到业权后，乃依近断堤而下戾〔音立，猛烈意〕填土，不久即拓展成一小片陆地，随建楼数间于其上而开茶馆，曰翠海楼。曲溪人蒋范卿见而羡艳其地处，遂诱此姓关者，以重赀租赁关姓所建之一切房舍楼屋，而开水月轩照相馆，营业大发达。既而关姓亦穷困，蒋遂乘机而购买之，蒋有业权，益复扩充培植，此水月轩遂负盛名。此是光绪二十五年〔1899〕前事。入民国后，公家则收此为某种某种用处，今则完全变易其形矣，云求原日基址，已无迹可求矣！虽水月轩三字仍表著于今之公园门额上，可云名存实去。顾此，是六十年前翠湖曾有过此一点形色，亦稍强于昙花一现。

翠湖上唯一之名胜处是莲华寺，寺建于有明之某一朝代，志书言之綦详，兹不赘言。莲华寺实位于翠湖当中，是在水中央。寺门前横匾书“莲花禅院”四字，门额后书有“海心亭”三大字。字属神品，不识为何人所书。或曰是兰谷和尚手笔，审其笔法亦近似。寺内有殿宇四层：

第一层曰五龙祠，供青、黄、白、黑、赤五尊龙神，殿前有一大天境〔井〕，宽长俱达三四丈，乃有人架竹棚于其上而开茶馆。此一块空地却滨于水，营茶馆业者，乃以火砖就水边砌一具有美术性味之砖阑，列花盆于阑上，殊雅观，以是，此一茶馆在昔时颇有名。

第二层为吕祖殿，神龛内只塑纯阳一像及侍者二，檐前有匾，书“春醉蓬莱”四字，笔力圆润秀健，大似董香光所书，究不知为何人手笔也。殿侧有一小门通出入，门悬一联曰：“望中便是莲花界，到此合参紫竹林。”字则半行半草，写得十分飞舞，亦书法中神品也。吕祖殿后为韦驮殿，殿前有匾，书“是观堂”三字，是涂焯手笔。韦驮像则较他处韦驮像有神。韦驮殿正对观音殿，观音殿只一大间，属于亭阁式，殿有神楼，人可以上。观音为白衣送子观音，其坐像后塑有香山。殿前悬同治帝颁献匾额，曰“妙涌莲华”。神楼前有“庆云楼”三字，此一匾，系仓场侍郎蒋予浦书立，字则气魄雄壮，笔力圆健，相信蒋亦当时之大写家也。按观音殿实为寺中之第三层殿。又按志载：“寺为工部侍郎兼仓场侍郎蒋予浦、迤南道刘珏、邑人倪士元、倪琇、僧雨庵，于嘉庆元年〔1796〕拓修。”又详考之，观音殿即旧日之海心亭也。故位于寺当中，是一亭阁而不是坛殿。

观音殿后为寺内第四层殿宇，此一殿曰仓圣殿。殿宇则崇宏于前三进。殿为三楹，中间一格塑仓圣、文昌、关帝三像，左格龛内塑文财神，右塑武财神，旁立六像，有周仓、关平等。殿檐下有石碑二，一刻关帝像，一刻观音像，俱是由西湖某寺翻刻而来者。殿之东廊有配殿三间，中塑华光大帝，左塑伽蓝而右塑土地，左右两边又塑有五六站像，则莫知其名。西廊亦有配殿三间，曰娘娘殿，中塑送生、保产、奶母三娘娘像。左格塑二男像，一为打弹张仙，一为眼光童子；右格亦塑男像二，曰痘哥哥、曰痧哥哥。此一配殿内，香火极盛，日日俱有来供送生、保产、奶母娘娘者，又有来送痘哥哥、痧哥哥者，更有来供眼光童子者。此殿则养活着两个女祷告师，可云是得到土偶的照顾。对正仓圣殿处为观音殿，后檐上有小楼，楼上塑有魁星像。此与观音殿之神楼相接，人从观音殿内上下。仓圣殿之左边漏角内，又有一偏殿，曰祖师殿，中奉北极真武，配有二神像，则不知为何神。右边漏角内，有数间小屋及空地一块。寺中长老纯诚大师，尝指其地处语于游客曰：“此处原有一条堤埂，行数十步，有阮文达公所建牧梦亭之基址存在，近年来被湖水浸没矣，今只是一片绿水耳。”

东廊配殿之左手边接连着五间楼房，此是僧居禅室。楼之后面，临于中路，楼名莲咲楼，传云：“楼系吴三桂所建，三桂常携陈圆圆及八面观音、四面观音等，凭楼而观莲。”西廊配殿之右手边接连着三间亭台式之大屋，是名碧漪亭。然“碧漪亭”三字，乃光绪年间，云贵总督崧蕃所题，往昔但名之为鱼楼。鱼楼实无楼，系三间平屋也。鱼楼位于放生池上，三面有栏，入其间可凭栏观鱼。鱼楼上悬挂匾联甚多，除碧漪亭一匾外，在入室处有“静观自在”匾，为宜良陈达所书，字写米〔宋朝米芾，其书法称米体〕，而学米真学到十足也。鱼楼当中高悬一巨匾，书“亦蓬瀛”三字，字学柳，而字大逾尺，笔笔神完气足，实不多让于〔柳〕公权也，款署“猛摩痴吏黄奎光”七字。黄又有一联挂于柱上，曰：

有亭翼然，占绿水十分之一。

何时闲了，与明月对饮而三。

此写与作，并皆佳妙。旁有一匾，书“比象莲华”四字，系孙清彦所书，字用画竹法写出，其“象”字，直似一荷叶捧定一朵荷花，此不是入于化境，是入于画境。中间柱上又挂有云贵总督阮元所书一联，曰：

子产舍鱼，溯放生之始；

庄周知乐，开转偈之机。

字写汉隶，其到家处，可与姚元之、桂未谷二人之字相衡。其它只平平。虽然，若无高人之笔墨，亦不敢书悬于其间也。亭中间之后墙上，嵌有大理石四块，为春、夏、秋、冬四时山景。其景象之真，尺幅之大，实为滇中无二之品物也。

碧漪亭南头，连接着一喜雨楼，楼为云南巡抚谭钧培所建。此因光绪二十年前后之某一年间，省垣雨泽愆期，谭乃择吉，先拈香于莲华寺，继则往龙神祠拈香，更出城而往黑龙潭上古黑水祠求雨。次日，天降甘霖，中丞大喜，乃捐廉而建斯楼，额其檐曰“喜雨楼”，此三字系谭所书。楼稍浅于碧漪亭，仍面临于放生池。楼门前悬“鱼浪吹香”四字，为广东新会县黄炳堃所书。炳堃字法爨〔指爨龙颜碑和爨宝子碑字体，书法在隶楷之间〕，然不十分似爨，字形上又有似乎吊比干碑体〔指弔比干文，即《孝文皇帝弔殷比干墓文》，北魏碑刻。比干为殷末人，传言纣淫乱，比干犯颜强谏，纣怒，剖其心而死〕。

碧漪亭及喜雨楼前之放生池，池面甚宽，约在十有余亩。近于亭前之一泓清水甚深，可能及七八尺，远处则浅，大致为二三尺。西、南两方有柳堤环绕，树密而阴茂，春夏间垂缕牵丝，自鱼楼上望去，风景佳极。池之北头则无岸畔，在夏秋间望去是一遍〔片〕绿水红莲也。放生池中蓄鱼甚多，大者长近二尺，然只有数十头，其长及尺者则多矣。往昔凡入于寺者，无不到鱼楼上凭栏观鱼，又无不购米花、包谷花、河虾、饼子等以饲鱼。一掬食物丢下，大小鱼儿即攒聚而出，昂首张吻以吞饵食。于是，水面在此一时间上可能有一二百头较大之鱼出现，且泼刺〔剌〕跳跃，饶有情趣。鱼楼基础是接连着娘娘殿之后墙脚，此系数百年前建筑，不知此一带地处之石脚下至若干尺深。然年程久远，石脚缝内遂藏有他种生物，曩日，常见有二三水獭出而吃鱼。距鱼楼四五丈之处，则有莲花莲叶贴水生姿，自有不少的小鱼游于附近，此堪咏“鱼戏莲叶东，鱼戏莲叶西”之句。

翠湖中之源泉，志云有九处涌出，故名九龙池，实则出水处不止九处也。或者因某些出水处为泥沙窒碍，源头不能由一孔一罅〔音夏，裂缝〕中冒出，竟分作几股冒出，亦未可知。但放生池中，必有一二股源泉混混而出也，不然一年四季，池中水胡不见其干涸，且不见其低落下一尺二尺。在中路之西畔，湖中之出水处，能于指出者已有五六处，而在中路之东畔，湖中之出水处则更多矣，距往昔水月轩前约有十余丈，有一股温泉出于一片冷水中，间有踩藕人到是处踩藕，觉其地处之水温暖异常，是处淤泥亦甚暖足，乃知是处有温泉。究竟踩藕人之知识不甚充足，不解用物标志其地处，致二次至此，又迷其所在。然此一股温泉，亦不是一二人遇到，实有多人遇到也。惟以滇中温泉甚多，且此一温泉又混合于冷水中，不易分开，因而无人注重，要不过知有一温泉在是处也。

中路东边之湖沼，原是一片荷田，荷田中究有若干股泉冒出，确无人将其考查明晰。但见三座平桥下水，总是自东而流至西，且滔滔不绝，所以一般人靡不认定东边湖沼内出水甚涌也。惟在民国十年前，唐继尧建双节坊于翠湖之东、西两面，因而修一条新路，由湖东而达到湖西，与原有之一条中路架成十字形，斯而翠湖面貌便渐次的改去旧观。已而又建会中亭于新路侧，此时翠湖上即发生一种异事：会中亭基地是就一片较厚之淤泥上而打桩下石填炭，云打桩下石，当然要刨开淤泥，以桩能打得深，基础方能得到坚固。但刨挖淤泥原不限定在一小块地方，四面旁出，大约纵横能达到三五丈外。一日，一班工人正在挖掘之间，突有一大股泉水冲泥而出，其粗处犹强于人臂。少选，即盈科而四溢，监工人急报于唐，唐命设法阻之。后则就出水处筑一小围，用水车五六架不断的撤水，于是水势衰，乃用一口大锅罨〔读掩，义同〕其出水处，周围实以泥沙炭石，水始不出，会中亭之基地方得告成。此则不是余一人所目击，而是有多人见到之事。

论翠湖出水之多少，是关于湖中之源泉有无窒塞。在七八十年前，似处处源泉无一阻窒，故一年四季出水俱旺，欲知其旺相与减缩，一看洪化府西墙脚下之涵洞，即一目了然。其涵洞宽近尺而高逾尺，在余为儿童时，见涵洞水出几充满其洞门。在今日思之，即并车田水之十架车于一处，亦无如此之巨也。故在当日，一行近三家村前（三家村即在今之昆明监狱一带，以是处只有一按司狱衙门、一府经历衙门、一县典史衙门，别无民居，故名三家村），即闻水声震耳，睹其形势则汹涌异常，此则为出水旺盛时也。逮至光绪末季，是在前此之五十年间，翠湖北面一带湖滨，竟建有不少之房屋。而湖之中心又有水月轩，在逐步的扩充范围，于是填筑地处不少，当然有些出水处被泥石阻塞，斯时往洪化府西墙脚下查看其涵洞内之水量，竟减少三分之一。又至民国八年〔1919〕后，唐继尧建筑新路于湖上，建会中亭于新路侧，更将小龙潭改修成塘，塘底用石板面平，斯而翠湖内之水源大减。洪化府西墙脚下之涵洞内，虽然是流水淌淌，在水量上较七十年前，究减去多矣，多矣！既而筑岛于湖心，筑堤于湖之四围，随在修建亭台楼阁，复将洗马河填实，又那能不将一切源泉闭塞，湖中能于走马，此自然之势也，岂有他哉！

总而言之，昔时翠湖原无甚赏心悦目处，只不过春则杨柳依依，夏则红衣翠盖满湖，清风徐来，水波不兴。而又有飞鸟在林，游鱼在水，望里景物，能引逗得一般高人韵士到此散步吟哦，其清雅处，不过如是。惟有一莲华寺位于湖心，有一放生池临于寺右，佛菩萨确有威力，能使四方人士敬信。每届二月十九云为观音得道之日，六月十九云为观音漂南海之日，九月十九云为观音诞，届期，寺开盛会，入寺烧香之妇女，多于过江之鲫，到此游玩之客，亦蚁聚蜂屯于寺内寺外。售香烛、元宝者，卖小吃食者，则夹中路而盈寺门。而又有若干拜香愿之童子，用青纱帕裹住头，箍住两扎黄錢和两份甲马纸，以一人拎着蒲团，童子则三步一拜或五步一拜，由家门口直拜到莲华寺内观音殿前，此则是重佛重法时代之一种景象。至若每月初一、十五两日及每月之十九等日，亦有不少的人到寺进香，或入寺闲游，此则以五六月较盛，盖是时荷花开放，能增助人们的兴趣不浅也。

在佛教振兴时，滇中妇女无不皈依佛、皈依法、皈依僧。此又不仅属于妇女方面，而男子中亦多半如是。凡是儿女矜贵之家，有子必送往海心亭观音座下寄名，拜一大和尚为师，取一法名代替乳名，则认为是一佛门弟子也。寄名后不蓄发，长久是一和尚头，必至六岁，甚至要到十二岁，始抱一鸡入寺作剃度，于是拜菩萨、参大师，方云入俗，出寺门而蓄发。以是在七十年前，寺内所畜之红白公鸡多至数十。余也亦曾寄名于菩萨座下，拜纯诚大和尚为师，六岁而抱鸡入寺作剃度，今回忆前事，亦堪一笑。

又回忆曩昔之莲华寺，是十分宽深，所奉神佛之像，虽无百数十尊，然已在四十有余位。而且是合佛、儒、道三教及神教、巫教中人所奉之偶像而集中于此一寺内，而且天神地祇俱有，可谓集其大成也。此种供奉，在省垣之一切庵观、寺庙中诚鲜有所见，可以云，九龙池上之莲华寺是省垣之一特殊寺宇也。

往昔翠湖内亦饶有生产，闻有十多家人，在湖内栽藕种莲及栽慈菇、茭瓜，年中出产实属不少。即以莲藕、莲叶、莲花而论，藕与花能各有百数十挑出卖于市，莲叶之收获则难计其数也，因而此十多家人之生活，大是不恶也。并且在湖滨种稻，无税无粮，此非纯收利益乎？湖中之菖蒲、蓼子与一切足以治病之水草，又无不是此十多家人之换茶换酒物。若此等类之事，俱为往昔观察之所得也，今并而言之，故标其目为“翠湖之旧观”。泚笔于1953年。

省垣文庙之旧观

文圣庙，自是帝制国家之尊礼处，亦是人民之文化策源地。昆明文庙建于明代永乐年间，入于清代康熙年间，又重而修之。其地场之广大、地脉之雄厚、建筑之精美、材质之坚结、彩色之辉煌、设置之完善，在省垣庙宇中实居第一。乃不幸民国三十一年〔1942〕，因陈列日本来滇轰炸而被我击落之飞机一架于魁星阁前，日本人挟势而骄，引以为辱，竟遣机群来轰炸是处，于是大成殿毁焉，大成门毁焉，旁之桂香阁、尊经阁与明伦堂亦同被毁焉，崇圣殿与仓圣殿则炸去一半。被炸后惟见横七竖八之断梁断柱和七高八低之破壁残垣与夫万千片屋瓦墙砖散积于地面而已。

惟在是时，滇中人士谁不思于机会上营营苟苟，而图发国难财欤！所谓自谋不遑，孰能有心计及此一破庙哉！文化两字固是前进之标语，道德两字却是惑人之口号，此又谁不知之耶！彼雄于财者，一日赌博尽数百两黄金。有讲阔绰者，一夕餐会亦耗费数千枚银蚨〔蚨音芙，古代用做钱的别名〕。有人与若辈言及圣庙事，又孰不两眼望天而默然不语耶！以是大成门前之一段败石残阶上，放置着孔二先生之一木雕像，受雨淋日炙者二三年，乃不意有好事者出，发其极度之热忱，兴不忝不鲜之工役，作不伦不类之建筑，成屋宇一连，纳至圣先师孔子神位于其间。并将孔氏五代宗亲、孔门七十二弟子与夫后世追宗述德之一班先贤先儒等，其所享有之木牌位，都一一纳入新建之神龛中。是则上下高低、左右前后，攒并堆集，错杂凌乱。此可以云“济济雍雍，一堂萃聚”，又可以云“群贤毕至，少长咸集”。虽然，吾知当时之作此布置者，亦不过作十年八年或二三十年之暂计耳，岂冀已有此收拾，即可垂于后世哉！

惟在今日，又多有伤怀往事之人也，目中触此形色，实不胜浩叹焉！而今此处又改修作人民文化馆矣，往前之一切形色，当然完全泯灭。后世之人谈到从前之文庙形状，自不能道其庙貌如何，象状如何，亦若谈鲁灵光殿者，只能加以巍峨两字耳。余因而将其原有之状貌写出，使后世之人，知昔时文庙在一切庙宇中，不只殿堂崇隆、楼阁繁多、地场宽宏，而亦建筑精美也。夫庙貌千秋，无非见于文笔，今日回忆六十年前省垣文庙之旧貌，余尚能详细写出，亦庙貌千秋，见于文笔之例也。

庙之大门原为两道，俱作牌坊式，一东一西，各高至丈余。一门分中、左、右三格，均以朱红木签组成门扇，而常久闭之。东边之门额上题有“德配天地”四字，西边门额上题有“道冠古今”四字。故事，此两道门，惟天子遣使来献匾额于圣庙，始开此而迎入。其次，是本省人士得中状元，才可由此门而入祭孔圣。此两道大门之侧，俱立有一高六尺、阔尺许之石碑，标刻着“文武官员至此下马”八字，是上谕也。

是时，东边之大门前是一块大平地，西边大门则临近二纛街〔民生街〕口，人称其地处，都以“道冠古今”四字名之。东边之大平地，南头接近文庙横街街边，东界文庙东巷口，横宽七八丈，直长逾十丈。平坝之北尽头处，又有一总大门，门头署“黉宫”两字。入门十余步即魁星阁，近阁之畔有一门曰“持敬”。丁祭日，彼主祭官与陪祭官等，均是在黉宫门前下轿，步行而走入持敬门，进治斋所休息，届时出而祭圣。此一持敬门，在一切人之出入上无所分别，凡治事者俱由此门出入也。

持敬门与泮池相对，泮池系半月形，今未改作。泮池南面约行十余步，即棂星门。棂星门亦分中、左、右三格，门则有阶而无磴级。棂星门内有钟楼、鼓楼各一，棂星门外系一空地，东面即“德配天地”门，西面即“道冠古今”门，此处今亦无甚改变。泮池之北为平墀，左廊有房屋二联，一为治斋所，一为熏沐所；右廊亦有房屋二联，一为神器库，一为乐器库。向北而进，便升阶而至大成门。

大成门分中、左、右三道，中常闭，出与入由其左右两门。门内又是一平墀，地场极宽大，为丁祭时一班官员之跪拜处，向上即为陛墀。螭〔音吃，古代传说中一种没有角的龙，古代建筑用它的形状作装饰〕陛系以一块大墨石雕镂而成，长可及丈，宽三尺余，嵌于石级当中。阶有十余级，上为龙墀，龙墀俗称月台，高于下之平墀约五六尺。龙墀环以石栏，左右有东西二阶，为龙墀之定制也。龙墀左右为东西庑，一庑各九间，中列先贤先儒牌位。龙墀之北为大成殿，殿有七楹，阶三级，系旧制也。殿上奉孔子及四配、十哲牌位，是孔子一龛、四配两龛、十哲两龛，一共五龛。殿梁上悬有九匾，当中之一匾额曰“万世师表”，为清康熙帝所献者。以次，亦是清朝历代皇帝之所献。殿之梁柱门楹俱饰朱色，孔子神龛则以金饰，殿瓦则用黄色。

大成殿后有殿五楹，由另一门入。其间规模拟于王者制，有台墀，亦有陛，屋瓦亦用黄色。殿上奉孔氏受封之五代先王，曰崇圣殿。殿壁上有石刻圣迹图三十余幅，每幅方长俱在尺余，而刻画极精，亦可贵之物也。崇圣殿之东畔为仓圣殿，殿只三楹，配以群房，规模不大。仓圣殿东为桂香阁，阁系三楹，有楼。桂香阁前为明伦堂，堂中悬一匾额，即明伦堂三字。左右陈列大木刻二块，形如座屏，长可七八尺、高五六尺，一书“礼义”二字，一书“廉耻”二字。字则大于方桌面，云为朱文公所书，乃由某省翻印而来。字体类米，笔力极健，故无论为何人所书，俱宜以字中神品视之。堂之横栋上，悬昆属翰林、进士、举人、五贡之题名录。

明伦堂南面，行约十余步，下一台阶，再行十数步，即为尊经阁。阁亦三楹，有楼，上奉孔子木刻坐像。自阁南面前行十余步，即魁星楼。阁之东畔，另有数院，一名宦祠，二乡贤祠，三节孝祠，而府、县两属学官之衙斋亦在是。往昔之形式如是，今则完全变易矣。今濡笔记之，为不欲没其形色尔。

省垣城隍庙之旧观

省城都城隍，其神为明少保兵部尚书忠肃公于谦也。清以忠佑王爵封公，并敕封为云南总督城隍，盖以公生前立朝，其忠正刚直之气节，可上格天神，死必英灵不泯，以之治鬼，阴疆必理，此亦人世眷顾阴曹也。顾余之说，毋乃深于迷信，然本诸天道而论，有阳必有阴，盖天不能独行其健也，地镇坤维，宁非阴静于下之说欤？城隍、土地乃五祀之一，从另一方面言，城隍、土地实为阴府之治事者也。以人治人，以鬼治鬼，又何得言城隍、土地为一种妄诞不经之说也。人以少能游泳典籍、寝息篇章，惟知趋重科学，一切就实质上推求，以原质上考究，置宇宙间之真理于不顾，大声而言曰："说神道鬼是迷信也，敬城隍礼土地，是封建时代一般愚夫愚妇，以无知识而有此种举动也。"诚然，彼终日说神道鬼，随事俱以鬼神为前提，动即求神许愿，此诚属下愚，奚足以议。若执此以概括一切，复灭尽鬼神，则失之远矣。

科学之外，自有一种神秘学在，科学不能包括神秘学，神秘学可能包括科学，斯为世界学者之所以共认。彼得一知半解者，竭力主张捣毁一切寺庙，消灭一切偶像，斯不过取快于一时也。城隍之像，固已消灭数十年矣，而今日之一般男女老幼，其心中又何尝不有一无影无形城隍老爷存在耶？即使其身虽死，灵性不灭，其心坎上又必渐渐发生城隍老爷之影印矣。夫释迦佛灭度后，历五百年而其道大兴，是佛之感召力能存于世也。由此推论，神道两字，其能否永存在之欤？是不可知之事也。吾由是而回忆往昔之城隍庙。

省垣内之城隍庙，实规模宏大，堂殿楼屋颇多，鬼神塑像愈复不少，诚一伟大之建筑也。以论是处地场，十分宽阔，云为汪湛海筑城时，即指定是处而作斯庙。盖以是处为五华山右支山脉于是处起阴突，伸至抚署地位，然后起顶开面。故以城隍位于阴突上，而图地方之宁靖。说如是也，亦姑信之，今回忆当日庙貌，说明于下。

庙有左、右大门二，位于今之劝业场〔现五一路〕街口，门与墙俱涂红色。大门内系一敞坝，因而有一切营小吃食业及营香烛业者，便藉地搭棚于两边之墙脚下，复有张伞盖以蔽风日，而支吃食摊于空地上者，时则不止有二三十人在此营业也。前进而升阶数级即为二门，门之左右塑有神马两匹，有神将牵之。马则身长至丈，昂首而立，高至七八尺。望之，马萧萧而人赳赳，生气勃勃，是成于能手也。二门后面，有小神殿二，分左右而设。所奉之神，传云为明代之某乡约与某保正，俱大有功德于是时之闾里中，故塑其像而祀之。

二门内又系一空场，凡售医、卜星相术者，俱麇〔音群，成群〕集于此空场上。场之东畔有群房五六间，为庙中道士丹房；西有群房一联，为仪仗乐库。再进为庙之戏台，台下通出入，台上悬一匾，为某名人手笔，文曰“也有今日”。度过戏台下为一大坝，上即庙之正殿，殿如王者制，庭前有阶有墀，墀内陈一大铜香炉于正当中。殿上塑城隍像，高及丈，具明衣冠坐于龛内，傍侍牛头、马面、判官、鬼王等十二像，均高至丈。殿宇虽系三楹，却十分宽大。殿悬木刻匾极多，且多属名人手笔，中有二额：一书“彰善瘅恶”四字，为云贵总督许弘勋书立；一额为“履地戴天”四字，为大理府知府宋湘手笔。又檐前有一长匾，字体极大，每字约逾二尺，文为“阴理滇疆”四字，为宜良陈达所书，真铁画银钩，体近于颜，气魄则雄壮极。匾上自印一章，文曰“古来大字几人能”，此亦非侈语也。惜哉！此一些名人手笔，均归于爨下矣！至于对文，大都为劝善警恶之作，如一联云：“怎大胆敢来见我，快回头好去做人。”传为周于礼所书，又云为钱沣所书，未知孰是，而字体则近米也。闻此一联在毁城隍庙时，有人取存于庙之某处，某年庙为祝融氏所虐，此联亦同归于烬。

大殿之左右两边，各有配殿三楹，左为府城隍殿，右为县城隍殿。座上塑神像，亦甚伟大，傍侍判官、胥吏、鬼卒等像各在十余，一一俱高大如人。正殿之东西两廊曰七十二司，实则三十有六耳。司各有名，曰财帛、曰婚姻、曰短命、曰眼光、曰前债司等，有枭神殿、岁君殿，亦属于此三十六司中也，此等地处，要不过为愚夫愚妇而设也。夫神道设教，是在警庸俗也，于才智之士无与焉。彼思想未及于透澈者，将“破除迷信”四字拉来一肩担任，结果于智者无益，于愚者则有害。谓予不信，请看今日之社会，其情形则较昔为恶矣。杀人害人之心肠，似较往昔高十倍，此非替庸愚者流破除迷信收得之果实欤？且见有某些人，在往昔实为祛除迷信之健者，今竟以些小事故而断送其命矣，此足见其不智也。哀哉！

两廊之三十六司，每司俱上坐一司官像，列侍于其左右者有四像。此亦如今之人世间，凡一政治机构内，必置有一高级长官，下则设置若干员秘书科长等，是阴阳同一体也。司官前之地面上，则塑出种种故事：有塑施棺施米之善举者，有塑施药施粥之善举者，有塑修桥补路之善举者，有塑放生戒杀之善举者，此从为善之一方面而看也。若奈河桥、枉死城、红沙地狱、黑暗地狱、刀尖山、石灰坑、剥皮处、割舌处，更若分尸、压榨、解锯、舂筛等项地狱，都是为恶人设，亦是使恶人看也。总之，庙中塑陈之一切含欺带骗，亦哄亦诈之恶果善因，无非策励善人及警惕恶人，意在补助法律之所不及，岂有他哉？

在三十六司中之地面上，塑陈之善因恶果其故事自多矣！而每一司之两墙壁上，又在国史中寻出些忠孝节义之事故，如老人结草、鉏麑〔亦作鉏霓〕触槐、翳桑饿夫、豫让漆身之类故事，倩巧于绘事之工匠图于壁上。此则不是为愚者而设，是为智者而设也。按此一些设置，却不是社会人士秉承是时之政府教令而有此施设，是社会人士自动的一种施设也。

三十六司之两转弯处，塑有黑白两无常之偶像，是庙中香火最旺处。此两无常俱是铜铸金身，高大犹强于吾人身材。滇人于鬼神方面，每喜作无来由之附会，称西廊白无常为汉人二老爹，称东廊黑无常为回子二老爹。回人原不拜偶像，黑无常前香烟便不似白无常前之旺盛。白无常前，在朔望两日，跪拜于地者恒肩并而足齐，且自朝至暮，毫无间断。而又有来挂匾者、来换袍帽者、来装烟者，中以装烟为最有趣。装烟者，买庙中纸烛铺所做之纸烟杆一枝，卷草烟一筒，安于纸烟斗内，燃之以火，放于二老爹口中。在形式上是使其衔之，其最趣最妙处是草烟卷不熄，烟嘴中自有烟出，亦若二老爹真能吸嗯〔息〕其烟者。此烟杆之制作妙欤？抑二老爹真有灵欤？亦不可解之事也。

其次是庙中之岁君殿与娘娘殿，香火亦旺。岁君殿为三十六司之长，在近戏台处。殿有石虎一，高近三尺，身长约逾四尺，口张而腹虚，喉有孔，通于腹。进香还愿者，以生鸡子投掷于石虎口中，其黄白便由喉管而流入腹，一班祷告师，以碗承其后窍，日得数碗，大不乏鸡子食也。投掷鸡子于虎口中何为？以一般患肠胃病者得到病愈，便烧香还愿，云投鸡子于虎口，消除肠肚中病也。此不仅属于迷信，直是一种荒谬绝伦之言。

娘娘殿在正殿东边，由府城隍殿后转入，是处有殿宇二座，一为娘娘殿，一为张仙殿。凡妇人生育后，家人必设牲醴至娘娘殿拜祷，求母子平安也。娘娘殿上有二神，一为送生娘娘，一为奶母娘娘。妇人奶少又必求于奶母娘娘前，此为妇人们生产后，多不能免之一事例也。张仙殿内附有痘疹郎君，俗曰花哥哥，小孩出痧、痳、痘、疹后，必到此设祭，且献以一彩纸制成之伞罩，曰送花哥哥。殿右有大树一株，树下有一小神坛，中塑一女像，称曰口袋嫁，有因病而贴膏药于肢体上者，都将撕下之膏药贴于此树上，因而树身上之膏药，随时都有百数十张，亦庙中一奇趣也。

正殿东头又另有一院，曰清官堂。堂为三楹，座上塑列汉唐以来，大有功德于滇之名宦名将计三十余座。第一座即诸葛亮，次为李德裕，又次为赛典赤·瞻〔赡〕思丁、傅友德、蓝玉、沐英、沐晟等，入清代则有鄂尔泰、福安康、陈宏谋、伊里布、林则徐、潘铎、劳崇光、岑毓英等，尚有其他，以未能记忆也。

正殿后面又有一重殿，殿为三大楹，内奉城隍行身，坐于椅上，身体却高大过于常人。凡城隍出游，即将此行身置于轿内，城隍每年出游三次，一清明节、一七月中元节、一十月一日，都名为城隍出巡。城隍之行身右，有城隍娘娘像，凡城隍爷爷出入时，按其座下机括，娘娘即能起立，盖由当时之灵工巧匠所制，故能如此活动，此殿则名寝宫，言为城隍之寝息室也。

城隍与其娘娘之身体，都是用檀香木雕成各部，然后逗〔斗〕成整个身体，而两俱有内脏。城隍娘娘只不过金心银胆，城隍爷之内脏则宝贵矣，心是一大团桃红玭珚〔音贫西，即珍珠〕镂成，胆是一团翠玉，两个眼珠是两颗等于鸡蛋大之蓝宝石，闻此为昔时缅甸王之所献，真无价宝也。讵意后来，即因此而兆〔招〕粉身碎体之祸。

寝宫后有楼一座，曰五凤楼，上供男女二像，为忠佑王之考妣也，俗称曰圣父圣母。正殿之右，县城隍之背后则有一大院房屋，且有一戏台，名曰保庶堂，是地方绅耆会商地方上重大事件之处所也。此外便无他处。只有一施棺会，附属于城隍寝宫侧边之一排屋内。

此为往昔省城隍庙内具有之一切规模形式。人民在迷信神虔时代之一切表现，今其已矣乎！一切消灭矣！其原有之地处，或变为街市，或铺户住房，或为影剧场，仅有一五凤楼仍能保存其形势耳，斯亦人世上之一番变动。

省贡院之旧观

往昔时代，一般人在任何地处建一公府官署或筑一神坛庙宇，必须讲求地下龙气。龙气即地脉也。若坐乘旺气，可望于一切上得到长久兴盛，无龙气行到之处，则不宜于奠基卜筑。故此往昔之文武圣庙、贡院书院、督抚司道衙门，都云是乘坐于旺气上。更如省之重要祠祀，亦绝不离开地下气脉而云建筑也。本来，地下有暖气流到居之自安，若居于卑湿阴冷处，人即不舒适，此定而不移之事，讲科学者亦必得承认之，故昔人谈地下龙气，亦不合完全斥之为妄。但动必以此为依归者，是为迷信风水矣，又不宜也。总之，人世间事及一切群杂学说，无不秉持着一种理由而作成，故谈驳一事件，鄙斥一学说，大不合一语道尽，一笔抹煞，盖各有各之理由存具也。

昔人传云：明代汪湛海之建筑昆明城也，经八年之惨淡经营，功始告成。复于城内一一规划，如万寿亭〔旧址在今五华山上〕、如文武圣庙及重要祠祀，与夫各大衙署之所在处，均依龙气而规定。若贡院之地场，亦汪所勘定者也。缘以陑山气脉于蜿蜒入城之际，至五福寺侧竟分出一支，起顶开面，有如瓜蔓岔〔杈〕上突结一实，气势雄大，非寺观衙署得而镇压，宜以文场镇之。然建筑贡院时〔旧址在今云南大学内〕，汪已去昆久矣，后人乃就其指定处而建筑之也。汪于筑城工竣，即走往禄丰县境内，据县城数十里某山寺内薙发为僧，随殁于是处，禄丰人悉能言之。

贡院坐场阔大，是坐北而向南，南则尽于照壁，北则逼于城墙，自东及西宽逾百丈，可称为省垣内第一个大建筑场所也。其大门外，东西各有一坊，东曰腾蛟，西曰起凤，中为大坝。坝内有二台榭，俱阔长二丈余，此为士子入场领签处。坝之北头，即大门前第一层石梯，梯有十二级，级尽，上有平台，台之左右列有一对石制独角兽，连座石高可及丈，有若官署前之石狮焉。又升石磴三级即为头龙门。门分中、左、右三道，中门不常开，非开科时监临、主考出闱入闱及发举贡榜时始开之，余时均出入于左右两门。头龙门内，略有平地数步即升阶而上，石磴为十八级，分三路，取义于十八学士登瀛洲故事。又度一平地，再升五级即为二龙门，门亦三道，开闭亦如头龙门之规定。二龙门内便是一宽约十余丈、长逾二十丈之大平场，中间有高楼一座，宽深俱三丈余，曰明远楼，上供魁星及朱衣神。

平坝之东，有号舍一排，计二十余条，其西边之号舍，在数目上却多过于东边。号舍乃士子入场时之住宿所也。号舍形式略如巷洞，每条宽约七尺，各留有走道一条，余是一霤〔音溜，行列〕而入之小室。每一小室，宽与深俱不及四尺，一室名为一格，墙用砖砌，有二坎，藉以搭床支案。士子入场，每人得占一格，得木板三块，名为号板，作临时之床与案。东排号舍稍浅，每条仅六十余格，西排较深，则有八十余格，另有新号舍一排，亦如是。每条号舍之门墙上，俱书一极大之墨笔字于石灰壁上，为是条号之名号，字引《千字文》上天、地、玄、黄、宇、宙、日、月、辰、宿等字而书之。

平坝之北为至公堂，堂系五大楹，每楹俱宽丈余，深约三丈（今东陆大学改为大礼堂）〔即今云南大学〕。至公堂左右各有平列之配房五间，为办秋闱时，受卷官、巡戳官等之食宿处。此两连配房之尽头处俱有缺口，入于东有二小院，一为弥封所，一为对读所。入于西为一排新号舍，计十有余条。由平坝之东南角转入，有平房六连，每连十间，又群杂房屋数十间，为誊录所。由平坝之西南角转入，有群杂房屋数十间，为开秋闱时办闱场内一切供给之地处，曰供给所。

至公堂后，辟有一条宽而且长之走道以界内外，走道之南为外帘，北则为内帘。内帘系别成一部，其间房屋颇多，若由内帘之总门入去，可分为四大院。对正总门之一院，上有大屋五间，宽深略逊于至公堂，是名衡鉴堂，斯为内帘官等之集合处。堂后有平房二十余间，为内帘群杂人役之住在处，而内帘官等之饮食，即就斯治备。

衡鉴堂前为一大天境〔井〕，中有甬道两条，系一直一横，俱上有卷棚。横道向西，入于一大院内，又有四小院落在其中：一曰左抡才，为正主考阅卷住宿处；二曰右抡才，则属于副主考；三曰内监试院，为内监试道、内收掌官之住在办事处。此外有平房四连，每一连有屋六间，散列于左、右抡才前面，有别成一院之概，此即八房考官之阅卷处及其寝食处。

内帘之左，有房屋三大院：一曰监临院，前后三进，屋宇宽大，每进俱是正屋五间，配以左右厢房，是有厅、有堂、有回廊、有走道，院后之东北角上有小楼三间，可以登高眺远。此一部分房屋，大小共计四十余间，亦云宏大矣！而外收掌官所住之一小院，即附属于监临院内。二曰提调院，三曰监试院，此两院固不如监临院之规模宏大，然亦各有房屋在二十间以上。惟此三院，既不属于内帘，而又非外帘，可谓居中而制者也。总计其间房屋，除士子所住之号舍不计外，内外两帘共有大小房屋四百二三十间，亦云多矣！

云南贡院之规模形式系如此，与广西、贵州两省之贡院相较则强，较四川、广东、两湖等省之贡院则弱矣。今故址已没，外面惟有腾蛟、起凤两坊存在，内则保留得往昔至公堂上之几块天花板及门前一对石兽而已。吁！历古建筑大都如是，又何憾于滇之贡院。余之述此，亦不过如曹雪芹之一写大观园景及贾氏宗祠之一切规模形式耳。此稿写于 1948 年春三月朔日。

昆明城内外之寺观考

昔唐杜牧有诗云："千里江南绿映红，水村山郭酒旗风；南朝四百八十寺，多少楼台烟雨中。"此言江南一带地处之佛寺多至如此，所以能于此一带地处装点出不少的阳春烟景也。然此是言千里之内，而不是言一个地处有如此其多之佛寺，是则江南之佛寺虽云多，究不若昆明城内外佛寺之多也。

往昔昆明城内及附近城处之佛寺，真堪云多矣。此一片地面，要不过有十多个平方里，则有大小佛寺、道观、尼庵、神庙共一百六七十座，其不较南朝寺观为多乎？考之，此一百六七十座庵、观、寺、庙，则有入于祀典者，有不入于祀典者，有属于人民共建而酬神功者，有僧尼自建而作清修地者，其概要亦不易于详述也。总之，散布于城厢内外之一些庵、观、寺、庙，大小不一，宗教各别，有奉佛祖者，有供道祖者，有塑天神者，有位地祇者，多不一致也。

其间建筑，有基于唐宋，有基于元明，有基于清初，有建于近代，有已圮而修复者，有经刀兵水火之害，基地无存，今只留有一名目存在者。又有昔则湫隘，今则庙貌崇宏，昔日崇宏，今则卑陋者。此则不仅是一处二处，实有多处，都作如是观，作如是说也。

凡志乘所载昆明之庵、观、寺、庙，大都属于名胜地处，其次亦是一些具有历史性者。若于焚修之建筑，十有八九不及，是则自有若干庵观，在今日谈及，直等于烟云散去。斯而欲于数百年后，在尘世间存留得纤毫陈迹是大不可能。论一切的庵、观、寺、庙，原系之于宗教，佛教盛兴，佛寺自多，道教流行，道观便多。多与少，有与无，是看其教之兴衰成败，不在乎某些地处。人们之功德布施力强，而有多数之寺观建筑；功德布施力弱处，寺观即稀少也。今于佛寺道观之多少而作此勘论，是又不必究其在某一时代，某一地处，佛寺有若干，道观有若干也。虽然，昙华现出，终有昙花一现之说，流行于人世。若作如是论，又不妨将昆明往昔所有之庵、观、寺、庙列举而出之，以见昆明城内城外庵、观、寺、庙之多，而且十有七八都是隶于佛教下者。尤见昆明地处，佛门香火之旺相，佛门弟子之众多也，此则于宗教上大有关系，故详而言之。

在光绪十年〔1884〕前后，家中祖辈尝语我云：“昆明城内城外之庵、观、寺、庙，在道光年间实多过于兹时，以遭兵燹而多有烧去也。”斯言余常不忘。逮至年长，查看四处庙宇亦属不少耳。然味祖辈语我之言，或者能有十之七八得入于目，余者或见到一块基地，甚者直不知其基地之所在，是名存而实去耳。本来色即是空，空不异色，何必征求乎色相。

今叙述昆明之寺观，当由大而至小，从古而至今。城内寺庙，除文武圣庙外，而最富有历史性，而又以名胜两字著称者，厥惟圆通寺，次即土主庙，此二者俱肇基于唐代南诏，时土主庙与圆通寺，在宋元时俱位于鄯阐城外，城昆明城后，始阑入城中。又次，即祖遍山之大德寺，此则基于元代，寺亦居于鄯阐城外。〔原书眉批：下述各寺亦有肇基于汉、晋、唐、宋时代者，俱各详叙于第八卷之《昆华名胜纪略》内。〕若悯忠寺〔旧址在五华山上〕、昭灵观（即五灵庙）〔旧址在景星街〕、莲华寺（海心亭）、城隍庙〔旧址在五一电影院〕、太阳宫〔旧址在太阳巷〕、文昌宫〔旧址在文林小学〕、雷祖殿、东岳庙〔旧址在拓东路〕、贞庆观〔旧址在状元楼〕、都雷府〔旧址在拓东路〕、地藏寺（在今之古幢公园处）、华国寺（即后来之翊灵寺）〔旧址在华山南路华国巷〕、西竺寺〔旧址在铁局巷〕、荩忠寺〔旧址在东风小学〕、禹门寺〔旧址在翠湖内〕、介福寺、古宗寺、吉庆寺、金蟾寺〔旧址在华山南路之西段〕、地藏寺（此在大西门正街者）、天君殿〔旧址在天君殿巷〕、报功祠〔旧址在平政街〕、永宁宫〔旧址在华山东路〕、武侯祠〔旧址在五华山上〕、武关王庙、关帝宫（有二，一在南门前高山铺口，一在文明坊前）、麒麟寺〔旧址在盘龙三中〕、天宁寺〔旧址在高山铺天宁巷〕、三皇庙、报国寺〔旧址在报国街〕（按：三皇庙、报国寺与翊灵寺俱建于明代，清康熙帝之剃度僧兰谷和尚至滇，滇中大吏尝改修此三处以居之），又咸宁寺〔旧址在咸宁巷〕、三丰庵〔旧址在光华街东口〕、龙王庙〔旧址在龙井街〕、龙神祠〔旧址在翠湖东〕、玉龙寺〔旧址在翠湖北〕、青帝宫〔旧址在桃园街〕、老郎宫〔旧址在南昌街〕、商山寺〔旧址在云南民族学院内〕、灵光寺〔旧址在灵光街〕等，多为明代之建筑也。入于清代，城内城外修建之大寺小庙则多矣。

昆明城内外之寺庙，以在康熙年间之增修为最多。如马王庙则有三（一在制台衙门内，一在西箭道内，一在城守营参将署侧），地藏寺巷侧又有一护国寺，亦是奉关帝者。又有关帝庙二（一在南城埂脚，一在小西门外），有双关庙一，在近北门处。其它有吕祖庵，在南城埂脚。有小土主庙二（一在三牌坊，一在龙井街）、有土地庙二（一在回龙山，一在高地山）、有盐龙祠〔旧址在拓东路〕、矿神殿、药师院、黑龙庙〔旧址在翠湖北〕、轩辕宫〔旧址在北京路〕。附近于城一带，则有孚佑宫〔旧址在顺城街〕、火神庙〔旧址在原省邮电局〕、财神庙、炉神宫〔旧址在金碧路〕、矿神庙、香海庵（即猪神庙）、灶君庙、三光殿〔旧址在复兴村〕、天王庙〔旧址在东寺街昆福巷〕、羊神庙〔旧址在书林街中段〕、金牛寺〔旧址在金牛街〕、弥勒寺、川主宫〔旧址在拓东路〕、万寿宫〔旧址在拓东路〕、三元宫〔旧址在拓东路〕、胜因寺〔旧址在昆明师专〕、五福寺、莲花寺〔旧址在莲花池〕、五显宫〔旧址在北京路〕、大东寺〔旧址在滇剧院〕、长乐寺〔旧址在书林街〕、三义庙〔旧址在三义铺〕。又有稍远于城者，有南岳庙〔旧址在吴井桥〕、西岳庙、五岳庙、南天台〔旧址在佴家湾小学〕、东天台、西天台、天顶寺、普照寺〔旧址在拓东路〕、玉皇阁〔旧址在螺丝湾〕（按：玉皇阁实建于明代，吴三桂特修之。又会城南之西寺，亦是三桂修建），又有太乙阁、药王庙〔旧址在北京路中段〕、风伯庙〔旧址在拓东路〕、白龙庙、伏魔宫、五谷庙、老君殿、天后宫〔旧址在三义铺〕、鲁般〔班〕庙〔旧址在金牛街〕、普照寺、三分寺〔旧址在龙翔街〕、长春寺等。而城中又有补天寺〔旧址在武成路新滇巷〕、赫神庙。又距南城不远，有双龙寺、斗母阁。

有纯以庵名者，如青林〔旧址在兴华街青宁巷〕、金莲、准提、观音、大兴、大生〔旧址在翠湖西北〕、广慧、海潮〔旧址在华山西路海潮巷〕、法心、元照、元觉、福国、祝国〔旧址在水晶宫〕、永国〔旧址在义生巷〕、宜兴、妙法〔旧址在大兴坡脚〕、螺峰〔在圆通街〕、叠翠〔旧址在圆通寺〕、环翠、净云〔旧址在景虹街〕、吉云〔旧址在吉云巷〕、远镇、远照、佛云、妙相、吉祥〔旧址在吉祥巷〕、太平〔旧址在庆云街太平巷〕、妙相、紫云、静定〔旧址在崇仁街静定巷〕、积善〔旧址在积善巷〕、福集〔旧址在顺城街〕、莲花〔旧址在莲花池〕、福善、华严、朝阳〔旧址在书林街下段〕、紫衣（紫衣庵有二，一在土主庙街，一在海子边）、白衣（按：白衣庵亦有二，一在钱局街，一在登仕街福国庵侧），顾此已有四十座。惟闻此等尼庵，有四之一为陈圆圆所建，究未知确否。此而再与其它不甚著名之小尼庵合计，当不下五六十座也。又学院坡脚之妙法庵，咸名为火烧庵，是蔡毓荣、穆占等平吴城破时，有十八尼焚身于庵内，故名。有佛基庵，系在顺城街，为古幢老祖故宅，后改作佛寺，是其清修之处。

右〔上〕述省垣之庵、观、寺、庙，自圆通寺计起，至双龙寺止，已有一百零八座，此前一段计出之数，次段系纯以庵名者数又在四十，合之为一百四十八，而一切较小之尼庵未经计及。城内所有之潘公〔潘铎〕祠〔旧址在五华山上〕、劳公〔劳崇光〕祠、甘公〔甘文焜〕祠、褚公〔褚克昌〕祠、刘公〔刘春霖〕祠、岑公〔岑毓英〕祠及回族人之清真寺，外洋人之天主堂、溯原宫、耶苏堂等，亦未计及之也，假合而并计，是又不止一百六七十座庙宇也。

前述之一切庵、观、寺、庙，其常住为女尼者，约占百中之六十五，以男僧为常住者，不及百分之三十，道教中人仅占得百中之五六。以故，在前此之七八十年间，昆明女尼当不下五几百也。所云附近省垣之寺庙，是指接近于城垣者也。所云距城稍远者，是指距城约在三几里之间，而不是远离城市者也。凡距城在三五里外，如金马寺、昙华寺、白马庙、水潮寺，及已圮之宝珠寺〔旧址在玉案山〕、宝光寺、定光寺等，皆不入于此一范围也。又接近省垣之村落甚多，而每一村落内，必有一二寺庙，或为观音寺，为文殊寺，为普贤寺，或为土主庙者，此则更不堪枚举也。

总之，云南省内在佛教盛兴时，随在一处都建筑有一二寺庙，规模之大小虽然不同，但遇到会期佛诞，香火之盛又无不同也。滇中则以观音寺、关帝庙、土主庙为最多，若合昆明全境而言，各不下百。所以云南人常侈言曰“云南是佛土”，昆明人则侈言曰“昆明香火旺，遇难都可成祥”，其说亦不为无因也。

今作如是考求，杜牧诗云“南朝四百八十寺”，就昆明一邑已有过之而无不及，合云南全省而言，或十倍之也。吁！云南之庵、观、寺、庙可称多极，而尤以昆明城内外之庵、观、寺、庙为最多。

前代之重要祠祭

往昔之帝制国家，一朝有一朝之制度，一代有一代之典礼。惟其治国之要，悉本敬天而顺民。盖民为邦本，本固则邦宁。中国人民是无不敬天地而事鬼神者也。故历代帝王即循守是途，因民之所好者而好之，以得其心也。缘是，而有种种之庙祀列载于祀典焉。

吾人居今之世，回忆往古之道，有足以借鉴于今者，自是不鲜，岂得曰过去陈迹，不足以污我目也。是则不仅一部廿四史可以焚去，即世界上之一切历史亦可以焚去，已都属于过去陈迹也。夫行程十里，当思来处之在东在西，若徒知一味迈进，不稍回念过去之桥梁、渡口难易若何，真瞢瞢而前行者也。故明哲之士，必知今而达古。知古而不达今，无以展其变化，通今而不慱古，从何酌乎损益？余述往昔之陈迹，正为来兹之考古家节省其搜求之力也，不然何必陈汤盘禹鼎于此篇章上耶？

昔之为天子者，则云郊天祭地，而一省之督、抚，与夫一郡一邑之府、厅、州、县，则有社稷、山川、神祇之祭焉。按清代乾隆二年〔1737〕上谕："直省府、州、县社稷、风、云、雷、雨、山、川诸神，所在有司以时致祭，所以肃祀典而迓休和，礼至重也。省会之地，督、抚、司、道，驻扎同城，向因礼文未备，遂不与祭，专属府、州、县官行礼。朕思督、府、司、道等官，均有封疆守土之责，自当虔奉明禋，为民祈报。凡春秋致祭，社稷、风、云、雷、雨、山、川等坛，督、抚当率领所属文武大小官，敬谨行礼，提、镇、道等驻扎之地，一例率属陪祭。其如何分别班次，委官监礼之处，由部议奏”云云。于是礼部议定：“各直省每逢祭祀之期，省会之地，督、抚、将军、都统，率领所属文武等官，各按品级，照例文官列东班、武职列西班行礼。祭祀之前期，即令主祭官酌委监礼官二人、监视祭品官一人，虔诚执事，以重祀典”等语。自此之后，省会亦修筑社稷、神祇、先农等坛，而春秋致祭。

云南府社稷坛，在省城大西门外，岁以春秋仲月上戊日致祭。社稷坛，府称府社之神、府稷之神，在州、县则称州、县。每祭用黑色帛一、白瓷爵各三、羊一、豕一、铏〔音刑，古代盛羹器具〕各二、簠〔音辅，古代祭祀时盛稻粱的器具〕各二、簋〔音轨，古代盛食物的器具〕各二、笾〔音边，古代祭祀时盛果品竹器〕各四、豆〔古代盛肉或其它食品的器皿〕各四。有司先致斋三日，届期，朝服而祭于坛。

神祇坛在省城南门外，清顺治初年，定直省府、州、县咸建神祇坛，有司岁以春秋仲月致祭。神祇坛设云、雨、风、雷位于中，是为天神；设山、川位于左，称某府、州、县境内山、川之神；设城隍位于右，称某府、州、县城隍之神，是为地祇。中陈帛四，左帛二，右帛一，各爵三，供豕一、羊一、铏二、簠二、簋二、笾四、豆四、尊一。祭官先期致斋二日，届期朝服行礼。

先农坛在城东门外，有耤田四亩九分，坛高二尺一寸，方广二丈五尺，建有正房三间，东西配房各一间。正房奉先农神，东间储祭品农具，西间储耤田谷米，供祭祀粢盛，有免役农夫二人在坛看守。每岁祭先农，照各省祭社稷之礼。祭毕，各官俱更蟒袍，将衣襟拽起一角，省城督抚秉耒，昆明县执青葙〔葙，音相。青葙，一名野鸡冠，苋科，一年生草本，此处借指禾苗〕，云南府知府播种。省外，府城知府秉耒，佐贰执青葙，知县播种。州县则正印官秉耒，佐贰执青葙播种。耕时用耆老一人牵牛，农夫二人扶犁，俱照九卿之例，九推九返。农夫则终亩耕毕，各率耆老农夫一同望阙行礼。农具用红色，牛用黑色，葙用青色，所播籽种从各处土宜，田由看守之二农人灌溉，地方官不时劝课。

按清雍正四年〔1726〕上谕云："国以民为本，民以食为天，朕即位以来，念切民依，举行耕耤之礼，殚极精诚，为民祈谷于上帝。乃雍正二年三年，耤田叠产嘉禾，有至一茎九穗者，朕心亦以为偶然之事。今据顺天府尹进呈，今岁耤田所产，自一茎双穗、三穗、四穗，以至五穗、六穗，皆硕大坚好，异于常谷。朕见之，心甚慰悦。时令宣示廷臣，并非以此为瑞而夸耀于众也，盖实有鉴于天人感召之理，捷于影响，无丝毫之或爽。朕以至诚肫恳之心，每岁躬耕耤田，以重农事，即蒙上帝降鉴，以昭休应。此七穗、八穗之数，岂人力之所能为，亦岂人君强之使有乎？人天感应之理，朕见之最深最切，但恐此心不诚耳。诚则未有不动者。"中略。后云："督、抚受朕委任之重，为国育养万民，必视百姓之疾苦，如痛痒之在己身。遇到水旱饥馑，必思所以致此之由，或因本省之政事吏治有阙，即思速为改易之；或因本地人心风俗之不端，即思速为化导之。兢兢业业，修省祈祷，一如朕之朝乾夕惕，断无不可以挽回天意者。假若闻朕之政治稍有阙失，即直言陈奏，不必隐讳。如此，则官与民联为一体，臣与君又联为一体，太和翔洽，实意交孚，天听虽高，诚呼吸可通矣。朕每岁躬耕耤田，并非崇尚虚文，以为观美，实是敬天勤民之至意。"下略。观此一谕，足见前代帝王亦行躬耕之礼，是之谓以农立国。

厉坛在省城北门外，俗名为地台。清顺治初年定各省府、州、县各立厉坛，每年清明日、七月十五日、十月朔日，用羊三、豕三、米饭三石并香烛、酒醴、楮帛，以祭本境无祀鬼神。府称郡厉，县称邑厉，咸以有司承祭。前期，守土官饬所司具香烛诣城隍庙，以祭厉告境城隍之神，上香跪叩，退。至日，陈牲帛奠酒于祭所，设燎炉于坛南。质明，礼生奉请城隍神位入坛，设一正中香案，赞礼生引守土官公服诣神位前，赞跪，守土官跪，赞上香，守土官三上香，赞叩兴〔头〕，守土官三叩兴〔头〕，退。执事者焚楮帛，守土官于燎炉前奠酒三爵，退。礼生仍奉城隍神位还庙。按往昔祭厉是如此，而在清明、中元、十月朔日，邑人抬都城隍像出游，至地台享祭，是另一举动也。

右〔上〕述各祀，自较忠烈、节孝、贤良、名宦、乡贤等祠及其它之庙祀为重，故揭取而言之，亦足以征帝制国家之作风焉。

忠爱坊之建筑与毁灭

昔时，昆明城外有忠爱、金马、碧鸡三坊品列，且矗矗高标，上入云际。溯其表著于世之岁月，物换星移，直在五六百年，复历劫不变，有如鲁灵光殿之独存，是亦历史上珍品也。且也代表名胜，表现时代，实为云南物质上渲染名贵之一大彩色。奈何事物之存废，自有一定数在焉，其存在与毁灭又决非吾人们之所能断定也。

考忠爱、金马、碧鸡三坊，俱为明代之建筑物，而忠爱坊之历史则较金、碧二坊为长。盖忠爱坊实为元代人民所建，以纪咸阳王赛典赤·瞻〔赡〕思丁之功德也。缘赛氏在滇，泽润于民之德甚广，其最显著者，莫如开金汁河，润田至数万亩之多，民以是感戴其德。赛氏死，人民乃为之立此坊，以志不忘。名曰忠爱，谓其忠于君而爱于民也。

论咸阳王赛典赤之生前功德，昆明人实不合忘。吾人今日沿金汁河而上至松花坝，查看其分水处，始服其当日规划之精，拣选石料之好，一切研〔拼〕合处之工程，直细致到无以复加。即沿河两岸之驳岸，长处是达到五六十里，而无一处不是壁立整齐，无丝毫倾斜，且经六百余年而无一丈几尺之崩塌。此种坚结处，一方面自是钦服当日工匠在工程上之认真，一方面是钦服在上之人指挥得当也。因而想到今之工匠，假负此一任务，必不能使此条河流的两边驳岸能垂永久，能历五六百年而不崩塌。然此尚就其河流两旁之驳岸而言也，其分水处之工程尚不必言。即如龙志舟在芹菜湾成就之水库，其规模自阔大矣，工程亦精良矣，但恐五六百年后能见松花坝之水坝，而不能见芹菜湾之水库也。吁！今之泥工石工多不如往昔之泥工石工也。

兹又回复而言忠爱坊事，坊原建于鄯阐城中，汪湛海筑昆明城，以鄯阐之建筑与北来主山之龙气不接，乃舍去旧城另相地形而筑新城，遂移此坊于南城外，而崇宏其制。城郭完备，当然平治道途，时由马市口至南门一段，自是城中干路，但其直如矢，正射南门。南位于离，离，火也，火箭当中，大不利于民，故于此条干路之中间，而有四牌坊、三牌坊之建筑焉。盖建筑牌坊，遏阻其势也。又以南方火旺，遂以护城河环绕于城门前，取水火相济也。河上筑桥，名曰凤凰，乃以忠爱坊改建于凤凰桥南，作南方屏蔽，使城中之箭形街道不致直冲而出。其用意如此，是当时星学家之所作为也。

建筑金马、碧鸡两坊于三市街口之左右，与忠爱成为品字三坊，是为增培省垣名胜也。金、碧两坊亦是建于明代，然建筑于何年何时，则无所稽考，逆料当后于忠爱一坊也。惟建筑此二坊之大匠，真是能手，其考求日月躔度之精微，实为后世星术家所不能及。确定酉年之中秋日，是日节届秋分，度至酉正初刻，两坊遗影于地面，即能两相接合，然一接合，于数秒钟后，两影即淡，是为昆明八景中之一景，曰“金碧交辉。”

惟是忠爱坊之毁灭，竟在不可思议中。其第一次消毁是在前清丁巳年〔咸丰七年，1857〕闰五月二十五日，为云贵总督恒春烧毁。其原因是建水武生回人马献率引回众来围困昆明城，以要求不遂，随射书入城，以“架大将军炮于忠爱坊石狮上，攻击制台衙门”之言，威吓恒春，恒大惧，求防御策于众。团练大臣黄琮进言，以火箭射上忠爱坊，将整座牌坊烧去，回人便无架炮之处。恒春信之，然为己计并为城中人民计，遂实行其事。令人在南门城头上施放火箭十数支，中于牌坊之装木处，一时火焰腾空，遂将数百年来遗下的一座极其名贵之建筑物于数小时内毁尽。

昆明自咸丰丁巳年遭到兵乱后，烽火不熄者十有余年，直到同治八年〔1869〕，省垣方告肃清，然省外仍有乱事在着也，故在此一段时间内，此坊仍是劫灰。迨至前清光绪八年〔1882〕，云贵总督岑毓英，始集款而重修之，兴工于光绪八年秋间，于光绪十年春三月竣工。余犹见其拉大石狮子上石座，似只有二三十人在出力耳，究记不清是用何法推拉上去。今闭目默想往昔情事，其景象仍历历在目，是童子脑筋容易深印也。

重建时之一切材料，以四条站柱为最有价值，柱系一种香杪，长及四丈，柱脚圆径达一尺五寸，真山中大木也。最难得者，是四条同样长大，实不易有之材质。按此为云南记名提督李维述由嵩明方面运来捐助者。又闻总督岑毓英修复忠爱坊，仅耗费工资六千余两，而一切材料则不在此数内也。

光绪十年〔1884〕修复此坊后，讵越四十载，而至民国十三年〔1924〕，太岁在甲子之五月十五日，是日午正，本省人士为唐继尧竖拥护共和纪念标于南门城楼前，天上曾现彩云。孰知夜间十时，由逼近牌坊下之崔姓油蜡〔腊〕馆起火，火势蔓延，遂及于牌坊，时又风大，水龙往救无功，于是火焰腾腾，高至数丈，此一座最有价值而富有历史性之建筑物，竟于二三个钟头内完全毁尽。噫！忠爱两字，何其如此之不幸哉！惟第一次烧毁是属于人事上之举措，第二次可云是天意也。呜呼！咸阳王之功德，亦惟有在人民之口头传说而已。

观城西棋盘山之风雨碑记

棋盘山，位于昆明城西之西方，是昆明附近而富有历史性之一山也。但山势陡峻，山路崎岖，距城又在二十里以外，故鲜有人到是处攀登，于是山上之古迹，竟无几人得见。余于民国元年〔1912〕秋七月中旬，偕一姓刘者攀登此山，以彼有坟地在上，欲出售一段与人也。

是日，余于午前七时，裹具饼食与之偕往。由城至山麓约十二三里，由山麓至山巅，土人云为二十里，实则不止此也。山分三级，初级由一大偏坡而上，虽小径蹊间，不仅牛羊可行，人行亦不大费力，纡折萦回行去，虽无十里，而亦有八九里也。初级上讫，为一段偏坡平地，约行二三里，便攀登第二级。于是偏坡仄斜，山石荦确〔荦确，读络角，意为山多大石貌〕，行径甚微，而且忽起忽落，忽西忽东，所谓走之字路也。如是而行五六里，又得一偏坡平地，此为第二级之宽展处。此一段偏坡平地，全是茅草蓊满，步下毫无路径可循，亦惟有在茅草上践踏向前而进。好在草间无蛇蝎潜伏，仅有蚱蜢一种在草棵上朴朴趯趯而已，因此人亦不甚生戒心。在此一片茅草地上行走约逾二里，便至一极陡之石坡下，坡上则有一条登第三级之羊肠小道。

山间之路，望去固纡萦于前，路线宛然，但一行近前去，入于步下，又石乱草深，难于下足矣。是时陟彼高冈，诚一身况瘁，此而心中不无怀疑。往闻雨旸不调之岁，昆明县令尝到此山上封碑竖碑。此一段路径是怪石嶙峋，草密苔滑，彼乘肩舆而来，究作何踱过？云上山封碑竖碑，或亦欺人语也。余何为而有如此之怀疑？盖在是时，凡一举足，都在石凹草窝之间，稍不留神，便致倾跌，故认定此是一条不能通轿马之路也。此一段路径长约二三里，余也踯躅而蹭蹬，憩息至四五次，始攀登至巅，亦即达到第三级之至高无上之一地处。远望棋盘山最高之一段，其形有若覆釜者，即余所攀登最陡最不容易上行之第三级也。

第三级之巅顶，形突而圆，伫立山巅而下视周围，亦有若覆釜焉，但不甚大也。或者在二三十里处远望，是得到第三级之全部，在山巅下视，仅得到山巅之一小突也。巅顶上系一片平地，广袤似不及二十丈，望之若一草原，细草蒙蒙，无片石呈露于其间，是山中一特殊地处也。此片平地当中，有一小城，城为石城，审之系用若干块长约尺五、宽约七寸之石头所砌，每块石头均修削得十分整齐，不是随意砌就者。城高似不及丈，上排小堞数十。城系方形，每方亦不及三丈，城内之地系用大石板铺平。石板为长方形，长约二尺余，宽约尺五六寸，而块块同样长大，望去极其匀称。城中有石碑二，是时俱仆倒于地面，故不知碑面有无字迹，欲起而审察其面，以手无二三百斤气力也。两碑同样宽长，度之各长四尺，宽二尺有零。碑有石座，亦甚巨大，其三之二或四之三则埋入地下，露于地面者，仅有二三寸高之一截耳。

故事，省坝雨水多，则竖风碑仆雨碑，久旱无雨，则竖雨碑而仆风碑，雨旸时若，两碑俱竖。盖以是为神物，一竖一仆，多有应验也。清代之督滇抚滇者，亦尊崇故事，以此为重。起仆二碑，由督、抚饬昆明县令，持督、抚封条，驰往是处祭而起仆之。仆者则加以封条，此固迷信可笑，然在帝制时代，政府方面之任何一种举动，都是涵满封建意味，此一竖一封，真与封建两字相契合也。此不是当时官吏之愚蒙也，封碑、竖碑有关于民食也。陈事俱在，孰敢违背，违背则为玩视民瘼，此所以在任何一矫情之人，都得要依从故事，而有此一举也。虽然，事固属于迷信矣，究强好过某一时代之为大吏者，以剥削人民为能，以惨戳人民为功者多矣！再云破除迷信，更置晴、雨灾害于不问也，此又不有愈于彼焉。余于观碑之下，不禁有是感想耳。

至于小城内之一切石质，俱起风化作用，以小刀荡之，如砺于沙石上焉，知为千年以上物也。碑为何代所制，城为何代所建，问于土人，佥以上古为言，所称上古，是不知有几千年也。嗣后考之范《志》、阮《志》、岑《志》及《续通志稿》，都不见有所叙述，或者是蒙诏以前，百濮时代之故物也。不然，胡为诸志上都无所及，此真成一疑问。

山顶上风大极，在狂暴时，有风吹人倒之可能。时伫足山巅，四顾群山，奄若儿孙环列，即太华峰尖，长虫山顶，亦似在其下也。山之西面却无冈岭相接，自山顶而下望，直一落千丈，深箐巨壑在其下焉。久视，则令人头晕目眩，足见其高深矣！大约此山之阴，多半为削壁悬岩也。偕刘姓往看之地，在第二级平凹之乱石间，遂置而不议。

回时，遇一荷蒉〔蒉，古时用草编的筐子，荷蒉为背负草筐〕者，与之谈及上山之艰难。渠问"由何处走上?"指而示之，曰："是小路也，可随我由大路而下。"从之，果是一宽舒而能通轿马之大路也。问及封碑、竖碑事，答曰："五年前，曾见县大老爷去到小城里，不知做甚事，近数年却未见其来也。"余闻此，始信从前封碑、竖碑，昆明县令实来此敬于其事也。下山路自较上山路易行，但须多行三四里，可是减去辛劳不少耳。余回至城里，已明月在天，抵家时，钟已鸣九响矣！计是日往来之路，当在八十里以上。特记之。

霖雨桥

往昔之人以神灵有权，能司人祸福，因而从事神虔，虽然，亦非无故而成之者也。如有清一代之乾隆年间，鄂尔泰为云贵总督，于某一年间，因雨泽愆期，小民无法栽种。节届夏至，仍是日日火伞当空，沿故事而画龙于南城头，竖雨碑于棋盘山顶，都无验也，显然灾象已成，饥岁荐至。

鄂总督当此时际，自念己身为此一省最高位置之长官，何敢玩视民瘼，况为民请命，成汤尚祷雨于桑林。鄂本此义，乃先斋戒三日，而后亲往黑龙潭拈香求雨。由城至黑龙潭，路为十九里，经过村庄有名罗丈村者，在盘龙江某一湾回处之南岸上，村前有大石桥，是跨江而度之一平桥也。桥距黑龙潭尚有九里，鄂至桥遂下轿步行，直步至黑龙潭。

鄂入黑水祠而拈香焉，而祈祷焉，事毕即乘轿而旋。讵意甫登归路，天气即骤然变动，行未半里，狂风猛雨竟由轿后催来，其最异者，风雨只在轿后跟随，轿前点雨毫无。轿班四人，前二人身上自头至足毫无一点雨迹，后二人则遍身淋漓，如初钻出水者然，其他人等，凡在轿后者，无不如是。

鄂在轿中大为感动。逮行至大石桥前，风雨顿息，鄂乃下轿，望空祷谢而归。夫风雨至桥而止者，以鄂由此徒步也，雨随于轿后，而使轿中人目无所见，而耳有所闻，其送之耶？其戏之耶？咦！当不是戏之也，斯真神龙之作为也。鄂乃以事闻于朝，朝颁匾于祠，由此，神威益复显著，神权倍形发达。鄂以此故，遂名其桥为霖雨桥，并书“霖雨桥”三字，刻石于桥右。

近日楼楹联汇志

近日楼为云南省城丽正门上之城鼓楼也。“近日楼”三字为清康熙朝云贵总督广陵王继文所书，铁画银钩，魄力雄壮，真旷世无匹之笔锋也。民国十三年〔1924〕，滇之执政者去丽正门之左右垣，而独留一城门及城上鼓楼，城门前则辟为公园，滇省公民乃就此公园而立唐继尧之再造共和纪念标。近日楼上则加以修葺改造，但改修时，一切雕漆皆取吾国旧式，华丽庄严，足以表现东方美术优点，以视北京正阳门，不中不西之形状，实觉此善于彼。其楼之最上层，仍将旧日王继文制军所书“近日楼”一匾加以金漆，悬于檐之当中，极壮观瞻。旁则悬挂省长唐继尧集汉《西峡颂》十六字之一联，上曰“高阁朝阳，寅宾出日”；下曰“远部趍〔趍同趋〕化，徒骑连云”。旁为盐运使周鍾岳集联云：“目极云峦自高峻；步登城阙聊回翔。”楼之下层，当中高悬“护国纪念博物馆”七字横匾，旁悬“解愠阜财”四字斗方，又参赞袁嘉穀题联曰：“东西双塔，金碧两坊，云烂星辉，光于中夏；烟火万家，湖山千里，忧先乐后，式是南邦。”民政司长由雲龙题联曰：“汉龙撤卫，日雉销声，帐万里神州，端赖南天擎一柱；金马东骧，碧鸡西翥，看四围山色，都呈佳气拥层楼。”财政司长吴琨题联曰：“日月丽中天，双塔面临文笔秀；关山雄万里，五华背枕彩云多。”实业司长王九龄题联云：“星映滇海清，两汉名邦谷昌县；日近长安远，五云深处筹边楼。”又市政督办张维翰题联云：“金石铭勋，聿昭正义；楼台揽胜，克壮大观。”又集班孟坚《两都赋》云：“烟云相连，廊开九市；街衢阔达，旁流百廛。”又造币厂总办李子猷题云：“铜柱巍峨，金汤巩固；商旅辐辏，民物雍熙。”又逸老张学智题联云：“烟火万家，一楼俯瞰中外；云山四面，双塔远峙东西。”然尚有多联未能记忆，要之琳琅满目，美不胜收。而匾联之金漆工作，殊亦精彩焉。特志之。

唐继尧再造共和纪念碑铭

昔在清季，王纲解组，豪杰并起，思复中夏。时则有会泽唐公继尧，既奠南服，出征朔方，值黔苦寇氛，乞师戡乱，遂留镇抚，民胥以和。洎清帝逊位，民国肇造，命公移师，还镇南滇。袁氏背盟，暗盗大位，公赫斯怒，秉义兴师，分命元戎，长驱蜀粤，神奸丧胆，遂伏天诛，共和绝而复延，繄维我公之力。既而清室遗孽，煽复辟之谋，枭帅称戈，作犯阙之举，元首遁荒，讱士播越。公以法纪凌替，国步斯蹙，驰檄四方，率先护法。彼昏不悟，抗我颜行，爰整六师，萧勺群慝，凡滇、川、黔、湘、粤、桂、陕、鄂之众，莫不援旗请奋，执锐争先，庶几介马中原，夔举虏迹。何图天未厌乱，人怀异心，功败垂成，大勋未集，公遇蹇益振，志挫弗挠，返旆西旋，不先马服，所谓垂翅回溪，奋翼绳池者也。今者，法统虽复，国难方殷，安世拯民，固公之所不敢自逸，而追念前绩，为吾民之所不能忘也。乃立铜标，式铭盛德，其辞曰：铄秉钺兮奋南疆，厉威棱兮射天狼，推帝制兮还民主，奠磐石兮固金汤，纪丰功兮告万世，建铜柱兮规扶桑。云南全省公民恭立，大中华民国十三年三月吉日谷旦。

卷 八

昆华名胜纪略

昆华名胜，大半在山麓野外，会城之内则仅有二三处焉。虽然城中庙宇，亦多有富于历史者，兹则择其人所趋重之数处而略述之，以见往昔之物质文明。

圆通寺

省垣名胜，第一为圆通山下之圆通寺。寺在六七十年前，其形式上实异于今日。大门内之“圆通胜境”一坊，系建于明代，抑建于唐宋，都无从证明，但闻“圆通胜境”四字为沐天波所书，或者是重修于明季也。圆通胜境牌坊之北为弥勒殿，殿塑弥勒佛像，高可六七尺，头可等于今之谷箩。弥勒背后为韦驮站像，高则近八尺。两旁塑四大天王，高大异于他处，度之或高至丈余也。此殿上原悬有王继文所书之一匾及阮元之对联一副。进为八角亭，内塑千手千眼观音像。大天境〔井〕内，除八角亭外，概属平地，无今日之穿凿形。两廊为罗汉廊，东西各二十余座。正殿前有一大月台，殿之形式自如今日。殿檐前之“圆通宝殿”四字，亦云是沐天波所书。正殿之东西两头各有配殿，东配殿塑监斋菩萨，僧众即就此作禅房，殿之左廓为大客堂，可容客逾百；西头配殿为灵官殿。正殿内一前一后之六尊佛像及两护法，又两旁之十二圆觉，俱蒙氏城拓东城时，召蜀都匠人罗都道太来滇塑造。柱上双龙，云为罗都道太之叔南纳福所造。往昔正殿前多悬康、雍、乾、嘉年间名人手笔，今则只存许弘勋之一匾，为“佛谷云深”四字。楹联存得前云南布政使刘鸿翔撰书之联一副。刘为清代某科会元而点榜眼者，写作俱名一时，斯联以圆通两字冠首，文如下：

圆如满月丽天，靡幽弗显，广照大千世界，觉路同登，休论珠火为眉，青莲作眼，但入选佛场，莫非罗汉；

通喻慈航泛海，无往不达，普渡亿万众生，菩提共证，岂必金花著面，卍字横胸，始知转轮王，即是如来。

由正殿西头灵官殿侧缘石磴而上，约三四十级，有平台，岩刻“陟屺”两字。再上二十余级，其转弯处仰望悬岩上，有“南天一柱”四大字，为宋狄武襄公题书，诚古迹也，今为风雨剥蚀殆尽，已不可复辨。更上一层石磴为祖师阁，阁系用四根铁梁横插岩际，复用木担架，加以枋墁、石墁〔音曼，枋墁、石墁，即用枋、石铺地面〕而成平地，随建小小一殿宇于其上。顾此祖师阁，实虚悬于岩际也。阁即殿，殿塑北极真武，左右侍以周公、桃花女，座下有龟蛇。是处地极褊窄，神案前仅有地数尺，能容十数人伫立。阁前有门，门外有阑，阑脚有木雕龙头一，伸出于栏外尺余，龙头上安有机括，去其所管之处，龙头即转而向下。是处高于阁前平地四五丈，凡修行人有看破一切，甘心脱离尘世者，则往阁上静坐数日，清其心而定其性，然后盘膝坐于木龙头上，去其座前木屉，龙头便往下翻，人则自上堕下，往生西方极乐世界。是真能万念俱屏，舍身出世者，坠下后，自是趺坐地面，人则气绝。否则，人不会死，而有残肢破体之事。光绪中叶，谭序初中丞乃令昆明县令将此龙头锯去，舍身事始无所闻。正殿东头距殿角五几十步有一岩洞，原名圆通洞，有蛟藏于其洞中，能为人害，盘龙僧日于殿后台上咒之，蛟去水涸，易名为潮音洞，今咒蛟台犹在。殿之东北角有采芝径，为登山之路，径畔有“衲霞屏”三字刊于岩壁上，是总督范承勋之所题者。其左旁悬岩上，有王继文题书一绝，曰：

湖光山翠拂衣来，千仞云根老碧苔。
徙倚孤亭迟月上，神龙忽拥夜珠回。

又采芝径侧岩壁上，有许弘勋所题书之二律。

其一

圆通古寺树叠千，松柏青苍断复连。
或阁或楼或石磴，在腰在足在山巅。
遥瞻昆水群峰胜，俯视春畴万户烟。
为喜老僧饶韵致，公余招我一谈禅。

其二

此窟阴霾不可穷，储来大戟鹤岩中。
蛟藏龙去宫无定，世劫人灰洞自崇。
秉烛要寻常认处，开门得扫旧游踪。
回头谅为偕行侣，恐有遗珠乱石丛。

其他题咏甚多，都在王、许二作下也。采芝径之转弯处，有张三丰之石刻像，再上为观音阁，阁只有殿一楹，上塑观音、文昌、祖师三像。左壁有石碑二，一为观音像，像高与人等，旁注“唐道吴〔吴道〕子笔”五字；一为康熙三十四年〔1695〕重修接引殿观音阁碑记。右壁亦嵌有一碑，高与左者相埒〔音劣，相等〕，碑刊吕祖所书二十余字，字为特别草书，分列三行，每行十数字，俱一笔写下，极不易于辨认，旁注云：“某年河南汝宁府三师庙重修告竣时，有破衣人拾瓜皮，书此二十余字于碑碣上，众摈逐之，而字迹竟洗磨不去，详其语意，知为孚佑帝君真谛，于是流传海内。此为某信士自黄鹤楼拓印而来，翻刻于此碑上云云。”由观音阁左而更上数十级，即至山巅，有接引殿，殿塑接引佛也。殿重修于民国初年，自是金碧辉煌，虽然，实较昔为俗耳。山顶为圆通公园，种满花木，而一切布置实得力于庾恩锡氏。以论今之圆通寺，固焕然一新矣！然从形色上讲求，今日自是艺术化，往昔纯是宗教化。艺术化则饶有科学兴味，宗教化则不失其为仙佛境地也，此则各有所取者焉。

莲华寺

莲华寺在翠湖之九龙池上，寺即古昔之海心亭，后则扩而充之，遂名莲华寺，亦名莲华禅院。寺之中间有亭，亭塑观音大士像，亭有楼，名庆云楼。寺为仓场侍郎蒋予浦，迤南道刘钰，邑人倪士元、倪琇，僧雨庵于嘉庆元年〔1796〕拓修，是则“海心亭”三字为原有之名称也。志载：同治六年〔1867〕，回族“肇乱”，引众围城，菩萨显灵护城，事闻于朝，赐“妙莲涌现”之额，悬于观音殿前。昔日寺分四层，第一层为龙神殿，二层为吕祖殿，再进为观音殿，此即旧日之海心亭也。亭实居中，左右前后，均有殿宇、房廊环绕之。后为仓圣殿，殿分三楹，中塑仓圣、文昌、关帝三像，左右塑文武财神。殿檐下有石碑二，一刻关帝像，一刻观音像，俱是翻刻于西湖之某寺者。殿之东廊为华光殿，西为圣母殿，俗曰子孙娘娘。在观音殿之东，有群房一连，屋后有楼曰莲笑，传为陈圆圆养病处，一说为吴三桂时携陈圆圆及八面观音等于此处观莲。观音殿西边，为碧漪亭与放生池。“碧漪亭”为滇督崧蕃所题，字系苏忠廷所书。亭上匾联极多，其出类拔萃者有三匾：一为猛摩痴吏黄奎光所书“亦蓬瀛”三字，字逾尺，学柳得其神髓；二为滇人孙清彦所书“比象莲华”四字，可入于画；三为滇人陈达所书“静观自在”四字，学米襄阳可称十足。有名联二副，一为黄奎光书题，曰：

有亭翼然，占绿水十分之一；
何时闲了，与明月对饮而三。

一为滇督阮元所书题，曰：

子产舍鱼，溯放生之始；
庄周知乐，开转偈之机。

字写汉碑，殊古。亭左为喜雨楼，乃谭钧培中丞所建。亭外匾联，亦多有出自名人手笔者。如“海心亭”三字、“庆云楼”三字、

“春醉蓬莱”四字，俱为稀有之字笔也。本来海心亭系居于水中央，故曰海心亭。海心亭之四面皆湖，湖中种莲，湖上有堤，沿堤植柳。春则弱柳垂丝，夏则繁花似锦，诚如粤人凌士逸题联云：“百亩荷花鱼世界，半城杨柳佛楼台”也。城中风景地，城中名胜处，自以一海心亭、一圆通寺为最盛，盖以一则在山、一则在水也。

土主庙

土主庙，亦城中最古之庙也。志书载：土主庙古为大灵庙，神为摩诃迦罗，庙建于蒙氏城拓东城时，神像为三头六臂，高大逾人而身骑白牛。据佛典云：土主为观自在菩萨化身，而名摩诃迦罗。神像为蜀匠罗都道太所造。志又载云：造像时有天竺僧菩提巴坡，以秘咒丹书纳像中，复以手中菩提念珠一枚，种于庭前而成树焉。是树由唐而经五代，历宋、元、明，直达千载，至顺治丁酉年〔十四年，1657〕始枯，康熙丙午年〔五年，1666〕，乃为大风拔去。庙于道光三年〔1823〕，因地震而庙宇倾圮，咸丰初年重修。庙为三进，俱宽大异常。正殿天境〔井〕中，有缅印式之砖塔二，高丈余，座下石盘约及一丈五六，此仍千年前古物也。神屡著灵异，滇人奉为土神，故名曰土主，村邑处处俱奉之，独在官渡者，灵异与省同，而且官渡做土主会时，四方之众俱至，会场异常闹热。且以神像跨于白毛牛背上，扶神牵牛，游行附近村寨，三日始毕。省城则无如斯举动，只不过于二月十九日，在庙做会而已。

大德寺

大德寺在城内祖遍山。祖遍为五华之左支山脉，而以祖遍名实不知所由。寺内有双塔，高三丈余，俗乃呼为双塔寺。寺建于元大德年间〔1297~1307〕，故以大德名之。清康熙四十五年〔1706〕重修之，光绪四年〔1878〕左塔倾圮，十一年〔1885〕又修复。寺为三进，第一进为弥勒殿，有弥勒、韦驮、四大天王塑像；中层为接引殿，有接引佛像，高至丈余，像貌亦极庄严，谅是当时一名手之所塑。殿之左右各有配殿三间，左边配殿内，安布木制法轮一架，可以转旋，一如黑龙潭上黑水祠内某偏殿中之所设者。寺之双塔即在此层中殿前。中殿之东西两廊为罗汉廊，中殿后为大雄殿，是则不如圆通寺之崇宏也。座上奉三世佛，佛像亦相当尊严，佛桌前置有一贮经大铜柜，形色极古雅，传云某年昆明骤发洪水，柜由洪水涌至，实不知其来自何处。寺之前后左右，柏树极多，白鹭多来巢于是焉。寺之总大门距寺极远，直在永宁宫坡侧，大门前塑有哼哈二将等神，像至威严，且生气勃发，真能手之工作也。此处逾街即为永宁宫。

永宁宫

永宁宫，亦七百余年前古寺也。考志载：后理国段智廉，于宋宁宗嘉泰二年〔1202〕，遣使至临安（眉注：临安为南宋时都城，不是云南之临安）〔今浙江杭州〕取大藏经，得经后即建此寺。明正德年间〔1506~1521〕，复拓展庙宇，建前殿而祀岳忠武王，以铁铸秦桧夫妇像跪于殿上之庭柱脚。凡妇孺入庙烧香者，无不举手而掌之曰："打此卖国贼。"吁！秦桧在掌握朝政时，谁敢云其卖国，今死而遭人唾骂，而遭人掌击其像，是荣于生前而辱于死后也。嗟嗟！

诸葛武侯祠

诸葛武侯祠在城内五华山巅。祠为二进，前进塑武侯像，羽扇纶巾，儒雅已极。檐下悬一联曰："千秋出师表，五月渡泸人。"下未署名。按此十字，可包括尽武侯一生功业矣。滇志载：祠建于康熙二十六年〔1687〕，康熙五十年〔1711〕，总督王继文、巡抚石文晟复修之。于是，春秋仲月，择吉致祭而列之祀典。道光十五年〔1835〕，总督阮元重修。同治二年〔1863〕兵毁，十年〔1871〕重修之。在光绪十七八年间〔1891~1892〕，余常到祠内闲游，亦惟瞻仰武侯面貌。一次，闲行于殿后荒烟蔓草间，见有阶石数级，知是处有屋圮也。阶石前有断碑两块：一为总督王继文、巡抚石文晟修建祠貌记，字系十七帖，当为王继文所书；一为总督阮元重修武侯祠记，字系楷书，是否云〔芸〕台〔阮元，号芸台〕手笔，则不得而知之。按此种断碣残碑，当无人宝惜，自不免有人将此敲成石块而作他用矣。

潘公祠

潘公祠在武侯祠左，是敕建之潘忠毅公专祠也，同治五年〔1866〕始建成。正座祀总督潘铎，旁祀同日被难之云南府知府黄培林，昆明县知县瞿怡曾，丽江府训导华嵘，千总郑秉忠、沈国标，兵丁周杰、柳应瑞等。此一大庭堂后又有一庭堂，则祔祀总督恒春及其夫人博禹特氏。城中士民于每年正月十五日，则做一次潘公会，是纪其死难也。

悯忠寺

悯忠寺，一名五华寺，在五华山右，建于元至正年间〔1341~1368〕。明定远伯沐昂（英之孙）、都督沐璘（英之曾孙）于寺内增修楼曰聚远，堂曰泰然，亭曰真意。正殿有建文帝狮子座，盖建文由武定进省即居于此寺，时诸山僧众来朝，建文升斯座而受顶礼焉。今省政府之大礼堂，即悯忠寺正殿也。

报国寺

报国寺在城之东门内，逼近祖遍山麓。寺建于明，吴三桂开藩于滇时，曾修理之，且塑其像于殿右。蔡毓荣、穆占、赵良栋等平定滇乱后，始将三桂像毁去。康熙四十三年〔1704〕，巡抚石文晟为讲经僧溥畹另行修理此寺，因而寺之规模与他寺不同。大门前有石独角兽一对，有玉带河一条。寺门内有殿三重：第一重为弥勒殿；第二重为正殿，塑三世佛；正殿后之一重，亦有殿三楹。殿有楼，曰御书楼。楼奉清圣祖仁皇帝赐溥畹之诗。正殿右手偏间，塑有总督桂某、巡抚石文晟之像，云此即是吴三桂塑像处。同治某年省城大水，寺之前进及后进御书楼俱倾颓，惟中殿之地脚较高，水仅淹上三四尺，未浸及佛座，以是此一中殿能岿然独存，三世佛仍稳坐莲台。光绪中叶，由地方士庶集资，修复前殿，改奉观音，复于正殿之东西两廊塑五百阿罗汉，香火极一时之盛。

常乐寺

常乐寺，即东寺塔前之一寺，又有慧光寺，则为西寺塔前之寺也。东寺塔与西寺塔俱各高七八丈，乃南诏弄栋节度使王嵯巅所建，考其建塔时，在唐宪宗元和年间〔806~820〕，距今已千有余年矣。东寺塔在清代康熙十二年〔1673〕，寺僧德润曾一次重修之。道光十三年〔1833〕地大震而塔圮，光绪初年始修复之。西寺塔于康熙六年〔1667〕，经云南巡抚袁懋功重修，咸丰六年〔1856〕寺毁塔存，光绪中叶邑人又捐资加以修理。在康熙五十一年〔1712〕，僧圆昇则重修常乐寺，总督王继文为之作记书碑，云："常闻一佛出世，度尽一切众生，如恒河沙数。究竟众生自度，亦非佛度。既非佛度，何以名为佛度？又何以种种庄严妙相、贝宇琳宫遍诸世界？盖众生具佛性，众生即是佛，无众生亦无所谓佛也。昆明西南大省会也，佛宇最胜，五华之南有东西两塔，高入云霄，常乐寺即所谓东塔者。志谓唐贞观年间创建，历今千数百载，废兴成毁，不可胜纪，而常乐寺之名未尝湮没。意者，寺毁而塔未毁耶！夫人心有佛，不关于一寺一塔，而因佛造寺，因寺造塔，其寄焉者，若以为久焉者也。是寺住持僧圆昇不忘广悟之苦愿，仰承德润之定力，于兵燹后，募修多宝殿一层，东西楼各五间，圆觉殿二十间，重修大殿，宝塔森然，使劫灰中之瓦砾焕出莲花净土。地不待扩，屋不待增，环堵不待更易矣。圆昇数请记于予，予曰：多宝殿以塔名乎？亦以佛名乎？佛无等地，无声闻。人之为殿，如物在衡，损益铢黍，了解明白。殿之供佛，如水涵影，虽千万过无可执著者。以是，悟夫多宝实相，何处不相见，随其根性，各有所得。苏东坡云：如饥人入太仓，虽未得食，已有饱意；又如病人游于药市，闻诸药香味，其疾差痊。况乎具足多宝者，更能取米作大无碍饭，恣人所食，自然不饥；又能取药以疗众病，病有尽，药无穷，须臾间无病可疗。是恒河沙数众生，各得恒河沙数至宝，随心欢喜，满愿而去。此宝之多，仍然不增不减，不垢不污，于诸佛本愿，无所加添，于众生本分，何所殊别？但恐流浪生死，错过因缘，堕诸恶业，误认得宝，贪取无厌，误认为多。讵知证上乘者，一毫孔光，散为珠玉、琥珀、珊瑚，与日星争明，聚而为清净坚固，累劫不坏法身。宝亦无名，像无数目，贪多取宝，又何异梦中说梦，自以为觉耶！予总师滇黔，宣扬圣天子大化，欣然见两省人民，父慈子孝，兄友弟恭，夫义妇顺，亲戚朋友日以信实相往来，兵不用而刑不试，以至虫鱼、鸟兽、草木莫不咸若。其所生皆忘帝力于何有，亦何治之盛欤！滇之双塔，崔巍云表，东西两寺，宏整壮观，极于风脉有关系，作是因缘者，一不二门中功臣也。内典云：佛度一切众生，而不名为佛度，于太平气象有合焉者，乃因东塔常乐寺而为之记。”读斯记也，足征今日东塔下之常乐寺大非昔比，或兵燹后之所草创者也。前五十余年，余游于常乐寺，见碑记仍矗立于寺内，殆作者之幸欤！至于慧光寺，已渺无痕迹矣。

观音寺

观音寺在城西之近华浦，即今之大观楼也。在六十年前，是处规模颇隘，今则景物焕然，壮观多矣。兹从其历史上言来，康熙二十一年〔1682〕，楚僧乾印始创庵一区，讲妙法莲华经，听者常千人。后巡抚王继文、石文晟，布政使佟国勷建涌月亭、大观楼、凝碧堂。道光八年〔1828〕，按察使翟锦观重修之。咸丰三年〔1853〕，帝询云南景物，侍讲学士何彤云以大观楼对，随赐“拔浪千层”额，今仍悬于楼头。楼柱有联曰：“千秋怀抱三杯酒，万里云山一海〔水〕楼。”真名句也。楼下悬长联曰：

五百里滇池，奔来眼底。披襟岸帻，喜茫茫空阔无边！看：东骧神骏，西翥灵仪；北走蜿蜒，南翔缟素。高人韵士，何妨选胜登临。趁蟹屿螺洲，梳裹就风鬟雾鬓；更蘋天苇地，点缀些翠羽丹霞。莫〔莫〕辜〔孤〕负：四围香稻；万顷晴沙；九夏芙蓉；三春杨柳。

数千年往事，注到心头。把酒凌虚，叹滚滚英雄谁在？想：汉习楼船，唐标铁柱；宋挥玉斧，元跨革囊。伟烈丰功，费尽移山心力。尽珠帘画栋，卷不及暮雨朝云；便断碣残碑，都付与苍烟落照。只赢得：几杵疏钟；半江渔火；两行秋雁；一枕清霜。

此为邑人孙髯翁撰，陆树堂书，是驰声海内之一名联也。咸丰七年〔1857〕寺与楼俱毁。光绪九年〔1883〕，提督马如龙捐资倡建，其疏近华浦有记，重修涌月亭与大观楼也有记，俱刊刻于今修之亭阁内。惟志载：总督尹继善偕张觐臣抚军，吴颖庵学使，倪穟畴、张南华两主试游近华浦，和南华即事口占原韵十八首，未刊于石，兹摘录十二首于右〔后〕：

雨歇寒流乱野溪，晴云遥指碧峰西，
无波不觉扁舟小，短缆徐牵过柳堤。
遍地西成眼乍明，欢歌声里午风清，
年丰自有田家乐，莫认儿童竹马迎。
一望高低尽海田，今秋收获倍常年，
秧鸡菱笋争投送，笑说农家味更鲜。
落叶萧萧拂面飞，韶光转眼已全非，
披裘尚觉寒侵骨，野老人多未授衣。
妇子嘻嘻列短堧〔注〕，嘉禾搬载满渔船，
自来边地农桑贵，绿柳黄花不值钱。
流水无心解送迎，湖边置酒趁新晴，
尘机到此俱消尽，惟有清风满树声。
纵目轩窗遍十洲，欲穷千里又登楼，
倚栏不敢频回首，东北蛮烟未尽收。
别院清幽一草堂，临渊兴羡已相忘，
池鱼自任闲游泳，密网何人复举纲。
古树苍苍古寺宜，西风谡谡动虬枝，
扶疏自作干霄势，不逐柔杨到地垂。
人醉诗成罢咏觞，回舟水面晚风凉，
扬帆渐觉湖光远，一路寒山送夕阳。
群峰拱向五华开，指点长松天半栽，
佛手香中人咲语，风吹孤月自东来。
清光如画豁双眸，难得同心夜泛舟，
好景分明看不尽，此行谁说梦中游。

（堧读作圆，城下田也。）

华亭寺

昆明西山，风景地也。自高峣村起，即有普贤寺、升庵祠，迤逦而进至山间，则有华亭〔寺〕、太华寺、翠竹庵、如意观、三清阁等，今依次而略言之。普贤寺在高峣村南约里余，不知建于何时，惟知明成化元年〔1465〕邑人重修之，至康熙二十七年〔1688〕又重修。咸丰年间毁，光绪十六年〔1890〕又修复。寺有三进，均须拾级而上，山门至大殿须上升三丈，以寺建在一偏坡上也。正殿天境〔井〕中有罗汉松一株，粗将及抱，此非经历过五六百年之时日不能及此也。寺右为升庵祠，颇清幽，花木亦多，阶下且有流泉，此固不能称为一名胜处，然亦雅致宜人也。由此向南而斜登山径，即华亭寺焉。

华亭寺古名云栖寺，为元代僧人铉峰所建，后毁。清康熙二十六年〔1687〕始行修复，咸丰七年〔1857〕又毁，光绪九年〔1883〕又重修之。逮至民国十年后，有闽僧虚云来住持是寺，遂募资改建殿宇及一切屋舍，于山门外凿莲池，山门内外塑有弥勒、韦驮、哼哈二将等像，大雄殿内又添塑五百阿罗汉，正殿后又建藏经楼，殿左修建大悲阁，寺右成海汇塔，殿墀内增种花木，经五六年之惨淡经营，功始告成。于是西山之华亭寺遂名震一时。华亭〔寺〕原为古寺，前人题咏颇多，中以清初石屏许湜《游华〔亭〕寺》一篇，最驰誉于诗界，曰：

十年怀胜游，斯晨遂独往，
摄衣逾崇岗，林峦信藤杖，
飒飒万壑声，秋风送奇响，
松杉蔽天光，一径入森爽。
旭日耀金碧，精兰隐深广，
十步已三休，高登境弥敞，

老僧四五人，逍遥石苔上，
指顾乱云中，滇城大于掌。
下视昆明池，晶晶俨盆盎，
豁然眼界宽，万象罗俯仰。
无物翳青天，决眥尽苍莽，
平生丘壑心，于焉惬幽赏，
便从惠休游，永言谢尘鞅。

太华寺

太华寺在华亭寺之西南，去华亭约二里余，地则高于华亭数十丈，以是眼界更阔于华亭。太华原名佛严寺，为元时僧人铉鉴所建，后毁。清康熙二十六年〔1687〕重修。寺内原存有黔国公历代画像，咸丰年间毁。又有黄文节公诗冢，时亦因之消灭。光绪九年〔1883〕，士庶遂重建之。太华题咏较华亭尤多。志载明布衣郭太〔文〕一首为最超妙，曰：

晚晴独倚旃檀阁，烟景苍苍一望开，
佛寺〔湖势〕欲浮双塔去，山形如拥五华来，
仙游应有飞去舄，僧去宁无渡水杯，
不为平生仙骨在，安能得上妙高台。

志又载总督范承勋《重建太华山佛严禅寺记》："佛严禅寺者，在滇池之右，太华山腹，有元时僧鉴公无照创始，历明代至我朝四百余年，殿宇增荣，鸟革翚飞，焜耀滇湄，为诸梵刹冠。康熙辛酉岁〔康熙二十年，公元1681〕，我大师围滇，困贼，寺遂荡析无遗，问所为碧莲之室，缥缈之楼，与一碧万顷之阁，徒忾想于图经纪载而已。武神克捷以来，边徼清宴，几年于兹矣。住持僧照岵稍稍募赀，草创殿宇，规模未廓，丹雘未施，而力已大绌。余偶与抚军大中丞石公、王公过之，览其山川完美，气象雄厚，遂嗟叹再三，佥为分俸

倡建，而监司诸君子以下暨郡县乡里之乐善者，率量力从事，遂尔檀施毕集，于是宝阁云构，禅室星罗，绣础依林，悬题架壑，门堂廊庑之属，次弟咸复。既告功成，而请记于予。予维释民之教，主于苦空，凡世间一切人我形相，指为幻妄，而不存一毫爱恶系著之意。其积功累行，至于捐弃血亲，残毁肢体，以求拯利万物。而其所自处者，则唯一丝一粒，勺泉把茅。虽就息嘉荫，不三宿而辄去，盖家风固然，其与尘世间人，美田宅、宫室，饮食男女之好，相去万万也。然今所称苾蒭〔苾音必，芳香。蒭同刍，音除，草把〕者，动以破除悭悕，轮大法轮，恫唱愚众。迹其所为，趋利、徇嗜欲、无厌倦，乃更甚于鄙夫俗子之所为，亦独何哉！且吾闻慈尊以无住为住，常寐，灵光遍满虚空，随地涌见，不可从色相求也。即所云净土极乐，琳宫绀宇，瑰丽闪尸，乃至天女献花，帝释扶轮，璎珞宝珠，天龙驯象，种种卫列，自然妙庄严界，不烦郢人运斫，匠石引绳。如阎浮提众之积累铢寸，弥亘岁月，穷竭筋力，而不可速成也。其于尘世所鸠易朽蠹之木石，像设之形骸，宜浮沤粪土，视之不顾，而遑较信施之多寡薄厚，权衡铢两，持福利以悉酬之也哉！然则兹寺之复也，何所为乎？曰：无所为也。夫以数年煨烬之余，赖诸君子宏愿大力，扶既倒之刹竿而建竖之，俾金轮再朗，慧日重开，诚有莫之为而为，莫之致而致者，予奚足以知之。予闻越嶲、昆明，邻于身毒，人具佛性；叶榆鸡足，大迦波禅定止焉。拈花妙谛，于是乎在，善因不昧有以也。惟是，兹寺倏焉而废，倏焉而兴。其废也虽以世尊大威神力，不能嘿销兵燹之气而为日月光；其兴也亦未有金色僧迦者，通梦昧望门投趾，动以福田因缘也。以世间一切人我形相而论，则兴废了如，若以慧目平等观，其视瓦砾荆棘与金碧雕缋〔缋同绘〕，初无差别，直以适然之运，还诸造化，而佛自无在无不在也。后有阐其家风者，亦惟勤奉苦空之旨，旦夕祝厘，使边境宁而室家穰，戒定修而智慧通，消灾害于未萌，拯横流于已溺，诸佛护念，其在兹乎？不然，虽千柱浮云，三成壮丽，无益也。夫人天小果，有漏之因，不足以为功德，尊者西来，明以是告人王矣。人不力求功德之所在而从事焉，恶乎可？爰为之记而系以颂：‘一人当阳化无为，金瓯永固无缺亏；云何劫火能毁摧，佛以白毫吐圆规。法身万亿净琉璃，须臾楼台弥滇陲；雕甍宝楯碧玉池，铢衣玉女翩来迟。诸天龙象前致词，愿以神力长护持。正法眼藏入天师，佛言妙明允若兹；我相人相都捐遗，法尚可舍况檀施。布金一粟宁等差，回溪扁岫窟狮儿；以定慧戒阐菩提，用此功德祝蕃厘，永永无极视此碑。’”碑竖于殿右，咸丰间寺毁，碑遂没于土。光绪二十九年〔1903〕，寺僧始得碑于寺侧浮土内，剜剔泥垢而树立之。寺在民国初年，以年久失修而少人游。民国十年后，有僧西风住持其寺，时加修葺培植，殿宇楼阁焕然一新，游人始盛焉。已而改为公园，自异于前矣。

三清阁畔之大小寺观

西山寺观，南头多于北头，如三清阁畔之大小寺观，则有七八处之多焉，但不如华亭、太华两寺之壮丽宏大也，兹一一言之。往昔高峣车路未通，欲览西山名胜，须放舟而往。登华亭、太华者，舟泊杨家村；登三清阁者，舟泊苏家村。由苏家〔村〕后循山径而上，翘首而望，即是观音阁。此阁傍岩而结，地势不宽，阁内仅容数人跪拜，然此为登山必经之处，且为山径间之第一个寺观。阁傍即山径，绎路镶有石磴，可拾级而上。石磴殊宽，亦不甚陡，攀登亦不费力，但回旋曲折，总是傍岩而行。每数十级作一小段，略有平坡数步，足资停足定息。此一大条山径，曰千步岩，而亦确有千步也。由观音阁约上升二三百步，即如意观。观为两进，每进各三楹，观侧昔有泉流，近则涸矣。由观侧再上二几百步，为张仙殿，此则较如意观平敞，殿前以石板墁成平台，可栖止一二百人。殿亦宽大，且系近数十年之新建筑。每年三月做张仙会，多系妇女与焉，为求子也。由殿侧上升而又下降，为大小牛井，井非井，实岩洞也，中伫一石牛，传为孝牛之模型。洞有清泉，夏秋两季水流淙淙，春冬两季则涓涓而滴，石窝水积，可饮可濯，但寒沁齿牙。又由大牛井侧而上至七八十级，即至三清阁。阁有楼，上下俱三楹，楼之左右，有群房若干间，有道士数人住于是处，登山游客，多藉此留宿。楼前有平台，有石栏，凭栏可以眺远，此能东注金马，南顾七雀，北睐长陉。复五华在望，双塔远峙，真远揽近挹，大足以豁心目也。且于东山月出之时，池光正对阁前石栏，海水漾波，何止千层，月光斜射，层层雪亮，时人呼之为银宝塔，在日初时，曰看金宝塔。三清阁右有仄磴两层，层各三四十级，此而上至一小阁，名七宝殿。殿只一间，地只方丈，座上奉玉皇。案侧竖石碑一块，碑刊符篆，笔笔凤舞龙翔，浅学者多不能识。殿前为普陀岩，岩系一悬石，石上镌有“普陀岩”三字。岩下有洞，曰“云华”，洞不深，只如一瓮而已。过云华洞，历仄磴五六十级至一岩头，有小屋一栋，曰“达天阁”，此为山间寺庙至高之一处，山势崔巍，石磴陡绝，攀援不易，故鲜有人至。阁内奉老君像，系就石岩而刻成者。然在此阁俯瞰滇池，行舟往来，真如一叶之浮于水也。又由三清阁右横踱而过，有石径一条，迂回曲折，高下起伏，约三四百步，行入一人工凿成之石峡，且有一段是隧道，迤逦而前是为老石房子。谓为老石房子者，乃二百余年前，以人力开凿之一石屋也。屋高约近八尺，宽亦如之，惟深仅六尺耳，内奉观音、文昌、祖师三像，神案神像及烛台等，俱就岩石凿成，但雕刻朴拙，不显精奇。再由此穿峡度壁，行约百余步，便是新石房子。新石房子凿成于光绪初年，为一花红洞之撒弥族人姓李者一手所成。李之手艺极精，以四五年工夫而成就此一间石屋，在工作上则较老石房子为强，石屋之宽深高大俱胜过于老石房子。屋内奉魁星像一尊，魁星则提斗执笔，足踏鳌背，扭其身躯而点斗，身约高至三尺余，状极生动。顾此一间石屋内，上之天棚，下之地面，中间之神案神像及香炉、烛台、花瓶、供品等，俱系就一片岩石凿成，而无丝毫拼逗〔斗〕。石屋前有月台，深六七尺，宽丈余，亦是就石岩铲削而成。台边砌以石栏，凭栏下视，为百数丈高之悬岩峭壁。石屋前面岩檐上，雕出一寿星骑飞鹤，大可二三尺，寿星系膨出于岩檐之平面，而膨出处亦近于尺。雕刻此之李石匠，殆有鬼斧神工之能也。又由苏家村向南而去约三里余，为段家村，有龙王庙，庙奉龙神，邑人称之为段龙王。在六七十年前，庙中邪神淫祀颇多，有所谓阿白老爹、放鹰哥哥、打虎郎君、金花姑娘、银花姑娘者，均能为祟于常人也。谭钧培抚滇时，乃悉毁之，仅留一龙王像焉。

筇竹寺

筇竹寺为滇城西偏最古之一寺也。寺创于唐初，以时世变动，遂惨劫灰，后于明宣德九年〔1434〕重建，明末又毁。康熙二十三年〔1684〕，总督蔡毓荣、巡抚王继文又修复。既而年久失修，殿宇又多倾塌，光绪间士民同住持等，又募资重修，成前后殿宇三重，培修一切群房，并平治道途，滋养花木。更延蜀中名手塑匠黎广修，塑五百阿罗汉于前殿左右，果然匠心独运，塑手神奇，五百个罗汉象，能具五百个各各不同之形状，真能手也。寺中之古香古色，第一是正殿天墀中之一近枯老树，云是唐时种植之梅树，然多年未见著花，是耶非耶，殊难决也。次为正殿上竖有之一块元碑，一面刊蒙古文，一面刊汉文，然是一些翻译出来之文语也，多有不通之处。寺内匾对，少有数百年前字笔，仅于客堂内，见悬有担当和尚楹联一副。〔眉注：担当联曰："托钵归来，不为钟鸣鼓响；结斋便去，也知盐尽炭无。"黎广修撰有一联，则平平无奇。〕或者是因兵火而将往昔书题毁尽也。至云坐场结构，诚是滇城西边之一大丛林。按志载，明郭文《重修玉案山筇竹禅院记》，叙寺之起源颇详，兹录之。记曰："玉案山筇竹禅寺，滇之古刹也。爰自唐贞观中，鄯阐国高光之所创也。初，光偕弟智猎于西山，有犀跃出，众逐之，至寺之北壑，失犀所在。仰视山畔，见群僧坐地上，状甚奇异，驰往其处，又无所睹。惟所持筇杖植于林下，众弗能拔。翌日往视之，则枝叶森然矣，光昆季于是异之，知其为山灵示福地，乃建寺于其处，以居僧徒，因以筇竹为名焉。然是时之滇人皆西域密教，初无讲禅宗者。前元既一，南诏有鄯阐人雄辩大师者，以奥学宏器，归自中华，始倡讲禅宗于兹寺，滇之缁流〔缁音资，缁流是僧众〕俊秀等翕然从之，而其道日振。自是，名蓝巨刹，弥布遐迩。南诏之有禅宗，师实启之也。故寺虽废于兵燹，而建立常易，盖以滇人向慕之深也。洪武辛酉〔洪武十四年，1381〕，黔宁昭靖王率师南下，虽寺庙民庐而一无所毁，故寺之香火，得以愈隆弗替。永乐己亥〔永乐十七年，1419〕，复罹郁攸〔郁攸指火灾〕之灾，始荡然为榛砾墟矣。总戎太傅黔国公偕弟都督公克绍前烈，因俗为治，乃召住山僧宏开、道诠暨乡耆王思益、沈希文、梁景仲等，谓曰：‘兹寺之废兴，佛法之显晦系焉，佛法之显晦，民之惩劝系焉，尔等岂不思之耶？’乃捐己赀为助，而施者继至，始命致仕指挥朱程董其事。于是扩其旧规，隆者下之，隘者广之，经始于永乐壬寅〔永乐二十年，1422〕，讫工于宣德戊申〔宣德三年，1428〕。而穹殿邃堂，崇门夹庑，与夫金碧藻绘，甃〔音咒，用砖砌〕墁雕斫，至于供器僧庐、庖湢库庾〔湢音必，浴室。庾音于，露天积谷处〕，式所宜有者，靡不毕备，而其规模壮丽，较之于旧，为有加矣。告成之日，遐迩士庶，舁〔音俞，抬〕耄挈稚，络绎登览。拜瞻之顷，则峰峦为之增秀，天宇为之恢宏，林木、泉石为之华泽清胜，是孰使之然哉？良由斯举，允于神灵，悦于人心，景与意化，自有不期然而然者矣。既竣事，佥谓宜有以纪载，以示方来，因摭其梗概，述以为记。复系之以诗曰：

翳兹南滇，密迩西竺，佛化是崇，弥久弥笃。
郡城之西，曰玉案山，雄奇秀拔，峨峨云间。
山之东麓，蜿蜒起伏，交揖互拱，萃于筇竹。
维兹筇竹，肇自神僧，于兹千祀，灯火承承。
岁维己亥，回禄构灾，金银境界，荡为灰埃。
不有元戎，厥功昌济，移彼兜率〔注一〕，置我人世。
翠阁丹楼，照映岩谷，以惬俗尚，以祈民福。

荡荡皇图，天地其久，慈尊巍巍，道超三有。

边尘聿清，民物斯阜，勒文贞珉〔注二〕，用昭不朽！”

〔注一：兜率，传说中太上老君宫殿称兜率宫。〕

〔注二：珉，音民，像玉的石头。〕

金井庵

金井庵在城北大普吉村，距城二十里，是庵原非名胜地处，亦无风景可述。一小尼庵也，何为而述之？以富有历史性也。庵建于明初，逮至清雍正二年〔1724〕，村人又重建。按昆明王思训《金井庵行并序》“明崇祯癸未〔崇祯十六年，1643〕，黔国公沐天波调土官禄永命、沙定洲，讨元谋酋吾必奎之乱。贼既平，定洲始至，留屯南城外不去。天波日与宴乐，定洲心艳其富贵，遂谋杀夺，阴结天波客余锡朋等内应，率兵袭黔府，府中大乱，天波排墙而出，士民拥天波母陈太夫人走城北朝阳庵避难。夫人焦氏，仓卒寻太夫人不见，乃携幼女从一宦者，杂众走金井庵。两庵相去二里许，各不相闻。抵暮，天波西奔，士民欲奉夫人往从，夫人曰：‘我命妇，义不可辱，中途遇贼奈何？不如早死，使公无累，得以一意讨贼，死不逾于生乎？且我姑义烈，今日必死，吾稍迟，愧吾姑矣！’命宦者聚薪闭门，燃佛灯自焚。女七岁，见火烈烈焰起，大号欲避，夫人固抱，同死灰烬中，指犹不脱。是夜，陈亦焚死于朝阳庵。诗曰：

熏剔鼠穴招封豕，邑人不戒城将芜；
忽集环云成阴雨，屋头变作鸺鹠呼。
蠢蛮操戈故国破，黎侯西走宫中虚；
凛然大义有翟服，恨难飞步张天弧。
宝块珊瑚顾不得，忍教白璧抛城隅；
突围挈伴勃提出，独携弱息寻慈姑。
屏除珈佩窜荆棘，北门泪洒婆夷庐；

不肯从公惧遘贼，鸿毛性命真山如。
花关深闭聚薪木，烛龙回并娥眉枯；
伥女号欲避毒焰，开怀固抱骊含珠；
骨肉成灰手不脱，兰芳玉洁犹生初。
烈魂何处寻阿母，朝阳一庵藏幽墟；
不谋焚死竟同日，快逢地下相轩渠。
两世冰霜鬼神泣，须眉肮脏真非夫；
寄公深愧妻与母，幸哉咒水能捐躯。

原注：明永明王由榔走缅，吴三桂追至锡波〔属缅甸地〕，索王急，缅人欲献而难，群臣因托上已邀饮咒水祈福。永明欲结缅欢，命从臣毕赴。天波知其有变，力阻不听，乃袖二椎偕往。难作，天波椎杀数十人，缅首攒射死之，众皆遇害，投尸江中，缅遂献王于三桂营。三桂执永明王至昆明，次年六月，三桂逼永明王死于五华山麓。

法界寺

法界寺在城西玉案山，去筇竹寺只四五里。寺在山巅，下即花红洞。寺在元、明时曰清华寺，与玉案山左之云居寺同擅胜名。缘寺后有瀑布泉，春夏俱如匹练而泻，以是杨升庵常游于是，且题诗于瀑布处。近数十年来，水源涸矣，非雨季无悬流也。康熙四十三年〔1704〕，巡抚石文晟改建而易其名为法界寺。寺额“法界寺”三字，为康熙帝御笔所书，缘讲经僧溥畹，法号兰谷，为康熙帝之替度僧也。来滇讲经，滇之督、抚改华国寺为翊灵寺以居之。既而移居三皇庙，移居报国寺，终厌尘嚣，选胜得清华寺，巡抚石文晟乃为之改修而易是名。文晟有记，刊于寺碑。上有墨雨庵、石香泉、听瀑楼诸胜景，今俱毁矣。按玉案山上，往昔寺观颇多，如宝珠寺，一名能仁寺，在玉案山腹。建于元至正年间〔1341～1368〕，明天启年间〔1621~1627〕重修，清康熙三十三年〔1694〕又重修，王继文有《重修宝珠寺记》，今圮矣。云居寺在玉案山左，元至正年间建，明嘉靖年间〔1522~1566〕又重修之，寺亦风景地，今则圮矣。又有宝昙、宝应、圆照三寺，俱在玉案山腹，今仅有基址遗存。于此征之，足见元代建筑之寺观不少也。

商山寺

商山寺为附城最古之寺也。郭昌城滇时，即云于近城处建商山寺，是则寺建于汉武帝时，距今已二千余年矣。考老滇志载云："商山寺在陋山之麓，距北城外三里余。"此足征昔日之拓东鄯阐城，实接近于南坝也。不然，商山寺逼近城下，何有三里余之说欤？寺在晋太元年间〔376~396〕毁，蒙氏城滇重修之，段氏亦修之，既而又毁。明洪武间〔1368~1398〕沐氏又修复之。清康熙三十五年〔1696〕重修，咸丰七年〔1857〕毁于火者过半，光绪年间〔1875~1908〕始稍稍修葺之。今则全部改为学校。原日前殿檐下悬有一匾，为"西来胜地"四字，乃王继文所书，笔法十分精妙。又有重修《商山寺记》，亦王氏所撰所书，刻于一巨碑上，此碑现存图书馆内。然滇城八景中，有商山樵唱一景，此当是在数百年前，北山一带之树林密茂，足供樵采，樵人荷担归来，憩于商山寺前而行乐也。

涌泉寺

涌泉寺在城北九里，岗头村后之山上。山为陋山之另一支脉，路自下曲折而上，约二里余，至永丰寺前，再上六七百步，始为涌泉寺。寺居高视下，眼界极宽，亦名胜之一也。寺建于元代，寺后小石岩上，昔有粗若人臂之瀑布泉下注。明巡按刘维于岩前创亭甃石，引为九曲水，时往流觞。清咸丰间庙宇悉毁。光绪元年〔1875〕，士民等募资建复殿宇，亭则付诸阙如。但近数十年来，泉流极细，冬季只粗若拇指，无瀑布泉之说矣。惟在民国二十年前后，寺中花木颇繁盛，亦是一有韵趣之山间佛寺也。

地藏寺

地藏寺，城里有一，城外有一。城外之地藏寺在相公堤下，即今之古幢公园地处。相传此寺实肇基于晋武帝太康年间〔280~289〕，有天竺僧名麻突摩迦者，由西方逐孽龙至此，龙入是处之井泉，僧咒石盖井，随〔遂〕结庐于此，既而建寺曰地藏寺。并造塔于井石上以镇龙。蒙氏末季，寺毁，仅存一塔。段氏时，蜀僧永照、云晤重建。明宣德初，僧道正重修。咸丰七年〔1857〕，寺全毁。在五十年前，是处惟瓦砾泥土堆积，不知有石塔在下。民国初年，村人刨掘瓦泥，塔始露焉。已而市长张维翰乃辟此为古幢公园。

井宿祠

井宿祠俗名金牛寺，在城东盘龙江堤上，昔人以铜铸井宿之身像于此，以镇水怪。其形似牛而实非牛，顶具独角，在兽中名犴，在二十八宿中曰井木犴，与鬼金羊同为滇之分野星也。所铸之兽，卧地昂首，视江水起落，欲作斗状。高四尺许，身长约近六尺。上覆以亭，亭曰安澜。咸丰七年〔1857〕毁，同治三年〔1864〕重铸铜犴形，复建安澜亭。光绪六年〔1880〕，绅民建后殿，更重修安澜亭。一般人所称之铜牛之金牛，颇能示灵。如江水涨时，先二三日，必有牛声自亭间发出，鸣一声，水必暴涨二三尺，连鸣四五声，水必涨至丈余。同治年间大水，兽鸣至八声，是年实为一最大之水灾。

附近居民常得听闻寺内铜牛鸣，亦不之怪也。鬼宿庙在城南，俗名羊神庙，明成化四年〔1468〕建，清咸丰七年〔1857〕毁，同治十三年〔1874〕修复。

灵光寺

灵光寺在小东门外灵光街，清康熙年间〔1662~1722〕建，嘉庆年间〔1796~1820〕重修之。咸丰年间〔1851~1861〕毁，同治间〔1862~1874〕里人修复之。按此寺之起源，缘是处有水池，水中常腾瑞气，里人决水掘之，得铁钟一，下覆铁铸土主，因建寺奉焉，而名其寺为灵光。

玉皇阁

玉皇阁在会城南门外凤翥村，明万历三十五年〔1607〕，黔国公沐昌祚修建，吴三桂开藩于滇时，曾改修之，则于是处地下，掘得数十万两藏镪〔镪是成串的钱或指银子〕。清康熙三十二年〔1693〕重修，道光十三年〔1833〕地震圮，郡人复修之，咸丰七年〔1857〕又毁，同治七年〔1868〕邑人又修复之。是处地场阔大，考其原有基址，似同治间之修建，仅成于简略尔。按：玉皇阁在光绪年间，为一香火极盛之处，每届正月十五日，游庙与烧香者必拥塞于庙内，偶办龙华盛会，与会者必逾万焉。

归化寺

归化寺在城东南十里归化山巅，即金马山东头也。寺为明成化间〔1465~1487〕，黔国公沐琮奉敕修建者。清咸丰七年〔1857〕毁，光绪六年〔1880〕，住持僧妙相募资修复。今寺之两廊绘《香山传》全部，极其工致。寺亦宏大壮丽，培植花木亦多，自是一名胜地处。按：滇垣山龙，自以五华为主，四面山头俱朝拱五华，独此山掉首东向，故建寺于山椒，名曰归化寺。

观音山

观音山是昆湖西畔，逼近水边之一山，实是一名胜处。是处由篆塘乘船去，水程约五六十里，即由西山之倒石头去，亦在三十里上下。观音山系一座小山，高度略矮于省垣五华，庞大处亦逊。惟山形甚奇，有如一禽展开双翅，复有头有颈。若荡舟于湖上，自远而望，尤身、翅、头、颈分明，时人乃命名为凤凰展翅。山上建有佛寺一座，则在凤凰背上。寺建于何代何年，未经详细考求，或者是建于明末清初时。山前又建有一楼阁，为上、中、下三层，此座层楼则在凤凰头上。寺为三进，第一进为山门，塑有弥勒、韦驮、四大天王等像，上即正殿，奉有三世佛，后殿塑有诸多菩萨像。传闻先时正殿之两庑为罗汉廊，以失修而毁，竟未修复。近数十年来，乃有一优婆塞群称为刘三�者，就正殿之两廊，独力修建厢楼东西各三间，且培植不少的花木，今一般人犹常常称道刘三�三字。山门前有石砌月台，甚宽，其形亦直是一半边月，台边围以石栏，栏外呈露出一条多石少土之高埂。埂脊近圆，两侧现偏颇〔坡〕形。此条高埂，约长四五十丈，中间稍凹，尽头处则又扬起，此即为凤凰之颈与头，楼阁则建在凤凰头上。阁内奉观自在菩萨，观音山三字，即以此得名；观音山上佛寺，亦缘此而名观音寺；观音山麓有村，亦名为观音山村。每年二月十九日，观音山有会，来朝山者即是来朝奉于楼阁内之观自在菩萨。凤凰之身与翅，系以一遍〔片〕土山现出，而其间亦有少许石头。山上多松树，但不十分高大。高埂之偏坡上，亦多小树，望去亦森然蔚然。此高埂侧为观音山村，村有百余户。村之西畔有一大土圆包，径可及七八丈，咸称为凤凰蛋，然遭破坏，今只一面现圆形，他面则残缺。龙志舟夫人李培莲之墓，则在此条高埂之侧，石狮、翁仲〔传说中秦时巨人名，后亦指铜、石象〕具备，以风水言，亦不见甚好也。所言之三层楼阁，在十数年前，被火毁去，近不知修复否。

海源寺

海源寺在玉案山麓，去城约十五里。志载：寺建于元代，后毁，清初修复之，光绪年间又重修。佛寺在山脚下之一平原上，寺为两进，寺前有戏台。循山麓而上为准提殿，此约高于山脚之平原十数丈。准提殿系一大楹，殿墀内有玉兰花一大株，根粗将及合抱，花时满树皆白，香盈殿庭。殿侧有三五亭阁，位置于山腰之高下处，连以回栏，萦以曲径，衬以花木，殊堪游赏。种植之花以茶花为多，但无拱把者。每年正月十五日办会，可能有数千人走往游乐。寺左之山上有西华洞，距山脚约里余，梯石而上，路亦不甚陡逼。故往海源寺游者，无不登西华洞一纵眼目。寺右有龙湫〔龙潭或瀑布〕，深而且阔，一年四季出水俱旺，俗曰海源龙潭，其出水洞曰龙洞。而龙洞坳曲，且在水之至深处，洞实难探。记得在光绪二十年〔1894〕前后，因天旱，回教人往是处插牌求雨，不知何故，插牌人竟丧身于水底，且不见尸身浮上，铜牌亦失去。后则无人敢去探龙洞。

妙高寺

妙高寺，在城西十五里三华山巅。山在龙院村后，由山麓而上约有三里路径，但山石荦确〔荦音络，荦确是山多大石〕，行径殊涩。寺在一岩阿内，后有屏嶂回护，前则冈岭抱合，而又泉石清奇，竹树阴翳。伫于寺前远眺，眼界异常空阔，诚胜境也。寺建于唐蒙氏至元代，达里麻修建龙华寺于龙院村，因而修葺之。寺以藏于山坳间，故历经兵燹，祸不之及，惟年深代远，寺宇多有倒塌。同治间，寺僧不戒于火，致兆焚如。光绪初，曾有一度之修葺，亦只将残坏前殿补修，若中殿后殿，无非有一些石阶、柱礅存在耳。民国十年后，有喇嘛僧某，住持寺内数年，云修复而亦未能。

胜因寺

胜因寺附近西城，志载："寺建于宋理宗封禧年间〔宋理宗在位为公元1225~1264年，无封禧年号，疑是开禧之误〕，后大理国王段智祥，禅位于其子后，曾在此寺清修。"按：《滇云历年传》载"段智祥在位三十三年，禅位于子祥兴，智祥退而为僧。"是则胜因亦往昔具有胜名之一寺也。传云：胜因之规模殊大，殿宇佛像，在形色上与大德寺相似。后来，寺内殿宇虽然毁去，而一座雄大山门，在民国二十六七年间犹存。看到围墙内有之地盘，实属不小，三几重殿是能有者也。是时，山门内亦有小小三楹殿及一些群房。此则半是劫后余灰，半是光绪年间之所草创者。

真庆观

真庆观亦附城之一宏大观宇也，观筑于元至正年间〔1341~1368〕。明正德时，有道士名徐道珧者为是观之主。徐有法术，能召鬼神，时人极崇敬之，因而募资改修殿宇，塑造一切神像。观为三层，正殿奉玉皇，左右配以雷祖及真武，两旁各有七八雷部神将，塑工之精，可与罗都道太所造圆通寺之佛像相敌。殿之东西廊为群仙廊，各有三十余座，又各各仪态闲如，真塑工中之能手所造也。后殿供老子及其他神像。正殿与后殿俱异常宽大，记得由大门走至后殿神座前为三百余十步，亦可谓深矣。志载：“咸丰七年〔1857〕毁，光绪间士民重修。”此似指后殿而言，正殿实未毁也。如玉皇座前之天棚，造时系全用最小木橛，用昆明人所谓之“翻斗法”，作二十余层翻上，由方而收至圆，中留一圆框，如月满当空。仰望其翻上之层格，能迷人眼，当日之造此者，真可称之为灵工巧匠矣。余尝与人论往昔之物质，诚不可厚非。若后殿之雕斫，自是在光绪初年者，奇巧处则不及前殿多矣。正殿后有徐道珖所立之碑二通，于沿革上叙之极详，以碑文甚长，故未录出。观左为都雷府，独塑一王灵官像于殿内。灵官像实威赫可惧。传云：塑灵官像时，徐道珖以法术召王灵官至，请其留像于油锅内，塑匠得对此而塑之。所以此一尊神像不只威严，而亦十分灵活也。又传云：徐道珖改修殿宇时，有许多木料都是由观内的井中取出，其木质亦异于群材，且长短粗细，都能合度，徐真神于法术者也。

五灵庙

五灵庙，昔名昭灵观，在南城内粮道街〔现为景星街〕。志载：“建于明洪武年间，内祀唐、周、葛三真君及崇宁至道真君、清源妙道真君，合称五灵。”按：崇宁真君即关壮穆，清源真君即隋嘉州太守赵昱；唐、周、葛三真君，相传为周厉王三谏官，弃官而游，后仙去。又有蜀汉镇军将军赵云亦附于内，为碧山土主。同治二年〔1863〕毁，后士民与住持续修。前进则塑王灵官像，后进则因其旧有而改修之，仍奉五真君，又增一五灵童子，不识何据？由是香火极盛。

法幢寺

法幢寺，一名古庭庵，在归化寺山麓，为古庭禅师坐化处。里人即就禅师肉体塑像，纳于龛中，俗称曰古庭老祖。每年八月十九日为古庭会期，届期必士女如云。寺建于元代，康熙三十二年〔1693〕重修，咸丰七年〔1857〕毁，光绪二年〔1876〕，士民潘国元等捐修。古庭俗姓袁，或曰姓夏，南城外顺城街有佛基庵，即古庭禅师降生处。明永乐间〔1403～1424〕里人建庵于是，清咸丰七年〔1857〕毁，光绪七年〔1881〕民妇夏赵氏重建。

金马山神祠

金马山神祠与碧鸡山神祠俱建自汉代，后则时毁时修，不知凡几矣。明成化间〔1465～1487〕，黔国公沐琮又重建两祠。金马神祠在金马山麓，一名灵应寺，又名金马寺，碧鸡山神祠在碧鸡山麓，明末俱毁。康熙二十七年〔1688〕，固山贝子章泰命布政使田启元重修。嘉庆九年〔1804〕又重修之，二十一年〔1816〕，六营官弁建神骥亭于金马山神祠内。咸丰七年〔1857〕，祠遭兵燹，毁者过半。同治十三年〔1874〕，署总督岑毓英又重修之。

昙华寺

昙华寺，在城东五里桃花村内，与金马寺距离不远。寺建于明宣德年间，有殿三层，亦东郊外一大佛刹也。明崇祯末年毁，康熙三十三年〔1694〕修复之。道光十三年〔1833〕地震，寺倾颓，道光十八年〔1838〕，里人偕寺中住持，出而募资修复。咸丰七年〔1857〕又毁去过半，幸中殿与后殿尚有屋瓦存在。里人与寺僧乃勉力将后殿修复，将中殿墙柱建正，前殿则以功德难挂，遂听其成墟。寺之大门前额，其“昙华寺”三字及今挂于佛殿前之楹联一副，俱总督王继文所书。此历经数劫而不成灰者，殆天之不欲丧尽斯文也。自光绪十五年〔1889〕后，寺僧便逐渐培莳花木，而尤注重于茶花一种，寺中花木遂称繁盛。每届春季，游客云集，此寺便成为一名胜地处。

太和宫

太和宫在城〔东〕十里之鸣凤山巅，一名金殿，乃明巡抚陈用宾所建。以铜铸一神殿，凡梁柱窗楹、覆瓦门限、神桌神像、瓶炉等器，俱以铜铸成。殿前台阶围栏，俱用点苍石琢磨而成。殿上供以北极真武之像，殿外环以砖城，亦特异之制作也。殿后有一红茶花树，高逾二丈，粗至合抱，传云为未修金殿时即有之树也。今在昆明百里内外，实为第一株红茶树。明崇祯十年〔1637〕，巡抚张翮移陈氏所造铜屋于鸡足山，清康熙九年〔1670〕又重铸之。咸丰八年〔1858〕，殿左右之楼阁屋宇毁，同治、光绪间，始修复之。既而又添修若干楹配殿及客堂、花园等。

黑水神祠

黑龙潭之寺观为古黑水神祠，远基于汉代，而唐蒙氏、宋段氏俱于此有修建焉。然黑水神祠，实为今之上观也。滇志载：“龙泉观在城北二十里之龙泉山，观建于明洪武时〔1368～1398〕，下有龙湫，里人谓下有神龙。天旱时，有司等如观祷雨，恒有应验。湫多鱼而不畏人，上建亭为观鱼所。”又载云：“是即薛尔望全家尽节处。”

按：薛为邑诸生，住东门外薛家巷，明鼎革，薛耻食清粟，集全家人至黑龙潭投水而死。邑人惜之，聚其家人体骨瘗于一处，营成一冢，屹然于池畔。今观鱼亭上有联一副，上曰“寒潭千古洁”，下曰“玉骨一堆香”，即指薛冢而言也。志载云云，亦是指黑龙潭之下观而言。至于上观，则在龙泉山上。龙泉山为五老山之尽头结龙处。五老山又是由昆明之东北隅并蛇山蜿蜒而来，经二三百里之长，至黑龙潭始行住脉。在堪舆家论此龙气，谓其龙身是累结仙桥穿度而来，到头处更是双脉跌落，始行起顶开面，至龙池前面，复吐出一太阴星体，真有超尘绝俗之象。缘此，乃有三真之后九神仙之流言也。然自元明以来，黑龙潭上亦实有三五仙真之成就焉。此山脉之使然欤？抑个人之尘俗能自尽绝欤？终必有所在也。上观殿宇，计有四重，入门塑像为白玉蟾仙师，后为正殿，殿墀下有茶花两株，为一品红，殊色也。左右俱为大客厅，左廊檐下，昔有木本绣球花两株，高与檐齐，今蔑如也。在六七十年前，墀下有芍药极繁，春日开时，红白相衬，香艳溢于客座，今亦无一枝一茎存留。正殿奉玉皇，殿内清幽，极多蝙蝠，大者展翅逾尺。殿中有一站柱，时人称为龙勒柱，以柱有龙勒痕也。传云：池龙起而听某仙师说法，恒盘于此柱上，故有龙勒痕。此明是一种妄言，姑听之可也。再进一层，殿奉道祖。更上为三清殿，殿前墀内多古梅树，枝干盘屈，大都为五六百年前之所植，以云唐梅，惟有观石刻画本耳。四层殿宇之台墀阶磴，俱随其山势建筑，层次回旋而上。顾一切规模，实属古雅清幽，以沿数百年前旧制也。今昆明附近各寺，能保存得古代文物者，亦惟此一处而已。观内原有唐时种植之梅花数株，然于二三百年前枯槁矣。今则根株俱没。有元、明两朝及清代初叶之所植者，固是老树杈枒，然亦能疏疏落落而著花，真是古香古色。观内有宋柏二株，高标云际，参天翠色，诚为昆明境内无两之物。中殿左廊屋内，刻有唐梅图，石高三尺余，阔近六尺，图梅树于其上，并刊有清乾隆时，总督李侍尧《龙泉观唐梅图记》，云：“距省二十里曰黑龙潭，水黝而潎〔音傑，水激回旋〕，游鯈〔鯈〕出没万千，时兆雨旸，驱祓恢宣，于是焉赖，郭内外咸奔走焉。自潭之左折而上，岩壑环亘，竹树葱茜，林隙鸱吻翼然，为龙泉观。层城累楹，其殿宇中植红梅二，根干纠结连蜷，殆〔殊〕难状喻。花复瓣如重台，视群梅小异，相传为李唐时物。丁酉〔乾隆四十二年，1777〕奉命来滇，廉得其概，而簿领殷凑，不暇轻诣。顷阅度六河水利，地接花所，破萼旬有余矣。与午桥中丞便证所闻，舒带坐南荣〔房屋之南墙〕下，古香在树，落英沾衣，譬诸步瀛登阆，不足云其乐且适也。余维滇之卉木，甲于直省，梅犹称首，兹花为唐为宋，不载志乘，睇视树身，如冶铁然，要非近代物也。余与中丞先后下车，即知是花，顾寝弥年月，星纪且一周矣。始因阅河过之，而艳述事之在耳目前。其未能测识者，岂鲜也哉！爰属写生家，象梅之形，刻于石而为之记。”又巡抚裴宗锡有跋云：“梅以色香韵冠群花，高迈处尤在骨。若乃铜柯铁根，霜皮黛影，白摧龙蛇，黑垂雷雨，此二本盖松柏之流也。余与钦齐相公列坐花下，公顾语余，生平于世味，泊然寡营，独雅爱梅，自庾岭所见，斯为观止，不负万里行矣。余念是梅蔚然滇中，且数百年，时眼恒卑之，不相矜许。余三至滇矣，今始得从公游而睹此花，花之遇欤？抑余之遇欤？类亦非偶然者。公既属娴绘事者图之，复为之记，微以写生未工为憾。余谓得公之记，即此花丹青于世矣！爰缀数语，拟题名云。”又道光年间，总督阮元题二律，并书刊于壁。诗曰：

千岁梅花千尺潭，春风先到彩云南，
香吹蒙凤龟兹笛，喜看〔影伴〕天龙石佛龛。
玉斧曾遭图外划，骊珠常向水中探，
只嗟李杜〔李白、杜甫〕无题句，不与坡〔逋〕仙〔苏轼〕季迪谈。
铁石心肠宋开府，玉肌白雪〔冰魂魄〕古梅花，
边功自坏鲜于〔仲通〕手，仙树遂归南诏家。
今日太平多雨露，当年万里隔烟霞，
老龙如见三苍〔沧〕海，试与香林较岁华。

又闻前辈人云：“古唐梅树，已于明末清初枯槁矣，李钦齐制军

所见者，或系元明时代所植之树也。然此二树，又于咸丰年间死去，今殿墀间之横斜老干，据观中老道士云，多是明末清初补植之树。”所闻如是，当不虚尔。

虚凝庵

虚凝庵在城北上庄村后，居长虫山腹，由山麓而上至寺约有三里路，距城则有十五里也。寺建于元至正二十五年〔1365〕，有记刊石，立于寺内。而近数十年来，此碑却不知去向。旧滇志未载此寺，岑修新志，则有所载及。虚凝庵之称名胜，应首举一言，曰：寺前眼界，在附近省垣之各寺当中，虚凝庵应居第一。盖旷观远瞩，能纵目于数十里之外也。且盘龙江宛曲如线，横度于山前，尤饶意味。寺为三进，各随山势而成，则是层次而上。自远处望之，俱鸥吻翼然出林，极见清奇。寺之前后左右，俱属茂林修竹。此虽森然于寺前，仍不碍于眼界。寺中殿宇不以崇宏胜，是以幽静胜。在清光绪间，多有文人墨客在寺写读，取其眼界空明，心胸爽豁也。寺后岩际，原有流泉，粗约逾指，下注成潭，可供寺中人饮濯。传云，昔有称砣真人结庐泉畔，清修成道，今则泉涸而潭湮矣。偶而探寻胜迹，只见石罅有涓涓水滴耳。又以近四五十年来，殿宇因失修而崩颓，近寺树木，全为恶人砍伐竟尽，更无风景之可言矣！

铁峰庵

铁峰庵，志载：庵在陋山顶，元时建，后圮。清康熙三十二年〔1693〕重修，巡抚王继文有《重修铁峰庵记》，刻石于寺内，石上字为十七帖，系王所书。咸丰七年〔1857〕寺毁，同治十年〔1871〕向证等倡修之，光绪七年〔1881〕孙钜等又续修之。民国十六年，寺之前半全毁于火，今则不易云修复也。按：云南蛇山乃省之干龙，实发脉于五六百里外。由东川境内便向省之东北方面蜿蜒行来，至铁峰庵处，山龙便停顿，结成峭壁悬岩，变换气脉，而成为一连的土山，是为陋山。于是连起九顶，迤逦入城，至圆通展开玉屏后，复开阳窝，始起突而结成五华灵秀，开面落脉，舒展大地平阳。更就堪舆家言，蛇山为紫微龙，由艮方入首，吐陋山，起九顶，结局向南，有北面之尊，至贵之龙气也。范承勋深明此道，乃有破龙泄气之事。惟是铁峰庵在维石岩岩下，殿字楼阁，自是雄视一切。在往昔，前半未经烧毁时，殊觉雄壮整齐，前廊后院，俱崇壮宏大，所有塑像，亦金色焕然，至于风景亦甚可观。如昔日立于关帝楼上，凭栏远视，莲花池现于前面，直圆如一碗净水也。但在今日，前殿毁矣！中殿后殿塌矣！神佛塑像不只金身剥落，直是烂额焦头，只有一最高之准提阁在着。妇女们则名准提菩萨为铁峰老祖，逢准提诞日，仍往是处做会，登山越岭之男女，绎路〔络〕不绝。吁！如此之一破寺庙，时时香火旺盛，犹较寺庙完整时加强十倍。此又何说耶？可知人心之崇敬神佛，实不在乎形色，而系于福厘〔厘与禧通，福厘即福禧〕也。

卷　九

附近省垣之名胜岩洞

云南省会四境山环，复高下起伏，而又一一相亘相连，望去俨如一座大罗城。但溪壑回抱，而无一不朝拱五华。惟归化一山，掉头向外，大有反象，故以归化名之。时人则以一冈一岭，各置一名，故四面之山竟有四五十座之多，实则只有五六条山脉也。惟城之东面，自东北以至东南，其一带之山，什九俱是土山，石山极少也。西北至西南则多石山焉。以是，附近省垣之有名岩洞，尽在城之西面及西北角上。

城内圆通山亦石山也，山有潮音、红孩、娑罗等洞。（按：红孩洞今在洞门口塑有一观音像，遂易其名为观音洞，娑罗洞今改凿成军火库。）其间以潮音为最有名，而洞亦深大，且富有历史性。考滇志载云："前千余年，洞藏毒龙，寺有高僧某，日于山石台上咒之，龙遂为僧所制。"又载云："前千余年掘洞，得铁戟数具，是南诏时物，抑为六诏以前时代之物，则不得而知之。"但洞中窎窅〔音吊杳，深远意〕，路道盘曲，虽不及二里路之深，却上则岩石低压，下则荦确径微，左右两壁又是怪石嶙峋，无一奇观。只洞底有一小口，人可由此小口扒〔爬〕出，出则在一窝羊处之一堆乱石丛里。此一小洞口，能有阳光漏入，在行入洞里转第三个大弯时，即看见洞亮，然须走六七百步，方能至是处。由前洞至后洞，约有一千四五百步，洞实不甚深也。但在夏秋两季，洞里的一切低凹处，都有水积。洞内又阴气森森，入游之人甚少。在春二三月，则多有人携火入洞而游。旁之观音洞，则较潮音洞浅狭，且有很多的窄隘处，只能容矮小瘦弱人及儿童们通过。身材高大的人，直无法踱入，故游人极不重视。娑罗洞更是一浅小而又浅小之洞。洞系明洞。洞里有一块大石，面殊光滑，儿童们多喜在洞内挲坡，故名娑罗洞。但自经开凿成藏储军火之库后，洞即渺无所存。

城西海源寺山上，有西华洞，名胜处也。洞在山腰，由山麓曲折而上，路约里余。洞门高阔，自是天成，倚于洞门，足以眺远，省坝完全在望，诚佳境也。洞之前段如一敞厅，宽深俱在五六丈，足支十多桌筵席。顶若悬棚，高至二丈余，顶之当中，有一五色云盖下垂，且略莫似一簇蟠桃，此乃千年前石浆结成也。地面似经过人工掘凿，以是平坦而无坎坷。洞之两壁亦多石刻题咏。洞之中间有一石堆高耸，大约及丈，形虽四不整而五不齐，尚不得称为怪石，且可以攀跻而上，坐于其巅。洞之后段，须梯级而下，入其内，大不似前段宽敞，更不似前段光明，而且阴寒逼人，不使人耐久留，以是，游人鲜入焉。

去会城西北五十里，有乡曰沙朗，富民、昆明两县之交界处也。有村曰厂口，亦一大村寨也。近村处有二洞，一名观音洞，一名沙朗洞。观音洞是在一座不记其名之半土半石山上，洞前有小庙宇，塑有观音像，故洞以观音名。洞高而爽，深约里余，入洞游人勿须伛倭〔偻〕而行，昂首瞻视，左右顾盼，直毫无碍窒。洞之两旁虽叠石嵯峨，然不桷〔同粗〕恶，且饶奇趣。其间，如人如鬼、如仙如佛、如鸟如兽、如床如椅者，一一分明，而极耐人观赏焉。

斯洞之奇处，亦不全在一切形似上，其奇特处是在入洞时，游者有如拾级升梯而向上行。洞之深处，以不是明洞而是暗洞，自是昏暗，入游者须燃火炬以照路，方利于行。惟是前有人行，后入者若自下望上，前之游客，直如绕曲槛而登层楼，诚奇趣也。此一洞内另有一落水洞，人亦可以步入一小节。其洞之石壁，系一种能发光亮之石质，望去灿灿如银，烛火近处，即射出光芒，直不啻无数星点密集，颗颗俱是五张六角，光射入目。此洞则无人能于深入，得穷其究竟。

沙朗洞是逼近于厂口村，在观音洞山之麓。洞亦深阔，景亦清奇，且前后相通，沙朗河流即由洞中通过，故四时俱流水澌澌，曲折于洞底。惟夏秋两季，洞中水流汹涌，多无人敢涉。自冬徂春，清流浅极，即可以牵裳踩水，入洞观景。以洞中之景物而论，自不如观音洞之佳妙，然以城中潮音相较，则又幽奇多矣。又闻去沙朗若干里远，复有一更为深大、更为幽奇之洞。洞分数层，有类于三进房屋。有某西人，得一村人引其入游，仅至二层已达二公里有奇。嗣以携入之火炬不充足，不敢前进。西人于此洞口照有两像片，并以笔纪录其所见之一切，送之富民县官某。官召此村中人询问其地处，村人俱无所识，似引某西人入游之村人，或不是沙朗乡人也。一般好游之客，得此消息，便欲到此穷奇选胜，终不得其门径，多废然而返。

花红洞亦城西一最有名之岩洞也。洞在玉案山后另一排石多土少之山下，距城则有二十五六里。是处悉夷〔彝〕族人村寨，种族多系洒迷〔撒梅〕，以操石工业者为最多。来城中卖石磨、石碓者，悉属花红洞人。花红洞三字，亦不只对其出水洞而言，且能代表其村名。

花红洞之石岩洞，其洞是在一小排山下，南头有一洞，北头有一洞，南系出水洞，北系落水洞。出洞则通于山后，有溪水由后洞流入，从前洞淌出，循山脚而流入北头洞子内，即不知其去向。此落水洞内殊狭隘，人不易入，出水洞则宽大，然在夏秋天，流水汹涌，亦不易入游也。此外在桃园、红石岩、灰湾、蔑朗等处，都有大小石洞，以无奇景，故不著名。

昆明之花木

吁！凡在平地上或山谷间之花卉草木，其性有耐寒而惧热者，有畏霜雪而喜风日者，又大寒大热俱惧，只爱温和气候者，此则是秉中和之气而不偏于寒暑者也。然查看一切植物，具有此性者实多，或能占十中之五六也。

云南气候咸称温和，然是指附近昆明一二百里内外而言，若在稍远地处，言气候，便与省垣相悬也。如元江、元谋两处，夏季之炎热，犹倍于湘、赣、川、广，如中甸、维西、昭通、镇雄等处，在隆冬时又几与东三省相同。似此一些地处，则不能云气候温和矣。惟是省垣气候实温和极，故若干秉中和气之花卉，在昆明境内俱能蕃殖焉。

今以昆明所有之花卉，就其能滋生蕃殖者而言，则有百数十种矣。曰茶花、梅花、菊花、兰花、桃花、杏花、梨花、荷花、牡丹、芍药、海棠、杜鹃、木笔、丁香、芙蓉、碧桃、蜡〔腊〕梅、紫微、紫荆、紫藤、蔷薇（昆明人名此为十姊妹）、茉莉、玫瑰、粉团、月季（昆明人名此为月月红）、荼醾〔荼蘼，也作荼靡、酴醾〕、木香、金银、素馨、金雀、石斛、珠兰、玉簪、吊兰、凌霄、木槿、金灯、罂粟、石竹、秋葵、鸡冠、凤尾、马缨、鹿葱、绣球、簇蝶、白鹤、射干（昆明呼为扁竹兰）、百合、山丹、龙爪、隶棠、长春、报春、芒种、丽春、雪团、水仙、良姜、蓼子、波罗、优昙、琼花等，又有夹竹桃、大栀子、洋栀子、秋海棠、冬海棠、状元红、百日红、万年红、五月菊、东洋菊、曼陀罗、虞美人、大理婆，木绣球、绿茉莉、晚香玉（昆明呼为夜来香）、剪春罗（昆明呼为剪红绒）、金丝莲、汉宫秋、滴滴金、金凤花、荷包牡丹、铁线牡丹、西湖海棠、牡丹石榴、金丝凤尾、莲生桂子等，以上有九十余种，是皆一般人种植于花盆及种植于花坛内者。若刺桐花、棠梨花、苹果花及十里香、打破碗等，则无人供作玩品，犹不计也。

右〔上〕述之若干类花中，每类又有若干种。如茶花一类，据昆明志载，谢肇淛谓其品七十有二，赵壁作谱则近百种，大抵以深红、软枝、分心、卷瓣为上。但余在滇中，亦只见过二十余种，眼福殊薄也。今述其常能见到者，为红玛瑙、银红玛瑙、狮子头、九心十八瓣（按此即分心也）、恨天高、冲天茶、一品红（即黑龙潭上观内所种之一种）、照殿红（即金殿内之一树）、红宝珠（即松花坝前去，近芹菜湾处某寺内之一树。此寺为钱南园读书处，龙云曾命郑崇贤为之作记，泐石于寺内。余以日久而忘其寺名）、杨妃红（即通草银红）、卷瓣红（昆明呼为松球壳）、软枝红、千叶红、柳叶银红、蜡瓣银红、牡丹银红、白宝珠等。此外有若干特种，要不过偶一能见之也。总之，余眼界窄，未能看遍一切也。

又若菊花一类，《群芳谱》载将近三百种，而滇中菊花亦有百余种之多，亦可谓种之繁也。今若将此百余种之名目，一一举而出之，不无浪费笔墨。兹言其类而不别其种，然亦有十多类焉。曰银针、曰钩瓣、曰葵龙、曰偏瓣、曰攒心、曰僧鞋、曰蜂窝、曰蟹爪、曰包瓣、曰金钱、曰鹅毛管、曰鹭鸶毛、曰调羹瓣、曰黄罗伞、曰满天星、曰牡丹片等是。而一类之中，又有若干种之分焉，以故有百余种之多也。其间之最贵重者，则莫如金盏银盘之葵龙菊。此菊之茎较软于他种菊，且长而可盘，叶细小，花开时，有甜蜜香味。花朵不大，仅及一寸，却分内外两盘，内盘占十之七，外盘只占十分之三，内盘却不似他种菊心有蕊有子，而是无数细瓣攒成一盘，有如一小饼向日葵。外盘花瓣微钩，作白色，约有三四层。是外白而内黄，故曰金盏银台〔盘〕，花如葵而枝如龙，故名葵龙，诚是一种极其名贵之品也。次如雪里送炭一种，花瓣微钩而色白如雪，花心则赤若朱涂。又有紫袍金带一种，花瓣里外俱深紫色，但紫瓣边上，则有一黄线圈之。又有杨妃吐舌一种，为调羹瓣菊，花色白，花心略带淡绿色，而又不似绿菊之色艳，惟每一花瓣尖上，俱作红色，观之诚娇艳已极。此数种，俱菊中之异品也。

至若兰花，见于省垣内外之园亭间者亦有多种，如素心兰、元旦香、朱砂兰、雪兰、墨兰以及建兰、夏蕙、春绿兰、双飞燕、朵朵香等，亦在二几十种，然大都由外郡或由外省移来，非全由昆邑山谷间之所产者也。至云牡丹、芍药，似省垣气候，宜于芍药而不大宜于牡丹。彼栽芍药者，年无不开，且开时花朵亦大，色香俱足。种牡丹则不能望其年年有花，开时，色香亦不足，朵小而花瓣薄，若气不足者然。盖牡丹之性，在枝未发芽时，是喜霜雪相催，而不喜风日助长。所以，迤西之中甸、维西一带，迤东之镇雄、彝良、昭通、宣威一带，冬季霜雪多，牡丹到春季开放，是异常繁盛。且开时，多有重瓣簇心者，复大逾于盘，香极醲郁，色极艳丽，大不似省垣所开之薄弱也。而维西之牡丹直大如树，有高至丈余而干若人臂粗者。但此一带之牡丹，惟粉白、淡红者多，若深红、浅碧则未之见及。大埋境内亦多牡丹，究不若维西、中甸之壮盛，但是种类却多焉。

迤东之牡丹，种类则繁矣。即以宣威而论，有深红、有浅红、有粉白、有金叶紫、有翠叶紫、有玉面白，而更有一种金边红，亦异种也。彝良则有绿牡丹与墨牡丹，往昔曾有人盘此两种牡丹至省来栽种，但是开放一年后其色即变。绿牡丹系外围花瓣纯白，内作淡绿色，花之朵盘亦大，叶茎上不隐红色，其他亦与红白两种无异。墨牡丹则花朵较小，开时大不及碗，含苞时花蕾即隐有乌色，开后外瓣转作白色，内心始现乌色，然亦非如墨之所染也。其香淡，不似红白两种之醲郁。

省垣梅花亦有多种，有红梅、有白梅、有胭脂梅、有绿萼梅、有千叶者、有怀中抱子者，然有六七种也。碧桃亦有多种，有红碧桃、有粉碧桃、有白碧桃、有牡丹碧桃，是色粉而花朵极多。又有名三学士者，是一枝碧桃花上能开红、白、粉三个颜色，或一朵花而是半红半白。又有金丝碧桃，花须则夹杂于花瓣间，花瓣亦是红粉相间。又有芙蓉碧桃，花心中有一小苞，此纯系粉色。此二者花朵俱大于一切碧桃，仅小于牡丹碧桃少许，俱异品也。杜鹃有十余种色，以密黄色、蓝色为最名贵。（眉注“密黄色与蓝色惟蒙化之南涧地处〔南涧县〕有此种，时有人移来省城种之者。”）木笔则有红、白、紫三种。

岩桂，昆明固多，然不及易门繁盛。易门桂树，大至合抱者甚多，以是，有桂花寄生。桂花寄生，为治痧症圣药，煮鸡食，永断痧根。桂以银桂为最香，金桂次之，丹桂尤次。易门桂树却是什九皆金桂。宣威银桂较多，某寺里有银桂六大株，花开时，百步外能闻其香。余更见宣威城外窑头上某姓大门前，有丹桂一株，不知为何时何代古物。树身上段已为人锯去，仅发枝杈而亦能著花，下存根干约高二丈，余与友人某君各以双臂合抱其树身，尚欠尺余。余笑曰：“此株桂树，真堪受吴刚斧削也。”

红、白丁香原属灌木，不应若何高大。省垣种植此两品，多贮以盆，其生意自不十分畅旺，若植于地面则易于发生。余曾于迤西路上某神庙内，见有红丁香一株，植于一大花台内，其树尖高于佛殿前檐者约七八尺，根粗若汲水桶，上分两岔，俱各粗至拱把。顾此，当是数百年前所植者，诚丁香中之巨擘矣。宣威有墨菊一种，状类五月菊，但瓣密盘大，心作深黑色，瓣作蓝黑色，枝则较五月菊长而且软，花开于八九月间，开时含有幽香。余在宣威城内某佛寺中见之，亦异种也。

右〔上〕述昆明之各种花木，自是昆明之所原有者，惟一切山花野卉则未之及。惟在近三十年来，昆明又增多百数十种花卉。盖欧美人有来侨居于滇者，多喜将其祖国之花木子种带来种植而传播，年有所增，日有所长。以是，昆明地处，多是花山、花地、花海、花城也。嘻嘻！

昆明之蔬菜

云南蔬菜较粤、桂、川、黔等省为多，然地土不同，因而所产之物，有较他省为肥大脆嫩者，有较他省为粗恶老瘦者，此则是地土之上，有宜于此而不宜于彼，或宜于彼而不宜于此者也。惟是，昆明之蔬菜，在往昔有若干十种，则较今为美者，是今不如昔也。又有若干十种，较往昔为肥硕壮大者，是今胜于昔也。今不如昔，必是失于培养，今胜于昔，必是适合土宜。就理而论，当是如此也，不然，何以有今昔之不相若耶？然亦不必细论也。兹惟详述昆明所有之菜蔬于下，而先述本省之所原有者，次乃详述由他省传播而来者，以是而知昆明菜蔬之所以多也。

菘，即白菜，昆明有黄芽白，一名裹心白；有箭杆白，一名大头白菜；有京白菜，一名黑叶白；有小白菜；有毛叶白。有大青菜、小青菜，但是昆明人多不名之为青菜，而呼之为苦菜。所谓之小青菜，亦不是大青菜中之细小者，却另是一种子种，复另用一种方法而种之，故其产生是在正二月间，不与大青菜同时而出也。又有一种水苦菜，是棵头小于大青菜而大于小青菜，是产生在二三月间，味则甜而不苦。有芹菜、菠菜、蕻菜〔蕻音洪，蕻菜又称雪里红，似芥菜〕、芥菜、甜菜、蕨菜、小米菜、红油菜、莴苣菜、芝麻菜，牛皮菜、萝卜菜、红苋菜、玻璃生菜、芸苔菜。按：芸苔，即是俗呼之曰油菜，曰辣菜。有荠菜、鹅肠菜、马齿苋，此则是野生者。有韭菜、有黄芽韭菜、泥韭菜。按：韭菜与黄芽韭是种于沙地，泥韭菜是种于泥地上。有韭菜苔、韭菜花，有茴香、梨蒿、茼蒿、癸〔茎〕兰、茄子、莴笋。按：《蔬谱》莴笋即是莴苣，实则是两种，莴苣根小不能成笋，其味则与莴笋叶之味同。有百合、莲藕、香椿、竹笋、甘露子、慈姑、茭瓜、茭芽、枸杞尖、皂角尖、茴香尖、豌豆尖、金雀花、苦刺花、花椒叶、鲜核桃等。有灯笼辣、菜辣子、牛角辣与洋辣子。按：洋辣子即番茄，却是本省原有者，昔名酸汤果，多贱生于粪草堆上，有食之者，亦不过与灰挑菜、蕺〔折〕耳根〔即鱼腥草，即蕺菜〕等同视。今则一般人耳西医之言，谓此物大补血液，遂骤为贵重食品。实则此物性寒，在胃气寒者多食，舌即变白，复肚腹作痛。可云：此物宜于胃热之人，不宜于胃寒之人。

瓜类中有冬瓜、香瓜、黄瓜、苦瓜、丝瓜、南瓜。而南瓜亦有多种，一种是使之专结小瓜而卖者，此则一根藤蔓上，能结饭碗大之小瓜十多个，是名节瓜；一种是使之专结大瓜，必至色黄皮癞而后拉藤，此则一根藤上只许结一二个瓜，是名癞瓜，而每个可能重至二三十斤；一种皮青肉红，形长而圆，是名为枕头瓜，亦名大洋瓜，此亦能每个重至二三十斤；一种皮色红，形圆而略带长形，则名为红瓜；有名为金瓜者，则结不甚大，形圆而扁，皮色红，且于分柄上界有绿线，人则取作玩品，却不甚喜食，复有一种套心者尤为美观。又有一种皮色黄绿，其形长圆，中无瓜子，藤与叶仍与南瓜之藤叶不大悬殊，时人则名为洋茄子，盖以其形有似于茄也，实则不是外洋种子，是云南原有者，考之《蔬谱》，即甜瓜是也。此外，农人又喜摘癞瓜之藤尖而售卖，曰麦瓜尖，揉而煮食，味颇清甜；又摘癞瓜之花而售卖，其味尤甜。但除癞瓜一种外，其他之藤尖与花，味则苦矣，不足食也。有一种类于冬瓜之瓜，而较冬瓜为小，且不似冬瓜之作枕头形，子亦细小，其皮色则与冬瓜无异，是名瓠子。

豆属中种类甚多，但能作新鲜蔬菜者又不足十种。是则有蚕豆、豇豆、刀豆、扁豆、泥鳅豆、麻豌豆、菜豌豆，又黄豆之嫩者曰青豆。又以绿豆、黑豆发出芽来作菜者曰绿豆芽、曰黄豆芽。有以花刀豆米及红饭豆、白饭豆煮熟而作菜者，是又非新鲜蔬菜也。

属于莱菔类之品物，有白萝卜，是形团而扁者；有蔓菁，是莱菔之形长而圆者，时人则通称为萝卜。有汉中府萝卜，亦形团而扁，皮作桃红色，肉则雪白，其味极甜。传云是陕西汉中传来之种子，然在百年前，昆明即有此一种物品也。有胡萝卜，是作长条形，肉红而心黄，昆明人命名为红黄萝卜。有一种黄萝卜，亦作长条形，往昔农人之种植此物，不知如何培养，每条能长至一尺五六，粗可及寸，而又富于水汁，嫩极、甜极，既可以作蔬菜，又可以当瓜果食，是名黄萝卜。而出产极盛，价亦极贱。

属于芋艿类，有芋头、芋头花、芋头苗。有马铃薯，即洋芋，此则有红、白、紫三种，而以红者为最可口。有山药，即脚板薯。有番薯，亦是白、红两种，白曰白薯，红曰红薯，俱可以作菜蔬，可以当粮食，并可以当瓜果食。

属于葱蒜类，有大葱、香葱，有蒜头、蒜薹、青蒜，有薤白〔即藠头〕，有小胡蒜，有芫荽，有薄荷，有紫姜，有老姜等。此皆属于新鲜蔬菜，而又为昆明所原有者也。

有由他省迁播而来及由外洋迁播而来者如下：莲花白，是在百几十年前，有川人由川中带其籽种来滇种植，其产出者转较川中白大肥嫩；东汉菜或是以“冬苋菜”三字而名之也，此亦是川人由川中带其籽种来种之者。据前辈人言，在八九十年前，昆明尚无此一种菜；扁叶青菜，是昆明人称另一种青菜之名词，农人则呼此为花叶青菜，此则是川人将川中包包菜之籽种带来种植，变种后则成此一种既不似包包菜，而〔又〕不似昆明之大青菜，变成一特殊之形。芥兰菜与荷郎豆，是余家与粤人韦辅侯家，各由粤中带得有籽种来种。芥兰却不大变种，荷郎豆则变易得多，几与昆明之菜豌〔豆〕相若，此可云迁地弗良。今日菜市上，最繁盛之洋葱、洋姜、洋花菜、东洋菜等之种籽，则是由外洋迁播而来者也。

右〔上〕述各种新鲜蔬菜已近百种，而犹有一切菌属未计，水豆腐、包豆腐、盐豆腐、臭豆腐、豌豆腐、菜豆花等亦未计，已有如此之多。所以往昔的人于早夜两餐，不乏蔬菜咀嚼。有取于豆豉、豆颗、豆瓣者，殆悭吝人也。

昆明地方之巨大物品

昆明之风俗习惯，原与内地各省无大差异，但特别地处又不无有焉。虽然中国各省之风俗，亦各有各之特别，于一切事物上，亦各有各之特色，而云南又何独不然。兹所述者，乃昆明人常用物品，其型式之大有足令人惊异者。此无非风俗系之，习惯尚之。故用此物品者，不惟不觉其笨，转以为事非如此不得当，物非如此不适用也。嘻！若此者是为昆明人所御事物上之一种特色。

昆明人喜往茶社内消遣时日，凡是铺户内之掌柜、窗下读书之士子及一般无事业做之闲散人，都喜于两餐后结伴入茶馆坐谈。本来花钱不多，茶水又便，既足以畅叙情怀，又足以听各行人口头传播之新闻。一碗茶由浓而喝至淡，由淡而变成白水，只一味的斜坐凳上，由日中而坐至日西，经数小时之久，卖茶人仍是笑脸相承。有此大好处，孰不乐坐于其间，左一碗右一碗的痛喝。

凡一茶馆内，在中午后及日落黄昏时，无不坐满佳客。座客多，生易好，一个整日，其茶水之需用，又岂一二桶清泉即足以了事哉！彼开茶馆者，自以事体为主，要于业务上有益，只有将其开水壶加大，使供足以济求，而博取座客等之欢心也。云茶馆内之开水壶，究有若何之高，若何之大，视其形状实为惊目，即用唇舌而描叙其形，亦足使闻者诧异也。

壶系铜制，重约三四十斤，连壶柄高近四尺，内能容水二担。壶柄以铁链拴系而套于梁柱上，取开水只去其壶嘴上木塞，水自喷射而出，浅则以旁锅内热水舀取加添。此偌大水壶实为他省所无，即昆明地方事物上之一种特色。

有一种油纸伞亦大极矣，昆明之街头饮食，以豆花米线、羊血米线为最行销，卖是行物事者，不张铺面，不搭棚子，但以一油纸伞覆罩。伞之圆径，大者至一丈一二，小者亦在八九尺。伞下支锅灶、列台案、横条凳，容纳坐客可至十人八人。伞柄直是一根细木柱，下插于一大石礅之凿孔内。此何为而如是？图便利耳。早张晚撤，直一举手之劳，收拾返家，一肩担尽，看之固笨，然从实际讲来，比较支棚搭厂，则轻省多矣。故不能谓昆明人制作太笨，乃各有各的道理也。

除此，更有二三物事亦大至无比，而又无丝毫道理之可言者。如昆明之正觉寺，在正月十五日，所燃之烛，俗名之为大蜡烛。又如宜良县城，五月十三日所迎之大香〔或所谓之烧高香〕，真不知何所取义也。

昆明之正觉寺，在近昆池边之鱼街子，每年正月十五日必办会。届期在附近之二三村寨，必各献大蜡烛一对以供佛。烛以二三寸粗之木条作柱，上裹以棉花，加以灯心而作烛心，浇上油蜡，复盖以朱色而成烛，烛粗逾于人手四围，圆径可能至七八寸，其长处及丈。燃时，光焰发出，直有二三尺高。配以粗若人臂、长逾六尺之大香列于殿内，一则香云霭霭，一则火势熊熊，真梵王宫中之大观也。然此种大观，非正觉寺不能有也。

论正觉寺之殿宇，本来高大，屋顶至地约及三丈，宽深亦与高相称，故陈列如此钜大之香烛于其间，而不须忧虑有意外事发生也。不然，如此高大之烛插于架上，自跗至巅高至丈余，殿宇有不兆焚如者哉？闻浇此一对大烛，需油百斤、蜡二十斤、银朱一斤，始能造成。若在今日，相信村人必无此项财力也，即有此财力，亦无从获致此一些材料也。

宜良人所迎之大香，亦粗逾尺而长逾丈，外壳用篾编扎而加以纸糊，内实香末数挑，插于大木架上，以八人抬之，游街一转，然后抬往关帝庙内。香则不止一炷，为三炷，为四炷，为五六炷，无一定则，是看街众和乡众之发心、挂出之功德能做若干支香，故无一定之数也。香抬入庙后，则安放于殿上，有人随时查伺之。此香燃五日始尽，较正觉寺之大蜡烛多延二日，盖正觉寺之烛燃三日即见跋〔拔〕也。此种大烛大香，如以取义问于其所献之人，亦只能以“历来若是”相答。嘻！此所谓特别风俗也。

又若做大斋醮，必扎纸马，遍身彩色，名为章马。章马者谓其驮表章上天，故尔有此嘉名也。马背驮大元宝两个，此则全用银色锡纸粘成，高可逾尺，长近二尺，视之真不啻以白镪造成。此明知其为纸锞，而亦足以使一般有银钱癖者，望而发生艳羡。此则由云南产锡丰富，故能制造大张锡箔纸粘成此大元宝也，所谓之表章，则放在大元宝上，此一物事，非外省人所能办到。

昆明人讲究发大丧，是扩大其出殡时之仪式也。凡发大丧者，必有三五具最大之纸扎物，如接引佛像、开路神像、引路神像，俱是高至丈余，名曰大圣贤。有时办龙华斋，其纸扎之大圣贤尤大莫与伦。往见有高至二丈以外者，真纸人纸马中巨作也。

他如过新年，宜良人所卖之大米花团，其特制者大如五斗箩，球径在二尺五六，而售卖于市者，其球径亦可能达到一尺外也。更如中秋月饼、婚嫁时之喜饼，都是每件重三斤，圆面径尺，名曰大饽饽。然此二物尚有可说，一则圆如滚盘之珠，外而滑泽可爱，且红、黄、白三色相间，既可以食，更足供人欣赏，昆明人重之，亦有由也。至若大饽饽，则是供人大嚼也，不得谓为大而不当。昆明之特别品物如是，其然之欤？否之欤？只不过习尚相成尔。

谈谈云南之茶花

滇中花木，当首屈一指曰山茶。盖树大花蕃，种类繁多，且有奇葩异英，足为海内之冠，所以在前二十余年，昆明市政府曾订〔定〕茶花为市花。

《滇中茶花记》载：茶花实甲海内，种类七十有二，冬末春初盛开，大于牡丹，一望若火齐云锦，烁日蒸霞。邓直指有《茶花百韵》诗，言茶〔花〕有数绝：一、寿经三四百年尚如新植；一、枝干高竦，可四五丈，大至合抱；一、肤纹苍润，黯若古云；一、枝条黝纠，状如麈〔音煮，鹿一类动物，尾可做拂尘〕尾龙形；一、蟠根轮困，形至离奇，可凭而几，可藉而枕；一、丰叶森沉如帷；一、性耐霜雪，四时常青；一、次第开放，历二三月之久；一、水养瓶中，十余日颜色不变。

又《滇云纪胜》书云："山茶花在会城者，以沐氏西园为最。西园有楼名簇锦，乃以茶花四面簇之，凡数十株，树可高二丈，花簇其上，朵以万计。紫者、朱者、红者、红白兼者，映目如锦，落英铺地，犹张锦茵，此一奇也。"又《滇南太华山记》云："两墀山茶树八木，皆高二丈，枝叶团扶，万花如锦。"此皆前人之所记载，其间摛藻掞华〔摛音痴，摛藻是铺张词藻。掞音善，发抒〕，似已表尽云南茶花之形色，并写尽其繁茂状态而无所余也。

惟自余论之，若犹有未尽者。论云南山茶，三迤俱称甚盛，而迤西方面，犹超驾乎东、南，亦强于云南府属。以言种类，直在三十有余，如《群芳谱》所纪之鹤顶红、一品红、珍珠红、一捻红、照殿红、千叶红、卷瓣红、杜鹃红、石榴红、玛瑙茶、杨妃茶、粉宫桩、东方亮、白宝珠、千叶白及攒蕊、分心等类名贵之品，无不有焉。斯则强于附近昆明百里内外之所有者也。

附近昆明百里内外之茶花，其树身大，葩蕊丽者，人莫不夸耀昆明城东金殿上之一株。本来此一株红茶，在种类上为照殿红，的确是一贵品也。而又是五六百年前之古树，树身已超过一人合抱，高度亦至三丈有余，诚不易有之一木也。论一株花木，能于数百年前，蟠根错节以至今日，殆与青山偕老、流水齐新者也。而且每年花放必至千朵，其生气之盛，又岂他树所能媲哉！惟惜近百年来，花树竟枯去一小半，花放时便不如往昔之茂盛，虽然，亦能满树红也。

其次，则争夸黑龙潭上黑水神祠内之一株，亦树大花蕃，根干已粗至手之四围，种则为一品红，实名贵品物。有植生于稍远地处者，则有晋宁蟠〔盘〕龙寺内之一大株，其根已粗及一挑水桶，高可二丈六七尺，种为真正之九心十八瓣，色艳独称最。每年著花能近千朵，花朵则大过饭碗口，忖度其寿数当在三百年以上。旁有玛瑙茶一株，其高大处则逊于此一树，又不足道。惟此二者，是共耀人目，为众口同夸者也。

有寓于幽深地处而无多数人觉及者，如松花坝前去十余里，有小地名曰芹菜冲（为龙云建筑水库处），是处有小佛寺一，寺之佛殿前，有红茶一大株，种为宝珠红，花色正红，不带殷紫色。花系攒瓣，包裹紧密，不惟与狮子头、九心十八瓣之组合不同，即与俗呼之松球壳一种亦不相同。枝叶则繁茂极，尤无挺直硬竖之象，诚山茶中至佳之品也。在六七十年前，昆明妇女多喜簪花于髻，乡间人则摘取此处茶花，篮装入城而售卖，呼之为松花坝茶花。士女辈喜其颜色鲜艳，花朵不大，簪髻最宜，故此花入市，极易销售。乡人等俱聚于寺内摘取，遂名此为茶花寺。寺原名观音寺，以殿塑观音像也。寺从建筑材料上查看，实建于数百年前。据村人传云，寺建于大理国段氏，后圮，明崇祯年间〔1628~1644〕，村人募资修复之。是则此一茶花树当为数百年古物也。逮至清代乾隆年间〔1736~1795〕，昆明钱南园先生尝读书于寺内，寺遂负盛名。

民国二十四五年间〔1935~1936〕，龙云为省坝谋水利，筑水库于芹菜冲，以检阅工程故，遂常至此茶花寺内憩息，见茶花而赏识之，称为异种，每至，必盘桓于树下数刻。龙亦爱重古物古迹，知寺为钱南园读书处，树为南园所凭依者，鸟也，屋也，俱宜宝之贵之。且认此树茶花又为昆明之冠，更不能不珍重护惜，乃命石屏郑崇贤荣庐吮笔为文，命石屏袁丕佑霭耕和铅书石，竖碑于佛殿之右，意在望滇人共同爱护之也。碑泐于民国二十八年秋日，序末署龙云名。

除此一树外，省坝内近龙头村处之瓦窑村，有某姓之一大花园，园有红茶两大株，一为红玛瑙茶，一则类似芹菜冲茶花寺内之红宝珠，却花片薄而色淡，然亦较一般狮子头、分心、卷瓣者为佳。玛瑙茶亦只微微带白，不得称为真正之玛瑙茶，朵子舒开亦不甚大，较一茶碗口犹小，亦茶花中之一特别种也。两树根株均粗逾合抱，在无比并上看之，似犹强于金殿上照殿红之树身。但树老枝疏，花开时不能达到繁盛，闻每年都只能开数百朵耳。在往昔时，乡人亦喜摘其花入城售卖，供城中妇女簪戴。此数者，俱以寓于幽远，致无多人见其色相，知其古老也。

距离昆明数百里以外之茶花，陆凉〔今陆良〕之珍珠红固有名，而究不十分古老也。既古老而又种奇，则惟顺宁〔今凤庆〕琼岳山嘉木寺之一株红茶，是不特在顺宁郡内茶花群中称巨擘，在迤西方面茶花群中称巨擘，而在全滇之茶花群中亦称巨擘焉。今则从其所在之地处而言之。

琼岳山为顺宁县治内之一座大山也。山距顺宁城约四十里，距云州〔今云县〕城转近，仅三十里耳。琼岳固不甚耸峻，然亦不十分漫延，在形势上却能东西南北开面，雄镇于地上，故名之为岳，复美其名曰琼岳。山不甚高，上下都只有十余里。山之中部多寺观，中以嘉木为一最大之佛刹。寺富有历史性，实系大理国段素英所建，时在宋太宗雍熙年间〔984~987〕，距今已一千一百余年矣。且传云：在宋真宗时，大理国段素隆禅位于其侄素贞后，隆即焚修于此寺，然此亦能有之事也。

嘉木在近代，实琼岳山中之一大丛林，僧众逾百人。寺在山半之一段平衍地面，因而基址开展，殿宇崇宏。寺为五进，是连山门而计。第四进之大殿前，有最古最老、至高至大之山茶一株，自根至杪高及四丈余尺，其出于地面之树根几粗至二人合抱，真千秋大树也。每年冬至后必花，花朵大过于五寸盘。种为千叶红，蕊瓣极密，花心为细瓣包攒，约有六七层，每层均有黄须间隔，略似九心十八瓣之组合，色较一品红为艳，洵异种也。花却次第开放，自冬十一月绽苞，至次年春三月，花英始云谢尽，为时几近半年，其占领春光，发舒阳气，真充足过于万卉矣。而每年开放之花，据寺中住持云，当在二三千朵。其树大如此，亦可能也。

寺中之山茶，除此巨大无伦之一株外，尚有三四根株粗及小水桶口者，其形色亦与此老树同，其享寿亦必有二三百年。至粗及拱把者则有数十株焉。远近高低，一若儿孙之侍立左右。惟是一切小树，花开虽盛，究无此老树之花朵大、色艳鲜耳。顾此老树，传云已近千年，吾人固不敢据以为实，然审查肤纹，确古雅已极，枝干又坚结无似，是非历尽千百年之霜露，必不能致此也。山中自有千年树之说，自是对松柏而言，山茶亦能傲霜雪，又何尝不可享千年寿哉！若论滇中山茶，高及二三丈者甚多，但芃〔音蓬，茂盛〕勃处、高爽处、苍老处、荣茂处，终逊于此也。余故曰，滇中茶花，当以此为巨擘，若金殿、若黑水神祠、若芹菜冲、若瓦窑村、若盘龙寺、普济寺等者，俱后辈尔。

按：顺宁之嘉木寺，余未到过，老友郑君荣庐曾出守顺宁四年，游过嘉木寺两次，间尝以其所见所闻详语于我。是则嘉木寺里山茶之一切色相，实是郑君语我者，我则本其所言而序入斯文。后来顺宁杨香池君及昆明苏筱村君阅斯文，俱云郑君所言不讹。

滇中出产物品之丰富

言地方出产，当然首重百谷。云南除迤东方面东川、昭通两府所属各地及曲靖府属内有二三州县，又迤南方面有三五州县，出产谷米薄弱者外，余都为产米之地。只不过此则有余，彼则不足，以羡补不足，亦足以供全省人民食用也。即如恩安〔今昭通市〕、永善、会泽、大关、巧家、鲁甸、镇雄等处，虽云出米甚少，然有包谷、莜麦、洋芋等佐食，以是不能云滇省是一谷食不足之地。

原日，云南府十一属是无不各有余粮出境，其间，以宜良、晋宁、昆阳、嵩明、富民五个州县运出境外之米粮为最多，是云南府十一属实为出产米粮较多之地处也。云南三迤，以迤西区域最广大，南北几近二千里，东西亦逾千里，以面积论直超过浙江一省，惟惜山谷多过于平原，区中沃壤只占四之一，余皆山谷林箐耳。虽然区域内之土冈较多而石谷较少，且山间不乏膏原肥壤，能资生庶类百物，故栽种五谷亦能芃勃茂郁也。如迤西边鄙上之芒市、遮放一带，年产谷米极多，本地人民只能食去五之二，余者以往昔交通不便，弗能运出境外销售，竟年年将余粮烧去，此足见迤西方面之出产谷米丰盛也。又如丽江、永北〔今永胜〕、鹤庆一带产麦极佳，亦常有余剩运出境外销售。中甸虽冷极，不能种谷麦，只能种青稞，是亦犹东昭方面之盛产包谷也。据此而论，云南所产之谷米豆麦，在往昔时就民食上来言，似任何一年无不绰绰有余。

稻、粱、菽、麦、黍、稷，六谷也。云南稻子实有不少的种类。盖此处种子与彼处种子不同，此处地土与彼处地土有异，因而种出谷米来，颗粒则有大有小，实质则有滋润与不滋润之等等差别。若括总来言，又无非有白米、有红米、有香谷米、有糯米及一种特产之紫米几种而已。麦子则有大麦、小麦、燕麦三种。菽，豆也，豆之种类则多矣. 有蚕豆、黄豆、豌豆、扁豆、干〔豇〕豆、花刀豆、绿豆、黑豆、红饭豆、白饭豆等等类类之分。其间以蚕豆之出产数量为最大。昔有人估计，每年间，全省产出之蚕豆，当不下二十万市石（市石为旧称一千二百八十斤）。是则，当有旧称四亿多斤也。其次，则为黄豆，而黄豆亦可能年产几千万斤，若绿豆、黑豆、红饭豆、花刀豆等，其出数虽不多，然亦各能产出千把万斤也。若黍、若稷、若高粱，滇中农人多不重视。有种高粱者，成熟后则卖与人煮酒，黍米卖与人做糖，稷谷用以饲雀。此外，尚有种甜荞、苦荞、燕麦、洋芋者，是皆苦寒人之口粮也。

就民食方面言，除六谷外，次要者为盐、糖、油三项。云南产盐之地，多在迤西方面，迤南方面次之。迤东则无一产盐处，以致自会泽而下之一些州县，在昔时都是食川盐，即宣威一郡，亦有一大半地处都是食川盐。此则是本省所产之盐不十分够分配也。论产盐之地，在近昆明地处则有安宁井，稍远则有黑盐井、元永井、阿陋井、琅井，上到迤西则有白盐井、乔后井、云龙井、喇鸡井、丽江井等；迤南方面则有穆〔磨〕黑井、按板井、石膏井、香元井等，此一些盐井上所产之盐，在质味上以黑盐、石羔〔膏〕两井之盐为最好，余只平平，最劣者为琅井盐，味苦而涩。在产量上，第一是元永，第二为乔后、穆黑、白井。黑井与石膏之盐本好，但卤水不十分充足，故年中产额不甚丰富。虽然，合计各井出产之盐，亦差足以供本省食用也。

云南迤东、迤西、迤南三面，均有很多地处产糖，以云南省内言，气候不是纯净温和，气候炎热之地很多，故能种蔗制糖。各个地处所产之糖，在质与味上，都很有高低，产量尤分强弱。质味好而又产量强者，则有巧家、竹园〔属弥勒县〕、婆兮〔属华宁县〕三处，若易门、布沼〔属开远市〕、宾川、保山等处，出数虽多，云质味则差矣。又在其他地处所产者，只有近于新平之大开门所产之化念糖，则香而甜，以函有芝麻也，但颜色终不鲜明。竹园能制冰白糖，冰糖犹较入口之太古糖为鲜明，白糖色洁而含有一种玫瑰香味，以较川、桂两省所产之白糖则强多矣。云南出产之糖，除供本省食用外，尚有很多的数量运往他省销售。

油用以治馔，用以点灯，入于人口者是猪油、牛油、菜子油、核桃油、芝麻油、花生油等，而茶油和豆油，云南则无所〔多〕产也。若萝卜子油、麻子油、烟子油，虽可入口，人们却不多取用。若乌臼树子油、苦楝子油、桐子油、楝子油等，是纯用来燃亮或作其他用途。此十多种类油，滇中俱出产甚丰，除供本省人食用外，亦有很多的数量输出省外销售。

云南全省几无一郡一邑不出产烟叶，只不过在种多种少和质味上有所差别耳。滇中男子是十有八九俱爱吸烟，而尤以乡间男子为甚，所以常人待客无不以烟、茶为先。因而种烟者多，出产数量也盛。虽然，终不能供求相济，尚须要些川烟叶和些外省烟丝来补助。本省烟叶以产于弥勒十八寨及蒙化〔今巍山县〕洛〔乐〕秋等处者为最佳，此最合作卷而吸。次若产于永北〔今永胜县〕、丘北、嵩明等处者，虽足以卷，足以吸，惟在形色上，究不得人爱重。在其他地处之所产者，大都如是。若蒙自、玉溪、江川、澄江等处都盛产烟叶，然是切成烟丝销售，以叶子不大，色味不同，不合卷而吸嗯〔息〕，以另是一类子种也。此在数十年前，一切都无法度，本省所产烟叶烟丝，每年究有若干，自无从稽考，以意揣度，当有二三千万斤也。

云南人亦喜饮酒，合男女老少而计，或许二十人中，能有一人必日饮三杯者，此则是就城市中人而论也。酒是省中任何一郡一邑，都有不少的酒房在制造着，但在以前，是任何一郡邑都无统计，虽有酒课，只不过由熬酒行业中人年缴数两银至官方耳。此是前清时代之征酒课，于酒之出产数量上毫不过问，是虽谓为宽厚，实是放任。本省出产之酒，以昆明大曲酒、杨林肥酒、富民谷子酒、定远〔今牟定县〕力石酒、鹤庆大麦酒最有名。都在六十度以上，本省人则入口欣然，醉而陶然，他省人则不敢入喉下咽。全省产酒之数量，在前百数十年内，虽无统计，以意度之，每年当有十万担以上之产量也。有此丰富产量，因此，本省人毋须求取他省酒来补助。

云南普洱茶，不仅驰名于全省，驰名于中国，且博得声誉于国外。然而普洱茶亦不尽产于普洱方面，凡近于普洱一带俱有所产也。普洱茶中，以迤邦之雨前茶为第一，其色、香、味俱佳，惟是此种茶，云南人多不得入口，百分之九十五是运往川中，此则是五六十年以前情形。次为攸乐茶，此却稍逊于迤邦，以其色艳，有类于红茶也。接近于普洱之景谷，亦产茶最盛，而亦最有名，其味终逊于迤邦雨前。凤山茶是产于顺宁，此在本省亦有名，其色、香、味亦差可与景谷茶相若。又由元江、石屏南去二三百里，有一大茶山，产茶甚多，质却粗劣，香、味两乏，色则有如外省之六安茶，是名为猪街茶。又有宝洪茶，是产于宜良宝洪寺山，此一山外，亦有人在一些小土坡上种植之者，然出数究不多也。且此茶性寒味涩，往昔讲究饮茶之人多不取重。论到云南全省产出之茶，数量颇巨，然究有若干万担产出，亦无一切实证明，不过知道在光绪年间，本省出产之茶，有二之一能归本省人享受，二之一运往省外销售也。

云南亦出产棉、麻，麻有苎麻、火麻两种，此则三迤俱有所产，而尤以滇北之武定、禄劝、元谋、罗次〔今属禄丰县〕、寻甸一带产麻最盛，但质不甚纯，而人又不善治，故制出之一切物品俱不甚漂亮。制出来之麻布亦有好有丑，细而密者，夷族人则用作衣料，粗而稀者则用来缝口袋，以装粮食或用来包裹什物。火麻多是制绳索。顾此一些物品，年中出产甚巨，足供本省人需用。至于棉花，滇人亦解得种植，然无多处能云盛产，以少有适当之地落子也。故三迤之内，仅有宾川一处，能云年中有不少的棉花产出。顾此一县之所产，只不过于省内之需要上得到些须补助。滇人之纺纱织布，都是靠望外来棉花，是棉花一项，不能云滇中亦饶有出产也。蚕丝一项，在百年数十年前，滇中实无一栽桑养蚕之人家，逮至光绪末叶，官方始起而提倡栽桑养蚕，仅五六年间，即稍见成效。三迤之间，竟有多人务于此者。在某一年间，省内省外亦共有若干担蚕丝产出也。

已而因时事变更，蚕桑业遂完全废去，殊惜。

云南森林自较他省森林为大，更较他省为多，复较他省森林为古老。有入一森林，行百数十里犹未行尽者，是则可知其大矣。若求巨材于山中，于两人合抱不完之松、柏、杉、桧是随在皆见。能做梁、做柱、做枋板之树，不知凡几。而且林木中种类繁多，若枫、樟、椿、樗、楸、栗、棕、栎、桦、桐、漆、楮等，皆是大大有用之木材也。有人云，每一个大森林中，树之种类都近百，此似可以相信。云南森林中之木材，最出色者是扁柏与香桫〔杉〕。扁柏实较他省所产者为香，为细铁。香桫尤香气喷鼻，山中直有粗至五六人合抱者，真千年古木也。边鄙上之大森林中，更有岩桂，此尤为他省所无。又开化所属之边境上，地面下多藏有涂桫〔杉〕，色泽极华，香味极酘，用来制棺榔，多得人重视。在恩安〔昭通市〕、永善、巧家等治之金河边，在地面下亦有很多涂桫木和一些阴沉木埋藏着。有人掘出，即解锯成棺材板，名曰花板，运往川省货卖，此一出产不少。又有若干地处之山间长遍竹子，人砍伐而作各种用具，或造草纸，因而滇中有不少的草纸出。又有一些地处有不少的楮树，故尔，滇中有很多的棉纸出，且能行销于他省，此足见云南之山林中实出产丰富。

云南出产之药材极多，据药材行业中人言，合草木、果实、金石、虫豸各类而言将近三百种。今从简而述，尚是就余所知者也。有沙参、丹参、苦参、玄参、黄精、远志、狗脊、石斛、石菖蒲、天冬、麦冬、紫菀、桔梗、马兜铃、白芨、百部、白前、半夏、南星、贝母、括蒌〔栝楼〕、防风、防已、藁本、葛根、天麻、升麻、白芷、柴胡、前胡、麻黄、紫苏、薄荷、荆芥、木贼草、夏枯草、益母草、谷精草、龙胆草、双果草、八仙草、芸香草、苍耳子、地肤子、女贞子、兔丝子、蔓荆子、蛇床子、车前子、五倍子、牛蒡子、白芥子、青箱子、覆盆子、草乌头、破故纸、淫羊藿、勾藤勾、何首乌、牡丹皮、地骨皮、五加皮、桑白皮、桑寄生、骨碎补、胡黄连、续断、蒲公英、山豆根、土茯苓、白茅根、茨蒺黎、白头翁、当归、芎䓖〔即川芎〕、芍药、泽兰、艾叶、红花、紫草、地榆、蒲黄、大黄、黄芩、黄柏、黄连、知母、牵牛、葶苈、常山、威灵仙、木通、通草、泽泻、茵陈、香附、香薷、良姜、射干、肉桂、茯苓、猪苓、杜仲、厚朴、槟榔、皂角、苏木、枣子、桃仁、白果、杏仁、木瓜、山楂、乌梅、胡麻、山药、百合、吴茱萸、山茱萸、石膏、赤石脂、五灵脂、芒硝、雄黄、夜明砂、青鱼胆、穿山甲、龟板、鳖甲、獭肝、蛤蚧、蝎子、桑螵蛸等，是皆最普通而又为医家所常用之药也。约之亦在一百三四十种。据此，可推想云南出产之药材自是不少也。且更有若干特产而为药品中珍贵者，如蚱蜢连、冬虫草、三七、麝香、牛黄、獭肝、蟾酥、熊胆、鹿茸、鹿胶、虎骨、虎胶、猪砂、天生磺、珍珠、贝母等，更如顺宁特产之鹿衔草膏、鸡血藤膏，是皆能行销于外省者也。

云南蔬菜殊多，约近百种，产于四季，日常供人食用饶有盈余，然于春韭晚菘可不必谈。有属于特殊者，有属于芝栭类〔芝栭是菌类〕，而又有名，且可以曝干作成山货，售于外省者。如鸡㙡〔纵〕、香蕈、梨窝、白生、笋干、虎掌菌、羊肚菌、黄木耳、黑木耳、葛仙米、石花菜、竹叶菜等是。顾此种种类类，年中运出境者，实属不少，然都称之为山货也。

云南果品亦多至百数十种，其间则以呈贡宝珠梨、大理雪梨、昭通黄梨最有名。若呈贡苹果、黑井与巧家之石榴，在西南数省内亦甚出色。宜良油枣为大枣中之最佳者，而年中出数亦不少也。其他果品可不必言其好丑，总之，各都能有巨大数量产出，恒使人们食之不尽也。他如板栗、核桃、花生、瓜子、松子、葵花子、酸饺〔角〕、山查〔楂〕等，出处甚多，产量亦大，不必深论。至云蜜食，以蒙化、弥渡、保山三处制出之品为佳，如蒙化之套橄榄、弥渡之蜜芹菜、保山之蜜梅，真正好极。昆明制出之元红、木瓜干亦好。其他各处制出之一切蜜食，只归于平常，然出数不少也。

滇中六畜，可云充牣已极。骡马以滇东、滇西之出产数为最多，每年孳生能有万匹。论滇中骡马之躯干，固小于陕马、陕骡，而体力则强，脚力尤健，于翻山越岭则强于陕马、陕骡多矣。所以川、桂两省，在往昔时都是来滇求骏材。在迤东方面，且有一种扒步马，是产于扒步凉山一带者，躯干极小，足力极健，亦是一种良马也。牛以维西、中甸一带之牦牛为最硕大，但不能生活于气候较热之地处。此外，在各个地处出产之水牛、黄牛，亦强于他省所产者。羊有岩羊、山羊、绵羊三种，供人食者是山羊与绵羊，此则各处俱有所产生，而且多极，但羊不十分壮大，较北五省之羊则大差。猪，凡是农家，无不豢养三、四、五头，大者能重至三百斤，在百斤重之猪，直无人宰食。在年底宰肥猪，则取其腿而腌成火腿，第一是宣威，第二是鹤庆，富民方面亦有妥基腿出，究少也。鸡则以武定劁〔骟〕鸡最有名，大者重逾十斤。鸭以新兴〔今玉溪市〕为最多，每年运小鸭于他处售卖，数在数十万。鸽亦多极，有些地处之鸽蛋，价犹贱于鸡蛋。鱼之种类亦多，然俱不甚大，最美者，为阳宗海内青鱼，独此能重至十多二十斤一条，次为牛栏乡之金线鱼、大理弓鱼、澄江𥨪𥨪鱼、昭通面肠鱼，亦各有名。此段所述，自以马、牛、猪、羊四者为重。骡马强健而众多，是得力于运输上，可不必深论。若牛也，则有角有皮，羊则有皮毛，猪则有鬃，每年间，牛皮、羊皮、猪鬃等，犹是大宗出口货也。

云南最富足之物，厥惟矿产。此则有金、银、铜、铁、锡、铅、鑛〔何矿不详，下文只提及锑与铅，或即指锑〕、钨、锑、煤炭、石磺、水银、硝、磺、碗花等。此一些矿，俱是无与比伦之丰富，直有采不尽、取不穷之概。又有许多归于化学金属而产量不大之铂、铬、镭、铋等类之矿，在各个地处发现，将来之成果如何固是不可知之事，然就蕴藏上来说，是地下更有此不少之矿物也。惟金、银、铜、铁、锡五种金属，通称为五宝，此可云十分多也。兹则先言金、银两矿，再述铜、铁、锡矿等，以见云南矿产之富足也。

在清代道光年间，云南产金之处，则以他郎〔今墨江县〕金厂、中甸金厂、永北金厂为最有名。若沙金一种，在金河〔金沙江〕边上长逾二千里之地处，俱有所出，然在昔时，年中亦出数不少也。至于银矿，在迤东、迤西、迤南三面俱有，考之于旧书籍，当道光中叶，云南三迤共有金矿十数处，银厂二三十处。由户部定有课额者，银厂计有十五处，而征收税课，每年总额只为二万六千五百余两，真微极矣。此十五厂中，以麟角、太和、悉宜、白羊、白沙五厂为最有名。此外如永北之东升厂、会泽之碁山厂、新平之白达母厂、南安〔双柏县〕之石羊厂、镇雄之土革厂、会泽之金牛厂、永平之三道沟、他郎之坤勇箐又小凹子厂、三堵墙厂，镇沅之兴隆山厂、大姚之铁锁箐厂、文山之白得牛厂、广通之象山厂、安宁之斑鸠村厂等，在是时，俱有人民开辟礌硐，有矿可采之处也。顾此二三十处纯是银厂，金矿无与焉，此则是见于林文忠公〔林则徐〕奏议中者也。至于三迤之间，有地方人士云，某山有金矿，曾经有人开采，某处有银矿，曾旺过一次，如约而计之，又不下数十处也，此足见云南金、银矿之多也。

云南之铜、铁、锡矿，在迤东方面产铜之地处，实多过于迤西、迤南。铜厂之最驰名者，为会泽、巧家两属接界处之汤丹、落雪、棉花三厂，此则是在二三百年来无一时不旺之大铜厂也。其出产数量之巨，实压通〔过〕一切。至于不甚著名之铜厂，在迤东方面则甚多甚多，即如宣威所属之坦淌一隅，亦有两三个厂，每年都能各产铜一二十万斤。举此一隅以概一方，举迤东一方面，可概迤西、迤南。至于铁矿，滇中极多，以百数十年前，铁之用途不广，不过用铁来制造点刀、矛及一切普通器具，及铁条、铁线等。以故，在一个铁厂上，炼出一二万斤熟铁来，要想于一二月内将其数销尽，是不可能之事。因此，无人肯投重资，认真采取。不然，有许多地方，铁矿直呈露于地面上，仅可以锄头、钉耙掠取之，而且是一朵一朵的菊花矿。云南铁矿真丰富极矣！个旧锡厂，不只压通〔过〕全国，即在东亚，亦是数一数二的厂位。若锑若铅，虽不能云随在皆是，而有锑矿或铅矿之地处则甚多甚多。钨是近数十年发明之矿物，往昔有人遇此都去而不顾，是不解其用途也。煤则可云随地皆有，而且得一大矿不难。煤更多有呈露于地面者，余于迤东、迤南两方面，亦恒得寓于目中，足见地下藏煤之多也。但是开矿而得到无烟煤、白煤、石炭、乌金黑煤等可贵之煤则少，而大都是褐煤、土煤、柴煤等。其间，尤以草煤为多，草煤更是浮露于地面上，在往昔时，人直不乐于取用。

石质中，则以点苍石为最有价值，制成大小方圆块子，能行销于各省。次为墨石，亦殊华美，此则出处较多，然以产于呈贡者为佳，以无甚疵瑕也。又苴却〔永仁县〕、石屏两处，各产一种美石，制成砚池，亦甚行销。富民方面产一种白石，可作石印机上印板。更有许多地方能产一些奇异莫名之美石，都可制成玩物，供人取用。又有属于矿物类之碗花、石青、石绿、石黄等，亦是有价值之物。若雄黄、硫磺、石膏、石棉、硝石等，虽非珍贵之物，而出产数量极多，大可以取用不竭也。

又有向地方上之生物界、植物界、矿物界中，求取材质，而制成品物以供人取用者。如腾越方面之玉器、琥珀器，永北之珐琅器，个旧之锡器，东川之斑铜器，石屏之乌铜走银器，永昌之围棋子，苴却之石砚，鹤庆之棉纸，宁州〔华宁县〕之陶器，广南油笠，东川毡条、马落坡草帽，均著名于社会上也。

又云南三迤皆山，林树密茂，生息于其间之飞禽走兽，实不易纪，亦不易述。其具有之羽、毛、皮、角，有足以作材料而制成物品者，亦甚多甚多。鹦鹉、鸲鹆、画眉、鹌鹑等，只是供人玩弄，不足以云宝贵。孔雀与锦鸡之毛羽，既美丽能供人赏玩，而又用途不少。若白鹭头上之毛，雕鸟翅上之羽，其为用更大矣。此属于禽的方面。至于兽中，除虎、豹、熊、狼、麞、麂、兔、鹿、狐、貉、猿、猱外，有獭、有獾、有猞猁狲、芝麻貂、岩羊、草狐、家兔、毫猪、竹鼠、野猫、鼬鼠、猬鼠、鲮鲤〔即穿山甲〕，是皆有用者也。总之，云南之一切出产，若与黔、桂两省之出产相较，是“或相倍屣〔蓰〕〔蓰音洗，倍蓰意为数倍〕，或相什百”〔见《孟子·滕文公》上〕也，斯不能不云云南出产物品丰富。

卷十

滇南景物志略之一

嵩明黄龙山之古柏

嵩明去省仅一百三十里，在明清两代俱称州，明设州同知一，清设州牧一，入民国始改称县。若以近省各县而论，嵩明实属开辟较早之一邑。或云在东汉时开辟，或云在三国时开辟，后人各具一种忖度，都未能决，总之，是一开辟较早之地处也。〔嵩明，西汉时即为牧靡县地。〕然以嵩明城中之古物论，似开辟当在一千五百年以上也。盖城中有一小土山，曰黄龙山，山欹北郭，形如丘，大仅及省垣五华三之一。山不高，仅及五六丈，上有神佛寺庙五座，大小不一，坐落处更参差杂错，极不见整齐。惟左有一玉皇庙，比较得地。玉皇庙西为一大佛寺，殿列三重，且有配殿，较旁之庙宇，则宏大倍之。此寺建于何时，未考其志，则不得而知，以意消息〔推测〕，或是元代建筑物，即不然，亦必建筑于明代。原日寺内佛像极多，若三世佛，若观世音，若弥勒、韦驮，若四大天王、十八罗汉、十二圆觉俱有焉。

余于民国二十年〔1931〕游于嵩明城，适各寺庙中之一切神佛像，已被一般知识薄弱者于二三年内捣毁殆尽。入其破寺滥〔烂〕庙中，只见怒目金刚阶前横卧，垂眉大士栏畔斜欹。且有三五鹊巢贯顶之泥塑圆颅及数十具不能逃脱尘劫之罗汉金身，或狼藉颠踣于殿上，或残缺凌乱于廊下。他如窗棂格扇，亦悉毁坏无遗。更如大小匾额，亦劈而碎之。夫如是之破坏，殆欲一扫积习也！然足以异者，既以寺庙为不然，扫除一切偶像后，自应一一收拾房屋，改作他用，却又委而废弃，使大小偶像遍地狼藉，令人观之不雅，真不解其所为也！余慨其举动之无聊，自不乐向地方人士询其寺名，惟于另一佛寺内，赏玩其大殿前之两大株古代树木而已。

寺有古柏两株，高约五六丈，翠色参天，干霄摩日，且并立于殿前之石阶上，一左一右，相距二丈有余。左株树身较圆，看去似小，右株树身扁凹，看之较大，实则俱三人不能围抱之树也。若寻他处之古树而与之相较，即黑龙潭上之宋柏亦只及其三分之二，是知其寿数实尊过于宋柏矣。邑人称此为晋代物，虽无证据，而滇省人士亦无不公认。又论滇中扁柏，略有四种：一鸡心柏，一凤尾柏，一硬枝扁柏，一软枝扁柏。鸡心柏则少能长至合抱者，盖其纤维系较一切扁柏为密耳。凤尾柏与硬枝扁柏虽能长至数围，但近在省垣之三百里内俱难于见过。往见有数围大之柏树，亦惟软枝一项，如黑龙潭之宋柏是。

黄龙山之古柏虽系软枝者，然与他处之软枝柏较，又大不相同。叶固扁，却细软如观音柳，色则翠如新秧，婆婆娑娑，枝枝下垂，其卑枝亦将能于扫地，是与他处之软枝大有差别也。左株根际有一蜂窠，群蜂出入，不可以计。邑人云："此蜂窠已有百数十年矣，其下当有作珠玉观之蜜蜡在焉。"

民国十年〔1921〕前后，土匪张星洪盘据嵩明，欲伐此二树，已搭架而将施以斧锯矣。邑人知之，往求张，望保存邑之古物，随赂以金银，张允诺，以是得保存。余闻而叹曰："张星洪，一凶恶盗匪也，竟有此通融，是诚难得。奈何后之身非强盗者，而且是国家之赳赳干城，却见树则伐，并不问其为公有物，为私有物，惟斧斤是用，惟利是图耳，其行径似有愧于张星洪矣！"

余游后，寄宿县署，县长陈叔翼君，世好也，与我谈一切，云："在未捣毁庙宇时，每年正月初间，黄龙山必开大会，会则开办三日，城乡士庶，在办会期间，无不上山礼佛。故事：办会之第一日，须迎请玉皇出游于城内外，而男女老幼俱各持香三炷，相与随行。游毕，便迎玉皇至县署大堂，即就大堂上而讽〔诵〕《大洞仙经》一日，至夜则迎往他处，三日后，始送神归庙。昔日之风气若是，似嵩明城中人无不尊奉神佛也。曾几何时，一般崇奉神佛者则大反其辙，见寺庙即捣毁，见偶像即推翻，虽曰出于青年人之动作，然此一般青年，亦即往昔迎神出游，手中持香之人也，胡头脑之一新若是？可怪！”余闻斯言，亦为之一笑。

法界寺之遗迹

嵩明城外，名胜地处绝少，若云唐、宋遗迹，已渺无可寻。惟城之西北有灵宝山，距城约七八里，为往昔之名胜处也。缘山上有一大寺，寺曰法界，建于元代大历年〔大历为唐代宗年号，元无大历年。康熙《嵩明州志》钞本法界寺下云：“宋天历中建。”亦误，天历乃元文宗年号。光绪《续修嵩明州志》云：“法界寺在州西五里灵云山，宋时建。”未列年号。此处“大历”疑是“天历”（1328）之误，但朝代亦与《光绪志》不符〕。在百年前，寺中香火极盛，每年办会，来众逾万。寺有十余院，其规模之大，亦几与晋宁之盘龙寺相若；而寺于咸丰七年〔1857〕毁矣！今只余一院曰龙王庙。其殿宇前有红、白茶花各一株，俱根粗及手之五六围，高亦在二丈以外，似可与晋宁盘龙寺之茶花树同其寿数。此残余之庙外，尚有七八处殿宇之基址可寻。且山间多有红茶、白茶、玛瑙茶、银红茶树，杂见于丛灌间，而大小高矮不一，可见其在一二百年前是处花木之茂也。迩来花开时，山中犹艳丽非常，惟以路远地僻，致无多人前往赏之也。

嵩明琐志

嵩明当明末清初时，本州治也。吴三桂开藩于滇，遂升嵩明为府，辖县治四：一、嵩明县；二、杨林县；三、邵甸县；四、邑实县〔“邑实”之名，嵩明各志及明清地理志均未记载，康熙及光绪《嵩明州志·州谱志》云：“厥后属庄蹻之裔，以长州（唐、五代蒙氏置长州）属益，实本西汉而来。”疑是沿此而误〕。逮蔡毓荣等平滇后，遂取消吴所设置，而恢复旧制，邵甸仍为嵩明之一乡。邵甸距州城三十里，有一黑龙潭，在黑龙潭营，而省垣之盘龙江即发源于此。潭为二，既相近而复相连。潭上有祠，雨旸不时，祈祷甚应。在明代之某年，省会百里内外俱旱，沐国公晟与省巡按姜湗〔查无此字，似为澍之讹〕，祷雨其祠，三日而甘霖降，乃悬匾旌之，且新其祠宇。又康熙五十三年〔1714〕，盐法道金启复祷雨，三至其地，俱得雨，乃捐金重修其庙，有碑记存在〔事属迷信〕。既后，每年季春辰日，由邵甸阖乡人祀之。

杨林，距嵩明州城三十里，距省则有一百里，地属嵩明，为昔之一驿站也。然有一个时期，曾擢为县治，旋又消灭，不啻昙花一现。在车路未通时，杨林殊为繁盛。盖是处通东昭大路，通湘、桂、黔大路，通曲靖、宣威大路，三路俱以此为总汇，日必有驮马二三百、脚夫二三百、官商行客百数十人食宿于斯。以是，旅店栉比，食馆云连，一切业务俱蒸腾称盛。以故，杨林地处，在同治、光绪间，而有一汛官、一厘金委员、一府税局在焉。由此观之，自不合认杨林为嵩明之一村场也。杨林原有一土城，在清代嘉、道以前，有巡检分司一、汛官一，驻于土城内。后匪乱，城始毁，城中遂少居民，所有人民通住居于城外，城外遂成闹市。

土城之南有城隍庙，庙之西南角有空地一隙，阑以墙垣，有门径，似昔为屋宇，而栋折榱崩，上盖倒塌，今只遗基址耳！墙内地面嵌有一花石，文质颇奇，长约三尺余，宽约尺七八，厚约五六寸。

石质粉红，上现青色之花，花作牡丹形，瓣朵分明，计有四十余朵，参差排列，大小不一，而大者逾于饭碗口，小者可及一拳。花有并蒂者，有连枝者，有半朵者，极饶情趣。传云为兰止庵〔兰茂〕先生醉眠石也。又闻石原二块，其大小、长短、厚薄、色泽、花纹俱相同，回乱时，为人掘去一块，今只存一。在光绪二十年〔1894〕前，被掘处犹有窝痕。其存留之一块，凡经过杨林之人，都喜以水洗此石而数其花朵。但朵数多有连接，数之者虽以铜线压盖而计其数，然一再重复，目力不无差异，或以二为一，或以一为二，数即不同，便认为有仙气，实则由于己之鉴别上，其先后未归于一致也。又至民国某年，后之一块亦被人窃负而逃，今可云片石俱无矣。

兰止庵名茂，即杨林人也。生于元末，明正统年间始卒，年八十余。先生擅文艺，知医，有道术，好饮酒，醉则眠于石上。著有《滇南本草》，搜罗极富。又著有《声律发蒙》二卷，为学对偶之良好楷模，往昔滇中童子靡不读之。先生之墓，云在杨林近处。清康熙二十九年〔1690〕，编修李澄中典试云南，过其墓，建祠以祀，曰兰公祠，盖李为止庵女之后裔也。四十八年〔1709〕，布政使李华之复增修之。

大龙潭，在杨林驿南约二里余，潭周围逾十丈，为滇中龙潭最大者，形圆如轮，深不可测，出水甚涌，泽润地处极多。每岁季春辰日，州遣吏目祭之。潭上有龙神祠，同治间毁，光绪八年〔1882〕，士民修复之。

富民城市

富民为近省之一小县，壤地褊小，东西四五十里，南北五六十里，丁口不及三万，一蕞尔之区也。惟是土地肥沃，气候温和，加以螳螂川在境内横绕斜穿而过，水利称便，一切农产物均有良好收成。邑内又人少田多，人民亦惟肆力于耕种，以是一切谷米粮食，除年中食用外，大有盈余。若糯米也，长颗白米也，谷子酒也，俱能运出境外消〔销〕售。是则男有余粟，女有余布，无不安居而乐业矣。顾彼境内贫富均匀，各能暖衣饱食，谁又肯铤而走险，作强暴之徒欤！地方安靖，人民自多幸福。夫衣食足而后礼义兴，好让不争之事，自不难于承平时世表现，是则有雍雍熙熙之景象。

闻在前清光绪年间，为邑宰者，月只理牛蹊田、马食谷之十数案件，若命案盗案，几如三年逢一闰之事。故为县官者，尽可以黄被蒙头而卧治也。及入于民国后，四境内之人民仍是熙皞〔音皓，亦作皥，熙皞，心情舒畅怡然自得貌〕于春台〔登眺远游之胜处〕上。三日一街，彼由乡来城者，都是醉饱而归。人曰："富民士庶重口腹，直不让于玉溪人。"其说亦不为无因。

富民县城中居民仅有三四百家，而大小食馆竟有二几十家之多，且肥鸡、大鸭盈于肆前，亦可见其人民之喜大嚼也。南门外，出城即是一座大桥，桥长约近三百步，桥之两旁，铺面排列，每逢街期，途为之塞，亦颇有富庶之象焉。虽曰弹丸邑治，以景象论，弱于通都大邑亦不多也。然此是依据昔日之景象而为言也。迩来时世蜩螗，必然是另呈一番景色，其衰落与畅旺，似不难逆料于意中。藉曰畅旺，相信必逊于往昔也。

河上洞与瀑布

富民多高山，亦多森林，而山水之佳丽则不与焉。有言富民风景者，惟曰河上洞及螳螂川之瀑布。今则先言其瀑布。论此一瀑布，却不是由悬岩下注之瀑布，乃螳螂川中一跌水耳。螳螂川由海口流入安宁境内，又由安宁流入富民境内，在这将近二百里长之一条河流内，则有两处跌水：一在安宁之黄塘村，即今之石龙坝是；一在富民之西南境内，距城约二十五里之一地处。是处为一大石坎，高至二丈余，川流至此，水往下跌。是处河面又较窄，就水势而论，是由涣散而收至紧束，于是汹涌而下，势排山岳，声响震霄彻汉，雪浪堆银，水花绽棉，自是尘寰中异景。

以论此处跌水，则较黄塘村为强，盖黄塘村之石坎，无如是之高也，黄塘村之水流，无如是之巨也。水源高，水量足，其冲激之力，自是惊天动地。虽然，滇中河流亦多有此景象，金沙江之跌水不必论矣，而南盘江之上游，在陆良境内有一跌水，在路南境内亦有一跌水，俱浩大于此，汹涌倍此。是则富民之跌水，犹其小焉者也。唯其近省，故有人注重之，而动曰“螳螂川之瀑布”。

河上洞，亦在流入富民之螳螂川上，且接近河边，故曰河上洞。洞甚深，或曰十里，或曰十余里，乃至云有深达二三十里者，皆臆度之辞也。滇中山洞，当以泸西之泸源洞为第一，其深亦不及二十里，而洞则宏大于河上洞者数倍。河上洞固有多人书其深矣，相信必不及泸源洞也。昔徐霞客来游此，亦似未达于洞底耳。盖洞中并不十分宽大，灌入空气，当然稀微，人若入至洞之极深处，呼吸必窒，此则不易步至十里八里之地处也。又石洞愈深，阴寒愈甚，若行入至深之处，必不耐其寒。且在空气稀微，寒气甚极之地，火难生光。以此数层来论，凡在十里以上之深洞，真不易穷其境界也。

余婿李雨春任富民县长时，曾持火炬二三，携煤气灯数具以入，亦只达四里许，即觉寒气沁骨，火炬自熄，煤灯欲灭，擦火柴亦不燃。兼之地下土蚕集满，有些地处，土蚕直厚至数寸，蹀躞〔音蹀屑，小步貌〕而度，有若履于软泥上焉。土蚕一沾热气，即缘足而上，蚕粗若手指，而长及二三寸，虽不恶毒，不解啮人，然亦可畏也。伊据《徐霞客游记》考查，所述某段作何景象，某处有何题咏，某段石棚上有石菌、石荀，某段石崖上有石马、石人，一切无不符合。足见前人之记载精详，而无丝毫之虚妄也。但于《记》之所载者，仅入洞二里许，已有过半数得寓于目，可知十里以上之说不足深信。

又前十余年，省中矿学家入洞搜求古物，得虫化石等若干件，亦云只入到四五里，即呼吸窒而不能再入深处。准此而谈，其深二三十里之言又乌足以相信。

惟洞中有特异地处二三，《霞客游记》中又略于笔：一、入洞二百余步，即至一极其宽敞之处。是处也，上覆如穹窿，下载犹平地，中间有一宽大整齐之石台，台非人工凿成，实系洞里石质自行结成者也。台之前面有阶三级，每级高至尺，亦是生成。拾级而上，行十余步，即有一立方带纵形、高及三尺、长及七八尺之石垒在。此石垒却位置于平台当中，望去，直如近时演说台上横陈一桌案。台面平整，形方而角圆。然由于天成，终不甚平滑，不甚整齐。此石台有一面则与崖壁相接，其他三方则不与他处接连，是特有之一石台也。就台上横走，约为二十五六步，直行则不及二十步。上可以说书，可以演剧，诚天造地设之一高台也。是处亦不黑暗，因洞外阳光尚能微微透及于此也。若再加以灯亮，即能辨正品物，以是一切游人多就此宴乐焉。

洞之左边崖间，又另有一洞窟，由其洞口钻入，其内容不啻一大至无比之雀笼，上盖甚高，可及二三丈，下罩则空阔无阻，似足以容集百数十人，盖有五六丈之宽阔地处也。此窟乃周围崖壁合拢而成，下面亦平整，殊少石包石块，亦类于曾经人工凿削者，实则是一天然地处也。周围之崖壁上，又有十余洞隙，大小宽窄不一，其间有方有圆，且有如一条裂缝者，而又无不可钻入。但此通彼达，钻入易趯出则难也。闻有二人入此游乐，同钻入一洞隙，因纡萦于其间者久，烛火失去，遂困于石隙中，至两日以上。家中人见游者不归，持巨炬入洞寻觅。困于内者见有光亮，始在内发声。在石隙外者闻之，乃引火逼近其处，内者始得钻隙而出，实则距隙口已不远矣，只以在内昏黑，不辨方向也。此二人出洞语于人曰：所钻之洞，内极纡曲，其空处则宽窄不一，有几段地处，可容三四人并肩而行；有数段地处，仅容个人侧身而度；且两壁间仍有许多洞隙，而人则难于钻入，是洞隙中复有洞隙也。时藉火光探照，有二三洞隙内仍是深阔，而浅狭者则较多也。后来游人闻前有是事，遂不敢入其洞而钻其隙。

此外，更另有一洞，内亦空阔，但不及此雀笼式之内容广大。

惟其洞底则有一大石包凸于地面，形极圆正，直与一人包之坟堆相似，圆径约近二丈，盖周围在三十步也。表面极其光滑，不啻以人工磨制而成者，其形体之奇，真不可思议。按：此两地处，为《徐霞客游记》中所未及者。

论此河上洞内，以余友高君蕴崧入游之次数为最多。缘高任富民县长四十二阅月，能不时入游也。故于一切景象，较他人为悉，时详语于我，特泚笔而记其所云。

富民之燕子洞

燕子洞，在富民县城西去七八里之一山槽内，此山槽可通罗次县境。山槽却不甚纡曲，有数段且形直如矢，惟两边山岭颇高，有几处山巅直高出云外，槽底道路颇平，能于走马。两边山势，或相逼，或不相逼，而至窄狭之处亦在十丈八丈。惟在槽内之山，多半是维石岩岩，虽间有偏坡斜岭，亦光秃秃而无一林树耳。人入槽内，大都是傍岩际而行，以岩脚下别裁有一路径也。

行入槽内约十五里，右边石岩上即有一石崖洞，是名燕子洞。洞距地面高至十余丈，虽然，人亦可攀石援藤而上也。洞口形势，略如省垣潮音洞，但高大处却过之。洞不十分深，前半殊宽阔，其内容直与昆明城外之西华洞相若，后半则窎窅矣。其空隙处虽可步入，但下面乱石荦确，行径毫无，故游人多不能入其深处。究竟此洞有若干深，其情景若何，实无人知也。

洞中有一宽敞地处，亦类似西华洞景象。在此地处，顶上之石棚颇高，仰首而望，似在三丈以上。石棚上有三五石缝，俱有岩浆水涔涔下滴。其下则有天生成就之一大石盘。承接其滴水，盘形略近椭圆，盘底平滑异常。盘有边沿，高于底者约七八寸，边则薄厚不一，然至厚处亦不及尺。盘与下座相接，座石吐出盘边尺许或二三尺不等，吐出处即与洞中石地相连。盘中可坐十数人，在秋夏天，崖浆水则涓涓而下，盘中水常满，人坐其间而浴，以上有水注，较胜于池水浴也。惟崖泉冷极，非气体强实者不能耐。

洞之深处，有燕子无数，筑巢于岩壁凹处，土人常探取其燕窝而售于市，曰土燕窝。此种土燕窝，固不若缅燕之洁白厚大，而亦与临安燕子洞中所产者相埒也。此洞惜处于一偏僻山槽内，故少有游人至。再由燕子洞处前行十余里，出山槽即为罗次县境地云。

九峰山

九峰山在富民城西北四十里，再去数里，即武定属之者柏也。九峰山有佛寺一，寺以九峰山名。曰九峰者，以山有九峰，前四后五，成一环形，中有空处，如一花有九瓣，寺建于中间空处，九峰环绕，寺若一花蕊焉。寺之基地则在一凸突上，有山环，有水抱，且有极其密茂之林树间于其间，望之直若一禁城而包围一帝居焉。

寺之建置，有云在唐、宋，有云在元、明，莫衷一是，而亦无可考证。以县治论，或是置之于元时也。惟在三百年前，仅属山凹间之一小庙宇，无名胜可言。及至康熙初年，有僧人名某者住持其寺，始扩充而增大之。其建筑之工资，实得力于开矿。缘是处居深山之中，距大路约五六里，林深而箐密，窎窅已极。在不识其路径者，匪惟不知山藏古寺，亦不知有此境地。近寺之大壑中原产铜，元、明时代尝有人于此开采，既而以时乱废去。此僧谙采矿术而兼善冶金，遂导近处村人入山采矿。不数年，大获其利，得铜若干斤，乃货其铜而修建殿宇，于是成为一宏大佛寺。更采铜而铸佛像若干尊，此后大雄殿上竟有丈余高之接引佛像。寺成为四进：一、山门；二、前殿；三、大雄殿；四、藏经楼。并有二三配殿及罗汉廊、香积厨、禅房、客堂等。至是，寺中僧徒众多，而成为富民境内之一大丛林。更营矿得利，乃大治田产而供香火。

僧居方丈二十余年而入涅槃于寺，其徒子法孙尊其为开山祖师，营塔于寺内，覆以殿宇，塔下作地窖而瘗〔瘗〕僧骨，可缘级而下。办会时则大开塔门，任人步下参拜，寺垂百余年，经兵燹，遂寺毁僧散，于是仅遗一尊古佛，伫立于破宇颓壁下，如是者直有若干年。近村人都名此为破山寺。

某年间，有远方行脚僧至，爱其地处清奇，遂卓锡于此破寺中。阅数月，遂出而募化功德，作修复殿宇计。事经年余，仅落成一隅，即告力竭。一日，为大佛拭尘，见佛背有窟，入手探之，得开山祖师所遗重要簿记及田契等件，乃知寺之财产数目与暗藏银钱处。僧遂清之发之，得资，始将殿宇修复。终以财力薄弱，不克恢复原状。已而此长老死，寺中香火渐废，但是亦有三五僧人常住于寺内。

逮至光绪年间，寺僧竟多无赖者，共碎铜佛而售铜块于人。事为近村人查觉，逐去恶僧而保存其寺。时丈八金身之伟大佛像，只剩得一鹊巢贯顶之头颅及一软如婆罗棉之手而已。既而县之士庶出而倡修，遂以铜头铜手而配之以泥身。民国二十二年〔1933〕，余婿李雨春长富民县事，又为士庶助力，修补殿宇及添修一切群房，复于泥土中掘得铜匾一大块，长七八尺，重数百斤，为昔时山门外牌坊上物也。洗涤擦磨，字迹宛然，是一崭新之黄铜匾也，仍建一坊，而额之于上。此而后，九峰山上又佛图光辉。

富民之鸡菮〔㙡〕菌

鸡菮，或写作鸡葼，俱从俗写也。鸡菮为中国西南方面芝栭类珍品，尤盛产于滇，而黔中亦有所产焉。滇省鸡菮，以近省之富民、迤西顺宁、迤南蒙自为最有名。其美好处是肥而且嫩，味特清甜也。至云其他地处固有所产，究不若此三处之所产者能使人朵颐也。此三处之鸡菮，在比较上，昆明人则曰，当以富民所产者居第一。果然，富民赤鹫乡之鸡菮实别有一种鲜甜味也。兹则就富民之所产者而谈。

鸡㙡以产于赤土平原上者为最佳，产于山岭上者，不特味失鲜美，而质亦瘦弱也。富民年产鸡㙡至多，数可至万斤以上，其出产最盛之地为赤鹫乡。余友高君蕴崧宰是邑时，尝派绅就是乡在一切货卖之鸡㙡上，略抽捐款，年中竟得富滇新币三四千元，乃创办一两等小学于赤鹫乡，是则可知其产量之巨矣！

鸡㙡固产于山原旷野间，其产生处，却有个定而不移之地处，尤有个一定之时间。如今年六月六日在此一地处采得鸡㙡一朵，明年六月六日仍能在此一地处求得，其间情事颇奇，高君任富民县事，计四十有余月，于鸡㙡之产生上，曾深查而细究，地方人士亦尽情而白于高君，高君复详述于我，我方悉其梗概。

鸡㙡产生时间是在夏至后秋分前，不在此时日内，即无所出。本来一切芝栭都是凭藉暑湿气而毓成，鸡㙡当不异于群类。论到鸡㙡产生，固有定处，固有定时，可不是尽人都能采得。采鸡㙡者，是诚个里专家，既识其生发地处，复知其成长时日，则就其将近冒土之前数日内，即走往是处查勘。若土已松动，是菌欲冒土而出也，则拨开其土，菌即见焉。此而用指拨取而出，则为戴帽而不张盖者，必肥美异常。若面上不松动，是菌未成熟，纵依据时日而强取出，得来亦不甚可口，以其过嫩也。假据此而耽延时日，不往刨取，菌即出土而张盖，质即不嫩，味即不清甜。此故非采取鸡㙡之专家，不能轻云洽〔恰〕适其当。在市上售卖之张盖鸡㙡，不是专家之所得，是一般常人就山野间寻取而得者。

据一般专家云：鸡㙡生处，其下必有一窝小动物，形似蚁而又不是蚁，数必逾千，且有一极大者统之，亦若蜂窝中之有一王。此一王子，在其形色上多不一致，有形近于蜣螂者，有形类于蝼蛄者，然都不甚巨大，其至大者，要不过及于吾人一指颠耳。此等小动物之窝巢，是就地下泥土内营成，形则似一罂，中空而边实。此一指大之虫，则在中间另营一巢而栖息，无其数之么〔同幺〕么小虫，则各营一巢于周围壁上，望去亦如蜂房，而且层次分明，丝毫不乱。此足见一切生物都各有奇能也。顾此中空处虽不十分阔大，然亦足以容吾人之一拳；虽不甚高深，亦差可至七八寸，此又不能不认是此辈小动物之一种巨大工程。有时人掘地见此，绝不可动之，动则必迁往他处，此处便无鸡㙡出。鸡㙡出土，生气犹存，能延至一二日，尚有发展力，惟一见冷水，生气立绝，此不惟不能拓展张大，味亦失去鲜甜。高君之语我也如是，我觉其具有科学意味，特泚笔记之。

安宁之盐场坝

安宁县在明清两代为州治，然在明朝，亦有一个时间称之为府治，入民国后，始改而为县。其在有明一代，地以产盐著，尝置提举而管其盐务。时城之西门内，开有一红盐井，井出卤水颇旺，其煎味亦不薄于楚雄郡内各井，而且有子井七八，故年可产盐三几百万斤。安宁地近省垣，运载称便，复有水程通昆阳、晋宁、呈贡，以是安宁盐之销路殊畅。

吴藩叛清，清兵四面围攻省垣，安宁、罗次、富民一带，俱有大兵驻在，安宁盐井因之而废，而红盐井更为大兵破坏，战事平息，盐务竟不能恢复。至雍正时，始重整企业，而往昔灶家又十有七八俱居于贫苦境地，乃就其易于修复之井而汲水煎之。子井七八眼俱深至七八丈，甚而有深至十丈者，但此些子井所出之卤水，都有淡水渗入，致煎味淡薄。已而又凿一天宝井，卤水较好。然此一些盐井年产盐斤，终不能超过一百万。乾隆间乃撤提举而置一盐场大使，既而又裁大使，并盐务于州牧。然在嘉、道、咸、同之际，年尚可能产盐七八十万斤。降至光绪年间，井卤愈为淡水所浸，煎味日形淡薄，于是年只产盐三四十万，或不足三十万。此而与往昔之产量相较，其差率直十与一之比也。

其制盐法，系汲井卤泼于地面，借日光晒其湿土而结硝，如此者三四次或五六次，始行用锄铲取地面凝有硝质之泥土，贮于木桶中，复取卤水而泡其桶内之硝土，使由桶底罅眼中点滴而下，遂用滴下之水而煎盐。每煎一锅，须经三日或两日半之火力，其盐始成，真劳苦备至矣！

泼卤之地名曰盐田，而各有界限，其总名曰盐场坝，在昔时州牧署之左，东城垣之际，惟地近螳螂川，常生水患焉。

安宁温泉之回顾

安宁温泉，往昔诚朴陋无华，自民国二十年〔1931〕后，经建设厅长张邦翰氏改造其地，于是一切建筑始涵有艺术意味，是则大改旧观。然朴而不华，多属天成，华丽美好，自是雕斫。若云崇实黜华，归真返朴，而朴拙亦可取也，又何贵乎物质上要有□〔此有一字，莫辨，今以□代，似为“殷”，义盛大〕美化哉？吾于此故详述往昔温泉上之朴质也。

原日之温泉，实在一古寺中，寺为观音寺，寺门上悬有横额一，书“天下第一汤”五字，乃明庄介公杨慎题书。寺就岩壁而筑，规模甚小，正殿三楹，即就岩石而塑观音像。左间壁上嵌有石刻二块，一为杨升庵题温泉长律一篇，一刻云南抚军王继文所书之温泉记。右间内有石刻多块，为阮元、伊里布与夫诸大名人之题咏。殿之左廊有小楼二间，游客多就此食宿焉。

殿前右廊系一大亭而围之以墙，辟门而入，曰碧玉亭，澡塘即在其间。亭内有石刻横匾一块，书“春回太液”四字，为伊里布所题。塘容温泉，深可及腹。泉由塘底石缝中冒出，成珠颗累累而上，殊有奇趣。塘之宽、长俱及丈余，塘底铺以石板，异常平滑。塘中间有石床一，长可五六尺，隐于水中，入浴者坐于其上。石面有十余只圆而且黑之印痕在上，各大如钱，每只都现有钱孔，更隐隐有字迹焉。是则称之官塘。

民塘则在寺旁之岩脚下，顾此诚简陋极，不必详述。总之，往昔之安宁温泉，在形色上是极其朴质，又岂若今日之华美哉！而当时士大夫之来休沐者，不特无所鄙薄，且转以是为佳，可见百年以上之人情，都重朴质而不尚华美也。

寺旁石岩上极多名公巨卿之作，而什之八九俱载于《安宁州志》。去寺右百余步之岩脚下，有小石窦七，可容小孩仆身而入。七窦俱上通岩顶，名曰“七窍通天”。再往前行二百余步，便为此段石岩之截断处。此处山势结成一峦头，邑人建一火龙寺于其上，寺在山巅，可摸岩拾级而上。寺之左旁名环云岩，岩畔有寺，曰云涛寺，建于康熙二十六年〔1687〕，同治年间毁，光绪初年，其住持僧某募捐重修之，而今又将圮矣。

曹溪寺

“曹溪”二字本为禅家宗派，而以此名寺者多矣，安宁曹溪即其一焉〔唐高僧慧能于广东省韶州曹溪山建宝林寺，传衍佛法，曹溪寺之名本此〕。

曹溪寺在葱山之麓，为宋时大理国段氏所建〔一说相传系唐代佛教禅宗六祖慧能派弟子到云南所建〕。清康熙三十年〔1691〕重修之〔明嘉靖十一年曾重修〕。寺不仅在滇之安宁有名，在全滇亦负盛名。所以然者，以有优昙一树也。寺临螳螂川上，背葱山而面温泉。寺虽三进，地场却不十分宽大，殿宇亦不十分崇宏，且雕饰简陋，一望而知为数百年前外县山间之建筑物。惟寺门头上之“曹溪寺”三字，不知为何人所书，好极！

寺之大雄殿上奉三世佛，佛像极庄严。殿檐下天窗系一深明日月躔度之匠手所造，窗式外方而内圆，其圆圈内为空洞，每届秋分节在八月十五日〔农历〕，明月由地平线升高至五十度，月光即由此圆洞内斜射而入，照于正座佛面，取面如满月之义。此亦犹金碧交辉之一景致，但彼须逢酉年秋分节值中秋日，此则不论是年太岁之所在，较稍易也。殿有崇祯御笔石匾一块，长约二尺余，书“松风水月”四字，笔力殊脆健〔似当作“刚健”或“遒健”〕。殿前有优昙花一株，高至丈余，根粗可及手之五围。传云，老树早枯槁矣，此后挺之秀也。按范制军承勋《护花山房记》云：“兹树之故根蘖生者已二十八〔《州志》载此记无“八”字〕尺。”其高度殊异，或今之树仍非清初时具有之树也。不然，将何以解说？

优昙花似木笔而朵大瓣稠，有幽香，花心作深绿色，形如一磬槌。志载：“花朵如莲，有十二瓣，闰月则多一瓣，色白味香，种来西域，亦婆罗花类也。”余随侍安宁二年余，一次往游，值优昙盛开，满院幽香，精神为之一爽。摘花数瓣，俱为十二。次年往游，亦在花开时，仍不值闰，竟未得见其十三瓣也。树旁立有丰碑一块，高及八尺，刊明杨慎《重修曹溪寺记》。碑以受雨淋日炙久，字已模糊，乃照州志〔雍正《安宁州志》〕录出。

记曰：“连然金方，堂川宝地，蔚何名蓝，石〔实〕曰曹溪。衡六祖之云席，分一勺之法流，邈乎远矣。原斯地也，有异境焉：伏流上〔原碑记及段昕《碧玉泉志稿》作“吐”〕泉，潮信日三，渐至盈科〔原碑记作“科盈”〕，尘刹罔二。爰有金蟾〔原碑记及《碧玉泉志稿》作“䵷”〕，号曰泉神，卜其出潜，定为潮候。林木翳荟，人境顿隔。旁列洞穴，石宇窅窱。禅栖影息，时朔〔翔〕岁集。松籁鸟韵〔原碑记及《碧玉泉志稿》作“哢”〕，旦衍鱼山之音；风柯月渚，夕湛龙湖之境〔原碑记作“镜”〕。弹木〔原碑记及《碧玉泉志稿》作“沐”〕斜埃，陶铸尘想，赏洽既并，缠疴用弭。相传此宇，在昔盛世〔原碑记作“时”〕，楼殿撑天，梵呗沸地，福田连陌〔原碑记作“阡”〕，岁入千钟，香积食指，无虑近万。而以烽烟〔原碑记作“爓”〕销其记莂，苔露蚀其青〔原碑记作“贞”〕绀；并使日月湮于谁〔原碑记及《碧玉泉志稿》作“往”〕劫，名氏坠于初日也，惜也〔原稿“惜也”作“昔者”，兹据原碑记及《碧玉泉志稿》改正〕！嘉靖〔原碑记“嘉靖”上有“乃”字〕壬辰〔1532〕，释子道成择孟夏〔原稿脱此三字，据原碑记、《州志》及《碧玉泉志稿》补〕，结大斯〔期〕，矢丹诚，宏胜愿。尔时双株〔林〕五众，附影成群。遂肯〔原碑记及《碧玉泉志稿》作“葺”〕废烬以〔原稿脱“以”字，据原碑记、《州志》及《碧玉泉志稿》

补〕取薪〔新〕，存什一于千百。祀〔原碑记及《碧玉泉志稿》作“祖”〕灯重耀，法鼓再朗。可谓克明师匠，无忝宗风。即其用心，亦良苦哉！升庵子流戍滇阴，遗情系表，斯地斯徒，盖数晨夕。因其恳请，而著兹记，垂后观，俾无〔勿〕坏！”

此碑却矗立于优昙花树右畔，碑之石质原不甚坚结，只不过四百年，即起风化作用。然有一种异处，以指擦磨，嗅之有胡椒气味，亦异物也，土人遂名此为“胡椒碑”。寺有宝华阁，建于明时，明杨慎有《宝华阁记》，载于《州志》。阁后有护花山房，为总督范承勋所建，今俱圮矣！范于护花山房有记，泐于碑，碑犹存于寺。

记曰：“南中多异花木，大理和山，传为仙种，即会城土主庙树亦然，曹溪又其一也。和山花归根阆苑久矣，而与苍雪洱〔《州志》作“海”〕月犹并脍人口。土主裟罗为倮僰焚灼，蠹朽有年。曹溪宝寺〔树〕见伐蜀寇，自是鲜遗种矣！予每浴温泉，必风乎兹寺。及摩升庵杨先生碑读之，见其称香道异，心窃慕乐。今岁仲春，奉〔《州志》“奉”上有“祗”字〕太夫人安舆至泉，乃履其境，命僧导至故所〔《州志》作“又履其境，乃命僧道至故所”〕，出门左数十武，则见杂植干霄，棘针遍〔布〕地。盖寺僧运砾壅土，插荆茨以御暴客、牛羊，培凡材利其易长，以供苏爨。而兹树之故根蘖生者已二十八〔《州志》无“八”字〕尺，亦伛偻视息于恶林丛灌之间，伤哉树也！亟令〔《州志》作“命”〕利斤粗、具畚锸，斩伐其壅抑而勿使之挺植者，爬梳其荦确之丛集者，牵削其資葹之所徽缠而俾憔悴者。除恶务尽，灵根乃出，贝叶琤瑽，苍柯玉立。檀栾擢秀，既纷〔《州志》作“欣”〕披而向荣；敷座垂荫，亦华滋之耀色矣。视其旁铁碟砢〔《州志》“铁碟砢”作“域石碟硐”〕，猊奔兽伏，位置咸臻妙理。厥有条枝，蔽亏左右〔《州志》此二句作“厥有余放而亏左右”〕，巨细亡虑数十。芟刊既施，遂如部曲之俯就行列，俨然〔《州志》无“然”字〕尊卑主辅，不乱其次焉。嘉哉树也！而乃负石度地，筑舍三楹以临之，且纪其缘起于壁。夫以此〔《州志》作“兹”〕树之在滇者三，而两不存，则其有于宇宙也亦仅矣！考杨先生之文，亦惟曰奇树异花，而诧为天宫分种，固稔知其为琼葩珠林之属，而未必久留于凡俗者矣。乃数百年而戕于乱贼之斧斤〔《州志》作“斨”〕，又数十年而困于庸愚之捐获〔《州志》作“陨获”〕。卒之，亭亭翼翼，渐复旧观，是殆有护之者存，而非人力所克致也。为榜曰‘护花’，以〔原稿无“以”字，据《州志》补〕昭灵异，且期后之人勿剪勿伐云〔《州志》此下有“尔”字〕。若其色香状，以讹传非一，当及花时，倩善写生者图之，以贻海内之好事者〔《州志》此三句作“当及花时图之，贻海内好事者”〕。是为记〔《州志》无此三字〕。”

寺左里许有潭，潭不甚大，形则近于圆，圆径不及二丈，深约三四尺。潭水极其清澈，早、午、晚三时，潭水必沸涌一次，邑人曰“圣水三潮”，为安宁八景之一。潭中有金色虾蟆，人或见之。余游曹溪寺三次，俱不遇时，未得见其潭水沸涌，殊憾！

法华晚照

法华晚照，为安宁八景之一。法华为寺名，寺在城东约十里之桃花村后洛阳山上。山麓有流泉，环绕于村前，逾过一宽及数丈之石埂而下注于潭。石埂高至七八尺，水逾过石埂时，亦能水花四射，响声震耳，可作一跌水观也。由潭溢出之水，能滋润近村田亩甚多。此在秋夏两季，则泉流壮盛，至埂时便喷铺而下，垂成若干股瀑布，尤有奇观。

洛阳山不甚高，自麓及巅，仅及里余，法华寺位于岩际，就石壁而结殿宇。寺为二进，殿宇俱不深宏，正殿则高于前进丈余，立于正殿檐下，眼界空阔极。正殿佛像及香炉、台案等，俱就岩石凿成。殿庭正对一远山丫口，太阳落时，其回光返景从此丫口达来，照耀殿壁，恒放异彩，故有“法华晚照”之一景。

寺为大理国段氏所建，中有遥岑楼，乃明嘉靖间，安宁太守某〔王白庵〕为杨升庵所建也。时升庵父大学士廷和曾以诗贻某，中有句云：“多〔寄〕谢安宁贤太守，遥岑新建慰吾儿。”见州志，升庵尝读书于是。

寺前有大石，高丈余，如壁立。升庵得“岣嵝禹碑”，镂于石上，字大逾拳。但石质不甚坚结，又时时为风雨侵蚀，因而字迹半近模糊；且石面字行又高及丈，宽亦逾丈，故不易捶拓，以是少人往顾。

寺后岩上有正空亭，清康熙时，亭与楼俱毁于兵。乾隆时，邑人修复。道光间，山中蛟放，楼台亭阁悉被山洪冲洗，于是不惟无楼无亭，而亦无寺。同治间，邑人始草草修复一殿，其他处仍是瓦砾堆集，不足称为邑之风景名胜。

杨文襄公之祖茔

论明、清两代之云南人才，当首屈一指曰杨文襄公一清。文襄为安宁温泉村人，村前河里有石淙，文襄故自号石淙。文襄父为京口通判，文襄生于京口，值黄河水清，故命名一清。文襄生而天阉〔没有生殖力的男子〕，长而博学善权变，老而晓畅边情，羽书旁午，一日占十疏，悉中机宜。三任三边总制，诏书褒美，比之郭汾阳。先拜武英殿大学士，既拜华盖殿大学士，后以疾终，实一代之伟大人物也。

文襄之曾祖父母，葬于安宁城西三十余里之平地哨，为滇中最有名之一坟也，其形势龙气，仅次于省之交王坟，俗称是处为万马归槽。余曾至其地上二次。其阡坟之处，若自后山上视之，直似一龟缩其头颈而仆，堪舆家谓之“真武座”。山脉自龙山而下，龙气壮而且长。在其坟前，观察左右两边，俱有一排较高之山，既整齐而又严肃，分列于前，堪舆家认此为左右砂。是坟之左砂上，显露出山脉十七条，作相亘相连之形，而又条条下注于地，复条条溪壑分清；右砂则有十八条，亦如左砂之形。此左右两砂后，各又露出一群山巅，堪舆家谓之远砂。此层远砂，在坟前视之，似只高于内砂尺许，其高下排列，层次分明，实不输于画图。

内层之左右两砂向前而进，将及其尽处，则有一山横列，与两砂之尖相接。中间山脊，平如一字，堪舆家谓之“一字案”。案距坟前约三里，案外又透出一排横山来，左则一山昂起，护有青松，右则一岭低伏，露出一片白土，更无树木掩护。中则一山横陈，一圆突起于当中，堪舆家谓之“狮象把门户，印星当门”。所谓之门户外，更有三座尖峰透出。峰之左右，复有一圆形山顶，一钝角形山顶，列入望中，堪舆家谓之“旗鼓笔架”。其山形之奇妙如此，不啻艺术家和泥土而以手工做成之也。

所可议者，惟坟前无多余地，仅能前行十数步，即作陡坡直下，而高至数丈，堪舆家谓之“无唇，当一发便绝”。又在坟前下视，前之空处直如一马槽焉。盖其空处东西不及一里，南北约有三里，中间诚是一溜窝槽，故曰：“万马归槽”。

惟是余昔游此，见墓门丰草，翁仲〔秦时巨人，后代指墓道石像，此指墓前石碑〕荒烟，追念文襄功业，不禁长叹，余曾作长律以纪游，诗存于未定草。

呈贡之果品

云南气候从来温和，而在附近昆明百里内外之地处，尤无大暑大寒，以是，此百里内之果物，不独较三迤为佳为多，即与湘、桂、川、黔等省相较，亦佳而多矣。然此百里内之果物，又以呈贡一邑之所产出者为最盛。呈贡之果子树，有人云，当在四五万株，余曰，亦或许有之。其种植最蕃之处，莫如附近滇越铁路一带之果子园。夏秋时，一望林树森森，果实累累，真不知树有若干万千株，果实有若干万担也！

呈贡之果实，种类极多，若桃、李也，若梨、杏也，若柰子（滇人呼为苹果）、林檎（滇人呼为花红）也〔《本草纲目·果部》“柰”，李时珍集解："柰与林檎，一类二种也。树实皆似林檎而大。"俗名花红，一名沙果。苹果与柰不同〕，若柿子、山楂也，若枇杷、樱桃也，以及其他酸甜果品，无不应有尽有，多而又多。顾在一切果品成熟时，种园人大都摘取而担往小板桥之市场售卖。出产桃时，日必有桃数百挑在市，出产梨时，日必有梨数百担在市。即花红、苹果、柿子、山楂等，亦必日有百数十挑在市售卖。如余所说，呈贡之桃与梨何其如此之多也！盖滇中之梨，种类极多，有宝珠梨、雀梨、麻梨、清水梨、棕包梨、小乌梨、木瓜梨，螃蟹梨、拐枣梨、面梨、蜜梨、火把梨等，自夏迄冬，俱有所产焉。桃亦有五六种之多，如棉核桃、离核桃、黄金桃、柏香桃、金弹子等。其产生之期，可从五月而至八月，此残而彼熟，竟绵绵而不绝。

呈贡人之从事于果园者，直有五六千家，于上述之各种果木，又无不种植。所以年中能有此浩大之出产数。有人计云：呈贡一邑，其一年所出之果实，当不下五万担，此种产量亦大可观焉！

以论果品，在夏当夸桃、李、梅、杏，于冬则数橘、柚、柑、橙。省垣百里内外之梅、杏俱不大佳。李惟鸡血李差可以食，金沙李转酸而不甜。樱桃亦不甚甘芳，枇杷则核大而肉薄。橘、柚、柑、橙在结果时最喜霜雪，气候常温之地，转不相宜。以是昭通、东川等处所产之橘、柚、柑、橙，果实硕大，气香而味甜也。故丹橘、黄橙，实为呈贡果园中所缺。

呈贡果园中果实，当以宝珠梨及桃子、苹果为最佳。宝珠梨虽不如天津牙〔鸭〕梨之细嫩，而果汁则较牙梨充足，其甜味亦过之，复结实硕大。桃子中以蜜桃、柏香桃两种为最可口。云南苹果固不如北平西山所产之香甜，而皮色却能与之争胜。但是近年来，在夏秋两季，昆明市上所陈之桃、梨、苹果、花红等，亦远不如数十年前出产之盛矣。只以苹果一项而论，在六七十年前，不止出产数多，而果实亦大；更不仅售卖者多，而价值亦廉。记得余为儿童时，在每年之六七月间，为苹果出数最盛之时，行于街前，随在皆见村人担挑苹果售卖，其大及茶碗口者只值铜钱十文一枚，其次值五六文或二三文不等。时有特别硕大者，则大如一小饭碗口焉，此则近四五十年来市面上绝不之见也。今日市面上售卖之苹果，有大如小儿拳者，索价亦至千元，噫，殆人参果也！其出产数之少欤？抑纸币之购买力弱欤？亦两有之也！

云南自入于民国战争时代，军队大都横行，凡经过果木园林，无不扳枝折树，果木之被摧残者多矣！出产数量一低，市面货物自然稀少。彼一般好吃果品之人，见一苹果，如见宝物，且不论其生熟，不论其大小好坏，总以买到手而送入腹内为快愉。此如是而彼亦如是，争相购致，物价又焉有不昂者耶？论此辈人，从肤浅处言，自是重在口腹，从深刻处推求，似过此时日，即无机会得享受此物也。故不能谓之为馋，谓之为饿，是以前途日短，而又时不我留也。嗟嗟！虽然，呈贡果品近日出产之少，实由于往昔之摧残过甚也。今云培植，而十年树木，又岂易云哉？此笔于民国卅二年〔1943〕八月。

晋宁盘龙寺

盘龙寺，在滇中各县多有之，其最著者，厥为晋宁之盘龙寺。晋宁盘龙寺，实以山名也，盖是山之形势，有如龙盘，自远望之，真面目尚难遽见，若近其山麓而仰首上望，山之真面目见矣。神龙蟠屈，俨如一盘，中窝起突，有如龙之掉尾而昂其首焉。故从来之堪舆家俱称此山为附近省垣百里内外之一大龙大脉，今以选佛场镇之，宜矣。然有作深刻之言论者，云此山龙气，究不若省城黑龙潭上五老山之龙气纯正。言虽特异，然以近数百年寺中发生之事故相证，而逆徒辈出，其龙气不纯之说，又不为无据也。

寺建于元代至正年间〔1341～1370〕，而建寺者为神僧莲峰也。莲峰嗣以肉身坐化于寺，后之者遂尊莲峰为开山祖师，而名之曰盘龙祖师。逮至明初，僧祖源重修是寺，复增建多院，于是寺之规模始大，清雍正元年〔1723〕，僧宗弌取南藏佛经还，乃修一藏经楼而藏经卷。咸丰十年〔1860〕，寺毁者过半。光绪五年〔1879〕，士庶始募资修复之。入民国后，又多遭人破坏，近年来，士众虽尽力倡修，究未能一一恢复旧状也。

至云此寺，在近省一二百里内，堪称第一。山势之雄，林树之茂，庙貌之古，丛林之大，院宇之多，香火之盛，僧众之繁，资产之富，真莫之与京也。如每年元旦至正月上元，此半月中，来朝山礼佛者。所谓四众弟子，亦不知有若干千或若干万。又每岁八月一日，为盘龙祖师寿诞，此为寺中正会。届期，四方之众咸集，在初一、初二、初三等日，到寺进香者络绎不绝于途，有时山门塞满，殿宇无隙。来众之中，以玉溪、呈贡两县人为最盛，其次始为昆阳。会场之盛，真可冠压云南府属十一州县之一切庙会，故曰，盘龙寺在近省各寺中应居第一也。

寺距晋宁城约五里，由山麓循径而上，约里余，即达山中正殿，正殿维何，即盘龙祖师殿也。按吾人步上山椒，便拾级而向上，石级殊宽阔，不陡促难行。半山形势颇类省城金殿，每拾级若干步，便于形势上分作一段，每一段都有一石牌坊矗矗在望。虽未若金殿之命名为头、二天门，其款式上亦不大悬殊也。石磴两旁，松柏翳荟，杂卉芳馨，以论境地，自是幽雅，惟在办会期间，几个阶段之石磴左右，又为售卖香烛纸镪〔钱〕及一班售卖小吃食者所占据。石磴计有数百级，引路而上，亦不甚陡直，而亦不甚曲折，以是登山之人不惟忘其疲劳，且觉其步步上升是步步入于胜境也。拾尽石级，便有寺庙。

山门内寺庙甚多，大小约在二十余院，却东西南北，四面杂置，大都不相联属，复参差互见，尤不整齐。或曰寺，或曰殿，或曰庙，或曰阁，或曰庵观，均各为一院。寺庙中之所奉，亦不纯〔“纯”下疑脱“归”字〕于释，纯归于道，有奉佛祖者，有奉天神者，有奉道祖者，大致是佛、儒、道三教同参。故寺观之中有玉皇阁，有大佛寺，有观音寺，有大悲阁，有普贤寺，有文殊寺，有接引殿，有准提院，有关帝庙，有雷祖殿，有斗母阁，有主〔“主”当作“老”〕君殿，有财神殿，有火神庙等。或一院而分两进，或一殿而只三楹，或建一楼，或构一阁，大约随其地势而建筑，故无一定之规矩准绳。如有一处曰茶花殿，殿系一小院耳，内有茶花两株：一为真正之九心十八瓣之大红茶，花朵大逾饭碗口，色尤鲜艳异常，此种诚为昆明所无。树则高至二丈，根粗若汲水小桶，枝干虽不及金殿之古老，花开时却繁盛过之。旁株为玛瑙茶，树高丈余，根粗亦及手之三围。顾此当是二三百年前所植者也。

又有一寺，内有殿柱二根，传云为鲁般师傅以木渣搓成，固是神话，然详细审视，亦真似以木渣结集而成者。此是一种特别之材质欤？抑真有神道法术具于是也？又有一月牙塘，谈之者太过神奇，不足以资考询。

惟是此山之主庙是在盘龙祖师殿，殿只一楹，略如往昔莲华禅院之观音殿，但较宽大耳。殿中仅有一砖塔，塔式取法于缅寺，塔内藏盘龙祖师坐化之肉体。塔上则砌成一龛，塑盘龙祖师像于龛内。砖塔不甚大，四周可以通行，且有余地。朝山之优婆夷等，多喜于塔之四周席地铺床，于檐下作炊，一住数日，始行出寺。

又闻寺中住持云：“正月间之会，在腊月三十夜即有人来此住在也。”会场之盛，可想而知。寺中题咏甚多，有泐于石者，有泚于壁者，更有见于载集者，至不可以纪录。寺前风景佳绝，眼界尤空阔，如游兴毕而徐徐步下石级，诚一步有一步之山景也。余于光绪乙巳年〔1905〕秋八月朔日游于此，今年乙酉〔1945〕，已忽忽四十年矣。偶念及往昔身之所历，目之所见，乃泚笔写出，用纪游踪。时在民国乙酉年〔1945〕孟春望日。

晋宁忠烈庙

忠烈庙在晋宁阳城堡，庙祀晋刺史李毅女名秀，以守城有功，唐开元初，赐庙额建坊。至宋末庙圮，元至顺二年〔1331〕重修，清道光十六年〔1836〕又重修之。咸丰十年〔1860〕毁于火，光绪五年〔1879〕知州马锡纶修复之。志载：元〔道光《晋宁州志》作“明”〕太常博士贾记〔指贾贲《忠烈庙记》〕曰：“夫人姓李氏，讳秀〔《州志》此下有“一名杨娘”四字〕，字淑贤。父毅，晋武帝以为南蛮校尉、宁州刺史，领云南三十七部，甚著威惠，卒于官。夫人生而明惠〔《州志》作“敏”〕，性识刚毅，卓有父风。父殁，群蛮皆叛，救援莫至。众推夫人领州事，婴城固守，城中粮尽，掘鼠及煮草木而食〔《州志》无“及”“木”二字〕。夫人志气愈厉，亲擐甲胄，俟蛮稍怠，辄出击之，蛮兵败走，城得保存〔《州志》作“完”〕。因以夫人为宁州刺史、南蛮校尉，嗣父统三十七部。在职三十余年，群彝慑服，州民肃安，境内清晏。终于州任，百姓哀号，若〔《州志》作“如”〕丧考妣，相与立庙，岁时致祭，水旱疫疠，祷之必应。隋开皇〔589~600〕中，刺史梁毗奏于朝〔《州志》作“隋”〕，封镇靖夫人，自斯祷请愈崇。唐武德元年〔618〕，以爨宏逵〔据《州志》“逵”当作“达”，下同〕为宁州刺史，会群蛮叛扰围城，宏逵〔达〕祷于祠。是夜，风雨晦冥，蛮兵惊乱，因而击之，大溃〔《州志》作“败”〕，州境遂平。宏逵〔达〕上其事于朝，请加封镇靖明惠夫人，自后灵应〔《州志》作“响”〕非一。开元初，赐其庙额曰“忠烈之庙”。我皇元奄有天下，八荒宁谧，六诏皆为郡县，立行省以镇之，庙祀仍旧。至顺二年〔1331〕，以河东牛公光祖为参知政事，公叹曰：‘神本以功业著忠贞之德，明惠英烈，庙食于斯，今愚民不知礼义，男女污杂，以为淫祀，岂不哀哉？〔《州志》无此句〕负神多矣！今刻石〔《州志》“今刻石”作“今欲刻之坚石”〕以明神之英烈，以禁男女之淫〔《州志》作“杂”〕乱，以明愚民〔《州志》作“人”〕之淫祀，岂不美哉！’遂〔《州志》无“岂不美哉”句及“遂”字〕遣使不远千里，特求文于余，辞不获命，以表牛公之用心〔《州志》无此句〕，谨按神之内传，编而次之，以明愚民之淫祀，以明〔《州志》无此“以明”二字〕夫人之忠烈。且按祀典，有功于民则祀〔《州志》“祀”下有“之典”二字〕，姑以斯言〔《州志》此句作“以昭神庥”〕，以垂不朽。系之以词曰：惟神刚烈，荒夷听令，宽而不弛，遐方宁晏。蛮貊乂安，兵伍修整，遗惠在民，立祠奉祭。两加封爵，忠烈庙成，水旱有祷，惠及邦家。有功则祀，实在典坟，禁彼淫祭，辨正是国。福我邦家，靖此极边，垂之金石，可千万年！”〔《州志》未录“系之以词曰”以下一段。〕

汤池之初康保

宜良汤池，以地有一热水池，滚沸如汤，故以“汤池”两字名之。而汤池两字，又为其纵横廿余里内一切地处之总名，如曰汤池坝子，汤〔“汤”下疑脱“池”字〕之某村某寨，似汤池两字一若云南两字为是省之代表名词，宜良两字为是县之代表名词，汤池两字则为是处坝子之代表名词也。汤池虽为宜良之一村场，而村中有街市，且人口众多，俨然一小村镇焉。

其热水池位于街之北头，复在一寺之左，寺曰火龙，热水即由寺之基地流出，土人就其地处而凿池，便宜取水焉。汤池街人所用之洗面、濯足、澣衣、淘菜等项热水，咸不自烧，都汲取于是。寺中有火龙井，在神座前，井中之水，腾沸有声，热气升蒸，直如锅煮滚水。尝有人以绳系褪毛鸡投于井中，只十数分钟即熟，惟入口时有硫磺气。故是处之热水，只合洗濯一切，不合入口也。

汤池街，在往昔时，每年三月一日，必举办迎神大会，所迎之神名初康保，此却有一段神话在焉。据汤池人云：不知在若干百年前，或在千多年前，汤池附近之某山中有一石罗汉，其为人制，抑系天成，则不得知，但知此山中实有是物也。村中妇女入山刈草或摘野菜时，多喜在石罗汉左右休息。一日，有女子四五人入山采物，都各携有一提篮，便作戏于石罗汉前，赌将手提之篮掷去，谁将篮套于石罗汉之首，谁即为石罗汉妻。适有某氏女，以提篮掷去，便将石罗汉之首套住，众乃大哗，已而各散。

某氏女回家夜眠，梦有伟丈夫来与之合，自云为石罗汉，女心异而秘其事，如是者数数，积半年，女有孕，母穷其究竟，女白以故。母亦不之信，然亦无如之何。已而女诞生一子，母命弃之于野，女不舍，藏于粗糠中而乳之（粗糠即谷壳）。事为村众所闻，薄女之行，竟无与议婚者。

越一二年，子渐长，居然一头角峥嵘之小男孩也。母以其养活于粗糠中也，遂名之为“粗糠宝”。又二三年，母以病死，遗有田数亩，足以自给，女遂守此而不嫁。时子已六七岁矣，性至孝，貌尤伟奇，送之入塾攻读，以无父姓可从，仍以“粗糠宝”三字名之。子入塾，颇慧，师极爱重之。年十七八，弃学而从军，师乃令其姓初，名康保。康保在外立功，受显职，约十余年，遂辞职而归。归而事母，仍以孝闻，家居亦不娶。过数年，母卒，康保竟殉母而死焉。

村人以康保树勋劳于国，表孝行于乡，是忠孝两全者，乃立庙祀之。康保之为神也，有灵应，若祈祷年谷，必见丰收，祈除灾害，亦必如愿，于是康保便为汤池一赫赫有灵之神也。村人年必届期办会，迎神出游，汤池坝有大村十八，俱一一备具牲醴，迎迓神临，神驾亦必一一历尽。神欲停顿于某村，抬神像者则觉肩重异常，是则知神欲税驾于斯也，便停止不前而大受其酬享焉。但神于各村虽一一驾临，却不厚扰，不重劳。如今年出游之第一日，驾驻甲村，第二日，驾驻乙村，明年则又在丙、丁、戊、已也。是神不欲使一村一寨感受偏祜，多有所损失也。神之公平若是，故无一村农不称神为聪明正直之神。出游三日，始迎神归庙。在百数十年前，迎神办会事十分兴盛，迨至光绪中叶，始渐次衰歇焉。然在光绪甲辰年〔1904〕，余居于宜良城，犹闻有迎神出游事。

宜良之琐屑志

宜良县，古匡邑也，余随侍于斯，几近四载，其四鄙之内，似足迹殆遍焉。以论宜良地土，实较嵩明、晋宁、呈贡宽广而肥沃。如在老岱坡头眺望，真百里平畴，大赤江流绕于其间，尤觉陆地宽舒，水利遍及也。顾其境内，又约可分为三大部份：一接近县城之大坝，长逾五十里，宽约二十里；一汤池坝，纵横俱在十余里；一北羊街坝，则较小焉。以县之粮额考之，当不下三十万亩良田也。平均丰歉，每亩以产米二京石五斗计，年可产米七十五万京石，则可供三十六万人全年之食用，亦云出产米粮之丰盛也。

宜良粮石，清代额征仅为二千八百余石，条粮并计，全县人民年仅纳六千余两于官厅，即有附加，亦不过二千余两。但是，州县官征粮赋，都是加三加四而征收，是则人民亦须交纳一万二三千两银于官厅也。宜良人口，在光绪中叶，全县已超过一十五万，以所纳之粮赋，平均于所有之人数上，每人实合纳八九分银耳。

宜良境内，大都是平畴广陌，当无山谷丘林〔陵〕，即有之，亦未见其有若何之幽深、若何之佳妙也。虽然，城之附近亦有一岩泉寺焉，聊可称为名胜处尔。寺在一高山之近巅处，殿宇亭阁都傍岩而结。岩有泉，泉沿岩下注，入于涧中，随绕殿台亭阁而流入一圆池内，池满则流溢于山下。泉水清而且甜，以之作饮，清胃而沁膈，故游人多喜就岩下烹茶。寺前有亭，翼然于圆池上，若凭栏远眺，可极目于数十里外。是处既具有此泉流，有此岩阿，而更有林曲、有涧池，复松柏菁葱，槐榆掩映，修篁夹路，繁花满山，春色秋光俱足以快心悦目，自是邑之风景地也。

去宜良县城约十五六里，有宝洪寺，寺在江头村后之一山上，山以寺名，曰宝洪寺山。山间种满茶树，高及丈者，百年以上物也。然以高及于人者为多，足见茶树之不易长成；且不可迁动，移根必死，古人取茶茗为聘定物，即以其不可迁移也。山间所产之茶即名宝洪茶，在五六十年前，年仅产茶数十担，至多亦不上百担。惟是茶树在山，能自生香气，若在日落时，尤清芬幽馥，人于是时徒步登山，大觉头脑清快，余于此亦试尝过。山上有一大佛刹，即宝洪寺也。寺肇基于元至正间〔1341～1370〕，而今之殿宇仍为明代建筑物也。寺之殿宇亦甚宏深，但檐牙古朴，此则能表出四五百年之庙宇形色。檐前且悬有清初名人匾额，尤征其在往昔亦称名胜。

距城五里许，有村曰桃花村，村前有热水池，方约二丈，深在二三尺，水颇温和，磺气亦淡，堪以浴体。惟四无遮拦，呈露于风日下，而又塘底泥污，极其不洁，故无人就此沐浴。惟闻地方父老云：往昔实有墙垣，且有小亭居水中央，以兵燹而毁坏。

去城东十余里，有村曰骆家营，村后有土山，山中产一种空心石，邑人名之曰古怪石。石质细铁，作黝色，然亦有作青绿色者。石壳厚仅二三分，中则全空，亦无何物藏蓄。大而形长者，可磨出一口，作插花具；小者可磨作砚水壶，或作饮器，殊为别致。此亦矿物中一特殊品，而他处则无也。

去宜良城七十余里，与嵩明交界处，有夷人寨曰小姑姑。寨前有大水池，池边水深二三尺，池心当倍深于边际。池水清澈，可以见底。池上围绕无数杂树，树间群鸟啁啾，多系他处所无之鸟。中有一种，极似香港地处儿童辈所喂之五色雀，此则形体较大，头有凤毛，诚美观极。寨中人呼此为净池鸟，凡树叶落入水内，此鸟即飞下衔取而去，此由性好清洁，不乐有一点渣滓入目也，土人不解其故，遂称为神物。寨中人又以池无一叶漂浮，便称此池为神池，且云池中有神，不可以衣物入池洗濯，犯则有急风暴雨，由池心而起，能伤害附近一带之种植物，有行客经过，寨中人必出而郑重嘱咐。余往是处，寨中人亦曾出而戒之，自未便轻试其所忌也。

城北有法明寺，志载：为唐代天竺僧摩伽陀所建。寺宇极其崇宏，然是明代改修者。殿之西廊有长大匾额二块，一为孙可望所献，一为刘文秀所献，俱长丈二三，白底黑字，镶有黑色框边，亦不类于近今之制作物。

文庙泮池内种植之莲，为一种金边白莲，香味极酞，花则大如盘。在庙外者，其花虽白，花瓣边上便无一黄线圈围也。

玉溪之九龙池

玉溪区域原不大，幅员只稍强于富民，差与晋宁相若，而丁口则强于晋宁二三倍，强于富民五六倍。玉溪境内却多栽种地，山陵岩谷殊少，故无甚风景可言。虽然，玉溪亦有一众口同誉之九龙池，此则是玉溪境内第一个风景地，第一个名胜处。

九龙池在去城约有十数里之一地处，居于一不甚高大之土山下，池即逼近山麓。山上则有一寺，寺建于何时何代，未经考求。盖由余于光绪丁酉年〔1897〕春间，自元江省亲回省，过玉溪，曾往一游，是时，玉溪犹称为新兴州治。论少年人游览名胜，亦如走马观花，只觉有花入目，不问其色香韵味如何，余昔日之游九龙池，即近于是。

九龙池不十分大，只稍阔于省垣龙泉观前之鱼池，在光绪年间，池上亦无石栏围绕，只是一片澄潭，惟有一石桥在池上，池水亦不甚深，测之，可能深至三四尺。池中出水甚涌，邑人云，能灌溉万亩田。池以九龙为名，非池中有九处出水，不过以美名嘉之也。

山上佛寺亦不甚大，惟立于寺前纵目，新兴坝子能一览无遗，诚然风景佳极。寺无住持，寺门常辟，游人入寺，颇能尽兴。但殿宇无人经理，阶庭无人扫除，而又时时无一跫然足音，以是蝙蝠来营于瓦椽，蠚蚤〔“蠚”为“蜡”之异体字，此处“蠚蚤”似应作“跳蚤”，俗呼“格蚤”。下同〕蕃滋于地面。余步入殿内，一举头则见无数蝙蝠乱飞，殆见人而惊，惊而飞出殿去也。方排徊间，一俯视己之足上，蠚蚤已护满袜面。骇而走出殿外，设法祛除。幸而池上无人，乃步上桥去，褪下身上衣裤鞋袜，在水面上频抖。蚤落水中，不知多少，然终惹得不少的回来。据居停主人云：“此寺内在不办会时，少有人走入，故地下蠚蚤多极。”此为前一丁酉年往游玉溪九龙池之故事，今则当然有异于昔也。

黑、元〔兴〕、永〔济〕井之特殊情况

云南为产盐省份，三迤均有盐出。惟迤东方面，在数百年前亦有几个地方能产盐，只产量不大耳。所以由大关前去之老鸹滩而名为盐井渡，此即有盐产出之一明证。惟在近百年来，迤东方面竟无丝毫盐出矣！所以然者，盖有川盐销入，已勿须作不忝不鲜之求也。在迤南方面，却有不少的大小盐井焉，然多在普洱、镇沅附近一带，如石膏、按板、益香等井是。此一些盐井年产之盐，亦足供普洱、思茅、车里、澜沧、镇沅、他郎、元江一带之人民食用，其数量当然不微薄也。至云迤西方面，其产盐之处则多矣，就其井名而言，曰白井，曰乔后，曰喇鸡，曰云龙，曰阿陋，曰元兴，曰永济，曰黑井，曰琅井，又近省之安宁，有盐井曰红盐，是皆大井也。且有些井上又各函有三五个或七八个子井者，中以云龙井、黑井为最显著。

迤西盐井，又以楚雄郡内为最多。原日，白井则属于大姚；阿陋、元兴、永济是属于广通；黑井、琅井属定远，即今之牟定；红盐井属安宁。其间以红盐井、琅井开辟最早，黑井次之。红盐井与琅井在数百年前产盐最旺，因而各置有一提举司。在清代康熙时，吴藩叛变，清遣蔡毓荣、穆占、赵良栋等征滇，红盐井遭到破坏，于是产量大减，乃废提举司而置一盐场大使。在此一时际，定远治内已有黑井之开辟，且产盐较琅井为旺，煎味又好，其销路当然畅旺，此而移琅井提举于黑井，是为黑井提举司，琅井则置一盐场大使，曰琅井大使，此为康熙末叶事。

又过若干年后，琅井盐之出产数量竟年减一年，且煎味渐次变涩，销路上便生问题，黑井盐便有供求不相济之概况，斯而广通治内始有猴井之开辟。初仅开出一井，即后来之元兴井，既而又在此井之近处开出一井来，即后来之永济井。斯而俱不以猴井名之，一则名为元兴，一则名为永济，复简称为元永井，猴井两字便成一古名词。

元永井旺后，年中产量不仅较琅井为强，而亦强过黑井，于是琅井盐之一切销路，什之七八为元永所占，元永井既若是之发达，旁者当然艳羡，斯而广通治内又有阿陋井之开辟。阿陋成立后，其制出之盐虽有逊于黑、元〔兴〕、永〔济〕之所产，而较琅盐则强，且不苦不涩，只味稍淡薄耳，以是能与元永井盐角立。在此一时，大府乃奏明于朝，将元兴、永济、阿陋三井统隶于黑井提举下，复移琅井大使而为黑井大使，仍以黑井提举辖之，然此为百余年前事也。

楚雄郡内之盐井，在过去之百年前后，论井口之大，出产之旺，销路之广，当首屈一指曰元永井（惟在实际上，元兴实占三之二，永济仅能占三之一也），次白井，次黑井，次阿陋。若琅井之产量与销路，或云："此较二三百年前，今只保留得百分之二十或百分之十五耳，其唯一之销路，是运往宣威方面腌火腿也。"

云到楚雄郡内各井之盐质、盐味，则以黑井盐为最佳，色较一切井盐为白，且饶有宝色，质亦较一切盐为细，晰之，复粒粒坚结。味咸能回甘，咸极而不苦，用制肴馔，能调和口味，用以制各种咸菜、酱菜，能久而不坏，亦不变味。往昔昆明之黑芥，系全用黑〔井〕盐制作，故入口甘芳，依此一切而订其品格，实居上流也。所以然者，以有故也，将说明于后。

楚雄郡内之各个盐井，大都是以卤煎盐，掘矿泡水而煎者殊少，若琅井、黑井、阿陋都只有卤而无矿，惟元、永两井则是掘矿泡水而煎，矿色灰白，煎味极厚。矿硐原在一大山下，山高逾百丈，横压地面近十里，山形则分成五支而窜下，元兴井硐则占尽山之左畔三支，右二支则为永济所占。此元、永两井所在之地处，在形势上是如此也，今始足以言元兴井矿硐内之情形：

元兴井之矿硐范围极大，硐门几等于一小城门，可以骑骡马走入。下面类坦途，行入三几里，路即向下而行，又行约及千步，即至一深阔俱近十丈、高约数丈之一大奥堂。而此系人工作成，非成之于天然者，此处亦可称为硐底，以掘取盐矿即在当前也。掘矿处直似一堵岩壁当前，前人则将此一岩壁分作上、中、下三层，望去俨如三层洋楼，每层又辟出六岔，质言之，即是六个槽硐。三层共有十八岔，一般矿丁则由各岔内进攻，得矿则用人背出。大奥堂内地殊低洼，因而恒有水积，深一、二、三、四尺不定。水为咸水，然不是硐中产出之卤水，是一种由淡水变成之咸水。盖此座矿山上有一大股溪水，向山下淌流，在经过石土松处，自有不少的淡水渗漏到下面的矿硐内，水是由盐矿内浸出，因而变成咸水，积于坑洼内，此一坑洼处便成为一个大咸水池。灶家遂汲取此种咸水以泡矿，故元兴井之煎味较他井为浓厚。

元兴井上规则，凡由矿硐内取出之盐矿与咸水，一出硐后，即按丁分配，例如一丁分百斤，五丁则有五百斤。元兴井有二百一十七丁半，而丁即股也，二百一十七丁半易而言之，即二百一十七股又零有半股也。此不名曰股而名曰丁者，考其原由，是当时开辟盐井时，一班工作者，概由地方上人户各出一人或出二三人来共治其事，此则有登记，其事治成，系若干人之出力。逮至井务发达，值有利可分时，遂以各出之丁口为各家占有之股分。其原由如此，故不名为股而名之为丁，积久，凡有关于矿硐上之一切大小事件，亦无一不以丁分配。在百余年前，井情正旺，灶家占有之丁数即多少不一，有只占一丁半丁者，有占三五丁者，甚有占至十丁以上者，盖由丁可以货，亦犹股票之能转移也。大抵丁数占得多，不止日有盐出，且能日有大量之盐出，出盐多，获利厚，是定而不移之事。斯不特元兴井是如此，而永济井亦是如此，又不独元永井，而黑井、阿陋井亦未尝不崇重于丁，计丁而煮盐，计丁而接受一切的摊派。此诚为黑、元、永、阿陋、琅井之一种传统规例。

云永济方面之丁，其数未经考及，但知其丁有三种区别：一以百之六十定其成分；一以六十作七五折而定其成分；一以百之七五作七八折而定其成分；其间情绪〔况〕复杂，殊不易言，总之是一种极不公平之事。黑井方面，丁数较元兴为多，盖由黑井之井口多至成十，井各有名，黑井系此一些井之总名，井各有丁，合计当不下五百，其丁数亦云多矣。阿陋之丁，大是难言，新加之丁，一丁算一丁，旧有之丁，一丁算半丁，不知当日之主持此事者是据何理由。此亦是旁枝侧叶事，不合深究，今仍言元永井之煮盐事：

元兴井取硐中咸水泡矿煮盐，其溶化过矿质之水，每百斤即能煎出四十两盐，此种浓厚之煎味，可云达到极度。且水一落锅，略一滚动，即能起沙，故尔在四小时内即能筑就二百五六十斤重之一锅盐。此惟元兴井能之，他井则不能，即永济井亦有所不能。如云黑井是纯用卤水煎盐，水由一些吊井中取出，取水于井，系架绞车于井口上，系两个大革囊于轴间，绞时则一上一下，亦甚便利。惟井有深浅，水有枯旺，煎味上复有差别。有百斤水能煮十四两盐者，有煮十三两者，甚有煮十一二两者，此等煎味，与元兴方面相较，直三与一之比也。因而黑井方面每煮一锅重二百四五十斤之盐，须煎至八小时，甚至九小时或十小时，此则较元兴为费工费柴。但是卤水经此八九小时之煎熬，其间之精华悉尽，味亦熬醇，故尔黑盐之质味实较元永井盐为佳，若较阿陋盐，则强多高多矣！

又云元永井之盐矿，实取不尽而用不穷，仿佛是此一座大山，除去表面上护住约有十数丈厚的一层石土，内里即完全是盐矿，可以云，内里藏蓄之矿，当不下几千百亿斤也。又云硐中之咸水，虽不能云如溪涧之水，滔流不息，然已有蓄满成池之水在望，且无一时一刻之干涸。井上之资源是如此充足，故元永井上每年产出之盐，能倍于黑井，数倍于阿井。且在光绪朝之某一年间，元永井上曾出盐三千五百余万斤，与黑井最旺之某一年产盐至一千六百余万斤之纪录相较，竟超过一倍有余，可以云是一惊人之产量也。论理，一个盐井年中能有此钜大之产量，虽为元、永两井之所共有者，而永井亦只占三之一也。无如人心似海，难云满足，因而发生出一种异事来：

先是，元兴井上，群往硐中取咸水，系以木桶背出，此于来往上不无窒碍，于时间上不无宕延，乃改而用大竹筒吸引，是则硐中之水便形不足。时众已审明，硐中咸水是由山水流渗入硐内，变而为咸，故不妨将流水截住，渗漏入硐者必多，此而将硐中咸水尽量引出，用以煮盐，则出盐愈多，此的是一引淡为咸之妙法。协商定后，遂将山水闸住，果然硐中咸水旺盛。以是，元兴井之产盐竟超过永济三四倍。

讵知此座大山中多崆峒〔空洞〕，往昔之溪水仅由山槽经过，水不停蓄，自无压力。一经闸住，便停而不流，斯而水有压力。此在情势上，闸住之水只有由一些罅隙处漏入矿硐内之一条去路，除此，无非注入于崆峒内，是则水之压力大矣。未及二年，大约一切崆峒注满，山腹内之盐矿自无不浸酥，酥则无力支持上面压榨，于是渐往下矬。一日，山顶上有一大片山地竟突然陷落，山水亦因之而注下。是时，矿硐中人却无所知觉，仍挖掘不停，次日方知有是事，而硐中又无甚影响，竟未将人完全撤出。第三日，始有天崩地塌之一声，硐里的一大个棚顶竟往下坠落，此则水石泥矿混合而下。水之体量，在泻下时，不知有若干千百个立方丈。水在硐内不能容积，便由硐槽内涌出，然又是受尽压逼之水，喷射力自是不小。喷涌而出时，真硐门有多大，涌出之水便有多粗，其势极凶，直将硐口对面之一大排铺户冲倒。淌入一河内，将河内之鱼完全腌死，以函有之盐质重也。猛水漏出，约在两日，至第三日，其势始杀。又过十数日，硐里蓄积之水似已将次淌完，斯而硐口上则只有一小股水淌着，而仍是咸水也。顾此一番之剧烈变动，在不知其然者，以为必要压死多人，实不然其说。缘棚顶不是整个的骤然落下，是先有几处垮塌，后始大片落下，故一些矿丁能于奔逃，然亦是一件幸事。

上面棚顶落下，从前的一大奥堂、一咸水池，当然被其塞满填实。以云清除，实大不易云。井又不能停办，只得设法在此大洞之旁另辟一硐，达到原日取矿处，此目的固然达到，而出盐便不及往昔之旺矣。云与永济井争胜负，无非在三两着打结棋上，此而度过二十余年，乃有一平浪之设置。

一平浪，距元永井四十华里，元永井上盐水是砌一暗沟引来，然经四十里路之淌流，水中函有之硝便多走散，以是煎出之盐，大不及往昔元永井上之所产出。盖硝为盐水中要素，然硝有甜硝、半苦硝、纯苦硝之分，黑、元、永井之盐水为含甜硝者，琅井、阿陋井则是含半苦硝，若为纯苦硝，人则不能食。盐水中又须含有碘，无碘者亦不堪食，今日一平浪之盐，碘亦不够成份，故群众以一平浪盐为味薄、质不佳。

广通境内尚有一草溪井，草溪是一片长大草坝之总名，坝内村寨甚多，尤有不少的盐井，井遂以草溪两字而名。井卤甚旺，质含半苦硝，但毫无碘，自不合入于食料，是处人则取井卤煎盐而食，却受害甚大。据一般人云：草溪坝内人民一至成年后，十有八九项下即生瘿疣，都大如拱拳，甚有二三并见者，故草溪盐不能行销于外。其人民走出，见者即决其为草溪人。近日，草溪人却利用其卤而煮硝，运至省垣，售与一般硝皮革者。

距元永井约有三十华里之一地处，有地曰横山，此地亦有卤出，卤则从一岩上涓涓下注。岩系两块巨石，一上一下，似一狮子大张嘴，上则出卤，下则石上有一凹承之，人则取此而煎盐，盐成，入于白开水内，即有鸡汤味。顾此虽昼夜涓涓不息，然只是一细股下流，故年中出盐只万余斤耳。近井处有一回人村寨，烟户约近二百家，即以此盐腌牛干羓卖，质味香美极。此俱为李少元君详语于我者。

定远之力石酒

今之牟定县，即往昔之定远县。定远之力石酒，为滇中大有名色之一种美酒，此酒不自近百数十年来有名，在二三百年前即驰名于省内。论力石酒之醇�森，在迤西人言，仅能与鹤庆酒媲美；在省城及在威楚一带之人言，则曰：鹤庆酒须时日积久，其味始醇，不似力石酒于出锅后即能有此醇酸也。然此说实近于偏，可畅论之，以见力石酒之醇酴非无故而成也。

力石为村名，然有大、小力石两村，俱在定远境内琅井河流之旁，两村距离不远，只不过三几华里。在清代之光绪、宣统年间，大力石村之居民实有百余户，小力石则只有七八十户，此俱不事耕种，统以烤酒为业。大力石上距琅井约逾二十华里，下至黑井却不及二十里，琅井与黑井同为定远属地，故大、小力石实为定远境内之两小村落耳。

酒以高粱酒为第一，谷子酒次之，大麦酒更次，若包谷酒，不特不酴不醇，且有酸味，故一般饮客多不取重。力石酒纯用高粱制造，其原料已强，故较富民之谷子酒、鹤庆之大麦酒尤佳。而富民之谷子酒年出之数量不多，鹤庆距省又远，故居于威楚一带及居于省垣之一般饮客，于举杯时，无不首屈一指而称赞力石。

力石酒之烤法与他处之烤法亦不大差别，惟此著有声色之力石酒，是要在此两村内烤出，方能酴醇，若移往他处，纵如法烤制，即不酴不醇而味薄，可云与他处所酿者相若。此何以故？盖由得不到此一段河流内之水也。大力石距小力石，前已言明，相距仅三几华里，此段河流自等于是。村中之烤酒者非取用此段河流内之水不可，若取大力石村以上或小力石村以下的水来烤，烤出之酒，味即差矣。此则不知此段河流之两旁岸上究函有何种矿质，能使烤出之酒得到如斯酴醇也。虽然，此仅是其中之一个因由。

其次，大、小力石两村之人是世代烤酒以营生活，传云，自清初村人即创此业，是则为历有三几百年之世业。故尔家家户户饶于资财，即有参差，亦相去不远。此在远年间，其情状若何，境外之人多不甚了然。惟在光绪年间，据副〔附〕近于此者言：是时，即属一中等门户，藏酒亦能至五六十瓮，每瓮能贮四五百斤，诚大瓮也。此些大瓮俱埋于地下，都一一装满，陆续取出售卖，减少随即加添。酒是不间断的烤着，瓮内的老卤不竭，有此一种及前云之一种原因，所以力石酒之醇酴能高于一切。至云行销出外之数量，每年大、小两村实有万余担之酒售出，亦云钜矣。

惟在民国之某一年间，是处遭受匪祸甚钜，屋庐被焚尽，酒瓮为匪破坏，村人资财损失殆尽。逮至匪乱平息，村人始行踅回而理料旧业，搭草房以居，购新瓮而贮酒。复以资力薄弱，日出之数大不似往昔充足，且老瓮坛坏尽，老卤毫无，造酒时仅能仗藉一段河流，故造出之酒有逊于前也。今复公私合营，领导有人，一切须受支配，当是虚有力石两字之名耳。

雲南文庫

大家文丛

雲南文庫

大家文丛

纪我所知集

（下）

罗养儒◎著　　李春龙◎整理

雲南人民出版社
雲南大學出版社

图书在版编目（CIP）数据

纪我所知集：全二册 / 罗养儒著；李春龙整理
. -- 昆明：云南人民出版社, 2018.2
（云南文库. 大家文丛）
ISBN 978-7-222-16902-9

Ⅰ. ①纪… Ⅱ. ①罗… ②李… Ⅲ. ①云南－地方史－掌故－近代 Ⅳ. ①K297.4

中国版本图书馆CIP数据核字(2018)第011155号

出 版 人：赵石定
统筹编辑：马维聪
责任编辑：陈　亚　朱　原
原版编辑：朱　原　金学丽
责任校对：段金华　刀金梅
责任印制：洪中丽
装帧设计：刘　雨　郑　治

纪我所知集（下册）

Jiwo Suozhi Ji

大家文丛

罗养儒　著　李春龙　整理

出　版　云南人民出版社　云南大学出版社
发　行　云南人民出版社　云南大学出版社
社　址　昆明市环城西路609号　昆明市一二一大街182号
邮　编　650034　650091
网　址　http://www.ynpph.com.cn　http://www. ynup. com
E-mail　ynrms@sina.com　market@ynup. com
开　本　787mm × 1092mm　1/16
总印张　61
总字数　984千
版　次　2018年2月第2版第1次印刷
印　刷　云南国方印刷有限公司
书　号　ISBN 978-7-222-16902-9
总定价　210.00元（上、下册）

如有图书质量及相关问题请与我社联系
审校部电话：0871-64164626　印制科电话：0871-64191534

目　录

卷　十一

卷　十二

卷　十三

卷　十四

卷　十五

卷　十六

卷　十七

卷　十八

卷　十九

卷　二十

卷　十一

滇南景物志略之二

武定之正续寺

武定在明初为府治，辖州一、县二，既而和曲州废，乃辖元谋、禄劝两县。明之中叶，降府为直隶州，遂移禄劝于城东三十里地处。吴三桂来滇开藩，又升武定为府，康熙四十一年〔1702〕，又复州治，自是仍为直隶州而辖二县焉。入民国，武定改而为县，始无统辖元谋、禄劝两县之权。

武定城西有狮子山，山势清奇，景物悠然，林树密茂，嘉卉丛生，上有佛寺，名曰正续，建于元时，实一郡之名胜处也。前五百余年，当明宣宗宣德及明英宗正统年间，明建文帝亦尝为寺中住持，盖是时建文直一云游僧，随在而卓锡焉。但于诸山丛林，颇负高僧名望，故随在一寺，都居于方丈席。建文住持正续，亦积有年，乃于寺之佛殿前植有木芍药二本。按：木芍药亦花中异品，属灌木也，花大如盘，有类于红茶，却瓣繁若牡丹，复有香气，叶则纷披如芍药，而高可及丈，故以木芍药三字名之。此一种花在云南地处颇少，惟见鹤庆之朝霞寺内有此佳种，建文当日或许是由迤西移其种而来也，在繁花时，建文殊爱重之。

某年春间，花盛开，有武定太守之公子某游于寺中，见花大悦，命僮仆扳折多枝，拟携归插瓶，小沙弥等阻之不及，乃入报长老和尚（即建文帝）。长老出，见已折枝盈把，心大恚，便对公子厉声而言曰："老僧若不奈〔念〕汝为太守之子，当以掌掼汝颊。"言时，曾举手作式以比拟之，然未下击也。公子回，颊上即现掌痕，五指分明，且作青紫色。太守廉得其情，遂认定寺中长老为妖僧，派差捉之入衙，然无实据。不便加刑，仅系之于县狱，时禄劝县与府同城也。

噫！事亦奇矣，究何故耶？俗之浅识者曰："建文是一代人主也，时虽身居空门为佛弟子，暗中仍有鬼神呵护，御口出言，自有鬼神为之着力，所以公子面上竟现巨灵之掌迹也。"斯说也，太隶于神秘，不足以训世。夫人生之苦乐悲欢，与夫身世所系之一切一切，大都各有一定数。建文逊位而入于佛门，是不与人争天下，不乐独拥帝位也。好让不争，亦具有仁德之人也。意谓有仁德者，天必祐之，而况建文之在外飘〔漂〕泊，已四十有余年，天又何吝而不予以一结束欤？天何言哉！要不过在一二事实上，略一表之而已。彼掌痕之现，殆彼佛菩萨者，运五指之峰，作巨灵之擘，而特现此奇，使得归于燕京，一生有以结束也。不然，又何从而发其隐秘，何从而得到结束？此所谓冥冥之中，大有天道在也。

建文在狱，自是苦闷已极，夜卧绳床，既厌蛙声填耳，复苦蚊虫吮血，乃作无聊之驱逐呵斥，不意蛙果息声，蚊真远避。第积至数百年，监禁中异事犹存，此非虚言传说，而实有此奇也。建文在狱多日，知不易脱此缧绁，逆计成祖早薨，仁宗、宣宗亦相继骑龙而逝，正统已属孙辈，当然于己无怨无仇，似绝不忍以祸患加临。乃毅然决然将已往行迹及近今事故，一一详书于纸，密寄与西平侯沐斌。斌为英孙，得帝书，直不胜惊愕。以四十年前之巍巍人主，今竟为狱中之囚，能不为之哽然！且计是时，去革除时代已远，党禁渐弛，且有广西僧人杨行祥为侥幸之谋，而希图富贵者见矣。此而不为之谋，又将何以说乎？斌乃疾赴武定，饬太守立出正续寺长老于狱。太守悉其故，乃作天桥于狱门上而迎出建文，斌遂携建文至昆明。

建文至昆明后，斌乃寓建文于悯忠寺。时四方僧众来朝拜大和尚，斌乃为之设狮子座，使受一切之顶礼焉。建文在昆明，有一逸事相传，云建文夜出遇雨，走往天宁寺避之，时寺门已闭，寺中之弥勒佛起而开门，留倒屣相迎之奇迹。已而斌以事闻于朝，时三杨在阁辅政，建文乃得有驿送还京之事。于是正续寺僧遂塑建文僧服白发像于藏经阁。建文在寺曾有四吟，亦刻石而立于阁内。

其第一律曰："阅尽楞严磬懒敲，笑看茅屋倚团瓢。南游〔《武定府志》同，程济《从亡随笔》、郑晓《吾学篇》、张合《宙载》诸书，以下简称"各本""游"作"来"〕瘴岭千层碧〔"碧"各本均作"迥"〕，北望天门万里遥。款段久忘飞凤辇〔各本同，《府志》抄本"辇"作"阙"〕，袈裟新换衮龙袍。百官此日归〔《宙载》及各本"归"作"知"〕何处，惟有群鸦早晚朝？"其二："风尘忆昔忽南侵，天命潜移四海心。凤返丹山红日近，龙归沧海暮云深。紫微有象星还拱，玉漏无声夜永沉。遥想禁城今夜月，六宫犹冀翠华临！"其三："漂泊〔《武定府志》及狮子山碑刻"漂泊"作"牢落"〕西南四十秋，萧萧白发已盈头。乾坤有恨家何在？江汉无情水自流。长乐宫中云气散，朝元阁上雨声收。新蒲懒〔《府志》、碑刻"懒"作"细"〕柳年年绿，野老吞声哭未休！"其四："断绝红尘守法宗，清高不与世人同。牢锁心猿归定后，莫教意马任西东。禅杖曾挑沧海月，袈裟又接祖师风。而今满眼空门事，几个知音悟了功！"〔①此篇所记建文帝离奇荒诞之事，都是迷信思想。②书中所录建文诗第四首，《府志》及各本都未收录，观其词意，亦不类建文之作，疑是误传。〕

按《云南通志》载："正续寺在城西，元时建。明永乐二十年〔1422〕新建山门。成化十三年〔1477〕，僧真岩重修。正德间，僧昌印与庆满拓修，并筑石城三百余雉，周护其山。"又载："藏经阁在正续寺后，寺僧皓果重建，奉建文帝遗像，旁列从亡诸臣史仲彬等木主。"志又载："十一先生祠在城西狮子山，祀明建文从亡臣程济等十一人。"

按武定狮山，自是名胜地处，步入其郡者无不往游。余于光绪癸卯年〔1903〕间，曾一度至是，在寺半日，诸得饱我眼福。论武定郡内，随在皆峻岭崇山，处处长林丰草，而望里冈陵又多无秀气，所以郡之人才、物产竟不克与邻治比胜争奇。故时人以“贡相廪翰生进士；鱼龙鸡凤马麒麟”一联以相诮。惟此狮山则雄奇秀拔，迥异于一切，可以云是十浊中之一清也。

按：寺僧云：“藏经阁实为建文帝所建。建文离寺，徒子法孙辈即造建文帝像于阁内祀之，后将倾圮，崇祯年间始重事修建。”问其永乐间修建山门事，则曰：“修建山门，乃建文帝来寺卓锡后第一功德。惟前辈传说，建文在寺坐方丈在二十余年，但来去不常，一担禅杖出外，多是一年半载，或一去两三年，始赋归来。大致多喜在迤西、迤南各处云游”云云。

余向闻寺中藏有建文袈裟一领，向僧请求一阅。僧则珍重而又郑重，始出一示，乃一似缎非缎，似绫非绫之一幅丝织物，长约二尺余，宽约尺余，上面颇多缝皱痕。随云：“袈裟原系一领，为寺之不肖僧众窃割而去者多矣，今只遗此尔！”余见其色泽虽然古老，究不知其确否。十一先生祠在正读寺右，祠为两进，殿为三楹，上祀木主，为建文从亡臣史仲彬、程济、杨应能、叶希贤、曹启镛等十一人。此则列入州之祀典，春秋仲月以礼致祭。

纪友人述武定北去之一段奇僻路径

民国十三年〔1924〕余主《微言报》时，有友人胡君韵亭，奉政府命，赴武定环洲西部之某村，捉挟军械而逸之逃兵二名。时无车路，惟肩舆是赖，由武至环，遵大路而行，须历五日程途，且至环洲后，又须踅而向西行七八十里，方至某村。循小路，不及三日即渡江，再行四五十里，即至某村，是小路捷于大路二日。惟行于小路，须穿林度崖，劳于行役。胡在壮年，不问程途险夷，竟从小路而往。于是每行一程，必有所记，回省，以程途日记嘱我刊诸报端。既而认为奉公出使，不合披露行程，复止我登载。逾二月，胡君即羽化仙去，稿存敝簏者垂二十余年。昨检烧残书故纸而及其稿，阅之，不忍毁灭，乃撮其原稿中之二三大段，删繁就简，笔之于篇。

记曰："某日午前七时，由末笮村（原注：村距武定城七十五里）启程，出村约二里余，即上一山坡，坡不甚高，仅若省之五华，而长处则在二三里。岭头极其平顺，自远望之，若一横梁当于前，山坡上则怪石林立，高者能及五六尺，矮而小者亦高至二三尺，个个形如刀剑，土人名为尖刀山。群石脚下自有隙地，遍生紫色茅草，藤属亦紫色，时在夏初，藤上着花，形若五月菊，花瓣色蓝，嗅之有兰麝味。藤上附叶，却不稠密，而叶则有似鸡苏。路从石林中穿过，由下至上，约七八百步，自上趋下，约千有余步。下至山麓，有溪水横流。溪不甚深，牵裳可涉，溪水清澈见底，水底多文石，有如玛瑙、砗渠、珠玉。踱过前岸，行约数百步，又为一山所阻，幸从山之一角迤逦而行，免除翻越之劳，但此条路径概是利草碎石，大不利于赤足。转入山后，便是一条箐槽，箐之斜度颇高，有流泉折叠而下，惟来源不大，不能作瀑布观。行客踱此，俱踏石踩水而过。箐之北，有一条石径在望，其直如百丈悬梯，攀援而上，又是一小小平原，踱尽此段平原，则一座高山当于前矣。

"高山仰止，奇趣横生，此山之形，直似一大灰堆，撑天而压地。此何以故？盖此山高极，林树又异常密茂，而时有薄云淡雾，隐蔽其真面目，故自下视上，但见其冥冥濛濛，而不似一座青山也。山名大秤钩，其形亦颇相似。路从山之转折处而上，又从岭之低凹处而度，然自麓陟冈，亦在十里有余。经过处林树攒集，榛棘丛生，树以松、杉、桧三者为最多，其他杂树亦间有之。路是一条毛路，从林间穿过，行时，昂首不见天日，下则草苔滑湿，冷气侵足。所谓路者，只以无树木、无荆棘之处而言，岂真有平直如矢之一条道路耶！林间以绿花蜘蛛为最多，大者如拳，小者等于核桃〔胡桃〕，相与牵丝架网于树枝上，数则不知有若干十万，一闻人语及足步响，则趋入树间。山中多野猫、野猓〔疑当作"狸"〕、野兔，多以蜘蛛为食，尝见野猫、野猓〔狸〕等时窜上而时窜下，或由此树而窜达彼树，是捉蜘蛛而食也。蜘蛛尿最毒，能溃彼猛兽之皮，以是虎豹绝迹。林间飞鸟，似弱小者不易生存，所见惟大鸟耳，而鸦、鹊、鸠、莺亦不之见，得寓于目者，无非一些怪鸟也。在林间听枝头鸟鸣，则有类狼嗥犬吠者，有类儿啼人笑者，奇怪声音令人心惊魄悸。曾见有三四种大鸟悠游林下，一似灰鹅，却高胫而长喙，一形似秃鹫，而披翠毛，一形如画眉，尾却类雉，真不知其名色。越过岭头，即有三五间茅屋，住于其间者为两家夷族人。此则有一条较宽之路，可迢递向北而去。路在一大山之腰，以山势论，为大秤钩山之直干也。循此前进，仍是不离于树间，但行此一条山径时，目可及于远也。

“忽而阴云骤起，雷电暴作，猛雨狂风，一时并至，于是路左之遥遥山峰下突有猛水由岩际涌出，下泻于箐，形壮势凶，响声震地。舆夫诧曰：‘此蛟放也！’于是暴雨如注，避于林下，不可，已而寻得一岩洞，始共踞于洞中。举目遥观，遂见雷电交集于是处岩前，幸彼方与此方隔距约二三里，不致十分动荡也。约至半小时，雷声雨势竟沿山箐而下，似是蛟驾水而腾，雷逐之而行也。雨过云收，青天复现，但各人之身上衣裤俱湿，只得就日下而晒之。越一二小时，一切始干，方起而行，又泥烂路滑，行及二小时，始行抵一小村。村有烟户十二三家，当大山箐口而住。舆夫语我曰：‘今日已近山，当宿于此，明日准备翻火焰山也。’问前途，曰：‘无村寨。’乃就此住宿。饭后，徐步箐边，见黑水滚滚而下，村人语我曰：‘今日山中蛟放，始有此水流下，往昔清流也。’又曰：‘偌大之山石，亦因蛟挟水势而冲激至此，我处赖有此箐，否则村寨必荡平也。’

“是日为四月初十，入夜即有月色。村人俱夷人，问之，为撒弥倮㑩族。村中有男女青年十余人，挟月琴数具，及形略如号筒而发声甚雅之音乐二三，就余住之门前平地上，且弹且吹，且歌且舞。俱是男女配合成对，同声相应，同步相求，其声腔则悠扬宛转，其步伐则进退整齐，其一切姿式与其音调，似较省垣大跳舞厅中一般大跳舞家犹强。唱歌蹈舞约二小时始息。既而告余曰：‘我辈特来敬客也。’余谢之。次晨黎明，舆夫即促余早食而赶路。

“拂晓前行约五六里，始见山头日光。时转湾于松坡下，突见两兽在草际欢恣憨跳，一若犬之相扑焉。其形若豹，身段则长于豹，有若鼬鼠，然头则圆如豹，尾则短似羊，高仅尺余，长在三尺以外，全体白质黑章，犹美于豹之毛色。见人亦不惊惧，亦不作窥伺之状态，惟行乐如故。余与随行俱有枪在手，顾其如此，亦不扰害之也。又转过二三偏坡，然后行至一段岩檐下。岩高四五丈，檐出于外者四五尺，上有流泉泻下，散布成百数十股，注射于岩前之槽子内。岩下有石径一条，人得由此通过。但径窄而险，两人不能并肩而行，遇到对面有人来，殊难退让。余行于岩下，竟忘其险，且觉此身如孙悟空之在水帘洞内。盖以一旁为石壁，一旁为瀑布，人在当中，能不有如是之感想乎？行尽此一段地处，仍是傍岩而行，忽高忽低，忽弯忽直，但蹊径稍宽，不似前此之逼仄也。度过岩壁，复于一横岭之际，左旋而右折，此而向前一望，则一座极高极大之蛮山峻岭矗立于前矣。又行四五里，始至山麓，舆夫曰：‘此火焰山向南之一面也，上山二十五里，下山二十里，山顶约宽里余。但是，今日不能翻山而行抵山脚，只可于山半中间住宿。此何以说？下至底，为火焰山脚之大火塘也。’于是姑听之而姑信之。

“乘舆上山，此山景物与前所经者大异。山为半土半石者，上无森林，只有少许灌丛，径畔茅草高逾于人，茎若斑猫草，花开似芦荻，却作青绿色，亦异种也。时维四月，山中多有蛇蝎出没于石罅间，大蛇及丈，小者亦长二三尺，有当径横陈者，见人则窜入草际，似大畏于人。蝎之大者长至尺，见人作欲箝之状。蚂蚁则遍地皆是，色红而透明，望之如琥珀琢成，最大者若宜良之油枣然。山蚂蟥长二三寸，能飞来咬人，舆夫等则用竹烟筒之水擦于脚杆上，以远其害。余登山当正午时，阳光极烈，着体如炙，上至山腰，尤热不可耐。再上则石多土少，茅草亦只尺许长，而灌丛毫无，此则渐渐生凉矣。上至巅顶，望去有无数峦头顿于山顶，而又不甚大样。每一峦头俱长有小树一丛，有如昆明地方新葬之坟，顶上有长草一丛。

山形之奇，一至于是。

“山顶气候寒极，与山腰迥异，身着两重棉衣，犹然齿振。时计已逾三旬，乃向下而行，越此下视，直如酱园中之一只大空缸，是为山之北面，亦称之为正面。向下而行之路，陡仄过于南面十倍，乍视，直若无路。舆夫是惯走其间者，能觅微径而行。然行三五十步，必须一大转折，所谓‘倒之字拐’也。余惮其险，舍舆而徒行，约计倒过五十余个‘之字拐’，始抵一略现平地之山腰，有村人七八家。据舆夫云：‘此俱麦岔族也，性殊纯和，且好客。’时已近夕，遂宿于此。果然，主人殷勤，较汉族人之招待宾客，则强之又强。但觉其族苦寒，服色上无不是衣着粗麻布，此而与上夕所遇之撒弥倮㑩相较，则弱多矣。此间气候极热，夜眠无须盖被。闻主人云：‘此间常年如是，岁可种庄稼三四发。’天明即起而作食，且云：‘宜早度过大火塘。’

“出户登舆，仰望天空，四围俱高山峻岭，圈成一井栏形，无一丝一缝通达风，故炎热如是。于是自况此身，直如一米一粟粘着于大炖缸内也。是时仅为午前六时，山中尚无阳光照临，舆夫则催促足步，赶度险恶地。惟是山腰以下乱石极多，无石头处俱是焦硬红土，直无一茎生草，足见其阳光酷烈矣。盘旋两小时，遂到所谓之大火塘中。时在八点一刻，仰望山头，已有一角为日色照耀。是时，人在此深坑内，不啻在火炉之中，汗流如被水泼，且头闷作恶，呼吸竟觉窒塞。地面赤土比石犹坚，以云生物，无一见矣。据舆夫云：‘人立于此，若当正午，十分钟后，人必晒毙，一二刻后，尸体必焦，所以无人敢在日当午时度此也。’幸此火塘只有二三里之宽阔，于是赶急度过此一地处，爬上钻天坡而寻休息处。钻天坡，上山二十八里，下山二十五里，下到山脚，即是金沙江边。”后此尚有所记载，余未之录也。

武定之劁母鸡

云南省治，北近川南，两下郡县，大都以金沙江为界。云南之元谋县、禄劝县、武定州、寻甸州俱在金沙江边。此四处之农产物却不多，惟鸡壮大，滇人俱名此四处之鸡为大种鸡，亦果然大倍于他处也。有一只劁〔骟〕鸡能重至十四五斤者，其肥大可知矣。武定劁鸡在滇中尤为驰名，又不特公鸡可劁，而母鸡亦可劁，且能使雌鸡化雄，顶冠而鸣。曰劁母鸡者，亦惟武定能有之也。究其所以然，此实关于地土之所出也。

在武定境内有斑鸠河一条，由城西而过城东，曲折而入禄劝县治，又曲折而流入金沙江。河流虽不甚长，然亦回旋至八九十里，河之两岸多居民，村寨自稠密。村人则善于养鸡，而又长于劁鸡。在此一河两岸之鸡极易肥大，凡鸡子出窠后，只须四阅月，即能重至一斤，六个月后，即至二斤以上，此则取其什之七八而劁之。劁公鸡只取出腰子两枚，三日内绝其水饮，头上冠子自缩，尾上毛便渐次抽长。此则易肥易壮，三年后无不重至七八斤乃至十斤上下。劁母鸡，是将母鸡肋胁划开，将公鸡之腰子纳入母鸡腹内，母鸡有此一对腰子后，头上冠子便能渐次长大，能作长声而鸣，是为劁母鸡，换言之，是使雌鸡化雄也。

劁母鸡，要就斑鸠河一带取此河旁之鸡，而用此种手续劁之，鸡乃不死；若不在斑鸠河一带而作此播弄，鸡又无不死也。故劁母鸡一物，惟武定之斑鸠河一带始有此出产，若元谋、禄劝、寻甸等处，虽有十斤以上之大劁鸡，究无一劁母鸡产于其间也，顾此实属水土之关系。

斑鸠河内尚产有一种特殊之生物，是为土海参，土海参之形状，与产于日本海内之小刺参无异，只不过较日本海参为小耳。其大者能长及二寸，粗及吾人手指，取出水后，剖开其腹而视察，腹里肠杂亦与海洋上所产之一切大小刺参同，只身上钉刺稍为短小而且稀少也。生时全体黑色，划开其身体，体内则白而不乌，以刀凌之，有如玉片，以法烹治而食，惟不及海洋上所产者之味酡。此物恒游泳于河底，少见于水面。初时土人等不知其为何物，且认为是蚂蟥之属，后经外省人查及，始证明为刺参，但出产不多，寻取殊难也。

寻甸之概况

寻甸县治，近省会只二百里，昔为州治，属于迤东曲靖府。东界巧家、会泽，南界马龙，北界禄劝，西界嵩明，西南界昆明，南北距三百余里，东西亦三百里，区域之幅员广袤，亦近省州县中之一巨治也。云其地面，若与富民相较，实七八倍之，但域内山岭高峻，溪谷坳曲，林箐幽深，能种谷米豆麦之处直无五分之一。好在有多处山地气候温和，虽冈岭重叠，却是一重山而一重水，故一重山中必有一重烟户也。昔人诗云："行到山穷水尽处，柳暗花明又一村。"〔陆游《游山西村》诗云："山重水复疑无路，柳暗花明又一村。"此疑误。〕此近似之。山中村寨，多者二三百户，少者亦百数十家，然都有山田可耕，山地可种，以不缺乏水源也。农产物虽多为杂粮、豆、麦及洋芋、山药、花生、薏米等，亦足以谋衣济食。其富厚之区，则为羊街、马街、牛街、鸡街、四甲等处，是则谷米豆麦、瓜果蔬菜无不蕃实，更如各种花豆、各种瓜芋尤硕大且肥，每年出产之数量动在十数万车，亦知其农民之富足也。若居南方附近马龙一带之村寨，则贫苦矣。

按：寻甸在千余年前原属东爨乌蛮，其民族极杂，有黑倮㑩、白倮㑩、花倮㑩、海倮㑩、干倮㑩、撒弥倮㑩、鲁屋倮㑩与夫花苗、青苗等等种族。然其间以黑倮㑩、白倮㑩、干倮㑩三种为最盛，此三种即今所称之黑彝、白彝、干彝等是。夷族人多喜其族独一据寨而居，极不喜他族插入，于汉人拒之尤烈。往经附近马街之六轧一寨，其村落固不甚大，其烟户只有百三四十家，丁口尚不及千，然悉为干彝也。

考《南蛮志》：“干倮㑩，唐时隶东爨部落，今与黑、白二种散处于云南、东川、曲靖三郡。”寻甸介于此三者间，故干彝一族不少耳。又《通志》云：“干倮㑩居尚楼屋，食重盐蒜，人貌皆黑，男子束发缠头，衣花布短衣，披羊皮，用麻布裹腰，惟着草履；女子亦花布短衣，系麻布裙。”其记载如此。然时至今日，该族人俱跟时代而进化，故干彝一族之穿着亦与志载有所不同也。

又以今日干彝之衣饰而论，男子固多喜披羊皮，着草鞋，衣则用青蓝布为之，即着麻布，着火草布，都不十分粗厉。女子却不如志载之一切形色，所云：“以白麻分而束发，顶缀海巴。”今则无此种妆束也。志载“人貌皆黑”，今见干彝中人面貌亦不甚黑，且女子中尝有姿色白净、长眉秀目者。又富户女子极尚华丽，上着短衣，用布而绣以五色花草，或用手工所织之毛呢而制。顾此种毛呢，系自捻毛线，藉布机编织而成，宽约八九寸，质略粗松于往昔哈喇，又紧密过于往昔之洋条呢，若与近代之华达呢相较，亦可云有六七成相似。且能染色，或紫、或蓝、或浅灰、或淡绿，均鲜艳极，俱是该妇女辈之所成。惜为非卖品，且制出不多，大难致获也。富户女子用此材料制成衣服，上复加以绣饰，绒彩五色，殊焕人目，胸襟上排以银珠、银扣或海巴等，颈项上又挂以银链、银索，尤足以表其富丽。此不独干彝一族之富室妇女如是，即黑彝、白彝等之富室妇女亦大都喜于豪华也。

惟闻某处有另一种人，男女均能放蛊毒，且不必在一饮一啄上施法术，只须与之对正而坐，或接近而谈，甚至于吸烟接火上，都可将蛊毒放射。中毒者又无不面目青黄，肚腹膨胀，日日下利杂色之粪，病一二月即死。有觉悟者，托人婉求施治，亦能使病去，但若辈亦不轻易出此以病人也。受其害者，必是深深开罪于若人，或忤触若人太甚，而为若人大恶者也。余经过某处时，邑人某某均以此为言，余故得而戒之。住宿村中，诸凡施以礼貌，饮其茶而吸其烟，啖其饼饵而食其菜饭，俱厚给其资，观其待遇我处，毫不嫌憎。吁！“祸福无门，惟人自召”，先圣先贤之言，讵可忽之欤？

寻甸山箐中多山竹子，为造草纸之原料，每一山阿或一林下必有一二造纸厂，大者十数人工作，小者三五人而已，故寻甸草纸之出产极盛。寻甸又多林树，凡行于山间，必闻丁丁伐木之声、霍霍锯木之声，其每日驮出之大小木料实不胜计也。在款庄、鱼兰坝一带，则黄栎、刺栎满山，烧炭窑户极多，而谷米出产亦丰厚。至于寻甸城中，烟户亦不甚众，房屋亦不甚整齐，公廨虽然阔大，以年久失修，亭台亦多倾圮。往昔迤东兵备道驻扎寻甸，今日道署犹然存在，此为二百五十年以上之建筑物，现改为学校，亦物质之不受摧残也。

城中回族人甚多，故市上牛羊肉较肥美，鸡亦壮大，一五六斤重之鸡母，煮于釜中，黄油盖满汤面，饮汤嚼肉，香美异常。此外有五六种特殊产物：如附近牛街之某村，其种莳之百合，每枚能至十数两，大则逾于人拳，每瓣几有三指宽，而色白如玉，且细腻如牙，煮而食之，无丝毫苦味，真佳品也。又某乡产小核桃一种，大仅及于拇指，壳则薄如一硬纸，以指捺开，内瓤丰满，入口香甜，味犹胜于滇西之漾濞核桃。又马街所栽之黄牙白菜，棵之大者可重十五六斤，洁白如雪，落地即碎。又有一种杂豆，粒如指拇大，形扁而长，皮色鲜红，艳于鸡血，剥皮煮食，见火即烂，亦他处所无者。

境内气候极不调匀，凡近高山地处，入秋后一遇阴雨，即要以裘御寒；若近于牛栏江边一带，气候则热极，而物产却丰富也。又有一处名蚂蟥箐，箐中极多旱蚂蟥，能由地面飞起而叮人，过是处者，须以手巾遮蒙口、鼻、耳窍及扎紧裤脚，不然即大受其害；骡马行经是处，口鼻之上无不血涔涔滴，真恶厉之地处也。余以事而经其各处，目有所击，特泚笔记之，民国乙亥〔1935〕九月望日记。

陆凉之普济寺

普济寺，滇中各县多有之，不只陆凉有也。他县之普济寺，要不过为禅关佛地，无神奇怪异事件寓于其间，而陆凉之普济寺则有是色彩也。又不独有神奇怪异之色彩，而且涵有一段封建趣闻，故陆凉之普济寺诚有纪述于纸上之价值也。

普济寺在陆凉城南数里之不远处，寺建于大理国段氏，或曰建于南诏蒙氏。志载："邑之龙凤寺，建于元至正年间。"而建龙凤寺之邑人龙海，即为普济〔寺〕神话中主要人物。以此推测，寺当建于宋时，为大理国段氏所建无疑。今可置朝代于不议，惟述其神话之起原〔源〕。

在中国南宋末叶，普济寺中忽来一丰姿飘洒之道者，貌似三十许人也，在寺朝种桃花而夕饮流霞，雅似骑鹤仙人降于尘凡、时寺旁有嫠〔同嫠〕妇，亦二十许人，姿容秀丽，时人都以粲者〔美女〕称之。道士与妇往来，遂两相情恰〔洽〕。既而鹣鹣鲽鲽，形影有不离。日久，村人知其隐恶，群噪逐之。道士拟去，妇以有孕，欲随之行。道士曰："我非凡夫，实邑内某海中小白龙也。汝孕子当贵，宜保重之，我有金银，汝足生活，浮言不足惧也。俟汝分娩后，我当来抚视仙种。"妇诺，道士去。越数月，妇诞生一子，未弥月，道士果来。抚子头角而谓妇曰："此子富而且寿，将来能王于一方，我系龙君，此子合以龙为姓，名之曰海可也。我有书一本以贻汝，俟子长大而与之读，不愁不富贵也。"语讫，复以金贻妇，濒行，又嘱妇善视儿，逐〔遂〕凌风而去。妇由是而不再醮。邑中男子知妇为小白龙所钟属者，亦莫敢问鼎。

过数年，子渐长，及成人，得读道士所贻之书，竟能知他人之所不知，更能决他人所不能决之事，自是才智过人，闾郡称最。既而独出营利，每出必饱载而归。更开矿产辟地利，又无不大获其利。如是者十数年，龙海之资产财物，不只富甲一郡，直可埒于王侯。

当元世祖至元初年，宋度宗时而普济寺中自小白龙与某氏妇发生艳事后，便使此一佛寺成为一神异之场。若曰"是神龙行乐处也，是豪杰之孕育处也，山川钟灵，其在是乎?"于是香火大旺，佛图生辉，便扩充庙宇者有人，增修殿宇者有人，藻饰房廊屋舍者有人，泥金观音、罗汉者有人，平治阶途者有人，树艺花木者有人，不数十年，寺门内大改旧观。此普济寺竟为陆凉城外最负盛名之一大丛林矣。

寺由元、明而迄于清初，几近四百载矣，其间乱事迭兴，兵戎时见，而此一具有神奇怪异事件之佛寺，竟能岿然存在者，为我佛之威力欤？为小白龙之拥护欤？噫！均非也，实由运数之所在也。

清初，吴三桂来滇开藩，过此寺，便发生一趣极之事。三桂见佛殿前有红茶一株，鲜红瓣上而有白点，此在茶花谱上为珍珠红，三桂讶为异种，极钟爱之。已而派人来掘取，运至省垣，植于王府。花因易地，竟三年不着一花，三桂认为慢己也，遂谪贬而还于原处。花以一再迁移，生气大耗，未及年，花竟枯死。邑人便谓花被贬而气死也，是非一趣事乎？然亦可谓为封建笑柄也。过数十年，故根忽而萌蘖，突而一芽暴长，约四五年，即成高枝强干，居然繁花满树。今历二百余年，干已粗及手之数围，树亦高及二丈矣。此珍珠红茶本属贵品，今客有过其寺者，于茶树下多有题咏，而名公巨卿之作，则载于州志焉。

龙凤寺

龙凤寺，在陆凉城东之勾甸乡后之龙海山上。龙海山原名丘雄山，距城约三十里，山脚即月牙江。月牙江乃南盘江之一段，以形如月牙而得名。山以龙海而名者何？以占领此山之人名龙海，即以其人之名而名其山也。寺以龙凤而名者何？因占山之人是以龙为父，以母若凤也。寺为龙海所建，而以龙凤两字名其寺，一若龙氏之家庙焉。龙海以得读小白龙之书而开其智慧，迪其心志，乃能发扬广大。始而以富著，则雄一方，既而以豪称，势压一郡。于是倚丘雄山麓作寨而居焉。

丘雄山，前有江流，后系峻岭，就山前作寨，亦不啻背苍山而面洱海也。是时龙海据此地盘，拥有丰财，遂以土司、土官、土目之资格，于丘雄山巅而建一寺，名曰龙凤寺，为龙氏特有之寺，复易其山名为龙凤山。更进一步，直认此龙凤山为己所管有之地，筑壁垒焉，建碉堡焉，设关守险，居高而瞰下，一若梁山泊上宛子城，而龙海亦俨然一宋江也。夫土地广而山场宽，佃户多而“娃子”众，年收谷麦直达数千石，银达数万两，仓库丰盈，有如冈如陵之象，山中食指〔吃饭的人口〕，尤不知有几百几千。见之者，觉其颐使气令，堂上一呼，而堂下百诺也。又不独此，凡附近月牙江一带之居民，亦无不仰其鼻息，听其指挥焉。此时也，彼一小部落之酋长，犹不若龙海之雄豪也。

夫龙海之踞山称雄，所谓虎之负隅，而龙凤山其若太行山之大欤？弗若也；其若泰岱之高欤？弗若也。龙凤山高仅十余里，长只二三十里，如斯而已尔。惟是山面雄奇，山背陡险，守之易而攻之难，故龙海得于此间为所欲为也！顾此，乃述龙凤山与龙凤寺之本原也。

《省志》载，“龙凤寺建于元至正七年〔1347〕”，但未署寺为何人所建，似不欲彰龙海之名于后世，故忽之；而《州志》则纪之甚详。山作圈椅形，由山麓至山巅约十七八里，山顶殊宽阔，横十余里，纵六七里，溪泉潺流，环绕于小峰危石际，颇饶幽趣。寺为三进，殿宇宏深，画栋雕梁，碧瓦黄甍，极其壮丽，而数百年前古刹，至今尚未倾圮，亦云幸矣！

去寺若干步，有紫溪池，池乃一石穴，有泉水自石罅冒出，积而成池。池面盈丈，而深则不易测。池水清冽甘芳，作饮最宜，池上有厚朴树二株，落叶于池，泉水转增香味。是处也，从清净两字上而言，亦人间福地，山中考槃也。龙海据此数十年，要不过如孙猴子之占领花果山，无所害于众，时之当局遂以癣疥视之，不用药疗。既而龙海死，乃子乃孙承守父祖基业，尚知敛迹，省之当局者仍以膜眼视之。逮至曾、玄辈，则鸱张而枭视，大有不服王化之势。时掌握滇中兵权者黔国公沐琮乃以兵讨伐，龙氏亦逞戎相抗，作困兽之斗，而地势险恶，大兵不易攻入，竟三年而不克。

龙氏有“娃子”资某，黠者也，官兵饵以重利，允以厚酬，乃导官兵由山后之某一条路上攻，由江之某处抢入，一一偷度其险，官军始获深入，而龙氏之巢穴遂破。龙氏之子孙数十人及其老幼妇女则逃奔于邻近之师宗、路南、平彝、曲靖等处，改其姓为海，而作编氓焉。

龙氏灭矣，官军告捷矣，彼资某当受国之上赏，清理龙氏之田产地业，直有二百余十处之多，竟一一划归资某，为其世守恒业，于是资某便成一变相之土目。从此，月牙江内、龙凤山上，兵气销除，日月生光，山巅之寺宇则保存，山间之壁垒则扫净，化蜂窠蚁穴而为乐土康庄，月牙江上又成一清凉世界矣。

邑人以丘雄山名久已不脍于人口，乃改名其山为龙海山，今龙海山名仍腾震于陆邑。资氏世业传至前清道光年间，始剥落竟尽，然亦传流至三百余年矣，今资姓男女亦无几焉。

赖龙潭

华人谓龙为神物，英、法文字中虽有龙之名，而生物学家则云决无是物。然在中国各省之内，凡有龙潭处，又多有特殊感应，亦若真有龙潜于下也。如昆明之净泉寺后有白龙潭一，潭中不可入铜器，入则潭上立起冰雹，然须在春季始有此应验，余时仅有风雨也。余尝偕友人某君游于是处，适在秋间，某君戏以铜钱百文，用长绳贯之，坠沉潭底，少选，即见潭水突然沸腾，若将上涌焉。骇极，立将钱拽起，向归路而逸，结果亦无雹落。后与村人言，佥云："幸拽起得快，否则必要受惊吓，或为冰雹所击也。"

陆凉有赖龙潭尤奇，又何由而名之为赖？盖言龙之行为近于无赖也。龙洞在一土坡侧当大路旁，夏秋间，有泉水由洞涌出，然亦不十分大，春冬两季，泉流极细，几若田塍畔之细流焉。但是洞中绝不可以一切物件丢入，尤其是金属，假投掷一物入内，立即有风从洞吹出，此尚无大害。投以铜铁器，洞内则立起狂风，挟冰雹而出，于是横冲直射，水则汹涌万状，雹之大者等于鸡子，小者亦等于蚕豆。雹不由天空降落，实系由洞中喷射而出也，其射出时，与天时气候一无所关。但是冰雹喷出，为害甚大，凡在四五里内对正龙洞之一条线路上，无论其为何种种植，靡不受其摧残。受害之线路虽不甚宽，亦可能及二三十丈，乡人以是不敢轻狎焉，特立木牌于洞前，声明一切，望行人勿得轻试。

抗战时，有中央军过此，见牌而哂之，曰："太迷信也。"拟以手中铜器甩入洞内，乡人得知，遂奔来以好言哀阻，军人乃不投铜器，仅以手中枪向洞内一射，讵意此訇然一声，祸患便作。约一二分钟之久，洞内便响声大起，风吹出而冰雹射出，三五军人正蹲于洞口前而谈乡人之愚，不意狂风与冰雹竟猝然中于若辈之面孔上，复一时退避不及，俱为冰雹打倒。已而强起，乃挟枪奔逃，然于头面上亦大受伤矣！

时维七月，在洞前一带之庄稼正芃芃上旺，遭此一击，凡属有望之农产物莫不受尽摧残。幸射出之冰雹不大，时间不久，扫射之线路不宽，亦不甚长，受害者只二三十家人耳。乡人忿极，割取打坏之庄稼及射出之冰雹，担负入城而诉于官。时县长为玉溪人熊心畬，见篮中冰雹，来自二三十里外，尚有如手指大者。而官府于此亦无如之何也，惟以"一俟查勘灾情如何，呈请省府免税"之语了之。

发现大爨碑之轶闻

爨龙颜碑自是陆凉之宝贵物品，碑之来历，志书言之綦详，余不赘言。惟昔时发现此物之情节及近今保存此物之地处，不妨略志之。今碑在距县城三十里之贞元堡，而此碑原非贞元堡所有者，碑原在距贞元堡数里之某村中，仆于一农作时共同掼谷之土厂〔场〕上。村人以其长大厚重，利于掼谷，遂撬起一边而垫之以石，作掼谷之具，此已不知有若干年矣。

在乾隆初年，一云为康熙末年，有贞元堡之士人某甲，因事至此村，见其掼谷厂〔场〕上有此一巨大物品侧仆于地上。某甲亦好古者也，谛视之，见其碑阴，知为远代物。乃设法翻露其面，时泥护苔封，不可辨认，又设法洗剔之，碑文始现。然亦不知爨府君龙颜为何时何代人物，碑又有何种价值，惟见其字迹古老遒劲，甚爱重之。乃雇匠人往是处捶拓碑文，得若干张，回而搜求考证，复质诸一般研究金石学者，始知事之来由，碑之垂成，更解此为滇中极古老之石刻，亦为金石中极有价值之品物也，于是有多人前往捶拓之。

是村有文人某乙，渐知碑之可贵，遂将此碑抬往村之某寺里藏储，有来拓碑者，便靳而弗许。某甲以碑由己发现，今转受制于人，心中忿恨，乃集贞元堡人数十，备四牛牵拉之大车，突往是村夺取此碑。某乙无备，碑遂为贞元堡人所得。贞元堡人得到此碑，即珍而宝之，凿石为座，立于村之深处，上覆以亭，避免风雨剥蚀，由是碑之运气大来，常有人往是处捶拓焉。但碑之石质不佳，粗粝处几若砂石。论陆凉地方多美石，彼时泐碑人胡为而取用此种粗粝之石，亦不可解之至。

按：大爨碑发现，实在曲靖小爨之后，阮云〔芸〕台粹集滇中金石，于小爨则未经收集，于大爨则跋之，岂以小爨未经入目耶？抑以小爨为不足贵耶？是必有故也。今大爨以无阮跋者为旧拓，诚然，盖决此是在发现后、阮氏未得寓目以前之一段时间所拓也。是碑在近百年来虽时有人往拓，究不若近十年来往拓者之盛。在抗战后，外省人来滇者多，器重此者大不乏人，因而有人昼夜捶拓，碑石不无损焉。迩来陆邑人于碑则珍护极矣，碑亭在处圈以围墙，复建学校于是，而以一人专司碑亭，入拓者有种种之限制，斯而宝贵之至！

陆凉最近发现之古迹

陆良，在清代以前元、明两朝时都称为陆凉，近今始易名为陆良，元、明两朝于陆凉则设有卫所，曰陆凉卫，与曲靖之越州卫相同。卫即屯军之所，其性质与近世之师、旅、团、营殊异。盖卫所之军是永久屯守于设卫之地，无迁移性。如在陆凉屯守者，其世代子孙都得承替其名额，永为是处军籍中人，而不得改编〔变〕为民。卫有卫指挥十二名，每年轮定一人出而担任卫所事务。卫所占有田亩若干，通名曰屯田，由卫所分配与屯军耕种，年纳粮于官，其直隶于卫所者纳屯粮，间接于卫所者纳军食。军食较民粮为轻，较屯粮尤轻，然必按年交纳也。元代于陆凉之一切制度，明代因之，清初仍因之。既而渐次改革，至嘉、道间，始将卫制完全扫除，而屯粮与军粮则仍之。

夫陆凉既为蒙古军驻扎地，军事上设置自多。在往昔时，陆凉境内随在皆有梁王堆，大者围十余丈，小者围六七丈，上或滋生小木，或蓬柯载满，而亦无人敢发掘也。又境之南有大坟二，高逾二丈，围约二三十丈，其上已丛生拱把之木，传云为唐代之万人冢，亦未知确否。

民国三十一二年〔1942～1943〕间，美国人就陆凉城外辟飞机场，凡在其范围内之一切障碍都取消竟尽，境内梁王堆之被取消者实属不少。其每一梁王堆，于掀开土后，其下即现平台一座，或为石砌，或为砖砌，其式俱如小东门外之穿心鼓楼。台下有能四面穿过者，亦有只能两面穿过者，然都如城门瓮洞一样，其高处大处又什九相同。

有人云：掘而露出之平台，就形体上查看，只稍小于往昔东岳〔庙〕前上建白塔之石台，是则只有小东门外之穿心鼓楼的一半大。惟每一瓮洞内多有古物，如盔、铠，如刀、剑、矛、戟，如铁锅、铜锣，如铁钳、铜炉，甚而有货币，有人骨殖，种种色色，不一而足。

究不知是项建筑是为防患御侮而作欤？为藏储军实而作欤？抑别有他故而特成此欤？时人聚讼纷纷，殊无定论。

宣威矿产之富

宣威为迤东一大邑，南北距三百余里，东西二百余里，面积逾五万方里，其幅员不可谓不广，邑中丁口超过二十万，黎庶不可谓不众。惟境内山原多而水泽少，田土瘦瘠，农产不丰，有者多是包谷杂粮。以是地之所出，不足以供民食，故邑之丁壮，在往昔多出外谋生。如往各矿厂当砂丁、各山场上事解锯，年必有数万人，春初而出，冬尽而归，此是习于常，盖不如此不足以云生活也。宣威之情形若是，得毋为一地瘠民贫之处欤？噫！宣威实一富藏于地之域也。

宣威之煤、铁、铜矿随处皆是，今先以铜言：邑有村曰兔场，距城仅二十里，村后有土山，高大倍于省之五华，山腹内蕴藏有自然铜一大块，殆占山之体积在三分之一或五之二焉。在明末清初时，即有人凿山开洞而取铜。时以土法，于山脚或山腰掘一容人一身钻入之洞，深或三四丈、或五六七丈不等，俱可达到土之尽处。土尽处即是一层石壳，石壳略有厚薄，薄者只三四尺，厚者可能到七八尺，凿开石壳，铜即在内。铜在石壳内，其体积之大小究是若何，其形状又是若何，直无人敢必。

取铜者惟知掘洞开礌〔槽〕，土尽凿石，石穿则可凿铜。在山之南北两头掘洞而入者，其结果如是；从山之东西两面开礌而入者，其结果亦未尝不如是；即在其上下左右相并而开入者，亦无一不破石同而见矿同；甚有在山脚下斜穿地道而入，或在山顶凿井而下者，其破石得矿，亦复相同也。可见此山是土包石而石包矿也。时有人喻此矿如一板栗，外有壳而内有皮，肉在其中，此语甚确。

石壳内包之铜却是一块鸡血铜，色紫而艳，质极纯净，取出勿须提炼，以火熔化，即可制器，故名之为自然铜。此藏于山腹中，堪云“天地为炉，阴阳为炭，造化为工”而制成者也，铜似一大团凝结于内，表面仅现凸凹而微有棱角。入内取铜者，于凿穿石壳后，自无法刨掘，无法敲击，惟有刳之斫之，钻之削之，而日得铜粒、铜屑若干两或斤许，便为一日劳力之收获。时铜价虽廉而生活却低，以一人日之所获，亦足以赡养三五人，故有人甘此孜孜勤劳而博取蝇头利耳。

逮至近百年来，邑之生活日高，事此者觉利微薄，乃舍此而作他图，矿业乃废。前五十年，余曾至是处，访求遗事，考查故迹，尚见土坡上下有昔人遗弃之礌洞数十，痕迹宛然，乃绕山一周，似不下三里也。心计此块大铜，假作一长阔五十丈、高二十丈之带纵立方体算，应为五千万立方尺，每一立方尺，以铜之定率约计为四百七十斤，五千万立方尺应有二百三十五亿斤。噫！地之藏蓄宝物，何其如此之富哉！

又去宣威城四十里，有地处曰苴萋礌子，是处为一大山礌，两边俱绵亘不断之高山，中成一礌，礌里宽窄不一，有宽达里余者，有窄至一二百步者。由礌口至礌之尽处，据土人云，约有二十余里，礌子内以山势陡仄，难于种植，故不易于居人。但有穷黎百数十家，结茅山际，栽种燕麦、洋芋等以糊口。礌之东畔，若沿山麓而探求，则尽属煤矿；礌之西畔，又尽是产铜之处。铜矿又蕴藏不深，有掘入五六丈即得矿者，有二三丈即得者，甚有仅及丈许即得者，真便宜极矣。矿之成分极高，闻百斤矿可提炼二三十斤铜，此尚是用极单纯之土法，若精求炉火，得铜当不止于是也。

在往昔承平时世，礌内无匪潜藏，一般穷黎，或十人八人，或三人五人，各凑一二担包谷，背之入礌，东边取煤而西边采矿，山间锯木架箱，崖下结茅为屋，采得二三千斤矿出，化得数百斤铜，而凑集之粮食亦咀嚼尽矣。背铜而出，售之于市，盈余又几何哉！然附近是处之穷黎极多，一一俱无田耕地种，出外谋生，而又无人携带，遂多有利此地处而求生活耳。

夫如是之天财地宝，何无人投以巨资而营谋之耶？盖采矿冶金，非尽人能为之事，且是处荒僻，彼拥丰资挟巨财者，谁肯轻于试之耶？故财弃于地而无人顾惜也。至于铁矿，随在皆有所见，且多半是菊花矿，其显著于路旁者，真可用条〔箒〕帚而扫之也。挖掘煤炭与挖泥土同，运煤卖者，无非赢得一种脚力钱耳。近闻宣威之煤亦有价，是因粮食价昂，煤故叨光也。

且宣威之煤可以提炼火油，前四十年，曾有人以粗浅之法，就宣威之某处蒸制，其成分极好，惟不甚清亮，致不获人重视，遂停止其进行。又据邑人云：在乾、嘉年间，宣威矿产殊旺，是时开采铜、铁、银矿者直不下数十部份。如淌塘一隅即有数十炉户，年出铜数在二三十万斤，其他地处，产出之铜亦复不少，若铁若银，出数亦丰。且有人云，在二百余年前，当清雍正时，曾有一冶银矿者遭遇到一种至奇之事：

宣威城外之东山，距城只十余里，为邑之名胜地处，有一古佛寺在其上焉。山不甚高，自下至上只三几里耳，山势绵亘，长可十余里，山多石而少土，人无不认山之蕴藏厚。时有江西人刘某，素以矿学家自命，初在宣威经商，颇有积蓄，既而艳羡宣之矿产丰富，遂专事于矿业。亦曾在宣之某处开发一银矿，成效著后，为强者夺去，刘某于此遂生戒惕。已而在东山上开得一银矿，鼓炉而试，实佳矿也，于是罄其所积而专攻乎此。积半年，出矿不少，又开一炉而冶之，仍银也。但资本尽矣，乃停工封洞，令依傍身边之一子坐而守之，已则持化出之银若干两. 作路费而旋赣措资，以图大举。

刘某抵家，出银以示长子，并述其一切经过，子闻而心艳甚。时刘某有田二三十亩，有屋数栋，欲悉数售去而携款来滇，拓展大业。刘某有族弟名某者，家亦充裕，闻其父子之举，劝其勿作倾壶至干之计，愿出资勷〔襄〕助。刘父子不乐他人分利，拒之，惟一诣孤行，货尽宅而鬻尽田，得款若干，尽数挟之来滇。

刘父子抵宣后，即大招工役，尽量开采，而偶一炼化，自是纯银，父子三人欣喜极，以为功成指日，当然得到一本万利，日惟背矿出洞而已。意者俟洞空矿竭，再行开炉熔化，既免被人侵夺，又可隐瞒矿税。计算精深，惟待开炉后，雇骡马来驮银耳。于是日以虚言哄骗一班劳力者。此而又尽半年之工作，不知背出矿若干万千箩来，洞外堆积之矿已如丘如陵。

夫呼而不吸，气必穷竭，一日探囊取钱，又将空矣，至此不能不设洪炉而冶金焉。一火一罩，意谓不下数十两之收获。讵知天不乐彼登玄坛，命也难言！火中取宝，轻气化而浓烟飞，揭盖称之，得宝固数十两矣，惟不分质，视之自是白镪，宰之则如钢焉，一炉如是，后此者亦无不如是。父子于此，亦惟目瞪而口呆尔！复一再设法分提，终是一气浑成，又出前之标本相较，形色仍复相同，惟性质则异于是也。既而又于初架箱处搜求余矿出炼，亦复如是，持以问人，亦无人能辨认其质，斯而惟有停炉！

火停工罢，则欠人帐项不少，手持此种“银块”而不能用，亦惟仰天而呼，顿足而叹也。父子同受此天畀地与之惨毒，是身家尽而矿产变，债台高而生路绝，不死何能了结！一日二日，父以是愧忿而死，二子亦因受困厄而亡。旁有不甘心者，复开炉下罩，其结果亦与刘同。至是一班冶矿砂丁始一哄而散，今余矿仍存是处，亦无人往顾云。余于宣统元年〔1909〕随侍在宣，邑人某引余观其遗迹，是去东山寺约四五里许，有一高至数丈之大土堆，一若大理下关之万人冢焉，上惟丛棘蓬蒿蔽满尔。某曰：即此是也。

（眉批：此种矿或是镍矿，盖是时尚少有人知金属中有一镍矿也，后世人又弃此而不加之以考求，殊惜！）

巧家区域之辽阔

巧家为迤东方面地广而又最寥廓之一郡也，在蒙段时代，地属乌蛮，自元迄明，乌蛮之势力渐弱，虽然，在是时，仍有大半地段为乌蛮所有也。逮至清初，虽云改土归流，而在边鄙地处，乌蛮一族仍具有势力焉。今称“黑夷”者，实乌蛮之别种也，今称“蛮子”者，实乌蛮之裔也。巧家域内，今仍夷族多而汉族少，复有甚多的“蛮族”在着。据此情势而言，改土归流后，要不过疆土入于版图，民族则与昔时不大悬殊。

巧家领土，南界至北界距八百余里，以人行站言，须行十三日，始能由南疆而达到北界。盖巧家之区域是北〔当作南〕接禄劝而南〔当作北〕接永善，此一大段地面，真可云辽阔已极。至云东西两面，横过亦在四百余里也。巧家原跨金沙江而为治，江之东面约占什之三，而披沙司、六城坝及阿木期夷寨等在焉。江之西面约占什之七，则为米粮坝、蒙姑等正大地处。巧家全境近分划作十二区，江之东面四，西面八，其区域之面积固不能大小相同，然举一极小者而言，其地面亦大过于富民全县。是则巧家一郡所属之地，可等于内地之十多个州县。

巧家郡城，设置于附近江边之米粮坝。所谓米粮坝者，因巧家境内随在皆高山峻岭，平陆绝少，若云膏腴田土，惟此处有一小湾，彼处有一小洼耳，至云二三十里之平畴广陌，是绝不可得，米粮坝为一长逾十里，宽三五里不等之一平坝也。此不特地势平衍，而且水道纵横，不特利于黍稷，且能栽种谷麦，更能水旱无忧，年年丰收有望，故以米粮坝名之，然此为巧家境内绝无仅有之一块田也。除此坝外，即有三五处堪称沃壤者，要不过三五里之纵横也，以是建城于此特殊地处。

按：巧家在前清时为一厅治，置抚彝同知一，入民国改为县，领土如故。城内人民是汉少夷〔彝〕多，云丁口近二十万，实不甚确，或者能有十一二万耳。境内之汉、夷〔彝〕两族多是散居，除寥寥可数之二三十村外，大都是山一家而水一家。例如由东川至蒙姑及由蒙姑至巧家，此四五站内，仅附近蒙姑处有三五村寨，过此则无所见，且有时行二三十里路，始见到三五家人。夫人之居处，当然不乐在深山野箐中，又为生活而着想，似愈近康庄大道，愈有可图。此数站路程当中，烟户只此少数，可知其烟户稀矣。岂林深草茂处或悬崖陡坎处而云多有人家住在，是必无之事也。噫！巧家之人烟是有如斯景象，其户籍之编制，云有二十万，无非下以此搪塞于上也。

巧家地面既若是宽广，假切其长而补其短，计其面积，亦不下二十五万方里，丁口又无二十万，似每一人可占两个半方里也。地广人稀，农产自不成问题。且中有江流，低洼处颇多，高处寒而低处热，故巧家境内，其气候较热于他处。如披沙与蒙姑，常能热到百零五度，而米粮坝亦有时能至一百度。大凡气候炎热之地，一切种植都易于成熟，所以巧家境内之山田、山地、广阜、高原，栽种杂粮及甘蔗、芝麻等无不丰茂也。农产丰茂，谷食自有盈余，饲养六畜，大利生焉。郡内牧豕之家，一乡之中能占九成，巧家猪油之运出境者，年不知有若干千笼。而畜鸽者亦多，市面鸽蛋与鸡蛋同贱。其他食物，如糖，如蜜，如花生、木瓜子等，尤是大宗出产，运出境者不知凡几。

山中药材极繁，林树极茂，药材中略举一物而言，吴茱萸遍岭皆是。人们种植之树，若桐子、若楝子、若漆树、若楮树，直是荫满山谷，有此丰厚出产，所以境内居民大都为小康之户也。至于铜矿，在迤东方面，巧家之汤丹、落雪两厂当称巨擘，数百年来，不惟挖掘不竭，且能日旺一日。按：此两厂俱在大山之间，山高数十里，其上、中、下三段气候各别，山脚极热，犹热带也，山半犹温带，山顶直如寒带。名以落雪者，实由是山之巅有雨即成雪也。山在巧家、会泽分界处，山上属巧家，山脚属会泽，今东川矿业公司所开之厂，即以汤丹、落雪为主要，余皆附属。巧家又有棉花、七里等厂，则不若汤丹、落雪之有名也。

巧家河流，金江贯于域中，自北曲折而南。彼考查水程者言，河流计长八百余里，管辖大滩七十有四，其贯串可谓长矣。江之东面，其最有名之地处为六城坝、披沙司、木期司。六城坝在披沙之北，今设置一县佐于是，分治其地，而辖地颇广，纵横俱百五六十里。但四极荒邈，除有三五小坝外，余俱万山合沓，且多半为高大广长之凉山，是又不及江西面之一带地处饶有生发也。披沙有大小之分，大披沙属于川边宁南县，小披沙属巧家，宁、巧两县以一小河为界，是处则略有平坝，但气候热极。木期司在江东面之南头，此处另有一小江，隔岸即属昭通，而此一地段亦长逾百里，宽则不可考。大凡挨近江边一带，亦略有平地，足以栽种，除此即山岭纵横，不足以言农业也。

在巧家境内谈山势，若一二十里高之山，诚卑不足道。得称高大者，大都是一上一下俱在四五十里，乃至七八十里，非此者不足以云高大也。虽然，此上下七八十里之山，在巧家境内，犹不足加之以稀有二字，盖亦常有所见也。有足以称为稀有者，惟郡城南去三日路之某一大山，由其北面之麓（是处即赫赫有名之陆崇仁大厅长之故里）而上至山顶，须尽一日以上之足力，又平行二十余里而下山，向下而行六十余里，为下尽山之六七，至某土司衙门（是处为大有声名之龙三少爷入赘处），又再下三十里，始至山前之牛栏江畔。此一上一下，直在三日有零，此在巧家境内，实为第一座最高大之山也。

巧家无甚名胜可言，所谓之大、小药山，要不过山之形势特别，有异于一切蛮山峻岭，而又满山皆药材也。大药山在金江东岸深处、木期东北之群山间，山极孤挺秀拔，与四围之山迥别趣味，由下至上虽不足四十里，惟道路陡逼，尤多转踅，故行三十余里可等于行五几十里也。山分三级，第一级为半土半石之偏坡，有路可循，山径不陡不逼，可以鼓气而上。路之两旁极多草木，而十之六七俱属药材，其种类甚多，自不合一一举出。总之，草木、金石、鸟兽、虫豸之足以入药剂者当不下二三百种，是名大药山，亦名实相称也。缘路升陟至十三四里，山势略略停顿，竟现出一层平台，平台是沿着山腰而转旋，有如磨盘焉。平台上之某一面有一水潭，潭上为一逼立直之石崖。崖高十余丈，上挂大小瀑布二股，俱由山砑〔垭〕口流下，望之如两匹素练挂于绝壁上。两股瀑布俱注于潭，潭畔有石磄，水溢于，曲折而成涧，向山下流去。由此层平台而上，蹊径隐微，只可随牛羊步出之迹而行。此段山间极多厚朴树，枫木、香樟亦多，岩际则多石楠藤。再上十数里，又现一平台，是为第二级之分划处，而此则不如第一级之地势宽展，只略现一大坎而已。由此望上，则是一维石岩岩之高冈，上与天接，高一千尺或七八百尺，殊不易计。此而欲陟彼高冈，却无路可循，即云攀藤附葛，亦无可攀、无可援，实是一游客止步之处，欲登临绝顶，或者山中樵子能如猿猱而升上也。山中无一猛兽，有四足奔驰于山谷间者，惟麂、鹿、兔、麂、岩羊数种而已。林树间野雉与白鹇最多，随在皆见，而见人亦不惊飞，此由无往猎者，都未受过网罗之苦也。人在此第二级之高处瞻望，四围山岭已如儿孙环侍，亦云高矣。言景致不过如是焉尔！

小药山，由郡城南去不远，仅数十里耳，则在江之西面。江西面人于此山但曰药山，江东面之人则加一小字，亦自以为大也。实则江西面之药山亦高大矣，山之高约四十余里，以形势言，山亦高耸秀拔，有异于群流，而又突兀撑空，峥嵘拔地，诚为一郡之秀。山作上下两段，下段由山麓上升至一宽大平敞地处，地名八石种，约为二十五六里。此又胡以八石种而名，以此一段地能下八石籽种也。由此而再向上，约十七八里，即至山巅，是为上段。上段山间多产黄连、贝母等贵重药品，亦产木香，而下段山间则百药俱备，故以药山名之也。

山顶有一大池，面积约亩余，深不可测。有人以二十丈长绳系石块而牵之以葫壶，投入池中，探其深浅，葫壶竟牵入水内，复以五十丈绳牵葫壶而投入，葫芦仍坠下，故云深不易测。池水极其清澈，汲取作饮，甘凉沁脾。水之质素极轻，取十斤水而以铁锅煮之，不及三分钟，水即沸腾。池中水亦无从流出，亦无所谓满溢，一年四季都是盈盈在望。惟是池中之水，人不得任意搅动，尤忌投掷铜铁物件于水内及一切污秽物，犯则冰雹骤降，多损八石种处农产物，以是八石种之村农时留心于池上。

山顶风极刚劲，草木多不能耐其栗烈，有古老松柏，多是蟠屈于地或倒卧于地而生，然亦能长长至三四丈。但柏叶、松针异常硬健，与生长于下界者相较，大有不同，可谓“柯如青铜根如石”也。山之后面则林木茂盛，大杉树、大桧树逾于二人合抱者甚多。灌丛之间，惟潜藏野猫、野兔，若豺、狼、虎、豹等却渺无形迹。山顶有庙宇一座，传云：二百余年前，有川人某上山采药，爱是处清幽，乃结茅数椽于岩际，以便采取药物，且专于搜求贝母、黄连、木香等。既而又见山间有代赭石、礞石、砒石及大青、石绿等有价之物，乃尽量采掘，积有成数，即背入城售卖。既而结得一青年同志，有若师与弟，二人即以采药为事。于三五年间，在售卖药物上，竟积得若干银钱，乃在八石种处，倩人烧砖瓦，在山后伐树，更倩人解锯成材，此而两人俱作道士装，出而募化工〔功〕德，倡建庙宇于山上。郡人见其如此苦行，无不乐于捐助，得到大有可观之数，便鸠工庀〔庀〕材，期年而殿宇落成，奉以道祖，名以老君殿，于是游人渐至，且香火称盛。师徒二人仍在山采药，藉以密〔弥〕补生活。如此者二十有余年，老道士已年逾七十。某一年，山中气候特别严寒，大雪下至二十余日，此师徒二人遂冻死于庙中。雪晴后，八石种人走往庙中，始知师徒死去。村人念彼师徒苦行修持，且营成庙宇于山中，功行不可以没，遂营葬师徒于庙侧，复为之立碑作志，以垂永久。此为汤锡之君详语于我者。锡之名祚，曾两任巧家县长，积三四年，自云尝〔曾〕到过大、小药山上。

绥江途次中之奇异景物

绥江为滇东极边之一县，自省到绥江，路长二千里，亦等于省到维西、中甸。绥江原名副官村，居金江畔，隔岸即四川雷波所属蛮允司，东去四十余里，即与四川屏山县接界。在清代光绪十六年〔1890〕前，副官为永善之一分县治，设一县丞以治其事。论是处虽以村名，而烟户在一千六七，犹繁过于永善县城。副官上通永善、大关，旁通井桧，更与川南之雷波、叙府接近，故有商业可言，且由叙府上驶之船，亦以副官为止境，由是而成为一水码头。副官文风最盛，永善之甲榜，副官能占十之七八，所谓孝廉公，常有四五人，出仕于外者，随时俱有二三人，是人材之盛也。

副官既属边鄙也，而又面临大江，东西南三面俱高山峻岭，危径险途，故在任何乱世，都无大批匪侵入，缘此，凡附近副官百里内村场，都能常保安全。夫一二百年内能不受一兵一匪之扰害，人民之安乐、之富足也可知。副官自光绪十六年后，随分划永善之疆土钱粮，就副官设县而治，易名为绥江县。此绥江县之沿革历史如是。

绥江既在永善之北，赴绥江者当自昭通而往，但路有三条：一由大关盐井渡直下至川边，而横过绥江，此有十五日程途；一由永善经柏皮树、锅圈滩而至绥江，此须行十二日；一由大关分路，经木杆河，度一大山林而至绥江，此亦须行十一日，此往昔之行程若是。中以永善一路为最险，木杆河一路为最弯窅，盐井渡一路为平顺。此三条路，余俱寄有行踪，兹略谈其在木杆河一带程途中所见之奇异景物。

由大关分路前进，第一宿站为大关垴，记得出大关城约二十里，即上一高山，计倒九十余个之字拐始到山巅。山巅上略有平地，此即名大关垴，以在大关之绝顶也。据足夫云：“自下至上，实有四十五里。”惟在上山时，足夫休息者六次，足见其劳矣。论此四十多里之上山路，在滇中原不足奇，但在此四十五里之山路上，则有特殊之景物入于吾人之目。路之两旁，均长满排密而高不及丈之一种霸王鞭草（亦仙人掌草属，但形同鞭锏耳），直无一空，真生发茂甚，排连得齐也。按：此野生植物当然是根草相属，然又不串及于山谷间，只夹路而生，且只生长在此四十五里之山路两侧，上至山顶，即一茎不见，似此生法，真不易解索。

又前进一站曰黄果溪。途中有小河一条，上架铁锁桥，长仅十数丈。度过桥去，约行二三里，即转入一山礌〔槽〕，两旁俱是岩壁。崖脚下各有出水洞一，东西相对，参差只在三四丈，洞中出水俱涌，同注于涧中，流入铁锁桥下小河内，土人名此曰双龙洞。礌中之曲曲石径，则在西边之出水洞上，可云是由岩际踱过。行近此者，以景致言，诚奇之又奇，惟行经出水洞上，俯瞰湍流，雪浪翻花，水冲乱石，响声震耳，路仅尺余宽，草苔又滑，此能不战栗而踱者，是必常经此道之人，以见闻惯而不惊惶也。

前进站口曰高桥，此站路惟出没于深林茂草间，穿度于深涧长硖内，了无奇景可述。再前进之站曰木杆河，距此站三十里之一山谷内，地势殊开展，约有十数里宽之一地场。四面山岭环列，然大半为土坡，坡上多杉木，亦不甚密杂，其参差远近，有如画图上之排列。是处林间多练雀，练雀为飞禽中雅丽者，状颇类鹊，体则大于鹊，稍小于白鹇。头颈、背上毛青而带绿，腹部毛白如雪，双翼舒开，白质黑章，颇似鹊之双翅。后拖两匹尾毛如练，长约二尺，亦是白质黑章，则似锦鸡之尾翎，而宽则过之。鸣声略似鸦鸣，却清脆而长，且喜在空中飞鸣。其飞鸣时势态翩跹，大不似他鸟之翱翔，是径往径来也。此鸟在山林中实不易见，不意此一地处尽属此种禽鸟之乐国，行尽十数里之遥，均与此种禽鸟相值，或飞翔于空际，或栖息于树间，此往彼来，东聚西集，真不知若干万千耳。惟跨过一条河流，越过一座山岭，便无此鸟。第闻是处气候极冷，入秋即有雪霜，大约此鸟喜居于严寒地处也。逾此不远，即为木杆河宿站。

木杆河系一极大溪流，村场近溪边，烟户不及百，均就溪之西畔山麓而结庐，连成一条长街。而面东者依山，面西者背水，背水者多是竖柱于溪上，架木铺板，亦是地亦是楼也。余宿之旅店即是此等房屋，下则流水滔滔，极饶雅趣，夜枕清流而卧，的是人生奇逢，一觉天晓，又拟长征。屋后有窗，开窗则青山在望，是时晓雾犹浓，罩住林峦，然松杉深处，亦隐见乱峰攒集，俯视清流，则潺湲有声，拟以倪云林之山水画图极相似也。忽见对面山谷中，有百数猿猱相牵相连，分路而下，大者在前，小者在后，大者似高二三尺，小者约尺许，走至溪边，排成一字，俱俯就清流而饮吸，秩序井然。我以望远镜察视，猴分三种：一青、一黑、一黄，而青者独多，黄者稍次，黑者只十数个，却各以类聚，不稍凌乱，饮讫，复分行而上，仍是大者前而小者后。据店主人云："山中猴类甚多，每于早、午、晚三时，必下而饮水。幸河流深阔，猴不能越，不然，难免其来骚扰矣！"顾此种景物亦属人生之偶一相逢，睹此心殊快愉！

由木杆河前去之站口名谢沙溪，此站路长八十五里，途中十分荒凉，尚须閬〔隐入之义〕一老林，始能达到。何曰老林，一出产笋子之大林薮也，而满山俱是罗汉竹，林薮长至五十里，其间少有人客往来。惟春夏间则有人入林掘笋，闻年有数千背笋产生，此而运入川，制成笋干，复运入滇销售，是为川笋，实则是滇中产品也。

老林在一段极高之山上，缘自爬上大关垴后，尽是在高原上穿度，虽有岩壑溪流，亦概居于高巅，行程总是向上，故老林竟在一至高之处。其处气候寒冷，秋后即能见雪，冬季自是大雪满山。余之行经此也，是随侍家君赴绥江任所，在光绪壬辰年〔1892〕冬十月也。山间冰雪正隆，初以择近而行，未知其间情形，竟贸然而往。是日由木杆河前进，固是越岭踱溪，亦不过以荒僻论，及行至一小寨曰福荫溪，有烟户三四家，憩息于斯，始闻前途十分难行。据此寨土人云："山中多猛兽出没，然不甚伤人，惟不宜惊之也。"又云：

"前去六十余里，中间只有三江口一处有人家可以住宿，今雪满山中，恐不易行到谢沙溪也!" 此则姑听之。

由此小寨出去约数里，便步入竹树丛中，旋又沿一箐边而行。不意隔箐一望，无不毛骨耸然，一斑斓猛虎在箐之西边，徐步于草际。幸箐深十数丈，阔四五十丈，虎不能越，只昂头向东一望，仍低头徐步而去，第见其去远，乃额头称庆。既而思之，夫天地间之一切生物，本来各具灵性，各有境界，假在原始时代，人能不恃强而侵犯一切生物，俾能各行其是，各安于其所，此则无反抗二字之可言。彼虎、豹、熊、罴固是猛兽，人若不以猎兽为事，则各遂其生意，反噬之事，又何自而成? 此可以云，兽之噬人，是由人逼成，兽不为人所逼，恐狮、虎、狼、豹至今亦不解食人也。不然，彼土人云，山中猛兽向不甚伤人，得毋为梦呓? 乃思及俗语云："手不捺虫，虫不咬手。" 都由自取之也。又由此而前行十余里，即至三江口。是处也，是在此大山上而又突起〔之〕一二小山之间，有烟户三家，一在山顶，一在山凹，一在小山脚下之一块平地上。时天已欲暮，乃就平地上之一家而住宿。此有草房六间，作曲尺形，墙以罗汉竹编成，厚至三四寸，诚坚固异常，屋不甚高，仅及一丈。住宿后，则见茅檐转折处有一奇景入目。

大雪满山，随在有冰零〔凌〕凝结，檐前冰柱下垂，原是寻常事。惟此转折处垂下之冰柱是由檐际而下垂至地，近檐处冰柱竟展开至四五尺，乃纷披作数股坠下。其最大之一股直拄到地，在接近地处，犹粗圆径尺，其细小者可以想像。问于主人，答云："此已凝结约一月有余。" 此真堪加以 "冰柱" 两字。彼挂于檐前而粗仅及指者，亦曰冰柱，殊不恰切也。夜间闭户，主人谆嘱息火而眠。夜静时，户外则狼嗥豹吼。主人又云："夜夜如是，只须屏息声气，既无一事。" 余起而由竹子墙缝中窥视，时在十月中旬，天空中隐有月色，雪地上景物大可以辨，见三五野兽在雪地上跳跃，若不胜其快怡之状，但距离较远，不知其为豹为熊。天明后，户外野兽即息声欲〔敛〕迹。

次日又整装前行，时一行有三十余人，以是胆壮。过此三江口，多是向溪涧礵〔槽〕硖中而行，两旁俱竹树萧森，地面则雪深数尺。凡通足迹处，桐油零则厚至四五寸，明净若玻璃，底下之草苔泥石一一可辨。又有许多凝成团、结成块，能活动于地面者，望之直如一团石英水晶，可以取作一种玩物。顾此种凝结成团而不沾着于地上之冰零，亦是冰雪地中能特具形质之一种冰块也，至如独木横桥，更似水晶造成。林树上之枝枝叶叶，无不垂挂零条，偶值风来，丁当有声，惟竹丛上则只有雪压，而无零结也。人在其间，如伫立于琉璃世界，此种境地，为人生幸而相值，然亦不乐再度重逢也。

踱尽此一段冰天雪地，便直下一陡极险极之高坡，而且有一大截山坡直是一截掌沙坡，足夫都是以杼〔当作“杵”〕拄路，徐徐而行。此一高坡约有十六七里长，下至坡脚，再行二三里，即为谢沙溪宿站。此则有烟户七八十家，俱瓦盖之高房大屋，且有市场。再行二日，至挨近绥江之石咔啦寨，此处距绥江只六十五里也。此而以地势言，则在群山之间，穹窅万状，寨近溪流，遍地流水潺潺，而又乱石撑空，故有石咔啦之名，寨中烟户只十七八家，殊冷落也。寨后有山一列，高可数十丈，山无峰峦岫巘，惟崖壁横陈，更峻峭直立，如刀削成。山壁横长，约在十里，惟在近寨里许之山崖上，则有瀑布一股，由崖檐上之一缺口喷出。论瀑布下垂，大都依崖附石，或据礵下泻，此则不然，由崖檐缺口喷出后，便直悬空际，其形其状，不特不似他处悬流，即画图上所绘，亦不作如此之空悬也。此何以故？盖由崖檐伸出至二三丈，下则缩入二三丈也。其崖檐缺口距离地面，自远处看去，或能高至五六十丈，此一股瀑布下垂，当然能长至五六十丈，远望之，真如一长匹素练直悬于是处也。此一瀑布，若近观之，悬流实铺开至五六七尺，巨幅展拓，下注溪礵，势如万马奔腾，声闻于数里外。假逼近悬流，尤觉惊心动魄，骇目夺神，其冲击溪石，则雪浪翻花，冒高至丈，立在附近之一二百步内，恒雾雨霏微，凡往观者，俱不敢逗近流头，以寒气难禁，立足难稳也。

论此一股瀑布，实开尽眼界中之大观，厥后至黄果卫观瀑，虽属黔中名胜，评之，终觉有逊于此也。当夜投宿于石咔啦寨内，所宿旅馆是半在陆地而半压溪流，可云前半为平房，后半为楼居，殊趣极！店房本向东，屋后有窗，启帘则正对悬流。宋人有“卷幔山泉入镜中”之句，亦可用以写此地之景也。饭后月明，当窗而坐，对面悬瀑，更呈异彩，寒流为清辉所逼，转不似素练而似彩虹，于是变换离奇，莫可以名。而在月正当中时，悬流上尤现出一种奇异已极之景象来，惜余笔笨，难于写出。惟念行到此荒陬僻壤，宿此野店中，而能得此奇观，非一幸事乎？

诘朝〔第二天天刚亮〕履霜而行，出店门约五六里，即度一大石坡，坡上乱石森立，人则在石林中穿插而踱，此则不足以濡笔而述。石坡是一上一下，石坡下尽，便达于平地。然不及数武，即有清溪一条，曲绕于坡脚，溪流宽约七八尺，水极清澈。溪上有一平桥，桥阔二尺余，桥以两条巨石研〔当作“拼”〕成，石作青色，而现出若干百朵素色梅花，每朵梅花俱大如小儿拳，一一俱五瓣分明。两石条俱长近丈，各宽尺许，石面极平滑，极光亮，有如磨制而成者。往见杨林之牡丹石，以为是人间宝物，若抬至此，与此桥梁石相较，似牡丹石又不足贵也。然而在此荒山野径间，胡为而有此异物耶？乃四面观察，见有平地数幅，隐隐有断井颓垣之痕，谅想此地在一千几百年前，必有一较大之村落也。不然，此两条花纹石又何自而来！就此前进，途中亦不乏供我玩味之物，但舆夫奔落站口，双脚快过穿梭，不久间即抵达绥江矣。

往绥江而求捷径，不取道于木杆河，即取道于永善。自昭通城至永善，行程上须三日，路线为二百余里，两县距离殊不远。恩安〔今昭通市〕与永善俱东界金沙江，论理其气候当热，可是两县城池俱不接近江边，而且在高处，故气候转寒。永善县城是在群山合沓中，更较恩安县城寒冷，每年一届霜降节，即有大雪铺地，其寒冷处与迤西中甸差似，但走至江边一带，其酷热处又几与迤南元江相同。民国癸丑年〔1913〕，余因事复至绥江，乃取道于永善，前向柏皮树、锅圈滩、桧溪等处而行，于是在程途上得阅尽其气候之特别。有前行十里八里，是骄阳酷炽，退后十里八里，即大雪弥空，滇中有隔里不同天之说，在永善、绥江两县之一段途程中十分显著。

是年九月之某一日，余由永善城乘肩舆遄行，在前进上之第一宿站曰黄果树，此须下一四五十里之长坡，方能达到。余出永善城时，天公正作玉戏，自受寒气凌逼，然行出二十余里，天气便热，乃褪去皮衣一袭，再行十余里，天气更热，只得更换棉衣。时则一轮红日当空，鸡已唱午，余喜而言日："天已晴矣。"足夫闻余言，乃曰："此间固有太阳，后面仍下大雪，哪〔那〕大山凹里便是永善城，不知雪已盖有若干寸厚矣！"余回看山凹里，果然迷茫隐忽，的是落雪景象。从视线上计，或不及十里之遥，然已行出三十余里，而县城犹在迩也，足见路途之纡回曲折，行百步而不能前进十丈也。余又指山下一村落而问，曰："即黄果树也。望去即在眼前，须行到日落时，方能到站。"自此，愈往下行愈热，抵黄果树时，日已衔山，步入客栈，余只着单衣两层，汗水仍涔涔下滴，村中人多是赤膊。此间距县城仅数十里，气候之相悬即如此，盖由逼近江边，而又在山磄〔槽〕内也。

前去，自是按站而行，逐日俱是翻高山，越峻岭，爬陡坡，绕深箐，直无十里八里之平坦大路。不然，即是顺着江流，傍岩而行，路宽不过二三尺，而又高矮不一，凹凸不平，且有十数段路，直在百丈悬岩下，人须摸岩而踱，下为奔腾澎湃之大江，涛声汹涌震耳，胆气虚者．直一步不能前行。又有两节至险之路，都凿在哪〔那〕江边的滑石岩际，路只有二尺宽，路线弯曲，左拐右折，而又忽高忽低，每一转折，无非二三十步。又转折处必有凸凹，一突然窜起，高至五六七尺，低凹处宛似一陷坑，有一段险路上，作如是起跌计二十有余。此则左为大江，右为悬岩峭壁，人在其间行，孰不心战胆摇。且也，石路硬滑，不受践踏，足下羸弱，必打滑蹋〔汰〕，假一倾跌，即坠江中。有钉铁掌之马，行经是处，都是以一人挽其笼头，一人拎其尾巴，防其打滑蹋〔汰〕也。又有一节险路，亦是沿着崖际而行，路不够二尺宽，又非常之滑。路之左畔，自是大江，最有名之黄龙滩即在其下，而路高于江面约十有余丈，滩声之响，如雷震耳；路右为千仞石壁，似经刀斩斧劈，人行至此，多是侧身面壁，扶崖而过。幸此段险径，仅有三四十步，不然，直无人敢行矣！

总之，此一条路十分险极，十分难行，要至新滩、锅圈滩以下，路上始无大险处。行至锅圈滩，距绥江亦只有三日路矣。此条路上实无甚奇景可观，惟行至柏皮树时，据店主人言："在是处东去十五里之山凹内有石洞一，居于层岩下，洞门高过于人，不须屈身而入，洞内高爽空阔，光线极足，因洞顶有一窍，上通崖巅，故洞中不黑暗也。洞有三拐，在某一拐处，人说话一句，或喊叫一声，声浪可折跌至五六次，是名应声洞。"余闻而心奇之，然以路远，不能往游。余由绥江旋省，不复再走是条路径，乃改由四川屏山东去六十里之洛东，渡过金江，翻一大山而至横江，遂循盐井渡一带而回省。

盐井渡一带之官路崎岖

云南迤东方面，在昭通以下，若向东北方前进，唯一之官道，是经五马海、午寨、大关城、豆沙关、吉利铺、盐井渡、捧印村、福缘溪、普洱渡、滩头等处，而入四川南界。又度燕子坡至横江，即可乘船而抵叙府，此条路线计长千有余里，是为滇、川两省之交通大路。以是，在数十年前，当京滇公路未修筑时，此路上无日不有官、商、游客往来，至于人背马驮之货物，络路皆是。故每一宿站上，旅客必有二三百，有时竟达到五几百，亦可称为繁盛官道。虽然，此以交通上言，固有如斯景象，若就道途而论，实崎岖难行，鸟道羊肠，大不便于行人。昔李太白有《蜀道难》之作，而此条大道，其崎岖难行处，亦不让于蜀道之"难于上青天"也。

按：云南与四川相接，原有一交通路线，在千余年前，却不在此，凡由川、陕、陇、鄂入滇，概由西昌、会理取道，入滇西之大姚、姚安一路，此可以史册考证。如汉朝王褒来祭金碧，蜀汉诸葛武侯来征南蛮，都是取道于大姚、姚安。盐井渡一路之开凿，实自唐代贞元四年〔788〕，朝命河南节度使袁滋入滇，册封南诏王〔《旧唐书·德宗本纪》载："贞元十年（794）六月癸丑，以祠部郎中袁滋兼御史中丞为册南诏使。"《通鉴》所载相同。方国瑜《南诏信使录》考订为："袁滋出使以十年九月二十日至石门。"此处所记袁滋出使年代及官职均误〕，始开凿此路。现在岩壁上尚有袁之摩岩刻〔脱"石"字〕，书法秀健，不让于虞世南，《新唐书》称袁工书，洵非虚语也。自此道开通后，行旅往来，都认此为"终南捷径"，而姚安一路遂鲜有往来者。惟当时开辟此路，系就山势而凿成，上下高低，曲回坳折，在所不计，故此条官道仍不能认为是一条通行车马之大路。此路余曾走过两次，途中景物犹能记及，兹藉墨池余渖，濡笔写出。

由川入滇，经过燕子坡后，约四五里，路旁即竖有石碑，泐"滇蜀交界处"五字。足异者，此处土色却两不相同，北头系红土，南头系黑土，诚一天然界限也。再上即为滩头，有短短一座铁索桥，滩头有烟户二三百家，为川滇交界之一小繁市。上滩头数十里为普洱渡，有居民数百户，一条街子颇长，赶街日杂货摊至二三百。此虽是滇边闹市，纯是川风，人民语言亦与川人相同。再上为福缘溪、为捧印村、为盐井渡，此一带地处都在大关河右畔而行。此有三百余里之程途，虽居于河畔，然不十分险恶。以地势言，右岸山势究不若左畔之高也。左则峭壁悬崖，上与天接，右只不过层峦叠嶂，长岭高冈而已。若论水流，大关河本发源于大关属之云台山麓，夏秋两季，诚一浩瀚河流，一至九十月间，则水落石出，便处处水声震耳。故在四、五、六、七月间，小航船可由横江上驶至普洱渡，过此时期，则难于上驶，此于水道上殊惜。

至行近盐井渡一站，河右山势之大，亦无殊于河左也。盐井渡街场全在河边，右岸之路亦至此而尽。盐井渡亦名老鸹滩，此一地处，实为此条大路之咽喉锁钥。街尾有一大铁锁桥，通过河之东岸，桥以十余条粗若人臂之铁链组合而成，上铺三层厚木板，桥宽丈余，长及二百余步，桥之两旁有两道铁栏杆牵互，故长至如此，人行于上，不甚摆动。但只许人踱，不许骡马经过。所以由昭通下行之驮马，以驮至东岸上梨山脚下为止境，此后即用背夫或挑夫输运。由下段运来之货，则搬运过桥而雇马驮。过桥二三里，即为迤东路上最有名之梨山，咸曰“四十八拐上梨山”。梨山之高，亦不知距大关河面几千公尺，但知由下而上，行程为三十里，然在铁锁桥上即能望见此座大山，惟山头有云雾笼罩，不得见其真面。山路颇宽，能容两马并行，以是，来往肩舆足以相让。绎路多石磴，磴殊宽阔，无论人马，行时亦稍获喘息，但路绕羊肠，概是弯去弯来，不知有多少曲折，步步在沿山而转。上至半山，气候即冷，若在冬季，即须着上皮衣，不然则寒冷难禁也。一近山顶，天气益复阴寒，细雨蒙蒙，云雾迷茫，下则泞泥载途，人马难行，此则常年如是也。

自山顶而下，尽是偏坡，下尽，则沿大关河左岸而行。至此则见两岸峭壁，撑空插云，如从眼中看去，自是险峻异常，幸沿山际而行，路途尚不十分险恶，更与从永善出去走往绥江之一条路相较，则平易多矣。行二十余里，即抵吉利铺。由吉利铺至豆沙关一站，纯是沿大关河左岸而行，路径多开在山腰，俯瞰河流，似低落二三十丈，但水激乱石，无处不是水声震耳。行近大关三四十里，始离开河岸而转入山间。大关城是在一山坡上，虽居于四围山色中，却无风景可言。由大关至午寨，多是上山路，有最著名之云台山，其高度亦差与梨山相若，但险处过之。幸沿山俱凿有石磴，得蜿蜒屈折而上，常人云六十八拐下大关，亦不虚也。然每转一拐，大都由石头空里转出，或由石峡内打一回旋。有时在转拐处略一俯首下视，便是百丈深谷，常闻有往来驮马，因雨后路滑，行到转拐处，足力难支，滑倒而跌往岩下去，此又无不粉身碎骨。故行路之人俱不敢缘边际而行，惟紧靠岩壁而踱，遂有一处名曰擦脸岩。

将至山顶处，则有一大岩石，约及十数丈之围圆，有类于一鹦鹉昂头、伸嘴拦住去路，故云台山亦名鹦哥嘴。鹦哥嘴诚然高，自下至上，约有二十七八里路，上到山顶，前行数里，即至午寨，午寨亦可写作五寨。是处在高山顶上，气候极寒，八九月后，便时时有雪，若由昭通前往镇雄，即由此处分路。论此条路上之景物，大旨不过如是，又何足以记，虽然，亦有奇处在也。

由吉利铺至豆沙关，程途为七十里，前不云呼？俱是在大关河左岸而行，即偶一行入山中，只不过翻一山岭而已，余则尽在河岸上。对岸则是悬崖峭壁，人不可以攀跻。此一段崖壁约在百余里长，形势又大都如一。崖之高处则多有洞穴崖框，所谓崖框者，以深入崖壁二三尺而又不成洞穴，故名为崖框，隔河注视其崖框，则似一吾人住室内之壁厨〔橱〕，殊饶意味。此段崖壁上呈现着的崖框实属不少，然每一崖框内，必有三五具或十数具特异物件，作欹斜式靠列于崖框内，而又异常有规则。以望远镜察视，一一如装猪食之槽盆，其向上之一端，形较下头为窄，色灰白，似是石质，在镜中窥测其长阔，似长五六尺而宽尺许，土人咸曰，是“僰儿子坟”。

夫人死而藏其尸于土内，上面鏖〔垒〕土作堆，是谓之坟。僰儿子死。不藏其尸于土，而藏于岩穴，亦习俗性成，不足以异。是则竖列于崖框内者，或是装藏尸体之石匣，亦犹汉人之棺椁也。但崖框甚高，距地似有数十丈，崖壁又如斧劈刀切，不特人不能步上，即鸟道亦难云通，其藏尸之具，又以何种方法能上置于是耶？僰儿子亦常人也，无论其为一二千〔年〕前之民族，为三四千年前之民族，都非胁生双翼者，此真不易解索也。如以此说为妄，陈列在是者又为何物？若认为是崖间石块，其大小长短，何得如此之匀称，排列得如此之整齐耶？且过此一段，即不见有此物在崖上陈列。

论大关至盐井渡一带，在一二千年前，实为乌蛮所有地处，或者亦有僰儿子杂于其间，咸认此为僰儿子之坟，绝不是无由而成，况数百年来，亦无人能云此非僰儿子之坟，是某一种物品也，无非人云亦云，此系僰儿子之坟。今即假定为僰儿子之坟，实不可解其当时究何能置尸具于此至高之地处。

或曰：“在一二千年前，大关河之河流必较近代为高，河流高，距离所有之崖框自近，近则攀登不难。”此固属创想，固是臆测，而在事实上亦有可能。惟是大关河之源流本自昭通而来，昭通坝内之水，多归纳于近五马海处之一落水洞，水由地中行，约百余里，始由云台山麓之一岩洞中流出，此而下注成溪，且逐渐低落，更纳诸细流而成大关河，今云昔则河流高，近则河流低，然在一二千年内，河流之高低即相差至数十丈，一条小小河道，于一二千年内，即能有此种之变易，是不能云毫无疑问。又云，崖壁之削，当是在一二千年前，石壁尚藏于泥土中，嗣经急湍洪流扫洗，崖壁方现出；或者，往昔之大关河流，能汹涌过于今日也，此说亦近乎是。总之，同是一种猜测之言也，吾人亦不敢决其言之得失。

卷　十二

滇南景物志略之三

大理之风花雪月

大理风景为风、花、雪、月四者：风曰下关风，花曰上关花，雪曰苍山雪，月曰洱海月。夫雪与月为最著者也。如趣〔趋〕大理，行至弥渡之定西岭头，即见一排银笔插天。问于路人："此何处之雪山，胡于春夏季间犹能如此灿烂炫目？"曰："此苍山十九峰后之一群雪山也，自远望之可见，近则为前列之高峰所蔽，故其真面目难见也。所谓苍山雪者，即指此而言，非言隆冬苍山积雪也。"斯言诚能解人之惑。

至于洱海月，则是在夏秋之夜，行近海滨，仰视天空，高悬玉镜，俯而下视，地涌银涛，若喻其形色，真"茫茫千丈雪，滚滚一团秋"。以故，洱海月色实胜于他处。

言下关风者，非言其大，非言其猛，亦非如大理人所言"风不入门是一宝"之说，余于此当作一详尽之解释。下关有桥曰黑龙桥，桥跨河流。下关则分关内、关外，亦即就此桥而为界，桥北为关内，桥南为关外，是处两山逼仄，中成槽形。关外接凤仪县坝，吹南风时恒多，风自南来，当然灌入山礵〔槽〕，惟在礵口处，风势系由下而窜上，因而发生种种奇异。如人向北而行，风自南来，风揭人之头上毡帽，自应落于身前，讵知是落于身后；又自上而下，向南而行，迎面风来，揭去头上毡帽，据理而论，只合落于身后，而偏落在面前，故无不称奇。所以然者，风力在此窜上而复跌下也，又岂有他哉！假一易其地步，即无如斯之奇异。

曰上关花者，从实地上考之，却不在上关，而在上关前去十余里之沙坪街后约距二里之和山寺内。寺居苍山北头云弄峰麓，和山为峰麓之一小地名，是处有一佛寺，咸曰和山寺。志载："和山花树高六丈，其质似桂，其花白，每朵十二瓣，应十二月，遇润〔闰〕辄多一瓣，俗以为仙人遗种，在大理府和山之麓，土人因以其地名之。"似此，和山花亦优昙花之流也。惟据地方父老而具有充足知识者言："云和山花，状若单片牡丹，大如拱拳，白而微黄，花心如莲房，作黄绿色，复有如指大之十余细瓣围簇着花心。叶则如岩桂而色泽略逊，香味则较桂叶为浓。此花种自何时，殊不可考，但传云为仙种耳。"又传云："在元至正年间〔1341~1370〕，花极繁荣，年开数百朵，香溢百步外，花开于春初，而能延至春末，要必春尽，始云谢尽。"又云："花之种绝，是由花开放时，来观之众多属显贵，随来仆从在在搔扰地方，彼怨恨难蠲者乃将此花麝死，而后来亦无萌蘖之生焉。"其说如是，不知确否。

苍洱名胜

大理为古妙香国，考之，似在建宁国前，与昆弥国、白子国同时。何则？建宁国张龙佑那传十五世而至张乐进求。而此一串酋长俱在今之弥渡红岩一带建设统部，以辖一切部落。是时之大理似为建宁所有，或不至别成一国。嗣后由合而分，始有六诏雄立。在六诏时，大理是归邓睒〔遻赕〕，名曰叶榆。蒙舍吞并邓睒、剑浪、施浪、摩些、蒙嶲后，蒙舍之皮罗阁始称南诏王，移居大理，求子午线而筑城于点苍山麓，名其城曰太和。以是，大理地处不特形势重要，风景清奇，而亦具有最悠久之历史性。大理是西峙苍山，东环洱海，中现长坝，上有上关，下有下关，郡城居中，此可云河山四塞，锁钥封圻，俨然一秦中〔指今陕西中部〕小模型也。然此是谈其形胜也，今则遗其大而谈其细微焉。

宏圣寺，又名一塔寺，为大理一最古之寺，在城西南隅。志载：寺有塔，高十丈，为级十〔康熙《大理府志》载："有塔高二十丈，十六级。"民国《大理县志稿》载："有塔高十丈"，无级数。今人李昆声著《云南文物古迹》云："此塔为四方形十六级密檐式空心砖石塔，高约四十米。"当以此为准〕，世传为周时阿育王建，明嘉靖间，郡人明知府李元阳重修。明杨慎《重修宏圣寺记》："城于苍洱之间者，大理府也。汉、晋、隋、唐，或名益州郡，或名云南郡，或名建宁郡，多至不可胜纪。《汉书》注谓邪龙云南是也〔《府志》"南"下有"者"字，"也"作"已"〕。邪龙一名罗刹，能变为怪以厉民生，在昔观音大士以正法胜之，闭罗刹于岩下，古老相传，即今上羊溪，洞门宛在焉。罗刹制〔《府志》"制"作"既"〕伏，因作浮屠以镇之。在城北者三，其寺曰崇圣，在城南者一，其寺曰宏圣。高者五百余尺，次者亦在〔《府志》"在"作"不下"二字〕四百尺，盖寰中浮屠之钜丽蔑以加矣。在崇圣者，有塔顶铁铸款识云：'贞观尉迟敬德监修〔《府志》"修"作"造"〕'。在宏圣者，或曰周昭，或曰隋文，莫详其始。苍山溪涧在上，城郭人民在下，秋水时至，溯〔《府志》作"澥"，此误〕湃汹涌，城郭恃以无恐者，四浮屠也。宏治间，南涧出怪物，涌水高百尺〔《府志》作"丈"〕，状如雪山，至宏圣寺勒留久之，然后分倒而去，人以浮屠之功。其水势虽分，然比倒入城者，犹损数百家，向使不分，满城皆鱼鳖矣。正德九年〔1514〕，地大震，城郭屋庐仆阙无算，独浮屠无恙。崇圣中塔初亦坼裂，几颓，旬日后，复合如故，此〔《府志》无"此"字〕岂非神力哉？昔隋文皇帝方隐约时，遇异人以舍利一掬遗之曰：'以此福苍生。'后周失御，隋文果受命，乃诏分舍利于天下八十三州，大建浮屠，宏圣其一也。然则浮屠之阴翊王度，福利苍生，其来久远，若夫大理之塔，与城郭同休戚，是尤不可不崇修者。惟智士仁人为能先民之忧而忧，吾于中溪李公见之。公起家史馆，以文章闻；出为御史，以风节闻；三更郡邑，以遗爱闻。盖海内儿童、走卒皆知公名，其所自树〔《府志》“树”下有“立”字〕于当世者，人人类能言之。归田以来，捐〔《府志》“捐”上有“尽”字〕己资重修四浮屠，凡山川旧观，一洗而新之，以至桥梁道路、济寒救饥之事，知无不为。赀已罄而施不已，老将至而心不懈，余见其自壬寅至今，二十年间曾无一日辍也。人或谓公太劳，公竟不歇，旭而出郭，暝而还家，风雨不能为之阻，往来溪山之间，吟讽终日，宴如也。予闻之师曰：‘君子以化利为乐。’人见其化人利物之劳，而不知其先人后己之自乐其乐也。予旅食博南〔今永平县〕，路出苍洱，每见四浮屠与巘雪秋蟾争其〔《府志》“其”作“为”〕皎洁，感公之志大有利于斯土也，因为四浮屠记以见其人云。”按：宏圣寺，余于民国甲寅年〔1914〕曾数游于是，塔只略高于省垣大德寺者，似高不及百尺耳，才人之笔，多近夸大，明乎此，方不至为古人笔墨所欺也。

三塔寺，即崇圣寺，为大理名胜之一。寺在城西北莲花峰下。寺不十分宏大，而言大理名胜者，必首屈一指曰三塔寺。寺居苍洱间，除一塔寺外，便以三塔为最古之寺，其奠基在一千三百年以上，传为邓睒〔遼赕〕诏之咩〔盛〕罗皮所建，然亦无所取证。《大理志》云：“寺建于六诏时。”据此而论，或者是咩〔盛〕罗皮之所建也。又《续云南通志稿》载云：“崇圣寺前有三塔，寺内有观音像，高二丈四尺，唐蒙氏时董善明铸。”又传云：董铸斯像，是获天雨铜而铸成。天雨铜，诚异事也，然世界上事恒有倍奇于此者，故雨铜事人皆信之。寺前三塔，中则巨大绝伦，左右二者则差多矣。推其原故，是取其在左右相配也。滇西人云，此三塔为唐尉迟恭监造，而明杨慎作《重修宏圣寺记》亦引及于此。大理志书则云：“塔顶有款识，唐开元元年〔713〕，南诏请恭韬徽义造。元初重建，明正德九年〔1514〕五月六日地震，塔裂三尺许，旬日复合。清光绪八年〔1882〕住持僧重修。”余于民国三年〔1914〕至是瞻仰，觉中塔高不及五百尺，然是以目力测之。杨慎云高逾五百尺，或有所据也。塔之脚（即最下一层），余曾以手中洋伞量之，得二十三伞，伞长二尺四寸，合之为五丈五尺零，然上至七八丈，又较脚下为大。塔之四面，各嵌大石一块，一块刊一字，合之为“山海大观”四字，字径逾丈，真壮观也。是塔也，若仰而望其巅，似天空云气直在其金顶华盖处摩擦而过，云走塔动，令人头发眩晕。按陈鼎《滇黔纪游》：“崇圣寺〔《纪游》原文“寺”下有“又名三塔寺”句〕在郡北五里，三塔矗峙，隔洱海百余里辄望见。中塔方正〔《纪游》原文作“正方”〕，砖石甃成，高四十八丈，十六级，塔〔《纪游》原文“塔”作“绝”〕顶四角，范四金鹅，高二丈，塔下游人以巨石投地，金鹅昂首长鸣，音响清越。黔国公楷书‘山海大观’四字，文石凿成，一字纵横四丈，四石列塔前如屏。铜钟二，各重十万斤，南诏建极十三年〔872〕造，乃唐咸通年也。大雄殿巨丽精巧，覆以琉璃瓦，墁地以〔《纪游》原文“以”作“并”〕径丈点苍石。甬道旁紫荆树亦高数丈，唐朝老梅，状若古松，亭亭直上，枝干若〔《纪游》原文“若”作“如”〕桧柏。大士像乃天雨铜汁所铸，高二十四尺。又滇西雨铜、铁〔《纪游》原文“铁”上有“雨”字〕乃常事，不足为怪，然其理则〔《纪游》原文无“则”字〕不可得而究也。”按此一记载，究不无有许多失实处。如云金鹅，实无如此之高，民国某年，曾为大风吹落一只坠地，见者云，鹅实高至七八尺，字亦无如此之大，寺内大士像亦高不及二十四尺。总之，文人之笔，在写景上多喜于渲染，在写生上喜于撑〔疑当作“衬”〕托，是则有过甚之词。今景物具在，证之即见其笔下失实。

感通寺，一名荡山寺，在城西南圣应峰之半山上。苍山上寺观，以此寺为最大，亦以此寺为最古，中有三十六院。传云寺建于张乐进求时，是当唐贞观初年；一云建于六诏时，未知孰是。志载：荡山寺，李成眉重建。乾宁三年〔896〕，蒙氏僧人赵波罗更葺之。寺内有写韵楼，为明知府邑人李元阳所建，镌明杨慎《垂柳》诗于屏上。楼前有龙女花一株，树叶全似山茶，蕊大而香，异种也。陈鼎《滇黔纪游》云：“明末，滇诗人唐大来剃发，号担当和尚，亦寓此楼〔《纪游》原文此句下有“寿九十余”句〕。楼前有〔《纪游》原文无“有”字〕白茶花，高五六丈，大逾合抱〔《纪游》原文此二句作“高数十丈，大数十围”〕，花如玉兰，色微红〔《纪游》原文“微”作“殷”〕，滇南只此一树。”按：是处余曾往游焉，景物则非矣。寺之基址在山腰拓展处，一切殿宇，十有八九倾颓，所谓三十六院，亦辨之不出，无非有些阶石柱石陈露着，间有二三座破滥〔烂〕佛殿现于荒烟蔓草间，而亦无香火之可言。有一二类似住持者，居于几楹较为完整之配殿内，当是在山栽种，在山砍伐而谋生活。余问以茶花之所在，则指一老大树根，云此即是。噫！看其一切基址，若不经倮爨、回乱，此寺当然是一伟大丛林，以较崇圣，则规模宏大多矣。今若此，不禁为之太息！

无为寺，在城西北兰峰之半，明永乐八年〔1410〕建，有明汝南王碑。寺之上有晒经坡，殊宽广，且不生草木。陈鼎《滇黔纪游》云：“无为寺在兰峰半，巉崖峭壁，行茂林数里，两山豁然中开，从绝涧左折入寺。有石楼，宽三十丈，抠衣登之，洱海、雪山近在几席。有晒经坡，广三百步〔《纪游》原文无此二句〕，有香桫五株，大百围，高数十丈〔《纪游》原文作“高八九十丈”〕，太古时物也。昔有二十余株〔《纪游》原文“株”作“树”〕，丧乱时，为倮爨伐尽，此仅存者。”此寺以去城较远，余未往游，问诸邑人，佥云：“晒经坡实有之，无如是之广也，石楼亦宽不及三十丈，香桫更无如是之高大。惟陈氏所云之巉岩峭壁，确是从实写出，但不能见雪山也。”余亦为之一笑。

游凤眼洞记

苍山十九峰，曰中和，曰应乐，曰圣应，曰莲花，曰佛头，曰玉局，曰龙泉，曰鹤云，曰五台，曰马耳，曰斜阳，曰兰峰等。苍山上有龙眼、凤眼二洞，龙眼在龙泉峰顶，不易攀登，凤眼在中和峰半，较易攀登也。中和峰为十九峰中至中至正之一峰，然自下而上，亦须行二十里，始能到达凤眼洞。余素好奇，尤以选胜登临为乐，乃邀同邑人邓君秀廷共登山而探凤眼洞。

时在民国三年〔1914〕端节后二日，城市气候严〔炎〕热，濒行时，邓君语我曰："十年前曾到过山上一次，上面极冷，非多带棉衣不可。"余乃挟一棉袄，一棉坎肩而行。是日午前七时出城，八时即至山脚，便循一条窄路而上升。始初足下亦不难行，且常见有人上下。盖此一山峰上能有淡墨花之楚〔础〕石，在山间开洞攻石者或许有百数十人之多，故初登山椒，路上殊不寂寞。上至五六里，则鲜见有人行于路上，以开洞攻石者多在下也。再上二三里，路逾曲，径逾窄，再上一二里，双足直入于坎坷中，更上则石逾坚，苔逾滑，幸各拄杖，能助脚力，即打滑沓，亦不致倾跌；且余与邓君俱能耐劳，缓缓而行，氛息亦平。约上至十二三里，即觉身上寒冷矣，斯犹可以支持，再上一二里，则肢体颤，牙齿振矣，乃加上棉衣而行。及行至接近凤眼洞之一山包下，人须行落一山凹内，而又重复向上，是处非谷非壑，直是一坑坎焉。凹内乱石嵯峨，细流纵横，须去鞋袜，始可踱过，水漫及踝，寒沁入骨，幸踩水不及三百步，即可步上迎面石坡，不然，殊难耐其寒也！（眉注：由山脚至凤眼洞，据一般人云，须上行二十里。然余等由下至上，亦只行够四小时，而每一小时，似足下尚不能上行三里路，是则由下至上，要不过有十数里耳。）

踩水后而踱上石坡，略有平地一段，踱过平地，迎面又一陡坡，自下望上，有如怪石一团，高耸圆突，似绝攀跻。逮行至坡脚，又见有窝蹬可以入脚，遂抓草挽藤而上。此节路径，不只纯是爬坡，而且是步步踏险，假是一足力不健之人，绝不能爬到上面。坡上有一平坎，纵约十有余步，伫立于此，俯视山下，便一览无余。洱海盈盈在望，有如一玉裹肚而横缠于腹。六十里长形坝子，有若一片青毡，太和城烟户万家，犹一小村落耳。惟三塔涌起，有如玉笋迸出地面，真奇观也。于是再纡回而行三四百步，凤眼洞即见，邓君是曾来游过者，指而示余曰："此即凤眼洞也。"

凤眼洞之洞门亦不十分宽敞，仅大过于昆明潮音洞一倍。但入洞后，可昂首而行，惟路径曲折，复纡回而行三四十步，即行到上有风眼之洞窟。此窟殊宽广，其内容大似云南驿路旁之清华洞，高空处则倍之。仰视崖顶，有一弯曲而长之通天窍，以形而论，亦极似风眼。自下视之，若宽六七寸，长似二尺有余，假逗近，究不知其宽长若何。由此窟底向其左边转进，又另有一洞窟，此窟则异常光明，缘洞窟之北面别敞一口，高五六尺，宽四五尺，形类一卷洞门。门外是逼陡悬崖，下为百丈深箐，有水潺流，声响震耳，顾此深箐亦非中和峰之溪壑也。洞口前，人多不敢站立，余观是处景象，是仆身于洞口上，探首出外而视，稍久，尚觉头目眩晕。洞口对面是一排如刀斩、如斧劈之岩壁，相距洞口似有七八丈远。正对洞口之削壁上，有一若镜框形之平滑壁面，似高有二三丈，宽有五六丈，以目力细认此一框面，可能深入岩壁一尺或二尺。框之西头，有长约及丈、粗若旗杆之铁戟一枝，斜靠在框之一角。咸云："此为前大理提督罗思举于某年月日，贾其神勇，手持此戟，由者〔这〕边洞口飞达彼处，置戟于是，复退飞而还。"是说固属惊人，然罗之技勇，据《清稗丛钞》〔当是《清稗类钞》〕云："其技能乃受传于一华山道士，故能迈众轶伦。"罗在大理时，显奇处颇多，此其一也。且嘉、道年间人几无不知罗之神勇，云此铁戟为罗所置，应无疑焉。

余辈在洞，固身着棉衣，然以盘桓久，竟不能耐受其寒，俱瑟瑟而战栗。幸邓君腰间有胡卢〔葫芦〕瓶在，酒满其中，解而饮之，两人身上始稍温暖。已而出洞。据邓君云："由洞口上至中和峰巅，仅有十二三里，但不易攀援而上也。能至绝顶，苍山之一切真面目自现，且上至五六里，有一转弯处，即能看见一座最高之雪山。惟由此而上，诚大不易行也!"余曰："试登之。"遂贾勇而跋陟。讵意前行在在俱是突高而坂折，地下亦无牛羊之迹，大似为人迹不到之处。此而即吟"山石荦确行径微"及"百步九折萦岩峦"之句，亦不足以形容其地面之坎坷、路径之隐微也。且乱石窝中尽填满一些非草非苔之生物，色苍而质韧，虽以布鞋底踏之，亦滑不留步。在此一段山路上，地面亦无甚动物活动，间或能见一二蚱蜢在石上跳跃。时当正午，天上是红日当空，论理，人着棉衣而行，当然热矣，讵知身上转觉寒气森森，盖由山间阴湿太甚，寒湿气逼人肌体也！

余辈自洞口上行，仅二里有余，便大难喘息，乃藉石而憩，坐未及五分钟之久，即觉寒气沁骨。其情景如此，知难前进，始议踅而下行。俗云，下坡容易上坡难，然在此山间，草苔径滑，且要寻到平稳处，然后落脚，故下亦不易也。自上至下，行约三小时之久，始降至山麓。而余辈之欲登峰造极，是欲观中和峰后之一群雪山也。苍山景象，人但见其十九峰与十八溪，一一排列，而不知十九峰后尚有一群更高之山，长年有雪封护，其峰尤尖，雪护之，直若一些银笔，插入天空。此为一般登临揽胜者有以语我也。本来，自下视上，后之雪山当为前之山峰所蔽，行于山前之人，何能见到十九峰后之一群雪山。即在定西岭上一领其神色，终在数百里外，不得谓为见到真面目也。余辈登山，是欲见其真面目，而足力与体力不济，竟废然而返，亦恨事也！又论中和峰上，其上半截纯系石质结成，下半截则有土有石，所以下半截尚有些须灌木和些山竹子，上半截不惟无灌木，即山竹子亦无所生，山上之生发真焦枯极！所以然者，山间过于阴寒也！

邓川百节夫人庙

邓川县治〔今属洱源〕原为云南六诏雄立时邓赕〔邆赕〕诏据有之地，其立国建都，即在此境内焉。惟邓赕国都则不在今之邓川县城，是在县境之德源山麓，今则有一打油村在是。此地去今之县城约五十里，明设州治于是，然常遭水患，乃弃此而另建新城，是为今之邓川县城。在杜文秀未占据大理时，邓川州城颇繁盛，惟以路当孔道，兵祸频仍，遂城圮而民散，以致在前五六十年时，城中仅有住户数十家，亦云衰落矣。

邓川城中自是萧条，而乡间却异常富庶。缘邓川郡内，水利堪夸，湖泽至数十里之长，其间物产丰茂，陆地芳草尽含有奶浆汁，大宜于牧畜。所以在六诏时，邓赕亦尝称雄，与蒙舍角逐。今过邓川而凭吊往古英雄，当为百节夫人是问。

百节夫人，即邓赕诏皮罗邓之妻宁北妃慈善是也。慈善事迹，余于星回节内言之綦详，今入其庙祀，当就其景物而言之也。百节夫人庙在邓川城内，居街之左，庙有三进，建筑壮丽，殿塑慈善夫人像，左右佐以侍女。庙之廊檐整齐，院宇清洁，且有花木多种，杂莳于墀内。缘此庙祀为邓邑人所最注重者，故不似他处神庙污浊灰堆而土积也。我入其庙，仰其遗像，亦不禁肃然起敬。

按志载："邓川贞节祠有二：一在城内，居城隍庙右；一在德源山打油村，祀邓赕诏妻宁北妃，今邑人则易名为百节夫人庙。"邑人艾濂有《谒慈善夫人祠》诗："山坳古庙千尺柏，拔地参天傲霜雪。岁寒然后知后凋，其为木也坚多节。君不见，邓赕诏妻宁北妃，蕙质兰心清且洁。皮罗阁焚松明楼，四诏一时共殄绝。独有慈善识夫骸，铁钏未经火销灭。鸾凤岂逐鸳鸯群，曒日为盟心惨烈！心惨烈，声悲咽！不愿偷生愿同穴。闭城固守莫可支，甘从井底泉下别。南诏悔而旌其城，德源至今人传说。年年岁岁荒城头，春夜啼尽子规血！"

又闻诸地方父老云："每岁八月下旬，庙中必办会三日。来与会者，不仅邓属之人，即洱源、大理、鹤庆、宾川、剑川、蒙化等处男女老幼，俱携香烛前来朝拜百节夫人，是月二十五为正会，来众必至数千，俱于殿上展拜夫人遗像。于是香烟弥漫，庙宇若在云雾中，神案前男女老幼攒集，跪拜恒无隙地。过二十六日后，始无人来烧香。"余闻斯言，尤感叹不置。

渔塘会

渔塘会，为迤西邓川属沙坪镇之一大会也。沙坪在邓川之南，距州城十五里，距大理上关约十里。每岁于八月下旬，就沙坪镇而办会，会为唐时邓赕〔遻赕〕诏妻慈善夫人而作也。缘皮罗邓死于蒙舍之松明楼，皮罗阁遂引兵来攻邓赕，夫人婴城固守，事终不济，乃投水而死，时在是年八月下旬，故渔塘会即于岁八月下旬而举行之也。

渔塘会又名捞尸会，盖夫人死于水，国人共趋于其殉国处，起其尸而以礼葬之，自是而有斯会，故曰捞尸会。后者以其名不雅，乃易其名为渔塘会。会自南诏时即沿习至今，已千有余年，且无一岁停辍，此足见慈善夫人之亮节清风感动于人之深也！

渔塘会在明、清两代，会场极称盛甚，届期四方之众咸集，凡附近两三日路之人无不贲临，在最盛之时，会众可至万许人。且此会场亦具有商业性，会场内百物云集，遍处设肆，其范围虽不若大理〔三〕月街之扩大，而山货，土货，川、广、苏、杭杂货亦无一不具备焉。自入民国后，其情势始形〔行〕变易。盖因地方不靖，交通梗塞，会场开时，来众遂减，来与会者只三五十里内居民也。虽然，当正会之日，来与会者亦能有数千人焉。

办会时，就沙坪而演戏三日。畜有马者亦就此而比赛跑走，妇女辈则必走往邓川城内百节夫人庙，烧香展拜，或瞻仰遗像。由此观之，迤西之夷族人民自是崇敬贞节也。岂得以泼花水及抱婴儿回家始行择配之风俗例之耶？

邓川之油鱼

油鱼似金线鱼，只一骨而无细刺，脊梁作金色，而鳞细若无，煮之煎之，自有油出，味则鲜美极。以其富有油质也，故曰油鱼，而此为邓川特产也。问产于邓川何处，曰沙坪镇之丙穴。

沙坪镇居洱海之滨，镇去海边只二三百步。镇仅横街一条，街中间有庙，庙为每年办会处也。庙前有戏台，由台后下行百余步，有一池，池非人工凿成，乃自然界中之一点成就也。池深数尺，池面近圆而又类多角形，池底则是一片顽石结成。池之周围，界以嶙峋怪石，石脚下有若干缝隙，下通于海。冬季及春天池水干涸，近海穷黎多结茅于池内，夏秋之间海水涨，乃由缝隙浸入，池中水满，便有油鱼产生。

产鱼之期大都在七月以后，却年出不多，百数十斤耳。所以然者，缘鱼子函于石缝，得水浸而滋生焉。池以穴名而不以池名者，以池为天然之一石穴也。名以丙穴者，取杜子美诗“鱼知丙穴犹来美”句义也。按丙穴二字，实为杨升庵所题，今镌于石上。

洱源之孔庙

由太和县城北去三十五里至上关，再三十里至邓川县城，自邓川城向西北沿湖堤而行三十里，至邓川属右所，又三十五里至洱源。洱源昔名浪穹，亦即昔时剑浪诏之基地。时人以浪穹二音不良于口，乃易名为洱源。洱源地势开展，土地肥沃，中贯河流，东菑南亩俱受其滋润焉。邑内气候温和，与昆明不相上下，以是花卉果木靡不繁茂。邑产蜜桃，真味甜如蜜，较省垣之桃，则适口多矣。又有冲天桃，果结树颠〔巅〕，尤为他处所无。其他可述之处尚多，只以烦屑而不谈，今只述其邑内之最特异者。

凡省之各邑文庙，孔子与四配、十哲等俱是刊刻木牌而祀，然亦是定制也，洱源则异于是，孔子与四配、十哲俱属泥像。孔子坐像高可三尺余，四配、十哲高可二尺余，其衣冠当然是法古制。此何以故？闻之地方人言：清乾隆朝，邑某以进士即用，往山东知曲阜县事，遂倩巧匠，照孔庙内塑像而将其一切之首像捏出，并绘出其身体服色冠带。已而用箱装妥，寄回浪穹，然后照式塑出身躯，奉祀于文庙内。缘此，洱源能不祀木主而祀泥像，此诚是一种特异。

洱源文庙却在一偏坡上，大成殿高于大成门六七尺，大成门又高于泮池六七尺。泮池系两方塘合并而成，左为冷水池，寒塘清澈，右为热水池，则热气蒸腾，亦一奇也。中系一条石路，池上亦无栏，邑人多就此而漂布。产天生磺处，名九曲池，无甚可观，但觉地热源焦，磺气扑鼻耳。

洱源之潜龙庵

洱源城东北有石龙庵，大理段氏之所建也。寺面河而背岭，林木翳荟，风景绝佳。寺左有小庵一，初仅数楹，为明建文皇帝所筑。庵后有石窦，深四五尺，庵前有流泉绕之，亦山间之清雅处也。建文就此居数年，时人亦莫之识，只以行脚僧视之。小庵在是，大众亦只作山中茅屋团瓢视之耳。已而，建文似嫌其逼近村居，焚之而去。逮至建文北上，邑人始知居是庵者为非常人也。入石窦搜求，得建文遗像。正德时，邑人何星文及姚安高土官就其遗址建庙以祀其像，乃名之曰潜龙庵，招住持以主之。清咸丰六年〔1856〕毁，同治间，僧本儆募资修复之。土典史王芝诚《谒潜龙庵》诗："神州陵阙几迁移，荒徼遗宫峙水湄。江势回环如恋主，鸟声凄切有余悲。禅龛漫忆宸居贵，瓢笠原殊衮冕危。细柳新蒲仍满目，野人谁复泪偷垂！"

小罗坪山之景象

由洱源县城北行十数里，即至小罗坪山麓，小罗坪山，在迤西方面，亦一极有名之大山也。由南面山麓上至山顶，沿山径斜行而上，路颇宽舒，轿、马俱能畅行，至山巅则景象荒凉矣。山顶系一长约近二十里之平原，宽或十数里，或七八里，乃至一二里不等。此一带高原上，气候则异常乖戾，可以突然起暴风，可以突然下大雪，其阴晴之变易，只在俄顷间。闻昔有人经此，正厌天空日烈，忽然寒风起，行不数里，天上即飞下雪来，其怪异有如此者。

按此山顶上，原为驮运乔后井盐之大路，然在此十数里之程途中，又无不认其为险恶极。论此一段平原，原是坦坦道途，可是悲凉已极，直无一株树木生于其间。地面小草，在三四月间都不能发生绿色，草茎亦不能长至二寸，远视之犹一片苔藓也。所以然者，因高山之上雨泽稀少，每年仅有小雨数次，此其一；其次因山顶有怪风. 于日出日入时必发生一二次，故尔植物不易生发。怪风起时，能将人马吹倒，甚至吹跌在二三里路外。某年有驮盐马一群，行经是处，突遇怪风吹至，竟将一群驮马及三五个马哥头卷至数里外，大半受伤焉。

在此一段过程当中，官方则筑有避风所一连，可容纳人马至百，又有一哨房，此俱用大石块砌成，上护以泥，式如土库房。怪风起时，人马得入此些房屋内躲避。是处之风，以九十月间为最厉害，正二月间亦狂暴。余迭次行经是处，都不在此几个月内，且是在正午时经过，故未遇怪风。

去避风所不远，有一大岩坑，径约二三十丈，深约十数丈。以望远镜探之，坑底怪石嶙峋，且有一大岩洞，洞口多鸟雀毛，或有蟒蛇在内藏伏也。惟在山顶，从未见一雀鸟飞鸣，即仰望天空，亦无一鹰隼飞过，盖以山势高也。彼洞口之雀鸟毛又何为茸茸然耶？亦不解之至！是处之境象若此，真悲凉已极！

又按：小罗坪山原为洱源、剑川共有之山，山南属洱源，山北属剑川，即以山顶哨房为界。由哨房前去四五里，即到山之北面，下至山脚为乔后井，系迤西最大盐场也。但由山顶下至山脚，约有三十里程途，惟行此三几十里间，又若另入一世界。夫天地间之事事物物，大都相对而卓立，有一极热之处，则必有一极冷处以对待之；有一极荒凉处，则必有一极华美处以比附之。若小罗坪山之南北两面，真判若霄壤矣！

山之北面，在秋冬两季，尚无风景可言，在春夏两季，行于山间，真锦天而绣甸。山中树木是无一树不着花，地面杂卉是无一茎不绽蕊，若杜鹃也，马缨也，山茶、山栀也，夭桃、秾李也，棠梨、木瓜也，芒种、报春也，蔷薇、木香也，更有无数野花，或红或紫，或黄或白，真无一处不钻入花间，无一步不行于花畔。而又药草满山，兰蕙遍地，复一一缀花，尤增香艳。当春夏时，群鸟和乐，俱在林间争鸣，提壶劝酒，布谷催耕，杜宇声悲，黄鹂声嫩，画眉高唱，鹧鸪远啼，山鸡飞来，彩色炫目，鹦鹉飞过，翠黛扑眉。昔蒲留仙记西湖院中景云："山鸟一鸣，则花片齐飞，深院微风，则榆钱自落。"是诚妙景矣。〔假〕使留仙觏此佳境而志之以笔，又不知有若何妙文也。惜也，山中美景，惟使一般"贩夫走卒"得之，幽人雅士鲜有所及，殊辜负之也！

鹤庆眠龙洞

眠龙洞在鹤庆〔1958年已划归洱源县〕属牛街镇，镇在邑西南，距城百余里，当今之榆丽公路中心点，地与洱源、剑川接壤。由镇西越岭而行，约十余里，至一群山合沓处，得平地一洼，有良田数百亩焉。此平畴之西南隅有一湖，乃两山夹注而成，长十余里，宽数里，然大半藏于山之深处，仅露一角于外，自远视之，实无多大，且不知为湖泊。平畴北有一山，山为半土半石，山麓有庙宇一，其佛殿僧房俱隐于林树间，诚清幽已极，寺内杂莳花木，尤饶雅趣。

寺后有石洞一，洞出清流，泠泠有声。洞高可丈余，深约四五丈，阔处亦达二三丈，而洞口宽敞，以是洞里光明，其间大可容得百数十人。洞初不甚著名，且居于窎窅，致少人到，一自建文帝来是处销声匿迹后，其地始著，邑人遂名其洞曰"眠龙"。

建文之来此也，以邑人曹启镛服官南京，嗣随建文出亡，向知邑有是洞，乃引帝到此藏身，其从帝出亡者，俱就此而作耕种。建文在滇几近五十年，虽时时往来于滇西、滇北之山水幽处，然大半时日都居于此寺内或洞中。盖是时建文已剃度为僧，故能在此边徼上任意云游，处处朝山礼佛，而不专于一处托钵住〔驻〕锡也。

考《鹤庆州志》：“牛街镇，昔为观音驿。”亦当大路之一村寨也。惟据邑人云：“往昔眠龙洞直隐于群山之间，与官道隔绝，而且远极。即今有之田畴数百亩，早年亦是一片沼池，惟有一条土堤曲折于其间，循堤向北，可达山洞，故建文帝能隐居于此。”

又闻，昔日眠龙洞内有建文之石榻、石案、石几、石凳等在，不意近二三十年来为寺之住持某俗僧所破坏，并将洞内最美观之崖悬垂乳一一铲削，取石壁滑洁，建弥勒殿于洞内，滑石壁上塑八仙过海图，以致四壁题咏多被墁灭。洞口上昔镌一联，为邑人李重轮所题，李乃明代之名进士也。联曰：“碧海无波观鱼跃，青山有道待龙眠。”此亦为俗僧铲除。今于此洞口建一半西式之门坊，题“弥勒殿”三字。洞内香烟弥漫，大是闷人，有建文僧服少年像，为铜制者，则杂置壁间，然亦为香烟熏黑，不辨眉目矣！惟壁东高处镌有建文遗作云：“我行至东，山深水穷，虎迹蛟踪。我行至南，地炎河干，貐猰〔猰貐〕巢环。我行至北，黑雾毒雪，烛龙沉色。我行至西，阴雨霏霏，弓矢野施。我凄我惶，何地可行！”注为明永乐丁酉冬作。按：岁在丁酉为永乐十五年〔1417〕，是则建文已出亡十五年矣！

又洞中刻有明嘉靖庚戌岁〔1550〕蜀杨慎《题眠龙洞海棠》诗云：“两树繁花占上春，多情谁是惜芳人。京华〔花〕一朵千金价，肯信空山委路尘！”又中溪李元阳和云：“意浓姿淡浣新红，山馆相逢二月中。区别要君重着眼，野桃篱杏烂成丛。国色名花委路旁，今年花比去年芳。莫言空谷知音少，也有题诗玉署郎。”上述题识，半已墁藏于所谓之八仙过海图之浪花中矣！其他题识甚多，尽被污坏，殊为可惜！

又洱源郊外，距牛街四十里之地，有建文从亡臣杨应能、叶希贤之墓，碑铭具在。墓旁有二忠祠，内祀建文白发僧服小铜像，或云：此为晚年遗像，在有明一代，讳称为现长者身之观自在者。有明季人某题楹联曰："祖以僧为帝，孙以帝为僧，转眼看兴亡，法席难追皇觉寺；君不死竟归，臣不归竟死，抚膺悲宇宙，梵钟莫认景阳宫！"又一联曰："七百里燕子飞来，叔不以父命为尊，侄唯知天伦为重；四十年龙眠无用，君竟得人归故土，臣不幸魂落他乡！"

大理月街与鹤庆松桂会

大理月街、鹤庆松桂会，二者俱为滇西商业上最大之集合场，且能引助一般商业家之极大兴味。月街以岁三月举行，松桂会以八月举行，俱以半月为期，此缘二三百年来之积习也。月街以运售土杂货物为主，松桂以贩卖骡马为主，亦定例也。

当前清光绪中叶，为月街最盛时，传云：是时可上至二三万人，来客众，尝有无从伫足之患。余于光绪乙未年〔1895〕随侍往丽江，路经大理，值赶月街期，竟得瞻其盛。月街于太和城西之空旷地处而集市，又设肆架棚，或摆摊席地而售卖各种货物。时际承平，道途安靖，大小商贩都挟其所有，自远而来，以谋交易。远者如维西、中甸、腾越、龙陵、景东、顺宁、缅宁等处，近者如丽江、永北、宾川、三姚之众，与夫省垣商家，无不乘时而往焉。所以然者，缘赶月街时，不只售卖货物云易，即欲购致多数之货，亦不难也。且购致若干担或若干斤，亦属易于办到之事，若云采买或销售二三驮货物，直不成问题。其商情如此，足见其市场之大也。

在赶街时，其市场上，售货者有如蜂屯，购货者不啻蚁聚。且五方之人咸集，千里之客骈至，举眼望去，自是五光十色。缘迤西方面民族复杂，入市来购买或贩卖货物者，藏人、缅人、古宗、怒子、山头、卡瓦、摆夷、民家、摩坲、栗娑〔傈僳〕、朵坲、崩聋〔龙，今之德昂族〕、僰裔子、苗人、蛮子俱有焉。其言其行各异，其衣其帽各殊，吾人在此大市场中，可云大开眼界。更有卷毛钩鼻者流，深目文身者辈，尤不知来自何地，究为何种民族也。论滇边民族，极其复杂，然须步入其地处，始得领略其仪状彩色，乃不意是年得于此大市场上，见到彼种种色色之民族，是集其大成者也，不曰幸乎？

至云市场上陈列之货物，约在千种，其间以远方山货为最多，内地土货，然亦不少也。其最夥者则为药材，若黄连、贝母、秦归、大黄、茯苓、厚朴、秦艽、白芷、天冬、半夏等，真不知各有若干百担陈之于市也。其次，若麝香、熊胆、鹿角、虫草等类贵重品物，亦殊不少焉。山货中如熊掌、鹿筋、虎骨、豹皮及能作衣裘之猞猁皮、狐皮、羊皮、獭皮，以及作其他用途之獾皮、狼皮、狗皮、岩羊皮等。至若食品中，在市售卖之香菇、梨窝、木耳、虎掌菌暨其他菌属，与各种笋干、各种干菜、干果、酱菜、蜜食等，莫不充斥于市。更如中甸之酥油，剑川之乳扇及木马扎，顺宁之茶叶、鸡棕〔纵〕、鹿衔草膏、鸡血藤膏，鹤庆之棉〔绵〕纸，则盈眼满目。此外如腾越之珠宝玉器，西藏人所卖之一切货品，无不是陈摊列肆，随在都有所见焉。

右〔上〕述滇西各处之土产货物，已有若是之多，而外来之货，若广布，若洋纱，若棉花，若川、广、苏、杭等省之绸缎绫罗，外洋之绒呢、哔叽、羽毛及一切的丝织品、棉织品、毛织品，及闽、广海味，川烟、潮烟，笔、墨、纸张、书籍、字画，暨一切洋、广、川、土杂货，真无一不有，无一不备。闻有好事者，调查是年摊贩，大小共有一千二百有余，且云，尚较前三四年略有减色。以此论之，足见当时民间之富足也，不然，商贩等挟此货物来，又付之与谁。且闻是年有粤东某客，运二十座鱼骨磨花枝木镜台盒、一百把枝木手镜，于三日内如数销尽；又一粤商办五十板红绿羽毛、三十板红绿哔叽，亦于三四日内售讫；更有昆明人办允香斋黑芥两驮，到后未及一日，即一斤不存。此种胜事，入民国后，直无人梦到。如民国三年〔1914〕，余又至大理，亦值月街，入市场视之，其景象则大异于乙未年矣。以言苏、杭、川、广杂货，市场上只稀疏陈列；以言绫罗绸缎，则不似往昔之在在充斥；以言山货，数少而价高；以言皮草，则货少而质劣。再看市面上之熙来攘往者，似只有昔之一半数也。斯一场贸易也，可云由旺变而为衰。然自民十〔民国十年，1921〕以还，迤西商业益复江河日下，又岂能呈现当年之景象哉！夫时世由人造成，迩来之不景气象，亦人造成之，非时世自成之也。

松桂会惟骡马是肆，闻在清代光绪年间，会场上可有骡马一二万匹，盖是时之交通线上全赖马力。即以西迤一方而言，有走鹤、丽、剑者，有走维西、中甸者，有走宾琚〔居〕、牛井者，有走永北、华坪者，有走顺宁、缅宁、景东者，有走腾越、八幕〔莫〕、永昌者，有走龙陵、芒市、遮放者，有往来于乔后、喇鸡、云龙、白井者，有下省坝者，每一路多则至千匹，少亦有四五百匹，以是年耗牲畜实属不少耳。而滇东、滇南两路，耗用马力尤多。东昭一带虽出产骡马，但产数弱而取用繁，竟供不济求，而且西路之夷疆马匹既筋力强健，而又价值低廉，以是迤东、迤南之马户亦多向松桂会上征购良材。行销处既若是之广，有马者自不愿其常久伏枥。脱货求财，原是边鄙野人之惯能，而况一年只此一会，孰不乐就此而求受主耶！

每年八月间，松桂会一开，便有马牵来，如是则黄膘、乌骓、青骢、枣骝、白骡、黑骡、灰驴、花驴，真不知各有若干数也。时惟见其若雾聚，若云屯，或嘶风，或秣草，或龙骧，或兔走，或腾跃于市场，或夹逼于人丛，总之，此数里之场合内，随在皆见此牵马来，彼牵马去也。且藉此机会，一班物主亦多欲彰露己之所畜，迥别驽骀，图展骥足，寓于众人之目，于是而兼有赛马之会焉。会由群众集成，订以时日，比赛时有评定，有奖励，当上选者，得银牌，得花红。马首膺其所获，马之身价自高，人之兴致益勃，在市求售，自不难致燕丹〔战国时燕国太子〕来问价也。

松桂坝在鹤庆南端，距城仅五十里，坝内村乡稠密，烟户众多，而又土地平衍，水草丰足，故可聚集骡马一二万匹于是处，更能停留盈万累千客侣于是处也。据是处人云:“会在光绪十五六年〔1889、1890〕间，恒上骡马至二三万匹，售出者可超过半数。自入民国后，会场便渐渐减色矣!”其言若是，似足以信。

按：松桂坝内之村庄，在从前因每年有此一盛会，而年有此无数之人马莅止，乃无不高大其门楼住宅，扩其槽厩，囤集草豆及来客所需之食物用具，届时赁之售之，靡不厚获其利焉。会场自以贩卖骡马为主，其他货件仅略有之也。惟售小吃食及卖酒饭者，会场上直不下五六百人，缘售受骡马者人逾万数也。近则交通线上多不用骡马之力，此一松桂会当然冷落矣！

鹤庆之神话

云南鹤庆为近今迤西之一二等县也，以地面言，南北约一百七八十里，东西多山谷，地势殊狭。而北界丽江，东界永北〔今永胜〕，西界剑川，南界洱源、邓川，鹤庆县治实成一马槽形之地面也。此槽凹之中，长又只有一百一二十里，宽则二三十里或四五十里不等。东边有河流迤逦，曰漾弓江，亦曰漾共江，为丽江七河、九河等水之合流。江之两旁均有田地，然不肥沃，以江流低而田高也。山间虽有龙潭水下注，然不足以滋润一切，以是田产不丰，民食不能供足以济求也，故鹤庆人多有出外经营事业者。以此论之，鹤庆实非富庶之区、广大之域也。以云文化，亦非迤西巨擘，一切人材，亦不过间世而一出，不能称为济济多士。此近百年来之情形若是，亦尽人知之，吾何由而笔之于篇耶？噫！盖有故矣，盖有故矣。缘鹤庆地方在千百年前实有一大段神话在也。

鹤庆在六诏时是属于邓赕〔邆赕〕诏，蒙舍并吞五诏后，自属于南诏。是时，此长形槽凹中全是泽国，盖上流水至，下无尾闾排泄，以是常年水积，居民只能结庐于山半，即交通路线亦是在山顶也，人民栽种无地，极其苦寒。当唐文宗时，有番僧摩佉陀者，具大慈悲心之佛弟子也，以朝山经此，见潴水长蓄，人民贫瘠异常，心焉悯之，乃发宏愿，为人民治水，拟消水患而纳之康庄。然思之求之，终无要领。（此摩佉陀即修建宜良城内法明寺者。）

一日，静坐水畔，见一老妪，以大壶卢〔葫芦，下同〕投于水，壶卢竟浮荡而去。时隔岸有一童子在，壶卢浮至彼岸，童子挈此壶卢而上，贮以粮食，复投于水，壶卢又自浮而旋，仍归于妪手，妪取其粮食而啖之。僧大异，认为神术也，乃求道于妪。妪曰："吾道大难，非十年面壁，不足以云施展法术，汝学此何为?"僧以愿白，且曰："如具法力，异日治水自易。"妪善之曰："汝发此大愿，吾即语汝以法，异日可为汝治水之大助力。"于是告僧以一切修持法，授毕，即不知妪之去向。僧乃悟其为神佛、抑或是观自在菩萨化身来指导也。

自是，僧即潜修于邑之石磘〔宝。下文《鹤庆石磘山之盛会》下，养儒先生注"磘同宝"，实则"磘"字未查出〕山中某岩洞内。不知有几多年．僧之道已有所成。一日，出洞至山前，见两强汉相搏于草地上，斗方酣，有群牛冲至其前，两汉恶牛之来扰己，便各取一牛，持其两后足而撕开其身躯，于是一牛裂成两半，复持此两半而甩入水中。僧知其为人世间之降龙伏虎者也，计此为有用之材，与之谈，颇投机，劝其从己修道，二汉亦乐从。僧遂引之入洞，纳为弟子，告以初步之修持法。经若干年，僧道大成，而弟子亦具有法力，乃同出治水。

按当日之泽国，从形势上而谈，东西两面俱高山，南头又有一挂榜山，与东西两面之山脉相接，仅北方平坦，水由北来，自上注下，前无去路，遂灌满槽凹而成巨浸。若云治水，非排潴泄蓄不足以言功。而水深百尺，山高百丈，若劈山开礌〔槽〕，使此长槽内之水洋洋向南流去，南地之民则必受漂没之灾矣，若此，仍有害焉。救一方而损一方，仁者不为也。僧以水由地中行，是天地之正道，乃以极大法力。摘手中百零八颗念珠，下击挂榜山麓，一珠一击，一击一洞，一百零八击，一百零八洞成功。水由洞中下落，潴蓄渐消，后世人于此一百零八洞都称之为落水洞。

水落尽，汙泽涸，山椒现，陆地出，汉夷人等始得下至山麓住在。但北望雪山高耸，春夏冰消雪化，洚水自是汹涌而来，低洼地处仍不免有水停留，乃又有开导河流之举焉。神话传云："僧识某山之麓有一深窟，一孽龙潜藏于其中，僧以法制龙，使二弟子往擒之。

二弟子得龙，龙巨大无比，便共持其尾，拖而力奔，龙身擦过，竟成沟漕。嗣乃大集人力，着弟子领导，就其迹而开辟成此漾弓江流。于是群流得有容纳，而又有归落，此大槽内之高下田土，始渐渐开辟成田，且可以建村寨，设城池。

迨至明朝，鹤庆遂成为府治。既而丽江改土归流，始移府治于丽江，降鹤庆为军民府。自中甸、维西设治后，鹤庆乃改而为州，而仍有总兵镇慑焉。若以此一段神话论之，今鹤庆县治内之一二十万居民，皆食摩佉陀之德也。以是，鹤庆人于每年三月十五日，于县之石磘山办摩佉陀祖师大会，四方汉夷咸集，其崇德报功之义欤！然鹤庆水利尚有足述者，余述于后。

〔摩佉陀即牟伽陀，又称赞陀崛哆尊者、菩提祖师、牟伽祖师，是昔时大理州、腾冲、保山一带“阿吒力”教创始人，因其治水有功，遂有“用菩提子打开落水洞”及“降孽龙”等神话迷信传说。下同。〕

漾弓江之石门坎

鹤庆水利，于鹤庆神话则内言之綦祥。然自摩佉陀祖师打洞落水，开河导流后，迨至光绪初年，又几近千载矣。其间山陵之改变，溪谷之更动，有高阜低陷而成洼，有低洼转起而成丘，甚而突者平而平者突，所谓桑田沧海，是大地上应有之事也。

夫一切泽流之发生利害，大都由渐而成。如池塘之水，今年水浅，明年再落，后年则涸矣，漾弓江之水，又何独不然。一年河流低数寸，十年低数尺，其落水洞，如于一二十年内现露二三，于一二百年内必现露二三十。现出之洞，一年高于水面数寸，十年则高至数尺，以百年而计，洞自高于水面多矣。洞而无水灌注，必由通而变塞，此在河水低浅时尚无大害；若春流泛滥，水灌入洞，而不能泻入地中，自是四处洋溢，田亩之受害，又岂鲜哉！

于斯时也，而又有一人出焉，一方面欲树己身之功德，一方面欲为人民谋福利，其人为谁，任鹤丽镇之朱洪章也。朱为曾九帅国荃部下水军将领，既深谙水利，复熟读堪舆，见地方水利，患于人民者如是，乃往察四周，谋泄水之法。于是寻得挂榜山之某一地处，其山脉虽与东排之某山相连，但山势较低，山脉不旺，高仅廿余丈，厚只里余，是大可着手之处也。遂与地方人士商榷，以所属部伍出力，一切工具由地方集资购致，在事者或酬以微资，或给以酒食。此一办法拟定，其开山凿岭之工程，竟于一月半月间勃勃而兴起焉。

是时，人民之受害既深且巨，得此贤者出而提倡领导，借人力而克服自然，使水有所归，淤泽可成良田。且一切艰巨，又由朱镇台一肩担任，如此便利之事，又何乐而不为，即小有捐输，亦无吝出之人，此所谓得人民之赞同而无反对者也。大工兴动，不是三月两月之事，亦不是一年半载之事。地方人士见朱镇台治理有条，知大功定能告成，乃为朱镇台颂德政，塑像建生祠焉。不意工程将及于一半，朱镇台又奉檄调任昭通镇矣。

大凡天下事都以人而兴，以人而废，朱镇台去，开山凿礵〔槽〕事便告停顿，继起无人，竟成不废之废。夫圆颅方踵之众，从来良莠不齐，智愚咸殊，彼不逞之徒，见朱镇台去矣，定不复返，便于朱镇台之生祠像上，加以侮辱。讵知时仅二年之隔，朱镇台又回任鹤丽镇，彼作恶者又复新其庙貌焉。朱镇台知之，乃使士兵推倒其偶像，而投之于河。已而仍召集往昔从事之众，复向是处开工挖凿，继其前辙。

此一番也，朱镇台更获得一最得力之大助手。有河南进士黄某者，前任鹤庆州牧时，以不谨于细微，去任时，邑人恶作剧以送之。隔数年，黄又来权州牧篆，真可谓黄士师重来也。黄诚读书人也，不特不念旧恶，且能痛改前非，凡一行一动，俱从清、慎、勤三字上讲求，遂尽力补助朱镇台，使开凿山礵事得早收功效。

年复一年，朱镇台与黄州牧之大功告成矣，挂榜山之东头已辟出一条明礵，使河水涨时，得由此流出。而山底石脉则未斫断，仍使两山相接，若一阈之横陈，众呼之为石门坎。复就山石而斫成三丈高之一标，树立于石门坎当中，有若一测水器。计此计划，极其良善，水涨时有所疏泄，水浅时能有存积，高地低田均有所资赖也。自是之后，鹤庆田土多由硗瘠而变肥沃。又不仅田土受益，而出外贸易者，亦大都利占十倍，在外为官作吏者，又无不风顺一帆，斯则得矣，地方人民应无不满意之处也。

不意民国十年〔1921〕前后，因河流淤塞，河身提高，沿江村落时遭水患。地方上人竟不揣其本而齐其末，不事疏浚，惟于水口推求，于是有愚而好自用之一人，出而提倡，取消朱镇台所留之石门坎。斯人姓董，邑之土豪也，有子名某，为某总司令部下团长，时驻于迤西某县，斯人即凭藉其子之声势而武断一乡，甚而武断一邑。斯人又集合地方之庸粗恶劣者流，谓朱镇台不忠于厥事，出水处留此一石门坎，是以水患遗之于沿江村众也，假消除此限，水患自无。于是群喙向隅，斯人即召其子之部曲来勷〔襄〕助斫削，时邑之良善惮彼势强，竟任其所为。

不数月，石门坎斫断矣，石标敲断矣，江水滔滔泻去，无丝毫阻拦。十日半月，河流自是告竭，大部分田土竟无水救济，又由肥沃而变成硗瘠。大错铸成，伊谁之过欤？亦惟自怨自艾而已！又不徒此也，而在外贸易之人，与一班在外居显职，肩重任，握大权，司要务者，又无不一一倾跌焉，于是鹤庆地方又由富庶而转入贫瘠。邑人近虽觉悟，是处之石门坎，不只水利攸关，而地方之形胜与地方之“风水”亦大有关系也，方服朱镇台之精于水利，怨董某之昧于事理。然九州之铁已在炉中成错，又悔之何及！

鹤庆石磘〔宝〕山之盛会

石磘山，为鹤庆县治内之东山也，山在鹤、丽、剑、永四属内，颇负重名。盖以唐时摩佉陀祖师修道于此山，成道于此山，且开江泄水，以成鹤庆邑治，人民不忘其功德，年必集大会于山上。山自嵸嵱〔嵱嵸〕，景物佳绝，且樵采称便，游乐适宜，以是为此一邑之胜地。而山非一小山，乃绵亘而长之一大山也，若自山之西面由下至上，可高三十余里。一登其巅，西可穷鹤庆县治，东可极目于永北境内，且能遥见丽江之大雪山及大理苍山顶上积雪，诚鹤庆境内一至高之山岭也。山分阴阳两面，从向东之阴面顺势而下到山麓，即为永北地方。下山路约有四五十里，而山之每一层叠处都有村落，然无甚风景足以娱目，且怪石嵯峨，蓬蒿塞路，故无人重视其地处。

向西为阳面，则峰峦竞秀，岩岫杳冥，松杉林立，桧柏杂见，以论风景，实强于阴面多矣。其自下至上，略分三级：初级则重峦叠嶂，翠巘苍崖，路则鸟道羊肠，湾〔弯〕回曲折，邑人名此级曰羊畏田。中级名一碗水，则林树阴翳，鸟声上下。此有寺院一所，殿宇宽宏，庙貌壮丽，寺之周围有小流泉，其声淙淙，殊饶雅韵。是处也，春时芳草如茵，夏月繁花夹径，秋则风清气爽，冬则石秀林疏，亦行乐之佳境也。攀援至上级，其石坊庙宇，均随山势而建筑，寺约十有余座，名目实多，殊难记忆，然大都是奉观音、文昌、祖师、关帝之寺庙也。中有一寺是专奉摩佉陀祖师者，寺后有石台，高逾于寺，曰睹光台，盖伫立于此台上，可以睹太阳光自海上冒出也，此一若登泰岱之日观峰头而看日出。

由石磻山迤侧而南，行约十余里，又有一山曰龙华山，此山虽属另一山脉，却仍与石磻相连。龙华有名寺十八座，一一俱风景清奇，尤胜于石磻之各寺，办会时，则与石磻各寺同日举行。以论石磻、龙华两山，石磻景物，纯归自然，龙华风景，半由人力作成，究其结境，实各有所擅也。

夫无边风景，即是无边乐境，因而一般崇古道而结婚媾，尚自由而讲恋爱之青年男女，莫不于春秋佳日，就三八两月中风清日永、烟消云净之际，出游结伴，携手偕行，一再登山而求无上之欢乐。如是而言，石磻山非如往昔丽江狮子山为讲爱情之一雅静处耶！曰是不然，彼讲爱情者只能步上山椒，寻花丛、觅草茵而畅谈心曲耳，又岂能陟彼高冈欤？余不言曰：此山由北向南，实绵亘至数十里之长也，其间峰峦相牵，溪壑相连，有高冈横岭，有深谷曲阿，此起彼伏，此断彼续，诚如俗语所云："山连山，湾〔弯〕过湾，不知有若干重山、若干个湾也。其幽深也如此，清奇也如此！而况山巅上更是花谢花开，云去云来，以言仙境，则俗念顿消，以言佛地，则尘缘自净，彼登此山者，似不尽为朝欢喜佛而来，亦不尽为拜清净佛而至也。是则荡涤尘襟浊怀者有焉，罥幂情丝爱网者有焉，总之，志趣各殊，境象不同也。

惟在三月十五之会，共认为摩佉陀祖师得道之期，其登山之男女老幼，十有七八是为朝拜祖师而来也。且以是会也，因祖师昔以法力开辟地治，大德及于人民，今就其成道之日而举行大会，是崇德报功之意也。民之来者，无不秉诚虔而具恭敬之心焉。故于是日，山间各寺俱一一举行会事。又不仅石磘山如是，龙华山之十八大寺中亦同于是日举行。是时山间，此而法鼓金铙，彼则幢幡宝盖，此而诵经礼忏，彼而跳舞酣歌，分组分期，必诚必敬。一切殿宇上，无时不香烟弥漫，遮云蔽日，灯烛辉煌，光腾昼夜。凡与会者，多击鼓击镗，扬旗张盖，结队而来，行于山间，则上下有别，退让守则（礼佛毕而下者，遇上山之众，则停足路旁而让之，此真敦重礼节者也。边夷之人能如是，极令人发感叹）。故积千累万之众，在此山中，虽男女杂沓，于行止栖宿，极其秩序井然。

春季正会为三月十四、十五、十六三日，秋季则在中秋前后，其订期虽为三日，亦恒延长其日焉。办会时，满山搭有草棚，或为旅舍，或为食馆，或为茶肆酒店；更有支摊售货物者，有席地卖食品者；甚有远处商贩，肩挑背负，将各地土产物而来求售者，亦在在不少之人。论斯会也，在迤西方面，除鸡足山外，当以此为冠。此何由而成之，实摩佉陀祖师之法力宝光，遍及西陲而成之者也。以是，春秋两季之会，凡与鹤庆接近之县邑，如丽江、永北、洱源、剑川、大理、邓川等处之汉夷两族人民，无论男女老少，莫不挈香烛纸籛而来。至云夷族，更不论其为民家、为摩些、为僰裔子、为朵些、为傈僳、为苗、为蛮、为庬族，俱无不具一团信心来顶礼膜拜祖师焉。

夫达摩面壁十年，亦仅输佛法于中华，而摩佉陀能以无量功德及于民，使鹤庆人民得世世有所食宿，诚佛弟子中之佼佼者也，人民感戴之深，不亦宜乎？惟在大会开时，就夷族方面察看，则有一奇极趣极之事，著于吾人之目。僰裔子一族，在鹤庆治内约有数千户之多，除民家外，即推彼为旺族。而此部民族，其语言风俗，不仅与汉族差异，即与民家亦两有不同。其在平时，亦有田耕地种，且能经商营业，非毫无凭藉之民族也，惟在此会期间，则必邀集族类，结庐于路旁或庙前，向来众乞求布施，有若丐焉。迨大会散后，若辈又必在庙中另自集会，礼佛数日而后还家，乞得之钱米或剩余之斋供，亦不存留自用，必携回而散给于乡里之穷乏者，云为报答祖师恩德，亦该族中之一特殊风俗也。

摩佉陀寺，在群山当中，自是宏大。寺在岩下，拾级入寺，则庙貌崇隆，建筑古雅，正殿配殿，层次分明，座上塑摩佉陀像，亦如诸佛菩萨之庄严。说者谓此寺实系明初重建，今历五百余年矣，但在清之咸、同年间，经回族人破坏，多未修复，斯说多半属实。寺左有石洞一，即为摩佉陀当年面壁之洞，洞中钟乳垂垂，幽深窅窱，人迹甚稀，然在办会时亦有人入游。

寺在春秋二季开办大会时，必设坛谈洞经三日，云答报祖师之德。在座谈经者，必茹素戒荤，凡入寺敬香者，无不整齐严肃，无丝毫邪僻之行，殊难得也。惟在上级山际之一岩阿间，有灵神殿一，地面颇宽敞，亦有林阴翳日。传云，殿中之神司人间爱情，更喜作月老，凡朝山之青年男女，则修饰衣容，到殿中顶礼膜拜，或倩朵些跳舞于神前，复歌祀神之章。游人于月夜深更，遂听风送芦管月琴之声，与唱爱情词调者之喉音宛转相和，辄为之意醉神迷。然此辈也，似于知行中求实践者也，孰谓旧社会多束缚，能禁遏人间色相耶？（按：僰裔子即僰儿子也，“儿”字正音应读作尼，裔儿两字音相近，故讹“儿”为“裔”。）〔另，养儒先生于此篇标题后注“磘同宝”。〕

鹤庆之梓里桥

梓里江，乃金沙江在丽江、永北两县交界处之一段江流，非丽江、永北两县之间另有一梓里江也。今人书梓里为资利，殊误，盖梓里江实因梓里桥而得名也。是段江流，在光绪十年〔1884〕前，只有渡而无桥，逮至光绪十年后，始有铁锁桥一，而名之为梓里桥焉。桥为前贵州提督蒋壮勤公炳堂独资所造，桥成，以梓里二字名之，取敬恭桑梓之义也。

据鹤邑人士传说，蒋之造斯桥也，实有一可敬可爱之艳史在。兹略述之，以见弱女子之识英雄豪杰，而此一英雄豪杰亦果能自行奋发，而上达云霄也。蒋为鹤庆北大蕨地〔大蕨地系大绝地，后改名大福地，属辛屯乡〕苗族，原姓狡〔绞〕，幼孤，性警绝，仪容庄肃，十余岁时，为邑之辛屯村富户施姓看守田地，然非其愿也，时至施姓家中，恒流露胸中抱负。施姓有女，慧而美，与蒋年岁相若也，于蒋之言语行动上，常加以注意，却见其器宇不凡，举止实异于常人也。积久，益觉其志趣高尚，殊非庸庸者流，异日必能大露头角，遂欲委身于蒋。然不能自主，且已为富室之女，蒋乃家中佣仆，白于父母，当不能谐，无已，乃私与婚焉，既而难言矣。

蒋惧事迹暴露，祸及己身，遂谋偕女逃遁。女诺，于某年月日，窃取家中财物一大包，乘父母他适，即携物私逃出宅，立与蒋偕逃，奔往他处隐藏。

蒋有衿氏某姓，在永北属之某寨，距鹤庆约百余里，蒋拟偕女赴此潜匿，再谋进一步之办法。然由鹤庆之某一地处赴永北之某寨，须渡金沙江，非此不能达到。蒋偕女至过渡处，时已薄暮，江边只有一小舟，舟上有一二持篙执楫者。蒋见无他舟可问，只好与此舟上人论价，请将己二人渡过江去。

舟中人见此一双男女均属青年，女既貌美，而衣服都丽，男虽英武，却衣着粗恶，心颇疑之。穷其渡江之由，蒋固慧黠，究因年齿尚稚，诸欠练达，始以谰言支吾，继则以不吝给酬之言脱出于口，舟人愈疑矣。又见其背负包裹，是必为邑中之窃逃者，似此，女子身上必有珍宝焉，乃设计分散之。遂以舟小水急为辞，并云，规例不能同渡二人，男女须分开而渡。蒋知舟人有不利于己之心也，若不就其支配，又无他船可渡，假沿江而行，一则日已在山，再则施姓之追者或至，欲窜出樊笼，则不可能矣！此情此境，势非渡过江去不可，筹思者再，只得令女先行登舟。舟人见其甘落于后，以为计之得矣。讵知一篙离开江岸，此少年英雄竟脱卸身上衣服，和包裹而背于背上，跃入江中，载浮载泅，缀于船尾，不一时，竟同渡船达于彼岸。

舟子见其神勇如此，亦不敢侮，惟受其酬而已。蒋临行，又给舟子以微资，嘱："今夜或明日有人来问我等行径，可云我等是暂往某某地处。"实指东而适西也。舟子诺，蒋乃偕女而奔往某寨。明日，施姓之追者果至，询于舟人，舟人以语白，追者按路搜求，终无所得。

蒋与女奔至永北某寨，遂安于其衿氏家中。衿氏遇女甚善，蒋心大慰，然知势不可久留在此，便动功名之念，乃略一安顿，即出外投军。始投和耀曾部下，得以勇敢称著。迭次升职，竟得独领一支人马，在大理方面与杜军周旋。杨玉科进攻迤西，蒋乃隶于杨玉科麾下，克大理城，蒋功甚著，大为岑毓英所赏识，是时，蒋已膺总兵职矣。迤西乱事肃清，蒋又膺记名提督之显耀头衔，斯时，蒋请假回籍，是红其顶而花其翎矣。

蒋在和耀曾部下建功时，女之父母已知蒋子在外显赫，不辱门楣，遂接女还家。蒋回乡后，始入施宅拜岳，亲戚方往来。未几，蒋又放贵州古州总兵，更简放贵州提督，差与丽江杨武敏公玉科齐名，荣耀一时，乡里称羡已极。

蒋于是回忆往事，在江边时，大为舟人所扼，乃决心建桥，以利行人。桥成，复捐资购田若干亩，以田租营养村人数家，使常居桥畔，而保护是桥，桥则名之为梓里桥。斯举也，自是仁者之风，而亦是英雄仕女之纪念物也，人安得而忽诸。

朝霞奇景

鹤庆境内之寺庙庵观，真多极矣，其城内城外，与夫各村各寨，无不有庙宇多间，可曰寺庙林立，若综计其数，全县当有四五百间。以神权论，鹤庆在云南百余县中，当擢为第一，此固是虔于迷信之证明，然其间亦多因风景而建筑者，如邑之西山上有朝霞、松坡、二圣等五寺，则大半属于风景焉。

所云之朝霞、松坡等寺，实在西山之不甚高处，由山麓步上，仅四五里尔。论西山山势，自是矗立，然在建寺之地处却略展平地，而又面临峦头，后开屏嶂，远观近瞩，景物佳绝，就境地而言，诚最好之一段山腰也。邑人就此地段而营建五寺，是各擅名胜，不得谓为建寺而结香火缘也。寺内复花木杂莳，寺外更泉石清奇，尤不让于邑之石磘、龙华两处寺庙也。

西山上之寺庙，以朝霞为最著名，其朝霞两字，亦非泛然安置。缘此山之上有一岈〔垭〕口，宽深斜度均在数十余丈，而东边之龙华山上亦有同样之一岈口，两相对正，复高矮不差。每值太阳躔度行经某度某分时，太阳出没，即对正此两岈口，太阳之光即由两山之岈口穿射而出，从此达彼，牵成一条直线。亮光度过，宽达数十丈，一练横空，长逾二三十里，且能因空间濛气而幻成各种彩色，于是有成五彩色者，有成赤色者、绯色者，有成赭、黄、青、灰色者，但时间不长，只可数分钟之久，即形消迹灭。

地方上有此一奇景，一般人遂藉霞光之彩色，而卜一己之吉凶。如邑人杨金铠，清进士也，以见霞成五彩而捷南宫，故一般卜休咎者，多于某季之早晚二时，伫立朝霞寺前而观之，究看何人之运数何如尔！

松明节跑马

邓川、鹤庆，在六诏时，俱为邓赕〔邆赕〕诏所有地。迤西之松明节，固不仅为邓赕诏皮罗邓与其妻慈善作成，其起缘实自汉武帝时，叶榆酋长曼阿娜妻阿南夫人扑火殉夫而发其端也，后人则以代远年湮而忽之。然此一松明节，自是邓赕之一悲剧，而邓赕诏之慈善夫人又为此悲剧中最出色之人，后世吊古者自以此出色者为主要。复推其原委，邓川、鹤庆当然为感触最深之地，所以邓川、鹤庆两处，一则重在鱼塘会，一则重在松明节。虽然，邓川人之于松明节，亦未尝轻忽之也，况邓川为邓赕王畿，其礼节又何可欠于人？惟是邓城自迭遭兵燹后，居民少存，富庶只见于乡间。彼村居者，倡作一事，大不易易，以是，邓川境内之松明节，在人民方面未见有何种特殊之表现也。

鹤庆人自食摩佉陀所种之善果后，人民生计遂日渐腾达，衣食充足，礼义兴焉。百节夫人为邓赕遗族所最敬重者也，故今之邓赕遗族举行此纪念节，不重在星回，而重在松明，惟六月二十四是重也。鹤庆人对于此节，在数百年前究有若何之举动，后世人多不能知，可置而不议。有足以叙述者，惟鹤庆人于近百年来，于此一令节上而有一种特殊举动也。

鹤庆人多有远志，恒喜向外飞扬，果然一向天空翱翔，靡不鸿毛遇顺风，入仕途，投军界，经商业，习工艺，大则大成，小则小就，可谓无往而不利。云出外谋发展者，尤不知有若干人，几十室而居五六焉。夫出门干事者多，饱载而归者自不少，此一班人既涉重洋而登五岳，眼界宽而思想奇，今闲居无事，孰不欲借故寻乐，出而提倡一事，是必欲居于人上者也，以是，在松明节上而又增加以彩色。

在六月二十四日晚后，城厢内外一概闭户关门，有马者悉备具鞍辔而出，以云骏材，当以百计，以云男女，当逾万人。善驰马者，跨下一鞭，直达十里以外，去而复来，往而复还，人挺胸而马喷沫，迨至日落黄昏，始收缰卸镫，是时，松香火把上街矣。

持火把者，多半为青年男子，间杂以孩童，一人一炬，一炬附以松香一囊，一掬松香末洒向火头，火光起而人声哗。于是炎炎熊熊，光彻霄汉，满城满野，明于白昼，彼火树银花诚不足道也。甚有结队而出者，一似今之火炬游行，但光焰腾耀处，则倍而又倍之。此景此象，假居高而下视，则荧荧万点，似银河星颗尚无此密集，而亦无此灿烂也。

又论此种景象，不特城市如是，各乡各寨亦无不如是；不特青年男女兴致勃勃，即黄发骀〔或为驼〕者，其兴致亦不浅也。喧笑欢呼，达于夜半，残月升上，始火烬而烟消。好饮者则聚而餐焉，奠酒于地，犹降神也。顾此举动，他处实无，所以迤西人推论鹤庆之松明节为第一讲究。

永北观音

永北观音像，在昔日永北厅治之城北灵源箐内之崖壁上，像有大小二尊，俱属唐代吴道子手笔，曾镌刻于他处者也。究不知何时，有郡人自他处钩摹而来，遂镌于箐之崖壁上。寻以像幅巨大，不便供奉，乃于另一地处钩摹得较小之一像，镌于大像旁。今日一般佛门弟子所崇奉之永北观音像，多是大像旁之小像。或曰：崖上大像，是昔时北胜土司高某往朝峨嵋，在山之某处捶〔拓〕得观音像一尊，归而倩工镌于崖壁上，小者为郡中某信士自武当山上钩摹而来。总之，大小两尊像俱在郡之灵源箐。

灵源箐，在永北城北之一高山上，箐口距城约十六七里，原属北胜土司所管之地也。按：永北厅治，在清雍正年间始改土归流，设厅而治，于是废去北胜土司，取其所有之地而属于汉官。今易永北厅治而为永胜县治，实有所本也。原日北胜土司所在之地，今名北胜里，灵源箐即北胜里中之一山箐也。又何以灵源两字名之？以有一股山泉出于箐底，水极清冽，烹茶能增滋味，且一年四季不涸，而又有观音像在是，故曰灵源。

灵源箐为此座高山上之一幽谷，两边崖石相逼，中成巨礳〔槽〕，却不甚坳窈。自箐口至箐底，深约三里，箐中丛生兰、竹两种，颇饶清气。镌观音像之崖壁则如斧劈刀削，石质极坚结，故拓出来之菩萨像极其显豁。凡拓出来之菩萨像，都得要请高土司之后裔加盖一印章，以“章为天所赐”也。盖高氏章后，复送请永北厅官盖印、永北参府盖印，证明为真正之永北观音像。有至永北者，又无不以得一幅真正的永北观音像为幸。所以永北观音〔像〕在各种各样中为最有价值者，而又不论其为大像小像也。

永北观音之神话

在明、清两代时，永北城北有北胜土司高氏，为世袭土目也，高氏世袭之职，自明迄清，传世已十有余代。而在明末之某一代，有名高△△者，袭职近四十年，其寿已届七旬，时人遂称之老土司。此老土司极佞佛，而奉观世音菩萨尤虔。

一日午间，老土司以倦而假寐于床，时有老妇，鬓发苍然，身着布衣裤，手提草鞋一双，走入土司衙署，云：“将有微物，敬献于老土司。”门者阻其进步，且不乐为达，老妇人亦不顾其阻遏，竟直步而入门。门者复追随喝逐，老妇人遂走进马房，即掷草鞋于马槽内，马遂嚼而食之，门者追及，老妇便掉首而出。

此时，署中喧嚷，老土司有所闻，随起床离户，出而查问。众白其故，老土司曰：“是必有言辞以语我也，可追其转回，我当以礼相迎。”使者出，见老妇在前，而又距离不远，乃杨〔扬〕声呼其住〔驻〕足。老妇人若不闻，仍徐徐而行，使者虽迈步于后，终不能及，追之追之，老妇人竟走入一山峡内。山峡不甚宽敞，两壁俱悬岩巉巉，入峡约里许，老妇人竟走入此峡之左壁内，于是形迹顿灭。此峡两壁俱石，下有水流，土人不名此为峡，而名此为箐。使者审其所入之处，实一段如斧劈、如刀削之石壁，而无拳大窍洞，无寸宽裂缝，直不解老妇究从何处走入。使者伫立于此，惟称奇道怪而已！

使者正徘徊瞻顾间，老土司亦驰马而至，穷得其故，亦踟蹰于石壁下。忽而壁上发一声响，便有一物飞坠于地，老土司向地上找寻，竟得到一物，乃一寸许方大之碧玉章也，章上有篆文九字，曰“滇沧阳世守高氏之章”。老土司得此异物，犹强于秦皇之得卞氏璧，遂宝而怀之。既而寻思究竟，此老妇人或是观世音菩萨化身，而来此显灵也，不然，必无如此之奇。

老土司得此宝章，于是奉观音愈虔，且日礼观音号，夜诵《妙法莲华经》，无一日之辍息焉。老土司之马自嚼食草鞋后，便易筋换骨，一变而为龙驹，日行千里，上高山如履平地，渡黄河如过小溪。老土司遂跨此马，时往来于滇池、洱海之上。且有人云：老土司曾跨此马踏过永北城外之乌里海，今海水上犹有一条马踏之痕迹。

箐中石壁，自印章飞出后，时人便认此为观音寄迹处，便日日有人向此而游。不久间，石壁上又有观音妙像现出，初尚眉眼模糊，继则鬓发毕露，复璎珞下垂。于是，阖郡人士无不认此为观音大士显著威灵，自此，入箐朝拜之人恒不断于途。老土司乃倩一精于石刻者，就此石上形影而刻出线路，以便一般善男信女拓而供奉，然此为崖间之一大像。

老土司死后，当然有子孙袭职，子名某，祀观音亦虔，以崖上大像不易捶拓，尤不便于平民供奉，乃往西湖灵隐拓得吴道子所绘之一观音像，就其面貌身段、竹影波纹，一一详尽镌出，位于大像之旁，是为近今通行之永北观音像。

宾川之木棉

中国之棉有二种：一为草棉，一为木棉。《南史·高昌国传》："有草，实如茧，中丝如细纻，名曰白叠，取以为布，甚软白。"此即草棉。《〔资治〕通鉴》：梁武帝送木棉皂帐。〔《资治通鉴·梁纪》十五原文为梁武帝"身衣布衣，木棉皂帐。"〕史炤《〔通鉴〕释文》〔是胡三省《资治通鉴音注》〕："木棉，江南多有之，以春二三月下种，既生，一月三薅〔原注"一月"上有"须"字，"三薅"下有省文〕。至秋生黄花，结实，及熟时，实皮四裂，其中淀出如绵。"此则纪木棉也。云南亦有木棉，多产于滇省西北隅之金沙江边沿江一带之山坡上。

杨希闵绍基君曾详语于我云："己于解甲归农后，回至宾川原籍，拟从事于实业。宾川北头，界于金沙江边，距城约百余里，有某某地处，大江则自西而来，向东而流，南北两岸大都是赤土偏坡，气候极热，常年无霜雪到地，此一带地方极多木棉。木棉树身颇高，枝干杈丫直上，有类于苹婆树之生发。木棉结实，大如林檎果，实熟绽棉，洁白如雪，丝细而且长，其长度约及四五寸，诚较草棉为强也。以土法搓线不易，土人故不爱重之，以不甚爱重，故无人培养，缘此而不蕃殖。

"论种木棉，不费功力，但锄坎落子，数日即能萌芽，惟须择取无寒霜、无大雪之地处而种，盖其性畏霜雪也。若于适当之处，当春而种，无有不成。第一年重锄薅，在去其根旁之蒿稗，然亦不劳灌溉，更勿庸搵〔似当作"压"〕肥料，惟任其自行生发耳。期年后可高尺几二尺，次年更长高而着花，花须扑去之，使其不汲汲于结实，第三年则听其开花结实。自是之后，地下亦不必时时薅锄，无非斩去荆棘蓬棵，免其夺取地力耳。

"木棉栽成后，一株可望有二十五年或三十年之收成，以较草棉，则省工多矣。按：每亩地皮可种木棉数百株，延至五六年后，每亩地上之棉树可望收五六十斤棉花，十年倍之。在整理得法者，每亩可望有二百斤之收成。盖木棉年可收获两次，一在夏季，一在冬季。其摘取棉实，亦不费力，一人耗尽日工夫，可收尽一二亩地之棉实。实又较草棉为大，函白叠自较草棉为多也。又棉花子可以制油，点灯亦甚光明，惟不能食耳。若以二百斤花之子制油，可得油斤多两斤，诚厚利也。

“论此种木棉之丝头，极适于上机器作细纱，此亦为纺纱厂中人士所公认。惜哉！人不之务，徒日事嚣嚣于种棉以抵制外来者之说，殆不知有此也。

“至云滇省之边鄙，由永北、宾川而华坪、大姚，而永仁、元谋、武定、禄劝、寻甸、巧家，俱是沿金江而设治，边线之长，直有二千余里。而随在一段上，其气候又无不炎热. 所谓霜雪，多是一二十年不见一次。且此二千余里之边线上，多半是偏坡或高原，即选择适合于条件而能种棉之处，亦不下一千个方里。按每一方里有地五百余亩，每亩产量以一百五十斤计，千个方里之地面，自不难产七八千万斤棉花也。

“余初至宾川，即闻有是利，乃往产生木棉地处，考问详查，复就江边各处讲求，似大利可兴，成功可必。乃与地方土人商洽，己方愿筹资本，就一荒山僻壤处试办，划定百亩地面，而开成熟地，依据土法种植。是力由农家出，资由己方备，将来收棉则各占一半，是时多有土人乐从。正待兴工间，内战之祸作矣，边地上亦动荡不宁，余知世事难为，乃辍其事，挟袱被而旋昆明。”杨君之语我者如此，特为之记出。

鸡足山之传衣寺

传衣寺为鸡足山五大寺中之一。陈鼎《滇黔纪游》：鸡足山“顶有石门，佛大弟子摩诃迦叶秉释迦衣钵，入定于此，候慈氏佛下世，乃入涅槃。逢岁朔，四方淄流进香，自汉迄今不绝。大刹七十二所，兰若三百六十，小庵无算。传衣、罗汉、迦叶、放光、寂光五大寺最著，每寺千众或数百众〔《纪游》原文“众”下有“不等”二字〕，皆刀耕火种为食。僧多卷毛、钩鼻、深目、穿耳，即曩在五台、京师及江、浙、闽、粤所见乞食罗汉也，颇知汉语。”

青浦王昶自石钟寺至华首门，并游悉檀诸寺，有《赞佛颂》〔王昶诗原题为《自石淙寺至华首门礼大迦叶并游悉檀诸寺赞佛颂》，兹照王氏《春融堂集》卷十二原诗校注。以下简称“原作”〕：“觉海本圆明，缘空世界设。金轮妙合凝，河岳乃分别。域外四名山，鸡足居其一。假彼五德名，喻此双距植。虽非须弥伦，实与灵鹫匹。我读放光部，梵夹既〔“既”原作“记”〕详悉。叶榆古未通，故不具典籍。点苍东蜿蜒，高黎南崱屴。金沙绕其西，洱海带其北。福地与洞天，培塿矧蹇劣。是为欧粤〔“欧粤”原作“灵奥”〕区，群真共栖息。考摩诃迦叶，夙世由京〔“京”原作“金”〕师。相与婆陀女，发愿成菩提。经九十一劫，紫色光容仪。最后皈瞿昙，苦行头陀持。正法得眼藏，不在文字为。大哉涅槃心，别传畴能知。一笑且放下，天花落葳蕤。金棺忽上涌，入灭哀歔欷！更惟阿逸多，次应补佛位。授汝金伽黎，以俟慈氏至。法宝交手付，用以表信智。因庆喜多闻，未到三摩地。属其闻思修，超然佛出世。演说恒河沙，结习俱已既。爰相四部中，胜地冠南暨。湛然入大定，终古岩扉闭。伊予愧梼昧，夙秉烟霞心。壮岁登仕版，风尘长骎骎。巨岳径其麓，徒然历崎嵚。官程歌鞅掌，名胜迟登临。况此牂牁隔，岂遑果幽寻。今从典午职，遥抵澜沧浔。裸夷昨纳款，仲夏行献琛。上舒格斗苦，下免瘴疠侵。皇威詟涅土，兵气销苍黔。是皆慈力被，瞻礼情弥深。东皇正司权，和暄洽芳甸。分途从普溯，颇觉风云变。回环盖〔“盖”原作“屈”〕宾川，群峰已葱茜。阡陌互横斜，村墟类隐见。杉楮蔽重岩〔“岩”原作“崖”〕，藤萝翳虚涧。本无虎豹〔“虎豹”原作“豺虎”〕藏，偶见麋鹿〔“麋鹿”原作“麕麚”〕窜。静室及茅篷，迢递从空献。舆梁蹑雪隐〔“隐”原作“阴”〕，两河递回漩。崖垠显谽呀〔“呀”原作“谺”〕，牝穴暗输灌。漾波出鲦鲙，穿沙簇葭茁。溪回仰华构，突兀扃石淙〔“扃”原作“扁”“淙”下原注：志作“钟”〕。楼台焕金碧，仪象森青红。招邀憩精舍，无语契圆通。鹿院〔“院”原作“宛”〕自岑寂，幽景弥冲融。更移宾榻坐，长明照帘栊。宵分闻刁骚，天籁鸣虚空。疑是春雨急，开轩月朦胧。乃知奔溜壮，戛响兼杉松。清寒不能寐，趺跏待晨钟。虬箭尚丁丁，法鼓旋逄逄〔“逄”原作“逢”〕。喃喃禅诵启，浩浩潮音同。阇黎愿前导，为我开蒙茸。朝霞亦渐明，瀼露尚未已。篮舆并筇笠，彳亍层岩里。初摩诗石台，再历畸人址〔原注：“谓杨黼洞”〕。奇迹尽堪诧，往事屡屈指。延缘迦叶堂，规模最宏〔“宏”原作“雄”〕伟。幡幢耀庭〔“庭”原作“楶”。楶音节，柱头斗拱〕楣，罘罳映阶戺〔音士，阶旁所砌之斜石〕。想见妙庄严，合与天宫比。北望敞晴窗，屏扆崇霄峙。祖庭在其间，回向并胡踜〔以字形似为踜，即蹭。原作“跪”〕。手足互腾奋，耳目骇听视。兰陀郁崔嵬，铜瓦转迤逦。将从猢狲升，危梯断徙倚。四峰观岧嶤，盘旋到金顶。浩荡入鸿濛，清空绝溟涬。山深高更寒，寺古坚而整。积雪春未消，斑驳渍苔鼎。云路近九重，烟光纳万顷。远眺月西沉〔“西沉”原作“窿西”〕，雪山微露景〔“微露”原作“露微”〕。缥缈黄金塔，目力无尤〔“尤”原作“由”〕骋。至此尘根穷，一气化孤迥。再仰华首门，万仞类揩珽。讵倩巨灵掌，剜出双扇〔“扇”原作“扉”〕并。枨阑俨分明，榱桷极严靓。上临观自在，石像出形影。下为受记泉，滴沥蓄清泂。方祈作道场，工巧神鬼逞。是惟梅呾利，说法兜率天。修习唯心识，遇实俱成圆。恒辟内外院，三灾何绵〔“绵”原作“繇”，即由〕缘。香飘华曼〔“曼”原作“鬘”〕云，楼阁重重悬。天龙八部等，合沓归陶甄。妙音得未曾？果位昭纮綖。苾蒭告灵应，法力殊无边。西南五天竺，万里穷坤乾〔“乾”原作“壖”（堧），余地、隙地〕。僧号宗喀巴，调御教所沿。班禅偕达赖，其徒各三〔“三”原作“万”〕千。是为大宝王，供养陈嘉筵。自然盘陀石，宽博百丈平。如矢复如砥，绝少苍芜缠。黄帽骈茧至，膜拜昭精虔。醍醐杂酥酪，铁鼓参铃弦。旋绕亦跳舞，每岁期无愆。如是不思议，广大更圆满。闻言还作礼，徐退复游衍。日斜窣渚波，归禽渐催晚。微步至华严，香橱饱一饭。

齏盐倒瓶盎〔“盎”原作“盔”，即盏，音拨，食器〕，笋蕨饤盘碗。岚翠欲沾衣，坛灯忽照眼。贾勇过悉檀，雄杰推首选。松龛图法身，十光五彩散。依然三十二，好〔“好”《春融堂集》同，《新纂云南通志》卷116录作“妙”〕相映丹巘。徘徊不忍去．闻钟乃思返。鬖髿母雀〔“母雀”原作“雀母”〕飞，傀儡师〔“师”原作“狮”〕王偃。烟暝嚣哀猿，坞深嗾狞犬。发愿何寺僧，经声远可辨。天空星河希，夜久香丝断。晓陟藏经楼，尽檐对碧〔“碧”原作“窄”〕崿。三藏十二部，迦文圣教酌〔“酌”原作“作”〕。天〔“天”原作“罡”〕风偶震荡，大地响铃铎。初桄次第登，经厨焕丹雘。或为世主请，或令群生学。时地间不同，妙义并展拓。试诵〔“诵”原作“讽”〕陀罗尼，藕孔修罗愕。龙树得其详，鸠摩志其略。元〔玄〕装〔奘〕之所搜，澄观之听约。华藏清静〔“静”原作“净”〕海，般若悉〔“悉”原作“恣”〕包络。缁绎起晋魏，唐宋更宏博。蛮荒万里陬，高僧乃栖托。旁行四句书，十年共磅〔“磅”原作“槃”〕礴。时时散天花，往往奏天乐。功德岂可思，此游弥踊跃。老僧谓余言，兹山逾华岱。峰崖三十九，泉洞数几倍。寺观百有余，祠庙不胜载。水石斗玲珑，花药尽罨蔼。优昙亚崇坛，旃檀遍溪濑。鼠姑黄丛丛，虎兰雪蔚蔚。芭蕉〔“蕉”原作“苴”〕大于门，棕〔“棕”原作“栟”〕榈长似桧。青苍数围抱〔原作“青篙抱数围”〕，黄团巨方罫。杜鹃十丈缠，空〔“空”原作“宝”〕相千里挂。缗蛮嘐念佛，迦陵亦摇曳。潭深赤鲤〔“鲤”原作“鲆”〕浮，岭峻碧鸡会。团茅六十秋，犹未悉梗概。官程太匆忙，势难遍津逮。矫首入定处，烟峦横叆叇。青磬出回飔，迢迢醒尘界。林杪银河翻，数道各澎湃。琤玐诸涧流，送我奏清籁。回途抵牛井，传舍除尘〔“尘”原作“埃”〕氛。挑灯读山志，开士手所抡〔原注：“钱邦芑作”〕。艺文暨古迹，幽渺搜殊珍。当与《霞客记》，志乘争纷纶。乃识造化蕴，难以寻常论。五台妙吉祥，炎夏冰雪〔“雪”原作“霜”〕屯。普陀面归墟，宴坐翻鲸鲲。峨眉大因力，光耀西南垠。乃此成四大，允为十方尊。作诗和梵呗，一滴沧海分。书置翰音唱，金鸦翥朝暾！”按：右〔上〕篇计一百五十八韵，在艺文中真鸿篇巨制也！

又陈鼎《滇黔纪游》云："袈裟寺〔《纪游》原文作"迦叶殿"〕在鸡足山之半，据寺僧云，寺〔《纪游》原文无"据寺僧云寺"五字〕无三十年不火。"又李元阳游记："石钟寺乃鸡足山总汇处，寺据山阿，林树极茂，东南瀑布高悬，约及十丈。"〔李元阳《游鸡足山记》云："又东里许，至石钟寺，乃一山总会处，寺东稍南有茶房，有瀑布水。"此处所录，非李元阳原文。〕悉檀寺在鸡足山大龙潭之上，寺宇极其宏大。铜瓦殿在鸡足山华首门东，梁柱门栏俱以铜为之。此数寺与五大寺同著名胜云。

卷　十三

滇南景物志略之四

澜沧江上铁锁桥

迤西之铁锁桥，大小六七座，其中以怒江铁锁桥为最长大，澜沧江上铁桥则不若怒江之长。但澜沧铁桥在历史上最有名，咸认此为诸葛武侯征南蛮时所造，是耶非耶？亦只作如是云云耳！

桥去永平城数十里，横于大江上，桥以十六条粗若人臂之铁链组合而成。造桥时，系将两岸石崖凿出洞眼，然后将铁链之两端扣系于石孔内；复用一些稍细之铁链横编斜串，面上始铺木板两层，横直各一，俱厚寸余，用螺旋钉扣定。桥宽丈余，长三百余步，此桥在昔年为大理通腾〔腾冲〕永〔永昌，今保山〕及缅甸之要道。在前清时，缅人入贡象马，必取道于此，故此桥诚关津要口也。

桥之形势雄大，实压赛一切。昔明人马继龙有《澜沧江怀古》一律，曰："沧〔光绪《永昌府志》、李根源《永昌府文征》"沧"作"孤"〕江铁锁跨长虹，鸟道从天一线通。树响龙来陵谷雨，山空猿啸石桥〔《府志》《文征》"桥"作"楼"〕风。百蛮南诏襟喉地，万木荒村〔《府志》《文征》"村"作"祠"〕鼓角中。象马年来归贡赋，土人犹说武侯功！"

此桥何为而系以铁索？盖澜沧为滇西八大江之一，《水经注》云："澜沧江源出吐番嵯和歌甸，南流达丽江府兰州（即今兰坪县），入大理府云龙州西南，过金齿司城东北八十五里，绕罗岷山，入蒙化府西南，又一百三十里至顺宁府，又南与漾濞江合，经永昌府永平县，又转东南，径入景东，约一百余里，过大侯州〔今云县〕南二百五十里，经蛮弥山之麓，而入元江府，合元江流，南至车里〔今景洪〕，过交趾入海，此江流之长，约三千余里。”〔《水经注》卷三十六《若水》下记兰仓水原文与此不同。此段不知来自何处？又曹树翘《滇南杂志》云：“浪沧江在蒙化西南百八十里，水色甚黑，其源出吐蕃嵯和歌甸鹿石山下，名鹿沧江，因流经兰州，故又名兰沧江。”〕然由丽江兰州至永平，亦在千有余里。其两岸俱高山峻岭，峭壁悬崖，而又绵亘不断，其江流更是急射如箭，无法造桥，惟至此处，两岸石崖相距不远，乃得造此一桥。但江水湍激，不能在江心起墩，故造成铁锁桥。

近桥头处系一群高山，山上有一古寺，曰水云寺。寺在一最高之山顶上，寺宇亦不甚大，堂殿仅两层，殿塑关圣像，传云为大理国王段兴智所建。寺前眼界空阔，可及百里外，且登此四望，群山皆小，遥望澜沧江如匹练，曲折穿插于群山起伏中。但山路陡极，虽沿路有石磴攀跻，终不易行也。盖上山路径，多回旋峭壁悬崖下，且有数处壁立千仞，磴滑如油，非着草鞋，不易上升。

岭上景物极佳，随在得闻鸟啼猿吟，属耳寓目，得占尽清幽两字。将近寺处，崖上镌有“快走三步”四字。闻人云：岩上常有猿猴. 若见人伫足于是处，便以石伤人，人不停步，亦不相犯，盖猴性多疑也，故此处名为飞石口。

殿宇虽经七八百年，亦不甚剥落。寺前有石联一副，曰：“水是在山方不浊；云如出岫便为霖。”字极遒劲，而未署名，不知系何人手笔。山麓之偏坡上有大坟堆二个，称为万人冢，乃清道光年间，汉、回争斗，回人据桥而杀戮过往汉人，后有回族人赵某居提标守备职，奉令守此桥，乃收集桥畔所有尸骸，直得到千余具，而瘗〔瘗〕之于此，故称之为万人冢。

永平永国寺之大铜佛

永平县内之博南山，为地舆图上带有历史色彩之一大山也。山在永平县境之南，去城约四十里余，山上有大佛寺，曰永国。夫寺以永国名，其取帝道遐昌之义乎？曰：非也。缘寺为明永历帝与其大将胡国柱布功德所建，故名之为永国寺。寺在博南山腹，前后五进，亦大建筑也。内则栋宇崇隆，檐牙高峻，殿墀宽大，廊槛回环，配殿群房，横直勾接，香积法堂，左右配置，步于此者，一望而知为大丛林也。

寺不以宽阔雄壮著名，其著名处是在一尊大铜佛像。寺之正殿三楹，既高且宏，其雄壮富丽处，大致与昆明圆通寺之圆通宝殿相似。顾此一大雄宝殿之形色，愈觉佛图广大。殿上塑接引佛一尊，为铜范者，佛之法身高逾二丈，犹超过于丈八金身之说。佛像极其庄严，实为当时名手所塑，佛身站于莲座上，足肤〔似当作“趺”〕长至三尺有余，莲座阔六七尺，高四尺余，亦是以铜范出，莲座涂以彩色，佛身则饰以金。信士等上殿参佛，若仰瞻宝相金容，仰首必帽落，足见法身之高大矣。

以论国中之名山古刹，其佛像高及二丈者固多，然大都为天塑，天塑者，泥塑之代名词也。天塑较易，无论高至若干丈，大至若干人合抱，都不难于集事。铜铸者曰火塑，火塑则难，虽是肢体凑合，然一手一足，大至如此，而以铜范之，真不易也。或曰：永国之佛像，当时曾熔化生铜二万余斤，始克臧事。今计其体质，其言似不虚耳。

此寺虽僻远于西陲，而来朝参佛者颇众，十年前，闽中之虚云和尚曾至其处参佛，归而出笔记以示人，称“此佛像为国中第一，以任何名山古刹无一处得有此伟大庄严之金身也”。又曰：“大理崇圣寺之雨铜观音，《通志》云像高二丈四尺，实近诳语，即以横黍尺计之，亦不足二丈四尺也。若两相比较，永国寺之佛像，似高大过于崇圣寺之观音像至五之二焉。”相信虚云和尚朝遍名山，礼尽千佛，必不虚誉此也。

永平金屏寺之大铜锅

永平县之东北边境有山曰凤凰山，山上建有一极大之寺，曰金屏寺。考《云南通志》，若范《志》、阮《志》、岑《志》及《续通志稿》，于金屏均无所记。然据永平文士言，《永昌府志》于金屏则记之甚详。余未得读其书，未敢引证，今惟据是处人士之语于我者而述之。

寺在山之高处，自下而上，约有四五里之程途。寺传为大理段氏所建，但无碑记作证，终属浩渺之言耳。惟明嘉靖八年〔1529〕重修之碑记，见存于寺内。用此推论，或者亦是大理国之胜迹留存焉。

寺极广大崇隆，其形势之雄壮，为迤西诸佛寺所不及。佛殿有七重，每重俱五楹，左右各有配殿相接，两庑群房前后共百余间，方丈禅室、香积客堂、斋堂厨房，无一不阔大整齐，直为永昌郡内一极大之丛林也。

殿塑佛像甚多，三世佛奉于正殿，妙相庄严，法身伟大，尤为他处所不及。其次如接引、准提、观音、文殊、普贤、大悲菩萨，都是法身伟大，与一般佛寺中所塑者高大至一倍。正殿之两廊，塑五百阿罗汉，一一俱身高至四尺。正殿之两壁上，亦若省圆通寺之大殿壁上，塑有十二圆觉及香山景物。

寺中花木极其繁盛，有人计之，得一百二十余种，似群卉将包括尽矣。寺内有香桫〔疑是“香杉”〕七八株，俱粗至三人合抱，当是七八百年前物也。

每十二年，寺中开办大会一次，会期为半月。届时，四方之香客云集，南尽顺宁、缅〔缅宁，今临沧〕云〔云县〕，北尽太和〔大理〕、云龙，东尽景东、蒙化〔巍山〕，西尽保山、腾〔腾冲〕龙〔龙陵〕，在此界域内之汉、夷各族，无论男女老幼，凡具有佛性者都来与会焉。顾此广大之选佛场，自可容纳五六千人，若云一二千香客之食宿处，自不成问题。

寺内有紫铜大锅一口，径足一丈，能容水百数十担，能煮千斤米，故食客虽多，不患斋饭缺乏耳。此锅称为“神仙锅”，却不以大至及丈而称奇，是以锅有漏洞而能煎汤煮饭为奇。锅厚约及半寸，重及千斤，锅底有漏洞一，大如昔时之一文咸丰当十钱，架数百斤柴于锅底而烧之，随贮水于其中，竟无点滴渗泄，煮粥炊饭，无不尽如人意。惟不可使妇女向锅内舀水，一舀则锅内之水立即下注；而寺中僧人则有法术，以黄籛三张，燃而咒之，便将漏处补塞，又得而炊煮之也。其奇异如此，故称为“神仙锅”。此永昌郡内几无人不知，无人不道之奇，其说如是，当不是一种神话。

云龙宝丰井上之一奇事

当一九五一、五二年间，余住家于城北小马村，常出入于城北门，时北城门口之派出所上有一姓杨之公安同志，略与之识，因而余常憩息于其派出所前之石条上。日久，愈与杨熟。一日，杨语我曰：“我们云龙有一奇事，君乐闻乎？”余曰：“性殊好奇，请详语于我。”杨曰：“此时幸我不当值，得坐此而细谈。”

曰：“此一事，有足以较量古今来之世道人心者。在前此二百八九十年间，吴三桂在滇叛变，三桂死，其孙世璠继之。已而为清室大将蔡毓荣、赵良栋等攻克，吴藩眷属多被诛擒。而三桂有幼女，逸其名，时年已有十八九矣。此女平昔好驰马射箭，而亦解诗书，且喜考求地志。昆明城破，女遂作男子装，跨马逃窜于迤西，终以路径不明，竟走入云龙境内。云龙有盐井八，石门等为子井，近州城之宝丰为母井也。

“近宝丰二三里处有荒山一，却不甚高，其上只灌木丛生，盈坑满谷，尤蔽径塞途，以是草苔滑湿，人鲜登陟。山麓有夷族居民十数家，俱属半工半农者，中有一姓字之户，仅老夫妇二人，率一寡媳及两小孙，而成一门户焉。此字姓之人口固不多，而种植门前之田地数亩，其劳力亦足以相称，且时往井上工作，生计亦颇优裕。

“字姓之老人恒喜往山间寻觅草药，一日晚餐后，独步山中，忽闻铃声丁当，异之，意谓此山荒僻，素无行客往来，此声何自而来，得无为妖魔作怪？此老素胆壮，遂升高越岭，四处搜求。已而于岩谷际见一少年男子，牵马一匹，憩息于岩前石上。其面目韶秀，服饰都丽，马上鞍辔，鲜明万状，而且马尤雄壮，昂首蹴蹄，神骏不凡。老人异而问之，并叩其来历。少年多不能对，但曰：‘我系避大兵逃大祸而来者也，离省至此，已近十日矣！我将走往缅甸，初尚识得路径，今则迷于此矣！’问以今将若何？则曰：‘日暮途穷，当谋栖息，老丈当是住近于此之人也，如有住处，容我暂宿一宵，明当厚报。’此老则悯其年少，怜其孤另，遂慨然许诺，引其至家，与家中老幼相见，于是下榻留宾，炊黍款客。

“晚餐讫，女见主人情真性挚，合家老幼对于己身，亦是恶意毫无，乃徐徐将己身来历及近今遭遇与国破家亡等项惨事，一一详述之，又告以如何逃窜而得至此。言毕，始表明己身实系女子，此改装而便于在外奔驰也。字姓门内老幼闻到一切，始知其为王府中人，且是一金枝玉叶，真仙女从天下降也。而此三五老幼因女之凄言，其心中之感触却与近代人不同。假在近时人想着，必曰：此孤鸿也，可以娇之；此笼中鸡也，可以烹之；天与不取，毋乃痴甚！惟在前数百年之人，却不作如此想法，则曰：此困龙也，我当出彼于泥中；此涸鲋也，我当出彼于辙内；当仁不让，乌能不为之谋乎？

“少选〔顷〕，老人乃语于女曰：‘郡主，富贵尊荣之人也，似不解尘世间之升沉起伏情事，今大清兵马既已入于昆明，王府中当然玉石俱焚，郡主能脱离网罗，得至此地，亦是天佑神护。前行虽然有路，亦大不易寻乐土安居，边鄙之险夷，谅不深知，何可轻言跋涉，据我浅见，不如且住为佳。云龙地处偏僻，蜗居距城亦远，尽可藉此避祸藏身，俟徐探外面消息，有可以回转昆明时，再议长行。’老人言讫，女亦深然其说，遂决意在此驻足。

“斯老人也，何遽有若是之仁爱耶？一由往昔人心古直，情义敦厚，既本孔氏之恻隐，复具释氏之慈悲，惟以不忍人之心，推及于群众，故遇此一落难女子，即本其天良，发此情深义厚之言。其次，时滇乱未靖，平西王之威望犹存，今郡主驾临，故乐尽款曲。虽然，亦是往昔之世道人心厚于今者十倍也，若属近世之人，其能若是欤？

“女则以虎口余生，得此老人竭诚相待，既已安身有处，或可蔗境有来，女子浅见，当不越是。而此门内之长幼又日与亲密，老夫妇更是体恤周至，女之感激，自溢于五中，乃以义父义母称此老夫妇。由是，出而与邻舍往来，女遂成一村中居民，而亦自云姓吴。

“字家境地本不十分宽裕，然添此一人口，复增以酒食，手边自不免有拮据之形。女乃嘱此老人，为货其马而弥补支用。越岁余，女又见其厨中油盐似有缺乏，乃出怀藏金锭，授之老人，使捶而成块，复宰而碎之，得小块若干，便陆续持入城市售卖，得银而购致一切什物。如是者数年，金块告尽矣，女又告老人曰：‘我之马鞍是用金皮包成，可剥取一二而入市易银，不愁用度缺乏也。’老人亦依女言，又可铺啜酒肉，全家更是欣欣然。

“老人夜间捶金锭，凿金鞍，则丁当有声，邻里闻之，咸认为是捶击铜铁物件，竟呼老人为铜匠，亦称为字铜匠家。如是者积十有余年，鞍上金皮消除者亦只过半，女则以家族灭亡，愤而成疾，乡村乏医药，竟至不起。女死，老夫妇悲痛甚，乃厚殓而深葬之。至是，字姓人始敢宣布女之来历于村众。是时，老夫妇已年逾古稀，两孙男已长成人矣。

“女葬于雒马江西岸，依近静觉庵处，老人为之立碑，纪载姓氏，并倩文人叙其事由于碑右。今已二百余年矣，佳城在望，仍隆隆然一古冢焉。又据邑人言，此墓夜常放光，在二三里外望之，其墓碑前直似一轮秋月，光耀人目，而近则无也。然在一年之中亦只有三五次发现。或曰，其尸身上必有异宝附着也。

“其后，字姓老夫妇俱享八十以上之寿，寿终时，长孙已任武职之三品矣，子孙亦从斯繁衍，佥认为是天之施报其仁德，而后之谈及此事者，都不曰云龙字家，而曰云龙铜匠家。”

余谓此事堪称奇绝，一弱女子能匹马单人逃遁于千里之外，若为草野者流，亦不足奇，惟此女亦一时之天潢贵胄，虽弓马素娴，关山又岂易于轻越？终能驻马足于云龙山间，究不知其在此一段长途中是作何驱驰也！而一与字姓老人相值，遂得顿息征尘，由此而得享十余年之清福于山野深处，亦不幸中之大幸也！已而死于是，埋于是，岂“生有地头死有处”之说欤！彼昔居于深宫内院，何曾梦及于山阿水湄？是数之所在，不可得而逃也。

惟此一段故事，非在往古时代，不足云有此遭逢也，有此结束也。如在今日，则危之甚矣。盖云龙乃迤西边远之区，宝丰实夫役庞杂之地，来此一异言异貌之女子，住在于斯，能不令人大起疑团乎？且此字姓，村之朴鄙者也，平昔生活，闾里所悉，忽而境况宽舒，岂天赐之以财欤？是则问题大矣。而况字姓屋内，夜而丁铛有声，所作何事，又乌可以不察？揭瓦下视，凿壁偷窥，是黠者之惯习，字姓门庭又奚能免邻人之监视？马脚一露，祸患立即加临，匪特吴女生命不可终日留，两老夫妇之身首亦必膏斧斤而饱枪弹，甚而有全家歼灭之可能焉。若云一住十余年，且能使乡里邻曲忘其为远来之人，自始至终不启疑窦，此真在百世以下而语百世以上之事也。杨某故得而断之曰，是足以较量往古来今之世道人心耳。

又余闻此说之三年后，有老于电政界之陈少卿君与余闲语，云道：“云龙有一古冢，夜能发光，地方人士俱云中有异宝。近日省之有某种权力者，已遣人往发之，当不难有宝得也。”余闻而叹曰：此亦象有齿以焚身之说耳！

龙陵天乙山

龙陵在前清时代，治设抚民同知，实永昌府之佐治员也。其执行政治区域，直在群山合沓中，云街市只横亘一条道途，云村寨只稀疏见于山上，而又常年多雨，风清日朗时，月中只有数日，实一阴霾湿重之地处也。昔设治于此者，以能控制芒市、猛板、遮放等处土司地面也。芒市坝颇宽阔，出产米谷丰饶，但夏秋两季气候热而瘴疠毒，土人亦惮之，汉人尤不敢居于是也，若遮放、猛板两处，更为大不易居之地。然此是就往日之气候、往昔地土之恶劣而言耳，今则车路开通，龙陵又为来往畹町要道，逐日车来车去，气候亦略略改变，地方上之一切亦大不似从前。

龙陵既在群山合沓中，当然岩谷幽深，林峦稠叠，是则有奇景异致藏焉。去龙陵街市约在三十里之遥，有一天乙山，堪称奇绝。山固不高耸，围圆亦不阔大，山系石质，略带灰色，自远望之，直是一最大螺壳顿于地面，起螺旋处石脉显然，层次分明。其层次是盘曲回旋而上，昔人则依其山势而建造佛寺多所于山间。建寺者传为宋段氏时某僧，然亦无碑记可考，不知其确否，唯其人胸中必大有丘壑也，当明之于下。

所有佛寺系纯依山势而构宇结庐，其深院小阁而又一一宛转相属，接二连三，规模各具。或一进，或二进，或三楹，或五楹，或为佛殿，或为神坛，或为群室客堂，或为禅房香积，靡不曲尽其致，深求其宜，故眼中望去，诚不断的雕甍起伏，檐牙参差，有如画图中香山楼阁焉。细审厥地，其一切阶墀庭除、台基屋址与夫高下石磴、宽窄路径，俱是就其天然，而略以人力微铲微削，使不失其真趣，而又一凹一凸、一树一石亦必布置得当，点缀不俗，是非具有慧心者不能办也！

其间有一佛殿，平墀内原竖立石笋一根，直上高标，将及二丈，粗逾两抱，乃天生灵秀，不是凡人雕凿者，是山风景以此为最。讵意数十年前，有邑之善士某，以寺之殿宇倾圮，起而提倡修复，并决意改作改造，俾其焕然整齐。以此石笋峙于庭前，复偏于一隅，妨人眼目，认为障碍，竟敲折其上段，仅存其最下一节，是存其三之一焉。噫！斯善士实庸流也。

寺中年年办会，届期与会者多至不可以计，其纷至沓来之众，有远在百里以外者，甚而有由腾越、永昌及缅甸边境而来者。到此天乙山敬香礼佛，信是一秉虔诚而来，盖谓此山香火于哀牢民族关系极深也。在地脉上是以大哀牢山为“太祖”，以天乙山为“少祖”，龙气攸关，故不惮关山修阻、程途艰辛也。

此若干香客多从百里以外而来，寺中住持就不能不替来者筹备食宿，虽云功德随心，究不无利润可得，于是山门开处，斋饭、绳床勿庸顾虑。闻其寺中制就铺陈在二百余副，锅盆碗碟亦各相称，谷米豆麦是盈满仓廒，油盐酱醋无不悉备，即有数百人居此数月，亦不患无炊。此从何而来？俱由远近捐助功德，积而成之也。噫！边邑佛寺香火得如斯之盛，尚不足异，惟于香客之食宿上能设备至如此充足，真鲜有者也。

仙人澡塘

龙陵市区西去二十余里，在一连荒山下，有仙人澡塘焉。澡塘胡以仙人名之？以地出温泉，可供人浴，而又泉流清奇，不啻天造地设之一汤盆，故曰“仙人澡塘”。是处在交通未辟以前，人迹罕至，虽知温泉可爱，终以僻远见弃。今车路近于是处，乃由荒野而变为名胜。

近澡塘处是峻岭崇山，山麓露出厚至数丈之石层，石质坚结，颇似俗云之马牙石。石层之裙边席面多有洞隙，大者若碗口，小者若酒杯宽，其大如指尖、细如钱孔者亦多有焉，温泉则由此等洞隙中喷射而出。其在石层之裙边上者，则斜射横流，铺散洋溢；在石层之席面上者，则直冲上冒，汹涌腾沸。其口径直而逼者，喷射力较弱〔当作“强”〕，可冒起若柱，高至二三尺，有类济南之趵突泉；其口径斜而侧者，喷射力较弱，只喷高至尺许。而山脚下之一带地处俱有温泉出也，以泉流计之，当不下百余股。

往是处汤沐者，只须裸其体，坐于泉际，任其注射，舒适已极。水之温度不高，略如安宁温泉，亦无磺气，惜居于边境，无人经营修理之也。惟是处多蛇，夏季尤甚，蛇恒出入于石罅草际，虽不噬人，然亦令人生畏，故在夏秋两季，往是处汤沐者极其少也。

盘蛇谷

诸葛武侯征南，有火烧藤甲兵事，罗贯中写《三国演义》，极尽形容。一般谈古者竟认为不经之言，多不相信有此种类人，有此一地处，亦识见之不广也。

武侯烧藤甲兵之盘蛇谷，即在龙陵南去百六七十里，近怕底乐处。此处有一极逼仄之山礌〔槽〕，长约二十余里，宽仅数十丈。礌内路径盘曲，坑堑相连，两壁多是峻岭悬岩，谷里草木稀少，石与土俱作赤色。石崖上藤属牵绊，有一藤其条能长至五六十丈者，其粗细不必谈也。邑人俱道此为盘蛇谷，而土人则另有一名以称之。

在谷口一带，有一特种民族，散居于山间，此种民族犹憨顽过于卡瓦，其生殖亦不蕃，闻只有二三千人而已。其族亦略解牧畜，略知种植，直是火食而兼血食之徒。身之所衣，则取崖藤之粗大者剥削其皮，抽而成丝，编织成片，宽长逾尺，用以遮蔽其前后阴，亦有编制成坎肩者，此为彼族中百千年来之习尚也。时出入于内地，见者亦不之异，惟认此族实武侯所烧藤甲兵之后裔云。

龙川江与大盈江考

龙川与大盈，俱大江也，在腾越方面极有名。按迤西八大江，除澜沧、怒江两水外，即以此两水为巨流，兹则分划而言之。

考《水道提要〔纲〕》："龙川江番名薄藏布河，源有二：一〔源〕出薄宗城东北三百余里之春多岭，名鸦龙河，合六水西南流；一源出城西北五百余里东拉岭，名拉〔据文瑞楼本《水道提纲》无"拉"字〕厄楚河，合十余水东南流至城南，二水相〔《提纲》原文无"相"字〕合，斯而〔《提纲》原文无"斯而"二字〕西南流，曰薄藏布河。经噶克部落及罗喀卜札所属之们布洛，入云南腾越州界，为龙川江。自傈僳界南流入云南边大塘之西北，复南流经马面关西，又西南流经瓦甸西，〔此句下《提纲》原文有"有一水自东来会，又南流"等字〕折东南经曲石街东，〔此句下《提纲》原文有"有曲石河自西合西北二水来会"等字〕，复东南流经高黎共〔贡〕山西麓，其西岸即橄榄坡，腾越州东郡〔"郡"《提纲》作"境"〕也。又南流经龙川〔陇川〕宣抚司东境，又西南流经遮放司西南，又〔《提纲》"又"下有"西南"二字〕经猛卯安抚司东，折而西至南喜寨之东南境、汉龙关〔《提纲》"关"下有"之"字〕东北境，又至西〔《提纲》"至西"作"西至"〕汉龙关北，始西南流入缅甸界〔此句原文"始"作"又"，"缅甸"作"缅国"〕。"

大盈江是与槟榔江相合而成之一巨流也。《水道提要〔纲〕》："槟榔江出腾越州西北境傈僳界山，东南流，合东北流来一水，西南流，曲曲百数十里，而大盈江自东北来〔《提纲》"北"下有"自州城"三字，"来"下有"会"字〕"。至州城而与槟榔江相会。大盈江有三源：一出赤土山，流为马邑河；一为茏苁山，滀为小湖，而后流为高河；一出罗生山，流为罗生场河，（此三山皆在腾冲司境内）达云南腾冲司城。于是自东而北而西，又合三水而为大盈江，又名大车江。南流入南甸宣抚司，分为小梁河，大盈江与小梁河并西南流至干崖司。

小梁河在干崖境内为安乐河，此而与大盈江相合，折流而西一百五十里，复名槟榔江，至北苏蛮寨，并大金沙江（即恩梅开江），入缅甸司，麓川江来注之。按：麓川江是源出峨昌蛮地七藏甸，经甸旁高黎共〔贡〕山北渡口，又径芒市司境，至缅甸司，约百数十里，至大公城北，始注入大盈江。斯而同注入大金沙江．流入于海。今盈江县是就干崖司而设治，故曰盈江。

中甸地处特殊

云南三迤多山，平坝殊少，山之高者动在距海面若干万千尺。人以足力盘旋而上，有达三四十里，有达五六十里者，甚至一上一下即劳两日足力，问其路程，上下俱为七八十里也。凡属此者，山巅之气候当然与山麓悬殊，高处必寒，而低处必热也。此在云南境内随处皆有所见，是为一种寻常事。若一寒而寒至彻骨，近火炉而不温，御重裘而不暖，雪地冰天，檐前冰柱可粗至合抱，山间积雪可深至丈许，一冬无太阳面见，终日惟银光灿烂，耀眼眩目，离开屋宇少许，即肤冻欲裂，流涕不拭，立成玉柱双垂，以寒暑表而论，是常在冰度下。此种地处，在云南诚有之，其最著者唯中甸是也。

中甸在丽江之西北，远在丽江三百里以外，清康熙年间，其地犹属于建塘。至雍正初年，始改土归流，置同知一于今中甸之大中甸境内，名之为中甸厅，大中甸境距省实有二千余里也。中甸全郡〔境〕俱在一高原上。郡分五境，最低之一境曰江边境，上则为小中甸境，再上为大中甸境，大中甸之北为格渣境，为甲毕境。格渣偏于东北，甲毕偏于西北，俱极寒冷之地也。

论大中甸境，已逼近大雪山麓，气候极其严寒，地处实高出于三迤之恁〔任〕何地处。惟江边境一带气候温暖，豆、麦、蔬菜俱可栽种，上至小中甸境，则无蔬菜之出矣。在大中甸境内，不特蔬菜无产生。即黍稷亦不能栽种，有以玉蜀黍试种者，茎高不及三尺，且有包而无米粒，即有结粒者，亦只如天上之星点焉，而一至八月，茎叶即萎，又何能望其成熟耶？其境内只能种青稞一种，余则难望其生发也。

青稞为中甸所属各境内特产之粮食，茎叶略似薏苡，结粒则大过于麦，亦有类于玉蜀黍米。此种粮食，然须在地面经过七八个月，始云成熟，成熟后，去壳见米，蒸而成饭，入口时颇有玉蜀黍风味。其营养力殊足，久服能使人身健，是处人民专以此为口粮，所以能抵御严寒。彼古宗族及各大喇嘛寺中之喇嘛等则以青稞作炒面，和以牛肉粉，拌以酥油，名曰粻粑〔糌粑〕，称贵重粮食也。

其格渣境内尽是山脉纵横，且雪山高耸，复绵亘至一二百里，寒冷万状，任彼何种民族，都不能在附近雪山处居处生活，故此一境内之地土大半归之于废。甲毕境介于金沙、澜沧两江之间，向西北而去，即为阿墩子。其间有一大段平原，纵约二百余里，横约百有余里，但一望去，实寒烟满空，黄茅遍地。顾此一草原上可称为麞、麂、兔、鹿之邦畿，滇中麝香，什九由兹产出。昔有人倡言，于此间开发地利，直无人能耐受其寒，亦惟有听彼百兽作乐游原耳！

中甸郡内，除江边境外，其他四境，大都至秋八月后，一有雨泽，即能渐变为雪，一至九月底，则大雪封山矣。此而上进阿墩子，下走丽江，是条条路上无不雪深数尺，于是交通断绝，亦无一人敢冒险而行。雪一封山，时间总在三几个月，要待春晴，冰消雪化，路途始现。然此是言其常，不是言其变，有时，气候上作特别之变动，或在三四月，或在五六月，又无不可雨雪焉。有世好端木小衡君，在民国初年，任中甸县长两年有余，云："有一年之端节后二日，睡时天上犹明星荧荧，天明时，见纸窗雪亮，起而搴帷视察，阶前已积有盈尺之雪矣。"若此者，为气候上之特殊变动。

时人举迤西方面之寒冷地处，无不曰维西、中甸，实则维西气候只略冷于昆明，差可与迤东宣威同，较中甸则相悬远矣。中甸可云别有天地，在一切生物上亦与各处不同，如乌鸦一物，都是红嘴壳，栖宿亦不在树间，而在屋角墙头。老鼠亦不类于他处，后半截身子大于前半截几一倍，而只能纵跳，不能以足行；猫与犬之毛俱长至寸多两寸，望之蓬蓬茸茸。山间多雕鸟，大者展翅及六七尺。六畜中以毛牛〔牦牛〕最多，亦极肥壮。森林殊茂，但只有松柏两种，能冲霄汉，他种树木则少极。地面植物，以冬虫草、贝母、黄连为最多。雪山上产大黄，随在皆是，特别物产是雪茶、雪蛆，而雪茶则在在皆有，雪蛆又几如苹实之谈也。

中甸所属之五境内，居民亦不甚多，据端木小衡君云，实不及二万人耳，什之七八为古宗，藏族也，若摩些、民家、傈傈及苗、蛮等族，恐不能占十分之一；若汉人，亦犹为客者也。屋庐均以木板构成，次则为草房，瓦屋则鲜有所见。习俗、饮食、衣物多不洁。人死则有四种葬法：一曰天葬，是将死者尸身抬往山之高处，置于地面，烧一把烟火，将雕鸟引来啄食，肉体尽后，自遗有骨，骨则弃于山间，而此种葬法，在藏族极盛行；次为火葬，火葬是入于荼毗，即火化其尸体也；三曰水葬，是将死者尸身投于湖沼或河流内；四曰土葬，则是在山间掘坑而掩埋其尸体，犹汉人所谓之软埋是也。其他习俗，亦多与汉人不同。总之，中甸地方，天时、人事都与内地不同也。

中甸归化寺中之大佛像

滇中佛寺最多，寺中佛像之伟大者尤不少，而在各处之佛像中，则有三尊最堪惊人之佛像在。一永平县博南山上建〔“建”当作“永”，参见前《永平永国寺之大铜佛》〕国寺内有铜范阿弥陀佛像，不连下面莲座，法身高二丈四尺，最有名之虚云和尚曾往是处朝拜过，称为国中第一尊铜佛。一保山境内石佛，寺即名为石佛寺，寺距保山城二十余里，佛像系就石岩凿成，然半系天成，半由人工雕凿而成也，佛身横卧于岩际，是为睡佛。佛身长可七八丈，此则须立于百数十步外瞻望，其全身始现，且眼、耳、口、鼻、手、足、腰身、衫袖、衣领，无不一一分明，亦石佛像中所希有者。此佛像不知成于何时，无非同称此为数千年前古物耳。虽然，亦有人下切实之判断，是成于昆弥白子时代，究无考证，只好认为有此一说，姑听之而已。一为中甸郡内之大中甸境中有一最大之寺，曰归化寺，距郡城约十五六里，寺有大佛一尊，是为天塑者，天塑两字，即泥塑两字之代语辞。今言其佛像之伟大，可先言其殿宇之崇宏，其大雄宝殿，可深至六七丈，阔十余丈，建五层中空边实之高楼，其高度将近六丈。当中塑释迦坐像，盘膝于莲座上，佛身则伟大无似，佛顶直高过第四层楼。佛则左手举掌平胸，右手端钵，钵内可坐四孩童。佛之两耳内俱可容一四五岁小孩站立，其鼻孔之巨大、眉眼之横长，可以想像。

佛殿形式，尤不只高崇宽宏，实壮丽至十二万分。殿瓦概系铜范，上镀以金，梁柱、窗格、佛座、佛案俱厚敷金箔，望之灿烂盈目，至云其他地处，又无不金碧辉煌。佛案上木鱼，两人犹不能合抱，铜磬能贮米二百斤，磬槌、木鱼槌俱楔长三尺，槌则大逾吾人两拳，磬响一声，二三百步外可闻，论此大佛殿上，亦非有此大法器，不足以云相称。

寺为黄教喇嘛寺，寺内喇嘛僧共有一千七百余十人，每一僧人，官处俱予以一份口粮，年由中甸厅丞发给。此虽是清朝定制，然入民国后亦未改变。寺内房屋极多，约在五六百间，占据地面直不止一平方里，真堪称为大佛寺也。

顾此寺之建筑是如斯崇宏富丽，其建筑上之费用，在当时不知受尽若干布施，得到若干功德，始能成此巨构也。然此犹是各大喇嘛寺之一，合各大寺而言，人民之布施功德，亦可云无量，足见此一带边地之财富实集中于喇嘛寺也。

丽江、中甸、维西之喇嘛寺

丽江在汉时为〔属〕越嶲郡，后入于蛮，为越析诏。蒙舍并吞五诏后，置丽水节度使于丽江。段氏国滇中，仍因蒙氏之制而置丽水节度使。元世祖平滇，遂收其地为丽江路，明则改为丽江府，清代亦因之，入民国始改为丽江县。在清代，丽江府辖中甸同知一、维西通判一，俱分防也。

中甸、维西两郡，俱是清雍正七年〔1729〕改土归流，设官而治。在元、明时代，此两地处称曰建塘，与川边之巴塘、里塘同称三塘。改土归流后，始与川边划分，归入丽江郡内。维西区域极其阔大，南北在五百里以上，东西或有六七百里，今虽划除一部分为兰坪县，亦无非少去四分之一耳。中甸固是一大区域，然与维西原日所有之地面相较，中甸则又小多矣。

中甸分五境：曰江边境，曰小中甸境，曰大中甸境，曰格渣境，曰甲毕境。然此五境之内，人民亦不甚多，且十之七八为古宗族，而亦可称之为藏族。除古宗外，其他夷族与汉人，要不过有百分之二十几也。古宗族读藏文，操藏语，解汉语、汉文者绝少，惟其族无不奉喇嘛教，而且百分之九十五都是奉喇嘛教中之黄教。维西则古宗族少，就全境人民论，古宗亦只能占百分之十五焉。维西以摩些族人为盛，其他各族如民家、僰裔子、傈僳等，或许有百分之二十。至于汉人，无非为百分之几耳。

古宗与摩些是同样的崇奉喇嘛教，故丽江、中甸、维西之喇嘛寺极多。名之为大喇嘛寺者，丽江有五，维西有六，中甸有三，有不得称为大喇嘛寺者则甚多甚多，然其间则有红、黄两教之分。红教源流较远，其开教祖师为印度莲华生上师，梵名巴特玛三巴干，是印度著名学者，公元七百四十七年，当唐睿宗时，受聘至藏。上师抵藏后，遍查国情，热心布教，其主旨在护持菩提心，广具神通力，驱除藏地巫鬼派，于是藏人洗心诚服。师有高弟子二十五人，分地布化，不三年，佛教密宗遂遍于全藏，后，藏汗尊师为国教之主。逮至华夏元代中叶，红教浸衰，乃有妖妄者出，既而益复不振。在中国明初时，藏人宗喀巴遂出而创立黄衣派，是为黄教，其旨与红教同，惟矫正红教流弊，而尊尚德行戒律，斯而有红、黄两教之分立。

西藏黄教，就释教宗派言，为显宗，红教为密宗。黄教以达赖喇嘛为教主，达赖居中藏拉萨布达拉寺，掌全藏宗教、政治、军事大权。“达赖”为蒙古语，犹言大海，是表其德行深广如海，无所不纳也，此为蒙古俺答汗尊称之词，后遂成为定名。班禅为红教〔黄教〕教主，居后藏札什伦布寺，掌后藏宗教、军政大权。“班禅”为梵语，“班”为“班智达”之简词，系博学之义，“禅”为广大之义。班禅之第一辈系宗喀巴第二弟子，世以呼毕勒罕转世。达赖、班禅在喇嘛中居第一等级，质而言之即是国师。

黄教成立后，红教便成喇嘛教中旧教，黄教成新教，此亦犹婆罗门教与释教、天主教与耶苏教也。世界各国无不是信教自由，于是，西藏人民奉红教者有焉，奉黄教者有焉。云南之丽江、中甸、维西俱接近于藏，以是喇嘛教竟遍及于此三郡之边陲。此三郡内，以古宗、摩些两族最强盛，而古宗又系藏族，故在此一带地处之人民无不奉喇嘛教。奉教者多，喇嘛寺自不会少，所以丽江、维西、中甸俱各有若干喇嘛寺。

红教传入滇西边境，已近千年，黄教传入，只不过五几百年耳。丽江、维西多摩些族，中甸则多古宗族，亦可称为藏族，但两族相较，摩些族人自多过于古宗族人一倍或至二倍。摩些族人奉红教者可能占什中之八九，奉黄教者殊少。古宗族人则与摩些族人相反，十人中则有九人奉黄教，奉红教者只十人中能有一人耳，因而红教之大喇嘛寺较黄教之喇嘛寺为多。如维西一郡，属于红教之大喇嘛寺有五，谓为格马五宝，其间则以东竹林、杨八景两寺及中甸之大宝寺、丽江之宝光寺最有名，有僧众俱近千人，其他只五六百人或七八百人。

黄教之喇嘛寺以中甸之归化寺为最大，有僧众一千七百余人，若阿墩子之福国寺、维西之寿国寺，其僧众又无如此之多也。黄教之喇嘛寺中，居首座之大喇嘛曰大老僧，一般人则称之为佛爷。各寺中之大老僧，其在喇嘛之十个等级中，有居于第四、五级者，有居于第六级、七级者，是看寺之大小而为位置也。各寺中之职事〔执事〕、班领，大都为第八、九级之喇嘛，下此则为第十级之闲散喇嘛。有名活佛者，是转劫而来之僧伽，多不在各喇嘛寺中。

凡是黄教喇嘛，在前清时，官方俱各予一份口粮。如中甸境内之喇嘛，则由中甸同知就田赋项下拨若干千石青稞、若干千斤酥油，按人发给之。发时，则由各大老僧照额来领，此实满清自入主中国后即有此定例也。入民国后，仍因之而未取消。但是，红教方面则付阙如，是又红教不如黄教也。

丽江喇嘛寺中之特殊景物

光绪甲午年〔1894〕，余随侍于丽江县署七阅月，闻人云，距城十余里之某一地处有大喇嘛寺一，其间景物甚佳，遂心焉慕之。终以从师习举子业，未暇往游，已而离开丽江而往鹤庆，不无怅然！前数年，戚串中有杨绍儒君语于我曰：某年，以部署军事至丽江、维西两郡，因而得游于两郡之各大喇嘛寺。见丽江之某一喇嘛寺中有红茶花一株，花之种类已与一切山茶有异，色若丹朱，瓣极繁密，花朵之大，将及一饭碗口径，枝条亦软，有类于川中山茶。树在寺之大殿天墀当中，其栽种处亦奇也。树身却不十分巨大，舒指围之，仅及五围，然亦是数百年物也。

寺中僧人真有能耐，竟将此树之枝条柯干节节握弯，编成一屋，高约及丈，阔大处则至丈余，前为门户，其他三面为墙，树身即为此屋之中间站柱，中空处可坐十二三人，顶有覆盖，可以搪猛雨骄阳。花开时，其艳丽处直不能以言语形容。据寺中喇嘛僧云，编造此座屋宇，实经历过四十余年，始云告成，诚耗费工夫不小也。虽然，今亦须随时修整之。咦！此真茶花丛中绝无仅有之一树也！然亦非喇嘛寺中之僧人，不能有此功力也！

又一喇嘛寺内有花牌坊一座，系以若干株十里香（十里香属蔷薇科，花朵大于一银蚨，色白、瓣密、香酴，花之组织与木香同，滇人呼之为大木香花）编制而成，高丈余，而宽至三丈余。坊下有门三道，通人出入，花时颇似一座雪筑牌坊，亦唯一无二之景物也。其言下如此，余特记之，时在一九四三年春日。

天竺现身节

佛经传云，五月初三为南无天竺藏王庆信观世音菩萨示现之日，名为天竺现身节。此一令节，惟喇嘛寺中最重，如滇西之丽江、维西、中甸等处之喇嘛寺中极其盛行。无喇嘛寺处，即多佛门弟子，亦淡然视之；有喇嘛寺者，是日寺中必讽经礼忏，锣钵喧阗，曰祝釐祈福。并将供佛粮飽〔糌粑〕，捻成弹丸，名为观音舍利，散给诸僧侣，并赠汉族客居人士，谓可佩带身旁，能取人爱悦，并避一切魔魅云。

藏佛与舍利子

藏佛系西藏大喇嘛寺中持有道行之喇嘛和尚所制，舍利子亦然。一尊藏佛，大仅及吾人拇指，为一如来趺坐像，眼、耳、手、足、袈裟悉备。佛背护以佛光，作朱色，佛身则作金色。云藏佛与舍利，俱是捺粮飽〔糌粑〕和香料以做成，复咒若干日，以是能昭灵异。藏佛能放神光，且云有感召力，舍利则能毓子。舍利形圆如珠，皮面赤色，似用朱涂者，其大处犹弱于一粒豌豆米。然此非货卖品，得之者都为大喇嘛等所赠送，而佛则只送一尊，舍利可三四对。

往昔余家有藏佛一尊，为驻藏办事员王维举君所赠，更有舍利二对，为驻藏武官朱适所赠。余母以藏佛并舍利同贮于一小玻璃匣内，悬于家中所奉观音像之最高处。惟藏舍利须杂以五宝：珠玉、金、银、茶叶、谷米是也。

藏佛确能放神光，但不常见，或一年一次，或二次，都在夜间子、丑两时，光一闪出，可遍一室，约二三十秒钟后即行消灭。在放光时，若无灯火，全屋俱明亮，诸色悉现，有灯火则益形光亮。其明亮处，亦不似灯烛照耀于此一室内有此明彼暗之区别，是普遍的在表著光明也。此种光亮，余母曾目击三次，余则见过一次，而俱在灯熄人静后，实不期而得见也。至云"有感召力"，余则不敢决其为有，亦不敢判定为喇嘛和尚炫惑庸愚之言。余家供此藏佛，约近十年，以出省而失去，今执笔而写藏佛，犹能使我脑中现出当日之景象来。总之，由西藏得来之藏佛，终不可认为是一个人手和泥制成之小偶像，有何灵气之足言，是则执著矣。要知释教密宗确有不可思议之法门在也。藏佛能放神光，可认为是一种秘密法术。

舍利能孕毓，则为众所公认，盖以其形质昭著，非可以欺掩于人者。余家之舍利原为二对，藏之四五年后，便生一对小舍利来。初时只大如一粒粟米，既则年比一年长大。又过四五年后，复生出二对，大细处则略有差别，知非同时产出。于是，余家便有大小舍利五对。适有二三亲友向余家索分此物，余母遂将小者三对区别而分润之，自是，余家又只有两对存在。

光绪丁酉年〔1897〕，余由滇返桂，随取一对，往昭平家下存藏，以图滋生蕃殖。不意藏至多年，竟不毓子，存于滇中之一对亦然。初不解其故，后有人云，此原有阴阳，实分公母，是必错乱其阴阳也。既因出省，疏忽中竟使舍利与藏佛共同失去，殊惜！又就此而推论清代雍正时，喇嘛僧之制乌苏肌丸，亦是由无而成有，此舍利子，又何尝不可由无而成有也，人胡多疑焉！〔本文实属迷信之说，但作者言之凿凿，读者自可识别。〕

中甸之金矿

迤西中甸郡治地面寥廓，以接近西藏高原，故蕴蓄矿产极富，金、银、铜、铁等矿则随在皆有焉。其间以产金之地为最多，求金矿者向四山罗掘，亦不审其有无矿苗，惟乱挖乱掘之耳，然有时亦有矿接〔结〕，就此而发得大财者亦不乏人。

在宣统二年〔1910〕间，有郡之土人某某等掘金矿于小中甸境内之某山间，掘深二丈余，即有金矿发现，少少的金珠金片函于石缝中，便决其有大矿在下也，乃尽力挖掘，又略略见点金片函于矿脉中，复深挖之，又不见有矿结，既而深挖至十有余丈，仍无所获。领其事者，以资力告竭，欲罢手停工，然有二三不甘心于是者，复跟进而求之。一日、二日，又深入丈许，突然于泥土中掘着一坚逾于常之硬石，则刨而出之，却沉重无比，嗣竭两人之力，始将此石由洞礶内搬出，以水洗涤，而皮上却紫绿斑驳，而又似石非石，形则五张六角，以是不知其为矿为石。

有一稍具知识者曰：如此坚结，如此沉重，殆为璞玉乎？盍碎其一角，则可辨认矣。遂有一气力猛者，抬起此石，向一坚而且大之山石上摔去，訇訇一声，山石则片片纷飞，此多角形之物仍尖突如故，众无奈其何，便投而弃之。

时天气严寒，众不能耐，乃析薪刈草，掘坑燃火，以求温暖。此五张六角之硬石适在火旁，一好事者曰，此怪物也，以火烧之，看其变动如何。石入于火，约二三小时，烟亦消，火亦灭，查看此硬石，果然变色。此好事者即举锄而敲击之，石则片片剥落，复一再敲击，随有金质现出，于是尽力去其外护石皮，乃一大团黄金也。其形若何，直一人身下截，有腰、有脐，有腿、有膝，且有臁、有跗焉，高约六寸余，重至二十余斤，上则断痕宛然，有类刀切断者。

众人得宝，亦不考求此物何为而具此形，其天造之欤？地成之欤？抑人造之欤？都不计也，惟喜极狂极，但云挖得半节金娃娃。持入城市货售，当不易于求主，嗣为在中甸收买麝香之鹤庆巨商某所见，遂以砂金论价，权之，得三百四十余两，每金一两售十二两银。是次开挖山矿，与其事者计十有一人，每人亦分润得三十两金子之价值，一一俱由此致富。某巨商系以贱价而买获此一些金两，其获利也可知。

越二年，此山之后面因雨水而石土崩塌，现出一堵半土半石之崖壁，石土中则有金点灼烁，一般土人知其间必有金矿蕴藏，遂群起而向是处挖掘，然亦立有草约，得矿则利益均沾。约攻入二三丈深，即刨出金子一大团，视之形如一只大熊掌，且五趾分明，权之重十四斤四两。此一班人得到此一重大宝物，不禁欢喜欲狂，佥曰：不意得此一只熊掌，亦不让于某某等之挖着半截金娃娃，共持此而入城售卖，仍为住于中甸之鹤庆某巨商所获。

论中甸金矿固多而且旺，惟产出之金不是金片金瓣，纯是一粒一粒的金砂，金砂则含于矿石中。采得此种矿石，须将石研细，用水银入里，金砂即与水银熔和，可能凝聚成团，此而置于炉火上烘焙，水银则化轻气散去，金砂仍凝聚成团，是则金色灿然。云其形质，有类于一颗兔屎，故中甸所产之金，人都呼兔屎金。兔屎金之成色，实不及他处所产之瓜子金和叶子金，只能与一些江边上所产之砂金相等。其成色高者能有八成金，低者只六七成，然亦有结聚成一大块一大团者，是则能有九成，或至九二三、九五六，但不能常有也。

大中甸境内有一地处，名天生桥，距中甸城二十五里，是处确有一大金矿。在前道光年间，曾有多数人在此开采，采出之金，传云应以若干万数两计。且云是处金矿是一层泥一层砂，取尽砂，金矿即现。金矿则是一些大粒大粒的砂石，每一大粒砂石中都函有若干粒净金，每粒亦能有一芝麻大，此种砂粒极易于熔细，故提取金子不难。且此种金质较净，成色殊高，故在当时中甸之金子颇有名。又据人云：此矿不止一层藏蓄于地下，是掘尽上面一层矿，再下掘，仍是一层泥土一层砂，砂下复有矿结。咸丰初年间，已在开采第二层，第因时世不靖，遂无人往治其事。兼之，咸丰之某一年间，中甸一带地震，有一座小土山崩垮，地面上之水流竟有更变，于是，此一大金矿便发生重大问题。因发生问题而不能解决，此一矿地遂废。

按：此矿厂原系在一条小江边上，矿地是常能为水淹没。道光年间开采此矿，以人力财力充足，能设法将水撇开，使陆地现出，故可以采矿，盖由是时之江水不大，淹没不深耳。讵意地势变更后，则另有一小河来与此一条小江合，于是江水便大，淹没便深，矿地又早已掘成一深坑，今江水流至是处，竟起漩涡，可知其深必至数丈也。江水又是在一大山峡中而流，两边之山亦相当高大，矿地是居于一座石山脚下，今且不只被水淹没，复有一最大之障碍当前。原日矿地只不过能为水淹，山岭毫无问题，一自矿厂废后，约有四五年，此一座石山上忽淌下一股悬流，可粗及抱，质而言之，直是一瀑布也。此悬流则注于江边，时时雪浪翻空，人不敢近，此又逼近于水起漩涡处，以是，一般人于此金矿徒知之而无奈之何也。今日之人都云能克服一切困难，此当不难制。

又迤西木里，为土司所辖地，与鹤、丽、永北三治之边壤接近，其地面尤多与永北接壤。木里地面寥廓，广袤约在四五百里，但山岭层叠，人迹稀焉，而此带地处虽为土司所有，实则属于四川盐源也。木里之区域内，五金矿产俱富，尤以金矿称最。所产之金，大都为瓜子金或金块，其大块者能重至十数两，土人掘得，则贡之土司官，不敢作为自有也，土司官亦付以轻微之值，得者亦不敢争多论少，此惯例也。以故，木里土司藏金最富。木里又毗连西藏，所谓之土司官恒以金子运至藏地，向英人购致军火，故木里土司之武力殊强，汉人欲在其区域内采矿，则不可能。惟前五十余年，有丽江人杨某，入其境内，佐土人采矿，竟掘得一大团生金，其形直是一卧牛，其身高约四寸，长约七八寸，有头有尾，有角有蹄，无一不分明，其色诚灿然烂然，而尤类于一人工造成者，惟金质终不纯净，只等于金江一带之砂金。事为土司官所悉，竟强取而去，杨某只得到赏号二百两银。顾此一事，鹤、丽、剑三属及中甸、永北两处人多知之。余友陈受经随张汝骥至其地处，亦闻地方土人有此一说，足见天地之造化，竟有若是之奇。

又由维西城北去一百六十余里，当一四无村寨处，有一纯而不杂之铁山在望。此在二三百年前，原系一座土山，只以有泥土而无草木，年年被雨淋水冲，面上浮土刷尽，便现出本像来，直是一座大铁山。曰铁山者，以整座山都由大团小团之铁矿集成也。有人测量，高约里余，山麓周围约六里余，以其荒远也，遂无人顾问。

（眉批：维西松木极多，能年产茯苓十数万斤，且特产一种黄木耳，出产数量亦不少，中甸则无此二物，却产贝母、冬虫草。）

古宗人吸牛血以补身

迤西之中甸境内多是古宗民族，古宗之风俗习惯多与他种民族不同。古宗专重于畜养毛牛〔牦牛〕，多者畜养至数百条，少者亦不下二三十条，以衣食两字俱靠望于牛也，人有病虚羸者，亦惟取牛血来作补剂，取牛血亦勿须杀牛，只以一形类于针之银管，插入牛之腿部上或近肋胁处，则以口含银管，尽力吸嗯〔似当作“吮”，下同〕，牛身上血便随管而入于人口，吸血者俟果腹而后止。然隔十日八日，又可插管于他处，而作第二次之吸嗯。若吸嗯至三次，人之身体则壮健矣，牛则顿形羸弱，是则须将养二三年，始能体力复原。吁！此所谓一针见血，吸尽膏脂也。又古宗人取牛奶时，多是以一竹管插入牛后阴内，以自己口中热气频频吹入，吹约一分钟之久，斯而勒取其奶，奶则暴注而下，时人之云“吹牛”，或亦取义于此也。

低头草与和合草

低头草为一种四时常青之草，每丛发生十二叶，叶类蒲公英，却叶叶上竖，而叶背有毛，中抽一心长二三寸，茎端着花一朵，朵必十二瓣，大逾于钱。花瓣作淡红色，花心有细蕊一簇，作淡绿色，看之殊艳丽，而开花必在端午节后，喜生于山谷阴湿处或路隅沟边。人若俯身离尺许而大声喝之，花即低头下垂，一切上竖之叶亦片片低落，此则须过刻余钟后，花与叶始能渐次上扬。女人喝之则否。此余在桂之平乐地方所见者也。

民国七年〔1918〕，余在平乐中学任教，课余恒喜往山间闲游。一日，在某一山谷中，有此草甚多，乃撬取一二棵而回，植之于盆，意欲考究其喝而低头之故。植活后，置于住室窗下，同人等无不常来喝之，以资一笑。一日，余仅以口中气喷之，叶亦低落，以时在八月，花已开过，仅有叶耳。余意此草或不耐热气，人以口中热气触之，故尔低头，乃以铁筋挟燃炭，自上而熨之，草叶上扬如故。此而方悟人口中之热气是阳气也，此是一纯具阴气之生物也，故一触阳气即自行低垂。惟是此一种低头草，据一般人言，有以此草合他物为药，以蛊妇人，凡有挑之而不从者，以药弹其头面或衣领间，此女子即乐与之狎，是则此亦一种淫妖之生物也。然能制此药剂者究少耳，或者，所谓之他物，当是一种不易寻求之物也，不然，为害岂不大哉！

滇西中甸阿墩子地方亦产一种低头草，并产一种和合草。据来自阿墩子之人云：低头草之生形是一丛十余叶，叶类凤尾草，对生于茎上。花则朵数不等，每花六瓣，大如指尖，色黄而微赤，香味酴郁。人若大声喝之，亦不论为男为女，其叶则对对相合，在着花时，花亦低垂。且云花可为房中媚药，叶若使男子食之，见内必惧。其说如是，此又与桂中所产者有所不同。

和合草，则未闻其生发如何，惟昔在丽江时，曾有人持其干者以示余。草叶约长一寸，极似毛尖茶，以两片草叶，用红绒扎成一合。据云：无论男女，握此草叶于手中，俟手心有汗，抹其汗于他人肉上，其人即从己而行。此无论男施于女，女施于男，俱同样生效也。或以汗涂于牛马身上，牛马亦必来附己。此则是先迷其性，而后听己之所为，从己之所欲也，是又较低头草为厉害。又有人云：凡藏此草于怀者，不仅于名利上多不利达，且常招飞灾横祸，甚至凶死，故鲜有人藏之，可谓有天道在也。不然，以少许银钱即购得灵草两苗，又何事不可为耶？讵知天则不能容也。

又闻阿墩子又产一种毒草，名曰天茄，形似茄而差小，皮色亦与茄同，只皮上有毛，触之如荃麻〔荨麻〕之辣手。茄心函实约十数颗，实似板栗，亦有一层硬壳，壳色青紫，去壳见肉，肉作淡青色，曝焙其肉而成粉，即为匪类等所用之蒙汗药。在用时，只入少许于饮食间，受之者立即昏迷，凡图财害命行奸之事，大都利用此种药。但是，此种毒草虽产在夷方，而夷方人却不甚重之，惟高其价值而售与汉族人。盖夷方之人多半性气刚强，如古宗、怒子、傈傈、山头、庞族等，杀人便杀人，抢劫便抢劫，概以强硬手段施行，绝不用此柔邪物品而制人也。

又有人云：此草之叶与昆明之狗核桃叶极相似，捣融而拌以槐花汁，涂于白净之大理石上，则成绿色花纹，且能透入一二分。花可随意而涂，然须手快，以汁见风即干，又不能和水故也。云在若干年前，有人携大理石两块，俱微现绿色花纹者，在槐花开时，赶赴阿墩子，费尽若干力而得到槐花、天茄两物，乃用方法，就此两石上之原有花纹而加以涂染，一涂成杨柳两枝，一涂成尖峰三座、林树一丛。此两块楚石则有人以重价购往沪上，转卖与外国人。

按：此种毒草实与钩吻、断肠、羊角纽等，同为天南恶物。盖偏僻之境，气候杂而不纯，故有此异草产出。

制伏猛兽之昏药

顺宁县与云州所属之边地，多介于澜沧江间，而江之南北两岸如赤龟山、落仙山、黑惠江一带，尤属山高林茂，野兽极多，虎、豹、豺狼、野猪、老熊，无不应有尽有。滨江而居之土人，即以猎兽为生，获得虎、熊，不让拾得金银，盖虎皮、虎骨、熊胆、熊掌都属贵重物品也。土人猎兽亦不用弓弩或刀枪，只以一种昏药猎之。制昏药之法颇秘，向不肯轻易传人，需用此者，以金资向有药者购致。药为数种草叶合成，碾制成末，用时只须少许，即大生功效。猎者怀入山间，查看溪涧上有兽迹处，即决其有兽来此就饮，则将是药包置水中，过二三日后，复入山寻视，遇兽有垂首丧气，彷徨道旁或林下者，甚有绕树闲行者，即可决其已中药毒矣。虽至猛之兽，亦可用木石击毙，其敢反噬反斗者从不之见也。盖昏药能迷其本性，减其气力，故一入兽腹，便使刚猛化为柔和也。或云，悍恶妒嫉之妇，亦往往不惜重金，求于土人，得此以制其男子，有中此药毒者，于其妇人前无不俯顺就服。此为顺宁杨香池君语于我者。

蒙化之特殊品物

蒙化有几种生物、植物、食物都为他处所无者，是为一些特殊物品也。距蒙化城不远之小里泽地方，在百年前，有一株二人合抱之大桑树，生于村前之一大水塘边，更斜偏于塘上，所结之桑椹，长逾二寸，大如人指，熟时，色黄红而不黑，味甜如蜜，实异种也。然结桑椹时，厅丞衙门、游击衙门、经历衙门必派人至是架梯搭架而摘取之，更有一班具有势力之衿绅，亦相率派人到村，向头人等索取。于是，村中人竟受尽桑树之累，有忿恨于怀者，遂以麝香将树麝死，斯而种绝。

南涧距蒙城约百里，原置有一分防巡检司在是。南涧地面多山，春二三月间，多杜鹃花，开遍于青山上，紫、红、黄、白，望之如锦绣铺张，他处实无此一种美景也。其中有两种，一淡蜜黄色、一翠蓝色者尤雅丽极。然此两种多生于山之高处，而亦有人不避险阻，掘取来作盆景，亦足以贵也。

南涧山间又有两种奇鸟：一则大如喜鹊，状亦相似，惟身上毛羽则艳丽极，红嘴红脚，且有一簇金色凤毛在额上，头绿嗉白，胸腹上毛则作淡黄色，背上毛片色褐而界以白纹，翅上翎毛则黑白相兼，尾上翎毛青翠过于鹦鹉，诚美丽极矣。春分后即常栖于树间，随时高声长鸣，其声音则清亮极，听去分明是“凤凰不如我”五字。至秋分后，鸣声即渐次改变，身上毛羽亦渐渐地脱落，至霜降后，身上则蓬蓬然，口中则唱出“得过且过”四字。立春后，毛彩又齐，复高唱“凤凰不如我”五字。此真是一种奇鸟也，人亦不识其名，只以“得过且过”四字名之。又有一种鸟，形类于鸠，色则与绿斑鸠差似。此鸟出必雌雄相逐，双飞而双宿，春分后，恒出而双栖于高树上，雄唱于前，雌和于后，前者是唱“背背笼”三字，后者是唱“卖蕨菜”三字，字音极其清楚，毫不含糊。然叫至白露节，即噤不发声，亦是一种奇鸟也。

蒙化特产一种小蛤蚧，连头带尾，全体长仅二寸余，而亦无长及四五寸者。此种生物是产于一些溪涧中，土人捉得，剖其腹，去其肠杂，曝干而售于市，价亦不甚贵。售以斤计，每斤约有百余条，以之泡酒，饮下颇能补肾。此物在蒙〔化〕城亦不难致，似一时云购致三五斤，都可以能，是出产亦不少也。

蒙化之蜜套橄榄最有名，而他处亦不能制，不特无偌大之生橄榄，且无人擅此一手艺也。其次，蜜天冬与冬瓜亦美好过于他处，此由蒙化地方所产之天冬格外肥大甜嫩，心又不苦，其原质已如此美好，复用最好之蜜饯出，故能压盖群流。冬瓜入口，却无渣无瓤，以蜜饯出，故入口一嚼，完全融化。而且蒙化之蜜是白极甜极，故饯出物品来，能一白如雪，食之能爽人心脾。

蒙化罗丘之烟叶，在迤西方面堪称第一，以色质香味俱足以餍于一般喜口吸叶烟之人也。罗丘烟色黄而红，亦有类于金堂烟之色，质则柔软细润，且有油气，叶上筋纹尚较什邡烟为细，味则香而甜，亦差似弥勒十八寨之烟叶。以之作成烟卷烟而吸，较普通的吕宋烟为强，惟惜出产数量不多耳。

腾越厅署之崇宏

从前之腾越，在省制上，自咸丰年后则称为厅，以前是称为州。惟自改厅后，局度殊阔，衙署之崇宏，几与省之督抚衙门相埒。头门外有辕门，有石狮，有桅杆，有鼓棚。辕门外更有一莲花池，雅似往昔省城经正书院门前之所有者。二门内有堂三重，亦异常高大堂皇，有东西花厅，东花厅内修有戏台，且有一大卷棚。三堂后有一大园子，种树近百株。就形式上言，滇中之府、厅、州、县衙门直无一处能与之媲也。其如此者，以腾越厅辖有职位大小不一之土司八也。土司中以南甸土司之官职为最大，曰南甸、陇川俱宣抚司，职居二品，戴红顶。干崖、盏达两土司则为宣慰司，职居三品，戴亮蓝顶。若蛮允、猛卯、户撒、腊撒等职又居次，或为四品，或为五品，而戴暗蓝顶及水晶顶耳。土司等既隶于厅，故土司等谒厅丞，亦若属员晋见长官，称厅丞为大人，自称土职。在政令上，厅丞得札饬土司，土司则用禀呈。其制度如此，故尔厅衙门不能不树声威以压服之也。

〔《清史稿·地理志》载：南甸、陇川、干崖、猛卯俱为宣抚司，盏达为副宣抚司，户撒、腊撒则设长官司，均未列品级。另据《元史·百官志》载：宣慰司为从二品，宣抚司为正三品。此处所记有误。〕

保山太保山麓之忠毅祠

保山城之太保山，志乘上称为名胜，实亦不甚清奇。往昔，山麓有法明寺，实建自蒙氏，诚千载以上之古寺宇也。其他如保禄阁、普渡阁、象山祠等，俱不足以名胜称。陈鼎《滇黔纪游》则云："太保山麓有忠毅祠，祀明左都督副总兵方政，祠有碑记，写作俱佳。"按：文为明知府郑旸所撰，石为刑部主事王谟所书。谟邑人也，传云，谟以右手有疾，以左手习书，字学李北海，临丁丁碑至六七百通，俱烧去之，写碑时，年已逾七十矣。今祠圮碑毁，有拓存者，殊宝贵，以其字体笔法与丁丁碑无二也。

志载明知府郑旸《忠毅祠记》〔记题全名为《永昌忠毅祠记》〕："嘉靖十四年夏四月，予奉玺书来守永昌，秋祀忠毅祠，瞻遗像岿然，而两庑从祀则废毁久矣。乃进执事者，诘祠创于何年？佥曰：'不知！'神何名？曰：'不知！'祠何由？曰：'不知！'然则祠有碑记乎？曰'否！'官有文牒乎？曰：'否！'其子孙可征乎？曰：'是尤不知也。'顾自思曰：祭其神不知其人可乎？乃咨故义，藉案牍，抚夷再出腾越，遍历遐尔，勾致参引，稍得其详。按：公姓方氏，讳政，字未闻，凤阳人，猋勇沉谋，慷慨尚义节。当交趾复叛后，朝廷许其纳贡，尽还中国失陷之人。因请莅盟，众皆疑惧，公即登黎利舟，挽其带而与之誓，黎利惧服，遂保全四十万而归。正统元年〔1436〕，麓川思仁叛，官军败于高黎贡，屠腾越，以其酋缅佥称〔"称"《永昌府文征》载此文作"栅"〕守潞江。二年〔1437〕冬，公以左都督率师为副将以〔《文征》无"以"字〕讨之。师至潞江招抚，弥月不下，公勒所领直夜进攻，飞渡潞江，遂及其子瑛等乘胜逐北，穷日夜，至二〔"二"《文征》作"上"〕江，围之不克。时兵疲食尽，乃遣一仆送瑛渡江，以全宗祀。瑛牵裾不舍，公举刀曰：受命讨贼，弗克，非死莫报。瑛释裾登舟，公复挥戈驰入，贼披靡。忽马蹶踣堑，贼遂攒刺之。

瑛归，招魂于永昌，里巷皆痛哭失声。云南左布政使应公履平、按察使赖公巽，急以公死节上〔“上”《文征》作“状”〕闻，上遣行人曹某赍敕谕祭。今文逸，不可考。赠威远伯，谥忠毅，诏〔《文征》“诏”上有“仍”字〕立祠永昌。至正统九年〔1444〕，上遣兵部尚书王公骥再讨思仁，火攻其寨棚，风逆弗克。进谕军民设公位呼号，俄而风顺，入之，思仁走死。王公重公之忠，亟荐瑛于上，历升南和伯。正德壬申〔1512〕春，巡按御史泰兴张公羽、按察副使〔“副使”下《文征》有“今刑部尚书”五字〕西蜀聂公贤始〔“始”下《文征》有“岁”字〕订春秋二祀。公生平不可考，其殁则正统三年〔1438〕正月上旬，今袭南和伯曰寿祥者，其曾孙也。从祀者〔《文征》“者”作“则”〕镇国将军都指挥同知顾勇、侯义、陈翊，昭勇将军都指挥佥事江洪〔此句下《文征》有“所谓顾勇，即当时呼八大人者也”二句〕，此皆随公死难，均罹惨祸者，故得配食焉。呜呼！公以武臣，仗钺南征，一遇事变，即舍生割爱，其一死足以扶纲常，风天下，是有大〔“有大”《文征》作“大有”〕功于民彝世教，而〔“而”下《文征》有“身”字〕后之著威灵，启爵土，又大可为人臣劝。呜呼盛哉！因叙所畴咨而得者勒诸石。”

卷　十四

滇南景物志略之五

通海秀山

往昔之临安八属，以石屏、通海两州县文风称盛，在清代乾、嘉、道、光之际，尚书、侍郎、巡抚等，同时有三四人焉，斯固一时之运会所系，而亦是山川之灵气所钟。通海水丽山明，邑有秀山，尤称秀拔，山间景物清奇，眼界空阔，就游览上而论，不仅为一邑之冠，亦可为临〔安〕八属之冠。

秀山在城之南，距城不远，山上庙宇颇多，自山麓至山巅计十有余院。山顶之涌金寺，为最擅名胜之古刹，寺居山头螺峰下，为元时高僧东岩所建。寺为三进，殿宇宏深，配殿层台，规模壮丽，惜明嘉靖间，不戒于火，半兆焚如。天启年间，僧智晓募捐重修，形式较简，无复当年壮丽矣。同治三年〔1864〕，邑人等又一一增修培补，究未能复其原状，斯见修建一寺之难也。寺有古柏二株，传云寺未建时，树已干霄凌汉，寺建于元，此两株柏树，当为唐宋时人所植。阚征诏〔兆〕则题碣于树右，亦颂为唐宋时物。然树身究不若昆明黑龙潭之宋柏壮巨，或是生在山巅，不若生在山椒之得沾肥沃土壤也，用此推论，又不合执树身粗细而勘定其寿数也。

秀山上有清凉寺，亦负盛名之一佛场，寺亦建于元代，较涌金寺略后二三十年，建寺僧名铁牛。铁牛在秀山上建寺，计有三四院，而清凉寺为最宏大之一寺也，其它只合云为僧侣栖息处。清凉寺居于山阴，诚禅房树隐，佛谷云深，白石苍苔，浅濑幽径，以清凉两字名寺，真名实相称。寺落成后，历四百年之久。至清康熙中叶，僧人清淡以殿角崩塌，始出而募资修理。又历一百八十余年，至同治末叶，邑人等始有重修佛殿之举焉。今又历六七十年矣，庙貌如故，松杉巢鹤，檐牙飞蝠，古意盎然，实山中之一特色。

山间有灏穹宫，为明代邑人陈其力建，内有千叶花一树，异种也。白龙寺在秀山后，岩畔有泉水涌出，下注成潭，泉极清洌，味之甘凉。全山有十余寺，俱涧此水入厨，源流不竭，足供数百人之炊饮盥濯。竺国寺、愿诲庵，固非巨构宏图，然回栏洞室，重阁深坛，颇尽曲折之致。有秀山神祠，在秀山之麓，为秀山上最古庙宇，与城东富春山上慈济寺，同为大理段思平所建。

秀山之下，有十一先生祠，内祀建文帝从亡诸臣。按：建文帝避位来滇，初则潜居于迤西洱源、鹤庆一带，真是匿迹藏形。逮至永乐十年后，始出而云游各处，其卓锡于秀山清凉寺颇久，而涌金、白龙两寺内，亦尝寓迹焉。通海有城隍迎驾受封之说，正与省垣天宁寺弥勒佛倒蓰〔屣〕开门事相同。然此种传扬，只足以供茶余酒后之助尔。

惟闻前辈人相传云，建文在滇漂泊时，其从亡之十一臣，俱随在跟从，但各易形色，有为补锅、磨刀者，有为补碗、补鞋、修伞匠者，有执卖药、卖卜业者，君臣不时聚首，亦惟相对饮泣而已。建文在清凉寺时，诸子亦假礼佛为由，常往来于山间。是时云南，犹是化外区域，侦查〔察〕人多不前来，建文故能作天空浮云，一味东西飘荡耳。

通海城西路约十里，有温水塘，塘上有火龙寺，乃宋末之建筑也，而是处之水塘有二，一为温水塘，一为冷水塘也。建文游于此，尝以指醮墨汁，于温水塘上书“温泉”两字于石壁，冷水塘上则书“冷泉”两字，书法生动，有凤舞龙飞之势。讵字留于石，竟永不消灭。垂至数百年，经雨淋日炙野火燎，笔画仍是显明，在六十余年前，余游其处，字迹犹隐约可辨。古语云：“精诚所至，金石为开。”建文之题，其近于是乎？

建水之孔庙

孔子祀典，清代隆重于明代，孔庙建置，清代亦增多于明代。自清代康熙后，凡属中华国之一州一县，无不建有巍峨崇宏之孔庙在其城中。殿楹相同，廊庑相若，其规模上间有不能归于一致者，则由地势使然，致形式上略有差别，然亦只在高下广狭耳，至于阶陛庭墀，又何尝有不如式者焉。云南昔有府、厅、州、县九十余，余足履其境者实多，凡圣庙无不往谒，以是，某郡某邑之庙貌若何，竟得寓于目而印于脑。此又常以耳代目，考询未经涉及之处，于焉有所比较。

滇中孔庙，固以在昆垣者为崇宏广大，然壮丽上犹逊于建水。建水，昔时之临安府城也。临安府城之孔庙，其崇宏壮丽实为全省之冠。今先以其泮池，圆周计七百余步，池心一亭，亭畔种莲，莲开白色，花大而子繁，亦佳种也。莲塘外租人种禾，年可收租谷二十余石，其阔大景象，可以想见。

大成殿之形式与省之规模略同，惟地势较高，因而益显巍峨，其台墀、阶陛亦因之而崇隆。郡内又产佳石，色白质腻，复坚而滑，磨出光泽，可拟之以玉。建庙时，即以此种光润滑泽之石，雕螭陛，面龙墀，建回栏，砌崇阶，故举眼望去，实华贵已极。墀内有古铜瓶二，各高逾于人，似各重五六百斤，究不知为何时何代之物也，时问之于人，无非以古物两字答之。

殿为五楹，阈〔音育，门坎〕不用木而用石，石阈高尺余，宽近一尺，而五楹之阈计长六丈，石仅三节，每节直长至二丈，真巨制也。殿柱全是香桫〔当作“杉”〕，各粗逾抱，亦属至可宝贵之材质，而中有双柱尤为特别，乃用极其完美之石，制成庭柱外套两袭，每袭为三段，逗笋〔斗榫〕接合成一，套于两根庭柱上，此则内为木质，外为石质也。按：外套厚约三寸，镂以透空云龙，云衮龙盘，工细万状，此而施以金彩，真华美绝伦。

神龛神位，尤较省垣之雕刻精奇，四配十哲之神龛，尤色彩辉煌，焕人眼目。殿上香案，乃是一整石凿成，长逾丈而高三四尺，花纹雅致，楞角整齐，即此一物已能压赛全滇，而况一对镂空石质柱套，真任何一孔庙中都不能有也。至云东西两庑，亦较省垣孔庙之两庑为高大宽宏，钟鼓二楼亦不让于省垣之崇峻。其形其色壮丽如此，故曰临安府城之孔庙可为全省之冠。

临安〔建水〕燕子洞

开化〔文山〕三元洞，临安燕子洞，俱为迤南方面擅有胜名之岩洞。惟是，岩洞总以有天窗能透光亮于下者，得称为妙境，若敞洞则居于次焉也。盖敞洞多属前半光亮，深入则黑暗，如三元洞是，而三元能以远景争胜，故三元在迤南方面亦得称为明洞，虽然，究不及燕子〔洞〕之清奇也，所以燕子洞得为名洞耳。以是，谈迤南方面岩洞者，莫不首屈一指曰：燕子！燕子！燕子！

论建水境内，岩洞颇多，如城东南营哨前之三大岩洞：一曰南明，二曰万象，三曰水云。三洞鼎立，互相隔距仅为五六里，洞中复灵秘相通，一则以幽奇胜，一则以窅冧胜，一则以宏敞胜，而南明亦是明洞，胡不能与燕子齐名耶？殆有故也。

燕子居于山麓，接于平地，入游者不劳拾级攀磴，此为第一好处；燕子系明洞，光亮充足，入游者毋须乎燃炬烧烛，此为第二好处；岩洞在山间当无水泉，燕子则有巨流经洞后，有山而又有水，此为第三好处。洞中之奇妙处，实为任何一个岩洞所无，故燕子洞之声誉能高于一切也。

洞距建水城四十里，在阿迷〔开远〕、建水两交界处。近洞有村，路约半里许，村曰双镜，居民亦繁多，似在二百户上下。岩洞则深藏于大壑中，且当群流汇聚处。在数百年前，不甚著名，至近二三百年来，其名始见重于世，盖往昔之高人韵士，多不识有此佳境也。读《建水县志》，仅见有《修燕子洞引》一篇及邑人廖敦行《题燕子洞》诗一首，此足征洞在二三百年前，而来游者少也。洞门是深藏于岩底，故廖诗开首二句云："到山不知洞何在，洞口白云常吞吐。"此足见其隐秘也。

洞分二格，一大一小，一明一暗，明者宽敞宏大，暗者幽深坳曲，引他事以相喻，明者若厅堂，暗者若密室，暗洞寓于明洞内，亦非另有一洞也。明洞门户开展，车马亦足以容，洞内空阔无似，宽处可及十数丈，洞顶有天窗，形不甚圆而带多角形，天光即由此透下。故在此深洞中，不须引藉他种光亮，即可以鉴视一切微物。论全洞之宽深，实数倍于昆明之西华洞，上面天窗自下瞻视，径约数尺，实则甚巨也。若陟彼高冈，俯漏口而下视，在下游人，雅似瓮中之鳖，趣极趣极。

漏口上有冬青树一株，高数丈，粗逾合抱，婆娑下罩，不啻一伞高张，此尤为洞内妙景。洞之四壁，石笋森然，悬桃累累，石人石马分明，石椅石凳俱备，然此亦为石洞中常有之表现，不足以道。惟此洞内则有一极大之石坪，广袤几近十丈，列筵席可陈二几十台，每年二月十九办会，来客至一二百桌，俱就此陆续支席。洞中题咏甚多，名作不少，然都为百年内外作品，而新修县志，亦未能尽量采辑之也。

小洞则幽深黑暗，窅冥曲折，欲步入其中，非燃火引照不足以行，而洞身又忽宽忽窄，岩棚又忽高忽低，或直下，或逆转，岔路又多，地面是下下高高，直无一步坦途，以崎岖言，即引韩昌黎"山石荦确行径微"之句，亦不足以尽其致。然此则为真正之燕子洞。洞为燕子所居，在内筑巢结窝者，不知有若干千若干万。在秋冬两季，燕子多半在内安居，一至春日，即群出群入，由暗洞而达明洞，翩跹回斜〔旋〕于空阔之处，右舞左旋，纷乱如麻，总之，无一时之间断，无一时之停影息声也。

燕就岩缝内营巢，巢中俱有燕窝，肯冒险者，常引火入洞，而探取岩间燕窝。在低处者得以手攫，在悬岩上者则用铁钩取之，携出而售于人，名曰土燕窝。但肉薄片小，色不白而质亦不洁，大逊于外来之缅燕，虽然，亦足供人口腹也。

明洞深处即见水流，四、五、六、七月间，水势极大，稍近，即声响震耳，有时能等于万马奔腾，冬季水落，声响则不甚大。盖此河流，是由远来之四五条细流，至近洞处而合成巨流，始注于河，故在夏季水势十分大也。

洞前有客房一院，上三下三，复配以四耳，结构虽不精美，然亦爽适，而一般游客多藉此憩息。洞侧有观音阁，奉大士像，阁固不大，却规模整齐。二月十九日办会，阁上拥挤不堪，来悬匾挂联者，多在是时，香火之盛不可言喻。

近洞处多花木，中以桃杏为多，当春时，群芳吐艳，使此一岩洞增加不少的彩色。洞之奇绝处，又奇在洞里的四时气候，夫山洞幽深，石窟生寒，是定而不移之理也，即引远方近处之一切岩洞来言，亦绝不外是。夏季入此洞而清凉爽适，原是岩洞中应有之情事，此洞之奇处，是当隆冬之际入此，外则寒风栗〔凛〕冽，内则暖气充溢，坐久尤温和通体，殆黍谷回春之说欤？缘此，燕子洞之所以称奇著异也。

夫天下事，多优于此而绌于彼，而燕子洞亦有不满于人意处也，洞中虽足以赏心，洞外却无以娱目，一排峭壁悬岩，障断人之远目。有游开化三元洞而来者，恒以是薄之曰："无一远景也，不如三元之甚。"及步入洞内，见到一切清奇，而更有若干飞飞燕子点缀，乃慷慨而言曰："燕子实佳，燕子实佳！"

临安之指林寺与万明寺

云南迤南方面以临安开辟为最早，唐蒙诏时，临安即置为郡，异牟寻时代〔异牟寻是南诏第六世王，在位时和唐王朝订立"贞元之盟"，加强南诏与中原地区的友好关系〕，又置节度使，故临安之一切风景地，多成于是时。

郡城有指林寺，即南诏时所建，今寺中犹有创建指林寺之碑石存在，但字迹剥落不明耳。考其年岁，实异牟寻时代之石刻，千年石刻．殊不易得。

按：指林寺在郡城之西，清远门内。寺为三进，且多配殿群房，亦一崇宏广大之佛刹也。据志载："元代至元间〔1271~1294〕，郡人何昌明重修之，并增构一殿及建二塔于寺内，明永乐间〔1403~1424〕，僧温成又于寺左建一阁，翼以层楼，高四丈余。在城南数里，即得见其最高一层。"今阁毁矣，塔亦不存，惟一古寺岿然。

万明寺，传为大理段思平所建。寺在城外一里许，殿宇结于山脊，居高临下，眼界空阔，一望及于数十里外。是处境地，清幽雅胜，殿宇崇宏，在临安古梵宇中亦可数之胜地也。但居〔距〕城甚近，常遭兵燹，破坏难言，幸邑人时加修理，尚未失去旧观，较其它古寺古庙则有幸多矣！

临安之东林寺与北山寺

附近临安城最擅名胜之地处，即东林寺与北山寺，此两寺俱是建于元代，一说北山寺为段思平所建，然亦无考据。东林在城东里许，原名诸天寺，寺原近于一池，池水盈盈，中种以莲，莲开白色，微有红边一线，雅绝！池上种柳，当春之时，杨柳摇金，且万缕千丝，拂此莲池，韵极！此种天然景致，是自有斯池以来，即有此能遣人情怀，能理人情绪之美好处也。

明嘉靖三十年〔1551〕，来知临安府者，为姑苏章士元。章，一时之诗人也，多佳作，载于《明诗综》，知府事后，遂倡修此寺。于是，疏凿池水，葺固埂堤，花之稀处，补之培之，树之繁处，修之伐之，斯而眼中景物，更为之一爽。又于池上建亭三楹，署"半闲亭”三字于额，易寺名为东林。自是之后，东林寺之西畔，俨然一昆明翠湖上莲华禅院西边之有一放生池，其半闲亭亦犹放生池上之碧漪亭也。章府有《半闲亭吟》，曰：

“昔贤理彭泽，托迹东西林。岂繄耽象〔雍正《建水州志》“象”作“名”〕教，实寄方外心。余质本樗散，黾勉婴绂簪。西南系一〔《州志》“一”作“二”〕郡，绵力苦不任。征科与敲扑，填此烦冤襟。爰追昔人意，佳境还拓〔《州志》“拓”作“招”〕寻。邂逅入精庐，幽赏惬孤吟。昙花开〔《州志》“开”作“争”〕永昼，香霭散秋阴。夷犹未成久，潇洒良独深。乘兴数来往，挈榼聊自斟。同行尽寀服，相欢各失音。始知会心处，无间古与今。倏忽岁云改，庭柯郁森森。未谐结庐愿，有怀春江浔。怅此羁旅迹，缱绻空踌涔。何当返初服，一卧吴山岑。”

自是，东林寺与半闲亭之名益著，遂无时不有游人。

是时，半闲亭原与东林寺相属，清咸丰间寺毁，邑人重修东林，遂修筑一路界于其间，由是东林寺与半闲亭分为二矣！今郡之僧众，就东林而成立佛教会，复修葺墙屋，莳花植树，在景物上自是雅观，而半闲亭仍不失其名胜。

北山寺在城北三里，当云南盛种鸦片烟苗时代，北山寺所产之烟土，在省中是大大有名，惟每年出产不多，数量上似不及万两。且以近于寺者为最佳，此非素与寺僧结识者，不能得其近寺之产物也。盖是处之烟土中，函具之吗啡最强，烟味上尤具有一种特别香气。以之过瘾，一钱可抵三钱，其力量之大，实数倍于一切地处之所出产者。故一般烟霞客，无不认定北山寺烟土为无上妙品，而又名之为烟土大王。因而北山寺三字，在是时不特在临八属有名，在昆明亦有名，今禁种鸦片，北山寺三字始觉淡于人口。

按：北山寺原名华严寺，以在城之北山故曰北山寺。志载：“寺建于元，明时倾圮，明正德间〔1506~1521〕知府赖瑛重修之，清咸丰间〔1851~1861〕毁。”赖氏之《重修北山寺碑记》，只存半碣，故志载上亦无其文。光绪初年，邑人仅修复观音殿，其它各处均未修复。

明邑人冯之骝有《题北山寺》〔据雍正《建水州志》“冯”当作“马”，马之骝是明天启丁卯（1627）科举人。原诗题为《北山华严寺》〕七律一首：

“梵王宫倚北山开，地僻人稀半是苔，

修竹〔《州志》作“绿竹”〕几行森玉立，远山〔《州志》“山”作“峰”〕四面送青来。

云寒石洞龙初睡〔《州志》作“龙眼稳”〕，日暝松巢鹤未回，

清趣满前因坐久，洒然心事〔《州志》“事”作“地”〕绝尘埃。”

读此，亦足见此寺之清雅也。

论临安府城名胜，远处则以燕子为第一，且名人题咏极多，惟自入民国后，燕子洞竟成匪巢，游人无敢至其处。在近城一带，言名胜，自以东林寺为第一，然又年年为俗尘侵逼也。呜呼！名胜。

纪泸源洞内景物

中国西南多山，而云贵两省尤是高山峻岭，而且山势绵延。其高者直上与天齐，人们若陟此高冈而一上一下，动在三五十里，山间又无一清奇地处可言。此等大山只可称为峦山，不足以笔墨写其形状也。若言林阿之雅，岩谷之深，洞窟之幽奇，此则不在山之崇隆起伏处，而在山之回环断续处。

夫悬崖峭壁，奇也；重峦叠嶂，妙也；长岭高冈，壮也；深谷大壑，幽也；凡此者，皆属山之佳妙处也。然人之于此，又多认为司空见惯，恒漠视而不之奇，惟有山水癖者，始乐就此流连。舍此，而云有能引人入胜者，其为岩洞乎？

滇中岩洞多矣，其近在省垣而又负有胜名者若潮音洞、西华洞、花红洞，稍远者若厂口观音洞、沙朗洞，再远者昆阳之碧峰洞、富民之河上洞，俱能致远客而引游人者也。此外如云南驿之清华洞、鹤庆之眠龙洞，亦大大有名，而亦各有佳胜处，但不能为大地上稀有之洞窟，有足称为稀有者，惟泸西之泸源洞耳。

泸源洞，古名阿卢洞，洞在泸西县，去城西七八里之灵源寺侧。此洞可先以“幽深难测、奇异莫名”八字标之。此何以说？夫大地之上，泰山高矣，而人能测其高度，距海面若干万千尺；黄河长矣，人能计其源流，长至若干千百里；泸源洞则无人能确知其深长至若干里也。此又何故？盖入游之人，有行及三五里而踅出者，有行及六七里而踅出者，更有已深入至十里内外，因发生滞碍，不能再行前进而折〔踅〕出者，是则终无一人能穷其境，能步至其洞底也，故曰幽深难测。

余于此洞，未尝往游，洞中之一切景象，仅得诸耳闻及二人笔记。在前清时，泸西为迤东道辖之广西直隶州，领县三，为邱北、弥勒、师宗三县。入民国后，始改广西直隶州为县，曰泸西县，邱北、弥勒、师宗三县遂不受其管辖。当光绪十二三年间〔1886~1887〕，任此直州牧者为黔南朱公毓崧，朱聘余舅氏蔡少田公主刑席。少田性好奇，闻郡中有此一洞，洞中奇景殊多，乃于某一时与署中饶有游乐兴者数人，入探其境焉。竟得尽兴而游，约进入十二三里始行踅出，遂作游记，藏之于箧。既而少田公以病而辞馆回省，时在光绪十三年残腊。

公在家养病时，当茶余饭后，亦尝以往游泸源洞之一切情事及洞中之一切景物向家中人款款而谈。是时余方九龄，亦常属耳于座侧，公之所言，强能记其概略，而童子何知，要不过知有此一洞，有若干奇异景物在其间也。岁在壬辰，为光绪十八年〔1892〕，公由新平回，因病而谢世。丧葬后，舅母某氏嘱余为公清理箱箧中书籍稿件，不意得到公之《游泸源洞记》一篇，展而读之，觉其叙述详明，乃宝而存之。今则节其所言，实入此篇文字中，而成为一大部分贵重材料也。

游记中有云：“入游此洞时，知洞中深暗，其最要者为生光具。则有人云：‘城外某村有土人某，能制一种特别火把，烧燃时能发剧烈光焰，持入洞中，即在最幽暗而又是空气极其窒塞之处，火亦不至于熄，此是一种专供游客入洞持以照路之物。一支火把能耐四十分钟之久，是在洞内燃烧之也，若在洞外燃烧又只能耐至三十分钟。以有此特异，制火把者遂夸其物稀奇，称之为炤天火把，每支售银二钱，需用若干支，托伊定制。’于是，试购一支来考验，果如某之所言，乃以六两银订制三十支，因计算定，同时燃三支，三十支可能照耀六小时也。嗣复有人告知：‘若入至洞之最深处，空气必然窒极，火即不熄，光焰亦必低微，须多备松香末携入，火欲灭时，洒以松香末，火焰可旺。又饮料食料等须各具身边，以备不虞。’乃一一如法制备。时闻洞内岔路颇多，大虑出入迷失，嗣得人荐署中差役某作领导，以彼曾出入于此洞已六七次，路径颇熟，勿庸虑到迷失也。”

又云：“某日午前八时，遂各裹粮食，挈饮料，持炤天火把，以袋贮松香末及一切应行挟带物事，一行共九人，嬉乐而入洞。此时烧燃炤天火把三支，果然光焰熊腾，在一二十步内，亮光俱能照到。一班人有此一种生光具，便任意前行。所谓之炤天火把，原与六月二十四日一般人所玩弄之火把无殊，每支则长至六尺，惟劈出裂缝较为细密。裂缝中却染有不少的似桐油脚子、似香油脚子之类的黑色粘腻物，嗅之有酸味触鼻，究不知为何种物也。且闻此人所制之火把是一不传人之秘法，而亦不是此人发明，是其祖先人传流下来之一种制造法，盖在回乱未作以前，云南时世承平，广西州境内尤异常安靖，来游泸源洞之人自是不少，此一家人遂以专卖火把而谋生。在光绪十年〔1884〕前后，犹能于一年中售出火把三五百支，亦可观也。”

又云：“夫洞以泸源而名者何？缘洞口有泉由石穴涌出，粗可如汲水桶，而向上冒起，高可逾二尺，形类济南之趵突。此水下注山麓而成巨流，是名泸水，又名瀑布河。河流湾曲旋回，遍及于泸西坝内，万顷平畴，俱赖此而灌溉，故洞以泸源而名也。洞在山麓，洞口亦不十分宏敞，高仅丈余，阔亦类是。初步入洞，洞里不甚宽舒，雅似在一条弯曲夹道内行走，但步入二三十丈后，即渐次开展，且上面岩棚愈见其高，下面夹道愈见其阔，地面上固凸凹不平，然亦有道途可循，毋虑颠蹶。行入里许，路径即微，复荦确坎坷，下足即须审择。又行半里许，洞又突然收窄，左右相逼，直似一条礃子，宽仅数尺，只容二人并行，礃幸不长，只及百数十步耳，过此，即渐次开展。又行一二百步，即到一至宽之处。此处境界，突然变易，仰而望之，岩棚似高至五六丈，上面景物若何？烛之以火，火光不能达到，自不能辨。俯视地面，平坦异常，似经人工铲凿而成者。然自入洞后，行至此处，时间上未及三十分钟，计其路途或只有两里耳。至云此一段路途，在路之两边石崖上，亦多有可观之处，有类似人、类似鸟兽、类似器具、类似花果之奇异石头则甚多甚多。以意在探其幽深，便不暇及于此，无非一瞬之而已。”

又云：“在至宽之处，则有两大条路现出，在此怅望，直不啻一三岔路口。此处竖有一石碣，烛之，上刊有百数十字。略云：‘由左路步入，约深十五六里，即到洞底；由右路步入，约深逾二十里，奇景极多’云云。为乾隆某年，权州牧山右黄耀宇立。传云：‘黄有山水癖，权州牧时，不啻灵运之守永嘉，曾入此洞三次。’于是，后来入游之人，大都从右路而入，即作响导之老差役，亦只解得右路。”

又云：“从右洞而入，约行百余步，洞身即宽畅，竟有宽至十数丈之地处。前进，即有一小河流当前，曲折天成，似由西南而流向东北。河面不甚阔，最宽处仅漫溢至六七尺，窄处只三四尺耳。水流石上，潺湲有声，洞中有此清音，爽耳已极，洞中有此清流，特异已极。夫岩洞中有河，不特罕覯，亦是罕闻，此真为尘寰中绝无仅有之一地处。河不甚深，可褰裳而涉，惟水寒沁骨，甚踏冰雪。望此水滔滔而逝，其来自何方？归落何处？殊难穷其究竟。盖此间四面空阔，欲穷涯际，难免不入迷途，因而不敢在此勾留，仍随响导人而前进。前行百余步，崖谷便收窄，路径是由下而上，如陟一偏坡焉。升上五六十步，上面崖棚，则降下多矣，以目力窥测，仅距地丈余。两边崖〔岩〕石，亦甚逼近，火把度过，崖石多发光绚彩，复片片闪灼，焕人眼目。更有数处，直似壁悬玻镜，人之须眉可鉴，当是崖含云母石也。又有一段石崖，在火光映照下，能灿列星点，且有大逾于拇指颠者，不知其为何种石也。”

又云：“度尽一段逼仄地处，洞身又转宽舒，以地形言，亦可名为葫芦谷。再前进，突现一石壁，有类省圆通山之衲霞屏，其左右俱辟有一门，俨如戏台上中陈屏风，左右有马门各一。领导者云：‘左右皆可以行，踱至石壁后仍归于一。’果然行入数十步，两径便合成一径。由斯而进，或由宽而窄，或由隘而舒，或从上而步下，或自低而升高，或转右而旋左，或自西而转东。其间自多滑壁削崖，高堆危石，深坑巨洼，清泉细流。崖石上尤多人物鸟兽之形，亦无暇一一观察，要不过知此两壁间有此一些景象耳。至于石钟乳则随在皆见，直有长至二尺以上、粗及拱把者，若石英、石胆、石菌等，更是一些不稀罕之品物。然在此崆峒中，却蹊径纵横，有不熟习道路者，误入歧途，或钻入不深不浅之洞内，或步入褊狭卑隘之峡礑内，致烛火灭熄，进退俱难也，能遵正路而行，方能有奇景入目。”

又云：“既而行至一处，实属歧路三叉，此乃崖石界分而成者也。以入洞之方向论，是左一而右二，以路口论，居中者却格外宽大。但据引导者言：‘中路与右路俱深入不远，即无路可通，左为正路，则深不可测，且有不胜其数之奇景在是。’于是决由左路入而探奇。时计程途，似已深入六七里矣，审察时计，自入洞后已历一句〔一小时〕又四十五分钟，持入火炬，各已烧残二支有半，遂稍事休息，仍急趋前进。于是转弯磨〔抹〕角，行及里许，得至一宽敞之地，上则高不可测，旁亦远不能窥。是处也，地上有一深池，长约十丈，宽约七八丈，池左有一溪水流来，注于池中，池右亦有一溪沟接连，似池中水满，即由此溪沟流去也，然去流究作何归着，未及考察。大众在此，竟延留至十数分钟之久。盖池中有鱼，为素所稔知，来时已携有网罟，张网于池，竟得二尾，大偿愿望。取鱼藏于携来小桶中，以火烛之，鱼不甚大，一长二寸许，一近三寸，其头、尾、腮、鳍，火光下不易辨出。迨至后来携出洞外，在日光下详审，始见其身如乌鱼而微有细鳞，遍身作乌黑色，尾、鳍则大于常鱼，头扁而无目，口角双须极长，腮巨而厚。在水中则频频张翕，似氧气不足，若人之呼吸见喘促也。以物相近，立即下沉水底，其知觉力似较眼光四射者尤强，惜出洞不及十分钟即毙去，盖洞中气压不若洞外之强，故尔不能生活也。此而取出水来，察其体质，鱼之肚腹一部系一种透明质，在亮光下肠杂悉现，以近肚腹一部分，不作乌黑色，而作灰白色也。此足见生于幽暗处之动物与生于光明地处之动物，有所不同也。

又云："余辈网鱼讫，随踱过溪流，仍向洞之深处步去。按此段境地，实不易辨别其东西南北，只有左右两方之可言，但头头是道，而又处处俱足以碰壁，此而无引导人，真不易得其正路也。然在此段境地当中，又发现一至奇之境界，突走在一片细沙上，如步河畔之沙滩焉，以火烛之，沙作白色，似厚尺许。顾此岩洞中，藏有河流、有池沼，已属尘寰中之大奇，而又藏有沙滩，真奇之又奇也，沙从何来，真不易于索解。此小沙漠约有百余步长，踱尽后，硬石随显露而出，又前行数十步，便步入一乱石丛中，引一比喻，若跨进路南州之石林，东转西踅，又似陆逊杀入八阵图。在此仰望岩棚，则是黑暗沉沉，旁穷边际，乱石又障碍远目。维斯时也，惟有着引导者作前驱，一一作后殿也。"

又云："穿度石林，约六七分钟之久，而忽然瞥见洞之上下四旁，此何由而使然，盖有日光由岩顶斜射而下也。此一窍通天，为泸源洞中特有之处，对亮口而上望，似岩石不厚，只及丈许耳。窍斜而直，光线不曲，窍之下口，状若喇叭，窍之上口，形同枣核，在下面测其上口之宽长，似长逾尺而宽至七八寸。有此漏窦，故下注之光能愈下而愈散也。人行至此，莫不色喜兴扬，以在黑暗处久而忽睹光明也。藉光亮而视前路，为一石坡，引导者随引众上升。坡上却有不少的石级现出，虽不规则，确是经人工凿成。向上约及二丈，则到一巨大宏敞之洞门前，引火烛洞，洞内石棚似高丈余。然有三四股粗若人臂之泉水，自棚顶直泻而下，水注洞底石上，雨花乱飞，水声闷于洞中，异常震耳，下成一派河流，向洞之深处流去。此一洞门内，直无一人敢于议入，以持火把入去，必为泉水淋熄也。大众在此流连至五六分钟之久，逆料岩棚上之泉水下注，是必上有溪流，经过石裂有缝处，因而下漏也。众人际此境地，认定不能前进，只得由上而踅下。”

又云：“由上踅下时，忽于一堵大石后，发现一洞门，洞门上似经人工铲成一横额，且隐隐有几个字迹，此一洞门极似省垣潮音洞，其高矮宽窄亦多相同。持火照视，内殊宽平，但须跳下一大磴石坎，始得脚踏平地。乃查看时计，入洞来尚未及三小时，火把亦有多支存在，踅出洞时必不至于缺乏，于是放心大胆持火把而步入。讵入内数十步，洞礌便从右而转，路则步步趋下，且愈进而右转愈急，愈转愈下，愈下路愈陡。此就形势上言，直似循一螺旋钉之纹路而钻入地下也。人在此中盘旋时，初亦不觉有甚奇特，无非在一些石礌、石硖、石空中穿过而已。嗣转至一空阔高爽处，众始停步。此一地处，直如一覆釜，当中崖〔岩〕棚可能高至四五丈，周围则渐次低垂而下接地面。中间空处，纵横都能有十数丈，以火上照，当中之岩棚彷佛有若干的长大钟乳下垂，总以火光难达，不能用目力辨出也。而且上面时有水珠下滴，恐将火把滴熄，故不敢贪看其景物。地面上固是石包突出，凸凹不平，然也不甚碍足。此崆峒之当中，则高耸着大石一团，度之，可高至七八尺，石作圆形，下盘逾丈，石上显然分出数十莲瓣，亦有类于一般佛殿上之莲座。此一团大石上，又另起一突兀上竖之石，形略似人，拟以观音坐莲亦肖极，然此实是石头生成，是成于自然，而不是人工凿成者也。此团大石头后，更有一岩洞，洞口虽不十分宽敞，而人亦可钻入。但闻洞内若有风吼，大众惧而缩足。惟在此阴寒已极之处，火炬几欲灭熄，幸洒以松香末，光焰始生，究不甚旺耳。”

又云：“在此一大崆峒内，以阴寒甚，众人身上无不作冷，且有瑟瑟而战栗者，幸各人都挟有棉衣，遂各加棉衣而御寒。领导者又进言：‘此间冷甚，伫立久恐人受病，不如转去。’闻之良是。又审时计，入游已达三小时有半，耗去火把已至十分之六，势不能不作归计。乃由此盘旋而上，此则是步步朝左转，又不啻拔一螺丝钉焉。本来下坡容易上坡难，但是入洞之时，都是探测着路径而行，以领导人亦未到过此一处也。故脚步下不易前进。今折转回头，虽是上坡路，然是熟路，故举足较易。自大崆峒处，行到此一螺旋洞之洞门口，仅为二十分钟，或有二里路之深入也。"

又云："大凡人之入游于岩洞也，多偏重在仰视俯察，以上防头而下防足，于左右两旁，鲜能顾及，故于崖〔岩〕壁上之所有，多半忽略。某君趄出时，遂持一炬缘壁而行，余亦从之，乃见崖壁上有着奇怪物品甚多，如类书中所载之蜜栗子、土殷孽、石蚕、石鳖、石蛇、石蚌、石蟹、石燕等，多是浮露于地面，若踏之而过，都认作洞中碎石，引火详辨，始知为矿物，亦即今日所谓之虫化石。又有一些奇奇怪怪之有生物，若双尾长拖之四脚蛇，尾附磷火之大土蚕，形如蛤蚧而眼放绿光、长有七八寸之大壁虎，长至五六寸之蜗牛。又有一种身披鳞甲，乍看若鲮鲤，细审却无尾无头，长至尺余，宽约五六寸，爬于崖壁上，以棍轻扑，爬走甚速。更有一种怪物，体圆而扁，大可及人掌，裙边上排连着数十点磷火，每点能等于萤火虫尾上之亮光，亦爬于崖壁上，似身之周围俱有脚，在崖上爬时，上下左右毫无准定。其它怪异之物甚多，兹不过略举此数者而言耳。又见有石蕈一簇，大处可拟以一个大簸箕，其形状直似一簇北风蕈，朵子则大小不一，初以为是一种有生物，以棍击之，方知其为石，此可名之为菌化石。惟是吾人在洞中，终以携入之生光具有限，不敢在一切地处搜求奇异品物，只能得到一些触于目者，究不能无憾也。"

又云："后趄至上漏天光处，又发现一处石壁上有石刻二方，字迹甚明。一为七绝一首，末署托住木儿，至元三年〔1337〕题；一为四言诗一章，计十六字，后署白巾二字，知其为建文所题。以无纸笔，未将两诗录出，殊惜！趄至小沙滩上，某君以足力健，竟在沙中踢出一大螺壳来，其形则类近代海螺，然不甚大，围之仅及吾人两拏〔拃〕，以其轻巧，遂携之而出，后来审查，是一已化成石之螺也。趋至先前网鱼处，又发现另一小池，距大池约五六十步，池方约及二三丈，似水中亦有动物，火炬近时，池间即哔叭有声，一似蛙类跳落水中作响。烛之，水极清澈，以木棍探之，仅深二三尺。时检查火把，仅存四五，遂匆遽而出，然行过三岔路口立石碣处，才三五百步，所谓之焰天火把，即完全烧尽，幸岳云公之乃侄朱介石，特别带来大牛油烛十数支，是备不时之需者，于是济急，燃烛而行，得安然出洞。

"出洞时查看时计，为三点零十分钟，是则在洞中已有七小时零十分钟矣，亦可云久矣。若计其路程，似已深入在十三四里以外，但石碣上云：'由右路步入，深约逾二十里。'是则余辈入洞，仍未能穷其究竟行到洞底也。惟据作向导之老差役云：'向往充引导，偕客入洞，实有七次，都只行到有泉水下注之洞前，即行却步，螺旋洞内实未到过，而亦不知有此一地处，今得往游，堪称幸事。'据此云云，往昔游客入洞亦不过行入十一二里也。后闻郡中某老绅言：'石碣上云，深约逾二十里之说，甚确，只以君等胆怯，不敢钻进石莲座后之一洞。余先君曾偕郡中秀士多人入游是洞，入洞时系用一种油绳照路，此种油绳惟郡中纳某能制，其人死，取用者只一种焰天火把耳。余闻先君言，步入洞后不及二里，便接连有两个大天窗，洞中奇景悉见。最奇之一地处，是一间石屋内有两把大石斧子及一些石碗石盆，而一只石缸内尚有两尾石鱼。洞之尽头处，则有一股约及桶粗之泉水，由岩棚上下注于一大深坑内。距深坑不远，有一亮洞，约有簸箕大，人却不能越坑而过，亦惟遥睹亮而已。其它奇处甚多，余亦不能记忆。'余闻某老绅之言，不禁神驰，随拟再游，竟无机会焉。"

其云云如此。

顾其最后之一说，是处在一二万年以前，当用石器之时代，洞中必有人居住。不然，何为有石斧、石碗、石盆、石缸等具焉？缸中石鱼，亦犹一虫化石也。人但认此为一奇景，而不究其奇景之所由成，自是科学未昌明时，一般常人之通病，惟此一亮洞在往昔时，必有一出入路径，绝不是似今日之能望而不能及。信是陵谷变迁，岩壑改易，洞口竟为土石草木遮蔽，更可能落在深坑大凹内，致无从发现也。且阿卢一名，似在一二千年前即震耀于时，可知此洞自是负有盛名之一大洞也，岂无人居于其间哉！在今日也，只以幽深，一般人不敢轻于步入耳。

越十有余载，当光绪壬寅年〔二十八年，1902〕夏间，黎公肇元委署广西直州牧篆。黎亦广西省昭平县人也，与余家同籍。公赴广西州任，幕中多有昭平文士，余四姐丈李冠英亦居其幕中，幕中又多少壮，闻泸源洞中奇景极多，无不欣焉拟往一游。然有人云："入游此洞须在秋分节前后，是时，洞中较清爽于常时，否则宜在春分节前后。若值夏季，洞中则气窒已极，冬令寒重，人不易受。"此有经验者之言，众乃从之，黎幕中诸子，遂于是年中秋节后三日入游。

是时，惯作向导之老差役某已物故矣，乃劳郡中某绅引导，某绅亦只入游过二次，而且是少年事。在生光具上，某村之土人某，亦死去十数年，更无人能制焰天火把。幸是时已有煤石灯出，遂携带煤石灯三四具，手提之煤油马灯三四具，副以寻常火把十多支，此于照路上，光亮亦足以云强也。然于出入上，不能不加慎重，乃携浓石灰水入，于岔路上作标志。此而有一十三人亦各身带食品饮料，持火炬，提灯亮，于是日午前七点半钟共同入洞。

惟行抵三岔路前立石碣处，某绅则主张由左路前进，盖某绅前两次入洞，第一次是在夏五月间，由右路走入，行到河流处，见河水汹涌，不能前进，便折〔踅〕出而未深入。第二次则由左路走至洞底，中间无甚阻塞，故主张从左路而入，大众只得从之。惟初步入时，境象却不甚佳，多是在石硖中转折，但地面平坦如砥，的是经过人工铲凿者，众乃贾勇前进。经过弯曲卑狭处，约二三百步，便豁然开展，岩棚高张，崖壁削立，有数处涓涓水滴，石上苔纹斑驳。有数处的崖壁间，是不断的钟乳，差参下垂，长者逾二尺，短小者亦近尺，此则若万千根玉笋，在崖〔岩〕石上倒吊着。又有几段崖壁上是石浮金点，藉火生光。又有一段崖壁上是浅窦密排，大者近二尺，小者七八寸，俱深不及三尺，数则近百，举眼望去，直似一些蜂房，密杂排连，然只有入洞右边之一段崖壁上，作如是景象耳。其最后一段之石壁，左右两边俱异常的平整光滑。左边之崖壁下，则有台基一条，随地面之起伏而缘着崖壁，其长处约有一二百步。台基宽窄不一，宽处约有二尺，窄处只尺许，其高处都只有一尺几寸耳。此一段地处，似半属天成，半加以人力者，若以人排坐于此条台基上，可能坐二三百人焉。

有时，崖壁上发现石刻，多是镌刻一二大字，但有许多都为崖间滴水所灭。有“禅定”二字，笔画显明，后署“白巾”二字，是为建文帝之所题也。又有一处崖刻，为五绝一首，字大如拳，写十七帖，飞舞已极。第一行明显着八字，为“神虎今何在，仙猿去”几字。第二行与第三行，以有一细股岩泉，由至高之处流下，浸润着崖石，此两行字上，遂护满青苔，字则完全盖尽，亦不能辨此为何时何代的名人所题。惟意味此“神虎仙猿”四字，究不知在哪一个时代而有神虎仙猿在此洞内也。

行过前述之一段佳境，即有一蛮石当前，上不与岩棚接，下不与崖壁连，蛮石左右俱留有空处，人可得而通过，但隘口窄狭，难容二人并行。转入此蛮石后，又有两大蛮石，分列于前，审之，此两大蛮石与前一蛮石略有石脉相连，此从形式上言，直若一品字焉。行过此处，洞身转窄，于是宽丈许者有焉，宽不及丈者有焉，且是左转而右旋，直类一条羊肠路，而又是步步向上，有如登彼峻岭高冈。幸行不够二百步，即到一平坦地处，然人亦疲劳矣。惟在此一路中，两边的岩石亦多有奇形异状之大小石头，表现出些牛羊犬马、狮虎兔鹿与夫莲花、芝草等类之形色来。但人以行路维艰，便不暇及于此，更不克细审其形色也。

上到平坦地处，又行不够五十步，路又向下，此可云在岩洞中翻山过岭也。向下亦不甚深，仅偏斜而下，行百步，即踱进一天造地设之石堂。石堂内却不甚昏暗，即灭尽灯烛，亦能鉴别堂内之物，此种微光，究从何来，是左边石壁上，有一深窦，微光即由此窦透出。然又无驹隙〔驹隙，喻时光易逝。此处似指小缝隙，或作掬隙〕可求，当然是洞孔不直，阳光曲折而入也。石堂内有石几、石床、石凳、石台、石灶、石炉，都是将就原有之大小石包、石块，体其形质，略加裁削而成就一切，此必是中古时代之人所作。

出石堂百数十步，当前者为巉巉岩石，似已行到洞底，无路而往前进也。徘徊其间者久，复于洞之右侧，得到大小二洞门，一上一下，虽不十分坐正，然相差处亦只有十多二十步。此两座洞门，上者较宽敞，入洞可缘着一条石径而上，下者洞门狭隘，却与地面接近，欲进洞，只须跨步而入。引火照下洞，有二三大蝙蝠飞出，其飞出时，有一经过火把旁，一扇其翅，即将火把扇熄，其大也可知，此当是千数百年之生物也。乃缘石而上至大洞前，烛其内，颇宽敞，大众始提灯执炬而入，可是一步入洞内，总是向下而行，众以其路不逼仄，遂决意深入而探奇。向下而行，约及百步，岩棚渐低，有一小段须低头而过。但是两峡宽舒，一直入去，都是宽至四五六丈，惟在此一段路上，两旁之景象如何，真不能审及。

入此洞内约及半里，则到一偏坡上，左为崖壁，右系一深礵，礵有水流，声响淌淌。循礵向下而走，则见礵中之水，流注于崖脚下之一石窟内，此当然是一落水洞也。前面是缘偏坡而上，亦有石磴可梯，约百数十步，即过高巅。以火下烛其右，则礵深数丈，令人股战心栗。偏坡顶上，不甚宽阔，仅容十多人立足，过此又下，下尽为一坑坳，坳间又有一大洞，洞中若有气喷出，近洞火炬骤熄。众骇极，立自下趸上，复由上而趸下，行至前经之一落水洞处，于右路旁崖壁下，忽见一具白骨，躺于石丛中。人之头足分明，旁竖一物，有类于长条〔笤〕帚，又若近世之火把，或者即是持以照路之火把也。意此必是往昔之人入游，以失路而困毙于此也。对此，不能不发生恐怖，遂仓惶寻路而出，亦不知其所以然，竟由一较小之洞门内钻出。此而回身引火照视，即前见有大蝙蝠飞出之下洞也。据某绅云："此段穹窅坑凹，往昔入游亦未穷及，更不意此上下两洞，竟能相通也。"于是缓缓而行，复经过石堂，度过上有题署之石壁，正查勘前志标点时，岩棚上忽然飞下两物，叽叽而鸣，直向火把头上飞过，其翅张开，似广及一丈，时在一不甚宽阔之处，火光不散，视之甚明，实大蝙蝠也。然由吾人头上飞过时，其双翅扇动风力，竟将六支灯火扑熄四照，所以然者，是两个蝙蝠相继而飞入后面去也。吁！此两个蝙蝠当是千年以上物也。

灯火熄去多照，自不能不加以整理，幸携来煤油火石都充足已极，即火把亦有二三枝存在，于照路上，无所忧虑，乃徐徐整理而后启行。在整理灯火时，查看时计为一点零四十五分，按清早入洞是七点半钟，此已历过六小时又十五分钟矣！据一班随从之兵差言："由此距洞口尚有五里多路，由此达洞底实不足七里路，只以连路耽搁，致来去十三四里路，而行够六个多钟头也。"此便缓步而出，至泸源洞口，为三点半钟，是以一小时又四十五分钟而行五里多路也。已而计算入洞之路程，实深入至十二三里矣！据石碣上云，"由左路入约十五六里"，是则仍有未尽之处也。

按此一段记述，是一一都为余姊丈李冠英向余所详言者，余特以笔详记之。又越十有余年，余于民国戊午〔1918〕冬季，旋故乡昭平城，与黎君君屏谈及泸源洞，君屏出其笔记示余，读之，十九与余之所记相同，是得证实余之所闻不讹。君屏为肇元公犹子，曾随肇元公赴广西州任，众游泸源洞，君屏亦与游焉。君屏为吾邑名贡士，记中叙事极详，写景尤细，惜未获抄录而还，仅能记其概略。逮至民国十四年〔1925〕，余成斯文，实于《微言报》栏，邻右李君继孟见而语余曰："子写泸源右路景物，与余目击者，能有十之七八相同，或许人各有见到有见不到之处也，此稿可宝而存之，以往昔无人写出也。"继孟，泸西人也，为光绪末叶出洋留学生，幼时亦入过泸源洞二次，故向我作如此云云。至于此一记载，实综合两部分游人身所经历、目所见及者而编述之。顾此虽属一种闲话，然亦足以资他日入游者或入而考查古代物质者之取阅，而作一种方向盘也。

元江州之气候恶劣

今日之元江县，在前清时为一直隶州，辖县一，曰新平，在体制上犹一府也，入民国后始改为县。元江当思普大路之冲，距省约五百里，往昔无车路通达，徒步而行，须历七日始达，今车路开通，由省至元江，直减省不少的跋涉。

元江郡治殊广，南北长及五百余里，东西亦在三百六七十里。但山陵岩谷，多于平陆数倍，能于耕种之地不多，而又有一半以上为瘴疠地，因而人烟稀少，故郡内之一切出产不丰富也。虽然，气候热而田土肥，一年栽两发谷子，即毫不加握〔当作压〕肥料，亦能芃芃郁郁，结粒硕大，收获丰盛，且能做到耕三余九也，此则附近州城一带之田土都如是也。农人以年年收获恒丰，遂多废其田而不种，顾如此懒惰，而家家仍有存粮，足见其地土肥沃，树艺五谷，不至将艰难两字挂于口头上也。

元江本不是盛产谷米之地，无非在郡治内有着些三里五里宽长之小坝子，而又有水源可以住在烟户，遂有人将其地处开治成田而树艺五谷。然此在郡内实不甚多，亦只东有一处西有一处。虽然，郡治内亦有几个二三十里宽长之大坝子也，却都是瘴疠之区，不然，即是无一水流之干坝子，如元江南头之勐烈一带便是如此情形。所以元江地面虽大，终无甚出产物。最出名的只元江槟榔一物，其次，所属的因远坝子内出产点紫米，再其次，则是点酸荔枝、酸饺〔角〕、吗〔麻〕檬果等不足贵重之食品耳。

元江境内气候极其炎热，若与元谋、巧家两热地相较，直高过数倍，即与河口相较，亦觉倍之，直可称为滇中之一特别炎热地处，此而与迤西中甸之气候相较，适成一反比例。光绪丁酉年〔二十三年，1897〕，家君任是州州牧，偶有疾，余自省往视，出省日为三月十六日，至元江之日为三月二十二。距元江城七十里，有宿站曰青龙厂，二十一日宿此，以能于次日午后行抵州城也。青龙厂位于高山上，气候较省尤寒，记得次日早晨，由是处起程时，为午前五点半钟，以赶早到城也，时坐在肩舆中，身著棉衣犹觉体寒。行出十数里，即曲折由上而下，又约有二十里，即下到另一重山之高坡上，此曰二塘坡，似云由山麓上到此处有两塘路也。此在地志上，则名为五台山，伫立此坡顶，可俯瞰元江坝子，以望远镜探视，能见元江州城。但在清晨始能看出，若在正午或午后，则黄雾弥漫，昏昏沉沉，无一能辨也。

元江坝子窄而且小，四面俱有高山围绕，其高插入云者，南面为峨崀山，俗曰摩郎坡，北面为五台山。两山交互，其空处不多，故元江坝子直类一锅底塘，计其东西南北纵横都不过十余里耳，因而气候炎热已极。

舆夫等在二塘坡上憩息，约有刻余钟，便起而言曰："我们赶着进城，免得在坝子内受热。"是时，我亦觉得身上燠热，不耐衣棉，乃褪去棉衣而著袷衣。于是，愈往下行愈觉燠热，又褪袷衣而著单衣，以为可挹凉爽矣，讵知下一层山坡，轿内热气似增高一倍。行约二十里而至山脚，州城业已在望，时当正午，余坐轿中，不啻置己身于蒸笼内。幸家君知我将至，派夫役二名至此助我行程，如是，则可以作速渡江入城（是时礼社江上尚无桥梁，是岁秋间，家君始协助迤南道陈席珍观察，集款募捐，而成今有之桥），更幸携有蒲扇来，于是坐于轿中，手不停挥，酷热气始稍须〔许〕减却。抵州署时，已近两点钟，此时太阳稍偏，不似在山脚时阳光直逼而下也。

郡斋中，庭除宽广，屋宇高爽，仆人等又常以水洒地，我骤临此，立觉通体清凉。而又是远来省亲，得见严亲身体安泰，心中自是快愉，其灼肤之热，竟自完全消除。余至元江城为三月二十二日，仍在小满节中，他处春光当然艳丽，元江城则异于是，有若干种树，此时枝上方萌绿芽，地面芳草亦未成茵。州署前后只有酸饺〔角〕树五六株，荔枝树三几株，能有些绿黑色叶子在上，至于城厢内外，诚枯燥已极，一花一木，大不易于寻见。

论元江本属瘴疠地，但在近城之坝子内，实无瘴毒，只不过天气酷热，人不能耐耳。惟是城厢内外，街道极其不洁，犬、马、猪、牛之粪，随在皆是。气候是如此炎热，秽气自易于蒸发，人触秽气，自无不病。而况一般人多不慎于口腹，任意而啖地方上特产之果物，引动瘴气，自无有不病，而无有不死矣。考查一般病而死者，十占七八都属庸愚不谨于口腹之人，如家君任州牧二年有奇，署中之奉公人固死去一十有四，而亲兵、轿班则占一十有二，跟丁只死去二人，等而上者，俱获无恙，此足证明是病从口入。

元江州之城厢内外，烟户不多，约之不过有四五百户。丁口尤不繁盛，或许只有二千多人，然无论男女老幼，大都面部黄瘦而无血色，且不轻易得见一六十以上男子，有年逾六十者俱是些妇人，而亦不闻有寿届八旬者，足见居于元江地处之人民不易生存也。元江自是汉夷杂处之地，可是夷人能占十分之六，汉人只十分之四。夷族中则以僰夷〔即摆夷〕、窝泥〔哈尼族〕两族为最盛，若糯比〔哈尼族〕、山苏〔彝族〕、卡惰〔卡多，哈尼族〕等族，都只少数耳。本来元江一郡，南诏蒙氏置威远睒以安和泥蛮之裔，称和泥为因远部，至明始置元江府。以是，近今元江所属，因远、漠沙两地之人民，大半是窝泥族，糯比、山苏、黑窝泥、白窝泥、僰夷等族之人，亦间杂于其间，此则通谓之土人，在勐烈一带又是僰夷之世界。总之，除元江坝子外，凡在四山上及距城二三十里以外之一些地处，无不是汉人居少数，夷人占多数也，汉人最多之处，厥为州城内外。

余侍亲于此仅二十余日，在郡斋中自是遵家君之训，节饮食，慎起居，日惟与幕宾等闲谈，不敢任意乱行一步。可是空间热气却一日强盛一日，在四月初，以节令言，洽〔恰〕进芒种，以热度言，直类川、粤等省之三伏天。至四月初十前后，每值正午，便是一轮火伞当中，人若露顶立于日下，顶门上甚于火炙。坐于檐下观书，亦不啻执薪凑火于灶前，偶有风来，大似饭甑上喷出热气，即憩息于清凉屋内，而身着单衣一件，亦时时要在扇扇。又清凉屋内，多有蛇蝎钻出，蝎之大者，头尾能长至七八寸，蛇之小者，亦长至三四尺。以有诸多恶物，亦不敢常坐于清凉屋中，顾有如此者，以余初至，未受惯其热，未见惯其蛇蝎耳。

于斯际也，惟望其红日偏斜，热度略可降低尔，但一入夜后，或至夜半时，天即骤凉，人之得病，多由夜寒而成。土住〔著〕人喜住土库房，取其热气不易透下也，夜间全家老幼都登屋而眠，以屋顶上凉爽过于屋底也。此在夜分时，有盖藏不具者，便易于着凉，为夜露侵袭者，当然成病，病失调治，什九死焉。此犹是感受风寒，治不如法而死者也。土库房是甲户与乙户相连，乙又与丙相连，张家与李家之铺席卧处，距离不过数尺，青年男女之彼此相爱者，相就殊易，此而一时为风露所欺，无不成一重病，似此而死者，其间大不乏人，所以土住人中之男子，多不克享上寿也。

元江城之好处，在井泉清洌，作饮极其养人。假如再遇饮料不洁，而身当此种毒热，外来之人，其能生还乎？时余所身试之热，已酷烈如此矣！而一般人云："五六月之间，遇久晴而无雨泽，地面可热而起烟，草木能焦，陂塘积水能自沸腾，劳苦之人直不敢赤足行立地面，以难禁其炙灼也。"昔有州牧某，酷吏也，获巨匪，扎以大石块，就曝于五月间之烈日下，仅二小时半，人即毙，至五六个钟头后，匪之肉体即焦，能如此者，以著而不移也，若是行走流动着，又绝不至是。

又有乡人张怀宣，家君派彼往漠沙收税，彼回州城时云："漠沙之热尤胜于州城。且是处烟瘴极大，四月后瘴气即发，无论雨晴，都能常见有红、绿、黄、紫色云气，在地面腾冒，男子们则惧而不敢触犯，妇女们却不甚畏惧。据云，妇女身体多不染瘴毒也。又瘴毒盛时，腾上地面之五色云气能团聚成人形，四处飘游，土人名为瘴毒神，人若误触，立即毙命。但一有此发现，土人等即趋避于山间，否则瘴毒流溢，可至灭种。"张亦以不耐是处炎热和瘴毒，故还。

州城居民亦多于五六月间迁往四围山上居住，深秋后始还居于城。任州牧者，至四月杪，即赴青龙厂以避暑，定例也，然亦有常在青龙厂设治者。至四月十五后，天气愈复炎热，早晨阳光一落地面，地面即似火焙干锅，是任何一人都不敢冒阳光而立于空地上，及不张伞盖而行于郊外。在屋内办事者，都是席地而坐，施以藤席，复时时洒水于其上，始耐久坐。早午两餐，须多啜温粥，方觉爽适，且井水甘洌，冷饮亦不至致人于病，以有此故，故镇日通身汗流，而无大害也。

四月望后，家君亦循例率署中诸办事者，迁至青龙厂避暑，是日午前七时，余乃随家君而离开元江城。出城数里即可渡江，讵至江边，又因一细故而作暂时之停留，而时已八句钟〔八点钟〕矣。在江边一带，其热度之强犹倍于城内。幸江上有一河伯祠，得暂驻足于宇下，不至为骄阳所曝，事讫，始渡江而行。时在轿中，诚汗雨淋漓，而又不敢赤露身体，赤身而被风吹，立成不治之症，只得忍受朱明氏〔夏季、太阳〕之虐毒尔。幸此一地段不长，行路时间不大，一踱上山椒，则觉朱明氏之炎威便渐次低落矣！愈上愈觉天气变更，上至二塘坡顶，仍复著我袷衣。是夜宿青龙厂，尚须著棉，始足以御轻寒。过数日，余遂别家君而回省就学。

间尝读《括地志》云："身毒国最热，夏则草木焦干。"而元江诚有此象焉。国中川、粤、湘、鄂等省，虽称炎热之地，若与滇之元江相较，则又差之远矣，故曰，中甸、元江为云南之特殊地处。

开化之见见闻闻录

前清时，开化府治仅辖一厅一县，厅曰安平〔马关县〕、县曰文山。开化郡治殊广，南北约三百余里，东西逾六百里，以三之一属文山，以三之二属安平，因而安平同知所辖之地面，纵约二百余里，横及四百里，即今之马关、西畴、砚山、金屏皆为安平所有之地。又南自河口沿新店、老卡、麻栗坡、交趾城、桥头一带，俱为安平厅边境，此足见其幅员之广也。安平厅署在去开化城百四五十里之马白，然有行署在开化城，郡丞得往来于其间。光绪癸卯年〔二十九年，1903〕，余随侍家君于安平任上，得见安平、文山一带之异事，得耳安平、文山一带之奇闻不少。惜以日久，多半遗忘，今将强能记及者写出，他日有写地方情事者，亦可取此作资料。

开化府治内，分安平、文山两属，此两属内之人民，在民族上言，殊属复杂，且较滇中任何一州县为复杂。除汉族人外，其少数民族直多至三十余种，可谓种类繁多矣。此两属内之少数民族，有妙倮㑩〔彝族〕。此为千余年前，诸多土蛮官等之后裔，与黑倮、白倮〔彝族〕异；有白倮㑩。按：白倮在迤东方面则为贱族，开化郡内却无黑倮，白倮则不居于贱也；有僰夷〔傣族〕。僰夷为诸夷中最盛之一族，其支流多至数十，在开化郡者，惟旱摆夷、花摆夷两种，盖僰夷一名摆夷也；有姆鸡〔彝族〕。姆鸡一族原隶东爨部落，元时随诸蛮归顺，遂多居于临安、开化两郡；有白姆鸡，即姆鸡之别种；有土僚，而一名土老〔壮族〕，又名山子，亦滇中乌蛮之一也；有花土僚，亦土僚之别种。此一种族，惟广南、开化两郡有之；有白土僚。闻往昔开化无此一族，惟近百余年来则有之，或云是自临安方面流入者；有侬人〔壮族〕。相传为侬智高之后，此则是由广南方面移来者；有沙人〔壮族〕，为安南土酋沙氏之裔也；有喇乌〔彝族〕，男装类摆夷，女子装束则如窝尼，喜山居，此惟安平、文山边地有之；有傜人〔瑶族〕、有聂素〔彝族〕。按：聂素一种，惟居开化永丰里；有马喇〔彝族〕，则居于开化郡内王弄山间；有阿咸〔彝族〕。阿咸勤俭朴质，畏汉人，以其性懦也，此惟安平属内有之；有阿度〔彝族〕，为开化郡内独有之夷族，性柔懦，只能栽种于山中；有阿系〔阿细，彝族〕，亦开化独有之夷族，性则愚鲁无似；有阿戛，性极强悍，复顽劣极，若阿咸、阿度、阿系等，则极畏惮之，此亦犹迤西诸夷之惮栗粟〔傈僳〕也；有普岔〔彝族〕，居于郡之东安里极边与安南接壤地；有喇傒〔壮族〕，性亦愚顽，此则是由交趾流入者；有孟乌〔彝族〕，自谓为孟获之后；有普剽、有普马，亦开化特有之民族也；有普列，惟郡内东安里有之；有腊欲、有腊兔，俱是开化特有之民族；有舍乌、有山车〔彝族〕，俱居于郡内逢春里；有阿倮〔彝族〕，则性鄙而淫，实夷族中之不良者；有腊歌〔彝族〕、有白腊鸡〔彝族〕，惟郡之边地有之；有交人〔越南京族〕，种出交趾，郡之边地有之。此三十余民族，有与齐民杂处者，有独据一寨而居者，有散居于山间林下者，有世居于某里某乡者。其大族，亦能于统计上有三五千人，次者有一二千人，而亦有一个族类里，合计其男女老幼不到四五百人者。而又各各的风俗习惯不同，大都是不相往来而各行其是者，所以在往昔的政治下，能各各安靖而不发生乱事。

开化境内之出产物，最出名者，第一是涂杪板，第二是三七，第三是金钗石斛与耳环石斛。此三者，开化之特产物也。

涂杪板通称为开化板，制成棺椁，极其贵重，在百数十年前，每年出产数量不少，有时一年可能出棺材板至二三百副。此种材质，大都是在安平所属古林箐一带之地下挖出，在他一些地处虽有所产，究不如古林箐一带之多，而且格外美好也。涂杪板讲花纹，讲香味，讲色道，做成棺材后，方讲完美无疵。花纹以金钱花为最稀罕，次为云蝠花，再次为麻雀花，更次为箭鍟花〔前文《谈谈往昔昆明之丧葬礼节》作“箭铲花”〕，等而下者，以花头不足名也。香味，以带有檀香味者为上上品，香而味纯者为上中品，香而酸者为中品，香而辣鼻者为下品。色道以降〔绛，下同〕而黄者居第一，降而赤者居次，降而乌者更次。若纯系乌色则名为乌杪，是又为涂杪板中之最劣者也。此种涂杪板，在百数十年前，在开化地方价值亦不十分大贵，即一副极其希罕之金钱花杪板，亦不过值银六八百两，其它可以类推。此种材质，大抵是一二万年前，太古时代之巨大树木，因地面上起了剧烈震动，山陵大肆改变，地上树木翻入地里，其最大之树，生气完全存在，埋于土中，因而毓成此种材质，此则是定而不移之理。但是伐〔发〕掘此种材质者，多是得到一大团或一大段，而又全不似一棵树形，此则令人索解不出其成团成段之理由也。

三七不产生于近城地处，生产之地处曰田蓬，而距城甚远，以三七出产于是，故曰田七。惟是，三七实是一种不易栽种之物，于培养上极费工夫，如一斤只八十枚者，要必蓄养至十一二年而后成；一斤只六十枚者，必是蓄养至十三四年或十五六年。三七极容易受病，一棵有病，可能传染到一遍〔片〕，所以说，三七是一种不易种植之物。

金钗石斛与耳环石斛是自然界中生长于石岩上之植物，实则即是人们栽种之石斛花，只不过茎细而色黄，故美其名曰金钗石斛。金钗石斛亦医药界中重要品物，省内省外销行甚广，开化一带，年中亦出产不少。耳环石斛在医药本草及《本草纲目》中，都无此一名目，在百数十年前，即在开化地方，亦少有人得知石岩间有此种贵重药品也。前五十余年，余在开化时，即稍闻有此一药物，然不甚了悉其性，亦惟以金钗石斛同视。可是在近三四十年，此物便盛销于沪、汉上，云能极其生津润喉，益胃补肺，所以国中最驰名之花旦梅兰芳，在步上红氍毹〔毹。氍毹指舞台〕时，水壶中都是泡着此物，因而开化之耳环石斛竟大驰名于国内。

开化府属之地面十分寥廓，其边境上，在接近安南边地一带，尤是山深箐密，林树丛杂，路途穹窅，不惟人迹罕到，或者尚有许多地处，直无一人到过。以是，此一带地处之山间，究有无珍奇之物在着，一般土人亦不了悉。清代光绪十八年〔1892〕间，有住近马白之土人某甲（因日久而佚其姓名），一日入一距离马白街约三十余里之山中，采樵而兼采药。以入山太深，致迷路不得出，顾天色已晚，不敢强寻路途希图还家，见一段石岩上，有大树一株，且有隙地，足以安身。是处距离地面甚高，虎狼绝不能走至，乃梯石而上到是处度夜。入卧后，即闻桂气扑鼻，天明审其树，实岩桂也。而树身已逾合抱，又见其根干苍老，皮具五色，料定为山中之千年桂树，或者是一株神桂。乃出腰间利斧划取其皮，剥下，度之约及五尺长，宽约近尺，遂携之还，泡水试尝，为白水而有冰糖味者，乃裁制成条，配合成对，宝而藏之。逾数月，偶出以示人，为一走越南桂客所见，遂设法以利诱某甲，甲为所惑，尽出其藏共三十余条以示客，客亦不大恶，愿出三千元为值。某甲原一窭〔音句，贫穷〕人也，暴得此巨数，喜出望外，遂允之，即尽其所有付与客，已则余三五断条及一些裁不成条之碎件而已。桂客得此一批神桂，便急趋至河内，落唐人街之某粤商店内，大放炮竹竟日，表示得到宝也。闻桂客随藉此而发财逾十万。事传于某甲耳中，甲始大悔，然亦无如之何也！是年安平、文山境内，人民多病烧热症，直是一种流行的轻微瘟疫，诸药不能治，竟死去不少的人。某甲之家中人口亦有三五染此症者，甲乃出所藏神桂试治，立愈。邻里知悉，咸来求桂治症，但病人多，甲存之桂无几，甲乃昂其价而售焉。初犹每元售桂二分，既则一分，逮至桂只存有两短节时，则只许人以土碗底来注水磨桂。初时，磨一转取银二角，继则增至五角，以至一元，但磨此饮者无不立效，于是治好二三百人。已而甲之神桂，仅存有二三寸长一节，便吝不之出，而郡邑中之流行病，亦渐渐消灭矣，甲亦以桂而发得不少之财。后闻人言，甲是一孝子也，有母在堂，母喜食兔肉，甲必入山猎取此物以供母馔，母死，始专事采药采樵，得此神桂，或天之报施也。

光绪二十七八九年间〔1901～1903〕，迤南边境上之游匪大是猖獗，游匪何来？缘光绪十二三年间〔1886～1887〕，中法构兵于越南〔中法战争系发生在1883～1885年〕，既而法军统帅孤拔为我方击死，法国乃向我国言和，华军乃退扎滇桂边地。已而无事，撤防散众，中有不逞者，竟乘机持械逃逸，入山为匪，自名为游勇，出而扰民，谓为“打游击战”。是时，又有人以荒谬之说煽惑其众，致使一班跳梁小丑半化为“三点会”武力。三点会，亦哥弟会之流属也，以朱洪武为开山祖，“洪”有三点，即藉此而名其会为“三点会”。会中有一口号是“有洪三点共”，时有人认三点会为洪秀全余绪，亦不为无因。会中却无甚人才，惟本着强盗性以抢劫为职志，于是，四处烧杀抢掠，与明末“流寇”无殊。在光绪二十五六年间〔1899～1900〕以宝宁〔今广南县〕、富州〔今富宁县〕、剥隘、皈朝一带游勇最盛，因其老巢在八角山中也。既而人势分散，在光绪二十七八年间〔1901～1902〕，竟有不少的游匪窜入开化方面。于是，安平、文山两属，又遭受游匪之祸，而且邱北县治内，亦多游匪出没。然在宝宁、富州、文山、安平、邱北等处之游匪，其人数实够不上云有一万八千，或者能共有二三千人耳。惟此三五十而彼一二百，出没无常，人民则大受其害。大府以兵力剿之，又此兜而彼窜，大苦于用兵者。以是，当时之权开化、广南府篆者，都统辖着几营兵力，以备不虞。

光绪二十八年间，游匪尤纵横于文山境内，时署开化府篆者，为黔人蹇念咸，辖有巡防军一营，扎于各要隘处。去城数十里之某一座大山侧，有山洞一，名曰马尻洞，洞深而阔，可容藏二几百人。而是处又为游匪出没之地，蹇虑匪入洞潜藏，乃饬所属营长田南廷派兵常往是处巡逻。一日，巡逻队在洞旁之山间猎兽，其枪声哔叭响着，直达山外。时村众赶街回，经过是处，闻到枪响，疑为游匪至，便奔入洞内躲避。猎兽者在山上，忽见有十余人窜入洞内，疑为是一些游匪入洞潜藏，立趋至洞前以枪射入。洞中人自不敢出，在外者亦不敢入，遂驰报于蹇府，蹇则命众投柴草于洞中烧之。约数小时火熄，次日入洞搜求，得尸身十七具，视之尽村农也，知误矣，亦晦之不及。蹇只得以事电闻于省，饰曰毙匪十七人，讵知此班赶街而还者，原有十八人，中有覃某，以足力弱，后于前者百余步，将近洞前，突来一豺，衔覃某之足而拖入一榛棘丛中，覃被豺拖，已吓至死，及醒，豺已不知去向。幸足部不甚受伤，乃跛躄而逃，及至马尻洞前，见兵拥洞口，不敢由是经过，竟绕路而还家。后尸出于洞，覃某窃往察视，始知此班死者，俱赶街而回之人，由是事泄，遂成大狱。家君赴安平任时，曾奉大府命往查其事，已而蹇府以过失而发军台，营长田南廷解省论辟，覃某于是大德于豺。论此事之奇，不奇于十七人被火烟焖死于洞中，实奇于豺之拖覃某于棘丛，而听其复活也。

噫！使豺不拖覃某去，其十七人之死，势必寃〔冤〕沉海底矣。是则豺之来也，岂偶然而至者哉？必有天道在也。不然，胡为拖覃某至榛棘下而不食其肉？故尘世间不能以无鬼无神四字而推翻一切。

今之西畴县即往昔安平厅所属之畴阳新街及西沙坝子而合成之

也，畴阳新街之村寨极密，烟户极多，实为安平厅治内一繁盛区域。畴阳新街内有熊某，实此一方之巨室，亦此一方之重望，时则为此一方之团总，其手下有团〔兵〕数百，俱强健者。熊率众出而剿匪，匪颇惮之，又杀死游匪多人，因而游匪与之有仇。光绪癸卯〔二十九年，1903〕春间，游匪等竟集合至百余人，乘熊某出外，家中无备，突攻入其宅，掳尽财物而焚其庐舍，且杀死熊某家男女三四人。肆行烧杀掳掠后，有一小半匪人即挟着得到手中之财物，出门而逸；有一大半匪人，便步入熊之大花园内，据地分赃。花园内有一小屋，屋内有土匟〔“炕”的异体字〕，匟内藏有火药五六坛。适有一老奴卧病于匟上，一匪入屋，见到土匟，疑匟内藏有金银，遂拽老奴起而掷之于池中，毁匟得坛，尽携出而一一碎之，以为其中必有所藏也。不意一火落地，火药立即爆炸，于是，在近者竟炸碎其身体，飞于百步外，稍远者亦残肢破肚，再远者亦焦头烂额，总之，无一能免于灾也。伤而未死之匪，计有三十余人，俱以伤重不能行动，同躺于地面，已而团兵趋至，得尽其数而歼灭之，老奴在池中斜卧，亦未溺死。熊某虽家产荡然，而能于顷刻间，将此一班匪人悉数消灭，即有若干漏网者远逸，而已归入于消灭者，为数亦在五六十人，亦足以泄忿恨也。所惜者，是熊有云蝠花材板二副、通身金钱花纹之一副，咸云此种材质实为近百数十年来仅见之物。匪人焚庐舍时，此几副材板，概作爨下焦桐，而众人无不为之惋惜，第后推去焦面，得存约厚及二寸之木心，犹称宝物。噫！作恶之人，似天必有以安排。顾此一班死者，胡为而自行引火烧身耶？非恶贯满盈之说乎？故吾不必谈某某之为人行事如何，只须拭目而俟。

光绪癸卯年〔1903〕，大府以苏镇军抡元为麻栗坡督办。苏系扬州人，虽属一武将，殊无胆略，时游匪常出入于麻栗坡一带，且有来攻督办署之传闻，苏惧甚，日以牙牌数决吉凶。一日，占课得“七十二战，战无不利，忽闻楚歌，一败涂地”之词，大恐，入夜即携重要物件及左右亲信共十余人，避于附近山间，复于林边岩际，搭草棚数椽，以御寒露，积数日，闻游匪远逸，乃释登山之屐。讵隔数日，又闻到有若干游匪，实来到近于麻栗坡之某一村，苏复夜走山间，然是在七月杪月黑夜。苏坐至夜半，忽闻附近有女子哭声甚哀，命人以火出探，终不得其故，而哭声竟达于旦。天明后，苏自步于林间搜查，始得其声之所在，俯而视之，为一怪物仆于地面，形似扑灯蛾，身长尺余，背阔近尺，毛亦作灰白色，而又是长颈短足，头面则似枭鸟，惨哭之声实由其钩吻中发出，见人亦不惊飞，啼也如故。苏命人以枪击之，怪物遂起飞出林，似未受伤也，苏还署，心颇不乐。是夕天雨，不能往山中，夜半竟有数十游匪攻入督办署，夺其枪支，掳其财物去，门前卫兵，为游匪击破其头颅而死，苏乃拍案而称牙牌数神奇。何说？苏以七月十二日入避于山间，又以七月二十二日而停止劳役，最后一夕闻怪鸟悲啼，犹楚歌也，卫兵裂首，是肝脑涂地也。苏以此解释牙牌数，传扬而成笑柄。

文山境内，有寨曰扣览，去城南百余里，寨中概系沙人。寨有呰姓弟兄二人，兄曰呰润，弟曰呰平，润长于平二岁。某年，弟兄同一月完娶。兄嫂黎氏女，弟妇都氏女，都女之生月生日生时与润同，惟年岁差别。黎女之月日时与平同，亦年岁差别。二女入门后，夫妇俱不相睦，各有弃离之意，后有人出而调和，谓伯与弟妇之月日时同，宜伯与弟妇相配，嫂与叔之月日时同，宜叔与嫂相配。此议提出，四者俱乐从，于是复治酒延客，而实行此交换之事。其后俱各生子女，且两无闲言。此为郡绅周某为余谈者，云是光绪十年〔1884〕后之事。

由安平所属之西洒街，南去约百里路，有一地处名为大坝，此是一大片地方之总名也。此一地处，瘴疠极大，土住人亦少极。若非土住人，要到此作勾当，总得要到霜降后才敢前去，然亦不须多日，即能染受瘴毒，回时必打摆子。是处的树林中，有一种异鸟，大逾于鸦，身上毛羽殊多彩色，大致与俗名之屎鸪鸪相若，却艳丽过之，其鸣声是极其清楚的“包打三个”四字。果也，人由是处回，任用何药消瘴毒都无效验，总得要打上摆子三五个。此一种鸟可算是鸣于树上以警告人也，夫天地间之生物何如此之奇也？

由西洒街向东南行去约及百里，有一铜厂，此而前去数里，即为滇越交界处。厂上却产一种色质最好之黄铜，据土人云：在百多年前，产铜颇旺，只以是处有瘴气，一般人不敢常在是处挖矿，惟在秋分后，瘴气才轻微，始有人前往挖掘。然一到三月，即无人敢在是处住在也。

董干，亦安平所属之地，距马白约四日路，距西洒街却近。由董干出去，尽是长岭高冈，虽有人烟，亦极其稀少。山间多香木树，香木树是虚有其名，实则无甚香味。香木却是一种四季常青不落叶之乔木，树杪距地能高至五六丈，树身粗及二三人合抱，甚有大过于此者，地方人云："此多是一千几百年前之树。"但在山间要寻找仅粗及拱把者，则又少见，岂一个时代上所特产之物欤？实难于索解也。香木树之木质则异常坚结，云解锯成材，大费人力，盖此一种树，木质上之纤维系极密而又不稍含脂油，故硬而且燥。云锯成薄板细条，是万不可能，若锯作大样的材料，又异常沉重，且无一点花纹可观，用作燃料，烧之又无焰，真可咏"古来材大难为用"之句，又此一种树，在西洒街出去之一带山上，亦甚多甚多。

由近于河口之新店、老卡而横过都龙、茅坪，以至大坝、马街、董干一带之山间，则多有草果树。树却大小不一，有大至二人合抱者，有不及手指两围者。草果不结于树之杈椏枝叶上，是结于树之根脚，且是围绕攒集于一些微涵在土中之根上。彷佛是根上有须，须上结果，密密杂杂地陈露于土面上。但是草果树多生长于卑湿地处，若根脚上有水浸着，则结实多而且大，此亦大陆上之一种奇异植物。

自西洒街南去约及百里，是为大坝。名以大坝者，以是处有一大平原也。由大坝西行而翻两重大山，再越过一些小山坡，便是麻栗坡，然须两日脚程才能走到。此两重大山中，藏有一种异兽，远看直是一匹斑马，毛灰白而有黑色花纹，亦略似虎身之镰刀花；近看则头上有两角直竖，亦有类于羚羊头上之角；头则是马头，颈则较马颈脖微细而微长，尾子上毛则蓬蓬然，高可至三尺。见人却不自惊，亦不似豺虎之辄欲扑人而食，只低头而啮草。人若行近其身旁，则举一前脚将人掀翻，即一蹿而逸去，其脚程甚快，一转眼即在十丈外。在举足掀人时，似足力极强，任何强大汉子都能掀跌于丈外。有细审其足者，云不是四只马蹄，是有类于四只虎掌。盖此两座大山中多桂树，寻找桂者恒结伴三五，持器械而至山之深处，偶尔能见到此一种异兽一只，似其种类不多耳。究属何兽，却无人能知，古书云："滇中多犀、象、驳马"，或者此亦驳马之属也。

据开化城人云："去城三十余里，有一村寨（余以日久而忘其名），在近村处有一山峡，左山峡有一丈许高之石笋，对面峡上则有一石岩洞，时时有一股泥沙水流出。村人咸认此为阴阳二窍，于村之风水攸关，尤注重在除夕之一夜，以在此一夜间，如有人以木棍、竹棍丢入洞内，次年，村中妇人必多产难，以是，在此一夕内，村里必派人在洞前守之。"

开化文山县属之东安里，其极边处则与安南接壤。是处有一种夷族人，名为普岔，系交州之苗裔也。开化在汉为句町国，唐属南诏，明设教化、王弄、安南三长官司。清康熙六年〔1667〕置开化府，以土人周应龙世袭土经历，俾领其众。普岔性纯朴，多信鬼，专种水田。男衣黑色，制同汉人，但衣著上身永不洗濯。妇女五色花衣，绣花桶裙拖地，食菜饭不用箸，只以匙挖之。婚姻全由两相爱悦，会亲友宴，必击鼓鸣锣、吹角唱歌以为乐。人死则装之于一大木槽内，槽形有如一猪食盆，槽面上盖以一马鞍，三日出殡，孝子披白抱鸡，亲戚吹唢呐以送之，木槽藏于石硐，岁余，取出而横葬之。

安平所属之古林箐，是一总地名，此一带地处，幅员甚广，横长约在百里，深处则无人知其究竟，或曰当在百余里也。其至近之处，距开化城亦有两站多路，是处山林密茂，路途隐微，且山之深处瘴疠极盛。据郡人云，在前百年间，所称之古林箐一带，实人迹罕到，其间虽有人入而探取涂杪，亦只间或有人冒险深入也。盖往昔之涂杪板，多是取求于马白方面，不全在古林箐方面取求。自光绪初叶，中法战争事起，大军多由是经过，嗣后始有人往来于是处，而且常有人深入山间探取涂桫。有深入其间者，出而语人曰："山之深处多丁香花树，高者至二三丈，根干可粗至合抱。花色或红、或黄、或白，花朵较种于城市者大至二倍，香味浓而闷人，若在繁花之际，人尤不可在花下流连，稍久，立中瘴毒，延一二日必死。层岩断谷间多灵芝草，其大者，菌面可结聚成簸箕大之云头，菌面具红、黄、绿、白等色，气味极其清香，但多生在高不可攀之石岩上。人在山中染受瘴毒，头一闷痛时，只须嚼灵芝草少许，病即消除。天生万物，真各有安排。

今之滇越铁路，其近于河口之四五个车站，如大树塘、蚂蝗堡等处，都系往昔安平厅所属之地。在开辟路线时，有路工在大树塘近处，在土内掘得三个大石蛋，一长二圆，长者具腰子形，宽者尺四寸余，长及八寸；圆者为一大一小，大者围圆一尺八寸余，球径当为六寸，小者犹不及大者之一半；三者俱色白而体轻，权之共重三十七两。两圆蛋之皮面，均现满如绿豆大之麻子窝，而又个个窝痕匀净，其长大者之一枚，皮面上则似牛肚子上现出之密密绉纹。一般人都不解为何物，以斧捶之，面层碎裂脱落，底层又透露而出，形色仍与面层相同，再捶再碎，形色都无改变，而每层亦只厚分许。嗣为一法国工程师所见，遂以二银蚨向工人等将此三石卵购去，云将送往巴黎博物院考查。又炸河口钻洞时，有两条极大之四脚蛇，由一石缝中钻出，通身金色，光灿人目。长及二尺，粗逾小儿臂，驰如电急，径入山中。吁！四脚蛇能有如此之长大，真不知生息于此有若干千百年也。

安平所属之老卡，实地处荒僻而又有瘴疠，只以逼近安南边境，故置对汛于是。钱君朴生，余乡人也。任老卡对汛有年。光绪癸卯〔二十九年，1903〕春间，因事至开化城，与余相值，询以老卡地方情形，答云："老卡一带，林茂草丰，一入夏后，即瘴雨蛮烟将四山遮蔽。以是，深山大壑内之一切动植物，多秉毒疠气而生，形形色色，百怪千奇。如丈余长之大蛇，斗大之蛤蟆，饭筲箕大之蜘蛛，是最普通极寻常者也，假见此而道异称奇，人必诮其少见多怪。有足以称为奇异者，一经道出，人必惊疑，或认为是撒谎之言，虽然，亦可略述二三事，以闻于子。芝菌，常见之物也，似不足以言奇，即云一朵毒菌，菌面大过于酒席上所用之拼盘，此相信深山大壑中，不免有此一物产出。若云一朵菌子长出土来，菌头铺展开来，其大处直与吾人头上之竹笠相同，此真齐东野语，似不足以相信也。殊知在瘴雨蛮烟之地处，山谷中、林树下，亦时能得见也。前二年，余缉私于去老卡三十余里之土革拉寨，路经一深谷中，时在初秋，山间仍是郁热，因困而憩息于路旁石上。回首见去石不远之土埂下，有一簇红、紫、黄、蓝之物，其大处可及于一张圆桌面，高于地面约二尺，初不解为何物，趋近其前审视，始辨出为五六朵菌子丛生于是处，知为毒物，不敢逼近，略辨出其最大之一朵，实大过于一顶油篾帽。偕我行之缉私兵某，以手中竹棍击之，一朵菌头立即碎落一大块，破口上彷佛有一些轻烟冒出，余大饬其非，已而遂行，前往土革拉寨。次日回老卡，未及五个钟头，此缉私兵即死去，足见其菌之毒也。又一次，因有事于去老卡四十里之柴棚地方，迷路于一深山之中，回环转折达二三小时。行经一大箐沟侧，闻箐底泉流有声，俯而瞰之，箐底直是一条血河，水赤而微带黑色，虽经阳光注射，其色亦不甚鲜明。流不甚长，下至百数十丈即隐而不见，当然是归入落水洞内。身旁之一缉私兵，亦住近柴棚地处之人也，亦甚惊异，云其向未经过此一地处，更未闻山中有此一条红水。后又特往是处查看，又迷路而不能至。老卡汛署建于山椒，官廨之后有空地十数方丈，矮垣围绕，犹一片园地也。然蔓草蓬柯，几满园地，以是，鲜有人步入其中。一日饭后，余偶至其处，竟得见一梦想不到之奇事。一群癞哈蟆据于草地上，数为二十有三，是大者在前，小者居后，依次排列阵势，形如一字长蛇。其带头者之体格可大及汤盘，最后之一亦大及人拳，俱蹲而不动，若有所待，异之，伫而观其动静。少顷，草丛中一白花蛇钻出，长约五尺，直蹿至蛤蟆阵前，有来吞噬其弱小者之概况。此时，在当头之大蛤蟆则胀其颈而臌其腹，一口毒雾喷出，蛇之头颈一段立变黑色，蛇在地面便翻腾回曲，若有不胜其痛苦之情形。已而头部黑色渐淡，颈部黑色亦退去，蛇又得精神回复，行动如故，仍来进攻蛤蟆。蛤蟆又作势喷气以抵抗蛇，蛇复受创，仍退而扳荡不宁。但在第二次上，蛇受蛤蟆之毒，竟不若头一次之重也。仅低昂伸缩少许，黑色便消，来作第三次之进攻，蛤蟆以毒雾喷之，蛇竟若无事者然，终衔一小蛤蟆而去。咦！此亦犹人世间之一场大奋斗也。余在老卡官廨中，所占卧室十分宽大，但四面俱属土墙，惧有蛇蝎钻隙而入，遂支床于当中，四围墙脚洒以石灰、雄黄，藉防一切毒虫也。一夕，卧于床，见有无数萤光，集于东墙脚下，且排成一椭圆形，起而引火烛视，讵知为一长五六寸、宽二三寸之黑色草鞋虫，足有二十余只，每足有萤火一点，在是处舐食石灰、雄黄，以棍扑击，虫便钻入墙隙。此数者，真奇异已极。”钱君之语我者如是，特泚笔记之，此足见滇省之边鄙上，复在一些荒僻地处，所产生之一切奇奇怪怪物品，实属不少也。

河口附近之两大森林

云南地面在东亚大陆上，不啻五寸盘中之一粒黄豆，其细小也如此。然从抽象上论，云南地面，东西逾二千里，南北亦近二千里，其幅员亦云广矣。河口一隅，在云南省之整个面积上，又不过如三寸碟中之一粒黄豆，占东亚之面积，只等于七寸盘中之一粒芝麻，说来说去，无非是东亚上芝麻大的一点地，其间究有何奥妙哉？佛说一点微尘一世界，斯又可以论河口矣！

河口地处，若包括新店、老卡、黄布田、龙膊、芒耗等处而言，其纵横又在三几百里，是又不只为一芝麻大地，可云为是一绿豆大地。但此一带地处，除有些地处稍通人迹者外，余皆隐僻幽深，丰草长林或深箐大壑，为鸟兽蛇虫之国，不能认为是人们之一块地土、一段山林也。且有些地处，尚不足以云人迹罕到，直是一些向无人至、向无人知之地处，可以云为草野洪荒，岩谷杳冥。

在民国十八九年〔1929～1930〕间，有住近蚂蝗堡之一些土人常云，由蚂蝗堡向东南方面行去约五六十里，再行过一些乱山，翻过几条深箐，即有一大至无比之森林。此则是四面皆山，森林即在群山之中，近于其处之人，咸呼其山为大围山。但是森林中毒蛇野兽极多，故无人敢入去砍伐树木，亦无人入去查探过路径。以是，不知此一森林，究深若何？宽若何？中藏景象若何？

语闻于河口督办杨立德，杨遂上其所闻于龙云，龙于民国二十年〔1931〕秋间，曾派武员某，率兵士五六十名，工匠三四十人，挟枪械、携工具、备药物、运粮食，前往开发。盖龙曾派人前去勘明，是处实有此一大森林，乃有此一举也。

奉命者至其地处，适在秋末，而是处仍是郁热。当即细审情形，无不认为是一太古森林，恐数千年来，都无人到过林中，因而林中之木得到自由生长也。林中树木不只云粗大异常，而且是一些未经见过、不知其名之树。若松柏、若杉桧、若枫樟、若槐榆、若橡树、若栎树，固有间杂于林树间而干霄凌汉者，然不甚多也，总之，是一些匠人不能别其类，不能呼其名之大木也。其间更有高至五六丈，仰头不见其梢者，有干粗至五六人合抱者，有樗栳踞地，围圆可及三四十步者，似千年以下之树当无此等此类形状，此或是三几千年以上之林木，不然，又何至巨大如此，古老若是也。

来开发者，在林边驻扎，而积月累日，亦无法认真下手，盖入至二三里地处，即阴森可怕。且熊、罴、狼、豹等，三五群出，若人不以刀枪加凌，亦不解群来扑人，似此些野兽尚不解于食人也，如击伤其一，四面之兽必至，则环而攻人。人众即至成十，复各持刀枪在手，但彼众我寡，终难于御敌也。一次，因击一豹，惹出林中无数野兽来，结果，竟有三人被野兽拖去。以是，见有一二野兽，人惟避匿于丛棘间或大树后，莫敢与之斗。

树上尤多蛇，无大无小，都蟠于树枝上或树丫间，人一震动其树，群蛇即哔哔叭叭掉下。林中更无路径，只能就茅草稀、苍苔薄处而行。地下又多有类于蜥蜴之爬虫，大者可长至三四尺，小者亦及尺，但不与人为敌，似视人亦犹一野兽、一长蛇，此些动物，可云有太古风。

林间之地面，又有些类似蜥蜴，身体却不十分大样，大者长近尺，小者六七寸，身上或有毛，背上或有鳞，项脊上或有鬣，及一些直似守宫、蛇舅母等，而身长至六八寸，或作金色、银色，或作绿色、白色、灰色者。更有若干种奇形异状之爬虫，大者长逾尺，小者长数寸，群出群入于草间苔上。总之，此一段树林下，实是一爬虫世界。树林上花蜘蛛甚多，罥〔音卷，意为挂〕丝挂网于树之枝叶间，其大者及于人拳，但是野猫、野貍〔狸〕等都能蹿到树枝上，捉蜘蛛为口粮。在一带林边上，少有猿猱发现，而亦不甚闻有鸟雀声，究不知林之深处，有无猿猱、雀鸟聚集。

一班来此开发森林之百余人，无论为工为兵，都只敢在林外住在，白日则携械执具入于林际，聊事工作。盖以林中之情形若此，入于林内，须步步留神，假不刻刻注意足下，谨防身旁，又无不为一切恶毒物伤害，况且林间又常有三五成群之熊、罴、狼、豹出没。故此，一班人不惟不敢深入林中，而亦不敢就茂林边际一尽勘探之力。此一班人在此约及两月，死于毒蛇猛兽口下者十有余人，病死于瘴疠者三十有余人。此一群来者，于两个月内，即损失至过半数，于不得已乃停罢工作，收拾一切物事而回省。

按此次来开发森林，费去若干时日，耗去若干资金，牺牲去五十余人，其成绩上亦只得到两点。一、知此山口宽约及二里，进山口约半里多路即属此大森林之边际。二、解锯了一株两人合抱之树，云其树，枝叶则略似凤尾柏，树身由下而上直而不弯，高度约有四丈五六尺，树皮不厚，撕开有岩桂香味，入口则麻辣极，解锯其身，坚实处强过黄杨木数倍，可谓柯如青铜根如石。嗣以四人合拉一锯，始克其坚，然于一小时内亦只能锯入寸许，尽三四日之力，始将此树锯断。时穷其断痕，不啻将牛角横断，是色黑而有光者，嗅之，亦有辛辣味。其纤维线万分细密，用显微镜照，每一寸圆径上，即有百四十余层，是则此树当生长在二千年前。木质既坚而又性绵，大不受斧削，乃设法就树身上锯落两节，备携回作证，余则弃置林中。

既后又在林边解锯一树，则较前树为小，其根干枝叶，大似槟榔木，树上结果有类枇杷实，入口试尝，酸沁齿牙。此树虽粗不及两抱，然围圆亦逾四尺，木质亦坚结异常，但性质不绵，且含有脆性。断口则作紫黑色，其纤维亦是细密极，随锯下数筒而存之。此班人罢息其事，趄回省后，即将此数段奇木进于龙云，究不〔知〕龙云将此数段奇木，置于何处。此为与于其事，宜良之老木工人苏炳全详为余言者。

又有一闻，是 1952 年秋间，云南省政府发动一班劳动就业工人，开筑蒙自至河口一段公路，余有素与之识之孙君允明参与其事。至腊底，路工毕，孙回省，遂与余谈此段公路上情形，云：此段公路，其路线之经过处，十有八九都在极其荒僻、向无人迹地处开辟。其间有足以佐清谈者，是在接近芒耗处，有一大山凹，两边山头望去俱高插入云，中间凹处，彷佛一条山冲，宽阔处似有四五里之横过。山冲内与山岭上，尽茂林丛树，乍然一望，直是云迷雾合。山口与路线距离不远，行去仅有六七里。路工等认为林内必有人家，拟入林借宿，遂有四五人一同走入林内。讵入去不远，即阴森无似，而又步步俱是在林树下穿插。其间是乔木、灌木互见，且密杂万状，直无一块丈方空地能坐站至十数人。乔木之高大者，都能容四五人合抱，若两三抱粗之树，是其小焉者也。

林中无松、柏、杉、桧，一切都是奇奇怪怪、不知其名之树。林中多怪鸟，有一种鸟啼时声如儿嚎，又有一种绝似犬吠声，此是入于林间时得有所闻。多怪兽，又不类豺、狼、虎、豹，见人亦不来扑击，只侧目一视仍走去，时各人俱有棍棒在手，故不甚畏惧。但是熊与豹、猿与猱，似林中颇多，得入于目者，已有数数。地下蛇虫极众，且有许多种长仅尺余之小蛇，皮色十分艳丽，见人都是一蹠〔音镳，意为迅速〕而去。草苔面上，行走着的蚂蚁极大，以一种黑色的为蕨类之魁，其大者竟及吾人拇指，若黄、若红、若绿、若花者，形体差小，然亦身长至五六分也。

众欲穷奇，强力行入十余里，突见有人在前，近之则是一些上体裸，下体围遮兽皮，身高而瘦，貌丑而头上起角之人。与之言，竟不懂汉语，彼发言有类于雀鸟啁啾，幸其性善，无残害外来人意。又忖度彼辈心意，似认我等为异言异貌者，都来围绕而作为一种奇观，时围绕者亦在十余人，其形色俱相同，似男女老幼，在外表上都无甚分别也。吾辈作一切手势以替代语言，若辈亦能领会。问其饮食，则出其所食之物以相示吾辈，阅其食物，直类似昆明之山土瓜，取一入口而尝其味，亦含有甜汁，然不识其为何物也。又出一瓢灰色面末以示客，则类于燕麦面。以手势问其宿处，则指树丫中小茅棚以应，众人知其难与谈一切，只得退出林来。

一班工人当然不能在此久留，遂出而进行工作。嗣以此段情事询于附近土人，据土人云："此一森林似深长至百数十里，然亦无人悉其底奥也。惟某处有一入林路径，时有人以粗麻布、麻线、铁器、竹木器及盐巴等物，入其林内，与彼等掉换豹皮、獭皮、麂皮、野猫皮、老鹿角等。但不常入，以林间瘴疠极盛，外边人入去多不能耐受。内里居民可称为太古时代民族。论其人数，大约有一千几百，都散居于茂林深处，君等所见者，实接近于林边之人也。此一种人，向不出林一步，永远在林内求生活。入林作交易者，略解得若辈语言。邀其出林，则摇手摇头，或行至二三里即掉头而逝，即在其附近地处，亦从不见此一种人之形迹，可见其向无一人出林外"云。

此孙君允明之语我者也。又过数月，有许君绍平，亦是由此段路工上而趮回省来。许与余友端木小衡君善，又以此一段情事语于端君，端君复语于我，其所言与孙言什有八九相同，可知其不是一种浮词谰言也。吁！河口是一交通要隘也，其附近之百里内外，即有此两大隐僻地处存在，足见滇之荒邈矣！

普洱之孔雀坪

孔雀为飞禽中最美丽者，在云南边场上多有之，而尤以普洱一带为最盛。其次如永昌、顺宁两郡之边鄙上，亦有所产生。孔雀不择林树而栖，但就高大乔木及密茂树林中而结巢栖宿。孔雀之大者，昂其头可高至五尺，尾翎可长及三尺。孔雀固属谷食禽鸟，然极嗜蛇，无论大蛇小蛇与何种毒蛇，一遇孔雀即不能逃其喙下，蛇纵粗若人臂，亦无不被其啄食。孔雀亦不时时藏身于林树间，多成群结队，在岭上草间搜寻活物食，遇二三尺长之蛇，只用嘴十数啄即食尽。

有至戚李某，由永昌赴顺宁，经过古湾甸州，在一大岭下，见一长至丈五六之大蛇，昂其首由远处窜来，李某惧受其害，拟择地躲避。不意林树间突然飞下五只孔雀来，大蛇即慑伏而莫敢动，一若虎豹之遇驳马者然，雀则先啄蛇头，次啄蛇颈，顺次而下。少顷，又飞来二三只，更飞来四五只，俱大小相杂，于是与前者共啄此蛇而食。仅及一小时，便将此大蛇食尽，始群飞而去。时李某持望远镜在距半里路处瞭望，入目极其清晰，群雀飞去后，地面上即片鳞无存。

又有至戚陈某，是供职于邮政局者，在前清末季，曾任普洱分局长数年，以踏勘线路而到过距普洱府城两日半路之孔雀坪。孔雀坪系三五小村寨攒拢之一地处，村各烟户数十家，俱是夷族人也。比户俱养有一二只或四五只孔雀，饲以杂粮，若畜养鸡、鸭、鹅、鸽，而雀亦不飞逸，时依人左右。有孔雀者，则常剔剪雀尾上完好无疵之翎毛，货卖与一班收买山货之客，盖此种翎毛，在前清时，以做花翎之销路为最大，而外国妇人亦喜购用，故有人收买，有人肯畜养此禽也。

去孔雀坪十里外，尽丰草长林，且群山起伏，荒野已极。此一带之山林中，即孳生孔雀，在树林间结巢栖宿者，不知凡几，群去群来都以数十计，对于农田，亦颇有伤害，但不似野猪等之残毒暴厉〔戾〕也。孔雀蛋大倍于鹅蛋，有类于绿鸭蛋色，且密排着不少的黑点，土人得到亦不敢食，云有毒也，得则毁之，免其孳生蕃息焉。

思普方面之茶花鸡

茶花鸡为云南思茅、普洱方面边地上之一特种生物，他处则无。茶花鸡又只生于思茅、普洱一带边地上之山林中，而尤以六大茶山中为最多。此一种鸡实不是一种家禽，而是一种山禽，以此种鸡，无论雌雄，无论大小，都是栖息于树上。即抱卵育雏，亦是不离开树，其在山间，多是搜寻土中活物而食，或啄山中木实草子而求果腹。若罗致到吾人家中畜养，饲以粮食，亦乐入口，此不过稍变易其习惯，稍变更其口头食也。

产生于山林中之茶花鸡，身体不大，体积甚轻，从无一个能重至二斤者，看去时，是身圆而背扁，足短而尾长。以其足短也，行于地面上遂愈矮小，以其尾长也，又不啻一只小剸〔骟〕鸡。顶上红冠却不甚大，但是无一鸡冠莫不分成五岔，土人则谓为五岳朝天。两眼较家鸡为大，眼珠分三层，外轮红，内轮黑，瞳子则泛金光，土人称之为火眼金睛。嘴壳作黑色，双脚绿而黑，两距指则色白，土人又名之为铁嘴玉钩。要如此者，方得认为是山中产出之茶花鸡。可是产于易武一带之茶山中者，体格尤较他处产出者为小，而长鸣一声则较一切之声音宏亮，因而易武之茶花鸡尤为珍贵。

茶花鸡之雄者，颈上背上之毛色实较家鸡为红。雌者，概是黄色，无一白毛黑毛者，亦无一毛色花麻者。雄鸡尤是一色红，从不见此一带山中有一白茶花鸡或一黑茶花鸡出现。茶花鸡产出之卵甚小，只较一鸽蛋大三之一。凡是山中之真正茶花鸡，无论公母，双翅俱健，展翅飞远可能达到十数丈，上腾亦能及二丈，所以在山中欲罗取其一，无论为雌为雄，都是大不易易之事。

有人在山间取得其窝内之卵，归而使家畜之鸡母伏〔孵〕之，亦能鲍〔查无此字，当作抱〕成孵，出窝后不失山中茶花鸡之形色，其身体则壮大，其强健处则逊矣。雄者鸣时，声音上亦不若山中鸡之清越，字韵上亦不如山中鸡之明晰，有些尚变成五个字音，人则配之为“撮箕装银子”，实则是声调变动也。由山中致来之雄者，多不喜与家畜之雌者接尾，由家畜鸡母鲍出之雄者，则喜与一般雌者合。此而下出之蛋，再使家畜鸡母鲍出，其形色则不似一茶花鸡矣，雄之鸣声，亦只依稀彷佛有着茶花鸡之一唱，雌者则不多下蛋。由山间得来之雌者，不惟不多下蛋，而且极易死去，此当是气候水土关系。

山中之茶花鸡，在长鸣时，听去的是“茶花两朵”四字，入于任何人耳中，都无异议。其在山间时，每日必鸣三次：一在东方明时，一在正午时，一在正酉时。每次必接连长鸣十数声，此则较家鸡报时认真。在山中鸣时，声音可达于三里以外，此不是声音宏亮，实是音韵清越，所以此种鸡十分可贵。

鸡之制服蜈蚣，是鸡特有之威力，茶花鸡之能制服蜈蚣，原是鸡之性能，自不足怪。惟是遇一尺许长之蜈蚣，都能啄其腰而断其躯，且长鸣一声，即能使居于百数丈外之一切大小蜈蚣，莫不发生动荡。又任何长大之蜈蚣，一误触其所遗之粪，便立即僵死，是真强于家鸡多矣。有宁洱夷族人某与某，曾挟一特别雄健之茶花鸡入宁洱地面之蜈蚣山探险，居然得到胜利而回。余曾撰有两夷人入蜈蚣山探险记，载于他一卷中，是记茶花鸡之雄也。

又属于元江州之勐烈（勐烈即今之江城县）山间，亦有茶花鸡产生，但形体较大，毛羽亦不及思普茶山上所产者之光彩，飞腾亦较为迟钝，人则易于捕罗。所啼之声为五个字音，彼财利迷心者，谓其啼声为“撮箕装银子”五字，听去亦颇相似，有由迤南携茶鸡来省畜养者，多是此类，云是茶山上之真正茶花鸡则少矣。

又茶花鸡极不合以熟饭饲之，常以此饲，啼声即改变，所唱之“茶花两朵”、所唱之“撮箕装银子”便不大似矣。余于此曾试验无讹，足见野生之物，大不宜吃经过烟火之食品也。

思茅西南方面之倮黑山

倮黑山不是一座大山之名，有如鸡足山、点苍山等之称谓，是在迤南思普方面，而再由思茅进去，复向着西南而行，约有五几百华里之一地处。在云南的版图上，为滇省南疆，逼近缅甸边境，过界即为缅甸之孟卡。此一极边之境上，则有一大遍〔片〕地土是万山重叠的，可以云不知有若干条峻岭、若干座高冈，复裹护着些稠密无似的丰草长林，纵横错杂地呈现于此一大遍地上。论此，固近于荒僻，然亦有不少的夷族人生息于其间。生息于此之夷人，亦不是单独的一种，而亦有多种，分居散处于此一带之山林间。最繁多者为倮黑一族〔拉祜族〕，次为卡瓦〔佤族〕，就其人数之多寡而论，当以倮黑为主，故名此为倮黑山。核实来说，倮黑山是此一大片地上一切山岭共有之名目，如思普方面之茶山两字。

倮黑是滇中原有之一种夷族人，自伊古以来即享有此一名称，考滇志云：“倮黑，亦蒲僰之异派也，其俗与僰人不甚相远，惟居深箐，择丛篁蔽日处结茅而居。男勤于耕作，暇则出猎，妇人任力，于蜂、蛇、鼠、蛤无所不食。死者不敛〔殓〕不葬，生者遂去此而另择居焉。此在顺宁、姚安两郡者也，若在他郎、思茅、普洱方面者，性情尤顽劣，不事耕作，专以捕猎为生，诚属化外。”志又云：“有大倮黑一种，惟云州有焉，人则黑陋愚蠢，所食莜稗即为上品，其余树皮、藤蔓、草根、木叶，又蛇、虫、蜂、蚁、蝉、鼠、禽、鸟，得则生啖。不葺屋庐，崖穴野处，仍有原始时代之风味焉。又有小倮黑一种，顺宁有之，习尚与大倮黑同，而形体较小尔。”然此是言其在数百年前之情形也。数百年前之倮黑，滇志上亦未指其为野夷，以其族不尽在边远地处生息也。思普郡外之倮黑，又具有如何形色，志则未及，惟据一般常走倮黑山做生易〔意〕之人云："内里的倮黑，在面貌上亦与内地人民无甚差别，只饰身之物有所不同也。间有一种面黑而丑，身材高大者，名为大倮黑；一种身材矮小，面色亦黑者，名为小倮黑。此两种人，多不善与外来人接近，然查看其人数似亦不多耳。凡是倮黑，男女俱薙发，又各留一簇长发于顶上而椎髻。"有世好端木小衡，于光绪二十五年〔1899〕，就镇边同知刘钧刑席，在倮黑山之边地名为迤宋之一地处，居住至年余。此则与山中夷族极其接近，眼中所见之形形色色，亦与一般常往倮黑山中做生易之人所云什九相同。是倮黑一族，大不可目之为野夷。

倮黑山之地面十分宽阔，东界澜沧江下游，西界南卡江流，南接缅界，北至上、下猛允，且包括着公明大山在内。纵在六百里左右，横亦在五百里上下，几有维西全郡四分之三大也，若与内地州县相较，可等于五十个晋宁州。此在光绪朝以前之数百年间，在云南省制上是认此为化外野夷所居之地，不足以言治道，故不隶于何郡，无非同腾越之李麻茶山、维西之大小野人山作同样观。惟是，倮黑山中亦多出产，第一是木材，以隔离内地太远，概成为废物。地面上亦产生不少的药材，以内里的水土恶劣，复多瘴气，无人敢在山中留恋。且卡佤所在之地，更无人敢到，以是一些可宝可贵之药材，惟与一些蒿茅同枯荣。至于锦鸡、孔雀、白鹇、鹦鹉极多，虎、豹、熊、狼、猿、猱、鹿、麂、野猫、岩羊等，亦极充斥。山中人亦常将虎豹之皮及虎骨、鹿角、熊胆等，携到上下改心、双江渡、南北渡一带售与内地人。又在种烟时代，山中之倮黑与卡佤都喜种烟于山地上，所种之烟成分极高，故倮黑烟土不仅有名于迤南，亦驰誉于省城。惟是，倮黑山里之烟土，每年出产数甚巨，此则不自运出销售，是专待内地人入山购致。以是，一般喜走夷方做生易的人，当出烟之季，则办些边地夷人所需之什物，如棉麻织品、铜铁器具，与夫油、盐、糖、茶等，驮运入山，掉换烟土而出。此一出一入，实获利不菲，故人多乐为之。此是倮黑山中人与内地人民，在未经改土归流，未置官设治时，往来通商交易之大致情形。

又是时入去做生易的人，亦只能由下改心、大丫口等处，于入去不远之迤宋、猛朗、猛宾几处地方。此若再入去百数十里，路则十分难行，林树愈阴森，蹊径愈隐微难辨，故多以此一些地处为止境。有能再深入一二日路者，是必在此条路上做了多年生易之人也。有深入其内者云："其窎窅之处，走着十分害怕，日间闻树上怪鸟声啼，能使人战栗，又毒虫野兽时出没于草间林下。更有可怕者，是粗若水桶、长及三五丈之蛇，时横躺于路上，此真令人惊心动魄。行到日落时，犹不易找一适当之歇宿处，铺毡展席于一较为平坦之地上而卧，地下红黑两色之蚂蚁俱有六七分长，其体之壮大可以想象。夜间卧下，全身都要遮盖严密，若受到毒虫之害，则十分难治，而且处处地气潺热，在四五月间，虽无瘴气，然亦能身中湿毒。一到雨季后，山中便有瘴气，时则无人敢入。"云到倮黑人之家中，固可借宿，而又居于窎窅深处，实大不易求，故尔鲜有人敢于深入也。至于接近缅界之猛马、猛邛一带，在往昔走入倮黑山中做生易的人，恐百中无一人走到也。

当前清光绪十二三年间〔1886~1887〕，倮黑山内之倮黑一族，与山内之卡佤一族，因一些栽种上与居处上的细微事故，两相不睦，卡佤便欲以强力压制倮黑，倮黑不能耐，遂群起而与之力争。始不过小用武力，继则大动干戈于山内，卡佤则恃力强，倮黑则恃人众，斯而两相厮杀，积至一年有余，亦无胜负可言。然此冲彼突，四面驱驰，竟扰乱至思茅、威远〔今景谷县〕、缅宁〔今临沧县〕三郡内之边鄙上，此三郡之郡丞，以其情事上闻，且请求派兵防守要隘。时云贵总督为岑毓英、巡抚为谭钧培，俱以其扰乱边境，为害甚大，势不能不以兵力征服。一则可以辟土开疆，树勋劳于朝廷，二则可以安辑边境，以慰黎庶。乃决以普洱府知府刘春霖权迤南道篆，随奏请以刘春霖为办理倮黑山军务之营务处总办，统兵三营，进征叛乱。朝廷准奏，刘春霖遂于光绪十四年〔1888〕冬间，由普洱带兵出征倮黑山，此在云南历史上为倮黑山之军务。

刘春霖，黔人也。固是一词林中人材，然亦知兵，入于倮黑山后，并不专以兵力征剿，实是剿抚兼施，遂杀人不多。卡佤与倮黑持以为乱之利器，无非是一些刀矛，见到官方之火器厉害，无不甘拜下风。而况倮黑与卡佤，原不是真正为乱者，不过是一场私斗，只可谓之为大抬龙。际于此，卡佤与倮黑一一俱向刘投诚。捷报到省，岑督即与谭抚酌定，奏派刘道将此一遍〔片〕地方改土归流，设官而治其民。于是，奏设镇边直隶同知一，又于上改心、下改心两处，各置一巡检，属于镇边厅，厅署则设于距下改心三日路之猛宋。猛宋在一高山下，是处小有烟瘴，烟户不多，只百多二百家人，大半为摆夷族，小半为其他夷族，倮黑一族实居最少之数。然此一地处，昔时仍在倮黑山之范围内，军事后，始为地方官之驻在地。

按此一场军务，只不过三四个月，即能使“兵气销为日月光”，亦领兵者之不贪功嗜杀之所致也。事毕叙功，刘春霖则赏二品顶戴，补授迤南道。岑毓英死后，谥法上则得到一襄字，以有此开疆辟土之劳也。积至光绪二十四年〔1898〕，赣人刘钧署厅丞，乃得请准将镇边厅署移于下改心，巡检移置他处。入民国后，始改镇边厅为澜沧县。至于昔之猛〔勐〕海为今之佛海，昔之五福为今之南峤，原是一些接近倮黑山之地方。逮至宣统年间，桂人黎肇元权思茅同知篆，向顶〔景〕真城〔今属勐海县〕用兵。胜利后，始行将此一带地处改土归流。

卷　十五

昆华事物拾遗之一（计七十八则）

昆明六城门

昆明城原建有六门，门各有楼，楼各有名：东曰殷春，西曰拓边，南曰近日，北曰望京，东北曰璧光，西南曰康阜。近日、望京两楼之楼前匾额，俱系前任云南巡抚后升云贵总督之王继文所书。王为有清一代之书写大名家。王学右军〔右军，即王羲之，晋人，官至右军将军，习称王右军。《晋书》有传。〕书法，可云登峰造极，如写近日楼、望京楼两匾，真气魄雄壮，精神饱足，而又铁画银钩，直无与之比伦也。

王继文的书法

前清时代，凡来滇服官者，上自督抚，下至州县，而能以书写名家见称者，亦不知有若干人矣。然在字之一点、一直、一挑、一撇上，能与古人争衡者，厥为王继文一人耳。若许弘勋、宋湘、王文治、谭宗浚等之字笔，虽为世人珍贵，究而论之，若辈终在王继文下也。

王继文留于滇中之字笔，则较许弘勋为多。近仍存在者，除近日、望京两匾外，尚有商山寺内“西来胜地”一匾，商山寺与铁峰庵之碑记各一，青门寺与昙华寺之门匾各一，青门寺大殿前楹联一副，法界寺有匾一块、楹联一副，三皇庙有匾一块，城隍庙有匾一块，大德寺有匾一块。此数者，有消灭于民国初年，有消灭于民国十年后，有能于幸存者，惟石刻永垂，匾联等恐无五之一得不归爨下耳。

又闻往昔城厢间之各寺观内，亦多有王督所书之匾对，然在咸、同年间，省城遭受兵灾，大小寺庙，都归于强人之一炬。是又不仅王之手笔为祝融氏扫除，即一班名人留于各寺庙内之痕迹，亦同消灭竟尽。故昆明虽云古寺古庙甚多，而求古人一字一句之标题，究不易觏。若宋湘、王文治、谭宗浚等之字笔，能见存于近世者，亦惟有屏对上之一些墨迹。若荩忠寺三字，是宋湘之得意之作，今亦渺然。然宋官大理，王知临安府事，两人之字笔，于此二处，自多留存，云他处则少耳。

省垣名胜之著名楹联

省垣内外各名胜处所悬楹联，实属不少，有简而明、工而切、意深而韵远、句短而味长者，仅有三联焉：一为大观楼之“千秋怀抱三杯酒；万里云山一海〔水〕楼。”二为五华山上武侯祠之“千秋出师表；五月渡泸人”。三为黑龙潭上之“澄潭千古静；玉骨一堆香。”按：“玉骨”云云，是指薛尔望墓也。此三者，真超群迈众之作。若北门街四川会馆前之“山川雄六诏；俎豆重三巴。”佳则佳矣，究欠涵蓄耳。

兰谷和尚之清修地

翊灵寺、报国寺、三皇庙，具为康熙剃度僧兰谷和尚之清修地。

兰谷初来，是住锡于翊灵寺。翊灵寺，原名华国寺，兰谷来住于斯，乃改名翊灵寺，而翊灵寺三字，系兰谷所书，气魄雄壮，笔力遒劲，亦字中珍品也。兰谷居此年余，嫌近于市，厌其嚣尘，滇中督抚，乃改修报国寺以居之，已而又不惬于意，遂移居于三皇庙。终以城中不清静，复择城西法界寺而住锡。

兰谷在法界寺，约近十年，然亦时往时来于翊灵、报国、三皇几个寺内。兰谷之一时在此，一时在彼，是随其兴所在也。缘此，三皇庙、报国寺、翊灵寺内，在建置上，都有些异于他一寺庙之地处。光绪十年〔1884〕前之翊灵寺，大山门前尚有一排极其精致之栅栏，大山门外塑有哼、哈二将，门内有四大天王，大殿前有月台，月台前有水井，井栏上则雕刻有龙。至光绪十年〔1884〕后，改修此寺，复建矿神殿于寺右，一切始改旧观。报国寺之特殊处，是大山门前有玉带河，有石独角兽一对。三皇庙前，亦是有石独〔角〕兽一对。此在一切佛寺上，都不能作如斯之建置。

替皇帝出家的兰谷和尚

兰谷是替皇帝来出家之一和尚，其位分亦无殊于一皇帝。兰谷居于城内之翊灵、报国等寺时，逢朔望，督抚司道，俱至其处问安。兰谷颇骄恣，督抚至则相见，司道等至，兰谷但使侍者传语，以是，人多恨恶之。

兰谷称大和尚，左右弟子近二三十，要不过供奔走者。寺内之一切需用，由云南府办供应，因而云南府派有一听差人在寺听传达。兰谷出，必乘“五岳朝天”之绿呢大轿，轿杆上用紫缰，轿前后有若干侍者随行。兰谷本顺治某科鼎甲，书法极佳，诗才尤好，且深通内典。在滇时，亦多吟咏，大都是写景咏物之作，有诗草存。诗则淡雅极，有近于陶，有时亦喜替商号书写招牌。如前数十年，南正街有一油纸铺，其招牌为明威号，即兰谷所书，字体笔法，与宋湘之遒劲紧拔无异。康熙某年，兰谷赴京朝觐，行至贵州镇远府，即为人毒死，足见其在佛门之多怨也。

昆明城内的牌坊

昔昆明城内，牌坊极多。近文庙横街口处，原有牌坊一座，与三牌坊正对，名四牌坊，此在道光年间，遭火毁去，只有名存。东门正街近象眼街口处，亦有牌坊一座，是名长春坊，此则不知何年毁去，在光绪十年〔1884〕前后，是处犹有坊脚石存在。世恩坊亦是有牌坊一座，在光绪二十年〔1894〕前，坊柱犹存，后始消灭。文庙街有一坊曰文明坊。育材书院门口，有一坊曰太傅坊。钱局上街有一坊曰节孝坊。土主庙前在当街处有一坊，上标“土主庙”三字。圆通寺内有大牌坊一座，上标“圆通胜境”四字。府甬道有一坊，题“滇南首郡”四字。崇孝巷内有一坊曰孝子坊，因道光年间大地震而毁，后乃改建“姜孝子祠”。其他小木牌坊与石牌坊甚多，然十有八九，都是为旌表节孝而建筑也，今则大坊小坊，俱扫荡尽而无一存者。

五华书院之屏门匾联

昔时，五华书院大门上横额，其“五华书院”四字，为云贵总督鄂尔泰所书。大门前有联一副，亦鄂所书撰。院内之大讲堂上，有大屏门四扇，上书《程子四箴》，即视、听、言、动四箴，粉底蓝字，字大如拳，为邑人通政司副使钱沣所书。讲堂后为一大天境〔井〕，两廊系学舍。上有大楼五楹，楼曰“藏书楼”。其藏书楼三字，每字大至尺余，各以一方木匾刊刻之，赤底金字，分悬楼头，颇壮观瞻。字为蒙自人尹壮图侍郎所书，笔健锋圆，神完气足，其豪迈处，虽逊于“望京楼”三字，亦希有之字笔也。楼前联一副，上曰：“鱼跃鸢飞，活泼泼心地”；下联曰：“云蒸霞蔚，大块块文章”〔此联文为：“鱼跃鸢飞，活泼泼地；云蒸霞蔚，纠缦缦天。”此误〕，亦尹手笔也。

洪化桥

昔日洪化府之大门，正对今之洪化桥街口，原日实有一拱桥在此街口上，故此一条街，即以洪化桥而名。

余在童年，常至此桥之瓮洞内玩要，以桥洞内颇饶情趣也。桥洞内，在春季和冬季，却无点滴水存。洞底系以大石块铺平而且光滑，桥洞之四角，有四个石凿之神像，状貌颇类佛寺内之四大天王，而又类佛座下四觉谛神，各高至二尺，头则上顶桥洞。桥之两旁，又各有一条石块砌成之水沟，宽逾尺而深近二尺。一次往是处闲玩，是在中秋后，桥洞底仍无水，两旁之沟内则有水流，究不知沟内之水，从何处流来，又流往何方去。此一座桥之建筑是十分奇特。

传说中之梳妆台

大西门外近地坛处，有大土堆，高丈余，名曰梳妆台。传说是处为吴三桂安阜园，特堆土作台，建屋于上，作陈圆圆之梳妆台，今屋圮，仅留得此土一堆耳。其说如是，究未知确否。

大德寺内双塔上之遗物

往昔大德寺之东塔上，有锯子一把，有三分之一露于塔顶外，以探远镜望之，尚见锯齿森然。光绪某年间，省城起暴风，竟将此锯吹落，木条铁片俱堕地而碎，想此物在上，必有数百年之久也。究因何故而置此锯于塔顶，是任何人都解索不出，殊奇。

寺之西塔上，有胡椒一株，常有椒子坠地，寺僧等拾取而尝之，其气与外来者同辛，味则较淡于外来者。

大德寺内之大铜柜

大德寺，俗则称为双塔寺。其大雄殿上，在佛案前，陈有一大铜柜，其形甚古，称曰铜柜，亦强名之也。此柜高约二尺余，横宽不及二尺，纵处约在三尺余。铜质则现青黑色，又稍异于一般古铜。柜之四面，具镌有花纹，大致与时下所宝重之文王炉上花纹同。迎面一方，当中有一行字，标著着一部大乘经之经名，此显然是一藏经椟也。

此柜上有盖，盖之宽长，与柜桶同，盖上花纹，亦与柜之四周花纹相同。柜之两端有纽，纽亦不甚粗大，然亦可以巨掌透入其间也。

柜之来历，传云在元顺帝时，昆明突然遭受洪水，鄯阐城外水深至丈，洪流经过祖徧〔遍〕山麓，便将此一铜柜涌来，然有桶无盖，寺僧捞取而置于寺中。越二月，盖亦随水涌来，遂成一完善之物。此一铜柜，在大德寺中，已历五六百年，真可称为古物也。当光绪十年〔1884〕前后，余常随家中长辈到寺游玩，得摩挲此一古物，后来佛寺变更，不知此物归落何处。

昆华八景中之金碧交辉

昆华八景为：五华莺绕、螺峰叠翠、金碧交辉、翠湖春晓、虹山倒影、云津夜市、坝桥烟柳、官渡渔灯。按此八景，在今日多名存而实去。且五华莺绕一景，在六七十年前，当夏秋之间，一到红日落山际，即有数十飞鹰，盘旋于五华山巅之上空，然是“鹰”而不是“莺”。盖云南地方，根本无莺，要不过有鹰与鹞也，曰五华莺绕，实近乎侈。

八景中又以金碧交辉一景为最难得见。现出此景，须秋分节在酉年之中秋日，届临酉时，日西落而月东升，日月对正而两光相射，日射碧鸡之坊影到地，向东而进，月射金马之坊影到地，向西而进，渐凑渐近，两影相接，故曰金碧交辉。但日月躔度，须经六十年而始有此一日。闻前辈人言，在道光年间，值秋分节在中秋日，是年太岁在酉〔1837〕，届期，天气又晴明，昆邑人士，无不知有金碧交辉之景出现，于是有不少的人，伫足于三市街口，盼望坊影之相交。到酉正初刻二分，果见两个坊影现于地面。金马坊影则较碧鸡坊影为淡，然不模糊，初则相距在二丈有余，然不及二分钟之久，两影即各向前进而接合，但一经接合，两影便渐次消灭，前辈人是作如是云云。迨至光绪之丁酉年〔1897〕，秋分节又在中秋日，届时，城中人士，多往是处伫观奇景，讵意两坊影在地面相趋，趋近至约距尺许处，便光消影灭，可云未成交也。穷究其理者，决云岑之修此两坊，或高度未符原式也，其说近是。

东岳庙前之缅塔

原日东岳庙前，有缅塔一座，造于一石楼上。石楼较小东门外之穿心鼓楼为矮为小，然人亦可由石楼下通过也。缅塔形似胡卢〔葫芦〕，高约近丈，饰作白色，其形亦不足云美观。塔造自何时何代，无可考据，或者是段氏王滇时之一小建置也。石楼当于街中心，有碍交通，民国初年始拆毁之。掘其地下，得黑米石余，莫知其故。昔人咸称此塔为白塔。

三家村

今之模范监狱处，昔名三家村，胡名此耶？盖是处东界洪化府之西南角，西界城墙，而是一遍〔片〕茭苇蒲芦水田。在大路之西边，仅有按司狱、云南府经历、昆明县典史三道衙门，复四邻不接，实荒僻已极，故名为三家村。

蚁聚奇事

昆明城，原只六道城门。民国六年，始拆毁城东南角上之启文楼，拓展绣衣下街，而开辟护国门。此而后，始云有七道城门。但拓展绣衣街时，挖掘街右水沟，一撬开沟盖石，却发生一件令人惊异之事。沟内有无数黄蚂蚁，组成一条线路，附着于沟帮上，其粗处可及于小儿手臂，线路延长，上达威远街口。亮光下照，蚁遂挤挤簇簇，向前而行，亦不知其趋往何处。在事人测度，其数或不止数千万。是后，省垣亦无甚事故发生，是不足为吉凶之兆。

省垣城楼上之塑像

原日省垣之六座城楼上，俱塑有神像。南门城楼、大小东门城楼、大小西门城楼，俱塑关圣像；北门城楼，则奉都天太岁，此一尊神，据神教中人言，即是封神榜上之殷郊，所以法身系三头六臂，此真妙矣。但是小西门之城楼，以在咸丰十年〔1860〕经兵乱而摧毁，后来修复城楼，仅能具一形式，故难于恢复神像。若南门、大西门、大小东门、北门等处之神像，是近二三十年来始陆续毁去。

启文楼城墙上之大铁炮

往昔启文楼前，当城墙之转角处，置有一尊大铁炮，是名大将军者。长度约在一丈有余，粗及二人合抱，径口可及七寸。传云射程能达到十里以外，此亦百年以前之一种凶猛火器。

东岳庙内之塑像

东岳庙内所塑之神像，有几尊像，实令吾人索解不出其取用之意义来。如东岳大帝之左右两边，其正座上，塑有两神，貌俱青年，复仪态文雅，戴儒冠而衣色花袍。传云：此二神像，一为子游，一为子夏，此可云是一种怪事。

正殿后檐下，中则绘塑香山景物，原不足异。而左则塑一眼内生出两只手、手上生有两眼之神像，此则是封神榜上杨任之形，彼杨任又胡为而来此厕足？右边塑一全身蓝色，红眉红发，僚牙锯齿，左手举一圆圈，右手握一红蛇之神，此则不知其名。

庙中配祀，可谓为诡异极。正殿后面有血湖殿，殿上奉有一尊神，曰血湖长者。有娘娘殿，在正殿后面之左角上，有十王殿，在正殿后面之右角，此二者俱是各成一院，与一切不相混合。而十王殿上，则日日时时哭声不绝，以人死来烧七纸者都在是也。

此外又另有一院，曰旻天殿，来此烧香烛纸镪〔钱〕者亦多。而殿上悬有一联曰：“是是非非地；明明白白天。”此既爽直，而又具有深意之两句词语也。

昆明城厢内外之土地祠

昆明城厢内外之土地祠，若是小小一间的庙坛，时不知其凡几，然大都称为街坊土地。其间最有名者，一为高帝山土地，此则有一庙宇，而且崇宏。庙内匾联挂满，而又每年春季，必在庙中办会演戏，盖以“灵感”异常，故有此种宣赫观瞻，是可称为昆明土地神群中领袖。

次为五华坊之土地，是处之土地神，是祀于路口上，神坛虽不宽大，而香火极盛，坛前亦是匾联挂满，以猪首三牲来酬神者，日有所见，此一土地神，亦是能受祷祝而有“灵感”者。

三为吴井桥之李土地，北门外炮台山之小土地。此二处虽香烟不旺，然有碑记，叙述此二神之历史功德，因而此二处之土地亦大大有名。其他地处之土地祀，要不过有人来时插一炷香耳，云以鸡鱼酬神、挂匾对酬神功之事则无。

圆通寺内僧人骨殖之由来

民国十二年〔1923〕，昆明境内大板桥之土人掘地，得一古昔坐缸僧之骨殖一具，时肉体已化尽，仅有一身骨格〔骼〕，时人竟称其为活佛。迎入城，供于圆通山上接引殿内，寺中僧人竟居为奇货，售票参观，于是红男绿女，参拜拥挤，门限为穿。士夫君子，间亦为之附和焉。此一朽骨也，何其如此之走幸运，亦少有所见也。已而好运度尽，寺僧竟移此具骨殖，置于圆通宝殿前檐下，而一般入寺游玩之人，又无不以朽骨视之。吁！一朽骨也，亦有当时之日耶！殆不长也。

报国寺内之“赌气观音”

康熙年间，重修报国寺，欲修改大殿上三世佛像，往聘蜀都塑匠中之某名手来滇，完成天塑。某名手因塑某寺之佛像未完成，致耽延日久，尚不能离开蜀都前来昆明。是时，重修此寺，是为供奉兰谷和尚也，故需之至急。某名手久不至，只得将原日佛像，装以金色，得到焕然灿然。寺内一切将完工，某名手始至，见佛像业已装新，不便再事更张，乃自愿就三世佛背后，塑一观音像，意在显其手艺。像作成，果然庄严华美，而且装点陪衬，十分佳妙。似昆明地处之任何一观音大士像，都不能与之比并，滇人遂名此为“赌气观音”，云某名手是出于气忿而成此一像也。

西山龙王庙

西山新石房子之岩脚下，为一片平地，在近海之一段地上，有龙王庙一座，分前后两殿：前殿奉海龙王，名曰段龙王；后殿奉有阿伯老爹、放鹰哥哥、金花姑娘、银花姑娘等诸多邪神。

庙前有村，村人多姓段，是居住在此二三百年之土人也。村人认定此龙王为其祖先，龙王庙不啻其宗祠，所谓阿伯老爹，亦是其先辈人死而成神者。缘此，庙中之香火，全由村中之段姓人管理，若直切了当而言，村中段姓人，即龙王庙中庙祝。

庙中之放鹰哥哥、金花姑娘等能撞磕人，有被此班邪神撞磕者，则备极丰厚之猪、鸡、酒醴、饭食等来祈祷请宥，庙祝则得供品、得银钱。缘此，有几个当庙祝者，竟依靠此龙王庙而生活。

某年，云南藩司史念祖之长公子史某，游于龙王庙，史某本是一行止不正之人，见金花姑娘等塑像美丽，或者即起淫念，时则手摩〔摸〕某一女像之双钩而笑曰："真一双好小脚"，庙祝则劝其勿狎于神。史某回城后，夜眠于枕上，口中即作谵语，且云"荃麻姑娘要招我为夫"，由是而胡言乱语不息。史念祖深于舐犊之情，亦遣人往祷许愿，祈求宽释，然无感应，越数日，史某竟说一些胡话而气绝。

史某死，史藩司大忿，立白其事于抚院谭公钧培，谭恶其为淫祀，随派兵往是处，将龙王庙后殿内所有神像，概行打倒，并将其泥身，尽付于水中。自此之后，庙里只有一龙王像在，往游是处者，亦无邪神邪鬼来撞磕。滇中人士，称颂谭中丞毁淫祀、禁邪教，即起于此一事。

北门外之三姑娘庙

由北门外之小马村出去，约在两里路间，路旁有一石砌月牙塘，塘有水出，水亦清洌，可作饮料。塘上有一小庙，殿上塑有三个女像，村人称为三姑娘，此庙遂名为三姑娘庙，此亦是一大能撞磕人之地处。

在谭中丞未毁淫祀之前，此处则日日时时，有人来叫伴还愿，此则不止是乡村中人来此祷祝或酬谢，而昆明城内的人，亦必日有十数起，持香烛来叫伴，或携鱼肉来了愿者。有时，看三姑娘庙前之一条大路上，此挟香而来，彼执香而去者，直绎络不绝。自谭中丞打西山龙王庙淫祀后，一般往三姑娘庙烧籛化纸、燃香点烛之人，竟减去一半。跟着一张禁止入内烧香许愿之告示，贴于庙前，座上三位姑娘，遂断尽血食。

吉庆寺

圆通山西头之吉庆寺，是建于明代正德年间。入于清代，其正殿并未改修，所以四围墙头之砖瓦相接处及殿阁出檐处，安置砖瓦之花样，与其他庙宇之形色不同。此在二十年前，犹能见及，可云古意盎然，近则一切形色改变尽矣。

交王坟

月牙塘上之三姑娘庙，是面临大路，背靠山丘。山上有交王坟，是昆明境内首屈一指之著名发坟也。传云：交趾国国王阮某之祖辈先人，原隶华籍，而在阮某之上几辈中，有上下两辈，俱精于堪舆，且是父与子也。父子俱由东川方面，趱龙至昆明，子则在前，父则居后，至长虫山尽处，见正脉已落于城中，乃由长虫山第二峦头之分支处追寻而下，遂得是穴。决定其龙气，能孕毓侯王，多方相准后，遂以一文大铜钱埋于是处。已而其父亦追寻至此，决定其穴之所在，遂以一铁钎插于土中而告之子。父子同至是处，刨土而视，铁钎却在钱眼中，此真神于其术也，遂取其先人之骨而痤〔瘗〕于是。越二代，遂生交趾国国王阮某。

地下墓葬

在道光末叶，有螺峰街居民王某，以营油酒业，欲以大瓮贮酒，存于家中，当然要埋瓮之下截于地。掘土仅及二尺，即觉其下欿然〔欿，音超，气上升〕，再掘数寸，泥土即往下陷落，刨之掘之，随有石磴现出，扫开泥土，下面系一空洞。人缘石磴而下，约十有余级，便到一地窖内，宽约二丈，深约三丈，中停一描画凤龙之朱棺。棺之左右，各置一大磁缸，两缸内俱贮有油，一根灯心竖于缸中，灯头仍能发焰。王某知此为古帝王陵寝，不敢擅动，又见其缸内之油将尽，转为之添油提焰，复将其洞穴掩密填实，而另从一地处掘地埋瓮。传云，即在近今之桂花巷附近。

学台衙门内之朱棺

历来昆明人都云省学台衙门内，在某一偏僻处，有小屋三间，当中一间之门上，有大铁锁管住，而又加以封条。自门缝上窥查，则有一朱棺停于屋内，此则不止三五人作如是云，实是一种普遍性之传说。又据余外祖父蔡苣田公云：余之外太祖父蔡蓉峰公，与学署内某卷公相识（卷公即署内稿房），曾领蓉峰公至其地处一窥，谓历来之传言实不讹。此为何人之柩，其说不一。有一说，是在乾隆年间，有某学使，以只身来滇就任，遂卒于任所。洽〔恰〕值其家中有某一亲枝中人，犯谋反叛逆罪，族人尽行远逃，滇中同寅，遂不能为之运柩回籍。此说似近乎是。此一朱棺，至云南大造反后，始行迁往城外某地安葬。

北门外之“古城堰”

出北门外，向北行二里余，将近大涵洞处（大涵洞亦名下马村），路旁之大水沟西边的一大段石埂上，竖有一大石碣，刊着“古城堰”三字。按此一大段石埂，牵长在一百四五十步，是则有三十丈长；而且又顺着另一水沟，向西转去，此一段亦有百余步长。石埂自沟底向上壁立，显著于路旁者，高度在六七尺，又有无一些尚藏于地下，则不得而知。石埂虽不是用方形的石条砌就，而所用之石块，却也停匀整齐，就其形势而论，此绝不是一座巨宅大厦之墙脚。一班考古家则认此为苴兰城之遗址，甚有云谷昌城即在此处。

穿城江

往昔建筑昆明城时，城内水道，亦有适当的安置。所谓穿城江，是南正街东畔之总水道也。穿城江，并未显露于地面，系藏于地下之一条水道。一般人口头称道穿城江，穿城江究在何处，则无人能道出。前五十有余年，一日，余踱过象眼街，得见接近守府巷口向北数上之第五间铺面，是时，系一木匠铺。不知何故，在此铺当中，挖开地面丈余，此是言其长处，宽则不及一丈，深则及丈。复趋近而视，始知此一挖开处，是一节宽深已极之暗沟，盖见其两边俱是用巨大石块砌成墙壁，为此暗沟之沟帮石。挖开处，仅及铺底，下则有一卷洞门，高可六尺，宽亦相等。时则有五六个工人，出入于此卷洞门下，有挑泥而出者，有荷锄而入者，方悉此处是在清理沟道。此一沟道，当然是一般人所云之穿城江。是时，余以年少，竟漫忽其事，亦不详查此沟之来路和去路，沟是石条盖，抑是用砖卷？全未考求，只是大致一看，即离开是处。过月余，又经过是处，木匠铺内又有人在做工矣。在今日回念往事，自恨粗率，于此一事不考其究竟。

象　房

缅甸与安南，在为中华藩属时，每三年，必入贡于中国一次，主要贡品是象，或二只或三只，则不定其数。大致缅甸贡入之象，在字数〔数字〕上总超过于安南。

此两国贡象来，都是先到云南，再出贵州而北上；然来到云南，在昆明地方，必有若干日之耽搁。在未能前行时，自应有一适当地处以居象。报国寺之大门前，靠近东门城埂脚处，有阔大房屋若干间，名曰象房。象来即居于此，象傄亦同住于此。

象去后，此屋固是空着，而官方则派有一姓方之昆明人，常住于其间，专司象房内一切事务，时人则称之为方象傄。象傄亦写作象娜。方象傄之后世子孙，今尚有二三人在新社会上服务者，如现住于桑子巷内之方介福即是。

烟墩

昆明有烽火台三座，置于岔街前去里余之重关侧，滇人则名此为烟墩，此系何时所置之物，殊难确定。是则有云此为元代物，又有云是大理国段氏所置，更有云系蒙氏王滇时置有之物，都无考据，只可云此是千百年来之一种古物也。

烽火台原不足云美观，庾恩锡为昆明市长时，修理大观公园，即将三个所谓之“烟墩”，移置于大观楼前池水中，看去了无趣味，且失其古意。

昆明重关

往昔，国家就驿程设制，是五里一哨，十里一塘，一哨有一哨房，一塘有一塘房，均有兵驻守其汛地，由南城门口度至重关为五里，乃置一哨。重关系一座关口，阑以坚结之墙，开有一卷洞门，以资出入，有兵一哨，驻守于关门内，关有铁包木门两扇，以哨兵司启闭，此为往昔之定制。

咸丰六年〔1856〕，马复初率众来围省城，遂毁关门，是后，竟未修复。光绪十年〔1884〕前后，关上之门洞犹存，至光绪二十年〔1894〕后，始将其一切残剩之败壁颓垣拆去，是则只有一地处存在耳。

象眼街之由来

象眼街，又名鹦鹉〔哥〕花。胡名曰鹦鹉花？以街东畔守府衙门内，街西畔藩署围墙内，各有刺桐花数株，昆明人呼此为鹦鹉花，时人遂以此而名街。

曰象眼街，以街中间之地面上，嵌有石头数块，逗〔斗〕成个象的头面，有眼、有鼻、有耳，且刻出纹路，是十足的一个象的头面。考求嵌此形象于地面之根由，传云：清初某年，缅贡象莅滇，象行至此街中间，下跪良久，始起而行，故凿象形貌于此，以纪其事。

永宁宫之岳武穆像

永宁宫之正殿上，供奉岳武穆像。殿庭当中，则有两个铁铸之像，约高近二尺，是屈膝下跪，复背绑其双手，置于庭柱前，而一是秦桧，一是桧妻王氏。妇女入庙烧香，则必唾此二像，且有以掌批其腮颊。因此，铁像之腮颊上，竟摸得光光滑滑，可知妇女们尤深恨卖国之人。噫！吾尤恨后此之一些卖国者，惜余无力以批其颊耳。

五谷庙

大东门外之五谷庙，占有之一大块地，是昆明帅家之祖茔。其间虽葬有三五卦坟，究不得其当，于是灵秀空存。康熙年间，大堪舆家范承勋来督滇，查勘省龙脉气，于是处结有一大穴，乃召帅姓人至，劝其将所有之坟地让归公家，决建五谷庙于是处，以福滇人。帅姓人自不能不从，范乃为帅姓点三卦地于破荷叶山顶，而在山之向北一面，嘱帅姓人迁其祖坟葬于是处，已而范又以火药轰炸此山，消其旺气，帅姓之坟葬下，竟无富贵可言。

昆明井水

昆明城内城外及附近于城之水泉，第一是黑龙潭之珍珠塘水及吴井桥井水，此真甘芳清冽。次为近洗马河处之小龙潭泉水，与小东门之珍珠塘水，此二者虽然甘芳，终欠清冽。若贡院前距腾蛟坊不远之一大井、距起凤坊不远之一小井，又文庙前之一井、楚姚镇巷内之一井，又近于龙门桥处之四方井、近回龙山处之小井，此数井之水，亦清甜可口，余者作饮，俱不见佳。

昆明名坟

坟山上风水，不能云无据。所谓“发坟”，从浅处言，在其坟前怅〔张〕望，似在在爽目。就其精微处来言，则砂也、水也，莫不包裹抄围，前案后靠，莫不端正。即修建一屋于是处，使一活人居之，亦必心旷神逸〔怡〕，此之谓“佳城”，此之谓“福地”。

附近省垣名坟，如呼马山李膺培家祖坟，眠犬山傅宗龙家祖坟，大西门外金顶山之倪姓开族坟，地台面前共称为雁落沙滩之一座坟，此坟咸认为是胡林翼家祖坟，此四者，若就其坟前蹲视，真能令人心旷神逸〔怡〕。

余者，如萧家山杨陲山家祖坟，青龙村缪嘉寿家祖坟，迎龙山高崧家祖坟，小东门外李璜家祖坟，北较场赵光家祖坟，小银山黄琮家祖坟，此而一一就其坟上观看，亦各有一种令人爽心悦目之景象。

附 城村寨名称之由来

距城不远之各个村寨，有名麻线营、席子营、稿荐营者。在往昔时，此些村寨的人民，实以掂〔捻〕麻线、织席子、打稿荐为其专业，城中所用之席子、稿荐，及妇女们所用之小底线，无不由此而来。村以此名，可云名实相符。

又有名为王旗营、蒋旗营、杨旗营者，是此一村中多系〔此〕一姓之人。当云南大造反时，各村的农民，都起而联合成团，各保其村居。此村姓王者多，旗帜上则标一王字，遂名其村为王旗营。自此，原有之各个村名，竟弃置而不用。

凿井所见

在近百数十年，一般住近西岳庙、玉皇阁、弥勒寺、西天台等处之居民，凡凿井至二丈以下，即可能发现多数的螺蛳壳及蚌壳、龟壳、鳖甲等，可知此一些地处，在数百年前，仍是昆明湖之水浅处。

云津铺

云津铺，在承平时代，原是一极其繁盛之地处，惟自回乱后，是处竟变成一瓦砾场。岑毓英平服大理后，昆明遂无个事，乃筹款修复此段街道的铺面，于是自金马坊至得胜桥此一大段街上，竟修复不少的住屋。云津铺一节，则易其名为新成铺，然在大乱初平后，昆明实无商业可言，居于新成铺者，什有五六为卖淫者流。在光绪十年〔1884〕后，二十年〔1894〕前，一新成铺、一杀鸡巷，都为污浊已极之地处。

看银水处

大西门之外郭，是向南而开瓮洞门，瓮洞前，系一横街，复缘城郭而转向北。在转弯处之城墙角上，嵌有一片石，横宽约有一尺五六，纵约及尺，上刊“看银水处”四字，人可伫立于城墙转角处，将脸贴于城砖上，以两眼斜视远处，即有一股银光射入眼来，是为“看银水”，亦奇景也。

玉皇阁之大龙华会

南关外玉皇阁，虽非名胜地处，然亦是春间行乐之一庙宇也。每年正月十五日，是处即有会期。在不做大会之年，要不过数千红男绿女、老妇幼童，到寺内烧香燃烛，拜神祈福，然亦有些青年男女，或藉此而游乐耳。惟在光绪十五年〔1889〕之正月内，是处曾办过一次大龙华会，异常繁盛，且为昆明城厢内外，各寺各庙历史上特有之一会。是次由正月初九日开会，正月十八日闭会，一连九日，无日不是游人如蚁。会场之范围极广，东至双龙桥，西至黄瓜营，北至螺蛳湾，南至某村，凡在此圈线内之庵观寺庙及豆田麦地，俱受大会支配。于是设经坛至十有余处，或为道流、或为僧众、或为斋公、或为斋婆、或为印佛僧、或为洞经系，各占一二庙宇，各理法事，自朝至暮，锣鼓喧阗，又以篾扎纸糊之神像，树于路旁及豆田麦地间。神像之大者，如接引佛、南海观音、北极真武、北天王、四大天王等类之像，均高至丈余，其数约在一二十。像之小者，如二十八宿、十八罗汉等类之像，数约至百，此则仅高四五尺。又有监斋、伽蓝等之神像，亦甚伟大。是时的田间路旁，随在皆竖有纸糊篾扎神像，可云触目皆是。除一些纸扎神佛外，又掘莲池作九龙吐水，更堆花山作天女散花。复扎彩坊、扎松亭，悬灯挂彩，缀绿垂红，彩色焕目，大是可观。

赴会者挂捐二百文铜钱之功德，即可吃八味蔬菜之素斋一顿，以是，每日开素斋，无不在二三百桌。

所谓龙华，系用金纸及彩绫等扎制而成。龙华之中间，为佛祖坐莲台，左右立阿难迦叶，外则护以双龙，间以彩云，杂以金莲，极其美观。大者长约三尺，阔近二尺。请华龙一对来供于家神前者，大者须挂功德银四两，小者二两。在是时，余年有十一岁，已能详记一切。余家亦请过龙华一对，余亦在会上吃过斋一次，可算是龙华会上人，亦堪一笑。

今追回往事，最足异者，是偌大一场斋事，前后计十有余日，而无丝毫乱事发生。要不过有抚部院、督部堂的一张会衔告示，用牌悬挂于西岳庙前之树上。告示仅十六字，曰："到会之人，须守本份，如违法纪，严拿重究。"顾此寥寥数语，便生莫大效力，足见专制时代，一班督抚之威力。此认之为好耶？抑属于坏耶？则难言矣。

城隍出游

按国家祀典，无论何省之都城隍与郡邑城隍，俱应于清明节、中元节、十月一日至厉坛享祭。而滇省之都城隍，于厉坛受官府祭祀后，又兼有出而游行于街道之事，此则是受社会人士之迎请，谓之收鬼。每年城隍出游三次，都由城里土主庙街、西院街及城隍庙街之铺住各户，各以一人到庙里，举行城隍出游大会。

城隍出游，清明节则乘明轿，七月十五与十月初一，则坐五岳朝天的绿轿，轿杠上系用紫缰，以居王位也。轿前有一骑顶马者〔旧时仪仗前骑马差役〕，一太监坐兜舆，手捧令剑，督队而行。前列全副仪仗，鸣锣开道。仪仗后，装扮有鬼卒数十，更有牛头、马面、判官等。此后则有一大部鼓乐吹打而行。参与游行之众，则不论其街道，更不论到城里城外，都是各执香一炷，随着仪仗而行，数在四五千人，亦社会上一盛举也。

城隍出游，或出东门而入西门，或出西门而入东门，然必至厉坛再享一次社会人士之祭。在行于各条街道时，一般人户，无不燃香一小把、黄籛一二搭，投入行列中挑抬着之大铁火炉内，是为送鬼，此则绎路不绝。缘此，城隍轿前之一切引导，无不是缓缓而行。以是，午前十一时出府，要必至午后四时方能回府。一班抬城隍者，原不是轿行中人，是社会上一些人士，因病许愿而往任是役。或三年，或五年，满期而后退役。故尔，抬城隍之人，是以两班替换着。城隍回府后，凡与会而挂有香资功德银者，是为会员，则有酒食享受。不属于会员之众，一俟神像入座后，即行告退。按此亦是昆池华岭间社会上之一种故事。

昆明之洞经会

谈洞经，是诵大洞仙经，经有异于道教之皇经，佛教之华严、楞严等。所奉者不是玉皇大天尊、玄穹高上帝，亦不是释迦牟尼佛、药师佛、阿弥陀佛，而是元始天尊、文昌帝君。

谈洞经者，不以教名，只以会名，曰洞经会，会又分系。往昔昆明之洞经会，分有四系：一宏文学，一崇文学，一同仁学，一保庶学。每系约有二三十人，然不名为会员，亦不名为学员，只以先生两字称道。入会之人，须遵守礼节，遵守规戒，无甚过失，方能讲习上座。

到座上谈经，实是一件不容易造就之事：第一要有声嗓，而不是左喉咙，以诵经时行使之腔调甚多，无声嗓则不能念诵经文；第二要长于乐器，座上鼓、板、锣、钵、笙、笛、筝、琶、唢呐、木鱼、铜磬俱全，是人各执一。所以学习上座诵经，是要双方俱进。有声嗓而不娴于乐器，只足以司钟磬；娴于乐器而无声嗓，尚可以入吹座；若无声嗓而又不娴于乐器，则只有在坛内司礼磕头耳。盖念诵经文，在行使某几种腔调时，直不啻歌剧场上唱二簧慢板，三眼一板的在念诵，是则必要声腔与音乐之节拍相合，方不岔乱。所以学习上座诵经，的是一件难事。

在念诵经文时，果也好听，此可云，谈洞经是夹有一种艺术性。谈经时，不论谈三日、谈五日，都是人人茹素，尤重礼节。上座时，俱各穿长衫马褂，戴红帽，排班而后入坛。入坛则循序展拜于神，拜讫，分左右两排而相对一揖，始行入座。下座时，亦必向神展拜，相对而揖，诚彬彬然有礼也。

洞经会中，虽分四学，然不拘那一学，一受到地方人士之请求，往某处谈经，都得要应邀而至。请谈经者，如送功德银，则归入本学之公款下，群众不能分润。有时，自动设坛谈经，为地方禳灾解劫，收来功德银，不敷开支，各人尚须自量能力捐款。此可称洞经会中人，既廉介而又具有仁德也。

昆明妇女之“朝斗”

道家不参禅，佛家不朝斗，此定例也。“朝斗”固是一种静里的参修，却也分别派流，是各有各的参修法，而又各订有一名目。虽然，其派系虽多，无不归宗于道教，实于佛门无与也。

昆明之妇女，有于平时喜持数珠念佛经、拜阿弥陀佛者，每于年之六月初旬及九月初旬，即磨〔抹〕洗锅灶吃素，持一本《北斗经》而念诵，谓之“朝斗”。于是昆明城厢内外之大小佛寺中之僧尼等，便起而迎合妇女们心意，设坛扎棚装栏，设座于其寺中，而名之为“斗坛”。六月开会六天，云朝南斗。九月开会七天，云朝北斗。坛上亦时有三五人，敲木鱼而念斗经。妇女辈携香烛、元宝入坛者，亦云是入坛朝斗，实则只一拜于斗星牌位前，便挂功德一百或二百文铜钱，即坐于坛前棚下，静候斋吃。素菜八碗，大都可口，食饱出寺，尚取得糯斋四元或六元、八元〔元即一团或一坨〕。此可云以一二百文铜钱，即得尽一日之欢，而又来不空、去不空。所以妇女们提到“斗坛”两字，无不热衷。此在光绪元年〔1875〕后，二十年前，实称盛甚。每届年之六月、九月，城里城外，斗坛直设立至一二十。行于街头，都能见到一些妇女，手捧插有纸花之糯斋而走。顾此，虽名为朝斗，实则是入会，名虽为斗坛，实是会场，此亦是前清时代社会上之一斑。

印佛僧

印佛僧，俗曰西波，实即云南彝族中之溪卜，大都居于附近大板桥之阿角村、阿底村等处。溪卜有溪卜之语言文字，溪卜中有出而为印佛僧者，则有一种特别经文。印佛僧为人做法事，则着汉人衣服，戴一顶斗笠式而又突起一大如人拳、高及三寸之尖顶布帽。诵经时，亦用锣钵而诵其特有之经文，字句人不能识。所立牌位，是用黄纸写出，字系直行，笔画则似蝌蚪形，而又类似豆芽。

印佛僧为人做法事，第一是为人奠土安宅，其次是替人禳火灾。有被雷击死者，亦请印佛僧来念经超度，且有请印佛僧来查看被雷击者之背上雷神批有之字，此真荒唐，尤见往昔人民之愚。

端公与师娘

昆明妇女，在昔时多信任巫教，欲消灾解厄，亦取重于巫教。其间，分端公、师娘两派。师娘，妇女也，能顶神，神来时，表现出诸多特异行为，如取磁块嚼碎而咽下肚。替人请神，则手敲羊皮鼓，头裹纱帕，作不断的跳跃，有时，能跳至二三尺高，此名为“跳神”。平时，为人看香、关亡，亦未尝不“灵”，而取偿亦不多，所以妇女们多迷信之。端公系男子，且多半是乡间人，其所操之术，与师娘有别，所奉之神，亦有所差异。盖师娘与端公，实派异而流同。端公们之主要事业，是替一些乡村门户安神、送鬼、开财。在安神、送鬼时，手中则摇着丝刀，口中念着一些古怪词语，两只脚在地面上，是一个一个的火连圈跳着。口里发出的声腔，几若来自异方异域。在开财时，更是怪状百出。所谓开财，是用一利刀，将其额颅划开，取其血点于神像上，此诚〔诚然、实在、的确〕是位置邪鬼邪神之一种法术。

往昔城厢内外之师娘、端公，约在数十。而为师娘者，都能日日敲羊皮鼓；为端公者，都能日日摇丝刀，足征是时社会上之迷信巫教也。

四众弟子

佛门四众弟子，是比丘、比丘尼、优婆塞、优婆夷。此四者，在昆明地方，以比丘尼占多数。比丘尼，女僧也。闻前辈人言，在嘉〔庆〕道〔光〕年间，时世承平，昆明城厢内外，有大小佛寺近百，其三之一归比丘住持。比丘，男僧也。三之二属于比丘尼。合此两项僧众而计其人数，直有五六百人，而女僧仍占多数。或曰男僧仅百数十人，女僧可能有四五百人，此即不实，亦必差池不大也。后经咸〔丰〕同〔治〕年间之乱，男女僧众亦因遭劫而丧亡，于是昆明城厢内外，不特女僧减少，男僧亦减少。虽然，在光绪初叶，居于各庵、坛、寺庙中之女尼仍有二三百人，男僧仍近百人。此辈之生活，无非依佛穿衣而靠佛吃饭，何以如是？盖无甚檀越布施，绝少庙租收入也。其能于生活者，以昆明人最信佛法，动必设坛诵经，人死而办灵，做五七、做百日、做周年，或念一切喜经。而讲到奏星、转星辰，此则是男僧来念诵经文，行施法事。若妇女们许愿、求子、求财、求寿、求家宅顺利、求消灾难、求保产厄、求解冤孽、求行人在外清吉、求丈夫或儿子们之功名显达，及人死而按七念经之等等举动，则概属于女僧。

昆明城厢内外，有烟户三几万家，此不生而彼生，此不死而彼死，此数百名男女僧众，几无一日不走往庙上念经，无一日不到俗人家做法事。在经事多时，直有应接不暇之势，此所以一切寺庙内之男女僧众，而一一都能有生活也。

若优婆塞与优婆夷，大都为居家户之自修者，然亦不多也。其行径虽有类于比丘与比丘尼，究不是入居于寺之人，又不合认之为依佛穿衣而赖佛吃饭者。论此辈，实是社会上不事生产之人，但核实其行径，可云为是旧社会上之疏通经济者。

填　库

填库，是昆明妇女特有之一种行为。库作如何的填？是以小纸锞烧于南门外五岳庙内库官座前。填库者，系按照一本受生经上所载：甲子年生人，欠库上冥钱若干贯；乙丑年生人，欠库上冥钱若干贯。是则生于甲子年者，即照经上注有之贯数，而用纸锞烧填，属于乙丑、丙寅、丁卯年生者，亦照其所注之贯数烧填。大致以一串纸锞抵一贯，惟欠库款者，大都在三五百贯，势不能作一次填还，乃分作三年烧填，每年又分作五次：一、二月初八；二、四月初八；三、五月初八；四、十月初八；五、十二月初八。每次俱分划而烧，烧满三年，方为填足。此后又烧一种另一形色而上印有某门某氏等字之纸锞，是谓为存储于库，俟死到冥间，往库上取用之款。此则不限定串数而烧，或烧三年，或烧五年，悉听其便。结束时，则请尼僧四五人，到库上念诵一日经文，复写一道疏文烧化，是请托库官代为保存。此为妇女们在旧社会上所玩的把戏，煞是有趣，煞是笑人。

瞽目先生

往昔昆明市上之瞽目先生，直有数百人之多，此则有生于富室者，有生于贫家者，然都是一带残疾之人也。虽然，似任何一瞽目，又无不各占一艺，以谋衣食。如说书也，如唱曲也，如卜课算命也，下而为人磨面磨药，俱日有所获，无不生活可淘。此在六七十年前，每届午后，有拉胡琴过街者，是算命先生也。晚餐后，有背洋琴、拉胡琴过街者，是唱曲先生也。居家门首挂有大字纸幡或书“香山宝传”四字，或书“目连宝传”四字者，其间则有说书先生在也。街头横陈一案，案上有签筒，筒内贮有竹签若干枝，是卜课先生也。

是时，人民经济活动，以三十六文或六十四文铜钱，倩算命者查一“八字”，以十文、八文铜钱卜一课，以问事之吉凶，以三十文铜钱而听唱一小曲，自为人所不惜。即讲一部《香山传》，或一部《目连传》，只不过出说书费十多两银，即得听敲四五十日之洋琴。妇女们手做针黹而耳听书声，既不废时而又不失业，孰不以此为快耳怡情？在倡此者，虽输出银至十多两，自信是做了一场功德。以是，瞽目先生虽多至数百，竟无一受冻馁之患者。此是往昔时代，一般瞽者在旧社会上谋生之道。此可以云，一个时代，自有一个时代之生活，要无生活，是必在大乱之时。

乞丐行次与丐头

往昔之帝制国家官吏，对于社会上之一些乞丐，认为是无法救济、无法教养者，又认此是一种不易扫除消灭之人。于是官厅方面，竟抱定一放任主义，听其在街市上自由行动，随便讨吃。职是之故，在六七十年前，昆明城厢内外，直有一二百个乞丐，日日在街前叫化。可是一般在街前叫化之乞丐，亦分行次，所谓排铺面，所谓走门户，所谓赶会场，以及打莲花闹、耍戏法而讨钱者，俱各成一行。

盖排铺面者，只在街市上沿着铺户而讨钱，绝不到居家户前乞残羹剩饭。走门户者，始能托钵提篮，向住家人户叫化。赶会者，是坐于会场前而讨钱。打莲花闹者，则不论铺户、居家，都可以在其门前敲动歌板而高唱。耍戏法要钱者，亦有多种，最有趣者，是引狗着抱一木杵而舂碓。顾此一些人，都可谓为“吃剥削饭”，谁使之？是当时之政府使之也。

虽然，彼类中亦有组织能互相扶助，复有领袖统率群众。领袖称为丐头，丐头有正有副。在往昔之情况下，一般普通乞丐，都要受正副二丐头之管束，因而得受群丐崇敬。丐头却领有区域，掌握〔一〕定区域内之全权，此仿佛是一种行政权。乞丐们是将昆明城厢内外，分划成两个区域，是城里一区，城外一区。城里一正丐头，一副丐头，城外亦若是。丐头之威权，是寄托在一约尺有余长之木棒上，棒上系着一尺许长之皮条，棒上复系着两个响铃，然此是正丐头之棒，副者则只有一响铃，此则不啻一般行政官员之印信。而且棒之所至，即威权之所至，尤见丐头之权力不小也。

往昔一班讨亲嫁娶及开丧展奠之人家，厌乞丐等之来扰，乃送铜钱数百文与丐头，丐头则将其木棒送来挂于门前，一切乞丐，便望望然而走去。或曰，此仍是帝制时代彼为丐头者之一种专制行为，然亦不能谓为是有不利于社会者。

小偷行次及所受处罚

小偷，不是盗匪。小偷对于常人之财物，是不敢肆行抢夺，欲取他人财物，惟出其不虞，乘其不备，而行使一种手法窃取之，复不敢携取重大物件，故不名为强盗，而名为小偷。

小偷之行次殊多，大致可分为四大部份：曰红拳；曰黑拳；曰露水；曰灯花。其间又分作十有余个门道：有名翻棚者；有名排眼者；有名钩鱼者；有名开笼者；有名闯朝者；有名下凡者；有〔名〕掏包者；有名剪绺者，此犹未能数尽其行道，只姑举此数者而言之耳。

小偷在任何时世，都能肆其行为，不能云乱世有而治世无。在某些史乘上载，当某一时间，国中大治，人民夜不闭户，更路不拾遗，度此，或是一种标榜之言，未必真能如是也。就事理上来论，国中诚化行俗美，民康物阜，小偷或可少些。即在唐尧虞舜时代，亦未必无一小偷也。在过去之六七十年前，当光绪之初中两叶，云南可云时世承平，郊外虽无杀人越货之事，而城厢内外之小偷则充斥极。扎送于官者，则笞一百而枷号一月或二月，因而三牌坊下时时都有十个八个扛枷之人，此可云是前清承平时代政治上之一种表现。惟在光绪二十年〔1894〕后，始改变惩治小偷之法，不处以枷号，而罚入习艺所去抹土基〔墼〕、挑泥土，亦可云为是“劳改”也。

三牌坊外之罪犯拘留地

往昔三牌坊外的左廊下，有三几间平房，是以木板装钉于檐下，内住有锁系铁杆的罪犯十数名。锁系铁杆者，是以一条与人身相等，粗如小儿臂，约重在三几十斤之一根铁棒锁系之。盖由棒之上下两端，各有一孔，孔内套着两节铁链，上头的铁链，则有一大铁圈，圈则套于该犯之颈上，下头的一节铁链，则与犯人所带之脚镣同锁起来。此犯日则怀抱铁杆，挪步走动，夜则抱此铁杆而眠，亦等于伴着一竹夫人或一皮夫人。

凡锁系铁杆者，都是他省充军来云南之罪犯，在刑律上为流罪，亦似前几朝代刺字发配之犯。又有罪大恶极之凶犯，似予以斩刑犹不足以蔽其辜，乃用惩治巨匪条例，以木笼站死，然后斩首枭示。木笼名为站笼，处置重犯时，是纳此犯于笼中，抬至三牌坊下示众三日，然后加以斩刑。枭示者，亦挂其人头于三牌坊之大木柱上。此是六七十年前，三牌坊下极不雅观之景象。

昆明说书人之声腔

往昔城隍庙之二门侧和东岳庙之大门前，各有一茶馆，这是一个专门念小说书的地处。念的书，无非《八仙图》《二度梅》《柳阴记》《白扇记》。这类的书，都是些粗俗浅白的弹词，可以长声拖气的来念，就恰合当时那一些半乡半城、文化水准较低的人听，以解闷消愁。所以这两个茶馆内，无论白日夜晚，都坐满了人。在这两处念书的两个人，是专以此为业，可是他的那口声腔极其特别，极其怪异，而听去却又十分有趣，但是任何一人，都学之不成。然据一些老年人说："他那种声腔，即是所谓之老昆明腔，是有传统的。在百数十年前，凡念小说书的人，无不是行使这种声腔来念。而且往昔的昆明人说话，在发音吐词上，也和这念书的腔口相去不远。所以说，百年前的昆明人，说话是十分土俗。"这哩，我也相信。我在五六岁时，听闻昆明人说话，随时都有"埂楞等"三字，都有"至〔这〕个摆来咧"一句，这真算是一种土俗已极的话头。如今的昆明人说话，完全是攦〔羼〕杂着外省人的口音，不是纯正的昆明腔了。

城隍庙、东岳庙内之婚姻司、鹿马司与哭神精

在一般人极其迷信神权时代，城里的城隍庙，城外的东岳庙内，直有许多值得入于谈笑之事。凡儿女们的婚姻迟滞，或迭次不成者，其母必到此两庙内之婚姻司处敬香。婚姻司之神座下，塑有一高近二尺五寸而面目可憎之男像，奓〔音咤，意为张开〕其两手，而伫立于跪在地面之一青年男像、一青年女像之正当中，有一种隔离分开此对青年男女之状态，是为“格隔神”。到婚姻司敬香者，则用一张红绵纸，将格隔神头面包住，复用红绒线扎之，使其眼不能见、耳不能闻人谈婚姻事。又用红绒〔线〕将跪于地面之男女二像，牵连绊住，使两下能于合拢也。

又有鹿马司，是神座下塑有一鹿一马。凡少年男子喜在外游荡不安居于家，或男子们在外久游不归，则以红绒线伴着鹿马，谓为“转心神”。游荡者必安定，出门在外者必能早日归来。

又有一司，不记其名，神座前之地面上，塑有三个小孩，俱名为“哭神精”。凡家里小儿喜昼夜啼者，则到庙里，买三件薄绵纸做成而染有红绿色之花衣衫，套于三个哭神精身上，后以糖喂之。

此真是旧社会上所有之一些极其陋劣情事。而旧社会上，亦不乏明达于一切事理者，又胡为而十家人中，必有九家喜作此行动，吁！此亦由习俗之所促成也。

放　生

云南人，无论男女，凡有年龄者，靡不具有一片婆心，于一切生物上，不惟不肯轻易宰杀，且要买来放生。放生者，是将买来之生物，或放去于天空中，或纵之于湖海河流内，俾各得悠然而去，

悠然而逝，各遂其生趣。

放生原不拘重于某些生物，只要心有所不忍，意有不欲加以杀害之物，都可以发善念而放之使去。虽然，一般讲究放生者，亦有所偏重于下述之数种生物：一、龟也，以龟为介族中之具有灵性者，不合戕害其生命，是宜放之。二、乌鱼、黄鳝也，二物俱于夜间出而朝星斗，殆欲参天道而求生存者也，大不合置于砧上宰割而烹食，亦宜买而放之。三、麻雀也，天地间之羽虫、毛虫、介族、鳞族，并不敢出而与倮虫争取掌握世界之大权，要不过在大地上，谋求一饮一啄而已，于人无所伤焉。麻雀在此大地上，固无益于人，而亦无害于人，虽在秋高纳禾之际，能成群结队飞来啄谷，此亦不过求一果腹耳。大地上是处处黄云拥尽，麻雀虽多，亦未见得能于十日半月内，即啄去大地上所有之田禾至百分之十或百分之十五或二十也。而况有多处地方，直无一只麻雀者，人们的田禾有伤，似不合归罪于麻雀。一般讲究放生者，以麻雀被人网罗而佐一班重口腹者之肴馔，亦大可悯也。因而与黄鳝、乌鱼等，作同样看视，亦买来纵之放之。一般具有婆心者，其见解是如此耳。斯而社会上则有一般无职无业之人，作投机生易，故擒乌龟、捉黄鳝、网乌鱼、罗麻雀以售于市，供人取求。是则放者自放，捉者自捉，更不免有人乘便利，烹此一些生物而大嚼者，斯又生者生而死者死，虽然，亦有终得免于死者也。

义 学

闻前人云：云南省城在承平时代，即有一种义学之设置，城里城外，实有义学八堂，如西院街口之介福寺，即是一设义学处。义学教师，由学院以文字考取，年可得薪资四五十两。咸同年间，因兵燹而停办者近二十年，至光绪初叶，始将八堂义学恢复。义学收生，不限定名额，有收到三四十名者，然有多处都是二几十名，亦多少不一也。

凡入义学读书之儿童，无非是一般贫寒人家子弟，大者读到《四书》，习字则写印本；小者读《三字经》《百家姓》《千字文》等，习字则描红。一日上早、午课两堂，均为六小时。在义学读书之儿童，官方实无一文铜钱之补助及奖励，要不过年中得免交学费，书籍纸笔，仍是自备。清代所设之义学，其情形是如此。

官医局

云南省城，在清代亦有官医局之设置。在咸、同两朝及其以前，所有医局里之情形如何，余不得知。光绪年间，官医局系设于翊灵寺内，有委员一，大都为是时佐杂班中之知医者，有医士二名，是拣选入者，此俱各领月薪，逐日在局任事。

官医局系一纯洁的施医处，替人治病，无论贫富，都不取脉金，但开药方而不给药。治病时间，每日由午前十一时至午后四时，过此即不施诊。有于法定时间外而延请局中医士或委员到家诊脉治疾，则与市面支药栏之医生同样待遇。惟是入局求诊之人不多，以局里医生为病者制方，多是一种好人吃不病，病人吃不好之汤剂。因此，一般有病的人，都不乐往局里叨便宜。此局在光绪二十五年〔1899〕后，即行裁撤。

撞钟楼

南城墙上撞钟楼头之大钟，以巨杵撞之，声响能达到大板桥，真一宏大声响也。在嘉、道年间，云南时世承平，系以此钟报更，有火警、有兵乱，则频频敲撞。咸、同两朝，省垣多乱事，更多火警，乃不撞钟报更，只以钟报警。报更用更夫捶锣，周巡其所管有之街道。此而城厢内外，始划分成若干段，每段有一更夫报更。更夫则月领工资及烛火费于保甲局内，然在年节下，各门户亦给予铜钱数十文。

孔明灯

孔明灯，是一种具有科学兴味之玩意物。灯系用一篾条，扎成一圆圈为灯底，又用细篾条数根扎于圈上，架成一个凸顶，用红纸糊之，便似一有类于球形之纸灯罩。中空处，则置一枝松香烛，燃则有烟，烟为纸罩护住，即发生上冲气力，此而以人端住，就灯罩下而燃之以草，草烟上冲灯罩，灯即乘势而上升。此则看罩内火力之强弱，强者，可能上冲至五六十丈，弱者，亦能至三四十丈。但内里之烛与外护之罩，总得要大小轻重相称，否则即不易于升起。灯在天空中，红而且亮，有似一颗赤色大星。其耐久处，可得到十多分钟。烛尽则烟消，烟消则灯罩坠落。此种玩意，昔则多有人制作，今则无人有此闲情逸兴来玩弄此也。而且一切材料，都不易于购置，故尔归于消灭。

路　灯

今日夜行于大街小巷间，无不是明星煌煌之电灯照亮，有类于白昼。但一抚今追昔，真今则在霄，昔则居壤矣。六七十年前，昆明城内之一切街道，固排满了若干铺户，但一入夜，除了药材铺、烟换铺、糕饼铺、饺面馆几种行业外，余者无不闭户关门，即有人在内工作，无非铺板缝里透出一线光来。纵开着铺子在做生易的几种行业，亦无非点着一盏满堂红及柜台上的三几照灯而已，然此是言大街上也。若在背街上，除有月色相照外，又无不是一黑如漆。

所以一些行于夜路之人，都是提一照纸灯笼而走。无灯笼在手者，恒颠蹶于坎轲〔坷〕。以此，有一些讲力行善事的人，乃有点路灯利行人之举。

路灯多是一木框灯，而以纸糊之，内燃一盏香油灯，挂于路之转弯处，或有深沟高坎处。此纯是私人功德，于官厅方面无与也。但在是时，点有路灯地处，亦不甚多，似城里城外，不及二十处也。有二三特别者，则以一红灯，藉竹竿而挑出墙来，此则沿袭古制。更如往昔水晶宫前之一路灯，是悬于一大树上，此亦往昔社会上之一种景象。

迷信种种

在封建时代，社会上之迷信事甚多，如小儿八字上经算命先生指出，犯了将军箭，而又带有各种凶煞，则必云到制杜。制杜之法，是为之安一指路碑于三叉路口或十字路口，书刻左至某处，右至某处，前往某处，后是走往某处。碑之两边则刻上"弓开弦断，箭射石开"八字。此种指路碑，常见在一个地处而立至五六块者。又住家户的大门，若冲着一条直路，则立一石碑于门侧，刻"泰山石敢当"五字。又小儿夜啼，则以红帋书"天黄地绿，小儿夜哭，君子念过，睡到日出"四语，贴于厕所墙上。又有以红帋书"夜梦不祥，书破大吉"八字而贴之者。

爆　竹

昆明地方之人，亦喜于庆祝上燃放大串花炮，但不及粤中之盛。惟在除夕夜、元旦早辰，亦是火炮之声不绝于耳。又如一般做生易者，在正月十五以前，俱是照例休息，至十五后，始择吉开市。是则于打开铺面时，必以香烛敬神，而燃放一串火炮。斯时作交易，货价较廉，因而一般欲买货物之人，多闻声而至。如在南正街一带，同一良辰吉日而开市者，必有数十家，此亦是不断地有爆竹声。所以昆明地方，营火炮业者，亦有数十家之多，只不过本省火炮，纸料不甚精良，炸开时，不似广炮之能使地面铺满红瓢，使人望而生羡。

卖花娘子

读陆放翁诗有“深巷明朝卖杏花”之句，陈简斋又有“门前恒有卖花声”之句，可知古人亦多喜爱于花也。百数十年前，昆明之青年妇女，最讲究梳妆打扮，插花于髻，是不可免之事。因而每日早辰，必有若干卖花娘子，高声喊叫着，行行于直街曲巷间。所卖之花，即是茶花、梅花、碧桃花、迎春柳、木香、茉莉、丁香、珠兰、玉簪、栀子、海棠、粉团、素馨、金银花等，而值亦贱也。

婆罗叶篾帽

往昔之乡间妇女，上街入城，必头戴一顶婆罗叶之篾帽，既能遮日，而又可以搪雨。何曰婆罗叶？是婆罗花之叶。以此种叶夹于两层细篾丝中间，复加上一层薄油纸，然后编成一斗笠，故能搪雨蔽日，而价仅值百余文钱。

草　鞋

往昔一般劳力的人，都是赤着双足而套上草鞋。草鞋则较今人所制者为细铁。而且有线耳草鞋、麻草鞋之等等光滑品物，故尔，有多数人喜著之。

芦茶铺

在百数十年前，中国西南各省的人民，可云不能脱尽边地夷族人的习尚，在云南省内，能从昆明人的嗜好上看出。往昔的昆明人，都喜于饭后咀嚼槟榔与芦子，而且要和着点熟石灰来嚼，如是而能使嘴唇皮上现出红色。故尔，昔时的芦茶铺，在柜台的一端，都放着一罐熟石灰供人取用。

称为芦茶铺者，是以芦子、槟榔、茶叶为主要货物，若草纸、烟叶等，都为附属货物。芦茶行的生易颇大，所以此一行业中的人，在得胜桥外，曾建有一芦茶会馆。逮至光绪末叶，日嚼槟榔、芦子的人渐少，其营业遂衰。但是，茶叶之销行转盛，此亦算市风上有一小变动。惟是在云南边地上，今尚有几种夷族人，仍是离不开槟榔、芦子，一样的和着熟石灰来嚼。

南门城楼北墙壁画

从前，南门的城楼上，在向北的一面，是为楼的背面，当中是一堵粉壁墙。照规定：天气晴久了，则画一条口中喷出水来的乌龙在此墙上；雨下多了，则抿去乌龙，画上一大个红太阳；若是雨水调匀，毫无水旱偏灾，则画一匹象，象背上驮着一只花瓶，是为“太平景象”。传云这是明永乐年间就规定下的陈例。

昆明人吃饭习惯

从前的昆明人，不轻易出门远行，因而有人形容昆明人：一出门远行的人，才走到城外定光寺前，遇一相识者，即托其带信回家，云“你进城去，请你告诉我嬷，我已平安无事的到定光寺了。”此不无形容太过，但是，昆明人终是少于出门、少出远门的人，于异地风俗，自不易于见到。

有人往北京一行，路经河南省，见河南省的人，多是支一小桌，坐于大门前吃饭。回滇时，谈其所见，闻者无不道异称奇。本来昆明人吃饭，无论大家小户的男女老幼，于早晚两餐，都是很有条理的，是要将桌凳支好，碗筷摆齐，汤菜列正，然后老的坐于上，小的坐于下，才举箸来食，此真有个席不正不坐之概。

至于行店铺面上的人，在吃饭时，更是规规矩矩地坐着吃。有小孩们手端饭碗，走动着吃，则谓为吃游云饭，是为尊长们不许可的。即是叫化子，向各处讨要得些菜饭，亦不愿边走边吃，务要拿到他的住在处，找一个地位坐下，才慢慢地吃。

昆明人吃饭的情形是这样，所以看见河南人是坐〔在〕大门口吃饭，便大大的诧异，此算是少见多怪，而今则全反乎是。

浆青洗白

昆明人有句俗语，是“浆青洗白”四字。这是言其身上的穿着，虽为布衣布裤，总要洗得干干净净。白的要洗得一白如雪，青蓝红绿的，是要照着色道来浆上些颜料，使其穿在身上，得到个漂亮鲜明。若为一肮脏油腻的衣服，绝没人肯穿在身上。

又人们的衣裤，很少见有打补钉者，即打一补钉，亦是蓝的用蓝布补，白的用白布补，绝不会用块灰布补在蓝衣衫上，用块黑布补在红衣服上。更无一件衣衫或一腰裤子上，各打上补钉二三十个，且是小的压住大的，横的盖住直的，有与乞讨人同样。故“浆青洗白”四字，不是在讲究穿着，是要如此才足以顾全人们的脸面。盖那时的人，尚不解以国家两字为前提也。

轿　铺

在六七十年前，凡住近城市的妇女是无不缠足，而远行较难。此不仅某一省如是，可以说除两粤外，省省皆然。今只就昆明来说，是时有习于官气的妇女，出门去走动，是无不乘轿。故尔，在六七十年前，昆明城内外，轿铺似有二三十间之多。开轿铺之老板，只要有十多两银，便可以三五两银作押佃，向背街上租一间铺面，买三五副床凳，三五顶油成蓝色的篾笆轿子，招揽些轿班住在铺内，听候人来雇轿。

一乘轿子出去，其夫脚钱不论多少，概是见十抽二。轿班在铺内住宿，则日收干号钱若干文。为老板者，每月或许有五六吊钱入手，此真可谓为吃剥削饭者。轿班们是轮次抬轿，每人每日亦可能有百余文的收入，因而能有饱菜饱饭吃，有钱喝酒，有钱吹烟，且能有钱吃肉。无轿抬时，便倒在床上，拿本《八仙图》或《柳阴记》来高唱。盖四川大班，是无一不识两几千字者。故明虽受到老板的剥削，而个人身体上的自由仍是在着。可以说，他们闲则其乐也融融，醉则陶陶然。是时在此一行道上，或许有一二百人在营此生活。

皮草铺

往昔昆明的皮草铺甚多，拼逗〔斗〕皮子的工人名毛毛匠，而习此种手艺者，亦有不少的人。是时谷米价贱，生活低微，做此手艺的人，每月亦只博得工资三几两银。老板等以其工资低微，便着其制造些易于行销之物，以博利益。乃用黑白两色的直毛羊皮，来逗三五岁儿童穿的小皮马褂，更逗出一个黑色的团寿字见于胸前，且攒有五个黑蝙蝠，背后亦然，袖上还有花纹。此一马褂，才卖七八钱银，可云物美价廉。

风筝及各种玩具

在七八十年前，正当光绪中叶，余犹是一七八岁的孩童，记得是时的玩物颇多，尤其是物美价廉。如一架有二尺多高的美寿图，或瓜蝶莲梅式的风筝，扎工又好，彩画又艳丽，才卖百多文钱一架。放风筝的线索，是多半用丝，取用于棉的较少，因一贯丝索，亦不过值几钱银啊！如一个响簧，是用圆径至寸余的新竹子来做，其形色十分美好而又坚牢，放于地面，发声很响亮，每只仅值十文铜钱。又鸡毛键〔毽〕，无不是用剨〔骟〕鸡尾上的彩毛来做，讲究者，则用雕翎的护脚绒毛披开来做，又都是用两三文道光钱做座子。这种键〔毽〕子，是用布或皮缝得很归着，极其好踢，善踢者，能踢二三百。抛团是用棉花穗做心子，复一层线、一层棉的缠至极圆极铁，然后用线织成胡椒眼的网子，箍紧于面上。此种抛团，在打转花时，能冒高三尺，真好极，且每个能玩两三年。

此外的玩物，如锡制的关刀、月斧、枪、戟等，亦很有趣，每枝亦不过五六文钱。又有用手工捏成较核桃为大的泥花脸，泥捏的虎、豹、兔、鹿、牛、羊，复用胶用油，调拌颜料，涂画于上，看去十分肖妙。又有用泥做就，上釉烧成小型的瓦提箩、瓦鞋子以及蛤蟆、狮子等，亦很足以玩弄的。

又是时，尚有一种含得有教养意味的玩物，是倩善画的人，画出些故事，如闵子推车、黄香扇枕、杨香打虎、关云长秉烛待旦、雷打张继宝等，用名手刊出，以奎连纸印之。每张约四寸宽、六寸长，价仅一文铜钱，而印出之物几近于石印。儿童买来，填以颜色，大是好看。

这些物事，是随时俱有所卖，可云是本地出产的一些玩意儿，绝不是由外省搬来的东西，尤不是从外国搬运些来卖，以绷自己脸面的货物。

发火器

在七八十年前，云南人所用之发火器，纯以火镰擦击火石而取火。其法系用一种野生之黄花茎叶，晒干搓软，乃以火硝入少许硫磺，共同而揉之，揉至绒，复晒至极干而后用，是则名为火草。用时捺火草于火石上，以火镰擦击火石，火星冒出，即能将火草引燃。

若神台上燃有香，或熏笼内燃有炭者，则用发烛引火。发烛有两种：一为麦秸发烛；一为木片发烛。发烛，即古之所谓桦烛者。此两物俱于尖上蘸有硫磺，见火即燃。

火柴，在光绪五六年后，滇中始有此物发现。初输入来之英国火柴，其形色十分美好，柴丝不是用木制造，是以线蘸巴蜡而成一约长一寸之柴枝，枝上蘸有一极其匀圆之药珠头。柴枝以一花样铁盒装贮，盒底上凸出一片细细点子，摸之刺手，以珠头在盒底上一擦，珠头即燃，但有声响，自是一种响火也。嗣后，又另有一种英国火柴输入，柴枝装贮于圆形花纸盒内，柴枝系用木造成，却枝枝匀圆。珠头分红、黄、绿、春花四色，极其美观。盒之头底两面，俱上有砂粒而染成蓝色，以珠头擦于沙上，亦是一响而出火。逮至光绪十五年〔1889〕后，始有方匣火柴运入滇来。于是，火镰遂无人取用，而发烛仍是盛行，近始云无。

碾米工具

在六七十年前，云南人所食之米，通是用牛碾或水碾，农人自食之米，又多半是用碓舂。碾米机在光绪末年〔1908〕，当耀龙电灯公司成立后，即有人运入一二架米机来，支而代人碾米，可是机件不佳，碾米多碎，以是无人照顾，机遂停置。及至宣统二三年〔1910~1911〕间，又有人办运一二较好之米机到来，能碾米不碎，此而始有人藉机碾米。至民国初年，昆明则支有米机五六架，至民国十年〔1921〕后，米机遂能大活动于昆明市。而且昆明的铁工厂内，竟有一二技师能制米机，且与外来者不大悬殊，因而在民国二十年〔1931〕前后，昆明市上，竟支有米机二几十架，于是一切牛碾、水碾遂停。

滇越铁路之勘测兴建简况

滇越铁路，是光绪己亥年〔1899〕春间，法人乃来滇动议从事于勘测，云南督抚乃派委员数人，偕法工程师往勘路线。已而北京有“拳匪”肇乱，云南之勘路事遂中辍。又迟至光绪壬寅年〔1902〕，始向近于河口一段而开始照路。自昆明至婆兮一段，是于光绪癸卯年〔1903〕开工，然是一面测勘，一面辟茅〔毛〕路。惟勘至宜良七凸坡前，竟无法循路而上，乃通电于巴黎，复电令由火把村方向测勘，而宜良实无一火把村，众猜度当是可保村，乃改向可保村方向勘去，始将此条路线勘定。

此事之奇，可保村是居于乱山中，而近于二龙戏珠煤厂，虽一头通宜良汤池，一头通火石地，而终是一偏僻村寨也，彼法京人士，竟能知道有此一地处，是非往昔有人到此查看过地形地势，不然，何能有此一指定也？可见法人之垂涎于云南久矣！铁路自光绪壬寅年〔1902〕实行开工建筑，至光绪戊申年〔1908〕，计年为七，此一条铁路，始完全告成而通车。〔按：《续云南通志长编》卷55交通2载：滇越铁路"由河口至云南省城，计长465公里，于光绪二十九年（1903）兴工，以工程艰险，停工数次，直至宣统二年（1910），始行竣工，翌年全部通车。"兴工与完工年代，本书所记有出入。〕所以然者，因倮菇飞桥建造费时日也。

昔日滇越铁路之运费

滇越铁路通车后，一切运费，不是由法国方面单独规定，是由中法两国双方酌定，所以一切运费，定之甚轻。如四等车上客座，每公里仅定铜钱八文，以一百文为一角，由昆明至宜良为六十公里，票价只四角八分。三等车二倍之，二等车倍于三等，一等车倍于二等。且四等车上座客，可各带行李二十公斤，过量则计重给费。

凡运输货物，每百公斤其运费只等于一座客之坐位票价。若谷米、豆麦、柴炭、木料、蔬菜等，则有作八折、七折、五六折之规定，其运费亦云轻矣。若藉铁路而运米救饥，运费则照定价折半付之。

昆明之法语学堂

昆明之有法语学堂，是自光绪己亥年〔1899〕始，实后于英语学堂二年。英语学堂初设于电报局内，而以电局总管赞诚为师，仅有学生十余人。越二年，始有方言馆之设置，延一姓卫粤人而教英文。是后，复有英文专修班及英语学会之成立。

法文学堂，是因光绪己亥年，法国派其铁道部内之高级官吉里默到滇查勘修筑铁道之路线，其翻译钱庆生，粤人也，余与之识，乃邀二三友人，至钱处学法文。吉见而大悦，遂成立一学堂于圆通寺内，而以天主堂内神甫名布笼歹者为师。已而迁往马肉巷，庚子〔1900〕5月，邑人毁天主耶苏堂，英法人走，法文学堂停办，壬寅年〔1902〕，始就洪化桥而恢复。

卷　十六

昆华事物拾遗之二（计六十四则）

昆明之当铺、押号

从前的人民，若无米下锅，要自己想方法，才能有饭吃；身上无衣穿，也要自想方法，才有衣穿。以不能够望政府授以粮食、授以布帛，若病倒了及没有事业做，更不能望政府有所照顾。盖是时的政府，对于人民的饥寒困厄上，俱听其自便，绝不会替人民来打理这些事。人民遭受困厄，亦惟自行设法解决，是则借贷也、当卖也，都是用来救济困厄，得到点银钱，可以暂免饥寒。因而社会上，有当铺、押号之设。

在光绪十四五年〔1888~1889〕前后，昆明城厢内外，约有人口十万出头，人人有银钱拮据时，不能不望当铺、押号，以通缓急。于是，城市上竟有十数个当铺开着，以济人之急。时有兴文、春华、万美、悦来、长顺、顺庆、长华、长美等等，中则以兴文一间为最大，此为公家所开，资本较足，月息较低，且估价亦不甚刻。其他各家，估价则刻，月息亦多为二分者，云为分半息者少矣。大当铺之当期，通为十二个月，然在实际上，又必宽限三个月，可能在十五个月内取赎，如过期不赎，当铺则将其物售与旧号铺，谓为出号。当押之物，是衣服、首饰、金银铜锡器件、文具、古物、字画等，都可以押银，但是值十两银之物，只能够押五六两银，有所谓信当者，又不在此限内。

凡当铺都具有一种特殊形式，栏柜是高及六尺，外人不得窥其内。门前招牌，是用一块长近尺七八，宽及尺二三的长方木牌，两面金漆，当中标一八九寸大的“当”字，上端则标列着较小的两字，或为“兴文”，或为“悦来”，是其号名。此木牌则悬于一木杆上，是横挑而出，上有木搭遮雨。大门内必有一堵粉墙，墨书一大逾三尺之“当”字于墙上，此凡属当铺，都具如此形式。小押号则不如是，其规模自狭矣。小押号之月息最重，动为三分息，甚有四分、五分者，当期或为半年，或为三四个月不等，过期三日，即不能取赎，人则称之为“肿心当”，但开小押号者，都非正当人也。

昆明之药材铺

昆明之药材铺，在光绪十年〔1884〕后，二十年〔1894〕前之一段时期中，城里城外，通共有二十多家。其间有为本地人所开者，有为外省人所开者，却大小不一。但是，一些大样的，是三之二为赣省人所经营，属于本地人者，不过有致和堂、春澍堂三几家耳。铺面大，药材好，生易〔意〕多，历年久而又最有名者，则为某赣人所经营之六和堂，其他都不能及。逮至光绪十二三年〔1886~1887〕间，有赣人陈鹿堂来滇，特创一门面，是为利济堂，果也门面开展，陈设焕目，药材齐全，售出之咀片丸散，都得到人称赞，于是生易大旺，直压倒原日所有之一切。

但是，在当时有能张开一药材铺于市面者，又无不于淮、浙、川、广及地方出品，样样备齐，是则不论大小铺面，俱得如是也。所以当时的患病者，持医生方剂，往药铺上捡药，绝不会云到此有彼无，就是一切药引，亦应有尽有。更如弯高粱、南瓜蒂、杉木树皮、秧草根、荔枝核、石榴皮等，亦必存备于药橱内。又有本地所产之双果草、八仙草、荠菜花、鹅不食草等，自是一些冷背之药，其铺内亦必备具，以供一般爱用冷僻药之医生不时之运用，此诚是往昔药材铺之好处，而且药材铺俱有丸药出售，至少有二三十种。

药材铺的行规

从前昆明市上之各个药材铺，无论大小，都守着一种行规来营业。在更阑夜静时，如有人来捶铺买药，是一定要应付的，绝不能云："夜深了，我们睡了，明天来买。"要是如此，必遭人斥责。因为人们害到急病，是不能不立即用药，此于人的性命有关，故尔，在任何时候，都得要起来，打开铺板，卖药与人，此真可谓之为人民服务。

药材铺之特殊形制

在七八十年前，昆明城内外之一些古老式的药材铺，实具有一种特殊形色。每间铺子，前面都为一横阑柜，内里的三方，具支有药橱和一些磁罐；当中则支一柜桌，桌上亦摆列着若干装药的小瓷缸、瓷瓶；上空则高悬一红漆小木架，挂满了戥子。

铺子多是平房，可都打有一顶棚，此而可以高悬物件。药铺亦重标扬，遂以一些长约五六寸，宽约四五寸之纸匣，实以一些蒿茅，复用白纸包成方砖形之包子若干十个，每个包子上都标写四字，如开化三七、迤西虫草、珍珠贝母、金头蜈蚣等等类类的字样，而两面俱同，此而扎以红绳，悬列于高空。若穿山甲、猬鼠皮、老鹿角等，则挂在药橱的当头，此而从外望进，是满铺俱为药也。

柜台外面之景象，亦甚奇特，若横匾、直牌与夫吊脚牌等，俱不足道。惟阶沿之两端，各支一架金漆雕花高逾二尺作曲尺形之木栏，将铺外之檐口界住，此诚是一种特异之布置也。

昆明之棺材铺

六七十年前，省垣之棺材铺最多，开棺材铺者，亦多能赚钱。此何以故？缘材板之好丑，差别至大也。兹从略而言，材板之最上者，为开化涂桫，然此亦有若干等第。所谓箭铲花、麻雀花者是为上上，然不易于寻求，以出数少也。此而下，都是论其花纹，论其色道，论其香味。有名为乌桫者，则不甚获得人的重视。除开化板外，则为本地扁柏，此则是指附近昆明百里内外之树而言。再次为东昭方面之香桫，此亦名为花板。更次为上江扁柏，此则是产于元谋、武定一带之树。有由丽江以上顺流而运下者，名为丽江扁柏，是又弱于上江矣。若圆柏材板，则认为是一种中下材质，时人多不取之，若赤松板与老沙松板，更卑不足道也。

本来在六八十年前，一口不拼不逗〔斗〕的上江柏木棺材，而且是涂桫怀头者，只不过值五六十两银。所以当时的重要人死，都能享受一具很好的棺材。然亦是滇中之木材，既多而又好也。有以"死无棺材睡，死无葬身之地"为言者，是诅咒人极毒之词语也。

素酒馆

昆明人亦喜喝酒，好浮三白者，即走往素酒馆中解馋。城里城外之素酒馆甚多，任人取择。素酒馆中，不卖市酒，独沽升酒，且多是玫瑰升。五文一钟〔盅〕，约及一两，实不甚贵。送酒有菜，是油煎窶食鱼，或油炸小鱼及油炸莜丝、油炸兰花豆、油焙蚂蚱、卤豆腐干或炸豆腐干、炸豆豉粑及咸蛋、皮蛋、凉拌豆芽、煎乳饼、连壳煮的鸡蛋，此外，更有一种下酒食物，是煮发芽豆，相〔香〕料十分齐全，仅五文铜钱一碟。其他之菜，无非十文一碟，到二十文为尽头。若二三酒徒入馆作陶然一醉，要不过耗去二三百文钱。此足以证当时之一班酒徒，绝不至“道逢曲车口流涎”，更不至举瓶而喝寡酒也。以是，当时的人，无不满意于吃喝两字。

往昔昆明的好吃食

从前昆明地方，有几种好吃食，真正好极。一是松花糕，系取松枝尖上的黄粉末，杂以他种质料而做成，一吃进口，即觉其清香、清甜、清凉极。一种呼为油炸麻叶，系用面做成而炸得极好，入于口，脆极、酥极、香极、甜极，以较所谓之兰花糖犹强。一种是茯苓烘片，其香美处，大不易于言说，惟有口舌能辨。有松子糕，真是用松子瓤和以糯米粉及糖捣融而做成。更有用面精做成之洒其码〔萨其马〕，尤爽口极。此具属于小吃食上之美味，而且为他省所无，以无此一些材料也。

昆明之洒弥人〔即今撒梅，彝族支系〕及所制食品

昆明境内，有居于花红硐〔洞〕、昭宗箐、墨雨龙潭一带之洒弥族，其人数约有数百家，亦是集成村落而居。其男子之穿着，是与汉族中村农相同，妇女之装束，则保持其原状。论此，则不仅洒弥族是如此，其他各族亦大都如是。

洒弥族人，男女俱勤谨，除栽种田地外，即以其所有之米粮，舂粑粑，舂饵块，入城售卖。粑粑名米面粑粑，而由二十里路外背入城来，犹温热可食，尤细润极，有谷米真味，故有多人爱重之。每个才卖两三文钱，价廉极。饵块亦舂得好，食馆极重之。

新蚕豆

在从前昆明城内，一过清明节后，便有村姑村妇，背着蚕豆角，穿街过巷，叫喊着在卖，此则每日能有一二百个妇女在卖此一物。价贱时，才卖五文两斤，乃至两文一斤。当此时，是任何一家的餐盘内无不有豆米，以其价廉而又适口也。异哉！是时的蚕豆，在出产上，何其如此之盛。

昆明地区盛产蚕豆

在种烟时代，农田中，春季不尽栽豆麦。但是，附近昆明之晋宁、呈贡、昆阳、宜良、富民等县俱盛产蚕豆，年各以万数个市石计。而蚕豆之消耗亦大极，就马料豆一项而论，在昆明市上，亦能日消二三市石，其他可以想象。所以当日的杂粮店内，无不用大围子堆着十石八石待售，然不多日亦即消尽。所谓囤顿，是云有数十石之存积也。回忆往昔，可云是五谷丰登。

太平缸

省垣原有若干只大石缸，列于各街头，曰太平缸。每缸能贮水十数担，用防火灾也。昔时以无救火利器，较有用者，惟一种铜水枪，能将水射至丈多高也。除此，在火势上腾时，亦惟有将邻近房屋拆去之一法。在火势不甚狂炽之际，救火者无非用水枪上射高处，在低处则用桶泼瓢浇，此以火头不旺，亦可能渐次平息其火也。若风大火狂，此又不足以为力。

太平缸内之水虽云不多，有则终胜于无。故尔，在一些火未出头之房屋下，有此一些水来浇泼，亦可使其不致成灾，是太平缸不能云其无用。后以拓展街道，嫌其有碍交通，竟不加以审存，将几十只大石缸打碎而填地，真不知保存故物者也。民国初年，官方又以遇有火警，自来水恒不足恃，转欲恢复太平缸之制，无如存者只有二三只，另行制作，当然是一种大不易为之事，其议遂搁置。

昆明之吹烟时代

光绪中叶，昆明城厢内外约有丁口十三四万，云男女各半，男丁亦应有六七万，然在此六七万人当中，直有四之一吸鸦片烟者，是老少并计也。在妇女方面，或只有百分之五为有烟瘾者焉。咦！亦即有二几万人能日日时时吞云而吐雾也。此之谓吹烟时代。

一般吹烟人之烟瘾则有大有小，有日吸五六分烟者，有日吸二三钱乃至六八钱者，甚而有日吸一两以上之人。往见有一姓许者，以耳重听，无人不称之为许聋子。许聋子为名画家许慧卿堂弟，曾补白水巡检，善奇门遁术，日须以烟膏五钱和开水吞咽，然后开灯吹烟。若不吞此五钱烟膏，即成日吹吸，亦不能将瘾过足。许聋子实瘾客中巨擘也。

昆明之吹烟人固多矣，而能如许聋子者自少，但吞一二钱而又吹七八钱者，又大不乏人也。其所以然者，因在光绪中叶，云南烟土实价廉货好，即迤西方面之花叶烟土，每百两亦只值七八两银。所以一般吹烟者，即年吹三五百两，亦只耗费三几十两银，故人人得而大吹之。

云南人之吹烟

云南人之吹烟，无论大瘾客小瘾客及一班略有瘾者，于吹吸上莫不讲究烟之香味与地道。味则讲枯老陈作，香则有酸香、芝麻香、茶叶香，乃至有糊鸡毛香之种种分别。讲地道则动以临安〔建水〕北山寺为言，次则称道开化〔文山〕之董干，若新平之鲁奎、宜良之大地、昆明之马村等处所产者，只合居于第三位也。总之，云南烟土，迤南方面所产者，较强于迤西货，近省一带所产者则高下不一。迤东方面之货则弱，一般瘾客都认其有蒿草味，不惟不屑于自吹，亦不乐于煮此以待客也。此则是吹烟时代云南之一般瘾客，于吹吸上所讲究之一些货品，亦为云南瘾客所得到之一种特殊享受，他省人则望尘莫及。

云南人吹烟，于烟具上较他省人则讲究多矣。第一是烟斗：一对老陈洪宝斗，可值五六十两银。此种斗子，果然希奇，掏出烟灰来，直似一粒一粒的朱砂，故尔人人宝贵；次为景记斗、福记斗，每对亦可值二几十两；再次为郑记斗，斯不过值数两银一对，若庆峰斗等，是又不足道也。

烟枪以金丝毛竹枪为贵，若董棕、紫竹、扁竹，只认其为别致。普通俱用石竹，然重在上下两节相距之尺寸及纹理细腻、下节之桩头美好才有价值。烟枪上尤重配合，一副翠玉口底可值数十两银，酢草、玻璃水者亦可值一二十两，然亦美观也。有用象牙口底者，是取其冬天不冰嘴也。次则讲究井栏，陈小六所打之井栏，无论为银为铜，所镂花纹靡不精致异常，而又看着极其肉实，只须微用一点胶合于枪身上，即永不走气，其手艺真精绝，一般吹烟人于陈小六所造之井栏，十分珍贵，因而嵌宝石、嵌翠玉，嵌闪嵌钻于其上。此一枪之价值即可等于中人产也。

烟盘亦多讲究，用银用铜，俱云不雅，大都取重于酸枝木嵌鱼骨花纹者。往见一套烟盘，大小三个，大者长二尺五六，宽约尺七八。斗架亦长大非常，上可列烟斗七。大盘内容有之两盘，宽长处俱相称，大小亦停匀。此三个盘子及一斗架，系以鱼骨琢磨成极细花纹，为一整部三国演义图。关公则红脸绿袍，曹操则粉脸红袍，其一切人物之像状，莫不臻妙。此真是安南人之一种绝技！

烟盒则重白牛角盒，以装烟纳于怀中，烟不乘热气由盒口走出，因而见重。次为象牙盒。若银盒、乌铜走银盒、玉石盒等，只足作一些玩物。

烟灯亦以陈小六所制者最为一般人欣赏，其次方讲到太谷灯。烟灯罩则有用水晶制者，真漂亮已极。最讲究之瘾客，灯壶内尚落下些八角油，取其灯光雪亮。

在是时，凡是有钱而又喜讲究烟具者，无不有烟盘三几套、烟枪十枝八枝、烟斗一百几十，往见父执〔挚〕中有马少云，即湖南提督马云峰之第十子，有烟斗一大箱，约在三四百个也。想此一些情事，今日言来，亦堪资人一笑。

云南人之赌风

两广人喜赌钱，云南人喜吹烟，是各重其趣之所在也。虽然，两广人亦不能忘于吹，云南人亦不能忘于赌也。云南以临安〔建水〕、蒙自、个旧、石屏一带赌风为盛，省城则赌风较弱，有支场合而赌者，究不若两广地方能随处见到也。两广人喜赌四门摊，云南人喜赌单双宝。单双宝之弊窦，则较四门摊为多。如摇狮子大张口、扎耗子筋者，是宝摊上最著名之弊窦也，所以旅居于滇之外省人，多不敢入单双宝场而支大注。

昆明地处之宝场，实输赢不甚大，而且开场合来摇宝者，大都是一些无职无业之徒，即在场合上当宝官者，其目的亦不甚大，无非欲于一日之间，能杀得三五十两银，即意愿斯足。更有等而下者，其志愿更不奢矣。其次，则有掷骰子、赶老羊之赌博，其银钱之输赢，亦有大有小，其最雄豪者，是岑毓英平服大理后，其部下之将官，如杨玉科、张保和、蔡標等之掷骰赌博，动以三千两、五千两支注，庄家掷出一付顺水鱼，赔钱讲几万两，真大赌也。

云南之有四门摊，是由两广人来开辟者。云南人虽入场而赌博，究不多也。若打大字牌与打花湖、石湖及抹骨牌，又多半是藉此来陶情取乐，故不得谓之为真正的银钱赌博。至若麻雀牌，是在光绪二十年〔1894〕后，始行流入滇中，在光绪二十年前，滇中实无此一种博戏。扑克尤是民国初年，始见于滇。

新年时的各种娱乐

昆明人在过新年时，于娱乐上实有多种之不同。一班名公巨卿、富商大贾，则以请春客为名，从事于酒食征逐。有闲情逸致而又囊橐充实之一班执业人士，则携酒食而玩水登山，以舒胸臆。一班青年男子，以平日为事务所系，或为字笔操劳，当此新年之际，人皆得而尽兴行乐，便聚集朋侪，打骨牌、打字牌、掷老羊，作小小的赌博。一班老年而精神强健，平日是最喜敬事神佛之老翁老妇，则手捧香盒，不计路之远近，而走往各寺各庙上敬香。一些不能举步出门，只能在家庭坐守之青年妇女，则聚集弟兄姊妹、侄男女等，坐青松毛上掷状元筹、打狮子围、玩升官图、赶老羊，此纯是取乐，不是真正的赌博。小孩们，亦有许多的娱乐，如敲小鼓、吹訇动〔是一种玻璃儿童玩具，壁薄，吹时发出“訇动”声，故名。〕、打秋千、踩高跷、戴花脸壳持戏具跳舞，或玩小升官图，或用骰子掷三老猴，及放花炮、劈甘蔗，俱是孩子们之娱乐事也。

昆明花炮

昆明人制造之花炮固不甚精，然亦足以博小孩们之一笑。所制之竹筒花，亦不大样而又铁末少，铁末又不用酒炙，仅持些松毛炭和火硝，故射出来之花朵不惟不大，而且稀少极。但价值廉，仅卖十多文一筒。升高亦发射不高，他若串枝莲、小纸筒花，其制作亦不精。黄烟、地老鼠、滴滴金等，每只仅卖一文铜钱，当无好货也。

养　狗

昆明人最喜养狗，狗是家家俱有，且有蓄养至二三头者。此何以故？缘在承平时代，一班好吃懒做之人，便喜出而作小偷，偷得人家户的一套布衣裤，或一把铜、锡茶壶，都可以卖得六八钱银，便能混十日半月的生活。因此，是时的小偷，异常充斥，一般人家户防范盗贼，亦惟有豢养条狗当斥堠之一法。故尔，居家户无不养狗。此则城里如是，乡间亦未尝不如是。在光绪二十年〔1894〕前后，昆明境内，城乡合计，实有烟户五六万家，养狗当不下五万条。兼之，城里的大小衙门，都是各养着很多的狗。如昆明县衙门内，直有狗五六十条，这许多的狗，有似前任移交后任者，且有狗饭田若干亩在归化寺处，归县署收租以饲狗，亦一趣事也。此即以城厢内外及一切乡间所有之狗，而以五万条计，每狗月耗米八合，年则为九升六合。五万条狗，须耗四千八百个市石，真是一笔巨数也。而往昔之人，亦不是省口挪食来喂狗，似各家之于狗饭，亦若毫不在意。此当是米粮之出产数量太多，人吃不完，故惠及于狗。

商业利息

往昔昆明人所营之各种商业，是任何一行道，于营利上都取之甚薄，动曰做一分息。若是一种销路宽广之生易〔意〕，则只云做八厘息，乃至做五六厘息。所谓一分息者，是以一两银之成本，而加上一钱银来卖也。所谓五厘息者，是做十两银生易，中有五钱银之纯利也。例如往昔之营帽业者，以三寸南京缎，加上帽里、帽胎、帽结、人工、伙食，及摊入一切杂项开支，做成一顶瓜皮小帽，实合工本二钱六七分银，以三钱银卖出，取利仅为三几分银，此即是做一分息之生易也。又如卖一匹细土布，取值四钱，所函纯利，只不过二几分银，是五厘息之生易也。只以销数大，少赚而多卖，集少能于成多，其营利之法如此，亦善做生易者也。

假有人焉，投千两银之资本而营一布业，于营利上规划为五厘，年做六千两银生易，亦可获三百两之纯利。是则八口之家，能暖衣饱食，偶有婚丧嫁娶事，亦有款摒挡一切也。以是往昔之一般投资营业者，无不衷怀快愉，且以为开得一二间铺面，将生易做稳，细水长流，便可望传子传孙，为一世守之业，其欲望不奢也如此。以是，各能安分守常，不事妄求，使社会上得到情形安定，而又能使社会上的一切贫贫富富，都不患无衣穿、无饭吃、无屋住。

滇　缎

在往昔之云南，手工业之出品不多。以昆明而论，产出特殊品物，只有数事，最出色著名者，厥为滇缎。滇缎系以生丝作纬，熟丝作经，织法有类于编布，故不能提花。其质有似山东绸，望之不甚光滑，复不细腻，但坚结甚。制衣有元青、宝蓝、银灰、枣红四色，俱能入水而色不变。若针成一件单袍，可穿二十年。也能织艳五彩、淡五彩被面。余有一被面，由十八岁盖至四十五岁，亦只旧而不滥〔烂〕，尚可改作垫褥，真坚结已极之一种丝织品也。此惟官渡村人能织，而售卖者，亦只周滇缎家一家铺子售卖。然在民国初年，即停织停售矣。官渡村人，亦能织妇人们包头纱帕，但色泽不佳，质料稀薄，大有逊于北京来者。

明角灯

明角灯一物，亦昆明特有物品也。擅此业者，系将羊角解锯成薄片，烫熨至软而拓展其质，使如一层纸薄，然后附于模型上，再烫再熨，使成一半边瓜形或成一半球形。以二合一，又烫又熨，将其缝合拢，更烫熨至无一丝痕迹存在，而成一瓜形灯罩，或一圆球形灯罩。复以胶朱绘上一些花纹，或绘一喜字及两蝙蝠，乃置于锡座上，燃烛于内，大能透亮，名为风灯。一般官吏坐夜堂审案，即赖于此，亦可以照人行动于有风处。更有制成一较为美观之瓜形灯罩，悬以木架，饰以垂须而成为挂灯者。

按此种明角灯，透亮处固有逊于玻璃灯，然望去颇为堂皇富丽，但是不无有些官僚气派。然此一物品，在近三四十年来，已绝迹于昆明城市矣。擅此技术者，或亦死尽。

毡帽与缎帽

往昔昆明境内及附近于昆明一带之城乡中人，在年龄稍长者，无不喜戴一顶烟毡帽。烟毡帽有粗细两种，细者系由一些号家从陕西运来，凡开帽铺者，无不趸此来卖。趸来时，则以青缎缘一近寸宽边，复加上一条青辫，始行售出，每顶约卖一两五六钱银。此帽可作各样形式，作猪嘴形、作畚箕形、作鱼鸭床形俱可。戴于头上甚暖，能五六年不变色。乡人以其适用而又耐久，复不伤经济，故尔乐用。粗的一种，是城西沙地马街所捍〔擀〕者，则色质俱差，其价却贱，每顶仅值五几钱银，然亦有人购用。

沙地马街，又能捍一种蛋壳形之毡帽，此则有黑者，有白者，是一般赶马者、挑鸡鸭入城来卖者及乡间放牛、放羊儿童等所戴，每顶只值钱多银。然亦有一种颜色鲜明、质料细腻者，仍是外来货，则缘以缎边，帽顶盖以云头，每顶则值五六钱银。总之，是时的缎子，无论为南京缎，为川缎，价都不贵。南京缎仅值四钱二三分银一尺，川缎仅值二钱七八分一尺，所以帽铺上，能以缎子作此使用、作此配制，并且帽铺上做一切帽子，概以缎制，绝不用布。戴帽子者，亦无不戴缎帽，绝不戴布帽，布帽谓为素帽，要有孝服之人方戴。

昆明餐馆之肴馔

昆明人所制之肴馔，诚不可厚非，如从前之长美居、采珍园、林春园、玉珍园等所制之酒席，真不让于郇公〔指唐时韦陟〕之厨。即以汤汁一项而言，确取得鸡、鸭、鱼肉中真味，岂若近日之碗、盘、盎子中，纯藉重于味精、味母而得到一些甜味耶！至于烹调，若蒸、若煮、若炒、若烩，俱无一不火候得当，故入于人口，无不称善焉。若咀嚼惯往昔之香甘，吮咂惯往昔之浓厚者，今用筷来挟取一些西式酒店中之鸡鸭入口，亦只等于步入往昔之乡间食馆，而厌其制出之肴粗恶也。咸曰：吃在广州，亦不然其说，而况各省有各省之特殊口味，云南又何独不然。

昆明之饮食

各省有各省之特产物品，各省有各省之特别口味，各省的人，又有各之特殊嗜好。

往昔昆明人之烹调口味，与往昔江南人之口味，不大悬殊。缘昆明城厢内外之居民，多由江南而来也。昆明人之家制蔬菜，固各各不同，然用油用盐之轻重及相〔香〕料上之配合，又无不同趋一致。葱、蒜、芫荽、韭菜、姜、花椒、胡椒、辣椒、糖、醋、酒、酱、八角、草果等，无不用来适合其法。或以此而去其腥，或用彼而去其膻，或用某几种相料而提其味，用某一些相料而变其性。如茄子、刀豆性寒，则入姜以制之；如香瓜、冬瓜味淡而微腥，则以胡椒粉提其味，更去其瓜之生腥气；更如炒苋菜而落蒜，炒青头菌、牛肝菌而落蒜，一是去其泥腥气，一是防其有毒。此真不是随意投入，是大有理路在着。此足见昆明人于一切肴馔上，不止讲求口味，而亦注重卫生。

此外，如街市上所卖之包子、饺子、卷子、米线、饵块、浑吞〔馄饨〕等，亦多有可口者。其他，如炒菜馆中之各种煎炒，更物美而价廉。海子边杨品家的蒸肉，一百文铜钱，可连底带面，买得一海碗，不只有半斤肉在内，而且要用调羹舀起食，本来肉是又肥又嫩，火候又到家，哪得不如此之化滥〔烂〕。然亦是当时的猪不作兴吃草，养猪者都是以米糠、豆糠及一些杂粮来喂，所以猪才有膘、猪肉才嫩。若割青草喂而望其肥壮，则难矣。

又谈到是时各炒菜馆中之各种炒菜，若炒子鸡、炒鱼片、炒腰花、炒鸡棕〔纵〕、煎乳饼，与夫卤鸡、卤鸭、卤肝肚、卤火腿等，都不过三十文一盘，给帐时，尚要打个八折，实则为二十四文。记得某一年间，余与某某两友，在杨品的馆子内大吃大喝过一次，炒菜、卤菜共吃了十二盘，大曲酒喝了斤多，结果只耗去五百多文铜钱。今吮笔写出，不啻痴人说梦。

其他如文明坊脚张某家包子、藩署前董琼家浑吞〔馄饨〕、四牌坊老岳家蒸肉、门神馆之蹄花烂肉，人们入口时，亦无不道其美好也。惟自民国五年〔1916〕后，江、浙、湖、广省人挟手艺来滇，设肆营业，创制出云南人向未尝食过之一切物品，如锅贴鸡、柴把鱼等是。夫人情莫不喜新厌故，于是走试殊方口味者自多，但有特殊嗜好者，仍以外来口味为不然也。幸赖乎此，不然，昆明人做生易之手段，岂能及于外来者哉？虽然，本地人所开之炒菜馆、蒸肉馆、饺面馆、甜浆馆，亦消灭过半矣，古语云“喧宾夺主”，大是可畏。

火腿四两饦及其由来

火腿月饼，为昆明地方一切糕饼铺通能烧制之物，不过品质上有所区别。烧制得好者，食之极其可口，是不特为本省人推重，即外省人，亦多闻名而生羡，故可称为昆明饼食中之一特殊品物。

火腿月饼，创始于合香楼，其主人胡姓。有胡某者，系从徐抚台之铭来滇之一饽饽匠，手艺极精，居徐厨多年。徐以受革职查办处分，弃印而逃，胡某遂出而开糕饼铺于抚署侧。传三代，阅数十年，在光绪初叶，该铺以新法制出一种火腿馅之月饼，是名为火腿四两饦。初制出时，亦不见十分精美，后则逐渐改革，遂得一般讲口腹者称赞，于是火腿四两饦之名，便大噪于滇南。已而又有吉庆祥出而与合香楼争胜，此种饼子，更臻佳妙。至此，昆明人在度中秋节上，竟成一种人们不可不买、不可不食之物，然亦果能快于人口也。总之，是所用之猪油，既新鲜而质又净也，其一切原因如此，故记之。

允香斋之玫瑰黑芥

昆明之允香斋，系百余年来一老酱菜铺也，制出之玫瑰黑芥，实异于众，入口嚼之，不仅香甜，而又脆嫩。所以然者，因酱缸老，做酱又概用好黄豆，酱里又落有玫瑰糖，故酱出来之黑芥，能得如此美好也。

允香斋之黑芥，能行销于港、沪及其他省，都认为是云南酱菜中唯一佳品也。若永香斋、桂香斋、颐和斋等所制者，其香甜脆嫩处终差，所以允香斋在往昔时能独擅盛名。

白铜制品

云南以产铜称著，所产之鸡血铜极佳。以鸡血铜和以其他金属对成白铜，不惟色白如银，而且有宝色。白铜之用途，第一是打洗脸盆，其次用以制水烟袋及蚊帐钩。其他的用途虽广，究不若打面盆、造烟袋、作帐钩之使用，在数量上较多于使用在其他用器上也。

在光绪朝以前，云南人最讲究用白铜洗脸盆。一个大洗脸盆，重至二三斤，一经擦洗出来，又白又亮，真也兜〔逗〕人爱。据前辈人言，在乾隆、嘉庆、道光年间，白铜脸盆大销行于当代之社会上。凡是中等以上的人家嫁女，礼柬上都写有白铜面盆一圆。本来这宗物事，既适用而又好看，价值又不高，最大最好者，不过二几两银，谁也乐于购置。铜脸盆只要随时擦洗而不碰坏，总可用到一百几十年。所谓父传子，子传孙，以至于曾孙、元〔玄〕孙，以较他种质料之盆，则强多矣。今犹见一些旧户人家，拎出祖先辈遗留下来之白铜盆来使用，虽不是希有之物，而亦是难得而可贵者也。惟是白铜面盆，以云美丽轻便，自不若洋磁盆，云光亮滑泽，则强洋磁盆多矣。

云南铜器

云南矿厂，金、银、铜、锡、铁五宝俱旺，而尤以铜、锡两种称最。往昔入于人户，举铜器一项而言，如大小铜壶、大小铜锅、铜盆、铜罐、铜盘、铜勺、铜燿〔炊〕锅、铜撮箕、铜炖锅、铜火盆，以及铜灯台、铜香炉等，无不杂见于庭堂厅厨，果也似个出铜的地方。惟自洋磁〔瓷〕、洋铁器具输入后，一切铜器，竟渺无所存，入于目者，惟一些洋磁、洋铁的器具耳。

昆明住家房屋上之迷信物

昆明的住家人户，最怕大门对面、堂屋对面，有他家的屋极〔脊〕头对着。有则必要制杜，制杜之法，是于己方屋极前，安一瓦狮子〔当地人称“瓦猫”，取意“猫容虎劲，镇宅守家。”〕，或一瓦烧的太极八卦图，或支一化铜罐以抵抗之。又喜在大门头上，栽几片仙人掌，云能抵御诸凡凶事。或者用一木水瓢，以彩色绘成兽头，瓢耙〔把〕上竖，有如獬豸的一只独角，是防恶邪也。新建门楼，门额上必钉一对羊角，曰“三阳开太〔泰〕”。此类之事，他省实无，惟云南昆明有之。

麂皮铺

云南原多麂子，所以麂皮易得。往昔顺城街有不少的麂皮铺，麂皮可以硝软，用来制兜肚、制坎肩。坎肩下段周围有袋，曰“满腰转”。一件满腰转，约值二三两银，其制作虽不甚精致，然亦不十分粗恶，着于身上颇暖。耐久处，起码以三十年计，故一般奔走于外之劳力家极喜着之，因而麂皮满腰转之销行极广。若麂皮兜肚，更有多人取用。此在数十年前，可云随在皆见有人着麂皮坎肩，系麂皮兜肚。今寻着麂皮坎肩之人，亦似求天明后晨星，只有三点两点耳。

青皮香与木浆子

昆明境内及附近于昆明之一些地处，产一种青皮香，烧燃有烟，烟气颇香，蝇触其香气，立即呛死。且燃烧一二小时，即能使镇日无一蝇飞来，真一杀蝇之妙选也。

青皮香，略似赤松树皮，亦不甚厚，乡人挑入城来卖，俱卷成筒，展开约及五六寸，或系一种较为粗大之灌木皮也。

又有一种木浆子，大处尤弱于一粒胡椒，子结枝上甚密，色白而微黄，形则圆而扁，且有香味，可以食。若舂细而拌凉菜，菜味尤美。其特有之功力，是能杀蜚蚕〔蟑螂〕，蜚蚕闻着其气立死，其效力犹强于近日药房中所售最出名之一些杀蜚剂也。惜此二物，近俱绝迹于市。

昆明的菌

蕈在生物的科目上，属于芝栭。“芝栭”两字，见《礼·内则》，庾蔚云：“无华叶而生曰芝栭。”今不曰芝栭而曰蕈者，以此一名较通俗也。

昆明境内之山间，蕈子极多，然亦有不生于山间，而产生于大树下、田塍畔者，其种类实多也。蕈属中以鸡菌〔枞〕蕈为最有名，可是鸡菌远不如富民者，故昆明鸡菌不足数也。昆明所产之蕈，应以柳树菌居第一，清、甜、脆、嫩四者俱全，但出数微耳。次为北风菌、冻菌、青头菌、黄牛肝菌，此俱质美而无毒。若黑牛肝、白牛肝、胭脂菌、麻母鸡等，人多疑其有毒，不敢轻食。有谷熟菌、鸡油菌、刷把菌等，虽无毒，却味不见佳。又有干巴菌一种，形则粗劣，味殊清甜，且有香气，有与迤西之虎掌菌同一味道。

昆明的草药

昆明山谷间实多小草，能入于药者尤不少焉。若半夏、天冬、柴胡、茵陈、荆芥、防风、白芨、良姜、淫羊藿、青蒿等，尽人皆知其为方剂中药物也。有知其名而不深悉其性者，有知其用处而又不能呼出其名者，此在山间，真不知有若干百十种也。然又有若干种类，人们已能知其性，能呼其名，而又不入于官药，不见于本草者。可是，一投治得当，亦可望厥疾得瘳。如千针万线草之治虚痨，双果草之治疝气，五叶草之治虚烧，八仙草之治骨蒸症，舒筋草、透骨草之治筋骨疼痛，血莽草根之消肿，还魂草之治跌打，是皆一些特效药也。

山中小草之能治重病者，据余所知，已在五六十种，兹不过略举此数种而言之耳，余俱详于余之医书四种中，故不多及。至云《滇南本草》中之所列者，然有多种，非得人指认，不易辨别也。

陈鹏九之果园

省垣四周，水绕山环，而群山万壑，大都墓冢累累，若作谐语，是不种树而种人。至于平地高原，自是树艺五谷。城市之间，即有空地，一般人又喜种植花草，以增兴趣，故在近城之二三十里内，果实林树实稀少焉。市上所售果品，什九来自外县，本地出品，恐无十分之一。

在清代之末，有黔人陈鹏九氏，自东瀛肄业归来，大醉心于实业，就黑龙潭侧之山凹中，购得荒地若干，长达数里，宽逾里余，雇人开垦种植。积二十余年之经营，成就果园一大片，若桃、李、梅、杏，若梨、柿、橙、橘，若枇杷、苹婆，若林檎、樱桃，与夫棕榈、楸桐，诚满山盈谷。闻其种成之树，实万有余株，在十数年来，年中出产之果实，已在五六百挑矣。

陈又在山中养蜂蓄蜜，种薯制糖，以是操劳服务之人常有五六十名。知其作为者，无不称之为莳艺界中巨擘，而陈亦以大实业家自命。就事而论，陈实具资本，穷心思，尽劳力而扩充生产者，似无病于国、无害于民也。讵意年来出产日盛，获利较丰，于是象以有齿而焚身，祸可从天而降。斥为剥削者，似也，然藉人劳力，亦有相当报酬，终于剥削两字不适合。谓为大地主，亦似也，然种植果木，非地弗托，而况是购荒山荒地而开垦之。世界国家，亦只有教人增加生产，实无一是不许扩充实业者。而某年，陈则以生产太盛，获罪而死，亦云奇矣。陈死究不足惜，惟事以得人而见兴，以失人而致败。陈死去，后之者，又能否如陈之经营整理乎？否则一年凋伤，两年枯槁矣。度一二十年后，或者果园又将变为棘丛矣，是则真足以惜。

〔2012 年 9 月 14 日据陈鹏九之孙陈明德称：陈鹏九为其祖父，祖籍四川，未曾赴日本留学，自小随父学艺制作皮鞋。逢蔡锷讨袁，以承接制作滇军皮鞋致富。后于黑龙潭之侧置地种植果木，养蜂蓄蜜，从事实业。陈明德原在富民县一所中学任教，现退休。〕

昆明早年制作之香肥皂

在六七十年前，滇中人士，极其简朴，于梳洗上，只不过用块鹅油胰子以求清洁，盖是时，以一切香皂犹未有人造出也。若北京之引见胰、四川之香肥皂，俱嫌其价贵而不乐用。

鹅油胰子，是将若干个猪胰子切碎，入于石臼内，舂成膏脂，乃加上土碱、麦面、豆粉及一些香料末，如甘松、山柰等，斯而以人力将此一切质料揉至极融极腻，便乘其滋润时，分作若干小团，陆续就其模型，按成一长寸半、宽一寸、厚五分之一块灰黄色略有香味的肥皂。然望去，实似一块糕，而用来洗脸洗头，亦颇能去垢腻。至论此种物件，是与糖食糕饼等实无丝毫的连合性，而卖鹅油胰子者，又惟糕饼铺是任，在他种行业上，又绝不制造此物来卖，此真不能解释其理由。

棉　纸

棉纸，系用楮树的枝叶及其树皮制造，不是用竹制造。云贵两省楮树极多，故此两省制造细料纸，都以楮树为原料，随命名为棉纸。此一种纸，能行销于各省，以他省无此种纸产出也。江浙方面，虽有一种桃花纸，亦有类于滇黔之棉纸，但色质终差，尤不适于印刷上用。滇黔之棉纸，是一产于滇西鹤庆，一产于黔南兴义，而每年出产之数量殊钜，各能有二三千驮运出。

棉纸之种类殊多，最美好者，为米浆大书纸、米浆大票；次则有大岔料、大申文、次等书纸；又次，便为普通岔料、申文。其最小最薄者，名为清水纸，此为小孩们写影本所用者。清水纸固小固薄，然较一九五六、七年间，市面售卖之岔料纸犹强。所谓之米浆大书纸、米浆大票、提庄大申文，实细腻白净、厚实宽大。今捡云南官印局第一次印出之《滇系》、岑修滇志〔光绪《云南通志》〕来看，即见是时之纸张美好也。噫！今之棉纸恶劣，推求其故，是由文教上以不取用此项纸张，其精美处故节节退化也。

永昌围棋子

围棋子，以云南永昌〔保山〕子为最好，然要在嘉、道年间烧出者，方足以为贵。盖是时之烧出者，取黑子照于日下，在透光上，则作秧绿色。且也，无论存放至若干年，复不经人手弄，俱不起霉、不裂碎。此一自永昌汉、回相残，保山城厢大乱后，能烧制棋子者，什有九死去，配料之法失传。第至光绪年间，即有人烧出棋子来，若取黑子照于日下，透光上，只能作淡绿色，复带着点淡蓝色。

昆明有一解家，原住在五福巷内，亦能烧制围棋子，照之，亦是现蓝绿色，且一经搁置而无人弄，其黑子无不一一破碎。此不仅是火色有关，实是配料不如法也。

真正之老永子，今在昆明市内，恐无二十副，有者，无不宝之。日本人固重围棋，然制之棋子，则逊云南之永子多矣。

凉拌螺蛳与螺黄

昆明池中盛产海螺，咸名螺蛳，螺蛳却形体不大，仅及一小儿拳，壳圆而尖长，有旋而瘸，干则色白。内含软质，却具有不少的涎汁，人以手法取出其软质，扎草把杵之，去其涎汁，配以芝麻酱、甜酱、芫荽、蒜泥等，入口脆而且滑，复饶有滋味，此一种食品，滇人极喜啖之。

螺蛳有黄，名为螺黄，入于荤汤内，加韭菜而烩之，可供酒席上用。

昆明地下之螺蛳壳层

前数十年，轿子巷内某姓，掘井而无水出，认为是不及于泉，遂深掘之，约及二丈五六尺，即发现无数的螺蛳壳，似厚处可能有数尺。又稍去其螺蛳壳，便有泉水冒出。

又东寺街之西寺巷内，某姓亦以掘井，深及二丈，而亦有螺蛳壳发现。可知此一带地方在若干年前，概属巨浸也。

少白楼

数十年前，南海子边之映陲楼对面为少白楼，楼在海心亭之中路左边口子上，三面环水，一面近路，实一雅胜地处。楼前有桥，楼中则卖茶沽酒。楼下有杏树一株，粗及拱把，主人以竹竿挑一青布旗斜插树上，是为酒帘，盖取《红楼梦》上“杏帘在望”之义。咦！昔人做事，多不鄙俗。

谢　孝

往昔昆明人办丧事毕，则有一种谢孝之举动。谢孝是印若干张谢孝帖，帖之上端，印一红谢字，约及酒杯口大，下则照讣闻尾页，印出孤哀子、期功服弟兄子侄之名。孝子则于夜深人静时，着白衣、包白头，偕三二人，走往曾来吊孝者之家门前，向着其门磕一头，塞一张谢帖于门缝内，又走往他处。此于父母之丧，真慎始慎终。

入学后之拜客

科举时代，士人初步获选，称为入学。得入学者，便向各亲友处送报帖，是必有人来贺。此则于五六日后，彼入学者，则头顶缨帽，帽以一银雀为顶子，夹以金花两支，身着蓝衫。蓝衫是以淡蓝色薄绸为质，缘以约及四寸宽之黑绸边，袖短而阔，长不及袍，套于袍上，有似一件长褂。便着子侄辈，挟着一床红毡，偕同弟兄一二人，走往亲友家，向长辈行礼，名为拜客，实则是向来贺者谢步耳。

昆明居民之原籍

昆明之当地人，什有六七云原籍是江南，且多云是柳树湾一地处者，顾此，亦非虚言。从事实上来说，傅〔友德〕、蓝〔玉〕、沐〔英〕三帅征滇，带来之兵士，自有不少的江南人。沐英留守云南，部卒是全留于滇，驻守至若干年，其世系流传，无不由一江南人而变为一云南人。又留守于昆明者，自较于他县者为多，故世系上流传之广，亦倍于他县。所以往昔昆明地方的居民，有多数言其原籍为江南也。

虽然，留守于昆明之兵士固多，在数字上，要不过一万几千人耳，又何至有如此之盛耶？惟据前辈人传云："沐英原为洪武帝义子，且受过马后乳哺。英留滇，马后遂以私函询问滇中情况，英答以昆明遭兵燹后，居民不多，地方近于荒凉，一切多感不便。马后乃请于洪武帝，移江南人口实滇。帝亦以江南人口过多，遂许之，饬有司移江南居民数万户，押送至云南。惟路程遥远，驿路多有死亡，到滇时，或者只存得半数，英乃留之于昆明，此所以昆明地方多有江南籍人也。”按此一事实，不见载于史册，但是，昆明地方又确有此一古话流传也。老友叶梓良则云：“往昔阅某种笔记，亦载有此一说，以日久忘去其书名也。”

又据江南人士传云：“马皇后移江南居民数万户至滇，实有由也。马皇后原系郭子兴之女奴，以未缠脚，是一双大脚。洪武登极后，马后当然母仪天下，江南人笑其为一双大脚，在人民庆祝元宵夕，有人以纸扎一只数尺长之大红鞋，又装扎四个和尚坐于鞋内，牵之以线，使四个和尚能在鞋内点头，见者无不哗笑。马后闻之，认为侮己，便心中忿恨，移江南人于云南，是泄恨也。”据此一说，是实有移民来滇之事。此亦有人云“此曾见于某种书上”，而余则未得阅其书，终不能据此以为实也，故余撰《昆明民族概略》时，亦未便引此以为言。

昆明人之语言

往昔昆明人之语言，实多与南京人之语言相同，其最显明者，是向人谈话，口头恒不离去“您家”两字。昆明人只以口音重浊，将“您家”念成“您且”（“且”读作平声，如《葩经》之“狂童之狂也且”之“且”字音）。昆明人尝伸中指以向人，亦是江南人不满于对方之一种动作。昆明人之治肴，亦多类似江南人之烹调。更有几种事业，在情景上，直似南京人。如做水鞋、打皮底之铺，都是以凳搭板，成一约及二尺高之平台，人坐其上而工作。又昆明之兑换银钱铺，在形式上亦与南京相同。又甜浆馆之门面与其出品，亦与南京的相同。又银匠铺陈列各种银器之形色，亦是与南京的相同。此外，尚有很多的行业铺，亦无不形色相似也。

“蓝季子会大哥”一语之来历

昆明有“蓝季子会大哥——饱餐一顿”之陈语。闻此是六百年前之一种古话。其根由，据一些前辈人言：“来征云南之蓝玉，有季弟，当在乡里间时，人咸以蓝季子呼之。蓝季子系一无恒产、无恒业者，常游荡于四方，闻得长兄蓝玉挂帅征滇，便由某一地处走来相投。惟路远山遥，程途直有数千余里，囊中又空乏，在行程上，自不免挨饥受饿。抵滇后，一见其兄蓝玉，开口便道，腹中十分饥饿。玉乃着人领季子往街前食馆中饱食。讵意季子以久不得饱，致肠瘪而胃干，今突然大嚼肉食，食下便不易于消化，食物在腹内一填实撑胀，遂将季子胀死。”此一陈言之所由来也。

徐之铭之丑闻

同治初年，任云南巡抚兼署云贵总督之徐之铭，系贵州黄平县苗族，由进士出身，历官至云南按察使。时滇中多乱事，朝廷以徐服官于滇日久，特简授为云南巡抚，遇机会，遂兼署云贵总督。徐性好渔色，凡近身女仆，无不有染。徐于此是既挟其威而又动之以利，只要膏泽一降，即予以元丝锞两枚，于是一般下走〔即仆〕转以得充下陈〔亦指官僚时代之后宫〕为幸。但徐器修伟，当其锋者，莫不以棒棒名之。时则不知有若干女仆抬过此棒棒者，此夸被耀，徐棒棒之名，竟大噪于时。后为张亮基署其恶而弹劾之，获革职查办之罪名。然因事故，徐仍得留于任，但声名则狼藉甚矣。

岑毓英据守藩署

同治初年，潘铎来督滇时，滇中乱事粗平，也可云得告一小段落。不意武定参将马荣，突然带兵进省，竟将潘督戕害，于是乱事又起。

马荣戕害潘督后，遂逞乱于省垣，幸荣之兵力不厚，只将昆明城内之西畔占住，其重要据点，则在五华书院、翊灵寺、土主庙、文庙、武庙、城隍庙、五灵庙、吕祖庵等处，更占领了大小西门。时岑毓英署藩司，有粤勇二三百名，岑闻事变，立将藩署扎稳，马荣以兵力攻之，终不能克，遂退守各个据点。时乱事猝起，若抚台，臬台，粮、盐道等，莫不奔避于藩署内，直无一人敢于漏〔露〕面。人民亦各各关门闭户，众所瞻瞩者，则惟岑毓英一人。

黄培林之死

马荣戕害潘督后，跟着任云南府之黄培林、署昆明县之翟令，亦先后遭害。但此二人，不是由马荣直接杀死，是被马荣部下之乱兵所杀。黄府于潘督遭害后，即往查南城，是徒步而行，随行者亦只二三人，一跟丁则捧着大帽。回至西院街将近五福巷口时，则见有十数乱兵自上而下，黄府则走到某家棉絮铺前，背街而立，乱兵等则高声问道："什么人？"从者答："本府大人。"乱兵等便一声喊："杀！"遂将黄府杀死于棉絮铺前。此为余父目击者，后语于我。翟令是出而查街与乱兵相值，被杀于皇华馆前。是日城内虽云纷乱，而人民方面却无一受害者。

岑毓英与马荣会哨五灵庙

岑毓英虽守住藩署，却常被马荣部下围攻，幸守御得法，未被突入，然亦岌岌可危。幸次日薄暮，岑部下之蔡标、马忠、李维述、何秀林等，俱各带百数十人飞奔来救，且得突入城内，由是而与岑之粤勇合，方将南门、大小东门及南正街之一切横街口把守住。马荣知事不易成，遂设计图岑，邀岑往五灵庙会哨。昔之会哨，亦犹今日之云开会。岑则毅然欲往，众曰："是入虎口也!"力阻之。岑曰："吾前去自有说辞，如不前去，再度二三日，彼裹胁〔挟〕愈众，来攻愈凶，吾等又何足以据守，是则省城覆矣。吾去能不为彼所杀，俟外援至，彼犹可图，或可以擒。吾若被杀，亦是尽忠于朝廷，君等可另奉贤能，保守城池。又吾有老母在此，君等当为我护送回籍。"众见其志决，亦壮之。

次日，岑即于一切上部署周密，并沿路置兵防患，随带从人二，便衣徒步，含笑而走入五灵庙。时马荣见岑作此态度而入，不胜诧异。岑见荣，随笑而言曰："你们天天云要杀我老岑，我今自行走来矣，杀之甚便。"荣乃笑而答曰："乌有是哉？盖请公来，商酌一共同维持省城之安宁秩序办法也。"茶罢，岑即对荣而言曰："潘制台今已死矣，亦惟有奏请朝廷，另简大员来督滇，然须时日耳。今省城之情形若是，你我俱负有重责。徐抚之才能，相信你亦认其不能肩兹重任，必得要另寻一人，出而维持现局。但此一人，须汉、回两方共同钦服者，斯则难矣。我思之者再，惟马主教复初足以当之，我等可挽其出来，暂权总督篆。"马荣与其部下，闻到岑言，无不大乐。既而马荣则对岑而言："事固好极，但恐马主教不肯出来耳。"岑曰："不妨事，你我可同往强之。"荣诺，岑遂辞出，挽荣手而行，荣亦解其意，遂搀手而行至将近三牌坊处，始分手云别。后来滇人夸岑之入五灵庙会哨也，亦犹关壮缪之步上临江亭，曰："壮哉此行。”惟此一事，国史上却未载及，岑之行谍〔状〕上亦无所叙。或曰：此终不能归之于正也，故两无所及。虽然，亦是一极有价值之逸事。

马复初暂署云贵总督轶闻

岑毓英入五灵庙会哨后之第二日，毓英即偕马荣走往马复初处。复初正缠白头做礼拜，荣与毓英，共向复初陈述其意，复初不允，荣与毓英共强之，复初曰：“是牺牲我也。”时舆夫已将潘督大轿抬至，荣与毓英，便逼促复初坐入轿内，直抬往制台衙门，荣与毓英则乘马尾缀于轿后。复初入署，头上犹顶着白套头，随鸣炮升堂。红示上衔条署着“钦命云南全省总主教暂署云贵总督马”一行字，此亦是千古奇谈。

马如龙

马献投诚后，已易名为马如龙。如龙与署临元镇总兵梁士美有夙仇，潘督接篆后，如龙便向潘督言，士美党于临安〔建水〕方面一班作乱之回人，愿带兵往除之。潘初不许，如龙言之者再，潘不得已而许之，如龙遂带兵往临安，云除梁士美。马荣戕潘督之日，如龙正与士美鏖兵于建水城下。岑毓英计，惟马如龙能除马荣，乃作书沥血，激以忠义，派人星夜飞驰临安，要其立即旋省平乱。如龙亦激于义愤，舍士美而奔驰回省。马荣自马复初登台后，遂大开六城，听人出入，今闻马如龙回省，究不知其是来助己是来助岑，乃派兵千人，逆如龙于石虎关，相机对付。讵知如龙行至晋宁，即分兵两路，派强将马某率兵一支，从石虎关方面进南城，己率一部分乘船渡海，从小西门入，且先半日秘密入城，马荣却不知也。如龙进城，即走往督署，责复初曰："是岂可为之事欤？"复初曰："人牺牲我也，我入此，即认定是我之死期至。"遂取印交如龙，自乘轿而回家，是则坐了十二日的总督。如龙将印交与徐〔之铭〕抚，立与岑毓英会剿马荣之众。马荣知事覆，潜由北门逃出，走往铁锋庵，招集得一些漏网之残兵，乃走往寻甸，投奔马联升，后则据曲靖而作乱。

岑毓英、马如龙攻曲靖

同治年间，马荣与马联升作乱于迤东之曲靖、寻甸一带，为日颇久，岑毓英乃率兵往讨之。然用兵三月，仅将其城外之壁垒攻破突平，曲靖城则无法攻入，岑只得函请马如龙往助之。如龙至曲亦月余，始攻入城，擒马荣解省，磔之于市，剜荣心肝以祭潘督。设祭于南较场时，如龙部下回众，多有忿怒者，一时砖瓦齐下，主祭者为臬司宋延春，大惧欲逸，如龙怒，出而喝止，一班恶作剧者，始不敢妄动，方得毕其事，然亦危矣。

十八大司围省城

十八大司围省时，回方营寨，真是星罗棋布于城之四周。时岑毓英方由猪拱箐踅回，驻节于曲靖城，所有部伍，却在东昭一带停留。是时的省城，诚有累卵之危，其一切防守事，全赖马如龙支持。幸不多日，十八大司中之首领马国春病死，军无统率，杜文秀之婿蔡廷栋，时称之为小扬威者，又年少不更事，于十八大司中多暗助此抑彼，于是人心解体，竟有不少的翻旗者，岑毓英乘此机会，乃由曲靖回省，引兵攻击省坝内之回众，又节节胜利，一班大司遂不能支，城下之围亦渐次解除。

李芳园之投诚

杜〔文秀〕方军事失败后，大司寇李芳园知事将瓦解，乃商于文秀之女冠军将军杜畹华与扬威将军蔡廷栋，作假投降计，向岑毓英方面投诚。岑知其诈也，而亦纳之，着马如龙收杜畹华为义女，偕蔡廷栋寓于如龙家中，置李园芳于吴永安家下。已而，畹华、廷栋勾通监守者马某，图潜逃，廷栋得逾城垣而逃归大理，畹华为侦者所获，如龙则杀畹华于宅前，杀李芳园于都司衙门。

雷电击楼

在蔡廷栋等假投降时，自有一干仆从跟之入城，岑毓英则分别而安置之。在马如龙宅内，即安置有十余人，俱住在一座大楼下，楼上则堆有不少的火药、火绳而锁之。一日，大雨鸣雷，共〔只〕见一团电火由空中直下，穿瓦背而入楼，于是霹雳一声，震惊遐迩。结果，是将住于楼下之一回人击死，细审详勘，是屋瓦揭开、火绳掀开、楼板打穿，却不波及于旁堆之火药，亦天地间之一奇事。

徐之铭畏罪潜逃

徐之铭蒙革职查办罪，已有两年，而竟未离任者，以有种种之故也。逮至劳崇光来督滇，旨催查明其事，中则以徐着何有保派人暗杀新简陕抚邓子揆于曲靖一案为最重大。劳至昆明后，不往拜徐，徐大惧，乃偕其一宠妾，乔装成僧遁出城去，后不知其所终。

岑毓英之诡诈

论滇中乱事，能告安靖下去，岑毓英实树有最大勋劳，滇人爱戴岑甚，动曰“我老宫保”。然偕马荣拥马复初出而摄督篆，是为省城大局，而作此一通权达变之谋略，可云是一种不得已之行为。事固不正当，人民却谅之，朝廷亦谅之。论事过境迁，此可不提不议，无如岑之气度终狭，务欲将此一不正当之行为设法掩尽。在滇事结束时，岑则上奏马复初若干罪恶，似滇中之一切乱事，都由马复初个人造成，且有涉及马如龙之处。结果，毓英则命马忠絷马复初于新兴州〔玉溪〕，已而押解进省，复初行至安江村，即绝食而死。马如龙受冤后，尚有白氏夫人发冤单，为如龙洗冤事。是故君子认岑毓英是一“过桥丢拐棍，病好打太医”者。吁！岑实是一个时代上之枭雄也。

马加〔嘉〕里案中之冤魂

光绪十年〔1884〕前，滇人杀死法员马加〔嘉〕里一事〔此事发生于光绪元年，即1875年春。杀死人员乃英人，非法员〕，惹起之风潮甚大。法方派专员至滇中，朝〔廷〕则派钦差大臣李瀚章至滇，查办其事。时岑毓英为滇督，于此一事，责无旁贷。而马加里之死，则明知是杨玉科部将段某，使其属下将此人杀死。事至紧急时，彼行凶者又逃逸，寻根究柢〔底〕，当坐罪于段某，段又拥有兵力，不能缉办；杨玉科乃为岑毓英献策，促〔捉〕二三不通汉语之野夷来充抵凶犯。岑许诺，杨乃在丽江属内之某一地方，捉来傈僳三人，果也不甚懂得汉话，随派人诱之以银钱，并许以将来之好处，愚者无知，遂听其教导。于是教以上堂应名后答对的几句话。此一办法，可也得到钦差大臣李瀚章之同意。

某日，中国钦差、法国专员与云南督抚，就督署大堂会审人犯。凶犯带上堂，照单点名，一一应名讫，此当然是钦差大臣问话。问："你们是哪一个地方的夷人？"答："我们是××地方的夷人。"问："你们是夷族中的哪一族？"答："是傈僳。"问："在某处死去的一位洋官，是你们把他杀死的吗？"答："是我们将他杀死。"问："你们为什么要把他杀死？"答："他拿木棒乱打我们，我们才把他杀死。"问："用什末〔么〕凶器杀他？"答："是砍柴刀。"问："是一人动手，还是几个人一齐动手？"答："是三人一同动手。"问："你们知不知他是外国的官员？"答："我们只知他是个洋鬼子。"至此便不往下再问。

已而中法两方，俱将人犯口供录讫，钦差大臣便认为供词确凿，问法专员："于此口供上有无异议？"法专员惟应曰："唻！"钦差大臣又向法专员云："此在中国法律上应枭首示众。"法专员则曰："唛！"钦差大臣则宣示云："将此三名凶犯带下去，就衙前砍下其首级，悬于三牌坊下示众。"此而退堂，一场大事，方云了结。是时，余在童年，闻得家中尊长作如此谈说，当然不是一种浮言。

〔英国于1862年吞并下缅甸，并取得在上缅甸的通商特权后，一心想从缅甸侵入云南。1868年曾派赖斯登率武装探路队探测由缅甸到云南的路线。1874年又派柏朗率领约二百人之武装探路队，由缅甸向云南进发，驻北京英国使馆派职员马嘉理到云南边境接应。英国的侵略行径，激起了云南各族人民的愤慨，奋起保卫祖国的领土主权，把不听劝阻的马嘉理及其同伙数人击毙，迫使探路队退回缅甸。英国趁机向清政府提出许多无理的侵略要求，并派兵恫吓。史称"马嘉理事件"。本书此则记述，得之传闻，极不准确，多与事实不符，并误英为法，但为保留原书面目，聊备一说，除将其中"法"改为"英"外，其余均未予改动。〕

潘荣贵起义轶事

论近百数十年来，在云南省内，云起而为乱，足以称为聚众造反者，亦有数数。其最滑稽者，则莫如光绪十七年〔1891〕正月间，潘荣贵偕黄二布客之一场造反事。潘之萌异志，以得到乩坛上一首诗，曰："笙箫鼓乐下凡尘，真命天子八月生；二月春城花似锦，乾坤送与水米人。"潘认为句句都与己有关合，将来必能居九五之尊。糊涂极，谬妄极，遂于澄江、路南、宜良、呈贡一带，广设圣谕坛，望藉此而得众。其军师是呈贡廪生华炳文，大元帅是在富民、武定一带乡场上支摊卖布之一姓黄者，村农称之为黄二布客。潘欲起而造反，其决定之时日，是在所办之龙华会上的正月十五日，集一切会友而举旗。讵意黄二布客竟不顾潘荣贵决定之时日，而先在富民所属之冷村地方动手。最笑话者，帅字旗尚是取用冷村中某寺庙的黄布神帐，此真把造反当做儿戏。然闹不上三日，一般首要便完全被擒，一一斩首市曹。最趣者，是华炳文曾纳粟捐教职，死后一日，部文即到。华得选授白盐井训导，其为一场滑稽剧最后之一趣语耶！此真足以传也。

梁元斌烈士之死

国家为培植人材而广设学堂，政府之于学子也，应养护之，不合加以摧残。学生有逾越轨道之行为，或有违悖礼教之词语出口，而又是在触犯政府，此可责之于校长与班导师。学生若不受教导，可以革除，焉有以口出不逊之言，即以枪弹夺其生命？有此种事件发现，唯在国民党专政后。如在民〔国〕十八年间〔1929〕，李宗黄枪毙学生梁彦彬一事〔按：梁彦彬应为梁元斌，梁被李枪杀，系民国十六年（1927）十一月三日午后事，所记梁名及年代均有误〕。时李宗黄既为政府中要人，又为省党执委，乃有禁止学生集会游行及出而讲演之主张，此而引起学生们之反对。其中又有某些教员，暗中耸动学生，于是各中校之学生，遂出于街前，在各冲要处，登台演说，且痛诋李宗黄，然已不止一日。

某月某日，有成德中学学生梁彦彬〔元斌〕正在关岳庙〔今武成路武成小学所在地〕前，站立桌上，逞利口詈李，然果也有若干辞语，十分恶劣〔按：1927年11月20日《云南省教育周刊》第一期5~7页所载飞熊撰写《血花也开到了云南》谓："大中华民国十六年（1927）十一月三日下午二时几十分，成中学生梁元斌君，在武庙下街正向着民众宣传：要反抗胡、张勾结贵州军阀侵略云南，应先打倒他们的走狗及其奸细的时候，听众中突发出'拍！拍！'的枪声，我们那可敬的战士梁元斌君，竟鼓着眼睛而倒地。他那为要达到解放云南民众而沸腾着的热血，便登时迸发而成革命之花！"前久并载，翌日，省会小学以上男女学生向省政府大请愿，请愿结果："省务委员由公（由云龙）在开武亭向大众负责答复道：这次的一件事，政府已经明了，明天定把嫌疑犯李伯英（李宗黄）拿上五华山来，决不能让他走脱，你们明天可以派代表上来看，大家回去罢！如果政府失信，还能代表人民吗（大意是这样）"〕。李经是处，闻其口头之言，大是难堪，遂以怀中手枪付从者，往击梁彦彬，一击不中，梁从台上跳下，奔入关岳庙侧之一小巷内，持枪者追入，竟将梁彦彬击死于巷之深处。斯时也，李宗黄若仍有不甘心之处焉，仍在庙前逞威作势。一时学生云集，竟欲挚〔执〕李而殴死，李窘甚，幸闯出层围，走往庙左陈和南医馆内藏匿。学生等寻之不获，遂将死者抬往省议会内，要求政府惩凶。然又不能指出实行下手之人，云惩治李宗黄，李又非下手者，政府于此，亦无办法，学生们亦唯叫叫嚣嚣耳。其间情节，又不免有许多左弯右转处，学生等只得将梁尸抬往某处安葬。出丧之日，李宗黄则命党中要员刘鍾铭〔明〕，带领若干便衣队，各藏手枪，由马市口站立起，直至正义门，监视着学生，不许在街前喊口号，学生们亦唯有垂头丧气而行。吁！此可云是学生们失败，党官们胜利，余乃得而判定之：党官犹雷神也，不可以触犯，触犯则遭雷殛。

"一二·一"惨案

在抗战胜利后之一年内，计其月日为是年十月之某一日〔系1945年10月3日凌晨〕，蒋中正〔蒋介石〕遣中委李宗黄至滇，偕二、五两军

〔当时昆明驻军为第五军邱清泉部〕，解决云南主席龙云。事讫，李宗黄就省主席职，兼民政厅长〔蒋介石以武力胁迫龙云下台，改组云南省政府，任命卢汉为云南省政府主席，卢因在越南受降，未到任前，派李宗黄为国民党云南省党部主任委员、云南省政府民政厅厅长并代云南省政府主席〕。李履任后，即大施策略，其最注重处，则在学生方面，是力禁开会游行。一日，有学生若干，开会于师范学院内，会议时，涉及宗黄事，宗黄怒，促关麟征派兵前往威胁，军士无知，开枪轰击，竟死学生三人、他校之教习一人〔此段记述有误，所谓一日，即1945年12月1日，在此之前，昆明大中学生因“反内战、争民主”，曾于11月25日晚，于西南联大新校舍举行时事晚会，会议进行时，不仅受到捣乱，且遭到驻军的枪炮威胁。翌日，《中央日报》据中央社发布消息，登载标题为“西郊匪警，黑夜枪声”。由于武力威胁开会及诬蔑新闻的发布，引起广大爱国青年学生的不满，于是便相继罢课，并开展宣传活动，以示抗议。至12月1日，当时的党政军部门协同派遣若干人员，在昆明袭击各大中学校，是日在联大师范学院内，肆意闯入，捣毁校具，寻衅打杀学生，结果用手榴弹炸死联大学生潘琰、李鲁连，昆华工校学生张华昌。与此同时，军政部军官总队的部分人员，又攻打了联大新校舍，用手榴弹炸死路过联大上前劝阻的南菁中学教师于再。此即现代史上的“一二·一”运动及当时牺牲的烈士〕。于是各校罢课，通电全国，要求政府惩凶。

纷扰多日，宗黄大不自安，更惧遭人狙击，遂于门前置卫，室前设卫，出入警跸。每至省府或民厅，俱用百数十名武装卫士，乘着若干架吉甫车，夹其所坐之汽车而行。进民厅时，至介福寺前，前者即下车排立，一直排到民厅内之大办公室前，后者则夹护其左右。比较唐继尧、龙云二人在军兴时代之防护尤严十倍，斯则可怜而亦可笑。

罗树昌叛变之由

论民〔国〕十六年之“二六”政变〔1927年2月6日〕，四镇守使倒唐，实唐继尧自有以成之也。其根源是种自民〔国〕十四年〔1925〕，迤西腾越道尹出缺时，唐之参谋总长孙永安，则建议于唐，请擢罗树昌为腾越道尹仍兼迤西镇守副使，所遗团长缺，以迤西独立营营长史华充任。盖以二人俱在迤西日久，于边地情形极熟，且在腾、永、顺、丽一带，尤负有声望也。唐不纳其言，而以参谋处第二部长李炳阳为腾越道尹。

李炳阳，昆明人，庸材也，毕业于云南陆军小学，与唐继虞为同学友，继虞常推炳阳才能于继尧前，继尧故擢而用之。炳阳抵任后，与罗树昌大不洽，至互相攻击，唐遂解树昌之团长职，以刘正富继其事。树昌叛变，乱事及于维西、兰坪一带，唐于此不能不派重兵往剿，乃着陈维赓统劲卒三团，上迤西剿罗。此而唐继尧身旁，只有三几团未经训练，不足以用之新兵在着，故尔四镇守使敢起而倒唐，此非唐继尧自有以成之耶？

蒋介石解决龙云事件之又一说

蒋中正之突而遣李宗黄来解决龙云也，有深悉其内容者云：“蒋于抗战胜利后，是急于要解决川中刘文辉，并不亟亟于滇中龙云。时则调兵遣将、布网张罗，待动手于刘文辉。翁文灏知之，乃出而为刘文辉明其心迹，甘以全家性命，担保刘之不二，蒋遂寝其事。”中委李宗黄则乘此机会，出而向蒋进言：“公素以宗黄为一可用之材，今请得往滇中一行，将一素存异志之龙云解决，酬庸亦无他望，愿得握滇省政权而治之。”蒋中正许之，始将制刘文辉之一部策画，移而制龙云。李至滇，果也将龙擒获。此可谓为龙云得受不次之迁擢。〔按：蒋介石用武力改组云南省政府事，不仅酝酿已久，且有各种因素，作者所述，未免过于简单，且系得之传闻，是否事实待考。〕

马复初著作及其为人

余在童年，闻一班老年人云："老爸爸马复初，住于城外万寿宫时，杀人如薙〔薅〕草，真是血满庭除。"更有人云："老爸爸是杀人不眨眼者。"迨至年长，乃以昔之所闻，问于余父，父笑而语我曰："不尽如是，当时有许多事都非马复初所为，且复初实是一宗教上之正当人。"积至暮年，余识清真教下人尤多，有文史馆中同志马继武，假我以马复初之著作品数卷，阅讫，始知马复初是清教内一能明一切真理，能不作邪言妄语，提笔为文，是导人以正者。

余读复初著作有四：一、《信源六箴》；二、《礼功精义》；三、《幽明释义》；四、《正义考述》。此四种书之内容，余不暇述，以有板刻在也。惟《信源六箴》，则是"真一"第一箴；"天仙"第二箴；"真经"第三箴；"信圣"第四箴；"复生"第五箴；"前定"第六箴。其第六箴之结语云："夫前定之事，人所不知，犹途之安险，瞽目不见；人遇灾害，犹瞽目者之遇坎陷，非坎陷逢瞽目也。是所谓'祸福无门，惟人自召'。逢灾者，宜自怨而不可怨主也。"前任云贵总督之张亮基，于此六箴，则有批云："探本穷源，凿险缒幽，而与古圣贤之旨相发明。复初之保卫回教，阐发真理，可谓苦心孤诣，引一发于千钧，挽狂澜于既倒，当此回教泯棼，复初之为功于彼教非浅也。安得世之为回教经师者，人人读之、讲之、细绎之、深思之，翻〔幡〕然自悟，卓然自立，回教之真理更不泯矣，当拭目俟之。己未上元先三日〔1859年阴历正月十三日〕彭城张石卿记。"

按《六箴》，亦有六千余字，至于《幽明释义》，张亮基则为之序云："余素不谈佛老，非附和理学，非摈斥异端，为其有体而无用也。戊午〔1858〕重奉命抚滇，有奉旨敕为回总掌教马复初者，呈所著《幽明释义》一书，再三披览，觉其见理独真，元妙之中，处处有实用，且与古来圣经贤传，有互相发明之处。公余，因随手批数语，以示沙孝廉兰。据沙兰述及马复初亲到天方等国，见彼教真经典，所以与世传回教之粗迹，迥不相同。及复初来谒，骨格〔骼〕清奇，性情恬淡，且深明大义，能约束回教以正，保汉即以保回，实能以菩萨心肠，具圣贤作用者。今奉特旨总掌其教，化导日深，沾被日广，将见回民共敦礼让，化烽燧之焰为诗书之气，厥功伟矣。其所呈《性理本经》及《实录宝训》二书，寓深奥于日用饮食之中，与儒经《曲礼》《小学》等书同旨。全滇肃清后，拟于回教中多立义学，即将此二书作为工〔功〕课，令回民儿童习之。本忠孝以发为事业，将马总戎继美之忠烈，沙明府琛之循良，何难迭出层见，为朝廷用，是守土者之望，亦复初掌教之责也。是为序。咸丰八年九月〔1858年10月〕，彭城张石卿书。”又云南学政翰讲吴存义，亦有序列于前，全文未录，后段则有：“至于‘勿惑异端’、‘勿为邪说’二言，尤为正大。习其学者，读性理典礼之篇，并详幽明释义之旨，则不悖于西方圣人之教，并不悖于中国圣人之教。其谆谆劝人为善之心，亦可以令人长思矣”等语。又迤东道汪复一，于《幽明释义》，题有五古十八韵，又有后序一篇，未录。马复初于此书自序云：“言而不以私者为正，行而不以欲者为公。不当言而言为妄，当言而不言为奸。古有好辩者虽善，但不可为己辩，然又不可不为理辩，理不辩不明，道不言不著。为己不言则可，为公不言则不可。屈我不言为涵养，害众不言为姑息，涵养成德，姑息养奸。害众而不言，屈理而不辩者，愿废正而徒苟安也。夫兴正必先除邪，安良必先除暴，邪言妄语来于耳者久矣，余姑息不语，彼以为得意，更加猖狂。众皆怨我曰：‘大患临门而不知救，何以姑息？何以姑息至此？’予不得已而言之。”马复初又于此书而作一总结曰：“夫著书之意，为明理以释其疑而正其知见，非助人起争为仇结怨也。无枉言妄语者，吾何敢妄言其非，不过要明其邪正，不受蛊惑而已。他人所行有异于我者，各事其事，我正而旁人之邪无害于我。无斋拜者，不知自愧，且议论持乎斋戒者，大非理也。”

合观其一切篇章，马复初在当时，似不是一助恶为乱之人。惟岑毓英于滇乱平息后之奏于朝也，是将自咸丰至同治之十几二十年来之滇乱，都由马复初造成。且云杜文秀亦出入马复初门下，受复初之指挥，其言太不确实。虽然，亦有人信其说辞也，而余则是一极其不相信之人。其有所阿于回教中人欤？曰：非也，是从正道理上而观察之，故不信其说也。

回族求雨铜牌之传说

清真教人求雨，是以一块铜牌，着一熟习水性之教门中人，背之而下至龙潭底，将铜牌插于龙洞前，得雨则取回。

考此铜牌，却不是由教门中人随便用铜造成，而是一种大有来历之物。据清真教中高士对余言："求雨所用之铜牌，原为两块。教中相传：在数百年前，约在明末清初时，有保大祖师者，太和人也，在苍山上修道多年，后能呼风唤雨，悯时世恒有水旱偏灾，乃咒铜牌二块，加以符箓，送至省垣清真寺中，嘱教中之有修持者，虔诚供奉，'遇有旱灾，则着习于水性者，持牌入水，插牌于龙洞前，此可望有雨下降，得雨仍取回供奉'。其用意是以龙属木，木畏金克，用此激之，则出而行云布雨也。此对铜牌，奉于寺中已有数百年矣，遇到祈求雨泽，随取一而用，无不应验。不意在六十余年前，以在黑龙潭插牌而无雨降，乃又以一牌，另着一人持往海源寺的龙潭内而插之，讵知下入于水者，竟渺杳于是处，是人损失，牌亦因之而损失。故尔，今日只有一牌存于清真寺内也。"其说如此，特记之。

卷　十七

逸事堪传（计八十五〔八〕则）

云贵总督傅霖之母轶事

当乾隆末叶，朝〔廷〕以满人傅霖任云贵总督。霖抵任后，以板舆迎其太夫人某氏来滇就养。太夫人某氏抵昆明城时，城里四司道与府、县两官及督标中协、左右两标、游击等，俱至南关外接官厅处迎迓。其太夫人原为陕抚贵祚之妾，且出身系一婢仆，“秋喜”两字，即当婢仆时之名。一日，秋喜为傅抚之母老太太某氏洗足，秋喜见老太太之足心，有朱砂痣一颗，秋喜笑曰：“老太太之足底心有红痣一颗。”母笑而答曰：“以有此一颗朱砂痣，你老爷才能做到抚台。”秋喜又笑而言曰：“小的足底心，亦有红痣三颗。”母即饬其洗足察视，果如所言。母知其必贵，乃着傅抚纳秋喜为侧室，傅抚从之，后即连生三子俱贵，是一提督、一尚书、一总督，傅霖其次子也。傅督迎来之太夫人某氏，即秋喜也。

太夫人某氏，自是一双大脚，板舆将行近接官厅时，傅督即先趋而迎，太夫人则出其两足于轿帘外，傅督遂以婉言进曰：“今日一班同寅来接，请母亲缩足于帘内，以免观之不雅。”太夫人立即大怒，坐轿内即教骂傅督曰：“汝以我为一双大脚耶？汝父尚不嫌我，汝竟敢以此言薄我，我即趱转回去。”语罢，即立命回舆。傅督大恐，乃跪于轿前求恕。司道等闻知，亦齐至轿前，为傅督祈宥，太夫人始色霁，允入督署。

太夫人性极狂纵，居督署时，恒喜出游，在滇二年，却制出两件特殊之事。一因见黄河心之早街子、云津铺之夜市异常闹热，乃仿乾隆帝在宫里设市之一种玩意，就督署内西边大箭道上而开办一市场，辟一道栅门于沙朗巷内，命人敲锣徇众，许城内城外之大小商贩，得逐日入内而赶午街。果也，大箭道内不及十日，各行各业的摊子即布满于地上，太夫人即亲携提篓，到此一午街上购买什物。此是一件事。

一是太夫人自出私财，制造三只小龙船，在过端阳节时，就篆塘出去接近大观楼之一带河面，作龙舟竞渡之戏，太夫人则乘官舫，从之于后。行至白马庙村前，见一班孩童入泅于河，漂浮作乐，太夫人心里亦与一班孩童之心里作同样之乐。乃命人遥掷铜钱于水中，俾一班游泳于河里之孩童，泅入水底摸取。此时，亦真有能在水底摸起钱来者，太夫人见到，尤乐不可支。此则有人云："后来三月间，西山做会，大观楼和白马庙有会，在白马庙村前，都有些孩子们裸体于水畔，高叫过客曰'丢、丢、丢'。"其根源即起于傅督的太夫人，昔在此段河上划龙船，曾丢过钱于水里也，以是，滇中有傅老太太划龙船之说。亦有人云，"傅老太太是总督傅恒之母"，此则非也。

阮芸台其人其事

仪征阮公云〔芸〕台，清嘉庆进士，道光二十年〔1840〕前后，任云贵总督。公在滇，声誉极其隆重。公以文苑奇才，复擅金石学，凡士林文艺、金石碑版等，一经公品题，即声价十倍，是为有清一代之特殊文人。

公督滇时，曾建牧梦亭于九龙池上之莲华禅院后，且筑有一钓鱼矶于亭前，盖取《葩经》〔按：《葩经》乃《诗经》之别名〕"牧人乃梦，众为鱼鲂"之义。公亦敬重佛法，每逢朔日，必往莲华禅院内观音大士前拈香，拈香讫，必小憩于亭片刻。一日，公忽有雅兴，遂坐于矶上垂钓，果也钓得池鱼两尾，公不禁大乐，遂悬于轿后而归。于是烹而佐馔，以飧幕宾曹掾等，洁樽奉觞，尽半日之乐。此固雅人韵事，然居封疆大吏者，几能有此闲情逸兴也，故云〔芸〕台得为督抚中名流。

“抓绒包子”之由来

道光初叶，有山东潍县人胡天樾为云南粮储道，同时，云南府守为河南光州人沈鹏举。胡与沈为某科同榜进士，又同典主事，更同签分吏部，同在某司行走，既而又同升员外郎，二人在京，诚莫逆交也。在部奉职，亦各有年，胡遂得简放河南南阳府知府，沈则放云南澄江府知府。胡则腾达快，不久即放云南粮储道，沈任澄江数年，始调云南府知府，两在省垣，因而往来较密，胡与沈俱北方人，当然喜吃面食，胡尤喜食豆沙包子。一日，沈谒胡，座次，胡饬从人问厨下：“今日做有甚面食?”复云：“豆沙包子。”胡笑曰：“此亦沈大人所喜者，快快抬来!”厨人装包子入盘，匆遽间，竟将两盘包子翻落在地，直有三四个沾染泥浆，往蒸笼里取求，又只存有一二个，不足以资掉换，另蒸一笼，又需时刻，外面又催索紧急，厨人真惶遽已极。然而人急智生，便举手将此两盘包子之皮轻轻撕去。复上蒸笼一溜，便抬往客厅去。胡见包子无皮，大为诧异，随饬从人往问厨下：“此是什么包子?”厨人十分灵警，答以“抓绒包子”。盖是时，陕甘方面，出产一种针衣裁料，名曰“抓绒”。抓绒系用线缴羊毛而织成，望去略似羓羊皮，作衣里甚暖，可当小毛皮著，厨人故以此答。仆人回复，胡与沈啖之，亦甚可口，俱云：“今日是吃一新鲜面食。”

沈回衙后，越数日，便着己之厨役做抓绒包子，厨人闻而异甚，覆〔复〕以不解其做法。沈大人斥之云：“胡大人家厨子能做此，汝何为而不能？”厨人以抓绒包子一名，为素所未闻，询前数日从往粮署之跟丁们，亦云未见其形，厨人乃往粮署，访其署中之饽饽匠，乃得闻其故，始相与哗然而笑。于是滇中竟有吃抓绒包子之说，而胡与沈亦呆也。

毓琦聪明过人

在道光中叶，有满人名毓琦者来任滇抚，约半年余，即调往抚桂。毓离滇之桂，行至桂省之南宁府，即因病而死于府城。毓琦实一希有之人才也，略述之于下：

毓琦为清宗室，所谓红带子者。年十八即中进士，随以世袭得官外放，三十余岁即领封疆，来抚滇时，亦仅三十八岁。毓则聪明冠世，诚耳听能诵、目视不忘。来滇履任，府、厅、州、县等晋谒，当呈履历，毓略一展阅，即置于座旁茶几上，随照履历上开有之一切职务而逐一详询，直丝毫不漏，先后不乱。凡一经见过之人，即永不忘其姓名。在阅看公牍上，对于藩、臬两司详院文件，无论为民事、为刑事，第与两司见面时，口头上必逐一提出加以讨论，亦一事不遗，此真有强人千倍之记忆力。又如臬司处理之人命案件，在提出讨论时，于此案之主犯从犯，与被害者之姓名、籍贯、年岁及其出事地方，俱按照详文所叙道出，而无半点差错，时人无不称其聪明盖世。因其才能如此，司道等上院，必须捡取曾经上详之案件，加以审察，将一切情节记清，始敢前去。

传云毓之像貌极其清扬，尤性气和平，御下颇宽。但有一种行为大异于众，恒不洗脸盥手，每日早起，只用干手帕在脸上一抹、手上一揩即了事。又不甚修边幅，一件大褂，穿至上油。平时，则著一染有黑色之麂皮军机褂，其行为大似宋代之王荆公。惟讲究服食，每日食燕窝一两、鹿茸一钱，早晚两餐，总不离去一清汤鸡，若鱼、若肉、若蛋、若海味、若蔬菜，都盛陈于前。早起必看书三十篇、写大楷五十、小楷二百、吟诗一首，是呆定的一种功课也。早餐后，徐行五百步，方看公事、会客。得暇，则与其夫人着围棋，否则独自打谱。毓之围棋颇高，时有候补知府耿某，在外能称国手，毓抚召入与弈，耿犹请让三子，始能与之敌。毓于丝、竹、琴、棋俱精，有时高唱一曲，声响遏云。清夜焚香抚琴，弹一“平沙落雁”，能使俗子庸夫坐受，而荡尽心胸中尘垢。毓为官亦廉洁，诸凡重大体、不求细微，实一无风尘气之疆吏也，其人不寿，殊惜。

叶之锦的气功

云南臬司叶之锦，字蓉裳，晋人也，擅武术，尤精于气功。日坐于一铁椅上，运足其气，以两手提其铁椅，能使椅脚离地高至尺余。一日，叶坐于阶前之一条长凳上，夫人某氏，经过其前，叶则强拉其夫人同坐于凳上。更出其不意，一手掌定夫人腰，一手挈凳，二人与凳，齐腾上于对面屋背，亦不倾侧，此真武士道中能人也。此在阮云〔芸〕台督滇时，闻阮颇契重叶。

西山华亭寺之禅定僧人

据昆明之一班高年人云：在道光时代，西山华亭古寺后殿东头，有一小林园，种有果子树二三十株，园有小屋一栋，一入于禅定之老僧住于其间。老僧非滇人，异省人也，初挂单于寺内，寺中方丈圆寂，众推此老僧坐方丈，约二十年，老僧卸方丈事与人，已则独居园内，日阖其门，不与一切人接。每日正午，着小沙弥等以一瓯开水泡饭进，细嚼咽下，衣则三几月一洗，发则蓬蓬然不剪，亦有似永久闭关禅客。饭食讫，即坐檐下念佛，风雨不避。夜则坐绳床而入定，直到天明。老僧坐檐下时，园鸟来集其肩，栖于膝上，是寻常事也。老僧喜则捉其来集之雀鸟，摩其顶，抚其背，雀鸟亦听任之，是知无害于己也。此老僧真一身如槁木，心如死灰，杀机去尽者，故能物我皆春也。

老僧来挂单时，寺中方丈问其僧腊，答以四十有八，系十岁出家者。老僧在寺，十有五年而坐方丈，居方丈三十年而卸肩，又闭门二十余年，至咸丰登极之岁，合计其寿数，当近一百二十岁。咸丰三年〔1853〕春间，一日，老僧忽登佛殿，召集寺中僧众而告之曰："劫数将临，大难将至，我于明日午刻，当往西方极乐世界去，特告尔等，我身可入荼毗（荼毗即火化也），骨灰可播于海中，如是可云来时清净，去时亦清净，慎勿违我言。此后约过二三年，尔等亦须远离此地，勿得贪恋山上清凉，寺里清幽，谓佛关能免劫也。"语讫，即遍拜诸佛，拜讫，仍转园中，明日送午斋入，见老僧玉柱双垂，坐于一蒲团上，已云圆寂矣。寺中僧众以老僧入荼毗，遵其咐嘱，播骨灰于海中。越三四年，滇乱果作，寺中僧众，已有多数走往他方者，故寺里无一僧人蒙难。

按：达摩面壁，仅有十年，此老僧坐檐下修持，已二十有余年矣，而得到之果位，与达摩则有悬殊，盖由仍逐日吃一碗饭也。以是，烟火未尽，故只能坐化，不能如达摩之脱弃形骸，挈履而踱葱岭也。

孙可望枉杀无辜之传闻

昔时，省城隍庙之二门内，其左右两侧，有北向小偏殿各一间。两殿内俱上有一神像，各立侍者二于其左右，神之衣帽，一如明制。神前香火虽不盛，而亦时有人敬香，却有多人，不知此二者究为何神也。余闻诸昆明父老言，此系三百余年前，昆明城内某一街段之某乡约、某保正也。

当孙可望在昆明驻兵时，亦恒不自安，有虑昆明人起而危己，遂夜夜出而密查暗探，潜往各街各巷，就各人家户门前窃听。有人在屋内嗟叹，或出怨言，或高呼者，即以白泥画一圈于此一户人之门上，明早便出而视察。凡有白圈者，概拉出其内之人而斩首，亦不分男女老幼也。

孙居昆明城内，作如此杀戮，人民益复怨恨，因而在屋内窃议其非者甚众。某乡约与某保正心深悲痛。一夜，孙又出查城隍庙、土主庙两街及其巷道，又闻得四五道门户内，俱有人在作忿恨语，孙遂以白泥画圈于此数户之门上，俟天明后来杀其人。是时的乡约、保正，负有稽查门户之责，知孙夜出来查探此段街道，便俟孙去后，急趋来此一段街道上及各条巷道内，详细查看，见画有白圈者得五家，某乡约与保正即为之擦去，遗有痕迹者则用舌餂尽。明早，孙出而检查，竟无一圈存在，知此是被人擦去。又料定此事，实无一局外人得知，决定是此一段街上之乡约、保正所为。乃拘某乡约、某保正至，用非刑拷打，二人不能耐受，遂承认以手抹、以舌餂〔舔〕之事。孙怒甚，乃令人先割此一乡约、一保正之舌头，然后加以斩刑。

二人死，人民悉其事，大感此二人之德，孙可望亦自此而稍歛〔敛〕其行，然杀死之良民，已在百有余人。逮至孙可望离开昆明，人民始敢在家中谈论市面情事。清康熙年间修建忠佑王庙，人民便塑此二人之像于第二道庙门侧，以报其德，俾其在庙得百代享受香烟。

理发匠遇气功师

道光年间，昆明有朱老先生者，实黉门中人也，却佚其名。先生年近八旬，精神矍铄，行于郊野，健步如飞，众知其有内功，而尤练到家者。一日，先生领其重孙，入一剃头铺内剃发，适有二客，发尚未剃尽，先生遂偕其重孙，坐于檐前凳上。小孩子坐凳上，扔动双脚，竟将凳前一腌菜罐踢翻。一剃头匠系铺中老板，便大怒，出而以掌掴小孩子之颊。先生曰：此罐泼出菜来无几，即云损失，归我赔偿可也，胡为掌其颊？老板口中竟哓哓不息，先生便缄口不言。已而先生与其重孙，俱入座剃发，小孩们之发易剃，片刻即完事。剃先生之发，系老板动手，初剃时，白发迎刃而下，五六刀后，发即坚硬挡刀，强剃之，刀即锵锵有声，审视剃刀，刀口尽缺。异之，掉〔调〕一铦利无比之刀在手，然一上头，仍锵锵有声，如触钢针然。此老板始悟，此是有内功者，能运气上发也。乃向先生谢罪，复买果子与小孩食。先生始一笑而云："剃吧。"此方能用刀将先生之发剃尽。先生去后，视其坐凳脚，陷入地三寸。

林则徐微服出访

林文忠公则徐，是有清一代名臣，以翰苑材，仅十余年，即荐任至封疆大吏。开鸦片战争，权相穆占阿主和，乃调公督陕甘。未二年，因朝廷调滇督李星沅督两江，乃调公督云贵。

公莅滇时，滇之顺宁、永昌及姚州白盐井一带，汉回正互相争斗，又有巧家、新兴〔今玉溪〕等处，亦是乱事丛生，滇事诚丛脞已极！是时交通不便，各方面之音耗梗塞，省城则谣诼纷纭。时最关重要之处，莫如永昌〔今保山地区〕。时则有永、顺回人大攻永昌府城之传言，又有保山金鸡村哨练入城杀回，且焚烧保山县署之说。林督迭次札饬永昌文武明白呈复，而又无回文，林督忧极，遂不时微服出而访察一切。

时五华山东头，近黄河巷口处，有一老人茶社，其历史直在百年以上，社中生意，却不甚旺，入其间饮茶者，多是一般闲无事做之老年人，以是而有老人茶社之名。此一班饮茶者，在内则谈天说地，讲古论今，甚而纵谈时事。彼时的人民，亦颇能得到言论自由，故一切纵谈，都无禁忌。茶社中则常有一身著青布棉袍，头戴猪嘴黑毡帽（此往昔滇人所戴之卷边毡帽也）之一白须老人在座。此老人于品茶外，则凭栏远眺，或出短烟杆而吸嗯〔息〕丝烟。有人谈古论今，则倾耳以听，有时亦与人接谈，然细审之，终是一不与众同乐之人。此老人亦不日日来临，然三日五日，必见其一至，至则在座者亦不之异，但觉其人孤僻耳。一日，茶社墙上，忽有人题下歪诗一首，曰："双木不成材，今到云南来，永昌多少事，看你怎安排。"一班饮茶者见之，无不曰"是谁多事而题于此也"，然不过以一笑了之。越数日，戴猪嘴毡帽之老人又至，品茶去后，在原有之歪诗后，又多出四句，曰："双木将相材，特到云南来，永昌些小事，自有巧安排。"一班饮茶者睹此，莫不诧异，都疑是彼戴猪嘴毡帽之老人所作，然亦猜测不出究为何等样人。又一日，戴猪嘴毡帽之老人复来饮茶，正静坐间，有一四川轿班亦来饮茶。茶社中跑堂者随问之曰："老胡，怎么许久不来喝茶？"答："我抬永昌府李大老爷的差事到永昌去，跟着又抬永昌府恒大老爷的太太回省，绕了一大坝子路，耽搁了两个多月才得转来。"跑堂者又问："我听人说，永昌的回子又闹起来了，是不是真事？"答："回子也在闹，汉人也在闹，闹得他妈的一塌糊涂。"跑堂者又问："是怎样的情形？"答曰："从前是回子杀汉人，杀得多了，罗道台才把永昌城外金鸡村的哨练喊来，把城里的回人杀了几千，两下结了大仇。因此这两年来，不是这个地方的汉人把回子杀死一百几十，便是那个地方的回子来把汉人杀死一百几十，常常是这样搞着。最近又是金鸡村人不对，哪〔那〕金鸡村的头人沈振达，乘他老子沈聚城不在家中，便伙同金鸡村的几个绅士，召集了两几千哨练，跑进城内，把城内的回民乱杀。回民等便跑进保山县衙门去躲藏，县大老爷因保护难回，将头门关闭，哨练等不得进去杀人，便放火烧衙门，并且把道台和永昌的一堂官都关在一处，不准他们通信到省。"

刚谈至此，又有人来饮茶，跑堂者自去照应人客，轿夫老胡，乃与旁者闲谈。约刻余钟之久，即有人到茶社前来呼曰："胡洪顺去抬轿子，有一老头儿在铺子前站着，指定要你抬他。"胡轿夫道：

"他要我去抬，我就去抬。"言毕，走到铺门前一看，这坐轿的人，即是顷间在茶社内饮茶的老头儿。轿抬上肩，经轿中人指点，直抬至沙朗巷内一道小门前，始行落轿，坐轿的老人，嘱其听候给钱。少顷，果有人出来付轿钱，且曰："谁是姓胡者？大人叫你进去问话。"胡轿夫始觉悟，这是制台衙门的后门，刚才坐轿者，必是林大人无疑。于是随着引导者至一花园内，见坐轿之人，坐于檐前椅上，引导者告知："这是制台大人，问话须从实禀明。"林督复从头详问，胡轿夫亦将其所见所知之事，逐一道出。林督又问其道途，胡又将澜沧江桥被沈振达等拆断之一段事陈明。又说明今至永昌，须由某某等处绕道，程途又有若干远，行程又须若干日，始能到永昌。林督闻胡所述，极其详明，乃喜胡为一有用者，遂令左右，将胡补入署内轿班，后则随林督往迤西。

胡富于足力，能日行三百里，林督乃用之为"健步"。健步，即跑送公文之卒也。胡更有膂力，以随何有保往擒妖道金混秋，肩扛金而回，得赏六品军功，乃易其名为胡宏舜，于是而充督署差弁。嗣以军务建立功劳，得保至副将。在恒春督滇时，曾委胡署宣威参将之职。

伊里布"堂见"轶事

伊里布，系清宗室，以进士即用县到滇候补，获委昆明县知县。时州县官晋见总督须"堂见"，堂见系总督正坐于大堂，州县官站立而禀呈一切。昆明县令，则常有事故晋见总督，总督亦不是毫无一事之人，当然不能立时出见，伊则在大堂上支一马扎而静坐，闲闷之际，乃抬头而数大堂上瓦沟。间有若干沟，每沟有若干片瓦，又默默计算，此五间大堂应有横梁若干条，椽子若干节，板瓦若干片，筒瓦若干片。此则不止一次在督署大堂上，抬头而数而计，或有十次八次，在作此无聊无赖之事也。越半年，某督认为此座大堂已年久失修，须将屋顶另行抖盖，与四司道商议其事，并找人估计工程。伊里布闻之，遂将其平昔审视之数，开单列出，须椽子若干、板瓦若干、筒瓦若干、石灰若干、钉子若干、工资若干，一一列明后，即呈于首府，首府呈于四司道，司道呈于总督。总督阅讫，乃召伊里布而询究其根由，伊据实答复，总督大嘉其才能。已而首府董其事，召建筑房屋之大匠至，核计工料，亦不越伊之范围，于是伊里布便名噪一时。越数月，即委知腾越州。又办边防有功，迭获上者保荐。未及二十年，即任两江总督。

按：伊里布与林则徐，同在道光年间任封疆大吏。鸦片战争起，伊曾任钦差大臣，赴浙督军，与英将义律定约休战。

罗绕典救火投珠帽

咸丰二三年〔1852~1853〕间，云贵总督为罗绕典。某一时间，三牌坊上街大火，延烧铺户，已至十有余间，罗督乃率卫队，出衙督率营兵救火。时救火工具简陋极，仅有水枪一项能于注射高处，屋底火头，只能以桶水浇泼。如此作为，奚能将熊熊之焰消灭。罗督以马扎坐于街前，亦惟看着祝融肆虐，少顷，又有二三铺面着火，罗督焦闷极，便将项上所挂之一串琥珀朝珠，饬人投入火内，意在用此压火势，讵意火势仍是猖炽，罗督益复焦闷。且以己之朝珠不能压火，不无内怍，忿极！恨极！遂将头上所戴之大帽，而是有红顶花翎在着者，又饬人投之于火内。果然，帽一掷下，火势便衰，一般救火之兵役亦因此而激动，格外出力，竟不到一小时，遂将一场大火扑灭。论此一举动，实近于呆，虽然，亦是满腔子里存满了保护人民生命，保护人民资产之意念，乃肯将一座珊瑚顶、一串琥珀珠牺牲于火内，故不合纯以一呆字加之。其能如此者，缘清代大员，一乘轿出府，必要衣冠整齐。曰简装，只不穿黼褂，而仍须头齐顶而袍齐身，戴帽穿靴，著褂挂珠，所以在救火时，能有是举也。

恒春之死

云南制台衙门东花厅内，有亭三楹，额曰“恒春亭”。咸丰三年〔1853〕，有来任滇督者，为满人恒春氏，入署睹恒春亭三字，恶之。然际军务倥偬，欲改之而未能也。越一年，马献偕马德新、徐元吉等率众困城，时昆明城中兵力单薄，仅资防守，不足以言战也。恒督又误听团练大臣黄琮之言，引火烧去忠爱坊。马献遂以语言奚落恒，恒忿极而回署，又为其夫人博禹特氏以正言相责，复自缢而死，恒督愧极，亦吞金而殁。时六城关闭，不能移柩出城，乃与其夫人博禹特氏之柩，并停于恒春亭，是真以亭而停恒春矣。俗云：大将怕犯地名，凤雏遇落凤坡而死，此恒春亭三字，亦落凤坡之说也？

邓尔恒面责徐之铭

咸丰年间之滇抚徐之铭，系贵州黄平苗族，以进士出身，由州县而荐升巡抚，且兼署总督。徐以内体充实，遂重于色，房中姬妾极多，而一般女仆侍婢，又都为年轻体壮者流。徐则葑菲不择，大蛇小蛇，随意而弄。受其染者，每次得银锞二枚。下愚者，以得银锞，故乐与之偕。有某仆妇，以不善承徐意，仅得一银锞，遂怒而走往昆明县署控徐云：“徐以威力奸污其身。”县令耳其所诉，只好认之为疯癫，将其逐出。于是丑事洋溢，藩司邓尔恒闻而谒徐，面责其非，徐怒而与邓争吵，邓则掷顶戴于案，云“听参”而去。徐无奈，着首县将其顶戴送还。因成一切齿之仇。不久，邓升陕抚，濒行，语于人，必以事闻于朝。徐大惧，乃有托何有保派人暗杀邓于曲靖事。

杜瑞联收集滇中名书画

同治年间，有名进士杜瑞联来任云南巡抚。杜有书画癖，遇有为彼所赏识之字画，无不欲罗致于架上，虽出重价，亦无所惜。按云南巡抚，年支养廉银一万二千两，则有十之七八归于古董店。

杜在滇三年，搜罗得古字古画、碑帖书籍甚夥。离去云南时，有杠担三四，俱属此等物事。中有最名贵者：一为《异弁寻手诏》、一为《赛典赤手谕》，俱二人亲笔。其他如蔡襄《说帖》、东坡定慧寺《海棠诗》、米襄阳《雪赋》、赵松雪书《金刚经》及《妙法莲华经》、管夫人《画竹》、董香光所书《密陀经》等，此俱属不易得之物也。

此外，更搜罗得建文皇帝、担当和尚、唐伯虎、祝枝山、文徵明、倪云林、黄松年、沈石田、仇十洲、八大山人、恽南田及周于礼、钱沣等之字画，尤不知凡几。又得到王继文、许弘勋二人之墨迹甚多，在濒行时，犹云惜未将曾经寓目之褚遂良说帖收入箱箧，实属遗憾。盖嵩明杨翰林家藏有褚遂良说帖四页，制成小手卷，上有建文皇帝跋，盖有大宝，复有赵清献公跋，诚为名贵已极之物，杜极称羡之，因对方索价过高，杜未肯解囊，因而未成交易。杜濒行，故有此一叹。此物在光绪丙申年间〔光绪二十二年，1896〕，由杨氏子孙携进省来，托五柳山庄之陶聋子另行攒裱，余曾见及。既后，杨姓便将此物浼求一广东人姓卢名国熙者更题一跋。卢为在沪开长春栈卢某之子，以富于资财，遂捐一试用道来滇候补，实一不通文墨之人也。卢应杨姓请托，又倩昆明人周汝臣，为书一跋于其上，由是此一名贵物品之价值顿丧。

杜瑞联汤点待客

杜瑞联，为清室名臣杜文正公受田之孙，自是由一个阔绰公子出身也。在滇任巡抚时，凡僚属晋见，必开汤点招待，杜亦陪客而食。一日见客三次两次，杜又无不陪食，其食量殊大也。因而有笑话，一般〔班〕奉公或候差之州县官，在肚子饿时，则借故而往见抚台，步入客厅，即有汤点食，诚趣事也。

许慧卿为马如龙作画始末

马如龙，原名马献，曾偕马德新、徐元吉、马凌汉等率众围困昆明城，已而投诚，乃易名如龙，复助汉平回。更与岑襄勤公共同戡定滇乱，授云南提督。马原文士，欲领青衿而未能，以有膂力，乃弃文习武，曾入武庠。世乱，始出而率众称雄，终能随风转舵，建立殊勋，亦一时之人杰也。

其好名之心，较他武人为强。在云南提督任时，曾有二三逸事堪传。滇之官吏中，有浙人许慧卿，以丹青驰誉于一时，马浼其绘直条一幅，究不知许因何故而深恶于马，乃著笔染毫，为绘芭蕉一株，根下配以枸杞子数枝，蕉叶外丽以红日一轮，笔致潇洒，趣味清幽，自是名手脱出。马得而珍贵之，装璜〔潢〕而悬于壁上。

有某甲与许有隙，见而谓于马曰："此许某之刻毒公也，枸杞、芭蕉、红日相萃聚，非狗鸡巴肏之说乎？"马闻而悟，便勃然大怒，立拎刀出门，欲寻许而杀之。许匿去，不敢与之面，且惧马之赫赫声势，杀人犹芟草。自忖，亦惟有倩人说情，己甘认错而已。嗣经马之友为许宽过，带许至马处赔礼，认为误临前人稿本，马始色霁，令左右取画幅而焚之曰"此可消除芥蒂"，许亦以马之度量宏，转与马定交往来。

马如龙之谦逊及手书“大观楼”匾额

马如龙建住宅于登仕街，屋基拓展出外，侵占街道约近二尺。省垣绅耆，因事开会于城隍庙内之保庶堂，有人偶一谈及马之基址拓展出外事，然不过作如是云云。嗣为马所悉，乃自往查明，确有侵占之事。次日，遂具筵邀请各绅耆到座，藉杯酒谢罪，并认将侵占之处退出。众见其如此逊让，转以无碍于交通，勿事更张之言答复，马遂举酒而鸣谢。论此种谦逊之处，在文人学士中犹不可得，而况大武人乎？

马尤好名，凡滇中名胜处，多有彼题书之匾联及碑记。如大观楼内，则有匾联、有碑记，署有马如龙书撰等字，而人多认为非本人手笔。然闻前辈人言，马如龙学写大观楼三字，曾写过六百多次，己始满意，方出三字付匠刊刻，悬于楼前。吾人今日视之，其笔力亦壮健，气魄亦云雄矣，可议者，惟不甚生动尔。

岑毓英奏请豁免条粮正供

岑襄勤公毓英戡平滇乱后，滇人之爱戴公，真不啻赤子之于父母。动必曰：“我老宫保。”此种称道，尤足以表现亲爱之忱。公自同治八年〔1869〕，诏授云南巡抚，至光绪十六年〔1890〕，卒于滇督任所，领滇黔封疆，计二十有二年。其间，虽有授贵州巡抚、福建巡抚之命，然不过一时入觐，离开滇省数月，终仍复任云南巡抚事。

公之获滇人爱戴，固由公之勋劳迈众及治任日久所治〔致〕，然亦别有他故在也。滇省自汉回相残后，自咸丰丁巳年〔1857〕至同治癸酉年〔1873〕，计十有八载〔按：丁巳至癸酉，按年计算，只十七年〕，兵戈不息，烽堠常设，人民奔逃，土地荒芜，凡有田亩者，靡不积欠国家条粮正供。在乱事平息后，藩、粮两署，合计全省积欠，直在七百余万两，若事催索，无非使百姓逃亡。公乃与总督刘长佑一再奏请于朝，邀恳将同〔治〕十三年〔1874〕以前云南全省积欠之条粮正供七百余万两，完全豁免，以舒民困。嗣得朝廷报可，滇民缘此昭苏，是种泽惠及民，黎庶焉得不感戴。

昆明昔年祈免雨旱之行动

岑公毓英任滇督时，殊关怀于民瘼，于天时气候上，尤为关怀。晴久，便饬人就南门城楼之内面墙上，画一乌龙，己则亲往玉龙寺内拈香。雨仍不应时而降，则饬昆明县令持督部堂封条，往棋盘山，将雨碑竖立，风碑加封，或往黑龙潭拈香求雨，甚而闭南门。

若阴雨久，则在南门城楼之墙上画太阳，或往太阳宫拈香。天仍不晴，则令营兵在城墙上以火药实炮及一些铜帽枪，向空放射，一将空气震动，阴云当然涣散，此一些举动，更得民心。

岑毓英宜良困城

岑毓英初发迹时，当咸丰十年〔1860〕间，得林自清〔则徐〕保荐而署宜良县事。时马鸿先作乱于宜良，岑则婴城固守，计日已有月余。时内里兵力十分薄弱，外援又无一至者，岑力难支，乃谋逃遁。一日，携麻索一条，将由城之西南角上坠索而下，作免脱计，洽〔恰〕与城绅二三人相遇，绅等见岑手携绳索，究其所图，岑告之，绅等遂止其行，誓以愿共出死力，助其守护城池，岑乃踅回，绅等果集众助岑防守。又越二十余日，方有救兵至，内外协力，始将马鸿先之众击溃，且擒马鸿先而戮之，岑由是而著声誉。所以，后来岑毓英之于宜良人，格外亲恰〔洽〕。

岑毓英向沈寿榕认错谢罪

岑毓英戡平滇乱后，自不如曾文正之学养功深，才德俱备。岑终是一学养不足之人也。在一切行为上，不免近于粗豪。一日，与盐道沈寿榕相见于庭，因一细故，岑即滋不悦，随侈口詈沈："你这个娘卖屄的。"沈立即大怒，拂袖而走。次日，便集四司道及城中巨绅于明伦堂，声言祖母为某侍郎女，母为某藩台女，并无家世不清之处。言讫，便派人持手版往抚署，请岑至明伦堂叙话。岑亦知己错，立乘舆而至，一步入明伦堂，见沈，即深深一揖，曰："昨因某弁办事违法，心中忿恨，竟以无礼之言加于君，过后，我亦万分愧怍，今特来谢罪。"语讫，复深深一揖。沈见其如此，遂不便以言相责。座中人随起而为岑转圜，终以一笑而罢，大众亦称岑诚是一有机变、善应付之人。

勤政清廉的谭钧培

谭中丞钧培，黔东人，由翰林外放府缺，荐升至江苏巡抚。光绪十三年〔1887〕，滇抚张凯嵩卒于任，谭乃调来滇。谭抚滇八年，于光绪二十一年〔1895〕，卒于滇督任所。谭抚滇时，曾两署云贵总督，两兼云南学政。谭敏于才思，裁处重要事务，极有魄力，不得谓书生无胆识也。

其在任时，举行之善政颇多，其牢牢〔荦荦〕大者，如改铸云南制钱、规定银块成色、蠲免乡镇夫役、取消秋闱摊派、改良士子入场待遇、建设积谷仓廒、扫除淫祠邪祀、振兴文化机构，此皆滇中人士所仰戴者也。其他善政犹多，所以中丞殁后，士民思念之，而有谭中丞之祠祀焉。

中丞极其清廉简洁，大有丁文成之风，其手持之白铜水烟袋，尝曰："此我为秀才训蒙时所用之物也。"指其所盖之红哔叽被面，向左右而言曰："此我与老妻结婚时所御之物。"于此二事，足征其俭朴。黔人杨某，以劳绩获委腾越厘金委员，杨与中丞有旧好，卸事回省，以柳青朝珠一串奉于中丞，中丞亦未之却，第与杨晤，问在是处需价若干？以二百两对。中丞大惊曰："如此贵重之物，匪特我不乐用，愿足下亦不宜蓄之。"随饬人取出而璧还杨，其廉介处如此，洵足以传也。

王文韶之谦和廉洁

云南制军王公文韶，以进士出身，由京曹外放道员，三十余岁，即任封疆大吏，两任湖南巡抚，前后达五十年。岑毓英卒，朝以公督滇，公在滇五年，四境安谧，公不啻一太平宰相，以是，公之才能亦无所表著。

公之相貌极清，望之如春，和蔼可亲，尤善气迎人。御下极宽，据侍其左右者言，从未见公以急声厉色对人。待遇庶司百僚，更谦和异常，有过失者，但婉言以戒之，令其自省耳。如任滇督时，有某丞来滇禀到，某丞为沪上富商某之子，以纳粟得官，却年轻而性浮，复举止粗率。拜见公时，身躯突然冲起，将公之大帽冲翻，几坠于地。公自徐徐扶正，复笑而言曰："是我之帽带未扣紧也。"又有盐大使魏某谒公，公见其两手之指甲有数条竟长至四寸，知其为不习劳苦之人也，惟笑谓之曰："足下指甲，能蓄养至如斯之长，亦殊难得，不知做事有妨碍否？"魏唯唯。又有某县令谒公而举止张皇，将几上茶碗打碎于地，公只目示近侍为之换茶，更以他言将此事岔开。以是，无不称其盛德，更无不谓其度量宽宏。

公为钱塘人，家原不富，仅属小康，而在滇五年，从未汇寄分厘款项回籍。总督年有养廉银一万八千两，除开支公费伙食外，有余即捐送各慈善处，如普济堂、敬节堂、保庶堂、养疾院、施棺会、育婴堂、寄生所、尽心社、稀饭厂等。年底，必制棉衣、送米飞〔单子、票据俗称飞飞，此指米票、米单〕以济穷困。又一次，公寿辰，僚属制屏帐以贶，例须具酌相酬，公却不作如是举动，改以五百金送普济堂，以五百金送敬节堂，而告于首府县及中军官、巡捕官曰："同寅诸公，贶我贱辰，当具杯酒以谢，但蔬酌又有所不堪，燔鳖炙豚，有伤天和，我故有是举，特为同寅诸公祝福，较有益于铺啜也，烦为我一一告之。"光绪二十一年〔1895〕，公调任直隶总督，越一年，即入拜大学士而入赞纶扉，俗语曰"宰相肚里能撑船"，王公有焉。

丁振铎清简自持

光绪二十八年〔1902〕，朝〔廷〕以云南巡抚丁振铎督滇黔。丁原书生，由进士出身而出任陕西某府，以办赈善而活人至十余万众，事闻于朝，遂受不次之迁擢。丁督滇亦只二年，即解任而去，按丁之督滇、抚滇也，实无善政可述，吏治上只不过以清廉率属，军政上无非敷衍了局。本来一介书生，兵书何曾多读，以之经文，自不违乎所学，以之纬武，当无术也。

清室之用才，是十有六七不得其当。论丁实清简已极，虽领封疆，而仍具寒士本色，闻其内著之汗衣汗裤，尚由夫人浣濯，每餐仅肉食一碟、豆腐一盂、蔬菜一二而已。公服固属绸缎，实旧敝不堪，一件羔皮袍，著至二十余年，与齐晏子之裘或可相似。夫人在署，只著粗布大衣，不知者，犹以为仆妇。彼严于批评者曰："总督养廉，年中逾万，丁之如是，毋乃矫情。"有悉其内容者为丁证明，其在滇节省收入，为赔偿往昔在陕办赈之借贷也，若此，又何责焉？丁之最奇处，一生不卧于床，铺陈仅虚设，夜则蹲踞于一圈椅上，积年如是。身体上异常骚臭，而面貌又具虎形，人多谓其为山中兽王转世。

李经羲语多尖刻

皖人李经羲，由云南藩司升任云南巡抚。李颇有才，尤娴于吏治，覈核属吏，恒具深心，如参革一员官吏，所加考语，真惟妙惟肖，且口角犀利，语言尖刻，有失大员身份。滇省有候补知州程福海者，吴郡人也，有一妻一妾，大是帏薄不修，丑声四溢，程则为同寅鄙耻。李抚在某处宴会，程趋往陪之，李则笑言于座上曰："咱们上江，有头品顶戴，红顶；下江有六品军功，绿顶；咱们上下两江，红绿顶子俱有。"闻者灿然，程在座，殊忸怩不安。李类此之事故极多，时人亦多腹议之。李身材瘦小，却瘦而不露骨，且眼神极足。

夏文炳蒙冤始末

同庆丰号之老板王昌，助其婿吴某，图独霸财产，欲置其弟吴萃山及桂人夏豹伯于死之一案，在是时，直闹得满城风雨，是无人不知而无人不晓者。吴萃山为云南记名提督鹤丽镇总兵吴永安之次子，原喜作狎邪游，与滇中候补巡检夏文炳善。文炳字豹伯，时时与萃山同游。一日，萃山偕豹伯及某一些人，游于城南归化寺，见寺僧供王昌之长生禄位牌于佛龛前，豹伯则取其牌位掷之于地，萃山则以足踏之。是时，夏、吴两人之口中，当然有极不逊或极不情之言。寺僧报知王昌，昌遂大恨夏、吴二人，乃赂寺僧，往昆明县署控告夏、吴二人聚集一班哥老会，在寺中饮鸡血酒，图谋作乱。王昌便行贿于臬司汤寿铭而坐实其罪，于是以夏为首，以吴为从，用种种非刑拷打于夏，夏始终不承招有此一事。刑讯至十余次，都不得供词，汤乃集四司道于臬署，会审定案。认为事实证明，勿须罪犯承招，随判夏以死刑，会同详院，就地正法。罪名决定，须各司道画行于稿件上，方能云得到通过。

是日判决，系臬司主政，当然由臬司先画行于稿件上，次藩司、次粮道、次盐道。时任盐道者为普津，满州人也，案送至普前，普则掷笔于地曰："咱们绝不做此昧尽天良之事，咱万不能画行。"言毕起立，乘轿而出臬台衙门。汤臬台际此，亦无奈普何，藩台某乃主张将夏、吴二人监禁，俟查实再办，汤只得从之。

此案，后经夏文炳之妻至京告御状，方得昭雪。夏出狱，赴军营效力，积功得放开化镇总兵，反正后，旋桂，任苍梧道四年，此真大难不死，而得膺大福也。最难得者，是普津一人。

昆明县署二堂正门开启之迷信

昆明县署之二堂正门，是绝不可开辟，开则引煞，地方上必出命案，亦确有应验。在光绪十年〔1884〕前，有卞某来署昆明县，卞性极傲，时人呼为卞牛。卞尤不信风水之说，一日早间，将此正门开辟，午间，高山铺即出一杀双人头案，卞犹认为是偶然适合。次日，小东门城埂脚，又因斗殴而杀死一人。是时，各省大吏，无不以民命为重，若一月之内，有一州或一县治内，出人命案至三五次者，地方官必受处分，以其不良于教化也。卞于此，不能不惕惕，遂阖其门。

岑襄勤寿辰举宴

岑襄勤任滇督抚逾二十年，光绪戊子年〔1888〕五月，公届六旬寿辰，清廷晋公为太子太保，赐"福寿"两字及彩缎多端。届期，省中之文武官员及省垣绅耆俱至督署，举觥介寿，公则大张筵席以享宾客。最难得者，是昆明之一般〔班〕瞽目先生亦醵金制红呢寿帐一幅以贶。列名计有三十七人，是日亦群至督署拜寿，公则设六席相待，每席命一戈什哈〔清代武弁名，督、抚、将军、都统、提镇等官皆有之，满语护卫之义，多由青年武弁中选拔〕相陪。又普济堂中之百余名老民亦制一红呢寿帐，以祝公寿，公则各赐肉一斤、银一两以酬答之。次年，公殁于任所，柩出南城时，经过普济堂前，堂中老民均出而跪送。此真不让于曾文正公〔曾国藩〕之在江南也。

清代皇帝驾崩时之婚嫁规定

往昔交通不便，即京里寄出之廷旨部文，各行省寄往京城之奏本及咨部文件，无不是驰驿传递。由滇至京，程途计八千余里，驰驿传递，至快亦须十五六日，此尚是用六百里之鸡毛文书飞驰也。

清制，皇帝崩，官绅士庶，在三月内，停止宴会及婚嫁，在职官员，一月内不得剃头，此在咸丰以前，都是遵此而行。咸丰帝崩时，值国中大乱，乃有遗诏，士民婚嫁不禁，此则人民多不知之。同治崩后，约十有余日，噩耗始到滇中，然哀诏尚未至也。人民则知哀诏于二三日后必到，却呆看定旧制，在百日内士民不得婚嫁之例，于是订婚期在此三月内者，便乘哀诏未到，省中尚未举哀时，通权达变，立即举行婚嫁。始初尚有人能雇一乘红轿、一班吹手，在白昼而迎亲。既则点着灯笼火把乘夜而迎。有雇不着红轿者，直牵其姑娘而送往男家，真是一些不懂事故之人也。已而官方录了咸丰遗旨，贴出告示来，一般〔班〕人民，始知在此三月内，士庶人家之婚嫁，悉听其便，此而闾阎间方镇定。

张保和嗜赌倾家产

岑襄勤平定大理后，其部将杨玉科、张保和、蔡标、关永安、何秀林、蒋炳堂、覃修纲等，均所获甚巨。承平无事，尽耽于赌博，且一掷万金，在所不惜。其赌金动以大称称，或用畚箕较，每日输赢，必至十万八万。酒食之费，日必数百金。司烟茶伺候者，皆发大财，可谓豪赌矣。

张保和人甚庸愚，钱则以张为最多，然不匝月间，张即挥霍殆尽，最后仅剩住房一所、姬妾数人，张犹作孤注一掷。偏兴尽悲来，骰子尤与伊作对，庄家掷八点，张一掷则成两副么二三。有黠者某，谓此细事耳，只尊夫人出来一见，即可无事，并可化无为有。张忿极，尽产付之，于是郁闷而死。后数年，黠者某于安南之役，为巨炮所轰，尸体无遗，人谓戏张之报。或曰，非也，伊曾在军阵上与一姓杨者盟誓，其尸骨不存，系犯咒神。

狗哭灾临之迷信

往昔省垣之大小衙门内，无不豢养着很多的狗。第一是昆明县衙门的狗最多，直有五六十条，督抚衙门亦养有狗，然不过十条八条，其他衙门，自不待言。咸丰七年〔1857〕春间，督署内之狗，突由大厨房内走至大堂前狂吠，已而有五六条直在月台上伏地而哭。时总督为恒春，闻而大恶，亦知必有灾患发现于将来。有以杀狗沥血而禳灾之言进，恒不许，曰："狗知有灾而以告，杀之，是违其善意也，亦未必能禳去其灾。"事遂寝息。是年闰五月，马复初与马献即率众来困省城，大难遂成。狗能预知其患，亦是不可思议之事。按此一事，恒则见理甚明，后信黄琮言而烧忠爱坊，则又闇之甚矣。

杨高德其人

杨高德，字竹溪，新兴州〔今玉溪〕人，为同治年间云南丁卯、庚午、癸酉〔1867、1870、1873〕三科并行之解元。其人绝顶聪明，能于个半钟点内，成五六百字之一篇八股文，且句句精湛，诚轶伦超群之一八股家也。其中解元之三篇文章刊出，士林中莫不道妙称奇，于是杨之才名大著。

杨入过会试场一次，不售，遂不再往北京。安居于昆明时，遇科岁两考，及子、午、卯、酉乡试，便大当枪手，而枪出的举人秀才实属不少。官方虽严行防止其动作，彼终有方法以售其技能。其聪明如此，似习他艺，亦无不精也。讵知亦有出人意外之事在焉，杨最喜和入一般〔班〕打围鼓之场合中，专门学打大锣，然习至数十年，仍打得不中节，亦可怪也。惟杨之象棋，可称无敌，从无一人能赢其一盘者。考之，杨系昆明人，以生于新兴〔今玉溪〕也。

妙老和尚之异行

清光绪年间，昆明有老比丘，佥称之妙老和尚者，的是一重修持守戒律之僧伽。余家自光绪戊子〔1888〕至壬辰〔1892〕之五年中，均住在红栅子〔原马市口五华区医院东侧〕内，每日午前十时，即见妙老和尚，身著一件黄布窄袖僧衣，顶婆罗叶篾帽，赤双足，登草履，怀挟经卷，步上五华山头万寿亭东边之朝门下。此一朝门，人民呼为红门，门前有及丈深隙地，上有覆盖，可避风雨，妙老和尚则逐日在此诵《华严》《楞严》等经，然不坐诵，时时都是捧经在手，徐步而诵，约至日将落时，始缓步下山而归大东寺。所谓之红门，原在山之至高处，恒无人至，殊寂静，老和尚故取之。其在诵经时，有人布施以果品食物，老和尚俱合十谢绝。有时捉虱或蚤在手，则投之于草上，曰："去、去、去。"据大东寺中僧众言，老和尚于每日早晨与午后，都只吃白饭一碗，落盐少许及开水一盂。癸巳年〔1893〕十月，老和尚遂圆寂于大东寺，身躯坐而不倒，乃装缸而埋于归化寺后，僧众欲为之建塔，以无力而止。

李石匠修凿西山石屋

西山之新石房子〔即今龙门〕，凿成于光绪十年〔1884〕。凿此石房子之大匠，系一姓李者，为撒弥〔梅，彝族支系〕人，时人但以李石匠呼之。李石匠之手艺极精，于雕刻石屋内外之一切人物花纹，均出于李手，他人只不过副之而已。如在崖檐上刻一寿星骑飞鹤，尤显奇能。石屋当中，作一魁星象，单足踏鳌背，右手执笔，扭其身子向左而点斗，真灵活极。凿石之工程至此，已云告竣，不期，一时不谨，在修削魁星手内笔管时，竟将笔头碰断，若另削一笔头，不仅笔管过短，且使笔头逼近魁星手指，是大不可也。李石匠遂想到全功已竣，他处无一遗憾，今如此，实抱恨无穷也，竟一气而死。噫！此李石匠真性气高强之人也。

虽然，李之一死，实李之大幸也，假李不因此而死，后世亦不知李有此一大段成绩，留于人世而见于西山上也。李死，宁不强于生乎？今新石房内，魁星手内所持之笔，其笔头实以木削成，而粘合于笔杆上者。

大头宝宝之口技及惨遇

在前清光绪中叶，昆明城内有大头宝宝者，佚其名，亦不记其为何许人，但知其为一贫家子也。大头宝宝仅有寡母，为人浆洗度日。在是时，大头宝宝约有十余龄，身躯不甚高大，与一般十二三岁之儿童无大差异，惟头则大于常人一倍有奇，望之有如川人跳狮子时所饰之笑头和尚。

大头宝宝惟日游于市，有时亦作丐，向沿街铺户乞钱。而大头宝宝挟有绝技，捺其鼻、撮其口，张喉而作唢呐声，且能作将军令、大开门等调，工尺分明，不啻真正之唢呐发响。大头宝宝既长于是，一向人门户乞钱，人必要其一作唢呐声，谱一调以为乐，谱讫，则给钱一二文。大头宝宝亦乐此不疲，得钱多则醉饱于酒食。

某年，有一江南人至滇，见大头宝宝于市，异之，遂引大头宝宝与共食宿。既而向其母商酌，云彼头颅中有异宝，愿奉百两银为母寿，得剖开其头颅，取出是物，然有法术，不至戕害其生命，但须母登门限而高呼曰："我的宝！我的宝！"始能取得宝出，母不允，此人亦罢其议。时岑毓英督滇，一日出府，见大头宝宝与人喧闹于市，询其故，众以其得人三文钱而不肯奏两曲为对。岑督令其奏调，果如唢呐声。岑以其头为世间人所不应有者，其口鼻复能发此奇声，遂谓其为妖孽。大头宝宝性殊憨顽，直以不逊之言触岑，岑怒，令左右笞之，大头宝宝竟以恶言詈岑，岑乃大怒，立饬人将大头宝宝拉去活埋于郊外，而岑亦太过矣。

谢瑾之烟具

清光绪初叶，滇有谢太守名瑾者，浙人也，以即用县来滇，补大姚县知县，升腾越同知。时腾越称厅，为云南厅州县中至阔之缺，年有三万余两之正规收入，而又民事极简。

衙署极威严，大门前有石狮、有鼓棚、有桅杆，内则重堂四进，有南北花厅，有箭道、有戏台，其排场之大，直与省督抚衙门无异，任厅丞者，日惟与同寅等饮酒看戏，或十日八日而一坐堂问事。

谢莅任，以烟瘾大，酬酢事，只于十日八日内略一为之，是随时俱坦〔躺〕于烟榻也。谢在任四年，进财在十万以上，而年之所入，除食用应酬外，余款即制烟具，以是，谢之烟具不仅冠绝一时，而亦可云为百余年来，一般瘾客中之所不能有者。

谢在腾越，特制烟枪三十六枝，各各形质不同，而又枝枝都是高世之物。枪各有名，系以行省职官之名目相命，则以极其贵重者，署最大之官名，其平平无奇者，则署一切卑官名目。官名以制台居首，次为抚台、学台、藩台、臬台、运使、道台、知府、运同、直隶州、直隶厅同知、运副、提举、知州、通判、运判、藩经历、按经历、学正、教授、教谕、训导、直州判、州同、州判、按司狱、盐大使、府经历、府知事、县丞、府照磨、州吏目、县主簿、巡检、典史等三十六名。枪是顺次而列，各枪枝上俱系一银牌而标著其名。曰制台者，系一牙神手枪，此枪上嵌有一副半春花、半翠绿之玉口底，所谓难得拢之翠玉也。口底共长三寸许，闻其购此，曾耗去千两银。下为一白玉神手，按枪上神手，是类于一小儿拳，五指刻划分明，尤制无不同，惟此神手之五指甲上都带有红翡，望之真如女子纤手，而以凤仙花染尽其指甲者，此诚一奇异品物也。曰抚台者，系一象牙长枪，口底为一纯粹无疵之翠玉，井栏用金银合制，上安一钻石，几有一粒黄豆大，一祖母绿、一映灯红宝石。

其烟灯罩，系以水晶制成之一捧雪，枪近于灯，即发彩色，其五光十色，大炫人目，亦是特异之物也。以次而下，虽云珍贵，究不若此两枪之宝贵无比也。

谢用跟丁二，以一专司烟具，一为彼烘烟，谢于午前，吸烟三十六口，是每三口易一枪，枪由典史起而上升十二位，至州同而毕其数。午后又吹三十六口，复上升十二位。晚餐后，亦是吹三十六口，枪则吹至制台为止。枪悬挂于一大橱内，各有定位，吹时，由司烟具者，循次而进。

斗子则有三四百个，亦无一不是名贵者，每日更换若干个，亦有规定，一一由司烟具者取换。

谢有一套紫檀木烟盘，计大小三个与一斗架，为交趾产物，全用鱼骨磨成水浒图一百零八，内中之一百零八名英雄，其面容与服装，俱各具一种彩色，而又镂刻极精，花纹十分细致，当是交趾国中，制造此项物品之圣手所作也。此外则金盘、银盘，玉石、玻璃盘，竹制盘，竟不知有若干，而亦是随时更换之。

谢于烟具，制得如斯精美奇特，无非得力于任腾越厅四年，既而升补广南府知府，始离开腾越而到广南。谢有此项烟具，时人无不知之，谢有是行为，时人亦无不知之。然有谓其玩世不恭，直诉其事于省中大吏。时岑襄勤督滇，闻其事曰："这个人是疯了！"亦不深究。谢终惧，乃取消其一切职官名目，改用水浒三十六天罡而名其枪，以宋江居首，以燕青殿后，至每枪三口之规定，仍不变易。

谢任广南郡守约二年，以丁艰回籍。此诚吹烟时代之一堪传事。

摴蒱异闻

大字牌，是摴蒱中之一种也。古有花湖、石湖等博具，后人则易"石"为"十"而成字牌。字牌在南七省极盛行，几无人不善焉。湘、桂两省字牌俱作楷书，且字体不大，则曰小字牌。川、黔两省制者，字则近草，而每一字必盖满牌面，则曰大字牌。大字牌以贵州安顺制者为最佳，能销行于各省，故大字牌得名为贵州字牌。

字牌之规律，在摴蒱中最专最严，以较麻将牌则缜密数倍，且于一切名目上及计和、计开上，极费心思，然工于此者，究不乏人耳。彼善于此者，于出牌吃牌时，俱大有斟酌，若一张有失，便损去若干个名目，或将全盘胜算输尽。所以玩字牌较玩麻将牌为劳神。人多喜易而畏难，故在近日，一般好博戏者，咸趋重于麻将。

字牌中之名色极多，最不易成者，为双飘带、富贵图、十八学士、公领孙数种，此非手气好有巧合不能成也。前清时，督抚衙中，有一种似差弁非差弁之小武职，名曰戈什哈，此实满州语也，其义有类于随从两字。戈什哈在督、抚两署内俱各有两班，每班各有十几二十人。班有首领二，名官尊，其称道亦奇也。在光绪中叶，督辕戈什哈厅内有朱光瓒者，时居官尊职位。朱年逾四十，却体格修伟、精力强壮，望之极似一大武员。一日，朱在其家内，聚同事数人作叶子戏，朱一牌和下，七蒲牌中，有四蒲为富贵图、有三蒲为不完全之双飘带。朱放牌于桌上，则哈哈而笑，旁家则各睁大双眼而言曰：“官尊，怎么样会打出此一副牌来？此是十五状元、遍地锦、七蒲齐的富贵图，又兼有双飘带之飘台阖也，以论开数，当为数十万开，太奇！太奇！”众则纷然议论，却不闻朱有一言发出。已而有人抬头，见朱两目上翻，口角流涎，手据案而身子摇荡，共诧异而呼问。少顷，朱即玉山倾颓，偏倒在地，旋即气绝。于是无不道此为一副绝牌。

安宁知州与邓川州牧之笑话

光绪末叶，有湖南人张某，武状元也。由楚雄协升任鹤丽镇总兵。逢西太后七旬万寿，其子张某，得一二品荫生。引见后，授职通判，签分云南补用，某年委署安宁州知州篆。张本回族，不特不识回文，而亦不解汉文字笔，一切公件，无非委之于刑席及一姓陈门印。莅任后数日，门印呈房书稿件请其画行，张不解，门印指其地处，请其画一行字。张遂执笔而书一“仃”字，门印曰：“此成一仃字，须加上一横。”张即持笔而加一小横于仃字上，遂成一“[illegible]”字。门印又笑曰：“此不成字，应再加一笔。”张便于“[illegible]”字上又加一小横，竟成一“行”字。门印无法，只得持稿件而退下。后语于刑席，刑席乃教导张，张学习，始能画行。余先君任安宁州牧，张系前任，余故得闻其笑史，此系事实，非诬之也。

又有任邓川州牧之魏鸿焘，湘人也，以恩荫选授此州牧。莅任时，年仅二十一岁，直是一团孩气。当春日，见庭前花树偶有一片黄叶，魏曰：“此必有妖。”即取其印，著色而印于花叶上，伊夫人见而笑谓之曰："勿这样孩子气。"魏遂以印印其夫人腮颊，致上下哗然。

顾此二人，真不足以临民，竟用以治任，半由清廷之授官，只讲示恩，而不问其人之才质如何，半由省之大吏，对于一些纨绔、草包、市侩，不加以教养，只一味的按着班次轮委治任。所以是时的仕途中，真有很多的稀奇古怪事情发现。

鸟粪污衣之迷信

云南自同治八年〔1869〕后，积至光绪末叶，此一时期中，真也奇特，一座制台衙门、一座文庙、一座双塔寺，那所有的一切柏树上，无不鹭鸶棲满，鹭鸶遗矢〔矢通屎〕于地面，遍地皆白。制台衙门的月台下，植有两行柏树，都是一二百年之大树，枝叶繁茂，树上棲鹭尤多，故时时俱有矢遗下。司道们上制台衙门，照例是在二门的左边门前下轿，步行而入司道官厅，此则须经过一排柏树下。光绪某年，长沙汤聘珍，以盐法道而署臬台，一日，上制台衙门，经树下，树上白鹭，竟遗粪而污汤道衣，汤大不乐。时有一老吏，以送稿件至文案处，适见其事，即向汤称贺曰："大人当在此一月内升官。"汤亦只好一笑而罢。未半月，藩司曾纪凤丁内艰，汤遂得兼署藩台。次月，即有旨以汤补贵州按察使，至黔履任后，又得兼署贵州布政使，于是，无不认为鹭粪污衣是一吉祥事。

越二年，江苏史念祖任云南藩司，因公事上院，晋谒制台，行于树下，亦为鹭屎污其衣帽，督署人又无不向史道贺。果然，未逾月，史便放广西巡抚。又数年，广西岑毓宝在云南藩司任上，以衙期至督署，行于树下，亦为白鹭遗屎以污其褂，至半肩皆白，督署中人又无不向岑道贺，且引汤、史二人之升官事作证，岑颇喜悦。时总督为王文韶，而已奉旨调任直隶总督，但未卸任启行也。岑被鹭屎污衣后数日，王即交印与巡抚谭钧培，谭则兼署总督，约三月，谭以病殁于任，岑奉旨兼护督抚两篆，是则一手掌三印。一日，岑在藩署内庭前徐行，一燕飞来，遗屎于岑衣上，岑知其不吉，亦唯听之。已而新任总督抵滇，岑遂卸去护理督抚两印之责。不久，岑即为新任总督崧蕃奏参革职。噫！鸟之有灵，胡至于此。〔按：所述如系事实，亦属偶合；若谓鸟遗屎于人身能卜吉凶，纯为迷信，不足为训。〕

摇　赍

摇赍，大都以五颗骰子置于碟中，扑碗于碟而摇之，以骰点多者而得赍。某甲因母死停于堂而未能殓，值赍期，遂匆匆而至会，冀摇得赍而理营葬。入会拈阄，得首摇，垮喇、垮喇，揭盖视之，五颗么〔同幺〕也，气忿而走出。居其次者，摇之亦五么在盆〔碟〕内，第三者亦如是。众大异，赍首曰："此必有一重要之事在也，可追回某甲而问之。"甲还，以家中事白于众，众哀之，曰："应帮助者也，此赍可不必摇。"即以赍归甲。噫！此细事也，而亦有鬼神在其间耶？假仍斥此为迷信，此又当作何解说。〔按：所谓"赍"，就是经济上的集体互助。由赍头约集若干人，每人出份金若干，谓为上赍。此项集资，可用协商方式决定使用先后，亦可如本文所谓摇赍，用摇骰子方法，以骰子点数多寡决定使用先后。〕

盐龙祠下之石碣

双塔寺侧之盐龙祠，是光绪初叶，任云南盐法道沈寿榕就盐务上筹款建筑。沈善数学，在奠基时，以某种数学推出一数，其词曰"六六一五，斯地之主"，遂以一石碣，刻此八字于石上而埋藏于地下。此是前七十余年之事，惟此一地处，已经数次修改挖掘，终未见将此石碣挖出，究不知要何年方能出土也。

老年育子

仁和〔今杭州〕王文韶相国督滇时，署中看守二门之王某，任役已二十余年。岁在辛卯〔光绪十七年，1891〕王某已七十有五矣，而精力犹强壮，犹五十许人，妻某氏，亦六十有八。此老俩夫妇，是岁秋间，忽产生一子，婴儿落地，声洪而体壮，无不称异。事闻于上，相国以为老蚌生珠，亦人瑞也，特赏其粉布二匹、银六两。弥月后，令抱其子入后堂，相国赐之以名。

文武两状元

光绪二十四五年间〔1898~1899〕，桂林张状元建勋，任云南学政。同时，城守营参将张某，为一武状元也，张系河南回族人，以日久而忘其名。此两状元，亦常相聚于一处，然在晤对时，都相对而一笑。难得者，是两俱姓张，又同居于一个地处，堪称为一种盛事。

昆明聚魁楼建造由来

堪舆家言，大凡省会地处，须五星端正显明。昆明龙气固然旺相，若就五星而论，土、金、水、火四星，自是显明矣，惟东方木星为倒地木，故不能发鼎甲，须培补之。滇人颇信斯说，遂于光绪十八年〔1892〕，由昆明人士醵金建层楼于相公堤上，以培补省垣风水。

邑人醵金，当然多寡不一，时石屏袁嘉穀，为经正书院高才生，而袁实寒士也，捐金五钱。泐碑刻名，以袁捐金最少，便列其名于最后，是为倒数之第一人。楼成，命名为聚魁楼，五华书院山长澄江翰林罗瑞图而为之记。文字末云：“往事已矣，昔之才人文士，不能大魁天下者，以五星不聚也。斯楼成，魁星聚，则有望于此后之人。”乃不数年，袁嘉穀便中经济特科第一名。时人称之为假状元，然味罗瑞图之记“此后之人”四字，直成谶语也。〔按：未免牵强附会。〕

岑毓英设醮消灾

光绪十四年，岁在戊子〔1888〕，秋八月，云贵总督岑毓英，奉旨出巡迤西，岑至大理后，即觉精神不爽，便匆匆阅兵而旋。回省时，一众行至禄丰县城外，约在十数里之间，忽而日色昏暗，阴云四合，大众认为天气变动，仍往前行。岑在轿中，则问于左右近侍曰：“胡为容此一些身染鲜血之人，走近我轿前？”众则了无所见，莫不骇绝。已而闻岑在轿中独语曰：“我亦是出于不得已而杀汝等，事到如今，我只有回省，请僧道们念经，超度汝等罢了”。言讫，即昏睡于轿中，入禄丰县城后，岑方苏醒。回省后，未半月，即延僧道四五十人，设佛、道两坛，打水陆大醮于城隍庙内。超度之阴魂，据某僧纲司云：“得列名于疏文上受超度者，在回族人中，则有杨荣、蔡廷栋、马仲山等之名。在打大醮当中，岑督曾到坛拈香”云。岑于打醮后方无事故发生，逮至己丑〔1889〕五月，始因病而卒于任所。

嗜酒者

在光绪二十四五年间〔1898～1899〕，云南官场中，有三大饮者：一为云南府守名〔保持名位〕状元曹鸿勋；一为昆明县令李良年；一为石羔〔膏〕井提举司李庆镛。曹状元，是尽人知之者。李良年系广西临桂县人，以进士即用县来滇，署昆明县篆。李庆镛系安徽合肥人，亦世家子也。三人俱有酒量如海之誉，盖能饮百杯不醉也。

一日，李庆镛设宴专款曹守与李令，出窖于地下三年之鹤庆酒一坛以享客，意在举杯分浅懦也。是日，午后六时入席，直饮至二更后九点半钟，始停杯撤座，而主人与客俱无醉容，似再饮十数杯犹可能也。按三人在座对饮，是杯杯亮底，计各饮四十八杯。杯系一种大烫杯，注满酒，能容一两，是则各饮至四十八两，足三斤也。以三斤酒贮以他器，当有两大海碗多，奇哉，三人之肚肠，何能容得如此其多之酒也。而曹守与李令，其癖于酒处，尤强于李提举。闻曹守在署，坐于签押房内看阅公件时，案头惟置一酒壶，云茶具则无。每阅一件公文，必举壶一吸，直以酒当茶也。李令系任昆明县事，自不免日日奔走于督、抚、司、道衙门，复有一切应酬事件，乘轿出衙时，遂挂一酒瓶于轿中，随时把瓶而饮，真大酒客也。

林绍年长虱

人身之虱，咸以为人不好洁，汗腻留于毛孔，以致生虱，其说固是，而亦有不尽然者。清季之滇抚林公绍年，身体多虱，实足以资吾人之考究。林，闽人也，以某科翰林，放遗缺府至滇，未及十年，即荐升至云南巡抚。林仪表清肃，望之极其皎洁，讵知身上之虱，直不可以数计，不知者，以为公不好洁也。公以虱多，隔日必澡浴一次，汗衣汗裤，亦就此更换，但一经上身，越三五小时，即有虱虮发现。易以新针缀者，亦是著上即有虱，亦不解其虱从何而来也。又以为外面之棉袷袄上，有虱虮存在，侍者为之找寻，又一无所获，是一一俱附着于汗衣汗裤上。为公浣衣者，常以白果、百部等物浆洗之，终无一效，从无消灭之法，亦唯听受之而已。

岑毓英重修忠爱、金马、碧鸡三坊

前清云贵总督岑毓英，重修忠爱坊，仅去工料费五千两，又重修金马、碧鸡两坊，工料费亦只去银六千两。其一切工程，在旧式建筑上堪称为有价值之工作。假在今日重修，砖瓦木石之值，金漆颜料之价，与夫一切工资，相信不超过三百万元，不能使此三座牌坊修成也。

夏小兰之疏狂

夏小兰，为记名提督四川松潘镇总兵夏毓秀之子，以日久忘其名，仅记其字。小兰颇有才，然性极疏狂，某年应岁考，于艺成后，便坐在场内桌上，高吟其诗。是时，学台某坐于堂上，全场肃然，独彼一人，持卷高吟。学台某认此为犯规，传小兰至案前申斥，小兰答以因有佳句，故吟哦之，何责之有。学台怒，拍案而言曰："本院记着你。"小兰亦曰："本童生亦记着大宗师。"学台某益怒，斥之退，小兰随即交卷，学台某便在其卷上画一圈。已而榜发，小兰竟榜上有名。至领花红日，学台见小兰近前，随笑而言曰："本院原记着你，怎的竟会把你取了。"小兰曰："大宗师既记着童生，当然要使童生得名列庠序。"学台某不禁而大笑。

小兰疏狂处甚多，一次，行至福照街中，时值天热，小兰所著之绸裤，成条的脱落，路旁人莫不哗笑。小兰徐徐拽裤而上曰："此有甚好笑处。"其疏狂如此也。

昔日昆明之火笔画

往昔书院街有一画馆，彷佛名书画舫。馆主姓名，以年月久远而忘去，仅得名之为某。某能用火笔，在纸上画禽鸟、牲畜、花草、人物。所谓之火笔，系以铁制成，柄细而笔头大。笔头亦不甚尖，只如一含苞未放之木笔花，笔头约长寸半，粗及吾人拇指，看之，亦不似一枝笔也。所用画纸，是以一双宣纸而托上一层棉纸，俟干透，则存而备用。欲落笔而画，则用象牙钎子，在纸上划出所欲画之各种物形，复将纸回润，且要带点水湿气，始将铁笔烧至微红，乘纸润时，向勾有之勾勒痕迹上，轻轻画去，如是，纸上现出一些火烙痕迹。若人物、花草、禽鸟、牲畜等形，都较白描者显明，只不过笔路上较白描为粗耳，虽然，亦别有风味也。

往见其绘一燕蹴落花图，燕子五六，花茵满地，不只趣味清雅，而又画得十分活动，亦图写中之可宝者也。某有女郎，具有姿色，女则善于画鸭，而且是专一的画鸭，故所画出者，无非是大鸭小鸭，配以水草，亦饶有趣味、饶有情致。后来女为吴永安之弟副将吴永超所赏识，以数百两银娶而为妾。女嫁后，某即关闭画馆，而不勤于绘事。或曰：是随其女去而度生活也。昆明自某辍业后，即无人操火笔而作画，今日之火笔画，亦成一绝响也。

赫神庙内永庆班之表演技艺

城内贵州会馆，实名赫神庙，庙建于光绪甲申、乙酉〔1884～1885〕年间，当正殿客厅戏台落成后，庙中即做会开台，雇一永庆班而登台演剧。适有由四川新来之一大面、一须生、一猴子搭于此班中。是日演《党飞雄盗马》一剧，党须开面，此大面于装束后竟不开面，而静坐于戏箱上，旁者催之，伊却笑而不答。随着一装水烟者近前，装烟而痛吸，略至二三十口，而一一俱咽其烟子于肚内，临出马门，始停而不吸。乃在两手的指上，蘸染上红黑两色油墨，即掀帘而出。步至台口，观众诧之，伊遂拉一式子，将口一张，便有烟子喷出，迷迷蒙蒙，将其面部隐住，伊随举手涂面，烟子尽，面亦开成，自是一红黑花面也，观众无不叫绝。

须生则演《阳河摘印》，此则以唱工取胜，其扮相亦好，唱腔自是一种下河调。声嗓之清越、甜润，惟后来之蒋耀廷能及。

猴子则演《回望亭捉猴》，在表演时，猴子之能耐，真大异于众。缘台柱而翻上台之窜角，亦不甚奇。惟蹿至戏台之大屋极上，而将身子往下滚，滚至台口前之瓦檐边，即将身子坠下，坠下时，随将身子向台内一甩，便落脚于戏台上。时一般观众，初则惊骇，继则称奇，而戏台上之前后台人亦无不惊奇。

是年，余有七岁，随家中长辈与会，得亲眼观见。事闻于岑襄勤〔岑毓英〕，岑曰："此飞檐走壁之大盗也。"随饬昆明县查之。大面、须生、猴子等闻而大惧，乘夜而离开昆明。

滇戏名角唐二喜与李小春

在光绪十年〔1884〕后，滇戏班中，有旦角唐二喜、生角李小春者，俱名角也。二人之情感颇腻，在演生旦戏上，其唱工与做工，真为他人所不能及。一次，在火神庙内演《槐阴分别》一剧，直将夫妇间之离情别绪，于形色上一一表出，更现出一种难舍难分之状态。

时演庙戏，戏场内自有人搭台供男女客坐，座上则有百数个妇女，看到董永与仙姑难舍难分之际，此一般妇女，竟至泪下涔涔，且有哭出声来者，其能感动人也如此，真名角也。

名伶李少白之义举

李少白，滇中名伶也，唱大面兼能唱须生，声嗓极佳，身材修伟，貌尤不俗，做戏善表情，以是驰声于云南伶界。

李性豪爽，有侠士风，其最足以传者，为资助周永清赴京会试一事。在光绪中叶，李住于省之东岳庙侧，周永清与李比邻而居，是相识有素也。永清于某科秋闱获隽，当赴京会试。是时，滇黔举子赴京，虽有火牌，能向驿路要伕折费，究不足用也。故赴京会试者，须各具资斧，添补用度。周原寒士，以资斧难具，乃请贷于母舅徐某，盖以徐饶于财也，永清设席延徐至，望其借贷，讵意徐举杯后，云手边支绌，难以为力。言讫，即负腹走去。永清得此不良结果，当然闷恨极。次日，李少白遇周于茶馆内，问周昨日之一举动，成局如何？周以实告，李闻而愤然作色曰："汝舅父何其如此之悭吝也。"又问周："能于他方面借贷否？"周答以"不能。"李乃向周慨然而言曰："子可备治行装，我以二百两银相借，当足用也。"周闻而大喜，立起而向李一揖，时茶〔馆〕中有座客多人，莫不称赞李之义气，能上逼古代贤豪。

越数日，周得李贷款，遂入京应春闱，又获隽，以进士即用县签分四川。周旋滇，立著衣帽造李宅，展拜以谢。已而周如川禀到，不久，即捧檄而往署川东某县，随将李之借款作一本一利偿还。

李治堂诊病趣闻

昔昆明城内有内科医士李治堂，颇有学术，悬壶后，即声名大著，然亦走幸运也。故一般妇孺，有病伤风咳嗽、冒寒头痛、伤食泄泻等等轻微病症者，就李诊治，疾无不瘳焉，于是时人神之，李亦自诩为曾饮上池水者。

有某少妇，延李至家为之治病，李捺脉诊断，以神疲力倦，致心一静，神魂即入于梦乡，一时鼾声大作。少妇乃轻退其手，而以一笤帚代之，约二三分钟〔后〕，李亦辞周公而回，醒来觉指下作梗，张目一视，实一笤帚在指下也。愧而起逸，少妇与其家人，持笤帚及竹棍等物而噪逐之。时哄动于街市，咸呼为捺笤帚扫把的医生，李遂声名大挫。

食用信土成癖之人

往昔滇边“野夷”，有啖蛇蝎、啖蜈蚣者，其入口无害，是由渐习而后能有此克化之力也。又以常事论，彼吞烟膏有至一两几钱者，又何尝不是由渐而成也。

明代杨椒山，在未遇时，寓于其师沈某家。沈，异人也，决椒山必有厄，令其每餐食信土〔即砒霜〕少许，日久，即多食亦能安焉。既后椒山在狱，严嵩着人以信土毒椒山，终无效，此陈事也。不意光绪年间昆明地方，竟有一惯食信土之人。

有龚少华者，川南会理人也。龚在昆明营川杂货业，每日两餐，俱是以信土三钱拌饭而食，云不食信土，则全身无力。噫！此亦不是若人之脏腑特殊，实由其肠胃于信土一物，起有习惯性。据此，似人于一切毒物，都可由渐习而能入口大嚼也。

孙永安与保廷梁

孙永安与保廷梁，俱昆明回教民族，而一为军事专家，一为法学专家，俱各有才能见重于时世，自非庸庸者流也。惟此二人，不特是回族中优秀分子，且是回族中特别人物。

孙永安由日本仕官学校毕业回滇后，即任军职，曾一度为滇军旅长，又任省城卫戍司令及联军总部总参谋。按孙自到东瀛后，饮食即与汉族人共，竟违反教规而食猪肉。回国，便常与汉族友人共宴乐。在中年时代，一班友好，恒邀其来食烧小猪及红烧肘子，孙自坐下而大嚼，于是，无不谓孙为喜吃烧猪之回子。至年纪老时，性益纵，常约三五相知，到汉人食馆内饮啜，然一为回教人见及，莫不烦言啧啧。

保廷梁，亦是出洋留学生，而到东洋最早，在日本专习法政，与思茅吕志伊，同肄业于早稻田大学。保之法学颇优，曾依据日本宪法，著《大清宪法》一部，书成，不久清室即告终，保著之宪法，便成一部废书。保回滇后，曾一度为云南高等审判厅长，传闻亦甚称职。保尤是一不守教规之人，猪肉是饔飧不离，而尤喜食红烧猪肥肠，且入礼拜寺宣讲回教真理云："天经上并未禁人食猪肉，教中人不食猪肉是习惯，不是回教真理。"复劝回教人："不必拘泥太过，不食猪肉可，食猪肉亦无不可，尤不合以食猪肉为叛教。要知性近于此，即嗜癖于此也。"寺中阿烘〔訇〕等，闻及斯言，遂群起而噪逐保出寺。保由是而永不参加回教事务，且离开其清真教，而置身于释迦座下，时顶佛冠，披袈裟，为人作法事，或登台而放焰口、办施食。咦！孙永安与保廷梁，真云南回教人中之特出者也。

普小洪之死

普小洪，滇中巨匪也。唐继尧由粤回滇，普小洪率匪众出而响应，普于唐继尧方面，自树有不少之功劳。唐复辟后，授普以旅长之职，普终是贼性常存，时有不法之动作，唐不得已，乃执普而办之。办普小洪，而巨匪张松与之，司法官奉命宣布二人罪状，普闻而默然，张则失声下泪。普慰之曰："老弟何故如是，吾侪生而何欢，死而何惧，去去即来此世界，何必如此，且吾侪杀人多矣，吾弟宁不数见之耶？”言已，普即乘无顶轿而出法庭大门。至罗佩金之宅前，普即大呼曰：“将军，今可以瞑目于地下矣。余知将军阴魂，必深念余不忘，今固将军之报仇日也。”普声言后，复神色不变，仍含咲而坐于轿中。至某处，见观者毕集，遂起立于舆中，咲曰：“父老皆来耶，何如是之多也。”旋屈身作鞠躬状，呼曰：“今日暂别，行矣，行矣。”至刑场，遂引颈待命。已而徐徐脱下身上皮衣，以赠执刑者，谓之曰：“吾无他求，盖吾罪有应得，但祈君速予毕命为幸，更莫击余首。”是时，红毡已陈地上，普犹以手示张松，意若谦让焉，似让其先去也。实则执刑者枪已同发，普与张亦莫识其先后也。先是司令部赐之酒，普殊不欲多饮，谓人曰：“吾欲死得清爽，岂如一般死囚，乃死于醉梦中也。”嗟乎！普亦犷悍也哉！

杨振鸿铜像之迷信

西南革命党之第一上前人杨振鸿，党人为铸铜像于金碧公园〔今省立第一人民医院所在处〕卍字楼前，着西式大衣，戴铜盆帽，手司的克〔手杖〕，面貌上颇有生气，以是游园妇女，多步近而瞻仰此烈士遗像。

有某姓女子，年十八矣，在瞻仰时，不知作何遐想，邪魔便乘虚而入，女归家后即病，大烧热，作谵语曰：“杨烈士倩媒来云，伊爱我甚，愿与我结婚，俟择日来娶，我已诺矣，当为我备妆奁。”母闻而骇极，遂备牲帛酒醴而祷于铜像前，求勿缠其女，然无效，女之昏迷谵语如故，越数日，女竟死去。

其母恨极，大播其恶于众，由是城市哄传其事，都云公园铜像能撞磕人，且不让于西山龙王庙之放鹰哥哥。官厅方面知之，乃派警察巡行于铜像周围，不许妇女走近。此诚一趣事也，发生于民国六年〔1917〕二月。

魏道人相金汉鼎

金汉鼎，原系顾品珍部属，其在川时，扎部众于接近滇边之某县。邑有道人魏姓，以善相称著，金召魏至部，令其相己，魏将金之过去情事，自少至壮，一一道出，直无丝毫差错，金亦服其术之神。又要魏决其将来，魏以三年内为总司令许之，曰："但惜不能长久也。"是时，金虽在顾麾下任旅长，然晋至总司令，亦殊不易也，金闻魏言，惟付之笑。魏则曰："如逾三年而不为总司令，可抉我眸子。"金曰："是则当厚酬。"魏出，告于金之左右曰："旅长之前程，我已为之决定矣，惟有一事，我不便向彼明言。"问之，答曰："旅长尻骨上，当有一尾巴，长短则不能决定。"左右曰："汝作是言，不惧彼手中之枪耶？"魏曰："我据相而谈耳，伊欲死我，亦惟听之。"左右以魏言白于金，金闻而笑曰："有尾者，犹太古之人；无尾者，是中古以下之人也。有尾无尾，均是人也，何守硁硁之见耶？"众闻斯言，益相信魏道人之言不讹。

罗树昌名字之由来

民国十五年〔1926〕间，任滇西镇守副使之罗树昌，以叛变而有声名。罗本峨山人，原名××，随其父营业于玉溪，以是，与玉溪城中之青年人熟。罗香圃，系玉溪县署房稿罗某之子，香圃原名树昌，在玉溪县级学校肄业，曾毕业于高小，乃晋省而考讲武学校，获选。伊父则顽固异常，不乐其子走入军界，阻之，以是，香圃不获入军校肄业。罗××知香圃之一切证件废置，遂商于香圃，愿持件冒名入校。香圃时致力于戏剧，直不以此为重，竟许之。罗××乃得持件冒名而入讲武学校肄业。此缘是时考录学子入校，尚无呈交相片之规定，罗××方得冒名而入也。自是罗××遂认定已为玉溪人，已名罗树昌。毕业后，出而任职，由排、连、营长而位至镇守副使。彼真正之罗树昌，则以花旦色身，现于红氍毹上矣。

吴堃之任性行为

云南于辛亥重阳反正后，省军政府成立，遂任吴堃为省城警察局长。

吴堃字梓乔，湖北人，随父游宦于滇，考取出洋留学生，得往东洋肄业，毕业回滇后，亦小有差事。吴素与蔡锷识，反正后，故得任斯职。

吴实狂妄人也，任职后，直做出许多特异事件。海心亭之观音殿前，有大铜香炉一座，耳上刊有嘉庆某年敬制字样，又城隍庙大殿前，亦有大铜香炉一座，耳上刊有道光某年敬制等字，吴堃则使人凿去之。时有人作谐语以调吴曰："各家之神主上，均书有生于道光或咸丰、同治某年月日，及殁于道光或咸丰、同治某年月日等字，应否明令人民，各倩木工，将所有之道光、咸丰、同治等字刨去。"吴不能答，乃为之憨笑。

又民国元年壬子〔1912〕，岁次立春，吴则揽取地方官权而往东郊迎春，且抱一小孩骑于马上而举行此一典礼。又令一班扛牌打锣之人，着朝珠黼褂，戴红顶花翎行于马前，意在贱视满清制度，此诚无意识已极。后有人问于吴曰："君之祖与父曾在滇服官，究著何种服色?"吴赧然不能对。按吴之行事，诚昧昧而行，毫不加以思索，一唯任性而已。

彩云南现

昔王褒奉诏来祀金碧神，因汉天子常见有彩云南现也，而云南诚常有彩云丽空之事。最足以动人观感者，是在清末宣统三年〔1911〕九月九日，省垣天空于午正时，铺满彩云之一次。是时彩云在天，直若一床极大之锦被展开，约占望里天空五分之一，直天舒异彩也。入夜后，第十九镇之三十七协新军即反正，天出彩云，其为汉族人推倒满清之征兆。

又民国五年〔1916〕一月，云南护国军出发日，天空中亦现彩云，是西南人民倒袁〔世凯〕胜利之征兆。而在民国十三年〔1924〕，省中人士，为唐继尧竖护国纪念标于南城门前近日楼下，当举行典礼之际，天上亦出彩云，时英、美、法、日四国领事，都在近日楼头观礼，人入报彩云丽空，所有外宾均举酒向唐继尧称贺。唐自高兴极。但自此以后，唐之事业，转形退缩，越数年，即有“二六政变”事，是举行竖标典礼日所出之彩云，又不足以言瑞。

五华山上之开武亭

唐继尧在五华山改建之开武亭，即清代万寿亭内供皇帝万岁牌之一八角亭也。相传明时即有此亭，亦用以供皇帝万岁牌者。又传云：明末时，孙可望曾拥永历帝于此登极。

丽正门下之石龟

在民国十二年〔1923〕之某月，唐继尧拆昆明城之丽正门〔即大南门，门楼名“近日”。丽正门原名向明门，改名丽正，系清初总督范承勋所更易〕外郭，得石龟一只，其制作工绝，体则大逾于尺，是即汪湛海相龟形而筑城，特以此证明之也。

城隍出府轶闻

神权发达时代，常有不可解说之事发现。往昔省城之都城隍出府，必有一坐兜舆之太监，在城隍轿前而行，又有一骑顶马者，随于太监之后。扮太监者，向为太洪班中之某老旦；骑顶马者，为一老武弁某姓。斯二人任太监、顶马职务，计二十有余年，宣统辛亥〔1911〕中元节出游后，未数日，二人竟同日无疾而终。是年九月重阳反正，城隍出府事，便辍而不举，此为二人之数欤？抑城隍出游之事，已数尽于此，二人亦可随之而死矣！此真不可以解说。

忠爱坊之被焚毁

属于不可解说之事，已足令人称异称奇，而人世间更有不可思议之事呈露于人们眼前。民国十三年〔1924〕五月十五日夜间，忠爱坊〔在今宝善街与顺城街口之间，原与金碧路之金马、碧鸡坊成品字形〕之被火毁灭，本由牌坊脚下近打带巷口崔姓油蜡铺不戒于火，致劳祝融税驾，于是铺前铺后、铺左铺右之房屋概兆焚如。时则烈焰上冲，高至二三丈。忠爱坊逼近是处，当然波及，一座代表文物，极其名贵之牌坊，不及三四小时，竟完全成为灰烬。夫城门失火，尚能殃及池鱼，而况逼近于前之一座牌坊乎！

忠爱坊之毁灭，委之于数可也，惟有可异者，崔姓家于大西门正街上之苤麻巷，而在钱局下街染布巷口亦设有一油蜡铺，却同日同时，此三个地方之房屋俱遭火焚，而且烧得一椽不留，此真是一种不可思议之事。

陈惠泉吃附子

陈惠泉，为昆明第一家糕饼店之大老板也。入民国后，彼吉庆祥糕饼店之生易〔意〕，真可云“生易兴隆通四海”，实旺极也。在吉庆祥之生易旺相时，即向往最驰名之合香楼，对于吉庆祥，亦有逊色。已而惠泉有女，嫁以一赫赫有名之龙泽霖，惠泉更是一大有声誉之外老太爷。

惠泉以事业兴旺而富于财，遂求补益其身体，纳医生戴某之言，专食附片、干姜。初只日食三四两，继则逐渐加多。在民国二十年〔1931〕后，则是隔两日一煮附子三斤、干姜一斤，共落于一大炖缸内，入一桶水而煮之。煮至汤如酱油时，便随时舀取而当茶喝，有朋友至，如乐于喝此者，亦可舀取一碗半碗而喝之。惠泉实力求于补，每日早晨必吃鹿茸钱许，故每年能吃茸数架。然陈作如此补养，身体亦不十分强壮，似吃下去之鹿茸、附子，只等于饵炒米粉、啖萝卜耳。咦！余往昔居于乡间，日日啖洋芋将及一斤，既果腹而又有营养，受益处似较陈惠泉之食附子鹿茸为强。岂曰福薄，不足以享贵重物品。

蒋大汉

光绪二十年〔1894〕前后，滇中有蒋大汉，身重三百四五十斤，高六尺五寸，头首身体，长倍于常人。每餐能食米二斤半、肉三斤及三五斤瓜菜，然精力不充足，两手仅有百余斤力，又不能读书识字，如俗语所云：“山大无柴。”时藩司史念祖，奇其体格，召入署，用为藩署亲兵什长。而蒋入队数月，终不解一切，史乃鄙弃，不加以重用。后年余，蒋亦以疾歿。

闻蒋之生也，仍不异于常人，以入山采菌，得一极大之菌，煮而与妹共食之。仅一夕，兄妹二人之身体，即暴长至若是之长大，其妹遂忿恨而死，蒋则如是终焉。

匪首李天王

光绪二十七八年间〔1901~1902〕，川边盐源县之界内，有匪首名李天王者，啸聚山林之间，恒越过滇界而劫掳行客。然不十分爱重银钱，惟酷好妇女之衣服首饰，于小脚鞋尤重视。有川北人某甲，以在滇游宦，因丁艰而携眷回家，行李颇重，经过是处，竟为李天王所劫。当路开箱剖箧，检取什物，凡属妇女之袄褂衣裙，悉行没收。已而在一包裹中，得到甲妻之几对色缎花鞋，李天王取而把玩，甚喜。

本来甲妻为昆明某家之女，素负有某小脚之名者，三寸金莲之套，不只尖窄细小，而又制作精美。李天王得此，似心花大开，不惟于人毫无所伤，尤不剥人衣服，且将收去之衣裤等物，掷还数事，并付还数十两银，俾作路费。甲等离开此地，乃有人告之曰："往昔有遇李天王者，妇女们身上所著之衣裤，无不是完全剥尽，饬易男装而行，今能如此，殆得力于几对绣花鞋也。"此真拦路抢劫中趣闻，李天王亦强盗中趣人也。

游方道士

前三十余年间，昆明市上有一游方道士，在街上游行。其人年约五旬，面目深黑，望之凹凸而下陷，发则蓬蓬然散及其肩。衣大布之衣，手持逗〔斗〕有铁铲之杖，目若瞑，行若退，亦不知其为何许人也。

若人手持之杖，或挂一胡卢〔葫芦〕，或挂一瓦罐，而燃香于手，香烟袅袅然。厥状则一手指天，一手指地，似表示其神秘也。时仰天而大啸，其声铿然，若有音节。时而口诵偈语曰："作善如登百尺竿，下来容易上去难；直须竭力求功过，人兽几希子细参。"又诵云："天上一个蛋，地下一个蛋，蛋对蛋，打得稀叭滥〔烂〕。"有时口中又念道："看看看，望望望，更唱五六七个万万万，天上一半，地下一半，算来算去，总是一半，看看看。"常常在街上如此唱着。或问道人何为如是？则曰："贫道不求名，有名走不脱；不谋利，有利睡不着。我麻鞋竹杖，足迹遍天下，今之所为，欲普渡群迷也。"问以后说作何解？答曰："将来自有应验，在早与迟耳，诸君何必深究。"道人周游于市廛，群儿喜随之而哄，道人能镇定。状貌严肃，故非笑者罕焉。或以钱投于杖头罐内，道人则徐徐开目曰："是结善缘，可免灾难"，故尔，妇孺多敬信之。或谓道人实一瘾君子也，得钱则吐雾吞云，不啻大罗天仙。所谓消灾难者，谓能解除其困苦耳，是则道人亦狡而黠者也，然其术亦自精审焉。彼投钱于罐者，佛亦曰：善哉！善哉！

苏木匠写大字

数十年前，城内长春坊有一棺材铺，主人周姓，请有一匠人制棺售卖。匠人姓苏，手艺殊精，全不识一字，以〔也〕未读过一句书也。其人天分甚好，究不解其因何而能写径尺之字，不特笔力壮健，而且结构紧拔。当时昆明有段雨膏、丁慧生等，是以善写大字见夸者也，见苏木匠之字，亦称赞不绝。因而常有人倩苏写招牌，但苏之书法，真是搬字过纸，要必将所书之字，用正楷写出，苏始能依样画壶卢〔葫芦〕，否则，点画上必有差池。一次，东寺街之某铺户，倩苏写一招牌，为"雙寶隆"三字，"雙寶"两字，用简笔写出，苏则依样而画壶卢，招牌上直书成“双宝隆”三字。此铺主斥之，苏曰：“我不知这是三个什么字，我照你的底子写出，并未走样。”在旁闻者无不大笑，而苏木匠亦一奇人也。

滇署“四大夫”

当有清光绪八年〔1882〕间，督滇者为刘长佑，抚滇者为岑毓英。布政使为吴浚，吴系眇一目者；盐法道为钟念祖，系跛一足者；善后局总办为候补道刘树藩，系一驼背；营务处大委员为候补道徐斌，徐系因统兵作战，被敌人炮火击断其左手杆者。有时，此四人共坐于督、抚两院之司道官厅内，与座者多是心里暗笑。时则有人作歪诗一首，贴于督署之府厅官厅内，曰：“一眼观尘世，独脚跳龙门，拱背朝天子，只手扶乾坤。”嗣为署中巡捕官见，乃撕下而烧去，刘督闻之，只笑而不加以深究。然此亦有类于列国时萧夫人眼中之四大夫。

杨高德猜灯谜

杨高德竹溪，实才士也。在光绪某年正月间，二藁街某户张灯虎于门前，灯上贴有一灯虎，题面为“妻问夫须”四字，注打“《书经》一句”。时竹溪杂于众中，即高声问道：“是否‘汝何生在上’？”内里人即哗然而笑，随应之曰：“是，是，是。”酬品交出，则问其姓名，竹溪告之，遂有人出而邀杨入座，斯时，立于是处灯虎前者，无不夸杨之聪明过人，不愧为三科解元。按此一灯谜，诚妙绝千古，后闻出此谜者，亦是负有才名之某君也。

朱筱园挨打受辱

石屏朱筱园孝廉，亦一时之才士也。朱有《穆清堂诗稿》传世，果也诗才清妙，读者多服其诗之流利焉。在光绪二十七八年〔1901~1902〕间，朱则受官方聘，在经正书院阅课卷。已而巡抚某，复慕朱才，聘其入署帮看公事，朱则出入乘轿，骄极。

一日，偕二三友人，同饮于翠湖滨之杨家酒馆楼上，不知因何事而提到昆明之哥老会，朱则大肆批评。且云："此般人实大有危害于社会处，似不可不清除。依我之见，大府方面，应严行查缉，从严惩治其罪，俟有机会时，我当为抚军进一言。"等语云云。语方讫，对座席上，即站起三五人来，走近朱前，将朱揪翻按于楼板上，则自踵至顶，概以老拳相敬，而又一言不发，只是频频殴击。朱问其故，亦无一字答复。与朱同饮者俱文士，谁敢起而撄其锋，一任其捶击朱而已。约捶击至二三分钟之久，始歇手而走下楼去，朱惟哼哼于楼板上。同来之人，始雇肩舆而送朱还家，朱作函请昆明县及文武总查缉凶，终无所获，朱卧床约二月有余，始能起行。时有人猜测，此一班打朱者，或者即是哥老会中人也。咦！朱一读书人也，竟忘去古人有"君子有谨于言而慎于行"之箴言，受斯辱也，宁非自取之欤！是白受一场打也。

烟魁许聋子

在云南盛行吹烟时代，凡卖熟膏处，都悬一牌，标"烟魁"二字，意谓所卖之熟膏，是压盖一切也。是时，昆明城中亦有一瘾客，而众称之为"烟魁"者，是烟瘾之大，能压盖全省瘾客，时人故以"烟魁"称之。斯人姓许，为名画家许慧卿之堂弟，官补云南白水巡检，以耳聋，人都以许聋子呼之，竟不以名著。

许非俗物，既善写作，复解奇门遁甲，故与游者多雅士。许聋子之烟瘾大，是尽人皆知，盖以其随到一处，见烟盘即取出怀中约装两许烟之一牛角盒来，揭开盒盖，倒于床上而大吹大吸。若在斗室内，必至雾气腾腾，至使在旁者头昏而神醉，以其如此也，故得享“烟魁”两字之尊号。虽然，一般人亦只见其门墙之高，未能窥其室家之美，谓许聋子有二两、三两之瘾者，犹是仅得窥其堂间一奥之人也。

许与余母舅蔡少田公为兰谱交，时余系一童稚，恒随余舅至许处。某年，许续娶，于结婚之次日，许要余舅携余到彼家早餐，时座客有十余人，俱许之至好也。许于席上，突于怀中取出一烟盒，随将盒内烟膏，倾入一茶碗内，和以开水，旋举碗而喝之。座客中有半数人都未见过许有此种骇人之处，共起而强执其碗，曰：“昨日方燕尔新婚，胡为今朝即萌死志？即有不如意处，亦不宜如是。”许则一面摇手，一面强喝碗中烟水。有知其为过瘾者，则坐笑而不言。已而有一年老者，闻为许之族叔，乃笑语于众曰：“诸君殆未识彼之烟瘾大至若斯耶？此无他焉，彼喝此碗烟水，只为过一台早瘾耳。盒内烟膏重五钱，作如此吞下，可等于用灯枪吹五两烟。假以五两烟上灯枪，尽一日之力，犹不能吸嗯〔息〕其半，彼作如此吞下，则省气力、省时间多矣，此后吹吸之一两或八钱，只为补遗耳。假如彼不作此早餐一顿，不特不能饮食，且全身疲软无力，吞此而后吃饭，碗中饭始能下咽，此台早瘾，故不可不过，诸君勿认为异事。”于是众方除去疑团，转成笑言。

近百余年来昆明之书画名家

近百数十年来，有能驰名于省垣之画家、写家，其画出来之屏幅、斗方，写出来之屏对、扇面等，得到无不称善者，然亦无多人耳。此而言画家，在外省人中，善画翎毛花卉者，第一是许慧卿，次于许者为潘荫廷，但潘之笔气，究弱于许，且生动处，较许实逊多焉，然与后起之一班画家相较，潘又高多矣。有专以翎毛称著者为范藕航，范画之鸟雀，是半用工笔写出，却生活灵动极，惟是小品居多，少有巨作也。黄笛楼以山水见长，若围屏、若直幅横条，见悬于各世户人家之壁上者不少，且无一不气味清越，以名家两字称之，亦无愧。此外却有不少能画竹、画梅、画兰、画菊、画石、画翎毛花卉、画山水之人，然都在许、潘、范、黄之下也。

本省人中，除李仰亭、孙铁洲外，有能以画笔称著者，在此七八十年前，则有蔡和生一人。蔡善画翎毛花卉，制屏幅，其笔气可能与王子和相敌。又善画草虫，善画螃蟹。画蟹之墨色极好，远望之，不只彂〔鳌〕足生动，且能臓得起来，盖磨清代初叶曹素功所制之紫玉光墨而画之也。蔡之螃蟹，定有笔资，三钱银画两个，有人送以五钱银，烦画两扇面，而一个扇面上，只有个半螃蟹，是以半边藏于草内也。然在是时，又无人不喜扇面上得蔡和生画一蟹也，惜此人不寿，三十六岁即身故。与蔡同时，有一张文林，亦名画家也。张善画人物，尤善画湖泽风景，如苏东坡游湖之类。此人亦是不寿，三十二岁即物化。

有杨鉴卿者，善画人物，却不及后来之杨榆村，只足与当时之戍之风相敌，亦善画翎毛花卉，而究弱于蔡和生，虽然，亦一时之能手也。丁仰尧能画博古花卉，调色极鲜艳，故制出之件，多得人赞赏之。杨应选，字榆村，专工人物，尤善画巨幅仕女图。于名士也，能写出其丰姿清雅；于英才也，能写出其意气雄豪；于美人也，又无不端庄秀丽。其笔底真饱含着一切情绪、一切意趣。故杨榆村之人物，时下多有人宝之。有胡应祥，字云龛者，为近五六十年来，独一无二之画家也，能画翎毛花卉，能画风景人物，能画竹画梅，能画山水，且能为人写真，而又笔底不带一点尘俗气，于巨作上，尤有气魄，于小品上，极其工细，是样样俱好也。闻其画笔，不自师传，纯由自己造成。缘初随其父习攒裱业，薄之，心则有他向。

已而得《芥子园画谱》一部，心爱甚，即师之法之。应祥天分很高，不久，即有所成就，由此而节节进步，遂造成一绘事中名手，不过藉此而谋生活，究不能达到笔笔超妙也。云其书写，原不甚佳，亦以日日练习，后来，亦居然能写得一手好字也。总之，是其人具有一些天才，方能至于此也。此外，昆明人中，亦有不少的人能著色染墨而画一切者，然只能称为能画之人，不能称为绘事中名手，如后来之曹霖等是。

书写名家，在外省人中，第一是谭宗浚，略后于谭者，则有周应方、舒运昌、陈先湖、苏忠廷，更有王介臣，此数者，真精于书法也。写出之楷书行书，不论大小，是无不字字有神，笔笔有法，是称为书写名家。若云作楷，只得到圆秀整齐，行书与草书，只能得到个笔不凌乱，斯又比比皆是也。在本省人中，当首推孙竹雅与蔡芑田。孙之大字，富于气魄，如“金马”“碧鸡”四字，直与尹壮图所书之“藏书楼”三字相伯仲也。又书于放生池上之“比象莲华”四字，直具有画意，真神品也。蔡芑田于真、草、隶、篆俱精绝，楷书则直逼董香光〔董其昌〕，分书犹胜过桂未谷〔桂馥〕，盖以桂只能作径寸以上之隶，蔡则能于径寸内作隶书十二字，能笔笔不失碑体，此真不易之事也。蔡名新荣，字芑田，本刑名家，以一廪生而充叙州府幕、永宁道幕各五六年，故叙〔府〕、泸〔州〕一带寺庙内，多有蔡书之楷隶匾联。某年由川回滇，值滇乱方息，故为地方上所书之字笔甚少，仅城隍庙、大德寺、青门寺内及普济堂前，悬有所书之匾额，但径尺以上之字，其气魄实无竹雅之强，亦无竹雅之淳化也。至云芑田为人所书之条幅屏联、墓碑墓表等则多矣。除此二人外，云能写大字，又能写小楷，既长于楷而又能作篆、隶者，真无多人耳。论径寸以上之字，无论为楷、为隶、草书、行书，都为应酬而著笔，不能用此取功名，故窗下之士，都不乐习此，惟在大卷百折上用功耳。在科举时代之情势若此，因无多人习于行、草，更无多人学写大字，有则为写字铺上之一班写字匠，虽然，个中亦有翘楚焉。当光绪末叶，有胡雨亭与段雨皋，斯二人真堪称为一时之写手也。胡为昆明人，以写一二寸径之楷书最佳，小楷亦好极。字临碑版，有时仿谭宗浚写龙赞寺碑，不啻谭宗浚复生执笔而写出也。某年，任云南府之兴禄，召其入署，专书信札，奈其人品不高，不久即被除，故终身困厄。段雨臯亦昆明人，与胡云龛为同胞弟兄，云龛出继胡姓，故尔姓胡。雨臯书法，多学《圣教序》，故无论大字小字，无不骨肉停匀而又紧拔。段之书写，曾有一个时间得人十分重视。缘光绪辛丑年〔1901〕，修理贡院号舍，而每一条号舍前，都有一堵粉墙，墙上俱书一字，为者〔这〕条号舍之名称。其刷粉处，纵六尺而横五尺，书一字于上，几要将此装满，字之大也可知。时则倩段雨臯写之，果也匀称丰满，而且无一败笔。是科，李经羲为监临，见而夸段为滇中第一写手。闱场毕，遂传见段，段入抚署谒李，在行大礼时，怀中之皮烟盒、小竹烟袋呃叭〔噼啪〕落地，李已薄之，既而问其常临何帖，段答以："我很不爱看什么帖。"又问以他事，段则懒精无神地对答。论李之召段入见也，是将欲置之于幕中，今见其如此，知不是一人材也，立鄙恶之，遂端茶，侍者便高呼送客，段则怏怏而出，于是竟不能出而一露头角，惜哉！此二人俱以不达世故人情，只博得一写字匠之名而终身。

又在近四五十年内，则有张鑫、吴锡忠二人，同称为大书写家，张则写碑，吴则写帖，俱与外省人吴绍璘名噪一时。但吴锡忠之字，诚有剑拔弩张之概，亦多有人议之，然豪放处又多为他人所不能及。又陈荣昌、李坤、李增等，都为近五六十年之达士才人，书法上，是各有各之好处，称为滇中之书写名家，亦都无愧。此外如赵藩、周鍾嶽、袁嘉穀、顾视高、李法坤等辈，只可认为是能写者也。又有一赵鹤清，是能作、能写，复能作篆隶，更能画翎毛花卉与风景画，在近四五十年内，赵颇负才名于一时。然亦有人云："赵实是一多才多艺之文人，其写、作、画固佳矣，究不能称为是冠绝一时之作品也。"余亦然之。

中医姚静轩

近五六十年来，著名于省垣之中医，当首推姚静轩。姚为病家立方制剂，莫不为之斟酌至再，必要达到妥善地步而后已。却不是撇开“君臣佐使”四字，而任意写些药物于纸上，分两上更不是随意安排，或三钱、五钱、一两、八钱的，顺手写出。此可束以一言：是审症明确、制方得当，丝毫不苟且从事。曾有人考验姚之功力，于诊脉得方后转而告之曰：“不意药方失去，今奉资，祈另赐一方。”姚却其资又诊其脉，复署一方与之。考试姚者持后开之方与前开之方比较，却丝毫不差，始服姚之学力充足，顾此，是真足以传之一事也。

医治跌打损伤的神手——彝族草药医生

昆明白土村之“老李倮㑩”，以日久而忘其名，乃从众同称“老李倮㑩”之一名而写出。此以前若干年，陈小圃之胞兄陈少赓，由火车上坠下，致全体受伤，最厉害是将左膀上的肩骨措〔通错〕开，肘与腕的筋骨亦措扭着，弄到一条手膀不能伸屈，只叮伶当啷的长弹着。一只脚则直将整个脚板措扭朝后，是将足跟扭到前面，人则疼痛至叫喊通天。时陈家人亦知白土村中有“老李倮㑩”一人，是治跌打伤的圣手，乃连夜将其请来。

此老医生至，先以药定痛，随走往南较场内，向各草药摊上，购得一提箩药草回来，遂以大锅煮之，随时用布蘸水，洗擦受伤者之一切患处，于手脚上，更频频洗擦。约一日，即用手轻轻地扳扭患者之手足，是使一些措离开去之骨节，得渐次扳拢。果也，三日后，手即能举，四五日后，脚板即端正如前，十日后，即能起行，此种惊人之医术，真足以传。

鬼像传闻

世道上云有鬼闹，常事也。有鬼发声响、现形影，或为祸于人，或不为祸乱，此则是游魂为变，可以云是鬼魂作一时之游戏，亦不足异。有鬼魂出而与人共照一像，居然现其像状于影片上，此真是一奇事。论理，物以有体质，因而有形色、有像状。鬼魂是一无体质者，偶然现形于人前，亦一幻景也。云此幻景，人们能有方法，使其幻景中之所有情状，常久存留，此必无人相信。然在事实上，却有人于不知不觉间，竟将其幻景内之一切像状，攝存于一影片中，此且不是偶然的一次。在民国初年间，彼照像〔相〕馆内于此种异事，即发生过两次。

民国五六年间〔1916~1917〕，顺宁〔今凤庆〕之叶荃，大武人也，其元室某氏，叶认其有不正之行，竟以枪击死之，既而叶则不清不白地得一继室，或云系某尼庵中女僧。叶则设法敷衍朋侪，往水月轩照一结婚像，且有二傧相在座，不意其原配某氏之阴魂不散，竟站立于叶座后。此则人的肉眼不能见及，照像〔相〕机上镜头，却强于人眼，直将此鬼魂之像状摄入镜中，洗出照片后，始见有一形色暗淡之女像立于叶后。叶阅之，即认此一女像是其元室某氏之像，此一照片，时有多人见及，余亦得寓于目。又在此后之二三年间，黑盐井上亦有一等类于此之照片出现，其鬼魂系井上某区长之元室某氏，以年少而行为散漫，致生子夫不认为是己之骨血，妇乃服毒自尽。一日，某区长偕朋侪照相于某寺中，其妻某氏，亦现形影于照片上，时则有不少的人附会传扬，云女相后尚立有一鸡脚神，实则只有一形色暗淡之女像立于某区长之座后也。近闻广通城中之某氏妇，犹存有此奇异之像片一张，且常出以示人。〔按：此文乃不科学的迷信之说，不足为训。〕

杨振鸿轶事

杨振鸿，昆明小街子人，世业农，以父母早故，依叔伯生活，长而不屑为农，叔伯见其聪慧也，遂令之读。年十七八，即善于作楷〔书〕，乃送之入藩署内某稿房为清书。振鸿则私刻善后局图记，诈取局存款五十两。事发，上者怜其年少，减轻其罪，判以徒刑五年。入狱，遂刻苦于书卷，更得一系于狱中之老学究指拨，不三年，振鸿即成文学界中能手。时遇西太后六旬寿诞，大赦罪犯，振鸿遘此而得出狱。次年，应岁考，县、府、院考俱冠军，时人称道为小三元。

逾年，省考选出洋留学生，振鸿预考，亦中选，遂送往东洋留学，至东瀛，得入振武学校肄业。时孙文〔孙中山〕在日本创立同盟会，振鸿即首先加入，与孙畅论国事，大得孙欢，认为是不易遘逢之同志。又夸誉振鸿之胆识，实高于一切，于是振鸿竟名震于东洋，且为同盟会中之中坚人物。某年，云南有七府矿产之事发动，振鸿乃与李根源、赵绅、罗佩金等七人联名，自东洋通电反对其事，且通电全国，宣布云南独立，阅其电者，无不哑然而笑，此诚是一妙极趣极之动作。

谢汝翼之死

谢汝翼，亦滇中一大武人也。蔡锷离滇，电北京，保谢主持滇中军政。不久，唐继尧即由黔返滇任云南督军，谢不能不将军事权交付与唐，随偕同姜梅龄乘车出省而北上，至宜良某处，便为和荣昌所刺。和系回教人，籍隶昆明，以行伍入武备学堂，毕业后，为新军巡防营队官。光复后，改编军队，和遂编入陆军第一师任连长职。嗣随谢汝翼援川，以功晋少校，和殊不满意，已而又立有他功，竟不得进职，和则认谢是有意厄己也。

和素与革〔命〕党中某一激烈派接近，动即主张暗杀。时谢欲图某一人，知和可充专诸，不知和有怨于己也，强和脱除军籍，与之出省再作是举，和不得已而与之行。车行至宜良某处，和即忿火中炽，立出枪将谢击死。时姜梅龄在侧，胆战而心摇，和则侃侃而道出一切，亦不逃逸，认以身命相抵。梅偕和至省，唐继尧悉其情略，亦不穷诘，惟按部属戕杀长官之条，予以枪决。

顾品珍之俭朴

民国十年〔1921〕，顾品珍掉戈向唐，唐继尧出走，顾遂代唐继尧而执滇中大政。顾将才也，短于政治学识，惟知事事从于节省俭约，日则布衫布褂，骑羸马出入于公门，于一切应兴应革、应举应废之事，了不知其著手，复排斥唐系人过甚，故为政期年，毫无补于滇局，且因此而制出后来之种种乱事。虽然，顾之俭朴，亦顾之美德也，当时，上行下效，滇中风气，亦为之一变。夫草上风偃，谁又得而非之耶！

民十一年〔1922〕，唐继尧引兵回滇，顾遂邀集省中重要人开会于宜良，筹御敌之法。已而自率兵士二三百而马首向东，行至陆凉鹅毛寨，突遇普小洪引众来击，顾与之战，不幸而身中流弹，竟死于是处之荒岭上。

顾死唐入，查财库内，却存有省款二百四五十万，亦足见顾氏执政时，一切注重省约，而不轻于耗费丝毫国帑也。

唐继虞进攻昆明

"六一四"政变后，龙云转得掌握滇中军政大权，遂命胡瑛等率领多兵，击胡若愚、张汝骥于曲靖。时则省垣兵力薄弱，唐继虞便乘此机会，率其前留于大理之警卫军三团及二三千新招之众，通以陈维庚统之，以李达夫〔即李伯庚，大理人〕为总参谋，自大理而下，进扑昆明。而一路无阻，直抵省垣西面之马街子，此仅距城十余里也，时城中有兵千余，亦足以凭城据守，已而又有外援至，遂出城作战。时则两下炮火相接，城中枪弹横飞，亦大可惧也。六街三市之众，乃推出一班耆老，入唐营婉劝唐继虞，大旨谓："西军入城，难免不与龙军巷战，是则人民受伤害矣；唐联帅爱民如子，其在天之灵，必不忍见市民之受伤也。"唐继虞碍于众情，只得返旆旋榆。斯一场戏剧，则有人引滇中童谣"送瞎子送到马街子"一言以讪笑之。盖以唐继虞有三瞎子之混名也。唐继虞不得入昆明，其部下当然星散，陈维庚与李达夫而他适，唐继虞亦就此而消声匿迹。

艺林美术馆之龙云画像

龙云在谢汝翼率兵援川时，曾充谢部下马弁，尝倚马摄影，底片却为人所得，嗣经护国门外之艺林美术馆绘成一高及五尺之油像，悬于馆内，人则纠纠其容，马则萧萧其尾。龙经此而见之，亦不以为辱己，转认此为写其本来面目也，更不之问。龙位滇黔绥靖主任时，像仍悬之，此足见龙之智识，诚有超人处。

龙云之拳术

龙云在少年时，尝由其家乡贩运花板（即香杪板）入川售卖。无事时，则学拳术于宜宾之马汤元（圆），马为叙、泸一带之名教师也，气功极好，人以绳索套其颈，两端俱以人用力拽之，马犹能吃下一碗汤元，因而有马汤元之名。龙学于马，颇得其精奥，已而得充谢汝翼部下马弁，升小队长。回滇后，得入讲武学堂，毕业后，得充佽飞军小队长。约年余，有德国武官某中将来滇，唐继尧款之，并邀其校阅军操。某中将阅讫，即加以赞扬，曰："吾德国陆军，固见称于世界者也，以吾观之，亦不过如是焉尔。"唐继尧闻而大乐。既而在筵席上，某中将又谈及中国拳术，道："拳术实为中华国之国粹，欧洲人多有未及知者，吾德国人却习焉而不精，不识帅座垂注于此否？"唐是一好高者，随语其副官长马为麟："择佽飞军中解拳术之一二人来献技。"马知龙云技艺冠于群众，遂以龙进。龙至而献技，尽出平昔之所学，若洪拳、花拳、猴拳、罗汉拳等，无不超妙。某中将见其精神饱足，身法步法，亦一一灵活，乃拍手称善者再，且曰："此一小队长也，其技能已如此佳妙，是一斑已灿烂若是，全豹可知矣。"唐继尧闻而乐极喜极。某中将去后，唐便于龙之形影不忘，不数日，即拔龙为佽飞军中队长，旋又升为大队长。龙亦感其知遇之德，遂竭忠尽智于唐。

陆崇仁升腾轶事

陆崇仁，系巧家黑彝，即志书所称之“黑倮㑩”也。崇仁本不姓陆，以入赘于巧家女土目陆卢氏家而姓陆也。

崇仁在巧家中学毕业后，遂至省城谋出身之路。已而得考入法政学校，毕业后，亦无甚大志向，要不过望得入省机关中，当一小科员而已。以是而东钻西奔，亦无甚头路。时新昌旅馆中有一瞽者，善摩骨相，崇仁走往相之，许崇仁当贵，且能掌握全省财政。崇仁闻而热中，遂回家辇金进省，运动夤缘，得署寻甸县。卸任后，得走入龙云之门，以经济夸张，龙信之，遂用崇仁为富滇银行汇〔会〕办，未逾年，即任财〔政〕厅长，果为瞽者所言。

陆崇仁理财有方

陆崇仁之像貌固不惊人，而胸中却弥满经纶，既善于聚欸〔敛〕，尤工于掊克，更善于利用小人。时财厅中有四杰，为刘某、张某、孙某、赵某，俱来自于教育界，且是一班数学教师。陆即以此四者为手足心腹，因而于征收上之计算，十分缜密。故尔，陆长财厅后不及二年，即能使不满一千万元之收入，顿增至五六千万元，此真是一创闻。又崇仁长财厅，厅中之一切奉公人员，上自秘书，下至录士，与夫听差、传事等，均有红帐可分，无非按其职位之高低，事务之繁简，而定其得数之多寡也。陆崇仁掌省财政权之措施，是如此如此。

李宗黄拒收贿赂

李宗黄长民厅时之笑话殊多，有一极有情趣者，在某一纪念周上，宗黄忽对众宣言：“某人送我金手镯二对，各重五两，殆欲我委他一美缺也。此不值几何之物，我何肯收受，况我非爱财者。我昨已还之于彼，诸同志不相信，可向彼一问，我有无付还之事。”众默默然，所谓某者亦在座，但仰首望屋顶，若无所闻也。

卷　十八

谈谈几个民族之风俗习尚

考古学，不尽重在各种物质，于各个民族之风俗习尚，尤当注重。今云考古，于物质上则讲求精矣，于各个民族之风俗习尚，又多不及焉。如于滇中原有之一百二十余种夷族，直不论其孰大孰小，通以“少数民族”四字括之。更将各夷族中旧有之风俗习尚，置诸不议不论，是取重近百数十年来之现实，不问既往之有无优点，此只可云求其近状，不得谓为考古也。

《云南通志》有五六种之多，于各个夷族之风俗习尚，亦言之綦详，但卷帙繁多，观摩不易。而且各夷族之名目，多从其土音而定，如卢鹿与倮倮，摆夷与僰夷、白夷，其字面固不相同，究之都是由口音上转变而成也。

滇之夷族，见于志书者，一百二十有七，而土汉人、朵袈、景颇、僰裔子等族，尚无与焉。惟此一百二十七种夷族，与未及列入之四者共计，则有一百三十余个夷族矣。云其族类，则大小不一，是有逾十万人者，有不及万人者，此则不能作同样观，应有所区别也。

迤西方面最大之夷族，在近千年来，应以摆夷一族居第一。摆夷，在《通志》上则书作僰夷，在《滇云历年传》上则书作白夷，盖此一夷族，实为九隆九族蒙苴阁之后裔也。次为西爨白蛮，按此一族，即是新志书〔当指清末纂修的《云南通志》〕上所例之白倮㑩也。《志》云：滇中黑倮㑩为贵族，白倮㑩为贱族。此是就唐代后，东方白倮依东方黑倮为生活之事而为言，实则在唐代以前，东方白倮亦能与东方黑倮相衡也。如在六朝及唐初，西爨白蛮之势力殊大，即细奴罗，亦西爨白蛮，而仍为一白倮也。故在千余年前，西爨白蛮的是滇西之一大民族。

次为摩些。摩些即《唐书》所称麽些蛮。宋时，其长蒙醋据丽江，元初平之，置茶罕章宣慰司，时以木氏为土知府。今丽江之夷，总称摩些，实则外以此名，内则自名为拉傒族。但是维西郡内之人民，又什有七八为摩些族，更较丽江之人数为多，且在鹤庆、永北两郡内，亦有其类，此诚是迤西边境上之一大民族。

又次为古宗。古宗原系藏族，后则分成两种，一昔在维西近城及其宗、喇普等处，为明木氏屠未尽者，则散处于摩些之间，称为摩些古宗；其在奔子阑〔栏〕、阿墩子，及中甸西陲者，谓之臭古宗。而今在中甸地方者，都不谓为臭古宗，只名之为古宗。此亦迤西边境上之一大民族。

民家子，志书上称为白人，其先居白崖川，即金齿白蛮部，而亦是白子国中之一族，究之，仍系僰种。自云为张乐进求之裔，便自称为民家子。居处与汉族人相杂，风俗衣食与齐民同，然在妇女方面，仍有保持着缠头跣足、披羊皮之原状者。此则以丽江、永北、大理三郡为最多，其他各郡虽有，人数究不众也。此亦是迤西方面之一大民族。

此五大夷族之风俗习尚，新旧志书中俱有所言，然今与昔异，与一切情事上，俱各有进化，遂多有不符之处。惟云考古，又不能将前之所有者，完全抛除，要知今之视昔，其业已革除者是某些，仍旧保存者是某些，则知今日之习近文明，是由若干年来，逐步推进，不是一掉首、一迈步，立即能成也。余有感于此，乃将志书所载此几大夷族之风俗习尚，节取其要而泚笔写出。若曰：往事已矣，谈之何为？是则与考古两字之意义有违，乃不顾是，而写出其原有之风俗习尚。

僰夷之习尚

僰夷为滇中一巨大民族，其分支多至数十，名号亦因之而殊，风俗习尚，亦多有差别矣。

其正支中之首领称宣慰者，则名为昭华，犹言主人也。其官属有叨孟、昭录、昭纲，递相臣属。叨孟总统人民，兼领政事。叨孟统领人民，有领至万户以上者，昭录亦能统率人民至万，昭纲则管领千人，至少亦在百数十人，赏罚皆任其意。叨孟之近侍，名曰立者，亦能领百数十户，皆听其使，食其赋而取用无节制。上下奢僭，即微名薄职，都系金银宝带。

官民皆冠箬叶〔笋壳〕，纍金玉珠宝为高顶，上悬小金铃，插遍翠花，后垂红缨。贵者出必坐象，象首以十数银镜为络，银铃银钉为缘。象鞍三面以铁为栏，藉重茵，悬铜铃，鞍后象娜一人，铜帽花裳，执长钩制象。招摇于道，见与之齐者，合掌相敬，有敬于己者则跪拜，有所论则叩头受之。是虽贵为叨孟，其见宣慰，亦莫敢仰视，凡有问对，则膝行而前，三步一拜，〔李思聪《百夷传》作“二步一拜”〕进退俱如是。贱见贵、少见长皆然。侍贵人之侧，或过其前，必躬身而趋。

筵宴则贵人上坐，下之僚属，以次列坐。有十客，则令十人行齐十客〔《百夷传》有“客十，则十人各行一客”〕之酒。酒初行，乐作，一人大呼一声，众人和之，如此者三。客即就座，先进饭，次具醪馔有差。食不用箸用木匙，每客一卒跪座侧，持水瓶盥帨。凡物必祭而后食。

乐有三：曰僰夷乐、曰缅乐、曰车里乐。僰夷乐，有筝、笛、胡琴、响琖之类，歌中国曲。缅乐者，缅人所作，有排箫、琵琶等类。车里乐为车里人所作，以羊皮为三五尺长之鼓，以手拍之，间以铜铙、鼓、拍板等。此一些乐器，亦多与中国僧道所用之乐器相同。乡村宴会，则击大鼓，吹芦笙，舞牌为乐。

无中国文字，小事则刻竹木为契，如期不爽，大事书缅字为檄。

居无城池，因高山为砦。无仓廪，租赋每届秋冬，遣亲信往各甸，计房屋征金银，谓之取差发。

法律，杀人与奸者皆死，盗一家者死，为寇一村者死。道不拾遗。

军民无定籍，有三丁，即以一丁充军。其正军谓之昔剌，犹言壮士也。与人作战，昔剌持兵器，余供负荷。师行，军在前，夷长居中，饷糈在后，进退上，号令不紊。倚象为声势，每战以绳象上。惟悍而无谋，胜则骄惰争功，负则逃奔山谷。

驿路无邮传，一里半里许，构一小草楼，以三五人守之，千里有报，闻在旦夕。公廨与民居无异，虽宣慰，亦只竹楼数十间，上覆以茅，用陶瓦者，辄有火灾。

民间器皿，多以陶冶。孟艮等处，则有漆器甚精。部长用器，多以金银、砗渠、琥珀、玉石等制，其下亦多以金银为之。

部长出，象马、兵戈及木榻、器皿、仆妾、财宝之类皆从，动辄一二百人，随处宴乐，小民苦之。

其俗男贵女贱，虽小民，视妻如奴仆，耕织、贸易、徭役，皆妇人任之，非疾病，虽老亦不得休息。凡妻生子，贵者以水浴于家，除此，都是浴于河，三日后，以子授于夫，耕织自若。

头目之妻婢逾百，少者亦数十。庶民亦有十数婢，妻无妒娼〔忌〕之嫌。旧俗不重处女，及笄始禁足。

官民皆髡首黥足，有不髡，酋长则杀之；不黥足，众则嗤之，曰“妇人也”。妇女绾独髻于脑后，以白布裹之，窄袖白布衫，皂布桶裙，贵者衣锦绣，俱跣足。

凡子弟有职名，则受父母〔李思聪《百夷传》作“父兄”〕跪拜。

人死，用妇人祝于尸前，亲邻相聚，少年百数人，饮酒作乐，歌舞达旦，谓之娱尸。妇人群聚，击碓杵为戏，数日而后葬。葬时，以所亲者持火及刀前导，至葬所，以板数片瘗之。其人素用之器皿、戈，皆环悬于墓侧。是后，绝无祭扫之礼。此种种习俗，今已渐革矣。

上述各节，是取之于岑《志》〔清岑毓英等纂修之光绪《云南通志》〕，又读阮《志》〔清阮元等修之道光《云南通志稿》〕、范《志》〔清范承勋等纂修之康熙《云南通志》〕，亦有类此之云云。顾此，实是就二几百年前之风俗习尚而言耳，今又岂其然乎？是十之七八，俱归于消灭矣。

《志》又云：在禄丰、元谋、罗次者，男戴黑布帽，窄袖白衫，妇著桶裙，好楼居，釜、甑俱用陶器，俗尚奢侈。孟春作土主会，男女杂坐。信鬼好讼，见人多所忌讳。掘鼠及虾蟆以敬客。殡葬有棺，但少哀戚。

在江川、路南者，构竹楼，临水而居，楼下畜牛马。妇人耳缀大环。婚用牛，祭用羊，知蚕桑，勤耕织，所织麻袋极精致。〔眉批：往在路南，见夷族人所织之麻袋，诚精致已极。〕性柔畏法，于人多退让。

在临安者，男青白帨缠头，著革履，衣有襞积；妇人白帨束发，缠叠如仰螺。好鬼，喜浴，寒冬犹然。山居构草楼，家人狎处，稍稍以帷帐间其卧处。丧衣绯，架木置尸其上，吊者各散红布，或红缎一方，召拜祃诵夷经三日，以簟裹而舁之山间。妻不再嫁，名曰鬼妻。俗重秔食，而农家亦多种糯焉。

在蒙自者，插鸡尾于笠，出则捕猎，居则纺绩。

在阿迷者，多为庄客佃户，习同蒲人。在新化、纳楼、溪处，大略相同。

在十八寨者，性险好杀，畜蛊饵毒，捕鱼食鼠，焚骨而葬。又有髡者，称为秃头僰夷，盖习车里之习俗，额上黥刺月牙，所谓雕题也。见流官盘膝坐，举手加额为敬。死而葬，不复顾。或梦亡者，昧爽至冢上，设一石祝之曰："勿再返也。"

在顺宁者，冠青而锐其顶，耳缀环，足踏屧，好衣素。婚姻用牛，贫不能具者，佣女家三年。丧有棺殓，封葬以石。为人佃作，性懦柔。

在剑川者，言语侏㒧，丧用棺，如马槽，以板为之，惟农业、陶冶是务，惧讼信鬼。

在腾越者，火炙肉食，不求其熟。习缅字，器用多粗磁〔瓷〕，所居多瘴疠地。其住近州城百里内外者，服食多与汉人同，惟妇女习尚，仍多固陋。

在曲靖者，号白脚僰夷，男女皆短衣长裳，文身茜齿，戴笠跣足。

在镇南者，男子短衣，妇桶裙跣足。婚礼，唱夷歌，侑酒。人死，令亲者捉刀尸旁，昼夜守之，亲朋以酒奠，捉刀人呼死者之名，灌诸口中，如是三日而葬。每村植树为神。六月廿四日，集众燃炬，哗而赛神。所居多在山巅。

在姚安者，亦与腾越内地者同，多滨水而居，且好浴，惟腰系竹笼捕鱼。婚用牛羊，至女家，以水泼女足为定。箨叶为尖顶帽，擅土布、羊毛之利。

在元江者，能为鬼魅，以一帚系衣后，即变形为牛、马、猪、羊、猫、犬，立于通衢，或直冲行人，若稍畏避之，即为所魅。知者遇其所变物，以一手捉之，一手挺拳痛捶之，必复为人。若夺其帚而縻之，即哀求以家资之半丐脱〔求放过〕。食中多置毒药，中之必不活。估客娶夷女者，出必问归期，云两年三年，女都暗以药饵之，如期至，则以药解之，亦无故，若不尔，毒发必死。与外人交易，有爽约失信，或窃取其重要什物及其银钱者，亦多遭蛊毒。凡信实朴直者，累出入亦无伤。居处多在高原旷野，土产槟榔，种莳如桑麻，葩时，杀犬洒血污之。

在景东者，男皂衣，以青布绞足胫，肩挂青袋，染齿令紫红，喜浴。女短衣齐腰，下穿桶裙，腰缠宽带。性慵懒，骨力不健，语言柔缓。呼父为波，呼母为咩。多织网笼捕鱼。若占吉凶，于鸡肋插签，打鸡卦以决之。

在楚雄者，男子以帕为冠，妇女出，辄以帕覆顶遮面。其族另有文字，类似缅文，与爨字有异。居亦喜近于水，土人亦称之为水摆夷。

在武定者，朔望不容乞火。女人挑担，男子则抱儿舂米。

在新平者，多以草濺齿如墨，居多近河，土屋耕田。与人有仇隙，必用药毒。婚无媒妁，以正月子日，用色丝结球抛之，两相愿者，结为夫妇。

在临安者，以腊月属蛇日为节，十月属蛇日为年，至期，搭松棚以敬天祭祖，长幼皆严肃。

在恩乐者多姓刀，又以儿女名字为姓氏。

夷人呼父为爸，呼母为咩，如生长男，则名喇艾，遂呼父为爸艾，呼母为咩艾。生长女，则名喇叶，遂呼父为爸叶，母曰咩叶。

丧祭，如亲没，以击铜鼓为号，亲戚闻声毕至，孝子戴笋叶帽，帽上束以红花及白棉花条。每日，束草人穿死者平日衣服为尸，而浴于河岸二次。祭用牛猪。葬时，孝子先以生鸡〔蛋〕祷于灵，左手持往山间卜地，如为死者不愿处，蛋打在地遇木石不损。葬后，每日送饈馔酒饭于墓上二次，其祭献时，极其诚敬，此或三月或一年而后止。自后，即以亲丧日为忌日，百事不作。

右〔上〕述三迤僰夷之风俗习尚，是诚优劣杂出。如云在元江者能为鬼魅，余于六十余年前曾在元江月余，闻地方父老，亦多作如此云云。论世界之广大，人类之复杂，佛云“万法唯心造”，或者是处之僰夷，亦能有此一种邪术也。至如在江川、路南者，则遇事谦逊，见人退让，是又为最好不过之一种民族。更如恩乐僰夷之于丧葬，可谓死葬之以礼矣，匪为诸夷所不及，即汉人亦愧弗如。语云：礼忘而求诸野，不亦信乎？虽然，今则异于是，旧有习俗或无三之一之存留尔。

麽些习俗

麽些一族，据余庆远《维西见闻录》载云：明土知府木氏，攻取吐番（蕃）六村、康普、叶枝、其宗、剌普等地，屠其民，徙麽些成之。后渐繁衍，倚山而居，覆板为屋，檐仅容人。自建设以来，男皆薙头，辫发不冠，多以青布缠头，衣盘领白罽，不袭不裹，棉布裤不掩膝。妇人发髻向前，顶束布，勒若菱角然，耳环粗大，坠如龙眼实，以银或铜为之，其一切俱视家贫富。然普遍者，皆衣白褐青缘，及膝〔《维西见闻录》作“脐”〕为度，不著裤，两臁肕以花布缠束之。至云女红之属，皆不能习。男妇老幼，率喜佩刀为饰，不爱华泽，衣至敝而不浣，经年不浴。冬不重衣，雪亦跣足，严寒则覆背以羊皮，或以白毡，近则有著鞋履而改变其装束者。头目自效华人衣冠，妇女装束，大抵不多改变。如裙长及踵〔《维西见闻录》作“胫”〕，亦其旧制，以别齐民也。

比户多畜马、牛、羊及琵琶猪，是以此为富，头目倍畜之。冬日，屠豕，去足剔骨，醃令如琵琶形，故曰琵琶猪。

其地方制度，以数十户或百余户置一头目。皆各子其民，子继弟及，世守莫易，称为“木瓜”，犹华言官也。民众对之，称曰“那唔〔《维西见闻录》作“哈”〕”，犹华言主也。所属麽些，见皆跪拜，奉物及对，则屈一膝。讼亦赴诉，有不率者，头目鞭笞之。农时，须助头目工作半月，至谷将熟时，取青黄色者舂脱粟，曰“扁米”，家献二三升。腊奉鸡米。元日，头目以酒饭劳之。火头见头人、土官，则拜而侍坐，盖火头又头人之所属也。宾主为礼，俯首以手抚胸，若久不见者，节序时则交拜。父母在，子有往，旬日者必告、必面，出返必拜。俎高一尺，铺毡踞坐而受礼焉，贫则席〔《维西见闻录》“席”作“以席”〕以草茵。延客肴不过三，酒一盂，馂余，客携去。卧无衾茵，夜则攒薪置火，各携席藁，袒裸环睡，反侧而烘其腹背，虽盛暑亦然。富能备衾、枕、毡、褥之属，而亦是置火于侧，露其上身烘之。

其族亦有文字，专重象形，人则图人，物则图物，以为书契。无姓氏，以祖名末一字、父名末一字加一字或二字为名，递承而下，以志亲疏。娶以牛羊为聘，头目家并用马，均至十数焉。死无丧服，棺以竹席为底，尽悬死者之衣于柩侧，而陈设所有之琵琶猪。若是头目家，丧则屠羊豕，所属麽些，吊皆饭之。死无论贵贱，三日后舁至山间，厝薪灌酥焚之，弃其骨，取炭一寸瘗之。每六月五日，则祭瘗炭所，迎神至家，炙小猪祭焉。三年后，不复祭。

其人悉性惰而淫，信鬼敬佛，而不善于治生，然朴愚易治，河干山麓之土，多而不垦，蔬圃果木之利不兴，喜猎而爱犬，有以三犊而易一犬者。闲则歌男女相悦之词，名曰“阿舍子”，悉为比体，音商而哀，往来唱和于山涧林树间。喇嘛之长至，头目则率其下之老少男女礼拜，视家所有而布施。家贫，虽釜俎之属，亦取以奉。西藏大喇嘛至，礼拜布施益甚，得其片楮只字，以数十金计，贫者得其便溺，奉之家中佛龛，焚香而拜。或伏于道左，俟其过，举其马尾以拭目，云可却疾。头目有二三子，必以一子为喇嘛，归则踞坐中庭，父若母皆拜。病不医药，延其巫曰“多巴”祝禳，皆竭资以酬。谷麦未熟，即以半值预售其半，及熟，则治衣酿酒，不计餐而坐食之。大都麦秋后及一月而饥，西成三月而饥，蔬食菜羹，无不并日而食，习以为常而莫之改也。然自设流以来，俱极恭顺，守礼畏法，读书识字，男女俱与汉人同化，其一切风俗习尚，亦渐改革多矣，惟夷汉之观念，仍未能泯焉。此《志》载之所云云。

又丽江亦有麽些之一族，余六十余年前曾居于丽江八阅月、丽江麽些之风俗，又不尽如余〔庆远〕所云，或者居于边境上之麽些族仍与维西方面有所相同也。

又余有世好端木垚于民国十年前，曾两任维西县令，余姊丈蒋继曾亦治维西年余，俱云维西麽些之风俗习尚，亦半与汉族人相同，当是近百数十年来之有所改变也。余庆远《维西见闻录》之所云云，是言其百余年前情事，然云考古，余氏之《见闻录》又不能不重视之。但是麽些族之崇敬喇嘛，可云今仍如昔也。此原系于宗教，亦不足异焉。

古宗习尚

古宗一族，据新志书所载，滇西古宗有二种，皆无姓氏。维西近城及其宗、喇普有明木氏屠未尽者，散处于麽些之间，谓之麽些古宗。其在奔子阑〔栏〕、阿墩子，及中甸西陲者，谓之臭古宗。其语言虽同，习尚性情迥别。麽些古宗之习尚，大致与麽些相同，惟妇髻辫发至数十股，用五寸横木置于顶，挽而束之。耳环细小，与麽些异。其一切服饰与住在、饮食，亦多与麽些同。臭古宗之住近阛市者，喜楼居，楼以竹木架之，屋顶则覆之以土，异常窳陋，只稍胜于鸟之营巢，人居于上，楼下则畜牛羊。

其住近郊野者，则支毳帐为庐，帐作人字形者多，而亦间有支墙盖顶者。帐无门，人则伏地阘入。帐内设有火炉，集牛羊粪为燃料，夜则围炉火而卧，无衾、枕、垫、盖，俱藉身上罽衣。衣有袋，餐具即贮于其中。食赖青稞，杂麦而作面粉，炒而熟之，名曰粘粑〔《维西见闻录》作“糌粑”〕，每餐以酥油拌粘粑至润，捺为饼，团而食。富者每餐食半熟牛脯两块。贫者则间数日而一食肉焉。所畜牛羊，则以树枝搭棚覆草，而畜养于帐外。

男女装饰，其接近市廛者，男则薙发，衣冠仍尚其旧。僻远者则披发于肩，冠以长毛羊皮，染黄色为檐，顶缀红线缨，夏亦不改。以红绿十字文罽为衣，冬或羊裘，不表，皆盘领阔袖，束带，佩尺五木鞘刀于左腰间。著茜红革靴，或以文罽为之。出入乘马，喜驰骋，鞍鞯极丽，且饰以金、银、宝石。妇女辫发下垂，缀珊瑚、松绿石，杂以为饰。衣盖腹，百褶盖臁肱，俱以采罽为之。裙或文罽，或采色布纕，韈以单革作成，软熟易著，不著裤及履。项挂色石数珠，富者则以三四串，自肩斜腋下，一妇装饰，有值千金者。

土官头目。薙头辫发，入城用华人衣冠，归则易之，惟帽檐饰以织金锦为别，此则臭古宗中富而有资、贵而有权势之流也。若贫而贱者，则无如此之享受也。

又据余庆远《维西见闻录》载：维西边地之臭古宗，以土地寒极而又瘦瘠，仅能开垦以种青稞、麦、黍，熟则炒而为面，杂以牛肉末。畜牛羊取酥，曰酥油。性嗜茶，食则箕踞于地，木豆盛面，釜煮浓茶，入酥酪和炒面，指揭〔《维西见闻录》作“搦”〕而食之，曰糌粑，餐只拳大一团。延客则置酒盈樽，自酌尽醉，牛羊肉及酥，如食不尽，贮于衣袋中而去。食毕，脂腻手指，立揩于衣，贵贱皆然。其人率羶秽不可近，臭古宗所由名也。

弟兄三四人共妻一妻，由兄及弟，指各有玦，入房则系之门以为志，不紊不乱，亦不相争论，更相与生子。四五人仍共一妻，至六七人始共二妻。或欲独妻，群众则谓之不友，而女家亦不许，以其地寒，生殖不蕃，乃至如此，然亦由风俗不良而成也。论土官头目，家非不俗也，而亦是弟兄数人共一妻焉。同祖兄弟之子女，即可互配，华人通其妻，亦莫之问，下此更可知也。

交易皆与妇人议，妇人辨物，高下不爽，持数珠会计极捷。秦、蜀之人为商于其地者，皆租妇执贸易，去则退还，古宗则收其所生之子女而为酬焉。妇人尤善骑马，上下如飞，男子多不能及。

人死无棺，生无服制，死则延喇嘛卜其死之日，或寄之乔木食鸟，或投之流水食鱼，或焚于火，骨弃不收。阿墩子以上，人死则延喇嘛诵佛经三日，吹笳而雕至，剥肉抛以食之。剥工取髅骨一，臁肕骨二，以为酬值。髅骨为器，售之市，臁骨为笳，售之喇嘛。

家以藏佛经为富，经皆古宗字，来自西藏曰番藏部。部二百余函，富者多藏至三四部，皆缯帙锦函，髹椟金饰。其族之力学者，即习佛经，字如鸟迹篆，自左至右横书之。能历法，月大小及闰，与时宪书有前后之异，日月时刻皆同，分秒则不能推矣。土官头目之制极严，人民见头目之仪与麽些同，惟惩讼以贿之多少为曲直。治窃盗之法最酷，或断其手，或剜其目，或炙酥灌之。人信佛，崇奉喇嘛，视麽些为尤谨。习勤苦，善治生，甚灵慧，耕耘之暇，则行货为商，所制鋈银铁器极精工，虽华之巧匠，亦不能为。

歌曲辞虽难解，而抑扬淫液，节奏可听。琵琶、三弦、胡琴之类俱备，但形特异，制不同中土耳。弓矢火器，亦能为之，此皆非麽些之所能。第其性强悍，偏执而难制，稍不如意，则纠党互斗，喇嘛排解之始散。

其受治于流官，俱执自明以来之旧规为说，流官至其地，若稍有矫正，即鸣鼓聚众，执仗露刃而扰之。官惧激变，亦惟顺之而已，桀骜不驯也如此。

按此，是就清代乾、嘉年间，维西、中甸两郡所有古宗族之风俗习尚，及其性质而言也。云在近百年内，其习尚性质，又有许多的改变。

黔人端木垚，在民国初年曾一治中甸，两治维西，在任计有三四年，于古宗族人之风俗习尚及其性质，知之较悉。回省与余谈论中甸古宗族之概况云："居于近城市者，以受华人之薰陶日久，在一切上亦可能与华人之行为动作相近。其居于边远地处者，固陋仍如旧也。如在近城百里内之古宗，所居之屋庐固以竹木构造，然亦整齐可观，绝不能云有似鸟之营巢者。食料自以粘〔糌〕粑为主，然亦有尽食青稞或尽饵麦饼者。肉食亦解得烹调，蔬菜亦知用以佐餐，是皆受华人之所薰陶而成也。云其性格，固是强悍，然于官府之号令，亦甚尊奉。但是，为之解决一事，须迁就其地方上之习惯而为准则，方不至于违拗。

"古宗风俗亦有不少的美好者，如青年男女于结婚后之第三日，两姓之族长必集两姓人口及两姓亲眷于一室，说明两姓之来历根源，并揭出此两姓中曾有某某是为人极其贤明、极其端正，行事又是如何的公正、如何的清白，于是交相褒扬，着此一对新夫妇师之法之；两姓中又曾有某某等，其为人也是如何的粗恶、如何的贪污，此则贬而訾之，着新夫妇引以为戒。"论此种风俗，不惟滇中诸夷不能及，即华人亦不能及也。

又云："任维西时，曾有事于小维西方面，旋时天暮，遂寄宿于一喇嘛家，此喇嘛熟习汉语，云其有一箱至可宝贵之物，随出以相示。启匣，内有数十红绉包裹，去红绉，一白缎包裹出现，展开其缎，内为一髅骨。此则有包髅骨者，有包手指骨者，有包足胫骨者，而究以髅骨为多也。时则一面展开，一面口述，此为某佛爷之头，此为某佛爷之手或足，阅尽十余包藏，乃着其一一装入而阖上箱盖，以观久而觉己之毛骨竦然也。此尤见喇嘛僧之所癖。”云云。

黑倮习尚

黑倮㑩，亦得称之黑卢鹿。据新志书载：黑倮㑩，为滇夷贵族，其族殖繁盛，三迤俱有之。其风俗习尚，亦多因地而异。考旧《云南通志》载：黑倮㑩多是男子挽发，以布带束之，耳带圈坠，披毡佩刀，时刻不释。妇人头蒙方尺青布，以红绿珠杂海贝、砗渠为饰，下著桶裙，手带牙圈，跣足。若土官、营长，服虽华美，终不脱夷习。土官之妇，头缠彩缯，耳带金、银大圈，服两截杂色锦绮，以青缎为套头，衣曳地尺许，皆披黑羊皮，饰以金、银铃索。各营长妻，皆细衣短毡，青布套头。

在曲靖者，多居于深山，种甜、苦二莜自赡。善畜马，牧养蕃息。器皿多用竹筐、木盘。交易称贷无书契，刻木折之，各藏其半。丧葬，贵者裹以皋比〔虎皮〕，贱者以羊皮，俱焚诸野而弃其灰。

在路南者，能为乳酪，杂樵苏〔柴草〕鬻于市。

在安宁、禄丰者，多负盐于途。

在南安者，织草为衣，而加于毡毳。

在楚雄者，嫁女以皮一片、绳一根为负背之具，或用笋壳为帽，衣领以海贝饰之，绩麻线织席布而入市售卖。星回节则列炬、吹笙、趺坐，以歌和之，饮酒为乐。其祝以铃，其占以蚆钱、草签或鸡、羊骨为之。相见亦有尊卑上下之礼。性极畏鬼，亲死既葬，遇有疾，即谓父母作祟，开冢取骨而视之，以审吉凶。

在弥勒者，挽髻插骨簪，耳著环，出则包黑帕，披毡衫。性强悍，以劫杀为生。兄弟故，相授妻妾，不以为异。妇人首戴长布一条，绕头三匝，余者垂后。穿布袍，前及膝，后曳地，无开襟，服之，自首笼下，不穿裙，男女俱赤足，死用火化。

在开化者，性朴直，多种旱地，居茅舍中，堂作火炉，男女围绕而卧，惧箠挞，不畏死。妇女戴青布箍，穿青衣，钉银泡数匝。

在威远者，在宁洱者，男女皆衣青蓝短衣裤，外均以草叶做披衣，名曰“遮雨”。

在沾益、马龙者，能作连钱锦，衣领多钉海贝，著百褶花裙，男子多走马拖长枪，习以为常。每岁以十二月二十三日祭天，植松枝于门前，布松叶于屋上，割鸡而又烧豚，修以酒醴，陈列地上，诵夷经而罗拜焉。

在宣威者，婚娶以牛、羊、金、帛为聘，新妇入门，命以名次。次日，用祝者引谒祖先，披套头，执盥器，候舅姑洗沐，七日乃止。男椎髻，头缠皂布，左耳带金银环，衣短衣，大领袖，束细腰带。女辫发，盘之于头，皂布缠之，垂两端于后。嫁女之家，泡酒数坛，聚男女会饮，老者坐于上，少年男女牵手罗舞而唱，一人吹笙以导之。轮次饮酒，至三五夜为止。

契券用木刻，书爨字于后。病不医药，用必磨（必磨，巫师也）〔毕摩〕翻书，扣算病者生年及获病日期，注有牛、羊、猪、鸡等畜，即照所注祀〔祈〕祷之。死则覆以裙毡，罩以锦缎，不用棺木，缝大布帐，用五色布裁为云锦，谓之“遮天锦”。其生前所用衣物，悉展挂于旁，宰牛羊及猪以祭，至三、五、七日，始举而焚之。又以竹叶草根，用必磨裹以锦，缠以彩绒，置于筒中，插篾篮内，供于屋之深暗处。三年，附以祖，供入一木桶内，别置祖庙以奉之，木桶名曰“鬼桶”。

右〔上〕为旧志书之所载者，吾人今日展卷而详审之，三迤间之黑倮一族，亦云众矣。其风俗习尚，则有优有劣，然在比较上，应以宣威之一部分，于婚娶丧葬上，极重礼节，且有一些地处，汉人亦自愧弗如。或者是当年有人至中土求学，得到中国古礼，归而传于族类，致有此类似汉人之一些礼节也。翻书问病，亦犹汉人之翻《玉匣记》，惟不解用木主，而用草根、竹叶听先灵凭托，此则不免于蛮夷气习。三年而附祖，且别置祖庙以奉祀，此即中国古礼也，用夷变夏，厥唯此一部分民族。

白倮习尚

白倮一族，新志书载云：白倮㑩于夷族为贱，云南开化、广南、景东、顺宁、澄江、武定皆有之，然以顺宁为最多。一名撒马都，又称为洒摩，与黑倮㑩同居处。男子以布蒙首，衣短衣，胸绣囊，著革履。妇女椎髻，蒙以青蓝布，缀海巴、锡铃为饰，缠足著履。又旧志载云：男女皆衣两截衣，裹头跣足。妇人耳带铜环，披衣如袈裟，以革带系衣。丧无棺，缚以火麻，裹以毡，舁于竹椅，前导七人，擐甲胄，执枪弩，向四方射之，名“禁恶止煞”。既而焚之于山，始鸣金执旃招其魂。以竹签裹絮少许，置于一小篾笼内，悬生者床间。祭以丑月二十三日，插山榛三百枝于门，列篾笼于地上，割烧豚，每笼各献少许，侑以酒食，诵夷经，罗拜为敬。婚姻惟其种类，以牛羊为聘，及期，聚众讧于女家，夺其女而归。其民族性窳惰淫湎，信鬼而畜蛊，以手量裙边，投麦于水，验其浮沉，以占吉凶。其在宾川、大理、姚安者皆名撒马都，在楚雄者名洒摩，在永昌者名洒摩朵，俱易地而变更其名也。

按：新旧志书之所言，当是就近千年来，滇中各郡所有之白倮而为言。但是，近千年来之白倮，敢决其在一切上，必不似千余年前之白倮也。盖滇中白倮，原隶于西爨白蛮，自东晋历六朝、隋、唐而下至唐天宝年间，经四百有余年，其族之强盛，亦与东爨乌蛮相若，惟自南诏王閤〔阁〕罗凤于唐天宝年间，以兵力胁西爨白蛮移其族二十余万丁口，置于永昌、顺宁等处，嗣后昆州一带之西爨白蛮，势力大弱。东爨乌蛮在迁徙时，以语言不通，随散居于林谷间，得不迁移，已而仍回故地，其族复振，渐而将西爨白蛮所有之地侵占，其势愈强，有未被迁移之白倮，时则人数少而势力微弱，亦惟有依傍黑倮而安居，于是曲州、靖州一带之白倮，便逐渐而成黑倮之奴矣。相沿而下，后世人遂认定黑倮为贵族，白倮为贱族。至云武定、元谋、罗次、禄丰一带，原为西爨白蛮之住在地，此则应有白倮一族焉。在楚雄、姚安、宾川、大理、蒙化者，或许是伊古以来此一些地处，即有白倮一族，而是与西爨白蛮同源异流者也。不然，何以志书云蒙细奴罗是滇之白蛮？各个民族之性格习惯，大抵多由环境促成。志云白倮之民族性窳惰淫湎，或者是有一些地处之白倮是如此，又敢决其必不是处处如此？即如志云，黑倮之性格习尚亦是此一处与彼一处多有不同，斯即足以证之。

又钮琇《觚剩》载云：滇中倮㑩，有黑、白二种，皆多寿，有寿至一百七八十岁者。昔有一白倮寿至二百岁，子孙不敢同居，舁之深谷大箐中，留四五年粮食，时此倮已不甚省得人事，但知食卧而已。后则遍体生毛，青碧如苔，尻际突出一尾。久之，尾长于身，其身首则变为朱发金睛，钩牙锯爪，其攀涉崖壁，往来如飞。攫虎、豹、鹿以为食，而象亦畏之，时人称之曰“绿瓢”。按：此说实近乎怪异，而宇宙之大，或亦有之。且《续云南通志稿》亦尝及之，当不虚也。

爨蛮习俗

滇之爨夷，据《唐书》载：自曲州、靖州西南昆明、曲轭、晋宁、喻献、安宁距龙和城，通谓之西爨白蛮，自弥鹿、升麻二州，南至步头，谓之东爨乌蛮，俱无姓氏，只以乌、白号，其称爨者，以主姓耳。汉初有白国王，其夷为白人，后有爨王则为爨人，亦犹广南夷号为仆人之类。爨蛮之名，相沿最久，其初种类相〔当〕多，有号卢鹿蛮者，今讹为倮㑩。三迤之间，依山负险者皆是，其名号差异，言语嗜好，亦因之而有异也。

旧《通志》载爨蛮之风俗习尚则云：男子椎髻，摘去髭须，左右佩双刀，喜斗轻死。妇人披发衣皂，贵者饰锦绣，贱者披羊皮，耳穿大环，剪发齐眉，裙不掩膝。以腊月为春节，竖长杆，设横木，左右各坐一人以为戏。病无医药，以夷巫禳之。巫号“大觋皤”，或曰“邦祃”，或曰“白马”。取䴙鸡雄者刳之，取两髀束之，细剖其皮，骨有细窍，刺以竹签，相多寡、向背、顺逆之形，以占吉凶。或取田间草齐〔芥〕束而拈之，略如蓍法。有夷经，皆爨字，状类蝌蚪，精者能知天象，断阴晴。民间皆祭天，为台三阶以祷。其部长正妻曰耐德，非耐德所生之子，不能继父职。若耐德无子，或有子早夭，始及庶出者。无嗣则立其妻女。死以豹革裹尸而焚之，葬其骨于山，非骨肉莫知其处。

凡属部长，必多养死士，名曰“苴可”，俱厚赡之。每出兵，苴可为前锋，军无行伍纪律，战则蹲身前进，接近三四步，乃挥标跃起，人挟三标，发其二，必中二人，其一则刺击不能发也。又有劲弩毒矢，饮血即死，以射禽兽，去其射中之肉而食之。

部夷称部长曰撒颇，华言主人也。夷性憨而恋主，诸酋长无不果于杀戮。每杀人，只付二卒，携持至野外，掘一坑，集其亲知泣别，痛饮彻夜，味爽，及斩其首，掷坑中，复命。更使二卒勘之，乃许其家收葬。虽素昵者，欲杀即杀之，出令无敢丐者，其家人亦莫敢怨。憨之用法严，诛求无厌，遇蛮长有庆事，令头目入村寨，计丁而派之。游行所至，阖寨为供张，无少长皆出罗拜马前，邻寨在数十里内者，皆以鸡黍馈。无以应诛求，往往潜出他郡，劫掠所得，头目私分之，官府檄下，则缚数人应命。

所用爨字，为纳垢酋阿町所撰，凡一千八百四十有奇，〔万历《云南通志》记阿町撰爨字字母 1844 字〕，名曰《韪书》。每岁以六月二十四日为节，十二月二十四日为年，至期，搭松棚以敬天祭祖。祭祖则必设尸，或凭古树，长幼皆严肃，无敢哗者。

聘妇议银币，娶议牛羊，其数量之多寡轻重，凭媒妁口，故贫者不易得妇。爨之父母将嫁女，三日前持斧入山，伐带叶松枝，树于门外。就而结庐，坐女于其中，旁列米淅数十缸，集亲友执瓢杓，列械环卫，婿及亲族，新衣黑面，乘马持械，鼓吹而至。两家械而斗，婿则直入松棚中，挟妇乘马疾驰而去。父母持械，杓米淅逐浇婿，大呼亲族同逐之，追逐不及，乃怒而归。新妇在途中，故作坠马三，新婿挟之上马三，诸人皆大欢喜，即父母亦以此方得为爨女也。新妇入门，婿之诸弟持抱新妇跌扑，人拾一巾一扇乃退。次日黎明，新妇偕女伴登山，就松下坐，家人送酒食至，即藉松叶而饮啜，入夜始归，如是三日乃止。及月，爨女归，不生子婿家，须别议以牛马迎之。在未生子时，夫妇相见，都无语言。

此系旧志之所记载，而新志悉本之，以是而知此一民族，由来古矣。《唐书》云：汉初有白国王，其夷为白人，后有爨王，则为爨人。此一部分民族，当是由白人而改名为爨人者也。是则，东爨乌蛮、西爨白蛮或许都是由此分支而出。故此一族人之风俗习尚，又多与东、西两爨之风俗习尚，差别不大。惟是，此一种民族在近千年来，其分支而出者实属不少，除东、西两爨外，有足以稽考者若阿车〔彝族阿哲支系〕、扯苏〔即车苏，彝族支系〕、苦葱〔苦聪，属拉祜族〕、洒弥倮㑩〔彝族撒梅支系〕、海倮㑩〔哈尼族海尼支系〕等皆是，故尔，本宗不能达于繁盛。又在近一二百年来，此一民族似少而又少矣。但是，余在童年，时为光绪十一年，却闻得一段话，时有表亲苏姆，与昆明红石岩附近之某一夷家恒有往来，且通庆吊。适此一夷家娶妇，苏姆往贺，宿于其家数日，还时云其婚礼殊奇："新妇由新郎乘马去背来，而去则有若干戚友相随，回时亦如是，亦若拥护者焉。新妇入门，新郎之弟妹等则讲要与新妇摔跤，新妇逊谢不能，众围逼之，新妇则出手帕、扇子分赠，新郎则手牵新妇入洞房。洞房内则挂有百数十串用松毛结就的螃蟹结，而是个连成串者，且每串都长及五六尺，搭于一条横索上，此足以作新房中帐幔。次日黎明，新妇梳洗毕，即偕同家中及来作客者之青年女子们，一同登山，坐松阴下作乐。酒食由家中送往，新妇与群女子遂展布松叶，坐而饮啜，日暮始归，如是三日。四日晨起，有族中之一高年而又是班辈最尊者，率领新妇新郎拜祖先及家中尊长，宾客亦受拜。日暮，宾客始散。”云云。苏姆又云：“其族为洒弥。”斯时也，童子何知，亦惟耳之而已。今回忆曩昔得闻之言，或者此即是往昔之爨夷，以分支而名洒弥也。不然，胡于婚礼上直与《志》载相同。

傈僳习俗

傈僳一族，新旧志书都写作“猓猓〔傈僳〕”，今摘录志之所载，悉从其写法。新志书载云：猓猓古名力些，相传楚庄蹻开滇时，便有此种，无部落，多散处于大理、丽江、永昌、楚雄四郡。其居六库山谷间者，在诸夷中为最强悍；其居赤石岩、金江边地、澜沧江边者，为熟猓，居依树木岩穴，且喜于悬崖绝顶垦山而种，地瘠则弃之，有收获则多酿为酒，昼夜沉酣，数日尽之。粒食罄，遂挟劲弩药矢猎，登危峰石壁，疾走如狡免，妇从之亦然。获禽兽，或烹或炙，对坐共饮，虽猿猴亦烹炙而食之。烹时，俟水一沸即食，不尽无归。或采草根树皮而嚼食之。

熟猓猓解取山中草木为合药，男女相悦，暗投其衣，遂奔而相从。婚以牛聘，丧则弃尸，不敬佛而信鬼。借贷刻木为契，负约则延巫祝，置膏于釜，烈火熬沸，对誓，手入膏内，不沃烂者为受诬。失物令巫卜，其人亦以此法明焉。触怒，则弩刃俱发，著毒矢处，肉辄执刀剜去，其性之刚狠如此。然麽些头目、土官能治之。每一猓猓，年奉所管头目麦、黍三升，新春必率而拜之。傈僳种在滇各夷中为最恶劣者，独受制于麽些，亦可异也。

其族男子裹头，衣麻布，披毡衫，佩短刀，挟木弩，弩诚发无虚矢。每令其妇负小木盾。径三四寸者前行，自后发中其盾，而妇无伤。妇女则短衣长裙，跣足，负竹筐出入。

有生猓猓一种，潜居永北深山间及丽江边地。男则围首跣足，或束布帕，衣麻布衣，披毡衫，以毳为带，束其腰。妇女裹白带。性枭雄能远视，穴处崖居，身佩刀弩，猎麞麂以为食，网鸟雀以资生，不通汉语。此辈惟老于深山，什九不履城市。婚姻不论尊卑，不分同族，即同怀姊妹，亦可成夫妇。人死则抛入山谷，或割其肉以喂鸟，亦等于古宗族之天葬。其性尤凶暴，无论父子、兄弟，一言不合，即持刀相向，是为滇诸夷中之最野蛮者。

志书之所记载也如此。惟生傈僳则不是尽人得见，熟傈僳在兰坪喇鸡鸣井一带极多，是又尽人得见也。其情状虽与志载有所差异，然亦有大半相同，盖由近百年来，濡染于汉人之地处甚多，在一切习尚上，自不能不稍有变更也，此之谓人类的进化。

谈谈迤西山头一族之习尚

腾越、龙陵、保山、镇康、顺宁、缅宁一带，有一种民族，名曰“山头”。此种民族，昔未见载于《云南志》，究因何故？岂当时无此种民族耶！曰非也。盖往昔不以“山头”两字而名此一民族，是将此一族隶于野人也。故“山头”两字，不见著于《南蛮志》。

夫山头一族，既隶之于野人，而一般人又不名此一族人为野人，而名之为“山头”者，何也？曰：以有故也。

缘滇边野人，亦犹台湾之土番，有生、熟二种，琼州之黎人，有生黎、熟黎之分，滇之野人，即等于是。《云南志》载滇边夷族，计一百二十余种，野人居其一。但《志》内所载之野人，是直指中甸、维西两郡之西鄙，有逼近怒俅地面逾怒江而西，当恩梅开江上游，有一大遍〔片〕野人山，此山上之野人及腾越西去数百里最有名之茶山、李麻大山之野人而言。若附近内地而居之野人，是有类于野人而实非野人之一些民族，则包括于野人一族内，而未详明分出也。按野人山与茶山等处之野人，以其性质言，直等于土番中之生番、黎人中之生黎。附近内地而居之一些类似野人之民族，即等于熟番熟黎之俦。腾、龙、永顺一带之边地，虽云荒远，然亦为王化所及之地处，所谓之山头一族，即生活于此一带地处。生活在是，不惟得与边地各夷相接近，即内地汉人，亦得于接近也。论山头一族之生活，既与内地汉人迥殊，与摆夷各族亦有差别，吾人揆其情状，或有以近于野蛮也。虽然，亦不是藉藤甲以护身，啖生蛇以果腹者流，应许是口腹上之嗜好有酸臭腐恶之殊，身上穿著有皮毛麻葛之异，其他一切，必与边地各夷不大悬殊也。顾斯族也，又何为而以“山头”两字名之？盖以其族概居于山头，遂以其居之地处而名其族类也。按顺、永两郡之边地，极其寥廓，沿沧、怒两江东、西两岸，多峻岭蛮山，或数十里，或数百里，俱延亘不断之长岭高冈，自下至上，动以三五十里计。边地夷族，大都就此而居住。

夷族中自以摆夷为旺族，且受国之文化较久，更习于耕种，故多近平陆而居，以是高山大岭之麓，概为摆夷一族所占住。然群山高至数十里，中间不无平壤高原，足以栽种杂粮者。有能辟地二三百亩，勤于耕作，而亦可养百数十人。故此种地处，则另有一种夷族而居之。是何族也？曰绷竜。绷竜在《云南志》为绷子，云绷子初由缅方流入，其族甚弱，今则蕃盛矣，遂自名为绷竜。实则绷子与绷竜，确是两种民族也。按《志》载：绷子亦名绷笼，为缅甸边地民族，有少数流入滇西南边地，与边氓杂处。其人性情狡悍，披发文身，头缠红布，衣服与艮子同，虽游行亦常带枪刀，捕杀禽兽而食，并有伏草抢劫者。

而今之绷竜，则异乎是，且为一种最好不过之民族，事事守法，毫不与人争竞，遇汉人极崇敬，平日惟勤于耕作，尤喜种植杂粮、养六畜，因而喜择山腰之平壤高原而居之，以便于栽种牧畜也。夫方以类聚，习以性成，复世代相传，绷竜之居山腹，竟成边陲上之一种定例。

《志》以绷子为绷笼，而为今日之绷竜，其是与非，可置而不议，兹仍回复而言此一带之高山大岭上所住之山头民族。此一带高山大岭之巅，凡有水泉处，都得为山头一族之住在地。山头民族，自是略近文化者也。但心性多疑，恒惧他族见侵，故喜凭高而居，且生活与他族迥异，故不乐与他族杂处也。山头族人习于刀耕火种，艺莜杂而食，性又喜于迁移，今年在此种植，明年又辟地于他处，年年垦地，年年开荒，年年种植生地，故年年都是丰满之收获。缘此，喜居于四不接邻之荒野地处，而得任意开辟也。然山头一族亦喜群集而居，其攒聚处虽不成村落，而三家五家，十家八家，必构竹屋一排或二三排而居焉。屋庐大都高丈余，形式有等于孔明纶巾。自云“其族是随武侯南征而来，有留守于滇西一带者，后则生齿繁多，乃成此一族。以不忘源流，与不忘武侯恩惠，故建屋而像其纶巾”，其说如是。果尔，所住之屋，每一排无论为十间八间，间间都是一长方形，深约二丈，宽约一丈五六。每户一格，有单间者，有二三间相连者。屋庐悉用竹构造，屋顶不用瓦，而亦不用茅草，惟以木皮遮盖之。木皮上则疏疏的压搾〔扎〕着些粗逾人臂，而是劈成两半之竹条子，此从远处望去，真一一相似孔明之纶巾。除此屋顶外，下则无不用竹，如搭梁竖柱、搾〔扎〕楼扎墙、列栅安栏，无不取材于山竹。缘怒、沧两江之山岸上多竹，大者及人手指之三四围，细者亦大逾酒杯口，更取不尽而用不竭，以随在皆有也。

山头人所造之屋，亦多有楼，楼不甚高，距地面仅四五尺，楼下畜牛、马、猪、羊，楼上住人。楼口有梯，亦系竹制，夜卧则拉梯上楼，天明复安置而上下。楼板亦以竹漫〔墁〕，聊以籐篾拴系，浮动殊甚，而梁柱隔膺，亦只以籐皮拴之耳。屋庐之周围，复用竹子及山木扎成栅栏，圈而绕之，大者围有长座之屋十数排，小者亦围有二三排，盖以栅栏作堡垒，亦殊坚固也。

山头人夜眠无被褥，当秋冬两季，则藉牛羊皮或虎豹皮以御寒，然亦视其家之有无也。山头人之衣服，惟麻布是用，冬则用羊皮加身，或披毡片，男女俱若是。在平时，男子则用青布缠头，有若前清同〔治〕光〔绪〕时代兵勇之打套头者然。女子则著麻布短衣，腰系籐条，下则以一幅麻布围之，有若桶裙焉。

山头人之饮啜殊粗恶，多半以菽粱、包谷、薏米舂面作饼，或以洋芋、山药、芋艿舂韰，揉捺成团，就火烘烧而食。山间所种冬瓜倭瓜及一切豆属，俱硕大肥甘，则喜生啖之。暇则男女猎于山间，获熊、鹿、麂、兔，则剥皮取肉，切片曝干，火烘而食之。亦喜食猪、羊肉，但宰猪、羊时，必聚集家人，先饮其血，然后剥皮，割成三五大块，悬挂于屋下，俟其发臭滴水，乃以器皿承之。约至三五日，始取下切片，近火烘炙，于是延邻里而聚餐。承接来之臭水，则以饼饵蘸食，有若吾人之蘸醋蘸酱油蘸蒜泥者然。

山头人极喜饮酒、食糖，却不能自制，需此，则走往接近之绷竜寨中，或摆夷寨中，以己之杂粮、瓜豆，或山间野味掉〔调〕易。若盐若油，又转不着重。

山头人之婚配，不惟不与他族通，且鲜与同类之邻寨中男女结婚，大都是此一寨之男子，与此一寨之女子相配，亦无宗族血统之忌。假不敷分配，始向他寨取求，或以牛易，或以猪、羊易。若此寨之男子，娶他寨之女子，则自往背来，背来时以锣鼓相随，到家则宰猪、羊宴会，娶于本寨，亦宰牲畜宴乐焉，酒醉食饱，即起而跳舞。山头人之跳舞，固不及摆夷、倮㑩等族之超妙，而身体之俯仰回旋，脚步之疾徐起落，亦自有法焉。跳舞时，所用之主要音乐，则惟象腿与猫〔铓〕锣。象腿系一长及四五尺，粗及手指三四围之木鼓也，两头均以薄牛皮或羊皮蒙之，击之以小木槌，冬冬有声。猫锣以铜捶成，然有大有小，山头人所用者，圆经仅七八寸，锣心凸突而出，以小木裹布击其凸处，声可应于数里外。然用时，必以两扇同敲，其声为一“丁”一“东”，亦蛮乐中之最有意味者也。

山头人亦偶入城市，售卖山中产物，亦只以一切夷族交易，由不通汉语，故与汉人格拒不入也。惟是山头一族，在志乘上虽隶之于野人，实则与一般野夷，大有不同也。且性质纯和，能守礼法，不似某几部分野夷，动割人头去祭田，动捆人上山作牲畜，贩卖于他处也。

又闻山头人之死也，则舁至山之深处，搭木架，呈尸于上，放起一把火烟，招山中鹰雕来啄食，此尤简于古宗族之葬法。盖古宗族尚有天葬、地葬、水葬、火葬四者之分也。

上述各情，是余姊丈蒋继曾于光绪末叶，奉委偕吴子瑜、秦少元两委员，往画滇省西南隅上界址，是由缅宁出去，经过猛〔勐〕撒、耿马、孟定、蛮撒一带，此则包涵着不少的山头民族之住在地，得目击其情状，耳闻其习尚，是如此也。归而向余详述，余乃泚笔记之。但此是在五十余年前，在滇西南隅上一班山头人在是时之情状，今则又必有以改变矣。得以后列之一则相绳，则知此一民族，是今昔已不相同而又异地各别也。

景颇族的风俗习尚

景颇族即往昔人称之山头族，景颇是自名其族之土名。如果您来到云南德宏傣族景颇族自治州里，是随时都有机会能与景颇民族接触，那末只要在短短的一段时间相处中，您就会被纯朴爽直的景颇族人的明朗性格所吸引，而且您也会对他们的某些风俗习惯发生兴趣。然而分布在州内各县的景颇族，他们的习俗是略有差别的，这里只能将我所熟知的盈江县里的简介一下。

景颇族包括大山、小山、浪速、茶山等支系，约占全省少数民族人口的百分之二，在盈江只有大山和小山两种，偶而也有很少的几个浪速和茶山与此一些大山、小山居住在一处。

大山和小山之间，不仅风俗习尚和宗教信仰上有些不相同的地方，是大山多信耶稣，小山多信鬼，此就大有差异。而且，语言上也是不相同，文字是用拉丁拼音字母来拼合，读写时很方便。在妇女的服装上，却有显著的区分，大山妇女的打扮，乍然看去，很有点像朝鲜妇女，光滑滑的头发，梳着一个髻，短而紧小贴在身上的玄色上衣，此在经济富裕的，多用青红绒制作，次者用布制。衣襟上钉着一些小银毫做钮子，胸前挂一串宝贵的珠子或用小银毫串成的项圈，也可以说是银练〔链〕，下面配着艳丽的花布裙。有的是赤着一双脚，有的靸着一双皮拖鞋。冬天时，头上围着一条粉红色或淡绿色的毛巾来御寒。平时最喜嚼食槟榔和芦子。小山的妇女，只是留有普通的短发，冬天就很少见围头巾的了。胸前除挂一条银项练外，还要加上一个银项圈，手上带有银戒指和宽大的银手镯。裙子是用毛夹棉纱，自己织有彩色图案的宽裙，腿上套着一付护腿，有与一般人的绑腿同样，此则多赤着双脚。有的中年妇女，头上还用蓝布缠成一个塔形的包头，垂着一对大银耳环。除嚼槟榔、芦子外，还要加上点熟石灰，攞〔羼〕着槟榔来嚼，因而满嘴都染得通红，另外更喜吃沙蛆、烟草。男子的服装，除长衫外，无论大山、小山，都是有什么穿什么。若以本民族的男装来说，是与汉族农村男装相同，有时头上也缠上一个包头。他们一出门，就必须挂一柄长刀和一个富有民族民间艺术美的挂包，内装一个竹酒筒。这种挂包，好的要二三十元才买得一个，据说他们要判断某人生活是否富裕，就以这挂包上来决定。

每天挂晓后，妇女们多半就到森林中去砍柴，回家才做早饭，吃毕又背着沉重的木柴或背其他的东西，到坝子里的市集去卖，边走手里还边纺着线，是要换取每日所需的生活资料回家。回到家时，大都是黄昏时候。若果在她回来时，丈夫已经把饭做熟吃了，或是等着她，那会给她存下一个极大的苦闷，认为这是丈夫对她自己极端轻视的粗暴行为，有的严重到会发生自杀，或取其他方法自尽。那怕她已十分疲乏，硬是要等到她回来，亲手做出饭，大家一同吃了，才感到极大的快愉。

在婴儿离开母体之后，有的立即把他抱到溪涧中去受淋浴，据说这是对小孩长大后身体是否健康的一次严峻考验。但是，近年来这种做法，大不普遍了。惟在每天又是忙乱着家务，又是要到很远的地方去赶街，不得不迫使婴孩在初生时，就要受到父母用酒来搽眼睛和抹酒在唇上，变得醉沉沉的睡去，这样才能使父母们安心的〔地〕去做事。等到孩子酒醒时，正是妈妈赶街回来，方才喂奶。

男孩长到童年时，要是不会打枪使刀，不敢出猎的话，那末到大时，会为姑娘们所鄙视，确切地说，是找对象都难于找到的。青年人的恋爱，是相当自由的，不过有很多的决定权，又是操在父母手里。所以有一对情侣相约远逃的事，是层出不穷。家里的牛橱，楼上和仓房前，以及住房一进门的那间屋子，都成为青年人种情根、长情芽的地方。在已结婚人的方面，就有一些礼教束缚了，就不能再去讲爱情。

它〔他〕们寨里的规则，是家家共守的，要是您骑着马，是绝对不能走它们村寨里穿过，认为这是一种极不礼貌的侮辱。也不能扯些树枝树叶，用手拿着进寨，这样做，是一种丧礼的仪式，他们说，这会给寨里带来不祥的命运。同时也不能唱着歌或大惊小怪的走过寨子。传说，为了纪念诸葛亮的缘故，所以他们的住屋，都是长方形的，相似诸葛亮的纶巾形像。房屋全部概用竹子构造，屋顶盖茅，两端开门者居多。信鬼的人家，则分为一道是人门，任何人都可以出进，一道是专供鬼神经过的鬼门。若是您走错了，那就必须赔礼，所谓赔礼是替主人献鬼，至微薄，亦须献鸡一只。

任何人走到一家的门口时，必须打一声“主人在家吗”的招呼，经承应后，才能进去。要是手里拿有东西，应立即放下，若果是妇女的衣服用品，就不能随意乱丢乱放，特别是不能放在枪、刀、挂包之上。步入门后，就得在地火塘边小坐片时，再为走动。要是直进直出，则会引起主人疑心，不知您是来搞他家什末鬼了。更不能在献鬼台前高声叫喊或开玩笑，也不能够对挂在墙上的任何一块骨头，发生指手画脚的嘲笑或摩抚，因为这是历次祭鬼后的纪念品，否则又会引起献鬼赔礼的麻烦来。

信鬼的人，都认为山有“山鬼”，树有“树鬼”，星有“星鬼”，反正什末都有鬼。出门打麂、鹿，也要打“鬼卦”择日子，走那条路去，还要看草来定吉凶。但是“献鬼”并不是每一个人都能做的，而是由“魔桃”（景颇语，其义就是卜巫）来看“鬼卦”的吉凶，再来决定祭品，小的鸡、猪，大的黄牛、水牛。人生了病，或是盖起新屋来，都要“祭鬼”，有的还杀狗或鸡来祭旱谷地。“魔桃”的酬金，多半是一条牛腿或猪腿，反正杀什么得什么。这样做，既对耕牛有大量的损害，又对每一家人容易造成经济破产，因为他一生人中，不是宰一二条牛就能完事。如在前几年时，我们了解了在一个名叫普伦寨的一户人，他病了三年，就宰了水牛三条，肥猪八条，鸡八十三只，还有待宰的牛。后经政府免其医药费，将他病治好后，他也不信鬼了。近几年来当“魔桃”的有很多的都能接受政府劝告，把应宰牛的改用鸡来替代，有的甚至只杀一老鼠来祭了。

当一个素不相识的本民族人，从很远的地方路过寨子住下时，那末这家主人，即使是本身没有吃的，都要尽力做到客人满意的东道。都说亲戚是越远越亲。寨里有一家宰猪宰羊宰牛，则每家每人，都能收到同样大小的一块肉，有时这主人还要出寨，送给一些住离不远的亲戚去。要是谁吃酒的话，在他周围有多少人，都要做到一人一口酒，绝对没有独自举酒对着人来喝的事。如果对于一个外来的汉族人，在和他们相处中，他给您酒或其他东西吃，是已经把你当作知心的朋友，全是诚心诚意，毫无半点虚情。若您不吃时，会引起对方认为是您鄙视他，才这样做。

每当吃新米饭时，老人们总爱对青年人追述往事，多是一代一代的追溯上去。但多半周旋在一些新仇旧恨的圈子上，因而有时在这一追述后，往往引起一些不必要的闲事纠纷。可是在近年来，凡有往昔曾经起过纠纷的事，都已消逝在团结气氛中了。

按此一记载，是余孙炳堃在盈江边地工作约近十年，恒与是处之景颇族接近，因而得到一切见见闻闻。炳堃亦尝以写作，贡诸政府，暇时亦写些边地民族情事寄与余，俾余略广见闻。今者，余录往昔之作，而山头、景颇，原是一族，无非一属于外人之称道，一属于自名也。至云其情状，似亦有所差别，细思之，殆由住在之地处不同，环境各别，故于进化上有迟速先后也。惟是余以夙昔之所闻，而与今之所悉者对勘，似在耿马、孟定一带之景颇族，在形色上，又弗如盈江方面也。夫居处太僻，生活自是困难，斯为应有之事。虽然，彼一时也，此一时也，在今日之下，或者耿马、孟定一带之景颇族，亦能与盈江方面之景颇族相媲美好也。惟盈江方面及腾〔冲〕、龙〔陵〕一带之景颇族于文字上却不与爨、僰两族相同，而是用拉丁字母拼音，此当为昔之所无，为今之所有者也。然亦可以思矣。

靡莫族之特殊习尚

靡莫族，不见载于《南蛮志》〔即《蛮书》〕，但新旧志书〔当指新旧《云南通志》〕俱载有靡莫习俗一则，云：东川有靡莫别种，亦倮㑩之类也。男子椎发帕首，妇人青布帕首，俱著粗麻布衣，其自织也。所食莜与燕麦，其自种也。惟丧葬礼节，则大异于诸夷。人死则以绳缚尸，如絷猿猴然。使人跳跃叫呼于火上，谓唱助其长死。又用游骑挟弓弩周围驰骋，名为揽魂马。祭死者则取牲畜心肝，挂于竹稍〔梢〕，持而绕于尸旁，且绕且歌且舞。歌舞讫，孝子受贺，孝妇披采布于身，与孝子共舁亲尸于野而焚之。化毕，捡骨纳于器中，悬于屋之梁上。遇人有疾，取而置于火旁，复使人跳跃叫呼，唱助长死，唱毕仍悬梁上。逾三年，始纳入鬼桶。惟岑《志》〔岑毓英等纂修之光绪《云南通志》〕则云：靡莫一族，今仍有之，然已无此恶俗矣。岑《志》又云：有甘人一族，为靡莫别种，男女俱勤恪，耕山种水，随在皆能服教守法，近更多业儒者，其风俗弥纯矣。此惟东川府属有之，然族亦不甚蕃。

异哉！甘人、靡莫，是同源而异流之两种民族也，又何相去之远耶？野人与君子，未必尽由性之所成也，是一半生成，一半习成，此方可以言靡莫之与甘人。

那马族

那马，本民家子〔白族〕，即僰人也，浪沧、弓笼多有之。此俱地界兰州，而民家流入于此，不能考其时代，即其族中人，亦多不能记其姓氏。

麽些谓之那马，他族人遂以那马名之。那马语言，与民家无异。

男女衣服之饰，杂用古宗、麽些之制，而受制于麽些头人、土官。其风俗，志书载云："女嫁而养有子者，其子悉从，夫喜之，谓妻贤而有色，人始悦之也。有三四子从嫁者，夫尤喜悦。既嫁之后，遂不许人近。未嫁时，女自多与人通，父母亦不之禁，是纯任其自由也。死无棺，置尸床于庭，陈设死者之衣冠，家人哭不绝声。姻娅吊，于百步外哭，友吊，于五十步外哭，哭及尸所，携酒灌尸口，毕，跻踊卒哭面拜，邻人延而款以酒食。五日后，舁而焚之，葬骨立墓，岁时俱祭。丧服尤严，五世后之族弟兄子侄皆有服，一时轻重之服俱遇，则先服其重者，而补轻服于后。其服以无饰而表著之，遇服多，其人则长年白衣冠也。"

按：那马族，永〔平〕、顺〔宁〕、腾〔冲〕、龙〔陵〕等郡，近亦有之。然据此一带之有识者云："那马一族有自弓笼移来者，则认弓笼为策源地，遂改其族名为弓笼，复讹为绷竜〔崩龙，即德昂族〕，此亦不能考其时代。惟自迁地改名后，风俗上则多有所变易，复有进化，故今日之绷竜一族，在顺、永、腾、龙一带，无不称为是一最好民族也。有不自弓笼而自他处移来者，仍名为那马，其习尚则与绷竜略有不同。然于原有之风俗习尚，则又改革多矣。"其说如是，今就其一切上考求，此说亦近乎是。

阿昌族

阿昌族，在《通志》上，则名为峨昌。志云："峨昌，一名阿昌，以喇为姓，大理、永昌两郡有此种。无部落，杂处山谷，听土司役属。而性畏暑湿，好居高山。男子束发裹头，衣青蓝短衣，披布单。妇女裹足，长衣无襦，胫系花褶而跣足，以红藤为腰饰，以畜牧、耕种、纺织为生，食用俭陋。祭祀用犬，占用竹签三十根，略如著。另一种，采野葛为衣，得禽兽、虫豸则生啖之。今永昌罗古、罗板、罗明三寨，皆其种类。

旧俗，父、兄死，则妻其母、嫂，后罗板寨百夫长早死，妻方少艾，自矢不失节，饿而死，其俗始革。

在大理属者，其种族多散处于浪宋、曹涧、赶马撒之间。”志之所载也如此。

读《云南德宏傣族景颇族自治州社会状况》一书，其第十八页上，则叙说阿昌族，略云：“住屋多茅屋，很少瓦屋。男子的服装与汉人同。女子在幼小时穿裤，长则穿桶裙。包叠边包头，妇人包高约一尺的高包头，喜用红藤制腰箍脚箍。男女皆亦足，男子肢体喜刺花纹，一般均喜吃酸物，喜嚼槟榔，男子极好酒。婚姻，大都经过恋爱，征得父母同意。如甲村青年男子到乙村时，乙村女子则相邀数人相对而互唱情歌，赠槟榔嚼，乙村女子到甲村，亦受同样款待，别时则互唱山歌送之至远。结婚时，多是抢婚，然都是事先说好，不致有十分的剧烈争斗。婚礼为酒、肉、茶、盐、米、鸡、鹅、鸭、草烟、芦子等，此为水礼，然此是订婚时的小礼，聘礼须卢比数十元。人死多归于土葬，仪式与汉人略同。”余孙炳堃于此则有按语，云：“阿昌族有两种，居于户撒的名小阿昌，居于梁河山上的名大阿昌，是不仅风俗、习惯、服饰与小阿昌有所差别，其语言也截然不同。此所指的阿昌，除住屋一条外，均为户撒阿昌族之风俗。盖户撒之阿昌族，住屋全系用瓦，而无一茅房也。小阿昌族人，性格直爽，勇敢强悍，喜械斗，村寨内部团结性强，信佛教。惟近十多年来，所谓之摠房已荒芜，以多重在拱木（拱木直与缅甸大字塔同样），此在一定的日子内，均赶拱木摆。小阿昌之特长手艺，是打长刀，其刀远近驰名。每年春节后，男子们大都走往缅甸去做生易，或卖苦工，到撒秧时才走回家。其族却无文字。”据此数者，志书所云，当是专指大阿昌也。摠之，大小阿昌，延至近代，亦必各有进化也，又岂特户撒一隅之小阿昌族哉！

怒子族

“怒人〔怒族〕，以怒江甸得名，其部落在中甸、维西边外，过怒江十余日，环江而居。清雍正八年，归入丽江境内。其人性猛悍，以弓矢射猎。男子编红藤勒首披发，麻布短衣，红帛为裤，跣足。妇亦如之。”此则为阮《志》〔清阮元、伊里布等修之道光《云南通志稿》〕、岑《志》〔清岑毓英等纂修之光绪《云南通志》〕及《滇系》之所载。又旧《通志》载：“怒人，男子发用绳束，高六七寸，妇人结布于发。其性刚很〔狠〕好杀，丽江有之。”又载云：“在鹤庆、维西边界外，过怒江十余日有野夷，名怒子。”又《丽江府志》载：“怒子居怒江边，与澜沧相近，男子十岁后，皆面刺龙凤花纹，见之令人骇异，结麻布于腰，采黄连为生，茹毛饮血，好食虫鼠。”顾此一些志书之所记载，亦不啻直接标写怒子，实为一种野夷也。惟余庆远《维西见闻录》则云：“怒子居怒江之内，界连康普、叶枝、阿墩子之间。南头地名罗麦基，接连缅界。昔目之为野夷，以其男女披发，面刺青文，首勒红藤，麻布短衣。男着裤，女以裙，俱跣足。覆竹为屋，编竹为垣，谷产黍麦，蔬产薯蓣及芋，猎禽兽以佐食。无盐，无马骡，亦无盗贼，路不拾遗，非御虎狼，外户可不扃。人精为竹器，织红文麻布，麽些不远千里往购之。惟性怯而懦，常苦傈僳之侵凌，幸道路绝险，稍足以御也。”

“雍正八年间，中朝建设维西厅，相率到康普界，贡黄连、麻布、山驴皮及麂皮，求纳为民，永为岁例。头人闻于别驾，别驾闻于上官，奏许之，犒以砂盐，谕头目俱约其下，勿得侵扰。迩年，其人以出产黄连入售内地，边夷等亦负盐至其地交易，人敬礼而膳之，不取值，且卫之出。其人贡以来，受约束，知法度，省志谓其‘刚狠好杀’，过矣。”余庆远之说，又是如此。惟是，怒人之“刚狠好杀”，据与之接近者言，亦不十分诬也。其受害被凌于傈僳者，盖傈僳尤刚狠过于怒人也，余庆远云其“性怯而懦”，似不甚当，此四字只可以加之于俅人〔独龙族〕，不合加之于怒人。又志载，怒子之一切像状，诚然怪异，惟予于六十余年前，尝于丽江见过怒子一二人，固是异颜异饰，然亦不至令人见而惊骇也。或者在近百年来之怒子，其形色较二三百年前多有以改变也。不然，志乘上文字，又何得而诬之。

丽江之民风俗尚

今之丽江县，在清代乃一府，辖剑川、鹤庆两州及丽江县，中甸为二府同知，维西为三府通判，此二者为一郡之佐治员也。

县治幅员殊广，纵横俱数百里，但地广人稀耳。丽江郡设治较迟，清初始改土归流，在往昔，其地尽为土司所有，隶于鹤庆府治。丽江设治，乃移鹤庆府知府于丽江，以二府同知治鹤庆，既又降鹤庆为州，移同知于中甸，别以通判治维西，惟鹤丽镇则仍居于鹤庆。此过去之情形，大略如是。

丽江县属之人民，汉少夷多。县之南部与中部，大都为外麽些而内喇傒之一族，然亦有民家子杂于其间。北鄙与中甸相接，民族则近于杂，是则古宗、傈僳、苗人、蛮子、朵尖、僰裔子等俱有焉。中、南两部之麽些族，风气较为淳美，与摆夷、民家两族之习尚，大旨相同，惟其语言异而装饰别耳。

论一般民族中之风气，认为良与不良，当先求女子方面之习尚如何。丽江女子之习尚，其讲自由也，以钟情为依归，其讲恋爱也，以从一为主旨，故无论男之于女为如何眷注，女之于男作若何亲密，而同心之结，终不易于叠就。其在未定永好之际，彼此俱可作天真烂熳之游，即有三三五五腻友，亦无人道其滥用于情，惟一结就同心，志即归于一矣。

丽江无郛郭，邑之四方街，即等于城市。去市不远，有狮山、象山，风景地也。又北去二十里之白沙里，有芝山焉，山巅有太极庵、解脱林、迎仙楼，俱为名胜处。住近此之青年男女，遂多于日西斜后，登山而讲爱情，唱歌也，跳舞也，啜饮食话情怀也。对对双双，若鸳若蝶，往来翩跹于林间岩下，各行其所是，各求其所适，彼此俱不相涉，真成一皆大欢喜之世界。其间情景，亦有三五女郎相合，而邀其群众中某之所爱者同往，或聚集各之所爱者，相与偕乐，自是浅斟低唱，薄饮尽欢，谑浪笑傲，形骸罔忌。惟此欢会，有夫之妇，无一与焉。假此一局中，有一男子暗与一有夫之妇偷情，事为女友辈侦悉，其受辱必甚，或唾之，或呸之，曰“吃老南瓜汤”。至是，即无一女子与之作友也。如女子从人后，而复与人推襟送抱，为一班未适人之女子侦悉，则亦斥之为滥〔烂〕白菜。此虽事属于艳，情近于浓，然亦足以见丽江女子，以从一为正也。

凡女子与一男子积至蒂结同心，则必白于父母，许则成为鹣鲽。若梗其议而不得遂其愿，此一双男女，俱必以一死决定之。女报男以死，男亦必以死相酬；男报女以死，女亦必以死酬之。于是期以时日，定以地处，届期，各具酒食，携往同归共死之地，作无限制之牛饮，作无限量之狼餐，醉饱而歌，歌毕而泣，止泣作笑，始相与解脱凡身。是则双双投缳于树上，抑或携手共赴于池心，甚而互相拥抱共坠悬岩而死。斯而同归地府，作泉下夫妻，是则两无所怨矣。作如斯结局者，两姓父母知之，亦惟往收其尸，而共葬于一处，无怨无怼，但曰：“此痴儿痴女尔。”假男死而女不死，或女死而男不死，则诉讼兴矣。曰：是彼家之男欺骗我家之女；或曰：彼家之女欺骗我家之男。顾此种诉讼，投入官署，官吏亦难为之判断。时大清律例，只有诈欺取财之条文，此可谓为诈欺取命，律例中又岂有是哉？无已，从地方习惯，由绅耆调停之也。

闻之地方绅耆，出而调停此种案件，则细考其情节，是否出于骗诈。属于骗诈，则罚之重，否则罚之轻微。又据地方人言，重者，大都迫彼未死之男女，作义男或义女于死者之家，并责令未死者出丰厚之资装殓、祭奠、发送、安葬彼单独死去之人，如是而事乃寝息。

此种情事，在往昔时代，朝廷尚专制，家庭亦尚专制，儿女婚姻虽不尽由父母包办，然亦多由父母代办。有不受父母之命，而由不公开之恋爱结成夫妇者，众则认为逾越轨道，不遵循礼教，薄之非之。故在是时，男女之婚姻，在大体上，多不能自行择决也。一般人见到边地上各夷族人之婚姻，不与内地汉族人同。便訾议其风俗不良，于此种情事，则作一种奇事传扬。即六七十年前之我，亦是与众同循一道，作同样观察，作同样议论。此何以故？由少见而多怪也。论到自己心中，又何尝不乐于自由婚配哉！只以社会环境之压逼，大不易云撇除耳。逮至近二三十年来，男女之自由恋爱，得到公开，婚姻能由自主，父母方面，不过求其通过，是与往昔丽江之民风习尚有何异哉！

今也，内地之汉族人，讲自由恋爱，自由婚配，且间有类于上述之一切艳郁情事与一切悲悽情事者，又不啻师法于丽江民族之风俗习尚耳。是则一般夷族人，都可称为讲婚配自由之先进者也。是耶非耶，余则另有所说矣。至云其男女之相酬以死，从实际上言，直是以身殉情，舍生就义，此又是汉夷两族中之青年男女，不易于学，不易于做到之一地步。善哉！此真是一“情”字之结晶体也。今余耄矣，写此犹不禁叹服。

又丽江有某一带地方之女子，凡未适人者，俱不洗擦颈项，以颈上垢腻一除，见者即认其为非处女也。是处风俗，娶得新妇来，次晨方许盥洗颈项，因而有一些趣事，出于其间也。丽江女子，固有自由择配之权，而决定权，仍是操之于父母。有自许与张氏子结缡者，而父母则许之于李氏子，女不能违，只得从父母命而归李氏。张姓探悉其吉期，便暗寓人于要路，以要截抢夺。更先烧好一锅滚水以俟之。若李氏昧而不之备，花轿至是处，伏者出，遂将轿中人劫夺而去。舁舆至家，即将轿中之花花姑娘牵出，着人按其颈项而洗刮之。李姓知新妇被劫，情何能甘，当然集合多人而谋夺回。李姓人入张宅，见新姑娘玉颈修然，亦惟怃然而叹曰："颈已洗矣，尚有何说。"李氏至此，遂无法挽回。

此诚往昔之趣事，相信今日必不如是。按：闺女之不洗颈项，闻北方有某些地处，亦有此风焉，要不过用此表示，在事实上却无重大关系。又昆明之闺女，是不缴脸上寒毛，不修眉，不开鬓〔北方以前亦如此〕，亦无非有此一种表示耳。此于女子颈项上之垢腻，于去留上，未免认真过甚。

论高等夷族子女之婚配

婚姻无父母之命，无媒妁之言，即结成夫妇者，是为自由婚配。自由婚配，必须经过一段时日中之恋爱，方云有成。此而求其因缘，婚配是成于恋爱，恋爱是基于自由也。中国上古时，原无婚姻法，婚配多是自由择决。择是择其心之所爱，决是决其能与自己相偶者。是则一般青年男女之于配偶上，绝不能脱离自由与恋爱也。读《周南》〔《毛诗·国风周南》〕之篇，首章即咏《关雎》，中有"窈窕淑女，君子求之，求之不得，寤寐思服，悠哉悠哉，辗转反侧"等句〔此句当为"窈窕淑女，君子好逑。""窈窕淑女，寤寐求之，求之不得，寤寐思服，悠哉悠哉，辗转反侧。"〕，是非咏其眷恋之情状乎？此则是被文王之化者。可知中国在三千年前，男女婚姻，多是出于自由也。

一自中古以下，中国之礼教，日益繁密，婚姻限以礼法，是非有父母之命，媒妁之言，不足以云正。如是，男女之婚配上，竟失去大半之自由权。即如莺莺与张君瑞结偶〔事见《西厢记》即《崔莺莺待月西厢记》，源出唐代元稹传奇小说《莺莺传》〕，崔老夫人则谓其有玷家声，由此可以类推。在唐、宋、元、明、清五朝，帝廷虽无正式婚姻法颁出，然以礼教束之，律例规之，亦不让于有一婚姻法在着也。虽然，于两情和合者，亦无所禁，可知男女之婚配，终未失尽自由择决权。夫礼亡而求诸野，南滇夷族人之婚配，是仍法古之道也。

滇中之摆夷、民家、麼些等，为夷族中之优秀者也，其女子之性，堪云纯洁，且令人钦敬。夫自由恋爱，本天赋之特权。彼高等夷族之青年男女，当及岁时，自是出而择配。遇年岁相齐，姿貌相若，志趣归一，性情可合者，而后有爱慕依恋之说。有一乖离，即非我之所爱，又奚有以恋，奚有一爱耶？不副我所愿望，婚姻事自够不上言，如是而守定为宾为友之立场。此高等夷族女子之自由择配，得归于正也。

且也，发生恋爱之际，无论男女方面，性俱纯洁，钟情于甲，绝不兼染于乙。若在两情未坚时，亦不十分散漫其行为，要必彼此性情实属相合，始可以言定情。积至成婚后，便改易行辙，即与所识之男子相遇，亦必言笑不苟。

从一而终，是高等夷族女子之志愿也。其清白如此，为彼女子等之赋性若是耶？抑夷族中习俗有以成之欤？噫！有由来矣。阿南〔汉时云南酋长曼阿娜妻，事见谢肇淛《滇略·献略》及本书卷一《纪滇中星回节之本末》〕、慈善〔唐时邆赕诏妻，事见《滇略·献略》《滇考·并六诏为一》《记古滇说》〕，即彼夷族女子标贞而著烈者也。传统相承，故后此之夷族女子，无不以此二人为依归。俗云“跟好人学好人”，夷族女子，其得力于是乎？

今日之社会上，有自谓为饱吸文明空气者，出讲爱情，又何尝能如夷族女子之归于正耶？恋爱而无主旨，是泛爱众也。虽然，恋爱只得谓为男爱于女，是爱其为女性，女爱于男，是爱其为男性也。是则，男尽夫也，女尽妇也，毋乃滥欤？缘其如此，故今日甲而明日乙，若丙若丁，俱情之所在也。到头来马糊偏于一向，混过一年半载，便藉故而上法庭离婚。此何苦而来，亦据棋枰而乱投子之失也。更有知识不充足，鉴别无能力者，偶得一嗜好与己相同之人，便引为是一知己，且认为是一无上之宝，似自顶至踵，无一处不为己之所爱，于是不问一切，而草草完成婚约，其为鹿为獐，更不遑计。已而镜中形露，始悔恨见于言词，然已如蚂蝗缠定鹭鸶脚，其能摆脱之欤？吁！是不能也，此惟抱终身之恨而已。若此者，诚有愧于夷族中之一些青年男女耳。余尝曰：被高等夷族中之青年男女，讲自由婚姻，得归之于正处，真足以法。

卷　十九

杂谈

纪某顽固老翁之一夕谈

寓于昆〔明〕市南头之吴翁某，余幼小时之同窗友也。余以其顽固甚，故不乐揭其名以示人，而以一某字代之。翁为昆明人，家颇小康，妻早物故，今有子一、媳一、男孙二、女孙二。翁在前清时，操举子业，膺乡荐，中副车，亦未出仕，只勘丹铅设帐授徒。入民国后，翁在各中学校任国文教员，约十有余年，近则老矣，惟纳子孙之福。翁长余六岁，自共砚于某师处，即常相往来，而在六十年当中，或聚或散，亦终无五年之不相见。

在一九四六年，正蒋介石发动内战猖狂时，翁年七十有六，而余亦年届七旬，彼此俱古稀之人，因而交往益密。是年春三月望后二日，值翁华诞，翁遣其孙来招余饮。余往届眉寿，翁乐甚，饮酒尽欢，遂谈及家事。时天色已暮，翁乃留我宿于其家，作长夜之谈。据案啜茗时，翁徐徐向余言曰："我之家事，子深知之，长孙某将高中毕业矣，素性纯正，且笃嗜于学。唉！今则改变其趋向矣，不知从何处得来小书一本，朝夕展读，前晚似揭其书中要义来语于我曰：'帝制国家，不仅独裁专制之为害，凡居帝位者，俱视人民如草芥耳。喜则任其滋蔓，怒则尽力芟除。'我闻而默然，彼又曰：'彼历代帝王之贱视人民也，用其力则驱策如牛马，拂其意则宰割如鸡鸭。'已复高其声嗓而言曰：'可恶哉！若辈称九五之尊，惟知网刮民财，劫夺民食耳。所谓皇粮国课、所谓厘金关税，无一不暴歛〔敛〕横征。以是，任用一般贪官污吏，为其心腹爪牙，其上自总督、巡抚，下至典史、吏目，无不向民间婪征苛索。而吾国小民，多半以农为业，年之所入，必半奉于官，官吏以十之三四饱囊橐，以十之五六归国库，所以皇家之豪富，上与天齐，能取不尽而用不竭者，无非民脂民膏也。’语讫，犹忿恨不息。”

翁语及此，略一歇息，复语于余：“我乃问之曰：‘汝之所言，俱关于前代之得失也，汝于前代之掌故上得来欤？抑目有所见、耳有所闻而云云然欤？’孙乃问于我曰：‘何为掌故？’我乃哂之曰：‘汝于掌故二字未明，奚足以论前代及历代人主之是非得失？故言来极不中窍，居吾语汝可也。’斯而我乃语于彼曰：‘汝诚年幼耳，脑力不坚，有如软泥，随印皆可成像。汝之所言，实欺人语也，犹不足以资一班反动者之宣传，此何以故？盖语多为有识者所笑也。汝嚼得一二点油渣，便觉滋润肠胃，实则与啖珍羞美味，相悬远矣，悲哉！悲哉！是由读书太少，不明前代及历代以来之一切掌故也。’

“已而我又告之曰：‘汝之所言，究发始于何人，根据于何事，姑不必论，惟言出汝口，我当为汝正其是非得失也。我生于前清同治十一年〔1872〕，今七十有六矣。嘉、道、咸、同年间事，惟得诸耳闻，顺、康、雍、乾时代事，仅得之于书中，夫远者难追，近者可述，今将光绪年间之事，为我所目击者，告之于汝，使汝知道当年的一切情事是如此，大不类于汝所言之一切。就以云南一省而言，自光绪五年〔1879〕后，云南即告承平，光绪在位三十四年，而云南人民之过太平日子，亦几近三十年。在此三十年当中，云南可称黄金时代，亦可以云有近于极乐世界。何则？地方之安靖，官吏之称职，风俗之纯朴，物价之低廉，而又政简刑轻，年丰岁熟，士农工商，各安本业，渔樵牧竖，各勤所事。以是，人无失业，户饶盖藏。夫人民既能丰衣足食，安居乐业，自无为非作歹、杀人越货之事矣。时世承平，其一切一切，自能如春日之花得自由开放，夏日之草得自由蕃滋也。此从古之学理上论，则谓之曰太和。太和者，无丝毫

杀伐气也。’

“已而我又告之曰：‘清代帝王，又有何德力能致于是耶？要不过国家咸注重休养生息，官吏能于奉公守法耳。休养生息，是保民也；奉公守法，是尽职也。保民必不残贼民命，不劳伤民力，不夺取民食，不网刮民财，能敬戒于此，即明君也。残贼民命者谓之暴，劳伤民力者谓之虐，网刮民财者谓之凶，夺取民食者谓之横。暴也，虐也，凶也，横也，皆人民之所不堪受任者，而又为人民之所深恶痛绝者也。有具此者，古今来都称之为暴君也。清之光绪，固不能称为明君，而亦非残暴之主也。斯又何说？光绪以冲龄践祚，朝权自在两宫，年岁稍长，仍受制于西太后，光绪却不获展其良有之才能。光绪时代之政治，当惟西太后是论。西太后握掌朝权，计三十有余年，政教之得失，昭昭在国人眼目中，然日理万机，亦未见事事真能措施悉当也。惟荦荦大事数端，如平息捻匪、戡定回乱、中法之役、中日之役、八国联军之入都，而一一俱有危于社稷者，却能任用能臣，使一切危难，得陆续解除，归于无事，虽有割地赔款之辱，但既已战败于人，不如此，又何能了结，是虽为西太后之大过失，而一般臣工亦应同负其责。后人议论横生，独责于西太后，是不明当时情事之人也。如《普天忠愤集》《中法战事纪要》《中东战纪本末》《拳匪祸国记》等书，俱私家著述，当是信史，即可证明当时情况，且具有些复杂情事在内，若独归罪于西太后一人，是不悉当时一切情事之人也。’

“我又告知他：‘西太后固一妇人也，然秉政至三十余年，中间戡定若干乱事，能使全国人民享受太平时世之福至若干年，亦是妇人中之较有才德者。假使是时之事归之于宋美龄姊妹手内，真不知中国要糜烂到何种地处。且西太后犹有许多逸事堪传，我不暇为之一一举出。总之，西太后之才能实胜于常人也。史乘上于宋高后，称为女中尧舜〔指宋英宗之后，姓高，哲宗立，封皇太后，时称为女中尧舜〕，西太后虽不能与之齐驱并驾，而亦是宋高后后之一人也。论西太后之才能才德，在朝者则是之，在野者则非之，是之者以能知人善任也，非之者亦燕雀之笑鸿鹄也。我又岂受过西太后之恩惠者哉？而故为之夸扬也。盖一切事实俱在，得失俱存，是则是之，非则非之也。且当时得享太平之福者，岂我一人哉？亦全国之人也。’

“我又说明：‘何以云享受太平时世之福？时则不征兵，不拉夫，不横征暴欵〔敛〕，不门摊户派；行动得自由，言语无顾忌，居址不限制，营业不抽捐，人人有生路，家家不受穷。且从不见政府方面来向人民生过一次麻烦，而人民除了纳粮缴税外，即不向公门走动。纵闾阎间有意气争斗之事发生，或因债帐起纠纈〔葛〕，诉讼到官，虽差役等有所需索，到公堂又须屈膝，但是时之为民父母者，都能持平判断，更无大则大敲，小则小敲之事。至于出门行路，尽可独马单人而行，且走数百里而不遇一盗贼，其景象是如此之清平。

‘斯时也，而又有丰盛之米粮吃，有廉价之货物用。三文制钱即可买一拳头大的包子或馒头，十文制钱可吃一碗饺面，三四十文可买十枚鸡蛋，七八十文可买一斤猪肉。食盐一担，重一百二十五斤，仅值银二两七八钱；菜油一驮，重一百四十斤，亦只值五六两。以五钱银买一匹蓝广布，可缝一件长衫；三钱银买顶南缎帽，可戴两年。川烟叶只须二钱银一斤，清酒只须两余银一担。其他物价，是不言而喻的低微。时与二三友人，到蒸肉馆大吃一餐，弄到酒醉食饱，只花费四五百文铜钱。一切人事上的应酬，多可送至一两，少则五钱，即云了事。如此太平之时世，如此便宜之生活，是半由天与之，半由人造成也。夫际此黄金时代，居此极乐世界。一般黎民百姓，日惟熙熙皞皞，云快愉，诚快愉矣，云舒适，诚舒适矣，而得此快愉、得此舒适者，亦不止云南一省之人民，彼三江、两湖、两广、川黔与夫北八省、东三省之人民，又何尝不如是快愉，如是舒适。惟是人心似海，何能说到满足，这山望着那山高，过太平日子太多，转生烦厌。闹革命，建民国，自是顺应时世，依附潮流，作合理合法之改革，是举国人所赞同。但即以帝制为不良，推翻帝制，就应将民国从妥善地建设；既认定清室政治腐败，就应使一切政治修明；既说往昔人民如奴隶，就应使全国人民得做真正的主人翁；既说往昔人民身受束缚、含痛苦，就应使一般人民较满清时加倍快乐。又何以说人剥削，自己则加十倍百倍之剥削；说人压榨，自己则加十倍百倍之压榨，此真不足以解说之事。

‘若再进一步而论，说袁世凯向日本人立卖国条约，后来之居高位者，就应该将领土保持完整。说曹锟等军阀误国殃民，自己就不该再造统系。更如说帝制国家不恤民命，任意征伐，今建立民国，大众就应该保持和平，互相光〔关〕照，讲求科学，严守国防，使中华民国得成一郅治隆平之大国，岿然独立于此世界上，使他国不敢来侵犯，此方不负一番改革。在以前是异族人专政，自己的名分有类于奴隶，今则是自作主人翁，而又得到个五族共和，显然的，华族是一领袖。斯而不从良好处推求，重要上建设，转而互不相容，各各耀武试兵，内而阋墙，外而揖盗，此哪里是在发舒民国之精神，直是就此国度内来开辟出一些战斗场也。此不能云为谋统一，只可为各在捣乱。

‘又自民国成立以来，除护国、护法两段不谈外，如直皖战争、直奉战争、苏浙战争、粤桂战争、湘桂战争、滇桂战争、滇黔战争、川滇战争、南北大战争，与夫各省之将领互相争斗砍杀，其大小战事，约在数十。而且是争地以战，杀人盈野；争城以战，杀人盈城。甚而以兵士当枪靶，以平民填战壕，其残毒凶忍，尤胜于六朝时石虎等之用兵。又何为而如此耶？无非争地盘、夺政权耳。有地盘、有政权，始足以肆剥削，以施压榨。吁嗟乎！为民国两字而牺牲的人，真不知有几千万矣。已而以小事反日也，反又反之不了，进一步则抗日，抗又抗之不下，闹得一个中央政府奔南奔北奔东西，在国中几无一立足之地。而人民死去若干，钱粮耗去若干，还让日本鬼子打进滇黔两省之边境，若非中共击其后，美国鬼子扑其前，窃恐中国地面早已树遍太阳旗。

‘中国人之不善治国事，固不自蒋先生始，孙先生曾赢得一孙大炮之佳号者也。虽然，孙先生究强于蒋先生多矣。对于任何一事，都抱有一绝不动摇、毫不迁就之定见，此所以为国民党中独一无二之人物。蒋先生则不然，是挂羊头而卖狗肉者也，且对于一事，多是今日一样，明日一样。如对于共党也，始则容共，继则清共，终则剿共。及至抗日事起，则讲到联共，而一面联共，一面又在防共。既得到抗战胜利，又反起共来，今兵戎相见数年，结果，蒋先生恐不免于败亡。今日之国中，蒋先生是第一个伟大人物，其才德只如此，其他尚足论乎！然今日之中华民国，亦非毫无生机之可图也，想天运循环，否极将有泰来。中国若是之大，又岂无一二特殊之人材耶。逆知后起之雄豪，或具经天纬地之才，旋乾转坤之力，一返前辙，登全国人民于衽席也，我甚盼之。’”

翁谈至是，犹豪兴不减，余察时计，已逾夜半子时矣。乃谓翁曰：“兄年高矣，盍早休息？”翁误余为倦闻，则笑而言曰：“殆聒耳耶？”余曰：“否，诚夜深矣。”翁曰：“是则明日再谈。”翁乃息其谈锋，略进茶点，与余共寻黑甜。次早，余欲行，翁弗许，曰：“年老弟兄，得见一面是一面，何亟亟如是。”余乃留，与翁共早餐，饭食讫，翁语与余曰：“昨夕所谈之一段话，是我日前语于吾孙者，然犹有些未尽之言，今就尊前，我再一聒絮之。”余乃吸烟饮茶于座上，听翁之雄谈。

翁便逞其雄豪之气而告其孙曰：“昨日诚夜深矣，我不便再以繁言，有聒某太伯之耳。我日前语汝之言，尚有些疏漏处，今值某太伯在此，我当为汝详尽之。清代田赋，征率极轻，名虽本诸古代什一之征，实则不及百分之五。全国田赋征率，在比较上，三江、两湖较重，若西南各省，实只征至二十分之一也。云南田赋更轻而又轻，吾家有田十亩，年仅纳一两二三钱银，尚是包括一切附征款项及平色票费种种陋规在内。与今之征实、征购、征借等项合并其数而相较，实有霄壤之殊。若论厘金，乃创始于曾国藩氏，初设于湖北，借此以充军饷，后方推及各省。初时，系以价征收，征千分之五六，故曰厘金，后有加增，无非至百分之几。如广布一捆，实值银二十余两，仅抽银八钱，即一证也。所谓杂税，不过十数种，最重要者，莫如房屋田产税，于买卖成交后，承售者则持契请官厅粘契尾，以昭信实，而每两亦止征银三分。官吏虽加倍征收，亦只每两六分耳。次如牲屠税，亦是从价征收，每两三分耳。他如酒课、鱼课等，一州一县，年或征银十两八两或三两五两，真不足以言税收也。而一切征收之规定，是大概如此。夫世界各国，其人民无不有纳赋之责，清之征纳赋税，是如此轻微，如此单纯，又乌得谓之为横征暴欸〔敛〕耶？

“且满清入主中夏后，在康熙朝，曾免全国粮赋三次；乾隆朝免全国粮赋二次，又免半征半者一次，似此作风，不谓为施行仁政，而谓之为虐政，是反言之也，又乌得〔谓〕为正论。更如《东华录》记载：乾隆六十年〔1795〕，全国丁口为296,968,768，各省共存储防荒谷石为39,853,175京石，平均计算，每一丁口，实有一斗三升四合之存储。此尤见征民之谷，而仍为人民蓄之耳。此种作风，试问此民国三十余年来之秉持大政者，又有无一人能仿斯而行耶，岂曰，不屑于此也。”翁至此又不甚〔胜〕太息。

已而翁又言曰：“汝生此时代，耳闻者如是，目睹者如是，身受者又如是，于往昔情事，不特无所见而亦无所闻。故处在极受压迫之下，转认为舒适快乐；处在四面羁逼之境，转认为得自由活动。作架上之肥腯，认为是光荣；作狱中之饿鬼，尚夸豪壮。哀哉！以瓦砾为宝物，是不知有珠玉也；以蓬蒿为香草，是不知有兰茝也。其出言如此，不只见哂于高明之士，亦有愧于达巷党人。我乃将就木者，望汝读新书亦读旧书，博古而通今，自能遵正路而行，斯则不为一切杂言所惑矣。”伊孙瞠目无以应。翁复笑而问于余曰：“我之言当否？”余惟曰“然”。午后余还家，越十余日，接其讣，翁已谢世矣。乃叹曰：“先圣有言：‘鸟之将死，其鸣也哀；人之将死，其言也善。’翁则言畅也，虽然，翁亦顽固到底者也，嘻！嘻！”

办皇会

一个国度里的人民，遇到国内有了一件可喜可贺的事，是必要讲一讲庆祝。就在往昔的帝制国家，一般人民于一切庆祝上，亦是十分热忱。不过庆祝的仪式、庆祝的形色和庆祝的意义、庆祝的兴味，昔时与近代则有所不同。因为从前的事事物物，与如今的事事物物，大有差别。例如从前不兴悬旗，今则定要悬旗；从前没有电灯，今则有电灯；从前的彩色是表现在绸绉布帛上，如今的彩色却用些色纸来表现；从前的辉煌是全在市面，今日的辉煌是多在各大小机构门前。更从根本上说，昔是君主专制国家，今是人民共和国，故从前的庆祝，都是庆祝朝廷，总结是归着在国之帝后；今日的庆祝，是庆祝举国的人民，因而及于最高领袖，此则是一种极不相同之处。虽然，庆祝的本质终归于一，不能谓彼非庆祝，此方得云为庆祝。是则往昔之庆祝，仍可与今之庆祝作同样观，以往昔之办皇会与今之庆祝国庆作同样看。

在前清时，每逢皇帝或皇太后的寿辰，就云南方面来言，必在五华山之万寿亭前高搭一台，着一戏班在台上演戏三日，听任人民到场看白戏，义在与民同乐。戏班在台上演戏三日，每日仍领得饭食银六两，不能云纯是当差。至于一切支用，通由昆明县向善后局领款发给。在演戏时，五华山上满山皆人，极其闹热。又云到人民方面，却无何种举动，是无所表示。即在市面上，亦不悬灯结彩，仍如常也。惟在皇帝年满四十或五十、六十，太后年满五十、六十、七十，定例须做大寿，俗曰“办皇会”，斯而人民方面始能于一切仪式上，出色彩以呈瑞，是为普天同庆。

记得慈禧太后年届七旬，云南省城则大办皇会，却十分闹热。城内城外的各条大街上，都扯满五色布棚，昆明俗语称此为“瞒天过海”，街中间复高扎彩亭。最讲究的是一条南正街上，和一三市街、一珠市桥、一二纛街，在铺张点缀上极其出色。三牌坊之上段街中间，以五色绸绉扎一过街楼，楼上可坐七八人，不断的〔地〕在上面弄着琴、筝、箫、笛，名曰“八音亭”。三牌坊下段，药材行业中的人，则以数百只高丽参，衬以彩绉，扎成一六角亭；又以若干束冬虫草，间以各色绒花，扎成一四方亭。文庙直街上，一些营象牙业的行户，则出若干象牙圈、象牙手镯、象牙制成的茉莉果针等，间以彩缎，而扎成一象牙器亭。翠花行业中人，亦出若干枝各种形色之翠花，扎成一亭，曰翠花亭。珠市桥之川货业人，则出若干的五色料珠，扎成一珠颗亭，亭之四面，分出红、绿、蓝、黄四色，而每一面都用珠子串成一寿字，夜间映以烛火，亦甚焕耀人目。三市街亦扎有一过街彩楼，昼夜俱有笙箫鼓乐在上喧阗。顾此几条街上，其景象已称华贵。而二纛街上之一彩亭，尤有趣味，且较高丽参亭、虫草亭、翠花亭、象牙器亭、料珠亭等为光华。玉器行业中人是以若干对玉手镯，用红绿两色绸绉，扎成一方亭，望去，真可以取往昔殿试一班阅卷大臣批大卷的“圆润光昌”四字相加。此诚是各行业中人在此一盛会上之争奇斗丽。

城内城外之各条街上，除扎彩亭外，其一切铺户又无不比胜争荣，悬灯挂彩，是家家户户皆然。但在其间，则有辉煌与不辉煌、美丽与不美丽之区别。生易较大的铺户，则有三几对的磨花玻璃灯、画花方灯、绣花宫灯，或明角灯等挂着，彩则是绣八仙的，绣双凤朝阳的、双狮滚球的，无不金彩夺目。次者亦必以一匹大红绉，结上绣球而挂在铺前。柜台前则设一香案，于香炉外，复陪衬些古董玩器。香案上都有一红哔叽或红羽毛的桌帏，甚而有红缎绣花、红缎平金者，在色彩上，望去十分的富丽堂皇。其在一些商业不大的街道上，哪〔那〕所有的铺户，亦必挂一对红纱球灯、一匹红洋布的彩及陈一香案于铺前。凡此一切，在白昼间，自是现出祥光瑞彩，五色夺目；夜里则灯烛灿烂，亦可拟于火树银花，洵一时之华美街市、艳丽城池。

在办会之三日内，出而游赏的人是男男女女、老老少少，充塞于路，白日夜晚，直无一刻云到游人稀。即在四五更天，街前的游人都是此走来而彼走去；且有乡村中人、附近省垣之外州县上的人，都来游赏此会，所以在几条正街上，是异常的闹热。好在是时，昆明城内以及城外的居民只不过有十多万人，因此在这会场内，也还能于容纳。又一切大街上的铺户都是夜不关铺，灯烛是通宵燃着，人是轮流守夜，故尔，一般游人得不拘定时刻而出游。所以街前行人终不十分拥挤，或将交通塞断。不然，一些名贵的彩亭，又哪能保存于街前。究之，亦由五华山、洪化桥、南较场三处均在搭台演戏，所以人势分散。

按此一盛会，是举行于光绪末叶，在举行时，亦未作如何的筹备，只不过在临近的前半月内，由官府通知士绅，云本年的某一日为皇太后七旬寿辰，市民应办会庆祝。士绅则转达街众，于是，各条街上的铺户便自行联络结合，欢乐举行。举行时，亦无摊派，更无捐献。一切支用，无非是灯烛上的耗费，彩扎上的支付，而灯烛是各家自备，彩扎费等，由各街各段的火醮会、财神会上之余款支付，因此，落不到门摊户派。又是时办此一盛会，不能云游人不多，时而人众拥挤，是不能免之事。在光绪三十年〔1904〕前后，云南初办警察，讲不到有警察维持秩序，在此一些大街之上，官厅方面亦未派出一兵一卒来弹压。而在此盛会下，竟无一奸宄出而滋事，足见是时人民之守礼法。

解茶贡

清室在同〔治〕、光〔绪〕以前，长城内仅有十八行省，而各个行省的督抚，在地位上也就等于真正封建时代的分封诸侯。诸侯讲朝贡于天子，督抚亦讲进贡于皇帝。此十八行省中，当然各省有各省的出产，而又各省有各省的特殊出产，或属于衣着，或归于食用，或入于药饵者。只要此省所产之某一种什物，或某一种食品，在实质上及功用上，强胜于他省所产，或此一种品物，仅为此省所有，而为他省所无，都可以入贡。

云南则以普洱茶为最有名，果也色香两全。虽然，普洱茶固称名贵，但泡出茶来，入于云南人之口，无非道一声“味道不错”，好似仍认为不及外省之水仙、龙井。夫“人离乡贱，货离乡贵”，是千古名言，普洱茶一输到他省，泡在茶壶内，便能发生出一种特别的香味来，可以说能隔座闻香，然此尚是一些平常的普茶。若是雨前毛尖，那就更能芳香沁齿了。因此，云南的普洱茶，有入贡于朝的价值。

论云南贡茶入帝廷，是自康熙朝开始。康熙某年有旨，饬云南督抚“派员，支库款，采买普洱茶五担运送到京，供内廷作饮”。自此，遂成定例，按年进贡一次。逮至嘉庆年间，则改为年贡十担，但除正贡外，尚有若干担副贡。副贡不入内廷，是送给内务府中大小官员及六部堂官。此一件事，在光绪朝以前，究不知作何办法。在光绪年间，贡茶是由宝森茶庄领款派人到普洱一带茶山上拣选采办，自是一些最好最嫩之茶。茶运到省，则由宝森茶庄聘请工匠，将茶复蒸，乘茶叶回软时，做成些大方砖茶、小方砖茶，俱印出团寿字花纹，是则不仅整齐，而亦美观。此外，又做些极其圆整、极其光滑之大七子圆、小五子圆茶，一一包装整齐妥当，然后送交督抚衙门。此则照例派员查验点收，随即装箱，准备派人解贡。

普洱茶，是奉旨呈进之贡，然除普洱茶外，尚附有十个八个云南出产之大茯苓，而每个都是重在七八斤或十斤上下者。又附有宝森茶庄所制之茶膏若干匣。此则装以黄缎匣子，匣绘龙纹，是为贡呈于帝廷之物。分送内务府中官员及六部堂官者，却用红缎匣子装贮。然赠送于一般当道者之茶膏，总数当不下五百匣，实超过贡入内廷之件数在五倍以上。本来云南茶膏，较他省熬煎者为佳，如遇一切喉症，噙半块于口中，不到三小时，病即消除，所以在北京的人，对于云南茶膏，十分宝贵。

贡入帝廷之茶叶，原系十担，则装成二十箱。然有内务府及六部衙门与夫都察院等之分送，故于正贡外，而更具二十箱，及搭上些鹿筋、熊掌、冬虫草、黄木耳等，为外官应酬内官之物，于是起运时，直有五几十只箱子。

解运此项贡物入京，督辕派戈什哈二、承差二，抚署亦如是。运输路线，由云南遵驿路而行，经迤东方面之沾益、平彝〔富源〕而入贵州境，过湖南，经湖北、河南，入直隶省而达北京，沿路上均由地方官派兵勇差役护送，当然沿途顺利。并且〔在〕一切箱子上，都插有奉旨进贡的黄旗，谁敢来惹。贡物运到北京，系落于京提塘处，立即呈递奏折。上阅折奏，批“交内务府存储”，此而才将所有正贡送交内务府。分送各衙门之物品，亦分别致送，事始完毕，一行人仍乘驿而还滇。此是定例，年年俱有此一次，然亦耗费不大，约为几千两银耳。

谈谈内地农民之栽种勤劳

城市居民什九不知稼穑艰难，问以田谷如何种法，尤不知所云，以耳无闻而目无见也。余隐居乡间十有四年，日与农人相接，多所咨询，复目击其耕作，乃略悉其梗概，兹述之于下，以见栽田之大不易。按种谷，自播种至收获，须经二十余道工夫，始能磨砻成米，可谓手续繁难也。

种谷者，于立春后即挖秧田，每下一锄，成一土块，块重一二十斤，其型之大也可知。随将挖起之土块翻晒，盖取日炙而生暖气。期月后，复用锄头掊击，使大块变成小块，而每一小块，亦大逾于拳也。至清明，即引水灌田，约浸二三日，便以牛犁其田。犁后，又用嵌有铁齿之木耙疏之。疏后，又以长及一丈之大捍〔擀〕条捍之。然疏与耙，俱是借重牛力也。捍平后，俟泥土沉定，方洒〔撒〕谷种于田水内。洒种则各乡不一，有每亩洒三升者，有洒四升者，由亩籍之大小不同也。

洒种后，须设法防护，始免鸟雀来啄食。约五六日，即有秧针浮水面，及寸许时，便将田中积水放尽，使秧得阳光熏灼。越二三日，田中之泥土渐干，秧针有涸水象，复引水灌溉，秧便勃然而兴矣，以后之易长易肥，都缘于一晒之力。维斯时也，农人则于应栽之田亩上，乘豆麦收尽，田土空出时，即担运肥料以揠〔当作压〕之。田土瘦者，每亩须揠桶粪（是用人粪而和之以水者）三几十挑，甚至四五十挑，圈粪倍之（圈粪，即牛马圈中之垫圈草和牛马粪也。此圈字是读作倦）。田土肥者，每亩只能揠十多挑桶粪，二几十挑圈粪，多揠则草旺而不结谷。揠后，耙锄使匀。至是则等候天雨或河流水涨，或俟陂塘水放而栽插。

间中亦有栽旱秧者，其治秧田之工，尤为细致，以是洒旱秧者较少耳。然旱秧结谷，米粒较强于水秧，作饭入腹，较水谷经饱，但收数较少，农人亦只少少⿰扌犀〔羼〕杂而栽种之也。栽秧，须泡其田一二日，田土酥矣，始引牛犁之。犁头撬动，田土便成泥浆，再以大捍条捍平，便可插秧。泡田之水，以得天雨为最占便宜，而云南雨水，亦多是在小满节前后，应时而下，农人遂得占尽便宜。故昆明农人有言："小满雨滔滔，芒种似火烧，夏至如瓢浇。"此是言栽插上，极得天时之助也。

雨水不能应时而下，则引河流水、候陂塘水而栽插，是又无不用水车抽吸，则大费人力。故此，栽田之人，无不仰望雨泽。栽秧却迟早不一，就省坝而论，凡接近昆湖之田，大都能在小满中栽秧，有时尚能在立夏后栽，此是栽插得较早者也。除此，多半是在芒种、夏至两个节令内栽插。有在大小暑中，始得引水栽插者，成熟时大都失望。故村人有言："小暑栽秧不用薅〔薅〕，大暑栽秧不用刀。"极言其收获不丰也。然亦不尽如是，往见有在小暑中栽下者，亦可能有八⿰⻊星之收成也。

栽种秧苗，胡为而争取节令？盖由秧苗种下，在田中多经一个节令，谷穗上即多一绺，如经七个节令，穗上必有七绺，经五个者，则只有五绺，此一定不移者也。栽秧时，纯仗人力，拔起秧田中秧苗，即就水中洗涤，去其根上泥土，绑成把后，便挑至他处田中，听栽秧人栽插。近省各县，均是请妇女插秧，男子只负拔秧、挑秧之责，是绝不下田栽插。妇女们插秧，都是以三根为一簇，直插入泥水中，以三人栽插一亩，故一亩为三工。

栽插后，约逾十数日，苗即发棵，由绿黄色而变成青绿色，是则薅〔薅〕之。薅秧，仍属妇女们事。薅之者，是拔去杂出其间之茠稗及一切草茅。田土干净者，一薅再薅，茠稗草茅即尽。田土秽者，须薅至三四五次，始得干净。在谷未怀胎时，大忌渴水，田水稍干，即须车水救济。谷颖穗后，全靠天时，气候不良，即起虫陷。虫陷，是虫生于根内，不自外而成。被虫陷之谷，一一俱成空壳，且变成白色，望之，如一穗苇花然。但遭虫陷之田，亦不是田中之禾普遍俱遭害，要不过十窠中有一二窠受虫也。惟是，收成上则大减，以不被虫陷之谷，米粒亦不饱满，此是影响于旁窠者。

谷颖抽穗后及将扬花时，大忌阴雨侵害。若天雨二三日，尚无大害，假阴雨连绵至二三十日，则受伤大矣。在光绪中叶之某一年中，省坝及呈贡、晋宁、昆阳、安宁、宜良、嵩明、易门等七八个州县，俱是由白露节前二日起，一直阴雨连绵的到寒露节。于是此一些地处之田禾，什九俱属有〔瘪〕壳，因而闹成荒岁，可见其受害之大矣。若在谷扬花后，而能刮点西风、落点细雨，此又是一种最好不过的事。此何以故？由于谷花落后，粒粒谷口俱是奓开，一得微雨，口即合拢，内则浆质饱满。天一晴回，便结成颗粒坚实壮大之一米也。谷壳内之浆汁，一结成米，谷穗重坠而下垂，是为谷子低头，斯乃云谷子成熟。

谷子黄后，凡是上发种豆者，即钻棵而按豆。何曰“钻棵按豆”？是言钻进谷棵而按蚕豆种于田土内也。按豆讫，便云割谷。割谷，是用镰刀将稻子之根割断，以百余茎绑成一把，竖立于田中，听风吹日晒。俟略干，始以人力，或藉马力，运至厂〔场〕坝堆集，复垒成缅塔形，谓为谷堆。欲砻成谷，又取落而晒之，俟干透，方可以掼。掼尽，仍将稻草垒积，此方担至碾房而砻磨。若是吊谷，则在田中掼之，可减少去些担运力也。此而以手续计算，自挖秧田起，至砻谷成米止，实有二十余道工夫。彼城市中人，百之九五俱不知种谷是如此艰难，惟知选择上白米煮饭吃尔。古诗有云："谁知盘中飧〔餐〕，粒粒皆辛苦。"亦至言也。

前一辛卯年与今一辛卯年之生活比较

一九五一年，太岁在辛卯，为帝尧以甲子纪年后之第七十个辛卯年也。其第六十九个辛卯年，在前清光绪十七年〔1891〕。余生于光绪己卯年〔1879〕，度至〔前〕辛卯〔1891〕，有十三岁矣，于是时之生活状况，已能了晰，于一切物价，已能记忆。而白驹过隙，竟忽忽度过六十年，抚今追昔，能无慨焉！在前一个辛卯年间，余家居于省垣，余父时供差于督辕，正薪月得二十四两，因监印多得二两，是为二十六两。家中有亲丁七口，复有一教读先生、两男仆、两女仆、一厨役，共有十三人吃饭。余父月之所入，须付屋租，送教读脩金，给仆役工资，备十三人之伙食，供余姊弟三人之零口食及窗下所用之书籍与夫纸、笔、墨、砚，及家中人口之医药费，更有人事上之一切应酬，此二十六两银〔子〕，月中尚支用不完。此何从而证实，盖以一家老小，俱能随时添补衣物及女子等之头面首饰。每届年节，能作合法之铺啜，复有相当之娱乐。噫！是何世道欤？以此少数之银两，即能使此七口之家暖衣而饱食、住阔大房屋、延教读先生，而且有仆役使唤。是上有以娱，下有以教，直得到一个无多遗憾之境地。此何以故？是生活水准低也。

居今日而回忆曩昔之所经历，何异梦醒黄粱！若以我所经历而语于今人，莫不以我为春婆说梦。唉！语冬冰于夏虫，其斯之谓欤？然余今已七十有三矣，虽云土已齐眉，身将就木，却情怀难忘乎少壮，身世有感于承平，对于今日之一切一切，心中能无介乎？

顾今日啖一斤猪肉，不啻当年嚼二十斤火腿；今日咀嚼一根甘蔗，不啻往年噙咽五斤冰糖。此尚是就现时货币具有之购买力而论，至若一切物价之变动，又当从货币之实质上论。光绪二十年〔1894〕前，云南通省俱用银块．首重者为牌坊锭，次为母鸡锞。每一牌坊锭约重五两，一母鸡锞重约两许，牌坊锭系九七𩨨色，曰公估纹银，母鸡锞之银色，亦与纹银相等，此商业上之通用者也。若四川票锭与广锭等，则鲜见于市面。纹银一两，能易小制钱一千六百余十文，或千七百文，此则看钱价之涨跌。小制钱是一文抵一文，另有大制钱一种，则以八文抵十文。此为当日之货币情状，在今日言之，觉窳陋已极，然在当时，亦不见其烦乱也。是时物价，什九决定于钱文，以银计值者，只什之一二也。然以钱合银，亦殊易易，如以八十文小制钱购一斤猪肉，直五分银耳，此举一而言，余可概例。

虽然，若欲澈〔彻〕底明晰前六十年昆明地方之生活状况，自非作一物价之比例表，不足以了悉一切。兹将前一辛卯年之一般普通什物价值，与此一辛卯年之一般普通什物价值，更取其普通而又普通，且属于日用必需者，列之于后，复冠以今昔两字，藉清眉目，此固无益于时世之作，然亦可为探穷社会发展者之一助尔。

昔上白米一斗，价银一两一二钱（每斗为一百二十八斤，与今之公石相差八斤，若以制钱买之，须一千八九百文，是每斤约值制钱十三文）。

今上白米一公石，价银十九万元或二十万元（按每公石为旧称一百三十六斤，是每斤约值纸票一千五百元）。〔作者所指今物价，系1951年用旧人民币时所计的物价，后改用新人民币，规定旧币一万元折抵新币一元，一千元抵一角，一百元抵一分，伍拾元后取消，实相当于半分。所谓今上白米一公石之价，新币仅为十九元或二十元，每斤则为一角五分。作者以下所列各项，所谓“今价”，均应折合新币作为比较，始较合理。况这两年之物价还涉及到两种货币的兑换关系，以及这两年的物价成本，人均收入等诸多因素。再者，作者谓1891年每斤米价约值制钱十三文，1951年每斤米价一角五分，认为六十年前，物价是何等低廉，六十年后，物价是何等昂贵。如果真以六十年前后来比较，仅以米价一项来看，衡之其他各种生活必需品的价格及人民生活水平的提高，米价不算昂贵。物价的涨跌，既受到诸多因素的制约，三五年作一比较，以之作为发展和调整经济的依据固可，以六十年这样长的时间来作比较，实在没有多大价值

和意义，最多只是有此两年间的物价资料而已。〕

昔上灰面一庄，价银六七钱（按每庄为六十斤，以制钱买之，须制钱一千文，或一千一百文，是每斤约值制钱十七八文）。

今上灰面一庄，价银十三四万元（是每斤约值纸票二千二三百元）。

昔干蚕豆、干包谷等，价高时，一百文制钱一升；贱时，七八十文一升。

今干蚕豆、干包谷等，价高时，一万一二千元一公斗；贱时，八九千元一公斗。

昔生猪油一斤，价九十文或一百文，熟猪油则一百二十文或一百三十文一斤。

今生猪油一斤，价九千元或一万元，熟猪油则一万元或一万一二千元一斤。

昔菜油一斤，价七十文至八十文，花生油一斤八九十文。

今菜油一斤，价七千元或八千元，花生油一斤九千元至一万元。

昔猪肉七八十文一斤，羊肉四五十文一斤，牛肉三几十文一斤。

今猪肉七八千元一斤，羊肉四五千元一斤，牛肉则四五千元一斤。

昔黑井盐，每斤三十文至三十五六文。

今售之食盐，味则淡极，每五公两，售银二千七八百元。

昔红糖一斤，价三十余文，或四十余文，而有时亦能跌至二十余文。

今红糖一斤，价三千余元，或四千余元，有时且涨至五千余元。

昔酒一斤，价五十文至六十文，市酒则折半。

今卖之五十度白酒，每五公两售价六千元。

昔栗炭百斤（旧称），价五六百文至七八百文。

今栗炭百斤（市称，较旧称少六分之一），价五六万元或八九万元。

昔松柴百斤（旧称）价一百八九十文至二百一二十文。

今松柴百斤（市称），价二万余千元至三万元。

昔荤油点心，每斤价八十文，鸡蛋糕、芙蓉糕等每斤一百文。

今荤油点心，每斤价八千元，鸡蛋糕、芙蓉糕等每斤一万元。

昔饺、面、米线等十文一碗，包子五文一个，油条、菜包子等三文一个。

今饺、面、米线等一千元一碗，包子五百元一个，油条、菜包子等三百元一个。

昔盐豆腐、包豆腐、臭豆腐等，俱五文两块。

今盐豆腐、包豆腐、臭豆腐等，俱二百元一块。

昔鸡蛋三四十文十枚，鸭蛋五六文一个。

今鸡蛋四五千元十枚，鸭蛋六七百元一个。

昔菠菜、苋菜、茴香、茼蒿等，俱三文两把或两文一把。

今菠菜、苋菜。茴香、茼蒿等，俱三百元两把或二百元一把。

昔青菜、萝卜，仅卖二三百文一挑。

今青菜、萝卜，每挑能卖数万元。

昔慈姑七八文一斤，芋艿五六文一斤，洋芋三四文一斤。

今慈姑成千元一斤，芋艿八九百元一斤，洋芋五六百元一斤。

昔细土布一匹，重二十二三两者，每匹价银四钱五六分，或七八百文。

今细土布，亦无重至二十二三两者，其重二十两左右者，值五六万元一匹。

昔弹熟的棉花，每斤二百五十六文，贵至三百文为止。

今熟棉花，每五公两，值二万六七千元。

昔颜色棉线，值三十文一两，或三十二三文一两。

今颜色棉线，值四千元一两，或四千余元一两。

昔黄定笔六十文一枝，鹿鸣首第五十文一支，黄扎笔十五文一枝。

今黄定笔六七千元一枝，鹿鸣首第五六千元一枝，黄扎笔无。

昔川贡川纸一刀，计八十张，值八分银。

今川贡川纸一刀，四十张，值六千元，却薄小于前者多矣。

昔草纸一刀，计八十张，值三十文或三十多文。

今草纸一刀，只六十余张，值二千余元，亦窄小粗劣于前者多矣。

昔细磁饭碗，约一百二三十文一个。

今细磁饭碗，约三千元一个，惟此一物，在比较上，较一切价贱，所以然者，以存货多而又无人要也。

昔在背街上租一间可以住在之房屋，只须月出租金二三百文；即在繁盛地处，每间屋子，亦不过五六百文。如余家租赁某姓住屋一院，计大小十四间，且在繁盛街道，月租只不过三两四钱，每间尚不及四百文。而一年又只给租十一个月，逢闰亦不给租。

今在背街上租一间比较整齐宽展之屋，月租绝不会下五万元。

昔在家中不能炊爨者，包两餐于饭馆内，一月只须五钱银，每餐两炒一汤，一月打两次牙祭。若为六钱银，每餐俱有少许荤菜。

今包两餐于饭馆内，亦月须八九万元，尚只有一汤一菜。

右〔上〕所举者，俱关于吾人生活上之至要者也，用此以推求，即知前一辛卯年，云南之生活程度，是如此低微。今一辛卯年，只不过经过花甲一周耳，而人民之生活程度，竟达到如此之高昂也。此岂无故而成之耶？噫！亦难言矣。

夫物价之腾贵，查千秋历史，亦无一个时代，有腾高十万倍者，今有此事实发现，是货币贬值也。又何为而涨至十万倍？盖以昔日一库平七钱二分之银币（其纯银为六钱四分八厘），能掉〔调〕铜钱一千文，百元银币能掉铜钱十万文。今以货币三百元买一油条，与往昔以三文铜钱购一油条相同，故曰腾高至十万倍。按：物价之涨跌，多不相齐，此涨三倍，彼涨五倍，此跌十之三四，彼跌十之五六，必出入参差，不能归于一致。今查前一辛卯年之物价，凡值十文者，在此一辛卯年则为千元，值一文者，则为一百元，其百之九五都可作如是观，作如是论，是则票面金额为百元者，只能等于昔日之一文臭铜钱，而且有值不够一文臭铜钱者焉。是知非物价上涨至十万倍，是票面金额之购买力，仅存得十万分之一也。虽然，剥极复返，否极泰来，穷则变，变则通，此种情事，当不久常，吾侪小人可拭目以俟异日之金融界上变化出来之好景象。

昆明人于香烛纸鏹〔钱〕之消耗

昆明人无不敬神奉佛，敬神奉佛者，又无不燃香烛、化纸鏹及烧元宝，家家俱如是，因而香烛、纸鏹、元宝等之消耗数量最大。第一是香，香却有两种：一为条香，条香又名线香，亦称之为料香；又一种为末香，都称之为香面。但燃条香者多，燃末香者少，以是，做线香者、卖线香者，随在皆见。虽然，在距城远处之一些村寨中人，寻材料做末香入城来卖者，实亦不少也。

昆明人，无一家不有一神台，咸称曰佛桌，佛桌上，又无不铜的、磁的、泥的神佛供满。于是燃香之炉，陈列至四五六座，只陈列二三座香炉者，是普通而又普通。凡供有佛桌、陈有香炉者，必于早、午、晚三时，燃香以敬神佛，此则每日必敬香三次，并且要燃香敬天地、敬灶神、敬门神。每处或燃三炷或燃一炷，夜里还要敬七星香。并之，一日须燃香至五六十炷，即不达于此，亦必在三四十炷也。合计一月，当用香千余枝。更有些人家，每届初一、十五两日，必烧斗香于前一夕。斗香须燃一百零八炷，是则每一个月，可能用条香至一千五六百枝。又云，是时之一班敬神奉佛者，于初一、十五两日，亦不止在各神佛前敬香，且于各种神佛前燃烛及烧纸鏹、化元宝。此纵不普遍具此一种恭敬，然于佛桌上，天地牌位前、灶神台上，都必要燃一对烛、化一对元宝、烧三搭黄鏹。斯而统计一切，似每一家人，在每一月里，必用烛十数对，元宝十多对，黄鏹数十搭（昆明人以三张折叠起来谓一搭）。然此是就中等以上人家而言，中等以下者，则无此种能力敬神敬佛也。虽然，亦能较中等以上人家，有三之一或四之一之消耗也。

又在过年过节时，则无论贫富门户，于香也、烛也、黄钱元宝也，都作充分之预备，而尤以过年为甚。此在中等以上人家，大小蜡烛必买至五六斤，甚而买至十斤八斤；黄钱买至数刀（每刀为九十张）；元宝买至数十对，而且要买三五对最大样、最漂亮，贴有印金表福纸，极其焕人眼目之金元宝来，敬天地、敬财神。香则另买一种质料较好、色道较美之条香，或一千、或二千枝来，在新年头上敬家神、敬祖先及往各寺庙敬神佛。是则，在过年时，一般中等以上人家，于香烛、纸钱、元宝上之耗费，亦属不菲。若计其用费，似可能与过年时一家人口头上所食之糕饼、糖食、果品之费相等。此即在中等以下人家，亦必要买一二斤蜡烛、二三百枝红香、一两刀（刀为九十张）黄钱、十对八对大小元宝来燃烧焚化，方认为能尽过年之事，有不能作此准备者，则是一些赤贫人户。

昆明人所用之普通条香，色质极劣，系用一些木叶和上些柏枝松叶，碾细而粘裹于竹签上，外则饰以榄。榄系一种微有香气，富有燃烧性之木树皮，碾细成末，其色近黄而饰于面上。此则不止昆明人能做，嵩明人、富民人亦能做，故在市面，这种香条是极其充斥。末香，亦是一种微有香味之灌木根，乡人将其晒干碾细成末而名为干党香。是时，普通条香，仅卖二百多文一千枝，约合一钱五六分银。干党香卖二三十文一斤，约为分多银。小蜡烛十文〔一〕对，小元宝五文一对，黄钱二几十文一刀，故尔，一般人家户，能尽量的燃烧这些物事。

在光绪十五六年间〔1889～1890〕，昆明城内外，实有十四五万丁口，计烟户，则有二万余家。富者能居五之一，生活安定者居五之二，凭劳力度日者亦居五之二。平均其年中燃烧之香，每户当不下一万五千枝，只以二万户计，每年应燃烧条香三万万枝，若计其值，则达到二万两，亦一笔钜数也。再合上蜡烛、元宝、黄钱之所值，或者有四五万两银，此不能不云其销耗之钜。

谈谈云南之火柴事业

云南火柴事业，创始于前清光绪二十五六年间〔1899~1900〕。创始之人为一姓廖者，四川人也。彼姓廖者，先在富民县城创一规模极小、设备极其简之火柴厂，雇有五六工人在厂工作，制造一种黄磷火柴，名曰阴火。厂内出货，实不甚多，年中可能有二几十万盒，其产量是如此之少，大不足以云发展此一项工业。盖廖之本意，只不过欲藉此而维持彼个人生活耳。

逮后有人邀廖姓进省设厂制造、扩充营业，廖从之。于是有人小集资金，助长其事，遂设厂于南关外炉神宫内，而制出之火柴，仍是黄磷火柴。不过出产数量，较在富民时大有加增，每日竟能出产二几千盒。已而又迁于猪神庙制造。斯为云南火柴事业之萌芽时代。

黄磷火柴，极易制造，既不择选柴枝，用青松木切丝即可。珠头上之药料极单纯，只用黄磷、硫磺两物和胶水熬化，贮于石盆内，即可以蘸珠头。药内和以花红粉，则成红头，和以烟子则成黑头，不用此两色，而用黄色、绿色的矿物颜料和入药内，亦无不可。盒边上并不用药，只取些河里的蚌壳来，舂成细沙，用胶水刷在盒边上，以盒粘沙，干后，以火柴之珠头擦之，珠头自燃。惟在是时，其切丝、蘸药、裱盒等项之工人，手艺殊劣，故制出之品，大不美观。惟乡村中人，利其值贱，且能在风前擦燃，故乐于购用此项火柴。城市上人，以其太不精美也，都鄙而不用，概购舶来品而用之。

民国初年，南关外真庆观内之丽日火柴厂遂成立，此则是一些富有资财的人集股而办。乃挑剔柴丝、改善装璜，制出之品，竟大受人欢迎。于是猪神庙内之出品，竟无多人顾问。虽然，住近西坝一带之村人，以购买便利，仍往是处取求，但城中与城东一带之销路，竟全为丽日所占。

至民国十年〔1921〕后，有宋旭初、宋发初昆季二人，由粤归来。宋，大理人也，略谙制火柴法，乃收买廖姓所设之厂而扩张之，造鸡牌阴火，颇行销于一时。又数年，有盐丰人詹启元，由日本肄业回国，亦稍谙制火柴法，且识得造安全火柴之一些药头，遂入丽日厂而充技师，创造出一种响火来。响火是以磷钾合并于珠头，擦于沙粒上，即发声起火。此品制出，大销行于外县，以珠头能作铜帽枪上之发火剂也。既而又造安全火柴，詹于药料上，终用之不甚得当，因而出品不良，大逊于外来物品，货滞销而本折，工厂遂难于支持。时有玉溪人李姓，亦资本家也，成立瑞和火柴厂于城东五显宫内，亦制造阴火，而与丽日厂及宋氏成立之利华厂争衡，丽日更受打击，无已，而以丽日厂出顶与人。

民国十九年〔1930〕，余与张藻林、黄斐章、叶梓良、龙沛芝等十数人，共集资金，承顶丽日，易名为大有庆火柴厂。旋往澳门延聘技师二人，更就港购办一切药料，复更张厂房，一一取法乎外，于数月内，遂制出一种与外来货无少差异之安全火柴，在昆明市上，大为行销。盖安全火柴之制作，其扼要即在于配药，珠头上所用之药，主要是盐酸钾，时称为白药，次为硫化锑、红凡、黄丹等，然一一须酌量气候之燥湿而配制，此真要有师传也。至上底药，是尽人皆知，蘸一点巴蜡于柴枝尖上也，若不蘸巴腊，火头多燃而复熄。磷不在珠头上，是和锰养烟子相拌，用清胶水调成浓汁，刷于盒边上，名为边药，但是所用之胶，是取外来明胶，本地牛胶，则不足取也。

柴枝以白杨木为最良，白杨亦名旱冬瓜，昆明境内多有出产，只不过较松木为少也。白杨木，纹细而质软，色又洁白，且无疖疤，少有丢弃，以故，白杨一项，为做柴枝的上等原料。次为赤松，赤松之质较青松为佳，但赤松多疖，丢头颇大，然亦须经过一次水泡，其色始白。若青松木，则纹粗而质脆，色黄而微黑，一经水泡，纹即见纽，故只能做粗柴枝，不能做细柴枝。

一自大有庆厂制出安全火柴后，云南的火柴事业，遂发生变动。

盖大有庆造出之货，几与外来货品相若，云南的火柴销路，大有庆直占尽一半。于是利华、瑞和两厂，亦相率而改造安全火柴。跟着陈德斋又成立民声火柴厂，董成龙又成立茂和火柴厂。此四厂造出之货，固不及大有庆方面，然亦可用，其形色亦能有一半敌得住外来货。自此，外来之货，不禁自绝。如是者三年，云南之火柴事业，不止日有起色，且蒸蒸日上。

是时，大有庆厂经理为龙沛芝，余监察也，无如龙沛芝不良于行，被股东等逐出，以陈漱泉为厂经理。陈无办工商业手段，大有庆遂日形不振。龙沛芝乃另行组织一东兴火柴厂于东门外太和上街。自此，云南火柴事业，遂日趋于恶化。何则？龙之东兴专以捣乱为职志也。又二年，龙欲肆其野心于外，舍滇入川，难遂其志，复之黔而营谋，时则将东兴厂交与余与宋发初同办。是时，火柴事业，亦稍就安戢，余乃与同业中人，组织火柴联营社于云津铺而制止倾销。

约半年余，龙沛芝在黔又为黔人所不容，复狼败〔狈〕回滇，又向联营社争权，龙不能取胜，便与东兴股东中最坏分子李春生合谋，将各厂内容及一切制造法、销路情形，暗售与财政厅长陆崇仁氏。陆遂用钜大压力，将同人等组织之联营社推翻，将各火柴厂收为公有，以十抵一之滇票，按照各人之股本银数，分期退还，真强霸极。于是云南之火柴事业，竟沦陷于陆崇仁手内。实则是断送于东兴火柴厂内最坏之股东李春生一人。且有人云，李春生实得陆崇仁之法纸二千元，故肯将各厂内容合盘献出，龙沛芝则为李春生所卖。

观关壮缪圣迹图后纪言

某年圆通寺举办提度会，殿上供奉关壮缪〔即关羽。蜀汉后主景耀三年追谥壮缪侯〕圣迹图十四幅，凡到会之众，无不得而瞻仰之。此图闻系光绪戊子〔1888〕年间，昆明画家杨应选榆村、童镇静安及戍之豊、栗德润四人，应同善堂之召而合作者。戌则助杨布局画像，粉本成，童则设色细绘，栗惟点缀景物而已，以半年而告功成。是迹计四十余图，合为十四大幅，此虽为共运匠心，而亦别开生面，精致入微。摹拟关壮穆〔缪〕姿态，诚穆肃庄严，想当日英风豪气，亦有如日月经天、照耀千古也。

此图向藏贮于同善堂中，每值清明、冬至二节，则迎至大西门外三分寺中悬挂三日，而以人看守保护，听任人民瞻仰，缘此二节，赴郊扫祭者众也。悬于是处者，以仰观之众不至十分拥挤，且易于感发敬慕之心，亦计之善也。嗣因谭〔钧培〕、林〔绍年〕两抚宪，相继禁止妇女入庙，同善堂遂将此举停止。此图在近二十年，一般人士竟鲜有得见者。其挂于圆通殿上时，一般瞻仰壮穆〔缪〕英姿者，直不啻景放勋而仰羹墙〔事见《后汉书·李固传》，思慕之词〕，堪云幸甚。

此外，有祖师圣迹图，更是古香古色，则未考其成于何时何代，是何名手所绘。图为十六巨幅，向藏于凤鸣山之太和宫，每届正月初九，太和宫内办会，则将此图悬挂于小坝村之土主庙内，听人瞻仰。又有岳武穆〔岳飞，宋孝宗时谥武穆〕事迹图及观音大士化身图，则为滇人胡湘所绘，其装点与设色，却无一能及关壮缪圣迹图。且胡之采取事实，多出诸稗史，其于绘事，亦不甚精，故不能多引起人之敬仰也。第有人云："胡湘后亦厌世，剃度为僧，圆寂于元永井之某寺。"

余观圣迹图，乃纪其崖略。

纪边邻纪念日之一种特色

某年，余因公至河口，值法越之某种纪念日，余欣逢其胜，乃踱过桥去参观，藉知其欢会之景象，兹将余目所击之一切，略述如下：

是日，牢该〔今中文为"老街"〕之法越官商开纪念大会，其间扮演多种物事，颇增兴趣。滇、粤侨商士庶，亦制各种景物，装点胜会颜色。全埠人民均升旗庆祝，法越军政各机关则大张筵席以款宾客，在公人员均停止办公作竟日之熙恬。河口方面之中国官商，亦援例悬旗志庆。其本地人民多于各庙酬神；粤商中之有尚武精神者，则集合党众作瑞狮之戏；法人中亦有抛球者，亦有作跳舞为弦歌者，更有为魔术者，种种类类，殊难枚举。至于夜间，则放五色电花，光怪离陆，又有放炮竹烟火，而异常绚烂者，诚盛会也。

次日，又于牢该对河之谷了（谷了系一县治，在红河西岸，距牢该不远）地方行游乐事。其间，有最足以令人发生感慨者，尤不能不详述于纸上。按其举动，究其事实，诚肤浅已极，求其用意，则是一种竞争破坏之戏，殆以越人愚暗，而使为此一戏耶！越人处之，却晏安自如也。彼旁观者，又以为越人之某一种性根深种，故能如是也，今以其情形明于下。

是日午后，驻牢该法官，凭藉市场中之平敞地处，树二木于左右，木高七八尺，两巅系以铁丝，扯成一线，以绳系一土锅，挂于线上。土锅距离地面亦不甚高，度约举手可击。土锅内则贮以砂石瓦块、或水或泥、或果子、或鱼肉等物，厥类不一。法之军官，身着制服，则坐其南头，座后以法兵拥之；越之贵族，则衣绣衣，持鹅毛扇，坐其北头，座后以安南兵拥之。市民之入览者，则层次而立，环于左右成一圆圈形。

此而引一市上贫民入于场心，由警察出帛一端，将其人之双目蒙住，有如华人之捉迷藏者然。斯而授以木棒一梃，引至铁线之下，令以木棒敲击高悬之土锅，而被蒙之人，当然不知方位，不辨土锅之所在，惟将木棒乱击，有时棒中旁观者，或击中军官、军士等，都不过付之一声大笑。幸而击中土锅，或石子纷落，或清水泼散，则举场哄然。一土锅烂后，又另举一只而悬之。击中者为中彩，由法官赏给法洋五角。其被蒙之人，或得继续而击，或另易一人而击，却无准定，惟悬于架上之土锅，则迭出不穷。余于参观时，曾见其连击至十有余只，而在场坐视者，亦惟静坐以待，而发哈哈一笑。

伫立而观者，亦惟静待以发哈哈一笑，是之谓同取重于哈哈一笑。

余在是处，参观至三小时之久，初则认为奇观，久则了无趣味。询之地方人士：此种游戏，是否为本年创举？佥云：“年年都是此一套，即稍有变更，亦不失去此一条路子也。”嘻！是则可以思矣。

金碧逸事一则

星相家言：水星者，富贵之星也，被其光直射于身者，富贵可媲人主。当胜清乾隆三年〔1738〕，水星缠度六度，忽而一时光芒四射，时人无不诧异。城内昭灵观有挑水夫杨六而名当忠者，夜卧于神殿前，水星光直射其身，旁人见其霎时间，毫毛毕现，杨六亦若有所感，然亦未之异也，担水唤卖为故。

时城隍庙有相士，自称为峨眉山人，精麻衣相术，言人休咎，颇有奇验，常悬一镜于座右，人过其下，幻象迭生。一日，杨六过之，相士惊而异焉，谓杨六曰：“子岂以余吴半仙为盲者耶？”杨六告以己实窭人子也，相士乃为之一再端详，曰：“是也。”又曰：“相君之面，富拟陶朱；相君之背，可居九五之尊。君能从吾游乎？衣食余供给，但贵勿得忘也。”杨六孑然一身，遂从相士游。

既而相士语杨六曰：“吾镜为用至大，且可照地下宝，但须有命也，否则无由取，今持以赠汝，汝其宝之。”后杨六游于江湖，波涛掀天，杨六以镜照之，波涛顿息；以照犬，犬俯首去；征之于牛马，又莫不如是，六亦自信当贵也。俄而六发窖，获藏镪二三十万两，又发他处，获数尤多。开矿：金也、银也、铜铁也，无不充斥，又获盐井数处，未及五年，六之财达数百万。

杨六暴富后，相士乃为六画策，以金募死士、畜壮马、铸刀矛、制甲胄、造旗帜。即建宫室、筑营垒于武定州属之某一大山中，图举大事。复辇金进省，上下馈遗，于是，省中人无不称道杨六富豪。旋为京中御史风闻，弹劾云南督抚“养奸蓄乱”，至此，滇中大吏始悉其事。遂调兵讨之，且以兵力剿其巢穴，三战而事定，卒逮杨六与相士，奉旨枭斩于市。盖是时，杨六已在深山中称孤道寡，犹帝王之尊也，吴相士则为其军师，行丞相事。吴相士又为杨六筹定，拟做到某一步，即潜号称尊，出而与大清为敌。其私拟制典，已成巨帙，传云吴拟之制典，颇具规模，诚是一有才略之人。

临刑，杨六哭于吴相士曰："余一窭人子也，先生许余大富，信矣；复许以大贵，今何如耶?"吴则若无其事者然，从容言曰："臣顷已入定，观察诸天，天书'金碧'二字，必有金、碧二将前来护驾也。"言已，谈笑自若。是时，行刑场在南城外茨瓜塘，会过金马坊下，见"金碧"二字，吴始颜色遽变，以足顿地者再，口仅呼"唉"，即噤不成声。六亦笑曰："神造示我，一做做到底，必有'金碧'二字，岂即是耶?吁！鬼神弄余，命其休矣。"厥后，斩首悬市，眼中犹下痛泪，尸停于某地，夜间犹闻鬼声啾啾，哽咽"金碧"二字。此固是一种传言，然余在幼年，即闻一班八九十岁之老人，多作如是云云，谅必有是事也。

按：昆明人有"杨当忠造反"之俗语，当是指此事也。又闻一些前辈人云："杨当忠造反事，是在明朝万历年间。"而此一说，亦不见于史乘，即一切逸史及诸家笔记，都无所载也，故只能谓之为"金碧逸事"。

与友人论前庚子年五月昆明打教堂事

1954年，岁次甲子，端节后数日，余往老友叶梓良处闲谈，以谈前一甲午年〔1894〕有中日战事，而感想到庚子年〔1900〕"拳匪"之乱，复牵想到庚子〔1900〕之年，昆明人打毁城内平政街天主堂、永宁宫坡头溯源宫、烧狗饭田法教士之礼拜堂，及攻打中和巷内耶稣堂之一切事，梓良则云："是事之作成，当时则有人云是云南法领方苏雅私运军火至省城，被六城厘金总局查出，将军火扣留，法领方苏雅则派人持枪到局，将其军火抬走，便藏于天主堂内。昆明团总陈某闻之，乃发出一种滚单，号召四十八堡乡团，各遣十人来城，同往天主堂，威胁堂中教士，交出所藏军火。后则有人向陈阻止，于是，四十八堡之乡团，竟未集合前来。只有一些居于省垣附近之乡人，裹同着城乡内外之游民数十，欲藉此而打点财喜、发点洋财。以是，而有突然聚众成百，往打天主堂、溯源宫及打耶稣堂之事。至云火烧狗饭田教堂，此纯是一班乡民之举动，城上游民实无与马，结果只将一些法教士惊走，所云军火，直未获得一枪一弹。一班打毁教堂与焚烧教堂者，无非掳掠得教士们之一些东西什物，或许更搜求得一二十块银蚨，此却是就平政街天主堂、狗饭田教堂而言。若溯源宫内，直无一可掳之物，可云劳而无功。至于中和巷内之耶稣堂，不特无法攻入，尚输去两颗人头。此而问一班往打教堂、往烧教堂之人，何为而有此一动作，多张口不能言，此真可谓为蚩蚩者氓，蠢蠢而动耳，子以余言为然乎否乎？"

余曰："君言诚当极、确极，惟此一事，余曾于往时不惜笔墨，将是日早晨，一班无知无识之游民，往打天主堂及打溯源宫等处之情况，复根据着余目所睹、耳有所及之一些实据上，写成一大篇记事文字，载入余撰之《滇事萃言》内。但捉笔为文，以向不揭人短、攻其恶之故，仅就其事实上之表现而着墨落笔，所以于一切极不近情、极不合理之处，多未揭穿，可云是一篇有细备的记载，而无丝毫议论的文字。是则，只足以供人取作时代上所需之材料，不能认为是一种寓有褒贬之信史也。今闻君高论，余又不能已于言。"

昆明人有"猫盖屎"之俗话，是言其自掩其丑也。陈某之号召民众而殴法人，从深刻处探求，似有以响应北方之为暴者也。按陈某，为人实不恶，但寝息六经太过，致有类于一书呆子，不知拔去竹钉，岂无一铁钉之钉入耶！是从单一方面着想，不从多方面着想也。瞢瞢然有此一举，是不见其智，直见其拙也。然错已铸成，毁之大难，亦惟有用猫盖屎法，遂捏造浮言云："方苏雅私运军火入，我方始有是举动。"噫！尽人皆知，方苏雅是一极有能耐之人，在一切情事上，虽云厉害，终是顺着理路而行。国际公法与国际私法，又是为方所深悉而熟透者，岂有一时竟盲昧若是耶？且私运数箱军火来滇，究作何用？欲侵人疆土，岂执持数十枝快枪，数千粒子弹，即足以奏功耶？在滇法人，即合并传教士等，要不过三五十人，领事府内，只法人三个，运来的枪枝子弹，又付谁使用？又既已由厘〔金〕局抬出，抵事〔即使〕不抬入领府转藏于天主堂，岂传教于滇之教士，其权力犹在驻滇法领之上耶？是领事无权收藏，教士能有权力收存之也，岂不是一奇事哉！彼造此种浮言者，殆欲欺尽一切人也。而此种浮言，却不值有识者之一噱。虽然，亦有人认此为确实事，咦！其人之知识，亦只与三五岁之孩童相若也。又有人为制造浮言者解说："云是时北方之乱事已成，恐滇人亦不免有蠢动之事，方领计及于此，乃运枪枝来，以资保护领署。"此亦是一不明国际法者之所言。夫法国领事，是法国商务上之代表人，省中有小乱，省之督抚便要派人到领署保护。即两国失和，立断邦交，亦必须将其代表人护送出境，此为国际公法上之所订，惟昧者不知，又假以此说为然，军火又胡为而不抬到领事府，而抬到天主堂，不无矛盾。而况是时之法国人，已取得在滇筑路权，又业已开始勘测路线，以云侵占地土，此岂不胜于万枝毛瑟耶？即云保护领署，自有云南督抚、云南洋务局在着，又胡为亟亟搬运数箱军火来滇耶？此不值一噱之浮言，亦惟有认之为猫盖屎耳。

当光绪中、末两叶，在官厅方面，对于一般人所有之一二节枪枝、一二百子弹，原不加以取缔。故在是时，凡行商、游客，都可挟一节手枪，如拉筒、如左推、如掰腰等在身，以资防护。更有运输多数商货之马帮，亦可彰明较著的扛着一二支长枪，如九响、如十三响等枪而行。此一些枪枝之来源，大都由粤、桂两省运货来滇之马哥头，藉保护马驮为言，挟持而来，官厅中人视之，亦蔑如也。至若双筒鸟枪，尤认为是出猎禽兽之器具，更无所谓。在滇之一般法人，恐十人中或有七八人能有手枪、鸟枪也。即法领署中之副领与领署武官，亦尝策马背枪，出猎于郊外，见者亦不之异。

有得谓为军火者，要必具有若干百数十节长枪，或数千数万粒枪弹，装于箱而贮于栈，启而用之，足以资战斗力者，方得谓为军火。有到此者，若不由官厅方面起运，而用一种特别护照，着他人起运，此仍属于官运，不谓为私运，无护照则为私运。所云法领方苏雅私运军火者，是以方苏雅将其本国之枪枝、子弹，装成若干箱，由云南境外运入云南省城。而此数箱军火，既不是云南政府请托其代购运入，复不是具有其他缘故，持有一种特别的护照，解送到昆之件，此则为私运，且为外国人私运军火入中国之云南省内也。此云方苏雅有悖国际公法，是大可以站脚。

惟造浮言者，云方苏雅私运到昆之军火，口中又只云有军火数箱，究为三箱，抑为五箱，又不能言明其数，只含糊而言有数箱，此已成为不明其实象。虽然，军火装至数箱，亦可云为多矣。但是，此数箱军火，由云南境外运入云南境内，在运输上，不用马驮，必用人挑，此明明白白的一些箱件，行于路上，何能不注入人目？驿路关卡，无不有人随时视查着往来行人，何无一人见及此耶？此真不可解说。若作一诙谐之言，关卡上人恐尽属于盲也。

又是时之法人，有由其本国或由其所属之越南地方，运送任何一种物件到滇，无不由接近越南之一些滇省边境上辟有之路径运入，此而从河口方面，或从麻栗坡方面，随意择路而行，但一行入边境，绝不能离开河口督办与麻栗坡督办所属之一些要路，此一些要路口子，都为一班对汛所辖。河口对汛有新店、老卡、黄布田、龙膊等，麻栗坡对汛有茅坪、田棚、桥头、交趾城等，俱有稽查出入之权。而且河口、芒耗、马白，俱有蒙自关的分关。此而上，开化、个蒙、通海、新兴、宜良、昆阳，俱有厘局，而且厘卡重重，即一处失查，绝不至处处失查。造浮言者云：“军火运至昆明，被六城厘局察觉扣留，方苏雅即派人持枪至局，将物抬走，即藏之于天主堂内。”咦！此真梦呓也。厘局上有此重大事件，局员竟不立禀督抚与洋务局，竟听任其抬去而无一言，此局员殆为一块死木头。

清末官吏，固多庸庸者，然铁中之铮铮亦大不乏人。是时，滇督为魏光焘，实非庸懦无能之徒，滇抚李经羲，为督抚中之佼佼者，假实有其事，魏与李不能云耳无所闻，着洋务局以公文质问方领，是从和缓处办也，以事上闻于朝，亦是一正当办法。此而向驻华法使提出，当不只有撤换领事之事，况在是时，中国北方已有排外之推动，云南督抚之于此事，未必自甘于默默也。余是据理而论，顾此一切，相信当时实无此一事。所云法领私运军火入滇者，亦与秦桧口中之“莫须有”三字同一意味也。夫以此一种不值一噱之浮言，而欲得一般有识者之相信，不亦难乎？梓良闻余言，点头称是。

少顷，梓良又向余而言曰：“往事亦堪回首忆，当打毁天主堂与溯源宫时，余固未得寓目，然过二三小时后，余行至是处，犹见一班打得天主堂内财喜之辈，俱欣欣然，或手持洋人写字台上用品、餐台上用具，或书籍字画，或衣服卧具、或厨房内所用之磁器、铜器、铁器，甚有扛抬着洋人所用之凳椅者，嘻嘻哈哈，行于街前，此与盗匪之抢人，亦无大差焉。又天主堂对面之刘管事家，门前亦有什物狼藉，当是有人亲候，致有一些不堪入目之景象。行至高帝〔地〕巷内，见天主堂之后墙上，掘有一大洞，知教士等是由此逃逸。午后，又闻有人打中和巷内耶稣堂，以门户坚闭，不能攻入，乃有人往一油蜡铺内，估〔沽〕取半桶洋油，泼于门上，将燃火烧之，不意文、武总查带兵齐至，抚院亦派兵来临，众便逃逸。结果，缉获五六人，中有二人在审讯时，经人指证为取油泼油者，遂枭首示众。”

已而梓良又言曰：“时越二三日，有昆明绅士绰号杨三公灯者，来唤其子杨某，偕往狗饭田挖掘是处教堂遗址。余与其子同学，便顺邀余同往。狗饭田距城约十五六里，在接近归化寺山麓之另一山磳〔槽〕内，地处十分荒僻，教堂亦不接近四面村寨。是时，教堂已经烧毁，可云渺无所存，遗址上惟见一些败壁颓垣、一些破砖烂瓦，及一些未尽成炭之梁柱。度其遗址，亦甚宽阔，似此座教堂，其规模形式亦甚大也。地面上看去，是此处一坑、彼处一凹，相信此一地处，是早经人挖过。杨三公灯率领之众，亦只有七八人，言工具，只有锄头三四把，杨三公灯令众人挖刨地面及墙脚，是就前人所挖之坑凹而扩大其痕迹。此而四处挖刨，无非刨出些泥土石头耳，约挖至日西斜时，杨三公灯便对众言：‘算了，走吧。’斯而回城。惟此一行，杨三公灯究奉何人之命，抑是自动，时亦不便深问。今日思存〔忖〕往事，余与杨三公灯同往，是真正的盲从也。”

又云：“余于此一事件，最不能忘情者，是打教堂后之四五日内，巡抚李经羲所出的一张告示，是墨笔写的，不是用木板刻印之件，故只写贴于南正街上的几个重要地处，余得读于长春坊下。告示上的笔墨真好，读来使人心快〔旷〕神逸〔怡〕，其词语上，亦庄亦谐，扼要处是言：‘昆明有此一番举动，为己意料所不及，其能将在华之法人尽行吓走欤？抑欲使其不敢再来此传教欤？或者是用此而表示滇人之威武也，将使法人见而生惧，是则思想幼稚极矣。此种动作，相信有知识之妇人女子，犹不乐为，而一班须眉男子，竟不深思而出之，是必贻笑于邻邦也，本部院替此一班狂躁者中，有所怍’。其他趣语甚多，惜日久忘去。此一告示，原拟抄存，奈字有千余，难于抄写耳，今仍有遗憾焉。”余闻梓良言，惟相视而作一笑。旋家后，遂将两下之言，泚笔写出，意在使后世之人，勿为当时之浮言所惑，认为打教堂事，是由此发动也。

法人修筑滇越铁路之概略

滇越铁路，全路长九二八公里，是自昆明抵海防而有此长也，实则云南境内，只有四九〇〔实465〕公里，微超于全路之一半，此段方得名为滇越铁路。诸多记载云：“法人于前清光绪二十四年，岁戊戌〔1898〕入滇修筑滇越铁路，至宣统二年，岁庚戌〔1910〕，始工竣通车。”此殊令人诧异，何以四七〇〔实490〕里路线，直修十三年始得通车，似迟延太甚。惟查其实情实事，自开工至工竣，亦只七年耳。虽然，亦云久矣，其迟迟之故有四点：一因中国有拳匪之乱，路务不能不停顿；二因一再改变路线，多宕延时日；三因倮姑一段，路线须经过一大山硖〔峡〕，是造一架空铁桥而踱〔渡〕，其一切材料，是在巴黎之某大工厂订制，此又必须宕延时日；四因钻洞太多，又自倮姑以下，更有不少的险要处，须经过一两个雨季，俟路基稳固，始敢铺轨通车，有此四点，故迟至七年之久也。

法人又胡为而能来滇修造铁路，其起原，是因光绪甲午年〔1894〕，中日失和，中国被日本战败，和议成后，日本仍以兵力占据辽南。岁乙未〔1895〕，德、法、俄三国共起而为中国排难解纷，迫日本撤兵，将辽南地土归还中国，日本被迫而撤兵去，中国方将辽南收回。斯举似德、法、俄三国殊仗义也，实则各有图谋。是年十月，中法通商条约、界务专约俱成，其通商条约内，即有修筑滇越铁路之一条。次年丙申〔1896〕，中国即与华俄道胜银行订东清铁路公司合同。丁酉年〔1897〕，德人即进占胶州湾。法人见有此等事件发生，遂亟亟于修建滇越铁路，所以云是各有所图。

法人在未来修路时，即于丁酉年间〔1897〕，在昆明设置法领署。按昆明非约开商埠，亦不是个自辟商埠，何能设领署于昆明？北京总理衙门，以法人有迫日撤兵还地功劳，竟允许之。云南督抚尤不明国际法，便准其在昆明城内设领署。法人置领事于滇，亦不循故事，不由在华之领事群中调员来任，是在外交部内选一有类于科长而饶有才能名方苏雅者来任斯职，订其职衔为一等领事，并置一副领事、一领署武官，其组织迥异群流。方苏雅履任后，不仅为商务上代表，于后来之修筑铁路事，亦有权裁决。以是，方在一切交涉上殊强横，官府与人民俱深恶之。

丁酉年〔1897〕十月，驻华法公使，即向总理衙门提议，云奉本国政府命，通知中国，法国将派人到云南修建滇越铁路。时总理衙门是以庆亲王总理一切，庆乃以此事上奏西太后，后颇不乐法人遽入云南而修路，庆以事载于中法通商条约为言，后于不得已而许之，心则终不乐也，自是多不满意于法人，后来之义和团亦以迎合西太后意而酿大祸。

庆王得到西太后允诺，乃与法使磋商一切，结果，此路是由滇越交界处修起，即以滇边河口为起点，向北而上至昆明，下与越南铁路相接，接轨处在越属牢该〔老街〕。路为三等铁路，建筑事由法方主持，建筑上所用之一切材料，由法方理料。建筑时需用之普通工人，由建筑公司以合法之工资，向云南省内雇用。路线上所需之田土山地以及旷野地处，俟勘定路线后，由华方地方官拨交与建筑公司，公司接收后，始能动工修路。在修路时，入于云南之一切外国人，由云南省内官员着意保护。修筑此路，以不妨害城市交通、不阻遏农田水利、不破坏村寨为旨归。有被占用之农田，则照值给价；有必须迁移之坟墓，则计工给费。路成后，统由法方管理；通车后，运送人客货物，由双方酌定车费。全路通车后，历九十九年，以无条件而将此路让归中国。此即总理衙门与法公使双方协定之一种修路条约，曾通行有案。后来条约又有所补充，地价及迁坟费，则由滇省督抚争回，全由华方付给，以不失土地所有权。既而此两项支用共计八十余万元，随以其数投入法方铁路公司，作华方股本，然此是路修成后之事也，今顺笔而言。

光绪二十四年，岁戊戌〔1898〕，三月，驻华法使即照会总理衙门，称："奉本国政府令文，由本公使知会中华国总理事务衙门，今法国政府已派有一高级官员率领技术员等，入滇测勘滇越铁路路线。"总理衙门即据此行文到滇，请滇省督抚妥为保护及派干员偕同测勘。时滇督系崧蕃，滇抚系黄槐森，亦惟遵照筹计。不久，即有法国铁道部高级官员名吉里默者，统率一般技术人员抵昆，时滇中当轴者亦未设一地处招待，是则有住于领署者，有居于大旅店中者，此在形式上颇疏慢。吉谒滇督抚谈测勘事，法领方苏雅亦必与之偕，且参加一切讨论。时崧督黄抚对于吉之一切请求，无非唯唯诺诺，意在俟其测勘后，再定违从。总之，是不乐其在滇修路也，然亦无法阻其进行。

戊戌年十一月，滇督抚即着云南藩司李经羲于州县班中遴委干员四人，同往测勘路线，名曰会勘铁路委员。论是时之州县班中，又有谁能懂得测勘事者，要不过着其沿途保护，遇乱弹压而已。是岁腊初，共同出省，分作两段测勘。下段由河口勘至蒙自，上段由蒙自勘至昆明。下段多是安平厅、蒙自县两属之地，无甚问题；上段由蒙自县城，上至曲江坝，再上而经馆驿、通海、新兴、晋宁、呈贡等处，地方人士则多出而阻挠，幸由会勘委员等开导，不至酿成乱事。然在呈贡果子园附近，洋员等砍伐去有碍于测量之果树二十余株，种园人大为忿恨，几欲殴击洋人，幸委员等排解得法，始无乱事发生，然忿怒终存也。斯时也，法方之高级官员已离开云南，一云回国，一云在河内休息。

呈贡人与勘路法员冲突后，随有一班测绘员挟其图稿回昆，居于圆通寺内八角亭上，支桌制图。适有三五顽童跳闹于亭前，竟将洋员之绘图桌掀翻，墨水泼于图上，洋员等愤怒，立执棍棒乱打顽童。有一面触其棍，致鼻血流出，此即呼号而跑出寺门，大叫“洋鬼子打死人”，其他亦倡〔掺〕和同叫嚷于寺门前。行人睹其情状，便停足而考求其是非，人则愈聚愈多，不久间即有六七十人。有好事者便扬言曰：“洋鬼子如此可恶，我们进去饱打他一顿，大家走散，看他去找谁。”浑虫与浑虫之意见相同，便一涌入寺。时寺中有一草创之法语学堂，教师系天主堂内神甫，学生等闻知其事，急语于教师，教师立告知亭上法员，乃相率爬上圆通山而逸去。一班浑人入寺，寻不见一洋人，竟欲毁其什物，正纷扰间，城内文、武总查已带兵到来，一班浑人亦惧而爬山逃散。结果，缉获数人，然无犯罪实据，只好禁闭数日而释放，两总查则大受上峰申饬，此即后来打教堂之先兆，此事系发生于己亥年〔1899〕五月。

闻之，初次勘出之路，以侵占农田太多，妨害水利太甚，路线又长至五百余里，而且曲江、通海、新兴、晋宁等处人士，已表示出不乐铁路经过其境内。滇中督抚又以种种情事，告知总理衙门，已而双方商榷，乃有改勘路线之事。但是此一事件，不能于短期内决定，因大权在巴黎铁道部，往返周折，势必有数月之延宕也。故自己亥年〔1899〕秋后，法人修路事异常沉静，即有一些法人在滇，都无甚动作，一班会勘委员，亦另委事他出，斯而有一些浅识者云，法人不敢来修路矣。

己亥年〔1899〕腊月，法方高级官员吉里默复来昆明，然不是只身到滇，亦有若干技术人员随从而至。吉抵昆后，即与滇督抚酌商变更路线事，约经三四次讨论，始决定双方派员，另行探求蒙自以上路线。庚子年〔1900〕正月，滇督抚乃饬藩司选员，会同法员出省探路。此次却不是正式测勘，无非在一些乱山中探求蹊径，循着一些大小河流而找路也。积至两月有余，方由蒙自而阿迷、而弥勒、而宁州，行入路南境。不意吉里默忽奉令回国，探路事遂告停顿。盖是时，中国北方已有义和团、红灯教、大刀会等起而为乱也。延至是年五月，昆明人遂打平政街天主堂、永宁宫坡〔头〕溯源宫、狗饭田之礼拜堂。于是省内省外之法人，除法领外，都离开云南而走往越南（后来八国联军入北京，滇中英、法领事俱离开云南）。

辛丑年〔1901〕春三月后，中国北方乱事已靖，前离开云南之一班法人，始陆续踅回滇中。是年秋间，法国派来之测勘路线者亦到昆明。时滇督为魏光焘，滇抚为李经羲，乃于州县班中，选一有才能者为会勘铁路大委员，副以四小委员。此次则由芷村下去之落水洞勘起而上达昆明，其间，经过蒙自之碧色寨、阿迷州城入弥勒县境，过宁州之婆兮而入路南州境，经宜良县城过呈贡县郡而抵昆明。路线为四百六十余公里，事经百五六十日，始云完毕。此则是舍去原勘之路，而另行测勘出此一条路线也，此而滇越铁路始云勘定。

法人修筑滇越铁路，是由法国铁道部将整条铁路上之建筑工程及一切建筑材料，完全包与〔于〕国内之某建筑铁路公司。包价闻为二千八百八十余万佛郎〔即法郎〕，在订合同时，佛郎价格很高，约合法洋一千四百余万元。每公里平均约占三万法洋，此则铁路上所用之车头、车箱及各个车站上所用之大小房屋等等，却不在此一包价内。此是宜良铁路公司内翻译法人梅格兰语于我者。

某建筑铁路公司承包后，则将此条路线划成上中下三大段，分治其事。下段由河口至碧色寨，设公司支部于芷村，对外则称为下段铁路公司，内置主要人一，总持其事，名曰总办。总办统属着一般工程师、测绘员、事务员、翻译、文牍及大小包工等，而进行此一大段内事务。中段由碧色寨起而上至婆兮，中段之公司支部则设于阿迷州城。上段由婆兮起而上抵昆明，上段之公司支部则设于宜〔良〕县城。上中两段之组织与权责，俱与下段相同。此三段之路线，在比较上，以上下两段较长，中段较短也，工程则以下段为巨。

三个公司支部，又将各有之地段分划成若干节，每节置一节长。质而言之，即是此一节内之总包工也。节内之大小工程，由此一总包工向支部承包，所需材料，属于金属者，由支部供应，如铁梁、铁柱、铁板等是。支部包出之工价，巴黎之总公司亦不过问。包办一节路工之大工头，又能将此一节内之大小工程，分包与二三个或四五个小工头去负责修筑，然此俱是外国人。节长包出之价，支部亦不过问，其一切工程亦只责问于节长。此一些小工头却无甚名称，在路工上之华工便通称此辈为洋官，亦殊可笑。在修路时，亦多华人向各节上之大小洋工头承包其工程，如包开一明槽、或包砌一涵洞、包修一石桥、包挖若干土方、包錾若干石块，订约承包后，功成亦颇有利益，且洋工等亦不敢骗赖包价，因而有人乐于去承包其一些小工程。

三个公司支部虽不是同时成立，然成立之时日亦相差不远。段之分节，是先从下段开始，继而中段、而上段，以是，近河口处为第一节，逆溯而上，上至昆明地处之末尾一节，则为第二十二节，每节路线长短不一，有至三十公里长者，有短至十二三公里者。是段之分划成节，亦不一致，因而有管辖五六节者，有管辖八九节者，是看该段路线之长短也。各节之成立，又在各段公司支部成立之后，有延至一年半载而后成立者，以有故在也。

兹可谈谈一班法人初来修路时之情形。壬寅年〔1902〕春间，建筑铁路公司之一切人员，如三段公司支部之总办、帮办、工程师、测绘员、事务员及路工上之大小工头等，便联翩而入滇，前前后后，当有二三百名外国人。此有属于下段者，便就下段安居，属于中段、上段者，亦各就其段上而安居。于是有立即出而工作者、有静候开工者。惟此一班人，不完全是法人，籍于法者或有百分之四十，属于意大利者或有百分之二十，属于比利时、瑞士、希腊、葡萄牙、西班牙等国者可能有百分之十。若中国人之在各段上当翻译、制图员、文牍员者，可能有百分之十五。又安南人有在各段上任各种大小事务者，亦可能有百分之十五也。

惟是初入滇时之一些外国人，其气势非常厌人。复有一些仅读过本把《三字经》《千字文》之中国青年，走入外国人所设之学堂内，习过一年半载法语，读未尽一本《法语进阶》即出而当通事，此无不是一味的捧捧洋人，复拿着“洋大人”三字来吓吓地方人民，甚而用来吓吓中国官吏。在光绪时代之滇中官员，有几人曾与外国人经过把握，在出任州县官时，一与外国人接触，不啻接近虎狼，无已，亦唯将顺之耳。今即举一事而言：在壬寅末癸卯〔1903〕年头之一段时日内，任宜良县令之车某，尤是承顺洋人者。宜良上段公司支部成立后，公司总办闭利临来与车晤面，公司翻译上海人蔡某，随先来通知云：“闭总办至，须开暖阁鸣炮迎入，送出亦如之。”车唯遵行。后来翻译等至，亦是开暖阁迎入。此种不合体制而承顺过度之行为，上峰亦有所闻，乃于癸卯年〔1903〕五月，调安平同知罗守诚来宰宜良。罗乃将此种不合体制之事革除，公司方面亦惟默默。既而罗令又将公司中一有犯法律之通事蔡某，递解出省，公司中之一些华人益复歛〔敛〕迹。公司中法人亦就此而消除其鸱张之气势，事事俱按照理路而行。但法人较为文明，他则不及也。

意大利人十有七八性情粗暴。甲辰年〔1904〕冬季，第十九节路线上，有洋工名巴纳底者，意国人也，属于节长莫加弥理之下。巴有咕哩（即劳工也）〔按：“咕哩”有译为“苦力”〕张某，为宜良县江头村人，偷巴之大铁钳、大铁错〔锉〕各一，不知卖与何种人，巴索物不获，遂将张重打至死。尸亲控巴于宜良县署，县令罗，带刑仵往验，确系被木棒击死。大工头莫加弥理遂出而为巴辩护，云为是因病而死，且入县署，与罗令大肆争辩。罗令乃率领尸亲，用伕脚将死者尸身，抬到省城，停于南较场内，随面谒督抚，将一切情事禀明。督抚两院，即着洋务局照会法领署，请其派员会同督抚两院之特派官员，前往验明此一死者，是否为重大物件击毙。一面札饬昆明县令，带同刑件，会同法员前往勘验。次日，法领即派法国医院院长某到场，会同昆明县令，详细勘验。结果，双方俱勘定此死者，实因生前受到重大物件殴击，将血管震断而死。斯时之宜良县令，不啻案内原告，得到此一结果，可以云是得到初步的胜利，乃令尸亲将尸身暂掩于城北郊外，人则回籍候案。

越二三日，法领照会洋务局云："巴纳底系意大利人，本领事对于此案，无权裁判，今拟请本国政府，转达意国政府，派遣专员前来解决此案。"此则惟有听之。越二月，宜良县令即奉到洋务局文，内开："准法领署照会，今意国政府已派员来滇，为意国驻蒙领事，以便解决巴纳底打死华工张某一案，我方应将案内之尸亲人证召集，押送蒙自，候意国领事到来处决。"宜良县令自是遵行，随派人押解尸亲及一干人证到蒙静候。约有两月余，驻蒙意领始到蒙城，对于此案，亦不十分偏袒。判决：罚巴纳底银为法洋三千元，抵偿人命，由尸亲承领；以一百二十元赔偿宜良县署于此一案件上所有之用费；以八十元赔偿一干人证数月来受到之一切损失。巴纳底则由其节长莫加弥理保证其不再殴击工人。此一案件，不仅宜良县罗令得到胜利，就全局上论，亦可云华方胜利也。但罗令于此案内之贴赔，其数亦相当钜矣，以是后来修《宜良县志》，罗令得载入《良吏传》，且将此案从简叙列。

法人修筑滇越铁路，计有七年，而在此七年中，一班外国人，因铁路工程而酿出命案者，亦惟巴纳底之一案。又有小包工西拉米者亦意国人也，与一华工头姓李名某者，因事争斗，西拉米竟用刀将李某手杆砍伤流血，李却强而有力，便夺过西拉米手中之刀，立将西拉米左手拇指砍去，随丢刀而逸。西拉米呈报公司，公司即函请宜良县署缉凶，以出事地方在和尚庄，属于宜良也。县令集其人证而考其肇事之因由，众白其故，是西拉米先动手行凶也。李为何处人，众亦不知。公司函请缉凶，亦未将其年岁、籍贯开出，仅曰华工头李某，此当然不能查缉也。县署据情回复公司，公司总办原不合置此事于不议，然人已远逸，凶器又不为斯人所有者，又是西拉米先动手行凶，斯人始夺取其刀而伤之，是祸由自作也。以是，公司中亦只好将此事作不搁置之搁置。此二事，俱发生于上段，且同在宜良县境内。至云中段、下段，则未闻有一人命案，或有一洋人杀伤、殴伤华人，或华人杀伤、殴伤洋人之案件发生，岂以遇到此等事件，彼饶有才能之地方官吏，能化有为无也，不然，即是出事地方距城过远，亦惟有在私下了息之也。

宜良境内路线长至六十二三公里，大小洋工头约近二十，所用华工，随时都有五六百人，称为咕哩者，即是一些下级华工也。咕哩中多有无赖子，故常与洋工头发生轇轇轕轕，甚而偷盗什物，或毁坏器具，或与同事人斗殴而使人受伤，遇有此等情事发生，工头等即请求公司，将肇事人函送县署，请求惩治。县令审讯，又多是不为罪者，只好聊予薄责，暂禁闭于卡房，卡房为拘押轻罪人犯之地处，房屋较为宽阔，亦不以刑具加于在押之人。公司中送来之犯事人，拘押在卡，使生活无着，县署乃于每日各给米十两，菜钱数文，济其生活，此则由县官掏荷包而供给之也。惟是公司送来之人，每月至少有五六名，积数月，被押者便有数十，县官买米赡养此辈，每月动在一千几百斤，其耗费亦云钜矣。

凡被押之犯，于一月二月后，公司无信来追询，县署中便准其请保开释。罗令在任四十有三月，公司方面，函请惩治之犯，总计为一百五十余名，足以定其罪名者，百中无二十人，余俱不足以名罪。甚有无辜而被送到县者，县令自不能不理，亦惟有拘押一月半月而释之。此足见一班洋工头之在在生事。在铁路上段，而居于宜良境内之一切情事系如此，在他一州县治内，未必不然也。总之，一班洋工头，多不是省事人，而尤以意国人好生事。

铁路上段之第十九至第二十一等节，其迟迟成立之故，是因上段铁路踱〔度〕过宜良汤池后，便拟由七凸坡盘旋而上至七甸，讵意，上段之大工程师乌雅唐，照路至此，始测出七凸坡之山麓与山巅，高下相悬太远，若欲使铁路盘旋而上至山巅，每向上一尺，须起一寸以上之斜度，此又何能安铁道。乌雅唐在此设法月余，终无方法前进，乃将其山形地势，详细绘出，送之巴黎总公司，请其筹划。旋接复电云："可由火把村方面寻找上达七甸之路。"电至，无人能知其地处，以宜良境内，实无一火把村也。后经智者猜测，或是可保村，乌雅唐乃由宜良上梨〔栗〕者村改路，向可保村方面推进，始得达到七甸。有此一迂回，路线上又增长数里，故尔，滇越铁路后来长至四百七十里也。惟是总公司远在巴黎，竟知宜良之西北境上有此一可保村，可以上通七甸，此足见云南之山川形势，早有人摄影于纸上也。

法人修筑滇越铁路，系自河口修起，动工时日，系在壬寅年〔1902〕十月。按是年九月，滇督抚即饬安平厅罗丞云："查照下段铁路工司送交洋务局之路线图案，仰即按照图上划定之界线，查明线内农田若干、山荒若干有属于安平治内者，即一面分别呈报到省，一面将地拨交公司，俾其动工修路。"罗丞自是遵照办理，因而下段之路，得于是年十一月，在河口地处开工动土，此在整条路上，开工较为早也。中段则延至癸卯年〔1903〕春间，始在大庄、大塔、阿迷一带兴工。至于上段，则延至癸卯〔1903〕秋间，始在西洱、糯租、禄丰村一带照路。附近宜良一带，则又迟至年底，始行照路。又在宜良之栗者村以上至可保村之一大段路线，迨至甲辰年〔1904〕初路线始定，方开沟界线，动工兴修。

上、中、下三段内所有之大小钻洞、深浅明礶〔槽〕、长短剥岸，是于甲辰〔1904〕、乙巳〔1905〕两年间，即一一凿成修竣。由河口而上至倮姑之一大节车路，于乙巳年底，已完全修好，一俟安轨铺石，即可通车。此至倮姑而不再行上达者，以倮姑之驾空铁桥所需之一切材料未运到，桥未造成，故筑路至此，不能不告停顿也。中段自碧色寨而上至婆兮之一大段路上，其间无甚阻窒，得于乙巳年〔1905〕底，即将路埂完全修讫。自婆兮而上，又有许多障碍处存在，故此一大节内之路埂，是或断或续。又上至宜良之高古马，更有大河阻住，河流上之大铁桥，亦未造成，自不能向上修筑。由高古马至宜良城外之乌龟塘，路线长至十七八公里，而此节路线，多在农田中，修路者以不妨害农人一年之工作，乃迟迟修筑。由宜良乌龟塘而上至昆明坝内之一大节路埂，在乙巳年〔1905〕冬初，即完全筑就，只未铺石子耳。然此一节路上，已通手车，亦可乘马坦行于上，此则为全路开工三年后之一种表现。

丙午年〔1906〕秋间，倮姑之架空桥，以材料运到有日，下段公司乃开始在倮姑以下，河口以上之一段路埂上，安轨漫〔墁〕石，以便输运重物。冬初，建桥之材料完全运到，桥成，乃向上安枕、安轨、铺石。丁未年〔1907〕夏间，路遂通至碧色寨，秋间，即通至阿迷、腊底，即通至婆兮。斯时，宜良境内之所有路埂，亦尽行筑就，高古马之大桥亦造成，至此，方入宜良境内铺轨漫石。

宣统二年，岁在庚戌〔1910〕，春二月，整条路上之铁枕铁轨，已完全安妥，石子已漫讫，路旁之大小车站房屋以及一切厂房，俱一一建筑完成。绎路车站共计三十有八，地处为：河口、蚂蝗堡、南溪、马街、老藩寨、大树塘、腊哈底、白寨、湾塘、波渡箐、倮姑、戛姑、落水洞、芷村、黑龙潭、碧色寨、大庄、大塔、阿迷、小龙潭、巡检司、拉里黑、西拉邑、热水塘、婆兮、西洱、糯租、禄丰村、徐家渡、滴水、狗街、羊街、宜良、可保村、水塘、七甸、呈贡、昆明等处。是年三月之某一日，即举行开车典礼，宣布正式通车。斯而由壬寅年〔1902〕之春间计起，至庚戌年〔1910〕三月，此条铁路，实修筑了七年〔以所列起讫日期计，应为八年〕。按：光绪壬寅年，为西历1902年，宣统庚戌年，为1910年。

按此条路上之工程，当首扬一指曰：是倮姑之架空铁桥，然此是言其工程之艰巨，非言其美好也。有足以美好两字见称者，惟由宜良栗者村至可保村一段之工程，此属于上段之第十八节。节长为意国人莫加弥里，彼在修路时，于一切工程俱亲临指导，属下有四五小工头，亦各能尽力。此节内却无甚钻洞，只多明礶〔槽〕。且有一段线路是擦着岩际而渡〔度〕过，是则须砌剥岸以固其路。剥岸之高者至五六公尺，矮者亦二三尺，宽厚处自不一致，然总有尺多厚也。莫加弥理修此一段岩际之剥岸，当然是用长方石块砌之，石块不铲平錾出纹路，便不稳固。莫于每一石块，都将六方铲平，复将四个方面錾出米线条纹，莫用此等石块来砌剥岸，当然万分稳固，在形色上，亦十分整齐。余见其修可保村前大石桥，亦作如此修法。所以巴黎之建筑铁路公司总办稽贝一次来滇查视路工，行到上段第十八节，见莫之工程如此美好，口中不禁夸之者再，特以二万佛〔法〕郎奖之。

余又闻铁路公司中人云："莫加弥理在上段铁路公司包修第十八节车路，包价为三十六万法洋，而路线却未及十八公里，是每一公里路，即占二万法元也。但是莫加弥理在一切工程上是十分细致，因而耗费工资，实超过其预算。最显明者，彼在此一节内，分包出去之一切工程，约而计之，已将近三十万元，分包出去之包价，是不能短少，或者，此一节路不能以三十六万修成也。"后来莫加弥理果向上段公司增加包价，变更为三十九万六千元。余于此，不能不钦服此一外国人之任事负责。公司中人于大工头等之包价上而不锯木刻节，识得工程之好丑，于包价上而有所通融、有所奖励也。此若是在中国之办事人手内，便认定合同具在，何能有丝毫之增加，即贴赔若干万元，亦只合自诉也，此哪能有增加一元半元之事哉！云到包工，无不是工程糢〔查无此字〕糊〔马虎〕，求快当了事，得多赚几文钱耳，将来之倒塌与倾覆，又有谁计及。虽然，彼外国人中，又何尝不有类似中国人之行径者，试看此路之中下两段，后来常见倒塌，又岂能如莫加弥理所修之一节，能稳固如泰山般耶。所以说，要望将事做好，须看其负责之人如何。今日之中国，正四处修筑铁路，在工程上，相信其必无有类于莫加弥理之一人。倡扬某路之工程是如何美好，无非有此一言尔。

在法人开工修路时，云南尚无外交司之设置，一切外交事件，是统由云南洋务局办理。省督为外交大臣，洋务局即设于督署内，局以一谙于外语之道员或部曹为总办，此则是由北京派来任此职务者。设提调一人，此以熟习洋务之知府充任，本省司道同为会办，要必有重大事件，会办等始到局参加列席议事。云南省城，设置此一洋务局，不是专理滇越铁路事件，是办理云南省内之一切外务，如英、日等国领署，有向云南政府交涉事件，亦由洋务局裁处之。盖是时，云南省尚未设置外交司，是以洋务局代替之也。但是洋务局裁处一切事件，仍是秉承着省督抚之意旨而施行也。

滇越铁路分段开工后，洋务局即会同藩司，于省之州县班及佐贰班中，选择其才器开展者八人，委充滇越铁路上、中两段铁路委员，此则安置于由昆明至碧色寨之一大段路工上。由碧色寨至河口之一大段，则由兼滇越铁路交涉事务总办之蒙自关道，保委四人为滇越铁路下段之铁路委员，此则是一些能耐烟瘴者之官员。盖下段路线，多在一些水土恶劣地处也。此一班铁路委员之责任，是在处决路工上，临时发生之一些细小事故；其有关重要者，则由地方官处决。每一州县境内，俱委有二三个或四五个地方绅士，为该州县境内路绅，是补助地方官之力所不及，并协助铁路委员处决一切不甚重要之事件。又上、中、下三段开工修路后，路线上日渐事务繁多，洋人方面所用之咕哩甚夥，且品类复杂极，省督抚为保持地方之安宁秩序起见，乃派兵三营分扎于上、中、下三段之扼要处，名为保路营。此则是三个独立营，而无统带管辖，所有营长由督抚选员充之，如扎于宜良之一营，其营长系张贵祚，一记名总兵也。此为光绪甲辰年〔1904〕秋间之所派者。次年乙巳〔1905〕，省督抚又委本省候补知府二员，一为铁路上段提调，是由昆明管至碧色寨，一为下段提调，则由碧色寨管至河口，此却是一种不时在铁路上摆吓架子之官员，于路务无所与，但解月领薪金、夫马津贴耳。此则是当时之执政者于政务上之措施不适当处。丁未年〔1907〕，北京以世续为云南外交司，外交署成立，云南洋务局即裁撤，一切外务统由外交司办理，是时滇越铁路亦将要竣工也。

正式通车后，输运货物、运送人客之车费，是由云南外交司、云南总商会、驻滇法领、法国滇越铁路公司共同酌定。车费以公里计，客车分四等，即以四等车之票价为基本数，乃定四等车上之客位，每行一公里，票价为中国制钱八文，以一百文制钱为法洋或滇造银币一角。是则由昆明至宜良，路程为六十公里，票价为四角八分；由昆明至河口，票价为三元七角六分，若买来回票，则将两个三元七角六分合并而打八折，则为五元七角六分〔按八折数应为六元零二分〕，此种票价，亦云廉矣。三等客车，是照四等车加二倍，如由昆明至宜良，票价为一元四角四；二等车则照三等车加一倍。一等车又照二等车加一倍，是则一等车之票价，每公里须九十六文也。载货通用兜车，若坐于四等车之客，将箱笼等重大之物，置于四等车上，作为随身行李，每百公斤，运载一公里路，车费为制钱十二文。入兜车载运，则有一、二、三、四等之区分：一等货箱，由公司车装运，一公里路车费为制钱十二文；二等客货，装入兜者，每一公里车费为八文；三等货物，每一公里为六文；四等货物，每一公里为四文。所谓二等客货，是指一切出入口货而言；三等货物，是指本省所产之一切土货及谷米粮食而言；四等货物，是指竹、木、柴、炭、砖及石料等项而言。惟是载运四等货物，重量达到五吨以上，而由此达彼，又超过一百公里者，运费得以八折计。又运输大量之谷、米、豆、麦，而是为办赈救荒上输运，此则照三等货之运费折半计算，是则救荒之粮食，即由海防运至昆明，每百公斤，亦只须二元七角余。按此，是在未通车时，双方酌定之一种最公允之车费。后来公司方面，以煤炭涨价，于各项运费，略有增加，而亦只照原定价增加十之二三也。至于三等车上客，原可随带行李二十公斤；四等车上客，可带行李或什物十公斤。初时外国人于此，亦甚糯〔查无此字〕糊〔马虎〕，无如华人多贪小利，将一些体质较重之物，怀挟而上，经外国人查出，乃受取缔。此是自损人格，似外国人多不乐有此行为耳。嗟夫！中华人。

右〔上〕述一切情事，仅是言其大略，其细备处，实笔难尽述，然此亦近于琐屑，惟不是出于意造，是概就余所身历、余所目击者而写出之也。缘自戊戌年〔1898〕末，余即就来滇之法使处而学法文，既而又入其法语学堂肄业。又自壬寅年〔1902〕后，更与铁路公司方面，有事往来。家君又是初次会勘铁路委员之一及二次会勘铁路之大委员，而又由壬寅年〔1902〕初至丙午年〔1906〕末之五年当中，先任安平厅丞，嗣任宜良县宰，均与滇越铁路公司日有交涉事也。余因而于法人修筑滇越铁路时之情况，多得入于目中，今晴窗无事，特泚笔书于纸上，用志不忘。稿成于公历1924年，今于1950年缮出，养儒自识。

六七十年前云南之伶界

云南戏剧，在六七十年前，就时代之事物境地而论，其技艺词曲，亦不得谓为庸粗恶劣。盖有是扮演、有是技术、有是调、有是曲，亦足以偿一般观众之要求，以满一般听曲者之意念与愿望。夫滇戏之行腔作调，似由汉调变演而成，其抑扬顿挫上，以较长沙调、桂林调，转饶韵味。且云南之锯琴调，所谓之乱弹者，又别有一种意味，其中，尤以坝儿腔一种，为最有意味。

往昔滇中伶界，原有一种组织，大都以四五十人而组合成一班，班中则生、旦、净、丑悉备焉。其聚集处曰公堂，掌公堂者曰班主，班主管理公堂中一切事务及出而演戏日台上一班人角之饭食，是公堂中一当家人也。领导一班人角出而奏技者，名曰班长，是演众中领袖也。但是时之组合，却分两派：一系滇人之组合，一系川人之组合。滇人组成两班，一名福寿班，一名泰洪班，此于暗里称为本地班；川人亦组成两班，一永庆班，一钰全班，暗里则称为川班。在具体上则同称为滇班，只不过认福寿、泰洪两班为滇中老班子，永庆、钰全为新班子。据此而论，似滇与川已将经界划清，可是本地班中仍有几个川人在着，川班中亦有不少的滇人也。

是时，老班子与新班子共为四班，都各有一地处住在，各有一班主，各有一班长，以维持内部。各班的人角中，亦各有一些台柱子，以光辉门面。在营业上，却无所争竞，惟听候社会人士之选择雇聘。总之，旅滇之川人，因办会、因宴乐出而雇戏，绝对向永庆、钰全两新班子是问，以能唱高腔戏也，非川人则无所偏重，是新班子与老班子同观。

在光绪十五年〔1889〕前后，新老四班中所有的人角，可云上至班主、班长，下至一些跑龙套者，更合并管箱、打杂及打文武场面之一些人而计，通共有二百余人，都算受着老郎菩萨庇荫而谋衣食。因此，凡在戏台上有工作的人，无不入老郎庙而拜老郎，老郎庙便是伶界中人之一总集合处也，可以云老郎庙是伶界中人之一会馆。

在前此之四十余年前，昆明通无戏园之组织，有则自云仙茶园开始，是瞿鹤仙由沪上游回，而有此一组织也，此亦是前四十多年的事。在无戏园时，所有戏班都是具着一种雇工性，无论唱会戏、唱堂戏，俱是日受包价银若干两。当光绪中叶，滇中生活水准甚低，每人月能有两多银收入，即能使身暖肚饱，因此，雇一戏班来演一日戏，酬值亦不多。如演会戏一日，为早、午、晚戏五场，其包价仅为十两或八两银，另外给予十斤肉、一百个包子，其薄也如此。如唱堂戏，则由午前直演至更后九时或十时，包价自比会戏多一倍或二倍，而且有例外的赏号。但是，堂戏究少于会戏，故尔，伶界中人，都望重在唱春台。

一个班子里的人角，自是庸者多而优秀分子少，称杰出之材者尤为难得。虽然，在是时的四个班子中，亦有许多杰出之材：大面中如罗大狗、李少白、李三花脸、杨花脸、周熙臣；须生中如雷四苗子、雷照、蒋耀廷、陈偏搭、鲁子成；花旦中如萧一凤、丁三凤、唐二喜、金兰芳、郑云芳、小巧云；小生中如李小春、邱云霖；老旦中如小福寿、刘云光、杜老旦；小脸中如易小脸、刘麻子、王水牛等，都为戏班中一时之英杰也。然此是就光绪十年〔1884〕后，二十年〔1894〕前而言，是后，尚有不少的后起之秀。

班中伶工，自以花旦之生活，较一切为优裕。虽然，其他角色，若材艺佳者，亦可藉艺术而养家活口，或者能小有积蓄，此亦不乏其人。其下者亦可混个人衣食。此何以故？以身居伶界，毫无捐税之担负，且无所牵系，亦不受何种限制。若一般跑龙套者，有戏则登台，无则往街头做小生意，而亦无人来干涉、无人来取缔，以较后之伶界中人自由已极。吁！此可云彼一时此一时也。

纪客谈哥老会开山堂之情状

开山堂为哥老会辟码头、立公口、烧香拜把根柢上之一重大事件。中国当前清道光、咸丰、同治、光绪年间，为哥老会最盛时代。云南虽属边徼地方，而此风亦不让于内地各省，以是时而论，云南固不能云每一州一县俱有公口山堂，然有者究居多数也。但立一公口、开一码头，即有一领袖以挈其事，是谓之龙头，称之曰大爷；若开一山堂，总其事者，则谓之大龙头，称之曰坐堂大爷。就此而言，一省之中，龙头自是不少，大龙头亦不是一二人也。

大龙头为一堂之主，龙头为码头之主。龙头能操生杀权，故在会者视龙头有若师保〔泛指老师〕焉、有若父母焉，弗敢违，尤不敢侮之也。虽然，龙头之权力固大，究不克在政治上活动，只以团体结合，能在社会上作一些不含有政治意味之活动，而仍是秘密之行为耳。故是时之政府，于哥老会之行藏上竟置而不问，以不出而多事，有扰害于常人之地处也。

哥老会之活动，是凭藉于码头，如他处山堂内之弟兄到其码头，有要事始往谒龙头。闲行者打响片后，即由码头管事招待，酒肉有食、旅费可助，且一切无虞，故出门行路之人，多乐于入会，以有诸多便利也。职是之故，哥老会之公口所以繁盛。然余闻个中人云，凡辟码头、立公口、开山堂，其行动是十分郑重，不是随意而为之事，余详询之，乃以其一切情状语余。

曰："凡辟码头、开公口，自是在繁盛地处，烟户多而人士众，乃多有入山之人，若入山者少，即不足以言开山堂。故每开一山堂，入会者都是有若干千或若干百也。开山堂于此州此县，则必要在此州此县内，能有一声望高、势力强、作为大、呼应灵，且要能于镇摄一切，更为群众尊仰者，始足以议开山堂、立公口、辟码头，否则必不轻举焉。

“山堂内之规定，秩序上是分九排，排为三等九级：一、二、三为仁字排；四、五、六为义字排；七、八、九为礼字排，每排均有领袖一人。头排领袖在排列上称大爷，二排称二爷，三排称五爷，四排称么大，五排称满大，六排称满五，七排称六爷，八排称么五，九排称小老。每排容纳之人数，却无定额，多可至四五百，少亦在五六十，又大都是义字排与礼字排之人数，超过于仁字排也。入山者之应列何等何级，却有定而不移之章则，是非口之所能尽述。总之，是由各人之地位、身份及其才能而为准的也。

“开山堂者，得到若干人数后，便排定排次等级，始行择吉选地开山，歃血结盟。届时，堂上供奉关公神象，神象后则挂黄缎或黄布横额一幅，大书‘桃园结义’四字，山堂之门头横额上，又挂红彩一幅，大书‘忠义仁勇’四字；神象前供香花酒果；案上陈设彩帛、灯烛；阶下则陈列牛、羊、猪、鸡、鹅、鱼及麞、麂、兔、鹿等诸多牲畜品物，并以两大瓦瓮贮满清酒，置于神案之侧。神案前则直竖两柱，柱头架一横木，横木上用最细的丝线，悬系着极其锋利之大刀两柄，刀尖交于一条挂线上，刀口却向下，下置蒲团一。神案上另供有红毛雄鸡一只，复选吉时，方开堂行礼。

“开堂行礼时，燃灯烛、烧花炮，九排人俱齐立阶下，各排领袖率各排之众行礼。三献礼毕，首由大爷升阶入殿，在双刀交插下，就蒲团上行三跪九叩礼。礼毕，便跪于蒲团上发誓，誓毕，将案上活鸡用手将其喉管掐开，使鸡血喷出注落在一碗内，然后将碗内之血倾入两坛酒内以竹片搅和，随即舀起一杯酒来饮下，便静立于神案侧，以观大众行礼。

“此而二、三排首领，四、五、六排首领，以至七、八、九排首领，俱依次升阶入殿，行礼发誓，饮血酒毕，各退归原班静候。一一行礼完毕，始行烧帛，大放花炮，乃就殿上散福，宰割牲畜物品，具馔而食，竟夕之乐，自是有焉。惟在行礼时，殿上之灯烛辉煌，固壮观瞻，然殿堂之巍峨，神象之尊严，又有刀架在望，其气象之肃杀，颇能令人股栗。且刀架上若有神凭，闻某处开山堂，有一入山者，心怀异志，在行跪拜之际，架上之刀，突然断线落下，不偏不斜，正砍中其人顶巅，脑浆流出，立即死去。故凡入山者，莫不具一诚心，心如不诚，必遭神殛，若兢兢业业以将其事，自无虞也。”

又云：“凡开山堂后，必须大团拜。大团拜，须有宽大地处，方便于团聚而行礼，且又同日而宴乐也。如一二地处不敷展布，得取用至三四处。团拜时，大爷居上，其余领袖次之。入山者多，大都以百人为一团，依次组合，成一大圆圈，而共同行礼也。团拜讫，则开怀畅饮，大爷偕二爷、五爷、么大等，俱到席上巡视一周，始各欢饮而散。惟此次之座次，不尚德而尚齿，以年岁高者而居上位，过此即分班行次。团拜宴乐后，始行解散，各自去谋生活，自此之后，乃得称为出山之人。曰入山、出山者，即入于某山堂，出于某山堂之一种简语也。”

客之言如此，余故泚笔记之，使后世人知往昔哥老会之开山堂，是作如此举动也。

听友人谈红黑二字

噫！迩来世衰道微，伦纪陵夷，有识者于此，无不太息。惟先哲有言：“礼失求诸野”，是确有见解也。昨有友人由黔来滇，谈及四川哥弟会中之一件事，令人深为惊异！乃知哥弟会中仍注重伦纪，且处治灭伦丧纪之人，尤为严厉。

夫川与黔为连界之省也，川黔边境则多有哥弟会焉，会里的渊源，大都祖述于汉刘。汉刘两字，又作何解释？是寓蜀汉昭烈桃园三结义之一段故事于其间也。惟在蜀汉以前，则有羊角哀、左伯桃；蜀汉以后，则有瓦岗寨三十六人、梁山泊之一百零八人，此均是哥弟会中最重要之起源。其间所称之三把香，即是前列的二三故事。惟该会里的组织十分专制，内有所谓“金殿接旨”和“午门候旨”，其间大有权衡。且以一细民，敢夺国家最大的生死权，期可认为是肇乱之由，究未祸及社会者，以一一俱重伦纪也。

居于会中者，是任何一人只要认过老拜兄，以后于拜兄之家属即不得邪视，应作同胞的兄嫂一样尊敬，犯则为大不道，为会中所不能容。据某君言：“黔北遵义有一姓卫者，曾在川边当过某种差事，卸责后便住于拜兄某之家里。拜嫂某氏，性颇风骚；拜兄某，既深于烟瘾而又善病。姓卫者自思：‘此花可采也，伊若要提汉刘，是自寻死路也。今当道正严禁哥老会，我何畏彼哉？’于是与拜嫂发生关系，日久，形迹益张。

“拜兄某知其妻与姓卫者有染，复调查确实，便邀集同堂同系之弟兄五六人至病榻前，将姓卫者之不法行为，对众说明。且曰：‘彼欺我年老也，我自计亦不久于人世，究不知弟兄中，谁能为我争吓〔下〕此口气。’时有年轻者即拍胸，立刻要拿刀去找那姓卫的人，病者便在床上喘息而言：‘要他之命是小事，必要名正言顺，才足以示后人。’言毕即死去。

“此老拜兄死后，即有多人为之不服气，一日，此姓卫者，独憩息于一茶居内而又左右无人，便有汉刘中人走来，强制着押到会上，会中首领遂用传单将上、下、中三堂人传集到会。三堂者，是汉刘中仁字旗下、义字旗下、礼字旗下之三堂人。三堂人有如三辈人，在义字旗下者见仁字旗下人则称老叔，礼字旗下者见义字旗下人亦以老叔相称，亦班辈行列之不稍乱也。是时三堂人集拢，堪云老幼少壮、富贵贫贱俱有焉。于是会里首领将人证讯明、物证验明，而姓卫之人却缄口不言，时由执法者走来，用剪刀将妇人的头发剪下三五根，在怀中掏出一包杂色丝线来，将头发一根一根的和线并在一处，是则发有多长，线有多长，以便使用也。

“执法者将线弄好，大众即异口同声言道：‘五哥（是唤执法者）教他照着做吧！’果然，这拿发线的人，便过来将姓卫的衣服褪下，露出肩膊〔膀〕来，然后才言道：‘朋友，好汉做事好汉当，你瞧着办吧，莫再丢脸、说软话。’姓卫者亦无法，只得将那和线并在一处的头发，比在自己的左臂上，执法人遂在其两端而志以墨点，比了左手比右手，均长有七八寸。比完时，即走出三五个人来，带着姓卫者走往后园内。右手则一刀两断，砍下七八寸长的一节手来；左臂上则照所比的线路，划开一条血槽，于是鲜血满地。可怪的，这姓卫的人并不哼一声。办讫，执法者还强迫着这姓卫的去谢恩。”某友谈至此，余不禁失声而言曰：“呀！好利害！好利害！无怪乎玩汉刘的人，动辄便云：‘要过红，要过黑。’照此说来，所谓过红过黑，就是如此，那么黑的就是头发，红的就是血。”此为哥弟会中一维持伦纪之事，乃泚笔为之记出，以见哥弟会中亦有道也。

一贯道

在一九五一及五二年间，凡属于市郊区之各乡村内，有临于大路旁之完整土墙面，政府即着垩者一一抿滑，或加以粉饰，随令工于绘事者，图画反动分子放毒、纵火、造谣言、偷情报、盗公物等项情事于其上，以广宣传。莲花池村前，图绘最多，画工较好，中有一处为一贯道之作恶图，表写一切，极其详尽。计分六格，各显形色，布置安插，堪称精绝，而每一格内，俱有说明。大致云：“一贯道为流氓汉奸张天然所创，张则利用军阀混战，人民盼望太平之心理，而成立斯教。教中有道首十八人，结为盟兄盟弟，自称为十八罗汉，以配济公。此十八人，俱为国民党中具有声色人物，其最著名者，一为天津防守司令李鹏武，一为芜湖警备司令金德麟，一为国民党之特务头子李育坤，其他如庞守城，霍永盛等，均国特中之有名人也。"

又一说明略云："一贯道之作为，系用无数的点传师，散布其教于各省之市县内，而尤注重于乡村间。迷惑群众之法，则在捏造乱语，谓大难将至，入教者可能免脱。愚者瞢瞢〔懵懵〕，自无不信服，以是，收集道徒颇众，似昆明之各乡各镇内，都有一贯道之小支会。一贯道中之首领，即就此而谋利求财。凡入为道徒者，有交纳渡大仙之规定，此则分列十二名目：（一）借窍；（二）献心；（三）财施费；（四）仙丹费；（五）点传费；（六）行功费；（七）免冤费；（八）考财费；（九）功德费；（十）供果费；（十一）开荒费；（十二）超度亡魂费。"然每项应纳若干，为月纳一次，为年纳一次，抑在入教时共纳一次，则未注明。但云："愚民受其惑者，多倾家荡产，道首等则赢得其利，过优裕生活，或置田产房屋，并有奸淫女道徒之情事。"

又云："一贯道在日本未投降以前，则受日本特务机关领导，日本投降后，由国民党之特务机关领导。解放后，一贯道仍一本其主旨，并密〔秘〕密地做一切反革命之工作，于是竟成为纯一的反动派。"以是，年来政府处决之镇压人犯中，常有一贯道之点传在。就一昆明市而言，数年来镇压之点传师，亦不止百数十人。但闻人言："一贯道亦曰白洋教，即往昔红洋教之遗孽。'教中所奉之神佛，主要者仍属观音大士与济公活佛。入其教者，虽不戒荤茹素，而亦要戒宰杀。是在任何一处，只须集有五六教徒，即可成立一佛堂。有其堂者，则称为堂主。教徒等夜则共集于堂，燃香灯、陈供品，无分男女，俱膜拜于所奉之神佛前，口中则不住的谂〔念〕阿弥陀佛，或大慈大悲观世音菩萨。此则以香熄灯烬为度，他则无所事事，此仍属一种静修也。"其说如是，不知确否。

余乡居时，近余住处之某村中，亦有一贯道之佛堂一个，其间有无点传师，则不得知。但在国民党秉政时，亦尝行文各省，着一切有关机关严密查拿一贯道中道徒，亦曾有拘挚〔执〕入狱者，时近余住处之一佛堂，便锁〔销〕声匿迹。询访之，盖以一贯道为共方特务机关，道徒即间谍也。共党执政后又云一贯道为国特之走狗，为做反动工作者，此则为余等槛外人不解之事也。然昔有人言：蝙蝠之身，四足而两翼，行近麒麟，欲与百兽为伍，麟曰："此有翅之生物也，宜驱之出。"趋至凤凰前欲与百鸟同群，凤曰："此具有四足之生物也，宜驱之归入于兽。"此则为两不见容。一贯道昔不见容于国民党，今不见容于共产党，殆生物界中之蝙蝠欤？是亦必有故也。余槛外人不乐深求其理由，只以一奇事视之也。兹特写出，俟就正于多闻多识者。并志余之所见余之所闻。〔一贯道原名"中华道德慈善会"，源于山东，路中一将其更为"一贯道"，路死后，张光璧继其衣钵。后张投靠日本帝国主义并为其效劳。日本投降后，又被国民党反动派控制和利用。新中国成立后，定其为反动会道门之一，曾被坚决镇压。所说为"共方特务机关"等，纯系无稽之谈。〕

撞钟楼上之大钟

往昔之撞钟楼，是建于南城近日楼西畔之城墙上，约距近日楼半里许。楼为一长方形，纵约三丈余，横逾五丈，由顶至脚，高及三丈。楼中间之正梁上，悬大钟一口，钟口覆于楼当中之凿空处，此处围绕以栏，栏高约三尺，而洽〔恰〕及钟之边缘，钟口距地约丈五六尺。楼上有卒二，专守此钟，城厢四面有紧急事，则撞钟以告警，钟声能达四五十里，大板桥处可闻。或云"铸钟时，实和有他种金属，故能声音远震"，此亦姑信之。钟之历史，考旧滇志："昆明城建于明洪武廿八年〔1395〕，城东南角有楼，曰启文。"于撞钟楼未之及。今揆想建此楼时，或在城墙完工后不远之一年间也。是则至拆卸钟楼时，楼亦经过五百余年之久，始云见废也。

公历1952年，岁在壬辰，因拆城墙而销毁钟楼，将楼上所悬大钟取下，置于近日公园西去二三百步之一空地上，吾人始得其真象。钟高约及九尺，口径约及六尺〔按：据实测高为二点一米，口径周长六点七米〕；钟顶上有双珥〔耳〕，为系钟之纽，以目力勘之，珥〔耳〕亦长大至尺，其粗处则若吾人之臂焉。钟置于两条巨木上，离地面近尺，以手摩其边缘，厚及五寸〔按：实测壁厚为5厘米〕。钟上有篆文数行，有一行为“大明永乐二十五年造”〔按：原文为“大明永乐二十一年岁在癸卯仲春吉日造”，即公元1423年造，此处所记年代有误〕九字，就此而论，乃一五百年前古物也。钟之重量似在二万斤以上〔按：实衡钟重为十四吨〕，此从何取证？盖闻取动此钟时，是凭藉一能起八吨重之起重机，结果，机上之轴，几欲压断，故知其重量，实超过八吨，当在二万斤以上也。挂钟之横梁，系一条红椿木，长近三丈，粗至尺余，实为希〔稀〕有材质，所以钟挂在上，经五百余年，而无丝毫炸裂，惟跨链处稍现窝痕。惜是时之拆楼人不识此系一珍物，随撵运至某一地处，将此可宝可贵之材质解锯成若干枋板，真令人浩叹不置也，吁！此之谓任意破坏。

按此楼之建筑，即与铸钟同时，亦在五百四五十年矣。在此一时间当中，迭遭大地震，东、西寺塔尚见倾覆，此钟楼独能岿然在上，其建筑之精，可以想象。又忖想当时挂钟于楼，原无一件机械以资利用，而纯用人力，将此重至二万余斤之物，高悬于楼梁上，究不知运用何法，而能达到此圆满目的。故一般推论此事者，无不称道古昔人士，其才能实为今人所不及。近代之工艺家，大都挟有机件，在技术上似高过于古人。讵知不然。如此一事也，今虽勉强将钟取落到地，而欲运往他处安置，竟无法动移。所以然者，因无起十五吨以上之起重机也。嗟乎！今人何远不及古人耶？昔者，系将此钟由下而运至上，其难也何如，且要将钟挂至梁上，真难之又难。今则由上而送至下，其易也又何如？然一移置于平地，便停置而不动，斯未免为地下陈人所笑也。

卷　二十

灾异

日月食说

月绕地球，所行之道曰白道，与黄道斜交，相距五度有奇。一月之中，月必两次行入交点，其入交也，月与日同道，谓之南北同纬。朔望之时，相会相望而同度，谓之东西同经。故入交而非朔望，是同纬而不同经，当朔望而不入交，是同经而不同纬，皆无食，必经纬同度而后有食也。盖经纬既同则合朔，时月在日与地之间，吾人视日月成一直线，月掩日光而为日食。望时，地在日与月之间，亦成一直线，地蔽日光而生锥形之暗虚，月入其中，则为月食。日食有见有不见，时分有多有寡，因人居地球，有东西南北之不同，月体较小，其影不能全掩日球，地球上人故所见各有不同。月食则必四海同观，但时刻有先后耳，此皆可预测而知者。古人视为灾异，不过藉此以相警，非真不识其理由也，如《诗》曰："日有食之，亦孔之丑。"〔见《毛诗·小雅·节南山之什》〕乃借端为喻也。后世术数家俱能先期推测不爽，即在千余年前，唐李淳风敢于上前辩食之晷刻，时以为神。今之推测家更能先定各地应食分秒，李淳风之术，又不足数也。且年有食有不食，或一年中有一日食与一月食，或月有再食，乃日月运行自然之数。人君救护修省，即圣人"迅雷风烈必变"〔见《论语·乡党》〕之义；前代臣工诤谏，每以日食为词，无怪乎难动九重之听也。但日月之运行，亦有出于常轨时，是为一时之变动。

余往昔闻余父云："清咸丰五年〔1855〕，日食二次，月食三次，时人无不曰'必有灾异'。"果也，次年滇乱作。此殆天变于上，人应于下之说欤？噫！斯固有偏于迷信也。然日食月食，终不能认为是天空中之一美好景象，而况至再至三，宜乎人必其为灾异也。

彗　星

天空之彗星甚多，亦不尽点点拖长尾，有长尾者、有秃尾者、有尾长而直者、有尾长而曲者，是状无定形，形无定式，可谓为奇奇怪怪。尾上体质一似云雾，殆为太虚薄气积成，故能透日光，内外通明也；首为星颗，时时向日，尾恒与日相背，天文家测知，为太阳吸力所致，故其旋行轨道，亦如行星之绕日焉。顾各行星之轨道，皆系椭圆，周而复始，其见也易。彗星轨道，有成一极长之圈线者，有成一抛物线路者，以故，有一见而累见，或一见之后，永不再见。自奈端〔Isaac newton，今译为伊撒克·牛顿，1642~1727，英国物理学家〕将已显各彗之形状及所行轨道之根数，告诸天文家后，哈雷〔Edmund Halley，1656~1742，英国天文学家〕即测得一彗星，推其根数，与奈端测得者略同，遂预测其周时，约七十六七年，当必再见，届时果出，遂名哈雷彗。厥后之精推测学者，复预推其再见之时，后又屡见不爽，由是益信。其他若因格彗、比乙拉彗等，一见再见，或百年之中而三四次见者，实甚多也。

世人以其隐现无常，在出现时，便认为灾异先兆，此不能不谓为是一种疑误。以彗星在天空中实有行度方向之可考，并可预推其再见之期，原无吉凶关系也。虽然，彗星出现，又多不在时际承平之日，而是现于世将离乱之际，此又不能云与人世无关。藉曰时逢其会，而运会至此，亦终不见嘉祥也，彼前人执天星见于上，人事在于下之说，亦不合斥为谬妄。〔按：此说亦属迷信〕按天宇内之彗星，其最著名者有五：（一）1910 年之哈雷星；（二）1861 年之大彗；

（三）1744 年之彗；（四）1836 年之哈雷彗；（五）1888 年之彗。此五彗，天文家俱标形注名，见于各报，此凡具学识者，无不知之。又考中国之史籍，则有彗星、长星、蚩尤旗等之记载，按其所记，似长星即 1910 之哈雷彗；蚩尤旗即 1861 年之大彗；所谓彗星者，多系 1744 年之彗。惟余所见者计有四次，三见于滇，一见于桂。在桂为光绪丁酉年〔1897〕九月，当夜深时，彗星横现于天空之东南隅，头向北而尾扫南，星体不甚长大，形象与天文家所标 1744 年之彗相同，距离地面约高二十余度，须登高始见。此彗见后，中国亦无甚乱事发生，仅次年有戊戌〔1898〕政变事。一见于光绪庚子年〔1900〕三月夜间，将近天明时，彗现于天空，依近东北隅，直高出地面约七十度，出现时间，不及三十分钟之久，天色明，即隐而不见。其形象则与丁酉年〔1897〕所见者迥不相同，形较巨，尾较长，尾梢之散开亦较阔，头则向南而往下斜插，尾则翘起，此在形势上直如一物将有下窜之势。约出有半月即无人得见其形，或是退在天明后出也。是年，义和团肇乱，八国联军入北京城。宣统己酉年〔1909〕，大彗见于昆明，初出时在正东方，须至夜半两点钟始见，继则渐移往东北，出现时间愈迟，约至两个月后，即无所见。此次之彗实巨大已极，或因不甚远于地球也。其形是星颗向上，星尾下垂，尾端张开，极其整齐。整个星体直成一锐角形，高标于天，无丝毫偏欹缺裂之处，可以云是一极其完整之大彗也。尾端距地，约高出三十度，全部在天空，约占三十多度，堪云巨矣。惟其形象，又与天文家所标列之五种形象，不甚相同。此彗出后，越一年为辛亥〔1911〕，大清遂亡。

是时余外母告余曰："此次所出之彗星，与咸丰七年〔1857〕所出之彗星，则长大相同，形象则殊。彼时出现之彗，是斜挂于天，头上之一颗大星，较此次的明亮，形亦不似此次的端而且直。在中段上即湾〔弯〕而下垂，整个星体是须须拉拉的，直似一把竹条〔箒〕帚，其尾端亦长短参差，极不整齐。且在一些须须拉拉上，又似有无数的细小星点附着。初出时，在入夜后九点钟，既后愈出愈早，天黑即见。是时回人正困城，望之甚是惨然。”顾此云云。咸丰七年〔1857〕所出之彗，或是天文家标著之大彗，宣统元年〔1909〕所出之彗，即是中国史帙上所书之蚩尤旗也。惟咸丰七年，系西历1857年，而泰西〔义极西，泛指欧洲诸国〕天文家又无所记载，抑余未获读其书也。

流星雨

吾人夜观天象，见有小星横空而过，其行甚速，是为流星。测候家云：“流星行于天宇中，一秒钟能行九十里。”又云：“其行近地球，射入虚气时，与气质相磨擦，故发热而生光，及其穿过空气，其光渐减。流星之数，即以其犯空气者计之，一日之内，当不下数百万颗，而以在上午二三时所见者为最多。”细考之，其散布于行星轨道中者固多，而散布于太虚各处者愈复不少。或团聚而成无数大群，或结连而成一大环，杂错无定，然都绕太阳而行。地球行到团聚结连处，则常见流星明灭，昼夜不绝，且纷纷乱射，势如骤雨，泰西人谓之流星雨。

余此生，在大地上，亦尝见过天宇中流星雨二次。一次见于昆明，一次见于广西平乐。见于平乐者，是见到远处有流星如雨而下，兹则置而不谈。见于昆明者，是光绪甲申年〔1884〕秋九月之某一夜，约在九点钟时，余忽闻人言：“天上星宿一一坠落矣。”举室之人俱出而观之。时余方六岁，将随众而出，余母弗许，只得就窗眼门缝而觇视，惟奇景入目，今犹深深印于脑筋未消灭也。记得是夜在九月下旬，天无月色，又无浮云，湛湛青天，惟有灿烂星辉在望。而天畔星颗直下，繁若雨点，以另一景象喻之．如在日西斜时，有雨被风吹来，日光斜射雨点，则织冰缕而曳银丝，光线是条条牵长自空而下，复丝丝焕人眼目，以此方喻，诚十有八九相似。

是夜星颗之下坠也，就实际上言，其始也，是稀疏散乱，继则繁密错杂。有时，不让于机头布缕之密，目不得而分晰之也。且粒粒坠下，亦若蔌蔌〔簌簌〕有声。小孩心中，疑其坠落我屋，屋瓦必穿；坠落城外稻田，稻子必被压平。今回忆是时心理，亦堪笑也。余得窥至二更后，余母即促余就寝，乃无所见。嗣闻家中尊长言："近四更时，星落愈密，且有若干较大之星颗坠落，近五更时则渐次稀疏，天明时即无所见。"

彩　云

彩云丽天，所谓天开云瑞也。云南之彩云，不仅是时有所见，且是常能见到，复多在日将落时而现于西方，但铺展不甚阔大耳，在一般人见之，亦不以为奇。汉武帝时，彩云南现，亦谅非一次二次，当是多次也。彼远者固不可追述，就近数十年而言，吾人亦常有所见矣，其最标著人目者，莫如清季宣统三年〔1911〕，岁次辛亥九月八日正午时所现之彩云，直如一床大而无似之锦被，展布于天空，是红、绿、黄、黑、白五色俱备，形则方整，边际尤齐，紏缦胜卿云，艳丽过日华，瑞彩祥光，真映山河而辅日月也。且现至两小时之久，始渐次色变形消。夜间革命军起，次日重阳，即告功成，数千年来之帝廷专制，只此一举，即完全推翻。天出此一大片彩云，殆祝革命成功也。斯则举国之人，无不认此为"天开云瑞"。其次，为全滇人民于民国十三年〔1924〕春三月初旬，建立唐会泽再造共和纪念标于正义门〔正义门，旧称大南门，即丽正门，楼为近日楼，1922年8月改丽正门为正义门，楼名仍旧〕前之日，是日午后一时，三迤人民代表、昆市各界各团人士、省城各机关长官与夫各国驻滇领事及一班新闻记者，与唐继尧共萃集于近日楼中，举行立标典礼。正举酒相祝间，忽有人入报，天出彩云。群出仰视，果见一大片彩云，丽于天中，且依近于日畔，亦五色六稍，流光曜藻。唐继尧于斯时也，亦眉开色喜，各领事亦以吉语相谀，群众则掌声雷动，在楼下之人亦啧啧称羡不置。各领事乃更举一觞，向唐继尧称贺。嘻！诚天公之凑趣也。此片彩云，不依朝日而呈，不近斜日而现，独于是时吐瑞呈祥，是不能不谓为天时人事之相感召也。在一般睹此景象者，无不猜想着唐会泽〔按：唐继尧为会泽县人，故又称为唐会泽〕之勋业，必将有进一步之伟大也。讵知实得其反，夜间忠爱坊〔忠爱坊在近日楼前今之三市街北口〕遭火焚矣；不三年，四镇守使〔即龙云、胡若愚、张汝翼、李选廷〕则起而倒唐矣，唐亦于垮台后而病死矣。立标时，天上所出之彩云，认之为瑞欤？抑以不祥之事而并论欤？是则辛亥年〔1911〕所出之彩云，亦不足以言符郅治而表修明也，余故终不以出彩云为瑞。

白霞与红霞

霞非云气，乃地面蒙气与轻微之水蒸气相凝，障蔽于天空，阳光则由其间斜射而出。霞光多具红色，故曰赤霞，时有具紫色者，究少也。霞之光线，必上阔而下窄，其所以如此者，是光线自下而向上展开也。霞必现于日初出时及日落时，早曰朝霞，晚曰晚霞。又何以只出于早晚二时，以在早晚二时，阳光始能斜射地面蒙气也。霞光上射于天，不只色彩鲜明，而且艳丽，然此是言早晚二时所现之赤霞。又有青霞者，形式亦与赤霞同，然必现于日落后，且不在日落之一方，而是在对方，故青霞无不是现于东方。作成青霞之原因，尚不见书中有所解说，或曰是一种反映。

赤霞、紫霞在天，色彩极其艳丽，似无不悦于人目。然有以霞气为不美者，实非天空中早晚二时所现之彩霞也，古今来所谓之红霞、白霞，出现时则使人心中有所不悦，此何以故有不快于目也？白霞是由云气凝聚而成，形如匹练舒长，其色纯白，却暗而无光。其形则宽窄整齐，如裁削而成，或高横天中，或斜陈天际，长短亦无准的，有经天横过者，有牵布于天一隅者，有斜勒于天畔者。总之，无不呈现出上述之形色。当白霞出时，吾人自地面上视之，似至短者亦在数百丈，宽则似不及丈，此不过以吾人之眼力上视，不是用目力测度，而亦无人以仪器而测其长短宽窄也。

白霞当空时，必是湛湛青天，纤云卷尽，惟此素练森森，与日相映耳。白霞能在天空中停滞二三小时之久，不动不移，无变化，无幻合，以如是凝聚而成，亦如是渐次消灭而尽。在停滞时，实函有一种凶戾气，以是，见之者多是心中不快。俗语云："天上出白霞，地下乱如麻。"此虽属于迷信，然以事实证之，亦多不爽也。记得光绪己丑年〔1889〕腊月初八日午后二时，余在省垣，当吃腊八粥于家里时，即有人云："可去看白霞。"乃舍粥而随之上五华山。果也，见白霞出于天之西畔，直如一匹素练舒长，一头在棋盘山之上空，一头在西山倒石头处之上空，其长度似在一二十里矣。宽处以眼望去，似仅及丈，边际不啻用利剪裁成，横陈在是，亦毫无变化。约越六七十分钟之久，始渐次淡去，又越二三十分钟，始无形色。次年庚寅〔1890〕，正月初旬，即有黄二布客作乱于武定之事，是虽旋起旋灭，然亦动干戈至半月矣。

又光绪壬寅年〔1902〕秋八月之某一日，余适在省习法文，又见白霞现于天南。瞥见时，为午后一点半钟，伫立于五华山上看此条白霞，一头在七雀寺山之上空，一头在睡佛山之美女峰上空，殊长也，宽处亦与己丑年〔1889〕所见者差似。此则现至三时半钟，始云完全消灭，不久，即有周大麻子之乱事发生。又滇桂战争之岁，余在桂林，却不记其月日，曾见白霞横贯于桂林天空，登独秀峰而眺望，终不见其头尾，可云经天而过也。又滇军在广州失败之岁，穗垣人亦云有白霞经天事。据此而论，似人事动荡于下，天必有所表示于上也，此岂偶然而成者哉！何适逢其会之洽也？总之，白霞之出，实多不利于人世。

五色之中，华人以白为素，以红为喜，所以一切喜庆事，在物质上都重红色。但是天上出红霞，人又认为不是一祥瑞事，所以然者，盖红霞出则必遮尽天空，且使阳日无光。言其形色，有如烈焰火光，烛满大地，故睹之者，不惟不能快心悦目，转足以惊心动魄。

但红霞少见，见则人事上必有剧烈之变动，而且是动干戈于邦内。余在滇中，曾两见红霞，在桂亦见过一次，此三次也，俱不满百日，即有乱事发生，又不能云是偶然巧合也。

其在滇之第一次为民国十六年〔1927〕唐氏倒台之先数日。余时长粤侨公学，于某日午后一时，在讲堂授课〔之〕际，忽觉室内如火光照耀，遍地煊赤，异而出视，空间倍红，仰视上天，却无浮云在望，但见赤雾弥茫，遮尽青天。太阳自无光，树木亦无影，人则如在火光中，只不过无热气逼来耳。更走往旷处，眺望天际，红气亦塞满四围，见不到四垂天脚。校中董事覃某，长余十有余岁，语余曰："此系出红霞，将有乱事见也。"现此景象，将至五十分钟之久，始觉天空红气，由浓厚而渐至淡薄，又由有而归于无。至两点半钟后，天始清明，一轮红日，复丽晴空。不数日，即发生"二六政变"事，继续着又有"六一四政变"及胡〔若愚〕龙〔云〕斗争事、唐继虞扑省事。

又一次，在民国三十八年〔1949〕八月初旬之某一日，余由乡间入城，本来是日天气晴明，且是万里无云，在行路上，心中非常爽适。讵行近湾子埂前，天宇中就渐现红色，此则越红越艳，阳日则渐次无光。积行至城里北门街时，望〔万〕里晴空，已烧成一遍〔片〕鲜明艳丽之赤红天矣。而且天空中，又现出无数形同火焰之红云，分布舒展于此一遍〔片〕赤红天上。而此一些红云在天，既不浮游飘荡，亦不变易形色，只似熊熊火焰，向上蹿冒耳。是时，太阳则昧而不明，照射一切动植物体，都淡而不能成影。余遂登上圆通山头，伫立而眺望四周，是山也红，水也红，房屋楼阁、花草树木，又无一不是泛泛地染上些红色。再四顾天涯，亦是茫无涯际之一遍〔片〕赤色，亦可以云，赤色不止届于天脚。我个人立于山巅，不啻孙悟空爬上火焰山顶，然知此是出红霞也。故在此如火如荼之景象当中，亦毫不惊心动魄。逮至日西斜后，红云始渐次消除，红霞亦渐渐淡去，此为有目共睹之事，有不之异者，殆事不经心之人也。不数月，云南自行解放，遂引起第八军、第二十六军来攻昆明城事，实是一场大战事也。

在桂省所见之红霞，只不过满天红色，阳日暗淡而无光辉。以形色论，究不若在滇所见之惊人也，且为时不久，亦即淡去。亦不数月，唐继虞与龙云即引兵入桂，于是发生战斗事。故红霞之出，尤不祥于太白昼见。斯而可下一判言，红霞不似赤霞，赤霞若带有彩色，红霞则带有杀气，赤霞常能于早晚二时得见，红霞一见，是必有不祥之事发现。以是，天宇中一现出此种景象，昧者则呼为“火烧天”，此由不知有此一不祥之名物在着也。

虹霓夜见

凡小雨之后，天气虽晴，而空气中仍含有微细水点，障蔽于空间，致将太阳光阻遏，遂成回光反射，于是依着阳光，映带成半个圆圈，色分五彩，作浓淡两条，上者淡曰霓，下者浓曰虹，《经》曰：“螮蝀，即虹霓也。”〔见《尔雅·释天·风雨》：“螮蝀，虹也。”〕然虹霓之现，必日在西而见于东，或日在东而见于西。但在午前，而虹霓西现者殊少，是大都在午后而见于东方也。

《礼记·月令》：“三月，虹始见，十月，虹藏不见。”〔“季春之月，……虹始见。”“孟冬之月，……虹藏不见。”〕盖因自冬徂春，雨泽稀少，即有小雨，空气多燥，微细水点，极易消灭，故十月后虹藏不见。是则虹霓之现于天空，虽由细微水点映成，亦必要有日光而后能现彩色也。若日光已没，而云有彩虹出现者，可嗤为梦呓也。

夫宇宙之内，怪异事恒多，常有出乎情理之外者，不时发现于吾人眼前，而任人作如何推想，作如何测度，终不得其解说。此又何由而成？要不过天地间之一种乖戾耳。彼阴阳二气，顺则循理而现，逆则纽结而成怪异形质，于是而有奇特之事出，怪异之形现。

回忆戊申年〔1908〕六月初旬之某日，入夜后，约八点半钟时，值小雨初晴，天上浮云，亦将歛〔敛〕尽。是时，日光早没，惟一弯新月斜挂西方，余适经学院坡头，见有数人，伫立坡头怅〔张〕望，余因停足，偕众望远。乃见新月之下，有一段曲虹，形固不甚长，却彩色分明，其弓背几与天畔蛾眉相接。以位置言，则在棋盘山之北头，以高度论，似出地面四五十度。其头尾两端，却明灭于空际，而与是处山岭距离甚远也。余与一班人伫足于此，凝视甚久，约至十余分钟后始隐而不见，一班人无不曰："夜间出绀（滇人呼虹霓为绀）〔俗呼为"杠"〕是诚怪事。"然亦不甚深究，各分头而去。嗣以此事语人，又大都认为虚妄，余亦不暇辩。又宣统三年〔1911〕七月间之某一日，约在午后四时，有虹现于南方，在五华山上望之，俨然近日楼头加以半个彩圈，亦奇异之至也。

雹灾

大凡雷电交作之际，空中雨点，被电气冲动，上至高空至冷之处，便凝成冰颗冰片，愈结愈大，乃随雨点而下降。由是而有大如指尖者，大如鸡蛋者，甚而有大逾于拳，或成砖成块成团者，都无足异也。

昆明虽气候温和，然在年年之夏秋间，亦能有一二次冰雹降落，但颗粒不大耳。若拳大之冰雹，考诸籍载，据诸传言，实未降过，更未降过冰块冰砖。惟在咸丰五年〔1855〕端节前一夕，昆明则大降冰雹，每颗直有一鸡蛋大，打坏若干房屋，打坏若干农产物，亦略略成灾。然在近百余年来，亦只此一次，后此则无。

是次之降冰雹，由是夕之九点钟起，直降至九点半钟，雷雨始息。初是雷电交加，猛雨暴注，继则有冰雹随雨降落。在初降时，冰颗亦不甚大，只听闻剔历答刺〔喇〕〔象声用语，即踢里踏拉〕，有打破窗纸而溅入者，无非及于一颗包谷米之大，是历年来所常有者也。此而雨至二三分钟，则响声大震矣。有打入门来者，即大逾于吾人拇指尖。此后，声响即一阵比一阵大，有不怕冰雹击中者，就雨中拾取一颗而审视，冰雹直不啻一颗鲜荔实。是时，地面上，其落下之大小冰雹，似已积有二三寸厚。又过二三分钟，冰雹降落之声愈猛，冰雹偶一打到门格上，直是訇訇一声，盖冰雹已大如一鸡卵矣。此仅下四五十秒钟之久，声势便渐次减松。又越二三十秒钟则冰雹息，只有雨点之声响。延至九点半钟，雨声雷声遂息，天色便晴。

此一场大冰雹之降落，在一切情事上，是余母语于余者。曰："咸丰五年〔1855〕，余仅五岁，记得是夜雨雹，其声响之大十分惊人。在冰雹訇訇打门时，全家俱竦惧恐惶，一一俱攒集于屋楼底下，各各面面相观，仿佛是静候着天老爷之处置安排。是时，余家住在小富春街，房屋是新建的两大院，瓦是双层，而又有楼，因此，人们的心里也还不会害怕到十二万分。到雨晴了，大家又才欢喜。但是我的大姆走进厨房便喊道：'糟了！'大家走入去看，原来厨房的屋顶是单层瓦，却坏了十多片，弄得冰丸泥水满地，还打了些瓦器。而厕所亦是单瓦，幸有些树子遮蔽，仅打烂屋瓦八九片。所有住屋都是双瓦，因而能于抵搪冰雹，可是，亦有好多震裂。次日早晨，我犹见天境〔井〕内、瓦背上尚堆满冰雹，约有两几寸厚，想上夜雨晴时，冰雹必能堆高至五六寸。考云南之屋瓦，是成于嘉、道年间者，板瓦俱厚逾五分，且坚结异常，仆瓦于地，人行其上，复以足重踏，亦不破裂，故能抵抗鸡子大之冰雹。

"论此一次的雹灾，我家以屋瓦坚厚，未受若何灾害，邻居等则有不少的受到灾害了，幸而都没有将人打死打伤，只不过滥〔烂〕些瓦和坏了些什物。后来听闻人说：冰雹不是在昆明城内外作普遍的降落，是形成一条线的度过，展开亦宽不及半里，牵长亦不及五里。最受伤害之处，是在大西门外一带，麻园村前种植之麻，十有六七打平，房屋打垮四五十栋，农人死于屋下者三四人，受伤者十余人。大西门内之民居，亦有三四院被冰雹打垮，此亦是一场小小灾害。"余母之语我也如此，而地方父老之传说亦如此，余故泚笔记之。

纪述前节事，因而想到民国二年〔1913〕五月，黔南荔波县属，近黎明关处，有一夷寨，遭受雹灾，至为惨酷。寨名佚去，但知其为苗族人之寨，寨约六七十户，丁口三百余人，牛马牲畜亦近二三百头。降雹之日，适在午后，人多四出工作，牛羊与马，亦在山间草食。突然暴风一起，天色骤然变黑，同时，霹雳闪电大作，几如天翻地覆，于是冰雹即自空中降下。在始初时，冰雹降落，仅大如豆，继则大逾于李，大逾于鸡子，大逾于拳，大如合捧，更有方如砖块，尖如利石者，杂于其间，错杂繁落，声响则摇山震地，寒气凛冽，逼人战栗，且腥臭扑鼻，不可向迩，落至十余分钟之久，始告停息。

是时，凡在田野工作之人及在郊原之牛马，无不为冰雹击毙。亦幸雹落之路线不宽，展开不过三五十丈，而延长亦只及三里耳。冰雹之积竟厚至尺余；其大逾于拳者，溶化后中多涵有人发、鸟羽、兽毛、豆粒、细石等物，如鸡子大者，则无此耳。事后检查，击死男女老幼共七十余人，牲畜百有余头，茅屋打倒六十余间，用器之被击坏者，至不可以数计。有不蒙难之人畜，以不在线路之内耳。

谈此灾者云：有一受害之男子，被冰块将其头颅打碎，脑浆迸出溅射于十步外。一四五岁小孩，被冰块将其上半截身躯击成肉糜。一苗妇被击断其左臂与右股。至牛马之穿胁洞腹而死者，则又比比皆是也。此地与桂之思恩接壤，距贵阳实属遥远，后亦未闻黔政府有以赈恤，当不是未之闻也。或者，因黔中多故，不暇及此细事耳。

天空中现出之奇异景象

天空中之奇异景物，彼美观者，如彩云，如彩霞，如日华、月华；不美观者，如日晕、月晕、红霞、白霞及流星雨等。若此等类者，虽不常有所见，然有时亦得而睹之也。若夫光绪丁未年〔1907〕春间，云南天空中所表现之异景，不特尘世间人罕觏，恐天上神仙亦只见过此一回也。

时维暮春三月，朔五日午前七时，红日升空，未及天半，日轮周围，即晕出一紫圈，较日华为大，较日晕为小，渐次则现出红、绿、黄等彩色。至是，形则似日晕，色则似日华，盖中空无色彩，外圈不与日轮相接也。至八时后，此圈不特五彩俱备，细分之，实有七种颜色。继在此一圈之左，又晕出一圈，与原圈相套。圈之大，亦与原圈等。至九时，又晕出一圈，套于原圈之右。此左右两圈，亦是层层彩色，此时，三个圆圈相套，则成一瓜形，而日仍居于中焉。已而又于此三个连环圈外，现出一绀，而绀则两端垂，此则一条横过。

十时后，连环圈又发生变象，左右两圈，竟变作椭圆形，中间一圈仍如旧式，此则有如蝙蝠形焉，此时，红日已带圈升至天空中矣。圈外之一条横绀，却不稍移动，由是，绀与圈则距离远矣。延至十二时，已日午当天，而三连环圈之旁，又晕出一小圈，亦具彩色，惟此小圈却不与三连环圈相接。至午后一时，两椭圆圈上，又各冒出一尖角，圈外之横绀亦渐渐追移至连环圈之附近。至二时后，两椭〔圆〕圈忽变易其形，有如蝶之双翅，日则移至最后发现之小圈内矣。将至三时，旁之横绀，竟穿入三连环圈内，有如一锦棍，复虚缠一些锦带焉。至此，日渐偏西，圈套之色，因之而淡。至四句〔点〕半钟时，天空中之一切奇景始完全消灭无迹。

是日也，四宇之内，纤云毫无，故此种异景能独现光华。余时在禄丰城睹此，却未具图以存。余母在昆明，则随时绘其形式于书篇，后以示余，乃叹余母之精心于一切。此一事也，以祥瑞论，三年后中华民国成立；以怪异言，是岁光绪与慈禧齐崩，不数年，大清江山灭矣。其上天之有所示欤？不得谓无故而发生此一奇景也。或曰：当不止于是也，恐将来尚有一钜大之变动，果然。

又民国己未年〔1919〕，余在平乐府城，一日午后，日略偏时，以无事而仰望天空，四宇垂青，日暖风和，真春间之最好时日也。讵隔半小时许，风色突然变动，天空中随发生特异景象。是时，亦无黑云涌起、阴云蔽空，而一望青苍，忽渐渐的黑去一半。于是，劈天分界，一线裁齐，西畔则华日丽空，一片青天，而无纤云一点；

东畔则似乌云布满，其色如墨，既厚且浓，且无罅隙漏缝。登城眺望，似黑气直与地面相接，由午后二时而延至午后五时，东畔黑天，始由浓而归于淡，由淡而归于无。佥云此种黑气漫空，为不祥征，已而果然。

黑 霜

古千字文云“露结为霜”，是云地上之霜，乃由露气而成也。露又何由而成霜？盖由接近地面之水气，夜间沾著于草木上，或容易散热之物体上，一经受冷气，便结成水珠，是名为露。露气自夏徂秋，至白露节后，空气愈冷，露水为至冷之气所逼，遂坚结成粒，散布于一切物质上，色白如雪，是名为霜。霜之根源，仍属于水汽，自然色自，若黄若黑，绝不能致者，乃不谓有下黑霜之事焉。

闻前辈人言，当咸丰四五年间〔1854~1855〕，滇中灾异迭见，种种怪事，时有所闻。如咸丰五年〔1855〕十一月，寻甸之果马、羊街一带，曾有下黑霜之异。据是处地方之人言：“在是年冬至节后三日，午间犹天色晴明，气候温暖。不意入夜后，天忽改变，即寒气凛冽，风来刺人肌骨，无论老幼都不能耐受其寒。次晨，启门出视，遍地直如墨染皂污，望到远处，亦复如是。其在田野之豆麦，山岭上之草树，与夫一切竹木瓦石物件，无不变黑。乍视，则似盖上一层黑烟，又似洒上一层黑沙，而细审之，仍是霜华，结粒累珠，光亮晶莹，与平昔之白色浓霜同。以手指触之，寒胜于冰，而一经热气即立化成水，便无色象可求，由是而知是一种具有黑色之霜也。霜而色黑，人无不咄咄称怪。但被黑霜盖过之一切生物，越二三日后，无不枯萎。其受灾之处，纵横俱在二三十里，其损害之农产物，不可以数计。时马二花正领率回夷两族人在马龙、寻甸一带作乱，人民又受此灾害。于是饿死于沟壑者，不知凡几。

越六十年，当民国元年〔1912〕间，贵州之平越直隶州属，有庆余县，其境内亦受黑霜之灾。庆余固是一小县，居民不及五千家，但境之幅员甚广，东至西、南至北，俱逾三百里，是地广人稀也。夫黔地多山，平陆绝少，庆余田亩之少也可知，人民惟种杂粮是赖，其穷也可以想见，乃不虞而又受黑霜之害。是年腊月初，某夜，则大下黑霜，传言其情形，亦与云南寻甸之果马、羊街一带下黑霜之情形相似。但庆余之下黑霜，较广于寻甸受害地处，纵横直在四五十里，此则在境之北方，而县城与东、西、南三面，则未波及。受黑霜地处，损害农作物竟尽。由是，春发完全损失，于是北乡大荒，饿死者逾三千人。

道光年间昆明大地震

地震系恒有之事，不是特殊事。如日本岛国，其国度内地震事，月必发生数次，是平常而又平常。所以然者，由地心火力，冲动地壳，地面即动摇不定也，甚而地壳崩裂，其在一开一阖时，震动更为剧烈。若地壳有一大块或二三小块之崩塌陷落，地壳面上之一层地皮，必因之而成坑成沼，此有往事昭著，不是作惊人语也。在近百年内，贵州婺川县之黄村，是整个村子沉陷，其地处今已变成一片湖沼矣。故地震事，人不能云毋惧。

云南地方，既不滨海，而又在万山丛沓间，昆仑山脉又雄厚，地心火力似不易冲动地之最上一层，可以云，地震之事，不致常有。即从历史上考查，云南发生大地震事，亦只数数，虽然，亦剧烈矣。在千载以上者，殊难考稽，在五百年以内者，亦有数次。如明正德九年〔1514〕，迤西大地震，榆叶〔叶榆，指今大理市〕受害尤殷，城郭屋庐，毁仆无算，此则前人有记，余不详述。又如清道光十三年〔1833〕，昆明大地震，连绵逾月，城内城外房屋毁去千余所，东寺塔亦倾圮，是震得最剧烈之一次也。

余闻前辈人言，是次地震，城中居民苦极，一日之间，地作二三次之动荡，甚而至四五次，人民日夜不安。闾阎中之男女老幼，都不敢于室内住宿，惧墙倒屋塌也。缘此，是概以桌凳支于街心，上架木板，作避难室。即一切饮食，亦就此而烹煮啖啜。时当七月初秋，雨水时时下降，地面上随时都有水积，坐卧俱难。有时大雨滂沱，尽人衣裤俱湿，将襆被搬入屋内，免被雨淋，有时，襆被尚未放下，地又动起来。或避猛雨而走入屋内暂避，坐还未稳，地震又作。在动力钜大时，多半墙倒屋倾，稍不注意，即遭压毙。在炊爨时，地一震动，锅甑亦被翻泼，所谓坐不安而睡不宁，饮食不能舒服咽下，如是者达二十余日，无不焦愁困苦万状。

云震动得最剧烈者，即为七月二十七日黄昏时之一次，是次之颠播〔通簸〕，直至十余分钟之久，且无十数秒钟之宁息。人在地面，立者倾，坐者仆，卧于床者坠于地下，倚于门者跌往阶前，小孩们多是在地上滚来滚去。所支桌案，无不翻横，所搭木板，无不塌落，锅炉碗盏，半多跌坏。于是，城里城外之寺庙，一时倒塌者三四十座，民居倾者六七百栋，男女死伤者近五百人，此为最厉害之一次也。以故，后之昆明人，都于此日纪念不忘，每年七月二十七日，乃就土主庙唪经礼忏，做地动会焉。

嗣后，有自杨林方面来省者云："杨林街上房屋则倒去过半，长坡房屋完全倒平，大板桥房屋亦倒去三分之一。凡附近长坡、杨林、板桥等处之大村小寨，有全倒平者，有倒去一半或三之一者。综之，此一带之房屋，被震垮者总不下二千栋，死伤之人亦必在三四百，至于牲畜之死伤，时则无人计及。且云在长坡出去之某一地处，地面震开裂缝三四条，俱长至里许。又长坡北头之一小坝子中，则震开一条裂缝甚钜，似在二里以上长。而每一裂缝又无不宽至丈许，或及二丈者。时由杨林进省，须绕路而行，图避开一切裂缝。但此数条裂缝，在过中秋节后，便渐次合拢。"其说如是，昆明城中人，始知此次地震，其重点是在杨林、长坡一带，而不在昆明城内城外也。

又余于成年后，于近省之呈贡、晋宁、昆阳、新兴〔今玉溪市〕、安宁、易门、富民、嵩明、宜良、路南十数州县治内，都有足迹游踪。时与各地处人士谈及地震事，都云道光年间之大地震，我州城附近、我县城附近之房屋倾倒若干，人民、牲畜压死者若干，受伤者若干。更闻汤池人云："汤池街之房屋，崩倒几尽。"据此种种传说，可知是次昆明地震，实漫延广矣。

自此之后，云南地面，亦时时有轻微的地震。云南有百余州县，又整个省治，东西近三千里，南北亦逾二千里，地面如此辽阔，地之震动轻微时，今年此处有之，明年彼处有之，人以无害于事，故多不在意也。即以余在昆明所经历之次数而言，自光绪二十五年〔1899〕至宣统三年〔1911〕之十余年当中，已遇过五六次地震，而每一次之动荡，都不过数秒钟。在动荡时，无非使立者欲倾，坐者欲跌，或使门环、橱扣丁当有声而已。然此是就余所在之地处而言也，若推而论之，一个省内，年必有数十次之轻微地震分见于各处也。

与客谈近六十年来云南迭有大地震事

地震，是地球面上之常事也。震动钜〔剧〕烈而死伤人畜，倒塌屋庐，则为震灾，震动轻微，自无病于事，人便忽之。地震之原理，就地质学上言，不外下列三事：一因地心水火，时相激射，此激彼射，地层上遂起伸缩，一伸一缩，地面当然起波动，缘此而成为地震。此在大地上是日日能有者，而且是时时能有者，惟地球大，地面阔，今日此而明日彼。今日地面上即有二三小点波动，明日地面上又有四五小点，此则任何地质学家都无法稽及。盖以动在有人烟处，则知其动，若在荒漠大野上，便不得而知也。故可云此种地震为地面上常事。

其二，在地心水火相激时，火为水逼甚，必上冲地壳。石层薄处，自易冲裂突破，火由破裂处冒出，便为地面上火山。唯在地壳炸裂时，地面上自不免有一个时间之大震动，是必山崩地陷，比较地质伸缩之震动为剧烈强恶矣。此种地震虽云较少，而三年两载中，亦必有一地处发现此种情事也。

其三，是地壳石层因本体薄弱，更为火力烧酥，遇地质起伸缩时，遂不耐上面压力，致有一点一片之崩塌。当崩塌时，地面上必有一个时间之大震动，石层塌陷后，地壳水由下而冒上，此塌陷处必变成池沼，斯诚有先例之事也。惟是，此种地陷事，则不能云时有所见，在中国地面，于百数十年，亦偶有一见也。

地震事，除此三种因缘外，实无他焉。若收束而言之，因地质伸缩而使地面震动，是常有之事；因地壳绽裂，火山冒起而致地震，是不常有之事；因地壳崩塌而成地震，是偶有之事。云南地方，虽云由昆仑来脉，而迤西一带究不免于露骨。如大理之苍山石，虽以郡名而字之，名曰大理石，若就地质学言，此种石质极坚，在地下各石层中，是为最古老者，即太古石层中之石，亦只与大理苍山石同。可知大理苍山是地下太古石层之显露处，由是而知迤西一带，地壳上面之地皮薄，地壳多接近于地面也。所以迤西一带之地震，较迤东、迤南两方面之地震多而且剧。

兹先从迤西方面言来，在近六十年间，迤西即发现过大地震事三次，两在大理，一在鹤〔庆〕、丽〔江〕、剑〔川〕一带。当民国五年〔1916〕，太和城〔大理县〕有大地震事，幸范围不大，波动仅达到百余里外，动力亦只重在太和城之某一点。是次虽云震动剧烈，而动荡时间不久，又只作一次动荡，约及十五秒钟即告宁息。故震动虽剧，一切坚实建筑尚能耐住。有居于重点上之屋庐，则倒去四五十栋，人民受害亦不多，死者三四人，伤者十余人，只可认为是一轻微之灾耳。至民国十三年〔1924〕，大理一带，则有较为剧烈之大地震事发现，波动及于千里外，受害县治则有八，是为自明代正德九年〔1514〕后四百余年间，大理方面突出之一大地震事，而且连连绵绵，积至半年之久始告宁息，真钜灾也。乃不意过二十余年后，当公元1950年间，丽江、鹤庆、剑川、洱源、永北〔今永胜〕、兰坪等县又有大地震事，人民之受到灾害则多矣。是则不止人之死伤近千，凡财产荡析者直在万户。噫！直一场巨灾矣。

在光绪丙申年〔1896〕间，临安府〔今建水、石屏、开远、红河等地〕属石屏州，则有过一次大地震，距今犹不及六十年。考石屏州治，全境俱不得称为沃壤膏原，所有田土大都是薄铺在一大石壳上，此则以近城一带为最显著。所有地皮纯是浮土，若掘深数尺即现石壳。一凿穿石层，下即是水。石层厚处可至丈余，薄者数尺，所以石屏城中户户有井，甲家水桶坠入井内，可能到乙家井内捞取，此非奇事，以下面只有水积而一无所窒也。其地质如此，故地震事能时时发生，一月中可能有二三次。石屏人原不以地震为奇，只认为是一种常事，惟于震动时，稍出屋外暂避，此千百年来无不如是。惟在光绪丙申年〔1896〕间，石屏却遭到一次大地震。据余友郑荣庐君言：是时伊有八岁，已解得一切事。地震时，伊在堂屋内，受到一大颠播〔通簸〕，即跌往天境〔井〕内，可见其震动之厉害也，不一时，墙壁崩矣，屋梁垮矣，大好住宅，立变成断井颓垣。彼家中人口虽未受伤，过后，究不免一家老幼同冻饿于风霜下，盖时在九月，正当天气寒冷时也。

又据郑云：是次地震，时间甚长，约经过五六分钟之久，始停息动摇。然于第二日，又作同样之震动，因而阖郡民居，其房屋竟倒塌去什之五六，而又路线宽广，上至今之龙武，下至临安江外。受祸地处在数百里之长，而重点则在石屏。其一切地处死伤之人民，或云共在二千上下。石屏自经此次震动后，人民对于地震事始生戒心，惟地之不时震动也如故，一年动至十次八次，犹云今年之地震次数较为稀疏也。论石屏之常常地震，当然是地心火力上冲，其不能突破石层者，是为石层上有水，水上又有一石壳也。

昔之嶍峨，今易名为峨山，峨山与石屏接壤。友人陈君献之，在光绪末叶，彼因事住于嶍峨县城约近五月。在此当中，地动至十七次，而地方人犹云：此为最稀少之一段时间也。往常，大都是一月动至十次八次，今数月来，竟如此稀少，亦足异也。考究嶍峨县地，是在一条大沙冲内，长七八十里，宽十里、二十里不等，地皮似甚松软也。凡地皮松软之地处，遇地质起伸缩时，地面即易起波动，所以嶍峨县会常常地震。然在民国二年〔1913〕间，亦发生过一次最剧烈之震动，且震至地面绽开裂缝数条，俱长至十数里，宽至十数丈，有一二条竟冒出黑水来，余则绽开裂缝而无水出。在绽裂时，云其景象，不啻地沸天翻，房屋之倾倒至二千余栋，人口之死伤达七八百，牛马牲畜之损失不知其数，惟动荡时间不甚长，只三四分钟之久。然越十余日，地复大震，震后一切裂缝便处处合拢，其合不密处，亦只有些罅隙存在。但在绽开合拢时，附近之人口牲畜不少簸入裂缝内，及有被裂缝将身体夹断，留有半截身体在外者，真惨矣。其断头断足者，在合缝处发现至二三十具，过此后仍是时时震动，但不为灾耳。

迤东方面，在民国七年〔1918〕间，亦发生一大地震事，动荡线路约长至三四百里，其重点则在附近大关县城之豆沙关。是次，死伤人口数至千余，以有援川滇军一营洽〔恰〕行到其重点上，一座大石山突然崩倒，五六百士卒尽压死于其下，此外，亦有多数人民遭害，故死伤数能达到千余也！至于屋庐，在此一带地处多系草房，只站口有些瓦房，然毁民居亦在数百栋也。

此外，则有平彝〔今富源〕地震、嵩明地震、大姚地震、东川地震、普洱地震，然俱不十分严重也。其最严重者，厥唯丽江、鹤庆、剑川等处之地震，其情事若何，尽人知之，不待余述。至云地壳崩塌，地皮下陷，在云南方面，固有阳宗沉陷为海之说，此是在一千年前之事，今亦无考据。惟在近百年内，贵州方面，则有婺川县黄村沉陷事、贵阳新桥沉陷事，确是地壳崩塌、地皮陷落之实现。此外，却无所闻也。此与客谈于仓竹乡小马村寄庐，时在1951年清明节日。

民国十三年大理地震（纪客谈也）

民国十三年〔1924〕，余主笔政于《微言报》，冬十月，有亲友数人，先后由大理来省，与我谈是年大理地震事，有一客之谈叙较详，兹笔之于下。

客曰："大理一带地处，实较他处不同，地面是常常发生震动，然不甚剧烈，不至成灾，故无人在意，而今年地震，则受害大矣。地震时，是在本年二月二十一日午后，约近黄昏时，地面便突然震动，然为时不久，其情势亦不大恶，只觉屋梁墙柱、门窗户栏，叽喳有声，台面什物稍须摇播〔通簸〕。人在地面上虽云立不稳，坐不定，而亦强可支持，按此种动摇，向往亦常有之，故不足多异。

二十二日早晨，则有一年老人，拄杖行于街头，高声而言曰：'今日午后，地必大震，各宜谨防。'闻者嗤之曰：'汝岂神仙耶？'然亦不知此老者为何许人也。于是咸引此为一时之笑谈。已而至午后二时，地果大震。在地震时，耳聪强者都闻到地下忽发一种声响，有类无数牛车急行于地面。哽哽坎坎之声不绝，声是从南方来，自远而及于近。于是，地面骤然簸摇，眼看四面墙屋，无不左倾而右斜，屋内之横梁直柱、窗格门扇莫不有声震耳。神台上供有之香炉花瓶，餐桌上之碗盏什物，无不颠播到地，人则立者仆，坐者跌，卧者滚落床下。在震动最剧烈之三四十分钟内，直如人在海船上而遇暴风，巨浪拍船，至有不能耐受之概。幸时间不再延长也。惟在此当中，城内城外之房屋却倒垮无数。由是而忽止忽摇，又历五十分钟后，始云宁息。

按此次之震动，以城东海边一带之村寨受害为烈。如马九邑附近地面则震开裂缝，宽七八尺，长达百数十丈，缝内则迸出黑水来。又附近上关之某一地处亦有此种形象，足见近海一带，其震动力犹强于城内也。

逮至二十四日入夜后，地又大震，亦是地下有声，辘辘而来。声响近前，地即播摇。此次虽不及二十二日午后之剧烈之时间长久，然东颠西播，亦使人大不能耐也。同时，以居民不慎于火，遂酿成重大火灾，由太和城内四牌坊起直烧至大鼓楼前，整整一条大街之民居悉烧完烧尽，房屋在六七百栋，烧死男女老幼在百三四十人。此由一面地震动，一面火烧屋，复在夜间，人不易于奔避也。

自此之后，隔三日五日或十日八日，地面必有一次震动，或略见动摇，或略为播荡，且在数秒钟内即可宁息，由是而成为地之惯性。是年五月端节后，地又大动一次，此虽不似二月二十二日之严重，而亦屋倒人伤，受祸者亦众也。又自五月后，地动之势始渐次宁静，只一月半月略一动摇，而亦不至倒屋伤人也。又积至九月，地动事方云告绝。

惟在此一劫难中，就大理境内言，人之死者在一千五六百人，屋庐之毁者在二千余百间，亦惨劫也。”客语于我者如是，余曾记之，载于《微言报》上。又按是年迤西地震，实不止太和一邑，动力之宽广，曾漫及凤仪、祥云、弥渡、蒙化〔巍山〕、漾濞、洱源、邓川等处，受害县份，并太和而计，实有八县焉。时云南省政府设迤西震灾赈济处于太和城，以余友郑荣庐君总秘书事。郑集八县之公文书牍成总报告书一册，呈于省议会。此书约有十余万言，于各县人口之死亡数、屋庐之倾毁数，叙之极详。略记其书云：“八县人口之死亡，共在五千余，屋庐之倾毁，几近一万间，诚为近五百年来地震上之一惨劫也。”

地震之征兆

云南地震，在近数百年内，亦有最剧烈之数次：一明正德九年〔1514〕，迤西地震，重点在太和城郭，屋庐毁扑无算，即崇圣中塔亦震中分，坼裂数尺，后数月始渐次复合。其附近之十数州县，受害亦巨。二道光十三年〔1833〕，昆明大地震，近长坡处，地亦坼裂，且连绵至月余。昆明境内倒去寺观三四十座，民居毁者六七百栋，男女死伤近五百人。近省二百里内之州县俱受灾，毁屋伤人，不知其数。三光绪丙申年〔1896〕，石屏大地震，震动线路，约长五六百里，重点则在石屏。死伤人口总计在二千上下。四为民国二年〔1913〕，峨峨大地震，地面震开裂缝数条，有长十数里者，宽至十数丈，且有黑水冒出，毁屋庐二千余栋，死人口七八百。五为民国七年〔1918〕，豆沙关大地震，路线长四百余里，一座大山崩垮，共死人口千余。六为民国十三年〔1924〕，大理大地震，时间延长至半年，动力波及八县，死人口共在五千余人，屋庐倾毁共计万栋。七为公历1950年，丽江、鹤庆、剑川、兰坪、洱源、永北等处，遭受震灾，人民之死伤近千，财产荡然者数千户。此数次之震动，实酿成极其严重之灾害。有轻微之震动而不至成灾者则多矣，且不足以记载也。

按地之震动，在先一二日确有征兆。往阅《汇报》某格致家考验云："地震征兆有三：（一）海上云气突然低压，逼近水面；（二）天空云气突然布满，四周云脚作一线之齐，将与地面相接；（三）井水无故自浑。"此三者，余曾于数十年来，有相当之考验。余之食息恒在西南一隅，海洋上仅有短少时间之经历，其第一点当无机会考验。惟第二第三两点，则有所得矣。宣统二年〔1910〕四月，余随侍家君由宣威赴大关任，道出威宁境，一日，在途中见天空云气密布，云黑而无风雨，四周云脚则一线裁齐，望之如黑盖高悬。是夜，宿得胜坡，至夜间十时，是处地震，簸动至十余秒钟。此与某格致家所言之第二点征兆相符。井水之考验，曾见过三次，庚子年〔1900〕余家住于先生坡，院中有一水井，某一日，井中突然水浑，且井底泥苔亦上陈水面，一若有人撬动其底。夜间地即震动。壬寅年〔1902〕之某一日，家中水井又同样的变浑一次，夜间地便震动。既而在安宁城，一日，盐井坝之盐井，有八九口同时浑浊，众殊惊异，余告以将地震则有此征兆，众犹不深信。时侍亲居州署，察署中井水仍清，是夜地亦未震，已颇怀疑。第至次日早晨，署中井水浊矣，入夜地即震动。始悟盐井深至六七丈，故感触在先，一切井较浅，故感触在后也。计盐井变浑至地震时，约有三十个小时，可知地下火力是徐徐冲动，不是勃然而作也。除此三种征兆外，仍有一些动物能于先觉者，惟人不知察其变异也。

往昔云南之痒子症

痒子症，即鼠疫，是瘟疫中最厉害、最恶毒之一种病症。云南人名之为痒子症者，以其病是起结核于身体而名之也。痒子病之传染性极速，且极广泛，人们膺此疾，可能于数日内灭门灭族。故尔，云南人恒以痒子病三字在盟誓上发出，足以证其症之恶毒。盖此种病症，是由天时地气上之一种极其不正之气所作成，在病症中是特殊的、是不常有的。以是，从来的中医，都无方法、无约剂以治，即有一二传流之方剂，亦无十分有把握，故一膺此疾者，唯有坐以待毙耳。

论云南之痒子病，不是近百年内外始行发生的。考二百年前，滇中之名人杂记，即有谈到痒子病之厉害者。如《荇浦闲谈》（作者为乾隆时人）云："雍正十一年〔1733〕昆明痒子症大作，族中某户有二十五丁口，七日内即死去三之二。"又尝闻一具有些诙谐性之传言，云在清嘉庆中叶，附近昆明之富民、罗次、嵩明、易门、昆阳、呈贡、晋宁、江川、河阳〔今澄江〕等处，有痒子症流行，而昆明则无。时有旗人某公督滇，值昆明县知县出缺，藩司详督院，以河阳县知县杨子震调补。某公阅详文而惊曰："痒子症〔杨子震〕来到昆明，哪还了得！"盖痒子症三字与杨子震三字音相同也。意在另易一人而补斯缺，藩司陈述此为抚军所属意者，某公闻而怃然。已而，杨子震履昆明县任，未及月昆明痒子症大作，膺疾而死者，昆明境内仅两阅月即近万人，某公乃命人示意于杨，令其改名，杨遂措词呈上，易名为杨思震，于是，昆明之痒子症亦渐次平息。此虽不见于书篇，而此种传言，实多有人知，谅非虚语而或〔不〕属于捏造者也。此足以证明，滇中在二百年前，即多有痒子症发生也。

又余在幼时，尝闻家中尊长言，清咸丰三年（即公历1853年）七八月间，痒子症猖炽于昆明。时则以城外四乡为最盛，尤以东、南两乡之死者为最多，如附近金家河之某一村及大东门外之东庄、大树营、黄家竹园等，丁口上俱死去过半。城内与附郭居民之死亡，固少于四乡，然三家人中必有一家不能免其厄。后来官方查户口册，城内城外及乡间丁口竟突然减少十分之一，是亦惨伤极矣。且有一极平淡之说：是年的中秋月饼，以城厢内外有灾疾，货品直无人过问，卖价直减至三分银一斤，真稀有之事，此亦足以想象当日之情形。

上述各情，自属余之耳闻而未获目睹者。若在光绪乙酉〔1885〕、甲申〔1884〕、丙戌〔1886〕三年间，余年已七八九岁矣，于耳闻目见上自是确切，在脑筋上亦易留印痕，今故不难将此三年间之情事，由笔底写出。

清光绪甲申年，为前此之六十六年，当公元1890年〔作者此处所写公元年号有误。公元1890年，乃光绪庚寅年，即光绪十六年，并非甲申年，甲申年为1884年〕是岁六月间，昆明即有痒子症发现，家中尊长遂不许我出外，亦不许与邻儿游戏。无何，比邻戚姓即有男女二人，于数日内同膺此疾而死去。又数日，闻远亲中有某家与某家，俱有膺此疾而死者，余家中尊长更大生恐惧，时时以避瘟香燃烧于庭除，盖防疫也。

在此一时，似昆明城内的人民莫不惴惴于怀。逮至七八月间，此症竟大流行于城厢内外，每日城内之居民死于是病者不知凡几，而城外与乡间之死者更不必言矣。时余家表亲中有某与某者，俱在市面营业，其见闻自广。某与某都喜于入夜后至余家闲话，至则以“某街某巷死去男女十数人或七八人”为言，或者云到“昨日与今日，在肆内坐着，见抬棺而过者至若干十具”。又有远亲张某，系一小武职，隶于城守营，得派守大东门，时各城俱有一月城，设官厅于其间，守城门者即驻守在是。某于八月间之某一日，笔记其抬往城外安葬之柩为二百零五具，足见其死者之夥矣。然抬出北门、小东门、大西门三个方面而掩埋者，又不知有若干焉。噫！亦是人民之一惨劫也。幸至中秋节后，病势遂杀，逐日之死亡者亦渐渐减少，每日只不过有百数十人之死亡尔。所以然者，缘是岁闰六月，立秋较早，秋分在八月初，病势得因秋凉而减杀。虽然，在此三几个月内，昆明城内城外以及乡村间之病痒子症而死者，亦达到二三万人矣。

次岁乙酉〔1885〕，秋七月间，云南之痒子症，又勃然而作。首是澄江〔府〕属之河阳、江川、路南、新兴〔今玉溪〕等处人民受灾，继则漫至晋宁、呈贡、宜良、昆阳、易门，积至八月初，遂漫至昆明。病势则较上年为凶，城内城外之死者，直如麻乱，于是，妖邪怪异之事，随在有闻。兹略述其极不经之谈，以见当日鬼怪作乱之可怖。云有人拾路遗银块在手，鬼物竟凭藉其银块而发言曰："我不去汝家，当送我至原处。"斯人骇极，只得将银送置原处。后来，此人家中亦无一染此病者。按此一银块，实非行路之人以疏忽致银块脱落在地，实是一染此疾病之家死去人多，乃祝一银块而送置于偏僻路上，遇人拾取，疫鬼即随之而去，是则此家人立即遭害。以故，是时的僻静地处，常能有银锭、银锞、银手镯等发现，昧者贪得，靡不受灾。

又甘公祠街某姓，一日而死三人，仅存一弱女在室。时三柩俱停于中堂，此户固不乏亲友，都不敢往其家内营助葬事。女则茕茕而居，夜惟延一老妪来作伴。女于此三柩前，夜必烧香、燃烛、化纸鏹，以安鬼魂。女偕老妪，则居于停柩处之对面厅屋内。女于夜间，由窗隙而窥视中堂灯烛，则见有三人形影穿梭往来于灵席前。骇极，呼妪起视，同战栗而不敢作声。次日，女乃走往某尼庵中寄居。后有胆雄而仗义者出，始助女营葬停柩。

论此种传说，固属不经，然在天灾流行，死人如麻时，阴惨之气真弥漫于大地，鬼物出而现形影、发声音，亦是可能之事。余于此二者，故不乐认定为一种谎言也。而况是时流传之奇事怪异于前述二事者，甚多甚多。只以事奇，不得为此种病症上必要之谈，故不多及。〔温疫流行时，路遗之物，或许带有病毒，似为有据，若涉鬼怪，实属不经。〕

论甲申〔1884〕、乙酉〔1885〕两年之灾疾，且不仅痒子症一种，尚有一种红痰症羼杂于其间。红痰症，亦是一种至恶毒之病也。病此者是突然口干舌燥、浑身烧热，胸中有如火炽。于是肺上作咳，咳则有痰，痰作粉红色。此一病症，至多能延至三日而无有不死者。医家即以牛黄、犀角与一切极寒极凉药物从事，复尽力投下，亦毫不生效。若病此而能以药物治愈得不死者，恐百中或有二三人耳，是则较痒子症之毒厉稍轻松得一丝一毫。

维在是时，神权却异常发达，社会人士，遇有人力不能挽回之事，便仰吁于神。此而谈洞经、礼佛事、拜皇忏以邀天恩。耍龙灯、跳狮子、放烟火及燃边〔鞭〕炮以消疫气。于是各街各巷，香烟磺气两不分明。复于十字街头掘巨坎，大烧炭于其中，以排地毒。记得乙酉年〔1885〕之禳灾，城内四牌坊、三牌坊、按察司街口、龙井街口之十字路上，俱掘坎烧炭。顾如此做作，不久间果然灾疾减轻，疫疠渐次消除。虽然，是岁灾疾亦由中元节后而延至重阳节前。在此一段时日中，昆明城内外及四面乡村，与夫接近省城之各州县郡内，死去的人民究不知有若干万也。而时则有人云：其总数当在十万以上，亦可以云乙酉年〔1885〕之灾疾，实大过于甲申年〔1884〕。

丙戌年〔1886〕秋间，云南仍有痒子症与红痰症，然只在易门、昆阳、晋宁、嵩明、呈贡、富民、宜良等县为灾，究亦不甚猖炽。昆明境内染斯疾而死者只三几百人。若总计丙戌年〔1886〕因染灾疾而死之人数，似只有数千人耳，是则较甲申〔1884〕、乙酉〔1885〕两年之灾疾减轻多矣，而此则有故在也。缘灾疾初起时，一般人有鉴于前两年之灾害，便极力发动群众起而禳灾，如燃花炮、烧避瘟香等，实于空气之变换上大有关系。又于一切饮食上，极端注意，所以效果可收，佳气可集也。

自是之后，云南的痒子症，竟有六十多年而不在昆明发动，有则多在迤南的思〔茅〕普〔洱〕一带及临〔安〕、蒙〔自〕、开〔化〕，广〔南〕一带，及迤西之顺〔宁〕、永〔平〕、腾〔冲〕、龙〔陵〕一带，而亦不十分猖獗也。又在此六十余年当中，有近于昆明之澄江、泸西等处，亦曾发生过几次痒子症及红痰症。但一经人力克制，即能杀其势而摧折其锋，致发生不久竟告消灭。事不十分彰著，故未引起省垣人之注意。

说者谓近代防疫工作，既周密而又精良，故能使一切瘟疫的势力不致扩展放大，此说固是，然从实际说来，亦由近数十年来，云南之天时地气实有诸多的改变。例如在数十年前，当夏秋之间，无不是暴雨暴晴，或一晴至十余日，午间则火伞当中，突而油然作云，倾盆猛雨暴注，立刻沟浍皆盈。少选，火伞复张，人又居于酷热下，此而一日能作二三次。似此情况，人自易于受病。顾在近五六十年来，便无此种情事矣。即在大雨时行际，亦不似往昔之暴雨暴晴，日作数次。此非天时气候之变易乎？又考求往昔痒子症与红痰症发生之数年内，田禾无不大熟，岂天时地气，有大利于植物处，便不利于人耶？此则不甚深明其理路。

至云痒子症之为病，是人于突然地头痛、发热、恶寒、身痛，与感受重风寒相似，所异者，是胸中燔热至于极度，复口渴、便赤，略经数小时，腋下或膝下、或胯缝，即起一硬核，是名痒子。痒子起则痛极，且渐次长大，能大至一核桃，此则任用何药敷都归无效，都不能消散其核。且痒子长大后，人即昏迷，大约挨过十多二十个小时，即云毙命，此为往昔一般高年人所道之病症。

又痒子病之名鼠疫者，以人受鼠身上的病菌袭击，因而作成此种疫疠，此说自是世界医家之所公认。惟自余思之，此实由地毒促成。鼠是穴地而居者，地毒发动，鼠则首当其冲，故感触毒气在先，死先于人。人居地面，感受地毒较迟一步，受害当然在鼠后。夫地下既有此毒气发动，鼠穴中即无一鼠死，相信亦必不能永久得免除此种毒气之袭击也。是则受袭击与不受袭击之区分，当看人之抗毒力如何，兹举二事，证明于后。

乙酉年〔1885〕间，昆明痒子症最猖炽时，中和巷内有一张姓，住近今日之公厕左侧，弟兄二人，兄名张福，为督标营内一百总，可等于今一上士也。弟名小包三，性庸愚，御〔遇〕事颟顸，惟事母极孝。母则染痒子症，结核在腋下，包三要其母袒衣而察看其结核，母允之。包三见其结核凸突，可以咬去，便磨牙砺齿，出其不意，扑入母怀，将此结核一口咬落，母则痛极而昏死，少选〔顷〕亦苏，病遂得除。包三则病至月余，以医药而获痊愈，其病亦非痒子症，包三之咬痒子，其毒气竟未侵入口中，说者谓其为孝心所致，勇气能克也。张姓与余家稍有瓜葛，故知之甚详，伊家今仍有后人存。此其一。

又居于城内大桑梓巷之苏三老者，是往昔有名之苏家花园主人也。苏老者为人，忠厚老实，语言不欺三岁孩童，其身体极壮健，自云十年无一病。甲申年〔1884〕痒子症、红痰症大作时，子苏桂，以有事于晋宁城，夫人某氏，亦有事于红石岩，老者则与一媳及一小孩在家看守一切。不意老者突而患病，约半日即咳出红痰，媳延医来为之治，无效。老者知己必死，唯静卧而听候鬼卒来拘魂。睡至深夜，口中大渴，索饮不得，开门出，知檐下有酸腌菜一坛，坛中多腌菜水，立端起而吸饮之，觉入口大快，遂痛喝之。嗣后语人："何〔或〕许吸下两大碗。"喝讫而入卧，竟能熟眠，醒后，病即减轻，咳亦渐止，痰亦变白，越二三日，病即痊愈。老者之疾瘳，伊家中人，自是惊喜，老者惟云："当是神圣相救也。"事播于众，当不是一日二日之功力。不久，痒子症与红痰症，因市民禳灾而减轻，乃无人用此来试验于时下之红痰症。

同治辛未年昆明大水

昆明坝子，虽四面环山，山势亦不甚大，坝内有河流，而源流亦不长，且归之于海，故鲜有涨大水之事。惟在前此之八十年，以朝代计，是同治十年，岁在辛未〔1871〕，昆明则涨大水，城内城外，毁没房屋无数，有云数在二千余栋。生于是后之人，穷究往昔水淹之痕迹，犹宛然在目。如城内报国寺之大殿基址，寔高过于天境〔井〕地面四五尺，殿上三世佛之莲座，又高于佛殿地面五六尺，而莲座上印有水迹，是则报国寺内水必淹深至八九尺。然此犹是城墙脚下有一二涵洞阻塞不严，城外之水得由疏漏处灌入，非由城门瓮洞灌入者也。

大东门瓮洞内，在紧靠城门处，原砌有极其坚牢之两石礳〔槽〕，可以上闸枋。枋有十二条，每条俱见方一尺，加累〔垒〕成墙，可高丈二。平时，此十二条闸枋，俱存放在瓮洞内，以备不虞。是年涨大水，是因雨水太多，每次的倾盆猛雨下得时间过长，以致盘龙江水大涨。正将欲漫岸之际，金汁河埂又有一段垮塌，于是，大小东门外之田亩尽成泽国。然此，犹是不时能有之事，多不能成重大灾害。是年之成巨灾，实有起蛟之事杂于其间也。

大东门与小东门之间，有一水晶村，村地较高于四面，往昔涨大水，四面汪洋，此村独能存立于水中央，以是而有水晶村之名。村有孙姓，半工半农之户也，而家无多人，仅两夫妇及儿女各一。女约十二三岁，男约十岁，夫妇二人以东门外涨水为常事，总之本村绝不受害。是时水虽漫及村之四围，夫妇二人终不在意也，仍踩水而过，走往他处做工，门户则留子女二人看守着。

水晶村地址原不卑湿，孙家之堂屋内，在神台下却常有水出。孙家之男孩，便以铁器掘一坑，使水积于其中，然是一儿戏事也。河水大涨之日，此孩见坑中有一长约寸余之黑色生物，而形则有类于蚯蚓，游漾于此浅水中，此孩便以香签挑出之。此物在地面，即向外而爬，爬远一节，身体即加大加长一倍，爬至天境〔井〕中，已长至尺。旋爬出大门，至门外空地上，便长近二尺，于是地下自有水冒出。时孙姓之子女二人，俱伫立门前同观此物之变化，村众有知其事者亦集此而观之，且认为是一极饶兴趣之事。

地面水起后，此物遂暴粗暴长，少顷，村中水深逾尺，此物便昂头乘水而去。斯时村中已水深数尺，姊弟二人骇极，共扒在一楼梯上。又少选，屋倒而墙崩，楼梯亦随水而起。孙家屋顶系茅棚，不知水势作何冲动，竟将此楼梯及姊弟二人，移在漂流于水面之茅棚上，更漂流南下，直至陆家营处，始获人将此姊弟二人救起。若父若母则无下落，当然是漂入罗刹鬼国。

当蛟起时，却有不少的人在城头上伫立，眼看着水晶村前，忽然涌起了一大股水来，其形势直如钱塘江上潮，但潮头不甚高，只高及四五尺耳。潮头上隐然有一物，带着潮流，向南涌去，惟距离太远，看不清楚物之形状，仅见其头上扬，依稀仿佛有类于一蛇头。于是，盘龙江内之水，亦随着此股潮流而涨高。潮流向南去后，东门外一带地处莫不洪水横流。先是大东门之瓮洞前，虽然有水淹着，然只深及一二尺，瓮洞内闸枋，亦只上至四五条，至此，乃将闸枋完全加上，将一切涵洞塞着，猛水横流，方不至涌入城来。斯时，站立城头下望，竟不见江流，只见到一片汪洋，城墙则淹尽三分之一，若大树营、若东庄等村之屋庐，俱被洪水淹没去一半，惟锁眉庵基址较高，能独现于水中央。

是时之灾情已严重若是，而天公复不做美，接连着大降滂沱，因而东门外的水竟继长增高。在水位最高时，揆之可能高过盘龙江岸七八尺，在一切低洼处，可能高过一丈。是时，城内之东门城埂脚、绣衣街、报国寺街，无不水深四五尺或六七尺。即熟皮坡一带亦在撑船，长春坊下、象眼街口都是水深逾尺，所以然者，城脚下之各个涵洞虽然塞住，终不免有些罅缝，水能钻入，此其一。涵洞塞住，城里的水不能往外流，城里便有水积，此其二。天又时时下大雨，此其三。所以城里的水亦是日比一日漫宽淹深，在情势上亦不亚于城外。好在东门内的一带地处，如城埂脚、绣衣街、报国寺街等，当兵荒时，房屋大都毁尽，刻已无人居住于此一带，有则为几所寺庙，而寺庙则不免于受害，如报国寺，只留存得一座正殿。

闻此次涨大水，是在中元节后二日，淹了五六天，水才渐次低落。积至八月初间，洪水始云消尽，东门瓮洞内的闸枋始完全卸除。已而调查人口之失去，约有二三百，庐屋之漂没，大致为二千余栋，实为一场重大之水灾也。而且为近三百年昆明地方从未遭过之一场巨灾。

孙姓之子女二人，女则为某姓留作养媳，男在某家二三年，便入城在三牌坊下某商店当学徒，已而站柜，与人谈起蛟事甚详。后闻其入川经商而致富。女配某姓之子某，某习武，得中武举，入军营效力，累官得到游击职。语云："大难不死，必有大福。"孙姓之子女有焉。

除此一次外，在光绪三十一年〔1905〕的六月间，昆明又涨过一场大水，是由金汁河埂下的一个涵洞垮塌，河水便由斯冲出，一时间，有几抱粗的水向下而泻，直不能以人力前去阻遏。仅淌流了一夜及半早晨，便把昆明城外东南角上的一切地方淹没。南较场上水深三尺，南城门口亦深逾二尺。水利府某，偕其夫人乘轿入城，水已浸及轿底，一从者以不慎，跌倒于水中，竟渺无可求。此次之水，确是来得太猛太骤，究不算如何的大，淹没各处，亦只及二三日，与辛未〔1871〕之水相较，则差远矣。虽然，头道巷、毡子街、珠市桥及南较场上的一些房屋，直淹倒十之八九，其损失亦云巨大矣。至于人口则伤损不多，云只十余人耳。

昆明地方涨水，就迷信上考求，先数日，金牛寺内即有征兆，极验。金牛寺即井宿祠，在盘龙江西岸上，祠有安澜亭，亭内有铜铸井木犴象，高四尺，长六尺，犴则昂首视江水，作欲斗状，岸下有铁标，考江水起跌。如要涨大水，先二三日，铜犴即发声，声则类牛鸣而高亢，可闻于数百步外。发声时，有在白昼，有在夜间，却不一定，鸣则金牛寺街、翠花街、木行街之居民无有不闻。如鸣一声，水必涨二三尺，鸣二三声，必涨六八尺，鸣至四五声，必涨至丈，亦丝毫不爽。人民闻惯亦不之异，但认为必要涨水也。同治辛未年〔1871〕之大水，亭内发声至八，人民实惊骇极，然未二日，大水即起也。此种异事，往昔之昆明人无不知之，非我瞎说也。〔前段所记发蛟涨水事，属于迷信传说。后段所记金牛街之金牛寺今虽不存，而金牛尚存，近数十年，从未有闻金牛鸣叫之说，作者谓非“瞎说”，实乃道听途说的荒诞不经之言。〕

丙申元旦昆明城外大火

昆明房屋，在建筑上，无不是下砌土墙或砖墙，而上覆筒瓦，木料又属青松或杪松，俱十分坚结，而且站柱又多包函于墙内，此已不易于引起火烛。而况少有楼房之建筑，在较为高大之房屋，其瓦檐，又无不用砖瓦飞出一尺几寸，是使木料不外露，所谓之风火墙，墙上又绝不开窗眼，可云封护严密，似不易酿回禄之灾，此则就其形质上断也。即有受到回禄之灾者，要不过烧去三五栋屋而已，若云一毁而至三五十栋，是不常有之事。

惟在光绪丙申年〔1896〕元旦日，城外珠市桥，则大为祝融氏所虐毒，将珠市桥整条街毁尽，复祸及毡子街上段，又附属于珠市桥之几条巷道亦同作灰烬。以户口计，在一百六七十家，以屋宇计，在八九百栋。是日，自午前八时起火，直延烧至午后四时，火始平熄，此则焚烧到八个小时。

昆明地方火烧房屋，除咸丰七年〔1857〕，马献、马凌汉纵其部下放火烧毁南城外各条街道，毁屋庐至二三千间外，实无一次民间失火而能毁至百间以上者，此在近二三百年来实只此一次。此又何由而至是耶？盖由元旦日，城里城外之消防队，人人都成了不放假之放假，任意而走往各处游乐，又多是走往大观楼、黑龙潭、金殿等处。在娱乐时闻到火警即奔驰而旋，此一二十里路，岂三五分钟即能趋至。时则火已四面串连，望去已如火海，云扑灭则难矣。时虽有水龙数架，而在此一带地处取水又难，即取得些水来，亦杯水车薪，无济于事。此所以愈烧愈广，直烧尽一两条街之屋，至无接连处而后止也。

其次，珠市桥之街道原不甚宽，房屋却密。又此条街上全是行店铺户，元旦日，商人们又无不关锁门户向外游乐。即有三五客栈、三五茶馆开着，究无多人也。火起于街半中间之某一铺户内，铺门系关着，火出头，众始知之，时街上又无多人，当然无法压扑火头，以致火势得到漫延。是日又时起旋风，风乘火势，火乘风狂，人们在五华山上伫立帐〔张〕望，只见烟雾茫茫，高至数丈，以在太阳光下，而又是伫立于远处，故看不见火焰高低、火头大小也。总之，是时祝融氏惟注重在八面扬威，处处招展红旗，弄得个天地不分明。

当此情况下，一般救火者真万分无法，亦惟有将几条水龙喷着水，在珠市桥口挡住火头，使火头不致蹿过凤凰桥来。又将三市街东廊之房屋，凡有接近珠市桥者，都概行拆去。又有一班救火者，则将毡子街之下节房屋拆卸去一些，斯而火头方不下蹿。已而又得外国人来投下很多的灭火药水，于是到三点钟后，火势方杀，至四点时火始平熄，虽然，余焰犹腾腾在望耳。惟是此一片街道和几条巷道，真烧得个不堪入目。

顾此次之大火，却有两件奇事焉：一是发生火烛之头一日，即乙未年〔1895〕之除夕，当薄暮时，突有一身着破衣人，而亦不是丐者，在珠市桥街上奔驰而行，口道："你们看啊！一个人有两只眼睛，一个人有两只眼睛。"随跑随道，上下往还至三四次，而每次俱由街头跑至街尾。已而又跑下毡子街，此则跑到半街，便踅〔折〕头而再跑。人都以为癫狂也，亦不之异。被火烧后，一般人始悟其言为谜语，且跑到之处，无不被火。如毡子街是跑到半街而踅〔折〕头，果也只烧毁半条街。顾此一人，即不是仙，亦是修炼有成，能有先知先觉者。

又珠市桥，是整条街烧尽，即附属之几条巷道，亦尽行烧光。最奇者，是珠市桥之街中间，在北排上独有一户存在。此则前为铺面一间，后有住屋两椽及厨房一小厦能岿然独存，只不过铺板、铺檐、门扇被火燎糊而已。且内有一老妪，时卧病于床，不能动弹，一五六岁小孩，在火起时，因铺门为家人所锁，不能奔出，故与老妪一同受困于火内。家人回而见前铺后屋俱在，真万分诧异，启门入视，此一老一小，仍属无恙。问其在内情形，答云："觉热得十分难过。"论理，人在此种强大火力下，即不烧死，亦被火烘焙而死，此而不死，屋亦能在大火中独存，此真天地间至奇至怪之一事。此事一经传扬，城里城外之人，无不往觇其异，于是聚讼纷纷，莫衷一是。而此数间不入于灾劫之小屋，余亦前往查看。此数间小屋，实居街之中间，四面堆尽劫灰，屋之四周烟炭盖尽隙地，此屋竟不着火，真有神护也，舍此直无一人能以理解，能道出其究竟。

嗣后，莲花寺中僧人，乃说出一事由来。云："此屋主姓刘，川人也，营小杂货业于此街。姓刘者，旅滇颇久，娶昆明某家女为妇，仅生一子。姓刘者，上有老母，年逾六旬，而常常患病，夫与妇俱孝其亲。上年母生重病，媳乃走往铁峰庵求神许愿，已而，其母之病遂瘳。正月一日早晨，妇即起而蒸糕，并备具一些供品，要其夫偕往铁峰庵还愿。夫自无不从，乃留其小孩在家为母作伴。以小孩未必能在家守住，乃以一把丽江铜锁将门锁紧。夫妇出门时，约在午前七时。惟是昔时妇女，无不缠足，行路当然迟慢，由珠市桥行至铁峰庵，至少需要三个多钟头，一来一回，总要七个钟点。而且在神佛殿上，有不少的耽搁，以是，回到城来，已近午后五时，复顺路往莲华寺敬香，亦无非求大士保佑其亲也。敬香讫，憩息于佛殿前，随闻三三两两的人，谈论珠市桥大火事，询之，答以'珠市桥与毡子街，俱完全烧尽，铺户住房一间不存'。此夫妇两人耳此一言，立即魂飞天外。盖以人云一间房屋不存，己之住房必成灰烬，而门是锁着，老亲与小孩必不能逃，是则两葬于火窟。论此，自是无人不心痛，而况此两夫妇是孝于亲者。于是，妇则啼泣，夫则气急，立刻晕倒于佛殿前。时殿前自有不少的人，见此一男子晕倒，僧众与游客等遂立以姜汤灌救，少顷便苏。众乃详询其故，夫妇即备述一切情由，僧众等则以言安慰，云：'汝夫妇今日往铁峰庵敬香了愿，是孝于亲也，纯孝可格天，神佛或能护佑汝家也，可速回看视。'夫妇亦只得含悲而出城。至珠市桥时，哪见有一间房子存在，更跌足而痛哭。然闻有人云：'这一间铺子竟不被烧，能单独留存，怪极！怪极！’夫妇奔至街之中段，果见有一屋在望，周围通统是半燃半熄之火场，急趋至此屋前，见一把丽江锁仍管住门，知此是自己铺面，开锁入视，见老亲坐于床，小孩戏于庭，夫妇直欢喜欲狂。事扬于众，无不道此为天下之至奇事，且是一不获以理解之事。”

别史氏曰：在神权发达时，一似神真有灵也，每于一切灾劫上，恒能表现出一些奇怪莫名、不可思议之事，动人心目。若曰：此两夫妇是孝感动天心，未必被毁之一百余家，俱不孝于其亲者；云此两夫妇为至善之人，未必他人俱恶人也。或者，一般天神地祇欲显神功于人世，藉导人为善而不忽于事亲也。不然，直无以解说。又按此一事，凡在七八十岁以上之昆明人，是无有不知者。

烟　瘴

滇、黔、百越〔又作百粤〕，夙称瘴乡，大抵皆深山穷谷，以人迹罕到，其阴翳郁积之气，遂作成疠气，而名曰烟瘴。今日之时世，与昔迥异，人烟蕃众，开垦日多，道路开辟，交通四达，往称瘴疠极盛之区，今则轻微多矣，昔之略有烟瘴地方，今则竟无其事矣。惟在迤西之怒江一带、迤南之九龙江一带，及元江、镇沅、镇边〔澜沧〕、威远〔景谷〕等处之荒野地方，仍不免有烟瘴焉。

据边地人言，瘴无形者，轻而难避，有形者固重，转易于避。记得五十余年前，有粤人区氏南君，自迤南还云：“在倮黑山中行，一日，乘马行于一平洼间，忽见十数丈外，有五色云气，在地面上飘飏而来，从人知为瘴，即仆地擘土成窝，以面伏之。区在马上，避之不及，策马疾驰，瘴云则在腰下飘过。”嗣后，主仆俱无恙。

又有乡人张淮轩君，在元江漠沙坝收税，尝语漠沙瘴气于余云：“漠沙坝内，每届夏末秋初，瘴气即时常发生，瘴气如云如雾，恒接近地面而飘忽荡移。色分五彩，以红紫两色为多，绿黄两色，间杂而已。有时，结聚成形，似鸟似兽。有结聚成人形者，土人名曰

‘瘴神’，为最恶厉。凡‘瘴神’发现，土人亦大惧，俱远移而避之。”

又据边地人言：“瘴疠，妇女则不甚惧，男子则不敢与之抗。”盖瘴系阴毒，妇女及牲畜俱不易染。且有数处，妇女则光华美好，倍于他处，所豢牲畜亦肥壮异常，此可证瘴气之不染妇女、牲畜。

惟余所见之瘴气，则系冲空而上者。民国十七年〔1928〕余因事而住于河口两月。一日，登督办署后山上，遥见南方有五色云一堵上涌，高于地面似在十余丈。考其地处，是在牢该〔今称“老街”，在越南境〕方面，究不知距余所立之地处有若干里也。知为瘴气，乃急趋而还督办署。以此语人，佥曰：“无伤，是常有之事，且在一二十里外，与此地无涉焉。”

石头开花

俗有“石头开花马长角”之说，如论“马长角”似可能，“石头开花”似不可能也。惟在周代列国纷争时，有石头对语事，五胡乱华时，有石虎自移事，其荒唐犹胜于石头开花，似石头开花，亦不至十分荒唐也。且宇宙间事多有出乎人情事理外者，又岂得以石头开花为一极其荒唐之说耶？以吾所闻，近十年来，已有两处之石头开花矣。但石头开花，非真如牡丹、芍药，含苞结蕊，舒瓣破萼，色香俱有，要不过喻之为开花也。明乎此，始可以言“石头开花”。

当日寇入桂省之年，其前数月，柳州马平县北猪头岩附近，有石山一群，长在三四里，冈岭上乱石纵横，层起叠伏，一若昆明城东北之石萃庄焉。忽于数日之间，是处之一切高大危石，其巅顶上俱冒出一团粉白色之物，形或如菌一簇、或如水沫一团、或如笋苗尖竖、或如花瓣堆叠，质则较酥于石，根蒂则与石巅紧接，以刀斧敲削，亦不易于脱落。有得其一饼一片者，研之，却细腻如粉，但经一夕，即由白而变红。是时，桂〔林〕、梧〔州〕一带，战事赤〔吃〕

紧，邑人亦不暇穷究于此，亦惟以怪事目之。有识此者曰："是石头开花，必将有祸乱焉。"未三月，日寇下梧、浔〔州〕，复分兵寇柳州，柳州人多逃奔来滇，有识余者，"必详尽其事，余乃得知是处之石头开花。此其一。

滇之路南石林，亦近省二百里内之名胜。石林在路南州之石林乡，距路南州城仅二十里，而石林之奇秀处则在是乡之李子箐内。箐为山冲，深约十余里，其阔度则广狭不一，有宽至三几里者，有宽仅里许者，然至窄之处，亦有半里焉。箐外亦有无数奇形异状之石，复高矮不一，林立于官道之旁，有由路南而至泸西、或至弥勒，都必要在此一段乱石林中经过。有经其地处者，亦唯以乱石滩目之，自无人加以尝识也。至于李子箐内，是行人往来不经之处，更无人过问，无人步入赏玩，是以李子箐内之石林，实无人知其奇秀。

民国十六年〔1927〕，龙志周〔龙志周为龙云字，"周"当作"舟"〕总持滇政，龙之副官长杨立德，路南人也。杨以李子箐内景物，游扬于龙志周前，云："箐内石林，如何奇秀，春则翠黛迎人，夏则清泓在望，个个奇峰秀巇矗立于水中，水面可以荡舟而游，可以浮杯而渡，秋冬之际，石上多黄花紫草，翠葛苍藤，尤清雅宜人。"龙志周闻而往游，见箐中景物，虽不尽如杨之所言，亦十有六七俱真，不禁大乐。回省后遂捐私财，嘱杨立德倩名手前往箐内，就其大小石头上，作适当的点缀培植。

此而后，李子箐内之石林遂生出不少的彩色：在几块较大之石上，凿出石磴，巅顶上建立小亭；在几块较为平整之巨石上，则铲成平台，复围以石栏；在一些微有坑凹之石上，则凿深成窝；在一些危石独秀之旁，则种植树木。李子箐经此一培植，当然大改旧观，步入其间者，无不娱目开怀。龙志周〔舟〕再往是处游乐，便夸其为滇中名胜第一。

再论李子箐内之高下危石，果也希奇：有如人立、兽伏者，有如龙盘、虎踞、鱼游者，有如刀剑排列、竹笋森立者，此已足堪夸，而况更加以点缀焉。于是一般地质学家，竟发出一种近于穿凿之言，云桂林之独秀峰，即由此发脉。

惟在民国三十七年间〔1948〕，李子箐内石林，则有石头开花之事矣。箐内之石，以十数万计，其高大者直上在二三丈，小者亦及寻焉。突于一二旬内，一一危石之巅，俱冒起一团白色之物，远视若以棉绒置于其顶，近视则似堆以灰沙白泥也。细审其质，却类浮水石，根际则与下面石头紧密接合，有人以至坚至硬之物敲击，终不能摧落其全部，只能损其微末耳。然至民三十八年〔1949〕春间，此种物质，便渐次消灭，时人都名此为石头开花。此为友人苏筱村君所言。苏在路南主任评判，曾目击其异。按此亦与柳州马平之石头开花相同，其征兆如何？自勿庸哓哓。

乌鸦喜鹊相战斗

呈贡县属之某村，记得似是松子营，村去呈贡车站约及十里。距村约二三里，有松林二，夹于一小路之东西两畔，每面各有松树数百株，密茂菁葱，生意畅旺。林间不少禽鸟栖宿，在平时，以白颈乌、黑老鸦之来者为最多，喜鹊、鹭鸶虽有，终寥寥耳。

民国十一年〔1922〕秋间，禾稼未熟之际。一日，风晴日午，群鸟在林弄声，而忽来喜鹊一大群，约在数百，飞集于东林，喳喳复喳喳，声达于数里外。越半小时，即有群鸦蔽空而来，鸹、鸹、鸹之声，更强于鹊噪。鸦来是集于西林，乱乱纷纷，枝头被其盖黑，究不知其有若干千百也。始则鹊对鸦只喳、喳、喳乱噪，鸦对鹊亦无非鸹、鸹、鸹乱啼，一若互相争辩、互诟互詈者。然如此叫闹约在两小时，喜鹊队中遂有五六只强雄者飞出林来，此则既身长而体壮，复趾高而气扬，跳跃飞鸣于林边草上。同时，西边林内亦有五六只极大之乌鸦飞出，直起猛进而与喜鹊相搏。时则鸦踪〔纵〕跳、鹊翻腾，忽上忽下，忽起忽落，所谓打做一团，难解难分。而且是此伤彼头，彼啄此目；此披彼羽，彼钳此翎；更衔其尾而压其背，绞其颈而抓其胸；亦可谓此以智取，彼以力敌，大有个非打到你死我亡，不足以云歇息。如是之互相愤斗、互相搏击，初仅一些强大者相持，继而群小亦出，此而大战展开，益纷乱不已。无如喜鹊数少，寡则不能御众，于是渐渐败北，只得一一高飞远飏，乌鸦虽列队追逐，终莫能及。而是时日已衔山，天色欲暮，群鸦亦纷纷飞散，战事遂告终息。是日之事，村中亦只有数十人得见，然异事相传，莫不骇焉。

次日午后，村中人又见群鸟蔽空而过，窸窸窣窣之声，贯入人耳，村众料其或仍有昨日之事也，乃趋往是处观察，果然，仍是鸦一边而鹊一边。少顷，又大开战场矣。如是决斗，似无大胜负可言。而今日明日，竟接连斗至半月之久，而来此者，无论为鸦为鹊，均一次比一次加多。后来，两方面之朋集虽无万众，似亦各有二三千也，且出而作战者亦俱硕大者流。有时三五十对相搏，有时成百对相搏，其翅之相拍，喙之相啄，声可震人耳。若由人们眼里望去，则此一攒一簇，彼一攒一簇，或在林间，或在地面，或在树杪，或在草际，其黑白两翅翻飞，现出无限奇景。

其始也，观者自少，既而传扬到邻村邻境，闻之者莫不心往神驰，此而便熙熙攘攘而来。省城各报更广为宣传，于是呈贡某村有鸦、鹊相斗事，几无人不知耳。凡喜观奇睹异者，自无不命驾至是，即昆明城内之老妪少妇、皤叟黄童，亦多不惮路程遥远而图一饱眼福，至于乡间男女，更不必言矣。

来此观阵者，大都距松林二三百步而伫立，然人在一百几十，亦小有声势，而在鸦、鹊目中，亦若无所睹也。以是斗者自斗，观者自观，有人以枪声震之，鸦与鹊亦若无所闻也，仍是一味酣战，可云概置一切于不顾。顾有此一奇情在着，人们遂不乐惊扰之，以是，两方面之战事得步步进展也。

按：此十余日之争斗，大都在午后日西斜时，惟在前数日内，自是日日争斗，后则隔一日或隔二三日，始有一场恶战也。已而阴雨连绵至十有余日，鸦、鹊之战争，亦就此寝息，而孰胜孰败，则不得而知。惟据村人入林检查，见鸦之死者多过于鹊。虽然，其胜负终不敢决定是在鸦方面，抑在鹊方面。

此事发生后只数月，唐继尧即由桂返滇，顾品珍出而战死。滇人曰："呈贡之鸦、鹊争战，其为唐、顾角逐之征兆欤？"有深于识见者则曰："否，否，夫军阀争衡，已为国中常事，未必能有此特殊之预兆。此可认为是禽鸟已杀机发动，恐人世间将有杀运来临耳。"此说亦有至理存焉。

地　风

释氏有地水火风之说，是言地中有水、火、风三物也。科学界中之地质学家，则认释氏所言之风，为节外生枝。在浅见，以地球自旋不息，动则气流，虚窍生风，是地中应有风也，又何须水火相激而后生风耶？即以黔东黄平州属崇安江上之大风洞论，洞中则时有大风吹出，日或三次五次不定。有挡其风头者，或为石子击伤，或被风吹跌于一二丈外，其风力之大也可知。风自何来？俗以"起于妖邪"。科学家云："斯必有受风之处，由彼处灌入，从此处而出也。"其说近是。

余于科学家之所判定究不能无疑。夫大风洞系在崇安江畔之高坡上，是处断崖成径，削如天梯，洞在大道之旁，称为胜境。坡之他面，更无一洞可寻，天风浩浩，又从何而灌入？且他处亦多有前通后漏之洞也，如桂林之风洞山、昆明之花红洞与沙朗洞，俱有入有出，其前后洞口，只不过清风习习，亦未若大风洞之能时发暴风也。而况地面上之清风、薰风、凉风、冷风，不是在春夏秋冬四季上偶一发动，是时时在地面上流动着。云到狂风，则不是常有者。假以科学家之所言为的，大风洞内，则应当时时有清风或凉风吹出，断不合于一日之间，能有三次或五次之暴风突然发出也。故余于科学家之判断，不能无疑。

民国十三年〔1924〕春间，余为友人陆佩珍君，扦〔迁〕葬其先人之柩于大板桥东南近张家坪处之一高原上，是处为陆君向村人新买得之一大片地也。本来坐场好、朝对秀、龙气亦旺。陆君系粤人，喜掘深穴而藏柩。然掘深逾三尺后，即觉土燥，陆主张再掘深之，约逾五尺，圹之东北隅即露出一大如核桃之圆洞，有风咈咈自此圆洞内吹出。葬坟工人戏以头上斗笠覆之，斗笠竟吹高逾尺。工人复用锄刨掘，其洞愈大，以一竹竿探试，直下至丈，尚不见有偏斜。以竹竿搅之，周围亦不十分宽广，深则难知也。斯时洞里吹出之风愈大，但不甚冷，只等于当前春风之温温然。顾此实是一受风之地，绝不能葬坟，只得距此百步外，另扦一穴而葬之。

按：是处实系一微有斜度之偏坡，些须接连着一土冈，实则仍是四山环绕中之一块高地也。而四面俱是土山，亦不高大，山上又多松树。登一最高之山巅眺望，四面俱是些土坡，高下起伏，向南而望，似不及十里，即是野猫冲，此则一群高山在望，稍偏于东，即是长坡，更是康庄大道。其地势如此，小洞内之风，又何自而来也？且地面上风是有起有跌，小土洞内之风是不断的咈咈吹出。而况是时地面上仅有微风，略使树叶、草稍轻摇，那似小土洞里吹出之风猛也。若云此非地下虚窍中所生之风，其将何以解说耶？据此，彼释氏持地水火风之说，立言亦殊近道。

山 洪

中国之东南与西南各省，常有山洪暴发，为害极大，推原其故有二：一由天；一由人。

由天者，发蛟是也，俗曰“蛟放”。每遇霉雨连绵，天气蒸郁，蛟常穿山破石而起，起必有黑水、黄水随之，冲没田庐人畜，是无能抵御。惟接着溪河之水，蛟水方止，蛟亦潜伏不见，而随行之水浩瀚汹涌，滚滚趋下，高以丈计，数日方清。是则土石停淤不少，水道则潜长暗高矣。

按：传说中云，蛟卵在下，其上草木不生，大雪不积。昔人有伐蛟事，官府于冬令，令民众等寻掘之，得则给赏，求弭患也。

由人者，乃山野之民，于深山穷谷中，芟尽荒草，复刨根除蒂，而种莜杂及洋芋、蕃薯等类。由是而沙土松浮，遇到倾盆暴雨，山水便挟土而下，与发蛟无异。论发蛟乃一方一隅偶有之事，山冲水发，则无处不有，迩来所云山洪暴发，亦多由是而成之也。

陈文恭公宏谋，尝著《伐蛟说》，兹摘录其略："蛟如蛇，四足，细颈，颈有白缨，本龙属，其孕而成形，率在陵谷间，乃雉与蛇交，精沦于地，闻雷则入地而成卵，渐次下达于泉。积数十年，卵大如轮，其地冬雪不存，夏苗不长，鸟雀不集，土色赤，有气，朝昏暮黑，上冲于霄。卵既成形，闻雷声渐升而上，地色与气，渐显而明。未起三月前，远听似秋蝉闷在手中鸣，或为醉人声。此时，蛟能动不能飞，可以掘得。及渐起而离地三尺，声响便大，此不过数日，遇雷雨即出，则多在夏秋天。善识者，先于冬雪时，见有围圆不存雪，又无草木之处，标而记之。复于春夏间，观察地之气与色，属实，掘至三五尺或丈许即得卵，有大如瓮者，预以不洁之物或铁与犬血镇之，此而以利刃剖之，其害自绝。"又曰："蛟畏金鼓及火，山中久雨，夜立高竿挂一灯，可以辟蛟，夏月田间作金鼓声督农，则蛟不起，即起而作祸，只须大鸣金鼓，多发火光，水势必退。"

近百年内外，云南亦多有山洪为害事发现，而关于人事者，终为害不十分巨，故鲜有人记及，是属于蛟放者，亦曾有四五处发现，最显者，莫如安宁之法华寺一处，今犹痕迹宛然。

〔按：所谓山洪暴发有由于发蛟而起之说，实乃由于不明了地质构造所形成的地形、地貌以及植被破坏所造成的原因，而有此荒诞不经之言。〕

星陨石

天空中常有火球、陨石流动，此亦等于流星，但其形质微小，故不以流星名之。火球在天空中，易于裂散，裂散后，即归于消灭。陨石则可能坠落于大地上，亦恒有人得之，惟其大小不一，欧美人则置之博物院中供人考究。其质有杂铁者，有杂各种金属者，要皆地上所有之质也。

昔人谓流星陨石，由空气结成，今则知其不然。盖天空中不尽行星恒星，如火球、陨石之类者时时流动于天空中，正不可以数计耳。如余于光绪乙酉年〔1885〕秋九月之某夕，见流星雨于昆明，其落下之星颗，似近恒河沙数，飘坠处又不知在地球之若干千万里外，天空事物实不易于考求耳。〔前文《流星雨》作“光绪甲申年秋九月之某一夜”，有异。〕

滇西边地上，有星陨石一大块，闻为近百年由天空中坠落于是处者也。此一陨石，初时，内地人鲜有知及。在光绪三十二年〔1906〕，余姊丈蒋省三，奉委偕同吴子瑜、秦少元等往划西界，行到镇康县属之南桑地方，此而前进数十里，即达到两国界址，此而逾界，即属于缅也。近界七八里之某一地处，有一夷族人之小村，村只有烟户六七家，竟无村名，划界委员等遂驻于此，以距界殊近也。闲谈间，村人则云：“距此五六里路之一小土山上，有飞来石一大块，盍往观之。”问其何时飞来？答：“据前辈人言，是在前此之七八十年，且是在某一个年头的包谷将熟期间，飞来时在夜半。老人等云：石头是带着火焰，由空中飞来。是时，人尚未睡尽，有坐在屋里的，则见火光一闪，即闻一声响，好似天崩地塌，家家的房屋都播摇起来，坐着睡着的人，都播〔簸〕落地面。好在只此一声响便平静下去了，村人便认为地动。过数日，有人行到此一座小土山上，突见向未尝有之一块大而且怪的石头在山顶上，大家猜了又猜，才想到是夕的火光一闪和一声震动，是由此石飞来而作成。”

委员等闻讫，遂祈村人引导前去观察其形。去村旁五六里路，实有一小土坡，高仅数丈，围圆不及一里，仰视其上，则有一怪石在焉。自远处视之，形如钝角，高可丈余，逼近审视，却四不整而五不齐，其体之凹凸缺裂，直不能以字语形容，只可目之为不相〔像〕个东西。惟从正面视察，下脚较上头微宽微大，又从另一面视之，形又变更，总之，是一不成形体之物也。其质则似铜铁炉内提出之渣滓，而又似砂石，以锤击之，坚硬异常，而声响亦不类金属。其色则不一致，有黑如墨处，有现赭色处，然大部份都作败棕色，毫无光彩，极不雅观，众知其为一最大之星陨石也。省三旋省，以此语我，子瑜、少元，亦为余所识者，亦以此语我。

按：此一块星陨石，是落在此一极边之地，且是在一极其荒僻之处，故多年来都无人知，若不因划界，又有几人能至此，故尔，此一异物，直湮没而无所闻。积至蒋、吴、秦等得寓目后，回省与众言，省城人始稍知是处有此一异物。

辛亥革命之前后期间贵阳迭现灾异

贵州，古之牂牁，曰黔，简称之也。贵阳为首郡，首县为贵筑，相传竹王故事，竹与筑同音，曰贵筑，或源于此也。共和创造，凡府厅州治，均改为县，贵阳府署与贵筑同城，故易名为贵阳县，嗣后乃少见贵筑两字。

回溯民国成立之初，贵阳适当张黄剧变，事息，昔之贵筑县署，已全毁于兵，一时贵阳城中而又杀人如薙〔薅〕草，故尔，县署惟余败壁颓垣，阴雨之夜，常闻鬼哭于其间。在深秋之一夜里，城中人突闻蛙声起于是处，似有若干万，会秋雨淋漓，蛙声断续凄凉，如是者三夜，有近而察之者，又无所见也。始而仅此一处，继则随在皆有蛙鸣，于是新旧两城处处皆然。论贵阳城虽逊于昆明，而占地殊广，何以一夕之中，即有此无量数之蛙声咽、咽、咽于城内，而且于二三日内，即鸣遍于新旧两城哉？黔人两两三三遂聚而谈论矣，咸以近处无蛙，即偶有所闻，亦不成部，今何来此恶声也，得毋为鬼祟乎？盖黔接近于楚，楚俗多尚巫，故观念中迷信如是，殆与北人畏狐同一见解也。讵至第六日后，夜间又无蛙声可闻，宁非异事耶？然此种鸣蛙究从何而来，又从何而去，直无人解其情由。

又在张黄剧变前之若干日，省垣有粉蝶约数千万由南方来，纷纷向东北方飞去。空中整翅，厥状亦如军队之有统系焉。飞行时，成一直线，绝无左右散乱之形，细察之，亦若有目的地者。时则遮天蔽日，连属至一日半，然是徐徐而飞行也。当道者派人迹之，是尽投乌江而死。侦者报，乌江上下游约百数十里之一段江流上，胥属死蝶，非但水面尽为之白，且江流浅处，水为之塞。已而疏浚水流集千人，耗费一二日之力，始毕其事，而捞起死蝶以百挑计，其多可知矣。

是时，复有一些奇特怪异之事，层出叠见，斯亦不暇为之笔述。在地方上之一般父老，无不疑有灾祸加临也。讵知黔之灾祸，即在民国成立后之二三年间接踵而至。始而兵乱，既而凶荒灾疾，毙于郊野者，日必数十，此则是一些饿莩，亦指贵阳一处而言，他处尚无与焉。有死于刀兵疫疾者，则难以计。总之，此二三年内，黔中人民，云遭劫运而死者，当不下二十万，其漂流出境者，数亦称是。又在黔荒盛时，阖家多携手共赴江流，且高呼无须挽救。时政府虽派人守于江边，无奈救起后，仍使之日不能获一饱，其生之也与置之于死也相若，此非黔人之一大劫数欤？

维时人心方以蛙鸣蝶死为忧，讵所忧者，又不仅于此也。当人心惶惑之际，省城附近之陆地沉陷事又起，于时城市中人，骇而奔走者若狂，互相走告曰："城外之陆地沉陷矣！"因而秩序大乱。政府惧发生变故，立下令禁止之。此缘贵阳南城外有大建筑二：一为中学校，三面临水，一面瓯脱，委曲而有一段平陆，中校基址，即奠于是，名曰沙洲，学生入校，咸以铁索拉船而渡。一为陆军小学校，与中〔学〕衡宇相望，虽距离稍远，亦只一片青草地耳。距陆军小学而上，有新桥一座，至是离城又稍远矣。附近于是者多农家，其屋舍多结草编茅，然亦构有楼，上居人而下养牲畜，新桥固是桥名，而亦是村名。其沉陷之一块陆地，即是新桥村间之一部份陆地也。

是处之沉陷，其发动仅在最速之五分钟内。是时，适为正午，农家之早餐方毕，各户之农工田主方在院内吸烟品茶，各家小孩都在门前嬉戏，忽觉地面簸动者再，知为地震，遂群集于空地上。俄而闻附近处人号犬吠，牛马声喧，更见有若干老幼东奔西窜，其故何在？嗣接近而询之，则有人东指而言曰："是处沉没矣。"然真象难明，乃有人走往视察。

是处地面之沉下，厥状极堪惊人，下陷处面积近五六亩，陷口周围则残残缺缺。有胆气强壮者，仆于陷口上俯而视之，则见"在二三尺厚泥土之下，概为岩石，有若以一个环形的岩壁，圈住此一大穴，下即为水，水底清澈，似可以照人影，且似有云气氤氲在下往来移动。又详加审视，似其下城郭隐然，但注视过久，便觉头晕目眩。"又有人云："我实见云气在下流走，初以为天光反映，而仰视天空，又纤云四卷。"然一切人之所见者，皆幻象耳，亦不足深异。如是者历三四小时之久，来观者愈众，当事者惧人下坠于其间，更惧周围再陷，遂下禁往是处观察之令。时有二三警察，于近寺取得一铜钟，以索系之，沉于此陷坑内，意在测探其深浅。讵知索尽二十余丈，而铜钟尚可下坠，卒以索尽而止。又据一警察言："穴底之水，实清而不动，又见其下有许多黑点往来，又有红色之圆物横越而过。"或者此仍属一种幻象也。

次日早晨，陷口渐收渐合，守于此之警察，俱大惧而奔，于是人心又摇动。久之，景象大恶，盖是时陷口愈缩愈小，恒有火焰冒出，有时如鱼口吐沫。逮至午后，地又连起三四次之震动，陷口便缩至极小，纵处仅六七丈，横处不及五丈，至此便不再缩。有时仍有蒸气冒出陷口来。当斯际也，穴底的水距地面只不过数尺，似内里的水只深丈许耳。警察再以铜钟系索坠下，未及丈，钟即不能下坠，引钟而上，已护〔糊〕有污泥，是已至底矣。此后，却陷口常存，农家则迁尽无遗。

又越数年，时有山水暴发，带引泥沙而下，沉陷处得此而渐次填实。至民国十年〔1921〕前后，是处又复为平地。有人主张，将其辟为田亩，政府终未之许也。迩来痕迹宛然，附近处亦无他异，此亦大陆上之一奇异事也。事为黔中士人张天傲为余所述，当新桥沉陷时，天傲适在是处中学当教员，曾目睹其一切，却不是一种虚浮之传言。

纪香港之风灾水灾

香港，一岛屿也，云受风灾，似也，云受水灾，于理论上实有未合，盖海中之水，不能无故而骤然涨高至若干丈，即有起落，亦只合计之以尺寻，云突而涨高至三几丈，真是罕闻之事。唯在光绪三十一年〔1905〕之某一月日，香港曾于一日之间，而受尽风灾与水灾之害，致一切损失重大，人命死伤至数百，牲畜之死伤难以数计，此诚岛屿上之一奇灾也。

斯灾异也，据在港人云："事之先数日，有一家近海滨之老人，走告于司太平山上气象台者曰：'将有水灾作矣，海边石岩上有一种小虫，最悉水性，虫之游踪，即随海水之涨跌以为定位。海水将涨高一尺，虫之游踪必于先数日升高一尺，将涨起数寸，亦必先升高数寸，是历历不爽者。海边人，俱以虫之游踪而定海水之涨跌也。余七十有八龄矣，前五十余年，曾见虫之游踪，突然而升高至八尺余寸，不数日，海水暴涨，直达到虫游处而后止。今又见此虫直向上而游矣。昨日，虫之游踪，已距水面九尺余仍盘旋不已，似尚未定也。若再升上，而与五十年前之水灾作比例，将有不堪设想之事也，今来报告，望早为防备。'司气象台者闻而哑然曰：'焉有是哉！’”

隔一日，老人又来告曰：“不了事矣，虫之游踪，由水面直高至一丈六尺有余，始行定住，将必有大祸来临也。”司气象台者厌闻其词，曰：“去去，勿哓哓！”老人叹息而去。未及半日，天气勃然变易，风色乖异，一切俱不循正路，而海洋上已有飓风将至，乃急急电知港外各轮，立即入港。讵知时机迟误矣，开炉起锚，又岂能尽其力于顷刻间哉？于是，近者，急抢入港，远者则不能也。

斯时，飓风大起，有如天旋而地翻，海水趁风势而泼空，浪高至二三丈，直压盖到香港海旁街之三四层楼上。凡在海边之低矮房屋，无不成水底之龙宫鲛室。港内渔船渡艇，半数翻沉。至于港外，凡在千吨以下之兵舰、商轮，亦翻沉十有余艘，若舢板、汽轮被风摧浪拆者，尤不知其数。事后虽云有真实之调查，云损坏轮船若干艘，汽船、帆船、渔船、渡船又若干只，毁去房屋若干千百间，死去男女老幼若干百人，财物共损若干千万元，此不过据所知者而言，其隐微者，调查当不能无遗漏也。

唯是次之灾情中，有特异之趣事数件，如海旁街某公司之四楼顶，涛浪送上两只小艇停于其间；某货仓之三楼上，则攒集着一群肥猪，数在五六十，是有死去者，有活着者；又某兵舰上，有一长至丈余之海鳅及一六七尺长之大鱼，在舱面上偃息。此皆奇趣横生之事。至于受灾蒙难者，自是归咎于气象台上之人，若辈知罪无可逭，悉挟行李潜逃而不知所适。

吁！是灾也，使司气象台者能虚怀若谷，不挟科学技术以自傲，接受来告者之言，早一日发电出外，使群轮俱能入港，且一切有所防范，风浪纵恶，云损失必不如此之大，是必以气象台上之人为天人也，而天文学家之声誉，岂不倍形隆重哉？是知不受善言之人，即天下之笨伯。

婺川黄村沉陷记

大地平陆上，有时塌陷若干方里或若干十亩地面，而突然变为渊泽者，乃由地心之水火冲击，地壳爆裂，以致地皮陷落、水朝上冒也。有发生此祸者，在中国地面亦曾有过数次，然都为数百年前事。又不意数十年前，黔之婺川县黄村，因地震竟将整个黄村地方陷入于地面。其沉陷处广袤不下七千多个方丈，其震动力达到四周的百里以外。陷落烟户约有五百余家，死人口至二千余，死牛马牲畜无算。此可云是处之山石林树、房屋庐舍、人类物类，竟于刹那间即归之于乌有也。迨至事定而往视，惟见一片淡黑色水在望，既则鱼鳖生焉、蘋藻繁焉。有人驾小舟游荡其间，以篙探底，水量实不过八九尺，下即为污泥也。嗟夫！在若干年前，黄村地方，云屋庐则栉比云连，云人口则攘往熙来，其富庶也何如。夫世事之变更也无常，已足令人兴叹，而况天地有特殊之变动，尤不能以人之智慧推测，如黄村之沉陷，又谁得而预测之也。

夫婺川，一小县也，位于黔之东北，在乌江下流之西，距江流约百余里。在清代属于思南府，距思南府城亦百余里，黄村则距婺川县城四十余里，亦与安化县接近。是处有大小村落近十，墟里相望，黄村其总名也。村有市，市有场，三日一街，定例也。黄村既近于婺川县城，又与安化县境接近，故黄村之市场，实为婺川、安化两县一百九十余村之总汇。若质而言之，是此百余村之买卖均集于此也。故尔，是处之烟户虽不甚多，气象却繁盛。

黄村之贸易市场上，以耕牛居第一位，盖以村中畜牛甚众，似家必有三两头焉，缘黄村之牛，种子较强，性尤纯驯，体格亦大，以是，四方之农户需牛，多来黄村购致。村人畜此，多是供四方之众采择耳。

大凡农户，都是半岁辛苦半岁闲，此不但人如是，而牛亦如是。

黔人之于牛，除春夏两季，用牛补助耕种外，则不令任他务。黄村附近多冈岭重叠，草深而林茂，西风起后，便着小童牵牛向山间放养，牛又纯驯，一童可照应五六七条牛，此则历年如是，毫无一事发生。

此一带的冈岭上，原多杂树，尤以枳椇为多，或言枳椇能制糖，然亦无人制出，岁中结实累累，惟供雀鸟来啄。某年冬季，便有无数寒鸦飞来，集于此一些树间，然又不是来此啄食，惟延颈而鸣，若诉若泣。始不过有一千几百飞来，后则愈来愈多，每届夕阳西下之际。直有万数寒鸦来此悲啼。村人之年长者谓为不祥，以为鸦所栖息当在刑杀地处，且指黔垣臬署之鸦以实之，村人厌而设法驱逐，终归无效，亦只好听任其去留。

未及数月，群儿放牛于岭上，牛见牛，均怒目而视，状似仇恨极。又过数日，牛在山间，一彼此相见，即以角相向，互牴其腹。夫牛力至大，一经角斗，虽十数人亦不能分之，而况在岭上，只有十数小童，其奈之何哉？客告余："第一次牛斗，角断者五，角牴入腹而毙者三。"或曰"牛斗亦常事耳"，不之异。讵知此事发生后，影响便及于全村，村牛相见必斗，斗则必有一死，在不死者亦必残废矣。村人至是始大为骇惶，设百种方法解之，终无一效，惟有时刻防闲之耳。当此时际，则有一白发老人语于众曰："此村不可住矣。"未几，果移家而去，有踪而迹之者，此白发老人，已移去百里外矣。此后，村中更时时发生不祥之事。

一日，有三五老年人坐于树阴下闲谈，则曰："黄村自开墟场以来，昔者真兴旺极，今寝〔顷〕衰矣。牛之健者，又自斗而死，人口死亡之数，日超过于孳生，吁！可畏之甚也。"方在集谈之际，突觉腥气扑鼻，群众举目看去，均无所见。俄而有声自远而近，众始异之，旋闻一村人呼曰："彼移动频频者，为何物也？"众起立而视，遍地皆蛇也，却大小不一，审之，是大者居前，小者则衔大者之尾而行，蜿蜒至四五里长，向村东徐徐而去。当蛇行经村中时，村人以竹击之，殊不畏惧，不退亦不回顾，其细小者衔尾如故。或曰

“是神蛇也，不可犯”，转焚香拜之。咦！村人之愚，真不可及，有识者则危悚极，曰：“是必有大祸来临。”

七日来复后〔《周易·复》：“反复其道，七日来复，天行也。”此当指七天后〕，陡觉蛙声寂阒，盖是时已由上年冬季延至次年之夏季矣，正田蛙孳生之际，而田间竟无一咽咽之声。彼老于农田者，无不诧异焉。既而厨中肉菜咸患鼠者，今竟不为鼠窃食，地面上更不见有一鼠出没，似村中之鼠已绝迹。至此，村人犹不之悟，真氓之蚩蚩者也！

又越二三日，地下面有水声潺湲，俯耳听之，是或断或续。闻水声者以此告于人，此则有人屏息静听，果然有水声起于地下，然掘地至五六尺深，又不见有水也。事一传扬，疑惧者遂多，于是竟有移家而走往他处者。又越一日，地下之水声倍大，得闻其声者更多。此而益使人心惶惑，便四处挖掘地下，欲查考其一究竟。然挖至二几十处，终无丝毫水泉冒出，自无不废然。

时黄村之村长为一姓谭名澍者，最负时望，盖由其壮岁曾取玉登科，且任过山西某县县令，今则归休于林下。其人诚学识渊博，闻到地下有水声，乃集众而告之曰：“此必是地壳下之水上冒也，或者地面上将有一绝大的变动。在余意下，此处绝不可久留，宜悉数迁往他处，暂避其祸，俟一二月后地下无甚变动，地面上不致改去旧观，再行搬回。余愿大众从速理料，且望从速迁移，余是已决意明日迁动家下者。”语讫，便着其次子景升派人鸣锣于各村，告知“此一地处或有大难，各家宜迅速料量，迁往他处避祸。”

论村长谭澍，本为一时俊材，且平素为人端正，裁处一切大小事件无不公平，故黄村人奉之如神明。倘在他事，谭村长之一言出，无不尽起而和之。今告人各捡取要件而走往他处，是尽委弃其财物而去也。村人愚騃，财帛犹重于性命，故宣告之言出，铜锣之声响，其间仍多有不之应者。村长得悉其情状，叹曰：“劫数注定人之生死，不能以人力强拗也。”慨叹后，遂饬其家人子女，捆载家具，或人挑，或马驮，移至七十里外以依其戚。此竟于两日之中，即一一移尽，只剩一些重笨什物及一所房屋。

传锣之次日早晨，便有村人奔来告村长曰：“地下时有一种声响，宛似车声辘辘，又是或作或辍。”正谈论间，真有辘辘之声，自远而来，直达于足踩之地下。村长骇极，乃告来者曰：“我亦不能留此也，可为我语于村众，宜速行，迟则恐不免于祸。”少顷，村长即跨马出门，旋又策马走往各村，语于村众曰：“今事急矣，祸已近于燃眉，我无多言，只望尔等从速离开此地，迟恐弗及。”又云：“黄村四面皆山，只东北一隅，略有坦途，能供人们奔驰。”语讫，即策马而行曰：“我去矣，望赶紧追着我来。”于是，马首便向着东北方上，奔驰而去。

谭村长走去，村人亦觉失去泰山之依托、长城之坐靠，莫不惊惊惶惶。幸见谭二少爷走来（此即谭景升也），村众即围而言曰：“村长走矣，此事怎了！怎了！”景升曰：“村长不向尔等一再言乎？宜各捡取紧要什物，火速向村外之东北方走去. 且须走至四十里外。我之来此，是奉村长谕，着各村团首，传锣催促，所有居民从速迁移，勿得挨延时刻。且今早有人来报，某处之陵谷间，已隐隐有一种崩炸声出于其地下。又有人来报，某一处地下之水声，较昨前两日大至数倍，是皆大足以怖之情状，我故来此，督促团首传锣耳。”言讫，又策马而走往他村。

村人闻景升言，便有不少的人亟亟捡取什物，将欲离开黄村而奔往他处。不意众人方在预备迁移间，又有人伏地而再听，地下水声竟半晌而无所闻，随起而向众言：“勿自慌乱，前者或出于偶然。”众人便伏地而听，果如所言，众为事寔所惑，遂各停手脚，此则安静至四五小时。不意夜半，地即大震，且一震再震，直延长至二三十分钟之久。在震动时，人都是横躺于地面上，听任地之颠簸。次早，即有人云：“村旁之某一处，地已震开裂缝两条，俱宽至数尺，长至百丈。又村之西头，地亦震开一条，内有黑水冒出。又村后之某一条岭上，自远处望去，有烟火冲起，高可数丈。至于地下水声，直然震耳。至此，村中之年老者，惟相对而哭，又无不曰：“悔不听谭村长之言。”一些不及暮年之男女，便惊惶而狂奔，然不辨方向地位，不审东西南北，不问高低险夷，惟向村外乱窜耳。斯时之景象，在吾人的想象上，当是老弱幼稚悲呼惨啼，强壮青年奔命而跑耳。

按黄村全部，村落有九，烟户共五百余十家，丁口近三千。村之西畔，另有三村落，烟户约二百有余，丁口亦近千。合之，是烟户共有七百余，丁口近四千也。自地下水声发动后，亦有人认定此地不可以居，陆续迁往他处者已有五六十户，又自谭村长将其全家迁走后，及经谭村长之一再宣告，在一班明白事理者，无不欲趋吉避凶，此而又有若干十家随着谭村长离开此一地处。以是，后来沉陷下去之烟户。只能云有五百余户，人口约有二千余尔。

当黄村地方在将沉未沉之际，自有不少之人赖狂奔而得逃出，更得保全其生命。有登于山之高处者，身则居于沉陷界外。是时，俯瞰黄村全部之种种恶极、怪异已极的现象，后来语于人曰："余等狂奔而出者，或许有百数十人，盖在地未震动簸摇时，人自可以驰走于地上。我等奔至十里以外，更爬上一座高山，此距黄村地面似有十三四里，而同来登此山顶者，亦不及十人，群坐而憩息于山巅。未及三分钟，地即大震，幸同坐在一大石凹内，凹里多茅草，可以卧下，故在地作剧烈震动时，人不致滚落山下。是时，地之震动，虽不是作连续不断的簸动，然隔不上二三分钟，又必震动一次，且一次比一次加紧。在不震动时，起而下视黄村地面，直然分辨不清，惟见东有几股火烟冒，西也有几股冒上。或东有些黄雾或黑雾遮蒙，西也有着这一种现象。有时，黄村全部都为黑雾遮蔽，黑雾中又时时发出电光来，或冒出火头来。最后，地面上起了一次极其剧烈之震动，直将我等由石凹内簸出凹外。是时，我等都说，幸而我们逃出得快，若在此时，地是这样的震摇，人何能在地面走动，亦惟有在村内听遭劫数。我们在山上，挨了一天两夜，到下面清亮时，举目下视，那〔哪〕见有一黄村，惟见冒出山来的红日，斜射着一片黑水。"此是一个得脱浩劫之人，向当年的人有此一说，相信必不是一种浮言。

谭景升以爱护村众，策马而行遍各村，劝告各家从速迁往他处，务须迁至四五十里之外，方能离开此一危险地处。行到最后之一村，日已近山，遂乘马出村，向村之东北方面奔驰而去。然行程未及十五六里，天即昏黑，不能觅路而行，只得走往一居于路旁之穷黎家中度夜，不意夜半地即连接震动，在极其剧烈之一次，直将其茅屋震倒，幸未伤及人也。挨至天色微明，能于辨认路径时，便乘马而前行，然行不及十里，地又作剧烈之震动，直地转而天旋。斯时也，不惟马不能在地上展足，人亦不能在地面上站立，只得下马而坐于路旁之草地上。环顾四围岭冈，无不大摇大动，山上林木一倒数十棵，岩石亦纷纷坠落，幸距离甚远，不致为林树、山石所压。近于身旁之田，有突然凸起，又有突然凹下者，田中之水，则此倾彼覆。骑马则伏于地上，不敢稍动，但以目视主，且似有泪欲流也。已而震动稍息，见马已能起立，又乘之而行。行不及三五里，地又簸动，而每一簸动，都能延长至三五分钟，如是者数数。此亦惟有动则下马而卧于地面，静则上马策骑奔驰。又在震动剧烈之时间当中，静观宇宙现象，不啻轮转，人而遭此，惟有待死耳。又在一次剧烈震动间，地上突传来一巨大声响，有如整座大山完全崩溃者然，此亦不解为何故。既而登于一最高山上，在平时，由此可以望到黄村地面，今入于目者，惟见一些若黄若黑之雾气塕于是处，云村落则不知其所在也。

此谭景升于九死一生之余，奔劳大半日，始达到距离黄村在四十里外之一地处。时则人困马乏，洽〔恰〕见有一兰若在望，叩关而入，见一老僧趺坐殿前，和颜悦色而问于谭曰："居士非黄村谭村长之二公子乎？"谭应之曰："然。老禅师又何以知之也？"老僧曰："居士为劫外人，今奔驰数十里而至小寺，静息片时，再为絮谈。"小沙弥献茶后，老僧始徐徐而言曰："此一浩劫，大不易逃，居士之能逃出此劫数者，以迭世为人有善行，谭家又累代积德，不然，居士又何能至此哉！老衲固与居士素无一面之缘，但此寺之下院在黄村，有小徒在是处司香火，今亦能逃出浩劫，顷奔至此，云在途中瞥见居士，或不久间能到达此处。小徒原与居士相识，今往厨下治斋，稍待，即可与之相见，且彼所历之险厄，或者较居士为切，不妨向彼详询。”

景升坐久，便向老僧发一慨叹之言：“唉！不知黄村在目下之安危若何？”老僧蹙眉而言曰：“悲哉！悲哉！黄村今已归入寂灭之境矣，是沧海变桑田，桑田又复为沧海也。”景升诧而问之曰：“老禅师何以知之？”曰：“前月老衲入于禅定，即知黄村有此一浩劫，有若干人之生命、若干牲畜之生命都应归入于劫数也。天机不敢轻泄，唯本佛菩萨之大悲心以悲悯之也。数日后，居士可走往原处一看。”

景升闻老僧之言，不胜战栗，已而徐徐向老僧而言曰：“今闻老禅师之言，使我愚蒙顿开，此是一大劫数也，天心却仁爱极。若成万数之鸦在岭头悲啼，全村之牛斗死，更若群蛇走出村外，蛙不鸣于村中，鼠子渺然无迹，此皆是上天之频频示警于村众也，而村人仍是懵懵。积至水声发生于地下，犹以渺无可稽之事，而四处侦察之，村众之愚，真不可及。余父曾走往各村劝告，着其趋吉避凶，众则唯唯否否，余父始发浩叹，而将家中人口移往他方。余离开黄村较迟，途中则历尽一切险厄，今得接近佛前，是幸而得逃出浩劫也。”言讫，不胜慨叹。

既而向居于黄村某寺之僧人至，是景升素所识者，各述身之所历，目之所及，一切惶恐情况，惊人景象。僧之所述，更详于景升口头之所言也。虽然，可以一言了之，多是大同而小异。是后，更有一班得逃出劫运之人，述其目击，与此寺中僧人及谭景升所述之情况景象，互相印证，更广为传播，黔省人始明黄村在将沉未沉间之真象。

按：婺川黄村之沉陷，是在前清光绪二十三年〔1897〕。至光绪二十五年〔1899〕，余有表叔冯茂棠往署安化县，方得闻地方父老详言黄村沉没之始末情形。冯于光绪三十二年〔1908〕因公来滇，在舍下详述一切，余侍座于旁，得闻尽其词，今于暇时，乃泚笔而写出，以志当年黔之东北，曾有此一惨劫。